山东省胶州经济开发区

山东省胶州经济开发区是1992年12月由山东省人民政府批准成立的省级开发区，先后荣获全国出口创汇先进管理单位、山东省外经贸工作先进单位、山东省省级开发区先进单位、山东省科学发展示范园区等称号。目前拥有韩国现代、日本日绵(株)、中国石化、日本电产(株)等多家世界500强企业，形成了“以海尔家电整机为龙头、中集冷链和高端装备制造为支柱、电机电器和生物制药为两翼”的战略性新型工业发展格局。建设有海尔创新化产业基地和中集冷链高新产业园两大百亿级产业集群，其中海尔家电整机总投资50亿元，规划建设滚筒洗衣机、三菱海尔重工空调、海尔开利展示柜、干衣机整机、海尔(国际)研发中心、总装模块、电器模块、包装模块、“静脉产业”、商务服务区、生活服务区、总部经济基地、社会化商业服务等，着力打造成为以研发、生产、销售具有国际领先水平的白色家电整机研发制造基地和海尔全球规范化样板园区，全部达产年营业性收入500亿元；总投资50亿元的中集冷链高新产业园建设有冷链板块总部及研究院、人才公寓及配套、冷箱“梦工厂”、冷机、冷链物流及装备等项目，达产年销售收入超过150亿元。

Jiaozhou Economic and Development Zone in Qingdao of East China's Shandong Province was approved to be established in December 1992. After 20 years of development the zone has ranked first among 147 provincial-level development zones in Shandong in terms of comprehensive economic capacity.

It has been awarded the National Advanced Unit of Foreign Exchange-Earning, the Advanced Administration for Foreign Trade of Shandong, An Outstanding Provincial Development Zone as well as A Demonstration Zone of Scientific Development in Shandong.

To date a number of global Fortune 500 Companies have established projects here, such as Hyundai from the Republic of Korea, Nichmen Corporation from Japan, Sinopec of China and Nidec Corporation.

Pillar industries include a home appliance sector led by Haier, cold chain logistics led by China International Marine Containers (CIMC) and high-end equipment manufacturing. Electronic engine and appliance and bio-pharmaceutical industries also give supporting roles among the zone's industrial development pattern.

The Haier and CIMC projects have fostered two industrial clusters with total investment of 10 billion yuan respectively.

The Haier home appliance complete machine project alone inked an overall investment of 5 billion yuan, which consists of several sub-projects including roller type washing machine, Mitsubishi-Haier air conditioner project, Haier display case, dryer machine, Haier international R&D center, assembly module, relay module, modular packaging, venous industry, a commercial service zone, a life service zone, a headquarter economic base as well as social commercial services. The whole project aims at becoming a model industrial park of Haier worldwide and a world-class leading R&D and manufacturing center of white goods, with an expected annual sales income of 50 billion yuan.

The CIMC cold chain industrial park embraces a headquarter office and research institute, an apartment building for talents, a "dream factory" for cold containers, cold machine equipment, cold chain logistic and equipment projects, with its annual sales value surpassing 15 billion yuan.

中集研发的具有自主知识产权的高科技专利产品冷藏半挂车

海尔全球规范化创新产业园

尼得科电机有限公司生产的无刷永磁电机代表了未来洗衣机用电机发展方向

国内首家将海藻酸钠由食品级提升为药品级生产企业黄海生物制药

世界500强企业
青岛现代机械有限公司

联系电话：0532-87220486

2012 | 中国世界贸易组织年鉴支持单位

SUPPORTS OF CHINA WORLD TRADE ORGANIZATION YEARBOOK

CAE EXPO XINJIANG 中国—亚欧博览会 CHINA-EURASIA EXPO 秘书长：李静援	西安国际港务区 XI'AN INTERNATIONAL TRADE & LOGISTICS PARK	CISIS 中国国际软件和信息服务交易会 China International Software & Information Service Fair 软件交易中心主任：王建莉
山东省胶州经济开发区 开发区管委会主任：宋业敏	NU SKIN 优 异 · 你 看 得 见 大中华区副总裁：李潮东	DTW 大田物流 Logistics 大田集团总裁：王法兴 President of DTW Group，Faw Wang
通光集团 TGG 江苏通光海洋光电科技董事长：唐进明	重庆云河水电股份有限公司 CHONGQING YUNHE HYDROPOWER INC. 总经理：舒　畅 CEO&General Manager Shu Chang	昆明国家级经济技术开发区 Kunming National Economic and Technological Development Zone 经开区管委会主任：张　宁
XIDZ 北京兴谷经济开发区管理委员会 The administrative commission of Beijing Xinggu Economic Development Zone 主任：何永启	PARROT 鹦鹉地板 浙江裕华木业有限公司 董事长：金月华	PCK 番禺珠江钢管有限公司 PANYU CHU KONG STEEL PIPE CO.,LTD. 董事长：陈　昌

中国世界贸易组织年鉴

李岚清

主　管：中华人民共和国商务部
主　办：中国世界贸易组织研究会
合　办：对外经济贸易大学
北京市国际服务贸易事务中心
上海WTO事务咨询中心
深圳市世贸组织事务中心
武汉大学WTO学院
国际贸易和可持续发展中心

2012
总第6期

中国商务出版社
CHINA COMMERCE AND TRADE PRESS

图书在版编目（CIP）数据

中国世界贸易组织年鉴 .2012/中国世界贸易组织研究会编 .—北京：中国商务出版社，2012.12

ISBN 978-7-5103-0811-6

Ⅰ.①中… Ⅱ.①中… Ⅲ.①世界贸易组织—影响—中国经济—2012—年鉴 Ⅳ.①F743-54②F12-54

中国版本图书馆 CIP 数据核字（2012）第 308427 号

中国世界贸易组织年鉴 2012

中国世界贸易组织研究会　编

出　版：中国商务出版社

发　行：北京中商图出版物发行有限责任公司

责任编辑：李彩娟

社　址：北京市东城区安定门外大街东后巷 28 号

邮　编：100710

电　话：010—64269744（编辑室）
010—64266119（发行部）
010—64263201（零售、邮购）

网　址：www. cctpress. com

邮　箱：cctp@ cctpress. com

照　排：嘉年华文排版公司

印　刷：北京松源印刷有限公司

开　本：889 毫米×1194 毫米　1/16

彩　插：5. 5 印张

正　文：50 印张　　**字　数**：1552 千字

版　次：2012 年 12 月第 1 版　　2012 年 12 月第 1 次印刷

书　号：ISBN 978-7-5103-0811-6

定　价：480. 00 元

2011年12月11日，国家主席胡锦涛在北京人民大会堂出席中国加入世界贸易组织10周年高层论坛并发表重要讲话。他强调，面对新形势新要求，中国将坚持以更广阔的视野观察世界、观察中国，根据推动科学发展的要求，实行更加积极主动的开放战略，拓展新的开放领域和空间，完善更加适应发展开放型经济要求的体制机制，提高开放型经济水平和质量，形成开放型经济新格局，更好地以开放促发展、促改革、促创新。

2011年10月21日，国务院总理温家宝出席第八届中国—东盟商务与投资峰会，并在开幕式上发表题为《深化合作 共同繁荣》的讲话。他指出，全球经济格局正在发生深刻变化，亚洲的地位和作用日益重要。中国和东盟都是最具活力的经济体，都处在发展转型的关键时期。要抓住难得的历史机遇，推动经济持续平稳较快发展，就要进一步加强区域经贸合作。

2011年5月9日，中国国家主席胡锦涛的特别代表、国务院副总理王岐山在第三轮中美战略与经济对话联合开幕式上致辞。在联合记者会上，他指出，双方将继续推进双边投资保护协定谈判，加强在知识产权保护、产品质量和食品安全等领域的合作。双方将积极推进多哈回合谈判，共同反对贸易和投资保护主义。

2011年12月11日，世界贸易组织总干事拉米在北京人民大会堂出席中国加入世界贸易组织10周年高层论坛并发表重要讲话。他指出，中国的经济增长奇迹，并非从2001年12月才开始，但加入世贸组织巩固了中国的改革，促进了转型。世贸组织的成员地位是中国经济腾飞的稳定器和加速仪。展望未来十年，希望中国继续参与世贸组织工作，帮助世贸组织继续推进更加开放和公平的国际贸易环境；希望世贸组织继续加深与中国的关系，帮助中国应对改革挑战。无论过去、现在还是将来，中国都需要世贸组织，世贸组织也同样需要中国。

2011年4月15日，博鳌亚洲论坛举办题为“中国融入世界，分享共赢的十年——纪念中国加入世界贸易组织十周年”专题论坛。此次分论坛通过回顾和总结中国加入WTO十年来的成就与经验，展示中国作为新兴经济体对世界经济特别是亚洲经济增长做出的贡献，并对中国未来经济的发展做出了展望。中国商务部部长陈德铭为主讲嘉宾，他强调刚刚过去的十年，不仅是中国发展最好最快的十年，也是中国与亚洲实现互利共赢，分享发展成果，并为世界经济增长做出巨大贡献的十年。

在中国加入世界贸易组织10周年高层论坛上的讲话

（2011年12月11日）

胡锦涛

女士们，先生们：

10年前的今天，中国正式成为世界贸易组织成员。这是中国改革开放进程中的一件大事，标志着中国对外开放进入了历史新阶段。

加入世界贸易组织，是中国全面分析国内外形势，为加快推进改革开放和社会主义现代化做出的重大战略决策。加入世界贸易组织以来，中国坚持享受权利和履行义务相结合、实现自身发展和促进世界共同发展相结合，积极化挑战为机遇，在更大范围、更高水平上参与国际经济合作和竞争，大力发展开放型经济，推动中国和世界的关系发生了举世瞩目的变化。

10年来，中国全面履行加入世界贸易组织承诺，贸易和投资自由化便利化程度显著提高。我们不断扩大农业、制造业、服务业市场准入，不断降低进口产品关税税率，取消所有不符合世界贸易组织规则的进口配额、许可证等非关税措施，全面放开对外贸易经营权，大幅降低外资准入门槛。中国关税总水平由15.3%降至9.8%，达到并超过了世界贸易组织对发展中国家的要求。中国服务贸易开放部门达到100个，接近发达国家水平。我们大规模开展法律法规清理修订工作，中央政府共清理法律法规和部门规章2300多件，地方政府共清理地方性政策和法规19万多件。中国对外开放政策的稳定性、透明度、可预见性不断提高。

10年来，中国坚持实行平等互利、合作共赢的对外开放政策，为世界经济发展带来有力推动。中国全面享受世界贸易组织成员权利，经济发展获得了良好外部条件，同世界各国在经济、贸易、科技、文化等领域交流合作的广度和深度不断拓展。中国货物贸易额的全球排名由第六位上升到第二位，其中出口额跃居第一位，进口额累计达到7.5万亿美元；累计吸收外商直接投资7595亿美元，居发展中国家首位；对外直接投资年均增长40%以上，2010年达到688亿美元、居世界第五位。中国每年平均进口7500亿美元的商品，为贸易伙伴创造大量就业岗位和投资机会。在华外商投资企业累计汇出利润2617亿美元，年均增长30%。

10年来，中国积极承担应尽国际责任，努力推动各国共同发展。我们积极采取一系列重大政策措施，同国际社会一道应对国际金融危机，着力推动世界经济强劲、可持续、平衡增长。我们坚定支持世界贸易组织多哈回合谈判，参与国际宏观经济政策协调，参与二十国集团等全球经济治理机制建设，致力于国际货币体系、国际贸易体系、大宗商品价格形成机制等改革和完善，致力于促进经济全球化和区域经济一体化。我们高举自由贸易旗帜，反对各种形式的保护主义，推动建立公平、合理、非歧视的国际贸易体系。我们积极推动建立更加平等、更加均衡的新型全球发展伙伴关系，加强南北对话和南南合作，加大对外援助力度，近10年累计对外提供各类援款1700多亿元人民币，免除50个重债穷国和最不发达国家近300亿元人民币到期债务，承诺对同中国建交的最不发达国家97％的税目的产品给予零关税待遇，为173个发展中国家和13个地区性国际组织培训各类人员6万多名，增强了受援国自主发展能力。

10年来的实践，丰富了我们在经济全球化条件下发展中国的认识，坚定了我们实施对外开放基本国策的信心。实践证明，中国加入世界贸易组织，扩大对外开放，惠及13亿中国人民，也惠及各国人民；中国的发展是和平的发展、开放的发展、合作的发展、共赢的发展，向世界展示了中国这个东方文明古国的勃勃生机和巨大潜力。

女士们、先生们！

当今世界是开放的世界。只有坚持改革开放，才能不断进步，才能破解发展进程中的难题。30多年前，在邓小平同志领导下，我们正确判断国际国内形势，准确把握时代主题，顺应人民愿望，做出实行改革开放的历史性决策，为中国社会主义现代化建设注入了强大活力。中国过去30多年的快速发展靠的是改革开放，中国未来发展也必须坚定不移依靠改革开放。改革开放是决定当代中国命运的关键抉择，是坚持和发展中国特色社会主义、实现中华民族伟大复兴的必由之路。

当今世界，经济全球化深入发展，各国经济相互依存不断加深，全球经济治理出现新变革，同时世界经济形势复杂多变，国际金融市场动荡不已，各种形式的保护主义明显增多，国际和地区热点此起彼伏，粮食安全、能源安全、气候变化、重大自然灾害等全球性挑战日益突出，世界经济发展面临严峻挑战。

从中国来看，经过30多年的发展，中国社会生产力、综合国力、人民生活水平大幅度跃升，中国的发展基础和发展条件发生很大变化，同时中国仍然是世界上最大的发展中国家，发展中不平衡、不协调、不可持续问题依然突出，经济增长的资源环境约束强化，科技创新能力不强，产业结构不合理，农业基础薄弱，城乡、区域发展不协调，国际竞争力不强，制约经济社会发展的体制机制障碍仍然较多。

面对新形势新要求，中国将坚持以更广阔的视野观察世界、观察中国，根据推动科学发展的要求，实行更加积极主动的开放战略，拓展新的开放领域和空间，完善更加适应发展开放型经济要求的体制机制，提高开放型经济水平和质量，形成开放型经济新格局，更好地以开放促发展、促改革、促创新。

——中国将进一步扩大对外经济技术合作。我们将适应国际产业转移和国内外市场需求变化，更加注重加强同世界各国的经济技术交流合作，推动经济发展方式转变和经济结构调整，大力发展结构优化、技术先进、清洁安全、附加值高、吸纳就业能力强的现代产业体系，促进产业结构优化升级。我们将继续通过开放市场、引进先进技术提升制造业国际竞争力，推动传统制造业向价值链高端延伸，促进战略性新兴产业加快发展。我们将加强生态文明建设，坚持绿色、低碳发展理念，加强资源节约和生态环境保护，大力发展绿色产业和节能环保产业。我们将扩大服务业开放，积极承接国际服务业转移，加快发展服务业特别是现代服务业。我们将稳步推进农业领域对外开放，促进农业结构调整，推动农业朝着集约化、效益型方向发展。我们将加快构建现代文化产业体系，吸收外资进入法律法规许可的文化产业领域，鼓励外资企业在华进行文化科技研发，发展服务外包。我们将更加注重为包括外资企业在内的各类所有制企业提供公平的市场准入待遇，更加注重在开放中增强技术进步和体制创新动力。

——中国将进一步促进对外贸易平衡发展。我们将坚持进口和出口并重，把扩大进口和稳定出口结合起来，把积极扩大进口作为转变外贸发展方式的重要内容，努力促进国际收支基本平衡，不刻意追求贸易顺差。我们将完善进口支持政策，降低进口成本，提高进口便利化。今后5年，随着中国扩大内需战略的有效实施，中国消费结构将继续提升，居民消费潜力将进一步释放，预计社会消费品零售总额年均增长15%以上，2015年有望达到32万亿元人民币，国内市场规模将位居世界前列，今后5年中国进口总规模有望超过8万亿美元，这将给世界各国带来巨大商机。我们将加强同主要顺差来源国的经济合作，通过共同努力逐步解决贸易不平衡问题。我们也希望有关国家尽快承认中国完全市场经济地位，放松高新技术产品对中国出口管制，方便中国企业前往投资，为双边贸易平衡发展创造条件。

——中国将进一步完善全方位对外开放格局。中国区域多样化和发展不平衡蕴含着多层次多元化的投资机会。我们将把扩大对外开放和区域协调发展结合起来，协同推动沿海、内陆、沿边开放，形成优势互补、分工协作、均衡协调的区域开放新格局。我们将继续深化沿海地区对外开放，鼓励外商投资企业参与沿海地区技术研发、高端制造、生态功能区建设和现代服务业发展，在更高水平上实现优势互补、合作共进。我们将积极支持外商投资企业到中西部地区投资办厂，参与中国中部地区崛起、西部大开发和东北地区等老工业基地振兴。我们将加快沿边开放步伐，加强与周边国家的基础设施互联互通，繁荣双边经济，实现互利共赢。我们将积极扩大文化、教育、科技、卫生等领域对外交流合作，在扩大开放中促进中国社会事业发展。

——中国将进一步坚持“引进来”和“走出去”并重。“引进来”和“走出去”是中国对外开放的重要内容，也是中国深化对外经贸合作、促进与世界各国共同发展的有效途径。中国将继续扩大各领域对外开放水平，强化产业政策与外资政策的协调，继续欢迎各国投资者来华投资兴业，鼓励外商在华设立研发中心，利用全球科技智力资源推动国内技术创新。中国将加快实施“走出去”战略，按照市场导向和企业自主决策原则，引导企业有序开展境外投资合作，重视开展有利于不发达国家改善民生和增强自主发展能力的合作，承担社会责任，造福当地人民。

——中国将进一步营造公平透明的市场环境。我们将按照转变职能、理顺关系、优化结构、提高效能的要求，加快建设法治政府和服务型政府，继续开展涉外经济法律法规、规章及政策措施的清理工作，深化行政审批制度改革，减少政府对微观经济活动的干预，健全制约和监督机制，推动政府服务朝着更加规范有序、公正公开的方向发展。我们将加大知识产权执法力度和司法保护力度，健全市场信用体系，完善市场监管体系，加快形成统一开放、竞争有序的全国大市场，为国内外投资者提供良好经营环境。中国将加强自身投资环境建设，继续优化公共服务和管理，不断完善市场体系，为国内外投资者提供公平、稳定、透明的投资环境。

——中国将进一步推动共同发展。我们将高举和平、发展、合作旗帜，积极参与国际事务，承担力所能及的义务和责任，继续在国际经济体系中发挥建设性作用，同各国一道分享发展机遇、应对各种挑战，使中国发展惠及更多国家和人民。我们将加强同发展中国家的务实合作、增加对发展中国家的经济援助和人才培训，扩大同发达国家的互利合作，深化同周边国家的睦邻友好合作，扩大同各方利益汇合点，妥善处理经贸摩擦。我们将致力于维护和加强多边贸易体制，继续推动多哈回合谈判，积极参与全球经济治理机制改革，推动国际经济秩序朝着更加公正合理的方向发展。我们将加快实施自由贸易区战略，推动区域经济一体化更好更快发展。面对国际金融危机、粮食危机、气候变化以及重大自然灾害，中国将同各国合力应对国际社会共同面临的挑战，为推动建设持久和平、共同繁荣的和谐世界做出新贡献。

女士们、先生们！

中国发展离不开世界，世界繁荣稳定也离不开中国。拥有十几亿人口的中国进行改革开放，这是人类发展史上的艰辛探索和伟大实践。中国取得的发展成就与各国友好合作密不可分，中国未来发展需要国际社会理解和支持。我们衷心感谢所有理解、关心、支持、帮助中国发展的国家和人民。

我们多次郑重宣示，中国始终不渝走和平发展道路，始终不渝奉行互利共赢的开放战略，在实现自身发展的同时致力于促进世界共同发展。面向未来，中国将坚定不移做和平发展的实践者、共同发展的推动者、多边贸易体制的维护者、全球经济治理的参与者。我们坚信，一个改革开放的中国，一个繁荣发展的中国，一个和谐稳定的中国，必将为人类做出新的更大的贡献！

最后，预祝本次论坛圆满成功！

《中国世界贸易组织年鉴》编委会组织机构

总 顾 问

李岚清 原中共中央政治局常委、国务院副总理、国务院关贸总协定部际协调委员会主任

徐匡迪 第十届全国政协副主席、中国世界贸易组织研究会名誉会长、中国工程院院士

高级顾问

（以下按姓氏笔画排序）

丁家祧 中国世界贸易组织研究会顾问、《中国商务》原总编辑、教授

万季飞 全国政协常委、中国国际贸易促进委员会会长

万鄂湘 民革中央副主席、最高人民法院副院长、中国世界贸易组织研究会竞争政策与法律专业委员会名誉主席

王洛林 中国社会科学院原党组副书记、常务副院长、研究员

尤姆凯拉 联合国工业发展组织总干事

包克辛 中国储备粮管理总公司董事长

厉以宁 北京大学民营经济研究院院长、北京大学光华管理学院名誉院长、教授

龙永图 原外经贸部副部长、博鳌亚洲论坛前秘书长、中国入世首席谈判代表

刘　吉 中国社会科学院前副院长、中欧国际工商学院名誉院长

刘新华 中国证券监督管理委员会副主席

孙琬钟 原国务院法制局局长、中国法学会 WTO 法研究会会长

毕井泉 国务院副秘书长

江小涓 国务院副秘书长

牟新生 全国人大常委、全国人大财经委副主任委员

余永定 联合国发展政策委员会会员、中国社会科学院学部委员、研究员

佟志广 原外经贸部副部长、中国复关谈判代表团第二任团长

吴敬琏 国务院发展研究中心研究员

张月姣 世界贸易组织上诉机构主席、教授

李　伟 国务院发展研究中心主任

李　勇 财政部副部长

李　灏 原中共深圳市委书记

李东生 中国广告协会会长、原国家工商行政管理总局副局长

李若谷 中国进出口银行董事长、行长

李剑阁 中国国际金融有限公司（中金公司）董事长、原国务院发展研究中心副主任

李荣灿 商务部部长助理

李道豫 中国前驻美大使

杨洁篪　外交部部长
沈觉人　原外经贸部副部长、中国复关谈判代表团首任团长
谷永江　原外经贸部副部长、中国复关/入世谈判代表团第三任团长
陈　元　国家开发银行股份有限公司董事长
周小川　中国人民银行行长
尚　冰　工业和信息化部副部长
帕斯卡尔·拉米　世界贸易组织总干事
易　纲　中国人民银行副行长、国家外汇管理局局长
易小准　中国常驻世界贸易组织大使
林毅夫　世界银行前副行长兼首席经济学家、北京大学教授
俞建华　商务部部长助理
素帕猜·巴尼巴滴　联合国贸易和发展会议秘书长
高虎城　商务部国际贸易谈判代表（正部长级）兼副部长、党组副书记
曹建明　最高人民检察院检察长、首席大检察官
盛光祖　铁道部部长
章新胜　教育部原副部长、世界自然保护联盟理事会主席、联合国教科文组织执行委员会主席、中国教育国际交流协会会长
谢伏瞻　国务院研究室主任
樊　纲　中国经济改革研究基金会国民经济研究所所长、教授

名誉主编

孙振宇　全国政协委员、商务部前副部长、中国首任常驻世界贸易组织代表团常驻代表、特命全权大使、中国世界贸易组织研究会会长

主　编

廖晓淇　全国政协委员、商务部前副部长、中国国际贸易中心董事长、中国世界贸易组织研究会副会长

执行主编

施建军　对外经济贸易大学校长、教授
邓洪波　北京市商务委员会委员、北京市国际服务贸易事务中心党委书记

王令浚　青海省人民政府副省长
王汉江　商务部对外援助司前司长
王沈阳　商务部对外投资和经济合作司司长
王忠明　中华全国工商业联合会副秘书长
王治权　中国国际经济合作学会会长
王青海　首钢总公司党委书记、董事长、中国钢铁工业协会会长
王俊文　中国国际贸易学会会长
王受文　商务部对外贸司司长
王振华　国家税务总局货物和劳务税司副司长
王澜明　中央机构编制委员会办公室副主任、中国行政管理学会会长
邓红国　中诚信托有限责任公司董事长、研究员
左常升　中国国际扶贫中心主任
刘　力　中国世界贸易组织研究会副秘书长、经济学博士、研究员
刘　欢　商务部产业损害调查局原副局长
刘　佐　中国税务报社总编辑
刘　薇　国家外汇管理局综合司司长
刘小军　国家旅游局政策法规司司长
刘志江　国家旅游局综合协调司调研员
刘玉珠　文化部文化产业司司长
刘亚军　商务部外国投资管理司司长
刘有厚　中国驻欧盟使团经济商务参赞处前公使衔参赞
刘海泉　商务部综合司司长
刘新明　卫生部卫生政策法规司司长
向　欣　商务部流通业发展司司长
吕淑云　商务部亚洲司公使衔商务参赞
孙　杰　中国基金业协会会长
孙永福　商务部欧洲司司长
孙瑞哲　中国纺织工业联合会副会长
朱　洪　中国常驻世界贸易组织代表团副代表、公使
朱继民　中国钢铁工业协会常务副会长
许瑞表　国家工商总局商标局局长
何　宁　商务部美大司司长
吴　浩　国务院法制办公室政法国防法制司司长
吴汉洪　中国人民大学经济学院教授、产业经济与竞争政策研究中心主任
张　勇　商务部产业损害调查局产业分析与预警处处长
张　骥　商务部机电和科技产业司司长兼国家机电产品进出口办公室副主任
张汉林　对外经济贸易大学 WTO 研究院院长、教授
张向晨　商务部政策研究室主任

张坚钟　国家旅游局红色旅游办公室调研员
张丽萍　联合国贸易和发展会议高级经济事务官员
张松涛　中国进出口银行副行长
张冠华　中国社会科学院台湾研究所副所长、研究员
李　勇　民政部民间组织管理局副局长
李月芬　联合国贸易和发展会议高级经济事务官员
李成钢　商务部条约法律司司长
李志群　国务院国有资产监督管理委员会国有重点大型企业监事会主席
李欣欣　中共中央政策研究室社会局局长
李罗莎　中国世界贸易组织研究会副秘书长
李晋奇　商务部电子商务和信息化司
李晓超　国家统计局湖北调查总队总队长、高级统计师
杨　咏　交通运输部办公厅主任
杨　益　中央人民政府驻香港特别行政区联络办公室经济部副部长兼贸易处负责人
杨丽平　中国银行业监督管理委员会银行监管三部主任
杨宜勇　国家发改委宏观经济研究院社会发展研究所所长
杨维宏　中国常驻日内瓦代表团前参赞
汪东虹　海关总署教培中心副主任
沈四宝　原对外经贸大学法学院院长、中国法学会国际经济法研究会会长、教授
沈厚铎　中国政法大学教授、中国法学会 WTO 法研究会秘书长
陈　星　商务部台港澳司司长
陈　洲　商务部亚洲司司长
陈　淮　住房和城乡建设部政策研究中心主任、中国城乡建设经济研究所所长
陈丹丹　香港中国商会创会会长
周子学　工业和信息化部总经济师
周世俭　清华大学中美关系研究中心高级研究员
周冠山　海关总署国际合作司原司长
周柳军　商务部服务贸易和商贸服务业司司长
周晓燕　商务部进出口公平贸易局局长
孟昭亿　中国太平保险集团公司副总经理
尚　明　商务部反垄断局局长
姚　坚　商务部办公厅主任、新闻发言人、青岛市人民政府原副市长
施建新　中国驻英国大使馆经济商务处前公使衔参赞
柯炳生　中国农业大学校长、教授
洪　都　中央机构编制委员会办公室研究中心主任
胡佐超　国家知识产权局中国专利保护协会副会长兼秘书长
赵小凡　中国软件行业协会理事长
赵晓光　国务院法制办公室工交商事法制司司长

赵晓笛　中国国际商会秘书长
钟传水　中国世界贸易组织研究会常务理事
钟曼英　商务部西亚非洲司司长
钦宏亮　中国驻德国大使馆经商参处公使衔参赞
唐　炜　中国国际贸易中心股份有限公司总经理
唐小兵　世界贸易组织市场准入司司长
徐小青　国务院发展研究中心农村经济研究部副部长
徐建一　中国汽车工业协会会长
柴小林　商务部世界贸易组织司司长
柴海涛　商务部驻广州特派员办事处特派员
栗　丽　河南财经大学WTO中心教授、中国世界贸易组织研究会常务理事
郭国荣　中国国新控股有限责任公司专职外部董事、中国恒天集团有限公司外部董事
钱建初　中国商务出版社总编辑
顾春芳　商务部产业调查局局长
高振刚　中国工业经济联合会调研部主任
高舜礼　中国旅游报社总编辑
常晓村　商务部市场秩序司司长
戚秀芹　国家质量监督检验检疫总局国际合作司司长
曹晓晞　中石化集团经济技术研究院经济政策研究所所长
盛杰民　中国法学会经济法学研究会常务理事、北京大学经济法研究所原所长
隆国强　国务院发展研究中心对外经济研究部部长、研究员
黄胜强　上海海关关长、一级关务监督
傅星国　中国常驻世界贸易组织代表团参赞
彭华岗　国务院国有资产监督管理委员会研究局局长、国资委新闻发言人
温再兴　商务部市场秩序司巡视员
程国强　国务院发展研究中心办公厅副主任、研究员
童道弛　中国证监会国际部主任
葛　俊　中欧国际工商学院院长助理
韩铁城　中国驻法国大使馆经济商务参赞处前公使衔参赞
翟　钢　财政部国库司司长兼国库支付中心主任
阚凯力　北京邮电大学信息产业政策与发展研究所教授
戴云楼　中国驻美国大使馆经济商务参赞处前公使衔参赞

指导单位

中央财经领导小组办公室
外交部
教育部
中央政策研究室
国家发展和改革委员会
科学技术部

民政部
人力资源和社会保障部
住房和城乡建设部
交通运输部
水利部
环境保护部
卫生部
国务院国有资产监督管理委员会
国家税务总局
国家质量监督检验检疫总局
广播电影电视总局
国家体育总局
国家林业局
国家知识产权局
国务院法制办公室
中国科学院
国务院发展研究中心
中国证券监督管理委员会
国家外汇管理局
中华人民共和国常驻世界贸易组织代表团
北京大学
清华大学
中国人民大学
复旦大学
武汉大学
中欧国际工商学院
中国行政管理学会

财政部
国土资源部
铁道部
工业和信息化部
农业部
文化部
中国人民银行
海关总署
国家工商行政管理总局
中国民用航空局
新闻出版总署
国家统计局
国家食品药品监督管理局
国家旅游局
国务院研究室
中国社会科学院
中国银行业监督管理委员会
中国保险监督管理委员会
中国国际贸易促进委员会
香港中国商会
世界贸易组织秘书处
联合国贸易和发展会议
联合国工业发展组织
对外经济贸易大学
上海对外贸易学院
中国传媒大学经济与管理学院

序

党的十六大以来的十年，是我国开放型经济水平全面提升的十年。十年来，我们以加入世界贸易组织为契机，顺应全球产业分工不断深化的大趋势，充分发挥比较优势，积极承接国际产业转移，大力发展对外贸易和促进双向投资，逐步形成了全方位、多层次、宽领域的对外开放格局和具有中国特色的开放型经济体系。

党的十八大报告指出，要适应经济全球化新形势，实行更加积极主动的开放战略，完善互利共赢、多元平衡、安全高效的开放型经济体系。这是在全面总结我国30多年对外开放伟大实践的基础上，充分反映世情、国情新变化提出的新要求，为今后一个时期进一步扩大开放、全面提高开放型经济水平指明了方向。

当前，国际金融危机对世界经济造成的深层次影响还在不断显现，全球化进程更加复杂曲折。我们更加迫切需要深入研究多边贸易体制和经济全球化的新特点、新趋势，全面研判国内外形势的新变化、新挑战，深刻认识新时期进一步扩大对外开放的必要性和紧迫性，不断完善开放型经济体系，以开放促发展、促改革、促创新。

作为商务部直属研究机构，中国世界贸易组织研究会编辑出版的《中国世界贸易组织年鉴（2012）》，围绕当前国际形势下多边贸易体制的新挑战、多哈回合谈判的新进展、中国在世贸组织中的新动态、中国学术界的最新研究等内容，进行了全面、客观、系统的介绍。希望年鉴的出版能为深入研究多边贸易体制、经济全球化和我国开放型经济体系的发展提供有益的参考和借鉴。

中华人民共和国商务部部长 陈德铭

2012年11月

编 辑 说 明

《中国世界贸易组织年鉴2012》(下简称“本年鉴”)是中华人民共和国商务部主管、由中国世界贸易组织研究会组织国内外权威部门和专家学者参与编撰出版的大型工具书，集政策性、学术性、实用性、史料性为一体，是国内外追踪研究WTO及相关问题，全面介绍加入WTO后中国对外开放新形势和新变化的年度出版物。

本年鉴在前五卷基础上对内容框架体系方面做了进一步完善。正文篇数增至十篇，框架体系被充实并基本定型：专文、WTO事务、中国与WTO、中国大陆与港澳台、中国与WTO主要成员经贸关系、与WTO有关的政策与管理措施、中国地方WTO事务、WTO学术成果、与WTO有关的法规及政策、贸易统计数据。其中，为全面反映中国加入WTO以来的国际地位和对外关系变化，将“中国与WTO主要成员经贸关系”从区域细分至双边，包括拉美、欧洲、东盟、非洲4个区域，美国、加拿大、澳大利亚、智利、秘鲁、新西兰、俄罗斯、英国、法国、德国、新加坡、日本、韩国、印度、巴基斯坦15个国家。

当前多哈回合多边贸易谈判陷入僵局，而全球范围内区域贸易安排正如火如荼地开展。中国也在加快区域经济合作战略。本年鉴在专文部分突出了这一主题。同时，俄罗斯加入世界贸易组织是世界经贸领域的一件大事，本年鉴的专文部分也给予了关注。

本年鉴所涉及单位名称、作者姓名及职务均以截稿日期为准。在年鉴编撰过程中，得到了商务部、国务院其他相关经济贸易主管部门以及我国常驻世界贸易组织代表团和广大作者、译者的积极支持和帮助，在此谨表衷心的感谢！

我们真诚希望社会各界继续对年鉴的编辑和出版工作给予关心和支持，对本年鉴的不足之处，敬请提出批评和改进意见，以使本年鉴日臻完善。

通信地址：北京市朝阳区惠新东街10号逸夫科研楼608室

邮政编码：100029

电　　话：0086－10－8425 5121

传　　真：0086－10－8425 5122

E-mail：cwtoyearbook@sina.com

《中国世界贸易组织年鉴》编辑部

2012年11月

目　　录

第七篇　入世十年中国地方 WTO 事务（2011）

第八篇　WTO 学术成果

附 录

CONTENTS

跨越腾飞中的重庆经济技术开发区

Chongqing Economic and Technological Development Zone – Leaping Forward with Great Advances

科技孵化楼

高尔夫球场

经开区大厦

重庆投资环境推介暨重庆日本电机电子产业基地揭牌仪式

香港招商推介会

重庆经济技术开发区1993年经国家批准设立，是西部地区设立最早的国家开发区。重庆经开区战略地位突出，是投资兴业的黄金宝地。

重庆经开区区位优势显著，处于主城区两江新区、江南经济带两个万亿工业板块的交汇处，起着南北传递、双向辐射的作用；生态环境优美，西靠“山城花冠”和“重庆肺叶”——南山，东接明月山，南有樵坪山，北临长江，环境优美、风景秀丽；交通运输便捷，北有重庆“三基地四港区”之一的东港，可快速连接重庆八大对外物流通道，东有内环快速干道，西有外环高速公路，通过轻轨6号线、8号线可快速连接主城各区，形成畅通的陆路网络；配套设施完善，有两所三级甲等医院、拥有重庆工商大学、市11中、龙门浩国家高等职业中学、珊瑚小学、南坪实验幼儿园等知名教育机构，高尔夫球场、中央主题公园、人民广场、湿地公园、歌剧院、文化艺术中心、图书馆、博物馆等一大批文化体育项目已经落成或在建。

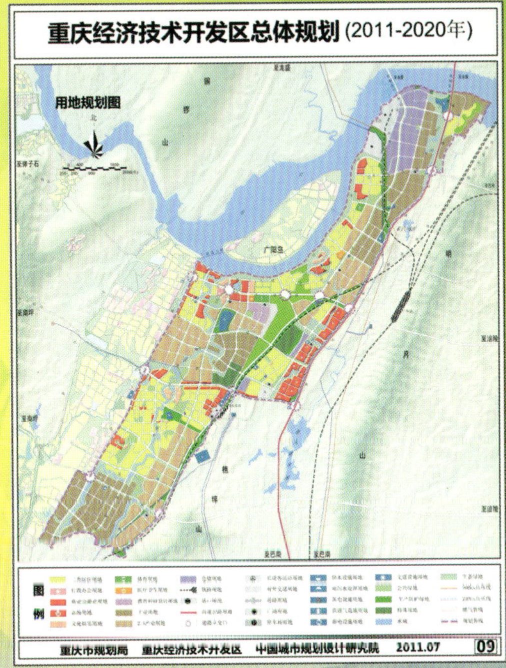

重庆经开区不仅具备国家经开区的优惠政策，而且享有西部大开发、三峡库区移民、统筹城乡综合配套改革试验区、国家3号文件等配套政策，享有与重庆两江新区同等的优惠政策，对入驻企业的财政扶持和税收优惠达到了全国先进水平。重庆经开区建立健全了国家经开区的企业服务制度，实现“一次性受理、一站式办公、一条龙服务”；建立了开放的人才引进机制，通过给予购房、租房、培训、探亲补贴及安排子女入学等特殊政策，搭建一流平台、营造一流环境、引进一流人才，鼓励和帮助人才创造一流业绩。

重庆经开区将围绕“西部领先、全国一流、国际知名”一个目标，立足“高新技术产业基地、内陆港口开放基地”两大定位，做强“高端装备制造、现代信息技术、现代服务业”三大产业，建设国家中心城市和内陆开放高地的先导示范之区、高端产业之区、临港生态之区、开放创新之区、和谐幸福之区。

联系电话：023-62900253

中国—亚欧博览会简介

中国—亚欧博览会是由中国新疆维吾尔自治区人民政府、新疆生产建设兵团和商务部、外交部等 29 个部门共同主办，北京等 22 个省、市人民政府协办，同时由联合国贸发会议、联合国工发组织、上海合作组织等 16 家国际组织积极参与和支持的国际性博览会，每年定期在中国新疆乌鲁木齐市举办。

中国—亚欧博览会既是中国与亚欧国家之间开展首脑外交的新平台，也是新疆与亚欧国家和地区开展经贸、投资、文化、科技、金融、人文领域合作的重要渠道。

第二届中国—亚欧博览会于 2012 年 9 月 2 ～ 7 日在乌鲁木齐举行。在经济合作项目推介会暨项目签约仪式上，共签约各类投资合作项目 170 个，签约总金额达 2068.53 亿元人民币，比首届中国—亚欧博览会集中签约增长 11.78%。据了解，这次签约的 170 个项目中，第二产业成为主导，签约项目 131 个，签约金额 1661.62 亿元，比首届增长 25.20%；第一产业签约项目 6 个，签约金额 40 亿元，增长 52.67%；第三产业签约项目 33 个，签约金额 366.91 亿元。第二届亚欧博览会 170 个签约项目涉及现代农业、食品加工、电力、能源、矿产开发、机电、纺织、旅游、化工、商贸、物流等 14 个投资领域。其中，电力项目 37 个，签约金额 599.72 亿元；石油、石化项目 22 个，签约金额 557.40 亿元；商贸、物流项目 17 个，签约金额 241.56 亿元；钢铁项目 8 个，签约金额 132.40 亿元；轻工项目 14 个，签约金额 83.72 亿元；有色项目 9 个，签约金额 81.30 亿元；机械电子项目 13 个，签约金额 69.13 亿元；房地产项目 5 个，签约金额 65.50 亿元；煤炭项目 2 个，签约金额 60.00 亿元；旅游、酒店项目 10 个，签约金额 54.85 亿元；建材项目 17 个，签约金额 48.65 亿元；农业产业化项目 6 个，签约金额 40.00 亿元；纺织项目 7 个，签约金额 24.80 亿元；基础设施项目 3 个，签约金额 9.50 亿元。

第三届中国亚欧博览会将秉承改革、创新、提高的办会理念，集中展示最新产品和一流技术与服务。充满商机的高水平国际化展会期待您的参与，我们将与您共架合作桥梁，共享发展成果。

2012 年 9 月 2 日，在第二届中国—亚欧博览会上领导致辞

2012 年 9 月 3 日，上海合作组织商务日开幕式现场。

2012 年 9 月 3 日，联合国工业发展组织绿色丝绸之路项目发展研讨会现场

主论坛第三阶段各国代表专题座谈讨论

第三届中国—亚欧博览会

1. 名称

第三届中国—亚欧博览会

2. 时间、地点

时间：2013年9月1～5日

地点：中国·新疆·乌鲁木齐

3. 主办、协办、承办单位

（1）主办单位

新疆维吾尔自治区人民政府、新疆生产建设兵团、商务部、中宣部、中央外宣办、外交部、国家发改委、科技部、工业和信息化部、公安部、财政部、交通运输部、铁道部、农业部、文化部、中国人民银行、海关总署、国家税务总局、国家质检总局、国家旅游局、国侨办、国台办、国家能源局、中国民用航空局、全国工商联、中国贸促会、国家开发银行、中国进出口银行、中国出口信用保险公司。

（2）协办单位（国内）

北京市、天津市、上海市、重庆市、河北省、山西省、辽宁省、吉林省、黑龙江省、江苏省、浙江省、安徽省、福建省、江西省、山东省、河南省、湖北省、湖南省、广东省、四川省、陕西省人民政府和深圳市人民政府。

（3）协办单位（国际及港澳台）

上海合作组织秘书处、联合国贸易和发展会议、联合国工业发展组织、联合国开发计划署、阿富汗商业部、巴基斯坦贸易发展署、大韩贸易振兴公社、韩国贸易协会、韩国知识经济部、吉尔吉斯斯坦工商会、荷兰国家贸易促进中心、莫斯科工商会、日本国际贸易促进会、土耳其经济部、塔吉克斯坦工商会、伊朗贸易发展局、香港贸易发展局。

（4）承办单位

新疆国际博览事务局、新疆维吾尔自治区商务厅、新疆生产建设兵团商务局、新疆维吾尔自治区招商发展局、新疆维吾尔自治区外办、新疆生产建设兵团外事局、商务部外贸发展事务局、商务部投资促进事务局、商务部国际经济合作事务局、商务部投资促进事务局、商务部国际经济合作事务局、中国机电产品进出口商会、乌鲁木齐市人民政府。

4. 第三届中国亚欧博览会论坛及专题活动

第三届亚欧博览会拟举行中国—亚欧博览会经济合作发展论坛、上海合作组织商务日等一系列论坛和专题活动及贸易投资促进活动，并将邀请我国领导人、外国政要、境内外部长级嘉宾、国际组织负责人、工商团体负责人以及中外客商与会。

5. 常设机构

中国—亚欧博览会秘书处

地址：新疆乌鲁木齐市友好北路146号（昆仑宾馆北楼）

电话：86-991-3879890 5190446（境外）

86-991-2850497 5190445（境内）

传真：86-991-2879890 5190446（境外）

86-991-2850497 5190445（境内）

电子邮箱：

caeexpo@163.com caeexpo@126.com （境外）

zhaoshangzhaozhanbu@caeexpo.org （境内）

博览会官方网站：Http://www.caeexpo.org

邮编：830000

昆明国家经济技术开发区

Kunming National Economic and Technological Development Zone

经开区管委会主任张宁

昆明国家经济技术开发区地处昆明主城、呈贡新城、新国际机场三角区域中心地带，国批面积 11.8 平方公里（含出口加工区 2 平方公里），规划控制面积 156.6 平方公里，下辖阿拉、洛羊两个街道办事处，是云南省集国家经济技术开发区、国家出口加工区、国家科技兴贸创新基地、国家新型工业化产业示范基地和省级高新技术产业开发区于一体的多功能、综合性产业园区。

经开区信息产业基地新貌

昆明出口加工区

经过二十年的发展，昆明经开区经济社会发展取得了显著的成绩。特别是十一五期间，经开区步入了快速发展的轨道，实现了园区经济社会的跨越式发展。工业强区深入实施，经济实力不断增强。“十一五”期间，全区累计实现生产总值 337 亿元、工业增加值 206.8 亿元、地方财政一般预算收入 25.1 亿元、出口总额达 12.7 亿美元。大项目、大投资方略扎实推进，招商引资实现突破。“十一五”期间，全区累计引进内资366.3亿元，实际利用外资 5.26 亿美元，中国兵器、统一食品、云锡股份、昆明航空等一大批质量高、效益好的优质项目相继落户。园区建设全面提速，载体功能不断提升。“十一五”期间，累计完成固定资产投资 228.1 亿元，完成基础设施投资 40.6 亿元，各专业园区建设全面展开，信息产业基地、光电子产业基地初具规模，昆明出口加工区顺利封关运行，形成了“一区多园”的发展格局。统筹城乡发展能力持续增强，科教文卫事业全面发展，民生事业稳步推进，切实让经开区 14 万群众共享到开发区发展的成果。

昆明经济技术开发区管委会办公楼

目前，昆明经开区初步形成了“一核•七园”的发展格局，集聚了以装备制造、光电子、生物医药、食品饮料和烟草加工及配套等为主导的产业集群，区域经济增长极的地位和作用日益凸显，综合经济实力已跃居西部开发区上游水平。昆明经开区正朝着打造“国内先进、西部一流的国家开发区”的发展目标迈进。

位于信息产业基地内的马料河生态湿地公园

地址：昆明经济技术开发区信息产业基地春漫大道 16 号　邮编：650501

电话：0871-8163126　传真：0871-8163127　网址：www.ketdz.gov.cn

为昆明地铁制造的盾构机在经开区生产下线

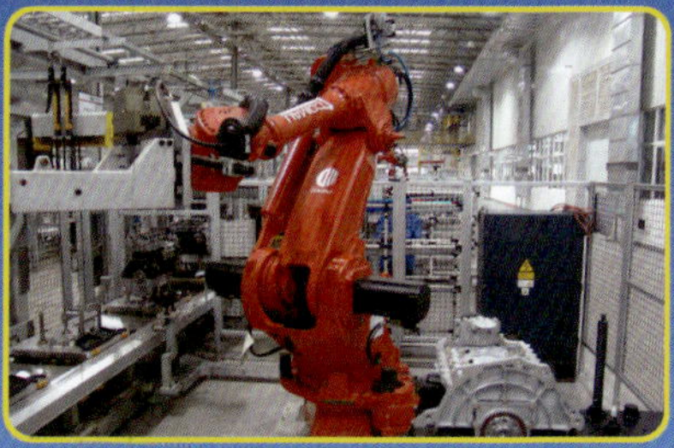

云内动力发动机装配生产线

昆船产品自动化物流系统

Kunming National Economic and Technological Development Zone (KETDZ) is located in the centre of triangular area of Kunming main city, Chenggong new district, and Kunming Changshui international airport, with a planned area of 11.8 km^2 (including Export Processing Zone -- 2 km^2) and a controlled area of 156.6 km^2. It administrates 2 sub-district offices -- Ala and Luoyang. KETDZ is the only integrated industrial zone with a combination of National Economic and Technological Development Zone, Export Processing Zone, National Science & Technology Commercial Innovation Base, National New Patterns Industrialization Demonstration Base and Provincial Hi-Tech Industry Development Park.

In 20 years development, KETDZ gained remarkable achievements on economic and social development. Especially during the period of the 11th Five-Year Plan, KETDZ step into a rapid development track, by achieving the great-leap-forward development in social economy. Economic strength has been improved continuously by implementing industry in depth. During the period of the 11th Five-Year Plan, the total output value was 33.7 billion RMB; the industrial added value was 20.68 billion RMB; the local general budgetary financial revenue was 2.51 billion RMB, the total volume of exports was 1.27 billion USD. A breakthrough was made on promoting investment by fulfilling the large project and great investment strategy. During the period of the 11th Five-Year Plan, the value of domestic investment reached 36.63 billion RMB and actual utilized foreign capital amounted to 526 million USD. The enterprises with high quality and economic returns had registered in our zone, such as China Weapon Industry Corporation, Uni-President Food, China Yunnan Tin Minerals Group Company Ltd., Kunming Airlines etc. The carrier functions were being upgraded constantly by speeding up the construction of the zone. During the period of the 11th Five-Year Plan, the total fixed investment increased to 22.81 billion RMB; the total infrastructure investment was 4.06 billion RMB. The construction of specialized parks spreads comprehensively; as IT Industrial Park and Optoelectronic Industrial Park began to take shape, the construction of Kunming Export Processing Zone had completed, the development pattern of "one zone with several parks" has been initially formed. The ability of coordinating urban-rural development continued to strengthen; social wellbeing has been improved steadily. We constantly improving urban function, public service system, social security system, urbanization process; arranging the land-lost residents properly; innovating society management mode; and sharing the achievement of the development with 140,000 residents in the zone.

At present, the "one core & seven parks" development pattern has been initially formed in KETDZ, which is surrounded by IT Industrial Park and Export Processing Zone etc, forming industry clusters in mechanical manufacturing, optoelectronics & IT industries, biopharmaceutical, food & beverage, and tobacco processing. The status and effects of the regional economic growth pole has emerged with each passing day and the comprehensive economic strength of KETDZ has stepped into the advanced level among western China. KETDZ now are heading to a goal of being the advanced zone among China and the top-class zone among the western.

云电科技园

昆明北方红外技术股份有限公司

经开区新兴科技孵化器

Address: 16 Chunman Ave, IT Industry Park, Kunming Economic and Technological Development Zone
Tel: 0871-8163126　Fax: 0871-8163127　Postcode: 650501　Website: www.ketdz.gov.cn

西安国际港务区

XI'AN INTERNATIONAL TRADE & LOGISTICS PARK

西安国际港务区是陕西省委省政府、西安市委市政府调整产业结构，转变经济发展方式，提升现代服务业发展水平，打造内陆地区开发开放战略高地的战略决策，是国家深入实施西部大开发战略和关中—天水经济区发展规划所重点支持发展的生产性服务业示范园区，是西安市建设具有历史文化特色的国际化大都市的开放型经济先导区和现代服务业核心功能区。遵循“先建内陆港、后建开发区、再建东部新城”的发展路径，经过四年夜以继日的奋斗，西安国际港务区的各项工作取得了显著成效，经济持续快速增长，为陕西创造了一个发展外向型经济的平台，园区辐射影响力大幅增强。

目前，中国国际内陆港外溢效能日益显现，依托西安综合保税区一期保税物流中心、西安铁路集装箱中心站和西安公路港等三大平台，西安国际港务区成功实现了与天津港、上海港、青岛港、

连云港港等沿海港口和阿拉山口口岸、霍尔果斯口岸等沿边口岸的战略合作，成功开通连接海港的“五定”班列，积极引入国际物流和货代公司，“港口内移、就地办单、海铁联运、无缝对接”已变成现实，西北地区从此步入了“有港口服务功能的时代”。

西安是新欧亚大陆桥中国段最大的中心枢纽城市之一，西安国际内陆港更是新欧亚大陆桥中国段上不可或缺的国际贸易、国际物流中心枢纽。目前，西安国际港务区已经同伊斯坦布尔、鹿特丹等多个沿桥城市展开经贸往来和合作试点，为推进新欧亚大陆桥经济新秩序的建立做出积极贡献。

西安国际港务区正在成为一个有特色、有亮点、有影响的现代服务业示范园区，成为内陆地区开发开放这一时代命题的引领者，成为对区域经济发展具有独特功能和特殊贡献的经济板块，成为陕西、西安经济发展不可或缺的经济单元，最终，它必将成为“连接东西，贯通欧亚”的国际贸易大通道上一颗璀璨明珠。

Xi'an International Logistics Park is a strategic decision made by Shanxi provincial Party Committee, provincial government, Xi'an municipal Party Committee and municipal government in order to adjust the industrial structure, transform the economic development pattern, enhance the development level of the modern service industry and to build a developing and opening strategic decision of strategic high ground in the inland areas. It is a demonstration zone of productive service industry mainly supported by the national in-depth implementation of the western development strategy and the development plan of Guanzhong-Tianshui Economic Zone, and it is also a pilot area of opening economy and core functional area of modern service industry, in which Xi'an provincial government is building an international metropolis with historical and cultural characteristics. Following the development path of "firstly building inland port, then development zone and finally the eastern new town", after four years of efforts round the clock, the work of Xi'an International Logistics Park has achieved remarkable success with the sustained and rapid economic growth, creating a platform of developing export-oriented economy for Shanxi, and has significantly enhanced the park radiation influence.

At present, the spillover effect of China's international island port is becoming increasingly obvious. Relying on three large platforms, that is, bonded logistics center (Phase Ⅰ) of Xi'an comprehensive bonded area, center station of Xi'an railway container and Xi'an highway port, Xi'an International Logistics Park has successfully achieved the strategic cooperation

with the coastal ports like Tianjin Port, Shanghai Port, Qingdao Port and Lianyungang Port etc., and with the border ports like Alataw Pass Port and Horgos Port etc. Xi'an International Logistics Park has successfully opened the "five fixed rail lines" connected to the harbor and has actively introduced international logistics and freight forwarding company. The dream of port ingression, in situ sample orders, Sea-rail Combined Transportation and seamless docking have come true, and the northwest area is entering the "times of port service".

Xi'an is the largest center hub city on the New Eurasian Continental Bridge in China, and Xi'an International Inland Port is also an indispensable center hub of international trade and logistics on it. At present, Xi'an International Logistics Park has traded and built cooperation pilot with many cities along the bridge such as Istanbul and Rotterdam, making positive contributions to the new economic order of the New Eurasian Continental Bridge.

Xi'an International Logistics Park is becoming a modern service industry demonstration zone with its unique characteristics, highlights, and influence. It has become the leader in the inland areas of the era proposition: development and opening up. It has become an economic block with unique features and special contribution to regional economic development. It also has become an indispensable unit of the economic development of Shanxi province and Xi'an city. Finally, it will inevitably become a shining pearl on the international trade channel linking the east and west, through Europe and Asia.

通光集团
TGG

公司简介
Brief Introduction

通光集团有限公司创建于1991年，是全国十大光缆生产基地之一，被列为国家重点高新技术企业和国家新材料产业基地。通光海缆项目是国家科技部2006年火炬计划项目（编号2006GH030396）。

通光集团科研开发和生产能力强大，技术力量雄厚，工装和检测设备设施齐全，产品覆盖全系列常规光缆和特种光缆及光电复合缆等数十个型号和百余种规格。产品通过ISO9001国际质量体系认证和国际ISO14001环境管理体系认证，获“中国名牌”产品称号。

通光海缆东临黄海，南依长江，与国际大都市上海隔江相望，是中国黄金水道与黄金海岸“T”字型的结合点，拥有水深大于10米的海缆装运码头，可常年停靠万吨级船舶，入海没有任何障碍。

通光海缆执行国际标准、国家标准和国家军用标准及相关专业标准，拥有自主知识产权，专业设计和生产海底通信光缆、海底电力电缆、海底光电复合缆和相关附件及配件，并向客户提供全方位的技术咨询和体贴的售后服务。

通光海底光缆按国际标准分为“无中继”和“有中继”两大类，包括轻型、轻型保护、单层铠装、双层铠装、岩石铠装等型号，分别适用于浅海和深海。通光海缆是国内首家生产了百公里级无接头深海光缆的厂家，产品实际工作于2000米深海的复杂地质海域。

通光海缆向客户提供电压等级为35kV及以下的分相铜带屏蔽结构和分相铅包结构海底电缆和海底光电复合缆，海底光电复合缆光纤芯数可达144芯，同时可提供海底光电复合缆全套附件及施工督导、附件安装、开通测试等销售服务。

Founded in 1991, Tongguang Group Co., Ltd is one of the ten largest manufacturing bases for optical fibre cables in China. The company has been awarded as State Key High-Tech Enterprise and National New Materials Industry Base by Ministry of Science and Technology. The Submarine Cables Project of Tongguang was listed in "2006 National Torch Project" issued by the Ministry of Science and Technology (Project Item No: 2006GH030396).

Tongguang Group has strong ability in scientific research and development, is equipped with complete set of manufacturing and measurement equipments and facilities, its products cover most of regular optical fiber cables , special optical fiber cables as well as opto-electric composite cables, include more than some tens types and some hundreds products. The company has passed ISO9001 International Quality Management System and ISO140 00 Environment Management System recognition, and the products have been attained the tiles of "China Top Brand" and "National Products.

Tongguang Submarine Cables is a sub-company belongs to Jiangsu Tongguang Communication Company, located at Haimen Port, known as First Ferry of Yangtze River. The port is very close to international city of Shanghai, facing the Yellow Sea to the east, Yangtze River to the South, at a "T-shape" binding site of China gold waterway and gold coast. The company has a dock of more than 10 meters water depth for submarine cable loading, could berth ships in 10,000 tons class throughout the year and without any obstacles towards sea.

Tongguang optical fiber submarine cables are fully complied with international standards, national standards, military standards and other industrial standards. The company possesses many exclusive self-determined intelligence property rights for submarine cable design and manufacture. The company could design and manufacture submarine communication cables, submarine power cables, opto-electric submarine composite cables and relevant attachments, could provide all-around technical consult and considerate after-sales service to customers.

According to international standards, Tongguang optical fiber submarine cables are classified into repeater-less (unrepeated) cables and repeatered cables, both of them could cooperated with different kinds of protection, forming light-weight cable, light-weight protected cable, single armored cable, double armored cable and rock armored cable, suited for deep sea application and shallow sea application respectively. Tongguang is the first company manufactured 100km length order joint-less optical fiber submarine cable in China, the cable is practically laid and operating on complex seabed topography at a depth over 2000m now.

Tongguang Submarine Cables could also supply submarine power cables (SPC) and opto-electric submarine composite cables (SCC) with copper tape shielded split-phase structure and lead sheathed split-phase structure for rated voltage of 35kV and below, the fiber count of SCC could up to 144. Also, the company could provide complete set of attachments and pre-sales service, sales service and after sales service include installation guidance, attachments installation and commissioning work for opto-electric submarine composite cables.

纯正民族品牌　中国名牌，中国电子企业最有价值品牌

自主知识产权　《高效阻水的海底光缆ZL2004 2 0054367.3》等10余项国家专利。

人材优势高地　拥有一批从事中国光纤光缆科研开发和生产管理30年的元老级的高端人材。

执行国标军标　采用国际标准，执行国标GB/T18480-2001和国军标GJB 4489-2002。

消化吸收创新　率先引进了当今国际上最先进的钢管生产线，经消化、吸收创新可生产大长度无中继海缆。

规格系列齐全　无中继/有中继的单铠、双铠、重铠等深海、浅海光缆；海底/海陆用直通/分歧等各种型式接头盒。

引领技术高端　光单元：光纤余长均匀性优于±0.02%；阻水性能优于3米高水柱/1米缆长，3小时无渗漏。

全套硬件设施　拥有水深超9米专用码头，位于长江第一渡的海门港，出海不通过任何桥梁，无任何障碍。

管理服务到位　拥有严格完善的企业管理和质量管理体系，提供及时、周到、体贴的服务。

北京兴谷经济开发区

燕谷公园

建设中的兴谷

标准厂房

平瑞街

北京兴谷经济开发区是北京市政府批准并通过审核的16家市级开发区之一，规划面积10.26平方公里，主要产业定位为汽车零部件、食品、机械。2002年11月19日被列为“北京汽车及配套零部件生产基地”，2005年12月15日被列为“全国农产品加工示范基地”。根据北京市政府公布的《平谷新城规划(2005—2020)》，兴谷开发区被定位于新城综合发展区，以综合发展为主。

兴谷开发区以打造“华北最大的饮食品工业基地”和“北京现代汽车配件基地”为招商方向，目前引进120家企业投资建厂，形成以汽车配件为主的现代制造业和以饮食品业为主的都市工业两大产业基地。知名企业包括旺旺食品集团、千喜鹤公司、新希望集团、日资企业7-11、星宇、日进、和信、大圆、大承、和承等。2011年完成工业总产值145.1亿元，安排就业14700人，纳税11亿元，经济总量在全市16个市级开发区中排名第三。兴谷开发区还着力促进餐饮、物流等产业壮大与城镇化建设，带动了区域社会经济事业的发展。

目前，兴谷开发区已和福田汽车公司达成投资协议，福田汽车综合产业园正在推进中，敏实、升兴、阿姆斯等项目也在加紧建设。预计到2015年，兴谷开发区将成为年销售收入260亿元、缴纳税收20亿元、人口规模5万人的现代化工业新城。

旺旺

千喜鹤外景

旺洋剪彩

星宇

日进生产线

和信生产线

兴谷全景

Beijing Xinggu Economic Development Zone is one of the 16 economic development zones of municipal level and has got the approval of Beijing City Government as well as through the examination and verification. With the planned area of 10.26 square kilometers, the main industry of it is positioning on automobile parts, food, and machinery. On November 19, 2002, it was classified as "Beijing automobile and matching components production base", and on December 15, 2005, it was listed as "National agricultural product processing demonstration base". In the Pinggu new town planning issued by Beijing municipal government, Xinggu Economic Development Zone is positioned as the new city comprehensive development zone, which is mainly based on the comprehensive development.

Xinggu Economic Development Zone takes the investment direction of building " the largest food and drink product industry base in North china and Base of Beijing modern automobile parts". At present, the development zone has introduced 120 enterprises to make the investment in building the factory, has formed two big industries modern manufacturing industry based on automobile parts and urban industry based on food and drink industry. The famous enterprises include Want-want food group, Kinghey Food Company, New Hope Group, Japanese Enterprises 7-11, Korean Enterprises SunGwoo, Iljin , Hwashin, Daewon Kang Up, Daeseung Precision, Hecheng R&A and etc. In 2011, the zone achieved the total industrial output value of 14.51 billion Yuan, arranged the employment of 14700 persons, and paid taxes 1.1 billion Yuan. The total economic output of the zone was ranked number third among 16 development zones of municipal level. Xinggu Economic Development Zone also promotes industry growing and town urbanization of catering, logistics, and others industries, drives the development of the area social economic establishments.

At present, Foton automobile comprehensive industrial park is on construction. Minth,Sheng Xing, Arms and other projects are speeding up on construction. It is estimated that by 2015, Xinggu Economic Development Zone will become the modern industrial new town with annual sales revenue 26 billion, the tax revenue 2 billion Yuan, and population scope 50000 people.

北京兴谷经济开发区招商部
Investment department of Beijing Xinggu Economic Development Zone

地址：平谷区平谷北街 15 号
Address: No.15, Pinggu Beijie, Pinggu District

电话（Tel）/ 传真（Fax）：69959702/69959703
邮箱（Email）：zhaoshangbu_08@126.com

DTW
大田物
Logistic

公路运输 Road Transportation

以覆盖全国的公路运输网络为基础，提供快捷、准时、安全的标准化公路运输服务。同时为客户提供附加增值服务，满足客户的个性化需求。

仓储物流 Warehousing Logistics

大田集团在国内主要城市均建立了现代化的仓储物流中心，丰富的仓储资源，先进的仓储设备，国际标准化操作，专业的物流管理团队，为客户提供高效满意的服务。

国际货运 International Freight

大田物流拥有 20 年的国际货运经验，是 IATA 成员、全球星级代理，为客户提供覆盖全球主要港口的空海运、多式联运、包机等服务。

危险品服务 DGM-China

DGM-China 成立于 1996 年，总部设在北京，是 DGM 全球网络在中国的唯一成员。已在天津、上海、厦门、深圳、大连、青岛、广州设立了分公司，在中国沿海地区初步形成了服务网络。

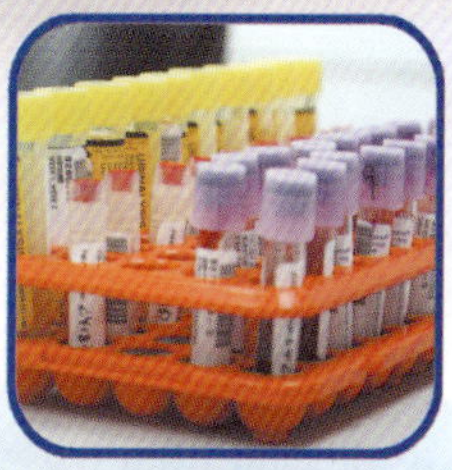

冷链物流 Cold Chain Logistics

大田集团冷链物流为国际主要的中心实验室及药厂提供全方位的物流解决方案。在临床用药及温度控制（尤其在 2 - 8℃）运输上，是目前国内最专业最精准的综合物流供应商之一。

贸易物流 Trade Logistics

大田物流为客户提供的贸易物流服务，从源头上帮助客户解决企业经营中遇到的难题。采购执行和分销执行可帮助客户专注于自身的核心业务，节省成本，提高竞争力。

我承诺 我实现

Delivering Our Promise

宁波，从开放大市到开放强市

宁波是我国首批沿海对外开放城市、计划单列市和副省级城市，也是一座具有深厚文化底蕴的历史文化名城，曾连续三次荣获全国文明城市称号。

宁波港是中国大陆著名的深水良港，向外直接面向东亚及整个环太平洋地区，向内可直接覆盖整个华东地区及经济发达的长江流域，是中国沿海向美洲、大洋洲和南美洲等港口远洋运输辐射的理想集散地。2011年末集装箱航线总数达236条。全年集装箱吞吐量完成1451.2万标准箱，增长11.6%，稳居大陆港口第3位，世界港口第6位。

2011年全市实现口岸进出口总额2004.4亿美元，比上年增长24.2%。实现外贸自营进出口总额981.9亿美元，增长18.4%，其中出口608.3亿美元，增长17.1%；进口373.6亿美元，增长20.6%。一般贸易占全国比重超过5%。

入世十年，宁波从开放大市走向开放强市。宁波进出口贸易规模占全国比重从1.74%提高到2.79%，在全国36个省、市、自治区和计划单列市的排名从第14位上升至第9位。十年间，宁波市实际利用外资总额超过220亿美元，占宁波计划单列以来历年总和的83%，一批外资研发中心、金融及中介机构、综合性医院等项目落户宁波，34家世界500强企业在宁波投资创业，去年全市外商投资企业的从业人数占全社会从业人数的近两成；十年间，宁波对外直接投资额从1000万美元增加到11亿美元。服务外包产业从无到有，2011年全市服务外包合同额85.64亿元，同比增长30.9%，完成服务外包执行额60.88亿元；离岸服务外包合同额3.81亿美元，同比增长40.1%，完成离岸服务外包执行额2.8亿美元。目前全市服务外包企业从业人员2.5万人。

As one of the earliest open-up cities, Ningbo is also a city specifically designated in the state plan, and a sub-provincial city with profound cultural and historical background, which has won the title of the national civilized city three times in a row.

Ningbo port is China's famous deep-water port, outward directly facing to the East Asia and the whole Pacific Rim, inward directly covering throughout the East China region and the economically developed Yangtze River Basin, is an ideal ocean transport distribution center in China coastal areas radiating to the Americas, Australia and South America and other ports. At the end of 2011, the container lines achieved a tot of 236. The annual container throughput is 14,512 million standard boxes, with a growth of 11.6%, ranked the third place in continental Por and the sixth place in the world ports.

In 2011, the city realized 200,440 million dollars of the port import and export amount, increased 24.2% than the last year. The foreign trac import and export amount achieved 98,190 million dollars, with a growth of 18.4%, of which export amount was 60,830 million dollars, with a increase of 17.1%; and import amount was 37,360 million dollars, up to 20.6%. The proportion of general trade accounted for more than 5% the country.

After ten years entering into the WTO, Ningbo City has become a strong opening city from a large opening city. The proportion of Ningb import and export trade in the country increased from 1.74% to 2.79%, ranked the ninth place from the original the fourteenth place in the provinces, autonomous regions and municipalities of the whole country. During these ten years, the foreign capital amount used in Ningbo ci actually exceeds 22 billion dollars, accounted for 83% of the total summation of Ningbo since it became the city specifically designated in th state plan, a number of Foreign-Funded R & D center, financial institutions and intermediaries, as well as comprehensive hospital projects we settled in Ningbo, 34 of the world's top 500 enterprises invested and developed the business in Ningbo, in the last year, the employees in fo eign invested enterprises accounted nearly for 20% of all social employees; and during these ten years, the foreign direct investment of Ningb has increased from 10 million dollars to 11 million dollars. The city also developed the service outsourcing industries, the whole city servi outsourcing contract amount realized 8,564 million yuan in 2011, increasing by 30.9% compared to the same period, completing 6,088 milli yuan of service outsourcing delivery; the offshore service outsourcing contract amount realized 381 million dollars, with a growth of 40.1 compared to the same period, completing 280 million dollars of offshore service outsourcing delivery. At present, the service outsourcing e terprises employed 25000 people in the city.

宁波市对外贸易经济合作局

地　　址：宁波市灵桥路190号

问询电话：0574-87178015

电子邮件：bgs@nbfet.gov.cn

网　　址：http://www.nbfet.gov.cn

第一篇　专　　文

多边贸易体制和区域经济合作

世界贸易组织总干事 帕斯卡尔·拉米

多边主义和区域主义

多边贸易体系和区域经济合作，是个很好的主题。在多边意义上该题目意指贸易，而在区域层次上其指的则是经济合作。此处所说明的是我们其实并不是在比较两种具有一致目标的可以相互替代的途径。在通常情况下，区域合作的动机比世界贸易组织侧重关心的事情要更加广泛且更具有包容性。这相当自然，因为区域内的邻居们可能有共同关心和感兴趣的议题，而这些议题并不一定直接与那些更遥远的问题相关。因此，为相似且时有重叠的政策或经济活动创造一个以上的合作场合可能更好一些。

这不是说多边和区域合作总是完美同步且相互补充。它们并非如此。而且，相当多的所谓区域合作协议一点也不是区域性的——它们超出了区域的范围。实际上，在现存所有优惠贸易协议中大约半数左右并非严格的区域性的协议。毫无疑问，在一定程度上这些优惠贸易协议有时被看做是多边贸易方法的替代品，而这正是我们应该讨论的问题。

正如世界贸易组织不能解决那些受到区域关注的所有问题，区域贸易协议也不能办到世界贸易组织在其中发挥必不可少作用的某些事情。在那些没有受到政策分歧影响的关键领域内的协调方面的确如此；而在譬如补贴这样的某些政策方面也是这样。

区域主义的崛起

1948 年在关贸总协定刚诞生之际，区域安排被认为是一种例外。的确，直到 20 世纪 50 年代欧洲融合进程开始的时候，相当部分的国际贸易才开始转变成优惠贸易。在接下来的数年里又确立了另外几项互惠协议。但是，直到二十世纪八十年代，这些互惠协议才开始成为我们今天这样规模的世界贸易的重要组成部分。协议数量的大量增加发生在二十世纪九十年代。据我们统计，现有将近四百个优惠贸易协议。世界贸易组织中的每个成员平均属于 13 个不同的这样的协议。

我们可以举出一些理由来解释这些优惠贸易协议的兴起和持续：它们可以服务于政治和战略目标；各国可能希望在经济融合方面比它们能在世界贸易组织的框架内做到的要走得更快更远；当与之竞争的国家获得更好的途径进入它们感兴趣的市场时，它们可能因担心被排除在外而激发了签订或加入这种协议的动机；这些协议可能会成为那些签订或加入的国家未来对付贸易保护主义的一张保险单；它们可以充当吸引国外投资的信号或风向标；利用国际义务迫使国内利益团体更难对国家贸易政策施加影响，这些协议可以充当巩固国内政策的工具。

关税和优惠贸易协议

最近证据显示优惠贸易协议并不能明显带来贸易关税上的优惠。部分原因是因为超过半数的世界贸易已经在最惠国待遇的基础上免除了关税。世界贸易组织发布的《2011 年世界贸易报告》通过计算得出在 2008 年只有大约 15%的全球商品贸易享有特别优惠关税待遇。这多少有点令人吃惊的数字是因为基于最惠国待遇的零关税范围之广，而且因为当最惠国关税率高于平均水平的时候，优惠协议经常并没有偏离最惠国待遇税率。在最惠国关税税率为15%以上的关税税目中，大约有三分之二的项目尚未在优惠贸易协议中获得特别优惠减让。实际上，仅有不到百分之二的世界贸易享有超过10个百分点的优惠幅度。

同样值得注意的是非优惠待遇的最惠国关税其实很低。在2009年，它们平均为4%。这些数字使得我们断定：这么多年来关税作为贸易政策工具的重要性已逐渐减弱，并且关税也不再是推动优惠贸易协议签订的重要因素。这并不意味着关税不再重要。一些部门的高关税（在我们的行话中被称作关税高峰）和另外一些部门的低率滋扰关税仍值得政策制定者们关注。

深层次融合、全球价值链和非关税措施

近年来，出现了对优惠贸易协议内容更加深入的分析。这些分析显示优惠贸易协议已深入到在世界贸易组织框架下尚未得到深刻处理或尚未获得满意解决的政策领域。这既涉及一系列的非关税措施，例如产品标准，又包括诸如投资和竞争政策等其他相关领域。

（世界经济）深层次融合的一个原因是全球价值链的出现。直到不久前，我们还仅从单一国家产地的角度来看待挂有“中国制造”或“德国制造”标签的产品。全球价值链在过去20年左右时间内的扩张意味着大多数产品是用来自许多不同国家生产的部件而组装起来的。换句话说，今天的产品日益是“世界制造”。中间产品的贸易——全球价值链生产的代名词——现在构成全部货物贸易的60%，并且继续是国际贸易中一个充满活力的部分。

生产网络演变的一个重要影响就是进口变得像出口一样重要，并且两者都对创造工作或经济增长做出贡献。这些关系反映了通过贸易而形成的崭新且更加强烈的相互依赖。

非关税措施的特征及其动机

如果在某种程度上我们把优惠贸易协议理解为一种支持和推动全球价值链的一种愿望，并且关税减让并非它们背后的真正目的，那么，我们必须审视非关税措施，以此来分析多边和优惠贸易合作之间的关系和意义。

非关税措施包括一系列广泛的政策——简单地说就是任何不属于关税的措施都属于非关税措施。根据我们的研究目的，我们可以将它们粗略地划分为可能替代关税的非关税措施和为实现诸如健康、安全或环境质量等特定公共政策目标而制定的非关税措施。世界贸易组织规则在很大程度上反对那些仅仅是代替关税的非关税措施，因为它们体现贸易保护主义者的意图，并且主要被当做市场准入问题来对待。

总的来说，人们对意在解决公共政策问题的非关税壁垒意见不一。许多政府显然不准备以改善国际竞争为名取消这类措施。相反，它们需要考虑至关重要的公共政策目标的实现。那么，现在问题就在于如何设计和实施这些措施。实际上，从贸易政策的角度来看，危险来自政府可能会以不合理地限制贸易的方式来制定和实施这些措施。当非关税措施以这种方式沦为双重目的工具的时候，我们就被迫回到对贸易政策的经典担忧，即对一个市场内影响竞争条件的干扰因素的担忧。

在贸易政策讨论中，区分合法和不太合法的非关税措施高度复杂且具有很大的挑战性。事实上，要么是因为社会和文化视角的不同，要么是因为不同层次的收入和发展水平影响各国追求特定目标的能力，并非所有国家都拥有同样的需要优先处理的事情，而这使得问题愈加复杂。不管原因如何，我们正生活在一个多样性主宰现实的世界里。在尊重多样性和努力消除多样性之间，我们不得不找到一个折中的方法。

我不认为适当管理非关税措施是我们在国际合作中所面临的最大挑战之一的观点是牵强附会的。在这个领域创造公平竞争的环境跟那些与关税相关的措施相比面临不同性质的挑战。另一个增加该问题复杂性的因素是可能有一条以上道路能够帮助我们到达相同的目的地。如果在一个优惠贸易协议的框架下用一种方法追求公共政策的实现而在另外的优惠协议内使用一种不同的方法，即使是无意为之，这也可能会使这两个协议之间的贸易遭遇挫折。这种偶然分歧存在的可能性加强了多边协商一致的必要性。

在优惠贸易协议之间达成协调的多边途径

因此，我们探索如何以有助于世界贸易的方式来管理优惠贸易协议和多边贸易体制之间关系是很重要的。而我们的基本假设就是优惠贸易协议在短时间内不会很快消失。

我们的建议之一是继续谈判并构建一个多边框架，且该框架能够满足在优惠协议里表现出来且能通过多边途径获得解决的那些需要。这包括重新审视现有的关于优惠贸易安排的规则，如那些在《关税和贸易总协定》第二十四条中所规定的内容。

一些人也赞成在世界贸易组织成员中推动对优惠贸易协议、其促进因素，及其既相似又有所不同的原因予以逐步的理解。这与其说谈判，不如说应该对话，即在近来建立的透明机制下展开这种对话，使之成为通报和讨论优惠贸易协议的论坛。这种活动的最终目的是努力巩固和扩大那些在优惠贸易协议中含有普遍意义的因素，而这些普遍性因素可以在非歧视的基础上帮助我们实现多边化的目标。正如我们发表的《2011 年世界贸易报告》所指出的那样，该目标是关于如何实现“协调”，而不仅仅是满足于“共存”。

最后，我想强调的是，作为国际社会我们必须持续不断地反对贸易保护主义，尤其是在世界贸易组织，我们还必须与政策分裂做斗争。

（本文根据作者 2012 年 9 月 20 日在中国对外经济贸易大学的讲话整理而成）

The Multilateral Trading System and Regional Economic Cooperation

By Pascal Lamy, Director-General of the WTO

Multilateralism and regionalism

The title is well chosen in the sense that the multilateral reference is to trade, while at the regional level the title refers to economic cooperation. What this conveys is that we are not exactly comparing alternative approaches that have identical objectives. Regional initiatives are often broader and more encompassing than the more focused concerns of the WTO. This is entirely natural, as regional neighbours may share concerns and interests that do not necessarily so directly concern those that are further away. More than one venue for cooperation in similar and sometimes overlapping areas of policy or economic activity may therefore be desirable.

This is not to say that multilateral and regional cooperation are always perfectly synchronized and complementary. They are not. Moreover, quite a number of so-called regional cooperation agreements are not regional at all—they extend across regions. In fact, about half of all preferential trade agreements in existence are not strictly regional. To a degree then, there can be no question that these agreements are sometimes treated as a substitute for a multilateral approach, and that is a part of what we shall discuss.

But just as the WTO cannot address all the needs that receive regional attention, so regional agreements cannot do certain things for which the WTO is indispensable. This is true for key aspects of coordination in the absence of which we could be threatened with divisive policy divergence. It is also true for certain areas of policy, such as subsidies.

The rise of regionalism

When the GATT first came into being in 1948, regional arrangements were considered exceptional. Indeed, it was not until the beginnings of the European integration process in the 1950s that a significant part of international trade was to become preferential. In the ensuing years, several other preferential agreements were established, but it was not until the 1980s that they started to become the significant component of world trade that it is today. The major increment in the number of agreements came in the 1990s. We can count almost 400 preferential trade agreements currently in existence, and each member of the WTO on average belongs to 13 separate agreements.

A number of reasons can be adduced to explain their rising and continuing. They may serve political or strategic ends. Countries may wish to go further and faster in the direction of economic integration than they have been able to do in the WTO. They may be motivated by a fear of exclusion as competing countries secure better access to markets of interest. They may be an insurance policy against future protectionism. They may act as a signalling device to attract foreign investment. They may also serve as a vehicle for policy consolidation nationally, using an international obligation to make it harder for domestic interests to exert an influence over trade policy.

Tariffs and Preferential Trade Agreements

Recent evidence would suggest that preferential trade agreements cannot be predominantly about securing tariff preferences. This is partly because over half of world trade is already duty-free on a most-favoured-nation (MFN) basis. The WTO's World Trade Report 2011 calculated that only about 15 per cent of global merchandise trade flows in 2008 enjoyed preferential tariff treatment. This somewhat surprising figure was not only accounted for by the extent of MFN duty-free trade, but also by the fact that preferential agreements have often not departed from MFN tariff rates where those rates are above average. Some two-thirds of tariff lines with MFN tariffs exceeding 15 per cent have not been preferentially reduced in PTAs. In effect, less than 2 per cent of world trade is eligible for preference margins in excess of 10 percentage points.

It is also noteworthy that non-preferential MFN tariffs are low. On average, they were equal to 4 per cent in 2009. These numbers lead us to the conclusion, then, that tariffs have diminished in significance as a trade policy instrument over the years, and that tariffs do not motivate preferential trade agreements in any significant measure. This does not mean that tariffs no longer matter. High rates in some sectors—what we call tariff peaks in our jargon—and nuisance tariffs in others still deserve policy attention.

Deep integration, Global Value Chains and Non-Tariff Measures

An analysis of the contents of the more far-reaching preferential trade agreements that have emerged in recent years would suggest a marked tendency for these agreements to go more deeply into policy areas that have been addressed less profoundly, or not addressed in the WTO. This relates both to a range of non-tariff measures (NTMs) such as product standards and to other areas such as investment and competition policy.

One reason for deep integration has been the emergence of global value chains. Until not long ago, we thought of products in terms of a single national origin, bearing a label saying "made in China" or "made in Germany". The expansion over the last two decades or so of global value chains means that most products are assembled with inputs from many countries. In other words, today's goods are increasingly "made in the world". Trade in intermediate goods—a proxy for global value chain production—now comprises close to 60 per cent of total trade in goods, and continues to be a dynamic sector in international trade.

An important consequence of the evolution of production networks is that imports matter as much as exports and both contribute to job creation and to growth. These relationships reflect a new and more intense form of interdependency through trade.

The characteristics of NTMs and their motivations

If we understand preferential trade agreements, at least in some measure, as a desire to support and facilitate global value chains, and tariffs are not the real story behind them, we must then look towards non-tariff measures—NTMs—to analyse the significance of the relationship between multilateral and preferential approaches towards trade cooperation.

NTMs encompass a very broad range of policies-simply any measure that is not a tariff. A broad distinction for our purposes is between NTMs that could be tariffs and NTMs that serve specific public policy objectives, such as health, safety or the quality of the environment. NTMs that simply replace tariffs are largely frowned upon by the WTO rules because they will often be protectionist in intent and they can largely be treated as a market access issue.

Those NTMs intended to address public policy matters raise altogether different considerations. Governments are obviously not going to eliminate such measures in the name of promoting international competition. On the contrary, they will consider the attainment of public policy objectives of paramount importance. The question then is how these measures are designed and how they are implemented. In effect, the danger from a trade policy perspective is that they may be designed or implemented in ways that unjustifiably restrict trade. When NTMs become dual purpose instruments in this manner, we are forced back to classic trade policy concerns about interventions that influence the conditions of competition within a market.

The distinction between legitimate and less legitimate NTMs in trade policy discussions is highly complex and challenging. This is compounded by the reality that not all nations share the same priorities, either because of distinct social and cultural perspectives, or because different levels of income and development affect the capacity of countries to pursue particular objectives. Whichever the reason, we are living in a world where diversity is a reality and we have to walk a fine line between respecting that diversity and trying to eliminate it.

I do not think it is far-fetched to argue that the proper management of NTMs is among the greatest challenges we face in international cooperation. And levelling the playing field in this area raises challenges of a different nature to those related to tariffs. Let me add another element which can add to the complexity. There can be more than one road to the same destination. If public policy is pursued with one approach in one preferential trade agreement and another approach in a different preferential agreement, this can frustrate trade between the two agreements even if there is no intention to do so. This possibility of incidental divergence strengthens the case for multilateral coherence.

Multilateral approaches to achieving coherence among PTAs

It is therefore important that we look at how to manage the relationship between preferential trade agreements and the multilateral trading system in ways that support world trade. The starting assumption being that preferential trade agreements are not going to disappear any time soon.

One suggestion is to continue to negotiate and construct a multilateral framework that responds to those needs manifested in preferential agreements that can be met through a multilateral approach. This could include revisiting the existing rules on preferential trade arrangements such as those in Article XXIV of GATT.

Some have also argued for a process that builds gradually towards a better understanding among WTO Members of preferential trade agreements, what motivates them, and how they are both similar and different. This would be not so much a negotiation as a conversation in the first instance, of the kind that could possibly be carried out under the Transparency Mechanism recently established as a forum for notifying and discussing PTAs. The ultimate objective of this exercise would be to build on those elements of commonality in preferential trade agreements that could be multilateralized on a non-discriminatory basis. As our publication “World Trade Report 2011” indicated, it is about “coherence” rather than just “coexistence”.

My concluding thought is this: as an international community we must continue to fight protectionism, but in the WTO in particular, we must also fight policy fragmentation.

深入参与多边贸易体制，推动全球经济治理

中国驻世界贸易组织大使 易小准

中国目前已是全球第二大经济体、第一大出口国，不断上升的经济地位和实力客观上要求中国更深入地参与多边贸易体制。2012 年中国加入世贸组织（WTO）进入第十一个年头，作为负责任的发展中大国，中国日趋成熟自信，在全球经贸事务中发挥着积极的建设性作用，成为多边舞台上不可或缺的中坚力量。

一、深入参与规则制定，维护多边贸易体制

（一）坚持授权，全力拯救多哈回合

多哈回合谈判久拖未决，成为 60 多年多边贸易谈判史上最困难的一轮谈判。对于谈判何去何从，WTO 成员间分歧很大。个别发达国家欲抛弃多哈回合，另起炉灶，就其关心的少数议题达成诸边协议；广大发展中国家则强调坚持完成多哈回合，优先解决发展中国家关注。

中国国家主席胡锦涛在今年二十国集团（G20）领导人峰会及亚太经合组织（APEC）领导人非正式会议上再次呼吁，推动多哈回合谈判早日取得全面均衡的成果，实现发展回合目标。中国商务部部长陈德铭在 WTO 第八届部长级会议上敦促在尊重发展授权、维护已有成果的基础上，按“一揽子”方式最终完成多哈回合；强调中方对在授权范围内、符合上述原则的任何谈判新思路均持开放态度。

围绕上述讲话精神，中国驻世贸组织代表团（以下简称“世贸团”）多方做工作，在多边谈判和各层次磋商中，始终注重与发展中国家团结协商，注重在发达国家和发展中国家之间发挥桥梁作用，在很多关键问题上提出了建设性意见，为谈判积极探索出路。

（二）稳妥推进加入 GPA 谈判，参与 ITA 扩大谈判

中国加入《政府采购协议》（GPA）谈判始终是 GPA 各参加方关注重点。2011 年底，中国提交了第二次改进出价单，首次纳入五个省级地方政府，受到各方欢迎。同时，《信息技术协议》（ITA）扩大谈判于 2012 年 5 月启动，我国作为 IT 产品贸易大国，密切跟踪并参与谈判，推动谈判朝着有利于我国的方向发展。

（三）积极推动全球价值链研究，改革贸易统计方式

中国响应 WTO 倡议，积极推动全球价值链研究，连续两年分别在中国成都和北京举办了全球价值链国际研讨会，邀请 WTO、联合国贸发会议（UNCTAD）、经合组织（OECD）等，共同研讨全球价值链的影响和对策。中国国务院副总理王岐山亲自出席了北京全球价值链国际研讨会，呼吁改革现行贸易统计方式，使贸易统计更全面准确地反映各国从贸易中增值和获益的情况，更客观地看待贸易失衡问题，推动发展中国家参与并受益于全球价值链。

二、深入参与 WTO 运行，展现我负责任大国形象

（一）认真参与贸易政策审议，加强与各成员沟通

鉴于中国在全球贸易中的地位，WTO 每次对中国贸易政策审议都备受关注。在 2012 年 6 月举行的对华第四次贸易政策审议中，30 多个成员提出了约1 720个书面问题。中国商务部部长助理俞建华率团参会，

在会上介绍了中国在国际金融危机中坚持改革开放的一系列举措，集中回答了成员的主要提问，重申中国改革和开放的决心不会动摇、方向不会改变。WTO 贸易政策审议是双向的，中国还积极参与对其他成员的审议，提出了许多具体关注，敦促对方按照 WTO 规则予以解决。

值得一提的是，2011 年 WTO 下属 17 个机构完成了最后一次对华过渡性审议，中国加入议定书中过渡性审议条款按期终结。我在总理事会上发言表示，在加入 WTO 十周年之际，中国十分高兴地看到加入文件中一些过渡性、歧视性的安排陆续失效，中国愿意在平等的基础上，继续利用 WTO 的各项正常机制，更加开放地与其他成员展开交流和沟通。

（二）冷静应对贸易争端，维护权利与义务平衡

中国始终坚持以 WTO 规则为依据处理贸易争端，深度参与争端解决机制。迄今，中国在争端解决机制项下起诉案件 10 起，被诉案件 28 起（涉及 17 项争议措施），作为第三方参与其他案件 92 起。总体看来，贸易争端呈现以下发展趋势：一是被诉争端涉及面广，包括钢铁、机械、汽车、能源、稀土、金融、出版物和音像制品等关键领域的产业利益和经贸措施；二是中国有效利用争端解决机制维护企业合法利益，遏制美欧滥用贸易救济措施的势头；三是未来几年中国将处于贸易争端的高发期，争端将进一步触及中国经贸政策的深层问题，争端将呈现更加复杂的局面。对此，我们必须充分准备，总结经验，妥善应对。

（三）加大多边交涉力度，维护我国贸易权益

例会是 WTO 确保其成员履行义务的重要途径。中国代表团注重利用参加例会，加大多边交涉力度，在欧盟修改禽肉关税承诺、阿根廷进口设限、欧盟原料药指令和化妆品法规、美国消费品食品法案等问题上，多次提出中方关注，维护我进出口贸易权益。

三、积极拓展中国在多边贸易体制中的影响

中方始终致力于维护和加强多边贸易体制，以实际行动从各方面支持 WTO 工作，多项工作已产生积极影响。

（一）全力支持 WTO 日常工作

中国 2011 年缴纳会费1 416万瑞郎，占比 7.3%，在全体成员中排名第三，仅次于美国和德国。在参与 WTO 日常工作上，世贸团每年至少成功推举一位外交官出任 WTO 下属机构的主席。

（二）重点帮助最不发达国家加入 WTO

近年来，中国采取系列措施帮助最不发达国家尽早加入 WTO。一是积极推动达成《简化最不发达国家加入程序的协议》；二是在最不发达国家加入谈判时，承诺不向这些国家提出市场准入要求；三是每年向 WTO 提供 40 万美元捐款，设立“最不发达国家加入 WTO 中国项目”；四是发挥我作为老挝加入 WTO 工作组主席的作用，成功地帮助其完成加入 WTO 谈判。

（三）捐建苏州花园

应 WTO 总干事拉米邀请，由中国商务部与苏州市政府共同为 WTO 总部扩建项目捐建了一座苏州花园，表达了中国与各国文化交流、促进世界繁荣的心愿。

四、认真总结建团十年经验

2012 年是中国驻世贸组织代表团建团十周年。十年来，世贸团在党中央和国务院的正确领导下，在国内各有关部门的指导和大力支持下，团结一致，全力以赴，全面参与 WTO 各项活动，开展了大量富有成效的工作，有效地维护了祖国的利益。2011 年末，为纪念中国加入 WTO 十周年，世贸团外交官集体撰写出版了《十年之路》文集，以日内瓦多边谈判第一线的视角，对十年来中国参与 WTO 活动和情况进行了回顾和分析。该书由陈德铭部长作序，出版发行后受到国内广大读者的好评。

目前我国经济社会发展已进入新的阶段，未来几年多边贸易体制的发展不会一帆风顺。我们将认真总结经验，进一步深入参与多边贸易体制，推动全球经济治理，发挥好建设性作用，争取做出更大贡献。

维护多边贸易体制，把握改革开放机遇

商务部部长助理 俞建华

2001年11月，世界贸易组织第四届部长级会议宣布启动多哈回合谈判，并通过中国加入世贸组织的决定。十年来，尽管由于多方面的因素，多哈回合谈判一波三折，未能如期结束，但中国加入世贸组织以来取得的发展佳绩有目共睹。展望未来，利用多边治理平台，营造有利的发展环境，实现开放中发展，仍是中国努力的方向。

一、借入世之力，成十年飞跃

在2011年12月中国加入世贸组织十周年高层论坛上，胡锦涛主席指出，加入世贸组织是中国改革开放进程中的一件大事，标志着中国对外开放进入了历史新阶段。

通过加入世贸组织，我国实现了改革开放以来最大规模的对外开放，建立并完善了符合市场经济运行规律的经济贸易体制。根据入世承诺，我国共清理了各种法律法规和部门规章2 300多件，范围涉及货物贸易、服务贸易、知识产权、投资等方面；关税总水平由15.3%降至9.8%，取消了全部进口配额、进口许可证和特定招标管理，开放了100个服务分部门。

同时，我外部发展环境得到了极大改善。美国给予了中国永久正常贸易关系，长期敲打中国的“大棒”不复存在；我与其他世贸成员平等享受最惠国待遇，获得一百多个其他世贸成员开放市场的好处，对外贸易得到迅速发展，从2001年的第六位跃升至2011年的第二位。

此外，通过加入世贸组织，我国抓住了发达国家产业转移的重要机遇，成功融入全球化，成为全球价值链生产网络的重要一极。通过参与全球化，我国充分利用国际先进技术和管理经验，产业竞争力显著提升，新兴产业快速发展，并带动了就业增长。

二、推世贸发展，显中国作用

中国是多边贸易体制的重要受益者，也是这一体制的积极维护者。入世十年，通过全面参与世贸组织各项活动，中国在多边贸易体制和全球经济治理中的地位发生了重大变化，从一个学习规则、熟悉规则的新成员，成长为逐步掌握规则、运用规则并参与制定规则的“成熟的成员”，并于2008年跻身七个核心成员（G7）行列。

作为全球治理的重要成员，中国在二十国集团峰会等重要国际场合，旗帜鲜明地反对贸易保护主义，强调维护多边贸易体制，积极参加多哈回合谈判，支持各方对早期成果议题的讨论。作为最大的发展中国家，中国坚定维护多哈回合发展目标，主张优先帮助发展中国家融入世界经济。作为多哈谈判核心成员，中国团结和协调发展中成员谈判集团，为第八届部长级会议取得成功发挥了建设性作用。中方提出的“尊重授权，维护成果，最终实现一揽子目标”等主张得到多数成员的支持而被纳入世贸组织相关文件。

过去十年，中国全面参加多哈回合谈判，提交了100余份提案；中国认真参加世贸组织贸易政策审议，成功完成四次对华贸易政策审议，回答成员提出的问题达5 200多条，并顺利完成了世贸组织对我过渡性贸易政策审议；中国还主动运用争端解决机制，作为当事方应对和处理了 30 多起争端，作为第三方参与了近百起争端，成功捍卫了自身权利，避免了争端冲突升级。

中国向其他发展中国家、特别是最不发达国家提供了力所能及的帮助，以实现共同发展。2011 年，胡锦涛主席宣布将给予同中国建交的最不发达国家 97％税目的产品零关税待遇，切实履行了《香港部长宣言》承诺；作为世贸组织“促贸援助”倡议创始成员，2011 年中国加大了“促贸援助”参与力度，并设立了旨在帮助最不发达国家加入世贸组织的“中国项目”；中国还与非洲“棉花四国”在多边框架下达成棉花领域合作意向，在相关领域开展交流与合作；中国为老挝、也门等国家早日加入世贸组织做出了不懈努力。

三、固治理平台，续开放发展

当前，多边贸易体制正面临完善规则、迎接新工业革命、应对 21 世纪挑战等艰巨任务。一个公平、开放、包容的多边贸易体制对于我国参与全球治理改革，提升话语权，扩大影响力，把握未来发展战略机遇意义重大。因此，一方面应继续坚定维护多边贸易体制，积极推动多哈回合谈判，反对贸易保护主义；另一方面，通过自身的进一步开放，更好地融入经济全球化，实现发展的再一次飞跃。

胡锦涛主席在中国加入世贸组织十周年高层论坛上明确指出，中国将实行更加积极主动的开放战略，拓展新的开放领域和空间，完善更加适应发展开放型经济要求的体制机制，提高开放型经济水平和质量，形成开放型经济新格局，更好地以开放促发展、促改革、促创新。

我们应抓住经济全球化的新特点和新趋势。当前，以绿色产业、低碳经济、网络经济为代表的新的产业革命正在兴起，环境产品和信息技术产品在全球范围内的自由化已初现端倪。同时，全球主流消费市场也在向健康、节能、环保、低碳和个性化、智能化等方向发展，新技术和新创意正在推动形成新的增长热点。这些都为我国转变经济发展方式、调整产业结构、提升在全球价值链中的地位提供了有利机遇，需要我们认真把握，善加利用。

新的开放还将直面深水区的改革。经过十年的发展，我国入世红利已基本用尽，发展方式进入攻坚期，深层次矛盾和结构性问题凸现，新情况、新问题不断显现。从世贸组织对华贸易政策审议以及近年涉华争端案件可以看出，我国的部分产业政策、国企竞争中立性、地方政府补贴、知识产权保护、投资管理体制、政府采购体系等已受到世贸成员越来越多的质疑和关注，不仅成为涉我贸易争端的隐患，也是我国经济进一步发展无法回避的问题，需要我们认真对待，妥善处理。

展望未来，多边贸易体制仍是中国参与全球治理的重要机制保障、把握改革发展机遇的稳固抓手和实现利益交换的最佳平台。我们应该坚定信心，善加利用多边贸易体制，积极参与规则制定，妥善处理贸易纠纷，更好地参与国际经济合作，为实现经济社会和谐发展营造良好的外部环境。

大力推进金砖五国在世贸组织中的合作

全国政协委员、商务部前副部长、中国世界贸易组织研究会会长 孙振宇

金砖五国在国际经济治理中的合作是历史的必然

尽管出现2008年的美国次贷危机和受当前的欧债危机的拖累，在可预见的相当长的一段时间内，美国仍然是世界上唯一的超级大国，它正凭借其强大的政治、军事、经济、文化实力，确保其在世界上的超级大国地位，继续谋求主导全球治理的议程，维护现有的世界范围内的既得利益。对实力接近美国的国家进行打压是它一贯的做法，在历史上，它对前苏联、对日本、对欧洲都从不客气，现在对中国也不会轻易放过，更何况中国的社会制度和意识形态与其大相径庭，美国不会甘心让中国模式在世界取得成功。面对美国的遏制与压力，我们必须做出认真的战略选择。从安全、资源、政治以及科技方面都需要有我们可以通力合作的盟友，与其他新兴经济体加强合作，尤其是与其他金砖国家加强合作已经成为当前中国面临的战略选择。目前已经建立起来的金砖五国峰会机制完全顺应了时代发展的要求。

金砖国家合作潜力巨大，经济总量占全球18%，面积占全球30%，人口占全球42%，对全球GDP增长贡献超过50%。从2001年到2010年五国之间的贸易额增长了15倍，年均增长28%，目前总贸易额达到2 300亿美元，占全球贸易额的15%，仍有较大的发展潜力，目前城市化率为44%。五国加快工业化、城市化的进程，将产生巨大的消费需求和基础设施建设需求，应当成为我们今后扩大经济合作的战略重点。

在我们的整体外交战略中，俄罗斯与印度既是周边国家，又是大国，而且都是多边舞台上的重量级成员。我们在重大国际问题上持有相同或相近的立场，这包括：国际金融体制的改革，对欧债危机以及对美国量化宽松策略的立场，国际贸易规则的制定，气候变化谈判中的立场，对最不发达国家的鼎力支持，在中东、北非等重大热点问题的立场，等等。

在金砖五国峰会的机制中，五国的领袖共同探讨金融合作，包括探讨能源合作，探讨气候变化谈判的共同立场，探讨多边贸易谈判的共同立场，同时讨论金砖国家之间如何开展在清洁能源、节能环保、信息产业、人民币跨境交易、现代服务业等方面的合作。

金砖五国都是在国际社会有影响有分量的国家。虽然五国有不同的历史，不同的社会制度，不同的意识形态，不同的经济发展阶段，不同的政治经济社会的关注重点和不同的战略目标与诉求，但五国在当前激烈复杂的国际博弈中有重大共同利益与巨大的合作空间。

俄罗斯是真正的资源大国，国内石油储备世界第八，仅次于海湾国家和委内瑞拉。天然气储备世界第一，全国纵横的石油管道可以绕地球5圈。各种自然资源储备为30万亿美元，占全球21%。俄罗斯天然气储量全球第一，煤炭储量全球第二，石油储量全球第八，这些原材料加上金属矿产、木材、军事装备，出口占俄罗斯出口80%。世贸组织已经正式接受俄罗斯为第155个成员。IMF认为，未来10年，俄罗斯入世带来的收益将占俄GDP的11%，相当于1 620亿美元。俄罗斯入世将创造4万个额外的就业机会。在入世谈判中，俄罗斯政府为汽车制造业、轻工业、机械制造、农业等敏感部门争取了5~7年的关税减让过渡期。1991年中俄贸易额仅39亿美元，2010年达到700亿美元，2020年将达到2 000亿美元。俄罗斯远东西伯利亚的开发战略将为中俄经济合作开辟广阔的前景。作为有着辉煌历史，曾经在自己的国土上击败拿破仑和希

特勒，并曾与美国争霸世界的超级大国，俄罗斯的领导有着重振雄风的强烈愿望。在政治层面，我们和俄罗斯在当前许多重大国际问题上有许多共同或相似的立场，这是我们进行长期合作的基础。俄罗斯加入世贸组织，为俄罗斯在世贸组织内部加强与其他新兴经济体的合作开辟了广阔前景。

印度是世界上发展最快的国家之一，经济增长速度引人瞩目。印度的国内生产总值 1.676 万亿美元，世界排行第 11 位。过去 20 年间，印度 GDP 年增长率为 5.8%，并于 2011 年至 2012 年间达 6.1%，占 2008 年全世界贸易额的 1.68%。2011 年，印度为世界第 10 大进口国及第 19 大出口国。近年来，印度政府大力投资本国教育。大批能说英语的人才投入外包行业（即外国企业把客户咨询、电话答录等服务转移到印度）。印度已经成为软件业出口的霸主，金融、研究、技术服务等方面也即将成为全球重要出口国。长期以来，印度在 GATT 与世贸组织中一直与巴西同为发展中国家的领袖，为维护发展中国家的经济利益做出了不懈的努力。尤其在多哈回合谈判中，印度作为发展中国家农业谈判 G20 与 G33 团体中的核心成员发挥了重要作用。印度的团队谈判经验丰富，善于同美国、欧盟进行周旋与沟通，在国际多边谈判舞台上十分引人瞩目。

巴西是拉丁美洲最大经济体，2010 年实质经济增长 7.5%，2011 年则为 3.2%，预期 2012 年 GDP 增长 3.3%。目前巴西已超过英国，跃升成为全球第 6 大经济体，GDP 达到25 180亿美元。随着经济发展，巴西国民收入大幅上升，同时刺激消费。2011 年在纽约和佛罗里达消费金额最高的旅客均为巴西人，平均每人消费5 000美元。巴西有一批高素质的外交谈判队伍，在国际多边谈判中备受尊敬。在多哈回合谈判中，作为发展中国家 G20 团体的牵头国，在农业谈判中为发展中国家争取了许多重要权益。尤其在拉丁美洲国家中，巴西是当之无愧的领袖。

南非属于中等收入的发展中国家。自然资源十分丰富。金融、法律体系比较完善，通讯、交通、能源等基础设施良好。矿业、制造业、农业和服务业是经济四大支柱，深井采矿等技术居于世界领先地位。1994 年新南非成立以来，经济年均增长 3%，2005 年以来超过 5%。能源工业基础雄厚，技术较先进，产值约占南非国内总产值的 15%。电力工业较发达，发电量占全非洲的 2/3，矿业历史悠久，具有完备的现代矿业体系和先进的开采冶炼技术，是南非经济的支柱。2008 年产值约占国内生产总值的 8%，南非的农业也较发达，产值约占国内生产总值的 3%。南非在世贸组织谈判中表现十分活跃，是发展中国家非农谈判 NAMA11 团体的牵头国。作为一个建国不到 20 年的新兴经济体，南非在非洲乃至全球的影响在不断提升。

金砖五国在世贸组织中可以发挥的关键作用

中国加入世贸组织的一个主要收获是取得了参与制定国际贸易规则的权利。多哈回合谈判本身就是新的一轮制定国际贸易规则的谈判。在过去 10 年的谈判中，中国政府与印度、巴西、南非等新兴经济体密切配合，在谈判中发挥了重要作用，改变了过去由美国、欧盟等发达国家主导谈判的局面。中国的加入已经使世贸组织内部的政治版图发生了深刻的变化。俄罗斯的加入必将使世贸组织内部力量对比朝着更加趋于平衡的方向发展。

目前的国际贸易规则基本上是在美欧的主导下制定的，虽然在透明度原则、非歧视原则与积极推动贸易自由化方面有其公平合理的一面，但其中也掺杂了不少照顾发达国家利益的成分，例如在知识产权保护方面的过于严格的纪律，在纺织品服装进口方面的长期保留的高关税与进口配额限制，在农产品方面保留的巨额补贴权利等。

世贸组织成立以来发起的首轮多边贸易谈判——多哈回合谈判，由 153 个成员经过 10 年的艰苦努力，完成了大约 80%的谈判内容。目前已经陷入僵局。虽然其他所有成员均表示，如果所有成员都能接受其结果，他们也能吞下这个不能令人完全满意的结果。美国却坚持不能接受，理由是其他成员没有完全满足美国市场准入的要求。美国现在的策略是一方面强调新兴经济体必须做出更大让步，试图把谈判陷入僵局的责任推到新兴经济体尤其是中国的头上；另一方面，全力以赴推动 TPP 谈判，试图在 TPP 中增加大量目前新兴经济体无法接受的在环境、劳工、投资、国有企业、产业政策、政府采购、知识产权等方面的新纪律与新标准，准备将来强行引进到多边贸易体制中来。与此同时，美国在世贸组织中推动 ITA 的第二阶段谈判、

GPA 的政府采购协议谈判、环境产品的谈判，以及服务贸易的诸边谈判。所有这些内容基本上是美国无需再做多大让步，坐享其他成员进一步对美国开放市场。

在这种情况下，只有金砖五国有实力在同美国的博弈中能够有所作为，通过五国的大力合作，打破当前多边贸易体制被美国国内政治绑架的僵局。

（1）金砖五国应当在 WTO 内部认真讨论如何重新启动和恢复多边贸易谈判，如何加强多边贸易体制，如何实现早期收获，在解决最不发达国家关心的棉花补贴问题、双免待遇问题、LDC 服务贸易豁免问题、贸易便利问题等发挥重要引导作用。

（2）对美国力推的 ITA 的第二阶段谈判、GPA 的政府采购协议谈判、环境产品的谈判，以及服务贸易的诸边谈判要研究共同的对策，提高在世贸组织内集体博弈的水平。

（3）共同研究如何处理所谓 21 世纪新议题。针对美国在 TPP 谈判中提出的各种新纪律与新标准，包括在环境、劳工、投资、国有企业、产业政策、政府采购、知识产权等方面的新纪律和新标准，认真研究如何在多边贸易体制中进行应对。

（4）五国都在努力推进各自的自贸区谈判，新兴经济体在自贸区建设中不断取得进展，这是多边贸易体制影响被削弱情况下的无奈之举。在条件成熟的情况下，可以探讨金砖国家建立更紧密贸易关系的可能性。这对美国将是一个无形的压力，促使美国今后不得不考虑应当会到多边贸易体制中来。重视多边贸易体制的建设与多边贸易谈判。

（5）加强与其他发展中国家的广泛合作，与亚洲、非洲、拉丁美洲以及最不发达国家集团加强沟通与协调，在多边贸易谈判中形成合力，共同维护新兴经济体与发展中国家的利益，使新制定的贸易规则更有利于南方与北方利益的平衡，更有利于全球的经济平衡，和谐发展。

（6）加强金砖五国之间的务实合作，充分发挥五国经济增长快、市场潜力大、资源丰富等优势与特点，探讨在各个领域扩大贸易与投资的可能性，尤其在农业、能源、环保、节能减排、现代服务业等各个领域的合作，使这种合作成为国家之间互利合作的典范。

当然，我们必须承认，由于金砖国家在文化传统、历史演变、民族习俗、宗教信仰等方面的差异，各国之间不可避免地存在这样那样的矛盾与冲突。有些时候在领土纠纷、贸易摩擦、意识形态方面的争论会相当激烈。但这都不能阻挡我们在参与全球治理方面所承担的共同责任与坚定的合作伙伴关系。我们要以国际博弈的大局为重，求大同，存小异，共同为加强国际多边贸易体制，改善全球经济治理贡献我们的力量。

俄罗斯加入世界贸易组织（WTO）的意义与作用

对外经济贸易大学资深教授、中国世界贸易组织研究会副会长 薛荣久
对外经济贸易大学博士后 杨凤鸣

经过 18 年漫长艰苦的谈判，2010 年 12 月 16 日，世界贸易组织第八次部长级会议在日内瓦正式批准俄罗斯加入。2012 年 7 月 10 日和 7 月 18 日，俄罗斯国家杜马（议会下院）和联邦委员会（议会上院）先后通过俄加入世贸组织协议。7 月 21 日，俄罗斯总统普京签署有关批准俄罗斯加入世贸组织协议的联邦法案，俄罗斯完成加入世贸组织的相关法律程序。8 月 22 日，俄罗斯正式成为世贸组织第 156 个成员。俄罗斯加入世贸组织不仅会加速本身的改革与发展，而且对世贸组织和世界经贸带来发展机遇，并会大大促进中国和俄罗斯的经贸发展与合作。

一、俄罗斯加入世贸组织的开放承诺

在 18 年谈判中，俄罗斯与世贸组织 60 多个成员进行谈判，达成 57 个货物贸易双边协议，30 个服务贸易双边协议。入世议定书中，俄罗斯在享受世贸组织成员已有权利的同时，在货物、服务、检验、技术与知识产权等方面的自由化做出如下承诺。

（一）货物贸易的市场准入

所有产品平均进口关税税率从 10%降至 7.8%。其中，工业品从 9.5%降至 7.3%，农产品从 13.2%降至 10.8%。过渡期 3～8 年不等。协议生效后，立即对超过 1/3 的进口税目执行新税率，另有 1/4 的税目将

表 1 俄罗斯入世后的进口主要商品税率变化 单位：%

产品名称	当前税率	承诺税率
乳制品	19.8	14.9
谷类	15.1	10.0
含油种子	9.0	7.1
化工产品	6.5	5.2
汽车	15.5	12.0
电子器械	8.4	6.2
木材和纸张	13.4	8.0
棉花	5.0	0.0
信息产品	5.4	0.0
糖	243 美元/吨	223 美元/吨
关税配额产品	配额内税率	配额外税率
牛肉	15.0	55.0
猪肉	0.0	65.0（2020 年起为 25.0）
部分鸡肉制品	25.0	80.0
部分乳清制品	10.0	15.0

资料来源：本文作者根据俄罗斯入世议定书整理。

在3年内调整到位。加入世贸组织后，对一些产品给予较长时期的关税保护期，对禽肉制品、汽车和飞机等商品的关税保护期为7～8年。此外，对猪牛肉和禽肉产品依然采用进口关税配额制度。主要商品进口税率变化如表1。

从外，有700多个税号产品为固定的出口税率，包括的产品有鱼、甲壳类动物产品、石油、原料皮草、木材、纸浆和纸、贱金属等。税率为5%～10%，部分为从量税。

（二）服务业市场准入承诺

俄罗斯开放了电信、保险、银行、分销等11类服务部门中的116项服务。电信服务中49%股份比例限制在4年内取消，同时实施《基础电信协议》。在保险服务中，允许外国企业可在9年后建立分支机构。在银行领域，外国企业可以设立分支机构，没有股权比例限制，但在俄罗斯境内的外国资本不能超过俄银行总资本的50%。在交通运输领域，取消海运和陆运运费的歧视，运费一致。在分销服务领域，允许100%的控股权的外资企业从事批发、零售和连锁等服务。

（三）检验检疫和技术措施承诺

俄罗斯通常设置卫生检验检疫措施比国际标准更为苛刻，在牛肉、猪肉和产品的进口技术要求上尤为突出。在俄罗斯加入世贸组织谈判中，在以美国为首的世贸组织成员要求下，俄罗斯被迫做出如下承诺：(1) 如果没有科学证据和风险评估，必须使用国际标准。(2) 如变更了海关要求，允许出口方关于出口证明文件的谈判，并延期使用现有出口证明文件。(3) 建立从事风险评估的具体要求。(4) 在新的检验检疫措施生效之前，必须至少有60日时间进行评论。(5) 建立兽医控制、检查商品的整套体系。(6) 简化兽医证明和进口许可要求，尤其是在大豆、玉米、乳制品上的这些要求。(7) 建立透明和详细的检查标准和程序。

（四）知识产权保护承诺

俄罗斯承诺加入世贸组织后，知识产权上的侵权行为主体不仅须承担民事责任，还会被追究刑事责任。在互联网出现盗版后，可以采取关闭网站进行保护。答应公开俄罗斯保护知识产权规则，并保证公平和公正地实施。

（五）与贸易有关的投资措施承诺

在2018年7月前，俄罗斯缩减在汽车投资方面的特惠关税或关税免除，并保证所有的相关规定与世贸组织协议相吻合。对俄罗斯、哈萨克和白俄罗斯的关税同盟，俄将在其法规实行前向世贸组织成员公开，并提供一个合理时间听取成员国的意见。

二、俄罗斯加入世贸组织有利于世贸组织的加强和完善

俄罗斯加入世贸组织对于俄罗斯、世界贸易组织发展都具有历史性的意义，是划时代的大事。

（一）为俄罗斯融入世界经济找到契机

对于第二次世界大战后，建立起来的以关贸协定/世界贸易组织为组织和法律基础的多边贸易体制，原来的苏联和后来的俄罗斯经过了敌视、对抗、接触和加入的过程。对1947年建立的关税与贸易总协定，苏联视其为维护资本主义阵营的工具，并以苏联与东欧国家组建的经济互助委员会（CMEA）予以对抗。20世纪60年代以后，苏联着力推动联合国贸易与发展会议（UNCTAD）的活动，以抵制关贸总协定，但未能成功。70年代以后，苏联逐步接近关贸总协定，并提出参加1986年开始的乌拉圭回合谈判的申请，但遭到美国等缔约方的否决。20世纪80年代末，苏联承诺转向自由经济，获得关贸总协定观察员席位。1992年苏联解体后，俄罗斯继承了该席位。随着俄罗斯从计划经济转变为市场经济的加速，1993年6月11日，俄罗斯总统叶利钦正式向关贸总协定提出加入的申请，拉开长达18年的加入世贸组织的谈判进程。在普京两任俄罗斯总统期内，受制于国内党派纷争的纠葛、经济集团利益的纠结、俄罗斯与格鲁吉亚的交恶和精英集团受困于“能源的诅咒”，加入世界贸易组织进程时进、时停，并不顺利。在梅德韦杰夫担任总统期间，出于对内改革和扩大国际影响的内在需要，加上西方国家从战略考虑俄罗斯的转变，确认俄罗斯为市场经济国家。2011年底，俄罗斯与美国和欧盟相继达成双边协定。2011年12月16日举行的世贸组织第八届部长级

会议批准俄罗斯加入世界贸易组织。

俄罗斯加入世贸组织为俄罗斯和155个世贸组织成员构筑了以共同规则为基础的大平台，促进合作与竞争。在权利与义务平衡的基础上，相互开放市场，扩大经济合作，加深分工，促进投资的扩大。这将促进俄罗斯原有经济结构、经贸政策、法规的改革，加速世界市场的统一，进一步优化世界资源和要素的合理配置，提高世界生产力。

(二) 加强和完善世界贸易组织规则和机制

第一，扩大世界贸易组织成员贸易对世界贸易的覆盖面。俄罗斯加入世贸组织后，使世贸组织成员贸易在世界贸易中的覆盖面从95%提高到98%。

第二，促进与俄罗斯经贸关系密切国家的跟进。普京在2009年提出以俄罗斯、白俄罗斯和哈萨克斯坦关税同盟的加入世贸组织方案，放弃各自国家的加入世贸组织谈判。由于缺少规则基础和先例参考，遭到美国等世贸组织成员的反对。最终，俄罗斯等三国放弃了共同加入世贸组织的计划，而是分别推进各自的入世进程。俄罗斯的率先加入世贸组织将会起到示范作用，加速白俄罗斯和哈萨克斯坦两国的加入世贸组织的进程。

第三，俄罗斯入世将加强新兴经济体在世贸组织中的作用。新兴经济体国家的代表国家巴西、俄罗斯、印度、中国和南非已组成"金砖国家"，并不断举行领导人会议，加强相互合作，反对国际上泛起的贸易保护主义。其中，除俄罗斯外，其余四国都已是世贸组织成员。俄罗斯加入世贸组织以后，必会加强他们在世贸组织中的合作，发挥更大的作用。2012年3月29日"金砖国家"领导人第四次会晤发表《德里宣言》，承诺"我们承诺共同维护这一体系，并敦促其他国家共同抵制各种形式的贸易保护主义和变相的贸易限制措施"。"在完成批准手续后，俄罗斯将会以积极和建设性方式参与多哈回合谈判，推动多哈回合取得平衡成果，加强和发展多边贸易关系"。

第四，拓展补充和完善世界贸易组织的现有规则。已有的世贸组织规则多关注制成品贸易，在自然资源性产品贸易规则上存在不足和欠缺。世界自然资源性产品大国俄罗斯的加入世界贸易组织后，补充和加强自然资源产品贸易规则必将提上日程，从而使世贸组织规则向纵深发展。

第五，以大国身份参与世贸组织活动。俄罗斯是最后一个加入世贸组织的经贸大国。俄罗斯是当今世界第9大经济体，2011年，俄罗斯占世界货物贸易出口的2.9%，居世界第9位；占世界货物贸易进口的1.8%，居世界第17位。同年，俄罗斯占世界商务服务出口贸易的1.7%，居世界第11位；在世界商业服务进口贸易中占3.0%，居世界第9位①。作为贸易大国的俄罗斯在加入世贸组织后，为充分享受权利和履行义务，扩大机遇和化解挑战，必将以其政治和经济大国的身份，积极参与世贸组织的各种活动，关注世贸组织规则和机制的运行，促进了世贸组织的改革和完善，强化了世贸组织权威性。

三、俄罗斯对自然资源产品贸易影响重大

(一) 自然资源产品贸易日益引起国际关注

自然资源是"大量存在于自然环境中，无需加工或经过最低程度的加工后，在生产和消费中具有稀缺和经济用途的物质"②。自然资源产品贸易通常包括石化燃料、林产品、矿产品和渔产品等。自然资源具有独有的特性，如不均匀的地理分布造成的自然垄断性，不可再生和耗竭性，资源开发造成的环境污染复杂性。随着世界经济的迅猛发展和国际性的投机，自然资源价格波动较大。加以国际管理规则的欠缺和不完善，自然资源产品贸易政策和措施引起的矛盾和争端加多，引起国际社会和世贸组织的普遍关注。为此，世界贸易组织在《世界贸易报告2010》中专门研究了当代世界自然资源贸易问题。

---

① WTO，World Trade Report 2012，Appendix Table 3，4。

② 世界贸易组织秘书处．世界贸易报告2010·自然资源贸易．中译本．第1页．中国商务出版社2011年版。

(二)俄罗斯是世界自然资源产品出口贸易大国

俄罗斯是世界自然资源(林产品、燃料、矿石、有色金属,渔业除外)出口贸易大国。

第一,俄罗斯是自然资源产品第一大贸易出口国。2008 年自然资源世界出口(含欧盟内部贸易)贸易额为37 342亿美元,占世界出口商品总额的 23.8%。其中,俄罗斯自然资源出口贸易额为3 412亿美元,占世界自然资源出口贸易额的 9.1%,居世界第一,占本国商品出口总额的 72.9%(具体见表 2)。

表 2　2008 年自然资源出进口(含欧盟内部贸易)主要国家　单位:10 亿美元,%

	贸易额	占世界贸易比重	占商品总额比重
出口国(前 5 位)			
世界	3 734.2	100.0	23.8
俄罗斯	341.2	9.1	72.9
沙特阿拉伯	282.0	7.6	90.0
加拿大	177.7	4.8	39.0
美国	142.5	3.8	11.0
进口国(前 5 位)			
世界	3 832.6	100.0	23.8
美国	583.4	15.2	27.0
日本	350.2	9.1	45.9
中国	330.3	8.6	30.0
德国	231.5	6.0	19.2
韩国	182.0	4.7	41.8

注:前 15 位无俄罗斯。

资料来源:摘编自世界贸易组织秘书处:《世界贸易报告》,284 页附表 2,中国商务出版社 2011 年版。

第二,俄罗斯在世界石油储量中名列前茅,是世界第一燃料出口国。在 2008 年世界各国和地区已探明的石油储量为12 580亿桶,俄罗斯为 790 亿桶,占世界 6.3%,位居中东和独联体之后,居第三位(见表 3)。

表 3　2008 年世界各国和地区已探明石油储量　单位:10 亿桶,%

	探明储量	占世界比重
世界	1 258.0	100.0
中东	754.1	59.9
独联体	128.4	10.2
俄罗斯	79.0	6.3
美国	30.5	2.4
中国	15.5	1.2

资料来源:摘编自世界贸易组织秘书处:《世界贸易报告》,282 页附表 1,中国商务出版社 2011 年版。

2008 年俄罗斯燃料出口额达到3 074亿美元，占当年世界燃料出口额的 10.7%，占本国出口商品贸易额的 65.7%。在世界燃料前 15 位进口的国家和地区中，没有俄罗斯（见表 4）。

表 4　　2008 年燃料出进口（含欧盟内部贸易）主要国家　　单位：10 亿美元，%

	贸易额	占世界贸易比重	占商品总额比重
出口国			
世界	2 861.89	100.0	18.2
俄罗斯	307.4	10.7	65.7
沙特阿拉伯	281.0	9.8	89.7
加拿大	125.9	4.4	27.6
挪威	113.7	4.0	67.7
进口国			
世界	2 921.96	100.0	18.1
美国	501.9	17.2	23.2
日本	267.8	9.2	35.1
中国	168.8	5.8	14.9
德国	163.7	5.6	13.6

注：进口国前 15 位无俄罗斯。

资料来源：摘编自世界贸易组织秘书处：《世界贸易报告》，288 页附表 8，中国商务出版社 2011 年版。

第三，俄罗斯是世界第三大林产品出口国家。2008 年林业产品出口为 77 亿美元，占当年世界林产品出口贸易额的 7.3%，在世界林产品进口前 15 位中，没有俄罗斯（见表 5）。

表 5　　2008 年自然资源出进口（含欧盟内部贸易）主要国家　　单位：10 亿美元，%

	贸易额	占世界贸易比重	占商品总额比重
出口国			
世界	106.36	100.0	0.7
加拿大	12.7	12.0	2.8
美国	12.3	11.6	0.9
俄罗斯	7.7	7.3	1.6
瑞典	6.7	6.3	3.5
巴西	5.3	5.0	2.7
进口国			
世界	112.45	100.0	0.7
中国	19.7	17.5	1.7
美国	10.3	9.2	0.5
日本	8.6	7.7	1.1
德国	6.9	6.1	0.6
意大利	5.8	5.2	1.1

注：前 15 位中无俄罗斯。

资料来源：摘编自世界贸易组织秘书处：《世界贸易报告》，288 页附表 6，中国商务出版社 2011 年版。

第四，俄罗斯是世界第六大矿产品出口国。2008 年俄罗斯矿产品出口额为 255 亿美元，占当年世界矿产品出口额的 3.8%。在世界矿产品进口的前 5 位国家和地区中，没有俄罗斯（见表 6）。

表 6　　2008 年矿产品出进口（含欧盟内部贸易）主要国家　　单位：10 亿美元，%

	贸易额	占世界贸易比重	占商品总额比重
出口国			
世界	668.3	100.0	4.3
澳大利亚	52.4	7.8	28.6
美国	49.4	7.4	3.8
德国	45.3	6.8	3.1
智利	41.5	6.2	60.1
加拿大	35.4	5.3	7.8
俄罗斯	25.5	3.8	5.5
进口国			
世界	695.5	100.0	4.3
中国	138.1	19.9	12.2
德国	566.0	8.1	4.7
美国	564.0	8.1	2.6
韩国	327.0	4.7	7.5
意大利	273.0	3.9	4.9

注：前 15 位中无俄罗斯。

资料来源：摘编自世界贸易组织秘书处：《世界贸易报告》，288 页附表 10，中国商务出版社 2011 年版。

（三）俄罗斯自然资源产品出口贸易对世界经济发展影响超过其他世界贸易组织成员

其影响表现在三个方面：第一，俄罗斯对自然资源产品出口采取固定的低税，加入世贸组织后，俄罗斯不能随意变动税率，有利于依靠从俄罗斯进口成员的经济发展所需要素渠道的稳定和可预测性。第二，加入世贸组织后，俄罗斯如果整体效益不佳，与其他世贸组织成员贸易摩擦加大，控制或减少资源资性产品出口可能成为它改善在世贸组织中地位和处理贸易争端的谈判砝码，如此，将对依靠从其进口自然资源产品成员的经济发展带来巨大的挑战。第三，俄罗斯加入世贸组织进程表明，每当世界石油价格高于 75 美元时，俄罗斯贸易顺差就会加大，外汇贮备就丰裕，出现减少改革和加入世界贸易组织的动力。加入世贸组织后，石油价格的波动可能影响俄罗斯履行义务的积极性和持续性，引发贸易摩擦与争端。

四、俄罗斯整体贸易对世界贸易经济发展作用有限

原因在于俄罗斯整体贸易处于世界低位的状态。以 2010 年为例。第一，贸易地位低下。该年俄罗斯占世界货物贸易出口 2.63%，居世界第 12 位；进口为 1.61%，据第 18 位；同年，俄罗斯占世界服务贸易出口的 1.19%，居世界第 23 位；占世界服务贸易进口的 2%，居第 16 位。第二，贸易结构单一。当年，俄罗斯总体贸易出口额4 440.93亿美元，其中，货物贸易出口占 90.1%，服务出口占 9.9%，服务出口在整体贸易中的比重不仅低于世界（20%），而且低于发展中国家（15%）。此外，当年俄罗斯原油、原油产品和天然气出口额2 522亿美元，占当年货物出口额的 63%。第三，贸易差额呈逆向发展。当年，俄罗斯货物贸易顺差为1 520亿美元，而服务贸易逆差为 27 亿美元。第四，贸易对象比较集中。当年，俄罗斯货物出口的主要对象国家为欧盟（52.2%），乌克兰（5.8%），土耳其（5.1%），中国（5.1%），白俄罗斯（4.5%）；货物进口的主要来源国家为欧盟（38.3%），中国（15.7），乌克兰（5.6%），美国（4.5%），日本（4.1%）。第五，货物贸易依存度变化较大。货物贸易依存度 2000 年为 67.7%，此后不断下降，2010 年为 37.1%。第六，经济贸易法规不健全、不完善。

上述贸易状况表明俄罗斯在世界经济中的地位不高，在经济发展阶段上处于准发达阶段。由此产生如下特点。第一，贸易基础薄弱。俄罗斯与世界贸易组织成员的分工处于低端，贸易结构单一并且落后，贸易发展基础不牢。第二，容易受到冲击。俄罗斯的贸易地位和贸易依存度易受自然资源产品制约，易受国际市场需求变动和价格波动的冲击。第三，服务贸易发展滞后于货物贸易发展。俄罗斯加入世贸组织的市场准入程

度，服务高于货物。在服务领域已经出现贸易逆差的情况下，加上俄罗斯服务领域比较落后，竞争能力不强，服务市场准入的加大，逆差将会加大。第四，争端解决不易。当俄罗斯与其他世贸组织成员出现贸易摩擦和争端时，由于贸易法规的不健全，会影响贸易争端的顺利解决。

五、中国与俄罗斯经贸关系发展将快于其他成员

（一）中国与俄罗斯互补性强

1. 双方进出口货物贸易结构存在互补性

2010 年，在俄罗斯货物出口中，矿产品和燃料占 70%，制成品占 20%；在中国货物出口中，制成品占 94%，矿产品和燃料占 20%。在中国对俄出口商品主要集中在机电产品、纺织品和高新技术产品。机电产品出口所占比重从 2005 年的 17.0%提高到 2010 年的 32.3%；同期，纺织品出口从 58.8%下降到 27.8%；高新技术产品出口从 3.9%提高到 15.2%。从俄进口商品主要是矿产品、农产品、贱金属和化工产品。矿产品在进口中的比重同期 44.8%提高到 54.7%；农产品进口从 12.8 提高到 15.7%；贱金属进口从 15.0%下降到 9.8%。俄罗斯加入世贸组织后，有进口关税下调 2 个百分点的减让，其检验检疫和技术措施日趋完善和透明，对我工业品和农产品出口有利。俄罗斯在出口税以列表方式做出部分产品承诺，我矿产品和贱金属等进口部门商业预期明确，也会受益，有利于中国对俄罗斯的资本输出（见表 7）。

表 7 **2001—2010 年间中俄货物出口与进口主要商品结构** 单位：亿美元，%

	2005 年	2006 年	2007 年	2008 年	2009 年	2010 年
中对俄出口	125.0	147.6	300.4	362.6	186.4	320.8
机电产品	17.0	25.0	27.5	32.7	29.4	32.3
纺织品	58.8	44.3	42.0	30.6	31.4	27.8
高新技术产品	3.9	4.9	9.1	11.1	12.4	15.2
中自俄进口	158.9	175.4	196.3	237.9	213.3	259.2
矿产品	44.8	56.2	52.1	56.1	49.3	54.7
农产品	12.8	15.1	21.7	17.2	16.8	15.7
贱金属	15.0	6.4	6.8	7.0	17.8	9.8

资料来源：根据中国海关统计编制。

2. 数据实证表明中俄互补性高于其他成员

在 HS96 6 位编码的基础上，对俄罗斯 1999 年和 2009 年俄罗斯出口商品种类和数量进行演算显示，俄罗斯对中国出口的商品种类超过对美国、日本、巴西和印度等国，并且增长速度高于美国、德国和巴西。在以 HS96 6 位编码基础上通过贸易平衡法衡量后，俄罗斯与中国 2000 年到 2009 年出口商品比较优势的变化是：俄罗斯比较优势强化的商品基本上排列在 HS 的前列，而比较优势削弱或比较优势加强的商品则大多位于 HS 号码表的后列。而中国正好相反。通常，HS 的分类原则是按商品的原料来源、结合其加工程度、用途以及所在的工业部门编排商品。在原料相差不大的情况下，加工程度越高的商品越往后排。经过竞争互补指数验算后，显示在中国、巴西、印度、美国、日本和德国等国家中，中国与俄罗斯的贸易互补性最高①。借助于地缘优势、经济发展的层次等原因，俄罗斯加入世贸组织后，俄罗斯与中国的经济关系将进入提速阶段。

（二）中俄经济政治关系日益紧密

第一，双方在国际重大经济和政治问题的立场基本一致，具有很多的共同语言和诉求。第二，中国、俄罗斯通过“金砖国家”和上海合作组织，经贸合作不断加强。第三，作为邻国的俄罗斯与中国不存在领土争端问题，具有良好的地缘关系。第四，中俄相互较早达成俄罗斯加入世贸组织双边协议。2004 年 9 月 24 日

① 田丰：“俄入世之后”，《中国海关》，2012 年第 6 期。

中俄就结束了俄罗斯加入世贸组织的双边协议，理顺了影响两国贸易关系顺利发展的贸易政策与措施。第五，作为世贸组织新成员的俄罗斯与加入世贸组织10年多的中国，会有较多的共同语言，在世贸组织中加强交流与合作。

（三）中俄货物贸易呈较快发展势头

首先，2005年后中俄贸易发展势头良好，总体呈上升趋势。除2009年因金融危机导致下滑，其他年份均呈稳步增长态势。中国对俄罗斯出口货物贸易额从2005年的283.9亿美元增加到2010年的580亿美元。同期货物出口从125亿美元增长到320.8亿美元，进口从158.9亿美元增长到259.2亿美元。贸易差额有时顺差，有时逆差，整体呈平衡状态（见表8）。

表8　2005—2010年间中国俄罗斯货物贸易额变化　单位：亿美元（一表示逆差）

	2005年	2006年	2007年	2008年	2009年	2010年
中对俄出口	125.0	147.6	300.4	362.6	186.4	320.8
中自俄进口	158.9	175.4	196.3	237.9	213.3	259.2
贸易差额	—33.9	—27.8	104.1	124.7	—26.9	61.6

资料来源：根据中国海关统计编制。

其次，俄罗斯加入世贸组织将推动俄中贸易进一步发展。中国已是俄罗斯最大的贸易伙伴之一。2011年，中俄双边贸易额达到835亿美元，开创历史新高。俄罗斯政府提出俄中双边贸易额2015年达到1 000亿美元，2020年达到2 000亿美元。俄罗斯加入世贸组织后，将促进这一目标的提前实现。因为俄罗斯加入世贸组织后，其国内市场加大开放、贸易和投资自由化进程加快，有利于双方优势互补的实现，促进中俄商品进出口和中国企业对俄投资的扩大。俄罗斯市场准入门槛的降低以及贸易环境的改善，使中国商品进入俄市场更为方便和快捷，出口成本降低。比如，俄罗斯加入世贸组织后，家电和电子产品进口关税将从15%降至7%到9%，纺织品从9.5%降至7.3%，而新轿车的进口关税在7年的关税保护期内从目前的30%逐步降至15%。此外，俄罗斯加入世贸组织后，将依照世贸组织规则和本身承诺，修改和完善法律法规，规范海关管理，降低报关和货物运输费用，改善投资环境，为中俄贸易和投资发展助力。多年来，俄罗斯对中国“灰色清关”作法一直困扰着中国与俄罗斯民间贸易。过去由于俄罗斯海关手续繁琐，关税混乱，一些中国商人被迫通过非正常渠道把商品进入俄罗斯。俄罗斯加入世贸组织后，其国内贸易和投资环境会得到改善，通关手续会规范和透明，“灰色清关”问题可能会逐步得到解决。对于中国商贸企业来说，今后俄中之间的贸易纠纷可依据统一的规则加以解决，对俄贸易和投资的风险会有一定的减少。

最后，俄中贸易竞争加剧，争端可能增多，制约中俄贸易高速发展。随着关税的降低和市场的开放，俄罗斯本国企业竞争压力加大，可能增加对中国提出反倾销投诉。尤其在日常消费品、家电、轻工、部分工业制成品等中国对俄罗斯出口具有强大竞争优势的产品，提出反倾销案的可能性加大。

深圳走进东盟

深圳市世贸组织事务中心主任 张金生

前　言

东盟和深圳由于地理位置和文化习俗的相近性，双方在政治、经济、文化等方面都有着比较紧密的联系，双方的经贸活动一直比较发达。2010 年 1 月 1 日，中国—东盟自由贸易区的正式建成更是给深圳与东盟的合作带来了新的机会，深圳与东盟多个国家的贸易额更是突飞猛进，贸易领域涉及服装、电子、生物制药、零售、高科技等多个方面。目前，东盟已成为深圳第四大出口市场和第一大进口市场，跃居深圳第二大贸易伙伴。随着深圳产业转型升级的步伐的加快，以及东盟扩大对深圳产业招商引资的力度，深圳与东盟一些国家的合作更趋密切。同时，在深圳与东盟进行经贸合作的时候也存在着竞争激烈、文化差异、贸易保护等问题。总之，中国—东盟自由贸易区的建立对深圳而言既是机遇又是挑战。

一、深圳与东盟经贸合作的现状与发展机遇

（一）深圳与东盟各国经贸合作的现状及特点

1. 双边贸易快速增长

深圳和东盟的经贸合作有着较长的历史，双方在地理位置、气候习性、风俗习惯等方面都有着一定的相似性。正是这些相似性使得双方贸易规模不断扩大，贸易额快速增长。从 1992 年以来，深圳与东盟双方总体贸易年均增长速度超过了 30%。尽管受到金融危机的影响，各国经济都放慢了脚步，但 2009 年深圳对东盟地区的进出口贸易总额仍高达 333.88 亿美元，其中出口 151.96 亿美元，进口 181.92 亿美元。2010 年，深圳市对东盟进出口贸易总额继续增加，达到 386.64 亿美元，同比增长 15.8%，占全国对东盟贸易额的 13.2%。东盟已成为深圳第一大进口市场和第四大出口市场。

2. 进出口商品不断优化

在深圳与东盟双边贸易快速增长的同时，双方的进出口商品也在不断优化。随着深圳商品科技含量的提高，深圳与东盟贸易的主要产品已由初级产品向工业制成品转变。深圳从东盟进口的主要产品为电子元器件、零部件和农产品等。

3. 双向投资稳步提升

深圳与东盟之间互有投资，但是主要是东盟的资本流向深圳。东盟国家在深圳投资的企业接近 400 家。东盟唯一全球 500 强企业、世界石油工业收入排名第二的马来西亚国家石油公司也已落户深圳。深圳对东盟投资的规模相对较小，目前，深圳企业经批准在东盟设立的企业（机构）已有 200 多家，其中包括华为、中兴、长城电脑等大型企业。

4. 大型投资项目初露头角

深圳企业对东盟的投资主要是以中小型为主，但近年来也出现了一些大型投资项目。2008 年深圳投资东盟的重点项目——越南中国（海防—深圳）经济贸易合作区投资总额高达 4 亿美元，该项目总占地面积 8

平方公里。

5. 贸易投资多具互补性

深圳与东盟在资源构成、产业结构、工农业产品方面都存在着较明显的互补性，合作的潜力巨大。深圳与东盟各国的资源禀赋差异较大，东盟多数国家在矿产品、农副产品等资源型产品上拥有优势。泰国、马来西亚、缅甸、印尼四个国家的锡储量十分丰富，四国的锡储量占世界锡储量的一半左右；印度尼西亚、文莱、马来西亚则都拥有丰富的天然气资源。同时，东盟各国的海洋资源、钨、铬、重晶石、萤石、铜、锰、宝石等矿产品都非常丰富。东盟还是世界大米的主要生产区，特别是泰国、缅甸、越南有着世界米市之称；东盟的热带水果、热带花卉、咖啡、麻、椰子、木薯、烟草、甘蔗等植物产品在国际上占据重要地位。深圳与东盟各国的产业结构具有梯度差异性，这种差异性加强了深圳与东盟之间的互补性。如新加坡的第三产业占据了国民经济主导地位，属于较发达国家；深圳、泰国、印度尼西亚、马来西亚等都是制造业占国民经济较重要地位，且主导产业正由第二产业向第三产业转换；而越南、缅甸、柬埔寨等国第二产业的基础还较弱。

6. 会议展览带动经贸合作

会展业是21世纪的朝阳产业，是经贸合作的服务平台。深圳与东盟间的许多经贸合作正是通过参加会议展览而确定的。每年一度的中国—东盟博览会、中国—东盟商务与投资峰会，以及中国与东盟各成员国之间举办的经贸技术贸易合作交流会，贸易、投资及旅游促进会，深圳与东盟经贸合作交流座谈会，“走进东盟论坛”等会议展览，使得深圳和东盟的经贸合作得到了很大的发展。

（二）深圳与东盟各国经贸合作面临的问题和挑战

1. 互补的同时存在竞争

深圳与东盟的部分成员，如泰国、印度尼西亚、马来西亚等在经济发展水平类似，产业结构也具有较大的相似性，出口市场也有较大的重复性，特别是在加工贸易制造业上存在着较大的竞争。

虽然深圳与东盟在自然禀赋、产业结构上具有较强的互补性，但是深圳的一些产业，特别是劳动密集型产业与东盟的企业存在相当激烈的竞争。如越南是亚洲第二大纺织国，纺织品的竞争力仅次于中国，因此，越南的纺织服装企业同深圳的纺织服装企业存在着较大的竞争。而且，随着深圳和东盟经贸合作的发展，两者的产业和贸易结构也有趋同的趋势。

深圳和东盟都以美国、欧盟、日本、韩国、香港、台湾等国家和地区作为出口的主要市场，两者在部分产业的相似性，使得深圳和东盟在开拓或维持这些市场的份额时难免发生较激烈的竞争。

东盟大多数国家都是发展中国家，同深圳一样，在经济发展的过程中需要引进大量的外资和先进的技术来加强本地经济的发展，双方都鼓励外资和先进技术的引进以促进经济的发展，而双方在自然资源和产业结构上又有一定的相似性，因此，在引进外资和技术方面也存在着竞争。

同时，深圳与东盟存在竞争的商品进入东盟市场，对东盟的一些商品及企业也带来了很大的竞争。竞争过于激烈则可能导致东盟各国对深圳的商品设置贸易壁垒，不利于双方的经贸合作。

2. 优惠政策利用率偏低

中国—东盟自由贸易区建设启动至今已10年余，正式实施也有两年多，但据统计协定的总体利用率只有10%左右，全国包括深圳在内的许多协会和企业对中国—东盟自由贸易区的政策、规则和实际的操作程序都不太了解

中国与东盟之间有许多税收优惠，但要达到原产地标准且事先办理中国—东盟自由贸易区原产地优惠证书，才能享受税收优惠。但是，在实际贸易过程中，许多深圳企业由于不熟悉原产地规则及证书申领和签发的程序，所以错过了优惠。

此外，深圳大部分企业对东盟的出口是以加工贸易的模式进行的，特别是贸易比重占得最大的机电产品，由于加工贸易新产品要享受原产地关税的优惠必须要有40%以上的增值，但是大多企业只是进行简单的再加工，还达不到原产地的标准，也就无法享受原产地关税的优惠政策。

3. 文化差异带来诸多障碍

东盟各国之间，以及东盟各国与深圳之间有着不同的宗教信仰、语言文字、风俗习惯和价值观。越南受中国儒家文化的影响较大，泰国、柬埔寨、老挝、缅甸则主要受佛教的影响，印度尼西亚、马来西亚、文莱、菲律宾主要是受到伊斯兰教的影响，同时菲律宾还受天主教的影响，而中国除了古代的文明外，也受到了多元文化的影响，因此，东盟各国与中国都有着独特的民族文化。这些文化的差异直接影响着深圳与东盟之间的经贸合作。

由于部分深圳企业到东盟进行投资时还留存着深圳式的经营和管理思想，同样一些东盟企业在深圳创业时也用着其在母国的经营、管理思想，这种没有适应本土文化的企业在经营和管理方面往往会遇到许多难以解决的问题，这些问题放慢甚至是阻挡了企业的发展，同时也阻碍了深圳和东盟之间的经贸合作。

4. 贸易保护主义有所抬头

中国—东盟自由贸易区正式建成，双方贸易的关税得到了极大程度的降低，但是非关税壁垒却有增长的趋势。这些非关税壁垒主要体现在东盟成员对行业准入、持股比例限制、外资投资项目禁止、工作准证和雇用当地人比例等方面。

随着经济的发展，深圳和东盟之间经贸合作也更加紧密，但是合作的过程中出现了深圳出口商品与东盟商品的同质现象。为了保护本土产业，东盟对深圳商品的进入也设立了更多的门槛。如越南对矿产资源投资许可证和开采许可证做了严格的规定，要求对中国出口服装和玩具加强检查；马来西亚规定国外资本只能占有公司的70%股份，政府投资项目不对外国公司开放；泰国在原则上禁止外国公民拥有泰国土地；文莱以外的东盟成员国对聘用当地人员的比例限制等。

贸易保护主义的抬头，增加了深圳与东盟之间的贸易摩擦，减少了深圳对东盟的出口贸易量，影响了深圳与东盟之间的经贸合作。

5. 长期存在贸易的不平衡性

深圳对东盟的贸易长期存在逆差，按海关数据，2004年到2008年，深圳对东盟连续5年出现超过60亿美元的贸易逆差，其中，机电产品是造成逆差的主要原因，2009、2010年深圳对东盟的贸易也仍然处于逆差状态。深圳对东盟各国的贸易也是不平衡的，深圳对东盟总体上看是外在逆差，但是对越南、柬埔寨等国则是顺差，2011年第1季度深圳对越南、柬埔寨、老挝的顺差规模分别达到3.2亿美元、0.5亿美元和0.1亿美元。这些国家的经济水平都要落后于深圳，对国内产业的保护欲望也较高，深圳对这些国家的贸易顺差极有可能会导致这些国家对深圳产品设置贸易壁垒，影响中国—东盟自由贸易区的推进。

6. 对东盟市场信息了解不足

我国国内学者对东盟国家的研究多集中在东盟的老成员国，特别是像新加坡这样较发达的国家，对较落后国家的研究较少，信息资源相对缺乏。东盟信息资源、数据库的建立也是比较滞后，不能为深圳企业与东盟的经贸合作提供全方位的信息咨询服务，加大了深圳企业开拓东盟市场的难度。深圳的企业对东盟市场信息了解不足，再加上政府宣传的力度还不够大，许多企业对东盟的经济、政治、政策等都不够了解，导致深圳对优惠政策利用的不足，阻碍了深圳与东盟之间经贸合作的发展。

7. 缺乏对投资东盟有效的引导

从现存的大部分深圳企业投资东盟的案例来看，很多企业在东盟进行投资时并没有制定整体投资战略和行业规划，政府和行业对企业投资东盟也没有确定产业政策和行业导向，缺乏长期性，具有较大的随意性。一些企业对东盟的新成员一直有着经济发展落后的看法，因此这些企业在出口或投资东盟新成员时错误地认为这些国家的消费者对产品质量的要求不高，导致大量向这些国家输出低质的积压品，导致这些国家的消费者对深圳的产品留下了质量差的印象，阻碍了深圳与东盟经贸合作的进一步发展。

（三）深圳与东盟经贸合作的发展机遇

1. 利用关税优惠政策推进经贸合作

根据《中国与东盟全面经济合作框架协议货物贸易协议》的约定，2010年1月1日起，中国对从东盟进口的93%的产品实行零关税，对东盟的平均关税由9.8%降到了0.1%；东盟对从中国进口的90%以上产品实行零关税，6个老成员对中国的平均关税也由12.8%降到0.6%，4个新成员对中国的平均关税降到5.6%。

中国—东盟自由贸易区的建立，实行降税的实质性优惠政策，减少贸易壁垒，营造自由贸易环境；减少深圳企业在关税方面的支出，降低深圳企业的经贸成本，提高产品和企业的竞争力，促进深圳与东盟间的贸易往来。

2. 建立东盟生产基地优化产业布局

东盟内部经济发展具有不平衡的特征，除了新加坡、文莱、马来西亚，东盟的其他成员劳动力价格都要比深圳低。深圳近年来由于劳动力成本的不断提高，许多原具有优势的劳动密集型行业不再具备优势。但是深圳在这些不再具备优势的产业积累了一定的技术水平，并且具有稳定的产品质量，因此，深圳可以利用《中国—东盟全面经济合作框架协议投资协议》规定的优惠政策，通过把这些产业转移到那些劳动力成本比深圳低的东盟国家，结合深圳的技术优势和那些国家的劳动力成本优势，扩大产业优势。这些劳动密集型产业基地的转移，还使深圳有更多的精力来培育和引进资金密集型和技术密集型的产业，从而优化深圳的产业布局。

3. 开拓东盟不同国家的潜在市场

东盟有10个成员，陆地总面积达到450万平方公里，人口占世界人口的四分之一，超过5亿。目前东盟国家总的来说经济发展水平不高，生活水平也较低，消费能力有限，但东盟的地区经济正处于平衡增长的阶段，目前这种低消费水平和高经济增长速度，正意味着东盟地区消费市场具有巨大的发展空间。

深圳与东盟在地理位置上比较接近，双方的民间交往也很频繁，再加上市场的渊源，东盟国家对深圳商品的知晓度也较高。深圳可充分利用《中国—东盟全面经济合作框架协议》的优惠政策，通过加强与东盟的合作，提高东盟国家消费者对深圳产品的认可度，开拓东盟巨大的潜在市场。

4. 投资东盟，进军全球市场

中国—东盟自由贸易区的建成让东盟成为更多国家关注的重点。自2002年东盟与中国签订了《中国—东盟全面经济合作框架协议》后，东盟又于2003年与印度签订了自由贸易区框架协议，于2005年与韩国，2009年与澳大利亚、新西兰签订了自由贸易区的框架协议，还于2003年与日本签订了全面经济伙伴协议。同时，欧盟和美国也正在和东盟进行自由贸易区的谈判。由此可见，东盟即将成为连接世界重要经济体间的桥梁。

5. 加强交流，培养国际化人才

世界经济一体化和经济全球化是当今世界的两大趋势，在适应这两大趋势，并适应中国对外开放经济的要求，则需要一批具有国际视野，熟悉国际规则，并能参与国际竞争的人才。在深圳与东盟经贸交流的过程中，同时也伴随着人才的交流，通过加强双方在经贸领域的交流，以及在教育培训领域的合作，有助于培养出中国与东盟急需的熟悉双方国情、政策、文化并具有国际竞争以及合作意识的人才。

6. 减少对欧美市场的依赖性，提供更广阔的发展空间

深圳的产品遍布世界各地，尤其是欧美市场，导致欧美国家频频利用贸易壁垒和反倾销来阻碍深圳商品进入欧美市场，深圳企业不得不拿起法律武器来捍卫自己的权益，双方贸易摩擦不断，出于对欧美市场严重的依赖性，深圳企业损失巨大。而随着中国与东盟经济合作的加强，东盟十国对中国市场经济国家地位的承认，东盟市场将放宽对深圳产品的市场准入，中国与东盟国家经济距离的缩短，使得深圳企业更倾向于对东盟的投资，随着深圳产品在东盟市场的份额的日益上升，出口到欧美国家的产品将会相对减少或放缓，这大大有利于减少深圳产品对欧美市场的依赖性，给深圳企业提供更广阔的发展空间。

二、深圳与东盟经贸合作的目标与策略

（一）深圳与东盟经贸合作的战略目标

1. 深圳与东盟经贸合作的战略目标

深圳与东盟进行经贸合作时应抓住中国—东盟自由贸易区建立带来的机遇，解决深圳与东盟经贸合作的

现存问题，加强深圳与东盟合作的互补性，减少双方的竞争。尽快在东盟发挥“深圳创造”的效应，打造出一批具有国际竞争力的跨国公司，创建深圳企业在东盟的知名品牌；实现双方在基础设施建设、农产品、资源性产业、科技信息产业、现代物流业、文化产业、服务贸易、货币金融领域等多个重点领域合作的重大突破；加快双方在重大项目上的合作，推动并完善经济贸易合作区的建设，实现深圳产业结构的优化升级；最终实现深圳经济发展水平的快速提高，城市国际竞争力的迅速提升。

2. 实现战略目标的路径选择

（1）经贸合作互补化

深圳与东盟的经贸合作既有互补性又有竞争性，在加强深圳与东盟经贸合作时就要尽量避开竞争性，加强互补性，让深圳与东盟的经贸合作达到真正的互补化。双方可通过加大在优势领域的合作力度，如致力于东盟合作开发资源型项目等，来带动双方互补型经济的发展。

（2）产品营销品牌化

“中国制造”在世界上往往成为廉价品的代名词，深圳在东盟进行经贸合作，将产品打入东盟市场时则应该跳出这个圈子。深圳可通过保证自身的产品质量的同时，在东盟建立自主品牌的营销网络，在东盟消费者心目中树立深圳产品的形象，扩大深圳自主品牌产品对东盟的出口，并带动自主品牌企业在东盟进行投资建立生产基地与营销中心。

（3）产业结构现代化

深圳与东盟的经贸合作应在充分发挥双方的互补性的基础上进行。加强双方的互补性，有助于推动深圳产业结构的优化升级。深圳在东盟各国进行互补性合作的同时，应将处于“微笑曲线”中间位置的制造环节大量转移到越南等劳动力成本低廉的国家，将“微笑曲线”两端的研发和销售环节尽量留在深圳，并加大吸引东盟各国在深圳研发及销售环节的投资，促进深圳产业结构向现代化发展。

（4）要素流动快速化

深圳与东盟之间通过紧密合作，将实现资金、货物、信息等要素更加自由快速的流动。要素的快速自由流动是深圳与东盟经贸合作的结果，同时也将进一步带动深圳与东盟的经贸合作。深圳与东盟之间要素的自由快速流动，意味着深圳与东盟经贸合作达到了新的高度，也意味着深圳与东盟的经贸合作有更高的基础。

（5）运行机制市场化

现阶段由于市场的不完全性，深圳与东盟间的合作还需要政府的引导，但只有运行机制市场化后才能达到完全自由的货物与要素间的流动，充分发挥中国—东盟自由贸易区的作用。深圳与东盟合作的运作机制市场化是推动深圳与东盟经济增长的重要动力，也是经济发展的必然要求。

（6）区域经济国际化

区域经济国际化是经济全球化过程中的必然现象，是深圳与东盟经贸合作要达到的战略目标之一。区域经济国际化是一种趋势，可以把世界上所有国家的经济、与经济相关的因素都纳入全球经济的运行中，使世界各国商品、资本、人才、技术等在全球自由流动和优化配置。要达到区域经济国际化目标就要求深圳经济的发展与国际市场接轨，利用深圳与东盟的经贸合作，将深圳的企业、产品、科技等参与到东盟市场，甚至国际市场竞争中，同时深圳要积极引进东盟的先进技术、人才和资本等，充分利用深圳与东盟两个市场，实现资源优化配置和产业结构升级，提高深圳的竞争力及在世界经济中的地位。

（二）深圳政府加强与东盟经贸合作的策略方式

1. 实现深圳与东盟市场对接

国家鼓励开拓中国—东盟自由贸易区市场的政策，有利于进一步提升深圳开放型经济发展水平，加大深圳与东盟市场对接力度，促进深圳的外向型经济市场向多元化发展。深圳应紧密结合东盟市场天然资源丰富、经济发展水平不一、民俗生活多样、市场需求差异较大的特点和经济发展的特点，切实做好与东盟的经济互补、企业互动，特别是要充分发挥深圳的比较优势，通过经济互补式发展，拓展深圳开放型经济对外发展空间。

2. 会议展览牵引与民间论坛先行

深圳与东盟的许多经贸合作是通过会议展览完成的，如中国—东盟博览会、中国—东盟商务与投资峰会，中国与东盟各成员国之间举办的经贸技术贸易合作交流会，贸易、投资及旅游促进会，深圳与东盟经贸合作交流座谈会，“走进东盟论坛”等会议展览，都极大地推动了深圳和东盟的经贸合作。深圳应该进一步参加中国与东盟特别是广东与东盟之间举行的会议展览，为深圳与东盟的经贸合作打造一定的平台。除会议展览外，民间论坛也能带动深圳与东盟的经贸合作。深圳与东盟双方可以通过举行民间论坛，加强两地的交流并探讨出双方合作的较优模式，从而推动双方的经贸合作。因此，深圳应该多参加与东盟之间的会议展览，并多组织与东盟之间的民间论坛，为深圳与东盟的经贸合作奠定基础。

3. 创建双方政府、民间协商对话机制

深圳是中国改革开放的前沿城市，一直享受着优惠的政策，深圳在特区成立 30 多年来积累了较明显的制度优势。深圳已经基本建成社会主义市场经济机制，体制、政策等是深圳全面参与中国—东盟自由贸易区及次区域合作的基石。

深圳拥有的经济特区立法权是深圳最大的政策优势。深圳可在制度和国家政策的允许下，制定一些促进区域合作的政策措施。深圳应该根据实际情况，尽快研究出适合深圳与东盟合作的双方城市间高层对话机制模式，以促进深圳与东盟之间的合作走向常规化、制度化、高端化，并使深圳参与到同东盟成员或地区的次区域合作中，通过双方政府、民间协商对话机制的建立，进一步推进深圳与东盟的经贸合作。

4. 充分发挥东盟地区华侨的作用

东盟是世界上居住着最多华人的第二个区域，经过数百年的发展，华人华侨在东盟已经形成了一股强大的社会力量。据报道，东盟的华人华侨占全球华人华侨总数的 75%左右，东盟的华人受中华文化的影响，与深圳有着许多密切的关系。深圳在与东盟进行经贸合作时应充分发挥华人华侨的特殊优势，为深圳与东盟之间的经济、政治合作充当桥梁作用。深圳可通过加强与东盟主要华人华侨社团的联系，积极参与、充分利用东盟华人华侨社团的平台，建立经贸、文化等方面的交流与合作平台，为东盟地区华人华侨来深圳旅游、探亲、考察、投资创造条件。同时，深圳还应加强与东盟华商组织的合作，引导东盟华商到深圳进行投资，有计划地邀请东盟华商社团组织到深圳访问考察，并加大对东盟的推介力度，增进东盟华商对深圳的了解，促进交流合作。

金砖国家间内部贸易的发展现状及其不平衡特征

复旦大学国际关系与公共事务学院教授　樊勇明

“金砖四国”（BRIC）一词最早由高盛公司首席经济学家吉姆·奥尼尔在2001年11月20日发表的《全球需要更好的经济之砖》中首次提出，包括当时中国、印度、巴西、俄罗斯等四个经济增长迅速的新兴经济体。该报告所创造的“BRIC”这个缩写词，引用了巴西、俄罗斯、印度和中国的英文首字母，由于与英语单词的“砖”（brick）相似，因此出现了“金砖四国”的概念。2010年底，南非加入金砖国家，使这个新兴经济体组合从四国“扩容”为五国，“金砖四国”更名为“金砖国家”（BRICS）。

在过去的几年中，BRICS的国内生产总值迅猛增长，其增长速度不仅明显超过了发达国家，而且高于其他新兴市场国家。金砖国家国内生产总值总和占全球的比重不断提高，2010年已经达到18%①。《世界发展指标2010》报告也显示，五国出口额占全球的比重从2000年7%到2010年翻番，增长到14%；外汇储备占世界的比重也从1993年6.4%增长到2010年的40%，增长5倍之多。此外，国际货币基金组织预测，按照市场汇率估算，“金砖四国”（不包括南非）的GDP总量将从2008年占世界份额的15%上升到2015年的22%，届时四国经济总量将超过美国，同时四国的GDP增量也将占世界增量的三分之一②。

伴随经济的迅猛增长，BRICS的进出口贸易也经历了快速发展。除2009年受国际金融危机影响外，2002年以来，BRICS进出口贸易总额的年均增长速度较世界贸易增长速度高出了近10个百分点。2010年，BRICS进出口贸易总额达到了4.31万亿，是2000年的5.34倍，BRICS内部贸易总额甚至达到了2000年的6.96倍，而同期的世界贸易总额则仅为2000年的2.27倍③。

尽管BRICS内部贸易经历了高速增长，年均增长速度不仅远远高于世界贸易的增长速度，而且也高于BRICS对外贸易的增长速度，内部贸易占BRICS五国贸易总额的比重也随之稳步提高。但是，由于BRICS内部贸易基数过低，到2010年，内部贸易总额仍不到3 200亿美元，还不到五国对外贸易总额的8%④。

BRICS内部贸易近10年来的高速增长显示出了BRICS强化内部经贸合作的巨大潜力，但当前过低的内部贸易规模也客观反映出BRICS成员之间现实的共同利益仍然过低，这可能会对BRICS作为一个整体参与全球多边经贸谈判的内部协调形成制约。

从相互之间的贸易依赖程度⑤来看，BRICS各成员之间差距较大。中国、俄罗斯和印度对BRICS成员的贸易依赖程度较低，而巴西和南非对BRICS成员的贸易依赖程度则相对较高，而各成员对其他BRICS成员的贸易依赖度在很大程度上主要是体现在对中国的依赖。

首先，就进口而言，由于BRICS成员之间进口规模差距较大，因而各自对BRICS成员的进口依赖程度

---

① 数据来源：IMF。

② 摘自：国际货币基金组织，《国际经济展望》，2010年10月。

③ 数据来源：WTA数据库。

④ 数据来源：WTA数据库。

⑤ 这里的贸易依赖程度是指BRICS成员对其他成员的进口、出口及进出口贸易占其进口贸易额、出口贸易额和进出口贸易总额的比重。

也存在显著差异。总体来看，中国对BRICS成员的进口依赖程度最低，2010年中国自其他BRICS成员的进口金额占其进口总规模的比重仅为6.9%，而俄罗斯、巴西、印度和南非的这一比重却分别达到了20.95%、17.89%、16.50%和19.75%①。

俄罗斯、巴西、印度和南非对BRICS成员进口依赖程度较高，主要表现在自中国进口的产品所占比重过高。2010年，俄罗斯、巴西、印度和南非自中国进口的产品金额占他们的进口总金额的比重分别达到了12.81%、14.09%、11.61%和14.38%，而对其他BRICS成员的进口依赖程度仅为8.14%、3.80%、4.89%和5.73%②。

其次，就出口来看，中国是BRICS中最大的经济体，同时，作为全球最大出口国，其出口规模远远高于其他BRICS成员，2010年达到了15 784亿美元。俄罗斯作为BRICS第二大经济体，其出口规模仅次于中国，2010年约为3 485亿美元，巴西和印度分别为2 231亿美元和2 019亿美元，南非2010年出口规模约为813亿美元。

然而，从出口依赖程度来看，出口规模最大的中国和俄罗斯对BRICS出口市场的依赖程度却最低。2010年，中国对俄罗斯、巴西、印度和南非的出口金额占其出口总额的比重分别为1.87%、1.55%、2.59%和0.68%，四国之和还不到7%。俄罗斯对BRICS出口市场的依赖程度稍高于中国，但对BRICS成员的出口金额占其出口总规模的比重也不到8%。而巴西、印度和南非对BRICS出口市场的依赖程度相对更高，其中，巴西2010年对BRICS成员的出口金额占其出口总金额的比重接近20%，南非约为15%，印度约为11.76%③。

除中国之外的其他BRICS成员，无论是对BRICS成员出口市场依赖程度较高的巴西、南非和印度，还是对BRICS成员出口市场依赖程度较低的俄罗斯，他们对BRICS成员出口市场的依赖主要体现在对中国市场的依赖，如2010年俄罗斯对中国的出口金额占其出口总额的比重约为5.53%，占其对BRICS成员出口的77.3%，巴西对中国的出口金额占其出口总额的比重达到了15.25%，占其对BRICS成员出口的77.5%，印度对中国的出口金额占其出口总额的比重为7.80%，占其对BRICS成员出口的66.3%，南非对中国的出口金额占其出口总额的比重为10.01%，占其对BRICS成员出口的66.7%④。

综合上述分析可见，作为BRICS中进出口规模最大的成员，中国是其他BRICS成员的重要出口市场和进口来源地，对其他BRICS成员的进出口贸易具有重要作用；但中国对BRICS成员的出口及其自BRICS成员的进口占其出口总规模和进口总规模的比重却很低，这意味着从贸易规模的角度来看，BRICS成员对中国的重要性远低于中国对其他BRICS成员的重要性。此外，俄罗斯、巴西、印度和南非之间过低的贸易依赖程度也表明，从贸易规模角度来看，四国相互之间的重要性并不突出。

① 数据来源：WTA数据库。

② 数据来源：WTA数据库。

③ 数据来源：WTA数据库。

④ 数据来源：WTA数据库。

评 WTO 对中国原材料案的裁决

武汉大学WTO学院院长 余敏友
武汉大学法学院博士研究生 胡传海

2009 年 6 月 23 日，美国根据《关于争端解决规则与程序的谅解》（下称 DSU），向 WTO 争端解决机构（DSB）提出与中国就中国对部分原材料的 32 项出口限制措施磋商的请求。7 月 2 日，欧盟要求加入磋商，7 月 6 日，加拿大、墨西哥和土耳其要求加入磋商。其后，中国通知争端解决机构，接受欧盟、加拿大、墨西哥和土耳其加入磋商的请求。两轮磋商未果。11 月 4 日，美国、欧盟和墨西哥分别要求设立专家组，11 月 19 日，争端解决机构延缓设立专家组。12 月 21 日，争端解决机构根据 DSU 第 9（1）条，决定设立单一专家组，一并审查“美国诉中国原材料出口限制措施案（DS394）”、“欧盟诉中国原材料出口限制措施案（DS395）”、“墨西哥诉中国原材料出口限制措施案（DS398）。阿根廷、巴西、加拿大、智利、哥伦比亚、厄瓜多尔、印度、日本、韩国、挪威、中国台北、土耳其和沙特阿拉伯保留第三方权利。2010 年 3 月 19 日，申诉方美国、欧盟和墨西哥要求总干事指定专家组成员。3 月 29 日，总干事指定专家组成员，审理 DS394、DS395、DS398。由于案件性质相同，且被诉方同为中国，上述案件一般被统称为“美欧墨诉中国原材料出口限制措施案”。10 月 19 日，专家组主席通知争端解决机构专家组不能在六个月内提交专家组报告。争端当事各方磋商后同意专家组将在 2011 年 4 月结束工作。

2011 年 7 月 5 日，专家组报告发到各 WTO 成员，裁定中方涉案出口关税和出口配额措施不符合入世承诺和有关世贸规则，且未满足保护可用尽自然资源、保护人类生命健康等例外的条件。此外，专家组报告还分别就案件审查范围、出口配额分配和管理、出口许可程序、最低出口限价等做出裁决。8 月 31 日，中国通知争端解决机构对专家组报告中的某些法律问题和法律解释提出上诉。10 月 28 日，上诉机构主席通知争端解决机构，由于本上诉问题的数量与复杂性，上诉机构不能在 90 天内提出报告，上诉机构报告将在不迟于 2012 年 1 月 31 日发到 WTO 成员。

2012 年 1 月 30 日，上诉机构报告发布，维持专家组报告的核心内容，即中国出口税和出口配额措施违背了入世承诺和 WTO 规则。同时，基于诉讼程序原因，上诉机构撤销了专家组关于配额分配管理、出口许可程序、最低出口限价等事项的裁决；部分纠正了专家组对 GATT 1994 第 20 条的错误解释。2 月 22 日，WTO 争端解决机构通过了上诉机构报告及其修改过的专家组报告。3 月 23 日，中国通知争端解决机构有意执行其建议与裁定但需要一个合理的执行期限。5 月 24 日，中国分别和美国、欧盟、墨西哥通知争端解决机构，他们就中国合理执行期限达成一致，为 10 个月 9 天。因此，中国合理执行期限将于 2012 年 12 月 31 日到期。

一、专家组的裁决

（一）出口税

1. 争议事项

美国、欧盟、墨西哥等认为，中国征收出口税违反中国入世承诺。《中国加入世界贸易组织议定书》（以下简称《议定书》）第 11.3 条规定，中国将取消适用于出口产品的全部税费，除非议定书附件 6 中有明确规定或按照 GATT 1994 第 8 条的规定适用。附件 6 列明可以征收出口税的 84 种产品，本案中除黄磷外其他产品均未列入附件 6。

中国首先主张，出口税措施需经年度审查。2009 年某些关税措施已被 2010 关税措施取代，要求专家组只考虑 2010 年的关税措施。中国进而主张，出口税措施符合 GATT 1994 第 20 条（b）项和（g）项。对焦炭等征收出口税是为了控制出口，减少生产，从而减少污染，改善环境，保护居民生命健康；氟石属可用尽资源，征收出口税是保护资源必需的措施。中国最后认为，尽管《议定书》第 11.3 条要求中国不得征收出口税，但该条不得损及中国贸易管理的固有主权权利。基于贸易管理主权，中国有权征收出口税。

2. 专家组裁决

首先，专家组认为，只要涉案措施在专家组成立时有效实施，专家组就有权对其进行裁决，拒绝了中国提出的某些涉案措施已不再实施因此不需对之进行裁决的主张。

其次对中国能否援引 GATT 1994 第 20 条证明出口税措施合理做出裁决。专家组回顾了“中国出版物和音像制品案”中上诉机构对类似问题的处理方法。该案涉及《议定书》第 5.1 条能否援引 GATT 1994 第 20 条的问题。上诉机构没有一般性地明确能否援引，而是通过考察第 5.1 条来判断。由于第 5.1 条包含了“在不损害中国以与符合《WTO 协定》的方式管理贸易的权利的情况下”的表述，上诉机构认为第 5.1 条已经由该表述被纳入 WTO 协定。因此，中国可以援引 GATT 1994 第 20 条一般例外措施为其行为辩护。本案专家组依据同样的思路，首先考察《议定书》第 11.3 条文本。专家组认为，第 11.3 条没有任何明确引用 GATT 1994 第 20 条的内容，也没有引用 GATT 1994 的宽泛表述，甚至没有类似“在不损害中国以与符合《WTO 协定》的方式管理贸易的权利的情况下”的内容，因而第 11.3 条不能援引 GATT 1994 第 20 条。

中国主张《中国加入世界贸易组织工作组报告》（以下简称《工作组报告》）第 170 段提供了援引依据。第 170 段规定，中国自加入时起，将保证其与对进口产品和出口产品征收的所有规费、税费有关的法律和法规完全符合其 WTO 义务，包括 GATT 1994 第 1 条、第 3.2 条、3.4 条及第 11.1 条，且将以完全符合这些义务的方式实施此类法律和法规。中国认为，“包括”意指“不限于”，因此，可据此将 GATT 1994 第 20 条纳入；另外“完全符合其 WTO 义务”意味着将 GATT 1994 第 20 条并入。专家组不同意中国的主张，为此考察了《议定书》第 11.1 条和第 11.2 条。第 11.1 条规定，中国应保证国家主管机关或地方各级主管机关实施或管理的海关规费或费用符合 GATT 1994。第 11.2 条规定，中国应保证国家主管机关或地方各级主管机关实施或管理的国内税费，包括增值税，符合 GATT 1994。专家组认为，第 11.1 条、11.2 条有引用 GATT 1994 的表述，而第 11.3 条完全没有类似表述。这足以证明，同一条三款之间表述差别的确是有意为之，其目的就是不允许中国适用第 11.3 条时援引 GATT 1994。

此外，专家组认为，WTO 协定各自分别规定了仅适用于本协定的例外或弹性条款，不存在一般综合性例外条款（general umbrella exception clause）可资利用；其次，GATT 1994 中与出口税相关的条款没有既用于《议定书》第 11.3 条、又可援引 GATT 1994 第 20 条的内容；最后，GATT 1994 第 20 条序言规定——“本协定的任何规定不得解释为阻止任何缔约方采取或实施以下措施”——这一规定限定第 20 条适用范围：只能适用 GATT 1994，不得延伸到其他方面。因此，其他 WTO 协定中没有支持引用的根据。

最后，专家组否定了中国贸易管理主权的主张。专家组赞同国家享有贸易管理的主权权利，同时也指出，中国谈判并同意《议定书》第 11.3 条，正是其行使贸易管理的主权权利的体现。中国管理贸易的主权权利、入世后获得的权利及承担的义务，全部包括在《议定书》之中。《议定书》及其所包括的权利和义务，正是中国主权的体现。中国贸易管理主权并不能使上述有关行为合法化。

综上，专家组裁定，中国征收出口税违反《议定书》第 11.3 条，且不能援引 GATT 1994 第 20 条使相关行为合法化。

（二）出口配额

1. 争议事项

美、欧、墨提出，中国对铝土、焦炭、氟石、碳化硅和锌实施出口配额，违反 GATT 1994 第 11.1 条、

《议定书》第 1.2 条及其所纳入的《工作组报告》第 162 段、165 段。《工作组报告》第 162 段规定，中国将遵守有关非自动出口许可程序和出口限制的 WTO 规则，也将使《外贸法》符合 GATT 的要求。此外，在自加入之日起，只有在被 GATT 规定证明为合理的情况下，才实行出口限制和许可程序。《工作组报告》第 165 段规定，中国代表确认，自加入时起，将每年就现存对出口产品实行的非自动许可限制向 WTO 做出通知，并将予以取消，除非这些措施在《WTO 协定》或议定书项下被证明为合理。这两段经《议定书》第 1.2 条并入《议定书》，对中国具有法律约束力。《工作组报告》第 162 段、165 段的核心思想是，中国不得对出口实施非关税限制措施，即，不得对出口实施各种数量限制，也不得维持出口许可程序。

对于美、欧、墨的指控，中国做了三方面抗辩：一是配额指标每年审核，在专家组立案审查阶段，与 WTO 不一致的措施已取消，因此，要求专家组不要审查相关诉求。二是耐火粘土实施出口配额是防止或缓解其他必需品严重短缺而临时实施的限制措施，符合 GATT 1994 第 11.2 条（a）项。三是对焦炭、碳化硅实施配额，属于保护居民生命或健康所必需的措施，对耐火粘土实施出口配额，属于保护可用尽自然资源的措施，分别符合 GATT 1994 第 20 条（b）项、（g）项。

2. 专家组裁决

专家组首先认为，尽管限制措施是每年审查的，只要这些措施在专家组设立时还有效，专家组就有权对其进行审查。专家组随后分析了耐火粘土配额措施是否符合 GATT 1994 第 11.2 条（a）项。

GATT 1994 第 11.2 条（a）项规定，禁止一般数量限制的规定不适用于为防止或缓解出口缔约方的粮食或其他必需品的严重短缺而临时实施的出口禁止或限制。专家组认为，引用该项首先需辨明三个概念的涵义：必需品（essential products）、严重短缺（critical shortage）和临时实施（temporarily applied）。专家组认为，“必需品”指粮食之外其他产品，至于包括哪些产品应根据产品在成员国经济中的重要性个案判断；“严重短缺”，指短缺具有决定重要性、严重性，甚至达到危机或灾难程度，并且这种短缺可通过临时而非永久的措施解决；“临时实施”指该措施限定在“一段时间内”或“在某个限定的时间内”。根据上述标准，专家组分析耐火粘土配额限制是否符合 GATT 1994 第 11.2 条（a）项。

关于耐火粘土是不是必需品，专家组同意中国的观点，认为基于以下原因，耐火粘土是必需品：耐火粘土相对稀缺；是钢铁和玻璃、陶瓷和水泥产业不可或缺的原料；对发展增值贸易、实现产业和出口多元化，以及促进高附加值产业不可或缺，本身有独一无二的化学和物理特性；缺乏经济性的替代者。

关于配额措施是不是临时性措施，中国主张，根据《出口许可目录》耐火粘土配额每年调整，竞标则每半年一次，因此配额措施是临时实施的。专家组认为，“临时实施”意指限制措施的实施限定在一定的时间表内。中国配额措施至少可以追溯到 2000 年；中国预测可供开采的储量只有 16 年，表明中国配额措施直到现有储量耗尽或者新技术和条件减少耐火粘土的需求为止。因此，配额措施不是临时实施。

关于耐火粘土是不是严重短缺，中国认为，耐火粘土使用的重要性、基于地理和物理的可获得性、资源保护和限制开采加工的法律法规、替代物的不易获得性、国外市场需求大等说明耐火粘土是严重短缺的。专家组认为，长期实施的措施所要解决的问题，并非“严重短缺”。因此专家组裁决，耐火粘土配额措施没有满足 GATT 1994 第 11.2 条（a）项下的条件。

（三）GATT 1994 第 20 条的适用

如上所述，中国主张，对焦炭等征出口税，对焦炭、碳化硅实施出口配额是为了控制出口、减少生产，从而减少污染、改善环境、保护居民生命健康；对氟石出口征收出口税、对耐火粘土实施出口配额是保护可用尽资源，分别符合 GATT 1994 第 20 条（b）项和（g）项规定。专家组裁决，中国不能援引 GATT 1994 第 20 条为出口税措施辩护。不过，专家组还是假设中国能够援引 GATT 1994 第 20 条，并以此为基础进行了“沙盘推演”。专家组“推演”的结论是：出口限制措施未满足 GATT 1994 第 20 条的要求。

1. 限制措施是否满足 GATT 第 20 条（b）项的要求

GATT 1994 第 20 条规定，……本协定的任何规定不得解释为阻止任何缔约方采取或实施以下措施：……（b）为保护人类、动物或植物的生命或健康所必需的措施……专家组指出，引用 GATT 1994 第

20 条（b）项需查明：限制措施是否是保护人类、动物或植物的生命或健康所必需，是否满足第 20 条序言要求。专家组考察了“限制措施是保护人类、动物或植物的生命或健康所必需”的含义。

首先，限制措施的目标是保护人类、动物或植物的生命或健康。WTO 尊重成员提出的保护人类、动物或植物的生命或健康的措施，即使各国保护水平不同。

其次，考察限制措施是否必需。专家组引用“韩国牛肉案”上诉机构报告中的观点，认为“必需”指显著地接近不可缺少的一端，而非简单地发生作用而已。评估“必需”要衡量的因素有：被保护利益或价值的重要性，限制措施对实现目标作用的大小，限制措施的贸易限制性等。限制措施与实现目标间要有真正联系，措施对达成目标发挥重大作用。

最后，与 WTO 一致或对贸易较少限制措施的可得性。如果存在与 WTO 一致或对贸易较少限制的措施，限制措施就不是必需的。被诉方只需证明，所采取的措施是必需的，没有义务证明没有其他合理措施存在。但如果申诉方提出替代措施，被诉方有义务证明替代措施是不合理的而争议措施是必需的。如果一个措施只是理论上可行，不能认为它是可行的。

专家组接着根据上述观点，对焦炭、镁、锰和碳化硅等产品实施出口限制是否满足 GATT 第 20 条（b）项条件进行考察。

首先，限制措施目标是否保护居民生命或健康。美欧墨认为，限制措施目的是使中国国内企业以更优惠的条件获得原料，从而取得贸易优势。中国主张，出口限制措施是综合性环境保护框架的一部分，目标是减少污染，保护居民健康。专家组分析认为，中国综合性环境保护框架措施广泛，但没有明确提及环境或健康关切。重要的是，综合性框架没有包括实施涉案措施的内容。专家组认为，并非只有明示保护环境或健康的行为才可援引 GATT 第 20 条，但若只列出法律、法规、发展规划的清单，来证明限制措施目标是保护健康是远远不够的。

其次，相关措施是否对保护居民生命健康发挥重要作用。中国主张，焦炭、镁、锰和碳化硅等产品属高能耗、高污染、资源消耗型产品，从需求角度看，限制措施减少国际需求，进而减少国内生产，最终减少污染，改善环境，保护居民生命健康；从生产角度看，通过限制出口，促使资源降价，引导资源生产企业提高技术、减少消耗、节约能源，从而促进更高的增长，而更高的增长促进实现环境保护目标。专家组认为，中国没有考虑上下游产业间的相互影响。由于限制出口，国内市场产品价格下降，下游产业消耗增加，结果可能是污染增加；原料出口限制不一定促进更高的增长，而且，经济增长也不一定带来环境的改善；退一步讲，即使经济增长能促进环境的改善，也不意味着出口限制是实现环境改善所必需的条件。

再次，限制措施的贸易限制性。申诉方认为，限制措施扭曲了全球市场竞争，具有明显的贸易限制性。中国认为，本案涉及的产品全球储量丰富，中国没有控制性影响；中国出口数量下降是因为申诉方实施反倾销、世界市场上原材料价格普遍上涨、申诉方提高了原材料的品质要求等所致。专家组认为，出口限制措施对世界市场的影响不能从原材料全球供应来判断，而应由出口国原材料占市场份额判断。中国在相关原材料市场份额巨大，中国出口限制即使轻微，也有巨大影响。专家组的结论是，尽管中国没有完全禁止出口，征收的出口税较低，配额也比较开放，但限制行为仍产生了限制性影响。

最后，与 WTO 一致或较少违反措施的可得性。申诉方认为中国可以采取投资环保技术、发展循环经济、提高环境标准、对初级产品生产限制或污染控制，以保护环境的保护。中国称已采取上述措施，这些措施与出口限制措施一起实施可以使效果更好。专家组认为，中国没有证明这些与 WTO 一致的措施不能代替相关限制措施。

专家组的结论：中国对焦炭、镁、锰和碳化硅的出口限制没有满足 GATT 1994 第 20 条（b）项的条件。

2. 限制措施能否满足 GATT 第 20 条（g）项的要求

专家组认为，引用 GATT 1994 第 20 条（g）项，必须满足：限制措施与保护可耗尽资源相关，限制措施与限制国内生产和消费的措施一起实施，以及第 20 条序言规定的条件。“限制措施与保护可用尽资源相关”指限制措施与自然资源保护之间要有实质性联系，限制措施的主要目标是保护可用尽的自然资源。关于“与限制国内生产或消费的措施一同实施”，专家组认为，限制措施只有在其主要目的是使国内限制措施生效时，才满足“一同实施”的要求。也就是说，国内生产或消费的限制不仅与出口限制一起实施，而且，出口限制措施的目的是确保国内限制措施的有效性。

专家组考察耐火粘土限制措施是否符合GATT 1994第20条（g）项要求。首先，限制措施是否与保护资源相关。专家组认为，限制措施本身并没有提到保护资源目标，限制出口导致资源价格降低，促使国内生产者使用更多资源，反而加快资源消耗。因此，专家组认为，限制措施不是与保护资源有关的措施。限制措施是否与限制国内生产和消费的措施一起实施——中国列举若干措施，如征收采矿税、征收补偿费、规定开采上限等，以限制国内生产和消费。专家组考察后认为这些措施难以产生限制国内生产和消费的效果，因此，限制措施没有与限制国内生产和消费的措施一同实施。耐火粘土限制措施没有满足GATT 1994第20条（g）项的条件。

综上，对于中国的出口限制措施，与出口关税不同，专家组首先假设中国可以援引GATT第20条作为其违反入世议定书的抗辩，然后对中国是否满足该条要求进行了分析。对于中国的出口限制措施是否是为了保护其声称的健康和环境，中国主张，出口限制措施是其环境保护框架的一部分，并提供了诸多环境保护方面的法律法规作为证据，但专家组认为，中国提供的证据表明了中国对于环境保护和节能方面的重视，却未能证明出口限制如何能实现这一目标。污染在生产过程中产生，因而减少污染需要通过减少产出来实现，但限制出口并不必然会减少产出。中国的诸多论据甚至支持了申诉方的观点，中国的出口限制措施是为了刺激下游产业的发展。因而，专家组不认为中国的出口限制措施的目标是为了保护GATT第20条（b）款项下的人类健康。

专家组虽然做出了GATT第20条不适用于中国违反入世议定书第11.3条的裁定，但出于审慎的考虑，专家组还是假设如果GATT第20条可适用，审查了中国的出口限制措施是否满足（b）项必要性的要求。申诉方提出了很多替代措施，如加大对环境友好型技术的投资、提高产品的回收、提高环境标准、产品生产过程中的污染控制和产量限制等。对于申诉方提出的这些替代措施，中国认为这些措施已在实施，中国的出口限制措施只是补充这些已经存在的措施，出口限制和这些措施都是整个环境和健康保护框架的一部分，因而根据“巴西翻新轮胎案”不构成替代措施，专家组首先认为，既然中国主张中国正在实施这些措施，表明中国承认这些措施的合理可用性①。专家组随后逐项审查了申诉方提出的替代措施，认为中国提供的证据中只是包含了实施相关措施的一般陈述，不仅尚不能确定这些陈述是否是强制性的，而且中国并没有证明除了一些宣示性陈述之外，为执行该替代措施有哪些具体措施正在实施，中国也没有证明这些措施的效果。即使替代措施确实存在，专家组认为中国也没有证明这些措施为什么不能进一步加强从而减少污染以致取代出口限制②。最终，专家组认定中国没能证明这些措施不构成出口限制的替代措施。

（四）对其他事项的裁决

1. 出口配额分配与管理

关于配额申请企业的业绩和注册资本要求。根据2001年《工业品出口配额招标实施细则》，申请出口配额需要一定业绩和注册资本条件。专家组裁定，根据《议定书》5.1条和《工作组报告》第83、84段，中国几乎将所有货物贸易权赋予企业，并承诺取消出口业绩和最低资本要求，实施出口业绩和最低资本与中国的义务不一致。

关于申请配额企业的经营能力要求。《出口商品配额管理办法》第19条规定，外贸部门分配配额时，应当充分考虑申请企业或地区最近三年内该项商品的出口业绩、配额使用率、经营能力、生产规模、资源状况等。申诉方认为，“经营能力”没有明确法定定义，判断标准不清楚，势必造成配额分配机构自由裁量，不

---

① China－Measures Related to the Exportation of Various Raw Materials，Reports of the panel. para7. 568

② China－Measures Related to the Exportation of Various Raw Materials，Reports of the panel. para7. 590

符合 GATT 1994 第 10.3（a）条。专家组为此考察了 GATT 1994 第 10.3（a）条的适用条件。该条规定，每一缔约方应以统一、公正和合理的方式管理所有贸易法律、法规。专家组认为，第 10.3（a）条确立了贸易管理透明度和程序公平的最低标准，即统一、公正和合理，三者密不可分，必须同时遵守。“管理”一词包括“管理程序”在内。专家组认为，如果管理程序中存在导致相关方利益损害的真实风险，则该管理程序就不符合第 10.3（a）条。专家组从管理程序合理、统一两个方面判断经营能力标准是否符合第 10.3（a）条。由于经营能力标准没有明确法律定义、适用指南和标准，地方经贸部门判断时容易各自为政，自由裁量，从而形成危及相关方利益的真实风险。因此，经营能力标准的管理，既不合理也不统一。专家组的结论是：经营能力标准因不统一、不合理，与 GATT 1994 第 10.3（a）条的规定不符。

关于中国五矿化工进出口商会（以下简称五矿化工商会）参与出口配额管理。申诉方认为，五矿化工商会参与配额管理，有可能获得申请企业的敏感机密信息，并透漏给其成员企业，从而损害申请企业的利益，违反了 GATT 1994 第 10.3（a）条。中国主张，参与配额管理的是五矿化工商会秘书处，而非其成员企业，因此不存在利益冲突。专家组认为，五矿化工商会秘书处参与配额管理，仅代表其自身，且只是参与管理，核实申请者提供的文件，对申请者是否满足条件提出一般性建议，配额分配是由商务部决定的。因此，五矿化工商会参与不影响配额管理的公正性。申诉方不能证明五矿化工商会了解申请企业信息而形成了对申请企业利益的真实风险，因此，不能认为配额管理程序存在不合理性。专家组的结论是：五矿化工商会参与配额管理，不违反 GATT 1994 第 10.3（a）条。

铝土、氟石和碳化硅配额通过招标方式分配。《出口商品配额招标办法》第 2 条规定，对于实行配额管理的出口商品，可以实行招标。出口企业通过自主投标竞价，有偿取得和使用国家确定的出口商品配额。申诉方认为，铝土、氟石、碳化硅通过招标分配配额，标价属于具有限制作用的费用，违反了 GATT 1994 第 8.1（a）条和《议定书》第 11.3 条。中国主张，招标价格是投标者为出口特定数量产品而愿意支付的价格，不具有出口限制性。专家组认为，GATT 1994 第 8.1（a）条的规费和费用范围较宽，但并非涵盖一切收费，它只包括进出口费用和与进出口相关的费用，如海关文件、证明、检查和统计相关的规费、费用、手续、规定等。原材料招标价格不属于上述范围，因此，配额招标分配不违反 GATT 1994 第 8.1（a）条。

2. 关于出口许可体制

申诉方认为，中国《对外贸易法》第 19 条规定，国家对限制进口或者出口的货物实行配额、许可证等方式管理，表明中国允许非自动许可，违反 GATT 1994 第 11.1 条；部分原材料出口许可设置了条件，具有贸易限制性，违反 GATT 1994 第 11.1 条、《议定书》5.1 条、1.2 条和《工作报告》第 162、165 段。中国认为，GATT 1994 第 11 条并没有禁止所有形式的出口许可，只是禁止那些具有数量限制效果的许可。根据《进口许可证协定》第 2 条，许可可以是自动的，也可以是非自动的。非自动许可本身的存在并不违反 WTO 规则。至于本案中部分原材料出口许可规定了条件，只要申请者满足条件且提交了规定的材料，许可机关不太可能自由裁量而拒绝许可；在所有许可情况下，许可机关在收到有效材料 3 天内“自动地”授予许可。因此，这些许可不具有贸易限制性。

专家组认为，在例外情况下可以实施进出口许可，只要许可的设计和操作没有贸易限制性。如果许可机构有权基于不明确标准自由裁量决定给予或拒绝许可，那这种许可就具有贸易限制性。因此，中国《对外贸易法》规定的非自动许可本身没有违反 GATT 1994。专家组接着指出，2008 年《货物出口许可证管理办法》第 9 条规定，经营者申领出口许可证时，应当向发证机构提交“有关出口货物配额或者其他有关批准文件”，第 12 条规定的“出口批准文件”等表述中的“文件”含义不清，有可能被许可机构扩大或修改，从而赋予许可机关自由裁量的权利。因此，《货物出口许可证管理办法》中的许可具有贸易限制性。专家组得出结论：中国许可体制与 GATT 1994 第 11.1 条规定不符。

3. 关于价格协调

申诉方主张，中国对铝土等实施最低出口价格协调，由五矿化工商会利用出口预核签章制度实施。中国主张，价格协调在 2008 年取消，专家组成立时价格协调制度并不存在。专家组首先考察价格协调制度实施期间，并得出两点结论：(1) 五矿化工商会2001年章程是该商会协调价格的直接依据，该章程一直适用到2010年；(2) 存在着惩罚不遵守价格协调的出口商和许可机构的规定，使得价格协调具有实际效果，这些规定直到2010年才由商务部正式取消。其次，考察出口协调制度是否违反GATT 1994第11.1条。申诉方认为，由于中国在有关原材料出口市场的重要地位，价格协调制度对世界市场有冲击和扭曲作用。中国称，GATT 1994第11.1条本质上没有普遍地禁止适用进出口法规或条件，只是禁止实施具有数量限制效果的措施。判断价格协调制度与GATT 1994第11.1条是否相符时，必须考虑协调价格与世界市场价格间的关系，不能设想协调价格必然高于世界价格。专家组认为，要求出口商遵循特定出口价格，但出口商不执行最低价格时没有惩罚措施，这种价格协调对贸易的限制取决于设定价格的高低。如果价格定得太高，出口商找不到买家，商品只能留在国内，其效果等同于补贴。中国对不遵守价格协调纪律的出口商和单位实施处罚，以保证价格协调效果，这种措施极具贸易限制性，违反了GATT 1994第11.1条。

二、上诉机构的裁决

(一) 出口税

专家组裁决征收出口税措施违反《议定书》第11.3条，且中国不能援引GATT 1994第20条进行辩护。中国认为仅以《议定书》第11.3条文字表述为基础裁定中方不能援引GATT 1994第20条，剥夺了中国利用这一重要例外条款的权利，要求上诉机构推翻该裁决。另外，中国认为《议定书》附件6的注释使得中国有权采取出口税措施。附件6注释是：中国确认本附件所含关税水平为最高水平，不得超过。中国进一步确认将不提高现行实施税率，但例外情况除外。如出现此类情况，中国将在提高实施关税前，与受影响的成员进行磋商，以期找到双方均可接受的解决办法。中国认为，注释中的“例外情况”范围，实质上与GATT 1994第20条指的“例外情况”所含范围一致。《议定书》允许中国在例外情况下实施与WTO规则不一致的措施，意味着中国可以适用（无论直接或间接方式）GATT 1994第20条规定的例外情况。例外情况发生后，可以对附件6中的产品征收更高的税，也可以对不在附件6中的产品征税。

上诉机构同意专家组关于《议定书》第11.3条的结论和推理。上诉机构不同意中国对附件6注释的解释。上诉机构认为，附件6的注释只是对征税水平的进一步界定，很难从中推论出可以对不在附件6中产品征收出口税的结论。上诉机构还考察了《议定书》第11.3条“中国应取消适用于出口产品的全部税费，除非本议定书附件6中有明确规定或按照GATT 1994第8条的规定适用”中“按照GATT 1994第8条的规定适用”的涵义。上诉机构认为，GATT 1994第8条仅适用于进出口的规费，而非出口税，因此，中国也无法引用该条为实施出口税寻求正当理由。

(二) 出口配额

专家组裁决，中国对耐火粘土出口配额措施不属于临时实施以阻止或减轻严重短缺的措施，违反GATT第11.1条。中国认为，专家组解释“临时实施”这一概念时，排除了长期实施某种限制措施的可能性；临时措施与长期措施之间并无明确的界限；专家组解释“严重短缺”时，排除了因产品特性或储量有限而产生的短缺情形。

上诉机构首先对GATT 1994第11.2条（a）项的关键概念做了梳理。上诉机构认为，GATT 1994第11.2条（a）项应与第11.1条一起理解。后者要求不得进行贸易禁止或限制，前者则列明可以实施数量禁止或限制的例外情形。上诉机构认为，“临时”意指持续有限的时间，非永久性的、临时实施的目的是满足当前需要。上诉机构认为，“严重短缺”指数量严重不足，情势极为紧要，或到了极为重要的决定性阶段，或到了临界点。至于“必需品”，上诉机构认为规则和实践中都没有明确限制。上诉机构认为，解释GATT 1994第11.2条（a）项，必须将其所包含的各个概念联系起来考虑，如短缺是否严重可以由产品是否是必需来理解；产品特性和紧急情势构成要素决定了限制措施延续的时间。可以看出，上诉机构的分析与专家组分析基本相同，因此，上诉机构同意专家组的意见。

中国主张，配额措施每年审查以根据情况决定是否继续实施，而专家组对于这一特性没有加以足够注意。上诉机构认为，专家组对哪些证据施以何种程度的注意，属于其自由裁量权限，不能因专家组没有较多考虑某一方面证据而否定其裁决。

上诉机构还考察了 GATT 1994 第 11.2 条（a）项与 GATT 1994 第 20 条（g）项之间的关系。专家组主张二者不能同时适用。上诉机构对此不以为然。上诉机构认为，GATT 1994 第 11.2 条规定了若干可以不实施数量限制的情形，而 GATT 1994 第 20 条是为那些与 WTO 规则不一致的措施提供例外保护的。满足 GATT 1994 第 11.2 条（a）项的措施，不需要再利用 GATT 1994 第 20 条使之合理化，因为没有这个必要。两者范围不同，任务不一样。不过，两者也可能同时实施，如第 11.2（a）条范围的措施对象是食物或其他必需品，而食物或必需品正是可用尽的自然资源品；或者自然灾害导致可用尽自然资源严重短缺，而该自然资源构成了食物或其他必需品，在这两种情况下，两者可能同时实施。

（三）GATT 1994 第 20 条（g）项的适用

专家组认为，GATT 1994 第 20 条（g）项中“与国内一起实施的出口限制措施”，其目的是确保国内生产或消费措施的实施。上诉机构认为，“与……相关”，指在目的与手段方面保护自然资源与措施之间有紧密而真实的联系。“保护”意指保护环境，特别是自然资源。保护措施要与限制国内生产或消费的措施一起实施。实施指在特定时间发生效力。上诉机构认为，与保护可用尽自然资源有关的措施与限制国内生产或消费的措施一起实施，限制国内生产或消费的措施目的也是保护自然资源。GATT 第 20 条（g）项不包括额外条件，即要求保护措施的主要目的是使国内生产或消费措施生效。因此，上诉机构不同意专家组的有关分析。

（四）对其他事项的裁决

美欧墨在设立专家组请求书第三部分“其他出口限制措施”中，列举中国实施的 30 多项贸易限制措施，以及这些措施所违反的 13 项条款。中国认为，对于哪些贸易措施违反了哪些条款，申诉方没有表述清楚，也没有提供一份足以明确陈述问题的起诉法律根据概要，不符合 DSU 第 6.2 条，因此要求上诉机构否决专家组的裁决。DSU 第 6.2 条规定，设立专家组的请求应以书面形式提出。请求应指出是否已进行磋商、确认争议措施并提供一份足以明确陈述问题的起诉的法律根据概要。

上诉机构认为，DSU 第 6.2 条提出了两个需要满足的条件：一是确认争议措施，二是提供一份足以明确陈述问题的起诉法律根据概要。这两个条件关系到专家组职权范围，也关系到被诉方和第三方了解案件性质的权利。专家组应审议设立请求书的表述。争端各方提交的意见书可能确认请求书中的表述含义，但不能“弥补”请求书既存的不足。起诉法律根据概要的条件是否满足，要看“哪些措施带来哪些问题”表述得是否清晰，使争议措施与有关协定条款能否联系起来。上诉机构认为，本案中申诉方请求书没有明确指控属于哪项或哪些措施，没有说清楚每项措施与一个具体指控有关还是与几个指控有关，每项措施违反了某一具体条款，或多个条款；只是说一些措施违反了一些条款。因为申诉方没有明确限制措施及其所违反的条款，因而给中国应诉带来困难，违反了正当程序原则。专家组承认请求报告书的不足，但主张中国审查申诉方书面意见书后能够为自己辩护，因此请求书符合 DSU 第 6.2 条。上诉机构不同意专家组的看法，认为申诉方没有提供一份足以明确陈述问题的起诉的法律根据概要，因此撤销了与设立专家组请求书第三部分相关的裁决，即对配额分配管理、出口许可证、出口最低限价、配额招标等出口管理措施的裁决予以撤销。

三、结论

中国原材料案是 WTO 确定其出口限制规则范围的一个里程碑。专家组和上诉机构裁定，中国对部分原材料征收出口税，违反了《中国加入世界贸易组织议定书》第 11.3 条，且不能援引 GATT 1994 第 20 条例外条款予以辩护；中国出口配额措施违反了 GATT 1994 第 11.1 条，因不满足 GATT 1994 第 11.2 条（a）和 GATT 1994 第 20 条的要求而不能豁免其义务。基于程序理由，上诉机构撤销了专家组对中国出口配额管理体制、许可证条件、最低出口价格要求等的有关裁决。争端解决机构通过的上诉机构报告及其修改过的专家组报告，对世贸组织法、世贸成员管理资源贸易的能力与自然资源永久主权原则三者之间的关系，第一次提出了某些重要看法，从而可能不仅直接影响美欧日诉中国稀土案的结果，而且对中国和多边贸易体制甚至国际法基本原则的发展产生不可忽视的长远不利影响。

在中国原材料案中，专家组和上诉机构创造了一个假设（推断），即 GATT 1994 第 20 条不能用来证明违反另一项 WTO 协定的行为合法，除非该争议条款为此提供了某种具体条文依据。即便这个假设（推断）有助于使专家组和上诉机构避免司法能动主义的指责并能在有客观理由相信起草人希望 GATT 1994 第 20 条适用的情况下确保其内在的各种价值得到保护①，但这种狭隘的文本解释方法及其所得出的结论是错误的，其有害影响是：第一，减损了中国作为 WTO 成员的合法权益；第二，加重了中国承担的“超 WTO 义务”；第三，削弱了世界公认的国际法基本原则——自然资源永久主权原则；第四，破坏了 WTO 法律秩序的统一性与完整性，加剧了 WTO 法律秩序的分化和破裂。

WTO 争端解决机构及其专家组和上诉机构裁决中国取消出口关税的义务不能援引 GATT 第 20 条一般例外，不仅没有按照 DSU 所规定的按照国际公法解释的习惯规则②，澄清世贸组织协定的各项现行规定，而且违背了其裁定不得增加或减损世贸组织协定所规定的各项权利和义务的具体要求；既不能使本争端真正得到解决，又损害了尚未走出合法性危机的世贸组织多边贸易体制的权威性、公信力，因此是对 DSU 赋予 WTO 争端解决机制四大职能③的严重背离。

对此，中国不仅有权根据世贸组织协定通过决策程序谋求权威解释加入议定书上述条文，而且应该在尚未结束的 DSU 改革谈判中，认真对待 WTO 争端解决机制的风险性，与其他成员合作，推动建立解释 WTO 协定及其他相关法律规范的指导方针和证据规则，加大 WTO 成员对争端解决机制的控制，不仅使 WTO 争端解决机制在更大程度上尊重 WTO 成员的主权，而且使 WTO 成员之间贸易争端的解决更加职业化、专业化和非政治化，提高 WTO 争端解决机制的可靠性。

中国原材料案中有些问题也是正在进行中的稀土争端的关键所在。鉴于申诉各方（美欧日）和中国因磋商失败而使稀土争端进入诉讼阶段，中国原材料案中的经验和教训将会被它们汲取。第一，专家组与上诉机构阐明了 WTO 协定有关出口限制的条款的范围和系统性相互影响，其中有些条款（如 GATT 1994 第 11 条第 2 款（a）项），此前从未得到过解释。第二，稀土争端与中国原材料案具有不少重要的共性（所涉当事方，受到挑战的各种措施，被援引的协定条款），因此，中国原材料案所处理的主要问题也最有可能成为稀土争端中的关键因素。这意味着中国稀土出口制度很可能被裁定为不符合中国入世的承诺。

中国原材料案是展示超 WTO 义务限制中国经济与环境政策空间的例证。如前所述，在 2012 年年底前，中国将采取措施执行 WTO 裁决，超 WTO 义务对其国内政策与贸易政策的各种影响，正在并将继续受到广泛关注。作为一个严重依赖出口型增长的贸易大国，维持多边贸易体系的稳定性和预见性有利于中国的长期繁荣。在避免产生全球市场更多的波动和损害全球福利的政策方面，中国有重大利益。中国经济发展需要自由、开放的矿产品贸易环境。中国原材料案表明，现行 WTO 出口限制规则非常不合理，尤其是选择性地强加于新成员的刚性义务剥夺了他们主张其自然资源大部分用于国内的所有权并使他们失去了管理因资源产品

---

① Spiegel Feld，Danielle and Switzer，Stephanie，China-Raw Materials on the Availability of GATT Article XX Outside of the GATT：The Makings of a Presumption（May 8，2012）. 38 Yale Journal of International Law Online（2012）. Available at SSRN：http：//ssrn. com/abstract=2054747

② Elisa Baroncini，*The applicability of GATT Article XX to China's WTO Accession Protocol in the Appellate Body Report of the China-Raw Materials case：suggestions for a different interpretative approach*，China-EU Law Journal 2012. Wenwei Guan. 2012.“How General Should the GATT General Exceptions Be? A Critique of the Interpretation Approach in China-Raw Materials” ExpressO Available at：http：//works. bepress. com/wenwei _ guan/1

③ WTO 争端解决机制四大职能是：（1）向世贸组织多边贸易体制提供安全及预见性（制度性目标）；（2）维护世贸组织各成员依据世贸组织协定所享有的各项权利和所承担的各项义务（具体目标）；（3）按照国际公法解释的习惯规则，澄清世贸组织协定的各项现行规定（具体目标）；（4）积极解决争端（具体目标）。

出口而产生的环境外部性的一种有效工具。这些义务虚拟的不变性与对自然资源永久主权原则相抵触。显然，WTO迫切需要对其出口限制方面的多边规则进行全面改革，不仅应将所有自立门户的出口承诺并入GATT减让表，以便为加入成员提供GATT所赋予的政策空间和灵活性，还应该承认出口关税的合法功能，并根据与进口关税相同的原则与规则来确定出口关税的约束力，将这些刚性义务纳入GATT框架将是改革WTO出口限制规则的第一步。①

① Qin，Julia Ya，Reforming WTO Discipline on Export Duties：Sovereignty over Natural Resources，Economic Development and Environmental Protection（March 28，2012）. Wayne State University Law School Research Paper No. 2012—04. Available at SSRN：http：//ssrn. com/abstract=2030477 or http：//dx. doi. org/10. 2139/ssrn. 2030477

第二篇　WTO 事务

● WTO运行总体情况（2011）

一、WTO秘书处人员与预算

（一）WTO秘书处人员

WTO秘书处总部设在日内瓦，2011年拥有677名日常工作人员，统一受总干事帕斯卡尔·拉米的领导。WTO一切决策权归属其全体成员，秘书处没有任何决策权。

秘书处的主要职责是为各理事会和委员会提供技术和专业支持，为发展中国家成员提供技术援助，监督和分析全球贸易发展动态，为公众和媒体提供信息以及组织召开部长级会议。此外，秘书处提供争端解决程序中的一定形式的法律支持服务，并为申请加入WTO的政府提供咨询服务。

WTO秘书处致力于吸收优秀的工作人员，并力争其来源更为多样。2011年WTO秘书处人员共来自于WTO 80个成员，相对于2010年的73个成员，范围更加广泛，包括阿尔巴尼亚、孟加拉国、布隆迪、牙买加、肯尼亚、尼泊尔、赞比亚。其中，专业人员大多由经济学家、法学家和其他国际贸易政策方面的专家组成。此外，还有大量负责提供支持性服务的员工，包括信息技术人员、财务人员、人力资源及语言服务人员。

2011年WTO秘书处的女职员人数超过男职员，其中女职员为369，男职员为308。WTO工作语言是英语、法语和西班牙语。

根据《关于争端解决规则与程序的谅解》，WTO秘书处专门设立上诉机构，负责处理争端解决专家组裁决的上诉事宜。上诉机构设有独立秘书处，由7名在法律和国际贸易领域拥有特别威望的专家组成，每位专家的每届任期4年，且可连任一届。

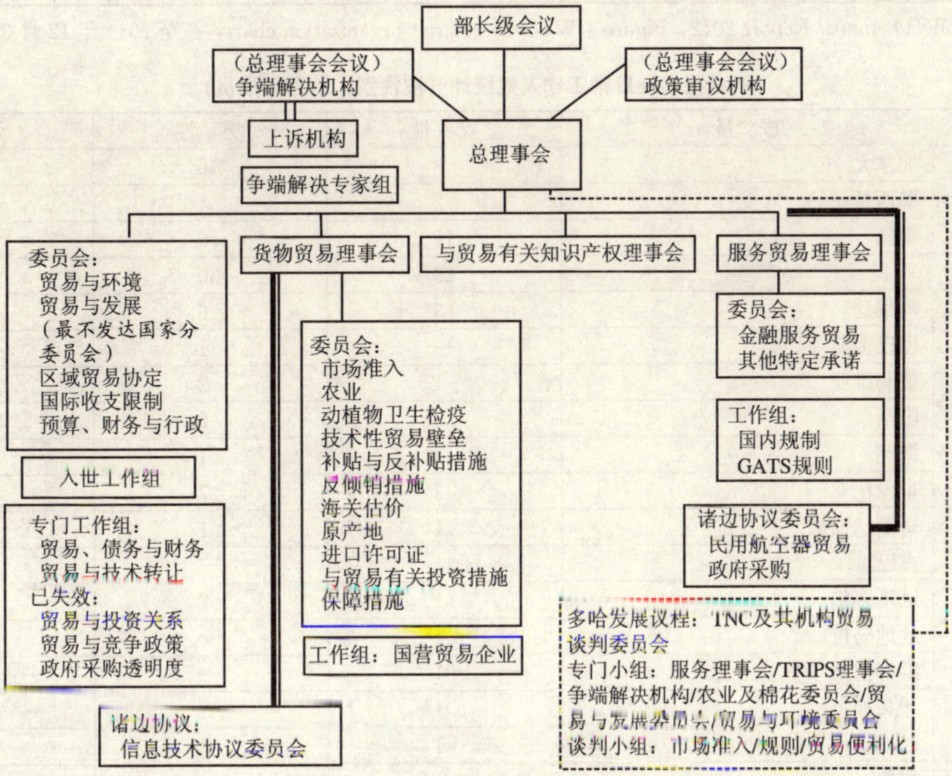

图1　WTO组织结构

注：——向总理事会（或其下属机构）报告　　┏━ 向争端解决机构报告

-----诸边贸易协议委员会将其活动通知总理事会或货物理事会（虽然只有部分WTO成员签署这些协议）

▬ 贸易谈判委员会向总理事会报告

资料来源： http：//www.wto.org/english/thewto _ e/whatis _ e/tif _ e/org2 _ e.htm，截至2011年12月31日。

表 1 **WTO 秘书处组织机构**

总干事 帕斯卡尔·拉米（Pascal Lamy）	总干事办公室 人力资源部 内部审计部 理事会与贸易谈判委员会部 信息与媒体联系部 上诉机构
副总干事 亚雷汉德罗·捷瑞（Alejandro Jara）	法律事务部 规则部 经济研究与统计部 加入部
副总干事 瓦伦丁·鲁格瓦比扎（Valentine Sendanyoye Rugwabiza）	发展部 培训与技术援助研究所 贸易政策审议部
副总干事 鲁佛斯·H·耶克萨（Rufus H. Yerxa）	市场准入部 知识产权部 行政与综合服务部 信息部 语言、文件与信息管理部
副总干事 哈沙·伐尔檀那·辛格（Harsha Vardhana Singh）	农业与货物贸易部 贸易与环境部 服务贸易部

资料来源：*WTO Annual Report 2012*，Figure 1 WTO Secretariat organization chart，截至 2011 年 12 月 31 日。

表 2 **WTO 秘书处日常工作人数统计（按性别、地区和成员）**

地　区	成　员	女　性	男　性	小　计
北美洲	加拿大	8	16	24
	墨西哥	2	4	6
	美国	19	10	29
合计		29	30	59
南/中美洲	阿根廷	3	6	9
	巴巴多斯	—	1	1
	玻利维亚	1	2	3
	巴西	3	6	9
	智利	3	1	4
	哥伦比亚	3	7	1—
	哥斯达黎加	1	1	2
	古巴	1	—	1
	厄瓜多尔	1	2	3
	危地马拉	1	—	1
	洪都拉斯	1	—	1
	牙买加	1	—	1
	巴拉圭	1	—	1
	秘鲁	4	4	8
	特立尼达和多巴哥	1	—	1
	乌拉圭	1	6	7
	委内瑞拉	1	4	5
合计		27	40	67

续　表

地　区	成　员	女　性	男　性	小　计
欧洲	阿尔巴尼亚	1	0	1
	奥地利	2	3	5
	比利时	4	2	6
	保加利亚	—	3	3
	克罗地亚	1	—	1
	丹麦	2	5	7
	爱沙尼亚	1	—	1
	芬兰	2	3	5
	法国	108	80	188
	德国	9	12	21
	希腊	3	2	5
	匈牙利	—	1	1
	爱尔兰	11	2	13
	意大利	8	7	15
	荷兰	1	1	2
	挪威	—	2	2
	波兰	2	2	4
	葡萄牙	—	2	2
	罗马尼亚	2	—	2
	西班牙	29	14	43
	瑞典	2	2	4
	瑞士	23	15	38
	土耳其	2	1	3
	英国	52	17	69
合计		265	176	441
非洲	贝宁	—	1	1
	布隆迪	—	1	1
	科特迪瓦	—	1	1
	刚果（金）	—	1	1
	埃及	3	3	6
	加纳	—	2	2
	几内亚	2	1	3
	肯尼亚	1	—	1
	莱索托	—	1	1
	马拉维	—	1	1
	毛里求斯	—	2	2
	摩洛哥	1	2	3
	尼日利亚	—	1	1
	卢旺达	1	1	2
	圣卢西亚	1	—	1
	塞内加尔	—	1	1
	南非	—	1	1
	坦桑尼亚	1	—	1
	突尼斯	2	3	5
	乌干达	3	—	3
	赞比亚	1	—	1
	津巴布韦	2	—	2
合计		18	23	41

续 表

地 区	成 员	女 性	男 性	小 计
亚洲	澳大利亚	5	5	10
	孟加拉国	—	1	1
	中国	6	4	10
	中国香港	1	—	1
	印度	3	10	13
	日本	2	2	4
	韩国	4	1	5
	马来西亚	1	2	3
	尼泊尔	—	1	1
	新西兰	2	2	4
	巴基斯坦	—	2	2
	菲律宾	5	6	11
	斯里兰卡	1	2	3
	泰国	—	1	1
合计		30	39	69
总计		369	308	677

资料来源：*WTO Annual Report 2012*，Table 2 WTO staff on regular budget by gender and nationality，截至 2011 年 12 月 31 日。

表 3　　WTO 秘书处各部门职位分布

部 门	日常工作人员①	高管和主管②	总 计
总干事		1	1
总干事办公室	12	1	13
副总干事办公室	7.6	4	11.6
加入部	7.8	1	8.8
行政与综合服务部	69.9	1	70.9
农业与货物贸易部	16.4	2	18.4
理事会与贸易谈判委员会部	17.8	1	18.8
发展部	15	1	16
经济研究与统计部	43.8	2	45.8
人力资源部	20.2	1	21.2
信息部	42.3	1	43.3
信息与媒体联系部	27.6	1	28.6
培训与技术合作研究所	31.3	1	32.3
知识产权部	12.1	1	13.1
语言、文件与信息管理部	152.5	1	153.5
法律事务部	16	1	17
市场准入部	9.6	1	10.6
内部审计部	1	1	2
规则部	20	1	21
技术合作审计部	2.8	0	2.8
贸易与环境部	10.8	1	11.8
服务贸易部	16.8	1	17.8

① 小数是因统计包括那些工作时数不满一周的人员。

② 工作年限为 11 年和 12 年。

续 表

部　门	日常工作人员①	高管和主管②	总　计
贸易政策审议部	49.2	2	51.2
上诉机构	14	1	15
总计	616.5	29	645.5

资料来源： *WTO Annual Report 2012*，Table 1 Allocation of staff by division，截至 2011 年 12 月 31 日。

（二）WTO 秘书处经费

WTO 秘书处年度经费绝大部分来自于所有成员所承担的会费。依据过去 5 年货物、服务和知识产权贸易的可用数据，每个成员的会费取决于其在国际贸易中所占的份额。此外，WTO 秘书处年度经费还来源于其他收入，主要包括租金及纸质和电子出版物的销售收入。WTO 还管理大量的由成员出资的信托基金。这些资金主要用于特定的活动，如旨在使最不发达国家成员和发展中国家成员更好地利用 WTO 及自多边贸易体制中获取更大利益的技术合作与培训项目。

表 4　　2011 年 WTO 秘书处的合并开支

项　目	预　算	开　支	结　余
年薪（包括工资和养老金）	126 310 600	−136 111 084	199 516
临时补助	15 992 700	−20 913 839	−4 921 139
通讯（包括通讯费和快递费）	1 786 500	−1 476 380	310 120
物业设施（包括租金、水电费、维护和保险费）	3 866 000	−4 225 653	−359 653
固定资产	1 089 000	−1 284 327	−195 327
耗材	1 281 000	−942 323	338 677
项目服务（包括复印、办公自动化和安全等）	9 236 600	−8 733 242	503 358
员工费用（包括培训和保险）	4 827 000	−4 007 412	819 588
代表团	2 939 000	−2 785 819	153 181
贸易政策课程	3 315 000	−1 908 279	1 406 721
其他（包括争端解决专家组、出版、图书馆和公共信息服务等）	6 449 500	−6 315 951	133 549
国际贸易中心	18 911 000	−16 948 304	1 962 696
合计	196 003 900	−195 652 612	351 288

资料来源： *WTO Annual Report 2012*，Table 3 Allocation of staff by division，截至 2011 年 12 月 31 日。

表 5　　2011 年度 WTO 成员承担的会费

成　员	瑞士法郎	%
阿尔巴尼亚	50 510	0.026
安哥拉	388 600	0.2
安提瓜和巴布达	29 145	0.015
阿根廷	691 708	0.356
亚美尼亚	29 145	0.015
澳大利亚	2 312 170	1.19
奥地利	2 461 781	1.267
巴林	184 585	0.095
孟加拉国	200 129	0.103

① 小数是因统计包括那些工作时数不满一周的人员。

② 工作年限为 11 年和 12 年。

续 表

成 员	瑞士法郎	%
巴巴多斯	29 145	0.015
比利时	4 731 205	2.435
伯利兹	29 145	0.015
贝宁	29 145	0.015
玻利维亚	54 404	0.028
博茨瓦纳	64 119	0.033
巴西	1 985 746	1.022
文莱	73 834	0.038
保加利亚	334 196	0.172
布基纳法索	29 145	0.015
布隆迪	29 145	0.015
柬埔寨	69 948	0.036
喀麦隆	71 891	0.037
加拿大	5 869 803	3.021
佛得角	29 145	0.015
中非	29 145	0.015
乍得	44 689	0.023
智利	730 568	0.376
中国	13 363 954	6.878
哥伦比亚	411 916	0.212
刚果（布）	54 404	0.028
哥斯达黎加	159 326	0.082
科特迪瓦	112 694	0.058
克罗地亚	328 367	0.169
古巴	141 839	0.073
塞浦路斯	134 067	0.069
捷克	1 534 970	0.79
刚果（金）	62 176	0.032
丹麦	1 896 368	0.976
吉布提	29 145	0.015
多米尼克	29 145	0.015
多米尼加	163 212	0.084
厄瓜多尔	192 357	0.099
埃及	551 812	0.284
萨尔瓦多	95 207	0.049
爱沙尼亚	188 471	0.097
欧盟	0	0.000
斐济	29 145	0.015
芬兰	1 259 064	0.648
马其顿	56 347	0.029
法国	8 722 127	4.489
加蓬	40 803	0.021
冈比亚	29 145	0.015
格鲁吉亚	48 575	0.025
德国	17 207 208	8.856
加纳	89 378	0.046

续 表

成 员	瑞士法郎	%
希腊	983 158	0.506
格林纳达	29 145	0.015
危地马拉	137 953	0.071
几内亚	29 145	0.015
几内亚比绍	29 145	0.015
圭亚那	29 145	0.015
海地	29 145	0.015
洪都拉斯	101 036	0.052
中国香港	5 110 090	2.63
匈牙利	1 257 121	0.647
冰岛	91 321	0.047
印度	2 933 930	1.51
印度尼西亚	1 472 794	0.758
爱尔兰	2 308 284	1.188
以色列	880 179	0.453
意大利	7 268 763	3.741
牙买加	79 663	0.041
日本	9 643 109	4.963
约旦	149 611	0.077
肯尼亚	95 207	0.049
韩国	5 216 955	2.685
科威特	598 444	0.308
吉尔吉斯斯坦	29 145	0.015
拉脱维亚	157 383	0.081
莱索托	29 145	0.015
列支敦士登	46 632	0.024
立陶宛	275 906	0.142
卢森堡	818 003	0.421
中国澳门	149 611	0.077
马达加斯加	29 145	0.015
马拉维	29 145	0.015
马来西亚	2 242 222	1.154
马尔代夫	29 145	0.015
马里	29 145	0.015
马耳他	77 720	0.04
毛里塔尼亚	29 145	0.015
毛里求斯	60 233	0.031
墨西哥	3 604 265	1.855
摩尔多瓦	34 974	0.018
蒙古	29 145	0.015
摩洛哥	351 683	0.181
莫桑比克	38 860	0.02
缅甸	40 803	0.021
纳米比亚	42 746	0.022
尼泊尔	29 145	0.015
荷兰	6 281 719	3.233

续 表

成　员	瑞士法郎	%
新西兰	460 491	0.237
尼加拉瓜	42 746	0.022
尼日尔	29 145	0.015
尼日利亚	637 304	0.328
挪威	1 740 928	0.896
阿曼	275 906	0.142
巴基斯坦	359 455	0.185
巴拿马	169 041	0.087
巴布亚新几内亚	33 031	0.017
巴拉圭	77 720	0.04
秘鲁	310 880	0.16
菲律宾	749 998	0.386
波兰	2 040 150	1.05
葡萄牙	981 215	0.505
卡塔尔	396 372	0.204
罗马尼亚	681 993	0.351
卢旺达	29 145	0.015
圣基茨和尼维斯	29 145	0.015
圣卢西亚	29 145	0.015
圣文森特和格林纳丁斯	29 145	0.015
沙特	2 183 932	1.124
塞内加尔	40 803	0.021
塞拉利昂	29 145	0.015
新加坡	4 278 486	2.202
斯洛伐克	705 309	0.363
斯洛文尼亚	374 999	0.193
所罗门群岛	29 145	0.015
南非	1 088 080	0.56
西班牙	5 084 831	2.617
斯里兰卡	137 953	0.071
苏里南	29 145	0.015
斯威士兰	29 145	0.015
瑞典	2 556 988	1.316
瑞士	2 607 506	1.342
中国台北	3 248 696	1.672
坦桑尼亚	60 233	0.031
泰国	2 075 124	1.068
多哥	29 145	0.015
汤加	29 145	0.015
特立尼达和多巴哥	112 694	0.058
突尼斯	242 875	0.125
土耳其	1 836 135	0.945
乌干达	34 974	0.018
乌克兰	790 801	0.407
阿联酋	1 981 860	1.02
英国	9 406 063	4.841

续 表

成 员	瑞士法郎	%
美国	24 135 946	12.422
乌拉圭	83 549	0.043
委内瑞拉	722 796	0.372
越南	681 993	0.351
赞比亚	48 575	0.025
津巴布韦	29 145	0.015
合计	194 300 000	100

资料来源：http://www.wto.org/english/thewto_e/secre_e/contrib11_e.htm，2011年12月31日。

二、WTO主要活动

(一) 技术援助和培训

WTO与贸易有关的技术援助计划旨在提高成员方对WTO活动的了解程度，各项培训都尽可能地满足成员方的实际要求。WTO成员任何时候都可以向秘书处提出技术援助的相关请求，这可以确保技术援助能及时集中反映成员方的要求，特别是发展中成员和最不发达成员的诉求。

2011年，WTO在日内瓦以及全球其他地区共计举行了267次技术援助和培训活动。此外WTO官员被邀请74场会议。这些活动绝大多数是由国际组织、区域组织和将区域组织举办的。国家层面，主要是多议题的简报会，主要围绕加入WTO，非农市场准入，规则，服务贸易，与贸易相关的知识产权协定，卫生与植物卫生措施等问题。

这些活动的直接目标是促使参与者更好地了解所涉及的议题的WTO基本原则。多哈回合谈判的一些特定谈判领域，目的是让参加者掌握其谈判立场所需要的技能和专业知识，以便于其国家在多哈回合谈判达成时取得积极的成果。最后，建立了9个国家层面的WTO参考中心，以便能依据受益人的需求，更好地调整项目活动。

2011年WTO对于在线课程进行了重大的改革，精心设计了专门的电子平台，包括26门在线课程。2011年全球超过5 000名参加者注册在线课程，其中超过1 000名来自最不发达国家。

表6　　2011年与贸易有关的技术援助活动分布（按地区统计）

地 区	国别 TA		区 域		全 球	其他（会议等）		合 计	
非洲	48	34%	23	32%		19	26%	90	26%
阿拉伯和中东地区	9	6%	9	13%		3	4%	21	6%
亚太地区	31	23%	15	21%		15	20%	61	18%
中东欧	18	13%	8	11%		4	5%	30	9%
加勒比地区	5	3%	6	8%		2	3%	13	4%
拉丁美洲地区	32	22%	10	4%		10	14%	52	15%
单项合计	143	100%	71	100%		53	72%	267	78%
全球性合计	0	0%	0	0%	53	21	28%	74	22%
合计	143	100%	71	100%	53	74	100%	341	100%

注：TA——技术援助和合作项目。

资料来源：Annual report on technical assistance and training，WT/COMTD/W/178。

(二) WTO各理事会活动

1. 总理事会

自前次年度报告起，总理事会一共举行了5次会议，分别为2011年2月22日，5月3日，7月27日，10月26日，11月30日。这些会议的纪要都包括在文件WT/GC/M/130—WT/GC/M/134中。

2011年，对于WTO而言，是加入的好年头。目前两个新的最不发达国家——萨摩亚和瓦努阿图，以及俄罗斯即将完成最后的入世程序。

表 7　　正在申请加入 WTO 国家的谈判进展情况

	申请日期	工作组成立日期	达成备忘录日期	首次/最后一次（工作组会议）	工作组会议次数	货物贸易承诺		服务贸易承诺		起草工作组报告日期
						初始	最终	初始	最终	
阿富汗	2004年11月	2004年12月	2009年3月	2011年1月	1					
阿尔及利亚	1987年6月	1987年6月	1996年7月	1998年4月/2008年1月	10	2002年2月	2007年11月	2002年3月	2007年11月	2006年6月
安道尔	1997年7月	1997年1月	1999年3月	1999年1月	1	1999年9月		1999年9月		
阿塞拜疆	1997年6月	1997年7月	1999年4月	2002年6月/2012年2月	9	2005年5月	2012年1月	2005年5月	2011年1月	2011年11月
巴哈马	2001年5月	2001年7月	2009年4月	2010年9月	1					
白俄罗斯	1993年9月	1993年1月	1996年1月	1997年6月/2005年5月	7	1998年3月	2010年7月	2000年2月	2010年7月	2007年6月
不丹	1999年9月	1999年1月	2003年2月	2004年11月/2008年1月	4	2005年8月	2007年11月	2005年8月	2007年11月	2007年12月
波黑	1999年5月	1999年7月	2002年1月	2003年11月/2011年9月	9	2004年1月	2007年2月	2004年1月	2007年2月	2011年6月
科摩罗	2007年2月	2007年1月								
赤道几内亚	2007年2月	2008年2月								
埃塞俄比亚	2003年1月	2003年2月	2007年1月	2008年5月/2011年5月	2	2012年2月				
伊朗	1996年7月	2005年5月	2009年11月							
伊拉克	2004年9月	2004年12月	2005年9月	2007年5月/2008年4月	2					
哈萨克斯坦	1996年1月	1996年2月	1996年9月	1997年3月/2008年7月	10	1997年6月	2004年12月	1997年9月	2004年6月	2008年6月
老挝	1997年7月	1998年2月	2001年3月	2004年10月/2011年7月	7	2006年11月	2010年8月	2007年1月	2010年7月	2012年2月
黎巴嫩	1999年1月	1999年4月	2001年6月	2002年10月/2009年10月	7	2003年11月	2004年6月	2003年11月	2004年6月	2009年1月
利比里亚	2007年6月	2007年12月	2011年4月							
利比亚	2004年6月	2004年7月								
黑山共和国	2004年12月	2005年2月	2005年3月	2005年10月/2011年12月	8	最终减让表：2011年12月				2011年12月最终报告

续 表

	申请日期	工作组成立日期	达成备忘录日期	首次/最后一次（工作组会议）	工作组会议次数	货物贸易承诺		服务贸易承诺		起草工作组报告日期
俄罗斯	1993年6月	1993年6月	1994年3月	1995年7月/2011年11月	31	最终减让表：2011年12月				2011年11月最终报告
萨摩亚	1998年4月	1998年7月	2000年2月	2002年3月/2011年10月	2	最终减让表：2011年12月				2011年11月最终报告
圣多美和普林西比	2005年1月	2005年5月								
塞尔维亚	2004年12月	2005年2月	2005年3月	2005年10月/2011年9月	11	2006年4月	2008年11月	2006年1月	2008年11月	2011年8月
塞舌尔	1995年5月	1995年7月	1996年8月/2009年5月	1997年2月/2010年11月	2	1997年6月		1997年5月	2010年10月	1997年6月
苏丹	1994年1月	1994年1月	1999年1月	2003年7月/2004年3月	2	2004年7月	2006年1月	2004年6月	2006年1月	2004年9月
叙利亚	2001年1月	2010年5月								
塔吉克斯坦	2001年5月	2001年7月	2003年2月	2004年3月/2012年5月	7	2004年2月	2011年5月	2004年2月	2011年4月	2012年2月
乌兹别克斯坦	1994年12月	1994年12月	1998年1月	2002年7月/2005年10月	3	2005年9月		2005年9月		
瓦努阿图	1995年7月	1995年7月	1995年11月	1996年7月/2011年5月	3	最终减让表：2011年5月				2011年4月最终报告
也门	2000年4月	2000年7月	2002年11月	2004年11月/2010年9月	8	2005年9月	2008年8月	2005年8月	2008年8月	2010年11月

资料来源：http://www.wto.org/english/thewto_e/acc_e/status_e.htm，截至2012年2月。

2. 货物贸易理事会

（1）进口许可程序委员会

进口许可程序委员会2011年年度报告考察期为2010年10月30日至2011年10月14日。2011年，进口许可程序委员会分别于4月11日和10月14日举行了两次会议。在4月11日会议上，委员会任命了巴西的Flavio Soares Damico先生为委员会主席，同时选举了以色列的Gustavo Bosio先生为副主席。

根据《进口许可程序协议》第1.4（a）条和第8.2（b）条，报告考察期内进口许可程序委员会共从12个成员收到14次通报：安哥拉、阿根廷、马其顿、印度、科威特、莱索托、马来西亚、摩洛哥、多哥、汤加、土耳其、美国。根据《进口许可程序协议》第5.1条～第5.4条，进口许可程序委员会共从7个成员收到14次通报：阿根廷、哥伦比亚、印度、牙买加、巴拉圭、泰国、乌克兰。根据《进口许可程序协议》第7.3条，进口许可程序委员会共从45个成员收到53次通报：阿尔巴尼亚、阿根廷、澳大利亚、巴西、布基纳法索、柬埔寨、佛得角、中非、智利、中国、哥伦比亚、克罗地亚、多米尼克、欧盟、马其顿、冈比亚、洪都拉斯、中国香港、印度、日本、英国、韩国、沙特阿拉伯、科威特、莱索托、中国澳门、马达加斯加、马来西亚、尼加拉瓜、挪威、秘鲁、菲律宾、卡塔尔、塞内加尔、台澎金马单独关税区、瑞士、泰国、多哥、汤加、突尼斯、土耳其、乌克兰、美国、乌拉圭和越南。

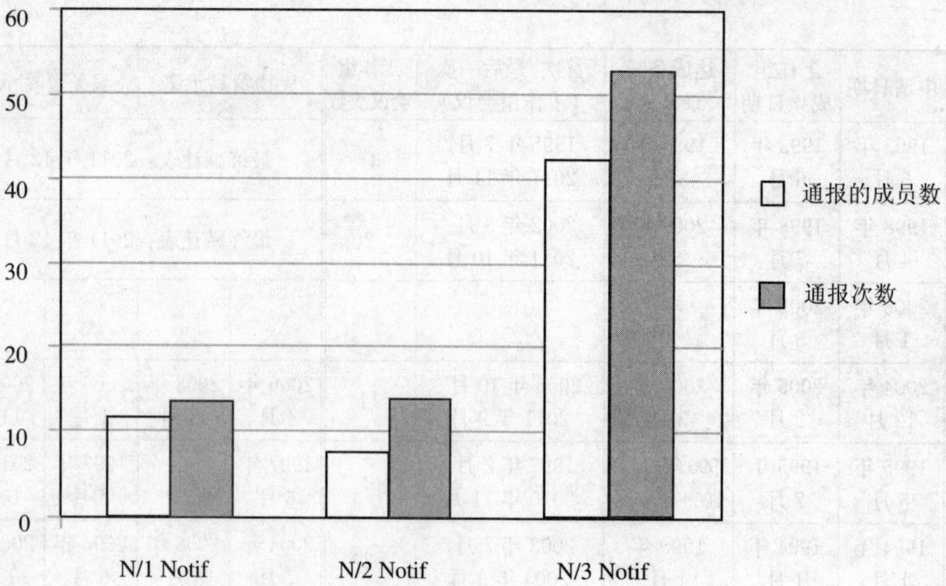

图 2　通报的成员数和通报次数（2010—2011）

注： N/1：根据第 1.4（a）条和第 8.2（b）条，相关的法律、法规和行政程序及其变更的通报。

N/2：根据第 5.1～5.4 条，相关实施程序及其变更的通报。

N/3：根据第 7.3 条，相关调查问卷回复的通报。

资料来源： Report（2011）of the committee on import licensing to the council for trade in goods，G/L/968.

（2）补贴与反补贴措施委员会

补贴与反补贴措施委员会 2011 年年度报告考察期为 2010 年 10 月 29 日至 2011 年 10 月 27 日。报告考察期内，补贴与反补贴措施委员会分别于 5 月 3 日和 10 月 26～27 日举行了两次常规会议和两次特别会议。报告初期中国台北的 Robert Jui-song Fang 先生为委员会主席。

在 2011 年 5 月 3 日常规会议上，委员会选举了德国的 Andreas Krallmann 先生为委员会主席，同时选举了阿曼的 Hilda Ali Rashid Al-Hinai 女士为副主席。

截至 2011 年 10 月 27 日，共有 30① 个 WTO 成员向委员会通报了其所发起的反补贴调查措施，有 7 个成员做了无反补贴调查措施通报。在半年度报告中，2010 年 7 月 1 日至 2010 年 12 月 31 日期间，共有 38 个成员未履行通报义务；2011 年 1 月 1 日至 2011 年 6 月 30 日期间，共有 6 个成员未履行通报义务。

表 8　　全球发起反补贴调查案件数（按被调查国/地区）

被调查国/地区　年份	1995	1996	1997	1998	1999	2000	2001	2002	2003	2004	2005	2006	2007	2008	2009	2010	2011	合计
阿根廷						3	1					1	1		1			7
澳大利亚					1													1
奥地利								1										1
比利时				1														1
巴西			1	1	1	1	2					1						7
加拿大		1	1	1			2	2		1								8
智利			1		1		1											3

① 欧盟作为一个成员计数。

续 表

被调查国/地区 \ 年份	1995	1996	1997	1998	1999	2000	2001	2002	2003	2004	2005	2006	2007	2008	2009	2010	2011	合计
中国										3		2	8	11	13	6	9	52
哥伦比亚									1									1
捷克					1													1
丹麦				1														1
欧盟	3	1	1	1	1			1	2						1	1		12
马其顿					1													1
法国				2	2		2					1						7
德国			1				2											3
希腊			1						1									2
匈牙利							1											1
印度	1		3	6	5	7	8	2	8	1	1	1	1	2	1	1	5	53
印尼				1	5	1	2				1	1			1		2	14
伊朗															1			1
以色列						1												1
意大利	3	2	1	3	1		1	1	1									13
韩国				5	4	1	1	2		1	1	1			1		1	18
马来西亚					2						1			1	1			5
荷兰							1											1
挪威		1																1
阿曼																	2	2
巴基斯坦						1									1			2
秘鲁			1															1
菲律宾					1													1
波兰					1				1									2
沙特				1													1	2
新加坡					1													1
南非		2	1	1	1	1												6
西班牙			1	1					1									3
中国台北			1		5					1								7
泰国	1				5	1				1	1				1		2	12
特立尼达和多巴哥			1				1											2
土耳其	1						1											2
阿联酋															1		1	2
英国							1											1
美国	1				1	1					1		1	2	4	1	1	13
委内瑞拉			1		1													2
越南															1		1	2
合计	10	7	16	25	41	18	27	9	15	8	6	8	11	16	28	9	25	279

注：调查类型：最初；自1995年1月1日至2011年12月31日。

资料来源：http：//www.wto.org/english/tratop_e/scm_e/scm_e.htm

表 9 全球发起反补贴调查案件数（按发起调查的成员）

发起调查的成员 \ 年份	1995	1996	1997	1998	1999	2000	2001	2002	2003	2004	2005	2006	2007	2008	2009	2010	2011	合计
阿根廷	1	1	1															3
澳大利亚			1		1			1	3			1		2	1	1	2	13
巴西							1		1				1				3	6
加拿大	3				3	4	1		1	4	1	2	1	3	1	1	2	27
智利					4							1	1					6
中国															3	1		4
哥斯达黎加									1									1
埃及				4														4
欧盟		1	4	8	19		6	3	1		3	1		2	6	3	4	61
印度															1			1
以色列	2																	2
日本										1								1
拉脱维亚									1									1
墨西哥			1						1								3	5
新西兰	1	4	1															6
巴基斯坦																	2	2
秘鲁			1			1		1					1		2			6
南非			1	1	2	6	1							2				13
土耳其														1				1
美国	3	1	6	12	11	7	18	4	5	3	2	3	7	6	14	3	9	114
委内瑞拉					1				1									2
合计	10	7	16	25	41	18	27	9	15	8	6	8	11	16	28	9	25	279

注：调查类型：最初；自 1995 年 1 月 1 日至 2011 年 12 月 31 日。

资料来源：http：//www. wto. org/english/tratop _ e/scm _ e/scm _ e. htm

表 10 全球发起反补贴调查案件数（按产品类别）

HS 编码 \ 年份	1995	1996	1997	1998	1999	2000	2001	2002	2003	2004	2005	2006	2007	2008	2009	2010	2011	合计
I 活动物、动物产品	1	1	1	1	4	1			1	1			1		1			13
II 植物产品		1				2	1	2			1	1				1		9
III 动植物油、脂、蜡			1					1	5						1			8
IV 烟草	8	4	2	5	2			1	1			1						24
V 矿产品							4							1		1	1	7
VI 化学工业及其相关工业的产品	1		2		1		2		4			1	1	3	4		3	22
VII 树脂、塑料及其制品；橡胶及其制品				4	7	2	2			2	2		2	1	4		2	28
IX 木材，软木制品；篮筐		1					1			1						1		4

续 表

HS 编码 \ 年份	1995	1996	1997	1998	1999	2000	2001	2002	2003	2004	2005	2006	2007	2008	2009	2010	2011	合计
X 纸、纸板及其制品											2	3	1	1	2	1	2	12
XI 纺织原料及纺织制品				2	5	1	2	1					2		1		3	17
XII 鞋、帽;羽毛,人造花,风扇						1												1
XIII 石料、石膏的制品;陶瓷产品;玻璃			1		1										1			3
XV 贱金属及其制品			7	12	20	11	14	1	3	3		2	3	7	11	4	10	108
XVI 机器和电气设备			1	1	1		1	3	1	1	1		1	3	2	1	2	19
XVII 车辆、航空器和船舶			1												1		2	4
总计	10	7	16	25	41	18	27	9	15	8	6	8	11	16	28	9	25	279

注:调查类型:最初;自 1995 年 1 月 1 日至 2011 年 12 月 31 日。

资料来源:http://www.wto.org/english/tratop_e/scm_e/scm_e.htm

表 11　　全球实施反补贴措施案件数(按被调查国/地区)

被调查国/地区 \ 年份	1995	1996	1997	1998	1999	2000	2001	2002	2003	2004	2005	2006	2007	2008	2009	2010	2011	合计
阿根廷	1						3											4
澳大利亚						1												1
奥地利	1																	1
比利时					1													1
巴西	4					2		2										8
加拿大								2	1									3
中国											2		1	10	6	10	5	34
哥伦比亚										1								1
科特迪瓦	1																	1
欧盟	1	2		2		1			1	1	1					1	1	11
法国					2	1	1	1					1					6
德国							1	1										2
匈牙利								1										1
印度	1			2	4	4	3	5	1	6		1		1	2		1	31
印度尼西亚	1				1	2	1		1			1				1		8
伊朗																1		1
以色列	1																	1
意大利	2	2		1	3			1										9
韩国					2	1		1	2		1	1						8
马来西亚	1					2												3
荷兰							1											1

续 表

被调查国/地区 \ 年份	1995	1996	1997	1998	1999	2000	2001	2002	2003	2004	2005	2006	2007	2008	2009	2010	2011	合计
挪威			1															1
巴基斯坦							1									1		2
菲律宾	1					1												2
南非			2		1		1											4
西班牙				1														1
斯里兰卡	1																	1
中国台北						3												3
泰国						2	1											3
土耳其		1																1
阿联酋																1		1
英国							1											1
美国						1									1	3	2	7
委内瑞拉	3																	3
越南																1		1
合计	19	5	3	6	14	21	14	14	6	8	4	3	2	11	9	19	9	167

注：调查类型：最初；自 1995 年 1 月 1 日至 2011 年 12 月 31 日。

资料来源：http：//www. wto. org/english/tratop _ e/scm _ e/scm _ e. htm

表 12　　全球实施反补贴措施案件数（按发起调查的成员）

发起调查的成员 \ 年份	1995	1996	1997	1998	1999	2000	2001	2002	2003	2004	2005	2006	2007	2008	2009	2010	2011	合计
阿根廷		2		2														4
澳大利亚						1							1			1	1	4
巴西	5									1				1				7
加拿大	1					5	1			1	2		1	3	1	1	1	17
智利						2												2
中国																2	2	4
哥斯达黎加										1								1
欧盟			1	2	3	10		2	3	2	1				1	3	2	30
日本												1						1
墨西哥	7										1							8
新西兰		1	2	1														4
秘鲁	1						1		1							2		5
南非						1	2	2										5
土耳其															1			1
美国	5	2		1	11	2	10	10	2	2		2		7	6	10	3	73
委内瑞拉										1								1
合计	19	5	3	6	14	21	14	14	6	8	4	3	2	11	9	19	9	167

注：调查类型：最初；自 1995 年 1 月 1 日至 2011 年 12 月 31 日。

资料来源：http：//www. wto. org/english/tratop _ e/scm _ e/scm _ e. htm

表13　　全球实施反补贴措施案件数（按产品类别）

HS编码 \ 年份	1995	1996	1997	1998	1999	2000	2001	2002	2003	2004	2005	2006	2007	2008	2009	2010	2011	合计
I 活动物、动物产品			1			2	1									1		5
II 植物产品	5			1			1		1								1	9
III 动植物油、脂、蜡				1					1	1	1					1		5
IV 烟草	2	5	2	1		1				1			1					13
V 矿产品							4								1		1	6
VI 化学工业及其相关工业的产品				1		1		2		1				1	2	2		10
VII 塑料及其制品；橡胶及其制品					1	4	1	1						2	1	4		14
IX 木材，软木制品；篮筐								1			1						1	3
X 纸、纸板及其制品												2		1		2	1	6
XI 纺织原料及纺织制品						3	1	1		1				1		1		8
XIII 石料、石膏的制品；陶瓷产品；玻璃																1		1
XV 贱金属及其制品	12			2	13	10	6	9	1	3	1		1	4	3	7	4	76
XVI 机器和电气设备									3	1	1	1		2	2			10
XVII 车辆、航空器和船舶																	1	1
总计	19	5	3	6	14	21	14	14	6	8	4	3	2	11	9	19	9	167

注：调查类型：最初；自1995年1月1日至2011年12月31日。

资料来源：http：//www.wto.org/english/tratop_e/scm_e/scm_e.htm

（3）反倾销措施委员会

反倾销措施委员会2011年年度报告考察期为2010年10月27日至2011年10月25日。报告期间，反倾销措施委员会分别于2011年5月4日和10月24～25日举行了两次常规会议。

报告初期，阿根廷的Adrián Serra先生为委员会主席，澳大利亚的Ben Czapnik先生为副主席。

在2011年5月4日会议上，委员会选举了毛里求斯的Subhas Gujadhur先生为委员会主席，同时将副主席的选举推迟到下一次常规会议。

截至2011年10月25日，共有106[①]个WTO成员对其国内的反倾销立法做了通报，其中有33个成员做了无反倾销立法的通报。此外，还有20个成员未尽到通报义务。在半年度报告中，2010年7月1日至2010年12月31日期间，共有34个成员未履行通报义务；2011年1月1日至2011年6月30日期间，共有33个成员未履行通报义务。

① 欧盟作为一个成员计数。

表 14　　全球发起反倾销调查案件数（按被调查国/地区）

被调查国/地区 \ 年份	1995	1996	1997	1998	1999	2000	2001	2002	2003	2004	2005	2006	2007	2008	2009	2010	2011	合计
阿尔及利亚					1			1										2
阿根廷	1			1	4	2	5	3	1	3	4	3	1	2	2	2	1	35
亚美尼亚														1				1
澳大利亚	1		2	2	3	4	1	3	2			1	2	2			1	24
奥地利		2	3		3	3		1		1		1		2		2	1	19
巴林					1													1
孟加拉							1						1					2
白俄罗斯					3	4	3	2	1	2			1	2		1	3	22
比利时	1	2	3	3	1		5	1	3	2					3	1	1	26
波黑	1												1			1		3
巴西	8	10	5	6	13	9	13	4	3	10	4	7	2	3	11	3	3	114
保加利亚		3	2	1	1	1	2		1		1	1		1			1	15
加拿大	2	1	3	4		1	7	5	4	2	1	1	2	2	1	2	1	39
智利	2	2	2	2	1	6	4	4			1	1		1	1	2		29
中国	20	43	33	28	42	44	55	51	53	49	56	72	62	76	77	43	49	853
哥伦比亚		1		2			1	1										5
哥斯达黎加				2														2
克罗地亚	1			1	1	1					1							5
古巴		1			1													2
捷克	1	1		2	7	3	2	1	1				1				1	20
丹麦	1	1		2	2							1						7
多米尼加							1						1			1		3
厄瓜多尔								1		1				1				3
埃及	1	2	1	2		1	3					2						12
萨尔瓦多															2	1		3
爱沙尼亚			1			1	1	1									1	5
欧盟		1	2	4	7	9	9	10	10	3	5	3	2	4	6	9	3	87
法罗群岛								2										2
芬兰			1	1	2		1	2	2	2	1		1			2		15
马其顿	1		1	1	1		2	1				1						8
法国		4	4	10	7	2	3	2	3	1	1	1	1	1	1	2		43
格鲁吉亚								1										1
德国	7	9	13	8	11	6	9	7	3	2	2	2	4	1	3	3	1	91
希腊			3			1	1		1					1	1			8
危地马拉		1					1				1				1	1		5
洪都拉斯				1														1
中国香港	1	4	2	3	2	1	3	3			2	1	3	2	1			28
匈牙利	2		2	2	4		4	1								1		16
印度	3	11	8	13	13	10	12	16	14	8	14	6	4	6	7	4	6	155
印度尼西亚	7	7	9	5	20	13	18	12	8	8	14	9	5	11	10	4	5	165
伊朗		1	2		2	3	2	2	1	2			1	3	1	2		22
爱尔兰			2	1					1	2								6
以色列		1	2	1		1	2						1	1	1		2	12

续 表

被调查国/地区 \ 年份	1995	1996	1997	1998	1999	2000	2001	2002	2003	2004	2005	2006	2007	2008	2009	2010	2011	合计
意大利	6	5	5	5	2	5	8	3	4	1	1			2	2	1	1	51
日本	5	6	14	14	22	12	14	13	16	9	7	11	4	3	5	5	5	165
约旦							1											1
哈萨克斯坦	3	1	2	4		3	3	6				2		1			1	26
肯尼亚																1	1	2
朝鲜							1									1		2
韩国	14	11	15	27	35	23	23	23	17	24	12	11	13	9	7	9	11	284
科威特														1		1		2
拉脱维亚			2	1	1	3												7
利比亚						1	1											2
列支敦士登			1															1
立陶宛			1		4	1	1	3									1	11
卢森堡							2			1								3
澳门	1							1										2
马拉维					1													1
马来西亚	2	3	5	4	7	9	6	4	8	6	14	6	7	10	7	4	2	104
墨西哥	3	5	2	9	4	1	4	2	4	3	1	2	2		5	5	3	55
摩尔多瓦						2	1							1				4
莫桑比克			1															1
尼泊尔							2											2
荷兰	6	1	5	3	2	3	4	1		2					1	1		29
新西兰	1	1			2		3	1					1	1	1			11
尼加拉瓜		1																1
尼日利亚									1									1
挪威		1				1	1	1		1				1		1		7
阿曼							1								1	2	2	6
巴基斯坦		2	1		1		1	2	2		1				1	1	1	13
巴拉圭			1												1			2
秘鲁	1					1								2				4
菲律宾	2					1	1	1	1	2		3		1				12
波兰	2	3	3	5	3	5	1	4	1	2						1	1	31
葡萄牙		2		2		1	1									1		7
卡塔尔							1											1
罗马尼亚	1	2	1	5	4	4	5	8	2		2			2		1	1	38
俄罗斯	2	7	7	13	18	12	9	20	2	8	4	5	6	2	4	2	3	124
沙特		1		3	2	3	1	1	2		1	1		4	2	2	1	24
塞尔维亚和黑山					1		1				1							3
新加坡	2		4		5		13	9	1	1	1	7	2		1	1		46
斯洛伐克		1	1	1	3	1	2	1		1								11
斯洛文尼亚	1			1														2
南非	2	6	4	5	4	6	9	10	4		2	2	1	3		1	1	60
西班牙	2	4	7	7	6	6	4	8	4	1			1	1		2	1	47
斯里兰卡										1			1	2			1	5
瑞典	1	2	5		1		2	1		1	1	1		1		1	1	18

续 表

被调查国/地区 \ 年份	1995	1996	1997	1998	1999	2000	2001	2002	2003	2004	2005	2006	2007	2008	2009	2010	2011	合计
瑞士		2	1		1				1			1			1	1		8
中国台北	4	9	16	11	22	15	19	16	13	21	13	12	6	10	11	5	8	211
泰国	8	9	5	2	19	12	17	12	7	9	13	8	9	13	8	5	8	164
特立尼达和多巴哥			2				1											3
土耳其	2	3	1	2	6	7	5	4	4	1		2	3	4	2	4	3	53
乌克兰	2	3	4	9	9	7	6	8	3	1	3	4		2	2	2		65
阿联酋			1			2	2		3	2			3		1	3	3	20
英国	6	4	6	4	2	9	6	2		1	1			3				44
美国	12	21	15	16	14	13	15	12	21	14	12	11	7	8	14	19	10	234
乌拉圭	1				1					1			1					4
乌兹别克斯坦	2									1								3
委内瑞拉		1	1	4	2	2	4	3	1								2	20
越南			1		1	1		3		7	3	2	2	3	3	1	3	30
南斯拉夫	1	1			1													3
津巴布韦	1			1														2
合计	157	226	246	266	358	298	372	315	234	220	201	204	165	213	209	171	155	4 010

注：调查类型：最初；自1995年1月1日至2011年12月31日。

资料来源：http：//www. wto. org/english/tratop _ e/adp _ e/adp _ e. htm

表15　全球发起反倾销调查案件数（按发起调查的成员）

发起调查的成员 \ 年份	1995	1996	1997	1998	1999	2000	2001	2002	2003	2004	2005	2006	2007	2008	2009	2010	2011	合计
阿根廷	27	22	14	8	23	43	28	14	1	12	12	11	8	19	28	14	7	291
澳大利亚	5	17	44	13	24	15	24	16	8	9	7	11	2	6	9	7	18	235
巴西	5	18	11	18	16	11	17	8	4	8	6	12	13	23	9	37	16	232
保加利亚								1										1
加拿大	11	5	14	8	18	21	25	5	15	11	1	7	1	3	6	2	2	155
智利	4	3		2		5						1	1	1	1	1	1	20
中国				3	2	11	14	30	22	27	24	10	4	14	17	8	5	191
哥伦比亚	4	1	1	6	2	3	6			2	2	9	1	6	5	2	4	54
哥斯达黎加		4	1	1							1	1			2			10
捷克				2	1													3
多米尼加																1		1
厄瓜多尔				1												2		3
埃及			7	14	7	3	7	3	1		12	9	2		2	1	2	70
欧盟	33	25	41	22	65	32	28	20	7	30	24	35	9	19	15	15	17	437
危地马拉		1																1
洪都拉斯																3		3
印度	6	21	13	28	64	41	79	81	46	21	28	35	47	55	31	41	19	656
印度尼西亚		11	5	8	8	3	4	4	12	5		5	1	7	7	3	6	89
以色列	5	6	3	7		1	4			1	4			1	6	6	1	45
牙买加						1	1	1	1						1	1		6

续 表

年份 / 发起调查的成员	1995	1996	1997	1998	1999	2000	2001	2002	2003	2004	2005	2006	2007	2008	2009	2010	2011	合计
日本							2						4					6
约旦												1						1
韩国	4	13	15	3	6	2	4	9	18	3	4	7	15	5		3		111
拉脱维亚							1	6										7
立陶宛					1	6												7
马来西亚	3	2	8	1	2		1	5	6	3	4	8						43
墨西哥	4	4	6	12	11	6	6	10	14	6	6	6	3	1	2	2	6	105
摩洛哥																	1	1
新西兰	10	4	5	1	4	9	1	2	5	5		1	6			1	2	56
尼加拉瓜				2														2
巴基斯坦								1	3	3	13	4		3	26	10	7	70
巴拿马				2											4			6
巴拉圭					1					1								2
秘鲁	2	8	2	3	8	1	8	13	4	7	4	3	2		4		1	70
菲律宾	1	1	2	3	6	2		1	1						1			18
波兰			1		7			3	1									12
斯洛文尼亚					1													1
南非	16	34	23	41	16	21	6	4	8	6	23	3	5	3	3		4	216
中国台北			1	6		4	3		2			5			1	2		24
泰国		1	3				3	21	3	3		3	2	1	1	2	13	56
特立尼达和多巴哥		1		4	3	1	1		2									12
土耳其			4	1	8	7	15	18	11	25	12	8	6	23	6	2	2	148
乌克兰							2	3	2	6	2	1	5	7	2	2	6	38
美国	14	22	15	36	47	47	77	35	37	26	12	8	28	16	20	3	15	458
乌拉圭			1			1	4											6
委内瑞拉	3	2	6	10	7	1	1	1										31
合计	157	226	246	266	358	298	372	315	234	220	201	204	165	213	209	171	155	4 010

注：调查类型：最初；自1995年1月1日至2011年12月31日。

资料来源：http：//www. wto. org/english/tratop _ e/adp _ e/adp _ e. htm

表16 全球发起反倾销调查案件数（按产品类别）

年份 / HS编码	1995	1996	1997	1998	1999	2000	2001	2002	2003	2004	2005	2006	2007	2008	2009	2010	2011	合计
I 活动物、动物产品	1	2	2	6	8	3	2	11	2	10			1	1	3		2	54
II 植物产品		5	2	4	1	7	9	3	1	6	4	5	1	5	1	1	1	56
III 动植物油、脂、蜡							4	2	2	1	2	3						14
IV 食品；饮料、酒及醋，烟草	13	6	4	8	2	3	1	3		1	1	5			2	1	5	55
V 矿产品	1	4	3	4	9	9	16	8	5	1		2	2	2	1	4	2	73

续 表

HS编码 \ 年份	1995	1996	1997	1998	1999	2000	2001	2002	2003	2004	2005	2006	2007	2008	2009	2010	2011	合计
VI 化学工业及其相关产品	31	42	21	24	76	62	67	96	73	49	37	37	56	34	47	44	29	825
VII 树脂、塑料及其制品；橡胶及其制品	20	26	36	33	40	24	56	42	24	44	37	27	16	21	31	23	13	513
VIII 生皮、毛皮及制品；马具和旅行用品		3									2							5
IX 木材，软木制品；篮筐	1	4	11	3		5	4	1	11	11	3	2	1	9	7	5	13	91
X 纸、纸板及其制品	3	14	36	7	18	5	7	7	20	8	6	17	19	2	8	20	11	208
XI 纺织原料及纺织制品	1	23	8	28	34	17	27	7	14	21	27	17	11	39	20	7	2	303
XII 鞋、帽；羽毛，人造花，风扇	6	1		4	2	3	2	3			4	3		1	3			32
XIII 石料、石膏的制品；陶瓷产品；玻璃	3	11	11	12	8	6	6	11	11	8	10	12	3	4	11	12	14	153
XIV 珠宝，贵金属和金属，硬币							1											1
XV 贱金属及其制品	43	39	64	111	111	110	138	96	54	38	37	32	24	65	45	43	53	1 103
XVI 机器和电气设备	24	33	34	10	30	30	24	9	12	16	17	29	28	16	21	9	7	349
XVII 车辆、航空器和船舶	3	3	1	2	4	7		2	1	2	4	2	1	3	3	1	2	41
XVIII 仪器，钟表，录音机和复读机	1	5	9	5	2		3	3	2	1	1	5		6	3	1	1	48
XX 杂项制品	6	5	4	5	13	7	5	11	2	3	9	6	2	5	3			86
总计	157	226	246	266	358	298	372	315	234	220	201	204	165	213	209	171	155	4 010

注：调查类型：最初；自 1995 年 1 月 1 日至 2011 年 12 月 31 日。

资料来源：http：//www. wto. org/english/tratop _ e/scm _ e/scm _ e. htm

表 17　　全球实施反倾销措施案件数（按被调查国/地区）

被调查国/地区 \ 年份	1995	1996	1997	1998	1999	2000	2001	2002	2003	2004	2005	2006	2007	2008	2009	2010	2011	合计
阿尔及利亚						1			1									2
阿根廷	3				1	1	3	1	1		2	1	2		1	1	2	19
亚美尼亚															1			1
澳大利亚			1	1	2	2			1	2				2		1		12

续 表

被调查国/地区 \ 年份	1995	1996	1997	1998	1999	2000	2001	2002	2003	2004	2005	2006	2007	2008	2009	2010	2011	合计
奥地利	1			3		2							1		2			9
孟加拉国							1							1				2
白俄罗斯		1				3	4	3	1	1	1			1	1			16
比利时		1		4	5			2	2		1				1		1	17
波黑		1															1	2
巴西	9	10	7	6	5	8	2	6	4	3	5	5	2	2	3	3	2	82
保加利亚	2		1		2	1	1	2		1		1	1			1		13
加拿大	1			2	1			4	4	1			1	2	1			17
智利		1	1	3			4	4	1	1		1	1				1	18
中国	26	16	33	24	21	30	32	36	41	44	42	38	48	53	56	53	37	630
哥伦比亚	1				1													2
克罗地亚		2				1		1			1							5
古巴						1												1
捷克	1	1	1		1	4	1	3	1	1					1			15
丹麦	1			1		1	1											4
多米尼加								1										1
厄瓜多尔	1								1		1							3
埃及			2		2									1				5
爱沙尼亚					1			1	1									3
欧盟			1	1	4	4	8	6	7	6	3	3	1	3	1	4	4	56
法罗群岛										1								1
芬兰				1	1	2			1	2	2	1		1				11
马其顿		1			1		1		1					1				5
法国	1	1	2	5	7	3	4	1	1		2				2		1	30
格鲁吉亚									1									1
德国	4	2	2	6	5	7	1	6	4			1		3	4			45
希腊				2				1	1						1			5
危地马拉									1									1
洪都拉斯					1													1
中国香港		3	1	1	1	1	1	2	2				1		2	1		16
匈牙利		1			2	2		2	1								1	9
印度	4	1	5	7	9	7	6	6	7	10	2	12	3	6	4	2	3	94
印度尼西亚		2	4	7	4	11	5	9	12	2	7	10	3	6	7	8	4	101
伊朗						1	2		1	2	1				1			8
爱尔兰					2							1						3
以色列	1				1		1	1	1							1		6
意大利	2	2	1	7	5	1	2	4	3		1				1		2	30
日本	5	6	5	9	11	22	9	5	11	6	7	8	4	4		2	3	117
约旦								1										1
哈萨克斯坦			2	2	4		1	2	7				1	1				20
韩国	4	6	3	14	15	23	12	13	22	13	8	10	6	8	7	3	4	171
科威特																1		1
拉脱维亚				1	1		4		1									7
利比亚								1										1

续 表

被调查国/地区 \ 年份	1995	1996	1997	1998	1999	2000	2001	2002	2003	2004	2005	2006	2007	2008	2009	2010	2011	合计
列支敦士登			1															1
立陶宛					1	1		1										3
马拉维							1											1
马来西亚	3	3	3	4	3	4	1	4	3	6	3	6	5	2	7	3	5	65
墨西哥		3	4	1	3	4	1	4		3	2	1	2	1	1	2		32
摩尔多瓦	1						2	1										4
尼泊尔								2										2
荷兰	2		1	2	1	3	1	2	2		1				1	1		17
新西兰				1			1		1							1		4
尼日利亚										1								1
挪威			1							1		1					1	4
阿曼								1								1		2
巴基斯坦	1		1				1		1	2								6
巴拉圭	1				1											1		3
秘鲁															1			1
菲律宾			1			1		1	1			3						7
波兰	1	1	3	2	4	2	4	1	1	1	1							21
葡萄牙			1	1	1			1										4
卡塔尔								1										1
罗马尼亚	2	1	1	2	2	4	1	4	5	2	1	1			1		1	28
俄罗斯	8	3	9	5	16	8	8	4	13	5	6	3	1	6		3	1	99
沙特				1	1	1	1	1			1		1		1	2		10
塞尔维亚和黑山						1	1					1						3
新加坡				3		3		7	7	1		2	5	3		1		32
斯洛伐克			1		2	1		2	1		1							8
斯洛文尼亚		1																1
南非	2	3	2	2	3	4	3	7	8					4		1	1	40
西班牙	3			4	4	3	3	3		1	1			1	1		1	25
斯里兰卡										1					1			2
瑞典				4	1	1			1		1	1		1	1			11
瑞士				1						1			1					3
中国台北	2	2	7	12	8	17	9	13	11	10	8	7	7	8	7	7	5	140
泰国	5	8	2	5	1	12	8	8	8	6	6	8	4	4	10	7	7	109
特立尼达和多巴哥			1					1										2
土耳其	1	1	1	2	4	3	3	3	2	2				3		1	2	28
乌克兰	5	1	3	5	7	8	7	5	6		1	2	1			1		52
阿联酋							1	1		1	1	1		1	1		1	8
英国	3	1	2	3	3	1	2	5	1			1			2	1		25
美国	8	4	9	12	8	13	4	10	6	10	13	9	4	7	5	7	7	136
乌拉圭							1				1			1				3
乌兹别克斯坦										1								1
委内瑞拉	4	1		1		2		1	2	1								12
越南				1		1	1		1	2	4	2	2	2	4	2		22
南斯拉夫		1																1
津巴布韦			1															1
合计	119	92	127	181	190	237	171	218	224	154	138	141	108	139	141	123	98	2 601

注：调查类型：最初；自 1995 年 1 月 1 日至 2011 年 12 月 31 日。

资料来源：http：//www. wto. org/english/tratop _ e/adp _ e/adp _ e. htm

表 18 全球实施反倾销措施案件数（按发起调查成员）

发起调查的成员 \ 年份	1995	1996	1997	1998	1999	2000	2001	2002	2003	2004	2005	2006	2007	2008	2009	2010	2011	合计
阿根廷	13	20	11	12	9	15	16	22	20	1	8	5	10	6	15	15	8	206
澳大利亚	1	1	1	20	6	5	11	9	10	4	3	5	1	3	2	2	5	89
巴西	2	6	2	14	5	9	13	5	2	5	3		9	11	16	4	13	119
加拿大	7		7	10	10	14	19		5	8	4		3	3	2	3	1	96
智利	2		2	2									1		1	1		9
中国				3	2	5		5	33	14	16	24	12	4	12	15	6	151
哥伦比亚	1	1	1		6	2				1	1	1	7		3			24
哥斯达黎加									1				2					3
捷克						1												1
多米尼加																	1	1
埃及				5	14	1	2	7	4	1		12	2	3		1	1	53
欧盟	15	23	23	28	18	41	13	25	2	10	20	12	12	15	9	5	11	282
危地马拉			1															1
印度	7	2	8	22	23	55	38	64	52	29	18	16	25	31	30	32	26	478
印度尼西亚			4	2	7		1		1	8	4	2		5	1	5	2	42
以色列	1			6	4		1	2		1		3	1			2	1	22
牙买加							1	2		1								4
日本	1							2						4				7
韩国		5	10	8		5		1	4	10	3	8		12	4		2	72
拉脱维亚								1	1									2
立陶宛							7											7
马来西亚		2	2	4	1	1		1	7		7							25
墨西哥	16	4	7	7	7	6	3	4	7	7	8	5			1	2	1	85
新西兰	3	4		1			2	1		2	4	2	3				2	24
尼加拉瓜					1													1
巴基斯坦								1	2	4	1	6	4		6	5	7	36
巴拉圭					1					1								2
秘鲁	2	2	3		3	4	1	7	7	8	3	4	1		2	1	1	49
菲律宾		2	1	1	3	4												11
波兰				1		6			2									9
新加坡	2																	2
南非		8	18	13	36	13	5	15	1	4		7	1	3	3	1		128
中国台北			1	5	1	1		2				1	1			2	1	15
泰国			1	2				1	20	1	2		1		3		3	34
特立尼达和多巴哥				2		1	2		1	1								7
土耳其	11				1	8	2	11	28	10	9	21	6	11	9	10	2	145
乌克兰							1	2	2	2	6	2	1	5	7			28
美国	33	12	20	12	24	31	33	27	12	14	18	5	5	23	15	17	4	305
乌拉圭				1														1
委内瑞拉	2		4		8	9		1		1								25
合计	119	92	127	181	190	237	171	218	224	151	138	141	108	139	141	123	98	2 601

注：调查类型：最初；自 1995 年 1 月 1 日至 2011 年 12 月 31 日。

资料来源：http：//www. wto. org/english/tratop _ e/adp _ e/adp _ e. htm

表 19　　全球实施反倾销措施案件数（按产品类别）

HS编码 \ 年份	1995	1996	1997	1998	1999	2000	2001	2002	2003	2004	2005	2006	2007	2008	2009	2010	2011	合计
I 活动物、动物产品	2		1	2	1	3	7		1	2	6	1				1		27
II 植物产品	4	1	1	4	3	1	4	3	1		2	6	4	1	2	2		39
III 动植物油、脂、蜡								1			1							2
IV 食品；饮料、酒及醋，烟草	6	6	1	3	1	1	3	1	1			4	2				2	31
V 矿产品		1	2	3	1	5	11	8	2	7			1	1	2		3	47
VI 化学工业及其相关工业的产品	19	12	22	15	15	51	37	57	68	46	31	26	26	46	18	32	28	549
VII 树脂、塑料及其制品；橡胶及其制品	10	11	13	14	27	26	11	25	48	22	23	28	7	25	13	15	12	330
VIII 生皮、毛皮及其制品；马具和旅行用品			1									1						2
IX 木材，软木制品；篮筐	1		1	6	7			3	1	4	5	5		3	6		2	44
X 纸、纸板及其制品	2		2	29	5	10	2	6	10	4	10	7	4	11		2	4	108
XI 纺织原料及纺织制品	4	8	9	2	21	24	9	30	2	14	13	23	17	10	29	17	2	234
XII 鞋、帽；羽毛，人造花，风扇	1		3	3		7	2	1				2	1		1	2		23
XIII 石料、石膏的制品；陶瓷产品；玻璃	3	3	1	6	5	7	1	2	10	4	5	7	5	4	4	5	13	85
XIV 珠宝，贵金属和金属，硬币	49	24	46	61	85	83	66	60	65	40	24	15	10	29	28	29	21	735
XV 贱金属及其制品	8	17	16	28	4	14	11	15	8	6	12	9	19	8	27	14	6	222
XVII 车辆、航空器和船舶	1	5	1	2	1		3		2	1	1		5		1	2	2	27
XVIII 仪器，钟表，录音机和复读机	2	1			11		1		1	1	3		4		5	1	3	33
XX 杂项制品	7	3	7	3	3	5	3	6	4	3	2	7	3	1	5	1		63
合计	119	92	127	181	190	237	171	218	224	154	138	141	108	139	141	123	98	2 601

注：调查类型：最初；自 1995 年 1 月 1 日至 2011 年 12 月 31 日。

资料来源：http：//www.wto.org/english/tratope/scme/scme.htm

（4）保障措施委员会

保障措施委员会 2011 年年度报告考察期为 2010 年 10 月 23 日至 2010 年 10 月 27 日。报告调查期内，保障措施委员会分别于 2011 年 5 月 2 日和 2011 年 10 月 27 日举行了两次常规会议。

在 5 月 2 日会议上，委员会选举了 Lillian Saili Bwalya 女士为委员会主席，同时选举了 Tomoko Ota 女士为副主席。

截至 2011 年 10 月 26 日，共有 99 个 WTO 成员对其国内的保障措施的立法和规章做了通报。此外，还有 27 个成员未尽到通报义务。报告期内，WTO 成员向委员会通报了 16 起其所发起的保障措施调查案件，5 起有关适用新的临时措施，7 起有关终止保障措施的案件。此外，委员会还审查了 14 个有关适用新的保障措施的通报。

表 20　　全球发起保障措施调查案件数

年份 / 发起调查的成员	1995	1996	1997	1998	1999	2000	2001	2002	2003	2004	2005	2006	2007	2008	2009	2010	2011	2012	合计
阿根廷	0	0	1	1	0	1	1	0	0	1	0	1	0	0	0	0	0	0	6
澳大利亚	0	0	0	1	0	0	0	0	0	0	0	0	1	0	0	0	0	0	2
巴西	0	1	0	0	0	0	1	0	0	0	0	0	0	1	0	0	0	1	4
保加利亚 *	0	0	0	0	0	1	1	3	1	0	0	0	0	0	0	0	0	0	6
加拿大	0	0	0	0	0	0	0	1	0	0	2	0	0	0	0	0	0	0	3
智利	0	0	0	0	2	3	2	2	0	1	0	1	0	0	1	0	0	0	12
中国	0	0	0	0	0	0	0	1	0	0	0	0	0	0	0	0	0	0	1
哥伦比亚	0	0	0	0	1	0	0	0	0	2	0	0	0	0	0	0	0	0	3
哥斯达黎加	0	0	0	0	0	0	0	1	0	0	0	0	0	0	0	0	0	0	1
克罗地亚	0	0	0	0	0	0	0	0	0	0	0	0	0	0	1	0	0	0	1
捷克 *	0	0	0	0	1	2	1	5	0	0	0	0	0	0	0	0	0	0	9
多米尼加	0	0	0	0	0	0	0	0	0	0	0	0	0	0	3	2	0	0	5
厄瓜多尔	0	0	0	0	2	0	0	1	4	0	0	0	0	0	0	1	0	0	8
埃及	0	0	0	1	1	1	0	0	0	0	0	0	0	1	0	0	1	1	6
萨尔瓦多	0	0	0	0	0	3	0	0	0	0	0	0	0	0	0	0	0	0	3
爱沙尼亚 *	0	0	0	0	0	0	0	0	1	0	0	0	0	0	0	0	0	0	1
欧盟 *	0	0	0	0	0	0	0	1	1	1	1	0	0	0	0	1	0	0	5
匈牙利	0	0	0	0	0	0	0	1	2	0	0	0	0	0	0	0	0	0	3
印度	0	0	1	5	3	2	0	2	1	1	0	0	0	1	10	1	1	0	28
印度尼西亚	0	0	0	0	0	0	0	0	0	1	1	1	0	2	0	7	4	2	18
以色列	0	0	0	0	0	0	0	0	0	0	0	0	0	0	1	0	1	0	2
牙买加	0	0	0	0	0	0	0	0	1	0	0	0	0	0	0	0	0	0	1
日本	0	0	0	0	0	1	0	0	0	0	0	0	0	0	0	0	0	0	1
约旦	0	0	0	0	0	1	0	8	0	0	1	1	1	2	0	1	0	1	16
韩国	1	2	0	0	1	0	0	0	0	0	0	0	0	0	0	0	0	0	4
吉尔吉斯斯坦	0	0	0	0	0	0	0	0	0	0	0	0	0	0	2	1	0	0	3
拉脱维亚 *	0	0	0	0	1	0	0	1	0	0	0	0	0	0	0	0	0	0	2
立陶宛 *	0	0	0	0	0	0	1	0	0	0	0	0	0	0	0	0	0	0	1
马来西亚	0	0	0	0	0	0	0	0	0	0	0	0	0	0	0	0	1	0	1
墨西哥	0	0	0	0	0	0	0	1	0	0	0	0	0	0	0	1	0	0	2
摩尔多瓦	0	0	0	0	0	0	0	0	1	1	0	0	0	0	0	0	0	0	2
摩洛哥	0	0	0	0	0	2	0	0	0	0	1	0	0	0	1	1	0	0	5
巴基斯坦	0	0	0	0	0	0	0	0	0	0	1	0	0	0	0	0	0	0	1
巴拿马	0	0	0	0	0	0	0	0	0	0	0	1	0	0	0	0	0	0	1

续 表

发起调查的成员＼年份	1995	1996	1997	1998	1999	2000	2001	2002	2003	2004	2005	2006	2007	2008	2009	2010	2011	2012	合计
秘鲁	0	0	0	0	0	0	0	0	0	1	0	0	0	0	1	0	0	0	2
菲律宾	0	0	0	0	0	0	3	0	3	0	0	1	0	1	1	0	0	0	9
波兰 *	0	0	0	0	0	1	0	4	0	0	0	0	0	0	0	0	0	0	5
斯洛伐克 *	0	0	0	0	1	1	0	1	0	0	0	0	0	0	0	0	0	0	3
斯洛文尼亚 *	0	0	0	1	0	0	0	0	0	0	0	0	0	0	0	0	0	0	1
南非	0	0	0	0	0	0	0	0	0	0	0	0	1	0	0	0	0	0	1
泰国	0	0	0	0	0	0	0	0	0	0	0	0	0	0	0	1	0	0	1
突尼斯	0	0	0	0	0	0	0	0	0	0	0	2	0	0	0	0	0	0	2
土耳其	0	0	0	0	0	0	0	0	0	5	0	5	3	1	1	0	1	0	16
乌克兰	0	0	0	0	0	0	0	0	0	0	0	0	2	1	2	3	2	0	10
美国	1	2	1	1	2	2	1	0	0	0	0	0	0	0	0	0	0	0	10
委内瑞拉	0	0	0	0	0	4	1	1	0	0	0	0	0	0	0	0	0	0	6
越南	0	0	0	0	0	0	0	0	0	0	0	0	0	0	1	0	0	0	1
合计	2	5	3	10	15	25	12	34	15	14	7	13	8	10	25	20	11	5	234

注：自 1995 年 3 月 29 日至 2012 年 4 月 3 日。

＊欧共体 2004 年 5 月 1 日和 2007 年 1 月 1 日东扩。所有新加入的国家加入前作为 WTO 成员统计数字仍有效。欧盟整体的数字：(a) 1995 年 1 月 1 日至 2004 年 4 月 30 日以 15 国为准；(b) 2007 年 1 月 1 日后以 27 国为准。

资料来源：http：//www. wto. org/english/tratope/safege/safege. htm

表 21　　全球发起保障措施调查案件数（按产品类别）

部门＼年份	1995	1996	1997	1998	1999	2000	2001	2002	2003	2004	2005	2006	2007	2008	2009	2010	2011	2012	合计
I	0	1	0	3	2	3	0	1	1	1	0	1	1	0	2	1	0	1	18
II	1	1	1	0	2	3	2	1	0	2	1	0	0	0	1	0	0	0	15
III	1	0	0	0	0	1	0	1	0	0	0	0	0	0	0	0	0	0	3
IV	0	0	0	0	1	4	3	3	3	0	1	0	0	1	1	0	0	1	18
V	0	0	0	0	0	0	1	0	1	0	0	1	0	1	0	1	1	0	6
VI	0	0	1	3	4	5	0	8	2	2	1	1	1	2	6	2	1	0	39
VII	0	0	0	2	1	3	0	0	1	0	0	1	1	0	1	0	3	0	13
VIII	0	0	0	0	0	0	0	0	0	0	0	0	1	0	0	0	0	0	1
IX	0	0	0	1	0	0	0	2	0	0	0	0	0	0	1	0	0	0	4
X	0	0	0	0	0	1	0	0	1	0	0	0	0	0	4	1	0	0	7
XI	0	0	0	0	0	1	0	0	0	1	0	0	0	2	3	4	2	1	14
XII	0	0	1	0	1	1	0	1	0	0	1	2	0	0	0	0	0	0	7
XIII	0	0	0	0	0	0	1	2	5	3	1	2	1	1	3	2	1	0	22
XV	0	0	0	0	2	2	4	12	1	0	0	0	1	2	3	7	2	2	38
XVI	0	0	0	0	1	0	0	3	0	3	0	4	1	1	0	1	0	0	14
XVII	0	1	0	0	1	1	0	0	0	0	1	1	0	0	0	1	1	0	7
XVIII	0	0	0	0	0	0	0	0	0	2	0	0	1	0	0	0	0	0	3
XX	0	2	0	1	0	0	1	0	0	0	1	0	0	0	0	0	0	0	5
合计	2	5	3	10	15	25	12	34	15	14	7	13	8	10	25	20	11	5	234

注：自 1995 年 3 月 29 日至 2012 年 4 月 3 日。

＊欧共体 2004 年 5 月 1 日和 2007 年 1 月 1 日东扩。所有新加入的国家加入前作为 WTO 成员统计数字仍有效。欧盟整体的数字：(a) 1995 年 1 月 1 日至 2004 年 4 月 30 日以 15 国为准；(b) 2007 年 1 月 1 日后以 27 国为准。

资料来源：http：//www. wto. org/english/tratope/safege/safege. htm

表 22　　全球实施保障措施案件数

发起调查的成员＼年份	1996	1997	1998	1999	2000	2001	2002	2003	2004	2005	2006	2007	2008	2009	2010	2011	2012	合计
阿根廷	0	1	0	0	0	2	0	0	0	0	0	1	0	0	0	0	0	4
巴西	0	1	0	0	0	0	1	0	0	0	0	0	0	0	0	0	0	2
保加利亚＊	0	0	0	0	0	0	2	0	0	0	0	0	0	0	0	0	0	2
智利	0	0	0	0	2	1	2	0	0	1	1	0	0	0	0	0	0	7
中国	0	0	0	0	0	0	1	0	0	0	0	0	0	0	0	0	0	1
克罗地亚	0	0	0	0	0	0	0	0	0	0	0	0	0	1	0	0	0	1
捷克＊	0	0	0	1	0	1	1	2	0	0	0	0	0	0	0	0	0	5
多米尼加	0	0	0	0	0	0	0	0	0	0	0	0	0	0	2	0	0	2
厄瓜多尔	0	0	0	0	0	1	0	1	1	0	0	0	0	0	1	0	0	4
埃及	0	0	0	1	1	1	0	0	0	0	0	0	1	0	0	0	0	4
欧盟＊	0	0	0	0	0	0	1	0	1	1	0	0	0	0	0	0	0	3
匈牙利＊	0	0	0	0	0	0	0	3	0	0	0	0	0	0	0	0	0	3
印度	0	0	4	1	1	0	2	0	0	1	0	0	0	3	0	1	1	14
印度尼西亚	0	0	0	0	0	0	0	0	0	0	1	0	0	2	0	7	3	13
约旦	0	0	0	0	0	1	1	2	0	1	0	1	0	0	1	0	0	7
韩国	0	1	0	0	1	0	0	0	0	0	0	0	0	0	0	0	0	2
吉尔吉斯斯坦	0	0	0	0	0	0	0	0	0	0	0	0	0	1	0	0	0	1
拉脱维亚＊	0	0	0	1	0	0	0	1	0	0	0	0	0	0	0	0	0	2
立陶宛＊	0	0	0	0	0	0	1	0	0	0	0	0	0	0	0	0	0	1
摩尔多瓦	0	0	0	0	0	0	0	0	1	0	0	0	0	0	0	0	0	1
摩洛哥	0	0	0	0	0	1	0	0	0	0	1	0	0	0	0	0	0	2
巴拿马	0	0	0	0	0	0	0	0	0	0	0	1	0	0	0	0	0	1
菲律宾	0	0	0	0	0	0	1	1	3	0	0	0	0	1	0	1	0	7
波兰＊	0	0	0	0	0	0	0	4	0	0	0	0	0	0	0	0	0	4
斯洛伐克＊	0	0	0	0	0	1	0	1	0	0	0	0	0	0	0	0	0	2
南非	0	0	0	0	0	0	0	0	0	0	0	1	0	0	0	0	0	1
泰国	0	0	0	0	0	0	0	0	0	0	0	0	0	0	0	1	0	1
土耳其	0	0	0	0	0	0	0	0	0	2	4	1	4	1	0	1	0	13
乌克兰	0	0	0	0	0	0	0	0	0	0	0	0	1	1	0	0	0	2
美国	1	0	1	1	2	0	1	0	0	0	0	0	0	0	0	0	0	6
合计	1	3	5	5	7	9	14	15	6	6	7	5	6	10	4	11	4	118

注：自 1995 年 3 月 29 日至 2012 年 4 月 3 日。

＊欧共体 2004 年 5 月 1 日和 2007 年 1 月 1 日东扩。所有新加入的国家加入前作为 WTO 成员统计数字仍有效。欧盟整体的数字：（a）1995 年 1 月 1 日至 2004 年 4 月 30 日以 15 国为准；（b）2004 年 5 月 1 日至 2006 年 12 月 31 日以 25 国为准；（c）2007 年 1 月 1 日后以 27 国为准。

资料来源：http：//www. wto. org/english/tratope/safege/safege. htm

表 23　　全球实施保障措施案件数（按产品类别）

部门＼年份	1996	1997	1998	1999	2000	2001	2002	2003	2004	2005	2006	2007	2008	2009	2010	2011	2012	合计
I	0	1	0	2	0	2	0	1	0	1	1	0	0	1	0	0	1	10
II	0	0	1	0	2	2	1	0	0	2	0	0	0	1	0	0	0	9
IV	0	0	0	1	0	3	3	2	2	0	0	0	0	1	0	0	0	12
V	0	0	0	0	0	0	0	1	0	0	1	0	0	0	0	0	0	2
VI	0	0	3	2	1	1	3	5	0	2	0	1	0	5	0	1	1	25
VII	0	0	1	0	0	0	0	0	0	0	0	1	0	0	0	1	1	4
VIII	0	0	0	0	0	0	0	0	0	0	0	0	1	0	0	0	0	1
IX	0	0	0	0	0	0	0	1	0	0	0	0	0	0	0	0	0	1
X	0	0	0	0	0	0	0	0	0	0	0	0	0	0	0	1	0	1
XI	0	0	0	0	1	0	0	0	0	0	0	0	2	0	2	3	0	8
XII	0	1	0	0	0	0	0	0	0	0	1	1	0	0	0	0	0	3
XIII	0	0	0	0	0	0	1	1	4	0	2	0	0	0	2	1	0	11
XV	0	0	0	0	2	0	5	3	0	0	0	0	1	2	0	4	1	18
XVI	0	0	0	0	1	0	1	1	0	0	2	1	1	0	0	0	0	7
XVII	0	0	0	0	0	1	0	0	0	0	0	1	0	0	0	0	0	2
XVIII	0	0	0	0	0	0	0	0	0	1	0	0	1	0	0	0	0	2
XX	1	1	0	0	0	0	0	0	0	0	0	0	0	0	0	0	0	2
合计	1	3	5	5	7	9	14	15	6	6	7	5	6	10	4	11	4	118

注：自 1995 年 3 月 29 日至 2012 年 4 月 3 日。

*欧共体 2004 年 5 月 1 日和 2007 年 1 月 1 日东扩。所有新加入的国家加入前作为 WTO 成员统计数字仍有效。欧盟整体的数字：(a) 1995 年 1 月 1 日至 2004 年 4 月 30 日以 15 国为准；(b) 2007 年 1 月 1 日后以 27 国为准。

资料来源：http://www.wto.org/english/tratope/safege/safege.htm

3. 服务贸易理事会

2010 年 11 月 17 日，2010 年 12 月 18 日，2011 年 3 月 7 日、3 月 9 日、5 月 2 日、6 月 24 日、9 月 30 日，服务贸易理事会举行了 7 次正式会议。重点审议和解决了下列问题：第一，审议成员方根据《服务贸易总协定》第 3 条第 3 款和第 5 条第 7 款所通报的服务贸易措施；第二，履行 GATS 的通报义务；第三，服务贸易部门与提供模式的讨论；第四，对最惠国待遇豁免的第三次审议；第五，菲律宾就 GATS 第五议定书所做新承诺；第六，讨论国际移动漫游；第七，有关电子商务的工作计划；第八，根据中国入世议定书第 18 节对中国履行服务贸易承诺进行过渡性审议。

服务贸易理事会下属委员会和工作组活动如下：

(1) 金融服务贸易委员会

年度报告期内，金融服务贸易委员会举行了 5 次正式会议及几次非正式会议。委员会讨论了下列议题：对加入 GATS 第 5 议定书的监管、GATS 下对银行、其他金融服务监管及合规性审查技术发展的影响、有关金融服务的发展现状、金融服务贸易和发展、金融服务的分类、对中国进行最终过渡期审议。

(2) 特定承诺委员会

2010 年 11 月 16 日，2011 年 3 月 10 日、5 月 11 日、6 月 23 日、9 月 29 日，特定承诺委员会举行 5 次正式会议，讨论三方面议题：新老承诺之间的关系、减让表问题及划分等级问题。

(3) 国内规制工作组

自 2010 年度报告以来，国内规制工作组举行了 5 次正式会议和数次非正式会议。工作组工作中心仍是国内规制协议文本草稿的修订与讨论。响应 2010 年 12 月总理事会的号召，工作组在 2011 年第一季度进行了密集的讨论。重点是讨论和细化 2009 年 3 月的主席案文。但并没有达成一致的修订文本。2011 年 7 月和 9 月的会议主要讨论了未来议题及工作方式。

(4) GATS规则工作组

自2010年度报告以来，2010年11月24日，2011年2月14日、3月24日、6月22日和9月28日，GATS规则工作组举行5次正式会议和数次开放的非正式会议。工作重点仍然是紧急保障措施、政府采购和补贴三个问题。为响应2010年12月总理事会的号召，工作组为多哈回合于2011年第1季度进行了密集的谈判。WTO各成员方代表继续就反倾销、补贴和保障协议下服务贸易中的"国内产业"的界定进行探讨。各成员方代表深入讨论了服务贸易政府采购的附件。就补贴而言，WTO各成员致力于恢复GATS第15条所规定的信息交换。

4. 知识产权理事会

报告期内，知识产权理事会共举行4次正式会议，分别为2011年3月1日、6月7日、10月24～25日和11月17日。其中，3月份会议由中国香港的Martin Glass主持；其他会议由巴拉圭Federico A. González主持。理事会继续讨论了对最不发达国家的技术援助，金融合作和能力建设问题及其过渡期问题。理事会主席还敦促发达国家成员依据承诺提供相应的信息。

● 多哈回合谈判进展（2011）

2011 多哈谈判的整体概况

多哈发展回合谈判陷入僵局。虽然达成了诸多的宣言和承诺，成员们仍然未能如愿在 2011 年年底前结束多哈回合。然而，11 月总理事会上各成员就多哈谈判“政治指导要点”达成一致，并递交给 WTO 第八届部长级会议的部长们讨论。会议主席声明既包括了这些“要点”，又包括部长们就多哈回合的讨论总结。

贸易谈判委员会 2011 年 2 月的会议中，WTO 成员对瑞士达沃斯会议上一些部长所支持的路线图表示欢迎。该路线图旨在进一步加快谈判，以便在 2011 年结束多哈回合谈判。路线图设定，4 月前达成各个领域的案文草案，7 月前达成全面的一揽子协议，2011 年年底结束多哈回合谈判。

“复活节套案”

2011 年 4 月 21 日，TNC 主席和谈判小组主席推出了所谓的“复活节套案”。该文件体现了自 2001 年谈判启动以来的工作成果。WTO 成员首次有机会考虑涉及所有市场准入和监管领域的多哈回合整体方案。这包括一些原本没有的内容。虽然该方案显示了诸多领域的重大进展，但也暴露出成员之间的分歧，这无疑给该回合的成功结束蒙上阴影。

最大的分歧是工业品的市场准入（非农市场准入）。虽然还有其他的问题，但这一分歧阻碍了多哈回合谈判进展。从主要成员对此巨大分歧及其缩小此差距的磋商看，贸易谈判委员会主席向所有成员通报，以下三个领域存在着根本的分歧：瑞士公式下工业品关税的削减（数学公式进行削减和协调关税）；提供的捐款不同成员是否比例适当和平衡；“部门”贡献（可能做较大削减的领域）。

主席还提到所有成员正面临着政治分歧，而这正是他在磋商中所感受到，也是目前不可调和的。就未来而言，主席认为以下三种选择是行不通的：一如往常；停止并从头开始；希望问题消失而逐渐消失。WTO 成员深表同意。

“超 LDC”套案

5 月 WTO 成员意识到，2011 年年底前不可能就多哈回合谈判达成全面的一揽子协议。因此一些成员开始做出努力，向 12 月召开的第八届部长级会议提交精简版套案。此简版方案并不会是最终的套案，但能向前推进多哈回合。在此背景下，绝大多数成员认为主导因素是发展，因此应该优先考虑最不发达国家的关注。但是，一些成员认为其他的议题也应该纳入。

就最不发达国家特定产品的免关税、免配额的市场准入，相关的原产地规则，推进棉花问题，以及最不发达国家的服务豁免，贸易谈判委员会主席提交了一份非详尽清单——即“超 LDC”——构成多哈回合精简版的套案。这些措施包括贸易便利化，出口竞争，发展中国家的特殊和差别待遇的监督机制，渔业补贴，环境产品和服务。需要强调的是，这一清单并不排除其他的议题，该清单在年底前提交。

7 月，贸易谈判委员会主席报告，从磋商情况看，很显然“超 LDC”套案并未如成员所希望的那样逐步成形。自 9 月起，磋商的内容应该转向第八届部长级会议及会后，我们所能进行的工作。

政治指导要点

10 月，贸易谈判委员会主席报告了其就多哈回合谈判的现状及未来所进行的磋商。磋商表明，尽管 WTO 成员做出了更加明确的努力，多哈发展回合谈判仍未走出僵局。因此，近期内不可能就多哈回合谈判达成全面的一揽子协议。虽然没有成员准备放弃多哈目标，但已经形成共识，即需要探索出与之前不同的方法。

特别是，WTO成员希望推动可能取得进展的领域的谈判，可以就特定议题达成协议——无论是临时的或最后的——在所有多哈“一揽子承诺”达成前（直到所有的达成才有效）。此外，WTO成员认为应该在存在根本分歧的领域强化努力。在所取得的进展的基础上继续努力，以及发展仍应该是任何成果的中心主题，正日益成为共识。

准备部长级会议期间，贸易谈判委员会主席和总理事会主席为此次会议进行了广泛的磋商。11月的总理事会就下述三个宽泛主题的要点达成一致：多边贸易体制和WTO的重要性；贸易与发展；多哈发展回合谈判。这些随后被转发到部长级会议列入大会主席的总结发言的第一部分，表明成员之间就此达成了共识。

在会议主席总结发言中，重申了总理事会主席所强调的——文中没有重新解释或修改任何WTO的规则或协议，或损害任何成员的权利和义务。特别是，多哈的任务仍然如之前所达成的所有一揽子协议，既不单单是“政治指导要点”，也不仅仅是修改或重新解释的非全面概述。

农业谈判情况

2011年，农业谈判者致力于消除分歧，旨在达成为推进农业贸易改革的草案“模式”（蓝图）的共识。同时，WTO成员继续进行他们的技术工作项目，包括必要数据的组织、验证和发布，如何变成有法律约束力日程（承诺列表）。尽管有过去两年的成果，WTO成员仍未能就推动2011年谈判的具体步骤达成一致。

农业谈判小组2011年的工作集中于缩小各成员在2008年12月谈判小组主席发布的模式草案上的分歧。该草案勾画出了最终承诺的框架，如削减关税和对农产品的补贴，阐述了一些对发展中国家和特殊情况的灵活措施。2011年4月21日在一份报告中，谈判小组主席新西兰戴维·沃克（David Walker）大使，详述了该谈判小组的工作，并报告在个别议题上取得的进展。

在2011年上半年，就主席与WTO的一些更小级别的小组讨论磋商一些未达成一致的问题，包括棉花的草案模式。

在各种形式的会议上，贸易谈判继续在自2009年开始的有关数据需求的工作，包括计算国内支持承诺生产值。为了厘清已经存在的信息差异，WTO成员还提交了国家数据，他们参与数据识别会议，建立电子论坛，来讨论问题，并将WTO成员提交的文件分类。谈判者还讨论了数据组织和发布的发展格式，以确保依据多哈回合承诺透明性和可验证的原则。

成员就模式草案文本中的一些模糊问题的技术分类展开讨论。主席与小组成员商议，加强在未达成协议领域的互信，包括棉花的模式草案。

新的农业谈判主席是来自新西兰的John Adank，2011年11月当选。在棉花问题上，他与“棉花4国”（贝宁，布基纳法索，乍得和马里）就其诉求进行了非正式磋商，为2011年12月的第八届部长级会议做准备。会议主席的最后陈述中，确认了WTO成员解决棉花问题的承诺富有雄心、迅速和明确，比《香港部长宣言》第11段更有进展。

非农产品市场准入的谈判情况

2011年，非农产品市场准入谈判小组在减少或者消除非关税贸易壁垒（NTBs）方面取得了重大进展。然而，在关税谈判方面则毫无进展。小组主席Luzius Wasescha认为主要的障碍在于关税减让议程的尺度仍然存在分歧。

自2010年年底以来，谈判小组启动了更小级别的小组，以推动非关税壁垒。共包括5个小组15到20个代表组成，每一小组单独讨论一个非关税壁垒提案。这些提案为：所谓的“水平机制”；纺织品，服装，鞋类及旅行用品的标签；技术法规的透明度；再加工；以及国际标准。水平机制旨在实现灵活快捷的程序，包括一位协调人，以协助WTO成员公布其对非关税措施。建立了一步步的程序和时间表，为协调人提供的建议，以及可能的结果。

这些小组在2011年4月前集中工作，以确保多哈回合谈判小组的主席散发的文件可以涵盖这些小组的工作成果。正如Wasescha主席所说，这些更小级别的小组是NTB套案达成的重要推动力。他的报告包括了3个议题的工作案文——水平机制，纺织品标签和透明度。

就纺织品，服装，鞋类及旅行用品的标签而言，这些提案在《非关税壁垒协议》下提供清晰地定义标签规定，尤其是针对成员所采取的构成贸易障碍的措施。就技术规定的透明度而言，文本倡议在制定和实施技术法规时，确保更多的清晰度和透明度，以使成员、贸易商和其他利益相关方明晰不遵守规定时的所能采取的措施及其后果。

在关税方面，主席在其4月回顾中，坦言并无新进展可报告，且在减让幅度上的分歧自2008年中以来依然是主要障碍。这一状况在今年的余下时间内将仍无改善，谈判小组对此并无良好对策。

4月报告公布后，成员继续各种方式推动非关税壁垒案文及提案。然而，在2011年过去的2个月中，WTO成员的注意力集中在12月的第八届部长级会议，谈判小组则没有举行任何正式会议。

服务谈判的情况

2011年，WTO成员集中推动服务贸易的谈判。然而，2010年受阻于多哈回合其他领域的缺乏推进。尽管如此，第八届部长级会议上，WTO成员达成了利于最不发达国家成员的豁免协议。

贸易谈判委员会主席Fernando de Mateo在4月的报告中，提到尽管谈判者努力缩小分歧，但差异仍然存在。自2008年7月以来，市场准入谈判取得了有限的进展。就国内规制而言，即使在重要的基本的议题上分歧依然存在，近期的集中谈判仍取得了一定进展。在《服务贸易总协定》规则方面，技术性工作仍在进行，但似乎并无迹象表明三个谈判主题将会达成一致（保障措施，政府采购和补贴）。

市场准入

服务贸易的市场准入谈判，新动力集中在三次为期一周的谈判“集”（2月，3月和4月各一次），这些谈判针对不同的服务贸易部门和服务贸易提供方式。尽管采取了这些举措，但4月的报告中仍无任何进展。今年晚些时候，在市场准入谈判中提出的其他谈判策略的尝试，均被证明是失败的。

最不发达国家的待遇

第八届部长级会议达成了一致通过了一项豁免权，使得WTO成员可以在偏离最惠国待遇原则的条件下授予最不发达国家更宽松的服务贸易市场准入条件。此项合议的达成得益于今年持续缩小文本差异的密集工作。此项豁免是与2005年香港部长宣言附件C的指导原则相呼应的，即建立给予最不发达国家优惠待遇的适宜机制。

国内规制

2011年年初，国内规制工作组的工作在提出符合《服务贸易总协定》第VI：4条的规章的文本草案。目的是制定规则，保证许可的要求和程序、合格的要求和程序、不会构成服务贸易不必要壁垒的技术标准。

在密集的文本起草会议中，成员认真研读了2009年3月的主席文本草案和相关提案，旨在明确未来工作所必须的内容。语言选项的数量明显减少，主要将差异放入括号内，将差异隔离起来（未达成协议）。所有的语言提案，在密集谈判期间无论是书面还是口头形式，增多体现在主席的磋商注释中。

成员间进行了富有建设性的深入讨论，而这并不足以就修订文本达成一致。在4月15日特别会议上，主席在其责任范围内提供了总体情况的进展报告。成员的观点都反映在特别会议主席向贸易谈判委员会进行的报告中。

此外，工作组还举行了一次通报谈判者服务规制实践经验的研讨会，主要集中在透明度，许可证和资格要求与程序，技术标准的适用。国家监管者和国际组织分别呈现了不同的案例研究。随后的工作组会议中，成员集中于国内规制的未来工作以及将要讨论的议题。

《服务贸易总协定》规则

《服务贸易总协定》规则工作组任务是对GATS第X条（紧急保障措施），第XIII条（政府采购）和第XV条（补贴）进行谈判。由于成员们对于每个议题都有不同的观点，目前以文本为基础的谈判还不能实现。

基于非歧视原则的紧急保障措施（ESM）允许成员在遇到紧急状况时，可以暂时违背承诺，如不可预见的服务贸易顺差可能对国内服务产业产生威胁或伤害。2011年，根据WTO秘书处的陈述，成员审查有关紧急保障措施的统计。这些涉及国际服务数据流分类统计的可能性，而这与保障措施存在潜在相关性，也涉及WTO《保障措施协议》下保障措施调查所需要的数据分类。

在政府采购方面，工作组详细审查了欧盟关于服务领域政府采购的提案，举办一系列专门磋商，议题是广泛的经济发展和服务领域政府采购的经济发展重要性。WTO成员还探讨了诸边政府采购协议的服务部分，同时开始分享各自的政府采购改革开放，及其进入国外采购市场的经验。

关于补贴，在《服务贸易总协定》第XV条内，工作组正努力开展一个项目，搜集成员现有补贴的信息，并讨论服务提供者的。工作组还围绕就出口补贴确定规则，讨论服务补贴相关的贸易扭曲效果的具体例子。

与贸易有关的知识产权问题的谈判情况

与贸易有关的知道产权理事会，专题会议，继续努力在葡萄酒和烈酒的地理标志注册和通知方面达成一致。今年4月所散发的主席草案文本——首次用单一文本反映成员在谈判中的提案和立场。然而，文本总是与协议相去甚远。总干事试图扩展地理标志注册的保护可以扩展至除葡萄酒和烈酒以外的其他产品。

地理标志注册的谈判

葡萄酒和烈酒地理标志注册旨在便利地理标志的保护。这些地名（或有时与地方相关的其他条款或体征）用于识别产品的位置，以确认或区分其特定品质，声誉或其他特性。波尔多和龙舌兰酒是众所周知的例子。自1996年以来，《与贸易有关的知识产权协定》即进行地理标志注册谈判。2005年香港部长宣言呼吁“强化”此谈判。

与贸易有关的知识产权特别会议正在审议三种提案：

- 2003年中国香港提案。
- 2005年的联合提案，并于2011年修订，一些国家将该注册体系作为数据库。成员国可以选择是否参与该注册系统。
- W/52提案，是世界贸易组织的100多位成员在2008年7月19日提出的，其中包括欧盟拟定的多边注册提案的修改和精简版。该提案被视为发起者之间谈判达成的妥协，提案设想了一套适用于所有成员国的体系，尽管成员国可以选择是否注册他们自己的地理标志。

TRIPs专题会议主席赞比亚的Darlington Mwape从1月到4月召开了密集的谈判会议，其核心起草小组由19名成员，又多扩充了12名。和多哈回合其他领域的谈判一起，TRIPs谈判被期待在4月的多哈回合审查中提供新的文本——“复活节套案”。为了确保透明度，各系列会议后是向所有人开放的非正式会议。起草小组接受主席建议，建立了注册体系的6项要素：通报、注册、法律竞争力/注册后果、费用和成本、特殊和差别待遇以及参与。

4月会议主席发布了一份详细的报告，提供了不同谈判阶段的综合状况，利益关切和利害关系，所使用的工作方法，存在分歧的成员，以及反映成员提案和立场的综合谈判草案。然而，仍需要明确的关键问题是注册的法律后果，或注册是否适用于所有的WTO成员，还是仅仅部分适用。还有产品覆盖面的问题，即是否与原来的谈判任务，应该仅限于葡萄酒和烈性酒，或是否登记注册延伸到其他产品。

技术转移的激励措施

2011年10月TRIPs理事会的例会上，对发达国家成员向最不发达国家成员技术转移的激励措施进行第九次年度审议。发达国家向审议提供了关于激励措施的详细信息。而最不发达国家提交了两个文件，一个是有关2010年报告的延伸问题，另一个则是未来报告的建议模式。

《与贸易有关的知识产权协定》要求向最不发达国家转让技术的激励措施。2001年在多哈外长们达成协议，其中规定TRIPs理事会应建立一个监管和实施该项义务的机制。2003年理事会决定建立这样一个机制，要求发达国家提供关于激励措施实施的详细信息。

WTO秘书处组织了第四次专题讨论会，即按照《与贸易有关的知识产权协定》讨论技术转移。专题讨论会旨在使激励机制运作让更多人了解，并建立发达国家和最不发达国家间的有效对话。

知识产权保护争端

一般提交到WTO争端解决机制的争端不仅是违反了协议，还包括并未违反协议但根据协议的可预期利益被破坏。《与贸易有关的知识产权协定》规定了知识产权加强保护的5年过渡期。这个过渡期条款规定还被一系列的部长级会议扩充。

2011年，TRIPs理事会还在考虑这类投诉的范畴和模式。成员在是否接受这类投诉、是否把这类投诉作为争端的法律基础方面还存在争执。2011年第八次部长级会议上，应TRIPs理事会请求，部长会议指导理事会继续审查这类投诉的范畴和模式，为2013年召开的下一届部长级会议提出建议。

同时，就成员不得在《与贸易有关的知识产权协定》下启动此类投诉达成一致。

突出的实施问题的磋商

总干事仍然对地理标志的外延和《与贸易有关的知识产权协定》与生物多样性公约的关系问题组织磋商，即 2005 年香港部长宣言，这些问题也被称为“突出的实施问题”，与 2001 年多哈宣言一致。

第一个问题是实施加强或过度保护其他产品的外延问题，现在加强保护一般用在葡萄酒和烈酒上。成员在加强保护是否促进相关产品贸易和是否产生不必要的法律和商业负担方面还存在争论。

另外一个问题是，《与贸易有关的知识产权协定》和生物多样性公约的关系：《与贸易有关的知识产权协定》是否应采取措施促进生物多样性目标实现，同时享受遗产资源被用于研究和产业所带来的好处。现在已有成员提案要求修订《与贸易有关的知识产权协定》，要求专利劝人披露提供遗传资源和相关传统知识的来源和国家。一系列的可选提案已经被提交。

从 2009 年 3 月开始，总干事个人开始组织这类问题的磋商，与各利益相关方展开开放式磋商。这些磋商定期向贸易谈判委员会和总理事会汇报。磋商集中在技术问题上，帮助成员互相充分了解各自的利益和关注，以及关于以上两个问题的技术点。磋商还未决定是否把这两个问题提交到更宽范围的谈判，以及如何提交。

总干事提交了自 2009 年 3 月至 2011 年 4 月期间的书面报告。此后没有进一步的磋商。

贸易与发展的谈判情况

2011 年，贸易与发展委员会特别会议集中讨论 WTO 具体协议相关的现有提案，和对发展中国家“特殊和差别待遇”规定的实施和适用的监管体制。这些讨论是富有建设性的，但并没有缩小或消除成员之间的分歧。然而，在改善实施和适用的监管体制和特殊权利的使用方面的谈判，取得了进展。12 月的 WTO 第八届部长级会议通过了两项有关最不发达国家的决议。

特定协议提案

贸易与发展委员会特别会议主席是巴基斯坦的 Shahid Bashir，委员会致力于审议 16 个特定协议提案中的 6 个，这些提案旨在加强特定 WTO 协议下发展中国成员的特殊和差别待遇。特别会议包括延长协议和承诺的实施期，或增加促进发展中国家成员贸易机会的措施。

6 个提案中有 3 个与卫生与植物卫生措施相关，3 个与进口许可协议相关。这些谈判工作是以 2010 年 5 月的草案文本为基础的。

特别会议举行了 3 次正式会议，大量的非正式小组和诸边磋商，这些谈判是如此密集，以期在复活节前取得成果。这使 WTO 成员在许多领域达成了一致。但此后，谈判逐渐步入僵局。

一些成员认为文本没有反映早期的讨论成果。存在分歧的内容纳入但被标注未达成一致，同时更多的精力需要用于寻找那些未纳入的领域中的一致意见。但是，另一些成员感觉在 2010 年及以前草案文本确实取得一些进展。

就坎昆部长宣言草案中所附的 28 个提案而言，虽然这些草案没有正式采纳，但成员最初认为原则上，在公投基础上，草案决议是达成一致的。在 12 月的第八届部长级会议上，部长们同意评估这 28 个提案，以期正式通过。

在所谓的“类别 II”提案，协议特定提案与其他 WTO 谈判机构相关，相关的主席曾经报告无任何进展。这主要是由于这些问题在各自的谈判机构中形成了不可分割的整体，而所取得的进展与整个回合的结合密切相关。

监管体制

2011 年，贸易与发展委员会特别会议完善了“特殊和差别待遇”的实施和适用的监管体制的规定。经过密集磋商，2010 年年末，即将离职的主席 Thawatchai Sophastienphong 散发了非正式的修订版本。2011 年 2 月，他增加了附录包括新鲜的标题——范围，功能/职权范围，实施和重估——还有序言。此后的磋商均以此为基础。

2010 年 4 月，主席发布了一个非官方文件的第三版，强调了现阶段的共识和分歧。这个文件为此后的监管体制工作打下了基础。特别会议一系列密集磋商的结果，看起来新标题下的磋商达成了一致。然而，WTO 成员对于序言的描述仍有不同意见。

贸易和技术转移的谈判情况

2011 年，贸易和技术转移工作组继续分析贸易与技术转移的关系，探讨向发展中国家增强技术转移的方式。这些工作主要依据经济合作与发展组织（OECD），世界知识产权组织（WIPO）就创新和技术转移的演讲。

贸易和技术转移的关系

经济合作与发展组织（OECD）的演讲强调了创新的重要性，研究和开发，技术升级，及其向OECD国家以及广泛的全球背景下的社会经济政策的传导。这一演讲——创新、技术转移和STI（科学，技术和产业）合作，应对全球挑战——发现R&D的全球支出已经发生了重大的改变，新的玩家正迅速崛起。研究和创新活动的外包越来越多，反映出国际合作的日益密切，尤其是在OECD国家之间，也是在这些国家之间的价值链（生产链）的联结或接近。

世界知识产权组织（WIPO）的演讲则关注其技术转移工作的三个领域——静态技术的准入，参与动态技术的开发平台，技术援助和能力建设。静态技术本质上是旧式的信息传播手段，如书籍；而动态技术则包括在线服务如视频会议和博客。世界知识产权组织（WIPO）发展议程的一大部分即致力于培训和提高发展中国家的能力，确保其R&D的商用化。根据这一演讲，世界知识产权组织（WIPO）正在开发用于监测技术转让和其有效性方面的工作。

提高向发展中国家的技术转移力度

2011年，WTO成员继续讨论了印度、巴基斯坦和菲律宾的提案，题目是“获得合适技术来源的信息——提高向发展中国家技术转移力度的步骤”。提案中，成员仍然重申了获得和发布合适技术来源信息的重要性，以及技术转移的核心和满足国情需求的可适应性。提案还强调了想通过技术转移和共享来促进经济发展，需要持续的国际合作。一些成员还重申了其对WTO网页提供技术转移信息的需求。

贸易和环境的谈判情况

2011年第一季度，贸易和环境委员会进行了密集的谈判，召开特别会议，以期找出共同点。并在WTO和多边环境协议（MEAs）的关系、消除环境货物和服务贸易的壁垒方面，取得了进展。

多边环境协议

贸易与环境委员会特别会议仍然讨论了WTO和多边环境协议的关系，试图在WTO成员各自观点中，找出有共识的领域。

成员提案中，讨论主要集中在5个主要问题上：WTO-MEAs关系所适用的序言语言或一般规则；国家在提高贸易与环境方面相互支持、共享经验方面合作的重要性；如何磋商多边环境协议中规定的特定义务；争端解决和法律原则；向发展中国家的技术援助和能力建设。

环境货物和服务

2011年在减少和消除货物和服务贸易中环境的关税和非关税壁垒方面取得了进展，尤其是在环境货物利益认定方面。至今所讨论的产品均为宽泛的环境友好型货物，如空气污染控制，可再生能源，废物管理以及水和废水处理。这些产品有的也与此有关减缓气候变化。它们包括可再生能源发电的产品，如风力发电和水电涡轮机或太阳能热水器。

2011年年底，不同的成员共提交了6种环境产品清单，涵盖411种6位HS2002税目。作为环境产品自由化模式讨论的一部分，综合所提交议案的不同元素，最终整合成2个新的提案并最终上交。这引发了成果结构的进一步讨论。

不像环境产品利益认定和成果结构的讨论，交叉领域的讨论，如非关税壁垒，技术转移，技术援助和环境服务，被限制在就发达国家和发展中国家之间技术转移的新提案上。贸易与环境委员会特别会议正在进行环境服务的谈判。

贸易便利化的谈判情况

2011年贸易便利化的谈判取得了良好的进展，简化了一些草案的措词，合并了谈判案文，并大幅减少括号标记的分歧。

基于2009年12月发布的谈判文本草案，成员努力缩小分歧，制定能达成共识的文本。谈判小组强调了授权的所有要素，尤其指出了对发展中国家的特殊和差别待遇应作为这项工作的重中之重。

谈判不拘泥于形式，有正式的谈判小组会议，有Eduardo Sperisen-Yurt（危地马拉）主席召集的非正式会议。所有会议进行了自下而上的，成员驱动的，包容和透明的方式进行。

通过草案的所有条款合并成谈判文本，首次发布于2009年12月，2011年年底共进行了11次修订，代表团能够细化语言和括号的数量减少了近 60%。

在一次小组会议上，WTO 秘书处召开了一次座谈会，以提供 WTO 成员正在谈判中的实施贸易便利化措施的信息，包括成本，最好的做法和教训。本次研讨会还包括一个关于提供技术援助的会话。

为了让所有国家都参与到谈判中，并从中受益，一些国家的政府捐出资金，资助发展中国家和最不发达国家的官员参与谈判。

来自非洲和最不发达国家的 137 个官员参与了 2011 年谈判小组的 3 次会议。提供捐助的政府表示，2012 年将继续资助。

WTO 规则的谈判情况

2011 年，规则谈判小组仍然致力于缩小分歧——反倾销、补贴和反补贴措施、渔业补贴和区域贸易协议。这些努力的结果体现在主席 Dennis Francis 散发了综合的“自下而上”文本（依据各成员所表明的立场），并在 4 月晚些时候发布了报告，但并没有促使各方最终达成一致。

在反倾销、补贴与反补贴措施方面，规则谈判小组以 2010 年年初的决议向前推进，以补充其工作，通过使用接触组和协调员，负责审查具体问题和并给出报告。虽然在澄清代表团的意见时这些机制被证明是有用的，并在某些情况下，建议其进一步参与的可能领域，他们并没有反映出在主要的“政治问题”上的一致性。据此，2011 年 4 月 21 日发布了新的反倾销的主席文本，该文本包含相同的 12 个括号内的问题。就补贴而言，主席认为达成新的文本几无可能，因此散发了一份报告。

2008 年 12 月，谈判小组主席发布了一个新的关于反倾销协议、补贴和反补贴措施协议的文本草案和渔业补贴磋商的“线路图”。这些文本体现了自下而上的方式，只提供了可能出现某种程度共识的领域的法律语言草案。其他领域的文本包含各种观点，还不能达成共识。

2010 年年初，谈判小组审议了 2008 年主席发布的关于反倾销、补贴和反补贴措施的文本，把工作集中在多边磋商的项目上。

就渔业补贴，谈判小组审议了“线路图”中关于渔业补贴的问题，开始多边磋商，试图找到解决问题的办法。根据透明度原则，主席又一次发布文件，宣称每个成员都有权获得磋商进展的信息。小组还公开接受新提案的过程和成员新想法，各种提案被提交并讨论。提案很实用，具有建设性，含有关于规则实质和外延的各种观点。由于被要求 2011 年 4 月形成共识文本，小组于 2010 年底加快进度开展工作，希望有新的提案提交。然而最终，主席认为分歧太多，只能发布一份详尽的分析报告。

关于区域贸易协议，在 2006 年总理事会关于 RTAs 透明度机制决议的谈判中已有结果。该机制于 2007 年形成规定，需要被审议，必要的话需要被修订，以作为最近贸易回合谈判的结果，然后才能作为永久的文件。2010 年 12 月，规则谈判小组同意开始审议。2011 年 1～4 月，通过密集的正式及非正式的会议，成员将审议该透明机制。

2011 年 4 月，主席发布了目前的谈判成果。成员还没有开始审查该机制和 WTO 关于 RTAs 相关规定的法律关系。成员就 RTAs 的系统性问题仍然存在分歧。另外，除了先前提交的有关系统问题的提案，2011 年初有关 GATT 货物贸易协定第 XXIV 条的修订提案已被提交。成员还讨论了具有前瞻性的系统性问题的多哈会议后的工作方案。

争端解决机制的谈判情况

2011 年争端解决谅解谈判工作组在 2008 年 7 月主席案文基础上继续工作，旨在促进发展中区域接受协议。2010 年一年共举行了 8 次会议。主席报告大部分领域的进展。根据所讨论的主题，召开了不同形式的会议。

2011 年 4 月，主席 Ronald Saborio 大使（哥斯达黎加）向贸易谈判委员会报告了成员在大量领域所达成的可观的进展，包括“适用顺序”、“后报复问题”（post-retaliation）。适用顺序的程序问题显现出来，因为 DSU 文件未能明确成员提交争端的顺序。后报复问题出现在 DSU 不能为去消除授权报复提供任何具体程序。主席还报告了在第三方权利，时间性规定（time saving）和有效执行（effective compliance）的各方面所做的富有成效的工作。

9 月，争端解决机构正式的会议上召开特别会议。主席指出，由于 4 月的报告中，进一步讨论

2008年7月文本中的其他问题，包括灵活性和成员控制，专家组构成，严格机密信息、透明度和法庭之友陈述[1]，以及双方同意的解决方案。在发回重审，有效执行和发展中国利益，包括特殊和差别待遇等需要进一步磋商。主席还报告了在双方同意的解决方案，专家组程度的暂停和报复措施的通报方面所取得的实质性进展。

在同次会议上，主席指出，这些富有建设性的工作反映了成员对此谈判继续进行的承诺。他还强调，为完成所有关注的问题并达成协议，仍需要大量的工作。

12月的第八届部长级会议主席在其总结发言中指出，部长们"认识到WTO争端解决机制的重要价值，并承诺加强争端解决机制，包括通过推动DSU审查谈判"。

政府采购协议的谈判情况

2011年12月15日，政府采购委员会召开了部长级会议，达成了《关于〈政府采购协定〉第24条第7款谈判成果的决定》。新一轮谈判在完善现有《政府采购协定》（GPA），扩大国际政府采购市场准入机会，大约每年为800亿～1 000亿美元，提高GPA参加方建立公信政府、预防腐败和便利公共资源的有效管理上具有重要意义。对于1994年协议的修订谈判自10年前即已开始，在第八届部长级会议开始前几小时才结束。

扩大的《政府采购协议》的市场准入收益主要来自于新的政府实体的增加，包括地方政府和次级中央实体，服务和其他公共采购活动的领域。除了市场准入的扩大，新的规则意味着在基础设施供应、公共运输、医疗设备和许多其他政府服务领域中，将更易获得政府合同。

修订后的《政府采购协议》也将更能吸引和促进新成员的加入，以扩充目前的42个缔约成员。中国和其他8个WTO成员正在进行加入谈判，这一诸边协议的加入建立在自愿的基础上。新的透明度条款旨在打击腐败。缔约方一致同意通过未来的工作组，进一步改善协议的行政措施。

世贸组织《政府采购协议》的42个缔约成员15日在日内瓦举行会议，就修改和扩大《政府采购协议》涉及范围达成一致：扩大政府采购市场规模。在已经纳入协议范围的5 000亿美元基础上，增加涵盖了价值超过1 000亿美元的政府采购合同。这个被称为升级版的《政府采购协议》涵盖了新的政府部门和机构，开放的服务和货物项目也有所增加；强化通过新的、更加简化的规则确保政府采购的透明度和正当程序，打击隐性的贸易保护主义和腐败问题。目前中国还不是缔约成员。

覆盖范围的扩大，首次覆盖到某些缔约方的基础设施特许权（BOT）合同。这些合同是指私人机构建设基础设施项目，然后在约定时间将该设施移交给政府部门，转由政府指定部门经营和管理。此次也将覆盖大部分缔约方的其他服务项目，如电信服务领域。首次纳入了所有缔约方的建筑服务。修订后的协议将覆盖超过200个额外的中央、地方和其他政府机构。

另一个重要的元素是先前协商修订的《政府采购协议》文本可以即时生效。谈判方所达成的协议原则是5年前的修订版本。然而文本的适用需要达成共同都满意的协议。因这一要求现在已经满足，政府采购委员会有望正式通过这一修订版本，经过技术审查，其他的一揽子元素也将不迟于2012年3月31日。此外，GPA缔约方的部长们承诺各自管辖范围内及早接受和实施修订后的协议。

修订后的协议与现有协议的原则是一致的。但文本已经完全改写，且做了各种重要的改善。例如，更新的协议中考虑到目前政府采购实践的发展，特别使用了电子工具。另一个重要的变化，即规定发展中国家可以根据自身发展需要实施或维持过渡措施，另一重要的修订元素即要求参与国政府和有关采购实体，以避免利益冲突防止腐败行为。这一规定清晰地表明了全球良好治理的诉求日益受到关注。

另一项重要的元素是GPA的部长就该委员会未来工作小组达成了一致。这将包括支持中小企业参与政府采购，改善统计数据的收集和报告，并促进要持续采购的措施。

---

[1] 即amicus curiae brief，法院在审理案件的过程中，允许当事人以外的个人或组织利用自己的专门知识，就与案件有关的事实或法律问题进行论证并做出书面论证意见书。

● 向争端解决机构请求磋商的案件（2011）

一、美国——对自韩国进口的耐腐蚀碳钢板采取反倾销措施：韩国请求磋商

此文件自 2011 年 1 月 31 日，在美国代表团和大韩民国代表团及争端解决机构主席间进行沟通，现根据 DSU 第 4 条第 4 款的规定予以散发。

受我方政府指示，现代表大韩民国政府（“韩国”），根据《关于争端解决规则与程序的谅解》（简称“DSU”）第 4 条，《1994 年关税与贸易总协定》（GATT 1994）第 23 条第 1 款，以及《关于实施 1994 年关税与贸易总协定第 6 条的协议》（AD 协议）第 17 条，就美国对来自韩国的耐腐蚀碳钢板产品反倾销措施（案号 A-580-816），我代表团请求与美国进行磋商。

韩国认为，在对来自韩国的耐腐蚀碳钢板产品实施反倾销措施时，美国商务部（USDOC）依赖通常被称之为“归零法”的措施和计算方法，即在行政复审和日落复审中确定倾销幅度时以及在为清算条目确定最终反倾销税时将倾销幅度为负值的交易直接看做是倾销幅度为零的交易。美国商务部这一“归零”的习惯做法的后果就是在根本不存在倾销的时候人为地造成了倾销幅度的存在，或是提升了倾销幅度。

韩国期望能与美国就从韩国进口的耐腐蚀碳钢板产品一案中美国商务部在行政复审、日落复审和反倾销税清算（不论复审与否）中适用的负值倾销幅度直接“归零”的习惯做法进行磋商。我方附带提供了一系列美国适用了“归零法”的具体案例。韩国不仅期望就这些具体决定，征收现金保证金的要求以及据此做出的反倾销税的最终评估与美国进行磋商，韩国还期望能就该案后续程序中存在的由“归零法”的适用反映出的行为与美国磋商。

韩国政府在磋商中将提出的问题还包括与美国商务部的“归零法”相关的美国的法律、法规、行政措施和计算方法，包括（但不限于）以下问题：

（1）《1930 年关税法》，特别是 731 条，751 条，752 条，771(35)(A)条，771(35)(B)条，和 777A(c)条，777A(d)条；

（2）《行政措施声明》，与《乌拉圭回合协定法》同时出台，H. R. Doc. No. 103～316，vol. I；

（3）《美国商务部实施条例》，19 C. F. R. 第 351 条，特别是 351.212（b）条，351.212（c）条，351.218 条和 351.414 条；

（4）《进口管理局反倾销手册》（1997 版），包括计算机程序及其参考内容；

（5）《美国商务部政策公告》98.3，“反倾销和反补贴税令五年（‘日落’）复审行为的政策”，63 联邦公告 18871（1998.04.16）；

（6）美国在行政复审、日落复审和税额评估决定中确定倾销幅度时适用的一般程序和计算方法，包括（但不限于），

a. 美国商务部适用的比较每笔交易出口价格与加权平均正常价值的方法，以及计算总体的倾销幅度时将单笔交易中倾销幅度为负值（即出口价值超过加权平均正常价值的情况）的直接看做是倾销幅度为零的方法；

b. 美国商务部确定倾销幅度这一部分并未采用新的计算方法，而仍是采用、适用或是依赖在之前的程序中适用上文（a）段所描述的计算方法得出的倾销幅度；

（7）美国在日落复审中决定撤销反倾销税令是否在可预见的合理时间内可能导致倾销的继续或是再次发生时所适用的一般程序和方法。

韩国在磋商过程中将提出的事实和法律问题包括（但不限于）以下几点：

（1）在行政复审中，在每个交易基础上比较加权平均出口价格和正常价值后将倾销幅度为负值的

直接归为零；

（2）根据适用“归零法”计算出倾销幅度的行政复审决定，商品进口时现金保证金的征收及存续；

（3）在行政复审中以适用“归零法”计算出的倾销幅度为基础的反倾销税的评估，以及以前述程序中确立的倾销幅度为基础的反倾销税未请求复审时的自动评估；

（4）由将负值倾销幅度归零的做法而得出的倾销幅度在微量允许标准之上的决定，以及其后的反倾销税的实施，存续或是征收；

在日落复审中适用的倾销幅度是由前述反倾销调查或是行政复审中将负值的倾销幅度直接看做是零值的倾销幅度得出的，而这一适用导致的后果就是做出了撤销反倾销税令会使倾销继续或是再次发生的决定；

在日落复审中，美国国际贸易委员会（USITC）所考虑的美国商务部所提供的倾销幅度的重要程度，以此来决定反倾销税令的撤销是否在可预见的合理时间内会导致实质损害的继续或是再次发生。

韩国认为在上文磋商请求中所指出的美国方面的措施是与美国在GATT 1994、AD协议和《马拉喀什建立WTO协定》的相关条款下的义务相违背的，特别是：

（1）AD协议：第1条，第2.1条，第2.4条，第2.4.2条，第3条，第5.8条，第9.1条，第9.3条，第11条，第18.3条和第18.4条；

（2）GATT 1994：第VI：1条和第VI：2条；

（3）《马拉喀什建立WTO协定》第XVI：4条。

韩国政府保留在磋商期间进一步举证法律事实及其他问题的权利，同时保留请求设立专家组的权利。

我方期待收到美国政府的回复，并确定双方均方便的磋商日期及地点。

附件

对从韩国进口的耐腐蚀碳钢板反倾销措施一案中美国商务部适用“归零法”的具体例子

1. 行政复审决定和其后的据此做出的反倾销税的评估

a. 从韩国进口的耐腐蚀碳钢板：反倾销税行政复审最终结果，61联邦公告18547（1996.04.26）。

b. 从韩国进口的冷轧和耐腐蚀碳钢板：反倾销税行政复审最终结果，62联邦公告18404（1997.04.15），由修正后的反倾销税行政复审最终结果公告修正：从韩国进口的冷轧碳钢板；从韩国进口的耐腐蚀碳钢板，62联邦公告33587（1997.06.20），后又由从韩国进口的冷轧和耐腐蚀碳钢板：遵从法院决定的修正后的反倾销税行政复审最终结果所修正，67联邦公告39955（2002.06.11）。

c. 从韩国进口的冷轧和耐腐蚀碳钢板：反倾销税行政复审最终结果，63联邦公告13170（1998.03.18），由修正后的反倾销税行政复审最终结果公告修正：从韩国进口的冷轧碳钢板；从韩国进口的耐腐蚀碳钢板，63联邦公告20572（1998.04.27），后又由从韩国进口的冷轧和耐腐蚀碳钢板：遵从法院决定的修正后的反倾销税行政复审最终结果所修正，67联邦公告39956（2002.06.11）。

d. 从韩国进口的冷轧和耐腐蚀碳钢板：反倾销税行政复审最终结果，64联邦公告12927（1999.03.16）。

e. 从韩国进口的冷轧和耐腐蚀碳钢板：反倾销税行政复审最终结果，65联邦公告13359（2000.03.13），由修正后的反倾销税行政复审最终结果公告修正：从韩国进口的冷轧和耐腐蚀碳钢板，65联邦公告24180（2000.04.25）。

f. 反倾销税行政复审最终结果公告：从韩国进口的冷轧和耐腐蚀碳钢板，66联邦公告3540（2001.01.16），由修正后的反倾销税行政复审最终结果公告修正：从韩国进口的冷轧和耐腐蚀碳钢板，66联邦公告14883（2001.03.14）。

g. 反倾销税行政复审最终结果公告：从韩国进口的冷轧和耐腐蚀碳钢板，67联邦公告11976（2002.03.18），由修正后的反倾销税行政复审最终结果公告修正：从韩国进口的冷轧和耐腐蚀碳钢板，67联邦公告20950（2002.04.29）。

h. 对从大韩民国进口的耐腐蚀碳钢板的反倾销税令的第十次行政复审和新出口商行政复审最终结果公告，70联邦公告12443（2005.03.14）。

i. 对从大韩民国进口的耐腐蚀碳钢板产品的反倾销税令的第十一次行政复审最终结果公告，71联邦公告7513（2006.02.13），由修正后的对从大韩民国进口的耐腐蚀碳钢板产品的反倾销税令的第十一次行政复审最终结果公告修正，71 联邦公告 13962（2006.03.20）。

j. 对从大韩民国进口的耐腐蚀碳钢板产品的反倾销税令的第十二次行政复审最终结果公告，72 联邦公告 13086（2007.03.20），由修正后的对从大韩民国进口的耐腐蚀碳钢板产品的反倾销税令的第十二次行政复审最终结果公告修正，72 联邦公告 20815（2007.04.26）。

k. 从韩国进口的耐腐蚀碳钢板产品：第十三次行政复审最终结果公告，73 联邦公告 14220（2008.03.17）。

l. 从韩国进口的耐腐蚀碳钢板产品：第十四次行政复审最终结果和部分撤销公告，74 联邦公告 11082（2009.03.16），由从韩国进口的耐腐蚀碳钢板：修正后的反倾销税第十四次行政复审最终结果公告修正，74 联邦公告 19199（2009.04.28）。

m. 从韩国进口的耐腐蚀碳钢板产品：第十五次行政复审最终结果公告，75 联邦公告 13490（2010.03.22）。

2. 日落复审决定

A. 第一次日落复审

（1）美国商务部对于倾销可能继续或再次发生的决定

从韩国进口的冷轧和耐腐蚀碳钢板产品：加速日落复审最终结果，65 联邦公告 18044（2000.04.06）。

（2）USITC 损害可能继续或再次发生的决定

从澳大利亚、比利时、巴西、加拿大、芬兰、法国、德国、日本、韩国、墨西哥、荷兰、波兰、罗马尼亚、西班牙、瑞典、台湾和英国进口的碳钢产品，65 联邦公告 75301（2000.12.01），由从澳大利亚、比利时、巴西、加拿大、芬兰、法国、德国、日本、韩国、墨西哥、荷兰、波兰、罗马尼亚、西班牙、瑞典、台湾和英国进口的碳钢产品修正，65 联邦公告 77074（2000.12.08）。

（3）反倾销税令继续实施的公告

对从澳大利亚、比利时、巴西、加拿大、芬兰、法国、德国、日本、韩国、墨西哥、波兰、罗马尼亚、西班牙、瑞典、台湾和英国进口的碳钢产品的反倾销税令和反补贴税令继续实施，65 联邦公告 78469（2000.12.15）。

B. 第二次日落复审

（1）美国商务部对倾销可能继续或再次发生的决定

加速日落复审最终结果：从澳大利亚、加拿大、法国、德国、日本、韩国进口的耐腐蚀碳钢板产品，71 联邦公告 32508（2006.06.06）。

（2）美国国际贸易委员会对损害可能继续或再次发生的决定

从澳大利亚、比利时、巴西、加拿大、芬兰、法国、德国、日本、韩国、墨西哥、波兰、罗马尼亚、西班牙、瑞典、台湾和英国进口的碳钢产品，72 联邦公告 4529（2007.01.31）。

（3）反倾销税令继续实施的公告

根据第二个五年（“日落”）复审，反倾销税令和反补贴税令继续实施：从德国和韩国进口的碳钢板产品，72 联邦公告 7009（2007.02.14）。

3. 其他措施

复审期间未公布的反倾销税自动评估决定或是在下面的复审期间内未申请复审的出口商的反倾销税自动评估决定：

1993.02.04——1994.07.31
1994.08.01——1995.07.31
1995.08.01——1996.07.31
1996.08.01——1997.07.31
1997.08.01——1998.07.31
1998.08.01——1999.07.31
1999.08.01——2000.07.31
2000.08.01——2001.07.31
2001.08.01——2002.07.31
2002.08.01——2003.07.31
2003.08.01——2004.07.31
2004.08.01——2005.07.31
2005.08.01——2006.07.31
2006.08.01——2007.07.31
2007.08.01——2008.07.31
2008.08.01——2009.07.31

二、摩尔多瓦——影响货物进口及国内销售的措施（环保税）：乌克兰请求磋商

此文件自 2011 年 2 月 17 日，在乌克兰代表团和摩尔多瓦代表团及争端解决机构主席间进行沟通，现根据 DSU 第 4 条第 4 款的规定予以散发。

受我方政府指示，根据 DSU 第 4 条，GATT

1994第23条第1款，我代表团请求与摩尔多瓦就如下问题进行磋商：

根据1998年2月25日“环境污染税费制”这一法律文件，摩尔多瓦实施“对污染环境的进口产品征税”的措施，征税幅度为进口产品关税价值的0.5%至5%之间。征税产品目录覆盖广泛，似乎成为一个系统问题。不过同类的国内产品貌似并未被征收此项税费。

据上述法律文件，摩尔多瓦还实施“对塑料或‘纸质’包装的产品（乳制品除外）征收税费”的措施，幅度为每包0.8至300不等的摩尔多瓦列伊(MDL摩尔多瓦货币单位)。而其对装有国内生产的同类产品的包装也未征收此项税费。

乌克兰认为这些措施违背了摩尔多瓦在GATT 1994下的义务：

（1）摩尔多瓦“对其他成员进口到摩尔多瓦境内的产品所直接或间接征收的国内税或其他国内费用高于对相同的国产品所直接或间接征收的国内税或其他国内费用，并以此来保护国内生产”，这违背了GATT 1994第3条第1款和第2款的规定。

（2）摩尔多瓦的行为违背了GATT 1994第3条第4款的规定，在关于产品的国内销售、许诺销售、购买、运输、分配或使用的全部法令、条例和规定方面，未能给予从乌克兰进口到摩尔多瓦境内的产品以不低于相同的国产品所享受的待遇。

为达成双方满意的解决方案，我方请求能于双方代表团一致同意的日期在日内瓦从速举行磋商。

乌克兰保留在磋商期间就争议措施进一步举证事实以及提起法律申诉的权利。

乌克兰期待摩尔多瓦对此请求的回复，并确定方便的磋商日期。

三、美国——对自中国进口的冷冻暖水虾采取反倾销措施：中国请求磋商

此文件自2011年7月22日，在中国代表团和美国代表团及争端解决机构主席间进行沟通，现根据DSU第4条第4款的规定予以散发。

此文件包含一个和美国政府就其商务部在对来自中国的金刚石锯片及其零件（案号No. A－570－900）的反倾销措施中使用归零法的磋商请求，此磋商请求根据DSU第四条，GATT 1994第22条第1项和AD协议第17条提出的。本次磋商请求是对在2011年2月28日中国就针对美国商务部在对来自中国的暖水虾采取反倾销措施中使用“归零法”则提出原始的磋商请求（WT/DS422/1，G/L/953，G/ADP/D87/1）的补充，需与原磋商请求结合使用。

2011年2月28日，中国政府针对美国商务部在对来自中国的暖水虾（No. A－570－893）[①] 采取反倾销措施中使用归零法要求在DSU第四条，GATT 1994第22条第1项和AD协议第17条与美国政府进行磋商。中美之间的磋商会议在2011年5月11日举行。

除了美国商务部在对来自中国的暖水虾采取反倾销措施中所使用归零法，中国由此希望进一步与美国政府就其商务部在对来自中国的金刚石锯片及其零件的反倾销措施中使用的归零法进行磋商。中国希望能够和美国磋商的相关问题与美国采取的以下反倾销措施有关：

（a）关于低于正常价值销售的最终裁定和最终同意紧急情况下的部分裁定：来自中国的金刚石锯片及其零件，71 Federal Register 29303（2006年5月22日），做出如下修订：

• 低于正常价值销售的最终裁定的修订公告：来自中国的金刚石锯片及其零件，71 Federal Register 35864（2006年6月22日）；

（b）针对来自中国的金刚石锯片及其零件的反倾销调查的最终裁定的问题和决定备忘录，2006年5月15日[②]；

（c）来自中国和韩国的金刚石锯片及其零件：反倾销税令，74 Federal Register 57145（2009年12月4日）；

（d）以及任何和上述段落中确定的措施的相关修改规定，替代或者执行措施。

在这些措施中，美国商务部在计算倾销幅度大力使用归零法。尤其是针对单独调查的被调查者，美国商务部对被调查的产品（“平均小组”）定义了产品的子集以每个模型为基础，比较加权平均出口价格与相关加权平均正常价格的差异得出倾销幅

---

① 详见 WT/DS422/1，G/L/953，G/ADP/D87/1.

② 访问 http. //ia. ita. doc. gov/frn/summary/prc/Ec－7763－1. pfd. 也可以参阅 71 Federal Register 29303（2006年5月22日）。

度。在“平均小组”上所计算得出的对比的结果会加到一起来确定被调查的产品的整体的倾销幅度；然而，在这个过程中，任何来自“平均小组”的对比的负值的倾销幅度或者“倾销数量”会被视为零。在美国商务部的归零法已经人为地对这些单独调查的应诉者造成了或者微量地扩大了倾销幅度。除此之外，在这些单独倾销幅度的基础上，美国商务部进一步在合作的非强制应诉者上计算了一个加权—平均幅度（也就是“单独税率”）①。

中国认为在这些措施中的归零法是不符合 GATT 1994 的第 VI：1 条和第 VI：2 条和 AD 协议的第 1 条，第 2.1 条，第 2.4 条，第 2.4.2 条，第 5.8 条，第 9.2 条，第 9.3 条所规定的美国义务。

中国保留其在磋商期间进一步举证事实和提起法律申诉的权利。

中国希望收到美国政府对此请求的回复以确定一个双方皆便利的时间进行磋商。

四、乌克兰——蒸馏酒征税：摩尔多瓦请求磋商

此文件自 2011 年 3 月 2 日，在摩尔多瓦代表团和乌克兰代表团及争端解决机构主席间进行沟通，现根据 DSU 第 4 条第 4 款的规定予以散发。

受我方政府指示，根据 DSU 第 1 条和第 4 条，GATT 1994 第 22 条，我代表团请求与乌克兰就其对进口酒精饮料的歧视性征税进行磋商。这一歧视性征税对从摩尔多瓦到乌克兰的酒精（HS. 22. 08）出口产生了不利影响。

具体说来，乌克兰在 2008 年对其 1996 年 5 月 7 日就存在的编号为 178“乙醇和酒精饮料消费税税率”法律进行了修改之后，乌克兰就开始对其国内产品征收比从其他国家进口的同类蒸馏酒（从摩尔多瓦进口）更低的税，这是违反 GATT 1994 第 3 条第 2 款第 1 项的。上述对法律的修改也使得乌克兰对其国内产品征收相较于从摩尔多瓦共和国进口的直接竞争或替代蒸馏酒更低的税率，以此来对国内生产予以保护，这违反了 GATT 1994 第 3 条第 2 款第 2 项的规定。

另外，2009 年与乌克兰在双边的基础上寻求解决这一争议的磋商失败，所以摩尔多瓦请求在 WTO 体制下磋商。有关蒸馏酒的《乌克兰消费税》的规定违背乌克兰方在 GATT 1994 下的义务。

摩尔多瓦保留在磋商期间依其他相关 WTO 协议规定，就争议措施进一步举证事实以及提起法律申诉的权利。

摩尔多瓦期待乌克兰对此请求的及时回复，摩尔多瓦随时准备与乌克兰就方便双方的磋商日期及磋商地点达成合意。

五、美国——对自意大利进口的不锈钢薄板和卷材采取反倾销措施：欧盟请求磋商

此文件自 2011 年 4 月 1 日，在欧盟代表团和美国代表团及争端解决机构主席间进行沟通，现根据 DSU 第 4 条第 4 款的规定予以散发。

根据 DSU 第 4 条，GATT 1994 第 22 条第 1 款，以及 AD 协议第 17 条第 3 款，欧盟在此请求与美国就美国对从意大利进口的不锈钢薄板和卷材实施的反倾销措施（案号 A-475-824）进行磋商。涉案的唯一一家出口公司为意大利的蒂森克虏伯特尔尼特殊钢公司（TKAST）。

1. 磋商内容

磋商请求涉及以下措施：

——美国商务部（USDOC）对从意大利进口的不锈钢薄板和卷材最初反倾销调查中的终裁决定（由发布在 1999 年 6 月 8 日的《联邦公告》64 号，FR30750 的美国商务部公告通过），后经修正后的终裁修改（由发布在 1999 年 7 月 27 日的《联邦公告》64 号，FR40567 的美国商务部公告通过）；（“最初的反倾销调查决定”），

——美国商务部对从意大利进口的不锈钢薄板和卷材依 129 条程序就反倾销税令做出的终裁（由发布在 2007 年 9 月 26 日的《联邦公告》72 号，FR54640 的美国商务部公告通过），（“129 条决定”）

——A475，129 条决定；从斯蒂芬·贝利（Stephen Bailey）到理查德·韦贝尔（Richard O. Weible）担任美国商务部进口管理局第 7 办公室主任期间的备忘录（2007 年 10 月 15 日），（“行政错误决定”），

——美国商务部对从意大利进口的不锈钢薄板

① 这些没有被挑选的应诉者为了获得单独税率也被要求经过“单独税率测试”。

和卷材反倾销税令第二个五年（日落）复审的初级结果（由发布在2010年12月27日的《联邦公告》75号，FR81214的美国商务部公告通过）；（“日落复审初级结果”）。

2. 事实部分

(a) 1999年6月8日，美国商务部公布了对从意大利进口的不锈钢薄板和卷材反倾销终裁，其中针对唯一一个产品出口企业蒂森克虏伯特尔尼特殊钢公司（TKAST）[①]计算出的倾销幅度为11.17%。1999年7月27日，美国商务部修正了该项终裁后显示倾销幅度为11.23%。美国商务部在倾销幅度的计算中适用了“归零法”，这将实质上提高倾销幅度。此外，美国商务部还将“可得事实”的百分率适用于争议中的出口商声称的84美国销售（“84销售”）的平均单位价值。

(b) 在计算“可得事实”销售的平均单位价值时，美国当局错误的将比率中的分子与分母的位置倒置了：美国不是用总价值除以总数量，而是相反用总数量去除以总价值，这明显是数学计算错误。这一错误人为地提高了单位价值，进而提高了倾销数额。而以“归零法”和算法错误为基础签发的反倾销税令则被用来做征收反倾销税的依据。对“归零法”和算法错误的纠正将使倾销幅度低于微量允许标准。

(c) 简言之，上述计算错误导致的后果就是反倾销税从1999年一直征收至今，而与之相对比的是，如果适用正确的计算方法则意味着一旦将“归零法”从倾销幅度的计算中去除，那么就完全不用征收反倾销税。

(d) 欧盟在WTO争端解决案件美国—倾销幅度计算法律、法规和计算方法（DS294）一案中质疑了反倾销调查中适用的“归零法”。作为对DS294一案中被上诉机构修改的专家组报告的回应，美国依乌拉圭协议法案129条（129条）发起了调查程序。在这一涉及从意大利进口的不锈钢薄板和卷材的129条决定中，美国商务部计算出的出口商修正后的加权平均倾销幅度为2.11%。[②]而低于2%的倾销幅度将导致反倾销税令的撤销。欧盟以及出口商指出本案中的计算错误引起了一个否定决定和一个肯定决定之间的不同。美国当局拒绝改正在129条决定中的错误。TKAST提出了倾销幅度计算中存在行政错误的请求，而美国在2007年10月15日在行政错误决定中再次拒绝改正错误。

(e) 本案中的第二个五年（“日落”）复审是在2010年6月1日发起的。在日落复审中，美国商务部将决定若撤销反倾销税令倾销是否会再次发生或是继续。在实施这一复审的过程中，美国商务部考察了在最初的反倾销调查（“被其后的129决定修改了”）以及定期行政复审中的倾销幅度。在2010年12月21日的对从意大利进口的不锈钢薄板和卷材第二次日落复审的最初结果中，美国决定如果反倾销税令撤销的话倾销很可能继续或是再次发生，显然其原因在于最初反倾销调查及其后被129条决定修改的部分和后续的行政复审中计算的倾销幅度。美国商务部所依赖的在最初反倾销调查及其后129条决定中再次计算出的倾销幅度之所以在微量允许标准之上，就是因为上文提到的计算错误未得到纠正。

3. 争议问题

在磋商过程中欧盟方面提出的问题将包括（但不限于）以下几点：

(a) 上文指出的涉及从意大利进口的不锈钢薄板和卷材最初的反倾销调查中计算错误所产生的影响；

(b) 上文指出的涉及从意大利进口的不锈钢薄板和卷材129条决定中计算错误所产生的影响；

(c) 涉及从意大利进口的不锈钢薄板和卷材反倾销税令第二次日落复审中，适用了在最初反倾销调查中因未纠正计算错误而计算出的倾销幅度，从而得出了撤销反倾销税令可能继续或再次发生倾销的决定。

欧盟关注的是上文所列的措施在许多方面与美国在GATT 1994和AD协议下的义务不一致，特

---

① 在最初的决定中，出口商被称为“特尔尼特殊钢公司”。

② A—421—807，A—427—820，A—428—830，A—475—829，A—412—822，A—401—808，A—409—807，A—475—820，A423—808，A—475—824，A—475—818，A—475—826，A—412—818，A—427—816，A—427—814。

129条决定，从进口管理局副助理部长Stephen Claeys至进口管理局副助理部长David Spooner任期内的备忘录（日期为2007年2月26日）。

别是下面几条：

AD协议第2条，第5.8条，第6.8条，第9.3条，第11.1条和第11.3条；

GATT 1994第6条第2款。

欧盟保留在磋商期间依其他相关WTO协议规定，就争议措施进一步举证事实以及提起法律申诉的权利。

欧盟期待美国对此请求的及时回复，欧盟随时准备与美国就方便双方的磋商日期及磋商地点达成合意。

六、中国——对从欧盟进口的X射线安全检查设备征收最终反倾销税：欧盟请求磋商

此文件自2011年7月25日，在欧盟代表团和中国代表团及争端解决机构主席间进行沟通，现根据DSU第4条第4款的规定予以散发。

根据GATT 1994第23条第1款，以及AD协议第17条第3款，DSU第4条，欧盟在此请求与中国进行磋商。欧盟在磋商过程中将提出的问题包括（但不限于）以下措施：

根据中华人民共和国商务部公告，公告（2011）第1号，及其附件，对从欧盟进口的X射线安全检查设备征收最终反倾销税。

欧盟认为争议中的措施至少是违背了中国在AD协议和GATT 1994下述几条中承担的义务：

（1）AD协议第6.1条，第6.2条，第6.4条和第6.5条，因为中国未能及时提供给全部有利害关系的当事人看到所有非机密资料的机会，特别是与捍卫他们的利益有关的资料如用来计算倾销幅度的方法（包括对出口价格的调整）和计算“非合作企业”的税的方法，还包括有关实质损害分析的资料。

（2）AD协议第6.5.1条，因为中国未能要求当事人针对机密资料提交一份非机密性的概要，或是虽提供了概要，但不足以使人对资料的内容有一个合理的了解，尤其是涉及倾销幅度的计算以及损害调查中价格分析的部分。

（3）AD协议第6.9条，中国未能给有利害关系的当事人提供做出实施最终反倾销措施这一决定所考虑的基本事实，特别是，中国未能全面披露作为倾销幅度的基础以及明显涉及损害决定中的价格分析的基础的基本事实。

（4）AD协议第12.2.2条，因为不论是在实施最终措施的公开公告中还是在单独的报告中，中国均未充分列明对于倾销幅度和损害的最终决定的详细解释，也未提及导致相关争论被接受或是被拒绝的事实或法律问题。中国也未能在确定倾销幅度时包括有关确定时使用方法的理由的充分说明和进行出口价格和正常价值比较的充分说明（AD协议第12.2.1〈iii〉条）；有关损害裁决的种种考虑（AD协议第12.2.1〈iv〉条）；以及导致裁决的主要理由（AD协议第12.2.1〈v〉条）。

（5）AD协议第2.4条和GATT 1994第6条第1款，因为中国未能对出口价格和正常价值进行公平比较，也未能通过减去所有不相关的支出成本对出口价格做出调整。

（6）AD协议第3.1条和第3.2条，因为中国未能根据确实的证据，就倾销进口产品对AD协议第2.6条界定的国内市场同类产品价格造成的影响做一客观审查。特别是，从中方当局所披露的极其有限的信息可以看出“欧盟进口产品削弱和压低了国内产品价格的裁定”并不是以确实的证据和客观的审查为基础的。尽管中方当局界定其调查范围为包含X射线安全检查设备这种能级高于300KeV的设备（高能扫描仪），而从欧盟出口的设备仅仅包括“低能扫描仪”。这两类扫描仪不论是在物理特性、用处还是价格上都有着巨大的不同点。此外，中方当局还将自动爆炸物探测系统（EDS）归入了调查的范围内，而EDS更是因其高级别的图像品质以及作业标准而与其他低能扫描仪相区别，并且EDS也只是从欧盟出口到中国，因为中国国内是不生产的。这样，尽管上文描述了这两类产品的不同以及“低能扫描仪”这一分类中EDS扫描仪与其他“低能扫描仪”的不同，欧盟进口产品价格仍是要和国内高能扫描仪的价格相对比或是与国内所有扫描仪的平均价格相对比了。

（7）AD协议第3.1条和第3.4条，因为中国未能根据确实的证据，就倾销进口产品对国内市场同类产品价格造成的影响以及这些进口产品对国内该同类产品生产商造成的后续影响（即第3.4条所列的损害指标绝大多数都肯定的或是显示出肯定的趋势时）做一客观审查。

（8）AD协议第3.5条和GATT 1994第6条第

6款第（a）项，因为中国未能以其所拥有的全部相关证据为基础就倾销进口产品是否因其倾销的影响造成了损害做一客观审查。因果关系认定存在错误的原因是因为它是以欧盟进口产品对价格削弱和价格抑制的裁决为基础的，而这一裁决却并不是建立在对确实的证据进行客观审查之上的。而且，中国并未考虑与工业状况有关系或是会影响国内价格的其他相关因素。中国在其调查范围中包含了并非从欧盟出口到中国的能级高于300KeV的X射线安全检查设备（高能扫描仪）。因此，“高能扫描仪”工业所遭受的任何损害都是不能归结于欧盟进口产品的。此外，中方当局还将自动爆炸物探测系统（EDS）归入了调查的范围内，而EDS更是因其高级别的图像品质以及作业标准而与其他低能扫描仪相区别，并且EDS也只是从欧盟出口到中国而中国国内是不生产的。然而，中国因果关系的认定中未能区分这两类不同的产品以及“低能扫描仪”这一分类中EDS扫描仪与其他“低能扫描仪”的不同。

欧盟保留在磋商期间依其他相关WTO协议规定，就上述问题提出其他措施以及法律申诉的权利。

欧盟期待中国对此请求的及时回复，欧盟随时准备与中国就方便双方的在日内瓦举行的磋商的日期达成合意。

七、加拿大——上网电价补贴计划相关措施：欧盟请求磋商

此文件自2011年8月11日，在欧盟代表团和加拿大代表团及争端解决机构主席间进行沟通，现根据DSU第4条第4款的规定予以散发。

根据DSU第4条，GATT 1994第22条第1款，《与贸易有关的投资措施协议》（TRIMs协议）第8条，《补贴与反补贴措施协议》（简称“SCM协议”）第4条第（1）款和第30条，欧盟在此请求与加拿大政府就加拿大上网电价补贴计划（“FIT计划”）[1]的国内成分要求相关措施进行磋商。

在磋商中欧盟将要提出的问题包括（但不限于）以下措施：

1998年修订的电力法[2]，特别是其中的第II部分（独立电力营运商），第II.1部分（安大略省电力局）和第II.2部分（电力供应、能力和需求的管理），特别是其中还包含了第25.35条（上网电价补贴计划）；

2009年实施绿色能源法的法案（废除了2006年的节约能源领导法、能源效率法）并修订了其他的法规（“2009年的绿色能源和绿色经济法”）[3]，特别是其中包含了修订1998年电力法的附录B；

修订1998年的电力法和1998年安大略能源委员会法的法案，也相应修订了其他法案（“2004年的电力重构法”）[4]，特备是其中包含的附录A，第29～32条是为了实施1998年电力法的第II.1部分，第33～38条是为了实施1998年电力法的第II.2部分，第17～18条是为了实施1998安大略能源委员会法的第78.3～78.4条；

依据1998年安大略能源委员会法制定的安大略省规章578/05，标题为“合同内容再次引入第78.3～78.4条”；

独立电力系统营运公司（“IESO”）市场手册，特别是其中的第5.5部分（“有形市场结算声明报告”）；

IESO市场规则，特备是其中第7章（“系统运作和有形市场”），第9章（“清算和计费”）及第11章（“定义”）；

2009年9月24日FIT指令，（由能源和基础设施部副部长George Smitherman向安大略省电力局（OPA）首席执行官发出），指示OPA形成一个FIT计划，计划中有一个要求即申请人提交计划时要满足FIT规则下国内（如安大略省）成分的目标；

自2009年9月24日起实施FIT计划后，OPA执行的单独的FIT计划和微型FIT计划[5]；

---

① 本申请书中的“FIT计划”不仅包括功率大于10千瓦的项目，还包括功率低于10千瓦的项目（微型FIT）。详见http：//fit. powerauthority. on. ca/
http：//fit. powerauthority. on. ca/Page. asp? PageID=1115&SiteNodeID=1052
http：//microfit. powerauthority. on. ca/

② S. O. 1998，c. 15，Sched. A.

③ S. O. 2009，c. 12.

④ S. O. 2004，c. 23.

⑤ 这些合同包括（但不限于）下面这些网址中所提到的http：//fit. powerauthority. on. ca/Storage/10989 _ FIT _ Contracts Offered April _ 8 _ 10 _ — Applicant _ Legal _ Name Order3. pdf
http：//fit. powerauthority. on. ca/Storage/11216 _ FIT _ Contract _ Awards _ — _ Final _ List _ — _ February _ 24，_ 2011. pdf

OPA 发布的 FIT 规则，1.4 版本(2010 年 12 月 8 日)和微型 FIT 规则，1.6 版本(2010 年 12 月 8 日)；

OPA 发布的 FIT 合同，1.4 版本（2010 年 12 月 8 日），内容包括一般条款和条件，展品和标准定义；微型 FIT 合同，1.6 版本（2010 年 12 月 8 日），内容包括附件及附条件要约的微型 FIT 合同，1.0 版本；

OPA 发布的 FIT 申请表（2009 年 12 月 1 日）和在线微型 FIT 申请；

OPA 发布的 FIT 价目表（2010 年 8 月 13 日）和微型 FIT 价目表（2010 年 8 月 13 日）；

OPA 发布的 FIT 计划国内成分要求法律解释（2009 年 12 月 14 日，2010 年 10 月 4 日和 2011 年 4 月 26 日两次更新）；以及

有关上述文件的所有修订、修改或扩展，所有替代措施、革新措施、实施措施以及相关措施。①

欧盟认为上文提到的措施尤其是与加拿大在下述条款中的义务相违背：

SCM 协议第 3（1）（b）条和第 3（2）条，因为上述措施被视为 SCM 协定第 1.1 条所禁止的补贴，该项补贴是以相较于进口货物，优先使用国内货物为条件，即相较于从其他 WTO 成员（包括欧盟）进口的设备，以优先使用安大略省制造的再生能源发电设施设备为条件；

GATT 1994 第 III 条第 4 款，因为这些措施给予进口的再生能源发电设施设备的待遇次于给予安大略省生产的同类产品的待遇；

TRIMs 协议第 2.1 条，以及协定的例示清单第 1（a）段，因为这些与贸易有关的投资措施与 GATT 1994 第 III 条第 4 款的规定相违背，该项措施要求企业购买和使用的用于再生能源发电设施的设备必须是安大略省的原产地。

欧盟保留在磋商期间依其他相关 WTO 协议规定，就上述问题进一步举证事实以及提起法律申诉的权利。

欧盟期待加拿大对此请求的及时回复，欧盟随时准备与加拿大就将在日内瓦举行的磋商敲定一个方便双方的日期。

八、中国——对自美国的白羽肉鸡产品采取反倾销和反补贴措施：美国请求磋商

此文件自 2011 年 9 月 20 日，在美国代表团和中国代表团及争端解决机构主席间进行沟通，现根据 DSU 第 4 条第 4 款的规定予以散发。

受我方政府授权，根据 DSU 第 1 条和第 4 条，GATT 1994 第 23 条第 1 款，SCM 协议第 30 条（在第 30 条中包含 GATT 1994 第 23 条内容部分范围内），以及 AD 协议第 17 条第 3 款，就中国对来自美国的白羽肉鸡产品征收的反倾销税与反补贴税两项措施，我代表团请求与中国进行磋商。中国政府在包括商务部公告（2010）第 8 号、公告（2010）第 26 号、公告（2010）第 51 号、公告（2010）第 52 号等文件及其所有附件中规定了上述措施。中国实施的措施显然与中国在 GATT 1994、AD 协议以及 SCM 协议等项下的义务不符。

尤其是，中国对来自美国的白羽鸡肉产品采取的反倾销措施与反补贴措施，显然与 GATT 1994、AD 协议以及 SCM 协议的以下条款不符：

（1）AD 协议第 2.2 条与第 2.2.1.1 条，因为中国未以美方被调查的生产者保存的记录为基础计算成本。

（2）AD 协议第 2.2.1.1 条，因为中国未适当分摊生产成本。

（3）AD 协议第 6.4 条与第 6.5.1 条，以及 SCM 协议第 12.3 条与第 12.4.1 条，因为中国未提供，或要求利害关系方提供所称机密信息的充分的、非机密性的摘要。

（4）AD 协议第 6.8 条（包括其附件二），以及 SCM 协议第 12.7 条，因为中国未适当地在可获得事实的基础上做出其裁定。

（5）GATT 1994 第 4 条第 3 款，以及 SCM 协议第 19.4 条，因为中国向进口自美国的白羽肉鸡产品所征收的反补贴税超过了认定存在的补贴金额。

（6）AD 协议第 3.1 条、第 3.2 条、第 3.4 条与第 3.5 条，以及 SCM 协议第 15.1 条、第 15.2 条与第 15.5 条，因为中国对被调查进口产品的国内产业影响和因果关系的分析未基于对确定证据的客观审查，未基于对影响产业状况的所有有关经济因素和指标的评估，也未基于对主管机关得到的所有有关证据的审查。

① 请求涵盖了 FIT 计划在 2009 年 9 月 24 日实施后采用的这些措施的所有版本。

(7) AD协议第3.1条、第4.1条与第5.1条，以及SCM协议第11.1条、第15.1条与第16.1条，因为中国对国内产业的界定不恰当，且未对该进口产品国内相关产业进行准确、客观的调查。

(8) AD协议第6.9条以及SCM协议第12.8条，因为中国未对其做出最终裁定所依据的基本事实进行披露。

(9) AD协议第12.2条、第12.2.1条与第12.2.2条，以及SCM协议第22.3条、第22.4条与第22.5条，因为中国未能充分提供在所有事实认定上达成的调查结果与结论及其所认为重要的法律依据，也未详尽说明接受或拒绝相关论点的理由。

(10) AD协议第6.2条，因为中国未给予利害关系方为其利益进行辩护的充分机会。

(11) 对以上AD协议各条约义务的违反最终构成了对AD协议第1条的违反。

(12) 对以上SCM协议各条约义务的违反最终构成了对SCM协议第10条的违反。

(13) 对以上AD协议与SCM协议的违反最终构成了对GATT 1994第6条的违反。

中国实施的措施显然剥夺或损害了美国根据上诉协议直接或间接获得的利益。

我方期待贵方对此请求的回复，以便确定双方均可接受的磋商时间。

(赵彩军、张欢、杨幸幸译，成尧校)

附录 1：1995—2011 年争端解决机构受理的案件①

第 一 部 分

请求磋商；成立专家组；达成解决方案

序号	案件	请求磋商	收到磋商请求（日-月-年）	加入磋商请求	请求成立专家组（日-月-年）	专家组成立（日-月-年）	双边达成解决方案（日-月-年）
1	马来西亚—聚乙烯和聚丙烯进口禁令	新加坡 WT/DS1/1	10-01-1995		17-03-1995 新加坡 WT/DS1/2 WT/DSB/M/6 （请求撤回）		
2	美国—精炼汽油及传统汽油标准	委内瑞拉 WT/DS2/1	24-01-1995		27-03-1995 委内瑞拉 WT/DS2/2	10-04-1995 WT/DSB/M/3	
3	韩国—对于农业产品检测及检验措施	美国 WT/DS3/1	04-04-1995	日本 WT/DS3/2			
4	美国—精炼汽油及传统汽油标准	巴西 WT/DS4/1	10-04-1995		22-05-1995 巴西 WT/DS4/2	31-05-1995 WT/DSB/M/5	
5	韩国—韩国产品保质期措施	美国 WT/DS5/1	03-05-1995	加拿大 WT/DS5/2 日本 WT/DS5/4			31-07-1995 WT/DS5/5 和 Corr. 1 24-11-1995 Add. 1 22-04-1996 Add. 1/Rev. 1 22-04-1996 Add. 2 22-04-1996 Add. 3 19-07-1996 Add. 4 20-09-1996 Add. 5
6	美国—在 1974 年贸易法第 301 节及第 304 节对来自日本汽车征收进口税	日本 WT/DS6/1	17-05-1995	欧共体 WT/DS6/2 澳大利亚 WT/DS6/3			19-07-1995 WT/DSB/M/6

① 此统计截至 2011 年 9 月 30 日。案件可分为五个部分：第一部分包括从最初提出磋商请求到成立专家组，再到争议各方形成双方满意的解决方法的案件；第二部分包括从成立专家组到通过专家组报告，再到提起上诉和通过上诉机构报告的案件；第三部分包括从通过专家组＼上诉机构报告到执行争端解决机构建议和裁决的案件；第四部分、第五部分分别包括援引《关于争端解决规则与程序的谅解》第 21.5 条和第 22 条再次提请申诉的案件。

续 表

序号	案件	请求磋商	收到磋商请求(日-月-年)	加入磋商请求	请求成立专家组(日-月-年)	专家组成立(日-月-年)	双边达成解决方案(日-月-年)
7	欧共体—扇贝的贸易描述	加拿大 WT/DS7/1	19-05-1995	智利 WT/DS7/2 爱尔兰 WT/DS7/3 日本 WT/DS7/4 秘鲁 WT/DS7/5	10-07-1995 加拿大 WT/DS7/7 和 Corr. 1	19-07-1995 WT/DSB/M/6	19-07-1996 WT/DS7/12
8	日本—对酒精饮料征税	欧共体 WT/DS8/1	21-06-1995	美国 WT/DS8/2 加拿大 WT/DS8/3	15-09-1995 欧共体 WT/DS8/5	27-09-1995 WT/DSB/M/7	
9	欧共体—谷类进口税	加拿大 WT/DS9/1	30-06-1995		15-09-1995 加拿大 WT/DS9/2	11-10-1995 WT/DSB/M/8	
10	日本—对酒精饮料征税	加拿大 WT/DS10/1	07-07-1995	美国 WT/DS10/2 欧共体 WT/DS10/3	15-09-1995 加拿大 WT/DS10/5	27-09-1995 WT/DSB/M/7	
11	日本—对酒精饮料征税	美国 WT/DS11/1	07-07-1995		15-09-1995 美国 WT/DS11/2 和 Corr. 1	27-09-1995 WT/DSB/M/7	
12	欧共体—扇贝的贸易描述	秘鲁 WT/DS12/1	18-07-1995	加拿大 WT/DS12/3 智利 WT/DS12/2 和 Rev. 1 日本 WT/DS12/5	15-09-1995 秘鲁 WT/DS12/6 附录 22-09-1995 秘鲁 WT/DS12/7	11-10-1995 WT/DSB/M/8	19-07-1996 WT/DS12/12
13	欧共体—对谷物征收进口税	美国 WT/DS13/1	19-07-1995		29-09-1995 美国 WT/DS13/2 22-11-1996 WT/DS13/2/Add. 1 13-02-1997 WT/DS13/5 27-03-1997 WT/DS13/6		02-05-1997 WTDS13/8 (请求撤回)

续 表

序号	案件	请求磋商	收到磋商请求（日-月-年）	加入磋商请求	请求成立专家组（日-月-年）	专家组成立（日-月-年）	双边达成解决方案（日-月-年）
14	欧共体—扇贝的贸易描述	智利 WT/DS14/1	24-07-1995	加拿大 WT/DS14/2 秘鲁 WT/DS14/3 日本 WT/DS14/4	15-09-1995 智利 WT/DS14/5 附录 27-09-1995 智利 WT/DS14/6 附录	11-10-1995 WT/DSB/M/8	19-07-1996 WT/DS14/11
15	日本—影响电信设备购买措施	欧共体 WT/DS15/1	18-08-1995	美国 WT/DS15/2			
16	欧共体—对于香蕉进口、销售及分销的规定	危地马拉 洪都拉斯 墨西哥 美国 WT/DS16/1	28-09-1995	圣卢西亚 WT/DS16/2 哥伦比亚 WT/DS16/3 多米尼克 WT/DS16/4 委内瑞拉 WT/DS16/5 尼加拉瓜 WT/DS16/6 哥斯达黎加 WT/DS16/7			
17	欧共体—稻米进口征税	泰国 WT/DS17/1	05-10-1995				
18	澳大利亚—影响鲑鱼进口措施	加拿大 WT/DS18/1	05-10-1995		10-03-1997 WT/DS18/2	10-04-1997 WT/DSB/M/31	
19	波兰—汽车进口管理体制	印度 WT/DS19/1	28-09-1995				11-09-1996 WT/DS19/2
20	韩国—罐装水措施	加拿大 WT/DS20/1	08-11-1995	美国 WT/DS20/2 欧共体 WT/DS20/4			24-04-1996 WT/DS20/6
21	澳大利亚—影响鲑鱼进口措施	美国 WT/DS21/1	20-11-1995	加拿大 WT/DS21/2	11-05-1999 美国 WT/DS21/4	16-06-1999 WT/DSB/M/64	27-08-2000 WT/DS21/10
22	巴西—影响可可粉措施	菲律宾 WT/DS22/1	30-11-1995		08-02-1996 菲律宾 WT/DS22/5	05-03-1996 WT/DSB/M/12	
23	委内瑞拉—对工业用管材的反倾销调查	墨西哥 WT/DS23/1	05-12-1995				26-05-1997 WT/DS23/3 （调查终止）
24	美国—对棉质及人造纤维质内衣进口的限制	哥斯达黎加 WT/DS24/1	22-12-1995		27-02-1996 哥斯达黎加 WT/DS24/2	05-03-1996 WT/DSB/M/12	

续 表

序号	案件	请求磋商	收到磋商请求（日-月-年）	加入磋商请求	请求成立专家组（日-月-年）	专家组成立（日-月-年）	双边达成解决方案（日-月-年）
25	欧共体—乌拉圭回合稻米协议实施	乌拉圭 WT/DS25/1	14-12-1995				
26	欧共体—与肉及肉类制品相关措施（荷尔蒙）	美国 WT/DS26/1	26-01-1996	新西兰 WT/DS26/2 澳大利亚 WT/DS26/3 加拿大 WT/DS26/4	25-04-1996 美国 WT/DS26/6	20-05-1996 WT/DSB/M/17	
27	欧共体—对于香蕉进口、销售及分销的规定（I）	厄瓜多尔 危地马拉 洪都拉斯 墨西哥 美国 WT/DS27/1	05-02-1996	多米尼克 WT/DS27/2 圣卢西亚 WT/DS27/3 尼加拉瓜 WT/DS27/4 牙买加 WT/DS/27/5	12-04-1996 厄瓜多尔 危地马拉 洪都拉斯 墨西哥 美国 WT/DS27/6	08-05-1996 WT/DSB/M/16	
27	欧共体—对于香蕉进口、销售及分销区域的规定（II）	厄瓜多尔 危地马拉 洪都拉斯 墨西哥 美国 WT/DS27/18		巴拿马 WT/DS27/19 多米尼克 WT/DS27/20 牙买加 WT/DS27/22 哥斯达黎加 WT/DS27/23 哥伦比亚 WT/DS27/24 巴西 WT/DS27/25 圣卢西亚 WT/DS27/26 多米尼加 WT/DS27/27 科特迪瓦 WT/DS27/28 喀麦隆 WT/DS27/29			
28	日本—关于音像制品措施	美国 WT/DS28/1	09-02-1996	欧共体 WT/DS28/2			24-01-1997 WT/DS28/4

续 表

序号	案件	请求磋商	收到磋商请求（日-月-年）	加入磋商请求	请求成立专家组（日-月-年）	专家组成立（日-月-年）	双边达成解决方案（日-月-年）
29	土耳其—对于纺织品和服装限制措施	香港 WT/DS29/1	12-02-1996	欧共体 WT/DS29/2 马来西亚 菲律宾 泰国 WT/DS29/3 秘鲁 WT/DS29/4 印度 WT/DS29/5 巴西 WT/DS29/7 加拿大 WT/DS29/8			
30	巴西—对来自斯里兰卡的可可粉和可可奶进口征收补贴税	斯里兰卡 WT/DS30/1	23-02-1996				
31	加拿大—关于杂志的特定措施	美国 WT/DS31/1	11-03-1996		24-05-1996 美国 WT/DS31/2	19-06-1996 WT/DSB/M/19	
32	美国—影响女士及女童羊毛外套进口措施				15-03-1996 印度 WT/DS32/1	17-04-1996 WT/DSB/M/14	30-04-1996 WT/DS32/2（根据争端解决机构 1996 年 4 月 17 日决定终止进一步行动）
33	美国—影响羊毛衬衫及女上衣进口的措施				15-03-1996 印度 WT/DS33/1 和 Corr. 1	17-04-1996 WT/DSB/M/14	
34	土耳其—对于纺织品及服装进口的限制	印度 WT/DS34/1	21-03-1996		02-02-1998 WT/DS34/2	13-03-1998 WT/DSB/M/43	06-07-2001 WT/DS34/14
35	匈牙利—对于农产品出口补贴	阿根廷 澳大利亚 加拿大 新西兰 泰国 美国 WT/DS35/1	27-03-1996	日本 WT/DS35/2	10-01-1997 澳大利亚 WT/DS35/4 10-01-1997 新西兰 WT/DS/35/5 10-01-1997 美国 WT/DS35/6 10-01-1997 阿根廷 WT/DS35/7	25-02-1997 WT/DSB/M/29	30-07-1997 WT/DSB/M/36
36	巴基斯坦—制药及农业化学产品的专利保护	美国 WT/DS36/1	30-04-1996	欧共体 WT/DS36/2	04-07-1996 美国 WT/DS36/3		07-03-1997 WT/DS36/4

续 表

序号	案件	请求磋商	收到磋商请求（日-月-年）	加入磋商请求	请求成立专家组（日-月-年）	专家组成立（日-月-年）	双边达成解决方案（日-月-年）
37	葡萄牙—工业产权法案专利权保护	美国 WT/DS37/1	30-04-1996				15-10-1996 WT/DS37/2 和 Corr. 1
38	美国—古巴自由民主团结法	欧共体 WT/DS38/1	03-05-1996		08-10-1996 欧共体 WT/DS38/2 14-10-1996 Corr. 1	20-11-1996 WT/DSB/M/26 根据 DSU 第 12.12 条 1998 年 4 月 22 日专家组解散	
39	美国—对来自欧共体的产品提高关税	欧共体 WT/DS39/1	18-04-1996		24-06-1996 欧共体 WT/DS39/2		
40	韩国—电信采购部门的法律、法规及实践	欧共体 WT/DS40/1	09-05-1996				29-10-1997 WT/DS40/2
41	韩国—关于农产品检验措施	美国 WT/DS41/1	24-05-1996				
42	日本—音像制品相关措施	欧共体 WT/DS42/1	28-05-1996	美国 WT/DS42/2			7-11-1997 WT/DS42/4
43	土耳其—对外国电影收入征税	美国 WT/DS43/1	12-06-1996		10-01-1997 美国 WT/DS43/2	25-02-1997 WT/DSB/M/29	24-07-1997 WT/DS43/3
44	日本—影响消费者照相软片及相纸的措施	美国 WT/DS44/1	13-06-1996		20-09-1996 美国 WT/DS44/2	16-10-1996 WT/DSB/M/24	
45	日本—影响分销服务的措施	美国 WT/DS45/1 和 Add. 1	13-06-1996				
46	巴西—航空器出口融资计划	加拿大 WT/DS46/1	19-06-1996		17-09-1996 加拿大 WT/DS46/2 04-10-1996 WT/DS46/4 13-07-1998 WT/DS46/5	23-07-1998 WT/DSB/M/47	
47	土耳其—对于纺织品及服装进口的限制	泰国 WT/DS47/1	20-06-1996				
48	欧共体—影响家畜及肉类措施（荷尔蒙）	加拿大 WT/DS48/1	28-06-1996	澳大利亚 WT/DS48/2 美国 WT/DS48/3 新西兰 WT/DS48/4	17-09-1996 加拿大 WT/DS48/5	16-10-1996 WT/DSB/M/24	

续 表

序号	案件	请求磋商	收到磋商请求（日-月-年）	加入磋商请求	请求成立专家组（日-月-年）	专家组成立（日-月-年）	双边达成解决方案（日-月-年）
49	美国—对来自墨西哥的新鲜或冷藏西红柿的反倾销调查	墨西哥 WT/DS49/1	01-07-1996				
50	印度—对于药物及农业化学产品专利权保护	美国 WT/DS50/1 美国 WT/DS50/11	02-07-1996	欧共体 WT/DS50/2 欧共体 WT/DS50/12	08-11-1996 美国 WT/DS50/4	20-11-1996 WT/DSB/M/26	
51	巴西—特定汽车投资措施	日本 WT/DS51/1	30-07-1996	韩国 WT/DS51/2 欧共体 WT/DS51/3 美国 WT/DS51/4 加拿大 WT/DS51/6			
52	巴西—影响汽车部门贸易及投资措施	美国 WT/DS52/1	09-08-1996	加拿大 WT/DS52/2 日本 WT/DS52/3 韩国 WT/DS52/4 欧共体 WT/DS52/5			
53	墨西哥—进口海关估价	欧共体 WT/DS53/1	27-08-1996	挪威 WT/DS53/2 瑞士 WT/DS53/3			
54	印度尼西亚—影响汽车工业特定措施	欧共体 WT/DS54/1	03-10-1996	美国 WT/DS54/2 日本 WT/DS54/3 韩国 WT/DS54/4 加拿大 WT/DS54/5	12-05-1997 欧共体 WT/DS54/6	12-06-1997 欧共体 WT/DSB/M/34	
55	印度尼西亚—影响汽车工业特定措施	日本 WT/DS55/1	04-10-1996	美国 WT/DS55/2 欧共体 WT/DS55/3 韩国 WT/DS55/4 加拿大 WT/DS55/5	18-04-1997 日本 WT/DS55/6 WT/DS64/4	12-06-1997 WT/DSB/M/34	
56	阿根廷—影响鞋类、纺织品、服装和其他项目进口的措施	美国 WT/DS56/1	04-10-1996	匈牙利 WT/DS56/2 欧共体 WT/DS56/3	10-01-1997 美国 WT/DS56/5	25-02-1997 WT/DSB/M/29	

续 表

序号	案件	请求磋商	收到磋商请求（日-月-年）	加入磋商请求	请求成立专家组（日-月-年）	专家组成立（日-月-年）	双边达成解决方案（日-月-年）
57	澳大利亚—纺织品、服装及鞋类进口信贷计划	美国 WT/DS57/1 07-10-1996		07-10-1996			
58	美国—对特定虾类及虾类产品进口限制	印度 马来西亚 巴基斯坦 泰国 WT/DS58/1	08-10-1996	香港 WT/DS58/2 欧共体 WT/DS58/3 日本 WT/DS58/4 澳大利亚 WT/DS58/5	10-01-1997 马来西亚 泰国 WT/DS58/6 07-02-1997 巴基斯坦 WT/DS58/7 04-03-1997 印度 WT/DS58/8	25-02-1997 WT/DSB/M/29 （马来西亚、 泰国、 巴基斯坦） 10-04-1997 WT/DSB/M/31 印度	
59	印度尼西亚—影响汽车工业的特定措施	美国 WT/DS59/1	08-10-1996	日本 WT/DS59/2 欧共体 WT/DS59/3 韩国 WT/DS59/4 加拿大 WT/DS59/5	13-06-1997 美国 WT/DS59/6	30-07-1997 WT/DSB/M/36	
60	危地马拉—对来自墨西哥的波兰特水泥的反倾销调查	墨西哥 WT/DS60/1	17-10-1996		13-02-1997 墨西哥 WT/DS60/2	20-03-1997 WT/DSB/M/30	
61	美国—对特定虾类及虾类产品进口限制	菲律宾 WT/DS61/1	25-10-1996	澳大利亚 WT/DS61/2 日本 WT/DS61/3			
62	欧共体—对某些计算机设备的海关分类	美国 WT/DS62/1	08-11-1996	韩国 WT/DS62/2 加拿大 WT/DS62/3	13-02-1997 美国 WT/DS62/4	25-02-1997 WT/DSB/M/29	
63	美国—对于前德国民主共和国的尿素进口采取反倾销措施	欧共体 WT/DS63/1	28-11-1996				
64	印度尼西亚—影响汽车工业的特定措施	日本 WT/DS64/1	29-11-1996	美国 WT/DS64/2 欧共体 WT/DS64/3	18-04-1997 日本 WT/DS55/6 WT/DS64/4	12-06-1997 WT/DSB/M/34	
65	巴西—影响汽车部门贸易及投资措施	美国 WT/DS65/1	10-01-1997				
66	日本—影响猪肉进口措施	欧共体 WT/DS66/1	15-01-1997	加拿大 WT/DS66/2			

续 表

序号	案件	请求磋商	收到磋商请求（日-月-年）	加入磋商请求	请求成立专家组（日-月-年）	专家组成立（日-月-年）	双边达成解决方案（日-月-年）
67	英国—对某些计算机设备的海关分类	美国 WT/DS67/1	14-02-1997	韩国 WT/DS67/2	10-03-1997 美国 WT/DS67/3	20-03-1997 争端解决机构决定此问题交由 1997 年 2 月 25 日成立的专家组决定 WT/DSB/M/30	
68	爱尔兰—对某些计算机设备的海关分类	美国 WT/DS68/1	14-02-1997		10-03-1997 美国 WT/DS68/2	20-03-1997 争端解决机构决定此问题交由 1997 年 2 月 25 日成立的专家组决定 WT/DSB/M/30	
69	欧共体—影响特定家禽产品进口的措施	巴西 WT/DS69/1	24-02-1997		12-06-1997 巴西 WT/DS69/2	30-07-1997 WT/DSB/M/36	
70	加拿大—影响民用航空器出口的措施	巴西 WT/DS70/1	10-03-1997		13-07-1998 巴西 WT/DS70/2	23-07-1998 WT/DSB/M/47	
71	加拿大—影响民用航空器出口的措施	巴西 WT/DS71/1	10-03-1997				
72	欧共体—影响黄油产品的措施	新西兰 WT/DS72/1	24-03-1997		7-11-1997 新西兰 WT/DS72/2	18-11-1997 WT/DSB/M/39	11-11-1999 WT/DS72/7
73	日本—导航卫星政府采购	欧共体 WT/DS73/1	26-03-1997	美国 WT/DS73/2			19-02-1998 WT/DS73/5
74	菲律宾—影响猪肉及家禽措施	美国 WT/DS74/1	01-04-1997	欧共体 WT/DS74/2 加拿大 WT/DS74/3			13-03-1998 WT/DS74/5 WT/DS102/6
75	韩国—对酒精类饮料征税	欧共体 WT/DS75/1	02-04-1997	美国 WT/DS75/2 加拿大 WT/DS75/3	15-09-1997 欧共体 WT/DS75/6	16-10-1997 WT/DSB/M/38	
76	日本—影响农产品措施	美国 WT/DS76/1	07-04-1997		06-10-1997 美国 WT/DS76/2	18-11-1997 WT/DSB/M/39	23-08-2001 WT/DS76/12
77	阿根廷—影响纺织品及服装措施	欧共体 WT/DS77/1	21-04-1997	美国 WT/DS77/2	15-09-1997 欧共体 WT/DS77/3 06-10-1997 Rev. 1 16-10-1997 Rev. 1/Corr. 1	16-10-1997 WT/DSB/M/38 29-07-1998 WT/DS77/5 专家组暂停其程序	

续 表

序号	案件	请求磋商	收到磋商请求（日-月-年）	加入磋商请求	请求成立专家组（日-月-年）	专家组成立（日-月-年）	双边达成解决方案（日-月-年）
78	美国—扫帚进口的保障措施	哥伦比亚 WT/DS78/1	28-04-1997				
79	印度—对于药物及农业化学产品专利权保护	欧共体 WT/DS79/1	28-04-1997		15-09-1997 欧共体 WT/DS79/2	16-10-1997 WT/DSB/M/38	
80	比利时—影响商业电话目录服务的措施	美国 WT/DS80/1	02-05-1997				
81	巴西—影响汽车部门贸易及投资措施	欧共体 WT/DS81/1	07-05-1997				
82	爱尔兰—影响版权及邻接权的措施	美国 WT/DS82/1	14-05-1997		12-01-1998 美国 WT/DS82/2		06-11-2000 WT/DS82/3
83	丹麦—影响知识产权实施的措施	美国 WT/DS83/1	14-05-1997				07-06-2001 WT/DS83/2
84	韩国—对酒精饮料征税	美国 WT/DS84/1	23-05-1997	加拿大 WT/DS/84/2 欧共体 WT/DS84/3	15-09-1997 美国 WT/DS84/4	16-10-1997 WT/DSB/M/38	
85	美国—影响纺织品及服装产品的措施	欧共体 WT/DS85/1	22-05-1997	瑞士 WT/DS85/2 洪都拉斯 WT/DS85/3 香港 WT/DS85/4 巴基斯坦 WT/DS85/5 印度 WT/DS85/6 日本 WT/DS85/7 多米尼克 WT/DS85/8			11-02-1998 WT/DS85/9
86	瑞典—影响知识产权实施的措施	美国 WT/DS86/1	28-05-1997				02-12-1998 WT/DS86/2
87	智利—对酒精饮料征税	欧共体 WT/DS87/1	04-06-1997	秘鲁 WT/DS87/2 美国 WT/DS87/3 墨西哥 WT/DS87/4	06-10-1997 欧共体 WT/DS87/5	18-11-1997 WT/DSB/M/39	
88	美国—影响政府采购措施	欧共体 WT/DS88/1	20-06-1997	日本 WT/DS88/2	09-09-1998 欧共体 WT/DS88/3	21-10-1998 WT/DSB/M/49 14-02-2000 WT/DS88/6 专家组建立的授权取消	

续 表

序号	案件	请求磋商	收到磋商请求（日-月-年）	加入磋商请求	请求成立专家组（日-月-年）	专家组成立（日-月-年）	双边达成解决方案（日-月-年）
89	美国—对于来自韩国彩色电视接收机进口征收反倾销税	韩国 WT/DS89/1 和 Corr. 1	10-07-1997	墨西哥 WT/DS89/2 泰国 WT/DS89/3 日本 WT/DS89/4 中国香港 WT/DS89/5 欧共体 WT/DS89/6	07-11-1997 韩国 WT/DS89/7 28-11-1997 WT/DS89/7/Corr. 1		05-01-1998 WT/DS89/8 18-09-1998 WT/DS89/9（请求撤回）
90	印度—对于农产品、纺织品及工业品的数量限制	美国 WT/DS90/1	15-07-1997	日本 WT/DS90/2 欧共体 WT/DS90/3 加拿大 WT/DS90/4 澳大利亚 WT/DS90/5 瑞士 WT/DS90/6 新西兰 WT/DS90/7	06-10-1997 美国 WT/DS90/8 07-11-1997 WT/DS90/8/Corr. 1	18-11-1997 WT/DSB/M/39	
91	印度—对于农产品、纺织品及工业品的数量限制	澳大利亚 WT/DS91/1	16-07-1997	日本 WT/DS91/2 美国 WT/DS91/3 欧共体 WT/DS91/4 加拿大 WT/DS91/5 瑞士 WT/DS91/6 新西兰 WT/DS91/7			17-03-1998 WT/DS91/8 17-08-1998 WT/DS91/8 Corr. 1
92	印度—对于农产品、纺织品及工业品的数量限制	加拿大 WT/DS92/1	16-07-1997	日本 WT/DS92/2 美国 WT/DS92/3 欧共体 WT/DS92/4 澳大利亚 WT/DS92/5 瑞士 WT/DS92/6 新西兰 WT/DS92/7			18-03-1998 WT/DS92/8 25-09-1998 WT/DS92/8/Corr. 1

续 表

序号	案件	请求磋商	收到磋商请求（日-月-年）	加入磋商请求	请求成立专家组（日-月-年）	专家组成立（日-月-年）	双边达成解决方案（日-月-年）
93	印度—对于农产品、纺织品及工业品的数量限制	新西兰 WT/DS93/1	16-07-1997	日本 WT/DS93/2 美国 WT/DS93/3 欧共体 WT/DS93/4 加拿大 WT/DS93/5 澳大利亚 WT/DS93/6 瑞士 WT/DS93/7			01-12-1998 WT/DS93/8
94	印度—对于农产品、纺织品及工业品的数量限制	瑞士 WT/DS94/1 和 Corr. 1	17-07-1997	日本 WT/DS94/2 美国 WT/DS94/3 欧共体 WT/DS94/4 加拿大 WT/DS94/5 澳大利亚 WT/DS94/6 新西兰 WT/DS94/7			23-02-1998 WT/DS94/9 18-09-1998 WT/DS94/9/ Corr. 1
95	美国—影响政府采购措施	日本 WT/DS95/1	18-07-1997	欧共体 WT/DS95/2	09-09-1998 日本 WT/DS95/3	21-10-1998 WT/DSB/M/49 14-02-2000 WT/DS95/6 专家组建立的授权取消	
96	印度—对于农产品、纺织品及工业品的数量限制	欧共体 WT/DS96/1	18-07-1997	日本 WT/DS96/2 美国 WT/DS96/3 加拿大 WT/DS96/4 澳大利亚 WT/DS96/5 瑞士 WT/DS96/6 新西兰 WT/DS96/7			07-04-1998 WT/DS96/8 28-09-1998 WT/DS96/8/ Corr. 1
97	美国—对来自智利的鳟鱼进口实施反补贴税调查	智利 WT/DS97/1	05-08-1997				
98	韩国—对于特定奶制品进口保障措施	欧共体 WT/DS/98/1	12-08-1997	澳大利亚 WT/DS98/2	12-01-1998 欧共体 WT/DS98/4	23-07-1998 WT/DSB/M/47	

续 表

序号	案件	请求磋商	收到磋商请求（日-月-年）	加入磋商请求	请求成立专家组（日-月-年）	专家组成立（日-月-年）	双边达成解决方案（日-月-年）
99	美国—对来自韩国1兆或以上的计算机动态随机存取存储器芯片征收反倾销税	韩国 WT/DS99/1 和 Corr. 1&2	14-08-1997		07-11-1997 韩国 WT/DS99/2	16-01-1998 WT/DSB/M/40	25-10-2000 WT/DS99/12
100	美国—影响家禽产品进口措施	欧共体 WT/DS100/1	18-08-1997				
101	墨西哥—对来自美国的高果糖玉米糖浆开展反倾销调查	美国 WT/DS101/1	04-09-1997				
102	菲律宾—影响猪肉及家禽产品措施	美国 WT/DS102/1	07-10-1997	加拿大 WT/DS102/3 欧共体 WT/DS102/4		13-03-1998 WT/DS74/5 WT/DS102/6	
103	加拿大—影响牛奶进口及奶制品出口的措施	美国 WT/DS103/1	08-10-1997	日本 WT/DS103/2 澳大利亚 WT/DS103/3	03-02-1998 WT/DS103/4	25-03-1998 WT/DSB/M/44	09-05-2003 WT/DS103/33
104	欧共体—影响融化干酪出口的措施	美国 WT/DS104/1	08-10-1997	日本 WT/DS104/2 澳大利亚 WT/DS104/3 加拿大 WT/DS104/4			
105	欧共体—对于香蕉进口、销售及分销区域的规定	巴拿马 WT/DS105/1 和 Add. 1&2	24-10-1997	哥伦比亚 WT/DS105/2 和 Add. 1 危地马拉 WT/DS105/3 多米尼克 WT/DS105/4 墨西哥 WT/DS105/5 哥斯达黎加 WT/DS105/6 洪都拉斯 WT/DS105/7 和 Add. 1 厄瓜多尔 WT/DS105/8 美国 WT/DS105/9 科特迪瓦 WT/DS105/10			
106	澳大利亚—对汽车皮革生产和采购补助	美国 WT/DS106/1	10-11-1997		12-01-1998 美国 WT/DS106/2	22-01-1998 WT/DSB/M/41	11-06-1998 WT/DS126/2 （专家组要求撤销）

续 表

序号	案件	请求磋商	收到磋商请求（日-月-年）	加入磋商请求	请求成立专家组（日-月-年）	专家组成立（日-月-年）	双边达成解决方案（日-月-年）
107	巴基斯坦—影响皮革出口措施	欧共体 WT/DS107/1	07-11-1997				
108	美国—"海外销售公司"的税收	欧共体 WT/DS108/1 和 Add. 1	18-11-1997		09-07-1998 欧共体 WT/DS108/2	22-09-1998 WT/DSB/M/48	
109	智利—对酒精饮料征税	美国 WT/DS109/1 和 Corr. 1	11-12-1997	秘鲁 WT/DS109/2 墨西哥 WT/DS/109/3			
110	智利—对酒精饮料征税	欧共体 WT/DS110/1	15-12-1997	美国 WT/DS110/2 墨西哥 WT/DS110/3	13-03-1998 WT/DS110/4	25-03-1998 WT/DSB/M/44	
111	美国—落花生进口关税率配额	阿根廷 WT/DS111/1	19-12-1997	加拿大 WT/DS111/2 日本 WT/DS111/3			
112	秘鲁—对来自巴西的公交车进口的反补贴税调查	巴西 WT/DS112/1	23-12-1997				
113	加拿大—影响奶制品出口措施	新西兰 WT/DS113/1	29-12-1997	美国 WT/DS113/2 日本 WT/DS113/3	12-03-1998 WT/DS113/4	25-03-1998 WT/DSB/M/44	09-05-2003 WT/DS113/33
114	加拿大—药物产品专利权保护	欧共体 WT/DS114/1	19-12-1997	美国 WT/DS114/2 澳大利亚 WT/DS114/3 瑞士 WT/DS114/4	12-11-1998 WT/DS114/5	01-02-1999 WT/DSB/M/54	
115	欧共体—影响版权及邻接权的措施	美国 WT/DS115/1	06-01-1998		12-01-1998 美国 WT/DS115/2		06-11-2000 WT/DS115/3
116	巴西—影响进口付款条件的措施	欧共体 WT/DS116/1	08-01-1998	瑞士 WT/DS116/2 日本 WT/DS116/3 澳大利亚 WT/DS116/4 美国 WT/DS116/5 韩国 WT/DS116/6			
117	加拿大—影响企业分销服务的措施	欧共体 WT/DS117/1	20-01-1998				

续 表

序号	案件	请求磋商	收到磋商请求（日-月-年）	加入磋商请求	请求成立专家组（日-月-年）	专家组成立（日-月-年）	双边达成解决方案（日-月-年）
118	美国—港口维护税	欧共体 WT/DS118/1	06-02-1998	加拿大 WT/DS118/2 日本 WT/DS118/3 挪威 WT/DS118/4			
119	澳大利亚—涂层非木纸反倾销措施	瑞士 WT/DS119/1	20-02-1998	日本 WT/DS119/2 欧共体 WT/DS119/3			13-05-1998 WT/DS119/4
120	印度—影响特定商品出口措施	欧共体 WT/DS120/1	11-03-1998		13-10-2000 欧共体 WT/DS120/2		
121	阿根廷—鞋类产品进口保障措施	欧共体 WT/DS121/1	06-04-1998	美国 WT/DS121/2	11-06-1998 欧共体 WT/DS121/3	23-07-1998 WT/DSB/M/47	
122	泰国—对波兰出口的铁或非合金钢的角铁、型材、轧材及工字梁的反倾销税案	波兰 WT/DS122/1	06-04-1998		15-10-1999 波兰 WT/DS122/2	19-11-1999 WT/DSB/M/71	
123	阿根廷—鞋类产品进口保障措施	印尼 WT/DS123/1	22-04-1998	美国 WT/DS123/2	16-04-1999 WT/DS123/3 10-05-1999，印尼要求从争端解决机构议程中撤回上诉，并保留其在以后的争端解决机构会议上做出上诉的权利（WT/DS123/4）		
124	欧共体—动画片及电视节目知识产权保护的实施	美国 WT/DS124/1	30-04-1998				20-03-2001 WT/DS124/2
125	希腊—动画片及电视节目知识产权保护的实施	美国 WT/DS125/1	04-05-1998				20-03-2001 WT/DS125/2
126	澳大利亚—汽车皮革生产和出口的补贴	美国 WT/DS126/1	04-05-1998		11-04-1998 美国 WT/DS126/2	22-06-1998 WT/DSB/M/46	24-07-2000 WT/DS126/11
127	比利时—构成补贴的特定进口税	美国 WT/DS127/1	05-05-1998				
128	荷兰—构成补贴的特定进口税	美国 WT/DS128/1	05-05-1998				
129	希腊—构成补贴的特定进口税	美国 WT/DS129/1	05-05-1998				

续 表

序号	案件	请求磋商	收到磋商请求（日-月-年）	加入磋商请求	请求成立专家组（日-月-年）	专家组成立（日-月-年）	双边达成解决方案（日-月-年）
130	爱尔兰—构成补贴的特定进口税	美国 WT/DS130/1	05-05-1998				
131	法国—构成补贴的特定进口税	美国 WT/DS131/1	05-05-1998				
132	墨西哥—对来自美国的高果糖玉米糖浆开展反倾销调查	美国 WT/DS132/1	08-05-1998		14-10-1998 美国 WT/DS132/2	25-11-1998 WT/DSB/M/51	
133	斯洛伐克—关于牛的运输及奶制品进口的措施	瑞士 WT/DS133/1	07-05-1998	美国 WT/DS133/2			
134	欧共体—对于稻米的特定进口税的限制	印度 WT/DS134/1 和 Corr. 1	27-05-1998				
135	欧共体—影响石棉及石棉产品的措施	加拿大 WT/DS135/1	28-05-1998	巴西 WT/DS135/2	09-10-1998 加拿大 WT/DS135/3	25-11-1998 WT/DSB/M/51	
136	美国—1916 年反倾销法案	欧共体 WT/DS136/1	04-06-1998		12-11-1998 欧共体 WT/DS136/2	01-02-1999 WT/DSB/M/54	
137	欧共体—影响从加拿大进口松木的措施	加拿大 WT/DS137/1	17-06-1998				
138	美国—对来自英国的热轧铅铋碳钢产品征收反补贴税	欧共体 WT/DS138/1	12-06-1998	加拿大 WT/DS138/2	14-01-1999 WT/DS138/3 25-01-1999 WT/DS138/3 和 Corr. 1	17-02-1999 WT/DSB/M/55 和 Corr. 1	
139	加拿大—特定汽车工业措施	日本 WT/DS139/1	03-07-1998		13-11-1998 WT/DS139/2	01-02-1999 WT/DSB/M/54	
140	欧共体—对来自印度未漂平纹棉布进行反倾销调查	印度 WT/DS140/1	03-08-1998	巴基斯坦 WT/DS140/2			
141	欧共体—对来自印度棉布床单进口征收反倾销税	印度 WT/DS141/1	03-08-1998	巴基斯坦 WT/DS141/2	08-09-1999 印度 WT/DS141/3	27-10-1999 WT/DSB/M/70	
142	加拿大—特定汽车工业措施	欧共体 WT/DS142/1	17-08-1998		14-01-1999 WT/DS142/3	01-02-1999 WT/DSB/M/54	
143	斯洛伐克—影响从匈牙利小麦进口关税的措施	匈牙利 WT/DS143/1	18-09-1998 （20 天）		08-10-1998 匈牙利 WT/DS143/2		
144	美国—影响从加拿大进口牛、羊和谷物的特定措施	加拿大 WT/DS144/1	25-09-1998				
145	阿根廷—对来自欧共体的面筋征收反补贴税	欧共体 WT/DS145/1 和 Rev. 1	23-09-1998				

续表

序号	案件	请求磋商	收到磋商请求（日-月-年）	加入磋商请求	请求成立专家组（日-月-年）	专家组成立（日-月-年）	双边达成解决方案（日-月-年）
146	印度—影响汽车部门的措施	欧共体 WT/DS146/1 和 Corr. 1	06-10-1998	日本 WT/DS146/2 美国 WT/DS146/3	13-10-2000 欧共体 WT/DS146/4	17-11-2000 WT/DSB/M/92	
147	日本—影响皮革的关税配额及补贴	欧共体 WT/DS147/1	08-10-1998				
148	捷克—影响从匈牙利小麦进口关税的措施	匈牙利 WT/DS148/1	12-10-1998（20天）				
149	印度—进口限制	欧共体 WT/DS149/1	28-10-1998	美国 WT/DS149/2 日本 WT/DS149/3 瑞士 WT/DS149/4 澳大利亚 WT/DS149/5			
150	印度—影响关税措施	欧共体 WT/DS150/1	31-10-1998	美国 WT/DS150/2 加拿大 WT/DS150/3 日本 WT/DS150/4 瑞士 WT/DS150/5 澳大利亚 WT/DS150/6			
151	美国—影响纺织品及服装产品的措施(II)	欧共体 WT/DS151/1	19-11-1998	多米尼克 WT/DS151/2 中国香港 WT/DS151/3 巴基斯坦 WT/DS151/4 洪都拉斯 WT/DS151/5 日本 WT/DS151/6 瑞士 WT/DS151/7 萨尔瓦多 WT/DS151/8 印度 WT/DS151/9			24-07-2000 WT/DS151/10

续 表

序号	案件	请求磋商	收到磋商请求（日-月-年）	加入磋商请求	请求成立专家组（日-月-年）	专家组成立（日-月-年）	双边达成解决方案（日-月-年）
152	美国—1974 年贸易法案第 301～310 部分	欧共体 WT/DS152/1	25-11-1998	多米尼克 WT/DS152/2 巴拿马 WT/DS152/3 危地马拉 WT/DS152/4 墨西哥 WT/DS152/5 牙买加 WT/DS152/6 洪都拉斯 WT/DS152/7 日本 WT/DS152/8 哥伦比亚 WT/DS152/9 厄瓜多尔 WT/DS152/10	02-02-1999 欧共体 WT/DS152/11	02-03-1999 WT/DSB/M/56	
153	欧共体—制药及农业化学产品的专利保护	加拿大 WT/DS153/1	02-12-1998	美国 WT/DS153/2 澳大利亚 WT/DS153/3 瑞士 WT/DS153/4			
154	欧共体—影响咖啡差别及优惠待遇的措施	巴西 WT/DS154/1	07-12-1998	哥伦比亚 WT/DS154/2 秘鲁 WT/DS154/3 哥斯达黎加 WT/DS154/4 玻利维亚 WT/DS154/5			
155	阿根廷—影响牛皮出口及成皮进口的措施	欧共体 WT/DS155/1	23-12-1998		04-06-1999 欧共体 WT/DS155/2	26-07-1999 WT/DSB/M/65	
156	危地马拉—对来自墨西哥的波兰特水泥的反倾销措施	墨西哥 WT/DS156/1 和 Corr. 1&2	05-01-1999		15-07-1999 墨西哥 WT/DS156/2 05-08-1999 WT/DS156/2 和 Corr. 1	22-09-1999 WT/DSB/M/68	
157	阿根廷—从意大利进口钻头采取的反倾销措施	欧共体 WT/DS157/1	14-01-1999				

续 表

序号	案件	请求磋商	收到磋商请求（日-月-年）	加入磋商请求	请求成立专家组（日-月-年）	专家组成立（日-月-年）	双边达成解决方案（日-月-年）
158	欧共体—对于香蕉进口、销售及分销的规定	危地马拉 洪都拉斯 墨西哥 巴拿马和美国 WT/DS158/1	20-01-1999	厄瓜多尔 WT/DS158/2 伯利兹 WT/DS158/3			
159	匈牙利—对来自捷克的钢铁产品进口的保障措施	捷克 WT/DS159/1	21-01-1999				
160	美国—美国版权法第110（5）节	欧共体 WT/DS160/1	26-01-1999	澳大利亚 WT/DS160/2 加拿大 WT/DS160/3 瑞士 WT/DS160/4	16-04-1999 欧共体 WT/DS160/5	26-05-1999 WT/DSB/M/62	
161	韩国—影响新鲜、冷藏、冷冻牛肉进口措施	美国 WT/DS161/1	01-02-1999	新西兰 WT/DS161/2 澳大利亚 WT/DS161/3 加拿大 WT/DS161/4	16-04-1999 美国 WT/DS161/5	26-05-1999 WT/DSB/M/62	
162	美国—1916 反倾销法案	日本 WT/DS162/1	10-02-1999	欧共体 WT/DS162/2	04-06-1999 日本 WT/DS162/3	26-07-1999 WT/DSB/M/65	
163	韩国—影响政府采购措施	美国 WT/DS163/1	16-02-1999	欧共体 WT/DS163/2 日本 WT/DS163/3	11-05-1999 美国 WT/DS163/4	16-06-1999 WT/DSB/M/64	
164	阿根廷—影响鞋类进口措施	美国 WT/DS164/1	01-03-1999	欧共体 WT/DS164/2	20-05-1999 美国 WT/DS164/3 15-07-1999 WT/DS164/4	26-07-1999 WT/DSB/M/65	
165	美国—对来自欧共体特定产品的进口措施	欧共体 WT/DS165/1	04-03-1999	多米尼克 WT/DS165/2 日本 WT/DS165/3 洪都拉斯 WT/DS165/4 危地马拉 WT/DS165/5 厄瓜多尔 WT/DS165/6 巴拿马 WT/DS165/7 和 Corr. 1	11-05-1999 欧共体 WT/DS165/8	16-06-1999 WT/DSB/M/64	

续 表

序号	案件	请求磋商	收到磋商请求（日-月-年）	加入磋商请求	请求成立专家组（日-月-年）	专家组成立（日-月-年）	双边达成解决方案（日-月-年）
166	美国—对来自欧共体面筋进口的保障措施	欧共体 WT/DS166/1	17-03-1999	澳大利亚 WT/DS166/2	04-06-1999 欧共体 WT/DS166/3	26-07-1999 WT/DSB/M/65	
167	美国—对来自加拿大活牛的反补贴税调查	加拿大 WT/DS167/1	19-03-1999	墨西哥 WT/DS167/2			
168	南非—对来自印度某些药品征收反倾销税	印度 WT/DS168/1	01-04-1999				
169	韩国—影响新鲜、冷藏及冷冻牛肉进口的措施	澳大利亚 WT/DS169/1	13-04-1999	新西兰 WT/DS169/2 美国 WT/DS169/3 加拿大 WT/DS169/4 和 Corr. 1	15-07-1999 澳大利亚 WT/DS169/5	26-07-1999 WT/DSB/M/65	
170	加拿大—专利保护条款	美国 WT/DS170/1	06-05-1999		15-07-1999 美国 WT/DS170/2	22-09-1999 WT/DSB/M/68	
171	阿根廷—对药品的专利权保护及对农业化学品测试数据保护	美国 WT/DS171/1	06-05-1999	瑞士 WT/DS171/2			31-05-2002 WT/DS171/3
172	欧共体—航班管理系统开发有关措施	美国 WT/DS172/1	21-05-1999				
173	法国—航班管理系统开发有关措施	美国 WT/DS173/1	21-05-1999				

续 表

序号	案件	请求磋商	收到磋商请求（日-月-年）	加入磋商请求	请求成立专家组（日-月-年）	专家组成立（日-月-年）	双边达成解决方案（日-月-年）
174	欧共体—农产品和食品的商标及地理标识保护	美国 WT/DS174/1 和 Add. 1	01-06-1999 04-04-2003	加拿大 WT/DS174/3 澳大利亚 WT/DS174/4 墨西哥 WT/DS174/5 新西兰 WT/DS174/6 斯里兰卡 WT/DS174/7 印度 WT/DS174/8 阿根廷 WT/DS174/9 匈牙利 WT/DS174/10 马耳他 WT/DS174/11 保加利亚 WT/DS174/12 捷克 WT/DS174/13 塞浦路斯 WT/DS174/14 斯洛文尼亚 WT/DS174/15 土耳其 WT/DS174/16 罗马尼亚 WT/DS174/17 斯洛伐克 WT/DS174/18	18-08-2003 美国 WT/DS174/20	02-10-2003 WT/DSB/M/156	
175	印度—影响汽车部门投资和贸易的措施	美国 WT/DS175/1	02-06-1999	日本 WT/DS175/2 欧共体 WT/DS175/3	18-05-2000 美国 WT/DS175/4	27-07-2000 WT/DSB/M/86	
176	美国—1998 年全面拨款法第 211 部分	欧共体 WT/DS176/1	08-07-1999		07-07-2000 欧共体 WT/DS176/2	26-09-2000 WT/DSB/M/89	
177	美国—对来自新西兰的新鲜、冷藏及冷冻羔羊肉采取保障措施	新西兰 WT/DS177/1	16-07-1999	澳大利亚 WT/DS177/2 加拿大 WT/DS177/3	15-10-1999 新西兰 WT/DS177/4	19-11-1999 WT/DSB/M/71	

续 表

序号	案件	请求磋商	收到磋商请求（日-月-年）	加入磋商请求	请求成立专家组（日-月-年）	专家组成立（日-月-年）	双边达成解决方案（日-月-年）
178	美国—对来自澳大利亚羔羊肉进口的保障措施	澳大利亚 WT/DS178/1 和 Corr. 1	23-07-1999	新西兰 WT/DS178/2 和 Corr. 1 欧共体 WT/DS178/3 加拿大 WT/DS178/4	15-10-1999 澳大利亚 WT/DS178/5 和 Corr. 1	19-11-1999 WT/DSB/M/71	
179	美国—来自韩国的不锈钢卷板和不锈钢条的反倾销措施	韩国 WT/DS179/1	30-07-1999		15-10-1999 韩国 WT/DS179/2	19-11-1999 WT/DSB/M/71	
180	美国—特定糖浆税则归类	加拿大 WT/DS180/1	06-09-1999				
181	哥伦比亚—对来自泰国的纯聚酯长丝布进口的保障措施				08-09-1999 泰国 WT/DS181/1 撤销请求 27-10-1999 WT/DSB/M/70		
182	厄瓜多尔—对来自墨西哥的灰水泥的反倾销措施	墨西哥 WT/DS182/1 和 Corr. 1	05-10-1999				
183	巴西—对于进口许可证及最低进口价格的措施	欧共体 WT/DS183/1	14-10-1999	美国 WT/DS183/2			
184	美国—对来自日本的热轧薄板卷产品征收反倾销税	日本 WT/DS184/1	18-11-1999		11-02-2000 日本 WT/DS184/2	20-03-2000 WT/DSB/M/77	
185	特立尼达和多巴哥—影响从哥斯达黎加进口的意大利面的措施	哥斯达黎加 WT/DS185/1	18-11-1999				
186	美国—1930 关税法及修正第 337 部分	欧共体 WT/DS186/1	12-01-2000	加拿大 WT/DS186/2 日本 WT/DS186/3			
187	特立尼达和多巴哥—对来自哥斯达黎加的通心粉和意大利面进口的临时反倾销措施	哥斯达黎加 WT/DS187/1	17-01-2000				
188	尼加拉瓜—洪都拉斯和哥伦比亚进口措施	哥伦比亚 WT/DS188/1	17-01-2000		28-03-2000 哥伦比亚 WT/DS188/1 和 Corr. 1	18-05-2000 WT/DSB/M/80	

续 表

序号	案件	请求磋商	收到磋商请求（日-月-年）	加入磋商请求	请求成立专家组（日-月-年）	专家组成立（日-月-年）	双边达成解决方案（日-月-年）
189	阿根廷—对从德国进口动画板和意大利进口的瓷砖采取明确反倾销措施	欧共体 WT/DS189/1	26-01-2000		15-09-2000 欧共体 WT/DS189/2 07-11-2000 WT/DS189/3	17-11-2000 WT/DSB/M/92	
190	阿根廷—对于原产巴西的特定机织棉布的过渡期保障措施				11-02-2000 巴西 WT/DS190/1	20-03-2000 WT/DSB/M/77	27-06-2000 WT/DS190/2
191	厄瓜多尔—来自墨西哥水泥的明确反倾销措施	墨西哥 WT/DS191/1	15-03-2000				
192	美国—对来自巴基斯坦精梳棉纱线的过渡期保障措施	N. A.	N. A.	N. A.	03-04-2000 巴基斯坦 WT/DS192/1	19-06-2000 WT/DSB/M/84	
193	智利—影响剑鱼的运输及进口措施	欧共体 WT/DS193/1	19-04-2000		06-11-2000 欧共体 WT/DS193/2	12-12-2000 WT/DSB/M/94 23-03-2001 WT/DS193/3 终止成立专家组	
194	美国—作为出口限制的补贴	加拿大 WT/DS194/1	19-05-2000		24-07-2000 加拿大 WT/DS194/2	11-09-2000 WT/DSB/M/88	
195	菲律宾—影响汽车部门投资和贸易的措施	美国 WT/DS195/1	23-05-2000		13-10-2000 美国 WT/DS195/3	17-11-2000 WT/DSB/M/92	
196	阿根廷—对于专利及测试数据的特定保护措施	美国 WT/DS196/1	30-05-2000	欧共体 WT/DS196/2 瑞士 WT/DS196/3			31-05-2002 WT/DS196/4
197	巴西—最低进口价格措施	美国 WT/DS197/1	30-05-2000	欧共体 WT/DS197/2			
198	罗马尼亚—最低进口价格措施	美国 WT/DS198/1	30-05-2000				26-09-2001 WT/DS198/2
199	巴西—影响专利保护措施	美国 WT/DS199/1	30-05-2000	欧共体 WT/DS/199/2	08-01-2001 美国 WT/DS199/3	01-02-2001 WT/DSB/M/98	05-07-2001 WT/DS199/4

续 表

序号	案件	请求磋商	收到磋商请求（日-月-年）	加入磋商请求	请求成立专家组（日-月-年）	专家组成立（日-月-年）	双边达成解决方案（日-月-年）
200	美国—1974 贸易法案及修正案第 306 节	欧共体 WT/DS200/1	05-06-2000	厄瓜多尔 W/DS200/2 牙买加 WT/DS200/3 日本 WT/DS200/4 多米尼克 WT/DS200/5 洪都拉斯 WT/DS200/6 危地马拉 WT/DS200/7 加拿大 WT/DS200/8 巴拿马 WT/DS200/9 澳大利亚 WT/DS200/10 圣卢西亚 WT/DS200/11			
201	尼加拉瓜—影响从洪都拉斯和哥伦比亚进口的措施	洪都拉斯 WT/DS201/1	06-06-2000	欧共体 WT/DS201/2			
202	美国—自韩国进口的圆焊碳质条形管的保障措施	韩国 WT/DS202/1	13-06-2000	欧共体 WT/DS202/2 日本 WT/DS202/3	15-09-2000 韩国 WT/DS202/4	23-10-2000 WT/DSB/M/91	
203	墨西哥—影响活猪贸易的措施	美国 WT/DS203/1	10-07-2000				
204	墨西哥—影响电信服务的措施	美国 WT/DS204/1 和 Add. 1	17-08-2000		10-11-2000 美国 WT/DS204/2 18-02-2002 WT/DS204/3	17-04-2002 WT/DSB/M/123	
205	埃及—豆油罐装金枪鱼进口限令	泰国 WT/DS205/1	22-09-2000				
206	美国—对来自印度钢板的反倾销及反补贴措施	印度 WT/DS206/1	04-10-2000		07-06-2001 印度 WT/DS206/2	24-07-2001 WT/DSB/M/107	
207	智利—对特定农产品的综合价格制度及保障措施	阿根廷 WT/DS207/1	05-10-2000		19-01-2001 阿根廷 WT/DS207/2	12-03-2001 WT/DSB/M/101	
208	土耳其—对于钢铁管配件征收反倾销税	巴西 WT/DS208/1	09-10-2000				

续 表

序号	案件	请求磋商	收到磋商请求（日-月-年）	加入磋商请求	请求成立专家组（日-月-年）	专家组成立（日-月-年）	双边达成解决方案（日-月-年）
209	欧共体—影响速溶咖啡措施	巴西 WT/DS209/1	12-10-2000	厄瓜多尔 WT/DS209/2			
210	比利时—建立稻米关税的管理办法	美国 WT/DS210/1	12-10-2000		19-01-2001 美国 WT/DS210/2 01-03-2001 WT/DS201/2/Rev. 1	12-03-2001 WT/DSB/M/101	18-12-2001 WT/DS210/6
211	埃及—对来自土耳其钢筋采取反倾销措施	土耳其 WT/DS211/1	06-11-2000		04-05-2001 土耳其 WT/DS211/2 11-05-2001 WT/DS/211/2/Corr. 1	20-06-2001 WT/DSB/M/106	
212	美国—对于特定来自欧共体产品的反补贴措施	欧共体 WT/DS212/1 和 Add. 1	10-11-2000	巴西 WT/DS212/2 和 Add. 1 以色列 WT/DS212/3	10-08-2001 欧共体 WT/DS212/4	10-09-2001 WT/DSB/M/109	
213	美国—对特定来自德国的耐腐蚀扁钢征收反补贴税	欧共体 WT/DS213/1 和 Add. 1	10-11-2000	印度 WT/DS213/2	10-08-2001 欧共体 WT/DS213/3	10-09-2001 WT/DSB/M/109	
214	美国—对钢盘条和圆缝碳质钢管的保障措施	欧共体 WT/DS214/1	01-12-2000	加拿大 WT/DS214/2 印度 WT/DS214/3	10-08-2001 WT/DS214/4	10-09-2001 WT/DSB/M/109	
215	菲律宾—对来自韩国的聚乙烯树脂采取反倾销措施	韩国 WT/DS215/1	15-12-2000				
216	墨西哥—对电力传输器采取临时反倾销措施	巴西 WT/DS216/1	20-12-2000	欧共体 WT/DS216/2 美国 WT/DS216/3			
217	美国—2000 年持续性倾销及补贴补偿法	澳大利亚、巴西、智利、欧共体、印度、印尼、日本、韩国和泰国 WT/DS217/1	21-12-2000	阿根廷 WT/DS217/2 加拿大 WT/DS217/3 墨西哥 WT/DS217/4 和 Add. 1	13-07-2001 澳大利亚、巴西、智利、欧共体、印度、印尼、日本、韩国和泰国 WT/DS217/5	23-08-2001 WT/DSB/M/108	
218	美国—对来自巴西的特定碳钢制品的反补贴税	巴西 WT/DS218/1	21-12-2000	欧共体 WT/DS218/2			
219	欧共体—对来自巴西的可锻铸铁管接头征收反倾销税	巴西 WT/DS219/1	21-12-2000		08-06-2001 巴西 WT/DS219/2	24-07-2001 WT/DSB/M/107	

续 表

序号	案件	请求磋商	收到磋商请求（日-月-年）	加入磋商请求	请求成立专家组（日-月-年）	专家组成立（日-月-年）	双边达成解决方案（日-月-年）
220	智利—对特定农产品相关的综合价格制度及保障措施	危地马拉 WT/DS220/1	05-01-2001				
221	美国—乌拉圭回合协议第129（C）（1）节	加拿大 WT/DS221/1	17-01-2001	印度 WT/DS221/2 欧共体 WT/DS221/3	13-07-2001 加拿大 WT/DS221/4	23-08-2001 WT/DSB/M/108	
222	加拿大—地区航空器的出口信贷保证	巴西 WT/DS222/1	22-01-2001		01-03-2001 巴西 WT/DS222/2	12-03-2001 WT/DSB/M/101	
223	欧共体—来自美国的玉米黄浆饲料的关税率配额	美国 WT/DS223/1	25-01-2001				
224	美国—美国专利权	巴西 WT/DS224/1	31-01-2001	印度 WT/DS224/2			
225	美国—对从意大利进口无缝管征收反倾销税	欧共体 WT/DS225/1	05-02-2001	日本 WT/DS225/2			
226	智利—对食用油混合物的临时保障措施	阿根廷 WT/DS226/1	19-02-2002				
227	秘鲁—对香烟征税	智利 WT/DS227/1 和 Corr. 1&2	01-03-2001		03-05-2001 智利 WT/DS227/2 此上诉于2001年7月12日被正式撤回 WT/DS227/3	20-06-2001 WT/DSB/M/106	
228	智利—对糖类的保障措施	哥伦比亚 WT/DS228/1	15-03-2001	古巴 WT/DS228/2 危地马拉 WT/DS228/3 尼加拉瓜 WT/DS228/4 哥斯达黎加 WT/DS228/5 萨尔瓦多 WT/DS228/6			
229	巴西—对来自印度的麻袋征收反倾销税	印度 WT/DS229/1	09-04-2001				

续 表

序号	案件	请求磋商	收到磋商请求（日-月-年）	加入磋商请求	请求成立专家组（日-月-年）	专家组成立（日-月-年）	双边达成解决方案（日-月-年）
230	智利—关于糖类的保障措施和程序修改	哥伦比亚 WT/DS230/1	17-04-2001	危地马拉 WT/DS230/2 哥斯达黎加 WT/DS230/3 古巴 WT/DS230/4 尼加拉瓜 WT/DS230/5			
231	欧共体—沙丁鱼贸易描述	秘鲁 WT/DS231/1	20-03-2001	委内瑞拉 WT/DS231/2 智利 WT/DS231/3 美国 WT/DS231/4 厄瓜多尔 WT/DS231/5	07-06-2001 秘鲁 WT/DS231/6	24-07-2001 WT/DSB/M/107	25-07-2003 WT/DS231/18
232	墨西哥—影响火柴的进口措施	智利 WT/DS232/1 要求磋商的申请撤回 WT/DS232/3（02-02-04）	17-05-2001	欧共体 WT/DS232/2			
233	阿根廷—影响药类产品进口的措施	印度 WT/DS233/1	25-05-2001				
234	美国—2000 年持续性倾销及补贴补偿法案	加拿大和墨西哥 WT/DS234/1	21-05-2001	日本 WT/DS234/2 欧共体 WT/DS234/3 巴西 WT/DS234/4 印尼 WT/DS234/5 韩国 WT/DS234/6 印度 WT/DS234/7 危地马拉 WT/DS234/8 泰国 WT/DS234/9 澳大利亚 WT/DS234/10 智利 WT/DS234/11	10-08-2001 加拿大 WT/DS234/12 10-08-2001 墨西哥 WT/DS234/13	10-09-2001 应澳大利亚、巴西、智利、欧共体、印度、印尼、日本、韩国和泰国的要求，争端解决机构决定于 2001 年 8 月 23 日成立专家组。此案件也可参见加拿大和墨西哥申请 WT/DSB/M/109	
235	斯洛伐克—糖类进口的保障措施	波兰 WT/DS235/1	11-07-2001				11-01-2002 WT/DS235/2

续 表

序号	案件	请求磋商	收到磋商请求（日-月-年）	加入磋商请求	请求成立专家组（日-月-年）	专家组成立（日-月-年）	双边达成解决方案（日-月-年）
236	美国—对来自加拿大的特定软木的初步判决	加拿大 WT/DS236/1	21-08-2001		26-10-2001 加拿大 WT/DS236/2	05-12-2001 WT/DSB/M/114	12-10-2006 WT/DS236/5/Add. 1
237	土耳其—新鲜水果的特定进口程序	厄瓜多尔 WT/DS237/1	31-08-2001	欧共体 WT/DS237/2	14-06-2002 厄瓜多尔 WT/DS237/3	29-07-2002 WT/DSB/M/130	22-11-2002 WT/DS237/4
238	阿根廷—桃脯进口的保障措施	智利 WT/DS238/1	14-09-2001		06-12-2002 智利 WT/DS238/2	18-01-2002 WT/DSB/M/117	
239	美国—对从巴西进口硅金属征收反倾销税	巴西 WT/DS239/1 和 Rev. 1	18-09-2001 01-11-2001	泰国 WT/DS239/2 欧共体 WT/DS239/3			
240	罗马尼亚—小麦及小麦粉进口禁令	匈牙利 WT/DS240/1 WT/DS240/1/Add. 1	18-10-2001 30-10-2001		28-11-2001 匈牙利 WT/DS240/2 2001年12月20日撤销建立专家组请求 WT/DS240/3		
241	阿根廷—对来自巴西家禽征收反倾销税	巴西 WT/DS241/1	07-11-2001	欧共体 WT/DS241/2	26-02-2002 巴西 WT/DS241/3	17-04-2002 WT/DSB/M/123	
242	欧共体—普惠制	泰国 WT/DS242/1	07-12-2001	哥斯达黎加 WT/DS242/2 危地马拉 WT/DS242/3 尼加拉瓜 WT/DS242/4 洪都拉斯 WT/DS242/5 哥伦比亚 WT/DS242/6			
243	美国—纺织品及服装原产地证明	印度 WT/DS243/1	11-01-2002	孟加拉国 WT/DS243/2 欧共体 WT/DS243/3	08-05-2002 印度 WT/DS243/5 07-06-2002 WT/DS243/5/Rev. 1	24-06-2002 WT/DSB/M/128	
244	美国—对来自日本的耐腐蚀钢板反倾销税日落复审	日本 WT/DS244/1	30-01-2002	欧共体 WT/DS244/2 印度 WT/DS244/3	05-04-2002 日本 WT/DS244/4	22-05-2002 WT/DSB/M/124 和 Corr. 1	
245	日本—影响苹果进口措施	美国 WT/DS245/1	01-03-2002		08-05-2002 美国 WT/DS245/2	03-06-2002 WT/DSB/M/125	30-08-2005 WT/DS245/21

续 表

序号	案件	请求磋商	收到磋商请求（日-月-年）	加入磋商请求	请求成立专家组（日-月-年）	专家组成立（日-月-年）	双边达成解决方案（日-月-年）
246	欧共体—给予发展中国家的优惠关税条件	印度 WT/DS246/1	05-03-2002	委内瑞拉 WT/DS246/2 哥伦比亚 WT/DS246/3	06-12-2002 印度 WT/DS246/4	27-01-2003 WT/DSB/M/142	
247	美国—对来自加拿大的软木进口的临时反倾销措施	加拿大 WT/DS247/1	06-03-2002				12-10-2006 WT/DS247/2 23-02-2007 WT/DS247/2/Add. 1
248	美国—对于特定钢铁制品进口的保障措施	欧共体 WT/DS248/1	07-03-2002	日本 WT/DS248/2 瑞士 WT/DS248/3 韩国 WT/DS248/4 挪威 WT/DS248/5 委内瑞拉 WT/DS248/6 加拿大 WT/DS248/7 墨西哥 WT/DS248/8 中国 WT/DS248/9 新西兰 WT/DS248/10	08-05-2002 欧共体 WT/DS248/12	03-06-2002 WT/DSB/M/125	
249	美国—对于特定钢铁产品的保障措施	日本 WT/DS249/1	20-03-2002	挪威 WT/DS249/2 新西兰 WT/DS249/3 墨西哥 WT/DS249/4	24-05-2002 日本 WT/DS249/6	14-06-2002 争端解决机构同意在 2002 年 6 月 3 日成立专家组来调查欧共体提请的上诉，同时也就日本提请的类似案件上诉做相应调查 WT/DSB/M/127	
250	美国—美国佛罗里达州对橙、柚加工产品的补贴性特许权税	巴西 WT/DS250/1	20-03-2002		19-08-2002 巴西 WT/DS250/2	01-10-2002 WT/DSB/M/133	28-05-2004 WT/DS250/3

续 表

序号	案件	请求磋商	收到磋商请求（日-月-年）	加入磋商请求	请求成立专家组（日-月-年）	专家组成立（日-月-年）	双边达成解决方案（日-月-年）
251	美国—对于特定钢铁产品进口的保障措施	韩国 WT/DS251/1	20-03-2002	挪威 WT/DS251/2 日本 WT/DS251/3 新西兰 WT/DS251/4 墨西哥 WT/DS251/5	24-05-2002 韩国 WT/DS251/7	14-06-2002 争端解决机构同意在2002年6月3日成立专家组来调查欧共体提请的上诉，同时也就韩国提请的类似案件上诉做相应调查 WT/DSB/M/127	
252	美国—对于特定钢铁产品进口的保障措施	中国 WT/DS252/1	26-03-2002	日本 WT/DS252/2 新西兰 WT/DS252/3	27-05-2002 中国 WT/DS252/5	24-06-2002 争端解决机构同意在2002年6月3日成立专家组来调查欧共体提请的上诉，同时也就中国提请的类似案件上诉做相应调查 WT/DSB/M/128	
253	美国—对于特定钢铁产品进口的保障措施	瑞士 WT/DS253/1	03-04-2002	新西兰 WT/DS253/2 日本 WT/DS253/3	04-06-2002 瑞士 WT/DS253/5	24-06-2002 争端解决机构同意在2002年6月3日成立专家组来调查欧共体提请的上诉，同时也就瑞士提请的类似案件上诉做相应调查 WT/DSB/M/128	
254	美国—对于特定钢铁产品进口的保障措施	挪威 WT/DS254/1	04-04-2002	新西兰 WT/DS251/2 日本 WT/DS254/3	04-06-2002 挪威 WT/DS254/5	24-06 2002 争端解决机构同意在2002年6月3日成立专家组来调查欧共体提请的上诉，同时也就挪威提请的类似案件上诉做相应调查 WT/DSB/M/128	

续 表

序号	案件	请求磋商	收到磋商请求（日-月-年）	加入磋商请求	请求成立专家组（日-月-年）	专家组成立（日-月-年）	双边达成解决方案（日-月-年）
255	秘鲁—对特定进口产品的税收措施	智利 WT/DS255/1	22-04-2002	美国 WT/DS255/2	14-06-2002 智利 WT/DS255/3 25-09-2002 WT/DS255/5（此事件撤回）		
256	土耳其—对来自匈牙利的宠物食品进口禁令	匈牙利 WT/DS256/1	03-05-2002				
257	美国—对来自加拿大的特定软木的最终反补贴税决定	加拿大 WT/DS257/1	03-05-2002		19-07-2002 加拿大 WT/DS257/2 19-08-2002 WT/DS257/3	01-10-2002 WT/DSB/M/133	12-10-2006 WT/DS257/26 23-02-2007 WT/DS257/26/Add. 1
258	美国—对于特定钢铁产品进口的保障措施	新西兰 WT/DS258/1	14-05-2002	欧共体 WT/DS258/2 日本 WT/DS258/3 韩国 WT/DS258/4 挪威 WT/DS258/5 中国 WT/DS258/6 墨西哥 WT/DS258/7	28-06-2002 新西兰 WT/DS258/9	08-07-2002 争端解决机构同意在 2002 年 6 月 3 日成立专家组来调查欧共体提请的上诉，同时也就新西兰提请的类似案件上诉做相应调查 WT/DSB/M/129	
259	美国—对特定钢铁产品进口采取保障措施	巴西 WT/DS259/1	21-05-2002	欧共体 WT/DS259/2 日本 WT/DS259/3 韩国 WT/DS259/4 挪威 WT/DS259/5 中国 WT/DS259/6 墨西哥 WT/DS259/7	22-07-2002 巴西 WT/DS259/10	29-07-2002 争端解决机构同意在 2002 年 6 月 3 日成立专家组来调查欧共体提请的上诉，同时也就巴西提请的类似案件上诉做相应调查 WT/DSB/M/130	
260	欧共体—对于特定钢铁产品进口的临时保障措施	美国 WT/DS260/1	30-05-2002	日本 WT/DS260/2	19-08-2002 美国 WT/DS260/4	16-09-2002 WT/DSB/M/132	
261	乌拉圭—特定产品的税收待遇	智利 WT/DS261/1	18-06-2002	欧共体 WT/DS261/2 墨西哥 WT/DS261/3	03-04-2003 智利 WT/DS261/4	19-05-2003 WT/DSB/M/150	08-01-2004 WT/DS261/7

续 表

序号	案件	请求磋商	收到磋商请求（日-月-年）	加入磋商请求	请求成立专家组（日-月-年）	专家组成立（日-月-年）	双边达成解决方案（日-月-年）
262	美国—对来自德国和法国的特定钢铁产品的反倾销和反补贴税的日落复审	欧共体 WT/DS262/1	25-07-2002	加拿大 WT/DS262/2 日本 WT/DS262/3			
263	欧共体—影响酒类进口的措施	阿根廷 WT/DS263/1	04-09-2002				
264	美国—对来自加拿大的木材的最终倾销决定	加拿大 WT/DS264/1	13-09-2002		06-12-2002 加拿大 WT/DS264/2	08-01-2003 WT/DSB/M/140	12-10-2006 WT/DS264/29 23-02-2007 Add. 1
265	欧共体—糖类出口补贴	澳大利亚 WT/DS265/1	27-09-2002	毛里求斯 WT/DS265/2 巴西 WT/DS265/3 瑞士 WT/DS265/4 斐济 WT/DS265/5 圭亚那 WT/DS265/6 伯利兹 WT/DS265/7 牙买加 WT/DS265/8 印度 WT/DS265/9 津巴布韦 WT/DS265/10 马拉维 WT/DS265/11 加拿大 WT/DS265/12 肯尼亚 WT/DS265/13 巴巴多斯 WT/DS265/14 科特迪瓦 WT/DS265/15 刚果 WT/DS265/16 马达加斯加 WT/DS265/17 哥伦比亚 WT/DS265/18 圣基茨和尼维斯 WT/DS265/19	09-07-2003 澳大利亚 WT/DS265/21	29-08-2003 WT/DSB/M/155	

续 表

序号	案件	请求磋商	收到磋商请求（日-月-年）	加入磋商请求	请求成立专家组（日-月-年）	专家组成立（日-月-年）	双边达成解决方案（日-月-年）
266	欧共体—糖类出口补贴	巴西 WT/DS266/1	27-09-2002	澳大利亚 WT/DS266/2 毛里求斯 WT/DS266/3 印度 WT/DS266/4 瑞士 WT/DS266/5 斐济 WT/DS266/6 圭亚那 WT/DS266/7 伯利兹 WT/DS266/8 牙买加 WT/DS266/9 津巴布韦 WT/DS266/10 马拉维 WT/DS266/11 加拿大 WT/DS266/12 肯尼亚 WT/DS266/13 巴巴多斯 WT/DS266/14 科特迪瓦 WT/DS266/15 刚果 WT/DS266/16 马达加斯加 WT/DS266/17 哥伦比亚 WT/DS266/18 圣基茨和尼维斯 WT/DS266/19	09-07-2003 巴西 WT/DS266/21	29-08-2003 WT/DSB/M/155	
267	美国—陆地棉补贴	巴西 WT/DS267/1	27-09-2002	津巴布韦 WT/DS267/2 印度 WT/DS267/3 阿根廷 WT/DS267/4 加拿大 WT/DS267/5	06-02-2003 巴西 WT/DS267/7	18-03-2003 WT/DSB/M/145	
268	美国—对来自阿根廷的石油管材的反倾销措施日落复审	阿根廷 WT/DS268/1	07-10-2002		03-04-2003 阿根廷 WT/DS268/2	19-05-2003 WT/DSB/M/150	

续 表

序号	案件	请求磋商	收到磋商请求(日-月-年)	加入磋商请求	请求成立专家组(日-月-年)	专家组成立(日-月-年)	双边达成解决方案(日-月-年)
269	欧共体—对冷冻无骨鸡块的关税分类	巴西 WT/DS269/1	11-10-2002	美国 WT/DS269/2	19-09-2003 巴西 WT/DS269/3	07-11-2003 WT/DSB/M/157	
270	澳大利亚—影响新鲜水果和蔬菜进口的特定措施	菲律宾 WT/DS270/1	18-10-2002	欧共体 WT/DS270/2 泰国 WT/DS270/3	07-07-2003 菲律宾 WT/DS270/5/Rev. 1	29-08-2003 WT/DSB/M/155	
271	澳大利亚—影响菠萝进口的措施	菲律宾 WT/DS271/1	18-10-2002	欧共体 WT/DS271/2 泰国 WT/DS271/3			
272	秘鲁—对来自阿根廷的植物油征收临时税	阿根廷 WT/DS272/1	21-10-2002				
273	韩国—影响商船贸易的措施	欧共体 WT/DS273/1	21-10-2002		11-06-2003 欧共体 WT/DS273/2	21-07-2003 WT/DSB/M/153	
274	美国—对于特定钢铁产品进口的保障措施	台、澎、金、马单独关税区 WT/DS274/1	01-11-2002	日本 WT/DS274/2			
275	委内瑞拉—对特定农产品进口许可证措施	美国 WT/DS275/1	07-11-2002	欧共体 WT/DS275/2 加拿大 WT/DS275/3 新西兰 WT/DS275/4 阿根廷 WT/DS275/5 哥伦比亚 WT/DS275/6 智利 WT/DS275/7			
276	加拿大—对于小麦出口措施和谷物进口待遇	美国 WT/DS276/1	17-12-2002	日本 WT/DS276/2 墨西哥 WT/DS276/3 欧共体 WT/DS276/4 澳大利亚 WT/DS276/5	06-03-2003 美国 WT/DS276/6 30-06-2003 美国 WT/DS276/9	31-03-2003 WT/DSB/M/146 11-07-2003 WT/DSB/M/152	
277	美国—对来自加拿大的软木的国际贸易商会调查	加拿大 WT/DS277/1	20-12-2002		03-04-2003 加拿大 WT/DS277/2	07-05-2003 WT/DSB/M/149	12-10-2006 WT/DS277/20
278	智利—果糖进口的保障措施	阿根廷 WT/DS278/1	20-12-2002				

续 表

序号	案件	请求磋商	收到磋商请求（日-月-年）	加入磋商请求	请求成立专家组（日-月-年）	专家组成立（日-月-年）	双边达成解决方案（日-月-年）
279	印度—2002 至 2007 年进出口政策中进口限制的持续	欧共体 WT/DS279/1	23-12-2002	美国 WT/DS279/2			
280	美国—对来自墨西哥的钢板的反补贴税	墨西哥 WT/DS280/1	21-01-2003		04-08-2003 墨西哥 WT/DS280/2	29-08-2003 WT/DSB/M/155	
281	美国—对来自墨西哥水泥的反倾销措施	墨西哥 WT/DS281/1	31-01-2003		29-07-2003 墨西哥 WT/DS281/2	29-08-2003 WT/DSB/M/155	16-05-2007 WT/DS281/8
282	美国—对来自墨西哥的石油工业用管材的反倾销措施	墨西哥 WT/DS282/1	18-02-2003		29-07-2003 墨西哥 WT/DS282/2	29-08-2003 WT/DSB/M/155	
283	欧共体—糖类出口补贴	泰国 WT/DS283/1	14-03-2003		09-07-2003 泰国 WT/DS283/2	29-08-2003 WT/DSB/M/155	
284	墨西哥—阻碍来自尼加拉瓜黑豆进口的特定措施	尼加拉瓜 WT/DS284/1	17-03-2003	美国 WT/DS284/2 加拿大 WT/DS284/3			
285	美国—影响博彩业跨境提供的措施	安提瓜和巴布达 WT/DS285/1 和 WT/DS285/1/Add. 1	13-03-2003 1-04-2003		12-06-2003 安提瓜和巴布达 WT/DS285/2	21-07-2003 WT/DSB/M/153	
286	欧共体—冷冻无骨鸡的关税分类	泰国 WT/DS286/1	25-03-2003	巴西 WT/DS286/2 美国 WT/DS286/3	27-10-2003 泰国 WT/DS286/5	21-11-2003 争端解决机构同意在 11 月 7 日成立专家组对巴西(WT/DS269/3)做出的上诉进行调查，同时也调查泰国(WT/DSB/M/15)就同一事件提出的投诉	
287	澳大利亚—进口检疫制度	欧共体 WT/DS287/1	03-04-2003	智利 WT/DS287/2 加拿大 WT/DS287/3 印度 WT/DS287/4 菲律宾 WT/DS287/5	29-08-2003 欧共体 WT/DS287/7 和 14-10-2003 WT/DS287/7/Rev. 1		09-03-2007 WT/DS287/8
288	南非—对来自土耳其毛毯的反倾销措施	土耳其 WT/DS288/1	09-04-2003				

续 表

序号	案件	请求磋商	收到磋商请求（日-月-年）	加入磋商请求	请求成立专家组（日-月-年）	专家组成立（日-月-年）	双边达成解决方案（日-月-年）
289	捷克—对来自波兰的猪肉进口的格外关税	波兰 WT/DS289/1	16-04-2003				
290	欧共体—农产品和食品的商标及地理标识保护	澳大利亚 WT/DS290/1	17-04-2003	马耳他 WT/DS290/2 保加利亚 WT/DS290/3 捷克 WT/DS290/4 塞浦路斯 WT/DS290/5 美国 WT/DS290/6 斯洛文尼亚 WT/DS290/7 新西兰 WT/DS290/8 土耳其 WT/DS290/9 墨西哥 WT/DS290/10 阿根廷 WT/DS290/11 匈牙利 WT/DS290/12 哥伦比亚 WT/DS290/13 罗马尼亚 WT/DS290/14 斯洛伐克 WT/DS290/15 台、澎、金、马单独关税区 WT/DS290/16	18-08-2003 澳大利亚 WT/DS290/18	02-10-2003 WT/DSB/M/156	
291	欧共体—影响生物科技产品审批及营销的措施	美国 WT/DS291/1	13-05-2003	秘鲁 WT/DS291/2 哥伦比亚 WT/DS291/3 墨西哥 WT/DS291/4 澳大利亚 WT/DS291/5 新西兰 WT/DS291/6 阿根廷 WT/DS291/7 巴西 WT/DS291/8 加拿大 WT/DS291/9 印度 WT/DS291/10 智利 WT/DS291/11	07-08-2003 WT/DS291/23	29-08-2003 WT/DSB/M/155	

续 表

序号	案件	请求磋商	收到磋商请求（日-月-年）	加入磋商请求	请求成立专家组（日-月-年）	专家组成立（日-月-年）	双边达成解决方案（日-月-年）
292	欧共体—影响生物科技产品审批及营销的措施	加拿大 WT/DS292/1	13-05-2003	墨西哥 WT/DS292/2 美国 WT/DS292/3 澳大利亚 WT/DS292/4 阿根廷 WT/DS292/5 巴西 WT/DS292/6 印度 WT/DS292/7 新西兰 WT/DS292/8	07-08-2003 WT/DS292/17	29-08-2003 WT/DSB/M/155	15-07-2009 WT/DS292/40
293	欧共体—影响生物科技产品批准及营销的措施	阿根廷 WT/DS293/1	14-05-2003	墨西哥 WT/DS293/2 美国 WT/DS293/3 澳大利亚 WT/DS293/4 巴西 WT/DS293/5 加拿大 WT/DS293/6 印度 WT/DS293/7 新西兰 WT/DS293/8	07-08-2003 阿根廷 WT/DS293/17	29-08-2003 WT/DSB/M/155	19-03-2010 WT/DS293/41
294	美国—计算倾销差额（归零法）的法律、规则及方法	欧共体 WT/DS294/1 和 WT/DS294/1/Add. 1	12-06-2003 08-09-2003	印度 WT/DS294/2 韩国 WT/DS294/3 日本 WT/DS294/4 墨西哥 WT/DS294/5 和 WT/DS294/6	05-02-2004 欧共体 WT/DS294/7	19-03-2004 WT/DSB/M/166	
295	墨西哥—对于牛肉及稻米反倾销措施	美国 WT/DS295/1	16-06-2003		19-09-2003 美国 WT/DS295/2		
296	美国—对于来自韩国的计算机动态随机存取存储器芯片（DRAMS）征收反补贴税调查	韩国 WT/DS296/1 和 WT/DS296/1/Add. 1	30-06-2003 18-08-2003		19-11-2003 韩国 WT/DS296/2	23-01-2004 WT/DSB/M/163	

续　表

序号	案件	请求磋商	收到磋商请求（日-月-年）	加入磋商请求	请求成立专家组（日-月-年）	专家组成立（日-月-年）	双边达成解决方案（日-月-年）
297	克罗地亚—影响活体动物及肉产品进口的措施	匈牙利 WT/DS297/1	09-07-2003				30-01-2009 WT/DS297/2
298	墨西哥—对于海关估价及其他特定用途的定价方法	危地马拉 WT/DS298/1 撤销要求磋商的请求 WT/DS298/2 （29-08-05）	22-07-2003				
299	欧共体—对来自韩国的计算机动态随机存取存储器芯片采取反补贴措施	韩国 WT/DS299/1 和 WT/DS299/1/Rev. 1/Add. 1	25-07-2003 25-08-2003		19-11-2003 韩国 WT/DS299/2	23-01-2004 WT/DSB/M/163	
300	多米尼克—影响香烟进口的措施	洪都拉斯 WT/DS300/1	28-08-2003				
301	欧共体—影响商船贸易的措施	韩国 WT/DS301/1	03-09-2003	中国 WT/DS301/2	05-02-2004 韩国 WT/DS301/3	19-03-2004 WT/DSB/M/163	
302	多米尼克—影响香烟进口和国内销售的措施	洪都拉斯 WT/DS302/1	08-10-2003	危地马拉 WT/DS302/2 尼加拉瓜 WT/DS302/3	08-12-2003 洪都拉斯 WT/DS302/5	09-01-2004 WT/DSB/M/162	
303	厄瓜多尔—对中密度板进口的保障措施	智利 WT/DS303/1	24-11-2003				
304	印度—对来自欧共体的特定产品进口的反倾销措施	欧共体 WT/DS304/1 和 Corr. 1	08-12-2003	土耳其 WT/DS304/2 台、澎、金、马单独关税区 WT/DS304/3			
305	埃及—影响纺织品及服装进口措施	美国 WT/DS305/1	23-12-2003	欧共体 WT/DS305/2			20-05-2005 WT/DS305/4
306	印度—对来自孟加拉电池采取反倾销措施	孟加拉 WT/DS306/1	28-01-2004	欧共体 WT/DS306/2			20-02-2006 WT/DS306/3
307	欧共体—对商船的补贴	韩国 WT/DS307/1	13-02-2004				
308	墨西哥—对于非酒精饮料及其他饮料征税	美国 WT/DS308/1	16-03-2004	加拿大 WT/DS308/2	10-06-2004 美国 WT/DS308/4	06-07-2004 WT/DSB/M/172	

续 表

序号	案件	请求磋商	收到磋商请求（日-月-年）	加入磋商请求	请求成立专家组（日-月-年）	专家组成立（日-月-年）	双边达成解决方案（日-月-年）
309	中国—对集成电路的增值税	美国 WT/DS309/1	18-03-2004	欧共体 WT/DS309/2 日本 WT/DS309/3 墨西哥 WT/DS309/4 台、澎、金、马单独关税区 WT/DS309/5			05-10-2005 WT/DS309/8
310	美国—国际贸易委员会对来自加拿大的硬粒赤春小麦的决定	加拿大 WT/DS310/1	08-04-2004		10-06-2004 加拿大 WT/DS310/2 On 20-07-2004 加拿大请求将成立专家组的要求从争端解决机构议程中撤出，保留其在未来会议中对该项请求的权利（WT/DSB/M/173）		
311	美国—对来自加拿大软木的反补贴税复审	加拿大 WT/DS311/1	14-04-2004				12-10-2006 WT/DS311/2 23-02-2007 WT/DS311/2/Add. 1
312	韩国—对来自印尼特定纸张征收反倾销税	印尼 WT/DS312/1	04-06-2004		16-08-2004 印尼 WT/DS312/2	27-09-2004 WT/DSB/M/176	
313	欧共体—对来自印度的扁钢和非合金钢产品采取反倾销措施	印度 WT/DS313/1	05-07-2004				22-10-2004 WT/DS313/2
314	墨西哥—对来自欧共体的橄榄油采取临时反补贴措施	欧共体 WT/DS314/1	18-08-2004				

续 表

序号	案件	请求磋商	收到磋商请求（日-月-年）	加入磋商请求	请求成立专家组（日-月-年）	专家组成立（日-月-年）	双边达成解决方案（日-月-年）
315	欧共体—特定海关措施	美国 WT/DS315/1	21-09-2004	澳大利亚 WT/DS315/2 日本 WT/DS315/3 巴西 WT/DS315/4 阿根廷 WT/DS315/5 台、澎、金、马单独关税区 WT/DS315/6 印度 WT/DS315/7	13-01-2005 美国 WT/DS315/8	21-03-2005 WT/DSB/M/186	
316	欧共体及其某些成员国—影响大型民用航空器贸易的措施	美国 WT/DS316/1 WT/DS316/1/Add. 1 06-10-2004 31-01-2006			31-05-2005 美国 WT/DS316/2 11-04-2006 美国 WT/DS316/6	20-07-2005 WT/DSB/M/194 09-05-2006 WT/DSB/M/211 和 Corr. 1	
317	美国—影响大型民用航空器贸易的措施	欧共体 WT/DS317/1 WT/DS317/1/Add. 1	06-10-2004 27-06-2005		31-05-2005 欧共体 WT/DS317/2 20-01-2006 欧共体 WT/DS317/5	20-07-2005 WT/DSB/M/194 17-02-2006 WT/DSB/M/205	
318	印度—对来自台、澎、金、马单独关税区特定产品的反倾销措施	台、澎、金、马单独关税区 WT/DS318/1	28-10-2004				
319	美国—1930 年关税法案第 776 节	欧共体 WT/DS319/1	05-11-2004				
320	美国—继续中止在荷尔蒙案件中的义务	欧共体 WT/DS320/1	08-11-2004	加拿大 WT/DS320/2 澳大利亚 WT/DS320/3 墨西哥 WT/DS320/4	13-01-2005 欧共体 WT/DS320/6	17-02-2005 WT/DSB/M/183	
321	加拿大—欧共体继续中止在荷尔蒙案件中义务	欧共体 WT/DS321/1	08-11-2004	澳大利亚 WT/DS321/2 墨西哥 WT/DS321/3 美国 WT/DS321/4	13-01-2005 欧共体 WT/DS321/6	17-02-2005 WT/DSB/M/183	

续 表

序号	案件	请求磋商	收到磋商请求（日-月-年）	加入磋商请求	请求成立专家组（日-月-年）	专家组成立（日-月-年）	双边达成解决方案（日-月-年）
322	美国—与归零法及日落复审相关的措施	日本 WT/DS322/1	24-11-2004	印度 WT/DS322/2 挪威 WT/DS322/3 阿根廷 WT/DS322/4 台、澎、金、马单独关税区 WT/DS322/5 欧共体 WT/DS322/6 墨西哥 WT/DS322/7	04-02-2005 日本 WT/DS322/8	28-02-2005 WT/DSB/M/185	
323	日本—干紫菜和风化紫菜进口配额	韩国 WT/DS323/1	01-12-2004		04-02-2005 韩国 WT/DS323/2	21-03-2005 WT/DSB/M/186	23-01-2006 WT/DS323/5
324	美国—对来自泰国虾的临时反倾销措施	泰国 WT/DS324/1	09-12-2004	日本 WT/DS324/2 巴西 WT/DS324/3 欧共体 WT/DS324/4 中国 WT/DS324/5 印度 WT/DS324/6 厄瓜多尔 WT/DS324/7			
325	美国—对来自墨西哥的不锈钢的反倾销措施	墨西哥 WT/DS325/1	05-01-2005	日本 WT/DS325/2 欧共体 WT/DS325/3			
326	欧共体—对于鲑鱼的保障措施	智利 WT/DS326/1 撤回磋商请求 WT/DS326/4 (12-05-05)	08-02-2005	挪威 WT/DS326/2			
327	埃及—对来自巴基斯坦火柴的反倾销措施	巴基斯坦 WT/DS327/1	21-02-2005		09-06-2005 巴基斯坦 WT/DS327/2	20-07-2005 WT/DSB/M/194	27-03-2006 WT/DS327/3
328	欧共体—对于鲑鱼的保障措施	挪威 WT/DS328/1	01-03-2005	智利 WT/DS328/2			
329	巴拿马—对于特定奶类产品的关税分类	墨西哥 WT/DS329/1	16-03-2005				20-09-2005 WT/DS329/2

续 表

序号	案件	请求磋商	收到磋商请求（日-月-年）	加入磋商请求	请求成立专家组（日-月-年）	专家组成立（日-月-年）	双边达成解决方案（日-月-年）
330	阿根廷—对于橄榄油、面筋及桃子的反补贴税	欧共体 WT/DS330/1	29-04-2005				
331	墨西哥—对来自危地马拉的钢管征收反倾销税	危地马拉 WT/DS331/1	17-06-2005		06-02-2006 危地马拉 WT/DS331/2	17-03-2006 WT/DSB/M/207	
332	巴西—影响翻新轮胎进口的措施	欧共体 WT/DS332/1	20-06-2005	阿根廷 WT/DS332/2	17-11-2005 欧共体 WT/DS332/4	20-01-2006 WT/DSB/M/203	
333	多米尼克—影响从哥斯达黎加进口的外汇费用	哥斯达黎加 WT/DS333/1	12-09-2005	危地马拉 WT/DS333/2 萨尔瓦多 WT/DS333/3			
334	土耳其—影响稻米进口的措施	美国 WT/DS334/1	02-11-2005	澳大利亚 WT/DS334/2 泰国 WT/DS334/3	06-02-2006 美国 WT/DS334/4	17-03-2006 WT/DSB/M/207	
335	美国—对来自厄瓜多尔的虾的反倾销措施	厄瓜多尔 WT/DS335/1	17-11-2005	欧共体 WT/DS335/2 印度 WT/DS335/3 巴西 WT/DS335/4 泰国 WT/DS335/5	08-06-2006 厄瓜多尔 WT/DS335/6	19-07-2006 WT/DSB/M/217	
336	日本—对来自韩国的计算机动态随机存取存储器芯片的反补贴措施	韩国 WT/DS336/1	14-03-2006	美国 WT/DS336/2 欧共体 WT/DS336/3	18-05-2006 韩国 WT/DS336/5	19-06-2006 WT/DSB/M/215	
337	欧共体—对来自挪威的养殖鲑鱼的反倾销措施	挪威 WT/DS337/1 和 WT/DS337/1/Add.1	17-03-2006 27-03-2006		29-05-2006 挪威 WT/DS337/2	22-06-2006 WT/DSB/M/210	
338	加拿大—对来自美国谷物玉米征收临时的反倾销税和反补贴税	美国 WT/DS338/1	17-03-2006				

续 表

序号	案件	请求磋商	收到磋商请求（日-月-年）	加入磋商请求	请求成立专家组（日-月-年）	专家组成立（日-月-年）	双边达成解决方案（日-月-年）
339	中国—影响汽车零部件进口的措施	欧共体 WT/DS339/1	30-03-2006	美国 WT/DS339/2 日本 WT/DS339/3 澳大利亚 WT/DS339/4 墨西哥 WT/DS339/5 加拿大 WT/DS339/6	15-09-2006 欧共体 WT/DS339/8	26-10-2006 WT/DSB/M/221	
340	中国—影响汽车零部件进口的措施	美国 WT/DS340/1	30-03-2006	日本 WT/DS340/2 欧共体 WT/DS340/3 澳大利亚 WT/DS340/4 墨西哥 WT/DS340/5 加拿大 WT/DS340/6	15-09-2006 美国 WT/DS340/8	26-10-2006 WT/DSB/M/221	
341	墨西哥—对来自欧共体的橄榄油采取反补贴措施	欧共体 WT/DS341/1	31-03-2006		07-12-2006 欧共体 WT/DS341/2	23-01-2007 WT/DSB/M/225	
342	中国—影响汽车零部件进口的措施	加拿大 WT/DS342/1	13-04-2006	美国 WT/DS342/2 澳大利亚 WT/DS342/3 日本 WT/DS342/4 欧共体 WT/DS342/5 墨西哥 WT/DS342/6	15-09-2006 加拿大 WT/DS342/8	26-10-2006 WT/DSB/M/221	
343	美国—影响来自泰国虾的措施	泰国 WT/DS343/1 和 Corr. 2	24-04-2006	印度 WT/DS343/2 日本 WT/DS343/3 巴西 WT/DS343/4 中国 WT/DS343/5	15-09-2006 泰国 WT/DS343/7	26-10-2006 WT/DSB/M/221	

续 表

序号	案件	请求磋商	收到磋商请求（日-月-年）	加入磋商请求	请求成立专家组（日-月-年）	专家组成立（日-月-年）	双边达成解决方案（日-月-年）
344	美国—对来自墨西哥不锈钢的反倾销措施	墨西哥 WT/DS344/1	26-05-2006	日本 WT/DS344/2	12-10-2006 墨西哥 WT/DS344/4	26-10-2006 WT/DSB/M/221	
345	美国—涉及反倾销及反补贴税的商品海关保证金	印度 WT/DS345/1	06-06-2006	泰国 WT/DS345/2 中国 WT/DS345/3 巴西 WT/DS345/4	13-10-2006 印度 WT/DS345/6	21-11-2006 WT/DSB/M/222	
346	美国—对来自阿根廷的工业用管材的反倾销行政复审	阿根廷 WT/DS346/1	20-06-2006				
347	欧共体及其某些成员国—影响大型民用航空器贸易的措施（二诉）	美国 WT/DS347/1	31-01-2006		11-04-2006 美国 WT/DS347/3	09-05-2006 WT/DSB/M/211 和 Corr. 1 根据 DSU 第 12.12 条 2007 年 10 月 7 日专家组解散	
348	哥伦比亚—来自巴拿马特定产品进口的海关措施	巴拿马 WT/DS348/1	20-07-2006	危地马拉 WT/DS348/2 中国 WT/DS348/3 菲律宾 WT/DS348/4 中国香港 WT/DS348/5 巴基斯坦 WT/DS348/6 WT/DS348/7 泰国 WT/DS348/8			01-12-2006 WT/DS348/10
349	欧共体—影响新鲜及冷藏大蒜的关税配额措施	阿根廷 WT/DS349/1	06-09-2006				
350	美国—继续使用归零法	欧共体 WT/DS350/1 和 WT/DS350/1/Add.1	02-10-2006 09-10-2006	日本 WT/DS350/2 泰国 WT/DS350/3 巴西 WT/DS350/4 印度 WT/DS350/5	10-05-2007 欧共体 WT/DS350/6	04-06-2007 WT/DSB/M/233	
351	智利—对于特定奶制品的临时保障措施	阿根廷 WT/DS351/1	25-10-2006		8-03-2007 阿根廷 WT/DS351/2 WT/DS356/2	24-04-2007 WT/DSB/M/230	

续 表

序号	案件	请求磋商	收到磋商请求（日-月-年）	加入磋商请求	请求成立专家组（日-月-年）	专家组成立（日-月-年）	双边达成解决方案（日-月-年）
352	印度—影响来自欧共体葡萄酒和烈性酒进口和销售的措施	欧共体 WT/DS352/1	20-11-2006	美国 WT/DS352/2 澳大利亚 WT/DS352/3	23-03-2007 欧共体 WT/DS352/4	24-04-2007 WT/DSB/M/230 17-07-2008 建立专家组的授权取消（WT/DS352/7）	
353	美国—影响大型民用航空器贸易的措施（二诉）	欧共体 WT/DS353/1 WT/DS317/1/Add. 2			欧共体 WT/DS353/2/Corr. 1 WT/DS317/5/Add. 1/Corr. 1		
354	加拿大—对葡萄酒和啤酒的税收减免	欧共体 WT/DS354/1	29-11-2006				17-12-2008 WT/DS354/2
355	巴西—对产自阿根廷特定树脂征收反倾销税	阿根廷 WT/DS355/1	26-12-2006		07-06-2007 阿根廷 WT/DS355/2	24-07-2007 WT/DSB/M/236 05-02-2009 建立专家组的授权取消 WT/DS355/6	
356	智利—对特定奶制品实施保障措施	阿根廷 WT/DS356/1	28-12-2006		8-03-2007 阿根廷 WT/DS351/2 WT/DS356/2	24-04-2007 WT/DSB/M/230	
357	美国—对玉米和其他农产品的补贴和国内支持	加拿大 WT/DS357/1	08-01-2007	澳大利亚 WT/DS357/2 危地马拉 WT/DS357/3 巴西 WT/DS357/4 阿根廷 WT/DS357/5 欧共体 WT/DS357/6 乌拉圭 WT/DS357/7 尼加拉瓜 WT/DS357/8 泰国 WT/DS357/9	07-06-2007 加拿大 WT/DS357/11 15-11-2007 撤回请求 WT/DS357/13 08-11-2007 加拿大 WT/DS357/12 和 Corr. 1	17-12-2007 WT/DSB/M/243	

续 表

序号	案件	请求磋商	收到磋商请求（日-月-年）	加入磋商请求	请求成立专家组（日-月-年）	专家组成立（日-月-年）	双边达成解决方案（日-月-年）
358	中国—国内税收和其他支付的退还、抵免、减免措施	美国 WT/DS358/1 WT/DS358/1/Add. 1	02-02-2007 27-04-2007	欧共体 WT/DS358/2 澳大利亚 WT/DS358/3 日本 WT/DS358/4 墨西哥 WT/DS358/5 墨西哥 WT/DS358/7 欧共体 WT/DS358/8 澳大利亚 WT/DS358/9 日本 WT/DS358/10 加拿大 WT/DS358/11	12-07-2007 美国 WT/DS358/13	31-08-2007 WT/DSB/M/238	
359	中国—国内税收和其他支付的退还、抵免、减免措施	墨西哥 WT/DS359/1 WT/DS359/1/Add. 1	26-02-2007 04-05-2007	欧共体 WT/DS359/2 澳大利亚 WT/DS359/3 日本 WT/DS359/4 美国 WT/DS359/5 澳大利亚 WT/DS359/7 欧共体 WT/DS359/8 加拿大 WT/DS359/9 日本 WT/DS359/10 美国 WT/DS359/11	12-07-2007 墨西哥 WT/DS359/13	31-08-2007 WT/DSB/M/238	
360	印度—对来自美国的进口产品征收“附加税”和“超额附加税”	美国 WT/DS360/1	06-03-2007	欧共体 WT/DS360/2 澳大利亚 WT/DS360/3	24-05-2007 美国 WT/DS360/5	20-06-2007 WT/DSB/M/234	
361	欧共体—香蕉进口制度	哥伦比亚 WT/DS361/1	21-03-2007				

续 表

序号	案件	请求磋商	收到磋商请求（日-月-年）	加入磋商请求	请求成立专家组（日-月-年）	专家组成立（日-月-年）	双边达成解决方案（日-月-年）
362	中国—影响知识产权保护和执法的措施	美国 WT/DS362/1	10-04-2007	日本 WT/DS362/2 欧共体 WT/DS362/3 加拿大 WT/DS362/4 墨西哥 WT/DS362/5	21-08-2007 美国 WT/DS362/7	25-09-2007 WT/DSB/M/239	
363	中国—影响某些出版物和视听娱乐产品贸易权和分销权的措施	美国 WT/DS363/1 WT/DS363/1/Add.1	10-04-2007 10-07-2007	欧共体 WT/DS363/2 欧共体 WT/DS363/4	10-10-2007 美国 WT/DS363/5	27-11-2007 WT/DSB/M/242	
364	欧共体—香蕉进口制度	巴拿马 WT/DS364/1	22-06-2007				
365	美国—对农产品的国内支持和出口信贷担保	巴西 WT/DS365/1	11-07-2007	加拿大 WT/DS365/2 危地马拉 WT/DS365/3 哥斯达黎加 WT/DS365/4 欧共体 WT/DS365/5 墨西哥 WT/DS365/6 澳大利亚 WT/DS365/7 阿根廷 WT/DS365/8 泰国 WT/DS365/9 印度 WT/DS365/10 尼加拉瓜 WT/DS365/11	08-11-2007 巴西 WT/DS365/13		17-12-2007 WT/DSB/M/243
366	哥伦比亚—指示性价格和入境港口的限制	巴拿马 WT/DS366/1	12-07-2007	危地马拉 WT/DS366/2 洪都拉斯 WT/DS366/3 台、澎、金、马单独关税区 WT/DS366/4	14-09-2007 巴拿马 WT/DS366/6		22-10-2007 WT/DSB/M/241

续 表

序号	案件	请求磋商	收到磋商请求（日-月-年）	加入磋商请求	请求成立专家组（日-月-年）	专家组成立（日-月-年）	双边达成解决方案（日-月-年）
367	澳大利亚—影响来自新西兰苹果进口的措施	新西兰 WT/DS367/1	31-08-2007	欧共体 WT/DS367/2 美国 WT/DS367/3	06-12-2007 新西兰 WT/DS367/5		21-01-2008 WT/DSB/M/245
368	美国—对来自中国的铜版纸征收临时反倾销和反补贴税	中国 WT/DS368/1	14-09-2007				
369	欧共体—禁止海豹产品进口和销售的措施	加拿大 WT/DS369/1	25-09-2007				
370	泰国—对来自欧共体特定商品的海关估价制度	欧共体 WT/DS370/1	25-01-2008	菲律宾 WT/DS370/2 美国 WT/DS370/3			
371	泰国—对来自菲律宾烟草所采取的海关和财政措施	菲律宾 WT/DS371/1	07-02-2008	欧共体 WT/DS371/2	29-09-2008 菲律宾 WT/DS371/3		17-11-2008 WT/DSB/M/259
372	中国—影响金融信息服务和外资金融信息服务提供商的措施	欧共体 WT/DS372/1	03-03-2008	美国 WT/DS372/2			
373	中国—影响金融信息服务和外资金融信息服务提供商的措施	美国 WT/DS373/1	03-03-2008	欧共体 WT/DS373/2			
374	南非—对未涂层纸采取反倾销措施	印尼 WT/DS374/1 撤回磋商请求 WT/DS374/2（2008年11月20日）	09-05-2008				
375	欧共体及其成员国—对特定信息技术产品的关税措施	美国 WT/DS375/1	28-05-2008	泰国 WT/DS375/2 日本 WT/DS375/3 新加坡 WT/DS375/4 菲律宾 WT/DS375/5 台、澎、金、马单独关税区 WT/DS375/6 中国 WT/DS375/7	18-08-2008 美国 WT/DS375/8 WT/DS376/8 WT/DS377/6		23-09-2008 WT/DSB/M/256

续 表

序号	案件	请求磋商	收到磋商请求（日-月-年）	加入磋商请求	请求成立专家组（日-月-年）	专家组成立（日-月-年）	双边达成解决方案（日-月-年）
376	欧共体及其成员国—对特定信息技术产品的关税措施	日本 WT/DS376/1	28-05-2008	泰国 WT/DS376/2 台、澎、金、马单独关税区 WT/DS376/3 新加坡 WT/DS376/4 菲律宾 WT/DS376/5 美国 WT/DS376/6 中国 WT/DS376/7	18-08-2008 日本 WT/D376/8 WT/DS375/8 WT/DS377/6	23-09-2008 WT/DSB/M/256	
377	欧共体及其成员国—对特定信息技术产品的关税措施	台、澎、金、马单独关税区 WT/DS377/1	12-06-2008	美国 WT/DS377/2 中国 WT/DS377/3 日本 WT/DS377/4	18-08-2008 台、澎、金、马单独关税区 WT/DS377/6 WT/DS375/8 WT/DS376/8	23-09-2008 WT/DSB/M/256	
378	中国—影响金融信息服务和外资金融信息服务提供商的措施	加拿大 WT/DS378/1	20-06-2008	美国 WT/DS378/2			
379	美国—对来自中国的特定产品征收反倾销税和反补贴税	中国 WT/DS379/1	19-09-2008		09-12-2008 中国 WT/DS379/2	20-01-2009 WT/DSB/M/263	
380	印度—对进口葡萄酒与烈酒采取的某些税收和其他措施	欧共体 WT/DS380/1 WT/DS380/1/Add. 1 WT/DS380/1/Add. 2	22-09-2008 15-12-2008 04-05-2009	澳大利亚 WT/DS380/2 美国 WT/DS380/3 美国 WT/DS380/4 美国 WT/DS380/5			
381	美国—对金枪鱼和金枪鱼产品的进口、营销和销售采取的措施	墨西哥 WT/DS381/1	24-10-2008	欧共体 WT/DS381/2 澳大利亚 WT/DS381/3	09-03-2009 墨西哥 WT/DS381/4	20-04-2009 WT/DSB/M/267	
382	美国—对从巴西进口的特定橙汁采取的反倾销行政复审和其他措施	巴西 WT/DS382/1 WT/DS382/1/Add. 1	27-11-2008 22-05-2009	日本 WT/DS382/2 日本 WT/DS382/3	20-08-2009 巴西 WT/DS382/4	25-09-2009 WT/DSB/M/274	
383	美国—对从泰国进口的聚乙烯包装袋采取的反倾销措施	泰国 WT/DS383/1	26-11-2008		09-03-2009 泰国 WT/DS383/2	20-03-2009 WT/DSB/M/266	

续 表

序号	案件	请求磋商	收到磋商请求（日-月-年）	加入磋商请求	请求成立专家组（日-月-年）	专家组成立（日-月-年）	双边达成解决方案（日-月-年）
384	美国—对特定国家原产地标签要求	加拿大 WT/DS384/1 WT/DS384/1/Add. 1	01-12-2008 07-05-2009	尼加拉瓜 WT/DS384/2 墨西哥 WT/DS384/3 墨西哥 WT/DS384/5 秘鲁 WT/DS384/6	07-10-2009 加拿大 WT/DS384/8	19-11-2009 WT/DSB/M276	
385	欧共体—对从印度进口的聚对苯二甲酸乙二醇酯（PET）征收反倾销和反补贴税的期终复审	印度 WT/DS385/1	04-12-2008				
386	美国—对特定国家原产地标签要求	墨西哥 WT/DS386/1 WT/DS386/1/Add. 1	17-12-2008 07-05-2009	加拿大 WT/DS386/2 加拿大 WT/DS386/4 秘鲁 WT/DS386/5	13-10-2009 墨西哥 WT/DS386/7 和 Corr. 1	19-11-2009 WT/DSB/M/276	
387	中国—援助、贷款和其他鼓励措施	美国 WT/DS387/1	19-12-2008	墨西哥 WT/DS387/2 欧共体 WT/DS387/3 加拿大 WT/DS387/4 澳大利亚 WT/DS387/5 土耳其 WT/DS387/6 哥伦比亚 WT/DS387/7 危地马拉 WT/DS387/8 厄瓜多尔 WT/DS387/9 新西兰 WT/DS387/10			

续 表

序号	案件	请求磋商	收到磋商请求（日-月-年）	加入磋商请求	请求成立专家组（日-月-年）	专家组成立（日-月-年）	双边达成解决方案（日-月-年）
388	中国—援助、贷款和其他鼓励措施	墨西哥 WT/DS388/1	19-12-2008	欧共体 WT/DS388/2 加拿大 WT/DS388/3 澳大利亚 WT/DS388/4 土耳其 WT/DS388/5 美国 WT/DS388/6 哥伦比亚 WT/DS388/7 危地马拉 WT/DS388/8 厄瓜多尔 WT/DS388/9 新西兰 WT/DS388/10			
389	欧共体—对从美国进口的鸡肉及其产品采取的特定措施	美国 WT/DS389/1	16-01-2009	澳大利亚 WT/DS389/2	08-10-2009 美国 WT/DS389/4	19-11-2009 WT/DSB/M/276	
390	中国—援助、贷款和其他鼓励措施	危地马拉 WT/DS390/1	19-01-2009	欧共体 WT/DS390/2 澳大利亚 WT/DS390/3 墨西哥 WT/DS390/4 美国 WT/DS390/5 土耳其 WT/DS390/6 厄瓜多尔 WT/DS390/7 哥伦比亚 WT/DS390/8 加拿大 WT/DS390/9 新西兰 WT/DS390/10			
391	韩国—对从加拿大进口牛肉及其产品采取的措施	加拿大 WT/DS391/1	09-04-2009	欧共体 WT/DS391/2	09-07-2009 加拿大 WT/DS391/3		31-08-2009 WT/DSB/M/273
392	美国—对从中国进口的鸡肉采取的特定措施	中国 WT/DS392/1	17-04-2009		23-06-2009 中国 WT/DS392/2		31-07-2009 WT/DSB/M/272

续 表

序号	案件	请求磋商	收到磋商请求（日-月-年）	加入磋商请求	请求成立专家组（日-月-年）	专家组成立（日-月-年）	双边达成解决方案（日-月-年）
393	智利—对从阿根廷进口面粉采取的反倾销措施	阿根廷 WT/DS393/1	14-05-2009				
394	中国—与限制原材料出口有关的措施	美国 WT/DS394/1	23-06-2009	欧共体 WT/DS394/2 土耳其 WT/DS394/3 加拿大 WT/DS394/4 墨西哥 WT/DS394/5	04-11-2009 美国 WT/DS394/7	21-12-2009 WT/DSB/M/277	
395	中国—与限制原材料出口有关的措施	欧共体 WT/DS395/1	23-06-2009	土耳其 WT/DS395/2 美国 WT/DS395/3 加拿大 WT/DS395/4 墨西哥 WT/DS395/5	04-11-2009 欧共体 WT/DS395/7	21-12-2009 WT/DSB/M/277	
396	菲律宾—对蒸馏酒征收国内税	欧共体 WT/DS396/1	29-07-2009	美国 WT/DS396/2	10-12-2009 欧盟 WT/DS396/4	19-01-2010 WT/DSB/M/278	
397	欧共体—对从中国进口的钢铁紧固件采取最终反倾销措施	中国 WT/DS397/1	31-07-2009		12-10-2009 中国 WT/DS397/3	23-10-2009 WT/DSB/M/275	
398	中国—与限制原材料出口有关的措施	墨西哥 WT/DS398/1	21-08-2009	欧共体 WT/DS398/2 美国 WT/DS398/3 哥伦比亚 WT/DS398/4 加拿大 WT/DS398/5	04-11-2009 墨西哥 WT/DS398/6	21-12-2009 WT/DSB/M/277	
399	美国—对从中国进口汽车轮胎采取的限制措施	中国 WT/DS399/1	14-09-2009		09-12-2009 中国 WT/DS399/2	19-01-2010 WT/DSB/M/278	
400	欧共体—限制海豹产品进口及营销的限制措施	加拿大 WT/DS400/1 WT/DS400/1 /Add. 1	02-11-2009 18-10-2010	冰岛 WT/DS400/2 挪威 WT/DS400/3			
401	欧共体—限制海豹产品进口及营销的限制措施	挪威 WT/DS401/1 WT/DS401/1 /Add. 1	05-11-2009 19-10-2010	冰岛 WT/DS401/2 加拿大 WT/DS401/3 加拿大 WT/DS401/4			

续 表

序号	案件	请求磋商	收到磋商请求（日-月-年）	加入磋商请求	请求成立专家组（日-月-年）	专家组成立（日-月-年）	双边达成解决方案（日-月-年）
402	美国—对自韩国产品的反倾销措施适用归零法	韩国 WT/DS402/1	24-11-2009	日本 WT/DS402/2	08-04-2010 韩国 WT/DS402/3	18-05-2010 WT/DSB/M/283	
403	菲律宾—对蒸馏酒精征税	美国 WT/DS403/1	14-01-2010	欧盟 WT/DS403/2	26-03-2010 美国 WT/DS403/4	20-04-2010 争端解决机构同意在2010年1月19日会议上成立专家组来调查欧盟提请的上诉，同时也就美国提请的类似案件上诉做相应调查 WT/DSB/M/282	
404	美国—对自越南进口的虾采取反倾销措施	越南 WT/DS404/1	01-02-2010	日本 WT/DS404/2 欧盟 WT/DS404/3 泰国 WT/DS404/4	07-04-2020 越南 WT/DS404/5	18-05-2010 WT/DSB/M/283	
405	欧盟—对自中国进口的鞋采取反倾销措施	中国 WT/DS405/1	04-02-2010		08-04-2010 中国 WT/DS405/2	18-05-2010 WT/DSB/M/283	
406	美国—影响丁香香烟生产和销售的措施	印尼 WT/DS406/1	07-04-2010		09-06-2010 印尼 WT/DS406/2	20-07-2010 WT/DSB/M/285	
407	中国—对自欧盟的钢铁紧固件征收临时反倾销税	欧盟 WT/DS407/1	07-05-2010				
408	欧盟及其成员—运输中的癫痫仿制药	印度 WT/DS408/1	11-05-2010	加拿大 WT/DS408/2 巴西 WT/DS408/3 厄瓜多尔 WT/DS408/4 土耳其 WT/DS408/5 中国 WT/DS408/6 日本 WT/DS408/7			

续 表

序号	案件	请求磋商	收到磋商请求（日-月-年）	加入磋商请求	请求成立专家组（日-月-年）	专家组成立（日-月-年）	双边达成解决方案（日-月-年）
409	欧盟及其成员—运输中的癫痫仿制药	巴西 WT/DS409/1	12-05-2010	加拿大 WT/DS409/2 厄瓜多尔 WT/DS409/3 印度 WT/DS409/4 土耳其 WT/DS409/5 中国 WT/DS409/6 日本 WT/DS409/7			
410	阿根廷—对来自秘鲁的紧固件及链条实施反倾销措施	秘鲁 WT/DS410/1	19-05-2010				
411	亚美尼亚—影响香烟和酒精输入和进口的措施	乌克兰 WT/DS411/1	20-07-2010		06-10-2010 乌克兰 WT/DS411/2 /Rev. 1		
412	加拿大—影响再生能源部门的措施	日本 WT/DS412/1	13-09-2010	美国 WT/DS412/2 欧盟 WT/DS412/3			
413	中国—影响电子支付服务的措施	美国 WT/DS413/1	15-09-2010				
414	中国—对自美国进口的取向电工钢征收反补贴税和反倾销税	美国 WT/DS414/1	15-09-2010				
415	多米尼克—聚丙烯管状织物包装袋进口的保障措施	哥斯达黎加 WT/DS415/1	15-10-2010	巴拿马 WT/DS415/2 萨尔瓦多 WT/DS415/3 洪都拉斯 WT/DS415/4 危地马拉 WT/DS415/5			
416	多米尼克—聚丙烯管状织物包装袋进口的保障措施	危地马拉 WT/DS416/1	15 10 2010	巴拿马 WT/DS416/2 哥斯达黎加 WT/DS416/3 厄瓜多尔 WT/DS416/4 洪都拉斯 WT/DS416/5			

续 表

序号	案件	请求磋商	收到磋商请求（日-月-年）	加入磋商请求	请求成立专家组（日-月-年）	专家组成立（日-月-年）	双边达成解决方案（日-月-年）
417	多米尼克—聚丙烯管状织物包装袋进口的保障措施	洪都拉斯 WT/DS417/1	18-10-2010	巴拿马 WT/DS417/2 和 Corr. 1 哥斯达黎加 WT/DS417/3 萨尔瓦多 WT/DS417/4 危地马拉 WT/DS417/5			
418	多米尼克—聚丙烯管状织物包装袋进口的保障措施	萨尔瓦多 WT/DS418/1	19-10-2010	巴拿马 WT/DS418/2 哥斯达黎加 WT/DS418/3 洪都拉斯 WT/DS418/4 危地马拉 WT/DS418/5			
419	中国—有关风能设备的措施	美国 WT/DS419/1	22-12-2010	欧盟 WT/DS419/2 日本 WT/DS419/3			
420	美国—对自韩国进口的耐腐蚀碳钢板采取反倾销措施	韩国 WT/DS420/1	31-01-2011	日本 WT/DS420/2 墨西哥 WT/DS420/3	15-09-2011 韩国 WT/DS420/4		
421	摩尔多瓦—影响货物进口及国内销售的措施（环保税）	乌克兰 WT/DS421/1	17-02-2011	欧盟 WT/DS421/2	12-05-2011 乌克兰 WT/DS421/4	17-06-2011 WT/DSB/M/298	
422	美国—对自中国进口的冷冻暖水虾采取反倾销措施	中国 WT/DS422/1 WT/DS422/1/Add. 1	28-02-2011 27-07-2011	日本 WT/DS422/2			
423	乌克兰—蒸馏酒征税	摩尔多瓦 WT/DS423/1	02-03-2011	欧盟 WT/DS423/2	01-06-2011 摩尔多瓦 WT/DS423/4		20-07-2011 WT/DSB/M/300
424	美国—对自意大利进口的不锈钢薄板和卷材采取反倾销措施	欧盟 WT/DS424/1	01-04-2011	日本 WT/DS424/2			
425	中国—对从欧盟进口的X射线安全检查设备征收最终反倾销税	欧盟 WT/DS425/1	25-07-2011				

续 表

序号	案件	请求磋商	收到磋商请求（日-月-年）	加入磋商请求	请求成立专家组（日-月-年）	专家组成立（日-月-年）	双边达成解决方案（日-月-年）
426	加拿大—上网电价补贴计划相关措施	欧盟 WT/DS426/1 WT/DS426/1/Add.1	11-08-2011 22-08-2011	美国 WT/DS426/2 日本 WT/DS426/3			
427	中国—对自美国的白羽肉鸡产品采取反倾销和反补贴措施	美国 WT/DS427/1	20-09-2011				

第 二 部 分

散发及通过专家组及上诉机构报告

序号	案件	专家组成立（日-月-年）	散发专家组报告（日-月-年）	通知上诉（日-月-年）	通过专家组报告（日-月-年）	散发上诉机构报告（日-月-年）	通过上诉机构报告（日-月-年）
1	美国—精炼及传统汽油标准	10-04-1995 委内瑞拉 WT/DS2 31-05-1995 巴西 WT/DS4	29-01-1996 WT/DS2/R	21-02-1996 美国 WT/DS2/6	20-05-1996 WT/DS2/9	29-04-1996 WT/DS2/AB/R	20-05-1996 WT/DS2/9
2	日本—对酒精饮料征税	27-09-1995 欧共体 WT/DS8 加拿大 WT/DS10 美国 WT/DS11	11-07-1996 WT/DS8/R WT/DS10/R WT/DS11/R	08-08-1996 日本 WT/DS8/9 WT/DS10/9 WT/DS11/6	01-11-1996 WT/DS8/11 WT/DS10/11 WT/DS11/8	04-10-1996 WT/DS8/AB/R WT/DS10/AB/R WT/DS11/AB/R	01-11-1996 WT/DS8/11 WT/DS10/11 WT/DS11/8
3	欧共体—扇贝的贸易描述	19-07-1995 加拿大 WT/DS7	05-08-1996 WT/DS7/R	N. A.	N. A.	N. A.	N. A.
4	欧共体—扇贝的贸易描述	11-10-1995 秘鲁 WT/DS12 智利 WT/DS14	05-08-1996 WT/DS12/R WT/DS14/R	N. A.	N. A.	N. A.	N. A.
5	巴西—影响可可粉的措施	05-03-1996 菲律宾 WT/DS22	17-10-1996 WT/DS22/R	16-12-1996 菲律宾 WT/DS22/8	20-03-1997 WT/DS22/11/Rev. 2	21-02-1997 WT/DS22/AB/R	20-03-1997 WT/DS22/11/Rev. 2
6	美国—对于棉质及人造纤维内衣的进口限制	05-03-1996 哥斯达黎加 WT/DS24	08-11-1996 WT/DS24/R	11-11-1996 哥斯达黎加 WT/DS24/5	25-02-1997 WT/DS24/8	10-02-1997 WT/DS24/AB/R	25-02-1997 WT/DS24/8
7	美国—影响从印度进口羊毛衬衫和女上衣进口的措施	17-04-1996 印度 WT/DS33	06-01-1997 WT/DS33/R	24-02-1997 印度 WT/DS33/3	23-05-1997 WT/DS33/5	25-04-1997 WT/DS33/AB/R 和 Corr. 1	23-05-1997 WT/DS33/5
8	加拿大—关于杂志的特定措施	19-06-1996 美国 WT/DS31	14-03-1997 WT/DS31/R 和 Corr. 1	29-04-1997 加拿大 WT/DS31/5	30-07-1997 WT/DS31/7	30-06-1997 WT/DS31/AB/R	30-07-1997 WT/DS31/7
9	欧共体—香蕉进口、销售和分销	08-05-1996 厄瓜多尔、危地马拉、洪都拉斯、墨西哥、美国 WT/DS27	22-05-1997 WT/DS27/R/ECU WT/DS27/R/GTM WT/DS27/R/HND WT/DS27/R/MEX WT/DS27/R/USA	11-06-1997 欧共体 WT/DS27/9	25-09-1997 WT/DS27/12	09-09-1997 WT/DS27/AB/R	25-09-1997 WT/DS27/12

续 表

序号	案件	专家组成立（日-月-年）	散发专家组报告（日-月-年）	通知上诉（日-月-年）	通过专家组报告（日-月-年）	散发上诉机构报告（日-月-年）	通过上诉机构报告（日-月-年）
10	欧共体—关于肉类及肉制品措施（荷尔蒙）	20-05-1996 美国 WT/DS26 16-10-1996 加拿大 WT/DS48	18-08-1997 WT/DS26/R/USA WT/DS48/R/CAN	24-09-1997 欧共体 WT/DS26/9 WT/DS48/7	13-02-1998 WT/DS26/13 WT/DS48/11	16-01-1998 WT/DS26/AB/R WT/DS48/AB/R	13-02-1998 WT/DS26/13 WT/DS48/11
11	印度—对于药品及农业化学品的专利权保护	20-11-1996 美国 WT/DS50	05-09-1997 WT/DS50/R	15-10-1997 印度 WT/DS50/6	16-01-1998 WT/DS50/9	19-12-1997 WT/DS50/AB/R	16-01-1998 WT/DS50/9
12	阿根廷—影响鞋类、纺织品、服装和其他项目的进口措施	25-02-1997 美国 WT/DS56	25-11-1997 WT/DS56/R	21-01-1998 阿根廷 WT/DS56/8	22-04-1998 WT/DS56/11	27-03-1998 WT/DS56/AB/R 20-04-1998 WT/DS56/AB/R /Corr. 1	22-04-1998 WT/DS56/11
13	欧共体—特定计算机设备的海关分类	25-02-1997 美国 WT/DS62 30-03-1997 WT/DS67 WT/DS68	05-02-1998 WT/DS62/R WT/DS67/R WT/DS68/R	24-03-1998 欧共体 WT/DS62/8 WT/DS67/6 WT/DS68/5	22-06-1998 WT/DS62/11 WT/DS64/9 WT/DS68/8	05-06-1998 WT/DS62/AB/R WT/DS67/AB/R WT/DS68/AB/R	22-06-1998 WT/DS62/11 WT/DS67/9 WT/DS68/10
14	欧共体—影响特定家禽产品进口的措施	30-07-1997 巴西 WT/DS69	12-03-1998 WT/DS69/R	29-04-1998 巴西 WT/DS69/4	23-07-1998 WT/DS69/7	13-07-1998 WT/DS69/AB/R	23-07-1998 WT/DS69/7
15	日本—对进口胶卷相纸的限制	16-10-1996 美国 WT/DS44	31-03-1998 WT/DS44/R	N. A.	22-04-1998 WT/DS44/5	N. A.	N. A.
16	美国—对特定虾及虾类产品进口限制	25-02-1997 马来西亚，泰国，巴基斯坦 10-04-1997 印度 WT/DS58	15-05-1998 WT/DS58/R 09-11-1998 WT/DS58/R/ Corr . 1	13-07-1998 美国 WT/DS58/11	06-11-1998 WT/DS58/14	12-10-1998 WT/DS58/AB/R	06-11-1998 WT/DS58/14
17	澳大利亚—影响鲑鱼进口的措施	10-04-1997 加拿大 WT/DS18	12-06-1998 WT/DS18/R 13-07-1998 WT/DS18/R/ Corr. 1	22-07-1998 澳大利亚 WT/DS18/5	06-11-1998 WT/DS18/11	20-10-1998 WT/DS18/AB/R	06-11-1998 WT/DS18/11
18	危地马拉—对来自墨西哥的波兰特水泥的反倾销调查	20-09-1997 墨西哥 WT/DS60	19-06-1998 WT/DS60/R	04-08-1998 危地马拉 WT/DS60/9	25-11-1998 WT/DS60/12	02-11-1998 WT/DS60/AB/R	25-11-1998 WT/DS60/12

续 表

序号	案件	专家组成立（日-月-年）	散发专家组报告（日-月-年）	通知上诉（日-月-年）	通过专家组报告（日-月-年）	散发上诉机构报告（日-月-年）	通过上诉机构报告（日-月-年）
19	印度尼西亚—影响汽车工业的特定措施	12-06-1998 日本 WT/DS55 WT/DS64 欧共体 WT/DS54 30-06-1997 美国 WT/DS59	02-07-1998 WT/DS54/R WT/DS55/R WT/DS59/R WT/DS64/R 和 Corr-2	N. A.	23-07-1998 WT/DS54/10 WT/DS55/10 WT/DS59/9 WT/DS64/8	N. A.	N. A.
20	印度—对于药品及农业化学品的专利权保护	16-10-1997 欧共体 WT/DS79	24-08-1998 WT/DS79/R	N. A.	22-09-1998 WT/DS79/5 和 Corr. 1	N. A.	N. A.
21	韩国—对酒精饮料征税	16-10-1997 欧共体 WT/DS75 美国 WT/DS84	17-09-1998 WT/DS75/R WT/DS84/R	20-10-1998 韩国 WT/DS75/9 WT/DS84/7	17-02-1999 WT/DS75/12 WT/DS84/10	18-01-1999 WT/DS75/AB/R WT/DS84/AB/R	17-02-1999 WT/DS75/12 WT/DS84/10
22	日本—影响农产品的措施	18-11-1997 美国 WT/DS76	27-10-1998 WT/DS76/R	24-11-1998 日本 WT/DS76/5	19-03-1999 WT/DS76/8	22-02-1999 WT/DS76/AB/R	19-03-1999 WT/DS76/8
23	美国—对来自韩国的1兆或以上的计算机动态随机存取存储器芯片征收反倾销税	16-01-1998 韩国 WT/DS99	29-01-1999 WT/DS99/R	N. A.	19-03-1999 WT/DS99/5	N. A.	N. A.
24	印度—对于农产品、纺织品和工业产品进口的数量限制	18-11-1997 美国 WT/DS90	06-04-1999 WT/DS90/R	25-05-1999 印度 WT/DS90/11	22-09-1999 WT/DS90/14	23-08-1999 WT/DS90/AB/R	22-09-1999 WT/DS90/14
25	巴西—对于航空器出口融资	23-07-1998 加拿大 WT/DS46	14-04-1999 WT/DS46/R	03-05-1999 巴西 WT/DS46/8	20-08-1999 WT/DS46/10	02-08-1999 WT/DS46/AB/R	20-08-1999 WT/DS46/10
26	加拿大—影响民用航空器措施	23-07-1998 巴西 WT/DS70	14-04-1999 WT/DS70/R	03-05-1999 加拿大 WT/DS70/4	20-08-1999 WT/DS70/6	02-08-1999 WT/DS70/AB/R	20-08-1999 WT/DS70/6
27	加拿大—影响牛奶进口及奶制品出口的措施	25-03-1998 美国 WT/DS103 新西兰 WT/DS113	17-05-1999 WT/DS103/R WT/DS113/R	15-07-1999 加拿大 WT/DS103/6 WT/DS113/6	27-10-1999 WT/DS103/11 WT/DS113/11	13-10-1999 WT/DS103/AB/R WT/DS113/AB/R	27-10-1999 WT/DS103/11 WT/DS113/11
28	澳大利亚—对于汽车皮革制造商和生产商提供的补贴	22-06-1998 美国 WT/DS126	25-05-1999 WT/DS126/R	N. A.	16-06-1999 WT/DS126/5	N. A.	N. A.

续 表

序号	案件	专家组成立（日-月-年）	散发专家组报告（日-月-年）	通知上诉（日-月-年）	通过专家组报告（日-月-年）	散发上诉机构报告（日-月-年）	通过上诉机构报告（日-月-年）
29	土耳其—对于纺织品和服装进口的限制	13-03-1998 印度 WT/DS34	31-05-1999 WT/DS34/R	26-07-1999 土耳其 WT/DS34/6	19-11-1999 WT/DS34/11	22-10-1999 WT/DS34/AB/R	19-11-1999 WT/DS34/11
30	智利—对酒精饮料征税	18-11-1997 欧共体 WT/DS87 25-03-1998 欧共体 WT/DS110	15-06-1999 WT/DS87/R WT/DS110/R	13-09-1999 智利 WT/DS87/8 WT/DS110/7	12-01-2000 WT/DS87/12 WT/DS110/11	13-12-1999 WT/DS87/AB/R WT/DS110/AB/R	12-01-2000 WT/DS87/12 WT/DS110/11
31	韩国—对于特定奶制品进口的保障措施	22-07-1998 欧共体 WT/DS98	21-06-1999 WT/DS98/R	15-09-1999 韩国 WT/DS98/7	12-01-2000 WT/DS98/10	14-12-1999 WT/DS98/AB/R	12-01-2000 WT/DS98/10
32	阿根廷—对鞋类产品进口的保障措施	23-07-1998 欧共体 WT/DS121	25-06-1999 WT/DS121/R	15-09-1999 阿根廷 WT/DS121/6 和 Corr. 1	12-01-2000 WT/DS121/9	14-12-1999 WT/DS121/AB/R	12-01-2000 WT/DS121/9
33	欧共体—影响黄油产品的措施	18-11-1997 新西兰 WT/DS72	24-11-1999 WT/DS72/R	N. A.	N. A.	N. A.	N. A.
34	美国—“海外销售公司”税收待遇	22-09-1998 欧共体 WT/DS108	08-10-1999 WT/DS108/R	26-11-1999 美国 WT/DS108/7	20-03-2000 WT/DS108/10	24-02-2000 WT/DS108/AB/R	20-03-2000 WT/DS108/10
35	美国—1974 年贸易法第 301～310 节	02-03-1999 欧共体 WT/DS152	22-12-1999 WT/DS152/R	N. A.	27-01-2000 WT/DS152/14	N. A.	N. A.
36	美国—对来自英国的热轧铅铋碳钢产品征收反补贴税	17-02-1999 欧共体 WT/DS138	23-12-1999 WT/DS138/R	27-01-2000 美国 WT/DS138/5	07-06-2000 WT/DS138/9 和 Corr. 1	10-05-2000 WT/DS138/AB/R	07-06-2000 WT/DS138/9 和 Corr. 1
37	墨西哥—对来自美国的高果糖玉米浆进行反倾销调查	25-11-1998 美国 WT/DS132 和 Corr. 1	28-01-2000 WT/DS132/R	N. A.	24-02-2000 WT/DS132/4 和 Corr. 1	N. A.	N. A.
38	加拿大—影响汽车工业的特定措施	01-02-1999 日本 WT/DS139 01-02-1999 欧共体 WT/DS142	11-02-2000 WT/DS139/R WT/DS142/R	02-03-2000 加拿大 WT/DS139/5 WT/DS142/5	19-06-2000 WT/DS139/8 WT/DS142/8	31-05-2000 WT/DS139/R WT/DS142/R	19-06-2000 WT/DS139/8 WT/DS142/8
39	加拿大—药品的专利权保护	04-02-1999 欧共体 WT/DS114	17-03-2000 WT/DS114/R	N. A.	07-04-2000 WT/DS114/0	N. A.	N. A.
40	美国—1916 年反倾销法	01-02-1999 欧共体 WT/DS136	31-03-2000 WT/DS136/R 和 Corr. 1	29-05-2000 美国 WT/DS136/5	26-09-2000 WT/DS136/8	28-08-2000 WT/DS136/AB/R	26-09-2000 WT/DS136/8

续 表

序号	案件	专家组成立（日-月-年）	散发专家组报告（日-月-年）	通知上诉（日-月-年）	通过专家组报告（日-月-年）	散发上诉机构报告（日-月-年）	通过上诉机构报告（日-月-年）
41	韩国—影响政府采购措施	16-06-1999 美国 WT/DS163	01-05-2000 WT/DS163/R	N. A.	19-06-2000 WT/DS163/7	N. A.	N. A.
42	加拿大—专利保护条款	22-09-1999 美国 WT/DS170	05-05-2000 WT/DS170/R	19-06-2000 加拿大 WT/DS170/4	12-10-2000 WT/DS170/7	18-09-2000 WT/DS170/AB/R	12-10-2000 WT/DS170/7
43	美国—1916 年反倾销法	26-07-1999 日本 WT/DS162	29-05-2000 WT/DS162/R 和 25-09-2000 Add. 1	29-05-2000 美国 WT/DS162/6	26-09-2000 WT/DS162/11	28-08-2000 WT/DS162/AB/R	26-09-2000 WT/DS162/11
44	美国—美国版权法第 110(5)节	26-05-1999 欧共体 WT/DS160	15-06-2000 WT/DS160/R	N. A.	27-07-2000 WT/DS160/8	N. A.	N. A.
45	美国—对来自欧共体特定产品的进口措施	16-06-1999 欧共体 WT/DS165	17-07-2000 WT/DS165/R 和 Add. 1	12-09-2000 欧共体 WT/DS165/10	10-01-2001 WT/DS165/13	11-12-2000 WT/DS165/AB/R	10-01-2001 WT/DS165/13
46	韩国—影响新鲜、冷藏及冷冻牛肉进口的措施	26-05-1999 美国 WT/DS161 26-07-1999 澳大利亚 WT/DS169	31-07-2000 WT/DS161/R WT/DS169/R	11-09-2000 韩国 WT/DS161/8 WT/DS169/8	10-01-2001 WT/DS161/11 WT/DS169/11	11-12-2000 WT/DS161/AB/R WT/DS169/AB/R	10-01-2001 WT/DS161/11 WT/DS169/11
47	美国—对来自欧共体面筋进口的保障措施	26-07-1999 欧共体 WT/DS166	31-07-2000 WT/DS166/R	26-09-2000 美国 WT/DS166/7	19-01-2001 WT/DS166/10	22-12-2000 WT/DS166/AB/R	19-01-2001 WT/DS166/10
48	欧共体—影响石棉及含石棉产品的措施	25-11-1998 加拿大 WT/DS135	18-09-2000 WT/DS135/R 和 Add. 1	23-10-2000 加拿大 WT/DS135/8	05-04-2001 WT/DS135/12	12-03-2001 WT/DS135/AB/R	05-04-2001 WT/DS135/12
49	危地马拉—对来自墨西哥的灰波兰特水泥采取反倾销措施	22-09-1999 墨西哥 WT/DS156	24-10-2000 WT/DS156/R	N. A.	17-11-2000 WT/DS156/4	N. A.	N. A.
50	美国—对来自韩国的不锈钢卷板和不锈钢条采取反倾销措施	19-11-1999 韩国 WT/DS179	22-12-2000 WT/DS179/R	N. A.	01-02-2001 WT/DS179/4	N. A.	N. A.
51	阿根廷—影响牛皮出口和成皮进口的措施	26-07-1999 欧共体 WT/DS155	19-12-2000 WT/DS155/R 和 Corr. 1	N. A.	16-02-2001 WT/DS155/5	N. A.	N. A.
52	欧共体—对于来自印度棉质床单进口征收反倾销税	27-10-1999 印度 WT/DS141	30-10-2000 WT/DS141/R	01-12-2000 欧共体 WT/DS141/6	12-03-2001 WT/DS141/9	01-03-2001 WT/DS141/AB/R	12-03-2001 WT/DS141/9

续 表

序号	案件	专家组成立（日-月-年）	散发专家组报告（日-月-年）	通知上诉（日-月-年）	通过专家组报告（日-月-年）	散发上诉机构报告（日-月-年）	通过上诉机构报告（日-月-年）
53	泰国—对波兰出口的铁或非合金钢的角铁、型材、轧材及工字梁的反倾销税案	19-11-1999 波兰 WT/DS122	28-09-2000 WT/DS122/R	23-10-2000 泰国 WT/DS122/4	05-04-2001 WT/DS122/7	12-03-2001 WT/DS122/AB/R	05-04-2001 WT/DS122/7
54	美国—对来自新西兰和澳大利亚的新鲜、冷藏和冷冻羔羊肉进口采取保障措施	19-11-1999 新西兰 WT/DS177 澳大利亚 WT/DS178	21-12-2000 WT/DS177/R WT/DS178/R	31-01-2001 美国 WT/DS177/7 WT/DS178/8	16-05-2001 WT/DS177/10 WT/DS178/11	01-05-2001 WT/DS177/AB/R WT/DS178/AB/R	16-05-2001 WT/DS177/10 WT/DS178/11
55	美国—对来自日本的某些热轧钢产品采取反倾销措施	20-03-2000 日本 WT/DS184	28-02-2001 WT/DS184/R	25-04-2001 美国 WT/DS184/5	23-08-2001 WT/DS184/8	24-07-2001 WT/DS184/AB/R	23-08-2001 WT/DS184/8
56	美国—对来自巴基斯坦棉纱采取过渡性保障措施	19-06-2000 巴基斯坦 WT/DS192	31-05-2001 WT/DS192/R	09-07-2001 美国 WT/DS192/4	05-11-2001 WT/DS192/7	08-10-2001 WT/DS192/AB/R	05-11-2001 WT/DS192/7
57	美国—对于作为出口限制的补贴措施	11-09-2000 加拿大 WT/DS194	29-06-2001 WT/DS194/R	N. A.	23-08-2001 WT/DS194/4	N. A.	N. A.
58	美国—1998年全面拨款法第211节	26-09-2000 欧共体 WT/DS176	06-08-2001 WT/DS176/R	04-10-2001 欧共体 WT/DS176/5	01-02-2002 WT/DS176/9	02-01-2002 WT/DS176/AB/R	01-02-2002 WT/DS176/9
59	阿根廷—影响从意大利进口地板砖的措施	17-11-2000 欧共体 WT/DS189	28-09-2001 WT/DS189/R	N. A.	05-11-2001 WT/DS189/6	N. A.	N. A.
60	美国—自韩国进口的圆焊碳质条形管的保障措施	23-10-2000 韩国 WT/DS202	29-10-2001 WT/DS202/R	19-11-2001 美国 WT/DS202/9	08-03-2002 WT/DS202/13	15-02-2002 WT/DS202/AB/R	08-03-2002 WT/DS202/13
61	印度—影响汽车部门的措施	27-07-2000 美国 WT/DS175 17-11-2000 欧共体 WT/DS146	21-12-2001 WT/DS146/R 和 Corr. 1 WT/DS175/R 和 Corr. 1	31-01-2002 印度 WT/DS146/8 WT/DS175/8	05-04-2002 WT/DS146/11 WT/DS175/11	19-03-2002 WT/DS146/AB/R WT/DS175/AB/R	05-04-2002 WT/DS146/11 WT/DS175/11
62	加拿大—地区性航空器的出口信贷保证	12-03-2001 巴西 WT/DS222	28-01-2002 WT/DS222/R 和 Corr. 1	N. A.	19-02-2002 WT/DS222/0	N. A.	N. A.
63	智利—对特定农产品相关的综合价格制度及保障措施	12-03-2001 阿根廷 WT/DS207	03-05-2002 WT/DS207/R	24-06-2002 智利 WT/DS207/5	23-10-2002 WT/DS207/8	23-09-2002 WT/DS207/AB/R	23-10-2002 WT/DS207/8
64	欧共体—沙丁鱼贸易描述	24-07-2001 秘鲁 WT/DS231	29-05-2002 WT/DS231/R 和 Corr. 1	28-06-2002 欧共体 WT/DS231/11	23-10-2002 WT/DS231/15	26-09-2002	23-10-2002 WT/DS231/15

续 表

序号	案件	专家组成立（日-月-年）	散发专家组报告（日-月-年）	通知上诉（日-月-年）	通过专家组报告（日-月-年）	散发上诉机构报告（日-月-年）	通过上诉机构报告（日-月-年）
65	美国—对来自印度的钢板采取反倾销及反补贴措施	24-07-2001 印度 WT/DS206	28-06-2002 WT/DS206/R 和 Corr. 1	N. A.	29-07-2002 WT/DS206/5	N. A.	N. A.
66	美国—对于来自德国的某些耐腐蚀碳钢板产品征收反补贴税	10-09-2001 欧共体 WT/DS213	03-07-2002 WT/DS213/R 和 Corr. 1	30-08-2002 美国 WT/DS213/6	19-12-2002 WT/DS213/9	28-11-2002 WT/DS213/AB/R 和 Corr. 1	19-12-2002 WT/DS213/9
67	美国—乌拉圭回合协议法案第129（c）（1）节	23-08-2001 加拿大 WT/DS221	15-07-2002 WT/DS221/R 和 Corr. 1	N. A.	30-08-2002 WT/DS221/7	N. A.	N. A.
68	美国—对来自欧共体某些产品采取反补贴措施	10-09-2001 欧共体 WT/DS212	31-07-2002 WT/DS212/R	09-09-2002 美国 WT/DS212/7	08-01-2003 WT/DS212/11	09-12-2002 WT/DS212/AB/R	08-01-2003 WT/DS212/11
69	埃及—对来自土耳其钢筋采取反倾销措施	20-06-2001 土耳其 WT/DS211	08-08-2002 WT/DS211/R	N. A.	01-10-2002 WT/DS211/5	N. A.	N. A.
70	美国—2000年持续性倾销及补贴补偿法案	23-08-2001 澳大利亚 巴西 智利 欧共体 印度 印尼 日本 韩国 泰国 WT/DS217 10-09-2001 加拿大 墨西哥 WT/DS234	16-09-2002 WT/DS217/R WT/DS234/R	18-10-2002 美国 WT/DS217/8 WT/DS234/16	27-01-2003 WT/DS217/11 WT/DS234/19	16-01-2003	27-01-2003 WT/DS217/11 WT/DS234/19
71	美国—对来自加拿大特定软木的初步决定	05-12-2001 加拿大 WT/DS236	27-09-2002 WT/DS236/R	N. A.	01-11-2002 WT/DS236/4	N. A.	N. A.
72	阿根廷—对于桃脯进口的保障措施	18-01-2002 智利 WT/DS238	14-02-2003 WT/DS238/R	N. A.	15-04-2003 WT/DS238/5	N. A.	N. A.
73	欧共体—对来自巴西的可锻铸铁管接头征收反倾销税	24-07-2001 巴西 WT/DS219	07-03-2003 WT/DS219/R	23-04-2003 巴西 WT/DS219/7	18-08-2003 WT/DS219/10	22-07-2003 WT/DS219/AB/R	18-08-2003 WT/DS219/10
74	阿根廷—对来自巴西的家禽征收反倾销税	17-04-2002 巴西 WT/DS241	22-04-2003 WT/DS241/R	N. A.	19-05-2003 WT/DS241/6	N. A.	N. A.

续 表

序号	案件	专家组成立（日-月-年）	散发专家组报告（日-月-年）	通知上诉（日-月-年）	通过专家组报告（日-月-年）	散发上诉机构报告（日-月-年）	通过上诉机构报告（日-月-年）
75	美国—纺织品及服装原产地证明	24-06-2002 印度 WT/DS243	20-06-2003 WT/DS243/R 和 Corr. 1	N. A.	21-07-2003 WT/DS243/8	N. A.	N. A.
76	美国—对特定钢铁产品进口采取保障措施	03-06-2002 欧共体 WT/DS248 14-06-2002 日本 WT/DS249 14-06-2002 韩国 WT/DS251 24-06-2002 中国 WT/DS252 24-06-2002 瑞士 WT/DS253 24-06-2002 挪威 WT/DS254 08-07-2002 新西兰 WT/DS258 29-07-2002 巴西 WT/DS259	11-07-2003 WT/DS248/R 和 Corr. 1 WT/DS249/R 和 Corr. 1 WT/DS251 和 Corr. 1 WT/DS252 和 Corr. 1 WT/DS253 和 Corr. 1 WT/DS254 和 Corr. 1 WT/DS254 和 Corr. 1 WT/DS258 和 Corr. 1 WT/DS259 和 Corr. 1	11-08-2003 美国 WT/DS248/17 WT/DS249/11 WT/DS251/12 WT/DS252/10 WT/DS253/10 WT/DS254/10 WT/DS258/14 WT/DS259/13	10-12-2003 WT/DS248/20 WT/DS249/14 WT/DS251/15 WT/DS252/13 WT/DS253/13 WT/DS254/13 WT/DS258/17 WT/DS259/16	10-11-2003 WT/DS248/AB/R WT/DS249/AB/R WT/DS251/AB/R WT/DS252/AB/R WT/DS253/AB/R WT/DS254/AB/R WT/DS258/AB/R WT/DS259/AB/R	10-12-2003 WT/DS248/20 WT/DS249/14 WT/DS251/15 WT/DS252/13 WT/DS253/13 WT/DS254/13 WT/DS258/17 WT/DS259/16
77	日本—影响苹果进口的措施	03-06-2002 美国 WT/DS245	15-07-2003 WT/DS245/R	28-08-2003 日本 WT/DS245/5	10-12-2003 WT/DS245/8	26-11-2003 WT/DS245/AB/R	10-12-2003 WT/DS245/8
78	美国—对来自日本的耐腐蚀碳钢板产品的反倾销税日落复审	22-05-2002 日本 WT/DS244	14-08-2003 WT/DS244/R	15-09-2003 日本 WT/DS244/7	09-01-2004 WT/DS244/10	15-12-2003 WT/DS244/AB/R	09-01-2004 WT/DS244/10
79	美国—对来自加拿大的软木最终反补贴税决定	01-10-2002 加拿大 WT/DS257	29-08-2003 WT/DS257/R 和 Corr. 1	21-10-2003 美国 WT/DS257/8	17-02-2004 WT/DS257/11	19-01-2004 WT/DS257/AB/R	17-02-2004 WT/DS257/11
80	欧共体—发展中国家优惠关税授予条件	27-01-2003 印度 WT/DS246	01-12-2003 WT/DS246/R	08-01-2004 欧共体 WT/DS246/7	20-04-2004 WT/DS246/10	07-04-2004 WT/DS246/AB/R	20-04-2004 WT/DS246/10
81	美国—对加拿大软木的国际贸易委员会调查	07-05-2003 加拿大 WT/DS277	22-03-2004 WT/DS277/R	N. A.	26-04-2004 WT/DS277/5	N. A.	N. A.
82	墨西哥—影响电信服务的措施	17-04-2002 美国 WT/DS204	02-04-2004 WT/DS204/R	N. A.	01-06-2004 WT/DS204/8	N. A.	N. A.

续 表

序号	案件	专家组成立（日-月-年）	散发专家组报告（日-月-年）	通知上诉（日-月-年）	通过专家组报告（日-月-年）	散发上诉机构报告（日-月-年）	通过上诉机构报告（日-月-年）
83	美国—对加拿大软木的最终倾销决定	08-01-2003 加拿大 WT/DS264	13-04-2004 WT/DS264/R	13-05-2004 美国 WT/DS264/6	31-08-2004 WT/DS264/9	11-08-2004 WT/DS264/AB/R	31-08-2004 WT/DS264/9
84	加拿大—关于小麦出口和谷物进口的措施	31-03-2003 美国 WT/DS276	06-04-2004 WT/DS276/R	01-06-2004 美国 WT/DS276/15	27-09-2004 WT/DS276/18	30-08-2004 WT/DS276/AB/R	27-09-2004 WT/DS276/18
85	美国—对来自阿根廷石油工业用管材的反倾销措施日落复审	19-05-2003 阿根廷 WT/DS268	16-07-2004 WT/DS268/R	31-08-2004 美国 WT/DS268/5	17-12-2004 WT/DS268/8	29-11-2004 WT/DS268/AB/R	17-12-2004 WT/DS268/8
86	美国—陆地棉补贴	18-03-2003 巴西 WT/DS267	08-09-2004 WT/DS267/R 和 Corr. 1	18-10-2004 美国 WT/DS267/17	21-03-2005 WT/DS267/20	03-03-2005 WT/DS267/AB/R	21-03-2005 WT/DS267/20
87	韩国—影响商船贸易的措施	21-07-2003 欧共体 WT/DS273	07-03-2005 WT/DS273/R	N. A.	11-04-2005 WT/DS273/8	N. A.	N. A.
88	欧共体—农产品和食品的商标及地理标识保护	02-10-2003 美国 WT/DS174 澳大利亚 WT/DS290	15-03-2005 WT/DS174/R 和 Add. 1，2&3 WT/DS290/R 和 Add. 1，2&3	N. A.	20-04-2005 WT/DS174/23 WT/DS290/21	N. A.	N. A.
89	美国—影响博彩业跨境交付的措施	21-07-2003 安提瓜和巴布达 WT/DS285	10-11-2004 WT/DS285/R	07-01-2005 美国 WT/DS285/6	20-04-2005 WT/DS285/10	07-04-2005 WT/DS285/AB/R	20-04-2005 WT/DS285/10
90	欧共体—糖类出口补贴	29-08-2003 澳大利亚 WT/DS265 巴西 WT/DS266 泰国 WT/DS283	15-10-2004 WT/DS265/R WT/DS266/R WT/DS283/R	13-01-2005 欧共体 WT/DS265/25 WT/DS266/25 WT/DS283/6	19-05-2005 WT/DS265/29 WT/DS266/29 WT/DS283/10	28-04-2005 WT/DS265/AB/R WT/DS266/AB/R WT/DS283/AB/R	19-05-2005 WT/DS265/29 WT/DS266/29 WT/DS283/10
91	多米尼克—影响香烟进口和国内销售的措施	09-01-2004 洪都拉斯 WT/DS302	26-11-2004 WT/DS302/R	24-01-2004 多米尼克 WT/DS302/8	19-05-2005 WT/DS302/12	25-04-2005 WT/DS302/AB/R	19-05-2005 WT/DS302/12
92	欧共体—影响商船贸易的措施	19-03-2004 韩国 WT/DS301	22-04-2005 WT/DS301/R	N. A.	20-06-2005 WT/DS301/6	N. A.	N. A.
93	美国—对来自韩国的计算机动态随机存取存储器芯片进行反补贴税调查	19-11-2003 韩国 WT/DS296	21-02-2005 WT/DS296/R	29-03-2005 美国 WT/DS296/5	20-07-2005 WT/DS296/10	27-06-2005 WT/DS296/AB/R	20-07-2005 WT/DS296/10

续 表

序号	案件	专家组成立（日-月-年）	散发专家组报告（日-月-年）	通知上诉（日-月-年）	通过专家组报告（日-月-年）	散发上诉机构报告（日-月-年）	通过上诉机构报告（日-月-年）
94	欧共体—对于来自韩国的计算机动态随机存取存储器芯片采取补贴措施	23-01-2004 韩国 WT/DS299	17-06-2005 WT/DS299/R	N. A.	03-08-2005 WT/DS299/6	N. A.	N. A.
95	欧共体—冷冻无骨鸡的关税分类	07-11-2003 巴西 WT/DS269 21-11-2003 泰国 WT/DS286	30-05-2005 WT/DS269/R WT/DS286/R	13-06-2005 欧共体 WT/DS269/6 WT/DS286/8	27-09-2005 WT/DS269/10 WT/DS286/12	12-09-2005 WT/DS269/AB/R WT/DS286/AB/R	27-09-2005 WT/DS269/10 WT/DS286/12
96	墨西哥—对于牛肉和稻米的反倾销措施：针对稻米的上诉	07-11-2003 美国 WT/DS295	06-06-2005 WT/DS295/R	20-07-2005 墨西哥 WT/DS295/6	20-12-2005 WT/DS295/9	29-11-2005 WT/DS295/AB/R	20-12-2005 WT/DS295/9
97	美国—对来自墨西哥的石油工业用管材反倾销措施	29-08-2003 墨西哥 WT/DS282	20-06-2005 WT/DS282/R	04-08-2005 墨西哥 WT/DS282/6	28-11-2005 WT/DS282/10	02-11-2005 WT/DS282/AB/R	28-11-2005 WT/DS282/10
98	韩国—对来自印度尼西亚特定纸张进口征收反倾销税	27-09-2004 印尼 WT/DS312	28-10-2005 WT/DS312/R	N. A.	28-11-2005 WT/DS312/5	N. A.	N. A.
99	墨西哥—对非酒精饮料及其他饮料征税	06-07-2004 美国 WT/DS308	07-10-2005 WT/DS308/R	06-12-2005 墨西哥 WT/DS308/10	24-03-2006 WT/DS308/13	06-03-2006 WT/DS308/AB/R	24-03-2006 WT/DS308/13
100	美国—计算倾销差额（归零法）的法律、规则及方法	19-03-2004 欧共体 WT/DS294	31-10-2005 WT/DS294/R	17-01-2006 欧共体 WT/DS294/12	09-05-2006 WT/DS294/17	18-04-2006 WT/DS294/AB/R	09-05-2006 WT/DS294/17
101	日本—干紫菜和味付紫菜进口配额	21-03-2005 韩国 WT/DS323	01-02-2006 WT/DS323/R	N. A.	N. A.	N. A.	N. A.
102	欧共体—特定海关措施	21-03-2005 美国 WT/DS315	16-06-2006 WT/DS315/R	14-08-2006 美国 WT/DS315/11	11-12-2006 WT/DS315/15	13-11-2006 WT/DS315/AB/R	11-12-2006 WT/DS315/15
103	美国—关于归零法及日落复审措施	28-02-2005 日本 WT/DS322	20-09-2006 WT/DS322/R	11-10-2006 日本 WT/DS322/12	23-01-2007 WT/DS322/15	09-01-2007 WT/DS322/AB/R	23-01-2007 WT/DS322/15

续 表

序号	案件	专家组成立（日-月-年）	散发专家组报告（日-月-年）	通知上诉（日-月-年）	通过专家组报告（日-月-年）	散发上诉机构报告（日-月-年）	通过上诉机构报告（日-月-年）
104	欧共体—影响生物科技产品审批及营销的措施	29-08-2003 美国 WT/DS291 加拿大 WT/DS292 阿根廷 WT/DS293	29/09-2006 WT/DS291/R WT/DS292/R WT/DS293/R		21-11-2006 WT/DS291/33 WT/DS292/27 WT/DS293/27	N. A.	N. A.
105	美国—对来自厄瓜多尔的虾的反倾销措施	19-07-2006 厄瓜多尔 WT/DS335	30-01-2007 WT/DS335/R	N. A.	20-02-2007 WT/DS335/9	N. A.	N. A.
106	墨西哥—对来自危地马拉的钢管征收反倾销税	17-03-2006 危地马拉 WT/DS331	08-06-2007 WT/DS331/R	N. A.	24-07-2007 WT/DS331/5	N. A.	N. A.
107	巴西—影响翻新轮胎进口的措施	20-01-2006 欧共体 WT/DS332	12-06-2007 WT/DS332/R	03-09-2007 欧共体 WT/DS332/9	17-12-2007 WT/DS332/12	03-12-2007 WT/DS332/AB/R	17-12-2007 WT/DS332/12
108	日本—对来自韩国的计算机动态随机存取存储器芯片的反补贴措施	19-06-2006 韩国 WT/DS336	13-07-2007 WT/DS336/R	30-08-2007 日本 WT/DS336/8	17-12-2007 WT/DS336/12	28-11-2007 WT/DS336/AB/R 和 Corr. 1	17-12-2007 WT/DS336/12
109	土耳其—影响稻米进口的措施	17-03-2006 美国 WT/DS334/4	21-09-2007 WT/DS334/R	N. A.	22-10-2007 WT/DS334/8	N. A.	N. A.
110	欧共体—对产自挪威的养殖鲑鱼采取反倾销措施	22-06-2006 挪威 WT/DS337	16-11-2007 WT/DS337/R	N. A.	15-01-2008 WT/DS337/6	N. A.	N. A.
111	美国—对来自墨西哥的不锈钢采取最终反倾销措施	21-10-2006 墨西哥 WT/DS344	20-12-2007 WT/DS344/R	31-01-2008 墨西哥 WT/DS344/7	20-05-2008 WT/DS344/10	30-04-2008 WT/DS344/AB/R	20-05-2008 WT/DS344/10
112	美国—对来自泰国的虾采取的措施	26-10-2006 泰国 WT/DS343	29-02-2008 WT/DS343/R	17-04-2008 泰国 WT/DS343/10	01-08-2008 WT/DS343/14	16-07-2008 WT/DS343/AB/R	01-08-2008 WT/DS343/14
113	美国—海关保税指令	21-11-2006 印度 WT/DS345	29-02-2008 WT/DS345/R	17-04-2008 印度 WT/DS345/9	01-08-2008 WT/DS345/13	16-07-2008 WT/DS345/AB/R	01-08-2008 WT/DS345/13
114	美国—欧共体要求取消报复措施：荷尔蒙争端	17-02-2005 欧共体 WT/DS320	31-03-2008 WT/DS320/R	29-05-2008 欧共体 WT/DS320/12	14-11-2008 WT/DS320/18	16-10-2008 WT/DS320/AB/R	14-11-2008 WT/DS320/18
115	加拿大—欧共体要求取消报复措施：荷尔蒙争端	17-02-2005 欧共体 WT/DS321	31-03-2008 WT/DS321/R	29-05-2008 欧共体 WT/DS321/12	14-11-2008 WT/DS321/16	16-10-2008 WT/DS321/AB/R	14-11-2008 WT/DS321/16

续 表

序号	案件	专家组成立（日-月-年）	散发专家组报告（日-月-年）	通知上诉（日-月-年）	通过专家组报告（日-月-年）	散发上诉机构报告（日-月-年）	通过上诉机构报告（日-月-年）
116	印度—对来自美国的进口产品征收“附加税”和“超额附加税”	20-06-2007 美国 WT/DS360	09-06-2008 WT/DS360/R	01-08-2008 美国 WT/DS360/8	17-11-2008 WT/DS360/12	30-10-2008 WT/DS360/AB/R	17-11-2008 WT/DS360/12
117	中国—影响汽车零部件进口的措施	26-10-2006 欧共体 WT/DS339 美国 WT/DS340 加拿大 WT/DS342	18-07-2008 WT/DS339/R WT/DS340/R WT/DS342/R 和 Add. 1&2	15-09-2008 中国 WT/DS339/12 WT/DS340/12 WT/DS342/12	12. 01. 2009 WT/DS339/14 WT/DS340/14 WT/DS342/14	15. 12. 2008 WT/DS339/AB/R WT/DS340/AB/R WT/DS342/AB/R	12. 01. 2009 WT/DS339/14 WT/DS340/14 WT/DS342/14
118	墨西哥—对来自欧共体的橄榄油采取反补贴措施	23-01-2007 欧共体 WT/DS341	04-09-2008 WT/DS341/R	N. A.	21-10-2008 WT/DS341/5	N. A.	N. A.
119	美国—与归零法和日落复审相关的措施	04-06-2007 欧共体 WT/DS350	01-10-2008 WT/DS350/R	06-11-2008 欧共体 WT/DS350/11	19-02-2009 WT/DS350/15	04-02-2009 WT/DS350/AB/R	19-02-2009 WT/DS350/15
120	中国—影响知识产权保护和执法的措施	25-09-2007 美国 WT/DS362	26-01-2009 WT/DS362/R	N. A.	20-03-2009 WT/DS362/10	N. A.	N. A.
121	哥伦比亚—对港口入境的价格限制要求	22-10-2007 巴拿马 WT/DS366	27-04-2009 WT/DS366/R 和 Corr. 1	N. A.	20-05-2009 WT/DS366/9	N. A.	N. A.
122	中国—影响知识产权保护和执法的措施	27-11-2007 美国 WT/DS363	12-08-2009 WT/DS363/R 和 Corr. 1	22-09-2009 WT/DS363/10	19-01-2010 WT/DS363/14	21-12-2009 WT/DS363/AB/R	19-01-2010 WT/DS363/14
123	美国—对自泰国的 PE 塑胶购物袋采取反倾销措施	20-03-2009 泰国 WT/DS383	22-01-2010 WT/DS383/R	N. A.	18-02-2010 WT/DS383/5	N. A.	N. A.
124	欧共体及其部分成员—影响大型民用飞机贸易的措施	20-07-2005 美国 WT/DS316	30-06-2010 WT/DS316/R	21-07-2010 欧盟 WT/DS316/12			
125	澳大利亚—影响自新西兰进口苹果的措施	21-01-2008 新西兰 WT/DS367	09-08-2010 WT/DS367/R	31-08-2010 澳大利亚 WT/DS367/13			
126	欧共体及其成员国—部分信息技术产品的关税待遇	23-09-2008 美国 WT/DS375 日本 WT/DS376 台、澎、金、马单独关税区 WT/DS377	16-08-2010 WT/DS375/R WT/DS376/R WT/DS377/R	N. A.	21-09-2010 WT/DS375/13 WT/DS376/13 WT/DS377/11	N. A.	N. A.

续 表

序号	案件	专家组成立（日-月-年）	散发专家组报告（日-月-年）	通知上诉（日-月-年）	通过专家组报告（日-月-年）	散发上诉机构报告（日-月-年）	通过上诉机构报告（日-月-年）
127	美国—影响自中国进口家禽的措施	31-07-2009 中国 WT/DS392	29-09-2010 WT/DS392/R	N. A.	25-10-2010 WT/DS392/5	N. A.	N. A.
128	美国—对自中国进口的产品征收确定性反倾销税和反补贴税	20-01-2009 中国 WT/DS379	22-10-2010 WT/DS379/R				
129	泰国—对自菲律宾进口香烟的关税和财政措施	17-11-2008 菲律宾 WT/DS371	15-11-2010 WT/DS371/R	22-02-2011 泰国 WT/DS371/8	15-07-2011 WT/DS371/11	17-06-2011 WT/DS371/AB/R	15-07-2011 WT/DS371/11
130	欧共体—对从中国进口的钢铁紧固件采取最终反倾销措施	23-10-2009 中国 WT/DS397	03-12-2010 WT/DS397/R	25-03-2011 欧盟 WT/DS397/7	28-07-2011 WT/DS397/11	15-07-2011 WT/DS397/AB/R	28-07-2011 WT/DS397/11
131	美国—对从中国进口汽车轮胎采取的限制措施	19-01-2010 中国 WT/DS399	13-12-2010 WT/DS399/R	24-05-2011 中国 WT/DS399/6		05-09-2011 WT/DS399/AB/R	
132	美国—对自韩国产品的反倾销措施适用归零法	18-05-2010 韩国 WT/DS402	18-01-2011 WT/DS402/R	N. A.	24-02-2011 WT/DS402/5	N. A.	N. A.
133	美国—对从巴西进口的特定橙汁采取的反倾销行政复审和其他措施	25-09-2009 巴西 WT/DS382	25-03-2011 WT/DS382/R	N. A.	17-06-2011 WT/DS382/8	N. A.	N. A.
134	美国—影响大型民用航空器贸易的措施（二诉）	17-02-2006 欧共体 WT/DS353	31-03-2011 WT/DS353/R	01-04-2011 欧盟 WT/DS353/8			
135	中国—与限制原材料出口有关的措施	21-12-2009 美国 WT/DS394 欧共体 WT/DS395 墨西哥 WT/DS398	05-07-2011 WT/DS394/R WT/DS395/R WT/DS398/R	31-08-2011 中国 WT/DS394/11 WT/DS395/11 WT/DS398/10			
136	美国—对自越南进口的虾采取反倾销措施	18-05-2010 越南 WT/DS404	11-07-2011 WT/DS404/R	N. A.	02-09-2011 WT/DS404/9	N. A.	N. A.
137	菲律宾—对蒸馏酒精征税	19-01-2010 欧盟 WT/DS396 20-04-2010 美国 WT/DS403	15-08-2011 WT/DS396/R WT/DS403/R	23-09-2011 菲律宾 WT/DS396/7 WT/DS403/7			

续表

序号	案件	专家组成立（日-月-年）	散发专家组报告（日-月-年）	通知上诉（日-月-年）	通过专家组报告（日-月-年）	散发上诉机构报告（日-月-年）	通过上诉机构报告（日-月-年）
138	美国—影响丁香香烟生产和销售的措施	20-07-2010 印尼 WT/DS406	02-09-2011 WT/DS406/R				
139	美国—对金枪鱼和金枪鱼产品的进口、营销和销售采取的措施	20-04-2009 墨西哥 WT/DS381	15-09-2011 WT/DS381/R				

第三部分

执行争端解决机构建议

序号	案件	通过专家组及上诉机构报告（日-月-年）	通知执行争端解决机构建议的意向（日-月-年）	确定合理时限（日-月-年）	根据 DSU 第 21.3 条确定的合理期限	根据 DSU 第 21.6 条争端解决机构对执行的监督
1	美国—精炼及传统汽油标准	20-05-1996 WT/DS2/9	19-06-1996 WT/DSB/M/19	03-12-1996 WT/DSB/M/27	20-05-1996 至 20-08-1997 （15 个月）	WT/DS2/10 和 Add. 1～Add. 7
2	日本—对酒精饮料征税	01-11-1996 WT/DS8/11 WT/DS10/11 WT/DS11/8	20-11-1996 WT/DSB/M/26	14-02-1997 WT/DS8/15 WT/DS10/15 WT/DS11/13 （通过仲裁）	14-02-1997 至 14-05-1998 （15 个月）	WT/DS8/18 WT/DS10/18 WT/DS11/16 和 Add. 1-Add. 2
3	美国—对于棉质及人造纤维内衣的进口限制	25-02-1997 WT/DS24/8	20-03-1997 WT/DSB/M/30	N. A.	N. A.	此措施于 1997 年 3 月 28 日到期 WT/DSB/M/31
4	巴西—影响可可粉的措施	20-03-1997 WT/DS22/ 11/Rev-2	N. A.	N. A.	N. A.	N. A.
5	美国—影响从印度进口羊毛衬衫和女上衣进口的措施	23-05-1997 WT/DS33/5	N. A.		N. A.	该限制于 1996 年 12 月 3 日废除 WT/DSB/M/33
6	加拿大—关于杂志的特定措施	30-07-1997 WT/DS31/7	29-08-1997 WT/DS31/8	15-09-1997	30-07-1997 至 30-10-1998 （15 个月）	WT/DS31/9 和 Add. 1-Add. 5
7	欧共体—香蕉进口、销售和分销	25-09-1997 WT/DS27/12	16-10-1997 WT/DSB/M/38	07-01-1998 WT/DS27/15 （通过仲裁）	25-09-1997 至 01-01-1999 （15 个月零 1 周）	WT/DS27/17 和 Add. 1-Add. 3 WT/DS27/51 和 Add. 1-Add. 25
8	印度—对于药品及农业化学品的专利权保护	16-01-1998 WT/DS50/9	13-02-1998 WT/DSB/M/42	21-04-1998 WT/DSB/M/45	16-01-1998 至 19-04-1999 （15 个月）	WT/DS50/10 和 Add. 1-Add. 4
9	欧共体—关于肉及肉制品措施（荷尔蒙）	13-02-1998 WT/DS26/13 WT/DS48/11	13-03-1998 WT/DSB/M/43	29-05-1998 WT/DS26/15 WT/DS48/13 （通过仲裁）	13-02-1998 至 13-05-1999 （15 个月）	WT/DS26/17 WT/DS48/15 和 Add. 1-Add. 4
10	阿根廷—影响鞋类、纺织品、服装和其他项目的进口措施	22-04-1998 WT/DS56/11	08-05-1998 WT/DS56/12	15-06-1998 WT/DSB/M/46	22-04-1998 至 19-10-1998 （有 180 天的调查期限来决定纺织品和服装的特殊税）22-04-1998～01-01-1999（有 242 天的调查期限决定统计税）	WT/DS56/15 和 Add. 1-Add. 4

续 表

序号	案件	通过专家组及上诉机构报告（日-月-年）	通知执行争端解决机构建议的意向（日-月-年）	确定合理时限（日-月-年）	根据DSU第21.3条确定的合理期限	根据DSU第21.6条争端解决机构对执行的监督
11	日本—对进口胶卷相纸的限制	22-04-1998 WT/DS44/5	N. A.	N. A.	N. A.	N. A.
12	欧共体—特定计算机设备的海关分类	22-06-1998 WT/DS62/11 WT/DS67/9 WT/DS68/8	N. A.	N. A.	N. A.	N. A.
13	欧共体—影响特定家禽产品进口的措施	23-07-1998 WT/DS69/7	27-08-1998 WT/DS69/8	20-10-1998 WT/DS69/9	直至31-03-1999	
14	印度尼西亚—影响汽车工业的特定措施	23-07-1998 WT/DS54/10 WT/DS55/10 WT/DS59/9 WT/DS64/8	21-08-1998 WT/DS54/12 WT/DS55/11 WT/DS59/10 WT/DS64/9	07-12-1998 WT/DS54/15 WT/DS55/14 WT/DS59/13 WT/DS64/12 （通过仲裁）	23-07-1998至 23-07-1999 （12个月）	WT/DS54/17 WT/DS55/16 WT/DS59/15 WT/DS64/14 Add. 1
15	印度—对于药品及农业化学品的专利权保护	22-09-1998 WT/DS79/5和 Corr. 1	21-10-1998 WT/DSB/M/49	24-11-1998 WT/DSB/M/51	直至19-04-1999	WT/DS79/6
16	美国—对特定虾及虾类产品进口限制	06-11-1998 WT/DS58/14	25-11-1998 WT/DSB/M/51	21-01-1999 WT/DSB/M/54	06-11-1998至 06-12-1999 （13个月）	WT/DS58/15
17	澳大利亚—影响鲑鱼进口的措施	06-11-1998 WT/DS18/11	25-11-1998 WT/DSB/M/51	23-02-1999 WT/DS18/9 （通过仲裁）	06-11-1998至 06-07-1999 （8个月）	（见第四部分）
18	危地马拉—对来自墨西哥的波兰特水泥的反倾销调查	25-11-1998 WT/DS60/12	N. A.	N. A.	N. A.	N. A.
19	韩国—对酒精饮料征税	17-02-1999 WT/DS75/12 WT/DS84/10	19-03-1999 WT/DSB/M/57	04-06-1999 WT/DS75/16 WT/DS84/14 （通过仲裁）	17-02-1999至 31-01-2000 （11个月零2周）	WT/DS75/18 WT/DS84/16
20	日本—影响农产品的措施	19-03-1999 WT/DS76/8	15-04-1999 WT/DSB/M/58	15-06-1999 WT/DS76/9	19-03-1999至 31-12-1999 （9个月零12天）	WT/DS76/11和 Add. 1-Add. 16 日本和美国已通知争端解决机构，他们已达成双方满意的解决方案 WT/DS76/12
21	美国—对来自韩国的1兆或以上的计算机动态随机存取存储器芯片征收反倾销税	19-03-1999 WT/DS99/5	15-04-1999 WT/DSB/M/58	19-05-1999 WT/DSB/M/65	19-03-1999至 19-11-1999 （8个月）	WT/DS99/6

续 表

序号	案件	通过专家组及上诉机构报告（日-月-年）	通知执行争端解决机构建议的意向（日-月-年）	确定合理时限（日-月-年）	根据DSU第21.3条确定的合理期限	根据DSU第21.6条争端解决机构对执行的监督
22	澳大利亚—对于汽车皮革制造商和生产商提供的补贴	16-06-1999 WT/DS126/5	06-07-1999 WT/DS126/6		根据《补贴与反补贴协议》第4.7条，专家组建议于报告批准日起90天内撤销此措施	WT/DS126/7 （见第四部分）
23	巴西—对于航空器出口资金融通	20-08-1999 WT/DS46/10	13-09-1999 WT/DS46/11		根据《补贴与反补贴协议》第4.7条，专家组建议于报告批准日起90天内撤销此措施	WT/DS46/12 （见第四部分）
24	加拿大—影响民用航空器措施	20-08-1999 WT/DS70/6	06-09-1999 WT/DS70/1		根据《补贴与反补贴协议》第4.7条，专家组建议于报告批准日起90天内撤销此措施	WT/DS70/8 （见第四部分）
25	印度—对于农产品、纺织品和工业产品进口的数量限制	22-09-1999 WT/DS90/14	14-10-1999 WT/DSB/M/69	28-12-1999 WT/DS90/15	直至01-04-2000及01-04-2001	WT/DS90/16和Add. 1-Add. 7
26	加拿大—影响牛奶进口及奶制品出口的措施	27-10-1999 WT/DS103/11 WT/DS113/11	19-11-1999 WT/DSB/M/71	22-12-1999 WT/DS103/10 WT/DS113/10	此实施阶段最迟不迟于2000年12月31日	WT/DS103/12—WT/DS113/12和Add. 1-Add. 6 （见第四部分）
27	土耳其—对于纺织品和服装进口的限制	19-11-1999 WT/DS34/11	15-12-1999 WT/DS34/9	07-01-2000 WT/DS34/10	19-02-2001	WT/DS34/12和Add. 1-Add. 8 就土耳其所采取的措施达成一致的通知 WT/DS34/14
28	智利—对酒精饮料征税	12-01-2000 WT/DS87/12 WT/DS110/11	11-02-2000 WT/DSB/M/75	23-05-2000 WT/DS87/15 WT/DS110/4 （通过仲裁）	12-01-2000 21-03-2001 （14个月零9天）	WT/DS87/17和Add. 1&2
29	韩国—对于特定奶制品进口的保障措施	12-01-2000 WT/DS98/10	11-02-2000 WT/DSB/M/75	21-03-2000 WT/DS98/11	直至20-05-2000	WT/DS98/12
30	阿根廷—对鞋类产品进口的保障措施	12-01-2000 WT/DS121/9	11-02-2000 WT/DSB/M/75	N. A.	N. A.	N. A.
31	美国—1974年贸易法第301～310部分	27-01-2000 WT/DS152/14	N. A.	N. A.	N. A.	N. A.
32	墨西哥—对来自美国的高果糖玉米浆进行反倾销调查	24-02-2000 WT/DS132/4和Corr. 1	20-03-2000 WT/DSB/M/77	10-04-2000 WT/DS132/5	24-02-2000—22-09-2000 （6个月零29天）	（见第四部分）

续 表

序号	案件	通过专家组及上诉机构报告（日-月-年）	通知执行争端解决机构建议的意向（日-月-年）	确定合理时限（日-月-年）	根据DSU第21.3条确定的合理期限	根据DSU第21.6条争端解决机构对执行的监督
33	美国—“海外销售公司”税收待遇	20-03-2000 WT/DS108/10	07-04-2000 WT/DSB/M/78	20-03-2000 （报告批准）	直至01-10-2000 相应时间延至 01-11-2000	（见第四部分）
34	加拿大—药品的专利权保护	07-04-2000 WT/DS114/9	25-04-2000 WT/DSB/M/79	18-08-2000 WT/DS114/13 （通过仲裁）	直至07-10-2000	相关规定于 07-10-2000公布
35	美国—对来自英国的热轧铅铋碳钢产品征收反补贴税	07-06-2000 WT/DS138/9 和Corr. 1	05-07-2000 WT/DSB/M/85	N. A.	N. A.	N. A.
36	加拿大—影响汽车工业的特定措施	19-06-2000 WT/DS139/8 WT/DS142/8	27-07-2000 WT/DSB/M/86	04-10-2000 WT/DS139/12 WT/DS142/12 （通过仲裁）	直至19-02-2001	此措施于 18-02-2001废止 WT/DSB/M/101
37	韩国—影响政府采购措施	19-06-2000 WT/DS163/7	N. A.	N. A.	N. A.	N. A.
38	美国—美国版权法第110（5）节	27-07-2000 WT/DS160/8	24-08-2000 WT/DS160/9	15-01-2001 WT/DS160/12 （通过仲裁）	直至27-07-2001 相应时间顺延直至美国国会结束或31-12-2001 （WT/DS160/14）	WT/DS160/18 和Add. 1-Add. 16 （见第四部分） 在23-06-2003各方达成了相互满意的临时性协议（WT/DS160/23） 相应地现状报告重新开始 WT/DS160/24 和Add. 1-Add. 22
39	美国—1916年反倾销法	26-09-2000 WT/DS136/8 WT/DS162/11	23-10-2000 WT/DSB/M/91	28-02-2001 WT/DS136/11 WT/DS162/14 （通过仲裁）	直至26-07-2001 相应时间顺延直至美国国会结束或31-12-2001 （WT/DS136/13 WT/DS162/16）	WT/DS136/14 WT/DS162/17 和Add. 1-Add. 31 （见第四部分）
40	加拿大—专利保护条款	12-10-2000 WT/DS170/7	23-10-2000 WT/DSB/M/91	28-02-2001 WT/DS170/10 （通过仲裁）	直至12-08-2001	加拿大宣布执行建议至 12-08-2001止 WT/DSB/M/107
41	危地马拉—对来自墨西哥的灰波兰特水泥采取反倾销措施	17-11-2000 WT/DS156/4	12-12-2000 WT/DSB/M/94	N. A.	N. A.	反倾销税至 02-10-2000止 WT/DSB/M/94
42	韩国—影响新鲜、冷藏及冷冻牛肉进口的措施	10-01-2001 WT/DS161/11 WT/DS169/11	01-02-2001 WT/DSB/M/98	19-04-2001 WT/DS161/12 WT/DS169/12	直至10-09-2001	韩国宣布执行建议至10-09-2001止 WT/DSB/M/110
43	美国—对来自欧共体面筋进口的保障措施	19-01-2001 WT/DS166/10	03-04-2001 WT/DSB/M/99	04-04-2001 WT/DS166/12	直至02-06-2001	

续 表

序号	案件	通过专家组及上诉机构报告（日-月-年）	通知执行争端解决机构建议的意向（日-月-年）	确定合理时限（日-月-年）	根据 DSU 第 21.3 条确定的合理期限	根据 DSU 第 21.6 条争端解决机构对执行的监督
44	美国—对来自韩国的不锈钢卷板和不锈钢条的反倾销措施	01-02-2001 WT/DS179/4	01-03-2001 WT/DSB/M/100	26-04-2001 WT/DS179/5	直至 01-09-2001	美国宣布执行建议至 01-09-2001 止 WT/DSB/M/109
45	阿根廷—影响牛皮出口和成皮进口的措施	16-02-2001 WT/DS155/5	12-03-2001 WT/DSB/M/101	31-08-2001 WT/DS155/10 （通过仲裁）	直至 28-02-2002	WT/DS155/12 争端解决机构注意到欧共体和阿根廷之间根据《关于争端解决规则与程序的谅解》第 21 和 22 条达成的协议 WT/DSB/M/121
46	欧共体—对来自印度的棉质床单进口征收反倾销税	12-03-2001 WT/DS141/9	05-04-2001 WT/DSB/M/103	26-04-2001 WT/DS141/10	直至 14-08-2001	见第四部分
47	泰国—对波兰出口的铁或非合金钢的角铁、型材、轧材及工字梁的反倾销税案	05-04-2001 WT/DS122/7	26-04-2001 WT/DSB/M/104	25-05-2001 WT/DS122/8	直至 20-10-2001	WT/DS122/9 WT/DS122/11 （双方达成协议，此项不再出现在争端解决机构的日程中）
48	欧共体—影响石棉及含石棉产品的措施	05-04-2001 WT/DS135/12	N. A.	N. A.	N. A.	N. A.
49	美国—对来自新西兰和澳大利亚的新鲜、冷藏和冷冻羔羊肉进口采取保障措施	16-05-2001 WT/DS177/10 WT/DS178/11	20-06-2001 WT/DS177/11 WT/DS178/12	31-08-2001 决定于 15-11-2001 停止该措施 WT/DS177/12 WT/DS178/13	直至 15-11-2001	14-11-2001 美国宣布已完成必要的法律步骤来实施 8 月 31 日的决定 WT/DSB/M/113
50	美国—对来自日本的某些热轧钢产品采取反倾销措施	23-08-2001 WT/DS184/8	10-09-2001 WT/DSB/M/109	19-02-2002 WT/DS184/13 （通过仲裁）	23-08-2001 至 23-11-2002（15 个月）相应的，时间顺延直至 31-12-2003 或直至美国国会休会日，选两者较前者（WT/DS184/16）相应地，时间被修改于 31-07-2004 到期（WT/DS184/17）相应地，时间被修改于 31-07-2005 到期（WT/DS184/18）	WT/DS184/15 和 Add. 1-Add. 47

续 表

序号	案件	通过专家组及上诉机构报告（日-月-年）	通知执行争端解决机构建议的意向（日-月-年）	确定合理时限（日-月-年）	根据DSU第21.3条确定的合理期限	根据DSU第21.6条争端解决机构对执行的监督
51	美国—对于作为出口限制的补贴措施	23-08-2001 WT/DS194/4	N. A.	N. A.	N. A.	N. A.
52	美国—对来自巴基斯坦棉纱采取过渡性保障措施	05-11-2001 WT/DS192/7	21-11-2001 WT/DSB/M/113	N. A.	N. A.	美国宣布此措施于01-11-01被废除 WT/DSB/M/113
53	阿根廷—对来自意大利的地板砖进口的反倾销措施	05-11-2001 WT/DS189/6	05-12-2001 WT/DSB/M/114	18-12-2001 WT/DS189/7	05-11-01至05-04-2002 WT/DS189/7	WT/DS189/8
54	美国—1998年全面拨款法第211节	01-02-2002 WT/DS176/9	19-02-2002 WT/DSB/M/120	28-03-2002 WT/DS176/10	直至31-12-2002或美国国会休会日，不迟于03-01-2003-相应地，时间被修改于30-06-2003到期（WT/DS176/12）时间再次被修改为到31-12-2003到期（WT/DS176/13）相应地，时间被修改于31-12-2004到期（WT/DS176/14）相应地，时间被修改于30-06-2005到期（WT/DS176/15）	WT/DS176/11和Add. 1-Add. 47
55	加拿大—地区性航空器的出口信贷保证	19-02-2002 WT/DS222/6	08-03-2002 WT/DSB/M/121		专家组建议从报告通过后的90天内撤销此措施（截止20-05-2002）	（见第四部分）
56	美国—对产自韩国的环状焊接碳素钢管实施保障措施	08-03-2002 WT/DS202/13	05-04-2002 WT/DSB/M/122	29-07-2002 WT/DS202/18	直至01-09-2002	在18-03-2003争端解决机构会议上，美国宣布此措施已于01-03-2003终止 WT/DSB/M/145

续 表

序号	案件	通过专家组及上诉机构报告（日-月-年）	通知执行争端解决机构建议的意向（日-月-年）	确定合理时限（日-月-年）	根据 DSU 第 21.3 条确定的合理期限	根据 DSU 第 21.6 条争端解决机构对执行的监督
57	印度—影响汽车部门的措施	05-04-2002 WT/DS146/11 WT/DS175/11	02-05-2002 WT/DS146/12 WT/DS175/12	18-07-2002 WT/DS146/13 WT/DS175/13	05-04-2002— 05-09-2002 （5 个月）	在 11-11-2002 争端解决机构会议上，印度宣布其已执行了争端解决机构的建议 WT/DSB/M/136
58	美国—对来自印度的钢板采取反倾销及反补贴措施	29-07-2002 WT/DS206/5	27-08-2002 WT/DS206/6	01-10-2002 WT/DS206/7	20-07-2002— 29-12-2002 （5 个月）相应地，时间被修改为 31-01-2003 到期（WT/DS206/8）	在 19-02-2003 争端解决机构会议上，美国宣布已按争端解决机构建议来执行 WT/DSB/M/143
59	美国—乌拉圭回合协议第 129（c）（1）	30-08-2002 WT/DS221/7	N. A.	N. A.	N. A.	N. A.
60	埃及—对来自土耳其钢筋采取反倾销措施	01-10-2002 WT/DS211/5	23-10-2002 WT/DSB/M/134	14-11-2002 WT/DS211/6	01-10-2002— 31-07-2003 （9 个月）	WT/DS211/7 和 Add. 1-Add. 3 在 29-08-2003 争端解决机构会议上，埃及宣布已按争端解决机构建议执行
61	智利—对特定农产品相关的综合价格制度及保障措施	23-10-2002 WT/DS207/8	11-11-2002 WT/DSB/M/136	17-03-2003 WT/DS207/13 （通过仲裁）	23-10-2002— 23-12-2003 （14 个月）	WT/DS207/15 和 Add. 7 （见第四部分）
62	欧共体—沙丁鱼贸易描述	23-10-2002 WT/DS231/15	11-11-2002 WT/DSB/M/136	19-12-2002 WT/DS231/16	23-10-2002— 23-04-2003 相应地，时间被修改于 01-07-03 到期（WT/DS231/17）	WT/DS231/18 （双方同意的解决方案）
63	美国—对来自加拿大特定软木的初步决定	01-11-2002 WT/DS236/4	28-11-2002 WT/DSB/M/137	N. A.	N. A.	N. A.
64	美国—对来自德国的特定耐腐蚀碳钢板征收反补贴税	19-12-2002 WT/DS213/9	17-01-2003 WT/DSB/M/141	N. A.	N. A.	在 20-04-2004 争端解决机构会议上，美国宣布已按争端解决机构建议执行（WT/DSB/M/167）

续 表

序号	案件	通过专家组及上诉机构报告（日-月-年）	通知执行争端解决机构建议的意向（日-月-年）	确定合理时限（日-月-年）	根据DSU第21.3条确定的合理期限	根据DSU第21.6条争端解决机构对执行的监督
65	美国—对于特定来自欧共体产品的反补贴措施	08-01-2003 WT/DS212/11	27-01-2003 WT/DSB/M/142	10-04-2003 WT/DS212/12	08-01-2003— 08-11-2003 （10个月）	WT/DS212/13 WT/DS212/19 （见第四部分）
66	美国—2000年持续性倾销及补贴补偿法案	27-01-2003 WT/DS217/11 WT/DS234/19	27-01-2003 WT/DSB/M/142 19-02-2003 WT/DSB/M/143 26-02-2003 WT/DSB/M/144	13-06-2003 WT/DS217/14 WT/DS234/22 （通过仲裁）	27-01-2003— 27-12-2003（11个月）在与澳大利亚，印尼和泰国有关的争议中，实施期间按被修改，至27-12-2004到期（WT/DS217/17，18，19） 相应地，美国就此事项分别与下列国家达成程序谅解 澳大利亚（WT/DS217/44）， 泰国（WT/DS217/45） 印尼（WT/DS217/46）	WT/DS217/16 WT/DS234/24 和Add. 1-Add. 24 （见第四部分）
67	阿根廷—对于桃脯进口的保障措施	15-04-2003 WT/DS238/5	14-05-2003 WT/DS238/6 19-05-2003 WT/DSB/M/150	30-05-2003 WT/DS238/7	直至31-12-2003	在23-01-2004争端解决机构会议上，阿根廷宣布已按争端解决机构建议执行（WT/DSB/M/163）
68	阿根廷—对来自巴西的家禽征收反倾销税	19-05-2003 WT/DS241/6	N. A.	N. A.	N. A.	N. A.
69	美国—纺织品及服装原产地证明	21-07-2003 WT/DS243/8	N. A.	N. A.	N. A.	N. A.
70	欧共体—对来自巴西的可锻铸铁管接头征收反倾销税	18-08-2003 WT/DS219/10	15-09-2003 WT/DS219/11 02-10-2003 WT/DSB/M/156	01-10-2003 WT/DS219/12	18-08-2003— 19-03-2004 （7个月）	17-03-2004，欧共体就其执行争端解决机构建议提供信息（WT/DS219/13）
71	日本—影响苹果进口的措施	10-12-2003 WT/DS245/8	09-01-2004 WT/DSB/M/162	30-01-2004 WT/DS245/9	10-12-2003— 30-06-2004 （6个月零20天）	（见第四部分）

续 表

序号	案件	通过专家组及上诉机构报告（日-月-年）	通知执行争端解决机构建议的意向（日-月-年）	确定合理时限（日-月-年）	根据 DSU 第 21.3 条确定的合理期限	根据 DSU 第 21.6 条争端解决机构对执行的监督
72	美国—对特定钢铁产品进口采取保障措施	10-12-2003 WT/DS248/20 WT/DS249/14 WT/DS251/15 WT/DS252/13 WT/DS253/13 WT/DS254/13 WT/DS258/17 WT/DS259/16	N. A.	N. A.	N. A.	在 10-12-2003 的争端解决机构会议上，美国宣布其总统已经下令停止与此争议相关的 10 项保障措施（WT/DSB/M/160）
73	美国—对来自日本的耐腐蚀碳钢板产品的反倾销税日落复审	09-01-2004 WT/DS244/10	N. A.	N. A.	N. A.	N. A.
74	美国—对来自加拿大的软木最终反补贴税决定	17-02-2004 WT/DS257/11	05-03-2004 WT/DS257/12	28-04-2004 WT/DS257/13	17-02-2004—17-12-2004（10 个月）	WT/DS257/14 和 Add. 1（见第四部分）
75	欧共体—发展中国家优惠关税授予条件	20-04-2004 WT/DS246/10	19-05-2004 WT/DSB/M/169	20-09-2004 WT/DS246/14（通过仲裁）	20-04-2004—01-07-2005（14 个月零 11 天）	WT/DS246/16 和 Add. 1-Add. 3
76	美国—国际贸易委员会对加拿大软木的调查	26-04-2004 WT/DS277/R	19-05-2004 WT/DSB/M/169	01-10-2004 WT/DS277/7	26-04-2004—26-01-2005（9 个月）	在 25-01-2005 的争端解决机构会议上，美国说明其已按争端解决机构在此争端中的建议执行（见第四部分）
77	墨西哥—影响电信服务的措施	01-06-2004 WT/DS204/8	01-06-2004 WT/DS204/7	01-06-2004 WT/DS204/7	从报告通过之日起的 13 个月内；也就是说在 2005 年 7 月底前	WT/DS204/9 和 Add. 1-Add. 8
78	美国—对加拿大软木的最终倾销决定	31-08-2004 WT/DS264/9	27-09-2004 WT/DSB/M/176	06-12-2004 WT/DS264/12	31-08-2004—15-04-2005 相应地，时间被修改于 02-05-2005 到期（WT/DS264/15）	在 19-05-2005 的争端解决机构会议上，美国说明其已按争端解决机构的建议和规则执行 WT/DSB/M/189）（见第四部分）
79	加拿大—关于小麦出口和谷物进口的措施	27-09-2004 WT/DS276/18	18-10-2004 WT/DSB/M/177	15-11-2004 WT/DS276/19	27-09-2004—01-08-2005（10 个月零 5 天）	WT/DS276/20 和 Add. 1-Add. 3
80	美国—对来自阿根廷石油工业用管材的反倾销措施日落复审	17-12-2004 WT/DS268/8	14-01-2005 WT/DSB/M/181	07-06-2005 WT/DS268/12（通过仲裁）	17-12-04-17-12-05（12 个月）	在 20-12-2005 的争端解决机构会议上美国说明其已按争端解决机构的建议和规则执行（见第四部分）

续 表

序号	案件	通过专家组及上诉机构报告（日-月-年）	通知执行争端解决机构建议的意向（日-月-年）	确定合理时限（日-月-年）	根据 DSU 第 21.3 条确定的合理期限	根据 DSU 第 21.6 条争端解决机构对执行的监督
81	美国—陆地棉补贴	21-03-2005 WT/DS/267/20	20-04-2005 WT/DSB/M/188		根据《补贴与反补贴协议》第 4.7 条，专家组建议此措施自报告被批准后的 6 个月内或在 2005 年 7 月 1 日之前撤销（以较早的为准）	（见第四部分）
82	韩国—影响商船贸易的措施	11-04-2005 WT/DS273/8			根据《补贴与反补贴协议》第 4.7 条，专家组建议此措施自报告被批准后的 90 天内撤销	
83	欧共体—农产品和食品的商标及地理标识保护	20-04-2005 WT/DS174/23 WT/DS290/21	19-05-2005 WT/DSB/M/189	09-06-2005 WT/DS174/24 WT/DS290/22	实施时间至 03-04-2006 为止（11 个月零 2 周）	WT/DS174/25- WT/DS290/23 和 Add. 1-Add. 3
84	美国—影响博彩业跨境交付的措施	20-04-2005 WT/DS285/10	19-05-2005 WT/DSB/M/189	19-08-2005 WT/DS285/13 （通过仲裁）	20-04-2005— 03-04-2006 （11 个月零 2 周）	WT/DS285/15 和 Add. 1 （见第四部分）
85	欧共体—糖类出口补贴	19-05-2005 WT/DS265/29 WT/DS266/29 WT/DS283/10	13-06-2005 WT/DSB/M/191	28-10-2005 WT/DS265/33— WT/DS266/33— WT/DS283/14 （通过仲裁）	19-05-2005— 22-05-2006 （12 个月零 3 天）	WT/DS265/35- WT/DS266/35- WT/DS283/16 和 Add. 1
86	多米尼克—影响香烟进口和国内销售的措施	19-05-2005 WT/DS302/12	13-06-2005 WT/DSB/M/191	16-08-2005 WT/DS302/17	19-05-2005 之后的 24 个月：也就是在 19-05-07 之前	
87	欧共体—影响商船贸易的措施	20-06-2005 WT/DS301/6	20-07-2005 WT/DSB/M/194			
88	美国—对来自韩国的计算机动态随机存取存储器芯片的反补贴税调查	20-07-2005 WT/DS296/10	03-08-2005 WT/DSB/M/195	07-11-2005 WT/DS296/11	20-07-2005— 08-03-2006 （7 个月零 16 天）	在 14-03-2006 的争端解决机构会议上美国说明其已按争端解决机构的建议和规则执行（WT/DSB/M/206）
89	欧共体—对来自韩国的计算机动态随机存取存储器芯片的反补贴措施	03-08-2005 WT/DS299/6	31-08-2005 WT/DSB/M/196	12-10-2005 WT/DS299/7	03-08-2005— 03-04-2006 （8 个月）	WT/DS299/8 WT/DS299/9
90	欧共体—冷冻无骨鸡的关税分类	27-09-2005 WT/DS269/10 WT/DS286/12	18-10-2005 WT/DSB/M/199	20-02-2006 WT/DS269/13- WT/DS286/15 （通过仲裁）	27-09-2005— 27-06-2006 （9 个月）	WT/DS269/15- WT/DS286/17 和 Add. 1

续 表

序号	案件	通过专家组及上诉机构报告（日-月-年）	通知执行争端解决机构建议的意向（日-月-年）	确定合理时限（日-月-年）	根据 DSU 第 21.3 条确定的合理期限	根据 DSU 第 21.6 条争端解决机构对执行的监督
91	美国—对来自墨西哥的石油工业用管材反倾销措施	28-11-2005 WT/DS282/10	20-12-2005 WT/DSB/M/202	15-02-2006 WT/DS282/11	28-11-2005— 28-05-2006 （6 个月）	（见第四部分）
92	韩国—对来自印度尼西亚特定纸张进口征收反倾销税	28-11-2005 WT/DS312/5	20-12-2005 WT/DSB/M/202	10-02-2006 WT/DS312/6	28-11-2005— 28-07-2006 （8 个月）	（见第四部分）
93	墨西哥—对于牛肉和稻米的反倾销措施：对于稻米的上诉	20-12-2005 WT/DS295/9	19-01-2006 WT/DS295/10	18-05-2006 WT/DS295/12	20-12-2005— 20-08-2006 [8 个月，考虑到专家组报告第 8.1 和 8.3 段和上诉机构报告第 350（b）和（c）段] 20-12-2005— 20-12-2006 [12 个月，考虑到专家组报告第 8.5 段和上诉机构报告第 350（d）段]	WT/DS295/13 和 Add. 1
94	墨西哥—对于非酒精饮料及其他饮料征税	24-03-2006 WT/DS308/13	21-04-2006 WT/DSB/M/210	03-07-2006 WT/DS308/15	24-03-2006— 01-01-2007 （9 个月零 8 天） 或者如果墨西哥国会在 2006 年 12 月 1 日-31 日间制定法律停止此措施 24-03-2006— 31-01-2007 （10 个月零 7 天）	WT/DS308/16
95	美国—计算倾销差额（归零法）的法律、规则及方法	09-05-2006 WT/DS294/17	30-05-2006 WT/DSB/M/213	28-07-2006 WT/DS294/19	09-05-2006— 09-04-2007 （11 个月）	WT/DS294/20 和 Add. 1-Add. 6
96	欧共体—影响生物科技产品审批及营销的措施	21-11-2006 WT/DS291/33 WT/DS292/27 WT/DS293/27	19-12-2006 WT/DSB/M/224	21-06-2007 WT/DS291/35	21-11-2006— 21-11-2007 （12 个月）	
97	欧共体—特定海关措施	11-12-2006 WT/DS315/15	19-12-2006 WT/DSB/M/224			
98	美国—关于归零法及日落复审措施	23-01-2007 WT/DS322/15	20-02-2007 WT/DSB/M/226	04-05-2007 WT/DS322/20	23-01-2007— 24-12-2007 （11 个月）	WT/DS322/22 和 Add. 1-Add. 2
99	美国—对来自厄瓜多尔虾征收反倾销税	20-02-2007 WT/DS335/9	20-03-2007 WT/DSB/M/228	26-03-2007 WT/DS335/10	20-02-2007— 20-08-2007 （6 个月）	2007 年 8 月，美国宣布已按争端解决机构建议和裁决执行 WT/DSB/M/238

续 表

序号	案件	通过专家组及上诉机构报告（日-月-年）	通知执行争端解决机构建议的意向（日-月-年）	确定合理时限（日-月-年）	根据 DSU 第 21.3 条确定的合理期限	根据 DSU 第 21.6 条争端解决机构对执行的监督
100	墨西哥—对来自危地马拉的钢管征收反倾销税	24-07-2007 WT/DS331/5	23-08-2007 WT/DS331/6	25-09-2007 WT/DS331/7	24-07-2007— 24-01-2008 （6 个月）	2008 年 1 月 24 日，墨西哥宣布已按争端解决机构建议和裁决执行 WT/DSB/M/248
101	土耳其—影响大米进口的措施	22-10-2007 WT/DS334/8	20-11-2007 WT/DS334/10	09-04-2008 WT/DS334/12	22-10-2007— 22-04-2008 （6 个月）	WT/DS334/14
102	巴西—影响翻新轮胎进口的措施	17-12-2007 WT/DS332/12	15-01-2008 WT/DSB/M/244	29-08-2008 WT/DS332/16 （通过仲裁）	17-12-2007— 11-12-2008 （12 个月）	
103	日本—对来自韩国的动态随机存储器征收反补贴税	17-12-2007 WT/DS336/12	15-01-2008 WT/DSB/M/244	05-05-2008 WT/DS336/16 （通过仲裁）	17-12-2007— 01-09-2008 （8 个月零 2 星期）	（见第四部分）
104	欧共体—对产自挪威人工养殖的鲑鱼采取反倾销措施	15-01-2008 WT/DS337/6	08-02-2008 WT/DSB/M/246	06-05-2008 WT/DS337/8	15-01-2008— 15-11-2008 （10 个月）	争端解决机构于 2008 年 8 月 1 日开会宣布撤销该措施，于 2008 年 7 月 20 日生效 WT/DSB/M/254
105	美国—对产自墨西哥的不锈钢采取最终反倾销措施	20-05-2008 WT/DS344/10	02-06-2008 WT/DSB/M/251	31-10-2008 WT/DS344/15 （通过仲裁）	20-05-2008— 30-04-2009 （11 个零 10 天）	
106	美国—与来自泰国虾有关的措施	01-08-2008 WT/DS343/14	29-08-2008 WT/DSB/M/255	31-10-2008 WT/DS343/16	01-08-2008— 01-04-2009 （8 个月）	在 2009 年 4 月 20 日争端解决机构会议上，美国说明其已按争端解决机构的建议和规则执行 WT/DSB/M/267
107	美国—海关保税指令	01-08-2008 WT/DS345/13	29-08-2008 WT/DSB/M/255	31-10-2008 WT/DS345/15	01-08-2008— 01-04-2009 （8 个月）	在 2009 年 4 月 20 日争端解决机构会议上，美国说明其已按争端解决机构的建议和规则执行 WT/DSB/M/267
108	墨西哥—对从欧共体进口的橄榄油采取最终反补贴措施	21-10-2008 WT/DS341/5	17-11-2008 WT/DSB/M/259			在 2008 年 12 月 11 日争端解决机构会议上，墨西哥说明其已按争端解决机构的建议和规则执行 WT/DSB/M/260
109	美国-欧共体继续要求中止在荷尔蒙案件中的义务	14-11-2008 WT/DS320/18	11-12-2008 WT/DSB/M/260			

续 表

序号	案件	通过专家组及上诉机构报告（日-月-年）	通知执行争端解决机构建议的意向（日-月-年）	确定合理时限（日-月-年）	根据 DSU 第 21.3 条确定的合理期限	根据 DSU 第 21.6 条争端解决机构对执行的监督
110	加拿大-欧共体继续要求中止在荷尔蒙案件中的义务	14-11-2008 WT/DS321/16	11-12-2008 WT/DSB/M/260			
111	中国—影响汽车零部件进口的措施	12-01-2009 WT/DS339/14 WT/DS340/14 WT/DS342/14	11-02-2009 WT/DSB/M/264	27-02-2009 WT/DS339/15 WT/DS340/15 WT/DS342/15	12-01-2009— 01-09-2009 （7 个月零 20 天）	在 2009 年 8 月 31 日争端解决机构会议上，中国说明其已使其措施与争端解决机构的建议和裁决一致 WT/DSB/M/273
112	美国—继续存在和运用归零法	19-02-2009 WT/DS350/15	20-03-2009 WT/DSB/M/266	02-06-2009 WT/DS350/17	19-02-2009— 19-12-2009 （10 个月）	WT/DS350/18 和 Add. 1-Add. 10
113	中国—影响知识产权保护和执法的措施	20-03-2009 WT/DS362/10	20-04-2009 WT/DSB/M/267	29-06-2009 WT/DS362/13	20-03-2009— 20-03-2010 （12 个月）	WT/DS362/14 和 Add. 1&Add. 2 2010 年 4 月 20 日争端解决机构会议上，中国说明其已使其措施与争端解决机构的建议和裁决一致 （WT/DSB/M/282）
114	哥伦比亚—对港口入境的价格限制要求	20-05-2009 WT/DS366/9	19-06-2009 WT/DSB/M/270	02-10-2009 WT/DS366/13	20-05-2009— 04-02-2010 （8 个月零 15 天）	WT/DS366/15
115	中国—影响出版物和视听娱乐产品的贸易权和分销服务措施	19-01-2010 WT/DS363/14	18-02-2010 WT/DSB/M/279	12-07-2010 WT/DS363/16	19-01-2010— 19-03-2011 （14 个月）	
116	美国—对自泰国的 PE 塑胶购物袋采取反倾销措施	18-02-2010 WT/DS383/5	19-03-2010 WT/DSB/M/280	31-03-2010 WT/DS383/6	18-02-2010— 18-08-2010 （6 个月）	2010 年 8 月 31 日争端解决机构会议上，美国说明其已使其措施与争端解决机构的建议和裁决一致 （WT/DSB/M/286）
117	欧盟及其成员国—某些信息技术产品的关税待遇	21-09-2010 WT/DS375/13 WT/DS376/13 WT/DS377/11	13-10-2010 WT/DS375/14 WT/DS376/14 WT/DS377/12			
118	澳大利亚—影响自新西兰进口苹果的措施	17-12-2010 WT/DS367/17	10-01-2011 WT/DS367/18	31-01-2011 WT/DS367/19	直至 17-08-2011	WT/DS367/20

续 表

序号	案件	通过专家组及上诉机构报告（日-月-年）	通知执行争端解决机构建议的意向（日-月-年）	确定合理时限（日-月-年）	根据DSU第21.3条确定的合理期限	根据DSU第21.6条争端解决机构对执行的监督
119	美国—对自韩国产品的反倾销措施适用归零法	24-02-2011 WT/DS402/5	25-03-2011 WT/DSB/M/294	17-06-2011 WT/DS402/6	(i) 9个月—直至24-11-2011 (ii) 8个月—直至24-10-2011	
120	美国—对来自中国的特定产品征收反倾销税和反补贴税	25-03-2011 WT/DS379/6	21-04-2011 WT/DSB/M/295	08-07-2011 WT/DS379/11	25-03-2011—25-02-2012 （11个月）	
121	欧共体及其某些成员国—影响大型民用航空器贸易的措施	01-06-2011 WT/DS316/16	17-06-2011 WT/DSB/M/298		根据《补贴与反补贴协议》第7.9条，此措施自报告被批准后的6个月内撤销 （01-12-2011）	
122	美国—对从巴西进口的特定橙汁采取的反倾销行政复审和其他措施	17-06-2011 WT/DS382/8	17-06-2011 WT/DSB/M/298	17-06-2011 WT/DS382/9	17-06-2011—17-03-2012 （9个月）	
123	泰国—对来自菲律宾烟草所采取的海关和财政措施	15-07-2011 WT/DS371/11	11-08-2011 WT/DS371/12	23-09-2011 WT/DS371/14	15-07-2011—15-10-2012 （15个月）	
124	欧共体—对从中国进口的钢铁紧固件采取最终反倾销措施	28-07-2011 WT/DS397/11	18-08-2011 WT/DS397/12			
125	美国—对自越南进口的虾采取反倾销措施	02-09-2011 WT/DS404/9	27-09-2011 WT/DSB/M/303			

第四部分

援引《关于争端解决规则与程序的谅解》第 21.5 条

序号	案件	援引第 21.5 条（日-月-年）	提交原专家组（日-月-年）	散发专家组报告（日-月-年）	通知上诉（日-月-年）	散发上诉机构报告（日-月-年）	通过专家组和/或上诉机构报告（日-月-年）
1	欧共体—香蕉进口、销售和分销	15-12-1998 欧共体 WT/DS27/40 18-12-1998 厄瓜多尔 WT/DS27/41	12-01-1999 WT/DSB/M/53 欧共体 厄瓜多尔	12-04-1999 WT/DS27/RW/ECU WT/DS27/RW/EEC 和 Corr. 1	N. A.	N. A.	06-05-1999 WT/DSB/M/61（WT/DS27/RW/ECU）
2	澳大利亚—影响鲑鱼进口的措施	28-07-1999 加拿大 WT/DS18/14	28-07-1999 WT/DSB/M/66	18-02-2000 WT/DS18/RW	N. A.	N. A.	20-03-2000 WT/DSB/M/77
3	澳大利亚—对于汽车皮革制造商和生产商提供的补贴	04-10-1999 美国 WT/DS126/8	14-10-1999 WT/DSB/M/69	21-01-2000 WT/DS126/RW 和 Corr. 1	N. A.	N. A.	11-02-2000 WT/DSB/M/75
4	巴西—对于航空器出口融资	26-11-1999 加拿大 WT/DS46/13	09-12-1999 WT/DSB/M/72	09-05-2000 WT/DS46/RW	22-05-2000 巴西 WT/DS46/17	21-07-2000 WT/DS46/AB/RW	04-08-2000 WT/DSB/M/87
5	加拿大—影响民用航空器措施	23-11-1999 巴西 WT/DS70/9	09-12-1999 WT/DSB/M/72	09-05-2000 WT/DS70/RW	22-05-2000 巴西 WT/DS70/12	21-07-2000 WT/DS70/AB/RW	04-08-2000 WT/DSB/M/87
6	美国—对来自韩国计算机动态随机存取存储器芯片征收反倾销税	07-04-2000 韩国 WT/DS99/8	25-04-2000 WT/DSB/M/79	07-11-2000 WT/DS99/RW（双方达成协议）	N. A.	N. A.	N. A.
7	美国—对特定虾及虾类产品进口限制	13-10-2000 马来西亚 WT/DS58/17	23-10-2000 WT/DSB/M/91	15-06-2001 WT/DS58/RW	23-07-2001 马来西亚 WT/DS58/20	22-10-2001 WT/DS58/AB/RW	21-11-2001 WT/DSB/M/113
8	墨西哥—对来自美国的高果糖玉米浆开展反倾销调查	13-10-2000 美国 WT/DS132/6	23-10-2000 WT/DSB/M/91	22-06-2001 WT/DS132/RW	24-07-2001 墨西哥 WT/DS132/10	22-10-2001 WT/DS132/AB/RW	21-11-2001 WT/DSB/M/113
9	美国—“海外销售公司”税收待遇	07-12-2000 欧共体 WT/DS108/16	20-12-2000 WT/DSB/M/95	20-08-2001 WT/DS108/RW	15-10-2001 美国 WT/DS108/21	14-01-2002 WT/DS108/AB/RW	29-01-2002 WT/DSB/M/118
10	巴西—对于航空器出口资金融通：加拿大再次援引《关于争端解决规则与程序的谅解》第 21.5 条	19-01-2001 加拿大 WT/DS46/26	16-02-2001 WT/DSB/M/99	26-07-2001 WT/DS46/RW/2	N. A.	N. A.	23-08-2001 WT/DSB/M/108

续 表

序号	案件	援引第21.5条（日-月-年）	提交原专家组（日-月-年）	散发专家组报告（日-月-年）	通知上诉（日-月-年）	散发上诉机构报告（日-月-年）	通过专家组和/或上诉机构报告（日-月-年）
11	加拿大—影响牛奶进口及奶制品出口的措施	16-02-2001 美国 WT/DS103/16 16-02-2001 新西兰 WT/DS113/16	01-03-2001 WT/DSB/M/100	11-07-2001 WT/DS103/RW WT/DS113/RW	04-09-2001 加拿大 WT/DS103/20 WT/DS113/20	03-12-2001 WT/DS103/AB/RW WT/DS113/AB/RW	18-12-2001 WT/DSB/M/116
12	加拿大—影响牛奶进口及奶制品出口的措施：美国和新西兰再次引用第21.5条	06-12-2001 美国 WT/DS103/23 06-12-2001 新西兰 WT/DS113/23	18-12-2001 WT/DSB/M/116	26-07-2002 WT/DS103/RW/2 WT/DS113/RW/2	23-09-2002 加拿大 WT/DS103/28 WT/DS113/28	20-12-2002 WT/DS103/AB/RW2 WT/DS113/AB/RW2	17-01-2003 WT/DSB/M/141
13	欧共体—对于来自印度棉质床单进口征收反倾销税	07-05-2002 印度 WT/DS141/13/Rev-1	22-05-2002 WT/DSB/M/124 和 Corr. 1	29-11-2002 WT/DS141/RW	08-01-2003 印度 WT/DS141/16	08-04-2003 WT/DS141/AB/RW	24-04-2003 WT/DSB/M/148
14	美国—对来自欧共体特定产品反补贴措施	17-03-2004 欧共体 WT/DS212/14	27-09-2004 WT/DS212/15 WT/DSB/M/176	17-08-2005 WT/DS212/RW	N. A.	N. A.	27-09-2005 WT/DSB/M/198
15	智利—对特定农产品相关的综合价格制度及保障措施	19-05-2004 阿根廷 WT/DS207/17	20-01-2006 WT/DS207/18 WT/DSB/M/203	08-12-2006 WT/DS207/RW	05-02-2007 Chile WT/DS207/22	07-05-2007 WT/DS207/AB/RW	22-05-2007 WT/DSB/M/232
16	日本—影响苹果进口的措施	19-07-2004 美国 WT/DS245/11	30-07-2004 WT/DSB/M/174	23-06-2005 WT/DS245/RW	N. A.	N. A.	20-07-2005 WT/DSB/M/194
17	美国—对来自加拿大的软木最终反补贴税决定	04-01-2005 加拿大 WT/DS257/15	14-01-2005 WT/DSB/M/181	01-08-2005 WT/DS257/RW	06-09-2005 美国 WT/DS257/22	05-12-2005 WT/DS257/AB/RW	20-12-2005 WT/DSB/M/202
18	美国—"海外销售公司"税收待遇：欧共体再次援引第21.5条	14-01-2005 欧共体 WT/DS108/29	17-02-2005 WT/DSB/M/183	30-09-2005 WT/DS108/RW2	14-11-2005 美国 WT/DS108/32	13-02-2006 WT/DS108/AB/RW2	14 03 2006 WT/DS108/36
19	美国—国际贸易委员会对加拿大软木的调查	15-02-2005 加拿大 WT/DS277/8	25-02-2005 WT/DSB/M/184	15-11-2005 WT/DS277/RW	13-01-2006 加拿大 WT/DS277/16	13-04-2006 WT/DS277/AB/RW	09-05-2006 WT/DS277/19
20	美国—对加拿大软木的最终倾销决定	19-05-2005 加拿大 WT/DS264/16	01 06 2005 WT/DSB/M/190	03-04-2006 WT/DS264/RW	17 05 2006 加拿大 WT/DS264/25	15 08 2006 WT/DS264/AB/RW	01-09-2006 WT/DS264/28

续 表

序号	案件	援引第 21.5 条（日-月-年）	提交原专家组（日-月-年）	散发专家组报告（日-月-年）	通知上诉（日-月-年）	散发上诉机构报告（日-月-年）	通过专家组和/或上诉机构报告（日-月-年）
21	欧共体—香蕉进口制度及 ACP-EC 合作伙伴协定	30-11-2005 洪都拉斯 WT/DS27/62 30-11-2005 巴拿马 WT/DS27/63 30-11-2005 尼加拉瓜 WT/DS27/64					
22	美国—对来自阿根廷石油工业用管材的反倾销措施日落复审	26-01-2006 阿根廷 WT/DS268/15	17-03-2006 WT/DS268/16 WT/DSB/M/207	30-11-2006 WT/DS268/RW	12-01-2007 US WT/DS268/19	12-04-2007 WT/DS268/AB/RW	11-05-2007 WT/DSB/M/231
23	美国—影响博彩业跨境交付的措施	08-06-2006 安提瓜和巴布达 WT/DS285/17	19-07-2006 WT/DS285/18 WT/DSB/M/217	30-03-2007 WT/DS285/RW	N. A.	N. A.	22-05-2007 WT/DSB/M/232
24	美国—陆地棉补贴	18-08-2006 巴西 WT/DS267/30	28-09-2006 WT/DSB/M/220	18-12-2007 WT/DS267/RW 和 Corr. 1	12-02-2008 美国 WT/DS267/33	02-06-2008 WT/DS267/AB/RW	20-06-2008 WT/DSB/M/252
25	美国—对来自墨西哥的石油工业用管材反倾销措施	21-08-2006 墨西哥 WT/DS282/13	24-04-2007 WT/DS282/14 WT/DSB/M/230 06-07-2008 专家组建立的授权取消 WT/DS282/17				
26	韩国—对来自印度尼西亚特定纸张进口征收反倾销税	26-10-2006 印尼 WT/DS312/8	23-01-2007 WT/DS312/9 WT/DSB/M/225	28-09-2007 WT/DS312/RW	N. A.	N. A.	22-10-2007 WT/DS312/12
27	欧共体—关于香蕉进口、销售和分销的制度	16-11-2006 厄瓜多尔 WT/DS27/65	20-03-2007 WT/DS27/80 WT/DSB/M/228	07-04-2008 WT/DS27/RW2/ECU	28-08-2008 EC WT/DS27/89	26-11-2008 WT/DS27/AB/RW2/ECU	11-12-2008 WT/DSB/M/260
28	欧共体—关于香蕉进口、销售和分销的制度	29-06-2007 美国 WT/DS27/83	12-07-2007 WT/DSB/M/235	19-05-2008 WT/DS27/RW/USA 和 Corr. 1	28-08-2008 EC WT/DS27/90	26-11-2008 WT/DS27/AB/RW/USA 和 Corr. 1	22-12-2008 WT/DSB/M/261

续 表

序号	案件	援引第21.5条（日-月-年）	提交原专家组（日-月-年）	散发专家组报告（日-月-年）	通知上诉（日-月-年）	散发上诉机构报告（日-月-年）	通过专家组和/或上诉机构报告（日-月-年）
29	美国—计算倾销幅度的法律、法规和方法（“归零法”）	09-07-2007 欧共体 WT/DS294/22	25-09-2007 WT/DS294/25 WT/DSB/M/239	17-12-2008 WT/DS294/RW	13-02-2009 欧共体 WT/DS294/28	14-05-2009 WT/DS294/AB/RW 和 Corr. 1	11-06-2009 WT/DSB/M/269
30	美国—与归零法和日落复审相关的措施	07-04-2008 日本 WT/DS322/27	18-04-2008 WT/DSB/M/249	24-04-2009 WT/DS322/RW	20-05-2009 美国 WT/DS322/32	18-08-2009 WT/DS322/AB/RW	31-08-2009 WT/DSB/M/273
31	日本—对来自韩国的动态随机存储器征收反补贴税	09-09-2008 韩国 WT/DS336/19	23-09-2008 WT/DSB/M/256 2009年3月4日，韩国要求专家组中止工作 WT/DS336/22 05-03-2010 专家组建立的授权取消 WT/DS336/23				
32	欧共体—与肉及肉制品有关的措施（荷尔蒙）	22-12-2008 欧共体 WT/DS26/23					
33	欧共体—与肉及肉制品有关的措施（荷尔蒙）	22-12-2008 欧共体 WT/DS48/21					
34	美国—对从墨西哥进口的不锈钢采取最终反倾销措施	19-08-2009 墨西哥 WT/DS344/18	21-09-2010 WT/DS344/20 WT/DSB/M/287				

第五部分

援引《关于争端解决规则与程序的谅解》第22条

序号	案件	援引第22条	在第22.6下进行仲裁	仲裁人报告	由争端解决机构授权中止减让
1	欧共体—香蕉进口、销售和分销	14-01-1999 美国 WT/DS27/43	29-01-1999 欧共体 WT/DS27/46	09-04-1999 WT/DS27/ARB	根据美国要求（WT/DS27/49）于1999年4月19日争端解决机构会议上授权（WT/DSB/M/59）
2	欧共体—香蕉进口、销售和分销	08-11-1999 厄瓜多尔 WT/DS27/52	19-11-1999 欧共体 WT/DS27/53	24-03-2000 WT/DS27/ARB/ECU	根据厄瓜多尔要求（WT/DS27/54）于2000年5月18日争端解决机构会议上授权（WT/DSB/M/80）
3	欧共体—关于肉及肉制品措施（荷尔蒙）	17-05-1999 美国 WT/DS26/19 20-05-1999 加拿大 WT/DS48/17	02-06-1999 欧共体 WT/DS26/20 WT/DS48/18	12-07-1999 WT/DS26/ARB WT/DS48/ARB	根据美国要求（WT/DS26/21）和加拿大要求（WT/DS48/19）于1999年7月26日争端解决机构会议上授权（WT/DSB/M/65）
4	澳大利亚—影响鲑鱼进口的措施	15-07-1999 加拿大 WT/DS18/12	27-07-1999 澳大利亚 WT/DS18/13	N. A.	N. A.
5	巴西—对于航空器出口融资	10-05-2000 加拿大 WT/DS46/16	22-05-2000 巴西 WT/DS46/18	28-08-2000 WT/DS46/ARB	根据加拿大要求（WT/DS46/25）于2000年12月12日争端解决机构会议上授权（WT/DSB/M/94）
6	美国—"海外销售公司"税收待遇	17-11-2000 欧共体 WT/DS108/13	28-11-2000 美国 WT/DS108/17	30-08-2002 WT/DS108/ARB	根据欧共体要求（WT/DS108/26）于2003年5月7日的争端解决机构会议上授权（WT/DSB/M/149）
7	加拿大—影响牛奶进口及奶制品出口的措施	16-02-2001 美国 WT/DS103/17 16-02-2001 新西兰 WT/DS113/17	28-02-2001 加拿大 WT/DS103/18 WT/DS113/18	双方达成一致（WT/DS103/33，WT/DS113/33）仲裁于2003年5月9日终止	
8	美国—1916年反倾销法	07-01-2002 欧共体 WT/DS136/15 07-01-2002 日本 WT/DS162/18	17-01-2002 美国 WT/DS136/16 WT/DS162/19	24-02-2004 WT/DS136/ARB	

续 表

序号	案件	援引第22条	在第22.6下进行仲裁	仲裁人报告	由争端解决机构授权中止减让
9	美国—美国版权法第110(5)节	07-01-2002 欧共体 WT/DS160/19	17-01-2002 美国 WT/DS160/20	N.A.	N.A.
10	加拿大—地区性航空器的出口信贷保证	23-05-2002 巴西 WT/DS222/7和Corr.1	21-06-2002 加拿大 WT/DS222/8	17-02-2003 WT/DS222/ARB	根据巴西要求(WT/DS222/10)于2003年3月18日争端解决机构会议上授权(WT/DSB/M/145)
11	美国—2000年持续性倾销及补贴补偿法案	15-01-2004 巴西 WT/DS217/20 智利 WT/DS217/21 欧共体 WT/DS217/22 印度 WT/DS217/23 日本 WT/DS217/24 韩国 WT/DS217/25 加拿大 WT/DS234/25 墨西哥 WT/DS234/26和Corr.1	23-01-2004 美国 WT/DS217/26 WT/DS217/27 WT/DS217/28 WT/DS217/29 WT/DS217/30 WT/DS217/31 WT/DS234/27 WT/DS234/28	31-08-2004 WT/DS217/ARB/BRA WT/DS217/ARB/CHL WT/DS217/ARB/EEC WT/DS217/ARB/IND WT/DS217/ARB/JPN WT/DS217/ARB/KOR WT/DS234/ARB/CAN WT/DS234/ARB/MEX	根据巴西要求(WT/DS217/38) 欧共体(WT/DS217/39) 印度(WT/DS217/40) 日本(WT/DS217/41) 韩国(WT/DS217/42) 加拿大(WT/DS234/31) 墨西哥(WT/DS234/32) 于2004年11月26日在争端解决机构会议上授权(WT/DSB/M/178) 根据智利(WT/DS217/43)要求,于2004年12月17日在争端解决机构会议上授权(WT/DSB/M/180)
12	日本—影响苹果进口的措施	19-07-2004 美国 WT/DS245/12	29-07-2004 日本 WT/DS245/13	双方达成一致(WT/DS245/21)仲裁于2005年8月30日终止	
13	美国—对来自加拿大的软木最终反补贴税决定	04-01-2005 加拿大 WT/DS257/16	13-01-2005 美国 WT/DS257/17	双方达成一致(WT/DS257/26)仲裁于2006年10月12日终止	
14	美国—国际贸易委员会对加拿大软木的调查	15-02-2005 加拿大 WT/DS277/9	23-02-2005 美国 WT/DS277/10	双方达成一致(WT/DS277/20)仲裁于2006年10月12日终止	
15	美国—对加拿大软木的最终倾销决定	19-05-2005 加拿大 WT/DS264/17	31-05-2005 美国 WT/DS264/10	双方达成一致(WT/DS264/29)仲裁于2006年10月12日终止	
16	美国—陆地棉补贴(Ⅰ)	05-07-2005 巴西 WT/DS267/21	14-07-2005 美国 WT/DS267/23	31-08-2009 WT/DS267/ARB/1	根据巴西请求(WT/DS267/41)于2009年11月19日争端解决机构会议上授权(WT/DSB/M/276)

续 表

序号	案件	援引第 22 条	在第 22.6 下进行仲裁	仲裁人报告	由争端解决机构授权中止减让
17	美国—陆地棉补贴（Ⅱ）	06-10-2005 巴西 WT/DS267/26	17-10-2005 美国 WT/DS267/27	31-08-2009 WT/DS267/ ARB/2 和 Corr. 1	根据巴西请求 （WT/DS267/42） 于 2009 年 11 月 19 日 争端解决机构会议上授权 （WT/DSB/M/276）
18	美国—对来自阿根廷石油工业用管材的反倾销措施日落复审	21-05-2007 阿根廷 WT/DS268/24	01-06-2007 美国 WT/DS268/25		
19	美国—影响博彩业跨境交付的措施	21-06-2007 安提瓜和巴布达 WT/DS285/22	23-07-2007 美国 WT/DS285/23	21-12-2007 WT/DS285/ARB	
20	美国—与归零法和日落复审相关的措施	10-01-2008 日本 WT/DS322/23 10-01-2008 日本 WT/DS322/24	18-01-2008 美国 WT/DS322/25		
21	欧共体—影响生物科技产品审批和营销的措施	17-01-2008 美国 WT/DS291/39	06-02-2008 欧共体 WT/DS291/40		
22	美国—计算倾销幅度的法律、法规和方法（“归零法”）	29-01-2010 欧共体 WT/DS294/35	12-02-2010 美国 WT/DS294/36		

附录2 1995—2011年上诉机构受理的案件①

1. 上诉案件数量（1995—2011年）

年份	数量	最初上诉程序	第21.5条上诉程序
1995	0	0	0
1996	4	4	0
1997	6	6	0
1998	8	8	0
1999	9	9	0
2000	13	11	2
2001	9	5	4
2002	7	6	1
2003	6	5	1
2004	5	5	0
2005	10	8	2
2006	5	3	2
2007	4	2	2
2008	13	10	3
2009	3	1	2
2010	3	3	0
2011	9	9	0
总数	114	95	19

2. 被上诉的专家组报告比率（1995—2011年）

批准年份	所有专家组报告			非第21.5条专家组报告			第21.5条专家组报告		
	批准的专家组报告	被上诉的专家组报告	被上诉比率（%）	批准的专家组报告	被上诉的专家组报告	被上诉比率（%）	批准的专家组报告	被上诉的专家组报告	被上诉比率（%）
1996	2	2	100	2	2	100	0	0	—
1997	5	5	100	5	5	100	0	0	—
1998	12	9	75	12	9	75	0	0	—
1999	10	7	70	9	7	78	1	0	0
2000	19	11	58	15	9	60	4	2	50
2001	17	12	71	13	9	69	4	3	75
2002	12	6	50	11	5	45	1	1	100
2003	10	7	70	8	5	63	2	2	100
2004	8	6	75	8	6	75	0	0	—
2005	20	12	60	17	11	65	3	1	33
2006	7	6	86	4	3	75	3	3	100
2007	10	5	50	6	3	50	4	2	50
2008	11	9	82	8	6	75	3	3	100
2009	8	6	75	6	4	67	2	2	100
2010	5	2	40	5	2	40	0	0	—
2011	8	5	63	8	5	63	0	0	—
合计	164	110	67	137	91	66	27	19	70

① 1995年无专家组报告。

3. 上诉机构报告所涉及的 WTO 协议（1995—2011 年）

年份	DSU	WTO协议	GATT1994	农业	SPS	ATC	TBT	TRIMs	反倾销	进口许可证	SCM	安全保障	GATS	TRIPs
1996	0	0	2	0	0	0	0	0	0	0	0	0	0	0
1997	4	1	5	1	0	2	0	0	0	1	1	0	1	1
1998	7	1	4	1	2	0	0	0	1	1	0	0	0	0
1999	7	1	6	1	1	0	0	0	0	0	2	1	0	0
2000	8	1	7	2	0	0	0	0	2	0	5	2	1	1
2001	7	1	3	1	0	1	1	0	4	0	1	2	0	0
2002	8	2	4	3	0	0	1	0	1	0	3	1	1	1
2003	4	2	3	0	1	0	0	0	4	0	1	1	0	0
2004	2	0	5	0	0	0	0	0	2	0	1	0	0	0
2005	9	0	5	2	0	0	0	0	2	0	4	0	1	0
2006	5	0	3	0	0	0	0	0	3	0	2	0	0	0
2007	5	0	2	1	0	0	0	0	2	0	1	0	0	0
2008	8	1	9	1	2	0	0	0	3	0	3	0	0	0
2009	3	0	4	0	0	0	0	0	3	0	0	0	1	0
2010	1	0	0	0	1	0	0	0	0	0	0	0	0	0
2011	7	1	6	0	0	0	0	0	1	0	2	0	0	0
合计	85	11	68	13	7	3	2	0	28	2	26	7	5	3

4. 上诉案件中的参与方及第三方（1995—2011 年）

（1）统计概况

WTO 成员方	上诉方	其他上诉方	被上诉方	第三方	总 数
安提瓜和巴布达	1	0	1	0	2
阿根廷	2	3	5	13	23
澳大利亚	3	1	6	28	38
巴林	0	0	0	1	1
巴巴多斯	0	0	0	1	1
伯利兹	0	0	0	4	4
贝宁	0	0	0	1	1
委内瑞拉	0	0	1	6	7
玻利维亚	0	0	0	1	1
巴西	8	4	12	26	50
喀麦隆	0	0	0	3	3
加拿大	10	7	16	18	51
乍得	0	0	0	2	2
智利	3	0	2	9	14
中国	6	2	3	30	41
哥伦比亚	0	0	0	10	10
哥斯达黎加	1	0	0	3	4
科特迪瓦	0	0	0	4	4
古巴	0	0	0	4	4
多米尼加	0	0	0	4	4
多米尼克	1	0	1	3	5
厄瓜多尔	0	2	2	6	10
埃及	0	0	0	2	2

续表

WTO成员方	上诉方	其他上诉方	被上诉方	第三方	总数
萨瓦尔多	0	0	0	2	2
欧盟	20	14	38	51	123
斐济	0	0	0	1	1
加纳	0	0	0	2	2
格林纳达	0	0	0	1	1
危地马拉	1	1	1	4	7
圭亚那	0	0	0	1	1
洪都拉斯	1	1	2	1	5
中国香港	0	0	0	8	8
印度	6	2	7	28	43
印度尼西亚	0	0	1	1	2
以色列	0	0	0	1	1
牙买加	0	0	0	5	5
日本	6	4	11	43	64
肯尼亚	0	0	0	1	1
韩国	4	3	6	17	30
科威特	0	0	0	1	1
马达加斯加	0	0	0	1	1
马来西亚	1	0	1	0	2
马拉维	0	0	0	1	1
毛里求斯	0	0	0	2	2
墨西哥	5	1	4	30	40
新西兰	0	3	6	11	20
尼加拉瓜	0	0	0	4	4
尼日利亚	0	0	0	1	1
挪威	0	1	1	15	17
巴基斯坦	0	0	2	3	5
巴拿马	0	0	0	3	3
巴拉圭	0	0	0	5	5
秘鲁	0	0	1	2	3
菲律宾	3	0	3	1	7
波兰	0	0	1	0	1
塞内加尔	0	0	0	1	1
圣卢西亚	0	0	0	4	4
沙特	0	0	0	1	1
圣基茨和尼维斯	0	0	0	1	1
圣文森特和格林纳丁斯	0	0	0	3	3
苏里南	0	0	0	3	3
斯威士兰	0	0	0	1	1
瑞士	0	1	1	0	2
中国台北	0	0	0	20	20
坦桑尼亚	0	0	0	1	1
泰国	5	0	5	19	29
特立尼达和多巴哥	0	0	0	1	1
土耳其	1	0	0	4	5
美国	29	17	64	30	140
越南	0	0	0	3	3
总数	117	67	204	524	912

（2）年度详细信息

1996 年

案　件	上诉方	其他上诉方	被上诉方	第三方
美国—汽油 WT/DS2/AB/R	美国	—	巴西 委内瑞拉	欧共体 挪威
日本—含酒精饮料 II WT/DS8/AB/R WT/DS10/AB/R WT/DS11/AB/R	日本	美国	加拿大 欧共体 日本 美国	—

1997 年

案　件	上诉方	其他上诉方	被上诉方	第三方
美国—内衣裤 WT/DS24/AB/R	哥斯达黎加	—	美国	印度
巴西—可可粉 WT/DS22/AB/R	菲律宾	巴西	巴西 菲律宾	欧共体 美国
美国—羊毛衬衫及女上衣 WT/DS33/AB/R 和 Corr. 1	印度	—	美国	—
加拿大—期刊 WT/DS31/AB/R	加拿大	美国	加拿大 美国	—
欧共体—香蕉 III WT/DS27/AB/R	欧共体	厄瓜多尔 危地马拉 洪都拉斯 墨西哥 美国	厄瓜多尔 欧共体 危地马拉 洪都拉斯 墨西哥 美国	伯利兹 喀麦隆 哥伦比亚 哥斯达黎加 科特迪瓦 多米尼加 多米尼克 加纳 格林纳达 牙买加 日本 尼加拉瓜 圣卢西亚 圣文森特和格林纳丁斯 塞内加尔 苏里南 委内瑞拉
印度—专利权（美国） WT/DS50/AB/R	印度	—	美国	欧共体

1998 年

案　件	上诉方	其他上诉方	被上诉方	第三方
欧共体—荷尔蒙 WT/DS26/AB/R WT/DS48/AB/R	欧共体	加拿大 美国	加拿大 欧共体 美国	澳大利亚 新西兰 挪威
阿根廷—纺织品及服装 WT/DS56/AB/R	阿根廷	—	美国	欧共体
欧共体—计算机设备 WT/DS62/AB/R WT/DS67/AB/R WT/DS68/AB/R	欧共体	—	美国	日本
欧共体—家禽 WT/DS69/AB/R	巴西	欧共体	巴西 欧共体	泰国 美国
美国—虾 WT/DS58/AB/R	美国	—	印度 马来西亚 巴基斯坦 泰国	澳大利亚 厄瓜多尔 欧共体 中国香港 墨西哥 尼日利亚
澳大利亚—鲑鱼 WT/DS18/AB/R	澳大利亚	加拿大	澳大利亚 加拿大	欧共体 印度 挪威 美国
危地马拉—水泥 I WT/DS60/AB/R	危地马拉	—	墨西哥	美国

1999 年

案　件	上诉方	其他上诉方	被上诉方	第三方
韩国—含酒精饮料 WT/DS75/AB/R WT/DS84/AB/R	韩国	—	欧共体 美国	墨西哥
日本—农产品 II WT/DS76/AB/R	日本	美国	日本 美国	巴西 欧共体
巴西—航行器 WT/DS46/AB/R	巴西	加拿大	巴西 加拿大	欧共体 美国
加拿大—航行器 WT/DS70/AB/R	加拿大	巴西	巴西 加拿大	欧共体 美国
印度—数量限制 WT/DS90/AB/R	印度	—	美国	—
加拿大—奶制品 WT/DS103/AB/R WT/DS113/AB/R 和 Corr. 1	加拿大	—	新西兰 美国	—
土耳其—纺织品 WT/DS34/AB/R	土耳其	—	印度	中国香港 日本 菲律宾
智利—含酒精饮料 WT/DS87/AB/R WT/DS110/AB/R	智利	—	欧共体	墨西哥 美国
阿根廷—鞋类（欧共体） WT/DS121/AB/R	阿根廷	欧共体	阿根廷 欧共体	印度尼西亚 美国
韩国—奶制品 WT/DS98/AB/R	韩国	欧共体	韩国 欧共体	美国

2000 年

案　件	上诉人	其他上诉人	被上诉人	第三方
美国—海外销售公司 WT/DS108/AB/R	美国	欧共体	欧共体 美国	加拿大 日本
美国—热轧铅铋碳钢制品案 II WT/DS138/AB/R	美国	—	欧共体	巴西 墨西哥
加拿大—汽车 WT/DS139/AB/R	加拿大	欧共体 日本	加拿大 欧共体 日本	韩国 美国
巴西—航空器 （第 21.5 条—加拿大） WT/DS46/AB/RW	巴西	—	加拿大	欧共体 美国
加拿大—航空器 （第 21.5 条—巴西） WT/DS70/AB/RW	巴西	—	加拿大	欧共体 美国
美国—1916 年法案 WT/DS136/AB/R WT/DS162/AB/R	美国	欧共体 日本	欧共体 日本 美国	欧共体 印度 日本 墨西哥
加拿大—专利权保护 WT/DS170/AB/R	加拿大	—	美国	—
韩国—对牛肉的多种标准 WT/DS161/AB/R WT/DS169/AB/R	韩国	—	澳大利亚 美国	加拿大 新西兰
美国—特定欧共体产品 WT/DS165/AB/R	欧共体	美国	欧共体 美国	多米尼加 厄瓜多尔 印度 牙买加 日本 圣卢西亚
美国—麦麸 WT/DS166/AB/R	美国	欧共体	欧共体 美国	澳大利亚 加拿大 新西兰

2001 年

案　件	上诉方	其他上诉方	被上诉方	第三方
欧共体—棉质床单 WT/DS141/AB/R	欧共体	印度	欧共体 印度	埃及 日本 美国
欧共体—石棉 WT/DS135/AB/R	加拿大	欧共体	加拿大 欧共体	巴西 美国
泰国—工字梁 WT/DS122/AB/R	泰国	—	波兰	欧共体 日本 美国
美国—羔羊 WT/DS177/AB/R WT/DS178/AB/R	美国	澳大利亚 新西兰	澳大利亚 新西兰 美国	欧共体

续 表

案 件	上诉方	其他上诉方	被上诉方	第三方
美国—热轧钢产品 WT/DS184/AB/R	美国	日本	日本 美国	巴西 加拿大 智利 欧共体 韩国
美国—棉纱 WT/DS192/AB/R	美国	—	巴基斯坦	欧共体 印度
美国—虾 (第 21.5 条—马来西亚) WT/DS58/AB/RW	马来西亚	—	美国	澳大利亚 欧共体 中国香港 印度 日本 墨西哥 泰国
墨西哥—玉米浆 (第 21.5 条—美国) WT/DS132/AB/RW	墨西哥	—	美国	欧共体
加拿大—奶制品 (第 21.5 条—新西兰和美国) WT/DS103/AB/RW WT/DS113/AB/RW	加拿大	—	新西兰 美国	欧共体

2002 年

案 件	上诉方	其他上诉方	被上诉方	第三方
美国—补偿法案 (伯德修正案) WT/DS217/AB/R WT/DS234/AB/R	美国	—	澳大利亚 巴西 加拿大 智利 欧共体 印度 印度尼西亚 日本 韩国 墨西哥 泰国	阿根廷 哥斯达黎加 中国香港 以色列 挪威
欧共体—棉质床单 (第 21.5 条—印度) WT/DS141/AB/RW	印度	—	欧共体	日本 韩国 美国
欧共体—管道配件 WT/DS219/AB/R	巴西	—	欧共体	智利 日本 墨西哥 美国
美国—钢铁安全装置 WT/DS248/AB/R WT/DS249/AB/R WT/DS251/AB/R WT/DS252/AB/R WT/DS253/AB/R WT/DS254/AB/R WT/DS258/AB/R WT/DS259/AB/R	美国	巴西 中国 欧共体 日本 韩国 新西兰 挪威 瑞士	巴西 中国 欧共体 日本 韩国 新西兰 挪威 瑞士 美国	加拿大 古巴 墨西哥 中国台北 泰国 土耳其 委内瑞拉

续 表

案　件	上诉方	其他上诉方	被上诉方	第三方
日本—苹果 WT/DS245/AB/R	日本	美国	日本 美国	澳大利亚 巴西 欧共体 新西兰 中国台北
美国—不锈钢日落复审 WT/DS244/AB/R	日本	—	美国	巴西 智利 欧共体 印度 韩国 挪威

2003 年

案　件	上诉方	其他上诉方	被上诉方	第三方
美国—211 拨款法 WT/DS176/AB/R	欧共体	美国	欧共体 美国	—
美国—海外销售公司 （第 21.5 条—欧共体） WT/DS108/AB/RW	美国	欧共体	欧共体 美国	澳大利亚 加拿大 印度 日本
美国—直线管 WT/DS202/AB/R	美国	韩国	韩国 美国	澳大利亚 加拿大 欧共体 日本 墨西哥
印度—汽车 II WT/DS146/AB/R WT/DS175/AB/R	印度	—	欧共体 美国	韩国
智利—综合价格制度 WT/DS207/AB/R	智利	—	阿根廷	澳大利亚 巴西 哥伦比亚 厄瓜多尔 欧共体 巴拉圭 美国 委内瑞拉
欧共体—沙丁鱼 WT/DS231/AB/R	欧共体	—	秘鲁	加拿大 智利 厄瓜多尔 美国 委内瑞拉
美国—碳钢 WT/DS213/AB/R 和 Corr. 1	美国	欧共体	欧共体 美国	日本 挪威
美国—特定欧共体产品补偿措施 WT/DS212/AB/R	美国	—	欧共体	巴西 印度 墨西哥

续 表

案 件	上诉方	其他上诉方	被上诉方	第三方
加拿大—奶制品 (第 21.5 条—新西兰和美国 II) WT/DS103/AB/RW2 WT/DS113/AB/RW2	加拿大	—	新西兰 美国	阿根廷 澳大利亚 欧共体

2004 年

案 件	上诉方	其他上诉方	被上诉方	第三方
美国—软木 IV WT/DS257/AB/R	美国	加拿大	加拿大 美国	欧共体 印度 日本
欧共体—歧视性关税 WT/DS246/AB/R	欧共体	—	印度	玻利维亚 巴西 哥伦比亚 哥斯达黎加 古巴 厄瓜多尔 圣萨尔瓦多 危地马拉 洪都拉斯 毛里求斯 尼加拉瓜 巴基斯坦 巴拿马 巴拉圭 秘鲁 美国 委内瑞拉
美国—软木 V WT/DS264/AB/R	美国	加拿大	加拿大 美国	欧共体 印度 日本
加拿大—小麦出口和谷物进口 WT/DS276/AB/R	美国	加拿大	加拿大 美国	澳大利亚 中国 欧共体 墨西哥 中国台北
美国—石油国家工业用管材日落复审 WT/DS268/AB/R	美国	阿根廷	阿根廷 美国	欧共体 日本 韩国 墨西哥 中国台北

2005 年

案件	上诉方	其他上诉方	被上诉方	第三方
美国—细绒棉 WT/DS267/AB/R	美国	巴西	巴西 美国	阿根廷 澳大利亚 贝宁 加拿大 乍得 中国 欧共体 印度 新西兰 巴基斯坦 巴拉圭 中国台北 委内瑞拉
美国—博彩业 WT/DS285/AB/R 和 Corr. 1	美国	安提瓜和巴布达	安提瓜和巴布达 美国	加拿大 欧共体 日本 墨西哥 中国台北
欧共体—糖类出口补贴 WT/DS265/AB/R WT/DS266/AB/R WT/DS283/AB/R	欧共体	澳大利亚 巴西 泰国	澳大利亚 巴西 欧共体 泰国	巴巴多斯 伯利兹 加拿大 中国 哥伦比亚 科特迪瓦 古巴 斐济 圭亚纳 印度 牙买加 肯尼亚 马达加斯加 马拉维 毛里求斯 新西兰 巴拉圭 圣基茨和尼维斯 瑞士 坦桑尼亚 特立尼达和多巴哥 美国
多米尼克—烟草进口和销售 WT/DS302/AB/R	多米尼克	洪都拉斯	多米尼克 洪都拉斯	中国 萨尔瓦多 欧共体 危地马拉 美国
美国—对计算机动态随机存取存储器芯片反补贴税调查案 WT/DS296/AB/R	美国	韩国	韩国 美国	中国 欧共体 日本 中国台北

续 表

案　件	上诉方	其他上诉方	被上诉方	第三方
欧共体—鸡块 WT/DS269/AB/R WT/DS286/AB/R和Corr. 1	欧共体	巴西 泰国	巴西 欧共体 泰国	中国 美国
墨西哥—稻米反倾销措施 WT/DS295/AB/R	墨西哥	—	美国	中国 欧共体
美国—石油工业用管材反倾销措施 WT/DS282/AB/R	墨西哥	美国	墨西哥 美国	阿根廷 加拿大 中国 欧共体 日本 中国台北
美国—软木 IV （第21.5条—加拿大） WT/DS257/AB/RW	美国	加拿大	加拿大 美国	中国 欧共体

2006年

案　件	上诉方	其他上诉方	被上诉方	第三方
美国—海外销售公司 （第21.5条—欧共体 II） WT/DS108/AB/RW2	美国	欧共体	欧共体 美国	澳大利亚 巴西 中国
墨西哥—不含酒精饮料税 WT/DS308/AB/R	墨西哥	—	美国	加拿大 中国 欧共体 危地马拉 日本
美国—软木 VI （第21.5条—加拿大） WT/DS277/AB/RW和Corr. 1	加拿大	—	美国	中国 欧共体
美国—归零法（欧共体） WT/DS294/AB/R和Corr. 1	欧共体	美国	美国 欧共体	阿根廷 巴西 中国 中国香港 印度 日本 韩国 墨西哥 挪威 中国台北
美国—软木 V （第21.5条—加拿大） WT/DS264/AB/RW	加拿大	—	美国	中国 欧共体 印度 日本 新西兰 泰国

续 表

案　件	上诉方	其他上诉方	被上诉方	第三方
欧共体—特定海关事项案 WT/DS315/AB/R	美国	欧共体	欧共体 美国	阿根廷 澳大利亚 巴西 中国 中国香港 印度 日本 韩国 中国台北

2007 年

案　件	上诉方	其他上诉方	被上诉方	第三方
美国—归零法（日本） WT/DS322/AB/R	日本	美国	美国 日本	阿根廷 中国 欧共体 中国香港 印度 韩国 墨西哥 新西兰 挪威 泰国
美国—石油工业用管材日落复审（第 21.5 条—阿根廷） WT/DS268/AB/RW	美国	阿根廷	阿根廷 美国	中国 欧共体 日本 韩国 墨西哥
智利—价格综合制度（第 21.5 条—阿根廷） WT/DS207/AB/RW	智利	阿根廷	阿根廷 智利	澳大利亚 巴西 加拿大 中国 哥伦比亚 欧共体 秘鲁 泰国 美国
日本—计算机动态随机存取存储器芯片（韩国） WT/DS336/AB/R 和 Corr. 1	日本	韩国	韩国 日本	欧共体 美国
巴西—翻新轮胎 WT/DS332/AB/R	欧共体	—	巴西	阿根廷 澳大利亚 中国 古巴 危地马拉 日本 韩国 墨西哥 巴拉圭 中国台北 泰国 美国

2008年

案　件	上诉方	其他上诉方	被上诉方	第三方
美国—不锈钢（墨西哥） WT/DS344/AB/R	墨西哥	—	美国	智利 中国 欧共体 日本 泰国
美国—高地棉 （第21.5条—巴西） WT/DS267/AB/RW	美国	巴西	巴西 美国	阿根廷 澳大利亚 加拿大 乍得 中国 欧共体 印度 日本 新西兰 泰国
美国—虾（泰国） WT/DS343/AB/R	泰国	美国	美国 泰国	巴西 智利 中国 欧共体 印度 日本 韩国 墨西哥 越南
美国—海关保税指令 WT/DS345/AB/R	印度	美国	美国 印度	巴西 中国 欧共体 日本 泰国
美国—要求取消报复措施 WT/DS320/AB/R	欧共体	美国	美国 欧共体	澳大利亚 巴西 中国 印度 墨西哥 新西兰 挪威 中国台北
加拿大—要求取消报复措施 WT/DS321/AB/R	欧共体	加拿大	加拿大 欧共体	澳大利亚 巴西 中国 印度 墨西哥 新西兰 挪威 中国台北
印度—进口附加税 WT/DS360/AB/R	美国	印度	印度 美国	澳大利亚 智利 欧共体 日本 越南

续 表

案 件	上诉方	其他上诉方	被上诉方	第三方
欧共体—香蕉 III (第 21.5 条—厄瓜多尔 II) WT/DS27/AB/RW2/ECU 和 Corr. 1	欧共体	厄瓜多尔	厄瓜多尔 欧共体	伯利兹 巴西 喀麦隆 哥伦比亚 科特迪瓦 多米尼加 多米尼克 加纳 牙买加 日本 尼加拉瓜 巴拿马 圣卢西亚 圣文森特和格林纳丁斯 苏里南 美国
欧共体—香蕉 III (第 21.5 条—美国) WT/DS27/AB/RW/USA 和 Corr. 1	欧共体	—	美国	伯利兹 巴西 喀麦隆 哥伦比亚 科特迪瓦 多米尼加 多米尼克 厄瓜多尔 牙买加 日本 墨西哥 尼加拉瓜 巴拿马 圣卢西亚 圣文森特和格林纳丁斯 苏里南
中国—汽车零部件（欧共体） WT/DS339/AB/R	中国	—	欧共体	阿根廷 澳大利亚 巴西 日本 墨西哥 中国台北 泰国
中国—汽车零部件（美国） WT/DS340/AB/R	中国	—	美国	阿根廷 澳大利亚 巴西 日本 墨西哥 中国台北 泰国

续 表

案 件	上诉方	其他上诉方	被上诉方	第三方
中国—汽车零部件（加拿大） WT/DS342/AB/R	中国	—	加拿大	阿根廷 澳大利亚 巴西 日本 墨西哥 中国台北 泰国

2009 年

案 件	上诉方	其他上诉方	被上诉方	第三方
美国—归零法 WT/DS350/AB/R	欧共体	美国	欧共体 美国	巴西 中国 埃及 印度 日本 韩国 墨西哥 挪威 中国台北 泰国
美国—归零法（欧共体） （第 21.5 条—欧共体） WT/DS294/AB/RW 和 Corr. 1	欧共体	美国	欧共体 美国	印度 日本 韩国 墨西哥 挪威 中国台北 泰国
美国—归零法（日本） （第 21.5 条—日本） WT/DS322/AB/RW	美国	—	日本	中国 欧共体 中国香港 韩国 墨西哥 挪威 中国台北 泰国
中国—出版物和视听产品 WT/DS363/AB/R	中国	美国	中国 美国	澳大利亚 欧共体 日本 韩国 中国台北

2010 年

案 件	上诉方	其他上诉方	被上诉方	第三方
澳大利亚—苹果 WT/DS367/AB/R	澳大利亚	新西兰	新西兰 澳大利亚	智利 欧盟 日本 巴基斯坦 中国台北 美国

2011 年

案件	上诉方	其他上诉方	被上诉方	第三方
美国—反倾销和反补贴税（中国） WT/DS379/AB/R	中国	—	美国	阿根廷 澳大利亚 巴林 巴西 加拿大 欧盟 印度 日本 科威特 墨西哥 挪威 沙特 中国台北 土耳其
欧盟及其部分成员国—大型民用航空器 WT/DS316/AB/R	欧盟	美国	美国 欧盟	澳大利亚 巴西 加拿大 中国 日本 韩国
泰国—香烟（菲律宾） WT/DS371/AB/R	泰国	—	菲律宾	澳大利亚 中国 欧盟 印度 中国台北 美国
欧共体—紧固件（中国） WT/DS397/AB/R	欧盟	中国	中国 欧盟	巴西 加拿大 智利 哥伦比亚 印度 日本 挪威 中国台北 泰国 土耳其 美国
美国—轮胎（中国） WT/DS399/AB/R	中国	—	美国	欧盟 日本 中国台北 土耳其 越南
菲律宾—蒸馏酒精（美国） WT/DS403/AB/R	菲律宾	—	美国	澳大利亚 中国 哥伦比亚 印度 墨西哥 中国台北 泰国

5. WTO争端解决报告及裁决（1995—2011）

简要标题	案件标题全称及出处
阿根廷—陶瓷	专家组报告，阿根廷—对于从意大利进口地板瓷砖的明确反倾销措施，WT/DS189/R，2001年11月5日通过，DSR 2001：XII，6241
阿根廷—鞋类（欧共体）	上诉机构报告，阿根廷—鞋类进口安全标准措施，WT/DS121/AB/R，2000年1月12日通过，DSR 2000：I，515
阿根廷—鞋类（欧共体）	专家组报告，阿根廷—鞋类进口安全标准措施，WT/DS121/R，2000年1月12日通过，上诉机构报告修改，WT/DS121/AB/R，DSR 2000：II，575
阿根廷—皮革	专家组报告，阿根廷—影响牛皮出口及成皮进口措施，WT/DS155/R和Corr.1，2001年2月16日通过，DSR 2001：V，1779
阿根廷—皮革（第21.3（c）条）	仲裁决议，阿根廷—影响牛皮出口及成皮进口措施—在DSU第21.3（c）条下的仲裁，WT/DS155/10，2001年8月31日，DSR 2001：XII，6013
阿根廷—家禽反倾销税	专家组报告，阿根廷—对来自巴西家禽的明确反倾销措施，WT/DS241/R，2003年5月19日通过DSR 2003：V，1727
阿根廷—桃脯	专家组报告，阿根廷—对进口桃脯的明确保障措施，WT/DS238/R，2003年4月15日通过，DSR 2003：III，1037
阿根廷—纺织品及服装	上诉机构报告，阿根廷—影响鞋类、纺织品、服装和其他项目的进口措施，WT/DS56/AB/R和Corr.1，1998年4月22日通过，DSR 1998：III，1003
阿根廷—纺织品及服装	专家组报告，阿根廷—影响鞋类、纺织品、服装和其他项目的进口措施，WT/DS56/R，1998年4月22日通过，上诉机构报告修改，WT/DS56/AB/R，DSR 1998：III，1033
澳大利亚—苹果	上诉机构报告，澳大利亚—影响自新西兰苹果进口的措施，WT/DS367/AB/R，2010年12月17日通过，DSR 2010：V，2175
澳大利亚—苹果	专家组报告，澳大利亚—影响自新西兰苹果进口的措施，WT/DS367/R，2010年12月17日通过，上诉机构报告修改，WT/DS367/AB/R，DSR 2010：VI，2371
澳大利亚—汽车皮革 II	专家组报告，澳大利亚—对汽车皮革生产商及出口商的补贴，WT/DS126/R，1999年6月16日，DSR 1999：III，951
澳大利亚—汽车皮革 II（第21.5条—美国）	专家组报告，澳大利亚—对汽车皮革生产商及出口商的补贴—根据DSU第21.5条，WT/DS126/RW和Corr.1，通过2000年2月11日通过，DSR 2000：III，1189
澳大利亚—鲑鱼	上诉机构报告，澳大利亚—影响鲑鱼进口措施，WT/DS18/AB/R，1998年11月6日通过，DSR 1998：VIII，3327
澳大利亚—鲑鱼	专家组报告，澳大利亚—影响鲑鱼进口措施，WT/DS18/R和Corr.1，1998年11月6日通过，上诉机构报告修改，WT/DS18/AB/R，DSR 1998：VIII，3407
澳大利亚—鲑鱼（第21.3（c）条）	仲裁决议，澳大利亚—影响鲑鱼进口措施—第21.3（c）条下的仲裁，WT/DS18/9，1999年2月23日，DSR 1999：I，267
澳大利亚—鲑鱼（第21.5条—加拿大）	专家组报告，澳大利亚—影响鲑鱼进口措施—根据加拿大DSU第21.5条，WT/DS18/RW，2000年3月20日通过，DSR 2000：IV，2031
巴西—民用航空器	上诉机构报告，巴西—民用航空器出口资助计划，WT/DS46/AB/R，1999年8月20日通过，DSR 1999：III，1161
巴西—民用航空器	专家组报告，巴西—民用航空器出口补贴计划，1999年8月20日通过，上诉机构报告修改，WT/DS46/AB/R，DSR 1999：III，1221
巴西—民用航空器（第21.5条—加拿大）	上诉机构报告，巴西—民用航空器出口补贴计划—加拿大引用DSU第21.5条，WT/DS46/AB/RW，2000年8月4日通过，DSR 2000：VIII，4067

续表

简要标题	案件标题全称及出处
巴西—民用航空器（第 21.5 条—加拿大）	专家组报告，巴西—民用航空器出口补贴计划—加拿大引用 DSU 第 21.5 条，WT/DS46/RW，2000 年 8 月 4 日，上诉机构报告修改，WT/DS46/AB/RW，DSR 2000：IX，4093
巴西—民用航空器（第 21.5 条—加拿大 II）	专家组报告，巴西—民用航空器出口补贴计划—加拿大再次引用 DSU 第 21.5 条，WT/DS46/RW/2，2001 年 8 月 23 日通过，DSR 2001：X，5481
巴西—民用航空器（第 22.6 条—巴西）	仲裁决定，巴西—民用航空器出口补贴计划—巴西根据 DSU 第 22.6 条及 SCM 协议第 4.11 条提出仲裁，WT/DS46/ARB，2000 年 8 月 28 日，DSR 2002：I，19
巴西—可可粉	上诉机构报告，巴西—影响可可粉措施 WT/DS22/AB/R，1997 年 3 月 20 日通过，DSR 1997：I，167
巴西—可可粉	专家组报告，巴西—影响可可粉措施，WT/DS22/R，1997 年 3 月 20 日通过，得到上诉机构报告支持，WT/DS22/AB/R，DSR 1997：I，189
巴西—翻新轮胎	上诉机构报告，巴西—影响翻新轮胎进口的措施，WT/DS332/AB/R，2007 年 12 月 17 日通过，DSR 2007：IV，1527
巴西—翻新轮胎	专家组报告，巴西—影响翻新轮胎进口的措施，WT/DS332/R，2007 年 12 月 17 日通过，上诉机构报告修改，WT/DS332/AB/R，DSR 2007：V，1649
巴西—翻新轮胎（第 21.3（c）条）	仲裁决定，巴西—影响翻新轮胎进口的措施—DSU 第 21.3（c）条下的仲裁，WT/DS332/16，2008 年 8 月 29 日，DSR 2008：XX，8581
加拿大—民用航空器	上诉机构报告，加拿大—影响民用航空器出口措施，WT/DS70/AB/R，1999 年 8 月 20 日通过，DSR 1999：III，1377
加拿大—民用航空器	专家组报告，加拿大—影响民用航空器出口措施，WT/DS70/R，1999 年 8 月 20 日通过，得到上诉机构报告支持，WT/DS70/AB/R，DSR 1999：IV，1443
加拿大—民用航空器（第 21.5 条—巴西）	上诉机构报告，加拿大—影响民用航空器出口措施—巴西引用 DSU 第 21.5 条，WT/DS70/AB/RW，2000 年 8 月 4 日通过，DSR 2000：IX，4299
加拿大—民用航空器（第 21.5 条—巴西）	专家组报告，加拿大—影响民用航空器出口措施—巴西引用 DSU 第 21.5 条，WT/DS70/RW，2000 年 8 月 4 日通过，上诉机构报告修改，WT/DS70/AB/RW，DSR 2000：IX，4315
加拿大—民用航空器信贷保证	专家组报告，加拿大—地区民用航空器出口信贷保证，WT/DS222/R 和 Corr.1，2002 年 2 月 19 日，DSR 2002：III，849
加拿大—民用航空器信贷保证（第 22.6 条—加拿大）	仲裁决定，加拿大—地区民用航空器出口信贷保证—加拿大引用 DSU 第 22.6 条 SCM 协议第 4.11 条，WT/DS222/ARB，2003 年 2 月 17 日，DSR 2003：III，1187
加拿大—汽车	上诉机构报告，加拿大—影响汽车工业特定措施，WT/DS139/AB/R，WT/DS142/AB/R，2000 年 6 月 19 日通过，DSR 2000：VI，2985
加拿大—汽车	专家组报告，加拿大—影响汽车工业特定措施，WT/DS139/R，WT/DS142/R，2000 年 6 月 19 日，上诉机构报告修改，WT/DS139/AB/R，WT/DS142/AB/R，DSR 2000：VII，3043
加拿大—汽车（第 21.3（c）条）	仲裁决定，加拿大—影响汽车工业特定措施—DSU 第 21.3（c）条下的仲裁 WT/DS139/12，WT/DS142/12，2000 年 10 月 4 日，DSR 2000：X，5079
加拿大—要求取消报复措施	上诉机构报告，加拿大—欧共体要求取消报复措施—荷尔蒙争端，WT/DS321/AB/R，2008 年 11 月 14 日通过，DSR 2008：XIV，5373
加拿大—要求取消报复措施	专家组报告，加拿大—欧共体要求取消报复措施—荷尔蒙争端，WT/DS321/AB/R，2008 年 11 月 14 日通过，上诉机构报告修改，WT/DS321/AB/R，DSR 2008：XV，5757—DSR 2008：XVII，6717

续 表

简要标题	案件标题全称及出处
加拿大—奶制品	上诉机构报告，加拿大—影响牛奶进口及奶制品出口的措施，WT/DS103/AB/R，WT/DS113/AB/R及Corr.1，引自1999年10月27日DSR 1999：V，2057
加拿大—奶制品	专家组报告，加拿大—影响牛奶进口及奶制品出口的措施，WT/DS103/R，WT/DS113/R，1999年10月27日通过，上诉机构报告修改，WT/DS103/AB/R，WT/DS113/AB/R，DSR 1999：VI，2097
加拿大—奶制品（第21.5条—新西兰和美国）	上诉机构报告，加拿大—影响牛奶进口及奶制品出口的措施—新西兰和美国引用DSU第21.5条，WT/DS103/AB/RW，WT/DS113/AB/RW，2001年12月18日通过，DSR 2001：XIII，6829
加拿大—奶制品（第21.5条—新西兰和美国）	专家组报告，加拿大—影响牛奶进口及奶制品出口的措施—新西兰和美国引用DSU第21.5条，WT/DS103/RW，WT/DS113/RW，2001年12月18日通过，上诉机构报告驳回，WT/DS103/AB/RW，WT/DS113/AB/RW，DSR 2001：XIII，6865
加拿大—奶制品（第21.5条—新西兰和美国II）	上诉机构报告，加拿大—影响牛奶进口及奶制品出口的措施—新西兰和美国引用DSU第21.5条，WT/DS103/AB/RW2，WT/DS113/AB/RW2，2003年1月17日通过，DSR 2003：I，213
加拿大—奶制品（第21.5条—新西兰和美国II）	专家组报告，加拿大—影响牛奶进口及奶制品出口的措施—新西兰和美国引用DSU第21.5条，WT/DS103/RW2，WT/DS113/RW2，2003年1月17日通过，上诉机构报告修改，WT/DS103/AB/RW2，WT/DS113/AB/RW2，DSR 2003：I，255
加拿大—专利条款	上诉机构报告，加拿大—专利保护条款，WT/DS170/AB/R，2000年10月12日通过，DSR 2000：X，5093
加拿大—专利条款	专家组报告，加拿大—专利保护条款，WT/DS170/R，2000年10月12日通过，得到上诉机构报告支持，WT/DS170/AB/R，DSR 2000：XI，5121
加拿大—专利条款（第21.3（c）条）	仲裁决定，加拿大—专利保护条款—DSU第21.3（c）条下仲裁，WT/DS170/10，2001年2月28日，DSR 2001：V，2031
加拿大—杂志	上诉机构报告，加拿大—相关杂志特定措施，WT/DS31/AB/R，1997年7月30日通过，DSR 1997：I，449
加拿大—期刊	专家组报告，加拿大—相关杂志特定措施，WT/DS31/R和Corr.1，1997年7月30日通过，上诉机构报告修改，WT/DS31/AB/R，DSR 1997：I，481
加拿大—药品专利	专家组报告，加拿大—药品专利保护，WT/DS114/R，2000年4月7日通过，DSR 2000：V，2289
加拿大—药品专利（第21.3（c）条）	仲裁决定，加拿大—药品专利保护—根据DSU第21.3（c）进行的仲裁，WT/DS114/13，2000年8月18日，DSR 2002：I，3
加拿大—小麦出口和谷物进口	上诉机构报告，加拿大—小麦出口和谷物进口措施，WT/DS276/AB/R，2004年9月27日通过，DSR 2004：VI，2739
加拿大—小麦出口和谷物进口	专家组报告，加拿大—小麦出口和谷物进口措施，WT/DS276/R，2004年9月27日通过，得到上诉机构报告支持，WT/DS276/AB/R，DSR 2004，VI，2817
智利—酒精饮料	上诉机构报告，智利—酒精饮料税 WT/DS87/AB/R，WT/DS110/AB/R，2000年1月12日通过，DSR 2000：I，281
智利—酒精饮料	专家组报告，智利—酒精饮料税，WT/DS87/R，WT/DS110/R，2000年1月12日通过，上诉机构报告修改，WT/DS87/AB/R，WT/DS110/AB/R，DSR 2000：I，303
智利—酒精饮料（第21.3（c）条）	仲裁决定，智利—酒精饮料税—在DSU第21.3（c）条下仲裁，WT/DS87/15，WT/DS110/14，2000年5月23日，DSR 2000：V，2583

续 表

简要标题	案件标题全称及出处
智利—综合价格制度	上诉机构报告，智利—与特定农产品有关的综合价格制度和保障措施 WT/DS207/AB/R，2002 年 10 月 23 日通过，DSR 2002：VIII，3045 (Corr. 1，DSR 2006：XII，5473)
智利—综合价格制度	专家组报告，智利—与特定农产品有关的综合价格制度和保障措施，WT/DS207/R，2002 年 10 月 23 日通过，上诉机构报告修改，WT/DS207AB/R，DSR 2002：VIII，3127
智利—综合价格制度（第 21.3（c）条）	仲裁决定，智利—与特定农产品有关的综合价格制度和保障措施—在 DSU 第 21.3（c）条下仲裁，WT/DS207/13，2003 年 3 月 17 日，DSR 2003：III，1237
智利—综合价格制度（第 21.5 条—阿根廷）	上诉机构报告，智利—与特定农产品有关的综合价格制度和保障措施—阿根廷引自 DSU 第 21.5 条，WT/DS207/RW，2007 年 5 月 22 日通过，DSR 2007：II，513
智利—综合价格制度（第 21.5 条—阿根廷）	专家组报告，智利—与特定农产品有关的综合价格制度和保障措施—阿根廷引自 DSU 第 21.5 条，WT/DS207/RW 和 Corr. 1，2007 年 5 月 22 日通过，得到上诉机构报告的支持，WT/DS207/AB/RW，DSR 2007：II III，613
中国—汽车零部件	上诉机构报告，中国—影响汽车零部件进口的措施，T/DS339/AB/R，WT/DS340/AB/R，WT/DS342/AB/R，2009 年 1 月 12 日通过，DSR 2009：I，3
中国—汽车零部件	专家组报告，中国—影响汽车零部件进口的措施，WT/DS339/R，WT/DS340/R，WT/DS342/R 和 Add. 1 和 Add. 2，2009 年 1 月 12 日通过，得到（WT/DS339/R）支持，由上诉机构报告 WT/DS339/AB/R，WT/DS340/AB/R，WT/DS342/AB/R，DSR 2009：I，119－ DSR 2009：II，625 修订（WT/DS340/R / WT/DS342/R）
中国—知识产权	专家组报告，中国—影响知识产权保护和执法的措施，WT/DS362/R，2009 年 3 月 20 日通过，DSR 2009：V，2097
中国—出版物和视听产品	上诉机构报告，中国—影响特定出版物和视听产品贸易和分销权的措施，WT/DS363/AB/R，2010 年 1 月 19 日通过，DSR 2010：I，3
中国—出版物和视听产品	专家组报告，中国—影响特定出版物和视听产品贸易和分销权的措施，WT/DS363/R 和 Corr. 1，2010 年 1 月 19 日通过，上诉机构报告修改，WT/DS363/AB/R，DSR 2010：II，261
中国—原材料出口	上诉报告，中国—不同原材料的出口措施，WT/DS394/R，WT/DS395/R，WT/DS398/R，2012 年 2 月 22 日通过
中国—原材料出口	专家组报告，中国—不同原材料的出口措施，WT/DS394/R / WT/DS395/R / WT/DS398/R /和 Corr. 1，2012 年 2 月 22 日通过，上诉机构执行修订，WT/DS394/AB/R / WT/DS395/AB/R / WT/DS398/AB/R
哥伦比亚—港口入境	专家组报告，哥伦比亚—对港口入境的价格限制要求，WT/DS366/R 和 Corr. 1，2009 年 5 月 20 日通过，DSR 2009：VI，2535
哥伦比亚—港口入境（第 21.3（c）条）	仲裁报告，哥伦比亚—对港口入境的价格限制要求，—在 DSU 第 21.3（c）条下的仲裁，WT/DS366/13，2009 年 10 月 2 日，DSR 2009：IX，3819
多米尼克—香烟的进口和销售	上诉机构报告，多米尼克—影响香烟进口及国内销售的措施，WT/DS302/AB/R，2005 年 5 月 19 日通过，DSR 2005：XV，7367
多米尼克—香烟的进口和销售	专家组报告，多米尼克—影响香烟进口及国内销售的措施，WT/DS302/R，2005 年 5 月 19 日通过，上诉机构报告修改，WT/DS302/AB/R，DSR 2005：XV，7425
多米尼克—香烟的进口和销售（第 21.3（c）条）	仲裁报告，多米尼克—影响香烟进口及国内销售的措施—在 DSU 第 21.3（c）条下的仲裁 WT/DS302/17，2005 年 8 月 29 日，DSR 2005：XXIII，11665

续 表

简要标题	案件标题全称及出处
欧共体—科托努协议	仲裁决定，欧共体—科托努协议—根据 2001 年 11 月 14 日决定提请仲裁，WT/L/616，2005 年 8 月 1 日，DSR 2005：XXIII，11669
欧共体—科托努协议 II	仲裁决定，欧共体—科托努协议—根据 2001 年 11 月 14 日决定提请仲裁，WT/L/625，2005 年 10 月 27 日，DSR 2005：XXIII，11703
欧共体—生物科技产品批准及营销	专家组报告，欧共体—影响生物科技产品批准及营销的措施，WT/DS291/R，WT/DS292/R，WT/DS293/R，Corr. 1 和 Add. 1，2，3，4，5，6，7，8 和 9，2006 年 11 月 21 日通过，DSR 2006：III VIII，847
欧共体—石棉	上诉机构报告，欧共体—影响石棉及含石棉产品的措施，WT/DS135/AB/R，2001 年 4 月 5 日通过，DSR 2001：VII，3243
欧共体—石棉	专家组报告，欧共体—影响石棉及含石棉产品的措施，WT/DS135/R 和 Add. 1，2001 年 4 月 5 日通过，上诉机构报告修改，WT/DS135/AB/R，DSR 2001：VIII，3305
欧共体—香蕉 III	上诉机构报告，欧共体—香蕉进口、销售及分销区域，WT/DS27/AB/R，1997 年 9 月 25 日通过，DSR 1997：II，591
欧共体—香蕉 III（厄瓜多尔）	专家组报告，欧共体—香蕉进口、销售及分销区域，厄瓜多尔提出上诉，WT/DS27/R/ECU，1997 年 9 月 25 日通过，上诉机构报告修改，WT/DS27/AB/R，DSR 1997：III，1085
欧共体—香蕉 III（危地马拉和洪都拉斯）	专家组报告，欧共体—香蕉进口、销售及分销区域，危地马拉和洪都拉斯上诉，WT/DS27/R/GTM，WT/DS27/R/HND，1997 年 9 月 25 日通过，上诉机构报告修改，WT/DS27/AB/R，DSR 1997：II，695
欧共体—香蕉 III（墨西哥）	专家组报告，欧共体—香蕉进口、销售及分销区域，墨西哥上诉，WT/DS27/R/MEX，1997 年 9 月 25 日通过，上诉机构报告修改，WT/DS27/AB/R，DSR 1997：II，803
欧共体—香蕉 III（美国）	专家组报告，香蕉进口、销售及分销区域，美国上诉，WT/DS27/R/USA，1997 年 9 月 25 日通过，上诉机构报告修改，WT/DS27/AB/R，DSR 1997：II，943
欧共体—香蕉 III （第 21.3（c）条）	仲裁决定，欧共体—香蕉进口、销售及分销区域，—在 DSU 第 21.3（c）条下仲裁，WT/DS27/15，1998 年 1 月 7 日，DSR 1998：I，3
欧共体—香蕉 III （第 21.5 条—欧共体）	专家组报告，欧共体—香蕉进口、销售及分销区域，墨西哥上诉—欧共体根据 DSU 第 21.5 条提出，WT/DS27/RW/EEC 和 Corr. 1，1999 年 4 月 12 日，未通过，DSR 1999：II，783
欧共体—香蕉 III （第 21.5 条—厄瓜多尔）	专家组报告，欧共体—香蕉进口、销售及分销区域—厄瓜多尔根据 DSU 第 21.5 条提出，WT/DS27/RW/ECU，1999 年 5 月 6 日通过，DSR 1999：II，803
欧共体—香蕉 III （第 21.5 条—厄瓜多尔）/ 欧共体—香蕉 III （第 21.5 条—美国）	上诉机构报告，欧共体—香蕉进口、销售及分销区域—厄瓜多尔根据 DSU 第 21.5 条第二次提出上诉，WT/DS27/AB/RW2/ECU，2008 年 12 月 11 日通过。欧共体—香蕉进口、销售及分销区域—美国根据 DSU 第 21.5 条提出上诉，WT/DS27/AB/RW/USA 和 Corr. 1，2008 年 12 月 22 日通过，DSR 2008：XVIII，7165
欧共体—香蕉 III （第 21.5 条—厄瓜多尔 II）	专家组报告，欧共体—香蕉进口、销售及分销区域—厄瓜多尔根据 DSU 第 21.5 条第二次提出上诉，WT/DS27/RW2/ECU，2008 年 12 月 11 日通过。上诉机构报告修改，WT/DS27/AB/RW2/ECU，DSR 2008：XVIII，7329
欧共体—香蕉 III （第 21.5 条—美国）	专家组报告，欧共体—香蕉进口、销售及分销区域—美国根据 DSU 第 21.5 条提出上诉，WT/DS27/RW/USA 和 Corr. 1，2008 年 12 月 22 日通过，得到上诉机构报告的支持，WT/DS27/AB/RW/USA，DSR 2008：XIX，7761

续 表

简要标题	案件标题全称及出处
欧共体—香蕉 III（厄瓜多尔）（第 22.6 条—欧共体）	仲裁判决，欧共体—香蕉进口、销售及分销区域—欧共体根据 DSU 第 22.6 条提出仲裁，WT/DS27/ARB/ECU，2000 年 3 月 24 日，DSR 2000 年：V，2237
欧共体—香蕉 III（美国）（第 22.6 条—欧共体）	仲裁判决，欧共体—香蕉进口、销售及分销区域—欧共体根据 DSU 第 22.6 条提出仲裁，WT/DS27/ARB，1999 年 4 月 9 日，DSR 1999：II，725
欧共体—棉质床单	上诉机构报告，欧共体—对来自印度的进口棉质床单征收反倾销税，WT/DS141/AB/R，2001 年 3 月 12 日通过，DSR 2001：V，2049
欧共体—棉质床单	专家组报告，欧共体—对来自印度的进口棉质床单征收反倾销税，WT/DS141/R，2001 年 3 月 12 日通过，上诉机构报告修改，WT/DS141/AB/R，DSR 2001：VI，2077
欧共体—棉质床单（第 21.5 条—印度）	上诉机构报告，欧共体—对来自印度的进口棉质床单征收反倾销税—由印度根据 DSU 第 21.5 条提出，WT/DS141/AB/RW，2003 年 4 月 24 日通过，DSR 2003：III，965
欧共体—棉质床单（第 21.5 条—印度）	专家组报告，欧共体—对来自印度的进口棉质床单征收反倾销税—印度根据 DSU 第 21.5 条提出，WT/DS141/RW，2003 年 4 月 24 日通过，上诉机构报告修改，WT/DS141/AB/RW，DSR 2003：IV，1269
欧共体—黄油	专家组报告，欧共体—影响黄油产品的措施，WT/DS72/R，1999 年 11 月 24 日，未采纳
欧共体—鸡块	上诉机构报告，欧共体—冷冻无骨鸡块海关分类，WT/DS269/AB/R，WT/DS286/AB/R，和 Corr. 1，引自 2005 年 9 月 27 日，DSR 2005：XIX，9157
欧共体—鸡块（巴西）	专家组报告，欧共体—冷冻无骨鸡块海关分类，巴西上诉，WT/DS269/R，引自 2005 年 9 月 27 日，上诉机构报告修改，WT/DS269/AB/R，WT/DS286/AB/R，DSR 2005：XIX，9295
欧共体—鸡块（泰国）	专家组报告，欧共体—冷冻无骨鸡块海关分类，泰国，WT/DS286/R，2005 年 9 月 27 日通过，上诉机构报告修改，WT/DS269/AB/R，WT/DS286/AB/R，DSR 2005：XX，9721
欧共体—鸡块（第 21.3（c）条）	仲裁决定，欧共体—冷冻无骨鸡块海关分类—在 DSU 第 21.3（c）条下仲裁，WT/DS269/13，WT/DS286/15，2006 年 2 月 20 日
欧共体—商船	专家组报告，欧共体—影响商船贸易的措施，WT/DS301/R，2005 年 6 月 20 日通过，DSR 2005：XV，7713
欧共体—计算机设备	上诉机构报告，欧共体—特定计算机设备海关分类，WT/DS62/AB/R，WT/DS67/AB/R，WT/DS68/AB/R，1998 年 6 月 22 日通过，DSR 1998 年：V，1851
欧共体—计算机设备	专家组报告，欧共体—特定计算机设备海关分类，WT/DS62/R，WT/DS67/R，WT/DS68/R，1998 年 6 月 22 日通过，上诉机构报告修改，WT/DS62/AB/R，WT/DS67/AB/R，WT/DS68/AB/R，DSR 1998：V，1891
欧共体—芯片的反补贴措施	专家组报告，欧共体—堆来自韩国的芯片的反补贴措施 WT/DS299/R，2005 年 8 月 3 日通过，DSR 2005：XVIII，8671
欧共体—糖类出口补贴	上诉机构报告，欧共体—糖类出口补贴，WT/DS265/AB/R，WT/DS266/AB/R，WT/DS283/AB/R，2005 年 5 月 19 日通过，DSR 2005：XIII，6365
欧共体—糖类出口补贴（澳大利亚）	专家组报告，欧共体—糖类出口补贴，由澳大利亚上诉 WT/DS265/R，2005 年 5 月 19 日通过，上诉机构报告修改，WT/DS265/AB/R，WT/DS266/AB/R，WT/DS283/AB/R，DSR 2005：XIII，6499
欧共体—糖类出口补贴（巴西）	专家组报告，欧共体—糖类出口补贴，由巴西上诉，WT/DS266/R，2005 年 5 月 19 日通过，上诉机构报告修改，WT/DS265/AB/R，WT/DS266/AB/R，WT/DS283/AB/R，DSR 2005：XIV，6793

续 表

简要标题	案件标题全称及出处
欧共体—糖类出口补贴（泰国）	专家组报告，欧共体—糖类出口补贴，由泰国上诉，WT/DS283/R，2005年5月19日通过，上诉机构报告修改，WT/DS265/AB/R，WT/DS266/AB/R，WT/DS283/AB/R，DSR 2005：XIV，7071
欧共体—糖类出口补贴（第21.3（c）条）	仲裁决定，欧共体—糖类出口补贴—在DSU第21.3（c）条下仲裁，WT/DS265/33，WT/DS266/33，WT/DS283/14，2005年10月28日，DSR 2005：XXIII，11581
欧共体—荷尔蒙	上诉机构报告，欧共体—对于肉及肉制品相关措施（荷尔蒙），WT/DS26/AB/R，WT/DS48/AB/R，1998年2月13日通过，DSR 1998：I，135
欧共体—紧固件（中国）	上诉机构报告，欧共体—对自中国进口的钢铁紧固件实施肯定性反倾销措施，WT/DS397/AB/R，2011年7月28日通过
欧共体—紧固件（中国）	专家组报告，欧共体—对自中国进口的钢铁紧固件实施肯定性反倾销措施，WT/DS397/R 和 Corr. 1，2011年7月28日通过，上诉机构报告修正，WT/DS397/AB/R
欧共体—荷尔蒙	上诉机构报告，欧共体—肉类及肉制品措施（荷尔蒙），WT/DS26/AB/R，WT/DS48/AB/R，1998年2月13日通过，DSR 1998：I，135
欧共体—荷尔蒙（加拿大）	专家组报告，欧共体—对于肉及肉制品相关措施（荷尔蒙），由加拿大上诉，WT/DS48/R/CAN，1998年2月13日通过，上诉机构报告修改，WT/DS26/AB/R，WT/DS48/AB/R，DSR 1998：II，235
欧共体—荷尔蒙（美国）	专家组报告，欧共体—对于肉及肉制品相关措施（荷尔蒙），由美国上诉，WT/DS26/R/USA，1998年2月13日通过，上诉机构报告修改，WT/DS26/AB/R，WT/DS48/AB/R，DSR 1998：III，699
欧共体—荷尔蒙（第21.3（c）条）	仲裁决定，欧共体—对于肉及肉制品相关措施（荷尔蒙）—在DSU第21.3（c）条下仲裁，WT/DS26/15，WT/DS48/13，1998年5月29日，DSR 1998：V，1833
欧共体—荷尔蒙（加拿大）（第22.6条—欧共体）	仲裁判决，欧共体—对于肉及肉制品相关措施（荷尔蒙），最初由加拿大上诉—由欧共体根据DSU第22.6条提出，WT/DS48/ARB，1999年7月12日，DSR 1999：III，1135
欧共体—荷尔蒙（美国）（第22.6条—欧共体）	仲裁判决，欧共体—对于肉及肉制品相关措施（荷尔蒙），最初由美国上诉—溯及欧共体根据DSU第22.6条的仲裁，WT/DS26/ARB，1999年7月12日，DSR 1999：III，1105
欧共体—IT产品	专家组报告，欧共体及其成员国—信息技术产品的关税待遇，WT/DS375/R，WT/DS376/R，WT/DS377/R，2010年9月21日通过，DSR 2010：III，933—DSR 2010：IV，1567
欧共体—家禽	上诉机构报告，欧共体—影响特定家禽产品进口的措施，WT/DS69/AB/R，1998年7月23日通过，DSR 1998：V，2031
欧共体—家禽	专家组报告，欧共体—影响特定家禽产品进口的措施，WT/DS69/R，1998年7月23日通过，上诉机构报告修改，WT/DS69/AB/R，DSR 1998：V，2089
欧共体—鲑鱼（挪威）	专家组报告，欧共体—对产自挪威养殖鲑鱼采取反倾销措施，WT/DS337/R 和 Corr. 1，2008年1月15日通过，DSR 2008：I，3
欧共体—沙丁鱼	上诉机构报告，欧共体—沙丁鱼贸易描述，WT/DS231/AB/R，2002年10月23日通过，DSR 2002：VIII，3359
欧共体—沙丁鱼	专家组报告，欧共体—沙丁鱼贸易描述，WT/DS231/R 和 Corr. 1，2002年10月23日通过，上诉机构报告修改，WT/DS231/AB/R，DSR 2002：VIII，3451

续　表

简要标题	案件标题全称及出处
欧共体—扇贝（加拿大）	专家组报告，欧共体—沙丁鱼贸易描述—由加拿大请求，WT/DS7/R，1996年8月日，未通过，DSR 1996：I，89
欧共体—扇贝（秘鲁和智利）	专家组报告，欧共体—对于扇贝的贸易描述—由秘鲁和智利申请，WT/DS12/R，WT/DS14/R，1996年8月5日，未通过，DSR 1996：I，93
欧共体—特定海关事项案	上诉机构报告，欧共体—客户对特殊规格要求案，WT/DS315/AB/R，2006年12月11日，DSR 2006：IX，3791
欧共体—特定海关事项案	专家组报告，欧共体—客户对特殊规格要求案，WT/DS315/R，2006年12月11日，上诉机构报告修改，WT/DS315/AB/R，DSR 2006：IX X，3915
欧共体—关税优惠	上诉机构报告，欧共体—给予发展中国家关税优惠的条件，WT/DS246/AB/R，2004年4月20日通过，DSR 2004：III，925
欧共体—关税优惠	专家组报告，欧共体—给予发展中国家关税优惠的条件，WT/DS246/R，引自2004年4月20日，上诉机构报告修改，WT/DS/246/AB/R，DSR 2004：III，1009
欧共体—关税优惠 （第21.3（c）条）	仲裁决定，欧共体—给予发展中国家关税优惠的条件—在DSU第21.3（c）条下仲裁，WT/DS246/14，2004年9月20日，DSR 2004：IX，4313
欧共体—商标和地理标识（澳大利亚）	专家组报告，欧共体—对于农产品及粮食商标和地理标识的保护，由澳大利亚上诉，WT/DS290/R，2005年4月20日通过，DSR 2005：X，4603
欧共体—商标和地理标识（美国）	专家组报告，欧共体—对于农产品及粮食商标和地理标识的保护，由美国上诉，WT/DS174/R，2005年4月20日通过，DSR 2005：VIII，3499
欧共体—管材配件	上诉机构报告，欧共体—对来自巴西的可锻铸铁管路连接件反倾销税，WT/DS219/AB/R，2003年8月18日通过，DSR 2003：VI，2613
欧共体—管材配件	专家组报告，欧共体—A对来自巴西的可锻铸铁管路连接件反倾销税，，WT/DS219/R，2003年8月18日通过，上诉机构报告修改，WT/DS219/AB/R，DSR 2003：VII，2701
欧共体和其成员国—大型民用航空器	上诉机构报告，欧共体及其成员国—影响大型民用航空器贸易的措施，WT/DS316/AB/R，2011年6月1日通过
欧共体和其成员国—大型民用航空器	上专家组报告，欧共体及其成员国—影响大型民用航空器贸易的措施，，WT/DS316/R，2011年6月1日通过，上诉机构报告修改，WT/DS316/AB/R
埃及—钢筋	专家组报告，埃及—对于来自土耳其的钢筋的明确反倾销措施，WT/DS211/R，2002年10月1日通过，DSR 2002：VII，2667
欧盟—鞋类（中国）	专家组报告，欧盟—自中国进口的部分鞋实施反倾销措施，WT/DS405/R，2012年2月22日通过
危地马拉—水泥 I	上诉机构报告，危地马拉—对来自墨西哥的水泥进行反倾销调查，WT/DS60/AB/R，1998年11月25日通过，DSR 1998：IX，3767
危地马拉—水泥 I	专家组报告，危地马拉—对来自墨西哥的水泥进行反倾销调查，WT/DS60/R，1998年11月25日通过，上诉机构报告修改，WT/DS60/AB/R，DSR 1998：IX，3797
危地马拉—水泥 II	专家组报告，危地马拉—对来自墨西哥的水泥采取反倾销措施，WT/DS156/R，2000年11月17日通过，DSR 2000：XI，5295
印度—进口附加税	上诉机构报告，印度—对来自美国的商品征收进口附加税，WT/DS360/AB/R，2008年11月17日通过，DSR 2008：XX，8223
印度—进口附加税	专家组报告报告，印度—对来自美国的商品征收进口附加税，WT/DS360/R，2008年11月17日通过，上诉机构报告驳回，WT/DS360/AB/R，DSR 2008：XX，8317

续 表

简要标题	案件标题全称及出处
印度—汽车	上诉机构报告，印度—影响汽车部门措施，WT/DS146/AB/R，WT/DS175/AB/R，2002年4月5日通过，DSR 2002：V，1821
印度—汽车	专家组报告，印度—影响汽车部门措施，WT/DS146/R，WT/DS175/R和Corr. 1，2002年4月5日通过，DSR 2002：V，1827
印度—专利权（欧共体）	专家组报告，印度—对于药品及农业化学产品的专利保护，由欧共体上诉，WT/DS79/R，1998年9月22日通过，DSR 1998：VI，2661
印度—专利权（美国）	上诉机构报告，印度—对于药品及农业化学产品的专利保护，WT/DS50/AB/R，1998年1月16日通过，DSR 1998：I，9
印度—专利权（美国）	专家组报告，印度—对于药品及农业化学产品的专利保护，由美国上诉，WT/DS50/R，1998年1月16日通过，上诉机构报告修改，WT/DS50/AB/R，DSR 1998：I，41
印度—数量限制	上诉机构报告，印度—对于农产品，纺织品及工业产品进口的数量限制，WT/DS90/AB/R，1999年9月22日通过，DSR 1999：IV，1763
印度—数量限制	专家组报告，印度—对于农产品，纺织品及工业产品进口的数量限制，WT/DS90/R，1999年9月22日通过，得到上诉机构报告支持，WT/DS90/AB/R，DSR 1999：V，1799
印度尼西亚—汽车	专家组报告，印度尼西亚—影响汽车工业的特定措施，WT/DS54/R，WT/DS55/R，WT/DS59/R，WT/DS64/R和Corr. 1，2，3和4，1998年7月23日通过，DSR 1998：VI，2201
印度尼西亚—汽车	仲裁决定，印度尼西亚—影响汽车工业的特定措施—在DSU第21.3（c）条下仲裁，WT/DS54/15，WT/DS55/14，WT/DS59/13，WT/DS64/12，1998年，12月7日 DSR 1998：IX，4029
日本—农产品 II	上诉机构报告，日本—影响农产品措施，WT/DS76/AB/R，1999年3月19日通过，DSR 1999：I，277
日本—农产品 II	专家组报告，日本—影响农产品措施，WT/DS76/R，1999年3月19日通过，上诉机构报告修改，WT/DS76/AB/R，DSR 1999：I，315
日本—酒精饮料 II	上诉机构报告，日本—对酒精饮料征税 WT/DS8/AB/R，WT/DS10/AB/R，WT/DS11/AB/R，1996年11月1日通过，DSR 1996：I，97
日本—酒精饮料 II	专家组报告，日本—对酒精饮料征税，WT/DS8/R，WT/DS10/R，WT/DS11/R，1996年11月1日通过，上诉机构报告修改，WT/DS8/AB/R，WT/DS10/AB/R，WT/DS11/AB/R，DSR 1996：I，125
日本—酒精饮料 II（第21.3（c）条）	仲裁决定，日本—对酒精饮料征税—在DSU第21.3（c）条下仲裁，WT/DS8/15，WT/DS10/15，WT/DS11/13，1997年2月14日，DSR 1997：I，3
日本—苹果	上诉机构报告，日本—影响苹果进口措施，WT/DS245/AB/R，2003年12月10日通过，DSR 2003：IX，4391
日本—苹果	专家组报告，日本—影响苹果进口措施，WT/DS245/R，2003年12月10日通过，得到上诉机构报告支持，WT/DS245/AB/R，DSR 2003：IX，4481
日本—苹果（第21.5条—美国）	专家组报告，日本—影响苹果进口措施—由美国根据DSU第21.5条提出，WT/DS245/RW，2005年7月20日通过，DSR 2005：XVI，7911
日本—动态存储器（韩国）	上诉机构报告，日本—对产自韩国动态存储器征收反补贴税，WT/DS336/AB/R和Corr. 1，2007年12月17日通过，DSR 2007：VII，2703
日本—动态存储器（韩国）	专家组报告，日本—对产自韩国动态存储器征收反补贴税，WT/DS336/R，2007年12月17日通过，上诉机构报告修改，WT/DS336/AB/R，DSR 2007：VII，2805
日本—动态存储器（韩国）（第21.3（c）条）	仲裁决定，日本—对产自韩国动态存储器征收反补贴税—DSU第21.3（c）条下的仲裁，WT/DS336/16，2008年5月5日，DSR 2008：XX，8553

续 表

简要标题	案件标题全称及出处
日本—胶卷	专家组报告，日本—影响消费冲印胶卷和纸张的措施，WT/DS44/R，1998年4月22日通过，DSR 1998：IV，1179
日本—紫菜配额	专家组报告，日本—干紫菜和味付紫菜进口配额 WT/DS323/R，2006年2月1日，未通过
韩国—酒精饮料	上诉机构报告，韩国—酒精饮料征税，WT/DS75/AB/R，WT/DS84/AB/R，1999年2月17日通过，DSR 1999：I，3
韩国—酒精饮料	专家组报告，韩国—酒精饮料征税，WT/DS75/R，WT/DS84/R，1999年2月17日通过，上诉机构报告修改，WT/DS75/AB/R，WT/DS84/AB/R，DSR 1999：I，44
韩国—酒精饮料（第21.3（c）条）	仲裁决定，韩国—酒精饮料征税—在 DSU 第21.3（c）条下仲裁，WT/DS75/16，WT/DS84/14，1999年6月4日，DSR 1999：II，937
韩国—特定纸张	专家组报告，韩国—对特定来自印度尼西亚进口产品征收反倾销税，WT/DS312/R，2005年11月28日通过，DSR 2005：XXII，10637
韩国—特定纸张（第21.5条-印度尼西亚）	专家组报告，韩国—对特定来自印度尼西亚进口产品征收反倾销税—由印度尼西亚根据 DSU 第21.5条提出，WT/DS312/RW，2007年10月22日通过，DSR 2007：VIII，3369
韩国—商船	专家组报告，韩国—影响商船贸易的措施，WT/DS273/R，2005年4月11日通过，DSR 2005：VII，2749
韩国—奶制品	上诉机构报告，韩国—进口特定奶制品的明确保障措施，WT/DS98/AB/R，2000年1月12日通过，DSR 2000：I，3
韩国—奶制品	专家组报告，韩国—进口特定奶制品的明确保障措施 WT/DS98/R 和 Corr. 1，2000年1月12日通过，上诉机构报告修改，WT/DS98/AB/R，DSR 2000：I，49
韩国—政府采购	专家组报告，韩国—影响政府采购措施，WT/DS163/R，2000年6月19日通过，DSR 2000：VIII，3541
韩国—牛肉多种措施	上诉机构报告，韩国—影响鲜肉、冷藏肉和冷冻肉的措施，WT/DS161/AB/R，WT/DS169/AB/R，2001年1月10日通过，DSR 2001：I，5
韩国—牛肉多种措施	专家组报告，韩国—影响鲜肉、冷藏肉和冷冻肉的措施，WT/DS161/R，WT/DS169/R，2001年1月10日通过，上诉机构报告修改，WT/DS161/AB/R，WT/DS169/AB/R，DSR 2001：I，59
墨西哥—稻米反倾销措施	上诉机构报告，墨西哥—对于牛肉和稻米的明确反倾销措施，对于稻米的上诉，WT/DS295/AB/R，2005年12月20日通过，DSR 2005：XXII，10853
墨西哥—稻米反倾销措施	专家组报告，墨西哥—对于牛肉和稻米的明确反倾销措施，对于稻米的上诉，WT/DS295/R，2005年12月20日通过，上诉机构报告修改，WT/DS295/AB/R，DSR 2005：XXIII，11007
墨西哥—玉米糖浆	专家组报告，墨西哥—对于来自美国的高果糖玉米糖浆的反倾销调查 WT/DS132/R 和 Corr. 1，2000年2月24日通过，DSR 2000：III，1345
墨西哥—玉米糖浆（第21.5条—美国）	上诉机构报告，墨西哥—对于来自美国的高果糖玉米糖浆的反倾销调查—由美国根据 DSU 第21.5条提请，WT/DS132/AB/RW，2001年11月21日通过，DSR 2001：XIII，6675
墨西哥—玉米糖浆（第21.5条—美国）	专家组报告，墨西哥—对于来自美国的高果糖玉米糖浆的反倾销调查—由美国根据 DSU 第21.5条提请，WT/DS132/RW，2001年11月21日通过，得到上诉机构报告支持，WT/DS132/AB/RW，DSR 2001：XIII，6717
墨西哥—橄榄油	专家组报告，墨西哥—对来自欧共体的橄榄油征收最终反补贴税，WT/DS341/R，2008年10月21日通过，DSR 2008：IX，3179

续 表

简要标题	案件标题全称及出处
墨西哥—钢管	专家组报告，墨西哥—对产自危地马拉钢管征收反倾销税，WT/DS331/R，2007年7月24日通过，DSR 2007：IV，1207
墨西哥—非酒精饮料征税	上诉机构报告，墨西哥—对于非酒精饮料及其他饮料的征税措施，WT/DS308/AB/R，2006年3月24日通过，DSR 2006：I，3
墨西哥—非酒精饮料征税	专家组报告，墨西哥—对于非酒精饮料及其他饮料的征税措施，WT/DS308/R，2006年3月24日通过，上诉机构报告修改，WT/DS308/AB/R，DSR 2006：I，43
墨西哥—电信	专家组报告，墨西哥—影响电信服务的措施，WT/DS204/R，2004年6月1日通过，DSR 2004：IV，1537
菲律宾—蒸馏酒精	上诉机构报告，菲律宾—对蒸馏酒精征税，WT/DS396/AB/R / WT/DS403/AB/R，2012年1月20日通过
菲律宾—蒸馏酒精	专家组报告，菲律宾—对蒸馏酒精征税，WT/DS396/AB/R / WT/DS403/AB/R，2012年1月20日通过，上诉机构报告修正，WT/DS396/AB/R / WT/DS403/AB/R
泰国—香烟（菲律宾）	上诉机构报告，泰国—对自菲律宾进口香烟的海关和行政措施，WT/DS371/AB/R，2011年7月15日通过
泰国—香烟（菲律宾）	专家组报告，泰国—对自菲律宾进口香烟的海关和行政措施，WT/DS371/R，2011年7月15日通过，上诉机构报告修正，WT/DS371/AB/R
泰国—H型钢	上诉机构报告，泰国—对波兰出口的铁或非合金钢的角铁、型材、轧材及H型钢的反倾销税案，WT/DS122/AB/R，2001年4月5日通过，DSR 2001：VII，2701
泰国—H型钢	专家组报告，泰国—对波兰出口的铁或非合金钢的角铁、型材、轧材及H型钢的反倾销税案，WT/DS122/R，2001年4月5日通过，上诉机构报告修改，WT/DS122/AB/R，DSR 2001：VII，2741
土耳其—大米	专家组报告，土耳其—影响大米进口的措施，WT/DS334/R，2007年10月22日通过，DSR 2007：VI，2151
土耳其—纺织品	上诉机构报告，土耳其—对于纺织品及服装进口的限制，WT/DS34/AB/R，1999年11月19日通过，DSR 1999年：VI，2345
土耳其—纺织品	专家组报告，土耳其—对于纺织品及服装进口的限制，WT/DS34/R，1999年11月19日通过，上诉机构报告修改，WT/DS34/AB/R，DSR 1999：VI，2363
美国—1916年法案	上诉机构报告，美国—1916年反倾销法案，WT/DS136/AB/R，WT/DS162/AB/R，2000年9月26日通过，DSR 2000：X，4793
美国—1916年法案（欧共体）	专家组报告，美国—1916年反倾销法案，由欧共体上诉，WT/DS136/R和Corr.1，2000年9月26日通过，得到上诉机构报告支持，WT/DS136/AB/R，WT/DS162/AB/R，DSR 2000年：X，4593
美国—1916年法案（日本）	专家组报告，美国—1916年反倾销法案，由日本上诉，WT/DS162/R和Add.1，2000年9月26日通过，得到上诉机构报告支持，WT/DS136/AB/R，WT/DS162/AB/R，DSR 2000：X，4831
美国—1916年法案（第21.3（c）条）	仲裁决定，美国—1916年反倾销法案—在DSU第21.3（c）条下仲裁，WT/DS136/11，WT/DS162/14，2001年2月28日，DSR 2001：V，2017
美国—1916年法案（欧共体）（第22.6条—美国）	仲裁判决，美国—1916年反倾销法案，最初由欧共体上诉—由美国根据DSU第22.6条的仲裁，WT/DS136/ARB，2004年2月24日，DSR 2004：IX，4269
美国—反倾销税和反补贴税（中国）	上诉机构报告，美国—对自中国的产品征收肯定反倾销税和反补贴税，WT/DS379/AB/R，2011年3月25日

续 表

简要标题	案件标题全称及出处
美国—反倾销税和反补贴税（中国）	专家组报告，美国—对自中国的产品征收肯定反倾销税和反补贴税，WT/DS379/R，2011 年 3 月 25 日，上诉机构报告修改，WT/DS379/AB/R
美国—石油国家工业用管的反倾销措施	上诉机构报告，美国—对来自墨西哥石油国家工业用管的反倾销措施，WT/DS282/AB/R，2005 年 11 月 28 日通过，DSR 2005：XX，10127
美国—石油国家工业用管的反倾销措施	专家组报告，美国—对来自墨西哥石油国家工业用管的反倾销措施，WT/DS282/R，2005 年 11 月 28 日通过，上诉机构报告修改，WT/DS282/AB/R，DSR 2005：XXI，10225
美国—PET 包装袋反倾销措施	专家组报告，美国—对自泰国进口的 PET 包装袋采取反倾销措施，WT/DS383/R，2010 年 2 月 18 日通过，DSR 2010：IV，1841
美国—碳钢	上诉机构报告，美国—对于来自德国的特殊耐腐蚀碳钢板的反补贴税，WT/DS213/AB/R 和 Corr. 1，2002 年 12 月 19 日通过，DSR 2002：IX，3779
美国—碳钢	专家组报告，美国—对于来自德国的特殊耐腐蚀碳钢板的反补贴税，WT/DS213/R 和 Corr. 1，2002 年 12 月 19 日通过，上诉机构报告修改，WT/DS213/AB/R 和 Corr. 1，DSR 2002：IX，3833
美国—特定欧共体产品	上诉机构报告，美国—特定从欧共体产品的进口措施 WT/DS165/AB/R，2001 年 1 月 10 日通过，DSR 2001：I，373
美国—特定欧共体产品	专家组报告，美国—特定从欧共体产品的进口措施，WT/DS165/R 和 Add. 1，2001 年 1 月 10 通过，上诉机构报告修改，WT/DS165/AB/R，DSR 2001：II，413
美国—丁香香烟	上诉机构报告，美国—影响丁香香烟生产和销售的措施，WT/DS406/AB/R，2012 年 4 月 24 日通过
美国—丁香香烟	专家组报告，美国—影响丁香香烟生产和销售的措施，WT/DS406/R，2012 年 4 月 24 日通过，上诉机构报告修改，WT/DS406/AB/R
美国—要求取消报复措施	上诉机构报告，美国—欧共体要求取消报复措施—荷尔蒙争端，WT/DS320/AB/R，2008 年 11 月 14 日通过，DSR 2008：X，3507
美国—要求取消报复措施	专家组报告，美国—欧共体要求取消报复措施—荷尔蒙争端，WT/DS320/R，2008 年 11 月 14 日通过，上诉机构报告修改，WT/DS320/AB/R，DSR 2008：XI，3891— DSR 2008：XIII，4913
美国—归零法	上诉机构报告，美国—继续采用归零法则，WT/DS350/AB /R，2009 年 2 月 19 日通过，DSR 2009：III，1291
美国—归零法	专家组报告，美国—继续采用归零法则，WT/DS350/R，2009 年 2 月 19 日通过，上诉机构报告修改，WT/DS350/AB/R，DSR 2009：III，1481— DSR 2009：IV，1619
美国—COOL	专家组报告，美国—部分原产地标签规定，WT/DS384/R / WT/DS386/R，2011 年 11 月 18 日向 WTO 成员散发 [上诉中]
美国—不锈钢日落复审	上诉机构报告，美国—对于来自日本的特殊耐腐蚀碳钢板反倾销税的日落复审，WT/DS244/AB/R，2004 年 1 月 9 日通过，DSR 2004：I，3
美国—不锈钢日落复审	专家组报告，美国—对于来自日本的特殊耐腐蚀碳钢板反倾销税的日落复审，WT/DS244/R，2004 年 1 月 9 日通过，上诉机构报告修改，WTDS244/AB/R，DSR 2004：I，85
美国—棉纱	上诉机构报告，美国—对来自巴基斯坦棉纱的过渡期保障措施 WT/DS192/AB/R，2001 年 11 月 5 日通过，DSR 2001：XII，6027
美国—棉纱	专家组报告，美国—对来自巴基斯坦棉纱的过渡期保障措施，WT/DS192/R，2001 年 11 月 5 日通过，上诉机构报告修改，WT/DS192/AB/R，DSR 2001：XII，6067

续 表

简要标题	案件标题全称及出处
美国—对计算机动态随机存取存储器芯片进行反补贴税调查	上诉机构报告，美国—对来自韩国的计算机动态随机存取存储器芯片进行反补贴税调查，WT/DS296/AB/R，2005年7月20日通过，DSR 2005：XVI，8131
美国—对计算机动态随机存取存储器芯片进行反补贴税调查	专家组报告，美国—对来自韩国的计算机动态随机存取存储器芯片进行反补贴税调查，WT/DS296/R，2005年7月20日通过，上诉机构报告修改，WT/DS296/AB/R，DSR 2005：XVII，8243
美国—对特定欧共体产品贴税措施	上诉机构报告，美国—对特定欧共体产品贴税措施，WT/DS212/AB/R，2003年1月8日通过，DSR 2003：I，5
美国—对特定欧共体产品贴税措施	专家组报告，美国——对特定欧共体产品贴税措施，WT/DS212/R，2003年1月8日通过，上诉机构报告修改，WT/DS212/AB/R，DSR 2003：I，73
美国—对特定欧共体产品贴税措施（第21.5条—欧共体）	专家组报告，美国—对特定欧共体产品贴税措施—由欧共体根据DSU第21.5条提出，WT/DS212/RW，2005年9月27日通过，DSR 2005：XVIII，8950
美国—海关保税指令	专家组报告，美国—对征收反倾销和反补贴产品实行海关保税，WT/DS345/R，2008年8月1日通过，上诉机构报告修改，WT/DS343/AB/R，WT/DS345/AB/R，DSR 2008：VIII，2925
美国—计算机动态随机存取存储器芯片	专家组报告，美国—对来自韩国1兆或以上的计算机动态随机存取存储器芯片征收反倾销税，WT/DS99/R，1999年3月19日通过，DSR 1999：II，521
美国—计算机动态随机存取存储器芯片（第21.5条—韩国）	专家组报告，美国—对来自韩国1兆或以上的计算机动态随机存取存储器芯片征收反倾销税—韩国根据DSU第21.5条，W提出T/DS99/RW，2000年11月7日，未通过
美国—出口限制	专家组报告，美国—作为补贴的出口限制措施WT/DS194/R和Corr. 2，2001年8月23日通过，DSR 2001：XI，5767
美国—海外销售公司	上诉机构报告，美国—“海外销售公司”税收待遇，WT/DS108/AB/R，2000年3月20日通过，DSR 2000：III，1619
美国—海外销售公司	专家组报告，美国“海外销售公司”税收待遇，WT/DS108/R，2000年3月20日，上诉机构报告修改，WT/DS108/AB/R，DSR 2000：IV，1675
美国—海外销售公司（第21.5条—欧共体）	上诉机构报告，美国“海外销售公司”税收待遇—由欧共体根据DSU第21.5条提出，WT/DS108/AB/RW，2002年1月29日通过，DSR 2002：I，55
美国—海外销售公司（第21.5条—欧共体）	专家组报告，美国—“海外销售公司”税收待遇—由欧共体根据DSU第21.5条提出，WT/DS108/RW，2002年1月29日通过，上诉机构报告修改，WT/DS108/AB/RW，DSR 2002：I，119
美国—海外销售公司（第21.5条—欧共体II）	上诉机构报告，美国—“海外销售公司”税收待遇，由欧共体根据DSU第21.5条提出，WT/DS108/AB/RW2，2006年3月14日通过，DSR 2006：XI，4721
美国—海外销售公司（第21.5条—欧共体II）	专家组报告，美国“海外销售公司”税收待遇，由欧共体根据DSU第21.5条提出，WT/DS108/RW2，2000年3月14日通过，得到上诉机构报告支持，WT/DS108/AB/RW2，DSR 2006：XI，4761
美国—海外销售公司（第22.6条—美国）	仲裁结论，美国—美国“海外销售公司”税收待遇—美国根据DSU第22.6条和SCM协议第4.11条做出的仲裁，WT/DS108/ARB，2002年8月30日，DSR 2002：VI，2517
美国—博彩业	上诉机构报告，美国—影响博彩业跨境提供服务的措施WT/DS285/AB/R，2005年4月20日通过，DSR 2005：XII，5663（Corr. 1，DSR 2006：XII，5475）

续 表

简要标题	案件标题全称及出处
美国—博彩业	专家组报告，美国—影响博彩业跨境提供服务的措施，WT/DS285/R，2005年4月20日通过，上诉机构报告修改，WT/DS285/AB/R，DSR 2005：XII，5797
美国—博彩业	仲裁决定，美国—影响博彩业跨境提供服务的措施—在DSU第21.3（c）条下仲裁，WT/DS285/13，2005年8月19日，DSR 2005：XXIII，11639
美国—博彩业 （第21.5条—安提瓜和巴布达）	专家组报告，美国—影响博彩业跨境提供服务的措施—由安提瓜和巴布达根据第21.5条提出，WT/DS285/RW，2007年5月22日通过，DSR 2007：VI-II，3105
美国—博彩业 （第22.6条—美国）	仲裁决定，美国—影响博彩业跨境提供服务的措施——由美国根据DSU第22.6条提交仲裁，WT/DS285/ARB，2007年12月21日，DSR 2007：X，4163
美国—汽油	上诉机构报告，美国—精炼汽油及传统汽油标准WT/DS2/AB/R，1996年5月20日通过，DSR 1996：I，3
美国—汽油	专家组报告，美国—精炼汽油及传统汽油标准，WT/DS2/R，1996年5月20日通过，上诉机构报告修改，WT/DS2/AB/R，DSR 1996：I，29
美国—热轧钢产品	上诉机构报告，美国—对来自日本的热轧薄板卷产品征收反倾销税，WT/DS184/AB/R，2001年8月23日通过，DSR 2001：X，4697
美国—热轧钢产品	专家组报告，美国—对来自日本的热轧薄板卷产品征收反倾销税，WT/DS184/R，2001年8月23日通过，上诉机构报告修改，WT/DS184/AB/R，DSR 2001：X，4769
美国—热轧钢产品 （第21.3（c）条）	仲裁决定，美国—对来自日本的热轧薄板卷产品征收反倾销税—在DSU第21.3C条下仲裁，WT/DS184/13，2002年2月19日，DSR 2002：IV，1389
美国—羔羊	上诉机构报告，美国—对来自新西兰和澳大利亚的新鲜、冷藏和冷冻羔羊肉进口保障措施，WT/DS177/AB/R，WT/DS178/AB/R，2001年5月16日通过，DSR 2001：IX，4051
美国—羔羊	专家组报告，美国—对来自新西兰和澳大利亚的新鲜、冷藏和冷冻羔羊肉进口保障措施，WT/DS177/R，WT/DS178/R，2001年5月16日通过，上诉机构报告修改，WT/DS177/AB/R，WT/DS178/AB/R，DSR 2001：IX，4107
美国—大型民用航空器（第2次起诉）	上诉机构报告，美国—影响大型民用航空器贸易的措施（第2次起诉），WT/DS353/AB/R，2012年3月23日通过
美国—大型民用航空器（第2次起诉）	专家组报告，美国—影响大型民用航空器贸易的措施（第2次起诉），WT/DS353/R，2012年3月23日通过，上诉机构报告修正，WT/DS353/AB/R
美国—热轧铅铋碳钢产品案II	上诉机构报告，美国—对于原产英国的某些热轧铅铋碳钢制品进行反补贴税，WT/DS138/AB/R，2000年6月7日通过，DSR 2000：V，2595
美国—热轧铅铋碳钢产品案II	专家组报告，美国—对于原产英国的某些热轧铅铋碳钢制品进行反补贴税，WT/DS138/R和Corr.2，2000年6月7日通过，得到上诉机构报告支持，WT/DS138/AB/R，DSR 2000：VI，2623
美国—直线管	上诉机构报告，美国—对来自韩国的圆焊碳质条形管进口的保障措施，WT/DS202/AB/R，2002年3月8日通过，DSR 2002：IV，1403
美国—直线管	专家组报告，美国—对来自韩国的圆焊碳质条形管进口的保障措施WT/DS202/R，2002年3月8日通过，上诉机构报告修改，WT/DS202/AB/，DSR 2002：IV，1473
美国—直线管 （第21.3（c）条）	仲裁员报告，美国—对来自韩国的圆焊碳质条形管进口的保障措施—在DSU第21.3（c）条下仲裁，WT/DS202/17，2002年7月26日，DSR 2002：V，2061

续 表

简要标题	案件标题全称及出处
美国—补偿法案（伯德修正案）	上诉机构报告，美国—2000年对持续倾销和补贴的补偿法案，WT/DS217/AB/R，WT/DS234/AB/R，2003年1月27日通过，DSR 2003：I，375
美国—补偿法案（伯德修正案）	专家组报告，美国—2000年对持续倾销和补贴的补偿法案，WT/DS217/R，WT/DS234/R，2003年1月27日通过，上诉机构报告修改，WT/DS217/AB/R，WT/DS234/AB/R，DSR 2003：II，489
美国—补偿法案（伯德修正案）（第21.3（c）条）	仲裁决定，美国—2000年对持续倾销和补贴的补偿法案—在DSU第21.3（c）条下仲裁，WT/DS217/14，WT/DS234/22，2003年6月13日，DSR 2003：III，1163
美国—补偿法案（伯德修正案）（巴西）（第22.6条—美国）	仲裁决定，美国—2000年对持续倾销和补贴的补偿法案，最初由巴西上诉—溯及美国根据DSU第22.6条仲裁，WT/DS217/ARB/BRA，2004年8月31日，DSR 2004：IX，4341
美国—补偿法案（伯德修正案）（加拿大）（第22.6条—美国）	仲裁决定，美国—2000年对持续倾销和补贴的补偿法案，由加拿大上诉—溯及美国根据DSU第22.6条仲裁，WT/DS234/ARB/CAN，2004年8月31日，DSR 2004：IX，4425
美国—补偿法案（伯德修正案）（智利）（第22.6条—美国）	仲裁决定，美国—2000年对持续倾销和补贴的补偿法案，由智利上诉—溯及美国根据DSU第22.6条仲裁，WT/DS217/ARB/CHL，2004年8月31日，DSR 2004年：IX，4511
美国—补偿法案（伯德修正案）（欧共体）（第22.6条—美国）	仲裁决定，美国—2000年对持续倾销和补贴的补偿法案，由欧共体上诉—溯及美国根据DSU第22.6条仲裁，WT/DS217/ARB/EEC，2004年8月31日，，DSR 2004：IX，4591
美国—补偿法案（伯德修正案）（印度）（第22.6条—美国）	仲裁决定，美国—2000年对持续倾销和补贴的补偿法案最初由印度上诉—溯及美国根据DSU第22.6条仲裁WT/DS217/ARB/IND，2004年8月31日，DSR 2004：X，4691
美国—补偿法案（伯德修正案）（日本）（第22.6条—美国）	仲裁决定，美国—2000年对持续倾销和补贴的补偿法案最初由日本上诉—溯及美国根据DSU第22.6条仲裁WT/DS217/ARB/JPN，2004年8月31日，DSR 2004：X，4771
美国—补偿法案（伯德修正案）（韩国）（第22.6条—美国）	仲裁决定，美国—2000年对持续倾销和补贴的补偿法案最初由韩国上诉—溯及美国根据DSU第22.6条仲裁，WT/DS217/ARB/KOR，2004年8月31日，DSR 2004：X，4851
美国—补偿法案（伯德修正案）（墨西哥）（第22.6条—美国）	仲裁决定，美国—2000年对持续倾销和补贴的补偿法案最初由墨西哥上诉—溯及美国根据DSU第22.6条仲裁，WT/DS234/ARB/MEX，2004年8月31日，DSR 2004：X，4931
美国—石油工业用管材日落复审	上诉机构报告，美国—对来自阿根廷石油工业用管材反倾销措施日落复审，WT/DS268/AB/R，2004年12月17日通过，DSR 2004：VII，3257
美国—石油工业用管材日落复审	专家组报告，美国—对来自阿根廷石油工业用管材反倾销措施日落复审WT/DS268/R和Corr.1，2004年12月17日通过，上诉机构报告修改，W/DS/268/AB/R，DSR 2004：VIII，3421
美国—石油工业用管材日落复审（第21.3（c）条）	仲裁决定，美国—对来自阿根廷石油工业用管材反倾销措施日落复审—在DSU第21.3（c）条下仲裁，WT/DS268/12，2005年6月7日，DSR 2005，XXIII，11619
美国—石油工业用管材日落复审（第21.5条—阿根廷）	专家组报告，美国—对来自阿根廷石油工业用管材反倾销措施日落复审—由阿根廷根据DSU第21.5条提出，WT/DS268/RW，2007年5月11日通过，DSR 2007：IX，3523
美国—石油工业用管材日落复审（第21.5条—阿根廷）	专家组报告，美国—对来自阿根廷石油工业用管材反倾销措施日落复审—由阿根廷根据DSU第21.5条提出，WT/DS268/RW，2007年5月11日通过，上诉机构报告修改，WT/DS268/AB/RW，DSR 2007：IX X，3609

续 表

简要标题	案件标题全称及出处
美国—果汁（巴西）	专家组报告，美国—对自巴西进口的果汁采取反倾销行政复审及其他措施，WT/DS382/R，2011 年 6 月 17 日报告
美国—家禽（中国）	专家组报告，美国—影响自中国进口家禽的措施，WT/DS392/R，2010 年 10 月 25 日通过，DSR 2010：V，1909
美国—美国版权法第 110 节第 5 段	专家组报告，美国版权法第 110 节第 5 段，WT/DS160/R，2000 年 7 月 27 日通过，DSR 2000：VIII，3769
美国—美国版权法第 110 节第 5 段（第 21.3（c）条）	仲裁决定，美国—美国版权法第 110 节第 5 段—在 DSU 第 21.3（c）条下仲裁，WT/DS160/12，2001 年 1 月 15 日 DSR 2001：II，657
美国—美国版权法第 110 节第 5 段（第 25 条）	仲裁决定，美国—美国版权法第 110 节第 5 段—在 DSU 第 25 条下仲裁，WT/DS160/ARB25/1，2001 年 11 月 9 日，DSR 2001：II，667
美国—乌拉圭回合农业协议第 129（c）节（1）段	专家组报告，美国—乌拉圭回合农业协议第 129（c）节（1）段，WT/DS221/R，引自 2002 年，8 月 30 日 DSR 2002：VII，2581
美国—综合拨款法第 211 节	上诉机构报告，美国—1998 年综合拨款法第 211 节，WT/DS176/AB/R，2002 年 2 月 1 日通过，DSR 2002：II，589
美国—综合拨款法第 211 节	专家组报告，美国—1998 年综合拨款法第 211 节，WT/DS176/R，2002 年 2 月 1 日通过，上诉机构报告修改，WT/DS176/AB/R，DSR 2002：II，683
美国—综合拨款法第 211 节	专家组报告，美国—1974 年综合拨款法第 211 节，WT/DS152/R，2000 年 1 月 27 日通过，DSR 2000：II，815
美国—虾	上诉机构报告，美国—特定虾、及虾类产品进口限制，WT/DS58/AB/R，1998 年 11 月 6 日通过，DSR 1998 年：VII，2755
美国—虾	专家组报告，美国—特定虾、及虾类产品进口限制，WT/DS58/R 和 Corr. 1，1998 年 11 月 6 日通过，上诉机构报告修改，WT/DS58/AB/R，DSR 1998：VII，2821
美国—虾（第 21.5 条—马来西亚）	上诉机构报告，美国—特定虾、及虾类产品进口限制—由马来西亚根据 DSU 第 21.5 条提出，WT/DS58/AB/RW，2001 年 11 月 21 日通过，DSR 2001：XIII，6481
美国—虾（第 21.5 条—马来西亚）	专家组报告，美国—特定虾、及虾类产品进口限制—由马来西亚根据 DSU 第 21.5 条提出，，WT/DS58/RW，2001 年 11 月 21 日通过，得到上诉机构报告支持，WT/DS58/AB/RW，DSR 2001：XIII，6529
美国—虾（厄瓜多尔）	专家组报告，美国—对产自厄瓜多尔虾采取反倾销，WT/DS335/R，2007 年 2 月 20 日通过，DSR 2007：II，425
美国—虾（泰国）/美国—海关保税指令	上诉机构报告，美国—与从泰国进口虾有关的措施/ 美国—对征收反倾销和反补贴的商品实行海关保税指令，WT/DS343/AB/R，WT/DS345/AB/R，2008 年 8 月 1 日通过，DSR 2008：VII，2385 / DSR 2008：VIII，2773
美国—虾（泰国）	专家组报告，美国—与从泰国进口虾有关的措施，WT/DS343/R，2008 年 8 月 1 日通过，上诉机构报告修改，WT/DS343/AB/R，WT/DS345/AB/R，DSR 2008：VII，2539
美国—虾（越南）	专家组报告，美国—对自越南进口虾实施反倾销措施，WT/DS404/R，2011 年 9 月 2 日通过
美国—软木 III	专家组报告，美国—对来自加拿大的特定软木产品的初步裁定，WT/DS236/R，2002 年 11 月 1 日通过，DSR 2002：IX，3597
美国—软木 IV	上诉机构报告，美国—对来自加拿大的特定软木的最后反补贴税决定，WT/DS257/AB/R，2004 年 2 月 17 日通过，DSR 2004 年：II，571
美国—软木 IV	专家组报告，美国对来自加拿大的特定软木的最后反补贴税决定，WT/DS257/R 和 Corr. 1，2004 年 2 月 17 日通过，上诉机构报告修改，WT/DS257/AB/R，DSR 2004：II，641

续表

简要标题	案件标题全称及出处
美国—软木 IV （第 21.5 条—加拿大）	上诉机构报告，美国—美国对来自加拿大的特定软木的最后反补贴税决定—由加拿大根据 DSU 第 21.5 条提出，WT/DS257/AB/RW，2005 年 12 月 20 日通过，DSR 2005：XXIII，11357
美国—软木 IV （第 21.5 条—加拿大）	专家组报告，美国—美国对来自加拿大的特定软木的最后反补贴税决定—由加拿大根据 DSU 第 21.5 条提出，WT/DS257/RW，2005 年 12 月 20 日通过，上诉机构报告驳回，WT/DS257/AB/RW，DSR 2005：XXIII，11401
美国—软木 V	上诉机构报告，美国—对来自加拿大软木的最终倾销判决，WT/DS264/AB/R，2004 年 8 月 31 日通过，DSR 2004：V，1875
美国—软木 V	专家组报告，美国—对来自加拿大软木的最终倾销判决，WT/DS264/R，2004 年 8 月 31 日通过，上诉机构报告修改，WT/DS264/AB/R，DSR 2004：V，1937
美国—软木 V （第 21.3（c）条）	仲裁员报告，美国—对来自加拿大软木的最终倾销判决—在 DSU 第 21.3（c）条下仲裁，WT/DS264/13，2004 年 12 月 13 日，DSR 2004：X，5011
美国—软木 V （第 21.5 条—加拿大）	上诉机构报告，美国—对来自加拿大软木的最终倾销判决—由加拿大根据 DSU 第 21.5 条提出，WT/DS264/AB/RW，2006 年 9 月 1 日通过，DSR 2006：XII，5087
美国—软木 V （第 21.5 条—加拿大）	专家组报告，美国—对来自加拿大软木的最终倾销判决—由加拿大根据 DSU 第 21.5 条提出，WT/DS264/RW，2006 年 9 月 1 日通过，得到上诉机构报告支持，WT/DS264/AB/RW，DSR 2006：XII，5147
美国—软木 VI	专家组报告，美国—国际贸易委员会对来自加拿大软木的调查，WT/DS277/R，2004 年 4 月 26 日通过，DSR 2004：VI，2485
美国—软木 VI （第 21.5 条—加拿大）	上诉机构报告，美国—国际贸易委员会对来自加拿大软木的调查—由加拿大根据 DSU 第 21.5 条提出，WT/DS277/AB/RW，2006 年 5 月 9 日通过，和 Corr. 1，DSR 2006：XI，4865
美国—软木 VI （第 21.5 条—加拿大）	专家组报告，美国—国际贸易委员会对来自加拿大软木的调查—由加拿大根据 DSU 第 21.5 条提出，WT/DS277/RW，2006 年 5 月 9 日通过，上诉机构报告修改，WT/DS277/AB/RW，DSR 2006：XI，4935
美国—不锈钢（韩国）	专家组报告，美国—来自韩国的不锈钢卷板和不锈钢条的反倾销措，WT/DS179/R，2001 年 2 月 1 日通过，DSR 2001：IV，1295
美国—不锈钢（墨西哥）	上诉机构报告，美国—来自墨西哥的不锈钢采取最终反倾销措施，WT/DS344/AB/R，2008 年 5 月 20 日通过，DSR 2008：II，513
美国—不锈钢（墨西哥）	专家组报告，美国—来自墨西哥的不锈钢采取最终反倾销措施，WT/DS344/R，2008 年 5 月 20 日通过，上诉机构报告修改，WT/DS344/AB/R，DSR 2008：II，599
美国—不锈钢（墨西哥） （第 21.3（c）条）	仲裁决定，美国—来自墨西哥的不锈钢采取最终反倾销措施—第 DSU 21.3（c）条下的仲裁，WT/DS344/15，2008 年 10 月 31 日，DSR 2008：XX，8619
美国—钢板	专家组报告，美国—对来自印度钢板的反倾销及反补贴措施，WT/DS206/R 和 Corr. 1，2002 年 7 月 29 日通过，DSR 2002：VI，2073
美国—钢铁保障措施	上诉机构报告，美国—对于特定钢制品进口的保障措施，WT/DS248/AB/R，WT/DS249/AB/R，WT/DS251/AB/R，WT/DS252/AB/R，WT/DS253/AB/R，WT/DS254/AB/R，WT/DS258/AB/R，WT/DS259/AB/R，2003 年 12 月 10 日通过，DSR 2003：VII，3117
美国—钢铁保障措施	专家组报告，美国——对于特定钢制品进口的保障措施，WT/DS248/R，WT/DS249/R，WT/DS251/R，WT/DS252/R，WT/DS253/R，WT/DS254/R，WT/DS258/R，WT/DS259/R，和 Corr. 1，2003 年 12 月 10 日通过，上诉机构报告修改，WT/DS248/AB/R，WT/DS249/AB/R，WT/DS251/AB/R，WT/DS252/AB/R，WT/DS253/AB/R，WT/DS254/AB/R，WT/DS258/AB/R，WT/DS259/AB/R，DSR 2003：VIII，3273

续 表

简要标题	案件标题全称及出处
美国—纺织品原产地规则	专家组报告，美国—纺织品及服装产品原产地规则，WT/DS243/R 和 Corr. 1，2003 年 7 月 23 日通过，DSR 2003：VI，2309
美国—金枪鱼 II（墨西哥）	上诉机构报告，美国—有关金枪鱼及其产品进口、市场和销售的措施，WT/DS381/AB/R，2012 年 5 月 16 日向 WTO 成员散发［未判决］
美国—金枪鱼 II（墨西哥）	专家组报告，美国—有关金枪鱼及其产品进口、市场和销售的措施，WT/DS381/R，2012 年 5 月 16 日向 WTO 成员散发［上诉中/未判决］
美国—轮胎（中国）	上诉机构报告，美国—影响自中国进口的客车和轻卡车轮胎的措施，WT/DS399/AB/R，2011 年 10 月 5 日通过
美国—轮胎（中国）	专家组报告，美国—影响自中国进口的客车和轻卡车轮胎的措施，WT/DS399/R，2011 年 10 月 5 日通过，上诉机构报告支持 WT/DS399/AB/R
美国—内衣	上诉机构报告，美国—对于棉质及人造纤维内衣进口的限制，WT/DS24/AB/R，1997 年 2 月 25 日通过，DSR 1997：I，11
美国—内衣	专家组报告，美国—对于棉质及人造纤维内衣进口的限制，WT/DS24/R，1997 年 2 月 25 日通过，上诉机构报告修改，WT/DS24/AB/R，DSR 1997：I，31
美国—棉花	上诉机构报告，美国—对于棉花的补贴，WT/DS267/AB/R，2005 年 3 月 21 日通过，DSR 2005：I，3
美国—棉花	专家组报告，美国—对于棉花的补贴，WT/DS267/R，和 Corr. 1，2005 年 3 月 21 日通过，上诉机构报告修改，WT/DS267/AB/R，DSR 2005：II，299
美国—棉花 （第 21.5 条—巴西）	专家组报告，美国—对于棉花的补贴—由巴西根据 DSU 第 21.5 条提出，WT/DS267/RW 和 Corr. 1，2008 年 6 月 20 日通过，DSR 2008：III，809
美国—棉花 （第 21.5 条—巴西）	上诉机构报告，美国—对于棉花的补贴—由巴西根据 DSU 第 21.5 条提出，WT/DS267/AB/RW 和 Corr. 1，2008 年 6 月 20 日通过，上诉机构报告修改，WT/DS267/AB/RW，DSR 2008：III，997 to DSR 2008：VI，2013
美国—棉花 （第 22.6 条—美国 I）	仲裁决定，美国—对于棉花的补贴—由美国根据 DSU 第 22.6 条和《补贴和反补贴协议》第 4.11 条提出，WT/DS267/ARB/1，2009 年 8 月 31 日通过，DSR 2009：IX，3871
美国—棉花 （第 22.6 条—美国 II）	仲裁决定，美国—对于棉花的补贴—由美国根据 DSU 第 22.6 条和《补贴和反补贴协议》第 7.10 条提交仲裁，WT/DS267/ARB/2 和 Corr. 1，2009 年 8 月 31 日通过，DSR 2009：IX，4083
美国—面筋粉	上诉机构报告，美国—对来自欧共体的面筋粉进口的明确保障措施，WT/DS166/AB/R，2001 年 1 月 19 日通过，DSR 2001：II，717
美国—面筋粉	专家组报告，美国—对来自欧共体的面筋粉进口的明确保障措施，WT/DS166/R，2001 年 1 月 19 日通过，上诉机构报告修改，WT/DS166/AB/R，DSR 2001：III，779
美国—羊毛衬衫及女上衣	上诉机构报告，美国—影响从印度进口的羊毛恤衫及衬衫措施，WT/DS33/AB/R 和 Corr. 1，1997 年 5 月 23 日通过，DSR 1997：I，323
美国—羊毛衬衫及女上衣	专家组报告，美国—影响从印度进口的羊毛恤衫及衬衫措施，WT/DS33/R，1997 年 5 月 23 日通过，得到上诉机构报告支持，WT/DS33/AB/R，DSR 1997：I，343
美国—归零法（欧共体）	上诉机构报告，美国—计算倾销差额（归零法）的法律、规则及方法，WT/DS294/AB/R，2006 年 5 月 9 日通过，和 Corr. 1，DSR 2006：II，417
美国—归零法（欧共体）	专家组报告，美国—计算倾销差额（归零法）的法律、规则及方法，WT/DS294/R，引自 2006 年 5 月 9 日，上诉机构报告修改，WT/DS294/AB/R，DSR 2006：II，521

续 表

简要标题	案件标题全称及出处
美国—归零法（欧共体）（第 21.5 条—欧共体）	上诉机构报告，美国—计算倾销差额（归零法）的法律，规则及方法，—由欧共体根据第 21.5 条提出上诉，WT/DS294/AB/RW 和 Corr.1，2009 年 6 月 11 日通过，DSR 2009：VII，2911
美国—归零法（欧共体）（第 21.5 条—欧共体）	专家组报告，美国—计算倾销差额（归零法）的法律，规则及方法，—由欧共体根据第 21.5 条提出上诉，WT/DS294/RW，，2009 年 6 月 11 日通过，上诉机构报告修改，WT/DS294/AB/RW ，DSR 2009：VII，3117
美国—归零法（日本）	上诉机构报告，美国—与归零法有关的措施及日落复审，WT/DS322/AB/R，2007 年 1 月 23 日通过，DSR 2007：I，3，
美国—归零法（日本）	专家组报告，美国—与归零法有关的措施及日落复审，WT/DS322/R，2007 年 1 月 23 日通过，上诉机构报告修改，WT/DS322/AB/R，DSR 2007：I，97
美国—归零法（日本）（第 21.3（c）条）	仲裁报告，美国—与归零法有关的措施及日落复审，WT/DS322/21，2007 年 5 月 11 日，DSR 2007：X，4160
美国—归零法（日本）（第 21.5 条—日本）	上诉机构报告，美国—与归零法和日落复审有关的措施—由日本根据第 21.5 条提出上诉，WT/DS322/AB/RW，2009 年 8 月 31 日通过，DSR 2009：VIII，3441
美国—归零法（日本）（第 21.5 条—日本）	专家组报告，美国—与归零法和日落复审有关的措施—由日本根据第 21.5 条提出上诉，WT/DS322/RW，2009 年 8 月 31 日通过，得到上诉机构报告支持，WT/DS322/AB/RW，DSR 2009：VIII，3553
美国—归零法（韩国）	专家组报告，美国—对自韩国进口的产品实施反倾销使用归零法，WT/DS402/R，2011 年 2 月 24 日通过

● 贸易政策审议（2011）

牙买加贸易政策审议

概述

牙买加的经济是高度贸易导向型的，主要依赖于氧化铝、旅游、汇款，及其庞大的非正规经济部门。自 2005 年以来，货物和服务进出口占国内生产总值的平均水平已经超过 90%。在审议期间，牙买加继续努力应对其狭窄的产业结构以及对外部环境和经济冲击的脆弱性。这些缺点在近期全球经济放缓期间暴露无遗，严重影响了牙买加的经济，导致其实际国内生产总值在 2008/2009 财政年度下降了 1.7%，2009/2010 财政年度下降了 2.5%，同时来自汇款及货物和服务出口的收入下降明显。

（一）贸易政策环境

在审议期间，牙买加商品贸易赤字平均超过国内生产总值的 26%。其出口相对有限，主要包括氧化铝/铝土矿和一些非传统出口产品。牙买加高度依赖进口原材料、石油及资本品。贸易失衡仅通过服务出口盈余——主要是旅游业，以及牙买加人国外汇款的大量流入而部分抵消。

牙买加对于出口没有税收或者数量限制，而且有一些鼓励出口的税收优惠政策。目前受益于 WTO 规则下发展中国家的过渡期延长，四个出口补贴计划预计于 2015 年逐渐淘汰。牙买加的出口继续停滞不前，表明其经济长期存在结构性问题，而税收优惠计划只能部分缓解这一问题。

过去十年的大部分时间内，其实际国内生产总值的增长一直偏低，年均低于 1%。牙买加经济和出口疲弱的背后隐含着明显的结构性缺陷。其中包括电力成本过高，严重影响经济的竞争力；高负债率，阻碍了政府提供优质的服务和促进发展的能力；高资本成本；商业安全成本相对较高，这与消极的社会因素有关；劳动生产率低下和生产能力有限；与经济和贸易相关的基础设施不足。不过，牙买加已经取得一些进展，例如简化规章和程序以创造更友好的投资经商环境。牙买加的投资体制继续对外国投资者开放，外国投资者可以从多项鼓励措施中获益，包括关税和税收优惠。

宽泛的贸易政策和发展目标设定在许多政策框架内，特别是在加勒比共同体（CARICOM）范围内的区域贸易政策，2001 新贸易政策，现行的国家发展计划（展望 2030——牙买加），2009 国家出口战略，以及在世界贸易组织（WTO）框架下。牙买加是世界贸易组织的创始成员和积极参与者，是世界贸易组织以及多哈发展议程（DDA）谈判中给予发展中国家特殊和差别待遇的坚定支持者。牙买加对所有贸易伙伴至少给予最惠国待遇。

牙买加 90%以上的出口商品输往美国、加拿大，以及欧盟。根据近期与欧盟签订的经济伙伴关系协定（Economic Partnership Agreement），废止了先前优惠贸易协定中的非互惠原则，因此牙买加与其主要贸易伙伴的关系处于重新修订的过程中。牙买加和加勒比共同体的合作伙伴已开始进行与加拿大的贸易谈判，也在推动从单边向互惠安排转变。一个关键问题是这些贸易协定的实施而产生的调整和对税收的影响。根据加勒比盆地计划（Caribbean Basin Initiative），牙买加继续享受优惠进入美国市场的权利，这一计划涵盖了牙买加向美国出口商品的 90%以上。与此同时，牙买加通过正在实施的加勒比单一市场经济体，密切参与区域贸易的一体化进程，并且通过加入加勒比共同体，实施许多与地区邻国的优惠贸易协定。

(二)主要贸易措施

关税和其他税费仍然是牙买加的主要贸易政策工具。中央财政收入相当大的份额来自政府对进口商品关税和其他费用的收取——平均介于总税收的27%和28%之间，这被认为是该国结构性财政赤字的关键所在。政府将致力缩减关税减免和豁免制度，而冻结给予关税和税收的酌情减免权表明这一过程已经迈出了第一步。牙买加官方数据表明，2007年，各种豁免和减免费用总计超过贸易税收的一半以上，在2009年超过1/4。

由于加勒比共同体的共同对外关税，牙买加的平均最惠国关税税率从2004年的8.6%升至2010年的9.4%，这反映了奢侈品关税税率的增加。对农产品的保护要高于对工业品的保护，而且关税结构表现为逐级上升。同上次审议期的9级相比，目前关税共有11级。牙买加不使用季节性关税或关税配额。牙买加对其所有的关税税目实行约束。虽然适用关税和约束关税之间的差距仍然很大，而且仅有一小部分产品的适用税率高于其约束税率，这仍然增加了其贸易体制的可预见性。

进口商品的税费名目繁多，显著提高了其边境保护程度，但同时也引起了过多的进口费用是否会阻碍竞争的问题。所有进入牙买加的进口商品都要缴纳一个基本的印花税，而且对某些商品还要缴纳一个额外的印花税。而牙买加对于集装箱进口或出口或港口保安费并不征收，它仅对提供特定的服务征收费用，包括海关使用费、标准审核费(代标准局收取)、进口报关单处理费，以及环保费。国内税收，尤其是标准税率为17.5%的一般消费税，对进口商品和国内生产的商品都予以征收。

牙买加拥有现代化的海关和贸易便利化设施，并在努力改善海关手续，包括海关估价方面。然而，虚假发票、低开发票的问题依然存在。审议期内，牙买加的进口许可证制度没有什么政策变化。进口禁令适用于健康、安全、道德或环境考虑，或根据国际公约。需要密切监测的商品，由贸易委员会签发进口许可证。机动车辆的进口占了进口许可证申请的大部分。

反倾销和补贴委员会是牙买加的贸易救济机构。2004年至2009年11月，没有发起新的调查。该委员会认为这一情况的出现说明需要更好地了解如何使用救济措施。尽管可能采购情况需要更加透明，以及更好的统计，政府采购政策已经有所改善。牙买加没有加入《政府采购诸边协议》(Plurilateral Agreement on Government Procurement)。

符合国际质量标准的能力有限，是牙买加出口商所面临的一个重大挑战，特别是在农产品加工行业。牙买加有关于质量、标准及其他规定的相关立法和体制框架，但提供服务的及时性和一致性受到一些因素制约，特别是：私营部门提供的一些基本服务成本高且质量参差不齐，如产品检测和认证；国际标准的实施成本高；粮食出口商需要疲于应付多个机构一系列的检测和化验服务。牙买加目前有348个国内标准，这些标准基于国际(主要是国际标准化组织和国际食品法典委员会)的标准制定。

成立于2009年的进出口检验中心，进驻了负责人类健康和安全，动物健康和植物健康的监管机构。迄今为止，分散的监管机构已经产生了消极影响，而该中心的设立目的就是显著减少用于完成检验程序的时间。

政府认为，鉴于现有的资源，自2005年以来，牙买加已经在保护知识产权方面取得了成效。虽然没有相关统计数据提供，但随着对开展搜捕和收缴盗版产品，包括CD和DVD等时刻保持警惕，刑事检控的数量有所增加。

(三)部门发展

自2005年以来，经济持续从初级经济活动(主要是农业和采矿业)和制造业转移。现在商品生产接近国内生产总值的1/4，而服务业已成为主要的经济活动和外汇的主要来源。政府通过在商业基础上运作的国有企业，仍然参与一些商业活动，特别是农业、采矿业、公用事业、银行业，以及交通运输业。在审议期间，政府已采取包括分拆和清算在内的措施来重组这些企业。尽管牙买加机场管理局、克拉伦登氧化铝生产公司及其他公司也遭受了创纪录的损失，但牙买加政府侧重于更大的亏损企业，即牙买加航空公司和牙买加糖业公司。

农业对整体经济的贡献稳步下降，但由于其在减少贫困方面的作用和对就业的重要性，它被认为是一个敏感的部门。正因为如此，它受益于包括高额进口关税在内的一系列支持措施。在多哈谈判中，牙买加热衷于保护其对农民所实施的有效国内支持措施，包括自由增加绑定内的关税，以及在WTO允许范围内使用税收来提供农业支持的权利。牙买加对自然灾害的脆弱性，表现为其经常直接遭受飓风和暴风雨的袭击，从而对其农业部门造成严重损害。

牙买加是世界上最主要的铝土矿和氧化铝生产商之一，并且采矿业是其最大的非服务出口部门。该部门具有国际竞争力，并且一直受益于世界矿产品价格的上涨，直到 2009 年，全球经济衰退和氧化铝国际需求减少。为引导矿业的可持续发展，一个国家矿产政策正在准备当中。

在 2009 年，服务业占国内生产总值的约 3/4，并吸收了大约 2/3 的劳动力。旅游业，这一主要的服务行业的规模，使得牙买加成为一个重要的服务出口国。目前，政府基本上未参与电信和金融服务领域，这些领域的市场准入相对开放。根据《服务贸易总协定》，牙买加参加了关于基础电信和金融服务的延伸谈判，并都提出了自己的底线。限制外资进入的保险业，在 WTO 关于金融服务业的谈判中有所放宽。但截至 2010 年年中，牙买加尚未批准《服务贸易总协定》第五议定书。

电信自由化以来，牙买加通信行业的竞争水平已显著增加，导致供应商大幅增加，国际电话成本下降，以及电话普及率稳固增长。移动电话普及率从 2000 年的每 100 人 14 部，增加到 2009 年每 100 人 108 部，反映了人均普遍拥有一部以上的手机，这主要是由于跨网连接费用高昂。电信基础设施也支持和推动了一个积极的信息技术支持服务行业的发展，并已被政府确定为战略性产业而予以支持和发展，该行业涵盖呼叫中心、业务流程外包，以及信息技术供应商。

旅游业是经济和政府税收的重要贡献者，也是外汇收入的主要来源者。虽然旅游业比其他加勒比地区更富有抵抗力，但 2009 年金融危机还是影响了旅游收益。政府通过鼓励投资，兴建物流基础设施（包括机场、邮轮港口、高速公路）以支持旅游产品开发，提供服务（如安全和劳动力培训），以及目的地营销等方式促进旅游业发展。旅游部门的投资主要通过慷慨的奖励计划得到了推动，这些计划提供所得税减免和进口关税减让。为努力促使旅游业多元化，政府已制定法律，以支持在综合度假胜地的发展计划中设立赌场设施。由于牙买加是一个岛国和旅游胜地，航空运输在国家经济中发挥着重要作用。2010 年 3 月，政府采取了天空开放政策，使得牙买加可以与尽可能多的国家达成更开放的航空服务协议。

（四）展望

全球经济危机以及长期存在的结构性问题，使得本就对自然灾害十分脆弱的牙买加雪上加霜。虽然与 2009 年相比，2010 年经济下滑的速度预计略低，这主要是由于农业和采矿业的持续增长，以及牙买加在北美主要的旅游市场的经济复苏。但是这场危机还是严重影响了牙买加。预计在 2010 年 4 月至 2011 年 3 月，其实际国内生产总值将增加 0.5%。主要的下行风险还是涉及外部因素，如国际商品价格的冲击、高于预期的油价、世界经济的复苏比预期慢，以及可能考验农业部门收益的恶劣天气。

逐渐复苏的远期前景将取决于全球市场状况和政府对宏观经济稳定、财政改革，以及解决经济主要的结构性挑战的持续努力。牙买加应对这些挑战的战略是基于其国家发展计划——2030 年远景规划。这一规划旨在引领国家达到 OECD 国家的生活标准。在此过程中，重要的是要从不断变化的贸易环境，而不是侵蚀优惠的情况下找出牙买加的贸易援助需要，以及为促进出口多样化而采取措施的需要。

（李雪峰译，成尧校）

日本贸易政策审议

尽管全球金融危机爆发，但自2009年上次贸易政策审议以来，日本一直没有引入新的贸易壁垒。另一方面，日本也推出了一些旨在进一步开放其贸易和与贸易相关的制度的措施。

在审议期间，由于金融危机导致历来作为日本经济增长引擎的出口大幅下跌（2009年下跌了25%），日本经济有所收缩。在此背景下，日本的经常账户盈余（从2007年的4.8%）收窄至2009年国内生产总值的3.3%。然而，随后出口的反弹带动了经济增长，预计2010年实际国内生产总值将增长2.8%。

为减轻出口的下降对经济增长的不利影响，自2008年8月以来，政府已制订了一系列的经济刺激计划（总额占国内生产总值的4.7%）以刺激国内需求。刺激计划主要侧重于增加支出。因此，财政赤字在2009年上升到GDP的10%，公共债务约占国内生产总值的220%。财政刺激计划，辅以接近零利率水平的宽松货币政策，以适应日本持续通缩的环境。然而，日元对所有主要货币升值。如果这一状况持续下去，除非生产率可以大幅提高，否则将会降低日本出口商的国际竞争力，从而影响出口导向型的经济增长。

虽然宽松的宏观经济政策帮助日本经济从全球金融危机中复苏，但是并未解决其长期存在的结构性问题（包括人口的迅速老龄化）。这一问题反映在过去十年中实际国内生产总值，以及决定日本企业国际竞争力关键的总要素生产率（TFP）的停滞不前。这些问题可以通过影响长远的结构改革更有效地得到解决，其中贸易自由化（以及刺激竞争）是其组成部分。然而结构性改革，如果说有的话，自2009年开始放缓。

政府也认识到结构改革的必要性，特别是要提高服务业的生产力（远低于制造业）。2010年6月，日本推出了新发展战略（New Growth Strategy），重点放在七个优先领域（即环境和能源、医疗保健、与亚洲其他国家的经济一体化、旅游和区域经济振兴、科学技术、人力资源、金融服务）。此外，关于税收改革，考虑到日本税收在国内生产总值中的份额相对较低，政府认为有必要通过扩大税基和降低相对较高的企业税率，从而使得所得税制与投资和其他经济决策方面更加保持中立。因此，政府计划从下一财政年度开始减少税收优惠，并将法定企业所得税税率从40%削减至35%。在某种程度上，目前高企业税率阻碍了外国直接投资（FDI），较低的税率也可以刺激外国直接投资。日本外国直接投资占GDP的比例要比其他大型OECD经济体小得多。自上次审议以来，日本已采取措施来促进外国直接投资的审批。

尽管行政机关需要对法规进行事前评价，以及进行事前的监管影响分析这一程序，但是在制定、修改或废除政策和措施时并不经常使用成本收益分析。这种分析很少用来评估现有的措施，如关税和非关税农业保护措施，或是用以评价优惠贸易协定（PTAs）的经济影响。最近出版的关于日本参与跨太平洋伙伴关系倡议可能带来的经济影响定量分析，是值得注意的少数例外之一。类似由政府进行的定量分析出版物，有助于日本采取更具成本收益的贸易及相关的政策和措施。

在审议期内，日本共涉及四个争端，一个作为被告，三个作为原告。

审议期间，两个双边贸易协定，或经济伙伴关系协定（EPAs）正式生效（与瑞士和越南），还有几个协定正在谈判中。日本认为，其区域和双边贸易协定是对多边贸易体制的补充。同时日本也承认，随着此类协定的逐步生效，其复杂水平也在增加。日本所采用的优惠贸易协定（PTAs）也涉及贸易便利化、投资、自然人流动和竞争政策等问题。然而，与农产品的重要出口国所签订的协议则倾向于将许多农产品排除在外。协议也排除了一些，如皮革制品和鞋类等政府认为是高度敏感的工业品。这些产品也大部分被排除在普惠制（GSP）之外。在普惠制下，日本对来自某些发展中国家和最不发达国家的产品给予优惠待遇。

关税仍然是日本的主要边境措施。在2010财政年度，简单平均适用最惠国关税税率从2008年的6.1%下降为5.8%，反映了非从价关税的平均从价税等值有所下降。非从价税，占日本关税税目的6.6%，往往涉及较高的从价税等值，是日本关税的一个重要特征，特别是对农产品而言。而普惠制下的简单平均关税税率为4.6%（2008财年为4.9%），对最不发达国家的为0.5%（与2008财年相同）。日本在双边优惠贸易协定下的简单平均关税率，从2.9%至3.4%不等。

日本的非关税边境措施，包括一些进口禁令和进口数量限制（例如，一些鱼的进口配额）。国有贸易涉及烟叶、鸦片、大米、小麦和大麦，以及奶制品。

日本很少使用应急措施。审议期间日本继续申请两个反倾销措施，但废止了一项反补贴措施。日本自2001年以来没有实施任何保障措施。

为维护国家和公众安全，以及按照国际协定（如“濒危物种公约”，CITES）保护自然资源，日本继续采取一些出口管制措施。日本提供出口信贷、保险和担保。退税计划适用于某些制造业所选取的输入品，但并不一定100%退还支付的关税。近期，政府主要是通过将信息提供给海外消费者的方式，开始推动农产品出口。

约有46%的日本工业标准（JIS）与2009年国际标准（2008年以来保持不变）保持一致。虽然日本认为其卫生和植物检疫（SPS）措施以科学的风险评估为基础，但显然没有对其进行成本收益分析。

自上次审议以来，日本已经对有关知识产权（IPRs）的各种法律进行了修订，特别是着眼于加强海关在执法中的作用，以及扩大侵犯商业秘密的刑事处罚的适用范围。日本仍然积极参与有关协议的多边及区域谈判，以推动保护知识产权的国际协调制度的建立。

政府准备继续加强竞争政策。在这方面，反垄断法在2009年6月进行了修订，特别是在涉及私人垄断的排他性做法方面引入了附加费（罚款），并且针对卡特尔和串通投标起主导作用的交易，附加费增加50%。

关于农业，其劳动生产率仍然比经济中其他行业要低得多，政府继续从价格支持向收入支持进行转变。然而，该部门继续收到来自政府的大力支持，其中包括，相比其他行业相对较高的平均适用最惠国关税税率、关税配额、收入支持，以及在一些子行业的生产控制。

制造业，其劳动生产率最高，继续保持竞争开放。然而，在审议期间，政府通过企业再生支援公司（ETIC）对该部门的支持似乎有所增加。

某些服务行业继续受到许可和对外国投资的限制。像许多其他行业一样，服务行业也面临着普遍较高的生意成本，这也被认为是遏制外商直接投资进入服务业，进而服务业竞争的主要因素之一。此外，在服务部门发起的与贸易相关的改革似乎已经放缓，但是通过追求“开放天空”协议的空中交通自由化是明显的例外，这也提高了该行业的竞争力。与此同时，部分由于竞争加剧的结果，政府授权ETIC和日本开发银行救援日本航空公司。2007年发起的日本邮政私有化被视为一个“里程碑”式的改革，特别是考虑到自2009年起一直处于探讨当中的邮政网络的维持。尽管受全球金融危机的影响，国内资本市场出现了一些波动，但总的来说，日本银行出现的损失相对较小。尽管如此，政府推出了多项针对银行和证券公司的措施，以减轻金融危机的影响。

（李雪峰译，成尧校）

澳大利亚贸易政策审议

（一）经济环境

自2007年上次贸易政策审议以来，作为世界上最开放的经济体系之一，澳大利亚已成功抵御全球金融危机，而未采取任何有关贸易自由化的倒退或影响其货币价值的措施。虽然金融危机导致经济增长从2007/2008年度的3.8%放缓至2008/2009年度的1.4%，但其减速与其他大多数发达经济体相比要温和得多，而且经济增长在2009/2010年度反弹至2.3%。温和放缓以及随后的增长反弹主要是由于：出口需求强劲，尤其是来自中国的需求，这推动澳大利亚的贸易条件达到60年来的最高水平；灵活的汇率；健康的银行部门；以及一个及时和适当的危机应对政策。尽管澳大利亚仍然被认为是世界上最具竞争力的经济体系之一，但主要归因于农业、采矿业、电力、天然气，及水的额外发展的多要素生产率增长还是明显下滑。通货膨胀率介于或略高于央行设定的2%～3%的目标。虽然失业率从2006/2007年度的4.5%逐步上升至2009/2010年度的5.5%，但仍然相对较低。

健全的宏观经济政策和过去的结构改革（其中包括由相当透明的政策框架导致的贸易自由化，一直是其组成部分），与大为改善的贸易条件一起成为审议期内（以及过去20年）澳大利亚令人印象深刻的经济表现的主要贡献因素。然而，从2008/2009年度开始，澳大利亚的财政转为赤字，在很大程度上反映了减税，以及实施大规模经济刺激措施导致的支出增加。然而，更重要的是，出口价格飙升和低失业率看起来已降低了澳大利亚进一步进行结构改革的愿望。在审议期间，结构改革似乎已经放缓或未能实施，从而可能其影响未来实现可持续增长的前景。

对商品价格波动反应灵活的汇率有助于稳定出口收入。在2008/2009年度，澳元对美元汇率大幅贬值，从而促进了出口和减少了进口。但自那时以来，澳元一直升值，这影响了澳人利亚的出口竞争力，特别是农产品出口。在2008/2009年度，贸易账户变为盈余，主要反映了2008年初达成的铁矿石和煤炭出口合同价格的大幅上升，以及汇率大幅贬值。随后，贸易账户重回赤字。净外债增加，在很大程度上反映了支付给在澳大利亚的外国投资者的利息和股息（澳大利亚国外投资收到的净收入）。

由于出口总额中中国的份额增加一倍，使得澳大利亚商品贸易向东亚地区逐步转变的格局得到进一步加强。澳大利亚一直保持其对外国投资开放的姿态，并减少了有关认可的合规成本，取消了传媒业对外国所有权的限制。澳大利亚继续基于定义模糊的“国家利益”标准来筛查大型投资项目，以限制一些敏感领域（如国际航空和海运）的外国所有权。然而，筛选似乎并未成为外资进入的一个主要障碍。

（二）贸易政策框架

澳大利亚的贸易政策框架，继续呈现出异常高度透明的特点。这包括由政府机构和独立的咨询机构（特别是生产力委员会）所进行的严格经济分析。政策制定者将从分析中获益，从而制定符合成本收益的贸易和与贸易有关的政策，包括旨在消除障碍以提高生产力，以及促进（而不是妨碍）国内资源再分配的持续监管改革。秘书处已再次仰赖从这些机构获取的公开文件来准备澳大利亚的第六次贸易政策审议报告。

澳大利亚继续致力于多边主义。尽管存在谈判和行政成本，以及利益的不确定性，澳大利亚更加注重通过与主要贸易伙伴或区域集团（如东盟和TPP）全面协议的谈判或缔结，来探索扩大优惠贸易关系的前景。根据这些协议做出的承诺，在包括服务和投资在内的许多领域，以及在某些特殊领域（如知识产权）都超出了WTO协议的范畴，适用于所有的贸易伙伴。

澳大利亚继续给予来自最不发达国家（LDCs）的进口商品免税待遇，而对其他发展中国家的优惠正由于最惠国待遇和其他优惠关税削减措施而慢慢消失。澳大利亚一直是多边、区域和双边等各级领域需求驱动型贸易援助的积极提供者。其目的是改善市场准入，以及构建有竞争力的经济体。

澳大利亚政府委员会（COAG）继续促进联邦、州和地方之间的协商、合作和政策协调，以避免可能出现的不一致。这些司法管辖区仍负责如标准化、政府采购、国营贸易等与贸易有关的多项政策，并在许多领域拥有立法权。COAG 改革委员会的目的是为了实现国民经济的完美结合，同时也负责实施国家改革议程，其进程一直相当缓慢。

（三）贸易政策发展

尽管只占税收的很小一部分（税收总额的 1.9%），但关税仍然是澳大利亚的主要贸易政策工具之一。适用于纺织品，服装和鞋类（TCF），以及客运机动车辆（PMVs）的最高税率的单方面关税削减（2010 年 1 月 1 日），使得平均适用最惠国关税税率从 2006 年的 3.8%降至 3.1%。预计到 2015 年将进行进一步的单方面削减。而农产品的平均适用最惠国关税税率是 1.4%，工业产品大约是 3.4%。大约 96%的关税税率在零至 5%的范围内。关税结构进一步简化，目前仅涉及七种税率（四种从价税，一种特定税，一种复合税，和一种选择税）。大多数关税税率（99.7%）是从价税，呈现出有助于关税透明的特征。相比之下，非从价税率往往隐瞒相对较高的关税税率，尤其是对二手车，但这似乎很少采用。不过，这些变化基本上没有改变关税升级的模式，这意味着最惠国关税保护的有效税率可大大高于名义税率。约有 96.5%的税目受到约束，从而使得关税具有高度的可预测性。目前最惠国关税适用税率低于约束税率平均约 7 个百分点，而服装项目则高达 55 个百分点。而随之而来的约束税率和最惠国适用税率之间的差距，为政府提高约束范围内的适用关税水平提供了相当大的空间。但这好像并没有在审议期内发生。

电脑报关大大便利了几乎所有的进出口，所需要的文件仍然保持在最低限度；贸易便利化得到了贸易增强解决方案的支持，并且进口通关效能已经通过一个放行时间研究装置进行监测。交易价值已被广泛用于海关估价。

进口禁令和限制仍然通过技术法规和严格检疫要求的形式存在，原则上用来保护公共健康、环境，以及安全。澳大利亚进行了一些转变，来确保所有标准的制定者能一起工作，避免重复，并与国际标准协调一致，同时也是为了从 2011 年 1 月起，将强制性产品安全和信息标准的发布权力集中到联邦政府。虽然澳大利亚继续保持其认为与其适当的保护水平相称的严格的卫生和植物检疫（SPS）措施，但其也认识到，零风险是不可能达到的，并推出改革向“生物安全检疫”进行转变。一项标准的采用，需要对作为一个整体（包括国内消费者）的社会净效益给出说明。卫生和植物检疫措施并没有做过类似的成本收益分析，包括适当考虑这些措施对供应链上的利益相关者的贸易影响，虽然进口风险分析有望解决利益相关者的经济影响问题。澳大利亚反倾销和反补贴行动一直保持稳定，大多数与源自亚洲的产品有关。在审议期间，没有采用保障措施。

澳大利亚一直将政府采购作为一项旨在扶植某些敏感领域（如房地产物业或住宿，研发服务，以及汽车）工业发展的经济政策工具。在这些领域，免除了对于采购申请超过一定界限所适用的强制性采购程序。由某些州政府规定的购买价值中至少 10%来自中小企业（SMEs）的目标，以及对本地供应商和本地含量要求的优惠幅度继续得以保持，而且在某些领域甚至有所加强，但其实施与自由贸易区的承诺相一致。对外资参与竞买或者给予关税减让可能需要提交澳大利亚产业参与（Australian Industry Participation）计划，同时也需要根据法律强化项目计划（Enhanced Project By-Law Scheme）给予关税减让。澳大利亚继续是世界贸易组织政府采购协议（GPA）的观察员，但其密切关注政府采购修订协议的谈判。澳大利亚广泛的自由贸易协定中包含了澳大利亚承诺在政府采购方面采取透明度和非歧视原则的章节。

由公共部门实体运作的，用来管理与准入相关的进口配额的数量限制或出口管制，影响着某些初级产品和医疗产品的进出口，以确保国内供应充足，并强制执行标准。美利奴羊的出口于 2010 年 1 月予以放开。

澳大利亚一直保留和修订，包括直接补贴（例如，通过出口市场开发补助金）和税收优惠（如 Tradex）在内的出口援助政策。除了被称为“澳大利亚活动”的本地含量要求，出口融资，也根据“国家利益”标准而定。出口信贷方面的条件看起来与经合组织的准则一致。

对国内生产和贸易的支持通过税收和非税收优惠措施，以及尽管有所下降，但对 R&D 支出的持续侧重和对竞争的规制限制等措施得以实施。一些具体行业计划（如乳制品、汽车、医药）在审议期间结束或进行了修订。按相同税率对国内和国外汽车征收的豪华汽车税，看起来似乎不成比例地落在进口汽车上，税率从25%提高到33%。联合援助的有效率（即关税、财政、农业价格和/或监管援助），对于鞋类、客运机动车、谷物、绵羊和肉牛养殖、园艺和水果种植活动仍然相对较高。对初级生产的支持依赖于气候影响。除了某些商品的出口，国家在经济中的参与还涉及通过国有服务贸易企业在关键基础设施领域（如供水、电力、港口、铁路、城市交通）商品的提供，而这些并不总是在完全商业化的基础上运作的。

澳大利亚通过扩大其国际承诺，进一步加强其知识产权保护。其竞争政策框架，包括在国家或地区水平上，仍然保留有一份长长的特殊体制和豁免清单，但已经在一些领域进行了更新，特别是强调了卡特尔定罪。2010年7月13日，政府颁布了一项法律，旨在在国家层面上加强消费者保护和执行力度。

（四）行业政策发展

尽管其对国内生产总值的贡献相对较小，澳大利亚的高度市场和出口导向型农业仍然相当重要。该部门（不包括林业）的平均适用最惠国关税保护水平为1.4%，与制造业的3.4%相比，仍然可以忽略不计。一些敏感商品（如奶酪，某些蔬菜及某些油脂）继续受到关税保护，并且某些奶酪和凝乳制品受关税税率配额保护。非关税措施，如严格的检验检疫制度，出口和/或生产征税，对水稻的专有安排继续保留；虽然经济实体根据这些安排的运作依然保持活跃，但是对谷物、小麦和糖等类似的法定安排，在审议期间被废除了。与欧盟签署了一个新的与地理标志有关的葡萄酒贸易双边协议。尽管存在广泛的援助方案，该部门的支持总体水平仍然比较低，相当于国内生产总值的0.1%；而且这些援助大多是以非贸易扭曲的财政预算支出的形式提供，并在澳大利亚加入WTO时所承诺的最低限度内。2009年以来，没有针对乳制品行业的特定支持方案出台。一个用以解决澳大利亚渔业以及非法捕鱼的盈利能力和可持续发展能力的政策已落实到位。

与其他行业相比，在表面上看来没有外资限制以及政府支持的市场竞争环境下运转的采矿业，尽管其多要素生产率显著下降，但依然对澳大利亚的经济表现至关重要。尽管已经采取了旨在创造全国性的能源市场，以及加强向消费者的价格传导等措施，但是澳大利亚的发电、传输和分配仍然是区域分割的。发电量主要由政府控制，零售电力价格上限则由地方控制。一个关于能源效率的国家战略正在实施，可再生能源发电一直是政府援助的重点。一些州政府在零售层面提供补贴，以降低无铅汽油和柴油的价格；用于运输的乙醇和生物柴油的国内生产商也得到政府补贴。

制造业的政策一直以来主要集中在将创新作为一种提高生产率，进而国际竞争力的一种手段，从而谋取海外市场经济快速扩张所带来的利益。由于单方面削减关税，澳大利亚工业品的平均适用最惠国关税税率略有下降。虽然价值上有所增加，但对于制造业的预算援助占国内生产总值的份额仍然稳定在0.1%的水平；鞋类和皮革业，汽车及零部件继续受益于相对较高的有效保护水平，即高于制造业平均有效保护水平两倍以上，且在所有行业中保护水平最高。汽车行业的一些计划已经补充了反映持久性干预方式的内容来予以调整。

服务业仍然是澳大利亚最大且发展最快的经济部门。主要通过税收支出形式提供的该部门预算援助大幅上升，在2008/2009年度，相当于国内生产总值的0.28%。澳大利亚的服务贸易总协定和双边区域贸易协定的承诺保持不变；其区域贸易协定通常对签约国提供比其根据“服务贸易总协定”提供的承诺更大。金融服务业的改革（如巴塞尔II的审慎监管规则）已经在一些领域和政策方面展开，使得澳大利亚的银行更好地应对金融动荡，从而减轻全球金融危机的影响。澳大利亚正在采取措施，以消除使得澳大利亚成为亚太地区金融服务中心的障碍。在电信领域，政府全资拥有的澳大利亚电信公司（Telstra）一直保有相当大的市场力量，在包括宽带服务在内的几个领域引人关注；解决这些问题的努力，包括通过新的立法改革电信监管制度，以及尽可能地建立一个政府全资拥有的国家宽带网络公司。澳大利亚一直通过电视广播，以及电影制作资金的本地含量要求，来支持国内的广告和电影生产商。澳大利亚正努力推动全国交通运输基础设施规划和投资的长期协调发展，并通过确定优先项目，以解决联邦政府、州政府、地方政府以及私人部门之间交通基础设施发展中的各种不足和协调发展问题。一个新的全面的、旨在推动航空业发展的政策框架已经确立。为推动旅游业的创新，基础设施建设及其发展，一个新的战略和额外支持业已制定。

（五）展望

澳大利亚的经济预计将继续保持强劲增长。尽管宏观经济管理良好和经济实力相对较强，但经济下行风险主要包括：经济刺激计划的退出，全球经济和金融的脆弱性，以及澳大利亚不断增加的大宗商品价格风险，对短期外债的依赖，不断增加的处于高位的家庭债务。由于澳大利亚经济对其极为有利的贸易条件波动变得更加脆弱，澳大利亚对矿业不断增长的依赖可能会放大其经济周期。潜在贸易政策表明，澳大利亚所面临的重大经济挑战，是制定适当的宏观经济和结构性政策，以促进而不是阻碍由于采矿业繁荣和澳元升值所导致的贸易条件的大为改善。除非生产力得以提高，否则澳元升值则有可能会减少进口竞争活动和非矿业出口的竞争力。而这将通过迫使国内资源的再分配，对经济的增长方式和结构产生深远的影响。非矿业经济部门将需要显著的结构调整。支撑生产率增长的以市场为导向的结构调整和改革，应该能使澳大利亚加强其国际竞争力，提供可持续增长的基础，并且解决其持续增长但不断老龄化的人口问题、气候变化，以及技术变革所带来的长期挑战，而这无疑是多要素生产率长期增长的主要决定因素。当局认为，澳大利亚贸易政策的做法，是反单边主义原则，符合非歧视原则和透明度原则，贸易政策“大统一原则”是整体经济改革不可分割的一部分的。

（李雪峰译，成尧校）

巴拉圭贸易政策审议

（一）引言

巴拉圭有一个非常开放的贸易和投资体制。适用最惠国关税税率相对较低（平均为8.5%），而且很少采取非关税措施。巴拉圭中期贸易战略的目的，是促进国际贸易作为经济增长的引擎作用，并使其仍然只有少数农产品和少数出口目的地的出口多元化。巴拉圭正寻求改善商业环境，以吸引更多的外资流入，从而促进经济增长和就业。

自上次审议（2005年4月）以来，巴拉圭继续采取促进贸易的措施，海关手续通过设立进口和出口的单一窗口而大为简化。与此同时，巴拉圭努力增强其外贸的体制能力建设，例如通过设立一个负责确保遵守承诺的机构来告知技术法规。此外，巴拉圭已采取措施来提高对知识产权的执法，包括刑法改革；不过，这方面仍然是巴拉圭政府和其贸易伙伴的关注重点之一。

巴拉圭贸易政策受南方共同市场（MERCOSUR）成员地位的深刻影响。据此，巴拉圭已与大多数拉美国家，以及该地区以外的一些国家签署了优惠贸易协定。

（二）经济环境

主要受农业生产蓬勃发展的影响，在审议期内（2004—2010年）的大部分时间里，巴拉圭经济持续增长。2004至2008年间，国内生产总值年均增长接近5%。2009年，由于受严重旱灾和世界经济危机的影响，经济有所收缩。2010年，在全球原材料价格增长，以及扩张性财政政策和货币政策的带动下，巴拉圭经济获得了显著恢复。尽管减少贫困和不平等仍然是政府面临的主要挑战，但是经济增长的结果，使得人均国内生产总值在审议期内翻了一番。

审议期内，巴拉圭通过实施包括改进税收结构和税收行政管理部门在内的财政改革，来稳定公共财政。整个审议期，中央政府取得了盈余，这使它能够增加公共开支以应对2009年爆发的经济危机。然而，在税收改革，以及通过引入个人收入所得税和取消某些免税项目来扩大税基方面仍然需要更进一步。

货币政策朝着目标通货膨胀率调整，2010年的目标通货膨胀率为5%，上下浮动2.5%。尽管巴拉圭采取的是浮动汇率制度，但央行有时为减轻汇率的大幅波动而进行干预。在审议期间，实际有效汇率上升了20%左右，这有助于减少进口通胀的压力，而对出口没有任何明显的不利影响。银行利率下降，私人部门信贷显著增加。

2004—2010年间，巴拉圭外贸增长迅速，达到国内生产总值的98%，反映了该国的经济开放程度较高。农产品依然是最大的出口产品，而进口基本上都是制成品。进口商品的相当大一部分用于再出口。传统的贸易赤字，由于特许权使用费和其他与售电业务有关的商业服务而获得的大量收益所抵消。巴拉圭的主要贸易伙伴是南方共同市场，欧盟和中国。近年来，南方共同市场的作用也有所下降，而中国已成为进口的主要来源。

（三）贸易与投资体制

巴拉圭的贸易体制，在很大程度上由其参与的南方共同市场框定。目前政府的发展目标，体现在2008—2013年经济和社会战略计划当中。其中贸易政策起着主导作用，特别是关于出口和出口市场的促进及多样化。这些目标，通过社会发展政策（PSD，2020年）中的计划加以补充。而社会发展政策的战略目标是，促进和发展允许包容性，持续性增长存在的社会环境。

虽然在某些情况下仍有待批准，但是作为南方共同市场的成员，巴拉圭已经签署了框架协议，正式启动与该地区以外的各个国家的优惠贸易谈判。自2005年以来，南方共同市场和印度签订的部分范围协议，以及与以色列签订的自由贸易协议已经生效。另一方面，南方共同市场和埃及，以及和南部非洲关税同盟（SACU）之间的协议已经签署但尚未生效。巴拉圭尚未批准南方共同市场蒙地维多服务贸易议定书（MERCOSUR Protocol of Montevideo on Trade in Services）。

巴拉圭对外资开放，而且其立法保证外国和巴拉圭投资者同等待遇。同时，巴拉圭也加入了几个与投资相关的争端解决国际仲裁机制。吸引投资，在巴拉圭的发展战略中起着关键作用；2008—2013年经济和社会战略计划中提到，需要改善商业环境以吸引投资。成立于2005年的巴拉圭工商部投资暨出口促进局（REDIEX），是为促进投资和出口的新设机构，其工作也包括与私营部门的更密切协调。

巴拉圭一直在积极参与多哈发展议程的贸易谈判，并自2005年以来，在贸易便利化，知识产权，非农产品市场准入和农业领域做出了联合倡议。在审议期内，巴拉圭保持了良好的世贸组织通知纪录。虽然它曾经作为第三方参与世贸组织争端解决程序，但巴拉圭从未单独作为一方，无论是作为原告或被告而参与其中。

（四）贸易政策评估

自2005年上次审议以来，巴拉圭继续采取措施使其贸易体制更为简化和现代化。这些努力已经使得海关程序和贸易便利化措施得以简化。在设立出口单一窗口（VUE）后，巴拉圭于2010年7月又推出了进口单一窗口（VUI），从而使得所有海外购销业务可以通过电子通关。进口通过三种渠道予以通关：绿色、橙色或红色。货物发送到红色通道，需要接受单据检查、物理检验和海关价值核查。

在审议期间，巴拉圭对某些产品，主要是纺织品和坯品采用参考价值。政府认为，这项措施的目的是为了防止不公平贸易做法，如虚报价值和逃税。巴拉圭出于健康、环保、安全、经济发展、平衡收支或安全保护等方面的原因，利用事先授权和进口禁令来保护国内产业免受进口冲击。自上次审议以来，服装、肉制品和家禽内脏的进口登记和事先许可相继出台了一些新的要求。

巴拉圭采用南方共同市场的共同对外关税（CET），但有23%的关税税目例外，从而使得其平均关税水平低于南方共同市场的平均共同对外关税水平。在审议期间，关税保护略有减轻。与2004年的8.9%相比，2010年巴拉圭最惠国税率的算术平均水平下降到8.5%。这主要是由于资本物品的关税降低所致。农产品（WTO定义）平均适用最惠国关税税率是10.0%，非农产品为8.3%。所有税率均为从价税。审议期间，巴拉圭没有对进口商品征收临时性或可变税额关税。所有的关税税率被约束在10%～35%之间，其平均约束关税水平为32.4%。在适用税率和约束税率之间仍然存在较大差异，在当前贸易谈判背景下缩减这种差异，无疑将有助于提高其透明度和可预见性。农产品的市场准入承诺，不受关税配额限制的影响。

除了关税，进口商品还要缴纳交易价值0.5%的估价费，核准文件的领事签证费，以及用以资助全国土著协会的相当于领事签证费7%的关税。对进口商品和服务同样征收统一税率为10%的增值税（VAT），也有少数例外。纯天然农产品免征增值税。对于有些产品，无论是进口还是国产，需要征收税率从1%到38%不等的选择性消费税。这些产品基本上包括烟草、酒精饮料、香水、石油燃料等。

自上次审议以来，在有关技术法规的通知方面已经向前迈出了重要一步。通过创建国家信息通报系统（SNIN）使得这成为可能。该系统涵盖技术法规、标准和合格评定程序。自2006年11月，巴拉圭首次通知技术法规草案以来，巴拉圭政府已就所有被视为影响贸易的拟议中的技术法规通知了WTO，即使这些法规与区域标准或是国际标准完全一致。到2010年11月，巴拉圭已向WTO提交了32个技术法规草案的通知。进口商品的合规性验证在边境进行。

在审议期间，巴拉圭卫生和植物检疫措施的通知数量大幅增加，虽然在大多数情况下，通知的有关措施已经通过，而不是法规或法律草案。在2010年年底，巴拉圭政府正着手建立一个机构，从而集中在卫生和植物检疫措施方面的通知，并授权草案措施的通知，以及处理相关评论和意见。

尽管某些法律包含竞争的相关条款，但到目前巴拉圭尚未有专门关于竞争的法律，而且在2010年12月，国会正在审议一个初步的相关法律草案。在区域这一层级，巴拉圭已签署了南方共同市场竞争议定书及其实施条例，并已纳入到巴拉圭的国内立法中。除了低收入家庭的电费，以及特定类型柴油的最高售价之外，巴拉圭通常并不对商品或服务采取价格管制。

巴拉圭提供了一系列的投资和生产激励措施，大部分都是财政方面的，而且巴拉圭人和外国人通常都有资格享受这些激励措施。有一些优惠措施，必须使用国内资本货物，或是有巴拉圭顾问的参与才能享受。也有政府信贷计划，一些针对特定行业。汽车业从一个特殊的制度中获益，这一制度要求越来越多地使用国产零部件。巴拉圭也有面向出口的特殊制度，如有关临时准入，自由贸易区，出口加工（Maquila），以及原材料的制度。出口加工制度下的企业，需要按照国内增值或是发票价值（以较高者为准）缴纳统一税率为1%的税费。自由贸易区制度下专门从事出口和经营的企业需要按出口总收入缴纳统一税率为0.5%的税费。此外，自由贸易区内的企业可以向巴拉圭关境内出售最高相当于其销售总收入10%的制成品和服务，而仅支付自由贸易区下的税费。

巴拉圭并不是WTO政府采购诸边协议的签署国。在审议期间，巴拉圭继续其始于2003的政府采购监管和体制框架改革，以提高政府采购程序的质量和效率。尽管如此，巴拉圭也将政府采购制度作为一项经济政策工具，主要通过给予当地商品和服务价格上的优先权，来促进国内生产和就业。

在审议期间，知识产权法律制度发生了许多变化，例如，修订的专利法修改了强制许可的授权，专利申请的公布，及其实质审查。巴拉圭继续努力改善其知识产权执法，特别是通过改革“刑法”，以增加惩罚力度，并通过创建一个情报部门来识别，阻止和起诉盗版，假冒和逃税。尽管做了上述这些努力，执行权仍然是巴拉圭和其贸易伙伴所关注的问题。

（五）行业政策

农业仍然是巴拉圭经济的关键部门，2009年占国内生产总值的19.3%，并吸引了29.5%的就业。农产品出口占货物出口的90%，主要包括大豆及其副产品，畜产品。政府对农业的国内支持相对较低。国内支持仅针对家庭农场和小规模生产者，且基本上由技术援助，研究项目和投入分配组成。2005年3月，巴拉圭取消了农产品出口税。

制造业在经济中的作用相当有限，2009年占国内生产总值的13%，吸引了11%的就业。虽然近年来，部分产品的出口有所活跃，但该行业的价值增值水平较低，且多样化程度不高。农产品加工或消费品生产是其主要的制造业行业。除了汽车业的政府支持计划外，巴拉圭有许多政府计划支持该行业，包括税收减免和投资信贷。有一个关于该行业政策的法律草案，旨在吸引制造业投资。

巴拉圭拥有丰富的水电资源，且是一个电力出口大国。按年度计算，与巴西共同经营的伊泰普水电站，是世界上最大的能源生产商。国有的巴拉圭国家电力公司（ANDE）控制了国内电力市场的所有领域。为了满足日益增长的需求，并消除供电瓶颈，需要在电力传输和分配基础设施上进行大量投资。

巴拉圭依赖进口来满足其油气需求。国有的巴拉圭石油公司（PETROPAR）是石油基燃料的主要进口商。私营企业如果有相关法律授权，也可进口该类产品。PETROPAR向分销商销售的某些类型的柴油价格由政府固定，而这由于近年来国际油气价格的上升，对公司的财务状况产生了不利影响。使用国内原料来生产生物燃料，会有财政奖励。此外，柴油必须按照政府部门确定的比例与生物柴油混合。

服务业是在巴拉圭经济最大的部门，占国内生产总值的51.2%，吸引了53.1%的就业（2009）。巴拉圭根据“服务贸易总协定”的承诺仅限于某些金融服务和旅游业。巴拉圭没有参与乌拉圭回合中关于金融和电信服务的谈判。

在审议期间，银行体系得到加强，并保持充足的偿付能力和资本结构比率，而金融调控和监管得到改善。银行立法对国内和国外资本没有区分，而后者在该行业中起着重要作用。尽管金融利差仍然相对较大，但它已经有所缩小。在巴拉圭设立的公司或外国独资分公司可以从事保险业，外国公司分支机构与国内公司所处市场运营条件相同。跨境保险操作是允许的。

国有公司COPACO在基础电信服务上有着事实上的垄断。移动电话市场是向私人投资开放，并逐渐吸收了在固定电话上未满足的需求。2009年3月，国际互联网使用光纤接入打破了之前COPACO的垄断。电信服务通过优惠，执照或许可证的手段提供。外国公司必须居住在巴拉圭或委任一个法定代表人。在2010年年底，一个针对信息和通信技术的新法律正在制定，以及号码可携性和独立核算的规定。

作为一个内陆国家，巴拉圭的运输成本在拉丁美洲是最高。巴拉圭70%以上的对外贸易通过水运，特别是沿巴拉圭—巴拉那水道。法律规定经由水运和海运进行进出口货物运输时应当使用在巴拉圭注册的船只；但此项限制对航道运输协定缔约国的国家的船只不适用。私营部门可以建立和经营河港，与国有港口竞争，同时提供商业服务的机场是由一个国家机构运作的，虽然巴拉圭计划在将来给予私营部门准入机会。基本上，陆路运输依赖于道路网络；政府将铁路网络的建设作为跨大洋连接项目的一部分，由政府优先参与开发。

（李雪峰译，成尧校）

加拿大贸易政策审议

自2007年上次审议以来，加拿大已采取包括单边贸易自由化在内的措施，以进一步提高其生产力和经济竞争力。加拿大普遍开放的贸易和投资体制也存在一些例外，特别是在农业和文化领域。尽管联邦政府和地方政府之间已经实施了内部贸易协定，但是国内市场依然存在，特别是由于内部贸易和监管的复杂性壁垒而导致的市场分割。此外，联邦和省政府仍参与经济活动（包括商业），特别是通过国营企业、市场营销委员会，以及外国投资审查的方式参与其中。

在强大而富有活力的服务业（几乎占国内生产总值的80%），以及丰富的自然资源禀赋的带动下，加拿大经济呈现出明显的多样化。制造业对GDP的贡献仍在12%左右。

部分得益于其强健的宏观经济基础，加拿大在没有采取进一步保护国内生产的贸易措施的情况下，经受住了全球经济衰退的影响。根据经济行动计划的大规模刺激方案也发挥了部分作用。在2009/2010和2010/2011年度的经济刺激措施总值约600亿加元，主要集中于基础设施投资，以及对工业和社区的支持。汽车业是主要的受益产业之一。另外2 000亿加元注入了加拿大金融体系，但不能完全依赖于此。尽管商品出口受到显著影响，但经济只是经历了一个相对短暂的衰退（3个季度）。实际上到2010年6月，经济衰退期间GDP和就业所遭受损失就已经恢复了。

加拿大联邦政府的长期经济战略——加拿大优势，列明了其通过创造各种税收、监管、基础设施和其他经济优势来打造一个更强大、更充满活力，以及更具全球竞争力的经济体的优先考虑事项。一个旨在通过贸易和投资来扩展加拿大与全球市场连通的全球商业战略业已展开。该战略已促使政府追求更富有活力的贸易、投资，以及航空服务协议。自上次贸易政策审议以来，与秘鲁以及欧洲自由贸易联盟（EFTA）的自由贸易协定已经生效；与哥伦比亚、约旦、巴拿马已经签署自由贸易协定；与其他几个国家和集团，包括欧盟的谈判正在进行当中。虽然加拿大声称其视世贸组织为其贸易政策的基石，但其极力扩展自由贸易区的议程，显然与其过往做法背道而驰。

加拿大对外国直接投资的监督和控制体制仍然比较复杂，涉及对加拿大公司的重大收购的净利润测试，以及针对电信、渔业、矿业、航空运输、文化事业、图书出版和发行、期刊、广播，以及电影发行等特定行业的FDI限制。在审议期内，FDI体制略有放松：加拿大卫星运营商的外国所有权限制已经取消；对于WTO成员投资者直接收购的净利润审核的一般门槛（从2010年的2.99亿加元）增至10亿加元；对于运输服务、金融服务，以及铀生产的审核门槛也被取消了。另一方面，加拿大投资法的新规，赋予工业部部长以国家安全为由可以对任何拟议或现有的外商投资进行审查的权利，这为投资者带来了新的不确定性。

审议期内，加拿大进口体制的一个重大进展就是取消了1374个税目（制造业投入，以及机械和设备）的关税，以提升加拿大制造业的竞争力和生产率。这可以视为该行业继续奋力前进，特别是为了加强全球竞争而采取的举措，同时，部分与加元升值有关。作为单边自由化的结果，加拿大的简单平均适用MFN关税从2006年的6.5%下降到2010年的5.4%。然而，某些农产品的关税仍然很高，特别是乳制品，其配额外MFN关税平均高达237.3%，而且在某些行业还存在关税升级。

应急措施的数量一直在下降，其中近一半仍然影响着钢铁产品。审议期间，加拿大共实施了10个最终反倾销和6个最终反补贴措施。加拿大从来没有实施任何保障措施。虽然进口许可要求大致维持不变，但目前正在进行的公共磋商的目的是将与SPS有关的许可范围扩大至食品和配料。这一新的监管举措，来自加拿大食品和消费者安全行动计划框架内的食品安全立法和程序的现代化进程当中。在SPS和TBT委员会中的世贸组织成员已提出了许多具体的贸易关注，特别是在奶酪和烟草方面。

从监管的角度看，加拿大经济的一个主要特点，是联邦政府与十个省和三个地区之间的宪制权力分工。联邦政府正式负责国际贸易，而省份和地区在一些领域拥有监管自主权。这些领域包括农业、自然资源、电力、投资、政府采购、食品安全、技术法规、税收，以及服务。内部贸易协定（AIT）的目的，是尽可能地寻求减少和消除人员、货物、服务和投资在加拿大自由流动的障碍。审议期间，出台了AIT的各项修正案，来共同提高劳动力的流动性，澄清需要避免的投资激励措施，减少歧视性的SPS和TBT措施，以及加强争端解决程序。大部分省份现已调整他们各自的销售税，以与联邦政府的一般销售税一致。

2007年内阁指令简化规定（Cabinet Directive on Streamlining Regulation）的出台，是一项监管改革的新举措。指令对新的或修订的法规采用了"生命周期"法，以确保它们仍然有用。类似的方法已用于联邦政府监管的金融机构管理法规，每5年到期之后进行必要的审查和更新。新指令还要求监管机构采用成本收益分析作为监管影响分析声明（RIAS）的一部分，并最大程度地使用国际标准。通过减少不必要的监管（公务程序删减委员会），以进一步改善加拿大的营商环境。

审议期间，竞争体制得到了进一步改善。然而，一些领域仍然不受"竞争法"管辖。联邦政府和地方政府层面的国有企业，对某些经济活动拥有垄断或独占权，包括酒精饮料的进口和销售，某些淡水鱼和鱼产品的销售，以及某些类型的强制保险规定。一些国有企业，不论其活动的性质（商业或非商业）均免交联邦和/或省级税。国有贸易企业——加拿大小麦局强制性的"唯一销售渠道"的销售体系保持不变。

与美国的双边协议，第一次将加拿大地方政府采购的机会呈现给美国的供应商。通过WTO政府采购协定（GPA）和双方都能接受的减让基础上提供给其他GPA成员的承诺，省级政府采购的承诺已经实现。根据"买加拿大货"的政策，联邦政府已经推出了加拿大海军和海岸警卫队舰艇采购计划，在未来30年估计超过300亿加元。在知识产权领域，加拿大也已采取了包括加强版权保护在内的措施。专利药品价格审查过程也得到了改善。

在国家和省级/地区层面的一系列措施和机构，支撑着加拿大的商业。在2010年，超过440个计划向加拿大公司提供资金支持，其中1/4帮助企业提高出口销售。此外，还有一百多个计划为加拿大农业和农产品部门提供支持。国有企业，包括加拿大出口发展公司、加拿大商业公司，以及加拿大商业发展银行也提供一系列的贸易融资及相关配套服务。尽管这些公司按照商业原则运作，但他们的风险承受能力可能超过私营部门机构。

加拿大还存在许多税收优惠来帮助企业经营，其中一些专门针对加拿大人控制的公司。在特设的基础上，还可提供海关关税减免。省销售税和燃油税的免除或退还用来鼓励一些商业活动。加拿大为在本地生产啤酒和葡萄酒的生产商提供营业税减免。在如电影和电视制作、投资、研究和开发、矿产勘查，以及可再生能源等领域提供联邦和省级奖励。

加拿大是世界上主要的矿物和金属生产国，世界第二大水电能源生产国，第三大天然气和第六大石油生产国。在审议期间，联邦政府通过开设重大项目管理办公室，来精简联邦政府对大型自然资源项目的监管程序。该办公室作为单一窗口进入联邦监管和审批系统。联邦和一些省级政府相继推出了一些新的或后续计划，以支持可再生能源发电。这些措施包括价格、税收和研发激励机制，以及可再生燃料的最低含量规则。安大略省的上网电价方案也包括了本地含量要求。

在移动电话服务市场，政府已通过为新的市场进入者预留无线电频谱的方式进一步放开竞争。这一步被视为，可能是由于加拿大无线服务这一细分市场缺乏竞争而导致的价格相对较高和普及率相对较低所采取的措施。为进一步促进竞争，加拿大业已针对基础电信运营商的FDI限制发起了民意调查。

加拿大联邦金融服务体制已进行了加强以应对全球金融风暴。省和地区在各自管辖范围内仍然保有相当大的监管权力，尤其是在证券交易和保险方面。信用合作机构这一联邦公司的新框架，很可能会进一步巩固加拿大的金融服务市场。保险服务业的联邦体制也已明了；外资保险公司由总部或是加拿大外的分支机构来承保加拿大的风险，不再需要获得联邦政府的批准。承保海上保险的联邦公司框架也已确立。截至2010年1月1日起，在没有金融机构监督办公室的事先批准的情况下，外国保险公司不再允许"在加拿大承保"海上保险。

联邦政府也已采取措施加强加拿大航运业的竞

争力，包括取消对进口船舶25%的关税，以及在经济行动计划和其他激励措施框架内协助加拿大港口基础设施投资。政府已推出了新方案以支持航空产业的研发。根据其2006年的“蓝天”政策，联邦政府已与50多个国家就双边航空运输协定展开了谈判。在2009年，加拿大与欧盟签署了迄今加拿大最全面的航空运输协议。

由于政策原因，加拿大有一个二元农业部门。加拿大是许多商品的主要出口国，如小麦、谷物、油籽（及相关产品）、猪肉、牛肉和活牛，这些商品几乎没有得到政府的援助和保护。这与主要是内向型“供给管理”的行业（奶制品和家禽，及相关产品）形成明显反差。这些行业通过关税配额（具有非常高的配额外关税）、出口补贴、生产配额，以及其他措施来规避市场竞争。

上次审议后通过的加拿大新农业政策框架（未来发展计划）的核心，是一套新的或修订的“商业风险管理”计划，为加拿大农业生产者提供一个复杂的收入安全网。农业收入稳定项目部分补偿了农场的收入损失，农业生产投资项目为农民储蓄提供补贴，农业保险项目为农作物保险提供补贴，农业恢复项目在发生自然灾害时提供特别财政援助。这些项目与省级项目存在一些重叠。

整体而言，过去二十年来加拿大在改革其农业部门上取得了重大进展，农业生产者已越来越少地依赖边境措施以及政府支持作为其收入的来源。这种趋势在2007—2009年继续存在，主要是因为世界农产品市场价格高企。然而，根据未来成长计划框架，供给管理体系仍然是加拿大农业政策的支柱。加拿大高度保护的奶制品和其他采取供给管理的行业存在着改革的空间，以使得他们更符合市场导向。

（李雪峰译，杨凤鸣校）

尼日利亚贸易政策审议

尼日利亚近几年经济增长强劲，自2005年以来，实际增长年均超过6%。经济增长已经具有相当广泛的基础，其中批发和零售贸易，通信和农业的贡献最为显著。尽管油价高企，但是石油部门对经济的重要性出现了下降，在2003到2009年间，从占GDP的27%下降到16%。尽管石油和天然气从业人员相对较少，但是该行业仍然对尼日利亚经济至关重要，尼日利亚出口的90%以及政府收入的80%以上来自该行业，同时其也是外国直接投资的主要目标。

在2003—2009年间，尼日利亚的国际贸易翻了一番以上，出口上升到近500美元，进口近340亿美元。虽然出口货值绝大部分为石油，但是在此期间，农产品出口实现了强劲增长。由于尼日利亚已采取西非国家经济共同体（ECOWAS）的共同对外关税，因此关税是其主要的贸易政策工具。其结果是，尼日利亚的平均适用MFN关税水平由2003年的29%下降到2009年的12%。不过，在2009年，平均约束关税水平为118%，且只有20%的税目受约束。平均MFN关税与平均约束关税水平之间的巨大差异，以及较低的约束税目覆盖面，使得关税难以预测，而且明显阻碍投资。

除了关税，尼日利亚对进口商品征收许多额外税收，这些税收视产品不同而不同，而且明显增加了企业的成本。对进口货物和国产货物收取的税也有一些不一致的地方。例如，消费税仅对国内生产的商品征收，不针对进口商品。除了面临关税和其他税收，由陆路进入尼日利亚的进口商品不能放在集装箱中，这为区域贸易放置了一个额外的障碍，而丝毫无助于解决港口拥堵问题。尼日利亚也有两个禁止进口清单：基于安全、健康和道德理由的绝对禁止进口清单，以及主要用来保护国内产业，并在过去几年稳步减少的禁止进口清单。

出口也面临一些税收和限制。所有出口商品都要征收0.5%的关税，以覆盖装运前检验的费用，即使是不需要装运前检验的出口商品。有一些商品也受到出口禁令的影响。禁止出口清单和禁止进口清单之间存在一些不一致的地方，即禁止进口某些食品是为了减少对国内生产者的竞争，而禁止出口某些食品是出于粮食安全考虑。根据政府相关部门提供的信息，目前正在准备立法以取消出口禁令清单。

在过去6年中，通过系统改进和自动化程度的提高，海关手续已大为简化。然而，海关立法已经不合时宜，无法适应现代化的程序和清关方法及技巧。新法案正在准备中以取代关税和消费税管理法，预计将在本年度颁布。该法律草案允许使用电子文档、签名、支付，以及适当的风险管理、通关后审计，和对合格的贸易商适用的特别简化程序。此外，尼日利亚将加强惩罚构成，以确保足够的威慑水平。

为了鼓励投资，尼日利亚对几乎所有涉及税收或进口关税的相关领域提供激励措施，而且无论生产是面向国内还是国外市场都适用。此外，11个出口加工区，以及更多正处于发展中的加工区，由尼日利亚出口加工区管理局监管。尽管有这些激励措施，但是外国直接投资仍然集中在石油和天然气部门。为了提高投资者服务水平，2006年3月，尼日利亚投资促进委员会下设的一站式投资中心开始对外办公。该中心汇集了负责审核，手续办理，业务准入、许可和授权要求等的各个机构，从而通过简化程序，以及加快申请处理进程来减少在尼日利亚从事商业活动的进入和筹建成本。

尼日利亚在2007年颁布了新的公共采购法。该法案创建了公共采购全国委员会和公共采购局。该法案的颁布有望减少腐败，并提高公共采购过程的透明度和效率。

21世纪初，尼日利亚在私有化方面取得了相当大的进展，并继续取得一些成绩，如在港口经营权方面，服务已经得到了改善。然而，在其他领域的进展一直比较缓慢，甚至在有些领域，如钢铁和电信方面的出售已被取消。目前的活动主要集中在电力部门。

虽然石油部门在经济中占主导地位，但是对大多数尼日利亚人来说农业更为重要，因为尼日利亚一半以上的就业都在该部门。获益于有利的价格，更稳定的政策环境，以及奈拉（naira）升值，农业生产几年来稳步增长。然而，它的经营水平仍远低于潜在水平，而且尼日利亚在农业方面所面临的挑战依然巨大。农场规模小、机械化和投入使用水平低、基础设施落后，以及其他许多问题都需要解决，其中最重要的是由于虫害、运输不畅、储存条件而导致的收获后的高损失率。其中的有些问题通过目前的方案正在予以解决。此外，解决土地使用权的法律草案已经编制完成，但还没有提交国民大会。土地使用权的改进使得土地可以用于贷款担保，所以也使得农民能更容易获取贷款。

虽然天然气和石油部门对经济至关重要，但也面临着许多挑战。生产由于安全事故及其对基础设施的损害，以及管道泄漏和偷盗等原因而远低于潜在水平。一套复杂的政策、税收、租金、特许权使用费，以及其他规则和收费也阻碍了投资。新的石油工业法案，正等待国民大会审议，将有助于明了和简化上述不利因素，并解决国家机构由于部门投资和行业监管所可能涉及的利益冲突。在石油行业下游，由于其炼油厂炼油能力不足以满足国内需求，而且燃料补贴鼓励更多的消费，使得尼日利亚仍然是一个石油产品的净进口国，这也成为政府收入的一个负担。

尽管在过去的几年中政策改革力度相当大，包括成立尼日利亚电力监管委员会（NERC），但尼日利亚仍继续遭受发电、输电及配电不足的困扰。于2005年通过的电力部门改革（EPSR）法，使得NERC得以建立，并结束了国家电力管理局（NEPA）的垄断地位。为鼓励电力部门的投资，EPSR法案提供了许多财政奖励措施，其中包括长达5年的免税期、加速资本补贴、投资补贴、股息税收减免，以及出口电力免税。此外，于2010年8月推出的电力部门的发展蓝图，包含将3个热电厂和11个配电站的多数股权出售给私人投资者；与私营部门签署的6个水电站的特许权协议；以及把电力传输公司置于一个私人管理公司之下。

审议期间，服务业作为一个整体表现良好，特别是电信业，保持持续快速增长势头，并从日益激烈的竞争中受益。另一方面，在2006年进行了合并的银行业，受到2008年全球金融危机的严重影响，导致信贷紧缩和不良贷款率上升。政府采取了多项措施，以确保信贷平稳和系统的流动性，同时确保银行的清偿能力。这些措施看起来已经取得了成功。

根据一些报告，尼日利亚继续被认为是高度腐败和经商困难的地方。政府也已经采取了几个步骤来摆脱这一形象，包括腐败行为法及其他相关的2000年第5号犯罪法中的立法措施，以及腐败行为法和其他相关犯罪委员会中的机构改革措施。此外，其他国家政府也继续打击本国居民和企业在尼日利亚涉及的腐败行为。

尽管问题重重，但尼日利亚的经济继续保持增长，并呈现出多样化。然而，为维持当前的经济增长水平，经济需要进一步多样化以摆脱对石油部门的过分依赖。根据最新发展计划（远景2020），这需要来自私营部门的大量投资。为了吸引私人投资，将需要在许多领域进行深刻改革，包括竞争法、基础设施、信贷获取，以及可能是最急迫的充足的公用事业法规。此外，提高投资者的信心也需要在相关领域进行立法以保护投资安全，如在财产所有权、知识产权以及合同安全等领域。政府意识到了这些问题，其中许多问题的法律草案已经准备就绪。然而，从规划和政策到立法的改变及其实施的步伐比较缓慢。在某些情况下，在2005年尼日利亚上次审议期间提交国民大会审议的法律草案，至今尚未颁布或实施。所有领域的投资、经商和贸易环境，都将受益于官方意志更快的转化为实际行动。上述情况已经在诸如电信、空运和海运港口服务领域得到了体现，结果也颇为显著。

贸易政策审议过程也凸显了与信息缺失以及政府机构之间协调不畅有关的问题，这在不同领域的报告中都有所体现。这也使得对尼日利亚的贸易政策做出任何说明或评估都显得特别困难。此外，由于缺少准确和及时的数据，使得政策制定、立法准备和机构变革的工作也非常困难。这也可能有助于解释为什么在尼日利亚一些领域的变革步伐缓慢。

（李雪峰译，杨凤鸣校）

欧盟贸易政策审议

在 2009 年 4 月，上次贸易政策审议时，欧盟正经历深度经济衰退。尽管保护主义压力加剧，但欧盟仍保持了其贸易和投资体制的整体开放性和透明度。鉴于作为世界上最大贸易体所具有的领导地位，欧盟不采取收紧对进口的限制来应对危机的决定，对多边贸易体系具有稳定作用。尽管如此，一些长期存在的市场准入障碍，以及其他扭曲国际竞争的措施仍然得以保留。与其认为一个开放的贸易体制对经济增长和提高对外竞争力至关重要这一主张相符合，欧盟有极大的热情来采取进一步贸易和投资自由化的措施。

自欧盟上次审议以来的这一时期，全球和欧盟的贸易经历了急剧收缩和随后的恢复。从长远角度来看，各成员国的贸易表现大相径庭，在很大程度上反映了欧盟，尤其是欧元区各国生产力和竞争力参差不齐。欧盟认为，需要通过结构性改革来纠正这种情况，并实现在《欧洲 2020 战略》中设定的经济增长目标。加强货物和服务的内部市场，是结构性改革的一个关键优先考虑事项。

自 2009 年 12 月“里斯本条约”生效以来，欧盟的外部贸易和投资政策在一个转换的法律和体制框架内运行。欧洲议会在欧盟贸易立法上与欧盟理事会具有同等权利，并且在欧盟理事会批准国际贸易协定之前必须得到其同意。此外，“里斯本条约”将欧盟的专属管辖权扩大至包括外国直接投资。包括应急措施在内的几个贸易政策法规，正在修订以适应新的标准“委员会程序”（comitology）规则，该规则对成员国控制欧盟委员会执行权利的使用做了程序上的限定。欧盟委员会认为，新委员会程序规则增加了透明度，并赋予其更大的政治责任。

在欧盟对外贸易政策给予结束多哈回合谈判最高优先权的时候，它也正在追求“竞争力导向的”自由贸易协定（FTAs）的进程当中。欧盟近期与韩国签署了这样一份协议，并结束了与哥伦比亚和秘鲁的自由贸易协定谈判，以及与哥斯达黎加、萨尔瓦多、危地马拉、洪都拉斯、尼加拉瓜和巴拿马的自由贸易协定谈判。在审议期间，与阿尔巴尼亚、波斯尼亚和黑塞哥维那、黑山和塞尔维亚的自由贸易协定分别生效；自 2008 年 12 月起，与加勒比论坛（CARIFORUM）地区的全面经济伙伴关系协定（EPA）临时实施。尽管欧盟优惠贸易协定的范围持续扩大，2008 年欧盟总进口的约 85%（可获得的最新一年数据）来自最惠国待遇体制，凸显了多边贸易体系对欧盟贸易的极端重要性。

2009 年年底，欧盟根据“武器除外”（Everything But Arms）协议取消了大米和食糖的进口关税配额。该协议是根据欧盟的普惠制（GSP）给予最不发达国家免关税和配额进入欧盟市场的一项安排。此外，欧盟也引入了新的更加灵活的普惠制下进口产品的原产地规则。自 2011 年起开始实施的新规则，更简单，并涵盖更多的货物来享受优惠待遇，特别是那些在最不发达国家加工的货物。2011 年 3 月，欧盟准备提议修改其普惠制。在全面经济伙伴关系协定的谈判仍在继续的时候，欧盟保证所有来自非洲，加勒比和太平洋地区草签过经济伙伴关系协定（EPA）国家的商品（除糖，受到一个过渡性保障机制约束外）免关税和配额限制自由进入。

在审议期间，欧盟的主要贸易政策工具大致维持不变。2011 年，简单平均适用最惠国关税税率为 6.4%，比 2008 年略低。农产品（WTO 定义）的最惠国适用税率从 2008 年的 17.9%下降到 2011 年的 15.2%，反映了全球大宗商品价格的上升，以及由此导致的从价税等值税率的下降。非农产品的平均适用最惠国税率维持在 4.1%的水平不变。然而，欧盟的最惠国关税结构依然复杂，大约有 9%的税目的最高税率超过 15%。

自 2008 年以来生效的反倾销措施的数量和比率都有所下降。然而，在 2011 年初有 125 项措施生效。欧盟仍然是反倾销措施的一个重要使用者。接近 45%的措施针对 WTO 的单一成员（中国）。虽然生效的反补贴措施的总数略有增加，欧盟继续保持相对有限的使用这一贸易政策工具。欧盟自 2005 年以来，没有采用过保障措施。

海关手续方面的变化仍然由安全考虑所推动。在审议期间，欧盟出台了预报货物资料的要求，作为其“海关法”中所谓的“安全和安保修正案”的一部分。此外，欧盟正在实施贸易便利化的措施，包括建立单一服务窗口的筹备，以及引进整个欧盟认可的海关登记号。这些和其他正在进行的贸易便利化举措对于帮助减少交易成本，尤其是那些在边境上确保人身安全的措施所导致的交易成本十分必要。

许多欧盟成员国所采取的支持国内受经济危机影响企业的临时干预措施，主要是针对金融行业，并设法避免金融危机全面爆发可能造成的系统性后果。不过，其他行业，特别是汽车、建筑、旅游，也获得了不少支持。成员国政府根据欧盟委员会批准的方案采取这些支持举措，从而增加透明度，并有助于减少欧盟内部市场的扭曲。重要的是，一旦经济复苏并站稳脚跟，要坚持在欧盟层面采取措施逐步退出危机支持举措。这将确保支持措施不会妨碍所支持行业的长期调整和重组。

审议期间，欧盟没有修改其政府采购体制。政府采购的大部分（约85%）仍然依据的是欧盟成员国的国内立法。根据欧盟委员会，成员国并没有为了应对经济危机，而在国家层面或是地方政府层面采取“购买国货”的政府采购要求。欧盟的竞争政策已朝着“更经济的方式”而逐步细化。可以说，这已推动欧盟密集的对其一些主要贸易伙伴采取反垄断措施，从而降低了在这一领域的内部管辖权冲突。

审议期间，欧盟降低了共同体商标的注册成本，并加强了知识产权（IPRs）的执法。各大版权和专利改革也在进行当中，但建立单一欧盟专利和统一专利法院的努力尚未完成。欧盟委员会正在寻求欧盟范围内统一专利保护的替代方案。“里斯本条约”包含了有关知识产权的具体规定，这也是朝着欧盟知识产权体制迈出的重要一步。

于2008年11月由欧盟各国农业部长通过的对共同农业政策（CAP）的“健康检查”，进一步降低了CAP在市场中的作用，并扩展了与农产品价格或生产脱钩的支持体系。然而，总的支持力度无论是从绝对，还是相对意义上而言都相当大，而且虽然有下降的趋势，但市场价格支持中的相当一部分继续转移给生产者。此外，尽管最惠国关税仍然相对较高，但CAP改革的焦点集中在减少出口补贴和贸易扭曲的国内支持。

作为目前解决竞争力问题的一部分，欧盟高度重视加强货物和服务的内部市场。在审议期间，欧盟通过了旨在消除欧盟内部货物贸易监管障碍的一揽子措施。该一揽子措施包括对合格评定程序在欧盟范围内的原则和参考条款，以及关于审定的共同框架。此外，欧盟通过立法，以降低成员国限制那些不符合本国技术法规规定，但是已依法出现在其他成员国市场上的货物的销售。在欧盟上次审议时，几个成员国表示，欧盟的监管措施已日益成为进入欧盟市场的沉重负担。欧盟非常有必要去慎重考虑其监管环境对贸易可能产生的影响，包括其对食品和产品安全过高的监管标准，以确保其技术法规和合格评定程序不对与第三国进行的贸易产生不必要的障碍。

作为服务业内部市场的一个支柱，“服务指令”的实施工作贯穿整个审议过程。根据服务指令，成员国政府必须确保其对服务提供商的授权计划是非歧视的、均衡的，并且具有与公共利益相关的正当理由。一些成员国并没有在2009年底这一最后期限前将指令纳入国家立法。在2011年初发布的服务指令中的“相互评估程序”的结果表明，尽管取得了明显进展，但是繁琐的要求仍然存在，并继续限制了欧盟内部服务贸易。欧盟已经在一些特定服务行业处于放松管制和自由化的前沿。例如，根据第三邮政指令，占欧盟邮政市场95%份额的16个成员国，已在2010年底取消了所有剩余的邮政服务垄断。其余成员国2012年年底前采取同样的措施。

（李雪峰译，杨凤鸣校）

印度贸易政策审议

在审议期间，印度继续从20世纪90年代初发起的贸易自由化和结构改革进程中获益。这一进程使得印度GDP获得了高速增长，抵御了全球金融危机，而且进出口规模也都得到了扩大。印度为应对全球金融危机实施了一个重要的经济刺激计划，该计划包括增加支出，降低消费税和关税，及其他援助措施。简单平均MFN关税税率从2006/2007年度的15.1%下降到2010/2011年度的12%，反映了印度向更低关税方向的转变。

印度积极利用贸易政策，有时将其作为一种工具来达到其长期目标，如促进整体经济增长、培育工业化、发展，或自给自足。为实现上述目标，印度旨在提供一个稳定的贸易政策环境。然而，在某些情况下，印度也利用贸易政策工具来实现其短期目标，如遏制通货膨胀。由于遏制通胀需要不断微调政策，使得贸易体制更加复杂，以及增添额外成本，因此其有可能在一定程度上损害所追求的稳定性。

（一）经济环境

尽管受2008/2009年爆发的全球金融危机影响导致印度经济温和放缓，审议期间印度经济继续保持高速扩张。主要由于受强劲的国内需求支持，在2006/2007到2010/2011年间，印度实际GDP年均增长超过8.4%。主要受私人投资和消费驱动，2006/2007和2007/2008年度的增长尤为强劲，超过9%。全球金融危机之后，经济增长主要由政府支出所推动。在这方面，印度政府为应对金融危机采取了非常积极的财政政策，引入了包括增加开支，降低消费税和关税，以及提供补贴在内的一揽子大型经济刺激计划。然而，由于通货膨胀开始加速，经济增长有所巩固，政府采取了一些反向刺激措施。以2004/2005年度市场价格为基础计算的GDP年增长率在2010年4月至12月达到了10.1%。经济增长由服务业和制造业所引领，而农业增长速度则要慢得多。印度的经济增长前景依然强劲，其潜在GDP增长率估计在8%至8.5%之间。然而，持续的非通胀增长将需要解决许多瓶颈，并在基础设施和教育上进行投资。印度也需要通过消除过度管制，并使其贸易和投资体制更加透明的方式来简化其商业环境。

始于2004年的印度财政统一，并没有获得减少财政赤字的预期目标。在整个审议期间，印度继续公布其庞大的公共部门赤字。其公共财政状况的恶化，部分原因是由于其财政收入较低，而为应对全球金融危机所推出的一揽子刺激计划所导致的开支增加。因此，在2009/2010年度合并后的财政赤字达到GDP的9.5%。最近，财政政策的重点已经转回到实现财政统一和税收合理化上来。因此，印度实施了渐进式的税收结构改革，来降低关税和消费税，更加依靠直接税，尤其是企业所得税，以及服务业税收收入。然而，间接税，包括完全或主要适用于进口商品的税收，继续是印度重要的财政收入来源，并且其税率水平的变化是其大量使用的一个政策工具。一段时间以来，印度一直打算引入商品及服务税（GST），以及合并几项有关税收的法律。已经起草了一个新的税收法律，以简化税制，增加对直接税而非间接税的依赖。

尽管遭受全球金融危机的不利影响，但商品贸易占GDP的比重继续增加，说明印度日益融入全球经济当中。进口增长继续快于出口，导致贸易逆差不断扩大。印度发布的结构性贸易赤字，部分归因于其庞大的人口和发展的需要。强劲的国内需求和不断攀升的石油价格，促使贸易逆差不断扩大，导致经常账户在整个审议期间都是赤字。赤字由于大量包括外国直接投资和证券投资在内的资本流入而抵消，而这主要是由于受到不断扩大的国内需求和良好的经济发展前景所吸引。资本流入一直都有所波动，而这种波动性基本上通过汇率调整而得以消化。虽然浮动汇率制在印度应对短期资本流动上运行良好，但是也需要制定一些政策来吸引更多的中长期资本，特别是考虑到印度的基础设施和一般投资需求。政府最近决定增加在企业和政府债券市场上的投资者限制，是朝着这一方向迈出的一步。

（二）贸易和投资政策框架

印度是世贸组织的创始成员，并向所有会员国和其他贸易伙伴至少提供最惠国待遇。印度接受了第四和第五议定书，而且是“信息技术协定”的成员国。印度是一个多边贸易体制的坚定倡导者，而且历来很少参与区域贸易协定。然而，尽管印度持保留态度，但区域主义已日益成为其扩大出口市场这一整体贸易政策目标的一部分。这一点通过其在审议期间签署的7个和其他处于谈判中的优惠贸易协定有所体现。

印度的贸易政策目标由其每5年发布一次的对外贸易政策（FTP）所规定，该政策定期通过发布通知的形式修订，以考虑内外部因素。印度在其2004年至2009年的对外贸易政策中，强调了扩大贸易的必要性，并设置了两个目标：印度在全球商品贸易中的份额在5年内增加一倍；以及使用贸易扩张作为一项促进经济增长和创造就业的政策。在全球金融危机的背景下，如其在2009年至2014年的对外贸易政策中所宣称的那样，印度一直试图阻止和扭转出口下降趋势，并给一些行业，特别是受全球经济衰退严重打击的行业提供额外的支持。按照最新的对外贸易政策，印度的短期目标，是实现年出口增长15%；远期目标是使出口加速至每年增长25%，并且到2020年使印度在全球贸易中的份额翻番。为了实现这些目标，印度实施了一项，包括税收优惠、鼓励出口，以及信贷计划在内的混合政策，以“抵消”在出口商品中所使用的进口投入品的成本因素。然而，这些计划可能有助于导致印度贸易体制的复杂性。在其试图增加出口的同时，政府也在致力于改善基础设施。在最新的财政预算中，政府进一步表示促进市场和产品多样化的必要性。

吸引外国直接投资（FDI）的措施包括，逐渐增加允许FDI的行业数量，并减少行业限制。因此，在满足一个总量和特定条件下，大多数行业目前至少部分对FDI开放。然而，在许多行业/活动中FDI是被禁止的，如零售贸易、一些房地产活动、烟草和烟草替代品的生产，以及一些农业活动。对FDI的所有先前规定在近期得到了合并，旨在阐明印度的FDI政策，从而使得外国投资者和部门监管者可以更好的理解这些规则，并增加规则的可预见性。

（三）贸易政策评估

印度继续简化其海关手续，并实施贸易便利化的措施。电子报关系统已经启用，而且风险管理系统也已就位，用于海关查验中有选择性地筛选高和中等风险的货物。尽管采取了这些措施，印度的进口制度仍然是复杂的，尤其是其授权和许可证制度，及其关税结构。其关税结构具有多重豁免，而且费率根据产品，用户或特定的出口促进计划的不同而不同。

印度的关税在其每年的财政预算中都会公布。不过，个别的关税税率可能会在这一年中改变。除了标准的关税外，进口商需支付额外的关税（“反补贴税”）和一个特殊的附加关税来代替地方税。为了确定适用于某一特定产品的“有效”关税率（即基本关税和其他关税），必须考虑单独的关税和消费税清单，这增加了关税的复杂性。印度关税主要由以进口CIF价征收的从价税（大约占关税税目的94%），以及一些选择税或从量税（占所有税目的6.1%）构成。

一般来说，进口商品的价值以交易价值为基础。需要在CIF价值的基础上追加一个1%的着陆费（用于装卸及整理）来计算交易价值（以前称为“应课税值”）。印度使用“关税价值”（参考价格）来计算对进口商品征收的关税，特别是某些棕榈油，以及大豆油、罂粟种、黄铜废料。这些“关税价值”原则上必须每两个星期进行修改，以与国际市场价格相一致。然而，在实践中，一些印度适用的“关税价值”自2006年以来一直保持不变。

简单平均MFN关税税率从2006/2007年度的15.1%下降到2010/2011年度的12%。这反映了，由于印度降低关税而导致其农产品和工业品平均关税的下降。世贸组织非农产品的平均关税水平（8.9%）大大低于世贸组织农产品33.3%的平均水平。在2010/2011年度，关税从零到150%不等。绝大部分税目（71%或8042个）的关税税率介于5%和10%之间，总税目的12.8%的关税税率大于零但低于5%。这是自2006/2007年度以来的一个重大改变，当时总关税税目中有65%的关税水平介于10%到15%之间，紧接着有10.4%的税目的关税水平介于25%到30%之间。免税税目所占比例略有增加，从总量的2.7%升至3.2%。

影响纺织品和服装的690个适用非从价税率的税目中，仅有5个是从量税，而685个为选择税。包括从价税等值（AVEs）的简单平均MFN适用关税税率，在2010/2011年度为13.4%（不包括

AVEs的为12%)。在关税分析中包含的AVEs仅仅影响工业品平均关税，当包括AVEs时，工业品平均关税水平从8.6%提高到10.3%(或WTO非农产品为10.6%)。特别是，AVEs的估计提高了纺织品和服装的平均关税水平，分别从没有包括AVEs时的9.6%和10%提高至16.2%和25.7%。从量税的使用大大提高了对某些产品的保护，在某些情况下，从量税高达600%及以上。

印度的WTO约束关税水平远高于适用关税水平，特别是许多农产品。这些差距使得印度政府可以通过修改关税税率来应对国内和国际市场情况。

进口商品也有可能受到，包括禁令、许可证和限制，以及包装、质量、卫生要求在内的非关税壁垒的影响。进口限制可能是出于健康、安全、道德和安保方面的原因，也可能是出于自给自足和国际收支方面的原因而施加。有时，印度会把贸易政策工具的使用同国内政策考虑联系起来。例如，当进口商品对于减轻通货膨胀或供应短缺非常必要时，则其进口限制和许可要求可以被放松。国营贸易也被用来作为一个政策工具，特别是用以确保在农业、粮食安全、化肥供应、以及国内价格支持系统的运转方面回归“公平”。

印度是世贸组织成员中反倾销措施的最活跃的用户之一。与上次审议期间发起的176起反倾销调查和实施的177项反倾销措施相比，印度在本次审议期间共发起了针对34个贸易伙伴的209起反倾销调查，并实施了207项反倾销措施。涉及的产品包括化学制品、塑料和橡胶制品、基本金属，以及纺织品和服装。在此期间，印度没有采取任何反补贴行动。自2007年上次审议以来，印度还实行了一些保障措施。作为相关法律修订的结果，自2010年起，保障措施也可以采取数量限制的形式。

卫生和动植物检疫措施(SPS)继续通过许多法律和政府机构来监管和执行。在2006年，印度通过了“食品安全及标准法”，将个别法律进行了合并，并建立一个机构来处理与SPS相关的问题。然而，实施这一法案的规则和法规还没有得到通知，因此，该法案尚未生效。

如同进口商品的情况一样，出口禁令和限制主要是用于确保特定商品的国内供应，因而这些措施可能会在情况允许的时候被取消和应用。为了减少在印度的进口和间接税收体制中固有的反对出口偏见，印度实施了许多税收减免计划来促进出口。投资者也可以通过出口加工区和出口导向单位获得免税期。

印度对各行业都给予直接和间接的援助。最核心的政府补贴注定是农业。其他主要补贴包括对柴油和化肥的补贴。国家还提供额外的补贴，尤其是对于基本服务，如教育和卫生、电力和水。适用于某些商品的价格管制，旨在为农民和在贫困线以下的人口提供补贴，并用以确保优质药品的“合理价格”。

自2007年上次审议以来，印度已对其竞争政策法律做了几次修订，而且根据《2002年竞争法》而成立的“印度竞争委员会”，于2009年开始运作。此外，该法中关于并购的方面于近期生效。印度在2010年2月成为《世界贸易组织政府采购协定》的观察员。印度的采购系统仍然比较分散，由不同层级政府(包括许多中央公共部门企业)的多重实体构成，而且也没有共同的法律来监管。公共采购被认为是一个重要的政府政策工具，并被用于获取一定的社会经济目标。因此，印度政府保留了保护和价格优惠措施作为采购系统的一部分。然而，来自外国供应商的竞争通常是允许的。

鉴于一个有效的知识产权制度对经济和社会发展的重要性，以及知识产权对公共政策问题(如公共健康，环境和粮食安全)的影响，印度自上次审议以来，已采取了多项措施来实现其知识产权管理的现代化，并继续努力加强知识产权执法。然而，除在国际边境的执法外，其他领域执法权仍然在各邦政府的职权范围内，因此使得印度难以收集应用知识产权保护的相关数据。

(四)行业贸易政策

自2007年以来，印度的经济结构并没有发生显著改变。服务业，这一审议期间最有活力的部门，仍然是GDP的最大来源，并且展现出了对全球金融危机负面影响的适应能力。制造业和农业占GDP的比重都略有下降。

农业的特点是生产率低下和增长率有限。2006/2007至2009/2010年度，农业对GDP的贡献从18.1%下降到16.6%。然而，尽管其相对份额下降，但农业仍然是大多数人的主要依靠，大约占总劳动人口(包括非工会劳动人口)的52%;而且农业也对实现粮食安全和价格稳定这些政府目标非常关键。鉴于农业的战略重要性，印度政府认为有必要维持保护，并较其他行业提供更大的关税保护。因此，农业的平均关税保护水平（33.2%）大大高于制成品（8.9%）。印度还保留了对基础商品的价格支持系统，并在中央和邦的层面实施了其他农业支持计划。

在审议期间，制造业的增长一直不稳定。2006/2007和2007/2008年度，该行业出现了强劲的增长势头，但随后受到经济危机影响，导致国外需求下降，特别是在纺织品和服装领域。在2009/10年度，主要受强劲的特别是对耐用消费品、资本货物、工业投入的国内需求所推动，制造业增长出现了复苏。总的来说，印度加工产品的关税高于半制成品的关税。为了鼓励制造业投资，印度还提供了一个范围广泛的税收激励、优惠信贷，以及其他类型的援助。

服务业占GDP的56%，是经济增长的主要驱动力，在2006/2007和2009/2010年间，平均扩张了10%。服务业增长继续由金融服务业、贸易、酒店、运输和通讯等行业所引领。尽管旅游业从GDP数字上看起来不太明显，但其重要性是不容忽视的。旅游业具有良好的增长潜力，以及通过前后联系和跨部门的协同作用刺激经济增长的能力。除金融服务有外国所有权限制外，其他大部分服务活动，允许的外国直接投资都可达到100%。不过，特定的市场准入条件或许可证申请，在某些情况下可能会超过明确的投资上限所做出的限制。

基础设施不足已成为印度经济发展的一个重要制约因素。为了解决这一问题，印度在其第11个五年计划中提出了一个全面的战略，以改善城市和农村的基础设施，包括电力、公路、铁路、港口、机场、电信、灌溉、饮用水、环境卫生、存储，以及仓储。然而，单靠公共投资可能不足以满足印度的基础设施需求，特别是考虑到印度寻求财政统一的情况。因此，为实现目标，增加在基础设施上的私人投资将是非常必要的。包括外商投资在内的进一步私营部门投资，可能不仅在发展基础设施，也可以在为外国投资者提供机会方面发挥重要作用。这将导致更加稳定、波动较小的资本流入。

（李雪峰译，杨凤鸣校）

毛里塔尼亚贸易政策审议

(一) 经济环境

在2009年底军政权力退出之后，毛里塔尼亚已宣称其将明确致力于改善政府治理，这将有助于加强其经济增长。自2002年上次贸易政策审议(TPR)以来，尽管由于几次政变造成的社会政治背景困难，但其经济在2006年原油、黄金和铜开始出口之后获得了迅猛发展。在2004年和2009年间，人均收入几乎翻了一番，接近945美元，虽然这并没有对人类发展指数产生什么明显影响，毛里塔尼亚仍然是一个最不发达的国家。

大部分人口仍然从事农业和家畜饲养(占GDP的25%)，其次是贸易(13%)。几乎所有出口货物都来自渔业(5%)和采矿业(15%)，其中的商品(铁矿石、渔业产品，2006年后是原油、黄金和铜)占绝大多数。进口主食的比重大幅上升，凸显了该国面临着提高农业生产的问题。由于石油价格上升，导致石油产品在总进口中以价值形式计算的比重急剧上升。

欧盟(EU)是毛里塔尼亚的主要贸易伙伴。其在毛里塔尼亚出口中所占的份额从2000年的71%上升至2008年的78%。欧盟仍是该国的主要供应商，但其市场份额从2002年的52%急剧下降到2008年的42%。在亚洲，只有中国在毛里塔尼亚的贸易份额中上升明显，对中国的出口从0.5%提高到8%，而同期从中国的进口由1.5%增长至5%。由于大多数贸易是走私货，因此正式意义上(来自阿尔及利亚的石油产品除外)的区域贸易仍相对较少。毛里塔尼亚是服务，尤其是交通运输和工程服务的一个净进口国，其划分为服务出口的捕鱼权，发挥了突出作用。

(二) 整体贸易政策框架

自2002年以来，在海关、贸易或投资法规方面几乎没有进行什么改革。政府参与过深和缺乏竞争，同打击腐败和寻租一起，仍然是毛里塔尼亚面临的主要挑战。

毛里塔尼亚政府其实仍然掌握几家商业公司的多数股权，通过垄断权、税收优惠或补贴的形式给予这些公司各种优惠，这成为私营部门竞争对手增长的一个障碍。油气的进口就属于这种情况。电力生产(不足)，以及为低收入群体的食品进口，全部或部分属于国家垄断。

同样，出口的绝大部分也是由国营贸易企业所垄断：毛里塔尼亚最大的企业，国家工业和矿业公司，占GDP的15%，其接近80%的股份由毛里塔尼亚国家所有，主要出口其生产的铁矿石，特别是向欧洲和日本。政府还持有毛里塔尼亚鱼类经营公司资本的70%，并拥有毛里塔尼亚的全部石油出口财团12%的股份。其他采矿业是广泛开放的，并由外国公司主导。后者大部分的投资主要是根据与毛里塔尼亚政府签署的协议，以包含在投资法案条款中没有涵盖的地方，特别是关于透明度和审查方面。

由少数大家族所有的集团控制了进口食品贸易(特别是大米和谷物)、建筑、酒店和餐饮服务，以及银行业。改善毛里塔尼亚的竞争体制，并对外国竞争开放，将不仅有助于减少毛里塔尼亚的市场集中度，也会提高货物和服务消费中的质量/价格比，因为毛里塔尼亚目前在该区域层面上的消费比较昂贵。为此，毛里塔尼亚将要在2011年6月通过新的立法，以使政府采购更加透明。

总的来说，在每个政府部门的网站上系统的公布法规，同时公众可以在上面发表评论，将有助于打击反竞争的做法，并将能够产生一个需要优先推行改革的清单。

(三) 贸易政策工具

毛里塔尼亚是WTO的一个创始国，并对其所有的贸易伙伴给予至少最惠国待遇。毛里塔尼亚在WTO多边协定中并没有签字，也不是其观察员。毛里塔尼亚将其近40%关税税目的关税约束在上限水平。农产品的平均约束关税是20%左右，非农产品为38%左右。其他关税约束在0或15%。

适用关税全部是从价税，具有相对简单的四种费率结构(0，5%，13%和20%)。自2002年上次贸易政策审议以来，毛里塔尼亚提高了非农产品的关税水平，这意味着这些进口商品的消费者面临着更高的价格；平均适用关税税率从2001年的

10.6%上升到2011年的12.1%。此外，大约11%的关税税目适用税率超过了WTO的约束水平。

毛里塔尼亚是不给予任何国家优惠关税的少数WTO成员之一。虽然在毛里塔尼亚的立法中没有具体限制，但有一些做法，例如，为获得从事贸易的授权所需要的有关文件和质量要求缺失，可能会解释为什么在中央登记在册的进口商数量有限。对于"敏感"商品的每一次进口，都要求大量文件，包括"特别授权"，这实际上意味着大米、食糖和药品这些利润丰厚的贸易是为少数特权运营商所保留的。

此外，尽管毛里塔尼亚在2010年7月已引入了电子化的"海关数据自动化系统++"（ASYCUDA++），贸易便利化并没有成为当务之急。进口货物的物理检查仍按部就班，而且程序繁冗，电子化要么只是部分采用，要么根本不用。主要涉及方（海关、商检公司、港务局）之间的信息通过定期邮寄或信差传输。根据海关，毛里塔尼亚仍使用由装运前检验公司提供的参考价值，该公司也征收进口货值的大约0.98%作为其费用。

毛里塔尼亚参与了与贸易便利化或贸易援助有关的WTO技术援助活动，这一活动的参与将使贸易在促进竞争和振兴经济中发挥作用。

（四）行业政策

尽管政府参与程度较高，但在毛里塔尼亚的两个主要的经济活动（采矿业和渔业产品）中都有相当大的外国存在。截至目前，毛里塔尼亚收入的很大比例来自向外国公司的许可证出售，从而加强利用其资源，而不是寻求将本地开采的可持续发展更紧密的融入国家经济。这项政策是在由于过度捕捞而造成的渔业资源急剧下降的背景下出台的。它的确吸引了众多外国经济合作伙伴，但并没有对当地私营部门的扩张做出什么贡献。至于采矿业，给予外国企业，而本国企业无法享受的税收优惠法律应加以修订，以鼓励行业内本地分包商的发展。

农业和畜牧业发展的许多计划尚未实施。有关畜产品国际贸易的立法可以追溯到20世纪60年代，而且尽管在这方面具有优势，但由于在边境地区缺乏卫生和植物检疫控制措施的适当协作，不利于其出口的发展。同样，粮食安全战略和各利益相关者之间协商的缺乏，与生产信贷短缺一起造成了持久性的粮食不安全。

对竞争开放的电信和电力市场，连同水行业一起由管理机构监管。尽管存在目前的缺点，但是毛里塔尼亚的电力行业具有可持续发展的许多优势，包括天然气储量丰富，以及广袤的具有丰富太阳能和风能潜力的沙漠。此外，采矿项目可能涉及对电力的高需求。

毛里塔尼亚已成功发展了如渔业产品加工等重要的制造业生产活动，并进入主要的国外市场，特别是欧盟，在这里许多毛里塔尼亚公司被授权经营他们的产品。为了这个行业的发展，除了解决渔业资源的可持续发展问题，政府应确保该行业能够招聘到有技能的人才，而且公司和其分包商也能够以负担得起的成本获取信贷。商业环境的改善，以及减少繁文缛节将有助于实现这一目标。

为提高安全和质量，并降低成本，陆路运输规定在2007年进行了修订。公路发展的财政支持中有很大一部分来自毛里塔尼亚的合作伙伴，特别是欧盟和世界银行。但是，毛里塔尼亚有限的道路网络仍然是其经济潜力开发的障碍。对民用航空的立法更新可以追溯到20世纪70年代，这应有助于改善毛里塔尼亚航空运输行业的监管，并以此推动其发展，以及其对毛里塔尼亚融入全球贸易的作用。

（李雪峰译，杨凤鸣校）

几内亚贸易政策审议

(一) 经济环境

采矿业（占 GDP 的 26%，包括铝土加工业）和农业（占 GDP 的 20%）是几内亚经济的基础，采矿业提供了出口收入的 95%，农业提供余下的 5%。出口占 GDP 的份额从 2005 年的 34%上升到 2009 年的 41%，凸显了全球对铝土、钻石和黄金的强劲需求，以及几内亚其他经济部门的薄弱。在 2011 年，几内亚确定了氧化铝和铁矿石，以及两个港口扩展的大规模外国直接投资（FDI）计划。这项投资在数额上与其一年的 GDP 相当。因此，非常有必要引进适当的宏观经济政策，包括贸易政策，以防止这一投资可能会导致的强烈的通胀趋势。

2010 年 11 月在几内亚举行的第一次民主选举是意义深远的政治重建。议会选举即将举行以选出，在 2008 年 12 月政变后宪法被暂停执行时解散的国民大会。在经历了 2009 年针对平民的严重暴力事件后，几内亚政府被大多数国际机构暂停了成员资格，而且包括贸易援助在内的官方发展援助几乎完全停滞了。

这种情况对经济增长非常不利，在 2005 年至 2010 年间，经济年均增长率在 3%以下，而且贫困有所增加。在整个报告期内，出口仅增长了 20%，达到 19 亿美元，而进口增长了 4 倍，达 37 亿美元。

政府的首要任务之一就是恢复宏观经济平衡，尤其是价格稳定。2009 年至 2010 年间，中央银行在履行职责时遇到了严重问题，而且在 2009 年，大部分政府开支必须通过扩大货币供应量的方式来融资。由于国内生产没有增加，货币供应量的增加导致了通货膨胀，加剧了几内亚法郎的持续贬值。其结果是经济的“美元化”，现在情况仍是如此。

政府宣布的目标，是通过培育一个充满活力的私营部门来充当经济发展的基础。基础设施陈旧，特别是电力供应问题，以及持续的道路和仓储设施匮乏，是需要优先予以解决的障碍。因此，政府新的“应急方案”中包括了水电供应，其中正在为大约 20 个水电项目寻求共同融资。为了满足基础设施建设支出，政府正在寻求从采矿业增加收入，这一政策也已经证明了它的价值。

国有企业的改革由于缺乏投资者而在最近几年中遭受了挫折。因此，政府仍然持有几家企业的大量股份。此外，在 2010 年，几内亚成立了一个新的国有海上运输公司——几内亚海运公司，并给予其运送一定比例的来自几内亚国土上开采的矿产品的独家专有权。

(二) 一般贸易政策框架

几内亚减贫战略文件（PRSP）认为贸易在消除贫困中起着关键作用，而且它可以对粮食安全做出一定的贡献。然而，由于几内亚政治和社会的不稳定，几内亚自上次贸易政策审议以来所进行的改革都没能让贸易起到这样的作用。尽管投资法中的鼓励措施范围广泛，但是由于政府内部腐败严重，司法系统存在缺陷，以及基础设施匮乏，导致几内亚并没有吸引到多少 FDI。对行政程序进行精简和提速，并减少许多收费项目，应有助于提升商业环境。为此，官方公报网站应该能够向公众提供所有的法律文本。“政府采购法”的修订，将收紧对采购前后的管控。更为严格的遵守其规定，也将有助于防止几乎所有的，通过私下谈判达成的，由于缺乏竞争而成本过高的公共合同。

自 2006 年以来，几内亚参与 WTO 培训和技术援助的活动受到了其政治局势的极大限制。WTO 信息中心已有四年没有运作。几内亚没有通知任何涉及技术性贸易壁垒协定（TBT），或者实施卫生与动植物检疫措施协议（SPS）的措施，即使这些措施正在实行当中。化肥、农药和其他化学投入品的进口和销售体制应该予以修订，因为这不仅对粮食安全，也为下游产业的发展（加工和销售）和出口具有重要意义。

(三) 贸易政策工具

自 2005 年起，几内亚的 MFN 关税已经按照西非经济货币联盟（WAEMU）的共同对外关税（CET）做了调整。简单平均税率为 12%（范围从零至 20%）。几内亚将其包括所有农产品，及 1/3 的非农产品在内的关税税目的 41%限定在上限税率。农产品平均约束税率为 39%，非农产品为 11%。大约有 10%的税目的适用税率超过约束税率。

基于西非经济货币联盟的贸易政策，几内亚参与制定了西非国家经济共同体（ECOWAS）成员国共同贸易政策。属于第五类别关税，即 35%税率的主要农产品的最终关税清单，终于在 2011 年春季由西非国家经济共同体成员国政府制定完成。

几内亚还征收各种税费，“附加税”，总计使关税增加了高达 18 个百分点。然而，它对超过1 000个关税税目的“其他关税和税收”限定为零。对在关税之外征收的各种收费进行改革，将不仅使几内亚履行 WTO 义务，而且也可以通过降低消费者成本，来帮助经济振兴及减少贫困。

近期采取的其他措施包括一项针对国际贸易的新收费，这一收费与“货物监测证”有关，并由近期建立的几内亚承运人机构管理。在此基础上，货物卸载还要增加 0.1 美元/吨的“租船费用”，以用于联合国贸发会议班轮公会税（已废除），而且对于卸载的所有集装箱和密封包装还要收取一个新的以欧元计价的较高的扫描收费。为降低运营商的成本，对通常在港口以外币形式征收的所有收费项目进行全面修订是非常必要的。

对特定进口商品多种形式的免税，几乎占几内亚关税收入的 1/3。对进口法规的系统性审查，将有助于减少征费的数量和频率，而且同时更公平的分配其进口税收收入。过多的税收，不仅使得公司收费更高，也增加了消费者的负担，从而加剧了贫困。

自 2008 年起，几内亚再次对价值在3 300美元或以上的进口商品采取了装运前检查制度。检查费总计为货物海关价值的 0.65%，最低为 250 美元，由进口商支付。对于经济来说，这样一个系统的实际成本是很高的。

海关程序需要精简，以降低成本，并提高进口商品对几内亚的竞争力。当务之急是要采取包括海关手续电子化在内的措施，特别是使用电子单据、数字签名和电子支付；设立一个海关与港口和机场运营商的通用接口；以及预先清关的可能性。引进健全的风险管理系统将减少对扫描器的系统性依赖。尽管采用了 WTO 海关估价协议，但几内亚仍然对所有产品使用参考价值。政府解释此举是由于报关时价值经常低估。

出口体制也需要进行审议，尤其是用以确保本地市场供应的出口禁令。出口限制实际上导致了区域边境双方的大幅损失。例如，对农产品出口征收的“附加税”，只会阻碍正规出口渠道的使用。

（四）行业贸易政策

在 2011 年宣布的新矿业政策，旨在提高本行业的监管，减少腐败，以及增加国家来自该行业的收入。更高的财政收入将能够为经济起飞所需的基础设施成本进行融资。计划将国家在矿业公司的资本持有比例从 15%提高至 33%的新矿业政策，在 2011 年 5 月已经创造了大约 7 亿美元，或大约 15%的 GDP。采掘业透明度行动计划（EITI）的及时生效，包括系统公布来自采矿业的各项收入，将是该行业朝着更好的监管所迈出的重要一步。作为全球 10 大钻石生产国之一，几内亚参加金伯利进程（Kimberley Process）是朝着正确的方向迈出的又一步。

不仅在贸易机会，而且在改善粮食安全和消除贫困方面，农业都有许多优势使其成为经济最有前途的行业之一。为了开发这种潜力，有必要进行包括土地使用权在内的改革，特别是确立私人土地所有权证，从而可以用于土地开发和生产融资的商业贷款做抵押。事实上，贷款以及农业生产扩大活动的匮乏正成为生产扩张和农产品出口的障碍，而且也部分的解释了几内亚对补贴成本高昂的进口食品的依赖，这只会阻碍国内生产的发展。

至于渔业方面，鉴于非法捕鱼估计占所有捕鱼的一半，因此几内亚迫切需要对在其专属经济区内运营的渔船进行合理控制。为了使用其规定，几内亚对发展伙伴所表达的具体需求，以及为提高卫生和产品质量所作的努力一起都应该得到支持。这无疑将提高粮食安全，增加出口，并消除不鼓励该行业发展的出口限制（出于自给自足目的）。

小规模产业可能是进口关税降低的主要受益者之一。这些行业，占制造业 40%以上，需要进口大部分的投入品，而且还在诸如金属加工、木器、陶器、铸造、印染、珠宝或纺织品和服装等领域提供了相当大一部分就业岗位，从而起到了消除贫困的战略性作用。

服务贸易一般对大的外资开放。服务贸易并不发达，而且对经济增长几乎没有什么贡献。例如，银行业并没有在提供生产贷款上发挥其应有的作用，所提供的贷款绝大多数都是进口短期融资。自2010年起，新的法律已经用来促进电信竞争，但现有的基础设施还不能提供价格合理的高速连接。

总体来说，除了应对具体需要而不时采取的一些措施之外，行业层面的贸易体制几乎没有什么变化。在涉及所有主要利益相关者的国家战略缺失的情况下，本报告中的结论在许多方面与以前的贸易政策审议的结论相似，也极有可能仍然会与未来6年的下一次审议紧密相关，而且贸易依然不会发挥其作为经济增长和减贫催化剂的促进作用。

（李雪峰译，杨凤鸣校）

津巴布韦贸易政策审议

津巴布韦对财政原则的再次承诺，及其由于在2009年2月实施的多种货币体系导致的实际上采用美元作为法定货币的结果，对宏观经济的稳定带来了一些令人鼓舞的迹象。然而，津巴布韦的经济仍然比较脆弱，失业率高企，国际储备耗尽，以及不可持续的包括较大的欠款利息在内的高外债。不安定的社会政治环境，加上一个有争议的土地改革和有利于本土化的措施，使得津巴布韦失去了来自国际社会的支持，并且给产权蒙上了阴影，从而破坏了商业环境，给津巴布韦在过去10年的经济表现和社会指标带来了严重的破坏性影响。

津巴布韦的经济仍然相对多元化，服务业大约占GDP的一半。尽管农业对GDP的贡献相对有限，但其仍是主要的就业来源，并继续对经济起着倍增作用。采矿业最近进入了旺盛的发展阶段，并有可能发展成为经济的一个重要支柱。制造业占GDP的比重一直在下降，部分是由于在困难的宏观经济环境中，产能利用率的下降。国家所有权和对经济的干预仍然比较明显，使得重要商品和服务的供应缺乏效率，而且成本高昂。

为降低生产成本，津巴布韦单方面降低了MFN适用关税税率。然而，其15.4%的简单平均适用MFN关税率是本区域最高的地区之一。除了税率从0%到160%的从价关税外，还有约6.1%的税目采取的是非从价关税；由于数据缺乏，尚无法计算从价税等值。农业是最受保护的行业，平均适用MFN关税税率为25.1%，相比之下非农产品（WTO定义）只有13.9%。尽管津巴布韦约束关税仅覆盖22.4%的关税税目，但有61个税目的MFN关税税率超过了其相应的约束水平（有些高达60个百分点）；此外，64个税目采取了非从价税率，从而有可能超过它们的从价约束水平。

进口和/或出口也可能被征收其他一系列税费。内部税收（特别是增值税和消费税）适用于进口及本地生产的货物；烟草制品的特别消费税可能会因产地不同而有所差别。基于产品附加价值或自给自足原因，对于选定的产品可能采取出口禁止/暂停或征税的措施。许多基本食品的关税都暂停了，而且出于各种原因，其关税和增值税都予以全额退还；在一些税收退还计划中对投入品的特别关注，进一步增加了对选定产业的有效保护水平。

津巴布韦是进行海关通关系统计算机化部署和升级的区域领导者之一。津巴布韦以进口商品的CIF价作为关税征收基础，这一价格是商品进入其关境那一刻之前发生的费用总和。在缺乏令人满意的书面证明的情况下，这种计算运费成本的方法，为经由其邻国，而非其他非洲国家转运的货物提供优惠待遇。在一般情况下，基于安全、健康、卫生和动植物检疫、道德以及环境理由，许可/许可证继续得以保留。办理通关手续所需的文件往往涉及一个以上的主管机关，这可能会需要单独收费。根据野生动物标本的国内和国际贸易许可制度的规定，其行政事业性收费以从价计征。

津巴布韦参与了一些双边和区域贸易协定（南部非洲发展共同体，东南非共同市场），这些协定的贸易伙伴有些重叠，但可能在产品的覆盖面和监管的严格程度上会有所不同，包括原产地规则。津巴布韦对优惠贸易伙伴的简单平均关税税率从0.2%（南部非洲发展共同体，不包括南非）到11.4%（南非）。应该对这些重叠协议中成员资格的持续相关性加以评估，因为优惠进口的总量仍然相当有限，仅占2010年进口总额的约18%。

津巴布韦竞争和关税委员会，负责调查和纠正国内市场的反竞争行为；它也对贸易救济起着调查的作用。由于立法更新的延误，津巴布韦目前所有合并必须发通告，从而缴纳合并后年营业额或资产总价值的0.5%的费用；在通告费上限缺失的情况下，往往会导致异常高的征费。委员会已不时调整合并管理，以符合更广泛的，包括本土化和本地附加价值在内的政策目标。津巴布韦从来没有根据贸易救济措施的立法来发起调查，也没有采取强制措施。

津巴布韦的采购法律规定，对于业务具有当地下游渠道和社会效益，以及“以前处于经济劣势地位的”的供应商给予10%的价格优惠。公共采购的管理由于受到资源限制和恶性通货膨胀的影响而被削弱了，恶性通胀造成了频繁的估值调整，并严重削弱了罚款规定的威慑作用。

为使津巴布韦的知识产权体制更符合“与贸易有关的知识产权协议”的规定而做出的努力，已转化为许多法律修订，其中大部分在2001—2004年间生效。作为非洲地区知识产权组织（ARIPO）的一个成员，津巴布韦承认通过ARIPO提交的专利、工业设计，和商标申请；ARIPO商标注册于2010年正式具有国家效力。

由于劳动密集度，和在食品安全中的作用（主要是通过主食的自给自足和自给农业），以及作为当地工业投入的一个来源，农业部门是津巴布韦减贫战略的主导行业。农业仍然受到高度保护和支持，包括通过高关税和价格平准系统。然而，该行业的发展仍然受到了诸如土地改革的快车道计划（Fast Track Land Reform Programme，FTLRP），变化无常的天气，融资渠道有限且成本高昂，以及基础设施瓶颈等诸多因素的阻碍。土地所有权保障的缺失，通过FTLRP进一步加剧，已对该行业的投资产生了负面影响，导致了大规模的土地利用不足。

尽管最近通过了有关本土化和授权的法规，采矿业仍然是外商投资在津巴布韦的一个优选行业。虽然潜力巨大，但它仍然对经济增长贡献微弱。采矿进口商品适用采掘业5.9%的平均关税税率，但在包含各类附加费后平均边境费率提高至31.3%。采矿特许权和税收体系透明度的缺乏是投资者关心的另一个问题。采矿活动需要缴纳一个固定的发证费，基于作业表面积的开采权使用费，依开采物质性质不同而有所差异的开采税，一个从价税，以及众多的其他税项及费用。未经加工处理的铬矿禁止出口（偶尔由出口税取代）。政府全资持有的津巴布韦矿产销售公司，对所有在津巴布韦生产的矿产品的市场推广和销售，拥有独家代理权。

按照非洲的标准，津巴布韦的制造业相对较大，而且相当多样化。制造业与其他经济部门具有很强的直接联系，特别是农业，其先前50%的产出以化肥、饲料和杀虫剂的形式供应给了农业。随着在过去十年中经济活动的下降，该行业的业绩有所恶化，产量下降了接近50%。由于生产成本相对较高，厂房和设备陈旧，关键公用事业（电、水、燃料和煤）的供应不可靠且收费高昂，资金匮乏，以及运营资金受到恶性通货膨胀的侵蚀，该行业面临着国际竞争的挑战。除了进口关税和费用外，其他贸易政策措施也影响着该行业，包括关税退税，进料加工退税计划，进出口许可，以及对各种进口投入品和资本货物的关税和税收优惠。制成品的平均关税保护水平为15.4%，对包括食品、饮料、木材和木制品，以及烟草等行业在内的关税税率最高可达140%。

津巴布韦是服务的净进口国，旅游服务（旅游业）是其主要的出口服务，而进口主要是运输服务，反映了其远离主要市场。许多服务完全由国有企业提供（事实上或法律上的）。津巴布韦在国有企业结构调整和资产重组方面面临着严峻的挑战，这些国有企业由于过去十年恶劣的经济条件而业绩显著恶化。津巴布韦的银行业和保险业在经济危机期间奋力抗争，一些保险公司和银行已经破产。自2010年起，所有资本不足的机构已由政府撤销登记。

津巴布韦根据“服务贸易总协定”的具体承诺是有限的，且仅涵盖金融服务（保险及保险相关服务，银行和其他金融服务），旅游和电信服务。其减让表中包括一些关于市场准入的横向限制。津巴布韦没有参加关于基础电信或金融服务的扩展谈判，或采取其他方式升级其“服务贸易总协定”的承诺。

津巴布韦与主要捐助者和贷款者的关系仍远未完善，自2000年以来除了人道主义援助外，它几乎没有获得什么大的发展援助。到目前为止，在东南非共同市场（COMESA）—奇龙杜沿边开放这一区域项目（COMESA－the Chirundu Open Border Post project）背景下，津巴布韦已经从贸易援助中受益。其主要的贸易相关技术援助（TRTA）需求是：开发贸易救济措施的知识基础；关税分析；知识产权执法；WTO通知；升级其贸易和其他信息中心；对在津巴布韦标准协会的国家质量基础设施系统进行培训和升级，以履行TBT和SPS的义务，并执行质量标准。

（李雪峰译，杨凤鸣校）

厄瓜多尔贸易政策审议

（一）经济环境

厄瓜多尔的经济规模狭小，相当开放，且“美元化”，极度依赖于石油收入（占GDP的14%～20%，出口收入的一半以上，以及政府收入的20%～30%）。因此，经济发展仍然对外部冲击非常敏感，包括始于2008年的全球经济衰退，导致经济增长放缓，这在很大程度上是由于石油出口价格和数量的急剧减少，同时经济由于作为厄瓜多尔第二大外汇来源的侨民汇款的急剧减少而进一步恶化。然而，厄瓜多尔很好的抵御了金融危机，2010年增长回升至3.6%，预计在2011年，主要由于石油出口价格高企，以及国内需求，尤其是基础设施项目的公共投资的强劲反弹，经济增长将达到5.1%。由于“美元化”，通胀仍然较低。在审议期间，城市失业率从9.3%下降至6.1%。人类发展水平得到了提高，而且收入的不平等性出现了轻微下降。另一方面，厄瓜多尔的生产率是世界上最不具竞争力的经济体之一。

厄瓜多尔“美元化”的货币体制，在应对外部冲击时限制了其宏观经济政策的选择余地，解决的重担主要落在财政政策上。因此，在2009年，厄瓜多尔的财政赤字急剧上升至GDP的5.1%。这主要是由于来自石油出口的收入下降，能源补贴增加，以及在战略性基础设施项目，卫生，教育，社会福利等方面的，旨在纠正在这些领域的长期逾期投资和为可持续增长铺平道路的高额公共投资。随着财政赤字的增加，国民储蓄不足以满足国内投资需求。随之而来的储蓄投资缺口反映在厄瓜多尔的经常账户中，该账户在2009年由盈余转为小规模赤字，而在2010年赤字发展至占GDP的3.3%。政府为此通过在2009年1月22日至2010年1月23日期间实施的保障措施限制某些进口。

欧盟仍然是厄瓜多尔主要的非石油出口市场，美国是其主要供应商。从2009年开始，主要是受到主要政策和宪法改革影响导致的投资环境的越来越不明朗，FDI流入大幅下降。覆盖范围广泛的“生产、贸易和投资组织法”，在2010年通过，该法简化了监管的法律框架，特别是外国直接投资，现在在一定条件和包含投资合同的额外担保情况下，给予外国投资者国民待遇。FDI体制原则上仍然是非歧视的，除了投资在约占GDP50%的“战略”行业和某些其他领域（如渔业、媒体、采掘活动和海上运输），政府保留一定的独家经营权。

（二）贸易政策框架

厄瓜多尔正在全面重新设计其经济和社会发展战略，特别是为了使其经济多元化，而且内容更为丰富。在审议期间，厄瓜多尔进行了重大的宪法修正和相关机构改革，对贸易和FDI在这一战略中的作用，具有潜在的深远影响。这些宪法修正案规定了在“战略”行业上更大的国家参与，和/或控制，以及设想了一个日益内向型的贸易体制，例如，更为重视某些预先确定的优选行业，以及一些选择性的进口替代项目。2008年宪法经常成为国内外许多领域诉讼，争议和投资者关注的对象，可能会损害FDI。提高全要素生产率，进而提高厄瓜多尔的国际竞争力，以及产品和市场的多样化也已成为其经济政策的重要特征。

尽管新的宪法条款关注了区域主义，但厄瓜多尔，作为与WTO贸易有关的技术援助的受益者，认识到多边贸易规则提供了一定程度的安全性和可预测性，并在审议期内使用了WTO争端解决程序，来维护其贸易利益。区域一体化的目标已经越来越多地是基于政治或社会标准，而不是传统的经济优先。随着近期向务实政策的转变，厄瓜多尔设想尽快结束与欧盟的贸易谈判，并进行涵盖多个政策领域而不仅仅是贸易领域发展的更为全面的协议的谈判。这样的协议现在正在谈判（例如与土耳其）或探索（例如，中国、韩国、海湾合作委员会国家和欧洲自由贸易联盟）中。

通过了几个贸易和与贸易相关领域（如生产、贸易、投资、政府采购、SPS、烃类、采矿）的法律，但还没有进行全面的监管改革以精简或简化现有的，包括不同类型的国家法律文书，和一些安第斯共同体法规（如海关估价、参考价格、原产地规则、应急措施、标准、SPS、竞争政策、知识产权）在内的法律框架。由于实施宪法和制度变革的全面立法正在被通过或实施过程中，因此目前还无法获得对其影响的评价。简化创业、投资，以及海关通关手续，已是当务之急。

厄瓜多尔已采取行动，以提高透明度并实现制度化，进而打击腐败这一厄瓜多尔面临的问题与挑战。尽管自上次审议以来取得了一些进步，厄瓜多尔 WTO 通知记录存在如下特点，即不定期提交或长时间在一些方面没有任何提交；在 WTO 秘书处的技术支持下有望获得改进的通知。

（三）贸易政策发展

关税仍然是厄瓜多尔的主要贸易政策工具和重要的税收来源（税收总额的 13.3%）。由于关税改革（包括采用 HS 2007 关税名录），以及关税类型，级别和税率分布的变化，平均适用 MFN 关税税率从 2005 年的 11.4%下降到 2011 年的 9.3%。工业品平均适用 MFN 关税税率从 10.6%下降到 7.6%，而农产品则从 16.7%升至 19.6%。目前大约 53.5%的 MFN 适用税率范围从零至 5%，而 2005 年这一比例仅为 38.7%。最高从价税率（适用肉杂碎、大米、牛奶和奶油）保持不变。关税税率的结构变得更为复杂，而且随着从价税率数量的增加，以及复合关税的采用而变得分散。关税目前由 17 个从价税和 10 个复合税组成。约 95%的关税从价计征，这有助于提高关税的透明度。另一方面，非从价税率的从价税等值无法获得，而这往往会掩盖相对较高的关税税率。事实上，所有税目均受约束，使得关税具有高度的可预测性。然而，简单平均 MFN 约束税率（21%）大大高于其平均 MFN 适用税率（9.3%），使得政府有很大的空间在限定范围内提高 MFN 适用税率，这也正如审议期内发生的情形一样。此外，有 19 个十位税目超过约束税率 5 至 15 个百分点。这一问题有望在今年随着 HS 2002 转约束力承诺的实施，而予以纠正。对以从价基础进行约束的税目采用复合税率，并且未提交其从价税等值（AVEs），使人对这些税率是否在其约束水平内产生了怀疑。

厄瓜多尔采取了电脑报关和其他现代化的努力以促进贸易，特别是通过减少物理检查，代之以关注进口风险评估的方式。装运前检验制度在 2008 年被淘汰。进口受到所谓的“可赎回配额”（直到 2010 年底）、对儿童发展基金的捐款，以及外汇流失税的限制，这些项目都以从价基础计征。

进口禁令和限制影响了很多项目，但比 2005 年略少。它们主要适用于人类、动物或植物的生命或健康、环境、安全或安保等原因。除了标准方面的制度变革，在 2007 年引入了新的强制性合格评定要求，其中包括工业产品的检测报告和合格证书。与国际标准相同的国家标准仅占全部标准的 3.6%。在审议期间，没有签署新的相互承认协定（MRAs）这一贸易便利化的措施。现存的几个 MRAs 有一些已经到期而没有续期。厄瓜多尔通过了一项新的法律，以确保整个食品法典的立法管理更加灵活和人性化，并且对生物技术做了规范。

审议期间，厄瓜多尔对从哥伦比亚及其他发展中国家进口的挡风玻璃采取了一项保障措施（2010 年 9 月），以及出于国际收支目的也采取了一些保障措施。这些保障措施采取了数量限制和附加关税的形式。

在 2008 年，厄瓜多尔实施了主要的法律，程序和体制改革，以提高其公共采购体制的透明度和效率。从 2009 年开始，所有政府控制的公司都要受到新规则的约束。虽然引入了新的网上采购程序，但最常使用的仍然是特别程序，公开招标是第二个最常用的采购方法。重点是利用政府采购作为一项产业政策工具，并基于本地含量要求和公司规模对本地供应商给予一系列的优惠。

为了确保国内供应，并鼓励国内加工，厄瓜多尔正在使用临时出口禁令（对大米）和数量限制（对某些有色金属和非有色金属废料和碎屑的出口）。临时性的出口监管也影响着皮革和毛皮行业。香蕉和咖啡的出口仍然需要缴纳行业税。香蕉及大蕉、可可、咖啡、虾、鱼产品的出口（和生产）继续受到买家支付给生产者的最低参考价或支持价格的保护。厄瓜多尔一直保有出口退税、出口加工（至 2010 年）、自由贸易区（至 2010 年）和一个特殊的经济发展区（从 2010 年开始）这些措施，提供包含所得税豁免在内的各种税收优惠。

为了促进各种目的的国内生产活动投资，厄瓜多尔于 2010 年 12 月对于优选行业和选定的进口替代行业，以及中小企业的新投资，引入了包括所得税免税期在内的 3 类税收优惠措施（通常对不景气的行业），同时也提供包括优惠贷款和补助金在内的非税收优惠。增值税主要对进口商品征收，国产奶粉和罐头金枪鱼、竹荚鱼、沙丁鱼、鳟鱼的增值税（IVA）税率仍然为零。在修订其他与税收有关的事项时也对修正措施进行了设想。

2008年"宪法"的若干条款通过便于国家控制或干预战略活动的方式限制竞争，从而使得过去有限的私有化努力出现了倒退。因此，某些商品和服务的生产和贸易的国家参与仍比较显著，而且在某些领域（如采矿、制药）正在得到加强。公共企业也享受对公共部门机构提供的免税待遇，包括收入免税和零增值税税率（即对购买本地或进口的商品和服务所征收的税收予以退还）。从2007年起，厄瓜多尔加大了对一些敏感的消费品，燃料和公用事业的价格管制，而实施这一政策需要使用补贴。厄瓜多尔也采取了提高消费者保障的措施。

根据2008年"宪法"，厄瓜多尔加强了对知识产权保护的立法，特别是有关祖先知识和生物多样性方面，而且其相关法律正在经历实质性改革。注册程序和执法行动也得到了改善。尽管计划对众多药品和农药颁发强制许可，但迄今为止仅颁发了（2010年4月）一个这样的许可。

（四）行业政策发展

尽管农业（包括渔业）对GDP的贡献（6.6%）相对有限，但其贡献了约1/3的就业。因此，农业的劳动生产率大约只是经济中其余行业的1/6。同时，与其他行业相比，农业是预算援助的主要对象，援助主要通过发放用于培训、技术转让、作物多样化和基础设施项目的优惠贷款的形式提供。农业的平均MFN适用税率有所上升，而制造业的这种关税保护已经有所下降。对某些农产品继续征收最高关税，以及可变进口税，后者根据安第斯共同体对原产于非安第斯共同体国家的农产品适用的价格带体系征收。由于MFN适用税率较低，以及有关商品的世界价格上升，对17个农产品并没有采用与国内吸收要求捆绑在一起的关税税率配额。审议期内，厄瓜多尔没有使用特殊的保障措施。厄瓜多尔仍是世界上最大的香蕉出口国和主要生产国。关于香蕉贸易的日内瓦协议的签署（2010年）提高了其对欧盟市场出口的前景。

新的关于矿业和油气行业的法律，改变了与私营部门公司（从股东到服务提供商）签订的合同的性质，从而需要重新谈判或终止这些合同。油气，作为几个"战略"行业之一，尽管对GDP的贡献大幅下跌但仍占商品出口的一半以上，仍然是一项重要的经济活动。两个国有企业仍然是所有烃类业务的主要参与者。尽管是一个重要的石油出口国，厄瓜多尔对精炼产品的进口依存度已经上升，但厄瓜多尔正在采取行动以扩大其炼油能力。成品油价格补贴的预算成本相当大。在另一个"战略"部门——采矿业，国家控制和参与的程度也有所增加，特别是建立了一个国家矿业公司，而且对厄瓜多尔工人的需求数量也有所减少。厄瓜多尔进行了一些改革，以提高电力市场中国有企业的运作效率。电力市场主要是受一家政府所有的企业控制，而且在干旱期其仍然依赖于进口。电价受到交叉补贴。

制造业在经济和商品出口中的作用相对有限。尽管适用于该行业的平均MFN关税税率有所下降，但是税率的再分配导致了更明显的关税升级。对制造业的预算援助仍然很低。根据安第斯共同体的汽车政策制定的一项计划在审议期内仍然保留；实施了一项更换老化公共交通工具的支持计划，并加强了客运车辆的关税保护。

服务业是厄瓜多尔迄今为止对GDP贡献最大的行业，在2010年达到56.5%。厄瓜多尔"服务贸易总协定"的有限承诺保持不变。在基础电信，广播服务，海上运输和机场等领域，对外商投资存在一些准入限制和其他限制。国家维持着在固定线路电信这一"战略"行业中的主导地位，并对电信服务采取了价格上限措施。油气产品的沿海交通运输权仅限于悬挂厄瓜多尔国旗的船舶，而且油气产品的运输由一个国有企业所掌握；在厄瓜多尔注册的飞机享有优惠的煤油价格。对新旅游项目的税收优惠政策于2010年暂停。

（五）展望

尽管容易受到外部经济冲击，但厄瓜多尔预计将保持相对强劲的经济增长势头。不过，厄瓜多尔的长期繁荣取决于其能否成功提高其企业的全要素生产率和国际竞争力，从而实现其经济的多样化。厄瓜多尔的非传统政策，如国家干预和选择性的进口替代，以及区域贸易自由化是否是实现其经济和社会目标的最有效手段来还有待观察。一个稳定的、可预测的、透明的贸易和与贸易有关的法律及体制框架可能是成功的关键。

（李雪峰译，杨风鸣校）

泰国贸易政策审议

三十多年来，泰国一直奉行以出口为导向的发展政策，并已成功使泰国成为主要的工业品出口国，而且取得了经济的快速增长，特别是在20世纪90年代。在21世纪初，增长有所放缓——部分是由于投资增长下降和基础设施瓶颈——但依然强劲，在2003年至2006年间年均增长5.7%。虽然2008年全球金融危机使得2009年的GDP有所下降，但在2010年增长再次加快，达到7.8%。尽管收入和地区差异仍然显著，但在2007年到2010年间，人均GDP从3 740美元上升至4 737美元，而且泰国已经能够减少贫困，并实现千年发展目标。

泰国有一个开放的经济体系，2010年进出口价值相当于GDP的135%。2010年，泰国是世界上商品的第19大出口国和第17大进口国。在商业服务的世界贸易中，泰国出口和进口分别排名第16位和第14位。外向型经济使得泰国容易受到外部冲击，但也提高了其经济适应挑战的应变能力。在经常账户盈余和充足的国际储备情况下，健全的包括财政在内的宏观经济政策也巩固了这种应变能力。

货物贸易的价值在2007—2010年间增长了27%，出口增至1953亿美元，进口增至1824亿美元。大部分出口货物为制成品和加工处理过的商品，进口的大部分货物为原材料和机器。随着向发达国家出口的增长速度低于向其他亚洲国家的出口，而且中国已经取代美国成为泰国出口商品的主要目的地，出口贸易的模式已经改变。

泰国服务贸易具有65亿美元的盈余，主要来自旅游业，以及补偿其他领域净支付的相关服务业。

泰国宏观经济的主要问题是FDI的下降，这部分是由审议期间大部分时间内的政治动荡所造成。其他下降的原因包括对外国所有权的限制，特别是在服务业和农业，以及复杂而费时的纳税体制。

政治不稳定也耽搁了其他几个领域的改革，包括知识产权、私有化和几个服务子行业。这些耽搁也促成了低层次的FDI。

泰国作为东盟集团的成员，致力于深化成员国之间的经济一体化，其中包括消除贸易障碍，提高贸易便利化。

泰国，通过单方面和东盟两种方式，继续奉行不同范围的自由贸易协定谈判政策，重点放在亚太地区。在缺少全面的有关贸易自由化的多边协议的情况下，对自由贸易协定的重点关注是可以理解的，但具有不同原产地规则的错综复杂的协议，意味着交易者也很难从中受益。

泰国采用东盟统一关税术语导致了其关税手册中关税税目的增加，但自上次审议以来，不同产品的实际税率并没有多大改变，而且平均而言，适用关税水平还不到其约束水平的一半。此外，其具有不同的从价税、从量税和选择税税率的复杂关税结构也没有变化。超过1/4的税目不受约束（按照相关部门提供的信息，包括部分农产品）。

泰国税收体制依然复杂，包括消费税、个人所得税、企业所得税，并对国内不同地区的投资给予广泛的税收优惠政策。复杂的税收结构也使得纳税的便利性较低。虽然为了简化评税和支付系统做了相当大的努力，但这同时也有助于税收体制自身的简化，特别是消费税和关税。

在促使合规更容易这一领域所取得的进展已经应用到海关手续中。自2008年起，海关手续已完全实现了无纸化，并在不久的将来，有望实现单一窗口服务。然而，泰国还没有完成必要的法律修订，以符合关于海关手续的京都公约（修订版），而且外界看来，海关部门的腐败盛行。

在过去6年中，反倾销和反补贴措施的法律并没有发生改变。2007年1月1日至2011年5月31日，泰国共发起了6项新的调查，审查了19个案例并继续征收反倾销税；5例被终止征收反倾销税。2007年，推出了一项新的关于保障措施的法律，涵盖调查的发起，临时保障措施的采取选择权，调查，以及最终保障措施的实际应用。截至2011年4月底，仅在一个案例中采用了临时性保障措施。

非自动进口许可适用于多种产品，而且被冠之以诸如价格监测、公众健康和保护国内生产商等合理原因。

需要缴纳出口税的产品数量有限，主要是未经加工的木材，适用的税率低于法定最大值。其他出口许可要求和控制，通常与履行国际义务，或环境、公共健康和知识产权保护的原因有关。为了防止国内短缺，某些类型的油渣饼通常不允许出口。

泰国已经取消了好几个项目中的出口补贴，但保持了多项推动和促进出口的计划。这些出口支持措施包括：保税仓库、关税退还，以及进口关税和增值税返还。泰国继续通过税收优势，以及工业园区管理局（I-EA-T）下设的自由贸易区来促进欠发达地区的外国直接投资。政府相关部门指出，这样的投资并没有附有与出口相关的要求或特殊待遇。

价格管制继续被广泛使用，许多产品受到不同程度的管制。这些措施包括在价格变动前必须获得批准，要求价格变动的事先通知，价格标签。尽管这些措施可以在短期内控制消费者价格，但同时也扭曲了市场信号，并延迟了调整。

为符合泰国加大创意产业对经济的贡献这一官方政策，商务部下设的知识产权部，一直在鼓励知识产权的创造，包括通过注册、执行和交易等方式。泰国已经对药品使用了一些强制许可，在2006—2008年间共颁发了7个许可牌照。有些药品获得了特许权使用费，对于无力支付专利药品的人群可以购买仿制药。尽管泰国政府声称其行事一直秉以诚信原则，甚至超出其义务范围，但是有些国家仍然担心其使用强制许可的方式。一些国家还担心泰国的盗版问题，虽然他们也承认泰国在减少盗版方面所做的努力。

农业仍然是主要的就业来源，而且泰国是几个农产品，特别是大米和橡胶的主要生产国和/或出口国。农业政策依产品不同而不同。大米生产的支持在过去是通过一套抵押贷款制度来进行，其以水稻作物为抵押品为农民提供贷款，而贷款偿还可以用现金，也可以用水稻。这一做法转变为“增补亏空支付制”（deficiency payment system），只要大米价格低于目标价格时就对农民提供全额补偿。2011年底，随着大米价格的显著上升，加剧了本已受近期洪水泛滥而恶化的国际价格影响的担忧，又重新回到抵押制度上来。针对糖业的支持是通过甘蔗和糖业协会设定的价格而获得的。然而，世界食糖价格一直高于设定的价格，导致了国内短缺的担忧。

尽管泰国是一个包括石油和天然气在内的能源净进口国，但由于其进口原油用于炼油和出口，泰国也是一个精炼石油产品的出口国。国家继续通过51%国有的泰国国家石油公司（PTT）积极参与油气资源的勘探和生产。国家通过使用石油基金来控制燃油价格，对有些燃油征税，而对其他燃油则提供补贴，特别是对汽油/乙醇混合燃料和生物柴油燃料提供补贴。乙醇是从甘蔗和木薯中提炼生产，生物柴油是从棕榈油中提炼生产。

电力行业的基本结构自上次审议以来没有什么改变。国有企业（泰国电力局）所生产的电力还不到在泰国生产的所有电力的一半，而且两个配送公司也是国有的。然而，行业监管已经进行了改革，建立了独立的电力监管委员会负责发电、输电、配电、零售、天然气运输和供应，以及液化石油气终端的管理。该委员会还负责制定电价，但须经过国家能源政策委员会的批准。

总体而言，占泰国经济很大一部分的服务业的开放，正在进行当中。对市场进入，以及几个子行业的外资参股的限制仍然存在，而且管理框架比较复杂。虽然在某些情况下对所有权的限制已经有所放宽，但这些决定似乎一直在全权委托的基础上做出。监管体制的不断理顺和日益激烈的竞争，有助于提高创新和生产力，从而进一步提高经济的竞争力。

在银行业，外资参与程度的提高，已经对竞争力的增加和经济增长做出了贡献，但仍然存在一些对外国所有权的限制。通过在商业银行中持股，以及专门的金融机构的方式，国家在金融领域继续发挥着重要作用。专门金融机构向低收入家庭和特定的包括农业、住房和出口促进行业在内的特定经济部门提供资金。

根据金融服务主计划第一阶段的计划，泰国于2008年实行了一项新的法律，以巩固和加强现有的法律，并改进对泰国银行业的监管，而后者的独立性通过泰国银行法修正案得以加强。主计划的第二阶段于2010年开始实施，用以解决运营成本，提高竞争，改善金融服务，以及加强金融基础设施等问题。虽然在增加竞争和改进监督及安全方面已经取得了很大的进展，但依然存在一些担忧，特别是对具有不同监管制度的专门金融机构的监管，以及商业银行存贷款之间的大幅利差的担忧。

新的关于保险业和资本市场的法律已经出台，其目的在于提高监督和增加竞争。虽然对外资参与保险公司的法律已经有所放宽，但限制仍然存在。

电信业持续增长，但速度慢于上一个审议期。竞争也有所增加，虽然程度因部门而异，而且两个国有企业在继续发挥重要作用。此外，3G 发牌过程也由于法律诉讼而被推迟，从而导致私营部门运营商还没有经营许可证。尽管在电信领域的外资参与不断增加，但对拥有自己网络的服务提供商的限制仍然存在。根据在 2010 年年底通过的法律，将建立一个新的单一监管机构来负责广播和电信行业的监管。

政府通过财政和金融激励措施积极推动交通运输行业的发展，并鼓励私营部门参与基础设施的发展。然而，针对基础设施服务提供和管理的监管框架比较复杂，而且在所有运输行业都存在对外国投资的限制。在航空运输方面，泰国实施了“逐步开放天空政策”，并维持着 99 个双边航空服务协定，以及多个东盟开放航权的协议。政府持有 70%股权的一家上市公司，经营着六个主要的、承担泰国大部分空中交通运输的国际机场。

国内航运权仅由泰籍船只享有。虽然通常来说对承运进出泰国的货物没有任何限制，但国内航运业依然通过“国货国运政策”而得到保护。政府机构或公共企业直接或间接进口的货物，必须由指定航线上悬挂泰国国旗的船只运输。一个国有企业负责管理泰国的五个主要公共港口。私人公司可能被授权提供港口服务。

旅游业继续在泰国经济中起着重要作用。它是外汇、投资、就业创造，以及政府收入的主要来源。导游服务的提供仅限于泰国国民。

（李雪峰译，杨凤鸣校）

第三篇　中国与 WTO

● 中国 WTO 事务综述

2011 年是“十二五”规划开局之年，也是中国加入世贸组织十周年。过去十年不仅是我国发展最好最快的时期，也是我国与世界互利共赢、共同发展的时期。以入世十年为契机，中国政府回顾历史，总结经验，进一步坚定扩大开放的信心。同时，面对后金融危机时代全球经济颓势，中国以负责任大国的态度，抵制贸易保护主义，推动多哈回合谈判，全面参与世贸组织各项活动，为维护和加强多边贸易体制做出了重要贡献。

一、开展多层次、有针对性的入世十周年纪念活动

2011 年，中国政府举办了一系列纪念加入世贸组织十周年活动，对内宣传成就，总结经验，凝聚扩大开放的共识；对外大力宣示我国坚持开放不动摇的决心。

2011 年 1 月 27 日，达沃斯经济论坛举办“中国加入世贸组织十周年论坛”，拉开了全年纪念活动的序幕。4 月 15 日，在博鳌亚洲论坛上举办以“中国融入世界：分享共赢的十年”的主题纪念分论坛，反响热烈。10 月 14 日，第 110 届广交会开幕式暨中国加入世贸组织十周年论坛在广州成功举行，温家宝总理出席并做重要讲话，900 多位国内外重要嘉宾参加了论坛。12 月 11 日，中国加入世贸组织十周年高层论坛在北京人民大会堂隆重举行，胡锦涛主席亲自出席并做重要讲话，世贸组织总干事拉米、联合国贸发会议秘书长素帕猜等主要国际机构负责人和 400 多位重要嘉宾出席会议，成为纪念活动的高潮。12 月 14 日，世贸组织第八届部长级会议前夕，中国政府在日内瓦举办了中国入世十周年大型招待会，宣传中国改革开放成就，展示我国政府对多边贸易体制的重视和支持。

为更好地了解十年来我国重点行业发展形势，商务部在多省市组织开展专题调研，通过数据和实例分析十年以来重点行业的发展成就和趋势。在重庆召开行业座谈会，对入世十年我主要行业参与全球化竞争、有效应对贸易摩擦、加快产业结构转变的经验和不足进行全面总结，进一步增强企业“走出去”的竞争意识。为不断提高各级领导干部驾驭开放型经济的能力，商务部还会同中组部、国家行政学院举办省部级领导干部“提高对外开放水平”专题研讨班，增强了领导干部转变观念、推进改革的使命感和紧迫感。此外，还编写出版了《中国加入世界贸易组织谈判历程》等文献基础资料以及《十年之路》、《中国加入世贸组织十周年回顾与展望》、《世贸组织规则博弈——中国参与 WTO 争端解决的十年法律实践》等综合性研究书籍，对我国入世十年参与世贸组织各项事务的经验教训进行了全面梳理和总结。

上述活动不仅进一步凝聚了社会各界以开放促发展、促改革、促创新的共识，也向国际社会展示我国负责任大国的良好形象，发出我国将始终不渝奉行互利共赢开放战略的积极信号。

二、继续积极推动多哈回合谈判

2011 年曾被普遍认为是结束多哈回合谈判的“机会之窗”，但受全球经济低迷、美国大选政治、欧债危机深化等因素困扰，个别发达成员阻挠甚至破坏谈判，多哈回合谈判步履维艰。为应对错综复杂的局面，中国在坚持多哈授权和原则立场基础上，展示积极姿态，在争取早期收获、维系多哈谈判方面做了大量工作，取得了积极实效。

（一）配合多双边会晤，为多哈谈判注入政治动力

无论是二十国集团领导人峰会，还是达沃斯论坛、APEC 领导人会议、东亚峰会等高层会晤都将推动多哈回合谈判、反对贸易保护主义作为重要议

题。中方在各场合均旗帜鲜明地支持完成多哈谈判，呼吁各方显示政治意愿，推动谈判早日取得成果。出席二十国集团峰会和 APEC 会议的领导人分别发表宣言，明确指示各国贸易部长寻找可行路径，推动谈判在 2012 年取得进展。

为落实世贸组织《香港部长宣言》，帮助最不发达国家分享贸易自由化成果，胡锦涛主席在二十国集团领导人峰会上宣布中国给予同中国建交的最不发达国家 97%税目的产品零关税待遇，有力体现了中国政府对多哈回合谈判的重视和支持。此外，为帮助发展中成员、特别是最不发达成员提高其参与世界经济、扩大对外贸易的能力，我国还在第三次“促贸援助”全球审议大会上宣布向世贸组织“促贸援助”活动捐款 40 万美元，并与秘书处签署《“最不发达国家及加入世贸组织中国项目”谅解备忘录》，进一步展现我国对最不发达国家的支持，为推进多哈回合谈判创造有利条件。

（二）积极参与部长级会议，维护我国核心利益

为将领导人的政治承诺转变为现实成果，2011 年，商务部陈德铭部长、俞建华部长助理和易小准大使在多个场合宣传中方立场，维护我国核心利益，及时提出“尊重谈判授权，维护十年成果，以一揽子方式最终结束多哈谈判；支持在相对成熟的领域先行寻求成果，但不得偏离多哈发展核心；坚持多边主渠道作用，对诸边倾向持保留态度；有关新议题的讨论不应干扰多哈谈判进程”等谈判原则。这些原则主张经过中方在达沃斯小型部长会、金砖国家经贸部长会、OECD 小型部长会、中国—东盟经贸部长会、APEC 贸易部长会的宣传，得到广泛认同和支持，并体现在二十国集团和 APEC 领导人宣言中。

2011 年年底，陈德铭部长率团出席世贸组织第八届部长级会议，呼吁各方在困难形势下，“凝聚共识，推动多哈回合全面完成；恪守承诺，优先解决发展关注；坚定信念，加强多边贸易体制”，引起广大成员的积极反响。

（三）高官及技术层加紧努力，为推进谈判创造条件

在高层推动下，2011 年上半年，各方加紧了争取早期收获的努力，高官磋商密集展开，各议题谈判也陆续重启。为在谈判中切实维护国家利益，中方准备了大量中英文技术性材料。在谈判中，中方还联合相关发展中成员，维护共同利益，寻求早期收获议题的平衡。在早期收获努力因个别发达成员阻挠而失败后，中方不弃不舍，前后方密切配合，积极投入并引导世贸组织第八届部长级会议相关案文的磋商工作，并在会议前夕联合金砖国家和 90 国集团发表了两份新闻公报，最终确保发展中成员多数谈判核心关注和立场纳入主席总结声明及相关文件。

三、认真做好贸易政策审议各项工作

一是顺利终结对华过渡性审议机制。坚持“以我为主、淡化处理、妥善应对”的原则，中方先后接受了世贸组织 17 个机构对华最后一次过渡性审议，顺利终结了这一长达十年的对华歧视性审议机制。

二是高效开展贸易政策审议相关工作。组织召开了首次世贸组织贸易政策审议全国工作会议，全面总结应对经验，明确了今后工作方向；成立了贸易政策审议部际工作组，统筹协调贸易政策审议相关工作；启动第四次对华贸易政策审议准备工作，完成了世贸组织秘书处问题单的书面答复，总计约 8 万字。同时，还派团参与了世贸组织对日本、欧盟、澳大利亚、加拿大、印度等主要成员的贸易政策审议，向被审议成员提出我方贸易关注，维护了我国的多双边经贸利益。

三是认真履行通报义务。顺利完成了 2005—2008 年我国中央一级补贴政策的通报准备工作，并向世贸组织进行了通报；截至 2011 年 11 月，共提交了近 80 项 TBT 通报和 160 余项 SPS 通报；积极参与世贸组织相关委员会关于通报义务的技术讨论，并成功将自动进口许可从通报范围中排除，维护了我国的利益；经过反复磋商，完成海峡两岸经济合作框架协议（ECFA）向世贸组织进行早期通告的工作。

四、扎实做好技术性贸易措施的应对

（一）内外兼顾，做好技术性贸易措施应对工作

在技术性贸易壁垒委员会和卫生与动植物卫生措施委员会上，中方对《美国食品安全现代化法案》等 20 多项可能涉及我国重要出口利益的国外技术性贸易措施提出关注。同时，及时澄清了外方对我国《信息安全产品等级保护管理办法》等40项技术性贸易措施的关注，增信释疑，有效防止了贸易摩擦激化。

（二）服务企业，加强出口商品技术服务体系

2011年，我们积极组织科研力量开展课题研究，完成了《出口机电产品国际认证指南》和《欧盟传统药注册程序指令应对研究报告》的制定工作。同时，通过全国技术性贸易措施部际联席会议等7个部际协调机制，加强对标准化中的知识产权等重大问题的讨论和研究，为做好应对工作提供了有力技术支撑。

五、稳步推进中国加入《政府采购协定》谈判

在谈判整体形势比较困难的情况下，我们积极做好对内协调和对外谈判工作。一方面，邀请世贸组织等国际机构及学术界专家召开了两次政府采购国际研讨会，广泛吸取经验，为我国加入《政府采购协定》做好技术储备；另一方面，及时向中央和地方主管部门专题介绍《政府采购协定》情况，以帮助正确了解规则，客观判断影响，制订相关方案。2011年11月底，我国如期提交了关于中国加入《政府采购协定》的第三份出价方案。

六、积极开展世贸组织相关技术援助和咨询工作

2011年，通过"第二期中欧世贸项目"，我们在服务业、质量监督、农业和农产品、检疫措施和贸易监督体系等方面开展了50个项目活动，为促进中欧经贸关系发展提供技术支持。同时，"中德贸易可持续发展与企业行为规范项目"以专题研究、企业试点、论坛、培训和考察等多种形式，推动利益相关方的交流与合作，提高企业的可持续发展意识和社会责任意识。"中瑞可持续发展项目"也已提交相关研究成果，为国内行业发展提供有益参考。

此外，我国还利用世贸组织秘书处提供的资金和专家资源，开展了谈判技巧亚太区域研讨会、贸易政策审议以及政府采购的专题研讨会，进一步提升专业人员国际谈判技能，强化政府、协会和企业相关人员对贸易政策的理解和把握能力。

（商务部世界贸易组织司）

● 贸易争端与救济措施

中国参与世贸组织争端解决情况

2011年，世贸组织（WTO）成员新发起的争端解决案件共计8起。其中，中国作为当事方的案件3起（起诉1起，被诉2起），占当年全部新发起案件的37.5%。此外，中国还作为第三方参与4起争端案件。以下就2011年中国作为当事方参与的世贸组织争端解决案件做一简要介绍。

一、中国作为起诉方参与世贸组织争端解决案件新情况

（一）中国诉美国反倾销和反补贴措施案（DS379）

1. 争端进程

2008年9月19日，中国就美对中国标准钢管（CWP）、矩形钢管（LWRP）、复合编织袋（LVS）和非公路用轮胎（OTR）四起案件的反倾销和反补贴措施（“双反”措施）向美方提出磋商请求。磋商未果后，中国于2008年12月9日向世贸组织争端解决机构请求设立专家组。阿根廷、澳大利亚、巴西、加拿大等14个世贸组织成员作为第三方参与案件审理。

2010年7月23日专家组向当事方散发最终报告。2010年12月1日，中国提出上诉。2011年3月11日，上诉机构报告散发。2011年3月25日，争端解决机构通过上诉机构报告和经修改的专家组报告。2011年7月8日，当事方达成11个月的合理执行期。

2. 专家组和上诉机构主要裁决内容

上诉机构在公共机构和双重救济两个核心问题上，推翻之前专家组结论，支持了中方主张。（1）关于公共机构，不能仅仅依据国家所有权认定国有企业为公共机构，而应考虑企业是否具备政府职能，裁定美国的做法违反《补贴协定》第1.1（a）（1）条。（2）关于双重救济，认为美方采用外部基准的反倾销税已经抵消了补贴额，任何额外征收的反补贴税则超出了合适的限度，违反《补贴协定》第19.3条。

专家组和上诉机构裁决内容还包括：（1）我国有商业银行“在国家产业政策指导下开展贷款业务”，被赋予政府职能，构成公共机构。（2）美国商务部在反补贴调查中认定我国有经济市场份额高、在市场占据主导地位，推定我国内市场存在扭曲，在原材料和贷款利率上可以使用外部基准的主张未违反《补贴协定》第14（d）条之规定。（3）美方没有证据证明所涉复合编织袋反补贴调查中的工业园区存在“独立的使用权制度”，违反《补贴协定》第2.2条。（4）认为美国商务部在补贴利益传导计算中未能确保其计算出的补贴利益金额不超过实际获得的补贴利益额度，违反了《补贴协定》第1.1条和第14条的义务。（5）认为美国商务部未根据特定时间调整相应的利率对美元利率贷款基准进行调查，违反了《补贴协定》第14（b）条。（6）认为美商务部未调查应诉企业从贸易公司采购原材料的信息，而直接采用可获得事实，违反了《补贴协定》第12.7条。

（二）中国诉欧盟紧固件反倾销措施案（DS397）

1. 争端进程

2009年7月31日，中国就欧盟对华钢铁紧固件反倾销措施向欧盟提出磋商请求，正式启动世贸组织争端解决程序。磋商未能解决争议，中国于

2009年10月12日请求争端解决机构设立专家组。巴西、加拿大、印度、日本、挪威、美国等11个成员作为此案第三方。

2010年9月29日，专家组向当事方提交最终报告。2011年3月25日，欧盟提起上诉。3月30日，中方提起上诉。7月28日，争端解决机构通过上诉机构报告和经上诉机构报告修改的专家组报告。

2. 专家组和上诉机构主要裁决内容

专家组和上诉机构就如下问题支持了中方观点：(1) 欧盟《反倾销基本条例》第9(5)条要求来自于非市场经济体的供应商必须满足分别裁决测试才可以享受单独倾销幅度计算待遇，本身违反了《反倾销协定》第6.10条和第9.2条；欧盟对该条在紧固件案调查中的适用，同样违反了《反倾销协定》第6.10条和第9.2条。(2) 欧盟因没有保证它的法律、法规和行政程序与其在相关协定下的义务相一致，违反世贸组织协定第16.4条和《反倾销协定》第18.4条。(3) 欧盟未向中方生产者及时提供查看其有关正常价值计算的产品种类信息的机会构成了对《反倾销协定》第6.4条的违反。

专家组和上诉机构的裁决还包括：(1) 中方未能证明欧盟在损害认定中队国内产业的抽样选择违反了《反倾销协定》第3.1条。(2) 欧盟以生产者的累计输出或未包含任何特别部分的国内产业定义不违反《反倾销协定》第4.1条。(3) 中方未能明确其关于机密信息的请求，欧盟对待机密信息的处理方式并不构成对其《反倾销协定》第6.5条项下义务的违反。(4) 认为“市场经济待遇”或“单独税率待遇”申请表不构成《反倾销协定》第6.1.1条项下的“问卷”。

(三) 中国诉美国轮胎特保案 (DS399)

1. 争端进程

2009年9月14日，中方就轮胎特保措施向美方提起世贸组织争端机制下的磋商请求，正式启动争端解决程序。2009年11月9日，中美双方在日内瓦进行磋商，但磋商未能解决我方关注。2010年1月19日，中方请求世贸组织争端解决机构就此案设立专家组。欧盟、日本、中国台北、土耳其和越南声明作为第三方参与专家组程序。

2010年11月8日，专家组向中美提交最终报告。2011年5月24日，中方提起上诉。2011年10月5日，世贸组织争端解决机构通过了本案上诉机构报告和专家组报告。

2. 专家组和上诉机构主要裁决内容

专家组与上诉机构裁定裁决主要内容如下：(1) 对于自中国的进口是否构成《中国加入议定书》第16.4条项下所要求的“快速增长”，美方评估并非不适当。(2) 美国《1974年贸易法》第421节规定的“起重要作用”的因果关系标准并未使美国在认定因果关系时违反《中国加入议定书》第16条。(3) 美国国际贸易委员会在认定中国轮胎进口的快速增长是美国内损害的“重要”原因并无不当。

专家组和上诉机构的裁决还包括：中方未能证明美方将造成其国内产业损害的其他因素不恰当地归于中国进口产品。

(四) 中国诉欧盟皮鞋反倾销措施案 (DS405)

1. 争端进程

2010年2月4日，中国就欧盟《反倾销基本条例》的有关条款和对华皮鞋反倾销措施，提起世贸组织争端机制下的磋商请求，正式启动争端解决程序。2010年3月31日，中欧双方通过视频会议就本案举行了磋商。由于磋商未能解决争议，4月8日，中方正式提出设立专家组的请求。

案件进行过程中，2011年3月31日，欧盟宣布终止对华皮鞋反倾销措施。本案专家组报告于2011年10月28日散发。

2. 专家组裁决主要内容

专家组就如下裁决支持中方诉求：(1) 欧盟《反倾销基本条例》第9(5)条对非市场经济体的生产者或出口商设置获得分别裁决的条件的规定违反了《反倾销协定》第6.10条、第9.2条、第18.4条和《1994年关贸总协定》第1.1条规定的最惠国待遇义务。(2) 欧盟在计算金履鞋业的管理、销售和一般费用以及利润时，违反了《反倾销协定》第2.2.2条的规定。(3) 欧盟在原审调查和日落复审调查中的某些做法违反了《反倾销协定》第6.5条和6.5.1条。

专家组的裁决还包括：(1) 认为《反倾销协定》第17.6条(i)项未对调查机关施加义务，因此，不认可中方基于该条的所有诉求。(2) 认为《反倾销协定》第2.1条、第2.4条和第17.6条和

《1994年关贸总协定》第6.1条都不构成替代国选择的法律基础，中方未能证明欧盟在原审调查和复审调查中的替代国选择及其程序违反上述条款。(3) 中方未能证明欧盟在计算倾销幅度时采用产品控制编码方法不符合《反倾销协定》第2.4条。(4) 中方未能证明原审调查中对未被抽样的中国出口商的市场经济地位申请的审核违反《反倾销协定》第2.4条、6.10.2条，《中国加入议定书》第15 (a) (ii) 条及《中国加入工作组报告书》的第151 (e) 和 (f) 条。

(五) 中国诉美国暖水虾反倾销归零案 (DS422)

1. 争端进程

2011年2月28日，中国政府通过常驻世贸组织代表团致函美国，就美对华暖水虾反倾销措施提起世贸组织争端解决机制下的磋商请求。2011年7月22日，中国商务部又提出补充磋商请求，要求将2009年11月4日美对华金刚石锯片采取的反倾销措施归零做法也纳入美对华暖水虾反倾销争端案。中方在案件起诉阶段提出补充磋商请求，进一步强化了中方在有关"归零"问题上的立场和态度。

根据世贸组织争端解决机制，中美双方于2011年10月进行了磋商，但磋商未能解决争议。

2011年10月13日，中国政府通过常驻世贸组织代表团致函世贸组织争端解决机构 (DSB) 主席，就美国对中国暖水虾采取的反倾销措施提起设立专家组请求。2011年10月13日，世贸组织争端解决机构正式设立专家组审理此案。2011年12月21日，世贸组织专家组正式组成。欧盟、洪都拉斯、日本、韩国、泰国和越南等世贸组织成员作为此案的第三方。

2. 涉案措施

此案涉案措施主要包括美国2004—2010年间《联邦纪要》发布的有关中国冷冻暖水虾及金刚石锯片的初裁调查、行政复审、日落复审公告中的计算倾销幅度及税率的归零做法。

在磋商请求中，中方指出：(1) 美商务部在对中国冷冻暖水虾案中发起的反倾销初裁调查和行政审查中使用归零法计算倾销幅度的做法违反《1994年关贸总协定》第6.1条、第6.2条和《反倾销协定》第1条、第2.1条、第2.4条、第2.4.2条、第5.8条、第9.2条、第9.3条和第9.4条。(2) 美商务部在日落复审中依赖于美方在初裁调查和行政审查中计算的倾销幅度的做法，违反了《反倾销协定》第11.3条。(3) 美方针对来自中国的金刚石锯片反倾销措施中使用归零做法得出的针对不同公司的倾销幅度计算单独倾销税率违反了《反倾销协定》第2.4.1条第1条、第2.1条、第2.4条、第2.4.2条、第5.8条、第9.2条、第9.3条和第9.4条。

3. 专家组裁决

2012年6月8日，世贸组织专家组散发报告。专家组裁定，美国商务部在针对中国的相关反倾销调查中使用了"归零"方法计算倾销幅度，违反了《反倾销协定》第2.4.2条之规定；美国在此基础上计算的分别税率也违反了《反倾销协定》之规定。2012年7月23日，世贸组织争端解决机构通过了该案专家组报告。

二、中国作为被诉方参与世贸组织争端解决案件新情况

(一) 美、欧、墨诉中国原材料出口限制案 (DS393/394/396)

1. 争端进程

2009年6月23日，美国和欧盟就中国对矾土、焦炭、氟石、镁、锰、金属硅、碳化硅、黄磷和锌等九种原材料的出口限制措施，向我方提出世贸组织争端解决机制项下的磋商请求。8月21日，墨西哥就相同事项向我方提出磋商请求。2009年7月30日和9月1～2日，中方与美、欧在日内瓦举行了两次磋商。2009年12月21日，世贸组织争端解决机构设立专家组。专家组报告于2011年7月5日公开散发。中方于2011年8月31日提起上诉，欧、美、墨于9月6日提起交叉上诉。本案上诉机构报告于2011年12月14日散发。

2. 专家组和上诉机构的主要裁决

专家组和上诉机构就如下裁决支持中方诉求：(1) 上诉机构裁定，起诉方"设立专家组请求"第III部分不符合《争端解决谅解》第6.2条之规定，并宣布专家组有关出口配额的管理和分配制度、中标金、出口许可证制度和最低出口限价制度做出的裁决没有法律效力。(2) 在中方提起的先期裁决申请中，专家组裁定其审理范围仅限于在专家组请求

中列明的措施；起诉方在《中国工作组报告》第342段下提出的请求不在专家组的审查范围内。(3) 起诉方质疑的六项以外的中国有关最低限价措施，因起诉方未能证明属于具体的实施措施，裁定不予审查。(4) 专家组以不在职权范围为由，并未认定中方通过五矿商会的介入对黄磷实施的出口预核签章制度的管理违反《1994 年关贸总协定》第10.3 条 (a) 项；未认定《五矿商会出口协调办法》第 21 条和《发证机构管理办法》第 40 (3) 条违反 GATT 第 11.1 条的规定。

专家组和上诉机构裁决还包括：(1) 中国对矾土、焦炭、氟石、镁、锰、金属硅和锌征收的出口关税超过《中国加入议定书》附件 6 所规定范围，违反了《中国加入议定书》第 11.3 条。(2) 中国通过一系列涉案措施对某些形态的矾土、焦炭、氟石、碳化硅实行的出口配额以及对某些形式的锌实行的出口禁止违反 GATT1994 第 11.1 条关于普遍取消数量限制的规定。(3) 中国未能证明其耐火级矾土的出口配额是《1994 年关贸总协定》第 11.2 (a) 条含义下的为防止或缓解"严重短缺"而"临时实施"的措施。(4) 中国不能援引 GATT1994 第 20 (g) 条的规定为其对某些形式的氟石实行的出口关税进行抗辩；中国不能援引 GATT1994 第 20 (b) 条的规定为其对某些形式的镁、锰、锌试行的出口关税以及对焦炭和碳化硅实行的出口配额进行抗辩。(5) 中国要求以往出口实绩和最低资本以获得配额分配的做法违反《中国加入议定书》第1.2 条、第 5.1 条，以及与之一同解读的《中国工作组报告书》第 83 段和 84 段。(6) 未能公布锌出口配额的分配总量和分配程序违反《1994 年关贸总协定》第 10.1 条；对出口配额的直接分配通过评估配额申请人经营业务管理能力的方式违反《1994 年关贸总协定》1991 第 10.3 条 (a) 项。

(二) 美国诉中国电子支付服务案 (DS413)

1. 争端进程

2010 年 9 月 15 日，美国将我国有关电子支付服务措施提起世贸组织争端解决机制下的磋商。2010 年 10 月 27～28 日双方在日内瓦进行磋商，但磋商未能解决争议。美方于 2011 年 2 月 11 日向世贸组织争端解决机构提出设立专家组请求。2011 年 3 月 25 日，争端解决机构设立专家组审理此案。澳大利亚、厄瓜多尔、欧盟、危地马拉、日本、韩国、印度等 7 个世贸组织成员作为本案第三方。

2. 涉案措施

此案磋商请求中涉案措施主要是中国人民银行、外汇局和银监会等部门发布的 18 项规章和规范性文件中相关规定。美方在设立专家组请求中新增两项措施：2010 年 10 月 11 日发布的《国家外汇管理局关于规范银行外币卡管理的通知》(汇发〔2010〕53 号)，以及涉案措施中明确指出的"业务规范"和"技术标准"。

美方磋商请求中称：根据中国相关规定，(1) 只有银联可以在中国境内为以人民币计价和支付的支付卡交易提供电子支付服务，其他世贸组织的服务提供商只能为外币卡提供此服务；(2) 要求所有支付卡操作设施须与银联银行卡交易系统兼容，且带有银联标识；(3) 银联得与中国境内所有接受支付卡交易的商户进行联网，其他成员方的服务提供者则须就此进行谈判。

美方认为中方上述措施违反了其在《服务贸易具体承诺减让表》金融服务部门项下对支付汇划、金融信息转接、其他附属金融服务等三个服务领域做出的市场准入和国民待遇承诺。美方还认为中方措施违反《服务贸易总协定》第 16 条有关市场准入的规定和第 17 条有关国民待遇的规定。

(三) 欧盟诉中国碳钢紧固件临时反倾销税措施案 (DS414)

1. 争端进程

2010 年 9 月 15 日，美国在世贸组织就我国取向电工钢"双反"措施提出磋商请求。2010 年 11 月 1 日中美双方在日内瓦举行了磋商，但磋商未能解决起诉方关注。美方于 2011 年 2 月 11 日提起设立专家组请求。阿根廷、欧盟、洪都拉斯、印度、日本、韩国、沙特阿拉伯、越南等 8 个世贸组织成员作为本案第三方。

2. 涉案措施

此案涉案措施主要是依据商务部公告 2010 年第 21 号及附件，对原产于美国的取向电工钢征收反倾销税和反补贴税。

美方在磋商请求中称：(1) 中方在裁定方面，中方对政府购买美国货物行为认定和可获得事实的适用违反了《补贴协定》第 10 条、第 19 条和第 12.7 条。(2) 透明度方面，美方认为中方未披露其裁定所依据的基本事实，未详细提供就其认为重要的所有事实问题和法律问题所得出的调查结果和结论、为提供机密信息的非机密摘要、未公布导致实施最终措施的所有有关的事实问题和法律问题及理由，违反了《补贴协定》第 12.8 条、第 22.3 条、第 22.5 条和第 12.3 条及第 12.4.1 条。（3）客观审查方面，美方认为中方未妥当审查申请中提供证据的准确性和充分性、对被调查进口产品影响和因果关系分析未依据肯定性证据进行客观审查，违反了《补贴协定》第 11.2 条、第 15.1 条、第 15.2 条、第 15.5 条和第 12.8 条和《反倾销协定》第 3.1 条、第 3.2 条、第 3.4 条、第 3.5 条以及《1994 年关贸总协定》第 6 条。

（四）欧盟诉中国 X 射线最终反倾销措施案（DS425）

1. 争端进程

2011 年 7 月 25 日，欧盟将我国 X 射线安检设备最终反倾销措施诉诸世贸组织争端解决机制。中欧双方在 2011 年 9 月 19 日与欧方在日内瓦展开磋商，但磋商未能解决双方争议。欧方于 2011 年 12 月 8 日提起设立专家组请求。世贸组织争端解决机构于 2012 年 1 月 20 日设立专家组，日本、美国、泰国、挪威、印度和智利等 6 个世贸组织成员作为本案第三方。

目前，本案处于专家组审理阶段。

2. 涉案措施

此案涉案措施主要是依据商务部 2011 年第 1 号公告及其附件，对来自欧盟的 X 射线安检设备征收的最终反倾销税。

欧盟在磋商请求中称：（1）中方在裁定方面，尤其是在价格比较和损害评估方面违反《1994 年关贸总协定》第 6.1 条、《反倾销协定》第 2.4 条。（2）透明度方面：未充分披露倾销幅度的计算方法和实质损害评估情况，违反《反倾销协定》第 6.1 条、第 6.4 条、第 6.5 条、第 6.5.1 条、第 6.9 条、第 12.2.2 条。（3）客观审查方面：中方未能基于肯定性证据，就价格影响、损害分析、损害指标评估、因果关系等进行客观审查，违反了《反倾销协定》第 3.1 条、第 3.2 条、第 3.4 条、第 3.5 条和《1994 年关贸总协定》第 6.6（a）条。

（五）美国诉中国白羽肉鸡“双反”措施案（DS427）

1. 争端进程

2011 年 9 月 20 日，美国就我国对原产于美国的白羽肉鸡产品采取的反倾销和反补贴措施提起世贸组织争端解决机制下的磋商请求，正式启动争端解决程序。中方于 9 月 30 日接受美方磋商请求。双方磋商未果，美方于 2011 年 12 月 8 日请求设立专家组。世贸组织争端解决机构于 2012 年 1 月 20 日设立专家组，日本、挪威、沙特阿拉伯、泰国、智利和墨西哥 6 个世贸组织成员作为本案第三方。

目前，此案处于专家组阶段。

2. 涉案措施

此案涉案措施如下：商务部 2010 年第 8 号公告、第 26 号公告、第 51 号公告和第 52 号公告及其附件。

在磋商请求中，美方指出：（1）在具体裁定方面，我国调查机关不适当地计算美生产商成本、不适当地定义国内产业、不适当地以“不利可获得事实”为基础做出裁定，以及我征收的反倾销税超出发现存在的补贴数额，违反了《反倾销协定》第 1.1 条、第 2.2 条、第 6.8 条及附件二、第 6.9 条和《补贴协定》第 12.7 条、第 19.4 条；《1994 年关贸总协定》第 6.3 条之规定。（2）在透明度方面，我调查机关未恰当地披露案件有关的所有事实、法律依据和裁决理由，违反了《反倾销协定》第 6.4 条、第 6.5 条、第 6.9 条、第 12.2 条、第 12.2.1 条和第 12.2.2 条和《补贴协定》第 12.3 条、第 12.4 条、第 12.8 条、第 22.3 条、第 22.4 条和第 22.5 条。（3）在损害和因果关系认定方面，我调查机关未进行相应的客观审查，违反《反倾销协定》第 3.1 条、第 3.2 条、第 3.4 条、第 3.5 条和《补贴协定》第 15.1 条、第 15.2 条、第 15.4 条、第 15.5 条、第 16.1 条，以及《1994 年关贸总协定》第 6 条之规定。

（商务部条约法律司）

中国进出口公平贸易工作回顾

2011年是我国加入世贸组织十周年，也是商务部进出口公平贸易局成立十周年。我们不断学习提高运用国际规则维护国家和产业权益的能力，做好贸易摩擦应对、贸易救济调查、多双边规则谈判、信息服务和人才培训等工作，在积极营造良好外部环境、依法维护产业安全方面取得积极进展。

一、全力做好贸易摩擦应对工作

（一）在贸易救济调查方面

2011年，我国共遭遇19个国家（地区）发起的贸易救济调查案件69起，同比增加4.5%；涉案金额约59亿美元，同比下降17%。其中，发展中国家对华贸易救济调查案件大幅上升，案件数量和涉案金额同比分别上升72%和66.4%；反倾销仍是国外对华贸易救济调查的主要方式，约占案件总数的72.5%。2011年，我们应对国外贸易救济调查的重点工作及成效如下：

一是做好新兴国家贸易摩擦应对工作。我们深入调研新兴国家贸易救济案件的特点，从加强对话磋商、推动业界合作和提高应诉质量等方面着手，取得积极成效。阿根廷对我国的8起反倾销调查以无措施结案，并与我国达成首例价格承诺；我们成功阻止巴西对我国2起特保调查；墨西哥对我国首例反倾销反补贴案终止调查；印度对华特保复审案终止调查；俄白哈关税同盟与我们就建立贸易救济合作机制达成共识。

二是全力应对欧盟反补贴调查。为遏制欧盟对华反补贴调查，我们多管齐下，全力应对，加强政治交涉和法律抗辩。为增强应对工作前瞻性、可控性和主动性，我们通过双边磋商会谈，促使欧盟克制使用反补贴措施。欧方2011年未对我国发起新的反补贴调查。

三是积极应对美国太阳能电池（板）双反案。美国对华太阳能电池（板）双反案涉案金额大，连锁效应强，产品附加值高。获悉预警信息后，我们联系有关部委、商协会和企业，研究应对方案，采取政治交涉和舆论引导等措施。美方立案后，我们加强对企业应对工作的指导和服务，举办由地方政府、行业组织和企业参加的案件应对培训会，引导行业组织对外发声。

四是重点应对歧视性贸易救济做法。特保措施和市场经济地位问题具有歧视性，是我们应对工作的重点和难点。2011年7月，美国产业对从中国进口的家具装饰布等5类产品提出特保调查申请，后又撤回申请。我们对此高度重视，会同纺织商会组织业界开展交流，寻求通过业界合作方式化解摩擦。经过不懈努力，美国2011年未对我发起新的特保调查。为推动美国、欧盟承认中国市场经济地位，我们利用与美欧建立的有关市场经济地位问题工作机制，坚持磋商。我们利用世贸争端解决机制和调查国司法诉讼等途径，挑战美欧对华贸易救济调查中有关市场经济待遇的裁决，迫使美欧放弃对华歧视性做法。

（二）在贸易壁垒措施方面

2011年，中国企业和产品频繁遭遇国外技术性贸易措施、知识产权调查和限制或禁止进口措施，蒙受严重损失。全年美国对我国发起知识产权337调查案件16起，继续将中国列入知识产权“重点观察国名单”和“306监管国名单”。为帮助国内企业克服贸易壁垒，我们以壁垒调查为突破，以壁垒应对为支撑、以信息服务为基础，不断创新工作方式。我们对美国可再生能源扶持政策及补贴措施启动贸易壁垒调查；编写了《美国337调查应诉指南》和《美国337调查规则、实务与案例》；指导和帮助企业应对美国337调查，成功应对第1起网络侵权337案；积极应对巴西上调进口汽车工业产品税措施等。

（三）在制度性摩擦方面

2011年，美欧与我们在人民币汇率制度、自主创新政策、新能源政策、投资环境等经济政策、体制和制度方面的摩擦不断，在反补贴调查中挑战我国经济体制更趋深入。力阻美对人民币汇率发起反补贴调查是应对制度性摩擦工作的重点。2011年，美国国内产业不断向美商务部施压，要求对人民币汇率启动反补贴调查。我们开展了多层次、全方位的应对工作，成功阻止美国在铝挤压材、太阳能电池（板）等对华反补贴案中对人民币汇率发起调查。截至2011年年底，美方申请人提出的人民币汇率补贴指控均被驳回。

（四）在世贸争端解决和调查国司法诉讼方面

我们在世贸争端解决和调查国司法诉讼方面，与美欧围绕规则的博弈更趋激烈。2011年，我们在诉美双反措施和诉欧反倾销措施世贸争端案中胜诉，美联邦巡回上诉法院在我诉美双反案中裁定美方不能对我实施反补贴措施，欧洲法院裁定欧委会拒绝审查我未被抽样企业市场经济待遇的做法违反欧盟法律，这标志着我们运用世贸争端解决机制和调查国司法机制挑战和质疑美欧滥用贸易救济措施取得重大成果。这些胜诉成果还增强了我们在国际贸易救济领域的影响力和话语权，从规则层面破解了一些应对难题。如巴西表示将根据世贸裁决研究在反倾销调查中给予中国分别税率的可能性，有望改变我国企业长期遭受的不公平待遇。

二、依法妥善运用贸易救济措施

2011年，我国共对外发起反倾销调查3起，对5起反倾销原审调查、10起反倾销复审调查和2起反补贴原审调查做出裁决。我们对欧盟马铃薯淀粉产品采取反补贴措施后，国内企业经营状况明显改善。我们对美、俄取向性硅电钢产品采取双反措施和反倾销措施后，武钢、宝钢等企业的产量和市场占有率有所提高，企业还通过加强研发，使产品质量达到甚至超过国外水平，改变了我国同类产品长期依赖进口的局面。在已内酰胺反倾销调查中，我们深入调研产业和市场情况，妥善处理上下游行业矛盾。在对美国汽车产品双反调查中，我们妥善处理各方关切，维护了中美经贸合作大局。美欧对我贸易救济调查工作高度关注，将两起贸易救济措施诉诸世贸争端解决机制，我们依法运用贸易救济措施面临更多挑战。

三、积极参与多双边规则谈判和贸易救济合作

在多哈回合规则谈判方面，我们坚持以“澄清和改进规则、加严纪律、防止滥用、反映各方利益”为立场，积极深入参与谈判，已成为谈判核心成员。2011年，我们共提交3份加严反补贴调查纪律的提案，力争从规则层面破解应对难题。在自贸区谈判方面，我们积极参与中瑞（士）自贸协定、海峡两岸经济合作框架协议等谈判，针对不同伙伴的特点制订谈判方案，根据国内产业的诉求设计保障机制。在双边贸易救济合作方面，我们与沙特、印度、加拿大、美国、欧盟、澳大利亚、巴基斯坦、俄罗斯、巴西和韩国等十个成员举行了合作机制会议，在规则研讨和案件交涉等方面取得大量成果。

四、加强信息服务和人才培训

我们以信息服务和人才培训为抓手，不断强化公共服务职能。我们向地方商务主管部门、行业组织和企业定期发送《应对贸易摩擦动态》、《贸易救济动态》和《国别贸易投资环境信息月报》等刊物；在商务部网站及时发布预警通报和案件信息。2011年，我们为地方商务主管部门、行业组织和企业举办了4期贸易摩擦应对培训，为驻外经商处举办专题培训，为其他单位开展培训提供支持。

2012年是“十二五”时期承前启后的重要一年，我国面临的贸易摩擦和产业安全形势仍很严峻，贸易摩擦的政治化倾向可能进一步加大应对难度，贸易救济工作也会面临诸多可以预见和难以预见的风险挑战。公平贸易局将深入贯彻落实科学发展观，不断加强分析和研判形势的能力，紧密围绕商务中心工作，统筹考虑和妥善处理稳定出口与维护环境、扩大进口与保护产业的关系，全面提升贸易摩擦应对和贸易救济调查工作水平，切实维护国家、产业和企业的合法权益。

（商务部进出口公平贸易局　周晓燕）

全球及中国保障措施情况

得益于主要经济体采取的大规模经济刺激政策和对金融市场的有效监管，世界经济从2009年下半年开始呈现温和复苏的态势，而且该态势在2010年继续保持。就保障措施而言，2011年无论是立案数量还是裁决数量都比2010年有所下降。2010年，世贸组织成员发起20起保障措施调查①，而2011年保障措施立案数量降至13起，降幅为35.0%。与2010年相似，2011年保障措施调查发起国主要集中在发展中国家，这主要是因为发展中国家对金融危机冲击抵御能力较弱，在国内产业的压力下选择采取保障措施来保护本国经济。在频频发起的保障措施调查中，最后终止调查的也不在少数。2011年，3起做出保障措施终裁的案件中有2起以无税结案。

一、2011年世贸组织成员保障措施实施情况

据中国贸易救济信息网统计，2011年，世贸组织成员共发起了13起保障措施调查②，其中3起采取临时保障措施③，1起采取最终保障措施，2起决定不采取措施，其余7起尚未做出裁决。

2010年世贸组织成员立案的保障措施调查中，在2011年有7起采取了最终保障措施，3起决定不采取措施。2011年世贸组织成员启动了4起保障措施日落复审调查，并对其中2起做出了最终裁决。具体情况见下表：

表1　2011年世贸组织成员保障措施立案及裁决案件列表

序号	涉案产品	申诉成员	立案时间	终裁时间	终裁结果
1	玻璃棉和岩棉	以色列	2011-01-11		
2	服装及其配饰	土耳其	2011-01-13		
3	织物	土耳其	2011-01-13		
4	部分原油加工产品	乌克兰	2011-01-29		
5	粘度高于78毫升/克的聚对苯二甲酸乙二酯	土耳其	2011-03-11	2011-09-09	对涉案产品加征为期3年的保障措施税
6	帆布和合成纤维遮阳篷	印度尼西亚	2011-03-22		
7	颗粒聚丙烯	印度尼西亚	2011-04-26	2011-06-16	由于没有明显证据证明涉案产品的进口对国内产业造成了实质性损害或损害威胁，因此决定终止该调查
8	热轧钢卷	马来西亚	2011-05-01	2011-08-22	没有证据显示，马来西亚国内产业所遭受的严重损害是来自于进口产品，因此决定终止此次调查
9	客车	乌克兰	2011-07-02		
10	邻苯二甲酸酐	印度	2011-08-10		
11	钢铁丝制品	印度尼西亚	2011-08-22		
12	传送带	印度尼西亚	2011-11-03		
13	棉线（棉纱）	埃及	2011-11-23		

注：①该统计表所统计的保障措施情况仅限于世贸组织成员发起的保障措施，关于非世贸组织成员发起的保障措施可参考"中国贸易救济信息网"（http://www.cacs.gov.cn）公布的信息。

① 该统计中未计入俄罗斯等非世贸组织成员发起的保障措施调查。

② 统计数据时，未将俄白哈关税同盟对石墨电极启动的保障措施纳入统计数据。

③ 统计采取措施时，以2011年12月31日为截止日。

二、与中国有关的保障措施情况

2011年，中国未发起保障措施调查。据中国贸易救济信息网统计，2011年世贸组织成员共发起的13起保障措施调查均涉及中国。另外，2011年世贸组织成员共发起了1起针对中国产品的特别保障措施调查，涉案产品是炭黑，发起国是印度。2010年多米尼加对中国发起的1起特别保障措施调查已采取了措施，加征为期3年的特别保障措施关税。

三、2011年世贸组织成员保障措施立法情况

据世贸组织统计，截至2011年10月26日，共有99个世贸组织成员就其国内保障措施法律或者规章情况向世贸组织保障措施委员会做出通报。另外，有27个成员没有做任何此类通报。在2011年，世贸组织保障措施委员会共对6个成员的国内立法情况（包括新制定及修改）进行审查，包括智利、厄瓜多尔、欧盟、加蓬、科威特和阿曼。

与2010年相比，修改立法的成员方仍以发展中国家为主。

（商务部产业损害调查局）

●政策审议

过渡性审议退出历史舞台　贸易政策审议再添新规

2011年是中国加入世贸组织十周年。对于中国的贸易政策审议而言，这一年有两个事件需要特别指出：一是中国加入世贸组织时所接受的过渡性审议机制终结，二是世贸组织贸易政策审议机构对审议机制进行了第四次评估，对审议的形式和内容都做出相应调整，增添若干新规。此外，2011年初，中国第四次贸易政策审议的准备工作开始积极推进；世贸组织对日本、澳大利亚、加拿大、欧盟等重要世贸成员的2011年审议也先后拉开帷幕。

一、过渡性审议机制退出历史舞台

世贸组织对华过渡性审议机制是指根据我国加入世贸组织议定书第18条，世贸组织下属与我加入承诺有关的17个机构按各自职责，在我加入后前8年，每年对我履行加入承诺和遵守世贸相关规则情况进行一次审议，在第十年进行最后一次审议。

2011年9月28日开始，货物贸易理事会、服务贸易理事会、农业委员会等16个机构先后对我国进行了最后一次过渡性审议。11月30日，作为全部过渡性审议的总结，世贸组织最高常设机构总理事会对我的最后一次过渡性审议在日内瓦进行。商务部和我常驻世贸组织代表团与会，易小准大使出席并发言。审议平稳顺利结束，标志着过渡性审议机制如期退出历史舞台。

在总理事会最后一次过渡性审议时，美国、欧盟、日本等主要成员在发言中肯定我国加入世贸组织十年来在履行承诺、开放市场和推进改革上所做出的努力，认为中国加入世贸组织是过去十年全世界最具影响力的经济发展事件，中国从此融入了多边贸易体制，显著扩大了与贸易伙伴的经贸联系，成为了世界经济增长的主要动力，成为多边贸易体制最大的受益者。

与此同时，美、欧、日对我国未来是否会继续履行承诺、遵守规则表达了疑虑，强调中国作为全球最重要的经济体和多边贸易体制中最重要的成员之一，还需长期努力，将世贸组织基本原则和规则真正融入自身发展，做出与自己经济实力相称的贡献，中国未来的成功将取决于中国自身的表现。美、欧、日还称，将加强利用世贸组织争端解决机制，并继续通过双边和多边渠道，敦促我遵守规则，履行承诺，解决其关注的具体问题。

此外，巴基斯坦、古巴、委内瑞拉、智利、津巴布韦等成员对我国履行加入承诺和十年来为参加过渡性审议所做的巨大付出表示赞赏，认为中国的认真合作是对多边贸易体制的贡献。智利大使表示，世贸组织规则是建立在平等、非歧视性的原则之上的，针对中国的不平等的过渡性审议机制的终结值得祝贺。

我国常驻世贸组织代表团易小准大使在审议发言中表示，过渡性审议机制是一项歧视性的、专门针对中国的机制，有悖于多边贸易体制最基本的非歧视性原则。尽管如此，由于该机制作为中国加入世贸组织谈判中各方妥协的结果而成为了中国加入议定书的一部分，中国言必信，行必果，在过去十年投入了大量人力、物力，以建设性和专业性的姿态践行承诺，认真参加了历次审议会议，答复了成员们的大量问题。2011年是中国加入世贸组织十周年，中国很高兴地看到，包括过渡性审议机制在内的对华歧视性安排正在陆续退出历史舞台。中国将以平等的地位与其他成员发展经贸关系，继续以更加开放的态度与其他成员在世贸组织的正常机制下进行交流。

易小准还强调，加入世贸组织承诺履行的结束不是中国对外开放的终点，而是新的起点。改革开放已成为中国人民的广泛共识，中国以市场为导向的经济改革将会坚定不移地继续推进下去。

二、世贸组织贸易政策审议机制进行第四次评估

《马拉喀什建立世界贸易组织协定》附件3中规定，贸易政策审议机构（TPRB）应在《WTO协定》生效后5年内对贸易政策机制的运用情况进行一次评审。评审结果将提交部长级会议，贸易政策审议机构随后还可按其确定或按部长会议要求的时间间隔对贸易政策审议机制进行评估。

根据该规定，贸易政策审议机构分别在1999年、2005年和2008年进行了三次评估。2008年的第三次评估结果决定，“贸易政策审议机构应当在此次评估后3年内，对贸易政策审议机制的运用进行深入评估”。

2011年4月3日，贸易政策审议机构启动第四次评估，并于7月13日至11月25日举行14次会议，讨论成员建议，对评估报告进行修改。11月29日，第四次评估结果作为第八次部长级会议的文件散发，最终以部长决定的形式成为第八届部长级会议的一项成果。评估结果将从2012年起临时适用，直至2013年第九届部长级会前的第五次评估达成新的成果。

针对我国审议时面临的书面问题数量大、问题单研读和答复中语言问题是主要障碍的情况，我方在第四次评估中的主要关注可概括为“能力”问题：一方面，如何提高贸易政策审议的参与能力；另一方面，如何对有关贸易政策审议的程序进行调整，以与大多数成员，特别是广大发展中成员的参与能力相适应，使审议机制对于多数发展中成员而言能够更多地服务于其发展的需要，而不是成为负担。

经过各成员的讨论交流，第四次贸易政策审议评估最终对审议中的下述四个方面做出修订和变更：

一是书面问题单的提交和答复流程。成员可选择现有书面问题单提交和答复流程时间表，也可选择新的时间表。

二是会上发言顺序。发言顺序由现行的按照首批问题单提交时间确定变更为按照最后一批问题单提交时间确定。未提交问题单的国家按照现场举牌顺序发言。

三是问题单形式。现行的问题单不受批数和格式限制。新规定则要求各成员尽量把问题单提交批次减少，尽量只提交一批问题单，同时制定了问题单的固定格式。

四是审议天数和会议形式。根据现行规定，审议会议分两天进行，中间间隔一天。新规定则允许在征得被审议成员同意后，可将两天会议合并为一天。新规定还要求在第一天审议会上成员发言时间不超过7分钟，在第二天审议会上应按照主席和引导人确定的主题，根据被审议成员提交的书面问题单进行深入讨论。

三、中国第四次贸易政策审议筹备工作启动

世贸组织对我国第四次贸易政策审议定于2012年6月进行。根据审议机制规定，世贸组织秘书处（以下简称秘书处）需撰写《2012年中国贸易政策审议报告》，以期全面反映我国过去两年宏观经济环境、贸易政策措施和经济部门改革方面的发展与变化。

距审议会议的周数		
问题单提交、答复流程	现有时间表	新时间表
秘书处报告和政府报告送译	9	11
向成员散发报告	5	7
成员提交书面问题单	2	4
被审议成员提交问题单书面答复	会议开始前	1
问题单书面答复，及秘书处归纳要点等文件的散发（工作日）	（0日）	（4日）

为做好秘书处报告书面问题单答复和其他相关工作，中国第四次贸易政策审议相关准备工作于2011年5月启动。此前，2011年3月29日至31日，商务部召开我国加入世贸组织十年来首次贸易政策审议工作专题会议，在全面回顾、总结贸易政策审议工作的阶段性成果和经验基础上，针对新形势下面临的挑战和任务，对下一步工作，尤其是第四次贸易政策审议的工作作了安排，为贸易政策审议部际工作的展开打下良好基础。

截至2011年8月，商务部组织协调世贸组织贸易政策审议部际工作组各成员单位，对秘书处的194个书面问题提供了总计约15万字的答复，得到秘书处的高度认可。在此基础上，为更深入了解我国有关政策实施和改革发展情况，2011年9月，世贸组织秘书处派中国贸易政策审议工作组访华，与我国相关部委（局办）举行密集会谈，为撰写第四次贸易政策审议报告做准备。

会谈历时七天，共28场，涉及商务部、发展改革委、工业和信息化部、财政部、环境保护部、交通运输部、铁道部、农业部、人民银行、审计署、国资委、海关总署、税务总局、工商总局、质检总局、新闻出版署（版权局）、知识产权局、旅游局、法制办、银监会、证监会、电监会、能源局、民航局、邮政局、外汇局等20多个部门，涵盖我国经济体制改革、立法框架、绩效评估、透明度、财政政策、政府采购、税收政策、货币汇率政策、资本市场改革、银行及金融业改革、金融服务、贸易体制、进出口管理、中国参与区域贸易协定、外资政策、产业政策、紧急措施、环境政策和环境保护、国有企业、竞争政策、能源政策、农业政策、技术壁垒和检验检疫、知识产权、电信服务、交通运输服务、旅游服务、邮政速递服务、分销服务和物流等诸多内容。

各成员单位对此次会议高度重视，本着透明、开放的态度与秘书处进行了良好的沟通和交流，向秘书处介绍了我国各相关领域的政策措施和对外开放的情况，从国情实际出发解释我国相关政策的必要性和合理性，特别是通过事实和对比，充分展示了我国不断深化改革，持续推进开放的积极形象。

会谈通过坦诚开放的对话，使秘书处更加客观准确地了解我国国情和政策，认识到我国正继续不断推进改革，完善社会主义市场经济体制。秘书处对会谈结果表示满意，认为与各部门的沟通顺畅而有效，有助于加深对我国经济贸易体制和政策措施的了解。

在访华行程结束后，秘书处又向我国提交了后续问题单。会谈期间的真诚对话和对问题单的认真答复保证了秘书处报告能够基本真实反映我经贸政策措施变化，评价客观、援引事实和数据可靠，也为我第四次贸易政策审议的顺利进行奠定了坚实的基础。

四、重要成员审议密集进行

为更好地参与世贸组织对其他成员的贸易政策审议，行使权利，在2011年3月召开的贸易政策审议工作专题会议上，商务部根据《国务院办公厅关于做好我国加入世界贸易组织有关贸易政策通报咨询和审议工作的通知》（国办发［2002］50号），将于2004年8月牵头成立的“世贸组织对华贸易政策审议部际工作组”更名为“世贸组织贸易政策审议部际工作组”，将各成员单位审议工作的重点由主要应对世贸组织对华审议转变为接受审议和参与审议并重。

2011年接受审议的重点成员较多，有牙买加、日本、澳大利亚、加拿大、尼日利亚、欧盟、埃及、印度、柬埔寨、厄瓜多尔、菲律宾、泰国、沙特阿拉伯、尼泊尔以及津巴布韦等。中国对各成员的审议均认真、积极参与，通过会前提交书面问题单，会上发言评论等方式提出双边经贸往来中的重点关注，收效良好。

在对日本贸易政策审议中，审议前中方先后向日本提交了上百个问题，涉及进出口许可和配额的透明度问题、技术壁垒和检验检疫措施、外资准入、部分行业的高度保护、对自然人流动的严格限制等方面。在会上发言中，中国对日本政府报告第57段“中国和日本经济上的相互依存正在不断加深”的观点表示赞同，对日本虽然受到国际金融危机的严重冲击，但在出台新贸易壁垒上总体表现克制表示赞赏。同时，日本为应对国际金融危机采取的一系列经济刺激措施并没有着眼于日本经济长期存在的结构性问题，反而进一步加重了日本的财政赤字和公共债务；在结构性改革方面，日本放慢了步伐；在推进现有贸易体制自由化上，日本也没有太多新的举措。中国对上述情况表达了深切关注。

在对澳大利亚的贸易政策审议中，中方在会前提交三批问题单表达具体关注的基础上，会上发言以积极和赞扬的论调为主。易小准大使在发言中对澳方继续保持积极开放的贸易政策环境表示肯定，对澳大利亚在金融危机中取得的经济增长成就表示赞扬，同时，希望中澳双方继续保持良好的贸易合作伙伴关系，进一步促进双边经贸关系的发展。

在对加拿大的贸易政策审议中，除会前提交问题单表达关注外，在会上的发言中，中方特别提出了中国企业想要表达的两点关注：一是认为加拿大启动贸易救济门槛过低，贸易救济措施频繁；二是外商直接投资体制不够透明。这是中方积极利用贸易政策审议平台，反映企业具体诉求的一个重要体现。

在对欧盟的贸易政策审议中，中方在会前向欧盟提交了3批共计145个书面问题。会上，中方对贸易救济和检验检疫措施、农业政策改革、关税结构等一直存在的问题表达了持续关注；同时，对里斯本条约生效后对贸易可能产生的影响，中方也表示了深切关注。最后，易小准大使引用中国一句老话，“良药苦口，忠言逆耳”，希望欧盟能够认真听取和采纳各成员意见，继续改革和完善贸易体制中存在的问题和不足，为世界经济的健康蓬勃发展做出贡献。

综上可见，在对其他成员的贸易政策审议中，中国本着“沟通交流、增信释疑”的原则，通过积极的政策对话加强同各成员的交流合作，以共同应对解决全球性问题，抵制贸易保护主义，实现各成员间的互利共赢。

（商务部世界贸易组织司司长　柴小林）

世贸组织对日本第十次贸易政策审议
中国常驻世贸组织代表团易小准大使的发言

2011年2月15日

主席先生：

日本是中国在东亚的近邻，两国经济和文化联系一直以来十分紧密。今天，我很高兴欢迎日本代表团团长香川刚广（Takehiro Kagawa）先生和他的同事来到日内瓦。

日本是全球最大的经济体之一，此次日本贸易政策审议的基础文件，即世贸组织秘书处报告和日本政府报告自然具有重要的参考价值。刚才，先生对上次审议以来日本经济贸易政策的主要情况做了十分有益的概述。我对世贸组织秘书处和日本代表团为准备此次审议所付出的努力表示赞赏。我也感谢此次审议的讨论人，丹麦的斯密德大使。他的评论和问题对我们与日本代表团这两天的交流很有启发作用。

主席先生，关于中日两国的经济贸易关系，日本在其政府报告第57段中表示，“中国和日本经济上的相互依存正在不断加深”。中国赞同这一观点。根据中国海关统计，虽然由于国际金融危机影响，2009年中国对日本出口和进口比2008年分别下降了15.7%和13.1%，只有980亿美元和1 310亿美元，但中国在这一年仍然是日本最大的贸易伙伴，中日双边贸易当年的降幅还是远低于日本与许多其他成员贸易的降幅。2010年，情况已经发生了可喜变化。中国对日本出口和进口分别达到1 210亿美元和1 767亿美元，不仅同比增长了23.7%和35%，更是已经超过了危机发生前的水平。可以说，中日经贸关系经受住了国际金融危机的严峻考验。

中日经济贸易不断加深的相互依存关系意义重大。日本对中国的贸易顺差与中国对其他一些成员的贸易顺差总是同时存在，而且规模都不小。日本在其政府声明中提到，2009年，尽管国际金融危机肆虐，日本对中国的直接投资仍然达到了41亿美元。截至2008年年底，在中国运营的日资企业有25 000多家。最近以来，也有越来越多的中国企业对投资日本产生了兴趣。面对这样日益紧密的双边经贸关系，中日之间必须不断增进互信，加强对话和协调。中方将为此继续做出努力。

主席先生，中国对日本经济的表现和宏观政策的走向十分关心。日本为应对国际金融危机采取了一系列经济刺激措施，但我们注意到，秘书处报告认为这些措施绝大部分并没有着眼于日本经济长期存在的结构性问题，相反，它们进一步加重了日本的财政赤字和公共债务，而在结构性改革方面，日本反而放慢了步伐。中国就此向日方提出了一系列的书面问题。我们期待日本在这些问题上做出回应。

在贸易和投资政策上，日本虽然受到国际金融危机的严重冲击，但秘书处报告表示，上次审议以来，日本在出台新贸易壁垒上总体上表现克制。中国对此表示赞赏。中日两国在反对贸易保护主义问题上立场相同，有着共同利益。与此同时，秘书处报告也谈到，在推进现有贸易体制自由化上，日本没有太多新的举措。在这方面，中国有一系列长期以来十分关注的问题，其中最主要的是透明度，特别是在进出口许可和配额，以及大米的关税配额方面。此外，还有严苛的技术壁垒和检验检疫措施；外资准入方面的重重障碍；部分行业的高度保护；对自然人流动，包括公司雇员居留的严格限制等等。

中国愿意敦促日本继续推进改革，实现贸易投资进一步的自由化，以解决贸易伙伴们的关注。这不仅将有助于深化两国的互惠关系，对多边贸易体制，特别是正在进行的多哈回合谈判也将会是实实在在的重要贡献。

主席先生，中国政府各个部门对日本此次贸易政策审议十分重视，已经向日本代表团提出了三批问题单。我们感谢日本方面向我们提供的详细答复和回应，这将有助于我们对日本经济贸易体制和政策有更好的了解。

最后，作为结束，我想在此就日本在世贸组织和目前多哈回合谈判中所起的积极作用表示赞赏。北岛大使和他在日内瓦的团队在我们目前工作的各方面都做出了建设性的贡献。我知道这可能是北岛大使参加的最后一次日本的贸易政策审议。我谨代表中国政府并以我个人的名义，向北岛大使表示感谢，并祝愿他今后一切顺利。

主席先生，我祝愿日本第十次贸易政策审议成功。谢谢。

（以原英文发言为准，中文译文仅供参考）

世贸组织对澳大利亚第六次贸易政策审议中国常驻世贸组织代表团易小准大使的发言

2011年4月5日

主席先生：

我们对您当选成为这个重要机构的主席表示祝贺。我们会全力支持您的工作。

我对澳大利亚外交贸易部第一部长助理Hamish McCormick先生带领的澳大利亚代表团表示欢迎，并对澳大利亚代表团和世贸组织秘书处的工作表示感谢。我也感谢此次审议的讨论人，新加坡大使Kwok Fook Seng先生。他的评论对此次审议很有启发作用。澳大利亚代表团提到此次审议是在关键时期举行的，此时全球经济危机下各国面临经济挑战，我们也认同这个观点。我们相信这是一个让成员们向澳大利亚学习怎样应对这些挑战很好的机会。

主席先生，中国很高兴注意到澳大利亚仍然是世界上最开放的经济体之一。也很高兴看到澳大利亚在没有使贸易自由化倒退的前提下成功经受了全球金融危机。澳大利亚一向对基于规则的透明的多边贸易体系和多哈发展议程谈判坚定支持，我们对此表示赞赏。在此，我们对Tim Yeend大使和他的同事们在日内瓦积极的谈判表示感谢。

在世界经济经历强烈冲击的2008到2010年间，澳大利亚的GDP增速达到了令人瞩目的1.4%到2.3%。据我们统计，澳大利亚是经济合作与发展组织（OECD）中唯一在这次金融危机中没有陷入衰退的国家。秘书处报告指出，这主要得益于澳大利亚良好的宏观经济政策、结构性改革和提升的贸易条件。同时，我们也注意到一些指标会对经济产生不利影响。例如，尽管澳大利亚仍被认为是世界上最具竞争力的经济体之一，但其在多要素生产率增长上遭遇了显著的降低。澳大利亚的失业率虽然从4.5%逐步升到5.5%，但仍然较低。从2008年到2009年，澳大利亚的财政转为赤字。结合这些因素，我们对澳大利亚怎样保持结构改革的动力以维持将来发展很感兴趣。

主席先生，中国和澳大利亚是重要的贸易伙伴，中国既是澳大利亚最大的进口国，也是其最大的出口市场。正如秘书处报告指出，中国强劲的需求是推动澳大利亚贸易条件达到60年来最高的重要因素之一。尽管有着全球经济危机的影响，中澳两国双边经济关系在审议期间有着良好的发展。我们的统计数据显示，在2010年中澳双边贸易总额达880亿美元，同比增长46.5%。在全球经济危机背景下如此良好的贸易表现证明了中澳两国紧密和互补的经济联系以及我们可以从进一步自由化中得到的利益。

主席先生，尽管澳大利亚有着普遍开放的贸易体制，但在其一些贸易政策方面仍有着改进的空间。例如，秘书处报告指出，澳大利亚实施了严格的检查检疫制度，而这些并不是必要的。我们希望澳大利亚能基于世贸组织基本规则和原则重新评估这些措施。为了透明性原则和反映我方政府所关注的一些问题，我方代表团在此次审议中提出了三批问题单。我们感谢澳大利亚代表团及时的答复，我们会对此做详细研究。

主席先生，最后我祝愿这次贸易政策审议成功，澳大利亚代表团在日内瓦工作愉快。谢谢。

（以原英文发言为准，中文译文仅供参考）

世界贸易组织对加拿大贸易政策审议
中国常驻世贸组织代表团副代表张向晨博士的发言

2011 年 6 月 20 日

主席先生：

我方代表团对参加加拿大第九次贸易政策审议的加拿大代表团团长 Robert Ready 先生一行表示欢迎。感谢 Robert Ready 先生所做的全面性的发言。感谢加拿大政府和世贸组织秘书处为此次审议提供了高质量且内容丰富的报告，这些报告对此次审议很有参考价值。我也感谢此次审议的讨论人 John Adank 大使，他的评论和问题对我们与加拿大代表团的交流很有启发作用。

主席先生，中国很高兴地看到在审议期间，与其他工业化国家相比，加拿大更好地应对了全球经济衰退，并且实现了经济的强劲复苏。尽管加拿大经济在 2009 年遭受了巨大的损失，但实质上其 GDP 和就业在 2010 年 6 月就已恢复。加相对强劲的经济表现反映了其应对危机措施得当和其在提高生产力和经济的竞争力方面的持续努力，包括其采取贸易、投资自由化等措施。正如秘书处报告指出，加拿大没有采取贸易措施来进一步保护其国内生产，中国对此表示赞赏，中加两国在反对贸易保护主义问题上的立场是相同的。

加拿大一贯支持基于规则的透明的多边贸易体系，致力于推动多哈发展回合谈判成功结束，我们对此表示赞赏。加拿大在世贸组织日常工作和多哈回合谈判中都是一个活跃而且重要的参与者。加拿大良好的通报记录，在多哈回合谈判中所提交的各种提案和其对促贸援助计划的卓越贡献可以很好地说明这一点。在此，我们对 John Gero 大使和他优秀的团队表示赞赏。我还想对 Gero 大使去年担任世贸组织总理事会主席期间所展现的领导力和有效的工作表示衷心的感谢。

主席先生，中加是重要的贸易伙伴，中国是加拿大的第二大贸易伙伴。尽管在审议期间经历了全球经济衰退，中加双边经贸关系仍有着良好的表现。根据我们的统计，2010 年中加双边贸易总额为 371 亿美元，同比增长了 24.8%。2011 年第一季度双边贸易总额同比增长 46.2%，达到了 108 亿美元。这样突出的成绩说明了中加双边经贸关系具有紧密的联系以及很强的互补性。2010 年 6 月，中加双方达成共识，计划到 2015 年双边贸易额达到 600 亿美元。

加拿大的贸易体制一向较为开放，但也仍有提升空间。正如秘书处报告提到，尽管加拿大在审议期间取消了 1374 个税目的税率，但一些农产品的税率仍较高，特别是在乳制品上配额外最惠国待遇关税税率平均为 237.3%。加拿大的农业部门仍是二元结构。此外，加拿大对于本国啤酒及白酒厂商实行的税收减免政策可能引发国民待遇问题，对此我们表示关注。根据秘书处报告，一些支持新能源发展的项目包含了本地成分要求。

此外，我想强调我国企业所关注的两个问题。首先，加拿大的贸易救济措施。加拿大立法规定的启动贸易救济措施的门槛过低。而且，加拿大的大多数反补贴调查是与反倾销调查一起进行，造成了双重救济，这是与世贸组织规则是不相符的。正如秘书处报告指出，在审议期间加拿大边境服务局发起了 18 起反倾销措施，其中 8 起是针对中国产品的，就反补贴措施而言，7 起中 6 起都是针对中国的。中国是加拿大反倾销和反补贴措施最大的受害者。中国希望加拿大尽最大努力避免以贸易保护为目的或歧视性地实施贸易救济措施，以便为贸易商提供一个公平竞争的环境。

其次，中国企业对加拿大相对不透明的外国直接投资体制表示关注，该体制要求对重大收购进行净收益测试、对外国直接投资具有行业限制以及国家安全审查，这些都给投资者带来了很大的不确定性。中国很高兴地看到在审议期间加拿大的外国直接投资体制有所放松。中国希望加拿大朝着这个方向继续努力，使外国直接投资更加便利。

主席先生，为了透明度原则以及反映我国政府有关部门关心的一些问题，我方代表团在此次审议中提出了两批问题单。我们感谢加拿大方面对我们问题的及时答复。我们会在回国后对这些答复做详细研究。

再次，我祝愿加拿大贸易政策审议成功，加拿大代表团在日内瓦工作愉快。谢谢。

（以原英文发言为准，中文译文仅供参考）

世贸组织对欧盟第十次贸易政策审议
中国常驻世贸组织代表团易小准大使的发言

2011 年 7 月 6 日

主席先生：

我们对欧盟代表团参加第十次贸易政策审议表示欢迎。我对欧盟委员会以及世贸组织秘书处高质量、启发性的报告表示赞赏。我对 Peter Balas 大使全面的开场发言以及欧盟代表团答复这么多问题的努力表示感谢，这几乎快打破中国在上一次贸易政策审议中的纪录了。我对此次审议的讨论人，Fernando de Mateo 大使有见地的发言表示感谢。

作为世界上最大的经济体，欧盟在审议期间展示了欧盟 27 国综合的宏观经济形势。在上次审议期间，欧盟正陷入一场严重且广泛的经济衰退中。受到财政和货币政策的强烈刺激，欧盟经济在 2010 年实现了 1.8%的实际产出反弹。欧盟经济有望在 2011 年再次实现 1.8%的增长。秘书处报告指出，欧盟的这次经济复苏与危机前 3%的增长速度相比是平缓且不均衡的。欧元区一些国家的主权债务危机仍然阻碍着经济增长。高失业率和通货膨胀风险进一步加大了经济前景的不确定性以及政府干预的困难性。考虑到欧盟及其成员国在全球的重要地位，欧盟决策者有效应对目前状况对世界经济意义重大。

然而，尽管上述挑战会增加贸易保护压力，欧盟在抵制贸易保护主义的行动上值得称赞。相反，欧盟在世贸组织以及二十国集团中成为推动贸易合作以应对危机的领导者。但仍要指出，我们对欧盟重启乳制品出口补贴感到失望。

下面我将对欧盟的贸易政策做一些评述。中国赞赏欧盟在多边贸易体制中恪守承诺以及其在多哈回合中的领导作用。我方代表团与 Pangratis 大使和他的同事们在日内瓦保持着良好的工作关系。中国、欧盟以及很多成员对在世贸组织第八届贸易部长会议达成的关于最不发达国家问题的先期成果有着共识，认为这些成果会加强世贸组织的可信度以及对将来一揽子承诺的达成打好基础。中国也对欧盟及其成员国作为贸易援助的主要提供者表示感谢。

尽管如此，秘书处报告指出了欧盟在市场准入仍存在一些长期壁垒以及其他一些扭曲国际竞争的措施。下面我想列举一些我们关注的措施。

首先，欧盟仍是反倾销措施的重要使用者。其实施的 45%的反倾销措施都是针对中国的。中国坚决反对滥用贸易救济措施并将其转化为常用的贸易保护主义工具。举个例子来说，中国很难理解欧盟在今年 6 月将 1993 年开始的对中国产自行车实施的非日落救济措施又一次延期。

第二，技术性贸易壁垒（TBT）和动植物卫生检疫措施（SPS）一直是焦点问题。在上次审议中，许多成员国抱怨欧盟的技术性贸易壁垒给贸易带来了不必要的障碍。这种状况并没有改善。其在动植物卫生检疫措施上也面临着同样的问题。欧盟的一些成员国并没有依据世贸组织规则通报其在国家层面的技术性贸易壁垒协议和动植物卫生检疫措施。中国尤其要敦促欧盟尽快采取措施使中欧在禽类产品的双边贸易正常化。

第三，中国注意到欧盟在共同农业政策上持续的改革。然而，欧盟农业产业仍通过高关税、相当的出口补贴以及国内支持享有很高的保护。

第四，欧盟的关税结构仍相当复杂。约有 11%的税目是非从价税，接近 9%的税目最惠国税率超过 15%。

随着里斯本条约中关于将外国直接投资并入欧盟外部贸易政策的条目生效，这给予了欧盟在这一领域独有的权限。因此，除非经欧盟授权，欧盟成员国无权在外国直接投资上与第三国谈判。中国对此新制度对欧盟成员国和第三国现有的双边投资条约产生的影响表示关注。

主席先生，下面我想谈谈双边情况。中国和欧盟是提倡贸易自由、多边主义和世界和平的重要力量。在今年 5 月 Van Rompuy 主席在北京访问期间，胡锦涛主席强调“欧洲保持经济稳定、繁荣对世界和中国都很重要”。胡主席的发言直接体现在中国在帮助维护欧元区稳定和促进欧洲经济复苏的快速反应。中国和欧盟正在加强的合作关系对维护双边共同利益和为将来铺设互利合作的道路都有着重大和深远的影响。

中国和欧盟是重要的贸易伙伴。我们的合作伙伴关系在贸易、投资和诸如新能源等领域有着巨大的发展前景。欧盟目前是中国最大的贸易伙伴，同时中国是欧盟的第二大贸易伙伴和第二大出口市场。欧盟是中国重要的外国直接投资来源国，同时中国对欧盟 24 个成员国的投资在近年来也保持着快速增长的势头。此外，中国“十二五”规划（2011—2015）和“欧洲 2020”的同时推行会毫无疑问地为中欧合作创造巨大前景。

主席先生，欧盟答复了我方 140 个问题，中国代表团对此表示赞赏。我们会对其好好研究，如果需要的话我们会在周五进一步提出问题。

在结束之前，我想与诸位分享一句中国格言“良药苦口利于病，忠言逆耳利于行”。我期待在下一次欧盟贸易政策审议时看到中欧更紧密的联系以及欧盟在贸易和经济体制各方面更大的进步。谢谢。

（以原英文发言为准，中文译文仅供参考）

中国常驻世贸组织代表团易小准大使在欧盟贸易政策审议第二日会议上的发言

主席先生：

我想借此机会继续讨论第一天发言中我们关心的问题。

1. 中药问题

中国有意向欧盟市场出口中药。七年前，欧盟发布了传统中草药指南，该指南规定药用植物生产企业在进入市场前必须在 2011 年 4 月 30 日前完成注册。然而，由于欧盟苛刻的要求和较高的注册费用，中药仍未被批准。中国希望与欧盟共同努力，及时找到一个合适的解决方法。

2. 复杂及繁琐的技术贸易壁垒管理

从这次贸易政策审议中国向欧盟提出的问题可以看出，我方政府期望欧盟注意到其诸如《关于限制在电子电器设备中使用某些有害成分的指令》(RoHS)、《报废电子电气设备指令》(WEEE)、能耗产品指令（Eup）和《化学品注册、评估、许可和限制》(REACH）等复杂、繁琐的指令给发展中国家企业向欧盟出口带来的巨大困难。中国希望欧盟在将来政策制定中考虑到这些问题，避免使用这些复杂、繁琐的技术贸易壁垒给贸易带来不必要的障碍。同时，欧盟应向发展中国家提供技术支持来满足这些苛刻的要求，因为这些指令确实影响了包括中国在内的发展中国家进入欧盟市场的能力。

3. 动植物卫生检疫措施的透明性

动植物卫生检疫措施的通报在欧盟层面总体上是遵守的，但在不同的成员国上不均衡。中国认为欧盟成员国的这些行为削弱了世贸组织成员按照《实施动植物卫生检疫措施的协议》规定对欧盟成员国的动植物卫生检疫措施评论的权利。因此，中国期望欧盟能够敦促其成员国履行透明性的义务，将其准备提议的动植物卫生检疫措施通报世贸组织，并提供不少于 60 天的评论时间。

主席先生，在此次审议中，中国并不是唯一一个对欧盟的技术贸易壁垒和动植物卫生检疫措施表示关注的国家。中国希望欧盟能认真考虑这些问题，避免给贸易带来不必要的壁垒。我们注意到，在今天的审议中，欧盟回答了一些我们在技术贸易壁垒和动植物卫生检疫措施上的问题。我们会好好研究这些问题，如果需要的话，我们会通过双边途径与欧盟会谈。我们再次对欧盟代表团的努力表示感谢，并预祝欧盟委员会工作人员回布鲁塞尔一路顺风。谢谢。

（以原英文发言为准，中文译文仅供参考）

● WTO/TBT 与 SPS

有关 TBT/SPS 的内容

一、WTO/TBT 通报概述

2011 年，成员共提交了 1217 份技术法规和合格评定程序的新通报（包含修订），还有 544 份通报的补遗/勘误（图 1）。自 1995 年协定实施以来到 2011 年 12 月 31 日止，共有 113 个成员提交了 14 194 份通报和 2 575 份通报的补遗/勘误。

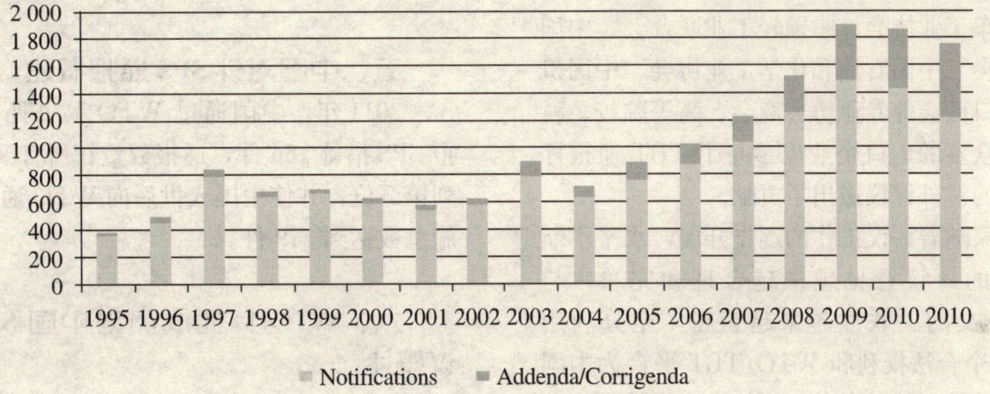

图 1 1995—2011 年 TBT 通报总数

通报中涉及最多的产品领域仍是食品及相关产品，计 382 件次，占总通报件次的 28.3%。这说明在各国的技术法规中与食品相关的内容占很大比例，食品始终是各国政府重点管理的产品。其次为石油化工技术和电子电器工程，这两个领域也一直是通报的热点，连续几年都位于通报领域的前 5 位。

二、中国对外 WTO/TBT 通报及接收评议情况概述

2011 年，中国通过 WTO 向各成员通报 TBT 措施 90 个，通报数量在所有 WTO 成员中列第 1 位。在通报 90 项 TBT 措施中，强制性国家标准 78 项。截至 2011 年 12 月 31 日中国的 TBT 通报编号已至 862。

通报发出后，中国 TBT 国家通报咨询中心收到其他成员对 15 项中国通报提出的评议意见 27 件（次）。中国政府有关部门对相关评议意见进行了认真研究考虑。

三、中国对 WTO 其他成员 TBT 通报评议情况

2011 年中国跟踪其他 WTO 成员 TBT 通报措施并开展了 203 项评议，并发出书面评议意见 27 次，涉及 34 件通报。中国关注的范围依然集中在重要贸易成员发布的主要技术性贸易措施方面。这 203 件通报中涉及 30 个 WTO 成员，前三位的是：美国、欧盟、韩国，2011 年组织函评 42 次，召开 10 次评议会。评议会涉及的重点是能效、化学品、玩具、化妆品等领域。

所发出的中国书面意见，已有6项收到6个成员的正式答复。中国的评议意见和其他成员的答复，对于促进相关专业领域的技术交流和改进业内的技术思路，对于保护中国相关行业的发展，都将带来良好的影响。

对国外TBT通报的评议工作时效性强、专业覆盖面广，需要集中社会各方面的力量和积极性，共同参与研究、关注国外的通报法规。这是关系到能否切实享受WTO/TBT协定赋予权利的关键。除组织质检系统的评议专家参与评议活动外，国家WTO/TBT通报咨询中心与相关政府部门、科研院所和行业协会建立了联系和沟通。在部际联席会议成员中，商务部、国家发改委、工业和信息化部、农业部、卫生部、环保部、交通运输部、铁道部、国家认监委、国家标准委等积极参与了对外评议工作，各部门对TBT评议给予了大力支持和配合。中国汽车工业协会、中国轻工业联合会、中国纺织工业协会、中国石油和化学工业协会、中国机电产品进出口商会等专业协会商会、高等院校、科研院所以及众多的出口企业也参与了TBT通报评议，为中国的对外评议做出了贡献。

评议专家随着评议工作的逐步开展，水平不断提高，提出的评议意见越来越合理和完善，与TBT协定条文的关联性越来越紧密，充分利用TBT评议这个合法权利和WTO/TBT平台为中国争取更大的贸易利益。在对一些技术法规的具体条文提出意见时，充分引用TBT协定具体条文，指出不合理的方面；在技术方面，做到理论和实验基础扎实，科学合理；在法规实施方面，积极要求给出充分过渡期，为产业界适应和应对新技术性贸易措施争取时间。

四、WTO/SPS通报概述

（一）SPS通报数量

2011年，有54个成员向WTO提交了1 385件SPS通报，通报数量排在前十位的成员分别是：美国231件，中国166件，加拿大149件，巴西123件，中国台北71件，智利67件，欧盟50件，乌克兰47件，秘鲁44件，哥伦比亚42件。前十位成员的通报量（990件）占全部通报的71.5%（见图1）。2011年，中国通过WTO秘书处向各成员通报SPS措施166件，通报数量在所有WTO成员中列第二位，并使中国入世后向WTO通报的SPS措施总数达到519件。

（二）SPS通报类型

2011年发布的1 385件通报中，常规措施通报为902件，约占通报总数的65.1%；紧急措施通报105件，约占通报总数的7.6%；修订通报15件，约占通报总数的1.1%，补遗通报345件，约占通报总数的24.9%；勘误通报18件，约占通报总数的1.3%。

（三）SPS通报领域

就通报措施在SPS几大领域的分布情况而言，对可统计通报中“目的和理由”一栏的分析表明，2011年，涉及食品安全的通报数量685件，涉及动物健康151件，植物保护215件，保护人类免受动/植物有害生物的危害74件，保护国家免受有害生物的其他危害60件。

五、中国对外SPS通报概述

2011年，中国通过WTO秘书处向各成员通报SPS措施166件，通报数量在所有WTO成员中列第2位，并使中国入世后向WTO通报的SPS措施总数达到519件。

六、WTO其他成员对中国SPS通报评议概述

2011年，中国所有SPS通报均向WTO同时提供措施草案全文。通报发出后，收到澳大利亚、加拿大、美国、欧盟、智利、泰国、墨西哥等7个其他成员政府或行业协会的评议意见共84份，涉及63件通报。

七、中国对WTO其他成员SPS通报评议概述

2011年，中国国家质检总局、农业部、卫生部等对加拿大、美国、澳大利亚、欧盟、日本、韩国等其他WTO成员的67件SPS通报措施开展了评议，对外提交评议意见40件。评议的通报措施中涉及食品安全的有53件，植物保护的有10件，动物健康的有4件。评议涉及的通报成员主要有加拿大18件，欧盟12件，台澎金马单独关税区9件，美国8件，日本、韩国各5件，澳大利亚4件，新西兰、埃及、新加坡、南非、乌克兰、泰

国、巴林、卡塔尔各1件。在对外提交的评议意见中，数量最多的是针对食品中农药残留限量，共19件，其次是食品添加剂标准4件，食品接触材料2件，食品中有毒有害物质限量2件，食品产品安全标准2件，植物检验检疫2件，其他还有水生动物检验、植物有害生物、动物产品进口卫生标准等。

目前已收到欧盟、日本、韩国、澳大利亚、加拿大、荷兰、新加坡、南非等8个成员对中国14件评议意见的答复，对中国提出的要求和疑问给予了解释和澄清。此外，加拿大和新加坡均在其后续措施修订过程中采纳了中方的评议意见。

（国家质量监督检验检疫总局）

第四篇　中国大陆与港、澳、台

与中国香港、澳门WTO事务

1995年1月1日，世界贸易组织成立。香港、澳门作为关贸总协定缔约方，成为其创始成员。2001年12月，中国内地以国家主体身份加入了世界贸易组织。从多边层面看，在世界贸易组织框架下，内地与港澳是平等的成员；从国内层面看，内地与港澳地区之间的经贸关系是国家主体与其单独关税区之间的关系。

2001年年底，在内地正式成为世界贸易组织成员之初，香港特区政府即提出，希望在内地与香港之间建立自由贸易区，以便香港能够充分借助中国内地入世后的过渡期，先行进入内地市场。2002年1月，内地与香港就建立内地香港自由贸易区在北京进行了首次磋商，将两地未来的合作模式定位为更紧密经贸关系安排。

2003年6月29日，内地与香港《关于建立更紧密经贸关系的安排》（CEPA，以下简称《安排》）及其6个附件在香港签署。同年10月，内地与澳门也签署了《安排》。2004年1月1日，《安排》正式实施。此后的2004—2012年，内地分别与香港、澳门又相继签署了九个《安排》补充协议。

内地与香港、澳门《安排》的内容主要包括货物贸易自由化、服务贸易自由化和贸易投资便利化三方面。在货物贸易领域，自2006年1月1日起，内地与港澳已经全面实现了自由化，即内地对原产于港澳的产品全部实行零关税。在服务贸易领域，内地与港澳《〈关于建立更紧密经贸关系的安排〉补充协议九》将内地对香港、澳门开放的服务贸易领域均增至48个，开放措施分别达338和318项。按照世界贸易组织服务贸易分类标准，《安排》对香港、澳门服务贸易的开放部门已经达到了149个，占世界贸易组织分类的160个服务贸易部门总量的93.1%；在贸易投资便利化方面，内地与港澳，内地与港澳在贸易投资促进、知识产权保护、品牌合作等10个领域开展了合作。此外，包括专业人士资格互认及考试、金融合作和旅游合作在内的经济技术合作内容也十分务实。

《安排》是中国国家主体与其单独关税区之间建立的具有自由贸易区性质的经贸安排，也是内地签署、全面实施并接受世界贸易组织审议的最早的自由贸易协议之一。《安排》既遵循“一国两制”方针，也符合世界贸易组织规则。通过不断地补充和完善，《安排》及其9个补充协议已经形成了对港澳较为系统的开放体系。

《安排》的实施，逐步减少了内地与港澳在经贸交流中的体制性障碍，加速了相互间资本、货物、人员等要素的便捷流动，对内地的改革开放、港澳经济的复苏和发展以及内地与港澳的经贸交流起到了积极促进作用；推动了内地经济建设和现代服务业发展，促进了内地与港澳经济互动；有利于充分发挥“两制”的优势，推动内地与港澳共同开拓国际市场。《安排》还为内地商签其他自由贸易协议起到了示范和借鉴作用。

（商务部台港澳司）

与中国台北 WTO 事务

2001 年 12 月 11 日，中国大陆正式加入世界贸易组织，成为其第 143 个成员。2002 年 1 月 1 日，台湾地区以“台澎金马单独关税区”（简称“中国台北”）的名义加入世界贸易组织。

2010 年 6 月 29 日，海峡两岸关系协会与台湾海峡交流基金会在重庆签署了《海峡两岸经济合作框架协议》（ECFA，以下简称框架协议）。框架协议包括序言和 5 章 16 条及 5 个附件，基本涵盖了两岸间的主要经济活动，是遵循世界贸易组织规则和平等互惠原则，并结合两岸经济发展的实际状况和特点签署的综合性、具有两岸特色的经济合作协议。

2011 年 1 月 1 日，框架协议早期收获全面实施，大陆对 539 项原产于台湾的产品逐步降低或取消关税，在 11 个服务行业对台实施更加开放的政策措施；台对 267 项原产于大陆的产品实施降税，就 9 个服务行业对大陆进一步放开。2011 年 5 月 6 日，中国大陆和中国台湾分别致函世贸组织秘书处，就框架协议向世贸组织进行了早期通告。

框架协议签署后，两岸陆续启动了货物贸易、服务贸易、投资保障、争端解决等四个后续协议的磋商工作。2012 年 8 月 9 日，海协会与海基会在台北签署了《海峡两岸投资保护和促进协议》（简称“投保协议”）。从实体权益看，两岸投保协议在规定了一般投保协议通常包括的重要实体条款，包括投资定义、投资待遇、征收、损失补偿、代位、转移等的同时，还就投资者人身安全保护和第三地转投资作了专门规定。从程序权利看，两岸投保协议为两岸投资者设计了一套行之有效的争端解决体系，这也是该协议的最大亮点之一。具体体现在如下方面：一是特别纳入了投资商事争议仲裁条款；二是为投资者与投资所在地一方的争端解决设计了多层次、多渠道的五种争端解决方式，包括争端双方友好协商解决、协调机制协调解决、投资争端协处机制协助解决、提交两岸投资争端解决机构通过调解方式解决、通过行政复议或司法程序解决等。

投保协议有利于保护两岸投资者权益，逐步减少投资限制，创造公平的投资环境，促进两岸双向投资。作为框架协议生效后第一个完成商谈并成功签署的后续协议，它对两岸经贸领域制度化合作具有承前启后的重要作用。今后，商务部将按照世贸组织规则，结合《十二五规划纲要》中“关于建立健全两岸经济合作机制、全面深化两岸经济合作”的要求，加速推动框架协议货物贸易协议、服务贸易协议、争端解决协议等三个后续协议的商谈工作，为两岸经济繁荣做出更大贡献。

（商务部台港澳司）

与港、澳、台经贸关系

一、内地与港、澳经贸关系

(一) 内地与港、澳经贸交流情况

2011年，内地与香港贸易额为2 835.5亿美元，同比增长23.0%，占内地对外贸易额的7.8%。其中，内地对香港出口为2 680.3亿美元，同比增长22.8%；进口155亿美元，同比增长26.4%。内地与香港贸易顺差为2 525.3亿美元，同比增长22.6%。2011年，内地与澳门贸易额为25.2亿美元，同比增长11.2%。占内地对外贸易额的10.1%。其中，出口23.6亿美元，同比增长10%；进口1.6亿美元，同比增长31.3%。

从相互投资看，截至2012年5月底，内地累计批准港资项目34.1万个，实际利用港资5 537.7亿美元；累计批准澳资项目1.3万个，实际利用澳资金额达105.8亿美元。与此同时，内地赴港澳投资也不断增加。截至2010年年底，内地在港投资设立直接投资企业4 200多家，累计投资净额1 990.6亿美元，占内地对外投资总额的62.8%。截至2011年年底，内地在香港上市的企业由2002年底的214家增长到640家，内地企业在港交所的市值由2002年底的9 820亿港元提高到2011年底的近10万亿港元，在港交所市值中的比重由2002年的27%提高到55.4%。在对澳门投资方面，截至2011年年底，内地累计对澳门非金融类直接投资7.7亿美元，在澳累计完成工程承包营业额120.5亿美元。

(二) 对港澳经贸领域成就及业界评价

2003年，内地与香港、澳门分别签署了《关于建立更紧密经贸关系的安排》，开启了两地经贸往来的新篇章。此后的2004—2012年，两地又陆续签署了九个《〈安排〉补充协议》，形成了对港澳较为系统的开放体系。

《安排》自2004年1月1日实施以来，进展顺利。货物贸易领域，内地自2006年1月1日起对原产于港澳的产品全部实行零关税。据内地海关统计，截至2012年5月底，内地累计进口香港《安排》项下货物51.6亿美元，关税优惠额29.3亿元人民币；进口澳门《安排》项下货物3 800万美元，关税优惠额2 276.1万元人民币。另据港澳方面统计，截至2012年5月底，香港发证机构共签发83 093份原产地证书，货物离岸价总值达411.5亿港元；澳门经济局共发出2 114份“零关税原产地证书”，其中1 882份使用的证书总出口额3亿澳门元。

在服务贸易领域，目前内地对香港、澳门开放领域达到48个，累计优惠措施分别达338和318项，按照世界贸易组织服务贸易分类标准，《安排》对香港、澳门服务贸易的开放部门已经达到了149个，占世界贸易组织分类的160个服务贸易部门总量的93.1%。截至2012年5月底，香港工贸署共签发香港服务提供者证明书2 535份；澳门经济局共核发“澳门服务提供者证明书”424份。在金融领域，截至2012年4月底，香港共有135家银行开办人民币业务，人民币存款总额5 523.74亿元；截至2012年3月底，澳门已有20家银行开办人民币业务，人民币存款总额485.38亿元。另根据港澳方面统计，自2003年7月开放内地旅客赴港澳“个人游”以来，截至2012年5月底，内地赴港“个人游”旅客累计达8 717.4万人次，占内地赴港旅客的54.5%；赴澳“个人游”旅客累计达5 066.3万人次，占内地游客总数的42.3%。

《安排》签署和实施以来，香港的服务业普遍感受到了《安排》带来的好处。香港银行业认为《安排》相关措施有助于他们早于并优于其他外资银行的条件在内地开业及经营，极大地扩展了香港银行业的发展空间。贸易及物流业是利用《安排》优惠措施到内地投资最多的行业之一。截至2012年5月底，香港工贸署共签发运输及物流服务提供者证明书1 279份，占核发各类服务提供者证明书总数的50.8%。在个体工商户方面，截至2011年底，内地共注册香港个体工商户4 876户，从业人员12 104人，资金数额3.69亿元，为香港“草根”阶层创造了新的就业空间和机会。在医疗服务领域，共有14家香港医疗机构企业申请按照《安排》优惠条件投资内地；香港7.6万名注册医疗卫生专业人员获得了到内地短期执业的资格。在建筑

领域，香港资深建筑专业人士表示，目前香港很多建筑设计所一半以上的收入来自内地。在文娱领域，2011 年 18 部票房过亿的国产影片中，有 10 部是内地与香港的合拍片，包括票房超过 4 亿的《建党伟业》。

澳门方面，据澳门特区政府统计，截至 2011 年底，澳门经济局核发 420 张“澳门服务提供者证明书”，主要涉及货代、物流、运输、仓储、会议及展览等领域。截至 2011 年底，内地共注册澳门个体工商户 806 户，从业人员 1 820 人，资金数额 4 576 万元。澳门各界纷纷表示，CEPA 在推动澳门经济、民生发展进步方面起到了积极而显著的作用。

(三) 通过“中国—葡语国家经贸合作论坛（澳门）”（简称中葡论坛）大大提升了澳门在中国与葡语国家经贸合作中的平台作用

中葡论坛于 2003 年 10 月在澳门创立，由中国中央政府发起、商务部主办、澳门特别行政区政府承办，安哥拉、巴西、佛得角、几内亚比绍、莫桑比克、葡萄牙和东帝汶等七个葡语国家共同参与。中葡论坛每三年举行一届部长级会议，已于 2003 年 10 月、2006 年 9 月和 2010 年 11 月在澳门先后举行了三届部长级会议，分别通过了三个经贸合作行动纲领，确定了中葡论坛与会国在贸易、投资、人力资源合作、基础设施、农业与渔业等诸多领域的合作内容和目标。

2010 年 11 月 13～14 日在澳门举办的中葡论坛第三届部长级会议，是论坛成立以来规模最大、级别最高的会议，温家宝总理与 4 位葡语国家首脑和 18 位部级官员与会。温家宝总理在开幕式上宣布了中国政府帮助发展中葡语国家的六项新举措，受到了葡语国家的高度赞扬。六项举措中涉及澳门的内容有两项，有利于扩大澳门国际影响，使澳门成为中国内地与葡语国家经贸往来和友好合作的桥梁。

澳门特别行政区政府作为历届会议的承办方，投入了大量人力、物力和财力，为会议的圆满成功举办做出了突出贡献。与会各方均积极评价澳门在中国与葡语国家经贸合作中所起的独特作用，纷纷表示要进一步利用好这个平台。中葡论坛在澳门的举办，改善了澳门的国际形象，提高了澳门的国际地位。

二、大陆与台湾经贸关系

(一) 大陆与台湾经贸交流情况

2011 年，两岸贸易总额 1 600.3 亿美元，同比上升 10.1%，占大陆对外贸易额的 4.4%。其中，大陆对台出口 351.1 亿美元，同比上升 18.3%。台湾对大陆出口 1 249.2 亿美元，同比上升 7.9%。大陆对台贸易逆差 898.1 亿美元。大陆是台湾最大的贸易伙伴和贸易顺差来源地。在 2002—2011 年的 10 年间，两岸贸易总额年均增速为 15.2%，保持了较快增长。

在投资方面，按台资注册地统计，2011 年，大陆共批准台资项目 2 639 个，同比下降 14.1%，实际使用台资金额为 21.8 亿美元，同比下降 11.8%。截至 2011 年底，共吸收台资 541.9 亿美元，占大陆吸收外资总额的 5%。如加上经台商第三地转投，2011 年实际吸收台资 58.2 亿美元，截至 2011 年年底，大陆共吸收台资 995.6 亿美元，占大陆吸收外资总额的 9.7%。大陆是台第一大投资目的地。

在陆资赴台方面，据大陆统计，截至 2012 年 6 月底，已有 126 家大陆企业赴台设立了公司或代表机构，投资金额达 3.16 亿美元，涵盖批发零售、物流、通讯、餐饮、塑胶制品、旅游、金融等多个行业。其中如中远集团、中钢集团、中国银行、交通银行、全聚德等大陆知名企业均已入岛。据台方统计，赴台投资的大陆企业雇佣岛内员工已达 5 000多人。

(二) 对台经贸领域的成就及国家领导人评价

1.《海峡两岸经济合作框架协议》成功签署

2010 年 6 月 29 日，海协会和台湾海基会在重庆签署了《海峡两岸经济合作框架协议》（ECFA，以下简称框架协议）。国家领导人对框架协议的签署给予了高度评价：

2010 年 7 月 12 日，中共中央总书记胡锦涛会见中国国民党荣誉主席吴伯雄时强调，“两岸经济合作框架协议是一份为民谋利、互利双赢、影响深远的好协议，符合两岸同胞共同利益，符合中华民族整体利益。协议的签署是两岸关系和平发展的重要成果，标志着两岸经济合作进入新的阶段。”

2011 年 9 月 30 日，国务院总理温家宝在国庆招待会讲话中提到，“我们要坚持新形势下发展两岸关系的各项方针政策，认真落实两岸经济合作框架协议，与广大台湾同胞一道，共同推进两岸和平发展，共同谱写中华民族伟大复兴新篇章。”

2010 年 7 月 10 日，贾庆林主席在第六届两岸经贸文化论坛上指出，“两岸经济合作框架协议的签订，是继两岸全面实现直接双向三通之后，两岸关系发展进程中又一新的里程碑，标志着构建两岸关系和平发展框架在经济领域取得重大进展，两岸经济关系从此站在了新的历史起点上。”

此外，《国民经济和社会发展第十二个五年规划纲要》第 58 章第一条“建立健全两岸经济合作机制”提出，“积极落实两岸经济合作框架协议和两岸其他协议，推进货物贸易、服务贸易、投资和经济合作的后续协商，促进两岸货物和服务贸易进一步自由化，逐步建立公平、透明、便利的投资及其保障机制，建立健全具有两岸特色的经济合作机制。”

2. ECFA 早期收获成效显著

ECFA 早期收获于 2011 年 1 月 1 日全面实施，早期收获实施的覆盖面广、效果明显，普遍惠及两岸民众。

货物贸易方面，依据大陆海关统计，2011 年大陆自台湾进口总额为 1 248.95 亿美元，较 2010 年同期增长 8%。早期收获货物的进口额约为 198.53 亿美元，较 2010 年同期增长 9.88%，其中 41.21 亿美元已适用优惠关税，获减免关税约为 1.23 亿美元。2011 年累计核发大陆出口至台湾的 ECFA 原产地证明书 24 000 件，总金额约为 15.1 亿美元。依据台湾海关统计，2011 年台湾自大陆进口早期收获货物值为 48.63 亿美元，较 2010 年同期增长 23.71%，其中 10.36 亿美元已适用优惠关税，关税减免约为 2 276 万美元。依据台方统计，2011 年累计核发 38 263 件台湾出口至大陆的 ECFA 原产地证明书，总金额约为 51.68 亿美元。

服务贸易方面，自 ECFA 早期收获实施至 2012 年 3 月底，在非金融领域累计 8 家台湾会计师事务所申请获得有效期 1 年的“临时执行审计业务许可证”；135 家台湾企业获准设立独资或合资企业，合同台资金额 6.93 亿美元；另核准引进 8 部台湾影片。金融领域涉及 19 家台湾金融机构，包括 3 家台资银行在大陆设立代表处 1 年后经批准筹建分行（其中 1 家已获准开业），1 家台资银行获准经营大陆台资企业的人民币业务；13 家台资金融机构获得合格境外机构投资者资格，均已获得 QFII 投资额度，2 家台湾保险公司通过整合或战略合并设立子公司。

（商务部台港澳司）

第五篇　与 WTO 主要成员经贸关系

中国与美国的经济贸易关系

2011年，中美两国经贸合作再次迈上新台阶，双边贸易额再创新高，两国经济贸易关系呈现以下特点：

一、中美关系总体平稳发展，两国高层会晤和经贸对话频繁，为双边经贸合作创造有利环境

2011年以来，中美关系总体平稳发展，双方共建相互尊重、互利共赢的合作伙伴关系取得进展。1月，胡锦涛主席成功访美，两国元首达成重要共识，为双边关系发展指明方向。5月，第三轮中美战略与经济对话成功召开，双方签署《关于促进经济强劲、可持续、平衡增长和经济合作的全面框架》。8月，美国副总统拜登访华，与习近平副主席就全面落实胡锦涛主席访美成果、推进中美建设性合作伙伴关系达成共识。11月，两国元首在二十国集团领导人第六次峰会和亚太经合组织第十九次领导人非正式会议期间举行会晤；温家宝总理在东亚领导人系列会议期间与奥巴马总统会谈，提出双方开展更高水平、更大规模贸易与投资一揽子合作的建议。双方通过一系列高层交往有力地推动了中美合作伙伴关系的发展。第22届中美商贸联委会于11月在成都成功举行，双方就扩大双边经贸合作达成广泛共识，取得积极成果。

二、双边贸易稳步增长

据中国海关统计，2011年中美贸易额4 467亿美元，同比上升16%。其中，中国自美进口1 222亿美元，同比上升20%；出口3 245亿美元，同比上升15%。中方顺差2 023亿美元，同比上升12%。目前，中美互为第二大贸易伙伴，美国是中国第一大出口市场，中国是美国第三大出口市场。

三、相互投资的增幅有所下降

2011年，我国新批设立美资企业1 426家，同比下降5.06%；美在华实际投入外资金额23.69亿美元，同比下降21.48%（以上数据不含美国通过自由港对华投资的数据）。截至2011年年底，美对华投资项目累计达61 068个，美在华合同投资金额1 623.01亿美元，实际收入675.92亿美元。美仍是中国外资最大的来源地之一。同时，中国对美非金融类直接投资11.3亿美元，同比下降18.9%。中国企业累计在美非金融类直接投资约为59亿美元，涉及工业、科技、服装、农业、餐饮、食品加工、旅游、金融、保险、运输和工程承包诸多行业和领域。

四、美国贸易保护主义挥之难去，经贸问题政治化倾向突出

2011年，美针对非市场经济国家强化贸易救济措施，对中国太阳能电池（板）等5种出口产品发起9起反倾销、反补贴调查，超过2010年的调查总数。自第112届国会开幕以来，提出涉华经贸议案20多项，内容涉及人民币汇率、贸易不平衡、知识产权、政府采购、我国持有美国国债等问题。美国财政部于2011年5月28日和12月27日发表的两份半年度《国际经济和汇率政策报告》指称人民币币值存在“低估”。

五、两国应高瞻远瞩，推动双边经贸关系健康稳定发展

中美经贸合作不仅为两国人民带来实实在在的利益，也为世界经济发展做出重要贡献。中美双方应充分认识两国经贸关系互利共赢的本质，始终坚持从战略高度和长远角度看待和处理中美经贸关系，切实尊重彼此核心利益和重大关切，慎重妥善处理有关敏感问题，排除政治干扰，不断扩大两国经贸利益契合点，在世界经济处于进一步复苏的关键时刻，中美更应加强合作，共同推动世界经济强劲、平衡、可持续增长。

（商务部美大司）

中国与加拿大的经济贸易关系

中国加入世界贸易组织以来，中加两国间的经济联系不断加深，商品、服务、人员和资本的流动日益频繁，两国经贸合作保持良好的发展势头。

一、双边贸易快速增长

据中国海关统计，2011年，双边贸易总额达474.5亿美元，是2001年的5.4倍。其中，中国对加拿大出口由2001年的33.5亿美元增至252.7亿美元，增长了654%，中国从加拿大进口由40.3亿美元增至221.8亿美元，增长了450%。目前，加拿大是中国第十三大贸易伙伴，第十二大出口市场和第十六大进口来源地。据加拿大统计局统计，2001年至2011年，加拿大对华货物出口由27亿美元扩大到169亿美元，增长526%，同期加拿大对其他国家和地区的货物贸易出口增长69%，对华出口占加拿大货物出口总额的比重由1.1%提高到3.9%。中国目前是加拿大第三大出口市场。

二、双向投资不断深化

据中国商务部统计，截至2011年年底，加方在华投资项目12 110个，实际投入83.4亿美元。加拿大在华投资涉及众多领域，包括交通运输、生物技术、教育、金融、信息技术、制造业、自然资源等行业。同期，中国企业赴加投资取得显著增长。据加拿大统计局统计，截至2011年年底，中国对加直接投资存量约为107亿美元，较十年前增长了30倍。涉及的行业包括资源开发、工业生产、建筑承包、农牧渔业、餐饮业、科技文化交流、交通运输、咨询服务等。

三、双方签署的合作文件

2001年来，中加两国在经贸领域签署了一批重要合作文件，主要包括：《中华人民共和国国家发展计划委员会和加拿大自然资源部关于能源领域合作的谅解备忘录》、《中华人民共和国政府和加拿大政府在环境与气候变化、司法改革、西部大开发和加入世界贸易组织领域的中加发展合作项目意向书》(2001年)、《中华人民共和国政府和加拿大政府关于中加在妇幼保健、立法合作、可持续农业发展以及恢复生态系统领域的发展合作项目意向书》、《中华人民共和国交通部与加拿大运输部公路水路交通技术合作谅解备忘录》、《中华人民共和国国家质量监督检验检疫总局与加拿大食品检验署关于出入境植物检疫合作的谅解备忘录》、《中华人民共和国政府和加拿大政府关于在司法和牲畜推广服务领域中加发展合作项目意向书》(2003年)、《中华人民共和国政府和加拿大运输部关于铁路合作事宜的谅解备忘录》、《中华人民共和国国家质量监督检验检疫总局与加拿大食品检验署关于食品安全和动植物卫生谅解备忘录》(2005年)、《中华人民共和国政府和加拿大政府科学技术合作协定》(2007年)，《中华人民共和国商务部和加拿大外交与国际贸易部基础建设发展合作谅解备忘录》(2008年)、《中国国家发展和改革委员会与加拿大交通部关于贸易物流合作的谅解备忘录》、《中国国家发展和改革委员会与加拿大外交和国际贸易部关于民航合作和贸易物流合作的谅解备忘录》(2009年)，《中华人民共和国国家旅游局和加拿大外交国贸部关于便利中国旅游团队赴加拿大旅游的谅解备忘录》、《中华人民共和国商务部与加拿大外交与国际贸易部关于在中加经贸联委会下设立节能环保工作组的谅解备忘录》(2010年)、《中国政府和加拿大政府民用航空运输协定》(2011年)、《中华人民共和国政府和加拿大政府关于完成双边投资促进和保护协定谈判的意向声明》(2012年)等。在两国政府间有关经贸协定的指导下，中加两国在能矿资源、交通、质检、旅游、服务业等诸多领域开展了积极合作。

四、双边经贸合作机制

两国主管部门建立了政府间经贸合作机制，开展了良好的交流与合作。自2001年以来，中加经贸联委会共召开6次会议，就双方关注的贸易和投资议题深入交换意见，达成广泛共识。2005年双方建立中加战略工作组，就双边政治、经济等重大问题定期举行磋商，就共同关心的重大国际和地区问题加强沟通与协调。目前中加战略工作组召开了三次会议。双方通过该机制增进政治互信，扩大和提升两国政治与经济合作，深化双边战略伙伴关系。

两国经济互补型强，开展双边经贸合作潜力巨大。双方在能矿资源、农业、新能源、节能环保、航空航天、先进制造业、生物科学、轨道交通等众多领域开展合作前景广阔。两国政府将通过相关合作机制，不断深化双边贸易投资合作，进一步推进双边经贸关系的发展。

（商务部美大司）

中国与澳大利亚的经济贸易关系

中国和澳大利亚同为亚太地区的重要国家，经济互补性很强，具有广泛的共同利益。近年来，中澳经贸关系发展良好，人员往来日益频繁，经贸交流机制不断增多，两国已互为重要的经贸合作伙伴，形成了全方位、多层次、宽领域的良好互动格局。

据中国海关统计，2011 年中澳双边贸易额达 1 166.3亿美元，同比增长 32.0%。其中，中国对澳出口 339.1 亿美元，同比增长 24.6%；从澳进口 827.2 亿美元，同比增长 35.3%。目前，澳大利亚是中国第八大贸易伙伴、第十大出口市场和第七大进口来源地。过去五年，双边贸易额年均增长率达 21.7%。据澳方统计，2011 年澳中货物贸易额为1 143亿澳元（约合 1 189 亿美元），同比增长 17.0%。其中，澳对中国出口 721.5 亿澳元，增长 23.5%；澳从中国进口 421.5 亿澳元，增长 7.4%。中国为澳第一大货物贸易伙伴，第一大进口来源地和第一大出口目的地。目前，中国是澳矿产品第一大出口市场、农产品第二大出口市场。2010 年起，中国超越美国成为澳第一大服务贸易出口市场。同时，中国也是澳最大的海外留学生来源国和成长最快的游客市场。

澳大利亚是中国重要的外资来源地。截至 2011 年年底，澳大利亚累计在华设立外商投资项目 9 862 个，累计实际对华投资 68.5 亿美元。近年来中国对澳投资增长较快，澳已成为中国重要的海外投资目的国。据中方统计，截至 2011 年年底，中国企业累计对澳各类投资达 297 亿美元。据澳外国投资审查委员会报告，2010/2011 财年（2010 年 7 月至 2011 年 6 月）澳共批准中国投资 149.76 亿澳元（约合 155 亿美元），占澳批准外资总额的 9%。按批准金额计，中国是澳第三大外资来源国，位于美国和英国之后。中澳两国企业在能矿资源开发、汽车制造、节能环保、金融服务、通讯等诸多领域进行了积极合作。

此外，两国政府部门还建立了多个经贸磋商机制，开展了密切的沟通与合作。2011 年 4 月，中澳第十三次部长级经济联合委员会在北京成功举行，双方就贸易、投资、自贸谈判、农业合作、贸易救济、多边谈判等多项议题进行了深入讨论。两国政府也致力于搭建更有效的工商界沟通平台。大规模的中澳经贸合作论坛已多次在两国举行，中澳工商界 CEO 圆桌会已顺利举行两次会议。2012 年 5 月，中澳两国在首届中国（北京）国际服务贸易交易会期间还举办了第一届中澳服务贸易论坛，为两国服务贸易领域的合作搭建了新的平台。

展望未来，中澳经贸合作的前景十分广阔。中澳经济高度互补是推动中澳经贸关系不断稳定发展的基础。中国正处于工业化、城市化快速发展期，对能矿资源的需求总量将会继续增长，为澳大利亚能矿企业提供了巨大的市场。“十二五”期间，中国将以转变经济发展方式，推进经济结构调整，扩大内需，作为经济发展的长期战略方针和基本立足点。这一过程中释放的庞大投资需求和消费需求将为澳产品提供更广阔的出口市场，为澳企业拓展对华经贸合作领域、提升合作规模提供前所未有的发展机会。

（商务部美大司）

中国与智利的经济贸易关系

一、总体情况

智利是拉美国家中同我国交往较早的国家之一。1961年中国在智利建立了中国进出口公司商业新闻办公室，1965年改为中国国际贸易促进会商务处。

1970年12月15日，中智建交，双边贸易开始正常发展。

2004年11月胡主席访智期间，两国关系定位为全面合作伙伴关系。

智利是第一个与我建交的南美国家、第一个同我签署关于中国加入世界贸易组织双边协议的拉美国家、第一个宣布承认我完全市场经济地位的拉美国家、第一个与我签署自由贸易协定的拉美国家。

中智迄今签有政府贸易协定（1971年4月）、经济技术合作协定（1972年6月）、中国对智利提供商品贷款的协定（1972年6月）、关于鼓励和相互保护投资协定（1994年3月）、关于中国加入世贸组织的双边协定（1999年11月）、自由贸易协定（2005年11月）、自由贸易协定关于服务贸易的补充协定（2008年4月）等多项经贸协定。

二、双边贸易

中智1970年建交以来，双边经贸关系发展顺利。特别是2006年自贸协定实施以来，双边贸易快速增长，连年创历史新高。据我国海关统计，2011年两国贸易额314.6亿美元，同比增长21.1%。其中我出口108.2亿美元，进口206.4亿美元。

据中国海关统计，2011年智利是中国在拉美第三大贸易伙伴，中国是智利第一大贸易伙伴、第二大进口来源国和第一大出口目的地国。中国对智利主要出口机电产品、纺织品、家电等商品，主要进口铜、铁矿砂、纸浆、鱼粉、水果和葡萄酒等商品。

据智利海关统计，2011年中国是智利铜及铜制品第一大出口市场（37.2%），铜矿砂及其精矿第二大出口市场（24.2%），铁矿砂及其精矿第一大出口市场（67.8%），纸浆第一大出口市场（32.8%），鱼粉第一大出口市场（44.1%），水果第九大出口市场（2.8%），葡萄酒第六大出口市场（5.4%）。

三、中智自贸协定

2005年11月18日，韩国釜山APEC领导人非正式会议期间，在胡锦涛主席和拉戈斯总统的见证下，双方签署《中智自贸协定》。2006年9月，吴邦国委员长访智期间，与巴切莱特总统共同宣布自2006年10月1日起开始实施《中智自贸协定》，并正式启动服务贸易和投资谈判。

根据该协定，自2006年10月1日起，两国全面启动自贸协定货物贸易的关税减让。占两国税目总数97%的产品将在10年内分阶段降为零关税。经过五次降税，迄今已有分别约占中方、智方税目总数75%、86%的产品关税降至零。协定生效以来，一直保持较高的利用水平，双边贸易一路走高，经济合作持续深化，企业联系不断加强，实施效果良好。

据海关统计，2005年中智贸易额71.3亿美元，我对智出口21.4亿美元，自智进口49.8亿美元，此后直至2008年双边贸易年均增长率一直超过30%。即使在经济危机十分严重的2009年，中智贸易仍未出现大幅下跌，而是与上年基本持平，且智对华出口占其对全球出口比重升至20.6%，充分显示了高度稳定性和互补性。2010年双边贸易出现恢复性增长，总额258.3亿美元，同比增长44.8%。2011年两国贸易额314.6亿美元，同比增长21.1%，较2005年增长341.2%，六年来年均增幅近30%。

2006年9月，中智启动自贸区服务贸易谈判。2008年4月13日，在胡锦涛主席和巴切莱特总统共同见证下，两国在海南三亚签署了《中智自贸协定关于服务贸易的补充协定》（即中智自贸区服务贸易协议）。该协定已于2010年8月正式生效，目前实施情况良好。未来双方可发挥各自比较优势，积极推进两国在采矿、环境和空运等领域的服贸合作。

2009年1月，中智启动自贸区投资谈判。2012年6月，双方结束谈判，待完成各自内部手续后即可签署。

四、经济技术合作

(一) 双向投资

1. 智利在中国投资

据商务部统计，截至2011年，智利在华累计投资项目数146个，实际投入金额8 859万美元，主要集中在航运、服装、化工、建材、食品和金属加工等行业。

2. 我国在智利投资

据商务部统计，截至2010年中国在智利直接投资存量2.36亿美元，2011年对智非金融类直接投资2 996万美元。合作项目主要涉及矿业、农业、加工制造和渔业等领域。

(二) 承包劳务

1. 承包工程

据商务部统计，截至2011年，中国对智利承包工程领域累计签订合同总额约7亿美元，完成营业额5.2亿美元。2011年新签合同额3.0亿美元，完成营业额2.0亿美元。项目工程涉及电信、地勘、水电等多个领域。

2. 劳务合作

据商务部统计，截至2011年，我国累计向智利派出各类对外投资合作人员2 083人。

五、其他领域合作

(一) 金融

2007年4月，国家开发银行在智利设立工作组，与智利国家铜公司、国家矿业公司、智利银行、智利桑坦德银行和智利国家银行等企业和金融机构建立了良好的合作关系，为两国企业开展互利共赢合作提供了及时、有力的金融支持。

(二) 矿业

矿业系智利国民经济命脉。智利素以“铜之王国”著称于世，拥有全球最大的铜矿化带。已探明铜蕴藏量达1.9亿吨，居世界第一位，约占世界储藏量的1/3；2011年产量520万吨精铜，出口426亿美元，均为世界首位。铁蕴藏量约12亿吨，煤约50亿吨。此外，智利还拥有硝石、钼、金、银、铝、锌、碘、石油和天然气等多种能矿资源。

2006年9月，吴邦国委员长访智期间，商务部与智利矿业部签署了《矿业合作谅解备忘录》，在政府间经贸混委会框架下成立由两部负责协调的矿业领域经贸合作工作组。

2011年6月，习近平副主席访智期间，中国五矿集团和智利国家铜公司签署战略合作协议，建立了长期战略伙伴关系。

近年来我多家国有和民营企业赴智利，从事矿产资源勘探开发，未来两国政府将进一步鼓励双方企业在地质风险勘查、地质科技研究、信息交流等领域积极开展互利共赢合作。

(三) 中智企业家委员会

2005年5月，中智企业家委员会在华成立，迄今已举行5次会议，第五次会议于2011年6月习近平副主席访智期间召开。目前中方主席为五矿公司总裁周中枢，智方主席为智证券银行（Banco Security）董事长席尔瓦（Francisco Silva）。中方成员共有10家企业，分别是中国五矿集团公司、中粮集团有限公司、中国有色金属建设股份有限公司、华为技术有限公司、福建福日电子股份有限公司、珠海格力电器股份有限公司、中国石油化工集团公司、中国铝业股份有限公司、金川集团有限公司、清华同方威视技术股份有限公司。

（商务部美大司）

中国与秘鲁的经济贸易关系

一、双边贸易

（一）总体情况

目前中国是秘鲁第二大贸易伙伴，秘鲁是中国在拉美第七大贸易伙伴。据中国海关统计，2011年，中秘双边贸易额为125.81亿美元，同比增长26.6%，其中我出口46.53亿美元，同比增长31.1%，我进口79.27亿美元，同比增长24.2%。

我向秘主要出口计算机与通信技术、钢铁板材、手持无线电话机、摩托车等产品；我自秘主要进口铜矿砂及其精矿、原油、鱼粉和铁矿砂及其精矿。

二、双边经济合作

（一）双向投资

根据商务部业务统计，截至2011年年底，秘鲁在华投资合同金额2.1963亿美元，实际投资4 208万美元。

根据商务部业务统计，截至2011年年底，我对秘非金融类直接投资5.21亿美元，根据我驻秘使馆统计，截至目前，我对秘实际投资额超过30亿美元，主要为能矿资源开发。

（二）承包工程、劳务合作和设计咨询

中国对秘鲁开展承包工程业务始于1986年。截至2011年年底，我在秘累计签署承包工程、劳务合作业务合同额11.52亿美元，完成营业额10.80亿美元。

三、中秘自贸协定

2008年11月19日，胡锦涛主席访秘期间，与秘鲁前总统加西亚共同宣布中国—秘鲁自贸协定谈判成功结束。2009年4月28日，中、秘两国在北京签署自贸协定（英文版）。

经双方友好协商并书面确认，《中国—秘鲁自由贸易协定》于2010年3月1日起实施，成为我国达成并实施的第8个自贸协定（含内地与港澳CEPA），也是我在拉美继中智自贸协定后开始实施的第二个自贸协定。2011年3月中秘自贸协定顺利通过世贸组织审议。

中秘自贸协定覆盖领域广、开放水平高，是中国与拉美国家签订的第一个全面的自贸协定。

2012年7月25～26日，中秘自贸区委员会第一次会议在利马召开，双方就货物贸易、原产地规则、海关程序和贸易便利化、投资、卫生与植物卫生措施（SPS）、与贸易有关的技术壁垒（TBT）和合作等议题进行了讨论，对协定的实施效果进行了评估。

（商务部美大司）

中国与新西兰的经济贸易关系

在发展对华经贸关系上，新西兰走在了发达国家的前列，取得了四个“第一”，分别是：第一个与中国结束入世双边谈判，第一个承认中国完全市场经济地位，第一个与中国开展双边自贸协定谈判并签署自贸协定，第一个与中国香港签署自贸协定。

根据中国海关统计，2011 年中新双边贸易额为 87.2 亿美元，同比增长 33.6%；我对新出口 37.4 亿美元，同比增长 35.2%；我从新进口 49.9 亿美元，同比增长 32.5%。根据新方统计，根据新方统计，2011 年新中双边贸易额达 133.3 亿新元，约合 106.6 亿美元，同比增长 15.0%。新对华出口 58.9 亿新元，同比增长 22.0%；自华进口 74.4 亿新元，同比增长 10.0%。2011 年新西兰自华进口首次超过澳大利亚，中国第一次成为新第一大进口来源国，同时中国仍保持新西兰第二大贸易伙伴及第二大出口市场的地位。我对新出口商品主要为服装和机电产品。我从新进口商品主要为乳制品、纸浆、羊毛等。

除了双边贸易外，中新双向投资活跃。截至 2011 年底，新西兰累计来华投资项目 1625 个，累计实际投入金额达 11.21 亿美元。新在华投资主要分布在农林、轻工、纺织、冶金、食品加工、医药、计算机等领域。截至 2011 年底，我对新西兰非金融类直接投资 1.7 亿美元。我对新投资主要涉及乳业、资源开发、保险、建筑等领域。

中新自由贸易协定是中国与发达经济体签署的第一个自贸协定，具有深远意义。自 2008 年 10 月协定生效以来，总体实施情况良好，促进了双边贸易的发展，也使众多企业受益。在自贸协定的推动下，新已成为中国最大的乳制品和羊肉进口来源地。2011 年，中国从新西兰进口乳制品 43.4 万吨，占中国当年乳制品进口总量的 47.9%，总价值近 13 亿美元，占中新双边贸易总额的 15%。

新西兰总体经济规模较小，但中新经济互补性强，两国在机电产品、农牧业、劳务输出、服务贸易、环保技术、清洁能源等领域有很大的合作空间。2011 年 4 月，新西兰副总理英格利希访华期间，两国正式签署本币互换协议，为两国进一步开展金融合作奠定基础。目前，中国已成为新西兰最大的海外留学生来源地和成长最快的海外游客市场。

（商务部美大司）

中国与拉美国家的经济贸易关系

中国和拉美地区国家经贸往来历史渊源悠久。20世纪七八十年代，随着中国同该地区大多数国家建立起外交关系，双边经贸往来逐渐增多，推动了双边经贸关系的发展。进入21世纪，特别是中国加入世界贸易组织以来，中拉经贸关系迎来了一个全方位、快速发展的阶段。

2008年11月，中国政府发表了《中国对拉丁美洲和加勒比政策文件》，提出了今后一段时期中拉在经贸领域开展互利共赢合作的指导方针，为中拉经贸合作健康稳定发展夯实了原则基础。

近年来，中拉经贸合作规模持续扩大，领域不断拓宽，利益交汇点和契合点日益增多，形成了相互倚重、共同发展的经贸关系格局。

在后危机时期，相对于美欧经济，中国经济保持了较高速度的稳定增长。随着中国第十二个五年规划的推出和实施，中国将进一步加大进口和对外投资的力度，这必将为中国和拉美地区经贸关系的扩大和深化奠定良好的基础。

一、双边贸易

改革开放初期的1979年，中拉贸易额仅为12.6亿美元。2000年，达到126亿美元，首次突破100亿美元。进入本世纪以来，除2009年受金融危机影响中拉贸易有所下降，其余年份中拉贸易均处于高速增长态势，且增幅均远高于中国整体对外贸易的增幅。2007年双边贸易首次超过1 000亿美元。2011年中拉双边贸易突破2 000亿美元，达到2 415亿美元，同比增长31.5%，其中中方出口1 217亿美元，进口1 198亿美元，同比分别增长32.6%和30.4%。

目前中国是拉美仅次于美国和欧盟的第三大贸易伙伴，是巴西、智利的第一大贸易伙伴，是阿根廷、墨西哥、秘鲁、委内瑞拉的第二大贸易伙伴。

中国对拉美地区出口主要以机电产品和高新技术产品为主，从拉美进口主要以能矿和农产品为主。

二、对拉美投资

近年来，中国对拉美投资增长较快。根据商务部业务统计，截至2011年12月，我对拉非金融类直接投资存量为540.0亿美元。2010年，我对拉非金融类直接投资首次超过100亿美元，达110.9亿美元，占同期同类我对外投资总额的18.8%。2011年，我对拉美非金融类直接投资再次超过100亿美元，达101.2亿美元，占当年我国非金融类对外直接投资的16.8%。我对拉投资主要涉及矿产资源开发、油气等领域。

三、工程承包和劳务合作

根据商务部业务统计，截至2011年12月，我国在拉美地区承包工程签署合同金额616.4亿美元，完成营业额297.8亿美元。2011年，新签合同金额166.7亿美元，同比增长5.5%，完成营业额79.2亿美元，同比增长26.3%。

四、自贸区建设

目前，中国已与智利、秘鲁和哥斯达黎加三国签署了自由贸易协定，进一步推进了与这些国家的经贸关系的发展。

2006年10月1日，《中智自贸协定货物协定》正式生效，这是中国与拉美国家的第一个自贸协定。2010年8月《中智自贸协定关于服务贸易的补充协定》正式实施。2012年6月，双方结束了中智自贸区投资协定的谈判。

2010年3月1日，《中国—秘鲁自贸协定》正式生效，成为中国与拉美国家签署的第一个一揽子自贸协定。同年4月8日，《中国—哥斯达黎加自贸协定》正式签署，成为中国与中美洲国家签署的第一个一揽子自贸协定。2011年8月1日，《中国—哥斯达黎加自贸协定》正式实施。

（商务部美大司）

中国与俄罗斯的经济贸易关系

一、中俄经贸关系总体评价

中俄互为最大邻国和全面战略协作伙伴，两国关系始终保持健康稳定的良好发展势头。经贸合作是中俄关系重要的物质基础。20年前，中俄政府签署经贸关系协定，此后两国携手走过一段卓有成效的共同发展之路，两国经贸合作领域不断拓宽，取得丰硕成果。当前，中俄经贸合作主要呈现出以下特点：

一是贸易规模快速扩大。中俄贸易额从1992年的不足60亿美元跃增到2011年的近800亿美元，增幅超过12倍。2012年以来，中俄贸易开局良好，1～5月贸易额为363亿美元，同比增长24.4%，为实现两国领导人于2011年6月提出的2015年前达到1 000亿美元、2020年前达到2 000亿美元的贸易发展目标奠定坚实基础。目前，中国已成为俄罗斯第一大贸易伙伴，俄罗斯也跻身中国前十大贸易伙伴之列。

二是贸易结构持续改善，秩序日益规范。在轻纺、资源等大宗商品贸易保持稳步增长的同时，机电和高新技术产品所占比重正逐年上升，已占到双边贸易的1/3左右。我们将继续鼓励双方企业开展机电领域的投资和产业合作，努力扩大自俄进口机电产品。与此同时，两国间长期存在的民间贸易秩序不规范问题已有明显改观，中俄有关部门共同采取打击“灰色清关”的有效措施，中方企业积极在俄筹建现代化商贸物流设施，为两国民间贸易走上良性健康发展轨道创造了有利条件。

三是投资与经济技术合作不断推进。截至2011年年底，双方已累计相互直接投资38亿美元，俄罗斯已成为中国第9大直接投资目的地。两国企业和金融机构合作意愿日益增强，双方在能源和矿产资源开发、基础设施建设、工业设施改造、木材深加工、农业综合开发、高科技研发等领域的合作日益深化，一批具有示范意义的大项目正在稳步实施。此外，双方合作形式也日趋多样，中方企业积极参与俄罗斯新一轮私有化进程，双方有关机构正就设立投资基金、共同建设运营经济特区等合作项目进行深入探讨。

四是边境和地方间合作蓬勃发展。得益于得天独厚的地缘优势，中俄边境地区间贸易稳步扩大。两国领导人批准的《中国东北地区与俄罗斯远东及东西伯利亚地区合作规划纲要》已启动实施，跨境口岸基础设施和运输通道建设不断完善，开展互利合作的地域范围不断扩大。双方正在积极探索在边境地区建立生产加工区、经贸合作区等新型平台，为两国边境地区间合作实现跨越式发展创造条件。

五是双边合作机制作用凸显。以中俄总理定期会晤为核心的两国政府间合作机制高效运转，为推动务实合作、实施重大项目、协调解决问题发挥了重要作用，有力促进了两国在经贸、能源、科技、运输、海关、航空、航天、金融、核能、环保、通信和信息技术等多个领域的合作，为全面提升双边经贸合作水平，巩固充实中俄全面战略协作伙伴关系的内涵提供了坚实的保障。

值得关注的是，中俄在不断提升双边经贸关系的同时，还立足欧亚、面向世界，携手在与区域经济合作与全球经济治理中发挥建设性作用。从上海合作组织到金砖国家，从亚太经合组织到二十国集团，中俄两国本着同舟共济、互利共赢的精神，在各多边机制内加强协调与合作，共同应对金融危机、能源资源安全等全球性挑战，为促进欧亚地区繁荣和世界经济稳定发展发挥了应有作用。

中国和俄罗斯同为经济快速增长的新兴市场国家，有着良好的经济基础、互补的产业结构、不断改善的贸易投资环境，以及日益开放的巨大市场，双方合作基础牢固，潜力巨大，前景广阔。当前，中俄两国都在致力于推动经济转型，加快现代化建设，在此背景下，如何为中俄全面战略协作伙伴关系注入新的活力，继续将发展机遇转化成为互利共赢的合作成果，已成为双方共同面临的重要任务。为此，两国将不断致力于巩固双边贸易快速增长势头，优化贸易结构，规范贸易秩序；扩大相互投资，深化金融合作；加强科技创新，促进产业升级；深化地方和企业间合作，完善贸易投资服务体系建设。总之，中俄双方将继续本着互利双赢的原则，全面提升双边经贸合作的质量和水平，为促进本国经济平稳健康发展，以及全球经济强劲、可持续、平衡增长做出积极的贡献。

二、中俄双边贸易简况

据中国海关统计，中俄贸易 1999—2008 年连续 10 年保持高速增长，平均增速接近 30%。受国际金融危机影响，2009 年中俄贸易出现大幅下滑（－31.8%）。2010 年，中俄贸易成功克服金融危机影响，实现快速回升，全年实现贸易额 554.5 亿美元，较 2009 年增长 43.1%。

2011 年以来，中俄贸易继续保持快速增长势头。据中国海关统计，2011 年双边贸易额为 792.5 亿美元，同比增长 42.7%。其中对俄出口 389.0 亿美元，同比增长 31.4%；自俄进口 403.5 亿美元，同比增长 55.6%；我国对俄贸易逆差 14.5 亿美元。俄在我主要贸易伙伴中列第十位。据俄罗斯海关统计，2011 年俄中贸易额为 835.1 亿美元，同比增长 40.7%，我为俄第一大贸易伙伴。

2011 年中俄贸易发展呈现以下特点：一是进出口基本平衡，2011 年中方逆差 14.5 亿美元；二是从贸易结构看，我国对俄出口以机电产品（占 48.4%）、轻纺产品（约占 26%）等为主，自俄主要进口能源资源产品（原油、成品油、原木、铁矿砂、煤共占 68.2%），机电产品占比较小（仅占 0.7%）；三是一般贸易占主导地位，占比达 65.4%，加工贸易占 12.9%；四是边贸稳步发展，全年边贸额 93.6 亿美元，同比增长 24%，占比达 11.8%。

2012 年，双边贸易持续快速增长。据中国海关统计，2012 年 1～5 月中俄贸易额为 363 亿美元，同比增长 24.4%。其中，我对俄出口 157.6 亿美元，同比增长 15.3%；自俄进口 205.4 亿美元，同比增长 32.5%。对俄贸易逆差 47.8 亿美元。俄在我主要贸易伙伴中列第九位。据俄罗斯海关统计，2012 年 1～4 月，俄中贸易额为 274.3 亿美元，同比增长 10.9%，其中俄对华出口 122.9 亿美元，同比增长 10.7%；自华进口 151.4 亿美元，同比增长 11.0%。对华贸易逆差 28.5 亿美元。我继续保持俄第一大贸易伙伴地位。

三、中俄投资合作简况

（一）我国对俄投资

据中国商务部业务统计，2011 年，我国对俄非金融类直接投资 3.03 亿美元，同比下降 49.0%。截至 2011 年年底，我对俄累计非金融类直接投资 29.1 亿美元。2012 年 1～4 月，我对俄非金融类直接投资 1.1 亿美元，同比下降 5%。我对俄非金融类直接投资主要分布在能源、矿产资源开发、林业、贸易、轻纺、家电、通信、建筑、服务等领域。

（二）俄对华投资

据中国商务部业务统计，2011 年，我国实际使用俄直接投资 3 102 万美元，同比下降 11.3%。截至 2011 年年底，我累计实际使用俄直接投资 8.18 亿美元。2012 年 1～4 月，我实际使用俄直接投资 588 万美元，同比下降 27.7%。俄对华投资主要集中在制造业、建筑、交通运输等领域。

四、中俄劳务及工程承包合作简况

据中国商务部业务统计，2011 年，中俄双方签署工程承包合同金额 13.8 亿美元，同比增长 16.0%，完成营业额 14.0 亿美元，期末在外人数 20 760 人。截至 2011 年年底，中俄双方累计签署工程承包合同金额 112.9 亿美元，完成营业额 73.9 亿美元。

2012 年 1～4 月，中俄双方签署工程承包合同金额 3.79 亿美元，同比下降 10%，完成营业额 3.83 亿美元，同比增长 1%，期末在外人数 20 543 人。对俄劳务合作集中在俄远东、西伯利亚地区，主要从事农业种植、建筑、森林采伐、木材加工、制衣、医疗及其他服务行业。

五、中国自俄技术引进情况

据中国商务部业务统计，2011 年，我国自俄引进民用技术 33 项，合同金额 17.6 亿美元，同比增长 0.6%。2012 年 1～4 月，我自俄引进民用技术 14 项，合同金额 2 481 万美元，同比增长 57%。我自俄引进项目主要集中在核电、航空、航天、电子等领域。

六、中俄边境贸易简况

据中国海关统计，2011 年，中俄边境贸易额为 93.6 亿美元，同比增长 24%，其中我对俄出口 33.7 亿美元，同比增长 2%，自俄进口 59.9 亿美元，同比增长 40%。

2012 年 1～4 月，中俄边境贸易额为 29.2 亿美元，同比增长 9.8%，其中对俄出口 11.5 亿美元，同比增长 9.5%，自俄进口 17.7 亿美元，同比增长 10%。我对俄边贸出口商品主要是轻纺、农产品和小家电等；进口以原木、原油、化肥、钢材、纸浆等初级产品为主。

七、中俄多边及国际经济金融领域协调与合作

1997 年、2005 年、2008 年和 2011 年，双方发表四个系统阐述两国对国际形势和重大国际问题共同看法和主张的政治文件，为推动世界多极化和国际关系民主化发挥了重要作用。双方在联合国改革、全球经济治理、国际金融货币体系改革等全球性问题上，在朝鲜半岛局势、西亚北非局势、伊朗、阿富汗等国际和地区热点问题上，在打击恐怖主义、毒品走私、预防传染病等新威胁上，立场相同或相近，并保持密切沟通和精诚合作，有力地维护了两国的共同利益，促进了世界和地区的和平与稳定。

双方在“上海五国”机制基础上推动成立上海合作组织并在其中共同发挥主导作用；推动建立了金砖国家合作机制、中俄印（度）三方磋商机制；在联合国、二十国集团、亚太经合组织等重要国际和地区组织中保持密切协调配合。2012 年俄罗斯担任亚太经合组织系列会议东道主，双方拟就 APEC 重点合作领域、9 月海参崴领导人峰会成果设计等进行积极沟通，推动各方更多考虑发展中经济体关注，使合作成果平衡反映各方利益。

2011 年 12 月，俄签署加入世界贸易组织议定书，预计 2012 年中完成国内程序，正式加入。双方商定将加强在世贸组织中的合作，共同推动多哈回合谈判，促进多边贸易体制发展。

八、中俄经贸合作中存在的主要问题

（一）贸易结构亟待改善

我国对俄出口以机电和高新技术产品为主，2011 年对俄出口机电产品 188.4 亿美元，高新技术产品 58.1 亿美元，同比分别增长 38.1%和 18.5%，分别占同期出口总额的 48.4%和 14.9%。我自俄进口中，能源资源类产品占主导地位，2011 年我进口俄机电产品和高新技术产品分别为 2.9 亿美元和 6.6 亿美元，同比下降 24.3%和 0.2%，仅占同期进口总额的 0.7%和 1.6%。2001 至 2011 年，机电产品占我自俄进口总额由 28.8%降至 0.7%，与我对俄机电产品出口快速增长形成鲜明对比。造成贸易结构失衡的主要原因是俄国内产业失衡，俄机电产品竞争力不强，企业开拓市场力度不足。

（二）相互投资规模较小

2011 年，我国对俄非金融类直接投资仅占全国对外直接投资的 0.5%，占俄吸引外国直接投资的 1.6%。2011 年，我实际使用俄直接投资占俄对外直接投资的 0.4%，占我实际使用外商直接投资的 0.3%。此外，中俄投资合作还存在合作水平低、领域窄的问题，我对俄投资主要集中在能源资源、林业、轻纺、建筑等领域，在俄经济技术合作项目以工程承包为主。主要原因包括：俄投资环境欠佳，对部分行业设限较多；俄设计技术要求与国际标准不接轨，边境口岸基础设施建设滞后；双方企业实力不足，跨国经营能力不强等。

（三）贸易秩序仍不规范

近年来，随着俄方整顿市场，不断加大打击腐败力度，中俄贸易秩序不规范问题较前有所改观，但“灰色清关”现象仍广泛存在，在俄华商身份、经营、货物“三不合法”现象十分普遍，俄市场大量存在假冒伪劣中国商品，上述问题极大地影响了我企业形象和商品声誉，成为影响两国经贸合作健康发展的重要因素。

（商务部欧洲司）

附件1

中俄经贸合作简表

单位：亿美元

进出口（中方统计）	2011年	2012年1～5月
总额	792.5（↑42.7%）	363（↑24.4%）
中国出口	389.0（↑31.4%）	157.6（↑15.3%）
中国进口	403.5（↑55.6%）	205.4（↑32.5%）
中国对俄差额	－14.5	－47.8
进出口（俄方统计）	2011年	2012年1～4月
总额	835.1（↑40.7%）	274.3（↑10.9%）
对中国出口	352.41（↑73.3%）	122.9（↑10.7%）
自中国进口	482.64（↑23.7%）	151.4（↑11.2%）
俄对中国差额	－130.2	－28.5
中国对俄投资	2011年	2012年1～4月
非金融类直接投资	3.03	1.1
俄来华投资	2011年	2012年1～4月
项目数（个）	51	25
俄方实际投资	0.31	0.06
自俄引进技术	2011年	2012年1～4月
项目数（个）	33	14
金额	17.6	0.25
劳务和工程承包	2011年	2012年1～4月
合同额	13.8	3.79
完成营业额	14.0	3.83
期末在外人数	20 760	20 543

中国与欧盟的经济贸易关系

【双边贸易】欧盟是我国第一大贸易伙伴，第一大出口市场，第一大进口市场。我国是欧盟第一大进口市场，第二大贸易伙伴，第二大出口市场。2011年，中欧贸易额5 672.1亿美元，增长18.3%。其中，我出口3 560.2亿美元，增长14.4%；进口2 111.9亿美元，增长25.4%；我顺差1 448.3亿美元，增长1.5%。

2012年1～4月，中欧贸易额1 705.3亿美元，同比增长0.3%。其中，我出口1 028.3亿美元，下降2%；进口677亿美元，增长4%。

【双向投资】欧盟是我国累计第四大实际投资来源地。截至2012年4月，欧盟在华直接投资项目35 535个，实际投入801.5亿美元。其中，2012年1～4月，欧盟在华直接投资项目509个，实际投入16.2亿美元。

截至2010年年底，我国对欧金融和非金融类直接投资累计达124.97亿美元，共设立直接投资企业1 600家，覆盖欧盟27个成员国，雇佣当地雇员约3.77万人。2011年，我国对欧非金融类直接投资42.8亿美元，同比增长94.5%。2012年1～4月，我国对欧非金融类直接投资5.6亿美元。

【技术引进】欧盟是我国累计最大技术引进来源地。截至2012年4月，我国自欧引进技术共39 737项，累计合同金额1 479.7亿美元。其中，2012年1～4月，我国自欧引进技术1 086项，合同金额25.8亿美元。

（商务部欧洲司）

中国与英国的经济贸易关系

目前，英国是中国在欧盟内第三大贸易伙伴，中国是英国在欧盟外第二大贸易伙伴。英国是中国在欧盟内第二大实际投资来源地和中国海外投资主要目的地，是欧盟中第五大对华技术输出国。

1. 双边贸易

2011年，中英贸易额为586.8亿美元，同比增长17.2%，其中我出口441.3亿美元，增长13.8%，我进口145.5亿美元，增长28.8%。我对英出口主要商品：服装及衣着附件、自动数据处理设备及其部件、家具及其零件、电话机、纺织纱线、织物及制品、鞋类、箱包、集装箱等。我自英进口主要商品：汽车（包括整套散件）、废金属、计量检测分析自控仪器及器具、医药品、废纸、农产品、航空器零件、阀门等。

2. 双向投资

截至2011年年底，英国在华投资项目6 995个，实际投入176.68亿美元。2011年，英国在华新增投资项目246个，同比下降11.5%，实际投入5.82亿美元，同比下降18.1%。英国在华投资主要涵盖能源化工、金融、汽车、医药等领域。

根据商务部统计，截至2011年年底，我对英非金融类直接投资总额约23.32亿美元。2011年，我对英非金融类直接投资11.3亿美元。我对英投资主要集中在金融、石化、通讯、制造业、交通运输、汽车等领域。

3. 技术引进

截至2011年年底，我自英技术引进累计合同金额达92.31亿美元。2011年，我自英技术引进合同金额为5.91亿美元。

4. 承包工程

截至2011年年底，我在英承包工程合作项目累计合同额22亿美元，完成营业额18.51亿美元。2011年，我在英承包工程合作新签项目合同额4.41亿美元，完成营业额2.41亿美元。

5. 中英经贸联委会

中英经贸联委会至今已举行了10次会议。第10次会议于2011年12月在英国卡迪夫举行，由商务部国际贸易谈判代表兼副部长高虎城与英国商业创新和技能大臣坎布尔共同主持。

附表1　　**英国概况**

国　名	大不列颠及北爱尔兰联合王国	首　都	伦敦
面　积	24.4万平方公里	人　口	6 078万
政　体	君主立宪制	语　言	英语
国　王	伊丽莎白女王二世	首　相	戴维·卡梅伦
外交大臣	威廉·黑格	商业创新和技能大臣	文斯·坎布尔

附表2　　**2010年英国经济指标**　　单位：亿美元

GDP	22 502	经济增长	1.3%
人均GDP	36 164（美元）	通胀率	3.7%
吸引外资	420	失业率	7.9%
对外贸易	9 620	外汇储备	788
出　口	4 047	外　债	404
进　口	5 573	汇　率	1英镑≈1.5426美元

附表 3　　中英双边贸易　　单位：亿美元

	2010 年	2011 年
总　额	500.8（↑27.9%）	586.8（↑17.2%）
中国出口至英国	387.7（↑24.0%）	441.3（↑13.8%）
中国自英国进口	113.0（↑43.5%）	145.6（↑28.8%）
来华投资	截至 2011 年年底累计对华实际投资 176.68 亿美元	
对应投资	截至 2011 年年底累计对英非金融类投资 23.32 亿美元	
承包工程	截至 2011 年年底累计完成营业额 18.51 亿美元	

（商务部欧洲司）

中国与德国的经济贸易关系

中德两国1972年10月建立外交关系。40年来，双方关系总体保持平稳、顺利发展，逐步进入健康、稳定、成熟的发展轨道。2010年，两国发表《中德关于全面推进战略伙伴关系的联合公报》，同时建立中德政府磋商机制（总理级），系中国与外国政府建立的首个类似机制。2011年6月，首轮中德政府磋商在柏林成功举行，成为中德关系史上的一个里程碑，双方确定到2015年实现贸易额翻番（2 800亿美元）的目标。

中德两国均为世界主要经济体和贸易大国，经贸合作是中德战略伙伴关系的重要引擎和坚实基础。近几年，中德在双边贸易、双向投资与技术引进等领域的合作均取得较快发展，有力地推动了双边关系的不断深化，无论在广度还是深度上都走在中欧合作的前列。

一、双边贸易

建交之初，中德贸易额仅2.7亿美元。1975年，德国取代英国成为中国在欧洲最大的贸易伙伴。中国改革开放特别是2001年加入世贸组织以来，中德贸易往来不仅发展快，而且稳定性强。2008年，双边贸易额首次突破1 000亿美元大关，提前两年实现了两国领导人2004年确定的目标。2009年，尽管受金融危机严重影响，中德双边贸易额仅下降8.1%，明显低于中欧（盟）、中美、中日贸易额跌幅。2010年，中德贸易实现恢复性增长34.8%。2011年中德贸易额达1 691.5亿美元，增长18.9%，占中国与欧盟（27国）贸易额的三成。其中，中国对德出口764.3亿美元，增长12.3%；中国自德进口927.2亿美元，增长24.9%；中方逆差162.9亿美元。与2001年相比，十年间中德贸易额增长了6倍多，年均增幅21.8%。目前，德国是中国在全球第五大贸易伙伴（位于美国、日本、中国香港、韩国之后）。

目前，中国对德出口最主要的商品包括自动数据处理设备及其部件，服装及衣着附件，二极管及类似半导体器件，船舶，纺织纱线、织物及制品，农产品，打印机，家具及其零件，鞋类和游戏机等；自德进口主要商品包括汽车，汽车零件，计量检测分析自控仪器及器具，通断保护电路装置及零件，金属加工机床，飞机，变压、整流、电感器及零件，废金属，初级形状的塑料和医药品等。2011年，机电产品和高新技术产品在中国自德进口产品中的比重分别达到80.9%和21.2%，在中国对德出口产品中的比重分别为60.7%和29.9%；一般贸易在中德双边贸易中所占比重上升至66.7%；加工贸易比重下降至24.6%。

据德方统计，2002年，中国超过日本成为德国在亚洲最大的贸易伙伴。2010年，中国超过美国成为德国在欧盟以外最大贸易伙伴。2011年，德中贸易额为1 439.3亿欧元，增幅为10.6%。其中，德对华出口647.6亿欧元，增长20.7%；自华进口791.7亿欧元，增长3.5%；德方逆差144.1亿欧元。与2001年相比，十年间德中贸易额增长3.5倍，年均增幅16.2%。目前，中国是德全球第三大贸易伙伴（仅次于法国、荷兰）、第二大进口来源国（仅次于荷兰）和第五大出口目的国（前四名分别是法国、美国、荷兰、英国）。

二、双方投资合作

（一）德对华投资

德国是中国重要的外资来源地，也是累计对华投资额最多的欧盟国家。截至2011年年底，德国累计对华投资7 401项，实际投入183.1亿美元，在华德资企业达7 500多家。其中，2002至2011年德对华投资4 700项，实际投入112.4亿美元，占德累计对华投资总额的61.4%。

2011年，中国首次成为德企业投资首选地。当年，德新增对华直接投资项目为458项，较上年增长25.8%，实际投入11.3亿美元，增长27.1%，占同期欧盟各国对华投资总额的1/5。德对华投资项目主要集中在化工、汽车、金融、电子电气、制药和零售等领域。

（二）中国对德投资

据商务部统计，截至2011年年底，中国累计在德非金融类投资额为19.7亿美元。2011年，中国企业对德非金融类投资额达 4.1 亿美元。投资项目集中在工业生产、运输货代、技术研发和贸易等领域。

据德国联邦外贸与投资署统计，2011 年中国在德投资项目总数为 158 个，增长 13%，高于美国（110 个）、瑞士（91 个），连续第二年保持对德国投资项目最多的国家。

近年来，越来越多的中国企业赴德国开展各类形式的投资并购。2011 年 4 月，宁波均胜投资集团宣布收购德国高端汽车配件企业普瑞公司（Preh）近 75%的股权；6 月，联想集团宣布出资 6.29 亿欧元收购德国消费电子巨头麦迪龙公司（Medion），成为首个收购德国大型上市公司的中国企业；7 月，中信戴卡轮毂公司收购德国汽车零部件生产商凯世曼铸造公司（KSMCasting）100%股权。

三、技术合作

德国是中国在欧洲最大的技术来源地。2011 年，中国批准自德技术引进合同 1 283 项，涉及金额 34.7 亿美元，增长 20.8%，占中国同期自欧盟技术引进合同金额的 33%。截至 2011 年年底，中国自德技术引进合同共 16 319 项，累计金额达 548.6 亿美元。其中，2002 至 2011 年我国自德技术引进共 10 898 项，总金额 310.1 亿美元，占我累计自德技术引进合同总额的 56.5%。项目主要涉及交通运输、通讯、电子电气、机械制造、金融加工和化工制药等领域。

四、高层互访与经贸领域主要成果

2011 年，中德两国高层保持密切交往。1 月，李克强副总理访问德国，出席中德工商界晚餐会并发表重要演讲。访问期间，商务部部组织了由 130 多位商会和企业家代表组成的贸易投资促进团随访，两国企业共签署了总额达 109 亿美元的经贸协议。6 月，国务院总理温家宝与德国总理默克尔在柏林共同主持召开首轮中德政府磋商，双方各有十多位部长与会。访问期间，商务部部长陈德铭与德副总理兼经济部长罗斯勒共同签署了《关于为双向投资提供便利的联合声明》，包括共同设立“投资咨询联络处”并发布“中德合资企业合同示范条款”。11 月，全国政协主席贾庆林访问德国，访问了西门子、宝马、戴姆勒等多家德知名企业，在中德企业合作论坛上发表了重要演讲。

在两国领导人大力支持下，中德青岛生态园项目取得阶段性成果。2011 年 5 月，商务部与德国联邦经济部在青岛成立中德生态园工作组，召开了首轮会议并签署了工作方案。双方就中德生态园选址、合作模式、工作机制等方面达成广泛共识。同年 12 月，中德生态园奠基仪式在青岛举行，商务部王超副部长与德国联邦经济部国务秘书布克巴赫共同出席。

附表 1　　中国入世以来中德贸易数据（中方统计）　　单位：亿美元

年份	总额	中方出口	中方进口	中方顺/逆差
2001	235.3（+19.5%）	97.5（+5.1%）	137.7（+32.3%）	−40.2
2002	278.0（+18.2%）	113.7（+16.6%）	164.3（+19.3%）	−50.6
2003	418.8（+50.7%）	175.4（+54.2%）	243.4（+48.3%）	−68.0
2004	541.2（+29.7%）	237.5（+36.2%）	303.7（+25%）	−66.1
2005	632.5（+16.9%）	325.3（+36.9%）	307.2（+1.2%）	18.1
2006	782.0（+23.6%）	403.2（+23.9%）	378.8（+23.3%）	24.4
2007	941.1（+20.4%）	487.2（+20.8%）	453.9（+19.8%）	33.3
2008	1 150.1（+22.2%）	591.7（+21.5%）	558.4（+23%）	33.3
2009	1 057.3（−8.1%）	499.2（−15.7%）	558.1（+0%）	−58.9
2010	1 423.9（+34.8%）	680.5（+36.3%）	743.4（+33.4%）	−62.9
2011	1 691.5（+18.9%）	764.3（+12.3%）	927.2（+24.9%）	−162.9

附表 2 中国入世以来中德贸易数据（德方统计） 单位：亿欧元

年份	总额	德方出口	德方进口	德方顺/逆差
2001	321（＋14.2％）	121（＋27.4％）	200（＋7.5％）	－79
2002	359（＋11.8％）	146（＋20.7％）	213（＋6.5％）	－67
2003	440（＋22.6％）	183（＋25.3％）	257（＋20.7％）	－74
2004	538（＋22.3％）	210（＋14.8％）	328（＋27.6％）	－118
2005	621（＋15.4％）	212（＋1％）	409（＋24.7％）	－197
2006	774（＋24.7％）	275（＋29.6％）	500（＋22.2％）	225
2007	863（＋11.5％）	299（＋8.9％）	564（＋12.9％）	－265
2008	949（＋9.9％）	341（＋14％）	608（＋7.8％）	－267
2009	940（－0.9％）	373（＋9.4％）	567（－6.7％）	－194
2010	1 311（＋39.5％）	538（＋44.2％）	773（＋36.3％）	－235
2011	1 440（＋9.8％）	648（＋20.4％）	792（＋2.5％）	－144

（商务部欧洲司）

中国与法国的经济贸易关系

目前，法国是中国在欧盟的第四大贸易伙伴、第四大实际投资来源国和第二大技术引进国。

（一）双边贸易

2010年，中法双边贸易额448亿美元，我国出口276.5亿美元，进口171.5亿美元，同比分别增长30%、28.9%和31.9%。2011年，双边贸易额为520.8亿美元，我国出口300亿美元，进口220.8亿美元，同比分别增长16.4%、8.5%和29.1%。我国对法出口主要商品：自动数据处理设备、服装及纺织纱线、电话机、家具、鞋类、农产品、船舶、箱包等。我自法进口主要商品：飞机、农产品、集成电路、医药品、酒类、计量检测分析自控仪、汽车零件、钢材等。

（二）双向投资

截至2011年底，法在华投资项目4 309个，实际投资115.2亿美元。2011年1～12月法在华新设企业188家，实际投资7.7亿美元，同比下降37.9%。法在华投资涵盖电力、汽车、航空、通信、化工、水务、医药等各大领域。

据法国国际投资署统计，截至目前，中国对法各类投资累计达18亿美元。我国对法投资主要分布在化工、电子信息、电信、物流、贸易、金融、农产品加工、旅游等领域。截至2011年底，在法国落户的中国企业达150家，为当地创造就业6 000余个。据商务部合作司统计，截至2011年底，我国对法直接投资存量3.9亿美元。2011年，我国对法非金融类直接投资金额1.6亿美元。主要项目有华为技术公司法国分公司、中兴通讯股份有限公司、潍柴动力股份有限公司收购法国博杜安发动机公司等。

（三）技术引进

截至2011年年底，中国自法引进技术4 686项，合同金额达210.1亿美元。2011年，中国自法引进技术383项，合同金额22.9亿美元。

（四）工程承包

截至2011年年底，中国在法承包工程累计签订合同额27.8亿美元，完成营业额30亿美元。2011年1～12月，中国在法新签工程承包合同金额8.5亿美元，完成营业额8.8亿美元。

（五）中法经贸混委会

中法经贸混委会至今已举行了20次会议。第20次会议于2011年12月13日在巴黎举行，商务部国际贸易谈判代表兼副部长高虎城与法国外贸国务秘书勒卢什共同主持。

（商务部欧洲司）

中国与东盟的经济贸易关系

中国与东盟国家是友好近邻，有着悠久的传统友谊和相似的历史背景。在“相互尊重、平等互信、互利共赢”的基础上，中国与东盟友好合作关系蓬勃发展，在各领域的合作不断深化，尤其是双边经贸合作取得丰硕成果。双边贸易额大幅增加，中国与东盟贸易额在各自对外贸易总额中的比重不断提升，双向投资迅速增加，中国与东盟企业在农业、能源、基础设施、制造和加工业等领域的合作不断加强。特别是随着2010年1月1日中国—东盟自贸区的全面建成，中国—东盟经贸关系已进入全方位、多领域、深层次的新阶段。

一、中国与东盟互为重要贸易伙伴

自1991年中国与东盟建立对话关系以来，双方经贸合作的规模和水平迅速提升。双边贸易额大幅提高，年均增速达20%。2011年，中国—东盟贸易额达3 628.5亿美元，比上一年增长23.9%，超过全球平均水平1.4个百分点，是1991年的40多倍。其中，中国出口1 700.8亿美元，进口1 927.7亿美元，分别增长23.1%和24.7%。中国对东盟贸易逆差226.9亿美元。中国成为东盟最大贸易伙伴，东盟超过日本成为中国第三大贸易伙伴、第四大出口市场和第三大进口来源地。2012年1～4月，中国—东盟贸易额达1 176.6亿美元，同比增长6.7%，超过全球平均水平0.7个百分点。其中，中国出口569.2亿美元，进口607.4亿美元，分别增长10.9%和3.2%。中国对东盟贸易逆差38.2亿美元。

二、中国与东盟经济快速发展带动双向投资不断扩大

随着东盟国家经济快速发展、投资环境不断改善，东盟已经成为中国企业在海外投资兴业的主要目的地之一。根据商务部统计，截至2012年4月底，中国企业对东盟累计投资约163.4亿美元，主要集中在新加坡、缅甸、柬埔寨、印度、老挝和越南。2012年1～4月，中国企业对东盟直接投资约8.4亿美元。中国企业在东盟国家投资领域从加工、装配和生产性小型项目扩大到建筑、饭店、电气、矿业和运输等行业，投资形式从直接投资发展到技术投资、BOT等多种形式，为促进东盟国家经济发展、增加就业发挥了积极作用。

近年来，东盟企业充分利用地缘优势和中国优惠外资政策积极开展对华投资。根据商务部统计，2011年，东盟对华投资项目1 174个，实际投入金额70亿美元。2012年1～4月，东盟对华投资项目331个，实际投入金额28.4亿美元。截至2012年4月底，东盟国家对华投资项目已超过3.6万个，实际投入728.6亿美元，占中国吸引外资的6%。东盟对华投资主要来自新加坡、马来西亚、泰国、菲律宾、文莱和印度尼西亚。

三、中国与东盟互利经济合作不断深化

东盟是中国重要的海外承包工程市场和劳务市场。双方在基础设施建设、农业、制造业、加工业等诸多领域正在商谈或建设一批大型合作项目，中国金融机构也为此提供了多种方式的融资便利。2011年中国公司在东盟国家开展承包劳务合作卓有成效。全年中国在东盟国家新签承包工程合同金额214.6亿美元，完成营业额165.8亿美元。截至2012年4月底，中国企业与东盟国家签订承包劳务合同总金额1 303.7亿美元，完成营业额818.6亿美元。新加坡、印度尼西亚、越南、缅甸、马来西亚是中国在东盟国家开展承包劳务合作的主要国家。

（商务部亚洲司）

中国与新加坡的经济贸易关系

新加坡是重要的金融、航运和贸易中心，具有人才、技术和管理优势，中国正在加快转变经济发展方式，着力提高经济增长的质量和效益，内需市场潜力巨大，双方开展经贸合作具有很多利益会合点，前景广阔。中新经贸合作是两国友好合作的重要组成部分，也是深化两国友好关系的重要推动力。中新经贸关系的不断发展不仅给两国和两国人民带来实实在在的利益，也有利于本地区的稳定与繁荣。

近年来，中新双边贸易发展顺畅，双边贸易额由 2001 年的 109.3 亿美元增长至 2011 年的 634.8 亿美元，年均增长 19.2%。2009 年，两国贸易在国际金融危机影响下出现负增长，但是在双方共同努力下，两国贸易很快摆脱国际金融危机的影响，于次年即重新进入增长轨道，全年贸易额达 571 亿美元，比 2009 年增长 19.3%。2011 年，中新贸易额继续保持快速增长，双边贸易额达 634.8 亿美元，同比增长 14.3%。目前，新加坡是中国在东盟第三大贸易伙伴，中国是新加坡第三大贸易伙伴。

另据新方统计，2011 年中新双边贸易额为 806.1 亿美元。中新双方贸易统计存在一定差异，主要是由计价方式、转口贸易等技术性原因导致的。

新加坡地理位置优越，基础设施完善，投资环境优良，是中国在东盟第一大投资目的地。中新两国相互投资势头良好。中方统计，截至 2012 年 5 月底，中国企业累计对新非金融类直接投资金额为 70.1 亿美元。中国对新投资主要集中在能源、矿业、房地产和建筑业、水上运输业。同期，新在华累计直接投资额 559.7 亿美元。新对华投资主要集中在制造业，主要投资地区为江苏、广东、上海、山东和天津等地区。开发区及园区建设合作是中新经贸合作的一大亮点。苏州工业园和天津生态城进展顺利，已成为中新合作的示范项目。

近年来，中新两国经济合作稳步发展。截至 2012 年 5 月底，中国企业在新累计签订承包工程合同金额 191.6 亿美元，完成营业额 161.3 亿美元。其中，2012 年 1～5 月新签合同额 6.1 亿美元，完成营业额 7.4 亿美元。新是中国全球第二大劳务市场，仅次于日本。中方统计，2012 年 5 月末，中国在新各类对外投资合作人员共 8.4 万人。其中，承包工程项下外派人员 1.1 万人，劳务合作人员 7.3 万人。

（商务部亚洲司）

中国与日本的经济贸易关系

一、双边贸易情况

（一）贸易统计

2011年，中日经贸关系克服东日本大地震影响，继续稳步发展。据中国海关统计，2011年中日贸易总额达3 428.9亿美元，同比增长15.1%，占中国对外贸易总额的9.4%。中国对日本出口1 483.0亿美元，同比增长22.5%；中国自日本进口1 945.9亿美元，同比增长10.1%；中方逆差462.9亿美元，同比下降16.8%。日本在中国对外贸易中地位相对下降，被东盟超越，退居中国第四大贸易伙伴；分别被欧盟、东盟超越，退居中国第二大进口来源地和第五大出口市场。

如按日方统计，2011年日中贸易总额为3 449.1亿美元，较上年增长14.3%，占日本对外贸易总额的20.6%。日本对中国出口1 614.9亿美元，增长8.3%；自中国进口1 834.2亿美元，增长20.0%；日方逆差219.3亿美元，同比增长5.9倍，创2006年以来新高。中国是日本第一大贸易伙伴、第一大出口目的地和最大的进口来源地。

（二）主要进出口商品情况

2011年，中国对日本出口主要商品有：机电产品，贱金属及制品，运输设备，化工产品，光学、钟表及医疗设备，塑料、橡胶，纺织品及原料，矿产品等；中国自日本进口主要商品有：机电产品，纺织品及原料，化工产品，贱金属及制品，家具、玩具及杂项制品，食品、饮料及烟酒，光学、钟表及医疗设备，塑料、橡胶，鞋靴、伞等轻工产品等。

（三）技术贸易情况

2011年，中国与日本签订技术引进合同2 555份，合同总金额49.5亿美元，同比增长8.6%，占我国技术引进合同总金额的15.4%，在我国技术引进来源地中列第三位（欧盟、美国分列第一、第二位）。我自日本引进技术主要集中在交通运输设备制造业，专用设备制造业，化学原料及化学制品制造业，通用设备制造业，通信设备，计算机及其他电子设备制造业，电力、热力的生产和供应业，仪器仪表及文化、办公用机械制造业，工艺品及其他制造业。

二、资金合作情况

（一）日本企业对华直接投资

2011年，日本对华投资出现新一轮高潮。据商务部统计，2011年日本对华投资项目数1 859个，实际到位资金63.3亿美元，同比大增55.1%。截至2011年年底，日本对华投资累计项目数为46 022个，实际到位金额798.9亿美元，日本是我国利用外资第三大来源。

从投资地区分布看，2011年日本对中国东部、中部和西部地区实际投资额分别为58.8亿美元、3.3亿美元和1.2亿美元，比重分别为92.9%、5.2%和1.9%。从投资行业分布看，日本对华投资仍主要集中在制造业，约占实际到位金额的60.4%；服务、金融等非制造业约占39.2%；农林牧渔业约占0.4%。

（二）中国企业对日直接投资

2011年，中国企业对日投资合作受日本大地震影响近年来首次下降。据商务部统计，2011年中国非金融类对日直接投资实际到位金额11 535万美元，同比下降44.3%。截至2011年底，中国对日非金融类投资存量为9.8亿美元。

（三）政府资金合作

根据2005年中日双方达成的协议，日本对华提供日元贷款和大规模无偿援助已于2008年基本结束。截至2008年年底，日本政府已累计向中国政府承诺提供贷款协议金额33 165亿日元，用于255个项目的建设。截至2011年年底，我国实际使用日元贷款28 357亿日元，已偿还本息11 128亿日元，债务余额17 229亿日元。

2011年日本政府对华无偿援助金额4.91亿日元，项目1个，用于人才培养奖学金项目。截至2011年年底，中国累计接受日本无偿援助1 423.45亿日元，用于148个项目建设，涉及环保、教育、扶贫、医疗等领域。

2011年3月11日，东日本大地震发生后，中国政府分三批向日本政府提供价值3 000万元人民币的紧急人道主义救援物资以及 2 万吨燃油的无偿援助。

三、研修生合作情况

2011 年中国对日承包工程合同额 2.8 亿美元，完成营业额 2.4 亿美元，对日派遣技能实习生 59 848人。截至 2011 年年底，累计对日承包工程合同额 17.7 亿美元，完成营业额 16.7 亿美元，在日技能实习生177 560人。

四、主要经贸往来

3 月 15 日，商务部副部长傅自应约见日本驻华大使丹羽宇一郎，向在日本特大地震海啸灾害中受灾的日本人民表示慰问，就我对日提供物资援助等交换了意见。此后，中国政府分三批向日本政府提供价值3 000万元人民币的紧急人道主义救援物资以及 2 万吨燃油的无偿援助。

3 月 18 日，商务部国际贸易谈判代表高虎城陪同胡锦涛主席前往日本驻华使馆，吊唁日本 3.11 特大地震遇难者，并简短会见日本驻华大使丹羽宇一郎。

4 月 24 日，商务部部长陈德铭在日本东京出席第八次中日韩经贸部长会议，日本经济产业大臣海江田万里、韩国外交通商部通商交涉本部长金宗壎参加会议。三国经贸部长就共同应对东日本大地震、中日韩自贸区官产学联合研究、中日韩投资协定以及推动世贸组织多哈回合谈判、加强在二十国集团、亚太经合组织等多边框架下合作等共同关心的问题交换了意见。会后发表了《第八次中日韩经贸部长会议联合声明》。

5 月 13 日，商务部副部长陈健陪同温家宝总理会见了以米仓弘昌会长为团长的日本经济团体联合会代表团，双方就中日关系、中国经济及中日经贸合作等交换了意见。

5 月 21 日，商务部部长陈德铭陪同温家宝总理赴日本宫城县名取市视察地震灾区。此后，在东京会见日本经济产业大臣海江田万里，双方就日本灾后重建合作等交换了意见，并共同签署《关于加强东日本大地震灾后经贸合作的共同文件》。当晚，陪同温总理出席菅直人首相举行的欢迎宴会。

5 月 22 日，商务部部长陈德铭陪同温家宝总理出席在日本东京举行的第四次中日韩领导人会议，三方就中日韩自贸区官产学联合研究、中日韩投资协定及三国在全球和地区中的合作等议题交换了意见。中午，陪同温总理出席中日韩三国工商峰会午餐会。当天，还陪同温总理会见了日本首相菅直人。

6 月 2 日，商务部副部长陈健陪同李克强副总理会见了来华出席 2011 中日绿色博览会的日本经济团体联合会米仓弘昌会长、御手洗富士夫名誉会长一行。

7 月 18 日，商务部部长陈德铭会见并宴请了来访的日本经济产业大臣海江田万里。双方就加强在日本灾后重建、技术贸易、节能环保、知识产权等领域合作以及中日韩自贸区官产学联合研究、中国稀土对日出口等交换了意见。

7 月 19 日，商务部副部长陈健会见了来访的日本关西经济联合会森详介会长一行。双方就进一步推动中国与日本关西地区经贸关系发展、加强日本灾后重建及中日节能环保等领域合作交换了意见。

7 月 24 日，商务部部长陈德铭陪同温家宝总理会见了日本国际贸易促进协会访华团河野洋平会长一行，双方就推进中日关系和中日经贸合作、加强灾后重建合作等问题交换了意见。

7 月 25 日，商务部部长陈德铭会见了来访的日本国际贸易促进协会访华团河野洋平会长一行，就稀土出口、中国社会保险法实施问题交换了意见，陈健副部长参加了会见。

7 月 25 日，商务部副部长陈健与来访的日本国际贸易促进协会访华团河野洋平会长一行举行会谈。双方就促进中日经贸合作、中国外资政策、服务贸易、食品安全、中国企业海外投资等问题交换了意见。

8 月 4 日，商务部副部长陈健与日本经济产业省冈田秀一经济产业审议官在上海共同主持召开第 15 次商务部与日本经济产业省副部级定期磋商。双方就世界经济形势、两国经贸合作、地区及多边领域合作等进行了会谈。

9 月 5 日，商务部副部长傅自应会见了以日本日中经济协会会长张富士夫为团长、经团联会长米仓弘昌为最高顾问的 2011 年度日中经济协会大型访华团，并与该团举行了座谈会。双方就中日经贸合作、日本地震灾后重建合作、中国外贸外资政策及东亚区域合作等交换了意见。

9月6日，商务部副部长傅自应陪同李克强副总理会见了以日本日中经济协会会长张富士夫为团长、经团联会长米仓弘昌为最高顾问的2011年度日中经济协会大型访华团。

9月27日，商务部副部长崇泉在山西省太原市出席第六届中国中部投资贸易博览会期间，会见了以深谷纮一会长为团长的日本东海日中贸易中心访华团。双方就中日经贸合作、我中部地区经济发展等交换了意见。

10月14日，商务部部长陈德铭陪同温家宝总理视察第110届中国进出口商品交易会日本展区，并陪同温家宝总理会见了赴华参加广交会相关活动的日本经产大臣枝野幸男。陈德铭部长与日本经产大臣枝野幸男共同参观了第110届中国进出口商品交易会日本展区。此后，双方举行了午餐会，就在灾后重建等领域加强中日经贸合作交换了意见。

10月14日，商务部部长俞建华助理在广州出席第110届广交会中日经贸合作座谈会。日本国际贸易促进协会副会长赘田兴嗣、日中经济贸易中心会长村山敦和东海日中贸易中心副会长丰岛俊明分别率团出席并发言。双方共同回顾了广交会对中日经贸合作的积极贡献，并愿继续深入推进两国在各领域的合作。

11月26日，商务部副部长李金早陪同李克强副总理会见来访的日本经产大臣枝野幸男，并出席第六届中日节能环保综合论坛开幕式。李荣灿部长助理在会上做主旨发言。

11月28日，商务部副部长李金早参加重庆投资环境推介暨日本电机电子产业基地揭牌仪式并致辞。同日，参加重庆市薄熙来书记会见日本驻华大使丹羽宇一郎。

12月6日，商务部副部长陈健会见日本外务省西宫伸一处务审议官，双方就中日高层对话、中日韩自贸区、中日韩投资协定、日本输华食品检验检疫等多双边经贸合作问题交换了意见。

12月25日，商务部部长陈德铭陪同温家宝总理会见并宴请来华正式访问的日本首相野田佳彦，双方就中日关系及共同关心的国际和地区问题交换了意见。

（商务部亚洲司）

中国与韩国的经济贸易关系

今年是中韩建交20周年。20年来，双边经贸合作已形成全方位、深层次、互利共赢的良好发展格局，经贸合作机制日臻完善，贸易投资日趋活跃，合作广度和深度进一步拓展。

一、双边贸易

据中方统计，2011年，中韩双边贸易额达到2 456.3亿美元，同比增长18.6%，再创历史新高，比两国建交之初的1992年增长近50倍，仅用5年时间完成了从1 000亿美元到2 000亿美元的跨越式发展，提前两年实现2012年2 000亿美元的贸易目标。目前，韩国是我第三大贸易伙伴国、第三大出口对象国和第二大进口来源国。2012年以来，受欧债危机和美国经济恢复迟缓的影响，双边贸易增速有所放缓，2012年1～7月，中韩贸易额1 425.9亿美元，同比仅增长3.1%。尽管增速有所放缓，按目前发展趋势，两国政府提出的2015年双边贸易达到3 000亿美元的目标仍有望顺利实现。

二、相互投资

中韩建交以来，韩对华投资增长迅速。韩国是我国重要的外资来源国，我国是韩国最大的海外投资对象国。

据中方统计，2012年1～7月，韩国在华投资新批项目708个，同比下降15.5%，中国实际使用韩资13.9亿美元，同比下降12.3%。截至2012年7月底，韩国累计对华投资项目数54 255个，实际投资额512.4亿美元，韩国是我第四大外商直接投资来源国。韩对华投资领域和投资结构进一步优化，投资领域由加工密集型产业向高新技术、金融、现代服务业等领域拓展，投资结构由单一加工出口向开拓内需市场转型。

中国对韩国投资起步较晚，规模相对较小。2012年1～7月，中国对韩非金融类直接投资5 204万美元；比增加121.5%；对韩旅游、房地产领域的投资呈现大幅增长的势头。截至2012年7月底，中国累计对韩投资3.97亿美元。

三、承包劳务合作

2012年1～7月，中韩新签工程承包合同额1.48亿美元，完成营业额6 026万美元，中国对韩劳务合作派出各类劳务人员1 557名。截至2012年7月底，中国累计完成对韩工程承包营业额21.8亿美元，在韩劳务人员4.1万名。韩国成为中国在亚洲的第三大劳务市场。目前双方正在开展雇佣许可制项下劳务派遣工作。

四、中韩、中日韩FTA、多边区域合作

2012年5月，中韩经贸部长在京宣布正式启动中韩自贸区谈判。截至目前，双方已举行三轮中韩自贸区正式谈判。这是两国经贸关系发展中的大事。中韩自贸区将为双边经贸合作提供更加有利的制度保障，符合两国企业和人民的利益，也将推动东亚区域经济一体化建设，促进本地区的繁荣与稳定。

2011年12月，中日韩三国在韩国平昌签署联合声明，宣布完成中日韩自贸区官产学联合研究。2012年5月，中日韩三国领导人在北京共同宣布三方将在年底前启动中日韩自贸区谈判。

中韩双方在APEC、G20、ASEM、WTO等多边和区域领域也有着广泛良好的合作。

（商务部亚洲司）

中国与印度的经济贸易关系

2011年，中印两国高层往来频繁，双边经贸合作快速发展，双方已互为重要的经贸合作伙伴。

一、双边贸易

据中国海关统计，2011年，中印贸易额739.18亿美元，其中我出口505.43亿美元，进口233.75亿美元，同比分别增长19.7%、23.5%和12.1%，印度成为中国第十一大贸易伙伴。据印方统计，2010/2011财年，中印贸易额630.96亿美元，其中印自我进口434.80亿美元，对我出口196.16亿美元，较上财年分别增长48.66%、41.06%、68.84%，中国是印度第二大贸易伙伴。

二、承包工程

截至2011年底，我国在印累计签订承包工程合同额556.09亿美元，完成营业额268.25亿美元。新签约项目主要集中于火力发电和通信领域。其中2011年，中国在印度新签承包工程合同额140.65亿美元，同比增长38.2%，完成营业额74.42亿美元，同比增长41.6%。印度已成为中国在海外最大的承包工程市场。

三、双向投资

截至2011年底，经商务部批准或备案的中国对印度非金融类直接投资金额5.76亿美元，其中2011年中国对印度投资9 590万美元。截至2011年底，印来华设立非金融类投资项目723个，实际投资4.42亿美元，其中2011年印度来华设立投资项目130个，实际投资4 217万美元。此外，共有11家印资银行在华设立了4家分行和10个代表处，在华资产总额3.2亿美元。印在华投资领域覆盖金融、软件、高等教育、制药、贸易、钢铁、化工、清洁能源等。

（商务部亚洲司）

中国与巴基斯坦的经济贸易关系

2011年，中巴经贸合作持续稳步发展，双方在贸易、承包工程、投资等领域的互利合作成效显著。

一、双边贸易

据中国海关统计，2011年，中巴双边贸易额105.64亿美元，其中我国出口84.40亿美元，进口21.24亿美元，同比分别增长21.9%、21.7%和22.7%。中国主要出口商品为电器及电子产品、机械设备、无线电话机、金属制品、焦炭和农产品等，主要进口商品为铬矿石、棉花、皮革、冻鱼等。

据巴方统计，2010/2011财年，中巴双边贸易额74.23亿美元，其中巴出口16.34亿美元，进口57.89亿美元。

二、承包工程

巴基斯坦曾是中国在南亚地区最大的工程承包市场。但近年来受巴政治动荡、安全形势不断恶化的影响，中国在巴签约项目有所减少。截至2011年年底，中国在巴累计签订承包工程合同额229.15亿美元，完成营业额171.91亿美元。其中，2011年，新签承包工程合同金额30.96亿美元，完成营业额23.73亿美元。

三、双向投资

截至2011年底，中方对巴直接投资金额18.53亿美元，巴对华实际投资6 709万美元。2011年，中方对巴投资8 695万美元，巴对华实际投资971万美元。

（商务部亚洲司）

中国与非洲国家的经济贸易关系

2011年，尽管北非政局发生动荡，撒哈拉以南非洲局部安全风险有所上升，但中国和非洲各国不断深化合作，携手共克时艰，中非经贸合作保持了快速发展的良好势头，双方在贸易、投资、基础设施建设等领域的合作成果丰硕。

一、贸易额再创历史新高

2011年，中非贸易稳步上扬，突破1 500亿美元大关，达到1 663亿美元，同比增长31%，高于全国外贸增速8.4个百分点，再创历史新高。其中，中国对非出口731亿美元，增长22%；自非进口932亿美元，增长39%。中国在非洲前五大贸易伙伴依次是南非、安哥拉、苏丹、尼日利亚、埃及。从商品结构看，能源矿产类产品是中国从非进口的主要商品，其中从非洲进口原油6 014.7万吨，进口额达471亿美元，进口铁矿砂73亿美元；对非出口主要为机电和高新技术产品，出口额分别达350亿美元和67亿美元，合计占对非出口总额的57%。从经营主体看，民营企业经营机制灵活，对非进出口贸易增速明显加快，2011年全年中国民营企业对非出口395.5亿美元，同比增长32.2%。

二、双向投资增长强劲

截至2011年年底，中国对非投资存量达到147.4亿美元，是2003年的20倍，如果加上通过第三国转投部分，中国对非各类投资总额已超过400亿美元。在规模不断扩大的同时，中国对非投资呈现出投资主体多元化、投资领域和地区不断拓宽、合作方式日趋多样化等特点。目前，中国在非设立投资企业超过2 000家，雇佣当地员工超过8万人，投资项目分布在非洲49个国家，主要集中在南非、阿尔及利亚、尼日利亚，苏丹和赞比亚等国家，广泛覆盖采矿、制造业、建筑、贸易、交通运输、农业等众多领域。同时，非洲对华投资也在稳步增长，2011年，非洲对华直接投资额为16.4亿美元，同比增长28%，对华投资存量从2009年年底的99.3亿美元增加到2011年年底的128.5亿美元，涉及制造业、房地产业和批发零售业等领域。

三、承包工程业务有升有降

2011年，受北非局势动荡和部分非洲国家大选年影响，我国对非承包工程业务一度萎缩。但自下半年开始，随着非洲总体形势趋稳向好，我在非承包工程业务渐进好转，降幅逐渐收窄，至年底重新恢复增长态势。2011年上半年，新签承包工程合同额152.8%，同比下降22.7%，全年新签合同额458亿美元，同比增长19.4%；全年完成营业额361亿美元，同比增长0.8%。截至2011年年底，中国在非签订承包工程合同额累计2 647亿美元，完成合同额累计1 686亿美元，主要涉及铁路、住房、电站等基础设施建设项目。其中，中国与东部和中部非洲国家承包工程合作发展迅猛，尤其是埃塞俄比亚、赞比亚、刚果（金）、乍得等国市场表现出众，推动全年对非承包业务实现正增长。

四、发展援助成效显著

2011年，中国继续加大对非援助力度，重点支持非洲发展经济，改善民生，提高自主发展能力，已累计援建成套项目900多个，包括住房、打井供水、污水处理、通讯设施等领域，为非洲培训各类人员3万多名，涵盖经济、管理、农业、卫生、司法、教育、实用技术等多个领域。中非合作论坛北京峰会对非合作8项举措全部落实，第四届部长级会议8项新举措的落实工作也在顺利进行当中。

五、服务领域合作发展加快

中非在金融、旅游等服务业领域的合作步伐加快。2011年，中国进出口银行、国家开发银行和中国银行、中国建设银行、中国工商银行等多家金融机构对非合作规模继续扩大，机构设置日趋完善，业务网络初步形成。中非发展基金一期10亿美元对非投资全部承诺完毕，累计带动中国企业对非投资超过50亿美元。截至2011年年底，非洲已有28个国家和1个地区成为中国大陆公民组团出境旅游目的地，2011年中国大陆游客首站到访非洲人数突破100万人次，达到101.15万人次，同比增长39%。非洲国家来华旅游人数也达到48.88万人次，同比增长5.4%。

（商务部西亚非洲司）

第六篇　与 WTO 有关的政策与管理措施（2011）

●贸易政策与管理措施（2011）

中国行政审批制度改革

经过各方面坚持不懈的共同努力，到2010年底，中国特色社会主义法律体系已经形成，国家经济建设、政治建设、文化建设、社会建设以及生态文明建设的各个方面实现有法可依。2011年，中国法制建设继续向前迈进，经济领域立法和社会领域立法及其他领域立法均衡发展，法律体系进一步完善。同时，中国政府坚定不移地继续推进行政审批制度改革，推动政府职能转变和行政管理体制改革。

一、与贸易有关的法律的制定情况

（一）制定《中华人民共和国车船税法》及其实施条例

《中华人民共和国车船税法》于2011年2月25日由第十一届全国人大常委会第十九次会议通过，国务院于同年12月5日公布《中华人民共和国车船税法实施条例》，车船税法及其实施条例自2012年1月1日起施行。车船税法是在国务院2006年制定的《车船税暂行条例》的基础上制定的。这部法律完善了征税范围，不再按车船是否登记来确定是否具有纳税义务，将征税范围统一为本法规定的车船；改革乘用车计税依据，不再对车船按量征收，改为将排气量作为乘用车计税依据；调整税负结构，对载客9人以上的客车税额幅度略做提高，对挂车减半征收；对载客少于9人的汽车，按发动机排气量大小分别做了降低、不变和提高的结构性调整；对船舶中的游艇单独按长度征税；规范了税收优惠，同时强化了征收管理。

（二）制定《中华人民共和国行政强制法》

该法于2011年6月30日由第十一届全国人大常委会第二十一次会议通过，自2012年1月1日起施行。该法的颁布施行，是中国社会主义民主法制建设进程中的一件大事，对于保障和监督行政机关严格依法履行职责，提高行政管理效率，维护公共利益和社会秩序，保护公民、法人和其他组织的合法权益具有重要意义。该法界定了行政强制的概念；确定了行政强制法定原则，行政强制适当原则，教育和强制相结合原则，禁止谋利原则和权利救济原则等行政强制的基本原则。明确规定行政强制的种类为限制公民人身自由，查封场所、设施或者财物，扣押财物，冻结存款、汇款以及其他行政强制措施。明确规定法律、法规以外的其他规范性文件不得设定行政强制措施。法律对行政强制措施的对象、条件、种类做了规定的，行政法规、地方性法规不得做出扩大规定。法律中未设定行政强制措施的，行政法规、地方性法规不得设定行政强制措施。规定行政强制执行由法律设定；法律没有规定行政机关强制执行的，做出行政决定的行政机关应当申请人民法院强制执行。此外，该法还专章规定了行政强制措施实施程序，行政机关强制执行程序，申请人民法院强制执行，以及法律责任等内容。

（三）修改《中华人民共和国个人所得税法》

该法修正案于2011年6月30日由第十一届全国人大常委会第二十一次会议通过，自2011年9月1日起施行。我国个人所得税法实施以来，在调节收入分配和筹集财政收入方面发挥了积极的作用。但随着经济社会形势的发展和变化，也逐步暴露出一些问题，需要建立健全综合与分类相结合的个人所得税制度。此次修改主要是降低中低收入者的税收负担，同时适当加大对高收入者的调节力度。主要调整内容有四个方面：一是减除费用标准由2 000元/月提高到3 500元/月。二是调整工薪所得税率结构，由9级调整为7级，取消了15%和40%两档税率，将最低的一档税率由5%降为3%。同时适当扩大了低档税率和最高档税率的适用范围。三是调整个体工商户生产经营所得和承包承租经营所得税率级距。四是纳税期限由7天改为15天。

此次修改将在四方面发挥积极作用：一是大幅度减轻中低收入纳税群体的负担。纳税人数由约8 400万人减至约2 400万人。同时，通过调整工薪所得税率结构，使绝大部分的工薪所得纳税人在享受提高减除费用标准的同时进一步减轻税负。二是适当加大对高收入者的调节力度。实行提高工薪所得减除费用标准和调整工薪所得税率结构变化联动，使一部分高收入者在抵消减除费用标准提高得到的减税好处以后，适当地增加了一些税负。三是减轻了个体工商户和承包承租经营者的税收负担。年应纳税所得额6万以下的纳税人降幅最大，平均降幅约40%，最大的降幅是57%，有利于支持个体工商户和承包承租经营者的发展。四是方便了扣缴义务人和纳税人纳税申报。

二、与贸易有关的行政法规的制定、修改情况

（一）制定《个体工商户条例》

该条例于2011年3月30日由国务院第149次常务会议通过，自2011年11月1日起施行。制定该条例的目的是为了更好地贯彻国家鼓励非公有制经济发展的方针政策，进一步发挥个体工商户的重要作用。条例取消了原《城乡个体工商户管理暂行条例》对个体工商户从业人员人数的限制及申请设立个体工商户的身份限制，并放宽了经营范围，取消了管理费；进一步明确了政府及其有关部门对促进个体工商户发展的扶持、服务措施，如规定有关部门应当为个体工商户提供支持、便利和信息咨询等服务，登记机关办理年度验照不得收取任何费用，个体工商户可以凭营业执照、税务登记证明开立账户、申请贷款等。同时，为规范个体工商户行为，条例也规定了个体工商户的监管部门及违反本条例规定应承担的法律责任。

（二）制定《船舶吨税暂行条例》

该条例于2011年11月23日由国务院第182次常务会议通过，自2012年1月1日起施行，原《中华人民共和国海关船舶吨税暂行办法》同时废止。制定该条例对进一步提高我国航运服务水平，促进我国航运业健康发展具有重要意义，更是履行我国加入世界贸易组织承诺的需要。条例的主要内容包括：（1）将征税对象明确为“自中华人民共和国境外港口进入境内港口的船舶”。（2）在税目设置上，按船舶净吨位划分为四个档次，并增设了1年期限的执照；设置了优惠税率和普通税率，分别规定了应适用两种税率的船舶。（3）对免税项目进行了调整规范。在保留暂行办法部分免税条款的同时，删除了对政府征用或租用的船舶免税的规定；增加了对捕捞、养殖渔船，非机动船舶，军队、武装警察部队专用或者征用的船舶的免税条款；删除了关于趸船、浮船免税的规定，对非机动驳船和拖船按50%计征税款，同时将单行批复的免税条款统一在条例中予以规定。此外，《条例》还对吨税的征收管理和法律责任等做了规定。

（三）制定《招标投标法实施条例》

该条例于2011年11月30日国务院第183次常务会议通过，自2012年2月1日起施行。制定该条例是解决招标投标领域突出问题，促进公平竞争，预防和惩治腐败的一项重要举措。条例主要规定了以下内容：（1）明确了公开招标的项目范围，规定除少数特殊情形外，都应当公开招标；充实细化了防止虚假招标的规定；禁止在招标结束后违反招标文件的规定和中标人的投标承诺订立合同；完善了对防止和严惩串通投标、弄虚作假骗取中标行为的规定。（2）规范了评标委员会成员制度，规定省政府和有关部门应当组建综合评标专家库；规定了评标委员会专家名单的确定、抽取方式以及监督与法律责任；为规范评标行为，规定委员会成员不得私下接触投标人及收受财物或者其他好处等。此外，条例还对招标投标交易场所和招标投标信用制度等方面做了规定。

（四）修改《对外合作开采海洋石油资源条例》与《对外合作开采陆上石油资源条例》

上述两个条例均于2011年9月21日由国务院第173次常务会议修订通过，于2011年11月1日起施行。本次修改主要是为统一各类油气企业资源税费制度及公平税负。因此，两个条例均删除了关于缴纳矿区使用费的规定，明确自修改决定施行之

日起，对外合作开采海洋和陆上油气资源不再缴纳矿区使用费，统一依法缴纳资源税。同时，为保持政策连续性，在修改两个条例的决定中明确规定，在条例修改前已依法订立的对外合作开采合同，在已约定的合同有效期内，继续依照当时的国家有关规定缴纳矿区使用费，不缴纳资源税；合同期满后，依法缴纳资源税。

（五）修改《危险化学品安全管理条例》

该条例于2011年2月16日由国务院第144次常务会议修订通过，自2011年12月1日起施行。此次修改确立了危险化学品安全使用许可制度，明确了使用许可证的发放范围；根据实际情况，将危险化学品仓储经营纳入危险化学品经营的范畴，严格了取得经营许可证的条件，并下放了经营许可证的审批权限；规定托运人可以向运输始发地公安机关办理通行证，并明确了审批期限；适当放宽了内河非封闭水域运输危险化学品的限制，并进一步加强了内河运输危险化学品的安全管理。

（六）修改《饲料和饲料添加剂管理条例》

该条例于2011年10月26日由国务院第177次常务会议修订通过，自2012年5月1日起施行。条例主要做了如下修改：在监管职责方面，条例增加了地方人民政府的监管职责，完善了饲料管理部门的职责，增加了饲料管理部门不依法履行职责的法律责任；在完善生产经营环节的质量安全控制制度方面，增加了生产企业采购原料的查验和记录制度，完善了生产过程的质量安全管理措施。明确了饲料、饲料添加剂的包装和标签要求；在规范饲料经营行为方面，完善了进货查验制度，规定了经营者不得对饲料、饲料添加剂进行拆包、分装，不得进行再加工或者添加任何物质，增加了产品追溯制度；为了规范饲料、饲料添加剂的使用，条例明确了禁止使用物质的种类，规范了养殖者的使用行为，还特别加强了对自配饲料的管理；为了确保各项管理制度落到实处，条例进一步完善了监督检查措施，完善了饲料、饲料添加剂监督抽查制度，建立了生产经营者的质量安全信用制度，加大了对违法行为的处罚力度。

（七）修改《出版管理条例》和《音像制品管理条例》

两个条例均于2011年3月16日由国务院第147次常务会议修订通过，自2011年3月19日起施行。条例的修订对于加快出版业改革发展、完善准入退出制度、规范出版单位依法经营和出版管理部门依法行政具有重要意义。《出版管理条例》修改的主要内容包括：（1）扩大了变更登记事项的范围，增加了对中止出版活动的规定等。（2）修改了审批和许可制度。降低了从事总发行业务单位的审批层级，规定从事出版物发行业务包括网上从事出版物发行业务必须取得经营许可证。（3）扩大了三资企业的许可经营范围，允许其从事的业务增加了电子出版物，经营范围由“分销”改为“发行”。此外，还修改了中学小学教科书出版、发行的法定条件，修改了部分关于法律责任的规定。《音像制品管理条例》调整了音像制品的监管主体，将“出版行政部门”改为“出版行政主管部门”；扩大了中外合作经营企业的音像制品许可经营范围，由“分销”改为“发行”；修改了部分关于法律责任的规定。

三、继续深入推进行政审批制度改革

加入世界贸易组织以来，按照建立社会主义市场经济体制的要求，中国政府不断深化行政管理体制改革，着力转变政府职能、创新管理方式、规范权力运行、提高行政效能。截至2011年年底，国务院先后五批取消行政审批项目或者下放行政审批项目管理层级，共取消和调整行政审批事项2 183项，占原有总数的60.6%，各地区取消和调整的行政审批事项占原有总数的一半以上。

2011年11月14日，国务院召开了全国深入推进行政审批制度改革工作电视电话会议，温家宝总理在会上发表了重要讲话。这次会议的主要任务是总结十年来行政审批制度改革进展情况，部署下一步改革工作。会议充分肯定了行政审批制度改革取得的成果。一是通过深化行政审批制度改革，清理、取消和调整行政审批事项，加快转变政府职能，逐步理顺政府与市场、政府与社会的关系，市场配置资源的基础性作用进一步增强，权力过分集中的现象有所改变。二是全面推进依法行政，贯彻依法治国基本方略，把依法行政作为深化行政管理体制改革的基本要求，更加重视法制建设和依法规范政府行为。三是加强政府管理创新，坚持把推进政府管理创新作为深化行政管理体制改革的重要内容，作为政治体制改革的重要组成部分，更加注重提高行政效能，为人民群众提供方便快捷的服务。四是大力加强廉政建设，进一步健全了行政职责体系和问责制度，完善了政府系统预防和治理腐败的体制机制，遏制了滥用权力、以权谋私等违纪违法和腐败现象蔓延，推动了政府反腐倡廉建设。

在充分肯定改革成效的同时，会议指出，包括行政审批制度在内的行政管理体制改革还滞后于经济社会发展，不适应发展社会主义市场经济的要求，依然是经济体制和政治体制改革的一项重要任务。会议明确了“十二五”期间深化行政审批制度改革的主要任务。一是进一步清理、减少和调整行政审批事项，推进政府职能转变。凡公民、法人或者其他组织能够自主决定，市场竞争机制能够有效调节，行业组织或者中介机构能够自律管理的事项，政府都要退出。凡可以采用事后监管和间接管理方式的事项，一律不设前置审批。清理、减少和调整行政审批事项要突出三个重点领域，即投资领域、社会事业领域和非行政许可审批领域。二是严格依法设定和实施审批事项，推进法治政府建设。严格依法设定和实施审批事项，进一步优化政府部门职能配置，合理划分中央和地方政府的事权。对保留的审批项目，完善程序规范和管理制度；对取消调整的审批项目，完善后续监管制度；对拟新设审批项目，完善审查论证制度。三是创新行政审批服务方式，推进服务型政府建设。确需保留的审批事项，要按照公开透明、便民高效的要求，依法进一步简化和规范审批程序，创新服务方式，优化流程，提高效能。四是加强对行政审批权力运行的监督制约，推进反腐倡廉建设。加强对行政审批权力运行的监督制约，推进反腐倡廉建设。加快建立健全决策、执行、监督相对分离、相互制约的行政运行机制。

（国务院法制办工交商事司　姚驰　徐顺）

中国关税政策

2011年，中国关税政策紧紧围绕科学发展主题和加快转变经济发展方式主线，保持连续性和稳定性，增强关税调控的针对性、灵活性、前瞻性，妥善处理保持经济平稳较快发展、调整经济结构、管理通胀预期的关系；全面落实“十二五”专项进口税收优惠政策，加快转变经济发展方式，切实保障和改善民生，为实现“十二五”经济社会发展良好开局做出了积极贡献。

一、加强和改善关税宏观调控，促进经济平稳较快发展

（一）完善结构性减税政策，努力保持物价基本稳定

自2011年1月1日起，对600多种资源性、基础原材料和关键零部件产品实施较低的年度进口暂定税率，平均税率约为4.5%，相对于最惠国税率，优惠幅度超过50%。此后，根据宏观经济运行情况的变化，自2011年7月1日起，进一步降低了成品油、有色金属原料、纺织原料等部分能源原材料以及部分救灾物品和日用商品等33项商品的进口关税，优惠幅度达到50%。社会各界普遍评价此举对抑制通胀、扩大内需、促进贸易平衡的积极意义。

（二）适度调整出口关税，应对物价上涨压力

在继续严格控制“两高一资”产品出口的同时，为稳定国内化肥价格，进而抑制农产品涨价预期，2011年适当增加了化肥出口季节性关税旺季税率适用期，并下调了淡季出口“差价税”的基准价格。

二、促进经济结构调整，加快转变经济发展方式

（一）大力鼓励科技创新，支持战略性新兴产业发展

1. 加快实施重大技术装备进口税收政策。2007年，财政部会同有关部门将仅对国家鼓励进口的重大技术装备整机和成套设备的进口免税政策，调整为对国内企业为生产国家支持发展的重大技术装备和产品而确有必要进口的关键零部件及原材料实行进口税收优惠政策。2009年，立足于提高我国企业的核心竞争力和自主创新能力，进一步将税收优惠方式由原来的先征后退改为直接免税，根据企业国产配套能力对进口免税产品实行“清单＋额度”免税管理模式。该政策执行以来，有力地促进了国内装备制造业的发展。2011年，进一步完成了第三代核电机组等6个领域的重大技术装备进口税收政策的制定工作。2009—2011年，共有230多家重大装备企业申请享受了上述政策。

2. 落实国家科技重大专项进口税收政策。2010年，财政部会同有关部门出台了科技重大专项进口税收政策，对承担民口科技重大专项的企事业单位进口所需国内不能生产的关键设备、零部件、原材料，免征进口关税和进口环节增值税。该政策的出台，有力地激发了企业作为技术创新主体开展科技研发工作的积极性。2011年，共完成了“新一代宽带无线移动通信网”等10个民口科技重大专项进口税收政策的制定工作。2010—2011年，共有400多家承担科技重大专项的科研单位申请享受了上述政策。

3. 支持新型平板显示产业创新发展。一是创新思维解决新型平板显示企业资金占压难题。新型平板显示企业由于建设初期需大量进口设备，2009年增值税转型改革全面实施后，面临着所缴进口环节增值税短时间内难以抵扣、长期占压资金的困境。为推动我国新型平板显示产业创新发展，进而推进信息产业转型升级，在坚持增值税转型改革基本方向的前提下，积极开拓思路，提出了以按比例分期纳税的方式妥善解决企业资金占压问题的新思路。二是对新型显示器件产业进口物资税收政策实施延期并调整适用范围。为支持新型平板显示产业度过产业发展的关键“爬坡期”，将新型显示器件面板生产企业进口国内不能生产的自用生产性原材料和消耗品免征进口关税的优惠政策延长至“十二五”期末，并根据产业发展的实际需求调整进口商品免税清单，将政策适用范围向上游适当延伸。

4. 出台政策支持中小企业技术进步。2011年，

财政部将符合条件的国家中小企业公共服务示范平台中的技术类服务平台纳入现行的科技开发用品进口税收优惠政策范围，在“十二五”期间，对在合理数量范围内平台进口的国内不能生产或性能尚不能满足需要的科技开发用品，免征进口关税和进口环节增值税、消费税。该政策对推动小微企业技术创新、提高技术水平将发挥重要的促进作用。

5. 进一步促进加工贸易企业转型升级。自2009年7月1日至2011年6月30日，对来料加工企业转型为法人的企业给予进口设备税收优惠政策。截至2010年年底，广东省已有近30%的来料加工企业顺利实现转型，示范效应明显。根据政策实施效果和现状，2011年将该税收优惠政策的执行期限又延长了一年半，并进一步扩大了政策适用范围，加大支持力度。

6. 制定“十二五”专项进口税收优惠政策，引导产业升级。经国务院批准，2011年以来，先后印发了“十二五”支持远洋渔业、救助打捞事业等行业或领域的专项进口税收优惠政策，对进口国内不能生产或国产性能指标不能满足需求的部分关键设备、零部件、原材料等实施税收优惠，并规定逐步调整进口商品清单，以提高国内自主研发和配套能力，促进产业优化升级。此外，“十二五”期间继续鼓励中资“方便旗”船回国登记，促进我国航运业的发展壮大。

（二）继续加强节能减排工作，大力支持环境保护

1. 继续通过出口关税控制“两高一资”产业发展。配合国内相关政策措施，自2011年1月1日起，继续以暂定税率的形式对煤炭、原油、化肥、有色金属等200多项“两高一资”产品征收出口关税，以控制高耗能、高排放和产能过剩行业的盲目发展。

2. 开拓思路支持天然气（包含液化天然气）进口。为妥善解决天然气价格“倒挂”、进口企业亏损严重的问题，研究出台了对有关项目进口天然气依据一定条件、按照一定比例返还进口环节增值税的税收优惠政策。

3. 支持国内节能环保产业发展。为支持节能减排技术开发和推广，2011年继续实施鼓励生产节能环保领域重大技术装备的进口税收优惠政策，对国内制造企业为生产核电设备、风电设备、大气污染治理设备、工业废水处理设备、固体废物处理设备而确有必要进口的关键零部件、原材料，免征进口关税和进口环节增值税。

4. 继续支持能源的综合开发利用。为改善我国能源结构，确保国家能源安全，“十二五”期间，继续对在我国陆上特定地区和海洋开采石油（天然气）进口物资实施进口税收优惠政策，提高油气勘探能力；继续对煤层气勘探开发项目进口物资实施进口税收优惠政策，支持煤层气勘探开发和煤矿瓦斯治理。

（三）落实主体功能区规划，推动区域协调发展

1. 开展海南离岛旅客免税购物政策试点工作。为加快推进海南国际旅游岛的建设发展，2011年4月20日起，财政部开展了海南离岛旅客免税购物政策试点工作，对乘飞机离岛（不包括离境）旅客实行限次、限值、限量和限品种免进口税购物。试点工作启动以来，三亚和海口两个离岛免税店先后开业，免税店营业额大幅增长。在此政策的促进下，内地赴海南旅游人数明显增长，对促进海南旅游业发展、建设海南国际旅游岛发挥了积极作用。

2. 积极研究区域发展规划以及与区域有关的进出口税收政策问题。近年来，为促进区域协调发展，国务院已出台并正在制定一系列区域发展规划和区域政策，其中涉及大量的进出口税收政策问题。在维护基本税制统一的前提下，结合各区域特点、定位、发展目标，认真研究相关问题，既加大政策创新力度，又统筹考虑各区域规划之间的协调性，并妥善处理与世贸组织规则一致性等问题，先后对横琴、平潭综合实验区、上海国际航运中心、天津北方国际航运中心等规划提出进出口税收政策建议。

3. 促进海关特殊监管区域健康发展。一是及时研究苏州工业园区综合保税区开展非保税货物全球分拨配送业务试点、特殊监管区域维修检测业务等新情况和新问题；二是增强了海关特殊监管区域审核的科学性，协助海关完成了对西安、阿拉山口、武汉东湖、沈阳、长春兴隆综合保税区，井冈山出口加工区，洋山保税港区和成都高新综合保税区扩区等海关特殊监管区域的审核工作；三是审核同意广西凭祥综合保税区、重庆两路寸滩保税港区进行规划用地调整；四是参与验收了福州保税港区、重庆两路寸滩保税港区等海关特殊监管区域；五是配合海关总署加强相关制度建设，对《关于促进海关特殊监管区域发展的指导意见》和《海关特殊监管区域退出机制》提出修改意见。

三、加大强农惠农富农关税政策力度，支持“三农”发展

（一）加强政策管理，落实进口种子种源税收优惠政策

“十二五”期间，为支持引进和推广良种，发展优质、高产、高效农林业，继续对一定数量和范围内的进口种子（苗）、种畜（禽）、鱼种（苗）和种用野生动植物种源免征进口环节增值税。在调研并总结“十一五”执行情况的基础上，为进一步加强政策的科学化精细化管理，会同有关部门制定了《“十二五”期间进口种子种源免税政策管理办法》。

（二）规范管理，有效落实中央储备粮油进口税收优惠政策

为保障粮食安全，降低进口储备粮油成本，“十二五”期间，对中国储备粮管理总公司为实现中央储备粮油年度轮换、转储备以及履行政府承诺而组织进口的粮油，免征进口环节增值税。为简化程序、规范管理，联合有关部门制定了免税政策操作和监督管理办法。新的管理办法大幅简化了工作程序，基本解决了企业资金占压问题，有效提高了工作效率。

（三）适度调整棉花滑准税政策，保障棉农利益

棉花滑准税政策自2005年实施以来，对稳定国内市场、保障棉农利益、促进棉纺织企业健康发展发挥了积极作用，基本实现了政策目标。2012年，为兼顾棉花生产和纺织工业发展的需要，防止国际市场棉花价格波动对国内棉花市场的冲击，适度提高了2012年棉花滑准税从量税的起始价格，并适当调整滑准税公式参数。

（四）继续巩固在缅甸老挝北部开展罂粟替代种植工作成果

为巩固和发展云南省境外罂粟替代种植成果，继续加大替代种植返销农产品进口免税政策支持力度，对替代种植进口的农产品免征进口关税和进口环节增值税，研究印发了“十二五”期间云南省替代种植项下农产品免税进口管理办法，分两批下发了2011年免税数量。

（五）继续支持地方发展特色农业经济

“十二五”期间，继续对云南省进口用于科研和种植的花卉种苗、种球、种籽免征关税和进口环节增值税，以促进云南省花卉产业发展，尽快形成惠及广大花农、有影响力的地方特色产业。2011年，协调有关部门印发了云南省花卉进口免税政策管理办法，并下发了2011年免税数量。

四、支持各项社会事业发展，保障和改善民生

（一）继续落实灾后重建进口税收优惠政策

为支持汶川地震灾后恢复重建工作，依据《国务院关于支持汶川地震灾后恢复重建政策措施的意见》（国发［2008］21号），2011年先后办理了成都西岭雪山灾后恢复重建项目所需进口设备、思科公司援助汶川地震灾后重建第三批和第四批捐赠设备、东方汽轮机有限公司灾后重建项目所需进口设备等减免税申请。

（二）落实抗艾滋病病毒药物进口税收优惠政策

抗艾滋病病毒药物进口税收优惠政策实施以来，有效降低了我国使用进口抗艾滋病病毒药物的成本，体现了国家对艾滋病感染者和病人的关怀，社会效果显著。“十二五”期间，继续对卫生部委托进口的抗艾滋病病毒药物免征进口关税和进口环节增值税。

（三）研究出台政策支持动漫产业健康发展

为推动我国动漫产业健康快速发展，增强动漫产业的自主创新能力，会同有关部门共同制定了《动漫企业进口动漫开发生产用品免征进口税收的暂行规定》，对经国务院有关部门认定的动漫企业自主开发、生产动漫直接产品，确需进口的商品免征进口关税及进口环节增值税。

（四）支持体育和文化国际交流与合作

2011年，研究制定了第16届亚洲运动会马术比赛用消耗品、2010年上海世博会第三批进口物资等有关进口税收政策；制定了“十二五”期间中国—东盟博览会、中国—吉林·东北亚投资贸易博览会、中国哈尔滨国际贸易洽谈会留购展品的进口关税政策。

附表

中国关税平均水平

（1998—2011年）

年　度	关税平均水平（%）	年　度	关税平均水平（%）
1998	17.3	2005	9.9
1999	16.7	2006	9.9
2000	16.4	2007	9.8
2001	15.3	2008	9.8
2002	12.0	2009	9.8
2003	11.3	2010	9.8
2004	10.4	2011	9.8

（财政部关税司）

中国关税政策

中国关税政策包括进出口征税政策和减免税政策。2011年，中国海关共征收进出口关税2 559.1亿元，同比增长26.2%，其中征收进口关税2 368.3亿元，增长24.9%，征收出口关税190.8亿元，增长45.7%。

进口关税设置最惠国税率、协定税率、特惠税率、普通税率、关税配额税率等税率。出口关税设置出口税率。对进出口货物在一定期限内可以实行暂定税率。

对进口货物需采取反倾销、反补贴、保障措施的，按照有关法律、行政法规的规定适用其税率。另外，对国家决定征收报复性关税的进口货物，适用报复性关税税率。

有关关税政策如下：

一、履行入世承诺，约束性降税基本到位

2001年中国入世后，为履行降税承诺，经过几年的约束性降税，我国进口关税水平（最惠国税率算术平均税率）大幅降低，至2006年已基本完成了入世承诺的降税义务。目前进口关税是依据《中华人民共和国进出口税则》征收的。税则共分为21类，97章，共计8 194个税号。2012年我国关税总水平为9.8%，其中农产品平均税率为15.2%，工业品平均税率为8.9%。如考虑到进口商品结构，进口征税货物关税加权平均税率约为3.0%。

二、发挥税收调节作用，自主实施暂定税率

暂定税率是国家对部分进出口货物实行的一种临时性进出口关税税率。一般根据国民经济发展的实际需要和进出口关税税率的总体调整情况，对部分进出口货物实行暂定税率，以更有效地发挥关税在提高国内竞争能力、促进企业技术进步、保障经济运行等方面的作用。2012年对737个8位税号商品实行进口暂定税率。

三、发挥关税保护作用，抵制不正当竞争，主动实施特保措施

反倾销税、反补贴税、保障措施关税、报复性关税等贸易救济措施是进口国在遭遇贸易冲击时或遭受歧视性贸易待遇时所采取的世界贸易组织允许的贸易保护手段。2011年我国共发布涉及反倾销和反补贴的公告共21个，主要涉及化工、钢铁制品、汽车等。

四、促进对外经济、外交关系发展，开展多边贸易合作，实行协定税率和特惠税率

我国目前已与10个国家（地区）签署了贸易或关税优惠协定，对有关国家或地区实施协定税率。同时，主动对老挝等东南亚3国、苏丹等非洲30国、也门等7国，共40个联合国认定的最不发达国家，实施特惠税率。

（海关总署）

中国海关管理制度

加入 WTO 以来，中国在更大范围和更深程度上参与经济全球化，改革开放和社会主义现代化建设进入一个新的阶段，对中国海关管理模式提出了新的要求。同时，在经济全球化的趋势下，国际贸易对便利和安全需求增大，海关在全球贸易供应链管理中的贸易安全和贸易便利的重要性及责任承担更大，也对中国海关管理提出了新的挑战。

围绕这些要求和挑战，2001 年以来，中国海关以现代化为主线，不断推进管理创新，实施建设现代化海关制度"两步走"的发展战略，力求建立与社会主义市场经济相适应、与改革开放相配套、与国际海关通行做法相衔接的管理体制和机制。第一步发展战略以通关作业改革为突破口，大力推进海关信息化建设，对通过模式、作业流程、资源配置等进行了全面改革，基本实现了中国海关通关管理的"四肢协调"。海关管理基本上适应了中国入世和经济全球化带来的挑战和需求。2004 年，在初步实现现代海关制度第一步发展战略目标的基础上，中国海关实施了现代海关制度第二步发展战略，以建立健全风险管理机制为中心环节，全面、协调地推进海关管理的各项改革和建设。到 2010 年，中国海关基本建立起与社会主义市场经济体制相配套，与国际通行规则相衔接，严密监管与高效运作相结合的现代海关制度，"耳聪目明"的智能型海关初现雏形，有力推动了我国经济社会的飞速发展。

2011 年是我国"十二五"规划的开局之年。"十二五"时期是我国全面建设小康社会的关键时期，也是深化改革开放、加快转变经济发展方式的攻坚时期。总署党组织认真落实中央要求，紧紧围绕"十二五"主题主线，结合海关工作特点和规律，提出"把好国门、做好服务、防好风险、带好队伍"，作为当前和今后一个时期海关工作的总体要求。全国海关在现代海关制度"两步走"发展战略取得的成果基础上，以国家现代化总体战略为指引，牢牢把握国家和海关现阶段的新特征、新要求，进一步推进管理思想、管理制度、管理方法和管理手段的现代化，以适应中国经济社会发展和对外开放的需要。2011 年，中国海关在推进业务改革和创新，加强队伍建设方面主要做了如下工作：

一、推进业务建设

（一）加强改革的顶层设计和整体规划，研究制定《海关贯彻落实国家"十二五"规划纲要的意见》

认真贯彻落实国家"十二五"规划纲要，准确把握国家战略意图，围绕经济社会发展主线，结合海关职能，研究制定了《海关贯彻落实国家"十二五"规划纲要的意见》（以下简称《意见》）。《意见》从严格把关、服务大局、强化管理、提高素质、夯实基础等 5 个方面对今后 5 年工作进行了统筹部署，并提出了"十二五"时期海关综合监管改革、特殊监管区域整合、金关工程（二期）等 7 项重点改革项目和重大工程，强化了海关改革的顶层设计和整体规划。

（二）扎实推进大监管体系建设

大监管体系建设是以科学发展观为指导，以风险式管理为基础，以综合监管为模式，以提升整体功能为要求，建立职能分工更加科学合理、目标责任更加清晰到位、工作运转更加协调高效的新时期海关监督管理体系。从 2010 年 5 月开展该项改革以来，全国海关攻坚克难，狠抓落实，扎实推进大监管体系建设。2011 年，重点推进实施了"三查合一"，将企业稽查、保税中后期核查和减免税核查统一归口管理；发布了新修订的《企业分类管理办法》；调整了三级海关审批权限等，大监管体系建设取得了阶段性成果。海关风险式管理思想进一步确立，综合监管模式逐步形成，海关整体功能得到加强。

（三）深化分类通关改革

为有效破解外贸业务量快速增长与海关管理资源严重不足的矛盾，从 2009 年 5 月起，中国海关开始启动分类通关改革，按报关单风险高低实施差别化的通关作业。2011 年，海关进一步加快分类通关改革进度，完善改革措施，出口分类通关改革在全国海关全面推广，进口分类通关改革也由 15

个海关推广到41个直属海关的部分现场开展试点。据统计，2011年全国海关监管进出境货物33.2亿吨，运输工具3 214.7万辆（艘、架）次，进出境人员4.3亿人次，同比分别增长12.6%、2.3%、8.1%。全国出口分类通关平均通关时间为1.5小时，99.29%的货物实现24小时放行；进口分类通关平均通关时间为17.91小时，64.22%的货物实现24小时放行。分类通关改革推进以来，实际监管得到加强，通关速度不断提升，基本达到了“优化监管质量、提高通关效率、整合资源配置、缓解关员压力”的改革目标，受到企业欢迎和地方政府肯定。

（四）深化综合治税

加强税收征管，实施监控、专项核查和抽样考核，做好减免税审批权限调整，发挥税收调节作用。2011年，我国外贸进出口总值36 420.6亿美元，同比增长22.5%；海关税收净入库16 142.1亿元，同比增长28.9%。

（五）严厉打击走私

保持打击走私高压态势，加强反走私综合治理，重点打击稀土等资源性产品、成品油、冻品、毒品、武器弹药等走私，组织开展了“国门利剑”等6次专项行动。打击汽车零配件、机械设备、皮革等行业性瞒骗走私。2011年全年全国海关侦办偷逃税千万元以上的重特大走私犯罪案件57起，同比增长26.7%。

（六）有效发挥统计分析作用

积极服务宏观决策，定期研判外贸态势，紧密监测我国与主要贸易伙伴的市场份额，及时反映重大突发事件对我国外贸产生的影响。全年共向中办、国办报送各类监测预警信息800多篇，被采用250多篇，70多篇获得中央领导同志批示。

（七）推动加工贸易转型升级

支持苏州、东莞加工贸易转型升级试点城市建设。会同有关部门制发《关于促进加工贸易梯度转移重点承接地建设发展的指导意见》，引导加工贸易向中西部地区梯度转移。研究制定利用保税方式支持服务外包、集成电路及战略性新兴产业发展的政策措施，鼓励加工贸易向产业链高端延伸。研究制定《关于促进海关特殊监管区域科学发展的指导意见》及与其相配套的海关特殊监管区域《准入标准》、《入区项目指引》、《退出机制》、《管理办法》等4个具体管理规范，对海关特殊监管区的发展加强指导、规范管理。

（八）支持地方经济发展

积极落实国家区域发展总体战略，与各地、各部门共同推进“十二五”规划纲要、国家级发展战略和重点项目落实。推动珠三角加工贸易转型升级示范区建设，支持重庆、郑州等承接加工贸易梯度转移。推动上海、舟山、义乌、苏州等区域战略规划和重大项目实施。出台系列促进扩大进口、鼓励国家重大技术装备制造业和中小企业发展、支持横琴新区开发开放的具体海关措施。牵头调研出台支持新疆发展和稳定的8项措施。截至目前，海关共与11个省区市签署合作备忘录，有针对性地支持各地区对外开放和重点项目建设。

（九）加强口岸管理

注重口岸发展的宏观设计和总体规划，会同有关部门研究编制国家口岸发展规划（2011—2015年），提高口岸管理决策的科学性和措施的有效性，服务国家工作大局和重要战略部署。有序推进口岸开放，坚持口岸开放、建设和运行工作统筹推进。截至2011年底，全国共有对外开放口岸283个，其中，水运口岸138个，陆运口岸（包括铁路、公路口岸）82个，空运口岸63个，基本形成了沿海沿边水运口岸密集分布，各省区市重点开放城市空运口岸基本覆盖，沿边陆运口岸多点坐落的全方位、立体化口岸开放格局，全国口岸总体运行态势良好。

（十）加快电子口岸建设

2011年，中国海关加快电子口岸建设步伐，推动中央和地方两个层面电子口岸持续健康发展。中央层面，海关对外联网应用项目不断增加，年内重点推动了11个联网应用项目，如与商务部共同推动了自动进口许可证联网系统建设，与税务总局共同完善了出口退税联网核查系统，与中国台湾、香港方面共同推动ECFA货物原产地联网系统等。地方层面，“大通关”综合应用项目建设日益完善，地方电子口岸跨区域合作互通紧密，高效便捷的“大通关”软环境降低了企业贸易成本，深受企业欢迎。

（十一）深度参与双边、多边海关事务

中美、中欧、中俄、中日韩海关等国际合作取得积极成果。与港澳台海关合作不断深化。积极参与国际多边贸易体制规则制定，努力维护国家利益。成功承办2011世界海关与商界论坛，发表《广州宣言》，得到各国海关的一致认可，扩大了中国海关在国际上的影响力。

在我国入世十周年之际，为全面总结十年来海关参与WTO事务的历程和经验，深入思考新形势下海关如何通过做好WTO事务参与国家宏观决策，并向社会各界大力宣传入世后海关在服务国家外经贸大局方面的贡献，海关于2011年年底开展了“纪念中国入世十周年”庆祝活动。包括举办海关纪念中国入世十周年回顾展、在《经济日报》及《国际商报》上刊发纪念文章及对署领导的访谈、在全国范围内开展相关主题征文活动等。总署领导对纪念活动非常重视。2011年12月11日，于广洲署长参加了国务院领导同志出席的中国入世十周年高层论坛。孙毅彪副署长发表纪念文章，在百忙之中视察了海关纪念中国入世十周年回顾展，并就海关WTO事务工作提出更高的要求。署领导的高度重视和殷切期望为全国海关在新时期贯彻落实总署党组“四好”要求，推动国家改革开放战略向纵深发展，实现“十二五”规划提出的各项目标指明了方向。

二、加强队伍建设

（一）深入开展创先争优活动

以庆祝建党90周年为契机，评选和表彰海关系统“两优一先”，广泛开展外学杨善洲、内学张宝威活动。认真贯彻落实中央窗口单位和服务行业为民服务创先争优视频会议精神，擦亮海关为民服务窗口。深入开展以“四好”为主题的实践活动，在全国海关形成争创“国门先锋”的生动活泼局面。2011年，海关系统获中央、国务院表彰的全国先进基层党组织1个，全国文明单位45个；全国青年文明号、全国五一劳动奖状、全国巾帼文明岗、中国（杰出）优秀青年卫士、全国五一劳动奖章等省部级表彰144个。

（二）推进准军事化建设

在巩固外树形象、内强素质成果的基础上，突出内涵学习，学习军队“听党指挥、服务人民、英勇善战”的优良传统，永远忠于党、忠于国家、忠于人民；学习军队始终坚持从严治军的优良传统，用铁的纪律锤炼过硬作风；学习军队“打得赢”的能力和建设先进文化的优良传统，不断提高队伍的战斗力和防控风险能力。加强教育培训工作，推进学习型海关建设。

（三）加强海关文化建设

认真贯彻落实党的十七届六中全会精神，提炼“爱国、厚德、增信、创新、奉献”海关核心价值观。既从“大文化”着眼，全面履职，发挥进出境环节的“文化把关”作用；也从“小文化”着手，坚持“文化兴关”，不断丰富和发展具有鲜明行业特色的海关文化。拍摄海关题材电视剧《国门英雄》。努力丰富基层文化生活。

（四）加强反腐倡廉建设

落实“一岗双责”，狠抓惩防渎职侵权，认真开展专项治理和巡视工作，深入推广应用海关执法廉政风险预警处置系（HL2008），自主发现问题的能力明显提高。加强内控机制建设，关口前移，建立执行部门自控、管理部门监控与监察审计部门监督“三道防线”。开展经济责任审计和管理审计，加强审计成果的转化应用。

（海关总署）

中国海关估价制度

中国于 2001 年 12 月 11 日正式成为世界贸易组织（WTO）的第 143 个成员。中国加入世贸组织给海关带来的最直接影响就是 WTO《海关估价协定》的全面实施。2001 年以来，中国海关根据 WTO《海关估价协定》要求，从估价理念到估价方法、程序等方面进行了全方位、深层次的改革，已实现了与国际惯例的接轨。

一、海关估价法律体系

中国目前的审价立法可以划分为三个层次：

第一个层次是《中华人民共和国海关法》第 55 条，“进出口货物的完税价格，由海关以该货物的成交价格为基础审查确定。成交价格不能确定时，完税价格由海关依法估定。”在法律层次上已经实现了和 WTO《海关估价协定》的衔接。

第二个层次是《中华人民共和国关税条例》。2004 年开始实施的新《关税条例》作为《海关法》的配套法规，对估价定义、估价方法、估价程序等均根据 WTO《海关估价协定》要求进行了修订。

第三个层次是《中华人民共和国海关审定进出口货物完税价格办法》（以下简称《审价办法》）。《审价办法》是 WTO《海关估价协定》在中国估价法律体系中最直接的体现，完整、准确地体现了 WTO《海关估价协定》的有关规定。

二、海关估价原则

（一）以货物的成交价格为估价准则

货物的成交价格是中国海关估价的基本准则。进口货物的成交价格估价方法是 WTO《海关估价协定》所规定的六种估价方法的第一种，也是最重要和最基本的一种估价方法。它是建立在进口货物实际交易价格基础上的一种估价方法，也是在估价实践中使用率最高的一种估价方法。

确定进口货物成交价格的步骤依次是：审查构成成交价格的各种要素是否成立（销售、实付应付、该货物）、审查进口货物是否符合 4 项条件（限制、不确定因素、转售收益、特殊关系）、审查是否有必要根据销售情况对有关价格因素进行合理调整。

（二）其他估价方法

中国海关的估价方法与 WTO《海关估计协定》一致，除成交价格方法外，

其他依次适用的估价方法有：

1. 相同或类似货物成交价格方法

相同货物成交价格方法是指海关无法按成交价格方法确定进口货物完税价格时，将以被估货物同时或大约同时向中华人民共和国境内销售的相同货物的成交价格为基础确定该进口货物完税价格的估价方法。这是按顺序使用的第二种估价方法。

类似货物成交价格方法是指海关无法按成交价格方法和相同货物成交价格方法确定进口货物完税价格时，将以被估货物同时或大约同时向中华人民共和国境内销售的类似货物的成交价格为基础确定该进口货物完税价格的估价方法。这是按顺序使用的第三种估价方法。

2. 倒扣方法

倒扣方法是以进口货物、相同或类似进口货物在被估货物进口时或大约同时，按进口时的状态在境内第一销售环节，以最大总量单位售予境内无特殊关系方的单价为基础估定完税价格，是第四种估价方法。采用倒扣方法估价通常的步骤是：一是确定倒扣方法的基础价格，即确定转售价格；二是扣除有关的税费。

3. 计算方法

计算方法是指在普遍接受的会计原则下利用有关资料，将进口货物生产商的生产成本加上从出口国出口销售到进口国通常发生的利润及一般费用，并在此基础上计算得到的价格作为对货物估价的方法。它是第五种估价方法，其计算基础不是货物的成交价格或转售价格，而是生产成本。

4. 合理方法

合理方法是第六种估价方法。所谓合理方法，实际上不是一种具体估价方法，而是规定了使用方法的范围和原则。也就是说，海关在使用合理方法时，应当根据公平、统一、客观的估价原则，且不得使用 6 种禁止使用的价格估价。

三、海关与进口商的权利与义务

中国海关估价法律法规体系不但规定了海关审定货物完税价格的程序，还赋予了海关与进出口商在估价过程中的权利与义务。

海关权利包括：

查阅复制权：查阅、复制与进出口有关的书面资料和电子数据；

询问权：向进口商及相关企业调查与进出口货物价格有关的问题；

查验、送验权：对进出口货物进行检验和化验；

检查权：检查进出口货物相关的场所；

查询权：查询进出口货物相关付汇或缴纳国内税情况；

海关义务包括：

保密义务：保守进出口商的商业秘密；

举证责任：海关履行估价程序必须向进口商举证；

书面告知的义务：据进出口商申请就如何确定进出口货物完税价格做出书面说明；

具保放行货物的义务：未做出估价决定前，进出口商提供担保后先放行进出口货物。

进口商的权利：

要求具保放行货物的权利；

估价方法的选择权：选择倒扣价格方法和计算价格方法的适用次序；

知情权：要求海关估价透明公开；

申诉权：海关估价决定不服的，可以向上一级海关申报复议和向法院提出诉讼的权利。

进口商的义务：

如实申报的义务：向海关如实申报进出口货物的成交价格，提供相关的资料和电子数据；

举证责任：举证证明申报价格的真实性和准确性或举证交易价格没有受到买卖双方特殊关系影响。

四、海关审价工作流程

进出口货物向海关申报后，对其成交价格的审查从程序上通常可以分为审单中心审价、通关现场验估、关税价格职能部门专业认定等。

（一）审单中心电子审核申报价格

进出口货物报关单电子数据首先经过审单中心对其申报价格进行电子审核，审单中心的审价主要是以价格信息资料为基础并结合企业信息等其他的审单中心所掌握的相关的信息对企业的申报价格真实性进行初步判断。经审核认为申报价格合理的给予放行，对于判断风险值高的申报则转由其他审价环节通过更丰富的资料和手段进行判断。

（二）现场海关书面审核

现场海关要在审单中心电子审核申报价格的基础上，对审单中心提示重点做进一步审核的报关单或者现场海关分析认为存在风险需重点审核的，通过对书面报关数据与随附单证及相关信息的核对和审核，以及对货物的实际验估，确定进出口货物的完税价格。

（三）职能部门专业认定

当审单中心和现场海关经过电子审核和书面审核，仍无法确定进出口货的完税价格时，可以向上级关税职能部门提交估价专业认定申请。专业认定就是要发挥职能部门的专业优势，在掌握充分价格资料的基础上，通过企业进一步提供的更加充分的贸易单证对企业申报价格的进行验证，从而对企业申报价格的真实性和完整性做出判断。

从对具体货物的估价程序看，分为价格质疑、价格磋商以及价格核查等。

（1）价格质疑

是指海关对进出口货物的申报价格的真实性和准确性有疑问时，应当书面将怀疑的理由告知进出口商，要求进出口商做进一步说明，提供相关资料或其他证据，证明其申报价格是真实、准确的。

（2）价格磋商

是指海关采用相同、类似货物成交价格资料或者采用倒扣价格方法、计算价格方法确定进口货物完税价格时，由海关与进出口商交流与进口货物有关的贸易状况、交易情况，相同或类似进口货物的成交价格，市场价格行情、成交数量、商业水平、运输方式、运输距离等信息，以及使用倒扣价格方法、计算价格方法估价时所需资料的过程。

（3）价格核查

价格核查是海关审定完税价格的一种手段，是海关经过必要的审价程序后仍无法确定其完税价格时，依法通过审查单证、核实数据、核对实物及相关账册等方法，对进口货物申报成交价格的真实性、准确性进行的审查。

（海关总署）

中国海关原产地管理制度

一、中国海关原产地管理制度概述

我国对进出口货物原产地的管理分为非优惠原产地管理和优惠原产地管理。经过多年实践，初步形成了我国非优惠和优惠原产地管理体系。截至2011年年底，海关总署颁布实施原产地相关署令15个，公告近50个。2011年，制订下发《中华人民共和国海关〈中华人民共和国政府和哥斯达黎加共和国政府自由贸易协定〉项下进出口货物原产地管理办法》等3个署令和5个公告，参加涉及10多个自贸协定和多边原产地规则谈判及可行性研究共44轮/次。

二、中国非优惠原产地管理

（一）法制框架

中国非优惠原产地管理是以《中华人民共和国进出口货物原产地条例》和《关于非优惠原产地规则中实质性改变标准的规定》为基本法制框架，连同海关总署颁布的各项原产地管理规章和进出口原产地管理操作规程，形成了我国的非优惠原产地管理体系。

1.《原产地条例》

2004年9月，国务院颁布了《原产地条例》（国务院令第415号），自2005年1月1日起施行。《原产地条例》共27条，分别就立法宗旨、适用范围、原产地规则、原产地证书签发、海关监管及核查、法律责任等做了明确规定。该条例适用于进口税率的适用、贸易统计、最惠国待遇、反倾销和反补贴、保障措施、原产地标记管理、国别数量限制、关税配额等非优惠性贸易措施的实施，以及政府采购时对进出口货物原产地的确定。

《原产地条例》建立了判定进出口货物原产地的共同标准，实现进出口货物原产地规则的统一，明确了海关在进出口货物原产地管理上的主导地位，对进出口收发货人的权利和义务做出规范，对签证机构和签证程序提出要求，是我国实施非优惠原产地管理的根本法律依据。

2.《实质性改变标准规定》

依照《原产地条例》的有关规定，海关总署会同商务部、国家质检总局于2004年12月发布了《关于非优惠原产地规则中实质性改变标准的规定》，与《原产地条例》同时实施。《实质性改变标准规定》共9条，主要包含了实质性改变标准条款和产品特定原产地标准清单两部分。

（二）进出口货物原产地管理

1. 进口货物原产地管理

货物申报进口时，进口货物收货人应当按照海关的申报规定，填制进口货物报关单，申明进口货物的原产地，并随附有关单证。海关对进口报关单进行审核。

为确定货物原产地是否与进口货物收发货人提交的原产地证书及其他申报单证相符，海关可以对进口货物进行查验。

海关对进口货物收货人或者其代理人提交的原产地证书的真实性、货物原产地的准确性存在怀疑时，可请求出口方原产地主管机构对进口货物的原产地进行核查，或对进口货物收货人或者其代理人及其进口货物进行核查。

2. 出口货物原产地管理

出口货物发货人可以向签证机构申请领取出口货物原产地证书。出口货物发货人办理申请手续时，应当如实申报出口货物的原产地，并提供出口货物的原产地相关资料。

货物申报出口时，出口货物发货人或者其代理人应当按照海关的申报规定填制出口货物报关单，申明出口货物原产于我国。

为确定出口货物的原产地是否与申报相符，海关可以对出口货物进行查验。

海关对出口货物发货人或者其代理人提交的原产地证书的真实性、货物原产地的准确性存在怀疑时，也可以根据有关规定，对出口货物发货人或者其代理人及其出口货物进行核查。

3. 原产地行政裁定与预确定

2001年12月7日，海关总署发布《中华人民共和国海关行政裁定管理暂行办法》（海关总署令第92号）。在海关注册登记的进出口货物经营单位可在货物拟进口或出口的3个月前提出书面申请，请求海关对有关货物预先做出原产地的行政裁定。海关做出的原产地行政裁定具有海关规章的同等效力，对与实际进出口原产地相关事务具有普遍约束力，自公布之日起在中华人民共和国关境内统一适用。

为规范进口货物原产地预确定管理，便利合法进口，提高通关效率，海关总署制订下发了《进口货物原产地预确定暂行规定》，于2012年4月1日起实施。进口货物的收货人及与进口货物直接相关的其他人，在有正当理由的情况下，可以在货物实际进口前提出书面申请，请求货物进口地直属海关对有关货物的原产地进行预确定。

三、中国优惠原产地管理

(一) 法律框架

《原产地条例》第2条明确规定，实施优惠性贸易措施的进出口货物原产地规则及其管理办法，依照我国缔结或者参加的国际条约、协定的有关规定另行制定。

截至2011年年底，我国已对外签署并实施了12个优惠贸易协定，分别是《亚太贸易协定》、中国—东盟自由贸易协定（FTA）、中国—巴基斯坦FTA、中国—智利FTA、中国—新西兰FTA、中国—新加坡FTA、中国—秘鲁FTA、中国—哥斯达黎加FTA、内地与香港《关于建立更紧密经贸关系安排（CEPA）》、内地与澳门《关于建立更紧密经贸关系安排（CEPA）》、《海峡两岸经济合作框架协议（ECFA）》。此外，我国还颁布实施了对台农产品优惠措施和对最不发达国家特惠措施等优惠政策。原产地规则作为这些协定的组成部分，对确保各项优惠政策的有效实施起着不可或缺的重要作用。中国海关依据上述协定项下的原产地规则，分别制定相应的优惠原产地管理办法，并以海关总署令的形式对外发布，完成从国际法向国内法的转换，作为优惠贸易项下进出口货物原产地管理的法律依据。

为加强我国进出口货物优惠原产地的统一管理，海关总署制定了《中华人民共和国海关进出口货物优惠原产地管理规定》（海关总署令第181号），自2009年3月1日起施行。该《优惠原产地管理规定》共31条，就优惠贸易项下普遍适用的原产地规则、签证机构及签证程序、进出口申报规范、货物查验及原产地标记、原产地核查等做了统领性规定。

《优惠原产地管理规定》连同各项优惠贸易协定项下的原产地管理办法，形成了我国优惠原产地管理的基本法律框架。

(二) 优惠原产地规则

由于各个优惠贸易协定的对象国（地区）不同，谈判条件和结果各异，所达成的各项条款互有差异。总体来说包括以下内容：

1. 原产地标准

对于完全在一国（地区）获得或者生产的货物，适用完全获得标准；对于非完全在一国（地区）获得或者生产的货物，适用实质性改变标准。

2. 完全获得

对于符合完全获得标准的动物产品、植物产品、渔获产品、废碎料等产品范围进行界定。

3. 实质性改变

非完全在一国（地区）获得或者生产的货物，按照相应的自贸协定或优惠贸易协定规定的税则归类改变标准、区域价值成分标准、制造加工工序标准或者其他标准确定其原产地。

4. 累计规则

原产于优惠贸易协定缔约一方的货物或者材料，在另一方境内用于生产另一货物，并构成另一货物组成部分的，该货物或者材料应当视为原产于另一方境内。

5. 微小加工

为便于装载、运输、储存、销售而进行的加工、包装、展示等微小加工或者处理，不影响货物原产地确定。

6. 包装

运输期间用于保护货物的包装材料及容器不影响货物原产地的确定。

7. 中性成分

在货物生产过程中使用，本身不构成货物物质成分，也不成为货物组成部件的材料或者物品，其原产地不影响货物原产地的确定。

8. 直接运输

优惠贸易项下进口货物，应当从缔约一方直接运输至我国境内；经过第三方境内运输至我国境内的，不论在运输途中是否转换运输工具或者作临时储存，只要同时符合各协定规定的条件，可以视为

"直接运输"。

（三）签证程序

依照国家法律、行政法规规定有权签发出口货物原产地证书的机构，可以签发优惠贸易协定项下出口货物原产地证书。签证机构应依据相应优惠贸易协定项下的原产地规则签发出口货物原产地证书。

出口商或生产商应向签证机构提出书面申请，由签证机构对其出口货物的原产地资格进行核实。出口货物的发货人及其代理人应向签证机构书面申领原产地证书，并提交相关证明文件。签证机构有权在货物出口前采取任何适当的措施审核产品是否具有原产地资格。

（四）通关管理措施

1. 进口申报要求

货物申报进口时，进口货物收货人或者其代理人应当按照海关的申报规定，填制进口货物报关单，申明适用协定税率或者特惠税率，同时提交货物的有效原产地证书正本或相关优惠贸易协定规定的原产地声明，以及货物的商业发票正本、运输单证等其他商业单证。货物经过第三方境内运输或临时储存的，应当提交证明符合直运规则的证明文件。一份报关单对应一份原产地证书；一份原产地证书或原产地声明对应同一批次的进口货物。

货物申报进口时，进口货物收货人虽已申明适用有关优惠贸易安排的协定税率，但未能提供有效原产地证书正本以及相关文件的，海关应当按照规定收取保证金后放行货物。海关可以申请在保证金收取的期限内，根据进口货物收货人按规定提供的材料退还保证金。

2. 出口申报规范

出口货物申报时，出口货物发货人应当按照海关的申报规定填制出口货物报关单，并向海关提交原产地证书电子数据或者原产地证书正本的复印件。货物出口后，出口货物发货人向签证机构申请补发优惠原产地证书的，出口货物发货人应向原出口地海关补交原产地证书正本复印件。

3. 货物查验及原产地标记

为确定货物原产地是否与进出口货物收发货人提交的原产地证书及其他申报单证相符，海关可以对进出口货物进行查验。优惠贸易协定项下进出口货物及其包装上标有原产地标记的，其原产地标记所标明的原产地应当与海关按照有关规定确定的货物原产地相一致。

4. 原产地核查

海关对进口货物收货人或者其代理人提交的原产地证书的真实性、货物原产地的准确性存在怀疑时，可以请求出口方原产地主管机构对自贸协定或优惠贸易协定项下进口货物原产地进行核查。必要时，海关可以进行跨境核查访问。

应优惠贸易协定缔约一方的请求，或者海关认为必要时，可以对有关出口货物原产地进行核查，以确定其原产地。

在核查期间，海关可以按照该货物适用的其他种类税率征收相当于应缴税款的等值保证金后放行货物。核查结束后，海关应当根据核查结果，立即办理退还保证金手续或者办理保证金转为进口税款手续。

5. 原产地预确定与行政裁定

进出口货物收货人可以依照《中华人民共和国海关行政裁定管理暂行办法》的有关规定，向海关申请原产地行政裁定；进口货物的收货人可以依照《进口货物原产地预确定暂行规定》，向海关申请原产地预确定。

（海关总督）

中国海关商品归类制度

一、中国海关与《协调制度》

（一）《协调制度》介绍

《商品名称及编码协调制度》（简称《协调制度》，又称“HS”），是指世界海关组织（WCO）主持制定的商品分类目录体系，是顺应国际贸易实践的需要而产生的一种国际公约性质的商品分类标准，被称为国际贸易商品分类的一种“标准语言”。《协调制度》是《中华人民共和国进出口税则》制定的基础。

1983年中国成为海关合作理事会的成员国。中国海关于1987年将《协调制度》译成了中文，并开始着手对原中国海关的税则目录根据《协调制度》进行转换。1992年1月1日，中国海关加入了《协调制度》公约。同年，正式采用《协调制度》，使商品归类工作成为中国海关最早实现与国际接轨的执法项目之一。20年来，中国海关作为协调制度目录的主管部门，为目录在我国的推广、应用做了大量工作。

（二）《协调制度》在中国的应用

1.《协调制度》目录应用

《协调制度公约》第三条“缔约方的义务”第三款规定“本条规定不影响缔约各国在本国的税则目录或统计目录中，增列比《协调制度》目录更为详细的货品分类细目，但这些细目必须在本公约附件所规定的六位数级目录项下增列和编号。”因此，中国海关采用的《协调制度》分类目录，前6位数是协调制度国际标准编码，第7、8两位是根据我国关税、统计和贸易管理的需要加列的本国子目，同时，还根据代征税、暂定税率和贸易管制的需要对部分税号增设了第9、10位附加代码。随着进出口贸易的不断发展和商品种类的日益繁多，我国商品编码的数量也从1992年采用《协调制度》之初的6 250个增加到了2012年的过12 981个。

此外，世界海关组织为使各缔约国能够统一理解、执行《协调制度》，编制了《商品名称及编码协调制度注释》，我国也将其完全翻译过来并据此制定了《进出口税则商品及品目注释》；在此基础上，我国还针对本国增列的子目逐步编制《中华人民共和国海关进出口税则—统计目录本国子目注释》，两者共同构成了对《税则》的有效补充。

2.《协调制度》目录转版

为了适应国际贸易和现代科技发展的需要，协调制度每4～6年都要做一次大的转版升级。到目前为止，我国海关先后组织完成了1992年版、1996年版、2002年版、2007年版《协调制度》的翻译，并组织完成了我国《进出口税则》的修订转换以及1992年版、1996年版、2002年、2007年、2012年版《协调制度注释》的翻译工作，极大地推动了协调制度在我国的普及和应用。

现行2012年版的《协调制度》不仅成为海关征收关税和编制海关统计的基本工具，同样也成为国家发展改革委、财政部、商务部、科技部、税务总局等部门制定相关经济和贸易政策时的一项基本政策工具。

二、中国海关商品归类依据

（一）中华人民共和国进出口税则

中国海关完全采用《协调制度》的分类方式和6位数编码，并在此基础上根据本国贸易特点，增列了第7、8位本国子目，形成了8位数的编码体系，形成《中华人民共和国进出口税则》。

根据国际和国内贸易发展情况，因技术的发展，贸易方式的改变、公共安全及环境保护的需要、贸易统计、国内行业的需求等原因，本国《税则》中的子目每年修订一次，经国务院批准，修订的《税则》在下一年度实施。中国海关是中国国务院关税税则委员会成员单位，每年向税委会提出修订意见。

（二）中国海关归类主要依据

中国海关归类主要依据《海关法》、《关税条例》以及《归类管理规定》开展。归类的法律依据主要包括《税则》、《协调制度注释》、《本国子目注释》以及以公告形式对外公布的归类决定。

归类工作的战略目标是建立一个守法便利的通关环境，减少通关环节归类原因造成的延误。以此为目标，中国海关加强自身建设，加强信息化与法制化建设，取得了较好的成效。中国海关不断公开归类决定，通过网络公开归类信息，全国海关化验结论实现联网，努力营造良好贸易环境。目前中国海关对外公布作为归类依据的本国子目注释共258项，以公告形式对外公布的归类决定2 934项，其中对外公布的世界海关组织归类决定658项，公布我国归类决定2 276项，为归类业务的开展奠定了法律基础。

三、中国海关商品归类组织框架

中国海关归类工作是以世界海关组织协调制度为基础的进出口商品属性的认定工作，其目标就是在《协调制度》的框架下，确保进出口商品归类的准确性与一致性，保证税收及贸易管制等海关执法的进行，保证国际贸易便利化的有效开展，确保海关统计的准确性。

（一）中国海关商品归类组织结构

中国海关商品归类职能部门为海关总署关税征管司，负责规划、指导、税则立法建议、协调、数据库维护、争议解决、组织培训等工作。1998年机构改革后成立归类处，主管海关进出口商品的归类工作。经过近几年的发展，归类工作已经有较大的发展。目前，全国海关归类由关税司归类处主管，设有北京归类办、天津、大连、上海、广州归类分中心和化验中心，新建青岛、重庆化验中心。

北京海关商品归类办公室，上海、广州、天津、大连的4个商品归类分中心，为总署归类职能的外设机构，各负责部分全国海关的归类职能管理。同时在上海、广州、天津、大连设有海关化验中心。青岛和重庆的化验中心正在筹建中。

各个直属海关的关税部门负责本关区的具体归类管理，如遇到归类问题，可按照分管商品向商品归类分中心提交归类申请。

（二）中国海关商品归类委员会制度

目前中国海关成立了两个商品归类委员会，分别是协调制度商品归类技术委员会和协调制度管理委员会。

1. 协调制度商品归类技术委员会成立于1999年，主要由海关归类业务专家组成，研究和解决具体的商品归类疑难问题。归类技术委员会参照世界海关组织模式，下设一个顾问组，四个分委会（分别为审议分委会、政策分委会、科学分委会、数据分委会），四个专业组（分别为商品组、国际业务组、法规组、网络组）。其中，审议分委会负责税则和国家政策的研究，提出税则的修订和调整建议；政策分委会主要对商品归类工作的制度体系和业务规划进行系统性和前瞻性的研究；科学分委会主要由海关化验专家组成，为归类技术委员会提供技术支持和科学保障；数据分委会是归类化验数据的管理机构，负责对归类化验数据进行维护。各专业小组根据工作安排，完成总署分配的任务。归类技术委员会一年召开两次，研究海关面临的具体归类问题以及讨论涉及的法律、法规方面的问题，寻求解决途径。

2. 协调制度管理委员会于2006年6月成立，由海关总署牵头其他14个部委和20余个行业协会组成，为海关与这些机构在归类事务上的沟通搭建了平台。协调制度管理委员会一年召开一次，由海关总署组织召开，各成员单位参与，主要是通报海关的重大措施以及征求相关意见等。

四、中国海关商品归类管理

（一）中国海关商品归类工作模式

归类业务具有专业性强、业务链条长、涉及领域广的特点，受到中国海关的重视。中国海关归类业务实行垂直、三级管理，即海关总署（归类分中心）—直属海关—隶属海关。遇到问题逐级请示，各层级有不同的处理权限。

归类业务涉及通关前、通关中及清关后三个阶段。

通关前：收发货人或者其代理人依据海关发布的归类依据和原则确定进出口商品归类。收发货人或者其代理人有义务按照上述归类规定如实正确确定进出口商品的海关商品编码。

通关中：海关依据风险管理模式，依靠技术平台，依法对收发货人或者其代理人申报的进出口货物商品的归类进行审核。

通关后：海关通过后续数据核查、风险评估进行后续监控以及维护风险数据，维护归类一致性和准确性。

（二）中国海关化验

中国海关分别在大连、天津、上海、广州、青岛和重庆设立了海关化验室，承接各直属海关报送的进出口商品化验任务。

1999年3月，广州海关化验中心成为全国海关第一家通过国家认证的实验室，也是亚洲海关实验室中最早通过国际认证的实验室。2002年10月，上海海关化验中心通过国家实验室认可委评审。上海海关化验中心首次将非标方法纳入认证项目并通过国家认可委评审。2002年12月，大连海关化验中心通过国家实验室认可委评审，成为全国首家以电子化的质量管理体系通过评审的单位。2003年6月，天津海关化验中心通过国家实验室认可委评审，并建立了全国唯一一个纸张检测专业实验室。各实验室通过LIMS系统实现联网，方便化验结果的查询。随着贸易量的迅速增长，需要化验的商品越来越多，海关总署正在重庆和青岛新建两个海关化验室，来满足不断增加的化验需求。中国海关化验还对外发布海关化验部颁标准，并利用中国海关化验信息管理系统（LIMS）成功实现海关化验数据全国联网，实现海关化验标准化和信息化。

海关化验中心自1991年陆续成立以来，共受理送检样品近17万宗，补税及罚没超过10亿元，是对化验中心投入的7倍多。查获涉嫌逃避进出口许可证管制货物2 600多批，查获毒品约160批共计9 300多公斤，取得了显著的经济效益和社会效益。

（三）中国海关商品预归类制度

根据《中华人民共和国海关进出口货物商品归类管理规定》，在海关注册登记的进出口货物经营单位，可以在货物实际进出口商品的45日前，向直属海关申请就其拟进出口的货物预先进行商品归类。规定在海关预归类的申请、受理、制发决定书等各个环节，从制度上给予保障，实现海关预归类工作的有法可依。同时为了缓解日益增大的海关预归类需求压力，中国海关正在进行预归类服务的有益尝试，以更大程度上提高通关速度，提供贸易便利。

（海关总署）

中国进出口许可证制度

一、进出口许可证制度和国际通行做法

进出口许可证制度是世界各国管理对外贸易所普遍采用的一种重要的行政手段，它包括有关许可证的申请、审查、颁发、使用、效力、撤销和废止等各方面的法律制度，具有严格、简便易行、效果显著等特点。进出口许可证制度对于维护贯彻一国经济贸易政策、平衡国际收支、维护正常的贸易秩序、进出口贸易统计、保护国内资源、稳定市场、维护国家经济利益和经济安全等方面发挥着重要作用。

实施许可证制度具有双重性：一方面，各国政府可以通过该制度进行有关贸易统计和其他贸易信息，维护进出口秩序；另一方面，由于许可证管理制度具有一定的隐蔽性和任意性，因而有些国家通过许可证制度限制贸易，如规定复杂的发放程序、实施歧视性待遇等。

（一）进口许可证制度

各国实施的进口许可证制度通常分为两种：一是自动进口许可证制度。自动进口许可证通常用于统计或监督目的，为政府提供可能损害国内产业的重要产品的进口情况。二是非自动进口许可证，也称为特种进口许可证。对列入特种进口许可证项下的商品，进口商必须向有关当局提出申请，经逐笔审核批准并发给许可证后，才得以进口。通常情况下，非自动进口许可证是与数量限制结合使用的，即进口国主管当局或按照商品来源的国别和地区，或按进口商申请的先后，在总的进口限额中批准给予一定的额度，取得进口配额的进口商才能取得进口许可证。

（二）出口许可证制度

出口许可证制度是指国家出于国家安全、环境保护、维护出口秩序、履行国际协议等目的，对商品出口实行管制的一项措施。出口许可证，是根据一国出口商品管制的法令规定，由有关当局签发的准许出口的证件。

二、我国进出口许可证制度

根据《对外贸易法》，国务院对外贸易主管部门基于监测进出口情况的需要，可以对部分自由进出口的货物实行进出口自动许可并公布其目录。国家基于保护人的健康或者安全、保护环境等目的，可以限制或者禁止有关货物、技术的进口或者出口。国务院对外贸易主管部门会同国务院其他有关部门，制定、调整并公布限制或者禁止进出口的货物、技术目录。国家对限制进口或者出口的货物，实行配额、许可证等方式管理；对限制进口或者出口的技术，实行许可证管理。

目前我国实行的进出口许可证制度，是根据对外贸易政策对进出口货物和物品实行全面管理的制度，是根据国家的法律法规、政策、对外贸易和国内外市场的需求，以及承担有关国际公约义务，对进出口经营权、经营范围、贸易国别、进出口商品品种及数量等实行的制度。

（一）出口许可证管理制度

加入世贸组织前，中国对部分农产品、资源性产品和化学品实行出口许可证管理。1999年，实行出口许可证管理的商品共73种。入世后，中国不断完善出口许可证制度。2012年我国实行出口许可证管理的49种货物分为三大类，分别实行出口配额许可证、出口配额招标和出口许可证管理。

1. 实行出口配额许可证管理的货物是：小麦、玉米、大米、小麦粉、玉米粉、大米粉、棉花、锯材、活牛（对港澳）、活猪（对港澳）、活鸡（对港澳）、煤炭、焦炭、原油、成品油、稀土、锑及锑制品、钨及钨制品、锌矿砂、锡及锡制品、白银、铟及铟制品、钼、磷矿石。

2. 实行出口配额招标的货物是：蔺草及蔺草制品、碳化硅、滑石块（粉）、镁砂、矾土、甘草及甘草制品。

3. 实行出口许可证管理的货物是：活牛（对港澳以外市场）、活猪（对港澳以外市场）、活鸡（对港澳以外市场）、冰鲜牛肉、冻牛肉、冰鲜猪肉、冻猪肉、冰鲜鸡肉、冻鸡肉、消耗臭氧层物质、石蜡、锌及锌基合金、部分金属及制品、铂金（以加工贸易方式出口）、汽车（包括成套散件）及其底盘、摩托车（含全地形车）及其发动机和车

架、天然砂、钼制品、柠檬酸、维生素C、青霉素工业盐、硫酸二钠。

（二）进口许可证管理制度

根据入世承诺，中国政府取消大部分商品的进口许可证、进口配额和招标管理。近年来，中国陆续取消对部分化肥、成品油等商品的进口配额许可证管理。目前，我国对68种商品实行进口许可管理，其中对13种商品实行进口许可证管理，对55种商品实行自动进口许可管理。

1. 进口许可证管理

为保护环境、人身健康安全，依据《对外贸易法》及相关国际公约，对消耗臭氧层物质、化工设备、工程机械类等重点旧机电实行进口许可证管理。为维护国家安全和社会公共利益，对监控化学品、易制毒化学品和放射性物质等实施两用物项和技术进口许可证管理。1999年，中国对35大类产品实施进口许可证管理。目前，我国对化工设备、金属冶炼设备等13种产品实行进口许可证管理。

2. 自动进口许可管理

基于统计监测需要，对部分进口的货物实行自动进口许可管理。近年来，我国自动进口许可管理总体呈下降趋势。2012年，我国对乳制品、肉鸡、化肥、钢材等29种非机电类产品和光盘生产设备、汽车产品、船舶等26种机电类产品实行自动进口许可证管理。

（三）进出口许可证签发管理

根据《进出口许可证证书管理规定》（商务部令2012年第1号），商务部配额许可证事务局受商务部委托，管理各类许可证书，并监督、检查地方商务主管部门和商务部驻各地特派员办事处所属进出口许可证签发机构的执行情况。许可证书是指由商务部监制完成且尚未发放的各类具有许可进、出口性质的证明、文件、原产地证书等。

在出口许可证发证方面，目前商务部配额许可证事务局负责签发玉米、小麦、棉花等6种货物的出口许可证；商务部驻各地特派员办事处负责签发大米、锯材、焦炭、稀土等26种货物的出口许可证：地方发证机构负责签发冰鲜牛肉、冰鲜猪肉、石蜡、部分金属及制品、汽车（包括成套散件）及其底盘等17种货物的出口许可证。在京中央企业的出口许可证由商务部配额许可证局签发。此外，为维护正常的经营秩序，对部分出口货物实行指定发证机构发证或指定口岸报关出口；企业出口此类货物，须向指定发证机构申领出口许可证，并在指定口岸报关出口；发证机构须按指定口岸签发出口许可证。

在进口许可证发证方面，目前商务部配额许可证局负责签发重点旧机电产品的进口许可证；地方发证机构负责签发消耗臭氧层物质的进口许可证；在京中央企业的进口许可证由许可证局签发。

三、我国进出口许可证制度的发展趋势

我国实行的进出口许可证制度，对于我国执行贯彻对外经济贸易政策、平衡国际收支、维护进出口贸易秩序、进行进出口贸易统计、应对贸易摩擦、促进国内产业发展、保护国内资源、稳定国内市场供求等方面发挥了重要作用。

今后，要继续充分发挥好进出口许可证在外贸运行中的作用，即在充分发挥进出口许可证现有的管理功能的基础上，不断补充和完善其统计、预警及配置资源的功能。进一步规范和简化审批程序，在逐步推进实施网上申领、网上审批、网上签发、网上查询、相关部门网上协调等的过程中，形成统一的货物进出口许可证管理体系，进而实现电子证书和无纸化通关，不断提高贸易便利化水平。

（商务部对外贸易司副司长　张夏令）

中国关税配额制度

一、关于关税配额的定义

关税配额指对特定数量的进口货物适用较低一些的关税税率，对超过这一特定数量的进口适用较高的税率。

乌拉圭《农业协定》规定，世贸组织成员在农产品进口管理中，可对在乌拉圭回合前实施进口数量限制的农产品进口使用“关税配额”管理。使用“关税配额”的世贸组织成员，需承诺对有关产品每年的关税配额准入量，配额准入量内的进口缴纳低关税（称为配额内税率），超过配额准入量的进口则需缴纳较高的税率（称为配额外税率）。关税配额准入量是市场准入机会，不是最低购买义务。

二、我国加入世贸组织时关于关税配额管理的承诺

（一）实施进口关税配额管理的商品

根据《中国加入世贸组织议定书》第152号减让表，我国对小麦、玉米、大米（中短粒和长粒，下同）、豆油、棕榈油、菜籽油、食糖、羊毛、毛条、化肥（磷酸氢二铵、尿素和三元复合肥，下同）进口实施关税配额管理。其中，根据《中国加入世贸组织议定书》附件2A1，我国对小麦、玉米、大米、豆油、棕榈油、菜籽油、食糖、棉花和化肥进口还实行国营贸易管理。

按照加入世贸组织承诺，我国自2006年1月1日起，取消了对豆油、棕榈油和菜子油进口的关税配额和国营贸易管理。

（二）基本管理原则

1. 按照减让表中标明的关税配额数量、配额内税率、国营贸易比例和实施期限。

2. 任何配额持有者可通过国营贸易企业和/或通过国营贸易企业以外的、拥有贸易权的实体进口，包括配额持有者的直接进口。

3. 每一产品的关税配额将在每年1月1日启用，除非减让表另有规定，关税配额分配量在该日历年度内有效。

4. 配额按如下要求分配：（1）申请关税配额的具体条件将于申请期前1个月在官方刊物上公布，申请期为10月15日至10月30日。（2）全部关税配额量应在每年1月1日前分配给最终用户；公平分配每部分关税配额，以保证配额的完全使用，并建立一个公开、透明、公平、反映市场条件、及时、对贸易的负担最小及反映用户喜好的关税配额制度。（3）除关税配额按照先来先领的方式并依照中国货物贸易减让表和承诺表进行分配的情况外，配额持有者获得的配额量不得少于前一年获得并实际完成的关税配额量。配额持有者未全部完成获得的全部分配量的，如未在9月15日前交还，将按比例削减其下一年获得的关税配额量。连续两年未能完成进口、且未在9月15日前交还的配额持有者，应根据最近一年的实际使用数量分配下一年配额，且不能参与再分配。上述计算惩罚的方法将包括在有效的且可公开获得的关税配额规定中，并将以一致和公平的方式实施。（4）分配量应按商业上可行的装运量确定，将允许关税配额分配量分船装运。贸易的所有商业条款、包括产品规格、定价、包装等，将仅由进出口商决定，同时充分考虑最终用户的需求。关税配额分配量将对实行相同关税配额的任何产品或产品组合有效。（5）关于关税配额分配情况的质询，管理机关应在10天内提供有关信息。

5. 再分配的程序：（1）配额持有者在9月15日前交还未使用完的关税配额数量进行再分配。（2）9月1日至9月15日接收关税配额再分配申请，新的分配量在10月1日前分配。再分配量的具体条件将于申请期前一个月在官方刊物上公布。（3）再分配量应按照先来先领的方法分配给新的申请者和交还配额的实体以外的实体。获得持有非国营贸易配额的企业可通过中国加入议定书第5条对任何产品拥有贸易权的任何实体进口。（4）在任何一年的9月15日前已充分使用获得的关税配额分配量的企业有资格参与再分配。（5）对于货物在任何一年的12月31日前已运离始发港、但在该年12月31日后入境的情况，中国应延长关税配额单证的有效期，并应将此类装运货物从配额最初分配

年份的关税配额分配量中扣除。

6. 为维护一个透明和公开的关税配额制度，应任何 WTO 成员请求，中国应就关税配额的管理与该成员磋商，以保证关税配额以透明、公平和非歧视的方式进行分配，并保证配额得到充分使用。

7. 非国营贸易配额可通过按中国加入议定书第5条对任何产品拥有贸易权的任何实体进口。任何一年中，如国营贸易配额在8月15日前未签订合同，则配额持有者将有权通过按中国加入议定书第5条对任何产品拥有贸易权的任何实体进行贸易或进口。

8. 实施期结束后的配额量将有待进一步磋商。除非议定新的配额量，否则实施期末的数量将继续适用。

9. 2006年1月1日以后，向一种实行关税配额管理的化肥产品提供的关税配额量增长率应向所有实行关税配额管理的化肥产品提供，包括超过本减让表中规定增长率的增长率。

三、我国现行关税配额管理政策

(一) 进口关税配额管理暂行办法

为有效实施进口关税配额管理，建立统一、公平、公正、透明、可预见非歧视性的进口关税配额管理体制，根据加入世贸组织承诺、《中华人民共和国对外贸易法》、《中华人民共和国海关法》、《中华人民共和国货物进出口管理条例》、《中华人民共和国进出口关税条例》，我国分别于2002年和2003年制定并颁布了《化肥进口关税配额管理暂行办法》（国家经贸委、海关总署2002年27号令）和《农产品进口关税配额管理暂行办法》（商务部、发展改革委2003年4号令）。根据上述办法，我国按以下规定对进口关税配额实施管理：

1. 管理口径。我国进口关税配额为全球配额。相关商品所有贸易方式的进口均纳入关税配额管理范围。《农产品进口关税配额证》和《化肥进口关税配额证明》适用于一般贸易、加工贸易、易货贸易、边境小额贸易、援助、捐赠等贸易方式进口。由境外进入保税仓库、保税区、出口加工区的产品，免于领取《农产品进口关税配额证》和《化肥进口关税配额证明》。

2. 管理部门。小麦、玉米、大米和棉花进口关税配额由发展改革委会同商务部分配，并通过其授权机构受理企业申请、接收咨询、向经过批准的申请者发放《农产品进口关税配额证》。食糖、羊毛、毛条、化肥进口关税配额由商务部分配，并通过其授权机构受理企业申请、接收咨询、向经过批准的申请者发放《农产品进口关税配额证》和《化肥进口关税配额证明》（以下统称"配额证明"）。

3. 配额申请、分配和调整。(1) 进口关税配额申请期为每年10月15日至30日（凭合同先来先领分配方式除外）。(2) 商务部、发展改革委分别于申请期前1个月在官方刊物和各自网站上公布每种商品下一年度进口关税配额总量、关税配额申请条件等情况。(3) 商务部、发展改革委各自授权机构根据公布的条件，相应受理申请者提交的申请及有关资料，并于11月30日前将申请转报商务部（凭合同先来先领分配方式除外）、发展改革委。(4) 每年1月1日前，商务部、发展改革委通过各自授权机构向用户发放相应的配额证明。(5) 持有进口关税配额的最终用户当年无法将已申领到的全部配额量签订进口合同或已签订进口合同无法完成，须在9月15日前将无法完成的配额量交还原发证机构。(6) 进口关税配额再分配量的申请期为每年9月1日至15日（凭合同先来先领分配方式除外）。商务部、发展改革委分别于申请期前1个月在官方刊物和各自网站上公布再分配量的申请条件，并由各自授权机构受理申请者的申请。(7) 每年9月30日前，商务部、发展改革委将进口关税配额再分配量分配到最终用户。

4. 配额执行。(1) 小麦、玉米、大米、食糖、棉花、化肥进口关税配额分为国营贸易配额和非国营贸易配额。国营贸易配额须通过国营贸易企业进口；非国营贸易配额通过有贸易权的企业进口，有贸易权的最终用户也可以自行进口。(2) 国营贸易配额需在相应的配额证明上注明。(3) 配额证明实行一证多批制，即最终用户需分多批进口的，凭配额证明可多次办理通关手续。最终用户须如实填写配额证明上"最终用户进口填写栏"，填满后，需持该证到原发证机构换领未办理通关部分的配额证明。(4) 最终用户完成配额证明上标注配额量最后一批次进口报关后，于20个工作日内将海关签章的配额证明第一联（收货人办理海关手续联）原件交原发证机构。

5. 执行期限。（1）年度进口关税配额于每年1月1日开始实施，并在公历年度内有效。《农产品进口关税配额证》自每年1月1日起至当年12月31日有效，《化肥进口关税配额证明》在公历年度内有效期不超过180天。实行凭合同先来先领分配方式的《农产品进口关税配额证》有效期，按公布的实施细则执行。（2）当年12月31日前从始发港出运，需在下一年到货的进口关税配额产品，最终用户需持配额证明及有关证明单证到原发证机构申请延期。原发证机构审核情况属实后可予以办理延期，但延期最迟不得超过下一年2月底。

6. 罚则。（1）最终用户违反本办法第二十三条规定，于当年未能完成分配其进口关税配额量进口，截止到9月15日又未将当年不能实现进口的配额量交还原发证机构的，其下年度分配的关税配额量将按未完成的比例相应扣减。（2）最终用户连续两年未能完成分配其全部进口关税配额量进口，并在该两年内每年9月15日前将当年不能使用的关税配额量交还原发证授权机构的，其下年度分配的关税配额量将按其最近一年未完成的比例相应扣减。（3）最终用户违反本办法第二十一条规定，未在规定时间将海关签章的配额证明第一联（收货人办理海关手续联）原件交原发证机构的，视同未完成进口，相应扣减其下年度关税配额量。

（二）2011年进口关税配额实施细则

每年商务部、发展改革委均根据《化肥进口关税配额管理暂行办法》和《农产品进口关税配额管理暂行办法》公布年度进口关税配额申请和分配细则。2011年，各商品进口关税配额申请条件如下：

1. 基本条件。企业需在申请前完成在国家工商管理部门登记注册；近年无在海关、外汇、工商、税务、质检、社保和环保等方面的违规记录；没有违反关税配额管理规定。

2. 对不同商品企业需满足具体条件。（1）小麦。国营贸易企业；具有国家储备职能的中央企业；2010年有进口实绩的企业；日加工小麦400吨以上的生产企业；2010年无进口实绩，但具有进出口经营权并由所在地外经贸主管部门出具加工贸易生产能力证明、以小麦为原料从事加工贸易的企业。（2）玉米。国营贸易企业；具有国家储备职能的中央企业；2010年有进口实绩的企业；以玉米为原料，年需要玉米5万吨以上的配合饲料生产企业；以玉米为原料，年需要玉米10万吨以上的其他生产企业；2010年无进口实绩，但具有进出口经营权并由所在地外经贸主管部门出具加工贸易生产能力证明、以玉米为原料从事加工贸易的企业。（3）稻谷和大米。国营贸易企业；具有国家储备职能的中央企业；2010年有进口实绩的企业；具有粮食批发零售资格，年销售额1亿元人民币以上的粮食企业；粮食年进出口额2500万美元以上的贸易企业；2010年无进口实绩，但具有进出口经营权并由所在地外经贸主管部门出具加工贸易生产能力证明、以稻谷和玉米为原料从事加工贸易的企业。（4）棉花。国营贸易企业；2010年有进口实绩的企业；纺纱设备5万锭以上的棉纺企业。（5）食糖。国营贸易企业；具有国家储备职能的中央企业；持有2010年食糖关税配额且有进口实绩的企业；日加工原糖600吨以上（含600吨）、注册资金1 000万以上（含1 000万）、食糖年销售额3.5亿元以上（含3.5亿元）的制糖企业；以食糖为原料从事加工贸易的企业。（6）羊毛和毛条。2010年有羊毛、毛条进口实绩者或新建成投产的羊毛、毛条年加工能力在5 000吨以上的企业。（7）化肥。国营贸易关税配额需满足：有进口基数和实绩的农业生产资料公司；有进口基数和实绩的农业三站（土肥站、种子站、农技站）；有进口基数和实绩的化肥生产企业；符合条件的新的进口申请者。非国营贸易关税配额需满足：有进口基数和进口实绩的边境小额贸易企业；有进口基数和进口实绩的外商投资企业；有进口基数和进口实绩的其他企业；符合条件的新的进口申请者。

2011年关税配额商品有关情况表

单位：万吨

品　　种	关税配额数量	关税配额税率	国营贸易比重
小麦	963.6	1%～10%不等	90%
玉米	720	1%～10%不等	60%
稻谷和大米	532	1%～9%不等	50%
食糖	194.5	15%	70%
棉花	89.4	1%	33%
羊毛	28.7	1%	—
毛条	8	3%	—
磷酸氢二铵	690	1%	55%
尿素	330	1%	90%
三元复合肥	270	1%	51%

四、进口关税配额政策实施效果

（一）充分体现了透明、可预见、统一、公平和非歧视的原则

我国在加入世贸组织承诺中已明确了年度关税配额数量、关税配额申请条件和程序等，并制定了《农产品进口关税配额管理暂行办法》、《化肥进口关税配额管理暂行办法》和关税配额商品年度进口实施细则。执行过程中，我国严格履约，按照承诺公布有关事项，如期完成关税配额分配，增强了管理体制的公开、公正、统一和透明。

（二）非关税措施关税化

取消了传统进口政策对进口数量的直接限制，利用关税配额内外关税差异调节进口。

（三）实行关税配额证明一证报关

企业凭进口关税配额证明直接报关进口，不需再申领进口许可证，简化了原有凭进口配额证明和许可证双证报关的程序，减少了环节，降低了费用，便利了企业进口。

（四）接受WTO年度审议

按照WTO规定和要求，提供年度进口关税配额等有关情况，向成员国提供咨询并就有关问题举行磋商等。

（商务部对外贸易司副司长　江帆）

中国与进出口有关的其他税收制度

2011年，为了发展对外贸易，促进国内经济，中国在与进出口有关的其他税收制度方面采取了一系列的积极措施，取得了良好的效果。这里所说的与进出口有关的其他税收制度，主要包括进口环节征收的增值税、消费税（简称进口环节税），出口环节退还的增值税、消费税（简称出口退税），以及与进出口有关的营业税、企业所得税等税收。

一、宏观决策和重大改革

2011年3月5日，国务院总理温家宝在第十一届全国人民代表大会第四次会议上做《政府工作报告》。报告中肯定了“十一五”时期税收工作的成绩，包括实行结构性减税；彻底取消农业税和各种收费，结束了农民种田缴税的历史，每年减轻农民负担超过1 335亿元；增值税转型全面实施；成品油价格和税费改革顺利推进；资源税改革启动试点；内外资企业税制全面统一。报告中提出：“十二五”时期要加快财税金融体制改革，积极构建有利于转变经济发展方式的财税体制。2011年要继续实行结构性减税；依法加强税收征管；提高个人所得税工薪所得费用扣除标准，合理调整税率结构，切实减轻中低收入者税收负担；严格落实差别化住房信贷、税收政策，调整完善房地产相关税收政策，加强税收征管，有效遏制投机投资性购房；健全财力与事权相匹配的财税体制；在一些生产性服务业领域推行增值税改革试点；推进资源税改革。会议批准了上述报告。

3月14日，第十一届全国人民代表大会第四次会议批准《中华人民共和国国民经济和社会发展第十二个五年规划纲要》。纲要中提出：按照优化税制结构、公平税收负担、规范分配关系、完善税权配置的原则，健全税制体系，加强税收法制建设。扩大增值税征收范围，相应调减营业税等税收。合理调整消费税征收范围、税率结构和征税环节。逐步建立健全综合与分类相结合的个人所得税制度，完善个人所得税征管机制。继续推进费改税，全面推进资源税和耕地占用税改革。研究推进房地产税改革。逐步健全地方税体系，赋予省级政府适当税政管理权限。

4月29日，国家税务总局印发《“十二五”时期税收发展规划纲要》。纲要中提出：建立健全科学的税收制度和政策体系。按照优化税制结构、公平税收负担、规范分配关系、完善税权设置的原则，改革和健全货物劳务税、所得税、财产行为税制，构建有利于科学发展和加快转变经济发展方式的税收体制机制，充分发挥税收筹集收入和调控经济、调节分配作用，为全面建设小康社会、开创中国改革开放和现代化事业新局面奠定科学的税制基础。

5月28日，国务院批转国家发展和改革委员会报送的《关于2011年深化经济体制改革重点工作的意见》。意见中提出：改革和完善税收制度。在总结试点经验的基础上，扩大资源税改革实施范围。在部分生产性服务业领域推行增值税改革试点。合理调整消费税范围和税率结构，研究将部分大量消耗资源、严重污染环境的商品纳入消费税征收范围。完善房地产相关税收政策。提高个人所得税工薪所得费用扣除标准，合理调整税率结构，降低中低收入者税负，加大对高收入的调节。

8月2日，根据2009年3月10日国务院发出的《关于印发物流业调整和振兴规划的通知》，经国务院批准，国务院办公厅发布《关于促进物流业健康发展政策措施的意见》。意见中提出：根据物流业的产业特点和物流企业一体化、社会化、网络化、规模化发展要求，统筹完善有关税收支持政策。有关部门要抓紧完善物流企业营业税差额纳税试点办法，进一步扩大试点范围，并在总结试点经验、完善相关配套措施的基础上全面推广。要结合增值税改革试点，尽快研究解决仓储、配送和货运代理等环节与运输环节营业税税率不统一的问题。研究完善大宗商品仓储设施用地的城镇土地使用税政策，既要促进物流企业集约使用土地，又要满足大宗商品实际物流需要。制造企业剥离物流资产和业务，可以根据财政部、国家税务总局的有关规定享受税收扶持政策。

8月31日，国务院印发《“十二五”节能减排综合性工作方案》。方案中提出：落实国家支持节能减排所得税、增值税等优惠政策。积极推进资源税费改革，将原油、天然气和煤炭资源税计征办法由从量征收改为从价征收，并适当提高税负水平，依法清理取消涉及矿产资源的不合理收费基金项目。积极推进环境税费改革，选择防治任务重、技术标准成熟的税目开征环境保护税，逐步扩大征收范围。完善和落实资源综合利用和可再生能源发展的税收优惠政策。调整进出口税收政策，遏制高耗能、高排放产品出口。对于用于制造大型环保和资源综合利用设备确有必要进口的关键零部件及原材料，抓紧研究制定税收优惠政策。

10 月 17 日，国务院发布《关于加强环境保护重点工作的意见》。意见中提出：积极推进环境税费改革，研究开征环境保护税。对生产符合下一阶段标准车用燃油的企业，在消费税政策上予以优惠。对“高污染、高环境风险”产品，研究调整进出口关税政策。

二、进出口税收和国际税收关系

1 月 1 日，中国政府 2001 年 5 月 14 日、2009 年 12 月 13 日和 2010 年 5 月 25 日分别与尼泊尔、土库曼斯坦和芬兰 3 国政府签订的关于避免对所得双重征税和防止偷漏税的协定开始执行。

3 月 4 日，商务部、国家税务总局等 8 个部门发布《关于“十二五”期间实施积极的机电产品进口促进战略的若干意见》。意见中提出了下列税收措施：

1. 研究延长实施对国家重点实验室、国家工程实验室、国家工程研究中心、国家工程技术研究中心和国家认定的企业技术中心进口规定范围以内的科技开发用品的税收政策。

2. 结合产业发展状况和重点产业规划，适时调整《国内投资项目不予免税的进口商品目录》和《外商投资项目不予免税的进口商品目录》，逐步提高免税商品的技术要求。

3. 企业当年实际发生的消化吸收再创新费用，凡符合税法规定的研究开发费用条件的，可以依法加计扣除。进一步研究制定政策，支持企业开展引进消化吸收再创新。

根据 1 月 28 日国务院印发的《进一步鼓励软件产业和集成电路产业发展的若干政策》，5 月 12 日，海关总署发布公告，其中规定：经过认定的线宽小于 0.25 微米或者投资额超过 80 亿元人民币的集成电路生产企业和经过认定的线宽不超过 0.8 微米的集成电路生产企业，其进口自用生产性原材料、消耗品，净化室专用建筑材料、配套系统，集成电路生产设备零、配件，可以继续按照有关部门的规定向企业所在地海关申请免征关税和进口环节增值税；经过认定的集成电路设计企业和符合条件的软件企业的进口料件，符合有关法律、法规和政策规定的，可以享受保税政策。10 月 13 日，财政部、国家税务总局发出《关于软件产品增值税政策的通知》。通知中规定：增值税一般纳税人销售其自行开发生产的软件产品和本地化改造以后的进口软件产品，按照 17％的税率征收增值税以后，对其增值税实际税负超过 3％的部分实行即征即退。

5 月 16 日，国务院批转国务院残疾人工作委员会报送的《中国残疾人事业“十二五”发展纲要》。纲要中提出：研究完善辅助器具等残疾人专用品进口税收优惠政策。

5 月 19 日，根据 2006 年 4 月 25 日国务院办公厅转发的财政部等部门报送的《关于推动我国动漫产业发展的若干意见》（意见中提出：经国务院有关部门认定的动漫企业自主开发、生产动漫直接产品，确需进口的商品，可以免征关税和进口环节的增值税），财政部、海关总署和国家税务总局印发与文化部共同制定的《动漫企业进口动漫开发生产用品免征进口税收的暂行规定》，执行时间暂定为 2011 年至 2015 年。

6 月 14 日，经国务院批准，财政部、海关总署和国家税务总局发布《关于修改〈科技开发用品免征进口税收暂行规定〉和〈科学研究和教学用品免征进口税收规定〉的决定》，自当年 1 月 1 日起施行。

6 月 24 日，经国务院批准，财政部、海关总署和国家税务总局发出《关于种子（苗）种畜（禽）鱼种（苗）和种用野生动植物种源免征进口环节增值税政策及 2011 年进口计划的通知》。通知中规定：“十二五”期间，进口种子（苗）、种畜（禽）、鱼种（苗）和种用野生动植物种源，免征进口环节增值税。

6 月 27 日，中国政府与英国政府在伦敦签订新的关于避免对所得双重征税和防止偷漏税的协定，中国国务院总理温家宝和英国首相戴维·卡梅伦出席签字仪式。

7月5日，财政部、工业和信息化部、海关总署、国家税务总局发出《关于调整三代核电机组等重大技术装备进口税收政策的通知》。通知中规定：

1. 自2010年1月1日起，符合规定条件的国内企业为生产国家支持发展的三代核电机组确有必要进口的部分关键零部件、原材料，免征关税和进口环节增值税。

2. 自2011年7月1日起，符合规定条件的国内企业为生产国家支持发展的千万吨炼油设备、天然气管道运输设备、大型船舶装备和成套棉纺设备确有必要进口的部分关键零部件、原材料，免征关税和进口环节增值税。

3. 自2012年1月1日起，对于2009年8月20日财政部、国家税务总局等6个部门发布的《重大技术装备进口税收政策暂行规定》第三条所列项目（即相应国产装备尚不能完全满足需求，确实需要进口的部分整机和设备，根据上下游产业的供应情况，经财政部会同有关部门严格审核，采取降低优惠幅度、缩小免税范围的过渡措施，定期继续给予进口优惠）和企业进口《进口不予免税的部分重大技术装备设备目录》所列自用设备和按照合同随上述设备进口的技术及配套件、备件，一律征收进口税收。

4. 根据国内相关产业发展的情况，定期分步调整城市轨道交通设备免税进口零部件和原材料清单。

8月8日，经国务院批准，财政部、海关总署和国家税务总局发出《关于"十二五"期间煤层气勘探开发项目进口物资免征进口税收的通知》、《关于"十二五"期间在我国陆上特定地区开采石油（天然气）进口物资税收政策的通知》和《关于"十二五"期间在我国海洋开采石油（天然气）进口物资免征进口税收的通知》。

上述第一个通知中规定：自2011年至2015年，中联煤层气有限责任公司及其国内外合作者（以下简称中联煤层气公司）在中国境内勘探、开发煤层气的项目，进口国内不能生产或者国内产品性能不能满足要求，并直接用于勘探开发作业的设备、仪器、零附件和专用工具，在规定的范围以内，免征关税和进口环节增值税。国内其他从事煤层气勘探开发的单位进口上述物资，应当在进口以前按照规定向财政部提出申请，经财政部商海关总署、国家税务总局等部门认定以后，比照中联煤层气公司享受上述进口税收优惠待遇。

上述第二个通知中规定：自2011年至2015年，在中国境内的沙漠、戈壁荒漠开采石油、天然气的自营项目，进口国内不能生产或者国内产品性能不能满足要求，并直接用于勘探、开发作业的设备、仪器、零附件和专用工具，在规定的范围和免税进口额度以内，免征关税；在经国家批准的陆上石油、天然气中标区块开采石油、天然气的中外合作项目，进口国内不能生产或者国内产品性能不能满足要求，并直接用于勘探、开发作业的设备、仪器、零附件和专用工具，在规定的范围和免税进口额度以内，免征关税和进口环节增值税。

上述第三个通知中规定：自2011年至2015年，在中国海洋开采石油、天然气的项目，进口国内不能生产或者国内产品性能不能满足要求，并直接用于开采作业的设备、仪器、零附件和专用工具，在规定的范围和免税进口额度以内，免征关税和进口环节增值税。

10月10日，经国务院批准，财政部、商务部、海关总署和国家税务总局发出《关于继续执行研发机构采购设备税收政策的通知》。通知中规定：自2011年至2015年，外资研发中心进口科技开发用品，可以继续免征关税和进口环节增值税、消费税；内资研发机构和外资研发中心采购国产设备，可以继续全额退还已经征收的增值税。

11月3日，二十国集团成员国在法国戛纳与经济合作与发展组织（经合组织）签署加入税收征管互助公约意向书，中国财政部部长谢旭人代表中国政府签署了该意向书。

11月14日，经国务院批准，财政部、商务部、海关总署和国家税务总局发出《关于来料加工企业转型为法人企业进口设备税收政策有关问题的通知》。通知中规定：

1. 2011年7月至2012年12月，不具备法人资格的来料加工企业以外商提供的全部不作价设备作为投资设立法人企业的；或者在2009年7月至2012年12月期间，将该企业全部不作价设备作为投资整体转入同一投资方已经设立的法人企业的，其在2008年年底以前已经办理加工贸易备案并且在2009年6月底以前申报进口尚未解除海关监管的不作价设备，可以免予补缴关税和进口环节增值税。

2. 2008年9月9日至2009年6月30日，不具备法人资格的来料加工企业已经转为法人企业的，已经结转到法人企业尚未解除海关监管的不作价设备，可以作为投资处理，免予补缴关税和进口环节增值税。

11月17日，经国务院批准，国务院办公厅印发《全国结核病防治规划（2011—2015年）》。规划中提出：进口抗结核药品按照规定享受税收优惠。

11月21日，经国务院批准，财政部、工业和信息化部、海关总署和国家税务总局发出《关于国家中小企业公共技术服务示范平台适用科技开发用品进口税收政策的通知》。通知中规定：符合条件的国家中小企业公共服务示范平台中的技术类服务平台纳入现行科技开发用品进口税收优惠政策范围，在2015年年底以前，其在合理数量范围以内进口国内不能生产或者国内产品性能不能满足需要的科技开发用品，免征关税和进口环节增值税、消费税。

12月27日，财政部、国家税务总局发出《关于扶持动漫产业发展增值税、营业税政策的通知》。通知中规定：动漫软件出口免征增值税。

2011年，随着中国进出口贸易的增长，增值税、消费税进口征税额和出口退税额继续快速增长。其中，进口征税额从2010年的10 490.6亿元增加到10 490.6亿元，增长了29.3%；出口退税额从2010年的7 327.3亿元增加到9 204.8亿元，增长了25.6%。

三、相关的税制改革

2011年，中国与进出口相关的税收制度也有很大变化，主要内容有：修改个人所得税法，车船税立法，制定船舶吨税暂行条例，修改资源税暂行条例，制订营业税改征增值税试点方案。

（一）修改个人所得税法

6月30日，第十一届全国人民代表大会常务委员会第二十一次会议通过《全国人民代表大会常务委员会关于修改〈中华人民共和国个人所得税法〉的决定》，当日中华人民共和国主席令公布，自9月1日起施行。决定通过提高工资、薪金所得基本扣除额和调整税率表，大幅度地降低了中低工薪收入者的工资、薪金所得个人所得税负担；同时，通过调整税率表，适当降低了个体工商户生产、经营所得的个人所得税负担。7月19日，国务院公布《关于修改〈中华人民共和国个人所得税法实施条例〉的决定》，提高了对企业、事业单位的承包经营、承租经营所得减除必要费用的标准，降低了工资、薪金所得的附加减除费用标准。7月29日，财政部、国家税务总局发出《关于调整个体工商户业主、个人独资企业和合伙企业自然人投资者个人所得税费用扣除标准的通知》，提高了对个体工商户业主、个人独资企业和合伙企业自然人投资者的生产、经营所得依法计征个人所得税个体工商户业主、个人独资企业和合伙企业自然人投资者本人的费用扣除标准。

（二）车船税立法

2月25日，第十一届全国人民代表大会常务委员会第十九次会议通过通过《中华人民共和国车船税法》，自2012年1月1日起施行。12月5日，国务院公布《中华人民共和国车船税法实施条例》。车船税的纳税人包括中国境内应税车辆、船舶（以下简称车船）的所有人或者管理人；从事机动车第三者责任强制保险业务的保险机构为机动车车船税的扣缴义务人；车辆的计税单位分别为每辆、整备质量每吨，机动船舶的计税单位为净吨位每吨，游艇的计税单位为艇身长度每米；乘用车的年基准税额为每辆60元至5 400元不等，机动船舶的年基准税额为净吨位每吨3元至6元，游艇的年基准税额为艇身长度每米600元至2 000元；捕捞、养殖渔船，军队、武装警察部队专用的车船，警用车船，依法免税的外国驻华使馆、领事馆和国际组织驻华代表机构及其有关人员的车船，可以免征车船税。节约能源、使用新能源的车船；受严重自然灾害影响，纳税困难和有其他特殊原因确需减税、免税的车船，可以减征或者免征车船税。

（三）制定船舶吨税暂行条例

12月5日，国务院公布《中华人民共和国船舶吨税暂行条例》，自2012年1月1日起施行，经政务院财政经济委员会批准、1952年9月29日海关总署公布的《船舶吨税暂行办法》同时废止。

（四）修改资源税暂行条例

9月30日，国务院公布《关于修改〈中华人民共和国资源税暂行条例〉的决定》、《关于修改〈中华人民共和国对外合作开采陆上石油资源条例〉的决定》和《关于修改〈中华人民共和国对外合作开采海洋石油资源条例〉的决定》，均自11月1日起施行，《中外合作开采陆上石油资源缴纳矿区使用费暂行规定》和《开采海洋石油资源缴纳矿区使用费的规定》同时废止。从此，实现了资源税的内外统一，并将原油、天然气的计税方法由从量定额征收改为从价定率征收。

此外，自4月1日起提高了稀土矿原矿的资源税税额标准。

（五）制订营业税改征增值税试点方案

11月16日，经国务院批准，财政部、国家税务总局印发《营业税改征增值税试点方案》，自2012年1月1日开始试点。据此，财政部、国家税务总局于同日发出《关于在上海市开展交通运输业和部分现代服务业营业税改征增值税试点的通知》，附发《交通运输业和部分现代服务业营业税改征增值税试点实施办法》、《交通运输业和部分现代服务业营业税改征增值税试点有关事项的规定》和《交通运输业和部分现代服务业营业税改征增值税试点过渡政策的规定》，自2012年1月1日起施行。

四、税收法制和税收管理

1月4日，根据国务院办公厅关于做好规章清理工作的要求，国家税务总局发布公告，公布全文失效废止和部分条款失效废止的税收规范性文件目录。

1月8日，国务院总理温家宝签署国务院令第588号，公布《国务院关于废止和修改部分行政法规的决定》，其中修改了《中华人民共和国城市维护建设税暂行条例》等税收行政法规和《征收教育费附加的暂行规定》等涉税行政法规中的有关税收内容。

1月30日，财政部、国家发展和改革委员会发出《关于取消部分涉企行政事业性收费的通知》，其中规定取消税务部门收取的《税务登记证》工本费。2月18日，国家税务总局发出通知，转发上述通知，并规定自当月1日起，办理税务登记，核发税务登记证时，不再收取工本费。

2月1日，2010年12月20日国务院修改并公布的《中华人民共和国发票管理办法》开始施行。2月14日，国家税务总局据此公布《中华人民共和国发票管理办法实施细则》，与该办法同时施行。

2月12日，根据税收征管法及其实施细则，国家税务总局公布《税收违法行为检举管理办法》。办法包括总则、检举事项的受理、检举事项的处理、检举事项的管理、权利保护、法律责任和附则，共7章、36条，自3月15日起施行。

2月21日，根据国务院办公厅关于清理规章规章的要求，财政部公布《关于公布废止和失效的财政规章和规范性文件目录（第十一批）的决定》和《财政部现行有效规章目录》，其中包括一批税收方面的财政规章和规范性文件。

2月25日，第十一届全国人民代表大会常务委员会第十九次会议通过《中华人民共和国刑法修正案（八）》，其中取消了关于骗取国家税款、伪造并出售伪造的增值税专用发票，数额特别巨大，情节特别严重，处死刑的规定，自5月1日起施行。

7月26日，国家税务总局发布《关于进一步加强国家税务局、地方税务局合作的意见》。

8月1日，国家税务总局印发《“十二五”时期纳税服务工作发展规划》。规划中提出：“十二五”时期纳税服务工作要以邓小平理论和“三个代表”重要思想为指导，深入贯彻落实科学发展观，围绕服务科学发展、共建和谐税收的工作主题，遵循征纳双方法律地位平等的服务理念，以法律法规为依据，以纳税人正当需求为导向，以信息化为依托，以提高税法遵从度为目的，丰富服务内容，创新服务手段，完善服务机制，提升服务质效，积极构建和谐的税收征纳关系和服务型税务机关，全面推进现代纳税服务体系建设。

（中国税务报社 刘佐）

中国出入境检验检疫制度

中华人民共和国国家质量监督检验检疫总局（以下简称国家质检总局）是国务院主管全国质量、计量、出入境商品检验、出入境卫生检疫、出入境动植物检疫和认证认可、标准化等工作，并行使行政执法职能的正部级直属机构。

在出入境检验检疫方面，与国家质检总局负责履行两个国际协定，即世贸组织《技术性贸易壁垒协定》（TBT 协定）和《实施卫生与植物卫生措施协定》（SPS 协定）。中国自入世以来，国家质检总局按照国务院的统一部署，积极遵循 WTO 相关规则的规定，制定修订并实施出入境检验检疫法律法规、规章、标准，形成了比较完善的出入境检验检疫制度，在保护人类健康和安全、保护动物或者植物的生命和健康、保护环境、防止欺诈行为、维护国家安全等方面发挥了积极作用。

一、中国国家质检总局检验检疫方面的职责和机构设置

质检总局在出入境检验检疫方面的职责主要是：组织起草有关检验检疫方面的法律、法规草案，研究拟定检验检疫工作的方针政策，制定和发布有关规章、制度；组织实施与检验检疫相关的法律、法规，指导、监督检验检疫的行政执法工作。

拟定出入境检验检疫综合业务规章、制度；负责口岸出入境检验检疫业务管理；负责商品普惠制原产地证和一般原产地证的签证管理。

组织实施出入境卫生检疫、传染病监测、卫生监督工作；管理国外疫情的收集、分析、整理，提供信息指导和咨询服务。

组织实施出入境动植物检疫和监督管理；管理国外重大动植物疫情的收集、分析、整理，提供信息指导和咨询服务；依法负责出入境转基因生物及其产品的检验检疫工作。

组织实施进出口食品和化妆品的安全、卫生、质量监督检验和监督管理；管理进出口食品和化妆品生产、加工单位的卫生注册登记和备案，管理出口企业对外卫生注册工作。

组织实施进出口商品法定检验和监督管理；监督管理进出口商品鉴定和外商投资财产价值鉴定；管理国家实行进口许可制度的民用商品的入境验证工作；审批法定检验商品免验和组织办理复验；组织进出口商品检验检疫的前期监督和后续管理；管理出入境检验检疫标志（标识）、进口安全质量许可、出口质量许可，并负责监督管理。依法审批并监督管理涉外检验、鉴定机构（含中外合资和合作的检验、鉴定机构）。

管理与协调质量监督检验检疫方面的国际合作与交流；代表国家参加与质量监督检验检疫有关的国际组织或区域性组织，签署并负责执行有关国际合作协定、协议和议定书，审批与实施有关国际合作与交流项目；按规定承担技术性贸易壁垒协议和卫生与植物卫生措施协定的实施、通报和咨询工作。

为履行出入境检验检疫职能，国家质检总局在全国 31 省（自治区、直辖市）共设有 35 个直属出入境检验检疫局，海陆空口岸和货物集散地设有近 300 个分支局和 200 多个办事处，共有检验检疫人员 5 万余人。质检总局对出入境检验检疫机构实施垂直管理。

二、中国出入境检验检疫法律法规依据

中国现行出入境检验检疫方面的法律法规主要是商检法及其实施条例、动植物检疫法及其实施条例、卫生检疫法及其实施细则以及食品安全法等法律法规。

（一）商检法及其实施条例

1989 年 2 月 21 日，第七届全国人民代表大会常务委员会第六次会议通过《中华人民共和国进出口商品检验法》，2002 年 4 月 28 日第九届全国人民代表大会常务委员会第二十七次会议修订，共 6 章 41 条。

商检法明确，为了加强进出口商品检验，保证商品质量，维护对外贸易有关各方的合法权益，促进对外经济贸易关系顺利发展，对进出口商品实施

品质等检验。商检法是进出口商品检验和监督管理的法律依据，规定国家商检部门根据保护人类健康和安全、保护动物或者植物的生命和健康、保护环境、防止欺诈行为、维护国家安全的原则，制定、调整并公布实施必须实施检验的进出口商品目录，列入目录的进口商品未经检验不准销售、使用；列入目录的出口商品未经检验合格的不准出口。对必须经商检机构检验的进出口商品以外的进出口商品，商检法规定商检机构根据国家规定实施抽查检验。

（二）动植物检疫法及其实施条例

1991年10月30日，第七届全国人民代表大会常务委员会第二十二次会议通过《中华人民共和国进出境动植物检疫法》，共8章50条。

动植物检疫法是进出境动植物检疫和监督管理的法律依据，明确了进出境的动植物、动植物产品和其他检疫物，装载动植物、动植物产品和其他检疫物的装载容器、包装物，以及来自动植物疫区的运输工具，应接受动植物检疫机关的检疫和监管。输入动物、动物产品、植物种子、种苗及其他繁殖材料的，必须事先办理检疫审批手续，并在进境时接受检疫，检疫合格的，准予入境。输出动植物、动植物产品和其他检疫物，由动植物检疫机关实施检疫，经检疫合格或者经除害处理合格的，准予出境。来自动植物疫区的船舶、飞机、火车抵达口岸时，由动植物检疫机关实施检疫。

（三）卫生检疫法及其实施细则

1986年12月2日，第六届全国人民代表大会常务委员会第十八次会议通过《中华人民共和国国境卫生检疫法》，2007年12月29日第十届全国人民代表大会常务委员会第三十一次会议修订，共6章28条。

卫生检疫法是国境卫生检疫和监督管理的法律依据，明确了入境或出境的人员、交通工具、运输设备以及可能传播检疫传染病的行李、货物、邮包等物品，都应当接受检疫，经国境卫生检疫机关许可，方准入境或者出境。入境的交通工具和人员，必须在最先到达的国境口岸的指定地点接受检疫。出境的交通工具和人员，必须在最后离开的国境口岸接受检疫。国境卫生检疫机关对入境、出境的人员实施传染病监测，并且采取必要的预防、控制措施，对国境口岸的卫生状况和停留在国境口岸的入境、出境的交通工具的卫生状况实施卫生监督。

（四）食品安全法

2009年2月28日，第十一届全国人大常委会第七次会议通过《中华人民共和国食品安全法》，共10章104条。2009年7月20日，国务院颁布食品安全法实施条例，共10章64条。

食品安全法明确规定了出入境检验检疫机构在食品进出口环节的职责。进口的食品应当经出入境检验检疫机构检验合格，出口的食品由出入境检验检疫机构进行监督、抽检。向我国境内出口食品的出口商或者代理商应当向国家出入境检验检疫部门备案。向我国境内出口食品的境外食品生产企业应当经国家出入境检验检疫部门注册，出口食品生产企业和出口食品原料种植、养殖场应当向国家出入境检验检疫部门备案。国家出入境检验检疫部门收集、汇总进出口食品安全信息，并及时通报相关部门、机构和企业。国家出入境检验检疫部门建立进出口食品的进口商、出口商和出口食品生产企业的信誉记录，并予以公布。对有不良记录的进口商、出口商和出口食品生产企业，加强对其进出口食品的检验检疫。

其他与出入境检验检疫相关的法律法规还有《中华人民共和国认证认可条例》、《中华人民共和国农产品质量安全法》等，以上的法律法规共同构成了我国出入境检验检疫的法律体系。

三、中国出入境检验检疫工作的主要内容

出入境检验检疫工作的基本原则，是保护人类健康和安全，保护动物或者植物的生命和健康，保护环境，防止欺诈行为，维护国家安全。国家质检总局依法制定《出入境检验检疫机构实施检验检疫的进出境商品目录》（以下简称《目录》），对出入境货物、交通工具和人员实施检验检疫通关管理，在口岸对出入境货物实行“先报检，后报关”的检验检疫货物通关管理模式。在非口岸，实施产地检验、口岸查验、换证放行通关管理模式。

（一）防止疫病疫情传播

通过对出入境人员、货物、交通工具等实施检验检疫，防止各种严重传染病及其传播媒介的传

播。其中对出境人员实行健康体检，预防接种，确保出境人员健康；对入境人员查验健康证书，实施健康监测，及时发现染疫人员，采取相应措施。经过多年的实践，特别是经过抗击非典、高致病性禽流感、鼠间疫情、登革热以及甲型 H1N1 流感等严重疫病疫情，出入境检验检疫机构形成了查验体温、疑似病例报告、染疫人员应急处理以及口岸值班制度、紧急情况报告制度等口岸卫生查验体系，完善突发事件紧急处置机制，形成了设施齐全、功能齐备、运转高效、反应灵敏、应对有力的口岸突发事件防御体系。

（二）防止有害生物

通过对出入境动植物及其产品和运输工具、集装箱、木制包装物等的检验检疫，防止有害生物和动植物疫病疫情传入传出。其中对出入境的动植物及其产品需经过风险分析、双边市场准入、强制隔离检疫、检疫处理，对来自疫区的入境运输工具和集装箱进行消杀灭处理，对查出疫情的产品予以退回、销毁或无害化处理。我国基本建立了严格科学的防止有害生物入侵体系，并在全国进行了大范围的疫情监测，以切实保证农业生产、生态安全和经济安全。

（三）防止有毒有害物质

针对入境货物携带有毒有害物质，特别是前些年进口废物原料夹带生活垃圾和废钢铁放射超标，国外废旧淘汰机电产品大量进境等情况，检验检疫部门加强了对有毒有害物质的防范，加强了对进口废物原料供货企业的管理，全面实施了装运前检验和到岸查验制度，对不符合我国环保要求的废物原料一律实行退运处理。与有关部门联合对废旧机电产品进口加强了管理，实施了废旧机电产品到岸逐一检查制度，对未经审批和不符合规定的废旧机电产品禁止入境，严厉打击非法入境行为。

（四）防止不合格进出口商品

实施出入境检验检疫制度，一方面确保出口商品的质量，维护国家利益和国家形象；另一方面防止不合格商品进入我国，保护消费者健康安全。为了提高进出口商品质量，特别是保证高风险的农产品、食品质量安全，保证大宗原料质量和保证我国急需的重要设备质量，分别实行了强制性认证、卫生注册、生产过程监管、口岸查验、境外预检、风险预警、驻厂检验检疫等措施。各级检验检疫机构还帮助企业完善质量管理，提高生产工艺，积极采用先进标准，建立健全企业自检体系。同时积极向企业提供国外有关规定，国际市场信息，促使企业严格按照国外标准进行生产，提高质量。

2011 年 1～12 月，共检出不合格货物 16.51 万批，货值 966.25 亿美元，批次不合格率 0.93%，货值不合格率 6.28%。出境货物批次、货值不合格率同比分别上升 0.01 个百分点和 0.02 个百分点，入境货物批次、货值不合格率同比分别上升 0.29 个百分点和下降 0.17 个百分点；共截获进境有害生物 3 972种，500 067次，同比分别上升 8.35%和 24.57%；共查验出入境人员 40 981.22万人次，同比增长 5.97%，发现症状 14 213人次，同比下降 51.12%，发现病例 816 例，同比下降 14.38%；共检疫交通工具 2 486.51万辆（节、艘、架）次，卫生处理交通工具 292.42 万辆（节、艘、架）次，除害处理交通工具 175.53 万辆（节、艘、架）次；共受理报检集装箱 6 961.43 万标箱，同比上升 2.77%，检出疫情 50.89 万标箱，同比上升 21.05%。有效地维护了人民群众健康安全，维护了环境和国家经济安全，维护了企业利益，树立了我国商品在国际市场的良好形象。

附件：2011 年全国检验检疫检出不合格及疫情疫病情况

一、2011 年检出不合格货物情况

2011 年 1～12 月，共检出不合格货物 16.51 万批，货值 966.25 亿美元，批次不合格率 0.93%，货值不合格率 6.28%。出境货物批次、货值不合格率同比分别上升 0.01 个百分点和 0.02 个百分点，入境货物批次、货值不合格率同比分别上升 0.29 个百分点和下降 0.17 个百分点。出入境不合格货值排名前 10 位国家地区和排名前 10 位产品情况见表 1、2、3、4。

表 1　　2011 年 1～12 月出境检验检疫不合格货值排名前 10 位国家/地区情况　　货值单位：亿美元

序号	国别	批次	货值	不合格		不合格率		主要货物种类	主要不合格原因
				批次	货值	批次	货值		
1	韩国	425 569	246.88	489	1.59	0.11	0.65	蔬菜水果制品，服装，动物水产品	大肠菌群超标，食品添加剂超标，商品制造或装配不良
2	日本	1235 069	600.37	972	1.26	0.08	0.21	服装，蔬菜水果制品，木材	商品制造或装配不良，农残超标，与合同不符
3	美国	2 183 818	1 042.33	2 563	0.69	0.12	0.07	服装，烟花、爆竹，电光源及灯具	品质缺陷，商品制造或装配不良，电气参数标志不合格
4	中国香港	1 567 816	893.88	1 332	0.68	0.08	0.08	服装，信息设备，小型家用及类似用途电器	品质缺陷，抗电强度不合格，货证不符
5	俄罗斯	263 898	150.57	822	0.30	0.31	0.2	保鲜蔬菜，水果，电光源及灯具	无中文标识，带土壤，电气参数标志不合格
6	德国	450 951	213.93	656	0.25	0.15	0.12	服装，电光源及灯具，小型家用及类似用途电器	品质缺陷，商品制造或装配不良，电气参数标志不合格
7	埃及	69 063	31.15	857	0.23	1.24	0.75	成套设备，电光源及灯具，小型家用及类似用途电器	商品制造或装配不良，电气参数标志不合格，商品设计不良
8	印度	180 547	132.26	278	0.20	0.15	0.15	小型家用及类似用途电器，视听设备，电光源及灯具	商品制造或装配不良，电气参数标志不合格，机械强度不合格
9	意大利	2 212 238	98.45	594	0.20	0.27	0.2	服装，电光源及灯具，小型家用及类似用途电器	商品制造或装配不良，品质缺陷，电气参数标志不合格
10	印度尼西亚	146 150	113.50	271	0.18	0.19	0.16	烟花、爆竹，纺织织物，电光源及灯具	品质缺陷，商品制造或装配不良，电气参数标志不合格
11	欧盟	2 433 312	1 039.47	4 498	1.34	0.18	0.13	服装，电光源及灯具，小型家用及类似用途电器	商品制造或装配不良，品质缺陷，电气参数标志不合格
12	东盟	925 655	505.36	1 301	0.57	0.14	0.11	小型家用及类似用途电器，电光源及灯具，烟花，爆竹	商品制造或装配不良，电气参数标志不合格，品质缺陷

表 2　　2011 年 1～12 月入境检验检疫不合格货值排名前 10 位国家/地区情况　　货值单位：亿美元

序号	国别	批次	货值	不合格		不合格率		主要货物种类	主要不合格原因
				批次	货值	批次	货值		
1	巴西	34 405	491.68	2 860	178.84	8.31	36.37	豆，金属矿，动物肉脏及杂碎	携带检疫性有害生物，与合同不符，运输包装标识不符合进境检验要求
2	澳大利亚	87 528	752.79	10 702	177.70	12.23	23.61	动物鬃毛，金属矿，棉花	夹带杂草、草籽，与合同不符，数重量短缺
3	美国	574 002	673.75	22 193	158.43	3.87	23.51	棉花，机动车辆，木材	与合同不符，车辆灯具不合格，携带一般性有害生物
4	印度	90 410	196.21	6 335	75.58	7.01	38.52	棉花类，金属矿，非金属矿产品	与合同不符，数重量短缺，带土壤
5	阿根廷	9 021	63.73	1 104	35.65	12.24	55.94	豆，动物内脏及杂碎，动物皮张	携带检疫性有害生物，运输包装标识不符合进境检验要求，携带一般性有害生物
6	南非	15 380	115.89	1 401	35.60	9.11	30.72	金属矿，动物皮张，水果	与合同不符，品质缺陷，携带一般性有害生物
7	印度尼西亚	70 779	178.15	2 616	34.84	3.7	19.56	金属矿，非金属矿产品，木材	与合同不符，品质缺陷，携带一般性有害生物

续 表

序号	国别	批次	货值	不合格		不合格率		主要货物种类	主要不合格原因
				批次	货值	批次	货值		
8	加拿大	74 886	133.33	2 842	23.83	3.8	17.88	木材，豆，动物皮张	携带一般性有害生物，发现动植物疫情，夹带杂草、草籽
9	俄罗斯	318 112	355.11	2 364	22.43	0.74	6.32	动物水产品，木材，非金属矿产品	携带一般性有害生物，无中文标识，与合同不符
10	秘鲁	9 471	74.88	592	13.98	6.25	18.67	动物粉及动物源饲料，金属矿，水果	品质缺陷，与合同不符，携带一般性有害生物
11	欧盟	802 039	1 062.04	19 262	23.36	2.4	2.2	木材，可做原料用废物，酒	携带一般性有害生物，发现动植物疫情，无中文标识
12	东盟	611 729	776.73	33 486	78.15	5.47	10.06	水果，木材，豆	携带一般性有害生物，携带检疫性有害生物

表 3　　2011 年 1～12 月出境检验检疫不合格货值排名前 10 位产品情况　　货值单位：亿美元

序号	产品类别	批次	货值	不合格		不合格率（%）		主要不合格原因
				批次	货值	批次	货值	
1	服装	1 865 663	655.55	3 782	0.98	0.20	0.15	品质缺陷，商品制造或装配不良，材质不符
2	小型家用及类似用途电器	754 202	299.82	1 444	0.39	0.19	0.13	商品制造或装配不良，电气参数标志不合格，温升异常
3	动物水产品	164 069	139.61	275	0.27	0.17	0.19	含致病微生物，兽残超标
4	鞋靴	1 160 863	405.09	948	0.27	0.08	0.07	品质缺陷，商品制造或装配不良
5	信息设备	466 999	876.21	357	0.23	0.08	0.03	抗电强度不合格，包装不合格
6	机动车辆	113 216	171.92	212	0.22	0.19	0.13	车辆识别代码 VIN 验证不合格，车辆制动性能不合格
7	视听设备	394 601	341.98	522	0.20	0.13	0.06	电气参数标志不合格，防触电保护不合格
8	烟草	1 237	5.63	36	0.18	2.91	3.25	与合同不符，品质缺陷，数/重量短缺
9	钢铁及钢铁制品	123 342	172.13	205	0.18	0.17	0.11	品质缺陷，与合同不符
10	动物肉脏及杂碎	30 371	24.09	51	0.14	0.17	0.57	检出禁用药，兽残超标，铅超标

表 4　　2011 年 1～12 月入境检验检疫不合格货值排名前 10 位产品情况　　货值单位：亿美元

序号	产品类别	批次	货值	不合格		不合格率（%）		主要不合格原因
				批次	货值	批次	货值	
1	金属矿	102 441	1 393.18	15 263	414.77	14.90	29.77	与合同不符，规格不符
2	豆	3 418	317.70	2 469	259.77	72.24	81.77	携带检疫性有害生物，夹带杂草、草籽，与合同不符

续 表

序号	产品类别	批次	货值	不合格		不合格率（%）		主要不合格原因
				批次	货值	批次	货值	
3	非金属产品	68 250	2 159.05	3 928	62.70	5.76	2.90	与合同不符，品质缺陷，数/重量短缺
4	木材	429 981	159.76	27 620	30.92	6.42	19.36	携带一般性有害生物，携带检疫性有害生物，发现动植物疫情
5	成套设备	77 961	254.86	2 066	12.78	2.65	5.01	无中文标识，无警告标识，品质缺陷
6	石油制品	44 679	258.11	1 383	11.61	3.10	4.50	与合同不符，品质缺陷，货证不符
7	粮谷	1 717	17.48	1 075	10.65	62.61	60.90	携带一般性有害生物，携带检疫性有害生物，与合同不符
8	可做原料用废物	354 353	403.75	7 598	10.38	2.14	2.57	携带一般性有害生物，发现动植物疫情，带土壤
9	动物鬃毛	23 985	39.35	6 464	9.37	26.95	23.81	夹带杂草、草籽，发现动植物疫情，携带检疫性有害生物
10	油籽非食用的植物性油	11 527	44.83	2 499	8.92	21.68	19.89	携带一般性有害生物，与合同不符，不符进境检疫法规要求

二、截获进境有害生物情况

2011年1～12月，共截获进境有害生物3 972种，500 067次，同比分别上升8.35%和24.57%。有害生物变化情况、种类情况见图1和表5。

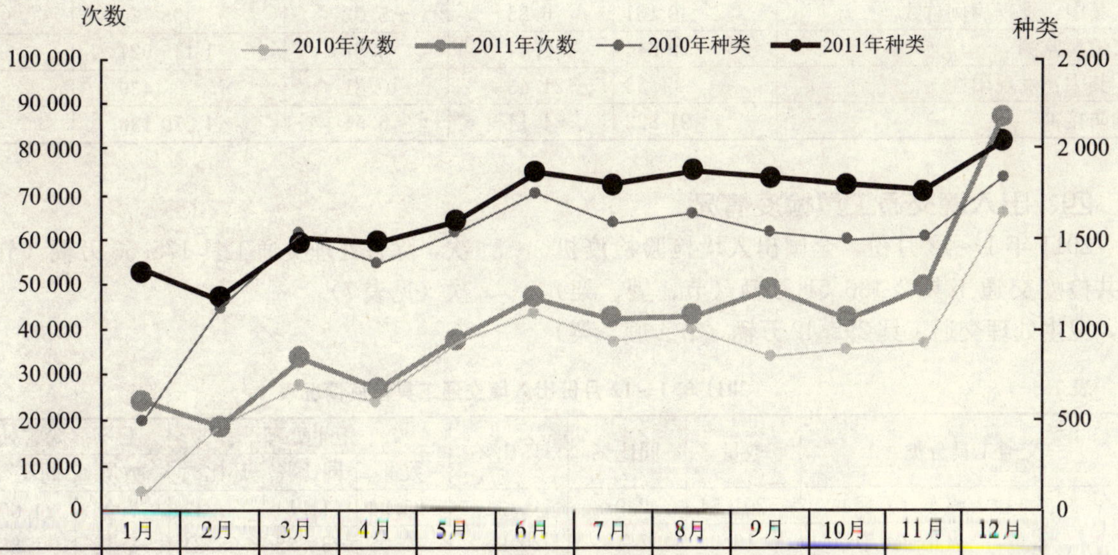

	1月	2月	3月	4月	5月	6月	7月	8月	9月	10月	11月	12月
2010年次数	3 348	18 746	27 577	23 952	37 158	43 406	36 872	39 550	33 846	35 234	36 571	65 162
2011年次数	23 099	18 318	33 680	26 854	37 558	46 930	42 059	43 316	48 904	42 478	49 172	86 990
2010年种类	489	1 120	1 531	1 368	1 533	1 751	1 585	1 643	1 534	1 497	1 514	1 844
2011年种类	1 317	1 175	1 486	1 480	1 597	1 856	1 808	1 882	1 839	1 791	1 764	2 040

图1 2011年截获进境有害生物变化情况

表5

2011年1～12月截获进境有害生物种类情况

有害生物类别	检疫性有害生物		一般性有害生物		合计		去年相比%	
	种类	次数	种类	次数	种类	次数	种类	次数
细菌	2	21	27	298	29	319	16.00	26.09
病毒	10	260	17	554	27	814	35.00	110.88
螨类			27	1 734	27	1 734	−20.59	11.08
其他	4	258	84	23 534	88	23 792	−5.38	−6.22
线虫	19	528	105	34 860	124	35 388	−1.59	19.06
真菌	16	363	357	49 243	373	49 606	8.43	17.97
杂草	55	14 317	903	109 694	958	124 011	7.76	16.19
昆虫	136	29 727	2 210	234 676	2 346	264 403	9.88	35.33
合计	242	45 474	3 730	454 593	3 972	500 067	8.35	24.57

三、出入境人员监管情况

2011年1～12月份，全国出入境检验检疫机构共查验出入境人员40 981.22万人次，同比增长的5.97%（见表6）。

表6

2011年1～12月份出入境人员监管情况表

类别	12月			1～12月	
	人次	同比%	环比%	人次	同比%
查验总数	36 931 781	8.71	4.70	409 812 276	5.97
其中：发现症状	1 406	83.55	−20.20	14 213	−51.12
发现病例	54	−44.33	−28.00	816	−14.38
监测体检总数	98 497	10.41	1.61	1 310 999	7.84
其中：发现病例总数	40 161	6.85	−5.02	498 720	6.27
艾滋病监测	79 644	−1.44	2.87	1 145 921	2.54
其中：发现阳性	33	−21.43	−10.81	439	11.14
预防接种	91 822	−4.14	6.51	1 279 136	3.36

四、出入境交通工具检疫情况

2011年1～12月份，全国出入境检验检疫机构共检疫交通工具2 486.51万辆（节、艘、架）次，卫生处理交通工具292.42万辆（节、艘、架）次，除害处理交通工具175.53万辆（节、艘、架）次（见表7）。

表7

2011年1～12月份出入境交通工具检疫情况表

交通工具分类		数量	同比%	环比%	卫生处理			除害处理		
					数量	同比%	环比%	数量	同比%	环比%
12月	汽车（万辆）	201.54	2.93	5.34	25.96	11.84	7.17	7.05	24.80	30.18
	火车（万节）	13.36	−2.48	20.90	0.05	−64.38	−65.31	8.18	1.88	106.41
	轮船（万艘）	4.43	−2.70	−0.46	0.88	6.59	−4.45	0.55	75.95	5.60
	飞机（万架）	4.60	8.74	1.04	1.86	11.36	1.15	0.86	−0.54	−0.24
1～12月	汽车（万辆）	2 225.29	4.10	—	260.77	9.79	—	71.19	39.68	—
	火车（万节）	158.36	−7.28	—	1.52	2.96	—	89.53	−8.51	—
	轮船（万艘）	49.53	0.23	—	9.00	0.14	—	4.79	36.80	—
	飞机（万架）	53.33	9.27	—	21.13	11.94	—	10.02	3.69	—

五、出入境集装箱检疫情况

2011年1～12月份，共受理报检集装箱6 961.43万标箱，同比上升2.77%。检出疫情50.89万标箱，同比上升21.05%（见表8）。

表8　　2011年1～12月份出入境集装箱检疫情况表

项　目	12月			1～12月累计	
	箱数（万）	同比%	环比%	箱数（万）	同比%
报检	583.64	－1.34	－4.39	6 961.43	2.77
查验	126.65	－6.23	－8.63	1 555.17	－3.68
检出疫情	5.02	24.26	5.46	50.89	21.05
卫生除害处理	110.04	4.96	－13.70	1 288.23	－11.93

（国家质量监督检验检疫总局　傅伟明）

中国出口退税制度

为了避免出口商品在不同国家被重复征税，保障各国出口商品在国际市场上的公平竞争，出口退税作为一项世界贸易组织所允许的政策，目前已被大多数国家所使用。1985 年 3 月，中国国务院正式颁布《关于批转财政部〈关于对进出口产品征退产品税或增值税的规定〉的通知》，标志着出口退税制度在中国正式确立。在过去的 26 年里，出口退税政策在很大程度上促进了中国出口贸易发展，对中国的经济发展和改革开放起到了积极作用。中国加入世界贸易组织后，在世界贸易组织法律框架内，出口退税制度得到不断调整和优化，政策目标越来越丰富和多元化，管理更加专业化和规范化。

一、出口退税总量情况

2001 年，中国办理出口退税（包括出口货物退增值税、出口消费品退消费税和免抵调减增值税）1 071.5亿元，2011 年出口退税额为9 204.8亿元，比 2010 年增长 25.6%。2011 年，中国外贸进出口总值36 420.6亿美元，其中，出口18 986亿美元，比 2010 年增长 20.3%。中国加入世界贸易组织以来，出口退税额连年增长，保持了出口退税政策的稳定性和连贯性。在江苏、广东和浙江三个出口大省，2011 年其出口退税额占全国总量的46.3%，出口退税政策有力支持了这些地区外贸企业的发展，对稳定出口规模起到了至关重要的作用，为中国经济社会发展提供了有力保障。

二、配合宏观经济目标调整出口退税政策

中国出口退税政策在支持和促进对外贸易发展的基础上，积极发挥经济杠杆作用，适时进行动态和结构性调整，为经济发展方式转变和产业结构优化服务，成为了国家实施宏观调控的主要手段之一，促进了中国经济社会可持续发展。

（一）2001—2004 年：优化出口商品结构，促进外贸增长方式转变

为了优化出口商品结构，促进外贸增长方式的转变，缓解外贸顺差过大带来的突出矛盾，减少贸易摩擦，抑制低价出口和贸易顺差，降低了部分产品的出口退税率，实现了进出口贸易的平衡。为鼓励高新技术产业、先进制造业的发展，提高了信息技术含量高的产品的出口退税率。

2002 年 2 月 25 日、3 月 18 日，财政部、国家税务总局先后联合发出《关于出口棉花实行零税率的通知》和《关于出口大米小麦玉米增值税实行零税率的通知》，均自 2002 年 1 月 1 日起执行。2003 年 10 月 13 日，财政部、国家税务总局发出《关于调整出口货物退税率的通知》，自 2004 年 1 月 1 日起执行，主要包括四方面内容：一是维持现行出口退税率不变：现行出口退税率为 5%和 13%的农产品；现行出口退税率为 13%的以农产品为原料加工生产的工业品（另有规定者除外）；现行征税税率为 17%、退税税率为 13%的货物（另有规定者除外）；船舶、汽车及其关键件零部件、航空航天器、数控机床、加工中心、印刷电路、铁道机车等现行出口退税率为 17%的货物。二是提高小麦粉、玉米粉、分割鸭、分割兔等货物的出口退税率。三是取消原油、木材、纸浆、山羊绒、鳗鱼苗、稀土金属矿、磷矿石、天然石墨等货物的出口退税政策。对其中属于应征消费税的货物，也相应取消出口退（免）消费税政策。四是调低汽油、未锻轧铝、焦炭半焦炭、炼焦煤、轻重烧镁、莹石、滑石和冻石等货物的出口退税率。

2004 年，本着“适度、稳妥、可行”的原则，对出口退税率进行结构性调整，调整出口退税率为 5%、8%、11%、13%和 17%五档。自 3 月 16 日起，尿素出口退税暂停 1 年；自 5 月 24 日起，焦炭和炼焦煤停止出口退税；自 11 月 1 日起，集成电路、手持（车载）无线电话、数控机床等部分信息技术产品出口退税率由 13%提高到 17%。

（二）2005—2007 年：抑制“两高一资”商品出口，促进资源节约和环境保护

为了抑制“高耗能、高污染、资源性”产品的出口，促进资源节约和环境保护，取消或者暂停了部分产品的出口退税，降低了部分产品的出口退税率。为抑制过快增长的粮食出口，稳定粮食价格，

取消部分原粮及其制粉的出口退税。

2005年，中国分期分批（分别自1月1日、4月1日、5月1日、7月1日起执行）调低和取消了部分“高耗能、高污染、资源性”产品的出口退税率，同时适当降低了纺织品等容易引起贸易摩擦的出口退税率，提高重大技术装备、信息技术产品、生物医药产品的出口退税率。

2006年，自1月1日起，取消煤焦油、生皮、生毛皮、蓝湿皮、湿革、干革的出口退税政策，并将25种农药，分散染料，汞，钨、锌、锡、锑及其制品，金属镁及其初级产品，硫酸二钠，石蜡的出口退税率下调为5%；自3月14日起，暂停出口车用汽油及航空汽油和石脑油的出口增值税退税政策；自9月15日起，取消煤炭、天然气、石料材、有色金属、细山羊毛和木炭等商品的出口退税，降低钢材、陶瓷、部分成品革、水泥、玻璃、纺织品、家具、非机械驱动车（手推车）及零部件等商品的出口退税率，提高重大技术装备、部分信息技术产品、生物医药产品和部分以农产品为原料的加工品等商品的出口退税率。

2007年，自4月1日起，取消铬盐和松节油及其粗制品出口退税；自4月15日起，取消83个税号的钢材的出口退税，同时将76个税号的钢材的出口退税率降为5%；自7月1日起，出口退税政策调整共涉及2 831项商品，约占海关税则中全部商品总数的37%，主要包括三方面内容：一是进一步取消了553项“高耗能、高污染、资源性”产品的出口退税，主要包括：濒危动植物及其制品、盐和水泥等矿产品、肥料、染料等化工产品、金属碳化物和活性碳产品、皮革、部分木板和一次性木制品、一般普碳焊管产品、非合金铝制条杆等简单有色金属加工产品，以及分段船舶和非机动船舶。二是降低了2 268项容易引起贸易摩擦的商品的出口退税率，主要包括：服装、鞋帽、箱包、玩具、纸制品、植物油、塑料和橡胶及其制品、部分石料和陶瓷及其制品、部分钢铁制品、焦炉和摩托车等低附加值机电产品、家具，以及粘胶纤维。三是将10项商品的出口退税改为出口免税政策，主要包括：花生果仁、油画、雕饰板、邮票和印花税票。自12月20日，取消小麦、稻谷、大米、玉米、大豆等84种原粮及其制粉的出口退税。

（三）2008—2009年：应对金融危机，助力出口企业渡过难关

为应对国际金融危机对中国实体经济及外贸出口的影响，增强出口企业抵御金融危机的能力，帮助出口企业渡过难关，中国政府在2008年8月至2009年6月期间，先后七次出台了提高优势产品、劳动密集型产品、高技术含量产品和深加工在内的产品的出口退税率政策，支持了高科技和劳动密集型的外贸出口生产企业平稳安全渡过金融危机，保持了中国对外贸易的稳定健康发展。

2008年，自6月13日起，取消初榨的豆油、花生油、油橄榄油及棕榈油等部分植物油的出口退税；自8月1日起，取消红松子仁、部分农药产品、部分有机胂产品、紫杉醇及其制品、松香、白银、零号锌、部分涂料产品、部分电池产品、碳素阳极的出口退税，同时提高部分纺织品、服装、将部分竹制品的出口退税率；自11月1日起，实施的上调出口退税率政策。此次调整涉及3 486项商品，约占海关税则中全部商品总数的25.8%。主要包括两个方面的内容：一是适当提高纺织品、服装、玩具等劳动密集型商品出口退税率。二是提高抗艾滋病药物等高技术含量、高附加值商品的出口退税率；自12月1日起，提高部分橡胶制品、模具、玻璃器皿、水产品、箱包、鞋、化工产品、机电产品等商品的退税率。

2009年，自1月1日起，提高航空惯性导航仪、核反应堆、工业机器人、摩托车、缝纫机和电导体等部分技术含量和附加值高的机电产品出口退税率；自2月1日起，提高纺织品、服装出口退税率；自4月1日起，提高CRT彩电、部分电视机零件、纺织品、服装、六氟铝酸钠等化工制品、甲醇、部分塑料及其制品、碳酸钠等化工制品、建筑陶瓷、商品次氯酸钙及其他钙的次氯酸盐、硫酸锌等商品的出口退税率。自6月1日起，提高电视用发送设备、缝纫机，罐头、果汁、桑丝等农业深加工产品，电动齿轮泵、半挂车等机电产品，部分塑料、陶瓷、玻璃制品，合金钢异性材等钢材，玉米淀粉、酒精等商品的出口退税率。

（四）2010—2011年：保持政策稳定，促进对外贸易良性发展

受欧洲主权债务危机等影响，国际需求仍然疲软，国际经济增速放缓，在此背景下，中国保持了出口退税政策的稳定性和连续性，对产品的出口退税率没有做大范围和大幅度的调整，这对保持外贸增长势头、稳定中国出口规模发挥了重要作用。

2010年，自7月15日起，取消部分钢材，部分有色金属加工材，银粉，酒精、玉米淀粉，部分农药、医药、化工产品，部分塑料及制品、橡胶及制品、玻璃及制品等商品的出口退税。

2011年，自5月1日起，为支持新兴产业的发展，适应新的经营模式，对工商登记时间两年以上的集成电路设计、软件设计、动漫设计企业及其他高新技术企业（小规模纳税人除外）从事规定业务的，可实行免抵退税管理办法。

三、改革出口退税机制

改革出口退税机制，是党中央、国务院为促进外贸体制改革，保持外贸和经济持续健康发展的一项重大决策，调动了企业出口积极性，优化了出口商品结构，促进了外贸出口增长。

2003年5月5日，中共中央办公厅、国务院办公厅转发《国家发展和改革委员会关于当前经济发展主要情况和政策建议》。建议中提出：加快出口退税进度，在财力可能的情况下适当增加出口退税指标，并抓紧研究出口退税机制改革，提出解决出口退税历史欠账的办法。

2003年10月10日，中共中央政治局常委、国务院总理温家宝在国务院召开的出口退税机制改革工作座谈会上的讲话中指出：改革出口退税机制，是党中央、国务院做出的重要决策。各地区、各部门要从战略和全局的高度充分认识这项改革的重要意义，正确处理局部利益与全局利益、当前利益与长远利益的关系，确保改革平稳顺利实施。

2003年10月13日，为认真贯彻党的十六大精神，促进外贸体制改革，保持外贸和经济持续健康发展，国务院发布《关于改革现行出口退税机制的决定》，对现行出口退税机制进行改革。改革的指导思想：按照“新账不欠，老账要还，完善机制，共同负担，推动改革，促进发展”的原则，对历史上欠退税款由中央财政负责偿还，确保改革后不再发生新欠，同时建立中央、地方共同负担的出口退税新机制，推动外贸体制深化改革，优化出口产品结构，提高出口效益，促进外贸和经济持续健康发展。改革的具体内容：一是适当降低出口退税率。本着“适度、稳妥、可行”的原则，区别不同产品调整退税率：对国家鼓励出口产品不降或少降，对一般性出口产品适当降低，对国家限制出口产品和一些资源性产品多降或取消退税；二是加大中央财政对出口退税的支持力度。从2003年起，中央进口环节增值税、消费税收入增量首先用于出口退税；三是建立中央和地方共同负担出口退税的新机制。从2004年起，以2003年出口退税实退指标为基数，对超基数部分的应退税额，由中央和地方按75∶25的比例共同负担；四是累计欠退税由中央财政负担。对截至2003年底累计欠企业的出口退税款和按增值税分享体制影响地方的财政收入，全部由中央财政负担。

2005年8月1日，为解决出口退税新机制在运行中出现的一些新情况和新问题，国务院发布《国务院关于完善中央与地方出口退税负担机制的通知》。通知指出，在坚持中央与地方共同负担出口退税的前提下完善现有机制，并自2005年1月1日起执行。其主要内容为：一是调整中央与地方出口退税分担比例。国务院批准核定的各地出口退税基数不变，超基数部分中央与地方按照92.5∶7.5的比例共同负担；二是规范地方出口退税分担办法。各省（区、市）根据实际情况，自行制定省以下出口退税分担办法，但不得将出口退税负担分解到乡镇和企业；不得采取限制外购产品出口等干预外贸正常发展的措施。所属市县出口退税负担不均衡等问题，由省级财政统筹解决；三是改进出口退税退库方式。出口退税改由中央统一退库，相应取消中央对地方的出口退税基数返还，地方负担部分年终专项上解。

四、强化出口退税专业化管理

中国加入世界贸易组织以来，不断探索、深化和完善出口退税管理，既加强专业化和规范化管理，将出口退税政策落到实处，同时又体现了为纳税人服务的理念，为出口企业发展创造良好的外部环境。

（一）推进出口货物实行免抵退税办法

2002年1月3日，财政部、国家税务总局发出《关于进一步推进出口货物实行免抵退税办法的通知》。通知中规定：从2002年1月1日起，生产企业自营或委托外贸企业代理出口自产货物，除另有规定外，增值税一律实行免、抵、退税管理办法。增值税小规模纳税人出口自产货物继续实行免征增值税办法。生产企业出口自产的属于应征消费税的产品，实行免征消费税办法。

（二）完善出口退税电子化管理

2003年2月9日，国家税务总局、海关总署发布《关于正式启用“口岸电子执法系统”出口退税子系统的通知》，决定自2003年1月1日起，在全国正式启用“口岸电子执法系统”出口退税子系统，并依据该系统报关单“证明联”电子数据申报办理出口货物的退（免）税。对企业申报退税的报关单、外汇核销单等出口退税凭证，实现了与签发单证的政府机关信息对审的办法，确保了申报单据的真实性和准确性。这对加快出口退（免）税进度、进一步加强出口货物退（免）税管理具有重要的作用。

2011年8月4日，国家税务总局发布《关于联网应用中国电子口岸出口退税数据的通告》，通告指出，为减轻出口企业将出口报关单（出口退税专用联）数据手工录入到出口退税申报系统的负担，提高企业申报数据准确性，加快退税进度，进一步发挥中国电子口岸平台优势和服务功能，国家税务总局与海关总署密切合作，开发了电子口岸“出口退税子系统”出口退税数据下载软件，在全国推广应用。出口企业通过对中国电子口岸“出口退税子系统”中的出口报关单数据进行确认操作，将出口企业符合出口退税申报要求的数据联网读入到国家税务总局的出口退税申报系统中，拓展了出口退税审核关注信息提取等功能，促进了出口退税管理效率的提高。

（三）提高出口退税服务质量

简化出口退税手续。为了提高出口退税工作效率，在加强管理的同时简化手续，加快退税进度，进一步支持外贸出口，2004年6月1日以后报关出口的货物，凡增值税专用发票是在2004年6月1日以后开具的，出口企业在申请办理出口退税时，除另有规定外，免予提供增值税专用税票；为贯彻落实国务院关于改革出口退税机制的决定精神，进一步加快出口货物退（免）税申报进度，简化出口退（免）税程序，自2004年8月1日起，出口企业在向主管出口退（免）税的税务机关申报办理出口货物退（免）税前，不再报经外经贸主管部门稽核签章。出口企业在货物报关出口后，直接向其主管出口退（免）税的税务机关申报办理出口退（免）税手续；自2011年12月1日起，在江苏、浙江（不含宁波）、福建（不含厦门）、山东、湖北，大连、青岛进行货物贸易外汇管理制度改革试点。试点地区试点期间企业报关出口的货物，申报出口退（免）税业务时无须向税务部门提供纸质出口收汇核销单。

开展出口退税业务提醒工作。为进一步加强出口退税管理，优化退税服务，2009年8月20日，国家税务总局发出《关于开展出口退税业务提醒工作的通知》，国家税务总局对出口退税审核系统进行了升级完善，增加了生成出口退税业务提醒信息的功能，出口企业可以选择发送短信、企业申报数据介质（数据光盘、移动硬盘、软盘等）、电话通知和发送电子邮件等形式获得出口退税业务提醒信息。

减轻出口企业申报负担。自2011年9月1日起，原出口退税申报和审核系统升级为生产企业V9.0版、外贸企业V11.0版、小规模纳税人V3.0版和审核系统V9.20版，并在全国推广应用。出口退税系统升级，主要完善了出口退税审核系统和出口退税申报系统中应用下载海关报关单数据的相关功能。同时，出口企业可以利用网络资源实现一体化应用的需求，对加快出口退税进度，提高申报数据质量，拓展服务企业范围提供了可靠的保障。

放宽边境贸易出口退税政策。自2010年3月1日起，出口企业以一般贸易或边境小额贸易方式从海关实施监管的边境货物进出口口岸出口到接壤毗邻国家的货物，采取银行转账人民币结算方式的，可享受应退税额全额出口退税政策。同时，对确有困难而不能提供结算银行转账人民币结算的银行入账单的边境省份出口企业，凭签注“人民币核销”的出口收汇核销单退税专用联向税务机关直接办理退税。

（四）防范和打击骗取出口退税的违法犯罪活动

中国出口退税政策有力地促进了外贸事业的发展，增强了出口商品的国际竞争力，维护了国家主权和民族产业，但也存在一些不法分子，利用不法手段骗取出口退税的违法犯罪活动。骗税行为严重阻碍了出口退税政策效应的发挥和出口退税机制的平稳运行，破坏了出口企业公平竞争环境，给国家造成了财产损失，干扰了市场的正常经济秩序。为此，中国政府一直重视防范和打击骗取出口退税的违法犯罪活动，坚持标本兼治、打防并举的原则，从根本上遏制了出口骗税。一是不断完善惩治出口骗税的法律法规，对已经发生骗税行为的不法分子和有关违法人员依法予以惩处，加大打击力度，以儆效尤，达到震慑犯罪并尽量挽回国家损失的目的。二是提高办理出口退税相关人员的思想素质、专业技能和责任心，使其具备较高的防范骗税水平和能力。三是强化管理。着力加快构建全方位防范骗税体系，建立健全了出口退税审核关注信息管理制度，有效加强了出口退税宏观分析、预警监控和审核管理工作，对部分地区和企业出口异常现象进行了专项核查；不断加大征退税衔接工作力度，拓宽对出口企业纳税信息与退税信息的共享范围，加强纳税评估与退税评估的协调联动，增进征退税部门日常管理和案件协查的有效配合；推进征退税之间的协调化管理。不断加大征退税衔接工作力度，拓宽对出口企业纳税信息与退税信息的共享范围，加强纳税评估与退税评估的协调联动，增进征退税部门日常管理和案件协查的有效配合；积极加强与相关部门的管理协调，共同防范骗取出口退税。

附表 1　　**2001—2011 年中国出口退税统计表**　　单位：亿元，%

年　份	出口货物退增值税	免抵调减增值税	出口消费品退消费税	出口退税合计	比上年增长
2001	929.6	134.6	7.3	1 071.5	32.3
2002	738.2	514.5	6.6	1 259.3	17.5
2003	1 419.0	609.1	10.9	2 039.0	61.9
2004	1 446.8	745.0	4.6	2 196.4	7.7
2005	2 265.5	1 100.9	7.2	3 373.6	53.6
2006	2 862.0	1 413.9	9.3	4 285.2	27.0
2007	3 648.9	1 614.8	9.3	5 273.0	23.1
2008	3 983.5	1 873.2	9.2	5 865.9	11.2
2009	4 114.3	2 362.9	9.4	6 486.6	10.6
2010	5 521.1	1 796.1	10.1	7 327.3	13.0
2011	7 226.2	1 966.5	12.1	9 204.8	25.6

注：①2004 年出口退税只反映办理当年发生的出口退税，不包括归还以前年度欠退税。
②根据历年《中国税务年鉴》统计数据计算整理。

附表 2　　**2011 年中国出口退税额超百亿元地区统计表**　　单位：亿元，%

序　号	地　区	出口退税额	出口退税额占全国出口退税总量的百分比
1	江苏省	1 673.1	18.2
2	广东省	1 424.3	15.5
3	浙江省	1 162.5	12.6
4	深圳市	880.9	9.6
5	上海市	714.9	7.8
6	宁波市	433.9	4.7
7	山东省	417.3	4.5
8	福建省	296.1	3.2
9	北京市	252.4	2.7
10	厦门市	247.0	2.7
11	天津市	223.2	2.4
12	青岛市	221.8	2.4
13	河北省	173.0	1.9
14	大连市	164.0	1.8
15	安徽省	118.0	1.3
16	辽宁省	101.6	1.1
总　计		8 504.0	92.4

注：依历年《中国税务年鉴》统计数据计算整理。

（国家税务总局税收科学研究所　孙红梅）

中国进出口信贷制度

2011 年，在世界经济增长放缓，全球贸易增速回落，国际金融市场剧烈动荡的情况下，为适应国内外经济金融形势发展，中国的银行业金融机构紧紧围绕科学发展这个主题和加快转变经济发展方式这条主线，加大进出口信贷制度建设力度，积极支持进出口融资，为我国经济平稳较快发展提供了有力保障。

一、在 WTO 制度框架体系内积极开展进出口信贷业务

中国的进出口信贷，按照市场化原则确定信贷条件，开展信贷业务，坚持项目长期财务可持续发展的原则，在全面履行加入世界贸易组织承诺的同时，中国银行业通过不断创新和强化管理，自身的业务水平和竞争能力得到了显著提高。

1. 出口信贷

出口信贷包括出口买方信贷和出口卖方信贷。其中，出口买方信贷是我国银行为了支持我国本国机电产品、成套设备、对外工程承包等资本性货物和服务的出口，给予进口商或进口商银行或进口国的中长期融资便利。出口卖方信贷是我国银行为了支持我国资本性货物和服务的出口，给予出口商的中长期融资便利。出口买方信贷的借款人通常为贷款行认可的进口商、进口方银行或进口国主权级借款人（如财政部、中央银行等）；出口卖方信贷的借款人是出口国的国内出口商。在出口信贷中，贷款行根据借款人的资信状况、借款金额、期限、担保方式等因素，自主确定贷款利率，并可按照一定的费率征收管理费、承担费等费用。

在出口卖方信贷方面，中国进出口银行 2011 年全年新签约贷款 1624.87 亿元，放款1 694.92亿元，年末贷款余额 3 477.53 亿元，比年初增加 474.46 亿元。

出口卖方信贷实际发放贷款情况

单位：亿元人民币

年　份	金　额
2007 年	1 239.44
2008 年	1 300.40
2009 年	1 730.85
2010 年	1 442.21
2011 年	1 694.92

出口卖方信贷实际发放贷款投向比重

分　类	比　重（%）
设备出口	6.96
船舶出口	9.03
高新技术产品	30.14
一般机电产品	12.85
对外承包工程	9.80
境外投资	23.94
农产品出口	2.50
其　他	4.78

出口买方信贷方面，2011 年，中国进出口银行全年新签出口买方信贷项目金额 224.61 亿元，放款 439.01 亿元，同比分别减少 131.33 亿元和增加 112.72 亿元。年末贷款余额1 269.23亿元，比年初增加 289.68 亿元。

出口买方信贷实际发放贷款情况

单位：亿元人民币

年　份	金　额
2007 年	173.91
2008 年	182.71
2009 年	294.53
2010 年	326.30
2011 年	439.01

在办理出口信贷业务时，中国的银行业金融机构除遵守国家有关法律法规和监管部门的管理规定外，还在我国承诺的基础上，遵守 WTO 框架下的有关规定；此外，对于官方出口信用机构，其出口买方信贷业务还遵照经济合作与发展组织（Organization for Economic Co-operation and Development，以下简称 OECD）的《官方支持出口信贷

的安排》(Arrangement on Officially Supported Export Credits，即通常所说的“君子协定”)等国际惯例的规定。

2. 进口信贷

进口信贷是指我国银行为我国企业从境外进口资本性货物以及相关配套建设、资源和能源以及企业生产经营所需产品的贷款。随着我国经济的快速发展，部分企业积极向供应链上游延伸，从国际市场进口先进的设备、技术、服务以及原材料等，以降低企业生产成本，提高企业的市场竞争能力，为进口信贷的发展拓宽了空间。

进口信贷方面，2011 年，中国进出口银行积极扩大先进技术设备、关键零部件、能源资源及基础农产品等进口，全年签约贷款1 063.03亿元，放款1 180.05亿元。年末贷款余额2 092.1亿元，比年初增加 395.26 亿元。

进口信贷实际发放贷款情况

单位：亿元人民币

年 份	金 额
2007 年	392.48
2008 年	1 156.25
2009 年	965.08
2010 年	984.69
2011 年	1 180.05

二、WTO 的环保要求与绿色信贷制度

根据 WTO 的宗旨，成员在处理贸易和经济领域的关系时，应依照可持续发展的目标，考虑对世界资源的最佳利用，寻求既保护和维护环境，又以与它们各自在不同经济发展水平的需要和关注相一致的方式，加强为此采取的措施。根据 WTO 的要求，在进出口信贷业务中，中国的银行业金融机构根据《赤道原则》等国际准则，按照“可持续发展”的理念，严格信贷项目环保要求，加强项目环境风险管理，在信贷业务中切实贯彻绿色信贷理念。同时，监管机构也采取了多种措施，督促银行业金融机构严格落实绿色信贷政策。《中国银行业监督管理委员会 2011 年报》中显示，监管机构采取了多种手段引导银行创新产品和服务模式，满足高能效、新能源、可再生能源等领域的融资需求；开展绿色信贷政策后评估，增强绿色信贷政策指导的精确性。银行信贷资金主要用于支持环保合格企业和项目产品的进出口，在境外项目中充分尊重所在国的环保要求，切实履行相关责任，不仅符合了 GATT 1994 和 WTO 的有关环保要求，而且密切了对外经贸联系，有力地推动了经济社会的可持续发展。

中国进出口银行作为支持国际经济合作的金融机构，高度重视环境保护与节能减排工作，积极贯彻国家节能减排政策，将社会责任和可持续发展纳入银行发展战略。2011 年，根据国家有关部门的规定，中国进出口银行密切关注节能减排和各重点行业的发展动态，结合自身业务特点，对有关制度和政策进行了完善和修订，强化了对信贷业务的环保要求，调整了钢铁等重点行业信贷政策，推动企业实施节能减排；对中德财政合作能效和可再生能源贷款，制订了环境禁止和限制类项目名单，确保项目实施时所遵循的社会环境指导原则与国际标准接轨；积极研究推动进出口企业能效项目贷款业务，为有效解决节能服务公司融资难问题，促进合同能源管理机制的推行和我国环保事业的发展作出了应有的贡献。

三、境外人民币贷款业务的规范化开展

2011 年，为了扩大人民币跨境使用，规范境内银行业金融机构境外项目人民币贷款相关业务，防范风险，促进贸易和投资便利化，中国人民银行发布了《中国人民银行关于境内银行业金融机构境外项目人民币贷款的指导意见》(银发〔2011〕255 号)，明确规定对于境内机构“走出去”过程中开展的各类境外投资和其他合作项目(包括但不限于境外直接投资、对外承包工程以及出口买方信贷等)，具备国际结算业务能力、具有对外贷款经验的境内银行业金融机构，可以开展人民币贷款业务。该指导意见中明确了境外人民币贷款的项目范围、办理条件、报备要求、账户设置、贷款条件、监督检查等内容，为境内银行业金融机构境外人民币贷款业务的规范化开展以及人民币跨境使用和国际化进程的推动奠定了基础。

中国进出口银行积极开展境外人民币贷款业务，截至 2011 年末，其境外人民币贷款额位居境内银行前列。

四、我国出口信贷面临的挑战

在成绩的背后，我国的进出口信贷也面临着重大挑战。近年来，特别是金融危机以来，我国的出口信贷受到的关注和质疑不断加深。2011 年 3 月，WTO 争端解决机构（DSB）的上诉机构向 WTO 成员发布报告，公布了“美国—对中国产品采取双反措施案”（United States—Definitive Anti-dumping and Countervailing Duties on Certain Products from China，WT/DS379）的上诉裁决结果，对我国银行的出口信贷在补贴方面作出了一些不利的认定，包括认可美国商务部认定的中国国有商业银行属于“公共机构”以及某些出口信贷贷款具有专向性等结论。我国银行业在出口信贷方面仍面临着 WTO 框架下的质疑和挑战。

目前，中国遭遇的贸易摩擦的焦点正沿着从产品到体制的路径逐渐升级，任何涉及政府支持出口的形式，包括出口信贷，都可能面临质疑。应当看到，当前国际上对我国出口信贷政策的质疑，实质上是为了打击和遏制我国的出口信贷和产品出口。在出口信贷方面。利益的争夺和博弈正在越来越多地转化为规则和法律的争执。在我国经济融入世界的同时，我们整个的经济运行和金融业务也加入到了一个更加严密、严谨的法律体制框架之下。在开展进出口信贷业务中，我国的银行业金融机构应当更加深刻了解和合理利用 WTO 规则，积极争取规则利益，使规则为我所用，努力从国际经贸规则的“参与者”向“制定者”转变，积极应对挑战，保护我国发展的重要战略机遇期。

五、深化合作，互利共赢

实践证明，中国加入 WTO，扩大对外开放，惠及 13 亿中国人民，也惠及世界各国人民；中国的发展是和平的发展、开放的发展、合作的发展、共赢的发展，向世界展示了中国这个东方文明古国的勃勃生机和巨大潜力。当今世界，经济全球化深入发展，各国经济依存度不断加深，同时，世界经济形势也愈来愈复杂多变。中国银行业金融机构将承担起应有的义务和责任，通过进出口信贷等方式，大力支持国际经济合作与发展，主动学习借鉴 WTO 各成员的先进经验和做法，在平等互利的基础上不断完善进出口信贷制度，继续在国际经济金融体系中发挥建设性作用，推动中国和世界的经济发展方式转变和经济结构调整，为中国和世界经济可持续发展做出更大贡献。

（中国进出口银行总法律顾问　李健）

中国政府采购制度

2011 年，我国政府采购制度改革深入推进，政府采购市场开放谈判稳步推进。

一、政府采购制度改革取得新的进展

2011 年，全国政府采购规模达到 11 332 亿元，实现新的突破，并在发挥财政政策功能、规范财政支出行为、提高财政资金使用效益，以及促进国家经济社会发展目标实现等方面取得突出成效。

(一) 政府采购需求管理工作迈出新步伐

政府采购预算编制进一步细化，采购预算与预算定额及费用标准进行了有机衔接，逐步建立从源头上加强政府采购预算管理的工作机制。在中央单位开始推行批量集中采购改革试点，对台式计算机和打印机等设定基本配置参考，归集需求、统一采购，实现了规模效益。

(二) 政府采购执行监管工作水平显著提高

集中采购机构考核工作加大力度，中央和地方陆续开展了对集中采购机构的年度考核工作，有的省市还将考核工作延伸到社会代理机构。对中央集中采购机构和部门集中采购机构进行了考核，首次对严重违规的采购人、社会代理机构和评审专家依法进行了处理，并将考核结果在政府采购指定媒体上向社会公告。审计监察协作机制开始建立，政府采购执行情况将作为今后中央部门年度预算执行审计的重要内容，对于政府采购管理和社会监督等发展的问题，财政部门将会同审计部门开展专项审计。

(三) 政府采购政策功能逐步丰富完善

制定了促进中小企业和监狱企业发展的采购政策，会同工业和信息化部起草了《政府采购促进中小企业发展暂行办法》，政府采购信用担保试点正式启动，对降低中小企业参与政府采购成本、防范采购人风险、促进政府采购诚信体系建设具有积极意义。进一步完善了促进节能减排的采购政策和清单的调整工作机制，建立了对节能产品新增类别的预公示制度。调整了政府采购促进自主创新政策体系，提出了进一步支持企业技术创新相关政策建议。

(四) 政府采购信息化建设取得实质性进展

财政部组建专门工作组开展了政府采购全流程业务需求研究工作。目前，中央层面的管理交易系统已进入系统开发的需求论证、细化阶段，全国 4 个共享基础数据库也开始规划建设。同时，启用了新的评审专家监督管理系统，升级了政府采购信息统计与计划管理系统，改造了中国政府采购网站，有力保障了各项业务工作的开展。

二、政府采购对外谈判和交流取得显著成效

2011 年，财政部以加入世贸组织《政府采购协议》(GPA) 谈判工作为重点，紧紧围绕提交第三份出价开展相关工作，统筹安排多边谈判与双边谈判，做好有关多边和双边框架下政府采购议题的磋商与交流。

(一) 按时提交中国加入 GPA 第三份出价

根据国务院部署，会同有关部门研究起草了我国加入 GPA 第三份出价清单（第二份修改出价），经国务院批准后于 11 月 30 日提交 WTO 秘书处，顺利履行了我国相关承诺。第三份出价首次列入了地方政府实体，将北京、天津、上海、江苏和浙江等 5 个省（市）省本级行政机构列入出价，同时还降低了中央实体工程项目的开放门槛价，扩大了服务项目出价。WTO 秘书处和参加方对我国按时提交包括地方政府在内的修改出价表示高度赞赏，认为体现了中国加入 GPA 的诚意，但参加方认为第三份出价与其要价仍存在较大差距，敦促我国尽快提交第四份出价。

(二) 积极与 GPA 参加方开展谈判

组团赴日内瓦与美国、欧盟、日本、加拿大、新加坡、以色列等 6 个参加方开展了 10 场双边谈判，就我国加入 GPA 出价、参加方要价，以及有关政府采购政策与参加方开展磋商。赴美国开展了一次工作谈判，深入了解美方国有企业 GPA 出价情况，并就我国国有企业出价问题与美方进行深入磋商。5 次组团参加 WTO 政府采购委员会会议，通报我国为加入 GPA 所作的努力，表明我国加入

GPA的立场，妥善回应参加方关切。

（三）妥善应对其他多双边政府采购问题磋商

在第三届中美战略与经济对话期间，就我国加入GPA及自主创新等有关政府采购政策与美方进行深入磋商。参与中美商贸联委会有关政府采购议题谈判，就政府采购与知识产权等议题达成共识。在中欧财金对话框架下，与欧盟开展政府采购对话，围绕欧盟公共采购政策现代化绿皮书、中国政府采购法和招标投标法衔接、中国加入GPA等问题进行了深入探讨。积极参与亚太经济合作组织（APEC）政府采购议题谈判，妥善应对发达成员要求我国提前开放政府采购市场的议案。统筹安排中日韩、中瑞自贸区框架下政府采购议题磋商。

（四）继续拓展政府采购国际交流平台

参加联合国贸易法委员会政府采购工作组会议，参与修订《贸易法委员会公共采购示范法》及其立法指南，表明发展中国家国情和具体关注。配合做好WTO第四次对华贸易政策审议工作，答复美欧等十多个国家对我国政府采购法律政策方面的问题。此外，与加拿大、欧盟、WTO秘书处联合举办了政府采购研讨会，就GPA规则和加入GPA国际经验进行交流，在利用国际舞台展示我国政府采购改革成果的同时，增进沟通，促进理解。

（财政部国库司）

中国的自由贸易区建设

一、2011年我国自由贸易区建设新进展

2011年，我们继续按照十七大“实施自由贸易区战略”的要求，积极推进自由贸易区建设。自贸区建设促进了中国与有关国家的政治互信和共同发展，展现了中国开放、负责任的国际形象，改善了中国的外部经济环境，为中国成功应对金融危机不利影响、保持经济贸易稳定增长发挥了积极作用。

（一）启动并推进中瑞自贸区谈判

2011年1月28日，商务部部长陈德铭在出席达沃斯论坛期间，与瑞士经济部长施奈德—阿曼共同宣布启动中瑞自贸区谈判。2011年年内，中瑞双方共同举行了三轮谈判，就货物贸易、服务贸易、知识产权、贸易救济、原产地规则等问题深入交换了意见。

（二）完善中国—东盟自贸区协议

2011年11月18日，第14次中国—东盟领导人峰会期间，中国与东盟10国签署了《关于实施中国—东盟自贸区〈服务贸易协议〉第二批具体承诺的议定书》。《议定书》的签署是双方在服务贸易领域取得的又一重要成果，将进一步丰富中国—东盟自贸区的内涵，提升中国—东盟自贸区自由化水平。

（三）推进中国—新加坡自贸区建设

根据中新自贸区联委会达成的共识，双方经贸部长在2011年7月27日中新双边合作联委会期间签署了《关于修改中新自贸协定的议定书》，主要内容包括修改自贸区原产地规则和双方在服务贸易方面的进一步承诺。

（四）实施中国—哥斯达黎加自贸协定

2011年8月1日起，中哥自贸协定开始实施。中哥双方建立了联系点，及时就执行中的问题进行沟通。中哥自贸协定于2010年4月签署。该协定涵盖领域广泛，开放水平高，是我国与中美洲国家签署的第一个涵盖货物贸易、服务贸易、知识产权、贸易救济等领域的一揽子自贸协定，为两国经贸关系增添了实质内容，进一步提升了双边友好关系。

（五）启动中国—巴基斯坦自贸区第二阶段降税谈判

2010年12月，在温家宝总理访巴期间，双方宣布在2011年第一季度启动《中巴自贸协定》第二阶段降税谈判。2011年3月，双方举行了第二阶段降税首轮谈判，主要就降税模式交换了意见。

（六）结束中日韩自贸区官产学联合研究

自2010年5月中日韩自贸区官产学联合研究启动以来，三方为落实领导人关于2011年内提前结束研究的共识，共举办了七次联合研究会议和一次工作磋商。2011年12月16日，在韩国平昌举行的最后一次会议上，三国宣布完成自贸区联合研究工作，并签署联合声明。联合研究报告通过深入分析，得出了“中日韩自贸区是可行的，必将为三国带来共同福祉”的积极结论。

（七）推进东亚经济一体化进程

在2011年8月于印尼举行的10+3经贸部长会议和10+6经贸部长非正式会议期间，中国与日本共同提出了“加速推进东亚自贸区和东亚全面经济伙伴关系”的提案，为推动东亚一体化建设迈出了实质步伐。

（八）筹备中国—韩国自贸区谈判

2011年5月中日韩领导人会议期间，中韩宣布将启动两国间自贸区谈判。双方工作团队多次磋商，为谈判启动做了大量准备工作。

此外，我国还积极推进中国—海湾合作委员会、中国—澳大利亚等自贸区谈判以及中国—智利自贸区投资协定谈判，推动《亚太贸易协定》第四轮关税减让谈判，为今后达成互利共赢的谈判成果创造了良好条件。

二、十年来我国自由贸易区谈判成果丰硕

2011年是我国加入世贸组织十周年，我国自由贸易区建设也整整走过了十个年头。在2001年正式加入世贸组织后，我国顺应世界区域经济一体化加速发展的新特点，开始与有关国家商建自贸区。

十年来，我国自贸区建设从无到有，取得了重大进展，初步形成周边自贸平台和全球自贸区网络。截至2011年，我国在建自贸区15个，涉及28个国家和地区，涵盖我国对外贸易总额的近1/3。其中，已实施自贸协定10个，分别是中国与东盟、新加坡、巴基斯坦、新西兰、智利、秘鲁、哥斯达黎加自贸协定，中国内地与香港、澳门的更紧密经贸关系安排，以及大陆与台湾的海峡两岸经济合作框架协议；正在谈判的自贸区有5个，分别是与海湾合作委员会、澳大利亚、挪威、瑞士、冰岛的自贸协定。此外，结束了与韩国的自贸区联合研究和中日韩自贸区官产学联合研究，完成了与印度的区域贸易安排联合研究。不仅在国内外产生了良好的政治经济效应，而且为我国经济贸易平稳较快发展发挥了积极作用。

（一）周边自贸区建设：基本形成布局

全面建成中国—东盟自贸区。中国—东盟自贸区是我国与其他国家商谈的第一个也是最大的一个自贸区，又是东盟作为整体对外建立的第一个自贸区。2004年11月，我国与东盟签署货物贸易协议，并于次年7月开始实施。2007年1月，我国与东盟签署服务贸易协议。2009年8月，双方又签署投资协议。2010年1月1日，中国—东盟自贸区如期全面建成。

连续与巴基斯坦、新西兰、新加坡签订自贸协定。2006年11月、2008年4月和10月，我国分别与三国签署了双边自贸协定。2009年2月，中巴又签署自贸区服务贸易协定。我国与三国均相互提供大幅度零关税待遇。自贸区建成时，我国对新西兰、新加坡97%和90%以上的产品实行零关税，新西兰、新加坡对我国100%的产品实行零关税。另外，我国还与三国相互就服务业做出了进一步开放的承诺。

我国还推进与海湾合作委员会（包括沙特阿拉伯、阿曼、阿联酋、卡塔尔、科威特和巴林6国）、澳大利亚的自贸区谈判，结束了与韩国的自贸区联合研究和中日韩自贸区官产学联合研究，完成了与印度的区域贸易安排联合研究。

相继与香港、澳门、台湾地区达成经贸安排和协议。2003年6月和10月，中央政府分别与香港、澳门特别行政区政府签署更紧密经贸关系安排，此后每年都签署补充协议，目前已经签署7个补充协议。2010年6月，大陆海协会与台湾海基会签署了海峡两岸经济合作框架协议。

（二）与拉美自贸协定：迈出重要步伐

先后与智利、秘鲁、哥斯达黎加签署自贸协定。2005年11月、2009年4月和2010年4月，我国分别与三国签署自贸协定。2008年4月，中智还签署了自贸协定服务贸易补充协定。我国与三国相互实现了高标准的贸易自由化。其中，占智利税目总数98%和占我国税目总数97%的产品实行零关税，智利37个服务部门和分部门和我国37个服务部门和分部门实行进一步开放。我国与三国还承诺在经济、中小企业、文化、教育、科技、环保等领域进一步加强交流合作。这些协定飞架跨越太平洋的“金桥”，增进了我国与三国的经贸和友好往来，也树立了我国与拉美国家双边关系的新样板。

（三）与欧洲自贸关系：取得良好开端

2007年4月，我国与冰岛启动自贸谈判，已举行4轮；2008年9月，与挪威启动自贸谈判，已举行8轮；2011年1月，陈德铭部长与瑞士经济部长施奈德—阿曼共同宣布启动中瑞自贸区谈判，随后双方年内举行了三轮谈判。我国与欧洲国家的自贸关系有了良好开端。

三、十年来我国自贸协定实施成效显著

十年来，我国自贸区建设产生了良好的效应，我国与自贸伙伴之间的政治经贸关系得到巩固和发展。通过自贸协定提供的制度性保障，参与各方货物、服务、投资和人员流动政策更加透明、更有预见性，有利于提升自贸协定参与各方的经贸关系和经济融合，繁荣各方经济，促进互利共赢、共同发展。在经贸方面，具体体现为：

第一，自贸区促进了我与贸易伙伴贸易和投资的扩大。2011年，我国对外贸易总额为36 421亿美元，同比增长22.5%。同期，我国与东盟成员、新西兰、巴基斯坦、智利、秘鲁、哥斯达黎加等15个自由贸易伙伴国双边贸易额为4 309亿美元，同比增长25.3%，比总体高出2.8个百分点。随着与各贸易伙伴自贸协定的进一步实施，关税将不断降低或取消，自贸协定对货物贸易和服务贸易的促进作用将更加明显地体现出来。

第二，自贸区推动了我国与自贸伙伴企业竞争

力的提升。自贸协定参加各方相互开放货物贸易和服务贸易，降低投资门槛、提供投资促进和保护、优化投资环境，加强知识产权保护，为商务人员流动提供便利，有利于各方企业在更大范围、更高水平上参与国际经济合作、优化资源配置，提高企业国际竞争力。

第三，自贸区增加了消费者的实际利益。通过自由贸易互通有无，消费者可以更低的价格购买世界各地更多、更丰富的商品，提高消费水平和生活质量。例如，中国—智利自贸协定实施后，中国对智利优质葡萄酒进口量在5年内翻了一番，消费者在冬季也能享受到产自智利的品质优良、价格合理的当季提子。同时，市场上的热带水果越来越多，价格也越来越实惠，正是得益于中国—东盟自贸区，榴莲、山竹、火龙果等热带水果成为了中国广大消费者日常享用的水果。

四、我国自贸区建设任重道远

目前，我国已经成为世界第二大经济体和第二大贸易国，这为我国全面、深入参与和推进自贸区建设奠定了坚实基础，提供了有利条件。但我们应看到，与十年前相比，我国当前的对外开放环境也发生了重大变化。

党的十七大明确提出“实施自由贸易区战略”，《中共中央关于制定国民经济和社会发展第十二个五年规划的建议》又提出“加快实施自由贸易区战略”。按照中央的上述指示和要求，下一步，我们将在坚决维护多边贸易体制、深入参与多哈回合谈判的同时，顺应区域经济一体化加速发展的新形势，积极与有关国家和地区推进自贸区建设。通过实施自贸区战略，以开放促改革、促发展、促共赢。具体来说：一方面，积极推动进行中的自贸区谈判取得突破，争取启动与部分国家的新的自贸区谈判，在谈判中做到“互利共赢、共同发展”。另一方面，实施好已经签署的自贸协定，发挥自贸区在扩大国内消费、促进进口等方面的作用。

（商务部国际经贸关系司）

● 投资政策与管理措施（2011）

中国利用外资政策

一、2011 年中国吸收外资概况

2011 年，中国吸收外资保持了较快增长势头。全年非金融领域（不含银行、保险、证券）新批设立外商投资企业27 712家，同比增长 1.12%；实际使用外资金额 1 160.11 亿美元，同比增长 9.72%，再创历史新高（参见附表 1）。

（一）产业结构

农、林、牧、渔业新批设立外商投资企业 865 家，同比下降 6.89%；实际使用外资 20.09 亿美元，同比增长 5.07%，占同期全国总量的 1.73%。制造业新批设立外商投资企业 11 114 家，同比增长 0.61%；实际使用外资 521.01 亿美元，同比增长 5.06%，占同期全国总量的 44.91%。服务业新批设立外商投资企业 14 079 家，同比增长 1.25%；实际使用外资 552.43 亿美元，同比增长 20.54%，占同期全国总量的 47.62%（参见附表 2）。

（二）主要投资来源地情况

亚洲十国/地区（香港、澳门、台湾、日本、菲律宾、泰国、马来西亚、新加坡、印尼、韩国）对华投资新设立企业22 302家，同比增长 1.11%；实际投入外资金额 1 005.17 亿美元，同比增长 13.99%。美国对华投资新设立企业1 497家，同比下降 5.01%；实际投入外资金额 29.95 亿美元，同比下降 26.07%。欧盟 27 国对华投资新设立企业 1743 家，同比增长 3.26%；实际投入外资金额 63.48 亿美元，同比下降 3.65%。（参见附表 3，上述国别/地区对华投资包括其通过自由港对华的投资）

（三）区域分布

东部地区新设立外商投资企业23 602家，同比增长 2.65%；实际使用外资 966.04 亿美元，同比增长 7.51%，占全国总额的 83.27%。中部地区新设立外商投资企业 2 727 家，同比下降 10.77%；实际使用外资 78.36 亿美元，同比增长 14.26%，占全国总额的 6.75%。西部地区新设立外商投资企业 1 383 家，同比增长 1.84%；实际使用外资 115.71 亿美元，同比增长 28.24%，占全国总额的 9.97%。（参见附表 4）

（四）外商投资企业运营情况

2011 年，占中国企业总数 3%的外商投资企业，实现工业产值 22 万亿元，占全国工业产值的 26.1%；缴纳税收19 638.1亿元，占全国税收收入的 20.51%；进出口额 18 602 亿美元，占全国进出口总额的 51.07%。外商投资企业直接就业人员约 4 500万。

二、2011 年中国出台的主要外资政策及管理措施

（一）完善和实施鼓励外资政策

在引导外资投向方面，经国务院批准，《外商投资产业指导目录（2011 年修订）》已于 2011 年 12 月 24 日发布，充分体现了我国稳步推进服务业开放、鼓励外资参与战略性新兴产业、促进区域协调发展的政策导向。在扩大服务业开放方面，商务部积极推进 CEPA、ECFA 等经贸谈判，在 CEPA、ECFA 框架机制下推进服务业开放。会同卫生部落实《关于进一步鼓励和引导社会资本举办医疗机构的意见》，允许符合条件的台港澳机构在部分城市试点设立独资医疗机构。

在鼓励外资开展研发方面，商务部与财政部、海关总署、国家税务总局印发《关于继续执行研发

机构采购设备税收政策的通知》，将外资研发中心采购设备免/退税政策执行期延至2015年底，降低了外资企业的研发成本，促进其在华开展研发活动和技术创新。

（二）创新利用外资方式

为满足外国投资者以境外人民币出资的需求，商务部会同人民银行做好人民币跨境投资的相关工作，2011年10月出台《关于跨境人民币直接投资有关问题的通知》，允许使用境外人民币直接投资，适应新形势发展，促进了投资便利化。

（三）建立健全安全开放机制

2011年2月，国务院办公厅发布了《关于建立外国投资者并购境内企业安全审查制度的通知》（国办发［2011］6号），建立了外资并购安全审查制度。2011年8月26日，商务部印发《实施外国投资者并购境内企业安全审查制度有关事项的规定》，进一步明确了并购安全审查的工作内容、程序、标准等，完善了对外资并购的监管，提高了法律法规的透明度，有利于更好地维护国家产业安全，促进市场经济健康发展。

（四）改革外资管理制度

按照国务院关于深化行政审批体制改革的总体要求，商务部最大限度缩小外资审批范围，不断下放外资审批权限。在北京等四省市试点外商投资企业合同、章程格式化审批，进一步提高了行政效率，并开展了在上海、天津、广东、湖北、四川等省市在线行政许可试点的相关准备。商务部在简化外资审批的同时，进一步加强外商投资企业的管理和服务，注重解决外商投资企业的关切，努力营造良好的投资环境。

附表1　　2011年外商投资简况　　金额单位：亿美元

	企业数		实际使用外资金额	
	个数	同比（%）	金额	同比（%）
总　计	27 712	1.12	1 160.11	9.72
中外合资企业	5 005	0.70	214.15	−4.81
中外合作企业	284	−5.33	17.57	8.69
外资企业	22 388	1.37	912.05	12.63
外商投资股份制	35	−31.37	16.34	152.83
合作开发				
其他				

注：此表数据未包括：银行、保险、证券领域吸收外商投资数据。

附表2　　2011年外商投资分领域简况　　金额单位：亿美元

	企业数		实际使用外资金额	
	个数	比重（%）	金额	比重（%）
总　计	27 712	100	1 160.11	100
农业	865	3.12	20.09	1.73
制造业	11 114	40.11	521.01	44.91
服务业	14 079	50.80	552.43	47.62
其他	1 654	5.97	66.58	5.74

附表 3　　**2011 年对华投资前 15 位资金来源地简况**　　金额单位：亿美元

国别（地区）	企业数		实际使用外资金额	
	本年累计	同比（%）	本年累计	同比（%）
香港	14 430	6.01	770.11	14.13
中国台湾	3 227	−9.23	67.27	0.40
日本	1 860	5.50	63.48	49.65
新加坡	762	−4.99	63.28	11.87
美国	1 497	−5.01	29.95	−26.07
韩国	1 377	−18.76	25.51	−5.27
英国	318	−11.42	16.10	−1.95
德国	459	25.07	11.36	21.81
法国	190	3.26	8.02	−35.29
荷兰	121	2.54	7.67	−19.41
百慕大	14	−12.50	7.44	106.77
澳门	285	2.52	6.88	4.72
瑞士	100	26.58	5.55	111.13
卢森堡	35	59.09	5.15	109.57
加拿大	393	−1.75	5.07	−30.04

注：自由港数据按实际来源地纳入后按实际使用外资排序。

附表 4　　**2011 年外商直接投资按地区分类同期对比表**　　金额单位：亿美元

地区名称	企业数		实际使用外资金额	
	本年数	同比（±%）	本年数	同比（±%）
总　计	27 712	1.12	1160.11	9.72
东部地区	23 602	2.65	966.04	7.51
中部地区	2 727	−10.77	78.36	14.26
西部地区	1 383	1.84	115.71	28.24

（商务部外国投资管理司）

中国外汇管理制度

2011年，中国国际收支总体呈现净流入态势，但不平衡状况有所改善。受国内外经济、金融形势影响，上半年，国际收支延续了2010年较大规模净流入态势；9月份以后，尤其是第四季度，外汇净流入压力逐步缓解，国际收支趋向平衡。近年，外汇管理主要进行了以下工作。

一、综合运用多种政策工具抑制跨境异常资金流入

一是打好应对“热钱”的有准备之仗。2011年3月发布通知，强化对转口贸易收汇、预收货款和延期付款、银行结售汇头寸的管理，进一步下调2011年度境内金融机构短期外债指标总规模。同时，运用价格手段引导银行通过完善挂牌汇率定价调节结售汇差额。

二是不断丰富跨境资本流动管理手段。7月，将减缓银行结售汇顺差过快增长作为工作重点，既要支持进出口贸易稳步发展，又要防止“热钱”流入。增强外汇管理主动性，加强贸易投资外汇流入真实性审核，鼓励有真实贸易投资需求的购付汇，鼓励企业出口收入存放境外，试行个人结售汇“关注名单”管理等。

三是继续严厉打击“热钱”等违法违规资金流入。以金融机构、大型企业为重点，开展资本金结汇、短期外债等专项检查，集中力量查办重大违规案件。全年共查处外汇违法违规案件3 488件，收缴罚没款超过5亿元人民币，较2010年增长1倍多。加大对市场主体违规情况的通报，对部分银行、企业及个人违规办理外汇业务的处罚情况进行通报，进一步震慑违法违规行为。

四是进一步提升跨境资金流动监管能力。不断完善国际收支风险预警监测和市场预期调查，建立全面的银行贸易融资统计制度。在全国推广数据综合利用平台，初步构建较为完整的跨境收支及业务监测数据体系。改进银行执行外汇管理规定情况考核制度，促进银行合规经营。加强跨部门协调和沟通，形成抑制“热钱”流入的监管合力。

二、有序推进外汇管理重点领域改革

一是稳步推进货物贸易外汇管理改革。2011年12月1日起，在7个省（市）开展货物贸易外汇管理改革试点，2012年8月1日在全国推广。改革后，合规企业正常的进出口业务均无需逐笔办理核销手续，外汇局通过对企业贸易项下货物流与资金流进行总量筛选匹配、动态监测、分类监管，健全风险防范机制，实现贸易便利化和监管有效性的有机统一。此项改革大大简化了银行、企业业务办理手续，降低了运营成本，提高了银行真实性审核的责任心，增强了企业加强内部管理的自觉性。

二是加快数据和系统整合步伐。完成直接投资等15个业务系统应用门户整合，实现外汇局、银行和企业端访问渠道与登录界面的统一。建立外汇管理数据资源库，集中各外汇管理业务系统的数据，实现了信息资源共享。

三是进一步便利市场主体外汇收支和交易。2011年1月1日起，将出口收入存放境外政策推广至全国。简化部分资本项目外汇管理政策，下放业务审批权限。规范电子银行个人结售汇业务管理，便利个人办理结售汇业务。完善合格境外机构投资者（QFII）和合格境内机构投资者（QDII）制度。截至2012年9月28日，外汇局累计核准157家QFII机构308.18亿美元投资额度及103家QDII机构855.97亿美元投资额度。

四是积极培育和发展外汇市场。推出银行对客户的货币掉期和人民币对外汇期权交易，加强银行期权交易风险头寸管理。在银行间外汇市场增加澳大利亚元、加拿大元对人民币交易，降低跨境贸易和投资汇兑成本。

三、不断提高外汇管理依法行政水平和透明度

一是全面推进外汇管理依法行政。加强和改进制度建设，坚持依法科学民主决策，严格规范公正文明执法，全面推进政务公开，强化行政监督和问责，加强行政复议等纠纷化解工作。

二是继续深入推进外汇管理行政审批制度改革。2011年组织开展第六批行政审批事项集中清理，确认取消具体外汇管理行政许可业务16项；进一步简化行政审批程序，将部分资本项目行政审批业务权限下放至分支局。

三是大力开展法规清理。2009年以来，共集中全文废止（失效）、归并整合国际收支统计申报等重点领域法规等共计约547件；自2010年起，每年梳理、通过国家外汇管理局政府网站公布现行有效外汇管理法规目录，已连续公布3年。

四是加大对外宣传和数据发布力度。首次按季度公布国际投资头寸表。首次对外发布《2010年中国跨境资金流动监测报告》，分三期发布《外汇储备热点问答》，积极回应社会关注。

四、进一步完善外汇储备经营管理

一是完善外汇储备经营管理模式，优化中长期货币资产战略摆布，实现了外汇储备资产的安全、流动和保值增值。

二是继续加强风险管理，健全风险预警机制，适时调整风险管理政策，稳妥应对欧美债务危机。

三是拓展外汇储备运用的渠道和方式，积极支持企业“走出去”等国家战略，较好地发挥了外汇储备对国家经济发展的支持作用。

四是继续加强机构和队伍建设，推进信息化建设，优化人才引进、选拔、培养和激励机制。

（国家外汇管理局综合司）

中国国有企业改革发展情况

2011年是“十二五”开局之年，也是国有企业改革发展在新的起点上奋力拼搏、积极进取的一年。国有经济实现了平稳较快发展。2011年，全国国有企业累计实现营业总收入36.79万亿元，同比增长21.5%；实现利润2.26万亿元，同比增长12.8%；已交税费2.97万亿元，同比增长21.6%。国务院国资委监管的中央企业（以下简称“中央企业”）累计实现营业收入20.2万亿元，同比增长20.8%；实现净利润9 173.3亿元（其中扣除少数股东权益后归属母公司所有者权益的净利润为6 086.4亿元），同比增长6.4%；累计上缴税金1.7万亿元，同比增长19.7%。

（一）加快推进改革调整，国有大型企业改革不断深化

一是公司制股份制改革扎实推进。各地通过推动企业整体上市、引进战略投资者等多种方式，加快公司制股份制改革步伐。中央企业及其下属子企业的公司制股份制改制面由2002年的30.4%提高到2011年的72.1%。中国水利水电建设集团公司实现主营业务整体上市，6家中央企业控股公司在境内外资本市场首次公开发行股票并上市。中国铁路物资总公司、中国五矿集团公司和中国第一汽车集团公司完成整体改制。北京市国资委积极推进重点企业的股改上市工作，市属国有上市公司累计达到43户，市值超过5 000亿元。安徽省国资委加快推进江汽集团、叉车集团引进战略投资者，进一步推进企业公司制改制。河南、湖北、陕西等地国资委加快推进所属企业改革改制，一批企业实现了投资主体多元化。

二是规范董事会建设步伐加快。按照现代企业制度要求，国有企业加快推进规范的董事会建设，建立完善董事会制度体系，优化董事结构，规范董事会运作，公司治理水平得到提高。中央企业建立规范董事会试点企业扩大到42家，其中有4家企业进行了外部董事担任董事长的探索。深圳市国资委在规范董事会建设实现全覆盖的基础上，进一步完善运行机制，加大放权力度。山东省国资委按照科学量化、注重实效的原则对外部董事进行评价，促进外部董事认真履行职责。广东省国资委形成建设规范董事会的一整套工作制度，启动了6户企业的规范董事会建设试点工作。海南、青海、陕西、甘肃、贵州、新疆生产建设兵团等地国有企业董事会试点工作取得积极进展。

三是企业重组力度加大。按照“有进有退、有所为有所不为”的原则，国有企业深入推进联合重组，国有资本进一步向关系国家安全和国民经济命脉的重要行业和关键领域集中。中国乐凯胶片集团公司并入中国航天科技集团公司，中商企业集团公司并入中国诚通控股集团有限公司，中国华星集团公司划入中国国新控股有限责任公司管理，中央企业户数由国资委成立时的196家，调整重组到117家。天津市国资委结合“十二五”规划，重点实施了医药、轻工、投资、外贸等行业的7个重组项目，推动优质资源向企业主业和优势企业集中。山西省国资委进一步推进煤炭资源整合，以7家大型煤炭企业为主体，调整整合了省内1 037个小矿井。不少地方加强与中央企业的合作，湖南以湖南有色股权换取五矿股份股权，成为第一家持有中央企业股权的地方国资委。安徽、云南、贵州等十省市181户农电企业上划国家电网公司和中国南方电网有限责任公司，河北、吉林、辽宁等18省区96户粮库上划中国储备粮管理总公司，实现了资源优化配置。

四是产业优化升级取得新进展。各地根据区域发展战略的要求，进一步明确国有经济功能定位，发挥国有资本经营预算的引导带动作用，加大重点产业的培育发展，提升产业整体竞争能力，形成新的竞争优势。华润（集团）有限公司、中国医药集团总公司、中国建筑材料集团有限公司等企业发挥行业排头兵引领作用，推动联合重组，淘汰落后产能，引领行业转型升级。华侨城集团公司通过并购重组构建数字娱乐技术平台，完善旅游文化产业链。中国华录集团有限公司依托蓝光高清核心技术，加快向以信息产业为基础的新型文化产业转型。中国联合网络通信集团有限公司面向中小企业开展信息化应用巡展，为传统产业升级和发展现代服务业提供服务。浙江省国资委围绕建设海洋经济示范区的战略部署，推动省属企业加大海洋经济产业培育、合作和开拓力度。云南省国资委推动省属企业在面向西南开放的桥头堡建设中发挥骨干和示范作用，积极推进瑞丽口岸国际物流园、红河综合保税区等重点项目。湖南省国资委着力培育一批先进装备制造、新材料、信息、生物等战略性新兴产业，推动监管企业逐步提高精深加工、高附加值产品以及高端业务比重。宁夏回族自治区国资委紧紧围绕深入实施西部大开发战略的产业政策和扶持项目，规划和建设了一批煤化工、新能源、新材料等具有战略意义的重点项目。江西省国资委在巩固提升传统资源能源优势产业的基础上，推动新材料、现代中药、生物医药等一批战略性新兴产业快速发展。

五是一些重点难点领域改革取得突破。企业内部三项制度改革深入推进，国有企业普遍实行了全员劳动合同制、全员竞争上岗和以岗位工资为主的工资制度，一些企业还探索了工资集体协商制度、企业经营者年薪制和股权期权激励制度。中央企业高级经营管理者公开招聘工作继续开展，中国第一汽车集团公司、中国电信集团公司和中国商用飞机有限责任公司等三家中央管理的总经理职位实行竞争性选拔。电网企业主辅分离工作取得重大进展，两家综合性电力建设集团公司正式挂牌。按照国务院部署，国务院国资委会同有关部门加强对国有企业历史遗留问题的调查和研究，加快推进厂办大集体、企业办社会等历史遗留问题的解决。辽宁、宁夏、新疆等地国资委集中力量终结了一批企业关闭破产工作。吉林省国资委在总结3个试点市的经验基础上，拟定了全省厂办大集体改革方案和实施意见。黑龙江、内蒙古、山西、河南、湖南、甘肃等地国资委积极推进厂办大集体改革的前期工作。

（二）完善国有资产监管体制，监管能力和水平进一步提高

一是国有资产监管法规体系和组织体系进一步完善。各级国资委通过立法和政策引导等多种途径，深入推进国资监管体制和制度的完善。截至2011年，国务院国资委共出台规章27件，规范性文件超过200件，各地立法也取得突破性进展。湖北和山东两省由省人大审议通过了企业国有资产监督管理条例，以地方性法规明确了国资国企改革发展中的一系列重大问题。二是地方经营性国有资产集中统一监管逐步推进。各地按照党的十六大、十七大精神要求，坚持“三分开、三统一、三结合”的基本原则，积极推动经营性国有资产的集中统一监管，各地国资委监管覆盖面进一步加大。截至2011年，已有14个省级国资委监管覆盖面达到80%以上，安徽、四川、江苏达到或者超过了90%，北京、天津、上海、重庆四个直辖市实现了经营性国有资产的全覆盖监管。全国有28个省级国资委和70个地市级国资委监管范围包含了金融类国有资产，10个省级国资委和68个地市级国资委监管范围包含了文化类国有资产。三是国资监管工作针对性和有效性进一步增强。各地国资委在实践中，不断总结经验，查找问题，探索规律，创新机制，进一步整合监管资源，改进监管方式，形成监管合力。四是指导监督工作取得积极进展。各级国资委积极完善指导监督工作机制和制度，大力推进指导监督工作，上下级国资委沟通联系进一步密切，“大国资、一盘棋”理念进一步增强。国务院国资委召开指导监督工作会，印发年度指导监督工作要点，举办各类专题培训，加强对各地国资委的指导监督。各地将指导监督工作摆上重要议事日程，普遍成立了指导监督工作领导小组，明确了牵头部门，建立了分工协调机制，创新方式方法，精心规划部署，指导监督工作全面展开。五是国资监管大格局初步形成。各级国资委在本级党委、政府的领导和支持下，以更加开放的工作姿态，依靠地方，联合部门，协调各界，工作合力进一步增强，国有资产配置效率进一步提高。国务院国资委通过与质检总局、科技部、商务部、外专局签订合作框架协议，助推中央企业做强做优；先后与天津、山东、广东、新疆等十多个省市实施战略合作，推动中央企业与地方经济对接，构建国有经济合作共赢格局。

（国务院国有资产监督管理委员会研究局）

中国对外投资合作情况

2011年是“十二五”规划开局之年，《国民经济和社会发展第十二个五年规划纲要》提出：“加快实施‘走出去’战略，坚持‘引进来’和‘走出去’相结合，利用外资和对外投资并重，提高安全高效地利用两个市场两个资源的能力。”2011年，商务部会同有关部门完善相关支持政策，鼓励企业积极有序开展跨国经营，健全投资促进和保护机制，防范投资风险。对外投资合作扎实推进。

一、对外投资合作发展情况

（一）对外投资继续发展

2011年，我国境内投资者共对全球132个国家和地区的3 391家境外企业进行了非金融类直接投资，累计实现直接投资600.7亿美元，同比增长1.8%。其中股本投资和其他投资456.7亿美元，占76%；利润再投资144亿美元，占24%。截至2011年年底，我国境内投资者共在全球178个国家（地区）设立对外直接投资企业1.8万家，我国累计非金融类对外直接投资达到3 220亿美元。

2011年，以并购方式实现的直接投资占近4成，主要涉及采矿业、制造业、电力生产和供应业等。主要项目：中国中化集团通过香港子公司以30.7亿美元收购挪威国家石油公司巴西Peregrino油田40%股权，中国石化集团以25.1亿美元收购加拿大日光能源公司100%股权，中国蓝星（集团）股份有限公司通过香港子公司以19.5亿美元收购挪威埃肯公司100%股权，中信金属有限公司等中方联营体以19.5亿美元收购巴西矿冶公司15%股权，中国石化集团公司以17.56亿美元收购澳大利亚太平洋液化天然气有限公司（APLNG）15%股权等。

对中国香港、东盟、欧盟、澳大利亚、美国、俄罗斯、日本等7个主要经济体的投资占同期对外直接投资总额的76%，对欧盟同比增长94.1%，对东盟同比增长13.1%，对澳大利亚、美国、俄罗斯、日本的直接投资同比有所下降。

（二）对外承包工程稳定增长

2011年，我国对外承包工程业务完成营业额1 034.2亿美元，连续两年居世界首位，同比增长12.2%；新签合同额1 423.3亿美元，同比增长5.9%。新签合同额主要集中在电力工业、房屋建筑业、交通运输建设业和电子通讯业，其中5 000万美元以上的项目498个（上年同期488个），合计1 123.7亿美元，占新签合同总额的79%。截至2011年年底，我国对外承包工程业务累计签订合同额8 417亿美元，完成营业额5 390亿美元。

（三）对外劳务合作平稳发展

2011年，我国对外劳务合作派出各类劳务人员45.2万人，较上年同期增加4.1万人，其中承包工程项下派出劳务24.3万人，劳务合作项下派出20.9万人。12月末在外各类劳务人员81.2万人，较上年同期减少3.5万人。我国在外各类劳务人员主要分布在日本、新加坡、中国澳门、安哥拉、韩国、阿尔及利亚、沙特阿拉伯、中国香港等。截至2011年底，我对外劳务合作业务累计派出各类劳务人员588万人。

二、支持企业“走出去”的政策措施

（一）完善相关政策

深化体制改革。完善《对外承包工程条例》配套政策措施，出台《特定项目管理规定》、《对外承包工程违法违规行为行政处罚规定》、《对外承包工程投（议）标管理办法》。

（二）健全服务保障机制

一是密切部门间协作配合。签署《商务部国资委协作备忘录》，共同规范中央企业“走出去”行为，发挥其引领示范作用。

二是强化公共服务。更新了涉及165个国家的《对外投资合作国别（地区）指南》，发布涉及115个国家的《对外投资国别产业指引》，下发《关于涉及多国利益境外投资有关事项的通知》，发布63个国家的投资障碍报告，为企业开展境外投资提供必要指引。

三是增进多双边合作。积极商签并落实双边投资保护协定、投资和承包工程政府间协议、劳务合作政府间协议。通过经贸联委会机制、投资合作促进机制帮助企业解决问题。

四是搭建"走出去"交流合作平台。举办第二届中澳CEO圆桌会议，李克强副总理与澳总理吉拉德出席。举办"两地企业携手'走出去'高峰论坛"。

五是加强培训。举办"走出去"综合业务培训、跨国经营人才培训和境外风险防控等专题培训。

（三）推进境外融合，加强权益保护

一是推进企业境外融合。发布《境外中资企业（机构）员工管理指引》，规范企业境外经营行为。指导承包商会完善对外承包工程国别市场总量协调方法，遏制低价恶性竞争。

二是加强安全、权益保护。完善风险预警、信息通报制度，建立《对外投资合作境外安全风险提示函制度》。妥善处置利比亚人员撤离、缅甸人员绑架等境外安全突发事件十余起。指导承包商会建立境外安全管理与保险保障服务联盟。

（商务部对外投资和经济合作司）

中国行政管理体制

改革开放以来，为了适应经济社会发展的需要，中国不断推进行政体制改革，逐步形成了符合国情的政府行政管理体制，为改革开放和现代化建设提供了有力保障。

一、政府架构

在中国的国家机构体系中，政府是国家权力机关的执行机关，是管理行政事务、行使行政权力的国家行政机关。政府的构架，即行政管理体制，在纵向上由不同层级的政府组成，在横向由不同分工的政府部门组成。

（一）政府的纵向层级

根据宪法规定，中国的行政区域划分，全国分为省、自治区、直辖市；省、自治区分为自治州、县、自治县、市；县、自治县分为乡、民族乡、镇；直辖市和较大的市分为区、县（参见表1）。国家在必要时，设立特别行政区。

表 1　　2011 全国行政区划统计表（截至 2011 年 12 月 31 日）

省级	地级		县级		乡级	
行政区划单位	行政区划单位		行政区划单位		行政区划单位	
4 直辖市 23 省 5 自治区 2 特别行政区 合计：34	284 地级市 15 地区 30 自治州 3 盟 合计：332		857 市辖区 369 县级市 1 456 县 117 自治县 49 旗 3 自治旗 1 特区 1 林区 合计：2 853		2 区公所 19 683 镇 12 395 乡 106 苏木 1 085 民族乡 1 民族苏木 7 194 街道 合计：40 466	
	合计		合计		合计	
北京市			16	14 市辖区 2 县	322	144 镇 33 乡 5 民族乡 140 街道
天津市			16	13 市辖区 3 县	244	123 镇 10 乡 1 民族乡 110 街道
河北省	11	11 地级市	172	36 市辖区 22 县级市 108 县 6 自治县	2 233	1 区公所 1 013 镇 894 乡 52 民族乡 273 街道
山西省	11	11 地级市	119	23 市辖区 11 县级市 85 县	1 397	564 镇 632 乡 201 街道

续 表

省 级	地 级		县 级		乡 级	
行政区划单位	行政区划单位		行政区划单位		行政区划单位	
内蒙古自治区	12	9 地级市 3 盟	101	21 市辖区 11 县级市 17 县 49 旗 3 自治旗	909	477 镇 68 乡 106 苏木 17 民族乡 1 民族苏木 240 街道
辽宁省	14	14 地级市	100	56 市辖区 17 县级市 19 县 8 自治县	1508	607 镇 221 乡 69 民族乡 611 街道
吉林省	9	8 地级市 1 自治州	60	20 市辖区 20 县级市 17 县 3 自治县	898	428 镇 162 乡 28 民族乡 280 街道
黑龙江省	13	12 地级市 1 地区	128	64 市辖区 18 县级市 45 县 1 自治县	1278	478 镇 359 乡 58 民族乡 383 街道
上海市			17	16 市辖区 1 县	209	108 镇 2 乡 99 街道
江苏省	13	13 地级市	104	55 市辖区 25 县级市 24 县	1 300	860 镇 95 乡 1 民族乡 344 街道
浙江省	11	11 地级市	90	32 市辖区 22 县级市 35 县 1 自治县	1 346	654 镇 276 乡 14 民族乡 402 街道
安徽省	16	16 地级市	105	43 市辖区 6 县级市 56 县	1 522	914 镇 334 乡 9 民族乡 265 街道
福建省	9	9 地级市	85	26 市辖区 14 县级市 45 县	1 102	600 镇 310 乡 19 民族乡 173 街道
江西省	11	11 地级市	100	10 市辖区 11 县级市 70 县	1 539	794 镇 594 乡 8 民族乡 143 街道
山东省	17	17 地级市	140	49 市辖区 31 县级市 60 县	1 857	1 118 镇 128 乡 611 街道

续 表

省 级	地 级		县 级		乡 级	
行政区划单位	行政区划单位		行政区划单位		行政区划单位	
河南省	17	17 地级市	159	50 市辖区 21 县级市 88 县	2 381	1 011 镇 840 乡 12 民族乡 518 街道
湖北省	13	12 地级市 1 自治州	103	38 市辖区 24 县级市 38 县 2 自治县 1 林区	1 233	742 镇 184 乡 10 民族乡 297 街道
湖南省	14	13 地级市 1 自治州	122	35 市辖区 16 县级市 64 县 7 自治县	2426	1 121 镇 941 乡 97 民族乡 267 街道
广东省	21	21 地级市	121	54 市辖区 23 县级市 41 县 3 自治县	1 585	1 132 镇 4 乡 7 民族乡 442 街道
广西壮族自治区	14	14 地级市	109	34 市辖区 7 县级市 56 县 12 自治县	1 235	702 镇 366 乡 58 民族乡 109 街道
海南省	2	2 地级市	20	4 市辖区 6 县级市 4 县 6 自治县	222	183 镇 21 乡 18 街道
重庆市			38	19 市辖区 15 县 4 自治县	1 012	598 镇 211 乡 14 民族乡 189 街道
四川省	21	18 地级市 3 自治州	181	44 市辖区 14 县级市 119 县 4 自治县	4 672	1 816 镇 2 481 乡 98 民族乡 277 街道
贵州省	9	6 地级市 3 自治州	88	13 市辖区 7 县级市 56 县 11 自治县 1 特区	1 558	694 镇 501 乡 250 民族乡 113 街道
云南省	16	8 地级市 8 自治州	129	13 市辖区 11 县级市 76 县 29 自治县	1 362	577 镇 522 乡 145 民族乡 118 街道

续　表

省　级	地　级		县　级		乡　级	
行政区划单位	行政区划单位		行政区划单位		行政区划单位	
西藏自治区	7	1 地级市 6 地区	73	1 市辖区 1 县级市 71 县	692	140 镇 533 乡 9 民族乡 10 街道
陕西省	10	10 地级市	107	24 市辖区 3 县级市 80 县	1 418	1 137 镇 82 乡 199 街道
甘肃省	14	12 地级市 2 自治州	86	17 市辖区 4 县级市 58 县 7 自治县	1 353	468 镇 725 乡 34 民族乡 126 街道
青海省	8	1 地级市 1 地区 6 自治州	43	4 市辖区 2 县级市 30 县 7 自治县	396	137 镇 201 乡 28 民族乡 30 街道
宁夏回族自治区	5	5 地级市	22	9 市辖区 2 县级市 11 县	237	101 镇 92 乡 44 街道
新疆维吾尔自治区	14	2 地级市 7 地区 5 自治州	99	11 市辖区 20 县级市 62 县 6 自治县	1 020	区公所 242 镇 573 乡 42 民族乡 162 街道
香港特别行政区						
澳门特别行政区						
台湾省						

注：此数据不包括中国香港、澳门以及台湾，下同。

资料来源：民政部编：《中华人民共和国行政区划简册》，中国地图出版社 2011 年版，第 5～7 页。

按照行政区域的划分，中国政府的纵向层次分为 5 级和 4 级两种情况。一种情况是在省、自治区分为 5 个管理层级，从法律规定看，政府纵向层级一般分为中央、省、市县和乡 4 个层级，但在设有自治州的省和自治区，分为 5 个层级，即在省与县之间增加了自治州这一层级，由于目前大多数地方都实行市领导县的体制，在省和县之间增加了“地级市”这一层级，形成了 6 级管理体制；此外，根据有关法律规定，省、自治区的政府可设地区行政公署作为其派出机关，在市辖区、不设区的市的政府可设有街道办事处作为其派出机关，这些派出机关在实际中也是一个管理层级，也是五个层级。另一种情况是在直辖市分为 4 个管理层级，即分为中央、直辖市、区（县）、乡镇 4 个层级政府。

中国是实行单一制国家结构形式的国家，国家行政系统由中央和地方各级政府组成，实行中央统一领导、分级管理的体制。在纵向关系上，国务院是中央政府，统一领导全国地方各级政府的工作；地方各级政府一级下管一级，即上级政府领导下级政府的工作（参见图 1）。

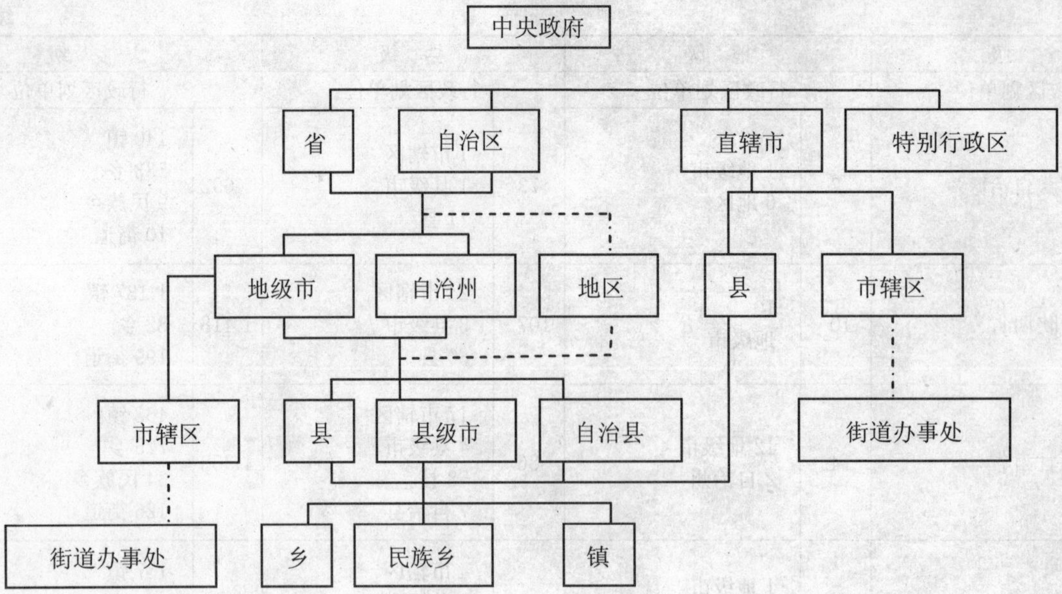

说明：①虚线部分为派出机关。

②直辖市的区、县政府的行政级别，比一般区、县政府高一级，相当于地级市政府；直辖市的街道办事处的行政级别相当于县级政府。

图1　中国政府纵向层级结构

（二）政府的横向组织结构

按照精简、统一、效能的原则，各级政府可根据工作需要设置工作机构，分别管理某一方面的行政事务。目前，国务院机构分为办公厅、组成部门、直属机构、办事机构和组成部门管理的国家局等几种类型；省级政府机构主要分为组成部门和直属机构两类；省以下地方各级政府机构不再分类。

中国地方各级政府的工作部门，既受本级政府的统一领导，也受上级政府对口部门的业务指导或领导，实行“条块结合”的领导机制。具体到上下级政府对口部门之间的关系，可分为以下三种情况：一是业务指导关系，即地方部门在受本级政府统一领导的同时，在业务上受上级政府对口部门的指导，目前大多数地方部门都属于这种关系；二是双重领导关系，即地方部门既受本级政府的统一领导，又受上级政府对口部门的工作领导，如监察、审计部门等就属于这种关系；三是垂直领导关系，即中央部门在地方的派驻机构，只受中央部门的领导，地方政府可进行监督，如海关、央行系统等属于这种关系。

二、中央政府

国务院是中央人民政府，是最高国家权力机关的执行机关，是最高国家行政机关，统一领导所属各部委的工作和地方各级政府的工作。

（一）国务院的组成

国务院由总理、副总理若干人、国务委员若干人、各部部长、各委员会主任、央行行长、审计长和秘书长组成。总理领导国务院的工作，副总理、国务委员协助总理工作，国务院秘书长在总理领导下，负责处理国务院的日常工作，领导国务院办公厅。国务院在每届全国人大第一次会议上组成，任期与全国人大任期相同，每届5年。

（二）国务院的领导机制

国务院实行总理负责制。总理全面领导国务院的工作。国务院会议分为全体会议、常委会议和总理办公会议。全体会议由国务院全体人员组成，常务会议由总理、副总理、国务委员和秘书长组成，由总理召集和主持，讨论决定国务院工作的重大问题。总理办公会议由总理或总理委托常务副总理召集和主持，研究和处理国务院日常工作中的重要问题。国务院发布的决定、命令、行政法规、向全国人大及其常委会提出的议案等，均由总理签署。国务院各部委实行部长或主任负责制。

（三）国务院的职权

国务院的职责权限包括：（1）根据宪法和法律，规定行政措施，制定行政法规，发布决定和命令；（2）向全国人大或其常务委员会提出议案；（3）规定各部和各委员会的任务和职责，统一领导各部和各委员会的工作，并且领导不属于各部和各委员会的全国性的行政工作；（4）统一领导全国地方各级国家行政机关的工作，规定中央和省、自治区、直辖市的国家行政机关的职权的具体划分；（5）编制和执行国民经济和社会发展计划和国家预算；（6）领导和管理经济工作和城乡建设；（7）领导和管理教育、科学、文化、卫生、体育和计划生育工作；（8）领导和管理民政、公安、司法行政和监察等工作；（9）管理对外事务，同外国缔结条约和协定；（10）领导和管理国防建设事业；（11）领导和管理民族事务，保障少数民族的平等权利和民族自治地方的自治权利；（12）保护华侨的正当的权利和利益，保护归侨和侨眷的合法的权利和利益；（13）改变或者撤销各部、各委员会发布的不适当的命令、指示和规章；（14）改变或者撤销地方各级国家行政机关的不适当的决定和命令；（15）批准省、自治区、直辖市的区域划分，批准自治州、县、自治县、市的建置和区域划分；（16）依照法律规定决定省、自治区、直辖市的范围内部分地区进入紧急状态；（17）审定行政机构的编制，依照法律规定任免、培训、考核和奖惩行政人员；（18）全国人大及其常务委员会授予的其他职权。

（四）国务院所属机构的设置

国务院机构分为办公厅、组成部分、直属机构、办事机构、部委管理的国家局、直属事业单位和议事协调机构等。国务院办公厅是协助国务院领导处理国务院日常工作的机构，在秘书长领导下工作，设副秘书长若干人，协助秘书长的工作；国务院组成部门包括各部、各委员会、中国人民银行和审计署，依法分别履行国务院基本的行政管理职能，可以在本部门的权限内发布命令、指示和规章；国务院直属机构主管国务院的某项专门业务，工作比较单一，专业性强，具有独立的行政管理职能；国务院办事机构协助总理办理专门事项，机构比较精干，不具有独立的行政管理职能；部委管理的国家局由国务院组成部门管理，主管特定业务，行使行政管理职能，具有相对独立性，可在一定范围内独立开展工作；议事协调机构承担跨国务院机构的重要业务工作的组织协调任务，一般不单设办事机构，少数根据工作需要单设有办事机构（参见图2）。

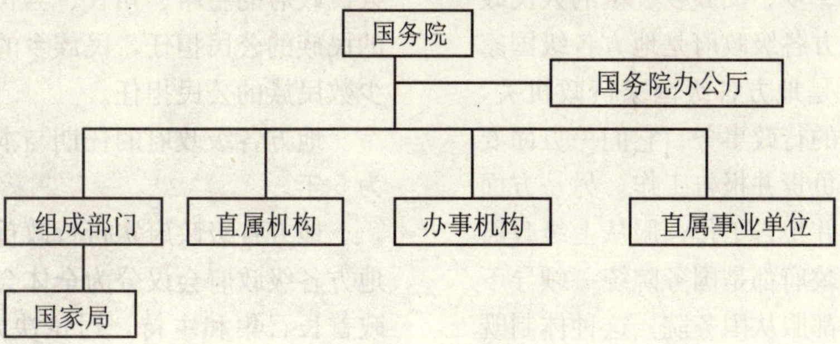

图2　国务院组织结构

日前，国务院所设机构包括：国务院办公厅、国务院直属特设机构1个、国务院组成部门27个、国务院直属机构16个、国务院办事机构4个、国务院直属事业单位14个，部委管理的国家局16个，议事协调机构单设的办事机构4个（参见表2）。

表 2　　国务院机构设置（2012）

国务院办公厅	
组成部门	外交部、国防部、发展改革委、教育部、科技部、工业和信息化部、国家民委、公安部、国家安全部、监察部、民政部、司法部、财政部、人力资源社会保障部、国土资源部、环境保护部、住房和城乡建设部、交通运输部、铁道部、水利部、农业部、商务部、文化部、卫生部、人口计生委、人民银行、审计署
直属特设机构	国资委
直属机构	海关总署、税务总局、工商总局、质检总局、广电总局、新闻出版总署、体育总局、安全监管总局、统计局、林业局、知识产权局、旅游局、宗教局、参事室、国管局、预防腐败局
办事机构	侨办、港澳办、法制办、国研室
直属事业单位	新华社、中科院、社科院、工程院、发展研究中心、行政学院、地震局、气象局、银监会、证监会、保监会、电监会、社保基金会、自然科学基金会
部委管理的国家局	信访局、粮食局、能源局、国防科工局、烟草专卖局、外专局、公务员局、海洋局、测绘地信局、民航局、邮政局、文物局、食品药品监管局、中医药局、外汇局、煤矿安监局、保密局、密码局、航天局、原子能机构、国家语委、核安全局
议事协调机构单设的办事机构	扶贫办、三峡办、南水北调办、食品安全办

注：* 国务院台湾事务办公室与中共中央台湾工作办公室、国务院新闻办公室与中共中央对外宣传办公室，一个机构两块牌子，列入中共中央直属机构序列。国家档案局与中央档案馆，一个机构两块牌子，列入中共中央直属机关的下属机构。

* 国家预防腐败局列入国务院直属机构序列，在监察部加挂牌子。

* 国家保密局与中央保密委员会办公室、国家密码管理局与中央密码工作领导小组办公室，一个机构两块牌子，列入中共中央直属机关的下属机构。工业和信息化部对外保留国家航天局、国家原子能机构牌子。教育部对外保留国家语言文字工作委员会牌子。环境保护部对外保留国家核安全局牌子。

资料来源：国务院办公厅秘书局、中央机构编制委员会办公室综合司编：《中央政府组织机构》，党建读物出版社 2008 年版，第 52～55 页。

三、地方政府

中国的地方政府包括省、自治区、直辖市、自治州、市、县、市辖区、乡、民族乡、镇的人民政府。根据宪法规定，地方各级政府是地方各级国家权力机关的执行机关，是地方各级国家行政机关，负责组织和管理本地区的行政事务。它们一方面要对本级人大及其常委会负责并报告工作，另一方面又要向上一级政府负责并报告工作，服从上级政府的领导。全国地方各级政府都是国务院统一领导下的地方国家行政机关，都服从国务院。这种体制既保证了国家行政活动的统一性，也有利于发挥地方的主动性，因地制宜地开展工作。

（一）地方政府的组成和领导体制

省、自治区、直辖市、自治州、设区的市的人民政府分别由省长、副省长、自治区主席、副主席、市长、副市长、州长、副州长和秘书长、厅局长、委员会主任等组成。县、自治县、市、市辖区的人民政府分别由县长、副县长、市长、副市长、区长、副区长和局长、科长等组成。乡长、民族乡的人民政府设乡长、副乡长。

民族自治地方，即自治区、自治州、自治县的人民政府的主席、州长、县长应当由实行区域自治的民族的公民担任，民族乡的乡长由建立民族乡的少数民族的公民担任。

地方各级政府的任期与本级人大任期相同，均为 5 年。

地方各级政府实行行政首长负责制。县级以上地方各级政府会议分为全体会议和常务会议，由行政首长召集和主持，讨论决定政府工作中的重大问题。

（二）地方政府的职权

地方各级政府的职权包括：（1）执行本级人民代表大会及其常委会的决议和上级行政机关的决定和命令，规定行政措施，发布决定和命令；省、自治区、直辖市人民政府以及省、自治区人民政府所在地的市和经国务院批准的较大的市的人民政府可以制定行政规章。（2）领导所属的各个工作部门和下级人民政府的工作，改变或者撤销它们不适当的命令、指示、决定；（3）依照法律的规定任免、培训、考核和奖惩国家行政机关工作人员；（4）执行国民经济和社会发展计划、预算，管理本行政区域内的经济、教育、科学、文化、卫生、体育事业、环境和资源保护、城乡建设事业和财政、民政、公安、民族事务、司法行政、监察、计划生育等行政工作；（5）保护公民各方面的权利；（6）办理上级国家行政机关交办的其他事项。

（三）地方政府机构的设置

地方各级政府根据工作需要和精干的原则，设立相应的工作机构，具体负责本地区某一方面的行政事务，省级和地市级政府机构的称厅、局、委、办，县级政府称局（科）、委、办。地方政府机构的数量，根据政府层次、经济发展、人口数量等有所不同，省、自治区政府的工作部门 40 个左右，直辖市政府机构 45 个左右，大城市政府机构 40 个左右，中等城市 30 个左右，小城市 22 个左右，县级政府机构 14～22 个左右[①]，乡级政府一般设有 4～5个综合办公室，规模较小的乡级政府设若干助理员，不设职能机构。

地方政府机构设置要体现本级政府的功能特点，机构的具体设置形式、名称、排序等，可在中央规定的限额内，从实际出发因地制宜确定，不统一要求上下对口。有条件的地方可加大整合力度，允许一个部门对口上级几个部门。城市政府机构设置要充分体现城市管理特点。

（中国行政管理学会副秘书长　沈荣华）

① 《中共中央国务院关于地方政府机构改革的意见》，载于《人民日报》2008 年 5 月 20 日

●产业开放与管理措施（2011）

中国农业对外开放情况

一、2011 年中国农产品贸易环境变化情况

（一）世界农产品市场

2011 年，尽管世界经济陷入困境，全球农业尤其是谷物生产却喜获丰收，有效缓解了公众对全球粮食安全的焦虑和担忧。农业丰收、需求不旺，加之美元走强、俄罗斯和乌克兰等主要谷物出口国恢复谷物出口等因素相互交织，使得国际市场农产品价格从年初的上涨转为下降，但全年农产品平均价格水平仍创历史新高。

据联合国粮农组织估计，2011/2012 年度世界谷物产量为 23.44 亿吨，同比增长 4%，为历史新高。分情况看，亚洲和欧洲增产明显，北美、中美洲和非洲谷物则减产；发达国家增长 6.3%，发展中国家增长 2.4%。世界谷物使用量为 23.2 亿吨，同比增长 2.1%，其中发达国家增长 1.2%，发展中国家增长 2.7%。谷物出口量 2.89 亿吨，同比增长 2.7%，其中发达国家增长 3.7%，发展中国家增长 0.6%。谷物储备从上年度的 5.04 亿吨升到 5.18 亿吨，增长 2.9%，其中发达国家增长 0.3%，发展中国家增长 4.0%。库存—使用比由上年度的 21.7%升至 22.1%。

表 1　　2009—2011 年世界谷物生产、使用、库存和贸易情况

单位：百万吨，%

年份		2009/10	2010/11	2011/12	2011/12 同比增长	年份		2009/10	2010/11	2011/12	2011/12 同比增长
生产	谷物	2 265.9	2 253.0	2 344.0	4.0	出口	谷物	275.9	281.6	289.2	2.7
	小麦	685.5	655.9	700	6.7		小麦	130.2	125.0	135.0	7.9
	大米	456.0	467.3	480.8	2.9		大米	31.5	35.1	33.2	−5.2
	粗粮	1 124.5	1 129.8	1 163.2	3.0		粗粮	114.2	121.5	121.0	−0.4
使用	谷物	2 239.5	2 270.8	2 319.2	2.1	期末库存	谷物	528.5	503.7	518.2	2.9
	小麦	659.4	662.8	687.9	3.8		小麦	197.8	188.7	195.7	3.7
	大米	448.7	460.5	470.2	2.1		大米	134.7	140.7	151.5	7.6
	粗粮	1 131.5	1 147.4	1 161.2	1.2		粗粮	196.1	174.4	171.0	−1.9

资料来源：粮农组织谷物供需概况，2012 年 3 月。

根据世行数据（图 1），2011 年内，全球能源价格在一季度快速上升，5 月起下跌，年终趋缓，全年平均上涨 30%。化肥价格则延续上一年度的涨势，至年末回落，全年平均上涨 43%。食物价格年初至近年高峰，随后缓慢回落，全年平均上涨 24%。农产工业原料价格则先迅速上涨又急剧下滑，全年平均上涨 29%。国际市场农业贸易条件恶化，主要大宗农产品价格走势呈现较大差异（图 2）。

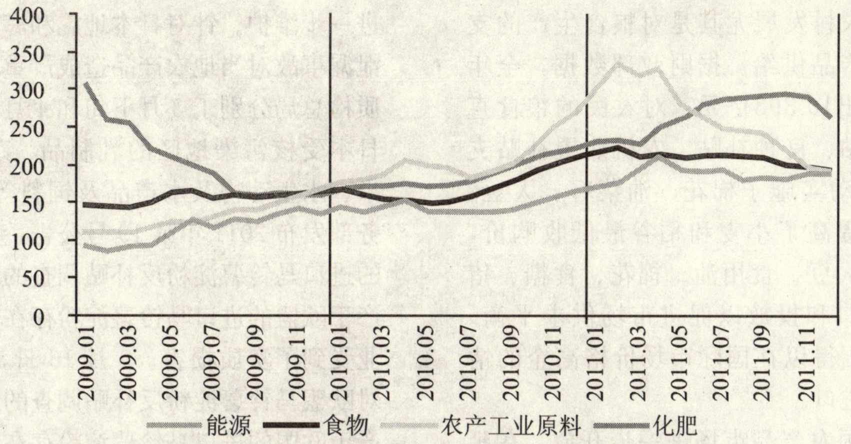

图1　2009—2011年国际市场初级产品价格变化

数据来源：世行。价格指数以2005年为100。

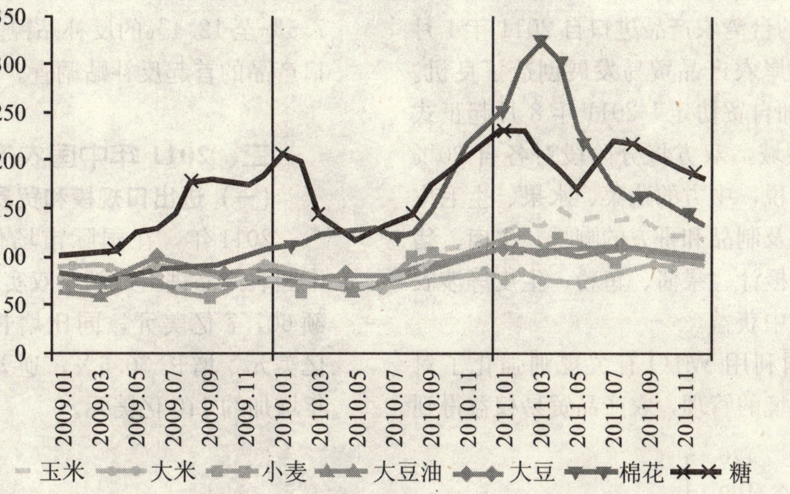

图2　2009—2011年国际市场主要农产品价格变化

数据来源：世行。各商品价格指数均以2008年平均价格为100。

（二）中国农业和农村经济

2011年，中国农业和农村经济全面发展，粮食综合生产能力明显增强，农民收入大幅提高，农村民生持续改善。农业农村良好的发展形势有力支撑了国民经济平稳较快发展，有效维护了改革发展稳定大局。

据国家统计局数据，2011年，粮食总产57 121万吨，同比增长4.5%，实现连续八年增产，总产、单产均创历史新高。油料产量3 279万吨，增长1.5%；糖料12 520万吨，增长4.3%；棉花660万吨，增长10.7%。肉类7 957万吨，增长0.4%，其中猪肉5 053万吨，下降0.4%。禽蛋2 811万吨，增长1.8%；牛奶3 656万吨，增长2.2%。水产品5 600万吨，增长4.2%。

农村居民收入由于农业丰收及非农业就业增加而大幅提高。全年农村居民人均纯收入6 977元，同比名义增长17.9%，其中工资性收入增长21.9%，家庭经营收入增长13.7%。农民工总量2.53亿人，比上年增长4.4%；外出农民工月均收入2 049元，比上年增长21.2%。农产品生产价格和农业生产资料分别同比上升16.5%和11.4%。农业贸易条件有所改善。

（三）中国农业贸易政策环境

2011年，中国政府通过实施积极的财政政策和稳健的货币政策应对国际金融危机的冲击以及促进经济平稳较快发展和稳定物价总水平，进一步加大了对农业农村发展尤其是对粮食生产的支持力度以保障农产品供给。据财政部数据，全年支持农业生产支出10 393亿元，对农民的粮食直补、农资综合补贴、良种补贴、农机购置补贴支出1 439亿元，启动实施了棉花、油菜籽、大豆、玉米临时收储，提高了小麦和稻谷最低收购价，适时组织玉米、大豆、食用油、棉花、食糖、猪肉等紧缺商品进口和投放以促进市场供求平衡。这些措施使得中国得以在国际市场价格高企的情况下减少了粮食进口。

2011 年，中国农产品市场进一步开放。在延续 WTO 多边框架下的农产品进出口管理制度的同时，政府继续根据双边协定扩大贸易开放。其中根据“海峡两岸经济合作框架协议”，大陆对列入“早期收获”清单的台湾农产品进口自 2011 年 1 月起实行降税，为两岸农产品贸易发展创造了良机。“中国—哥斯达黎加自贸协定” 2011 年 8 月起正式生效，货物贸易领域，双方将分阶段对各自 90% 以上产品实施零关税，中方的蔬菜、水果、生毛皮及皮革、纺织原料及制品和哥方的咖啡、牛肉、猪肉、菠萝汁、冷冻橙汁、果酱、鱼粉、生皮等涉农产品将从降税安排中获益。

2011 年，中国利用 WTO 有关规则强化了对农产品贸易政策环境的管理，农产品贸易权益得到进一步维护。针对日本地震和海啸导致福岛核电站泄漏事故对当地农产品造成严重污染的情况，国家质检总局分别于 3 月下旬和 4 月上旬宣布禁止进口日本受核污染地区的乳制品、蔬菜及其制品、水果、水生动物及水产品及饲料等。5 月 16 日，商务部发布 2011 年第 19 号公告，公布对原产于欧盟的进口马铃薯淀粉反补贴调查的结果，初步裁定原产于欧盟的进口马铃薯淀粉存在补贴，中国国内产业受到了实质损害。9 月 16 日，商务部又公布了对欧盟马铃薯淀粉反补贴调查的最终裁定，认定原产于欧盟的进口马铃薯淀粉存在补贴，使中国马铃薯淀粉产业受到实质损害，而且补贴与实质损害之间存在因果关系。根据裁定，进口经营者在进口原产于欧盟的马铃薯淀粉时需缴纳从价补贴率为 7.5%至 12.4%的反补贴税。该案是中国对欧盟进口产品的首起反补贴调查。

二、2011 年中国农产品贸易情况

（一）进出口规模和贸易收支平衡

2011 年，在国际市场价格大幅上升背景下，中国农产品进出口额双双实现较快增长，其中出口额 607.7 亿美元，同比增长 23%；进口额 948.9 亿美元，增长 30.6%；逆差 341.1 亿美元，比上年增加约 110 亿美元。

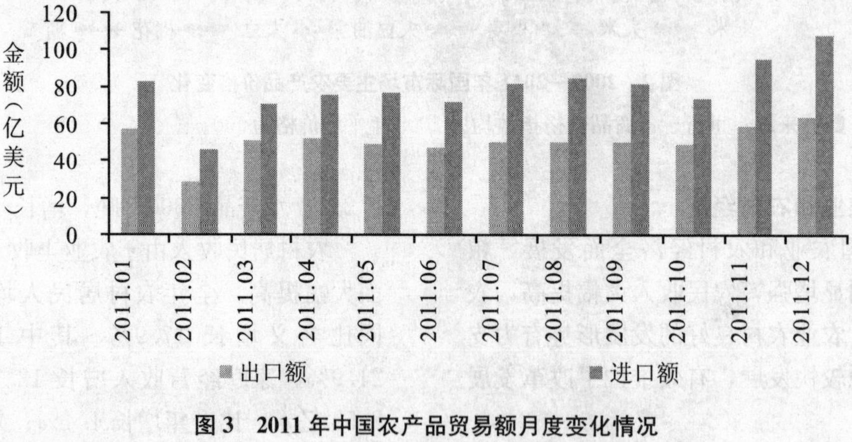

图 3 2011 年中国农产品贸易额月度变化情况

数据来源：中国海关数据库。

（二）商品结构

水产品、蔬菜、其他农产品、畜产品和水果是中国农产品出口额前五位的产品，居进口额前五位的产品则为油籽、畜产品、棉麻丝、植物油和水产品（图 4）。

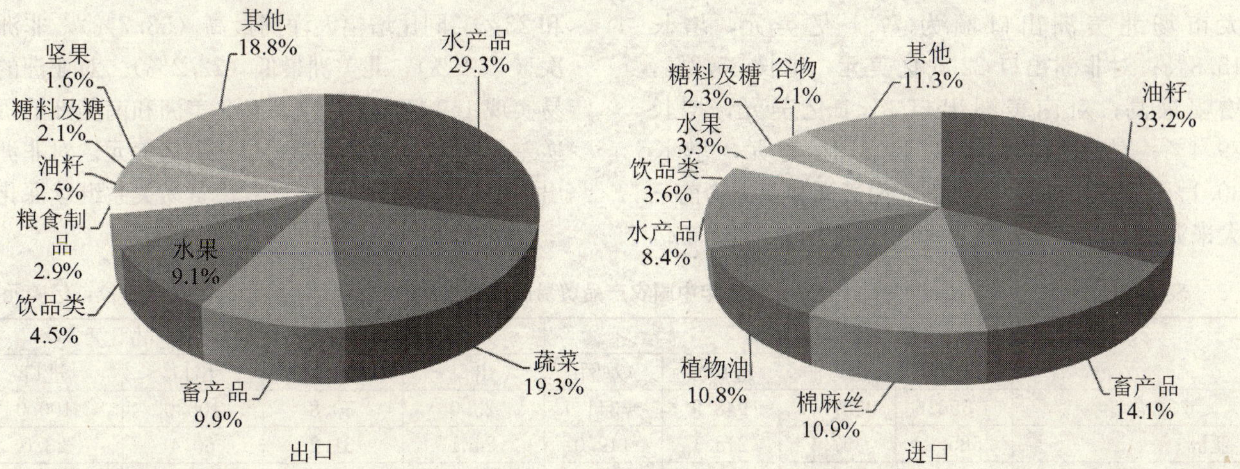

图4 2011年中国农产品进出口结构

数据来源：中国海关数据库。

2011年，谷物进口544.7万吨，同比下降4.6%；进口额20.4亿美元，增长33.8%。出口121.5万吨，下降2.3%；出口额8.1亿美元，增长17.1%。其中小麦（按中国关税配额商品税目表所列税号统计，下同）进口125.8万吨，增长2.2%；出口32.8万吨，增长18.4%；玉米进口175.4万吨，增长11.5%；出口13.6万吨，增长6.9%；稻谷和大米进口59.8万吨，增长54.0%；出口51.6万吨，下降17.1%；大麦进口177.6万吨，下降25.0%。

棉花进口356.6万吨，同比增长14.0%；进口额96.8亿美元，同比增长65.5%。食糖进口291.9万吨，同比增长65.3%；进口额19.4亿美元，同比增长114.6%。食用油籽进口5481.8万吨，同比下降3.9%；进口额314.8亿美元，增长18.7%。出口91.2万吨，增长3.9%；出口额14.4亿美元，增长22.3%。贸易逆差300.4亿美元，同比扩大18.5%。其中大豆进口5 264.0万吨，下降3.9%，油菜籽进口126.2万吨，下降21.1%。食用植物油进口779.8万吨，下降5.6%；进口额90.1亿美元，增长25.8%；出口12.4万吨，增长29.9%；出口额2.1亿美元，增长65.7%，贸易逆差88.0亿美元，同比扩大25.1%。其中棕榈油进口591.2万吨，增长3.8%；豆油进口114.3万吨，下降14.7%；菜油进口55.1万吨，下降44.1%。饼粕进口192.4万吨，下降8.2%；进口额5.5亿美元，增长6.9%；出口58.8万吨，下降52.8%；出口额2.5亿美元，下降47.9%；玉米酒糟蛋白（DDGs）进口168.6万吨，下降46.7%；进口额4.8亿美元，下降35.9%。

蔬菜出口973.0万吨，增长15.2%；出口额117.5亿美元，增长17.7%；进口16.7万吨，增长11.5%；进口额3.3亿美元，增长16.7%；贸易顺差114.2亿美元，同比扩大17.7%。水果出口479.5万吨，下降5.5%；出口额55.2亿美元，增长26.7%；进口341.8万吨，增长24.1%；进口额31.1亿美元，增长53.1%；贸易顺差24.1亿美元，扩大3.7%。

畜产品进口额134.0亿美元，增长38.8%；出口额59.9亿美元，增长26.2%。贸易逆差74.1亿美元，同比扩大50.9%。水产品出口额177.9亿美元，增长28.7%；进口额80.2亿美元，增长22.7%；贸易顺差97.7亿美元，同比扩大34.1%。

总体看，具备比较优势的劳动密集型产品出口效益进一步提高，水产品、蔬菜出口量增长均超过15%以上，出口额增速均超过出口量增速；畜产品、水果出口量减额增，出口额增长均超过20%。

（三）进出口市场结构

2011年，中国与各大洲的农产品贸易呈现双向平衡增长格局（表4）。出口方面，亚洲仍为最大市场，出口额367.1亿美元，增长24.1%，占出口总额60.4%，比上年略高；欧洲为第二大市场，出口额 106.3 亿美元，增长 19.8%；对第三大市场北美洲出口额为 77.1 亿美元，增长 15.8%；对非洲出口 22.5 亿美元，增长 35.7%，增幅最高；对南美洲出口 21.4 亿美元，增长 29.4%；对大洋洲出口 11.3 亿美元，增长 30.1%。进口方面，北美洲、南美洲和亚洲为前三大来源地，进口额分别为 265.4 亿美元、252.4 亿美元和 218.1 亿美元，占进口总额 28%、26.6% 和 23%。同比增幅大洋洲最高（53.7%），非洲居次（45.2%），北美洲最低（22.2%）。对亚洲的贸易实现 149 亿美元盈余，对北美洲和南美洲的贸易逆差分别为 188.3 亿美元和 231 亿美元。对非洲进出口增幅高于整体增幅，双边贸易关系继续深化。

表 2　　2011 年中国农产品贸易区域分布　　单位：亿美元，%

	贸易额				比上年增长		占比重	
	进出口	出口额	进口额	差额	出口	进口	出口	进口
合计	1 556.6	607.7	948.9	−341.1	23.0	30.8	100.0	100.0
亚洲	585.2	367.1	218.1	149.0	24.1	31.2	60.4	23.0
非洲	48.7	24.5	23.3	1.2	35.7	45.2	4.0	2.5
南美洲	273.9	21.4	252.4	−231.0	29.4	29.0	3.5	26.6
欧洲	201.2	106.3	94.9	11.4	19.8	37.6	17.5	10.0
北美洲	342.5	77.1	265.4	−188.3	15.8	22.2	12.7	28.0
大洋洲	106.0	11.3	94.7	−83.4	30.1	53.7	1.9	10.0

数据来源：中国海关数据库。

从国别（地区）贸易看，对日本、欧盟和美国等传统主要贸易伙伴的出口额分别增长 20.3%、18.1%和 16.0%，同时对东盟、南美、西亚、非洲等新兴市场得到积极开拓。其中向东盟出口农产品 98.9 亿美元，同比增长 32.3%，增速快于日本、欧美传统市场和农产品整体出口。出口前 5 大市场依序为日本、美国、中国香港、韩国和印度尼西亚，合计占总出口额一半，比上年略低。进口 5 大来源地依序为美国、巴西、澳大利亚、阿根廷和马来西亚，5 国合计占进口总额 59.1%，比上年略高。中国对日本、中国香港、韩国、德国和中国台湾的贸易顺差处于前 5 位，净出口额分别为 106.4 亿美元、57.8 亿美元、35.5 亿美元、14.1 亿美元和 11.5 亿美元；对美国、巴西、澳大利亚、阿根廷和印度贸易逆差处于前 5 位，净进口额分别为 165.6 亿美元、149.7 亿美元、55.3 亿美元、53.8 亿美元和 31.9 亿美元。

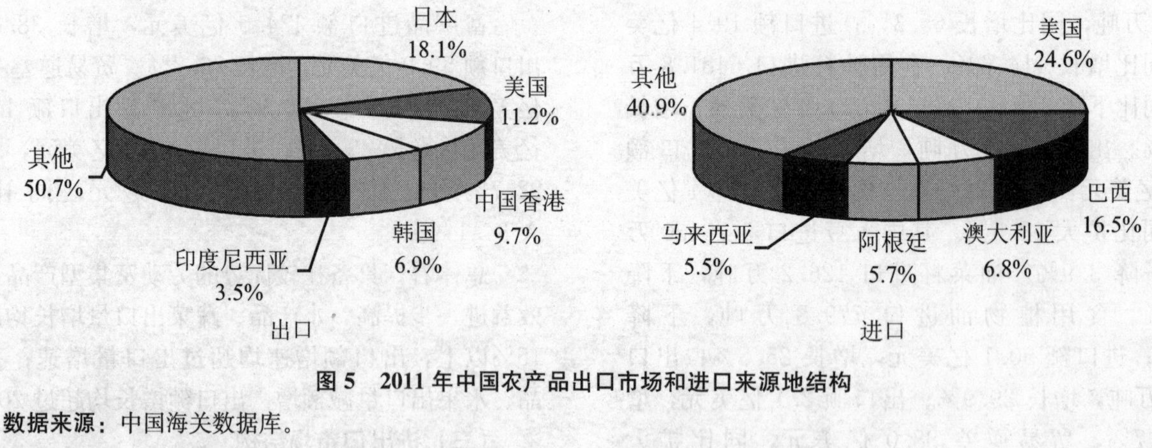

图 5　2011 年中国农产品出口市场和进口来源地结构

数据来源：中国海关数据库。

中国与有关国家和地区间的双边自贸区建设对农产品贸易发展继续起到推动作用。2011 年，中国对新西兰农产品进出口额分别增长 35.4%和 25.9%，对智利分别增长 36.1%和 86%，对东盟分别增长 37.3%和 32.3%，对中国台湾分别增长 44.4%和 30.2%，对秘鲁出口额增长 37.5%，均高于总体水平；对秘鲁进口额增幅 19.1%，低于总体水平。

（四）贸易方式变化

2011 年，农产品出口额中一般贸易出口额 492.9 亿美元，占 81.1%，同比提高 0.8 个百分点；进料加工贸易出口额 72.7 亿美元，占 12%，下降 0.8 个百分点。进口额中，一般贸易进口额 748.1 亿美元，占 78.8%，进料加工贸易进口额 74 亿美元，占 7.8%，份额与上年均基本持平。

（五）国内进出口地区结构变化

2011 年，农产品出口额排前 5 位的省份依次为山东、广东、福建、浙江和辽宁，五省合计占出口总额近 2/3。其中东部地区出口额占全国 2/3，增长 23%；东北地区增长 19.1%；西部和中部地区分别增长 21.8%和 30%。

农产品进口额排前 5 位的省市依次为山东、广东、江苏、上海和天津，五省合计占进口总额2/3，与上年持平。其中东部地区进口额占全国 83.2%，增幅略高于全国；东北地区增幅为 19.4%；西部地区进口额和增幅均居第三；中部地区进口规模增幅达 56.6%。

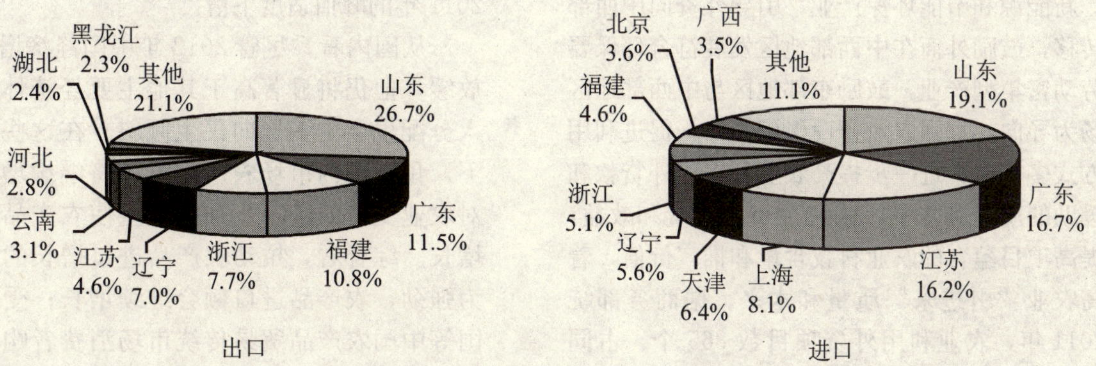

图 6　2011 年中国各省（自治区、直辖市）农产品进出口所占比重

数据来源：中国海关数据库。

（六）农产品贸易的地位和作用

2011 年，农产品进出口额分别占全国商品贸易总额的 3.2%和 5.4%，比上年均略有上升，国际市场农产品价格大涨是导致这一现象的重要原因。农产品进出口额与第一产业增加值比值分别为 12.8%和 8.2%，其中进口比值比上年提高近一个百分点。

在开放的市场环境下，国际市场价格变化会传导到国内市场进而影响到农业生产者的收入。据国家统计局数据，2011 年农产品生产价格上升 16.5%，其中谷物价格上升 9.7%，油料价格上升 12.1%。另据粮农组织数据，国际市场农产品价格上升 22.7%，其中谷物价格上升 38.9%，油料油脂价格上升 20.7%，均高于国内价格上升幅度。

三、2011 年中国参与国际粮食和农业事务情况

2011 年，中国的农业多边外交丰富多彩，农业日益成为中国优势的外交资源，对国际粮农事务的影响力不断增强，在联合国粮农组织（FAO）、世界粮食计划署（WFP）、世界动物卫生组织（OIE）、国际农业研究磋商组织（CGIAR）、二十国集团（G20）、亚太经合组织（APEC）及上海合作组织等重要平台发挥了越来越重要的作用，在几大涉农国际组织中扮演了核心成员角色，并深入参与了世界粮食安全委员会改革，对国际粮食安全事务享有更高的知情权和话语权，在国际粮农治理体系中地位更加突出。在区域合作和新兴经济体合作中，中国也发挥了主导作用，成功推动了“东盟和中日韩大米紧急储备协定”在各成员国的正式签署，牵头了金砖国家农业部长会议并制定了“金砖国家农业合作规划”等；加大了参与国际农业标准制定力度，为构建公平的农业贸易环境逐渐发挥起关键作用。

2011 年，中国继续深度参与联合国粮农组织在粮食安全特别计划框架之下开展的“南南合作”等机制，努力提高发展中国家的粮食生产能力，应对全球粮食安全问题，保障供给水平。至 2011 年，已完成了援建非洲的 14 个农业援外技术示范中心建设，先后派出近千名援外农业专家和技术人员赴蒙古国、塞拉利昂等亚洲和非洲一些发展中国家，

积极帮助其增强粮食综合生产能力，启动了9个新增的非洲农业技术示范中心的前期考察立项工作，并对与巴基斯坦等5个亚洲国家开展类似合作进行了初步探索，由于工作成效显著，受到项目所在国的普遍欢迎，赢得了各方赞誉。

四、2011年农业利用外资情况

2011年，中国农业部门紧密围绕国内现代农业产业发展需要，不断优化农业利用外资结构。结合农业结构调整方向，鼓励外资投向农业高新技术产业、新能源和节能环保产业。引导外资向中西部地区转移，鼓励外商在中西部地区发展符合环保要求的劳动密集型产业，鼓励东部地区与中西部地区以市场为导向，加强农业招商引资工作，促进利用外资方式多样化，进一步提高农业利用国外贷款和无偿援助的质量和水平，强调项目的质量和效益，重视提高项目蕴含的农业科技含量和推广价值，着力提高农业“引进来”质量和水平。据商务部统计，2011年，农业利用外资项目数865个，占同期全国利用外资项目的3.1%；农业实际利用外资额20.1亿美元，比上年同期的19.1亿美元增加5.1%，占同期全国实际利用外资总额的1.7%。农业“引进来”项目的实施对于引进国外先进技术和管理理念，促进现代农业发展，提升中国粮食安全水平等具有积极的作用。

五、2012年农产品贸易发展前景展望

2012年，全球经济复苏乏力，总体仍处于后金融危机时代。各国更加重视农业基础地位，粮食和农业成为全球发展议程的核心。但全球经济形势恶化也将是影响2012年世界农产品贸易发展的主导因素，世界农产品贸易发展面临多种风险因素，贸易保护主义在全球范围内抬头，农产品贸易规模预期出现萎缩，主要农产品国际市场价格可能从2011年的峰值适度下滑。

从国内看，尽管2012年中国经济增长预期会放缓，但仍将显著高于其他主要经济体，国民收入分配也会更多地向民生倾斜。在这些因素作用下，预期国内市场农产品需求将继续增长。国家对农业支持的进一步加强可望使农产品供给保持增长。综合看，拉动农产品进口增长的因素将更为强劲，农产品进口额会继续增长；受欧盟和美国等中国农产品贸易传统市场消费者购买力下降等政治经济因素影响，中国农产品出口额可能下滑，出口效益提升将受到制约，与主要发达国家发生贸易摩擦可能性显著加大，农产品贸易逆差预计将继续扩大。

（农业部农业贸易促进中心　左常升　张晓婉）

中国纺织业对外开放情况

一、2011年中国纺织工业发展概况

2011年是“十二五”开局之年，整体上看，我国纺织工业①结构调整和产业升级继续推进，运行质量稳步提高，加之内需市场增长基本稳定，发挥积极带动作用，全年行业各项指标增长基本正常，运行态势总体平稳。根据国家统计局数据②，2011年，全国3.6万户规模以上纺织企业③累计实现工业总产值5 4786.5亿元，同比增长26.8%；工业销售产值53 601.7亿元，同比增长26.9%；内销产值44 441.7亿元，同比增长29.5%；利润总额2 954.4亿元，同比增长25.9%；全行业共出口纺织品服装2 541.2亿美元④，同比增长19.9%；完成500万元以上项目固定资产投资6 799.1亿元⑤，同比增长36.3%。行业运行质量稳步提升，全年规模以上企业产销率为97.8%，较2010年略有提高，产销衔接基本顺畅；人均产值为53.4万元/人，同比提高20.2%，生产效率稳步提升；营业、管理、财务三费占主营业务收入的比例为5.8%，较2010年下降0.2个百分点，管理水平继续改善；总资产周转率达到1.6次/年，同比提高7.9%，企业资产经营质量和利用效率基本良好。

但是，2011年以来，我国纺织行业运行面临的各类风险较2010年明显增多，原料价格大起大落、外需增长低迷、融资环境紧缩、各种要素成本提高等一系列因素均加大了运行压力，行业产销、效益增速均逐月逐季放缓。与2011年一季度末相比，全年规模以上企业工业总产值增速下降4.8个百分点，工业销售产值下降4.6个百分点，内销产值增速下降4.1个百分点，利润总额增速下降27.6个百分点；全行业出口总额增速下降3.8个百分点，固定资产投资额增速下降2.2个百分点。

表1　　2011年纺织工业主要指标

指标名称	单　位	2011年累计	同　比（%）
主要经济指标（规模以上企业）			
工业总产值（现价）	亿元	54786.50	26.84
工业销售产值（现价）	亿元	53 601.73	26.86
主营业务收入	亿元	53 397.39	26.61
利润总额	亿元	2 954.42	25.94
应交增值税	亿元	1 256.39	22.76
从业人数	万人	972.45	5.55
主要产品产量（规模以上企业）			
化学纤维	万吨	3 362.36	13.87

① 本文中纺织工业、纺织行业是广义概念，涵盖化学纤维制造、纺纱、织造、非织造、针织、染整、家用和产业用制成品、服装制造及纺织机械制造整条纺织产业链。本文中来源于国家统计局的纺织工业统计数据包括国家统计局标准分类中的纺织业、化学纤维制造业、服装鞋帽制造业中的服装业以及机械制造业中的纺织机械制造业。

② 本文中来源于国家统计局的数据除非特别说明为年报数据，均为快报数据。

③ 自2011年起，国家统计局规模以上企业标准由原年主营业务收入500万元及以上的企业调整为年主营业务收入2 000万元及以上的企业。纺织工业规模以上企业户数由2010年5.6户减少为2011年3.6万户。

④ 本文中纺织品服装贸易统计数据包括中国海关商品分类第50～63章中的纺织纱线、织物、制成品、服装和第94章中的寝具。

⑤ 2011年纺织工业固定资产投资统计包括500万元以上的城镇固定资产投资项目、农村固定资产投资项目，但不含农户投资项目。

续 表

指标名称	单 位	2011年累计	同 比（%）
纱	万吨	2 894.47	12.43
布	亿米	619.82	11.61
印染布	亿米	593.03	6.67
无纺布	万吨	185.04	14.70
服装	亿件	254.20	8.14
固定资产投资指标（500万元以上项目）			
实际完成投资额	亿元	6 799.06	36.33
新开工项目数	个	13 715	2.27
纺织品服装贸易指标（全社会口径）			
出口总额	亿美元	2 541.23	19.87
进口总额	亿美元	231.57	13.96
贸易差额	亿美元	2 309.66	20.50
主要运行指标（规模以上企业）			
产销率	%	97.84	0.02（百分点）
人均产值	万元/人·年	53.38	20.17
三费比例	%	5.82	−0.19（百分点）
销售利润率	%	5.54	−0.03（百分点）
总资产周转率	次/年	1.62	7.89

数据来源：中国国家统计局、中国海关。

二、2011年中国纺织工业出口贸易发展情况

2011年，经济全球化进程继续深入推进，国际贸易环境总体稳定。但是，受到欧洲主权债务危机持续蔓延因素影响，国际纺织品服装市场的需求总体低迷，国际市场竞争更趋激烈。在此背景下，2011年，我国纺织品服装出口贸易主要呈现以下特点：

（一）出口整体实现稳定增长，但增速持续放缓

根据中国海关统计数据，2011年，我国共出口纺织品服装2 541.2亿美元，同比增长19.9%，其中纺织品出口额达1 009亿美元，同比增长22.3%；服装出口额达1 532.2亿美元，同比增长18.3%，行业出口总体实现较快增长。但是，受外需不振、国内要素成本上涨、原料价格大幅波动等因素影响，5月以来，纺织行业出口增速持续下降，全年纺织品服装出口额累计增速较4月底降低7.2个百分点，11、12月当月增速均不到10%，较4月下降了20多个百分点。

表 2　　我国纺织品服装出口额及占全国的比重情况

年 份	纺织品服装出口		其 中：纺织品出口额(亿美元)	服装出口额（亿美元）
	出口额（亿美元）	占全国（%）		
2000年	520.77	21.28	160.60	360.19
2005年	1 175.35	15.42	439.69	735.66
2010年	2 120.01	13.44	825.23	1 294.78
2011年	2 541.23	13.38	1 009.03	1 532.20

数据来源：中国海关。

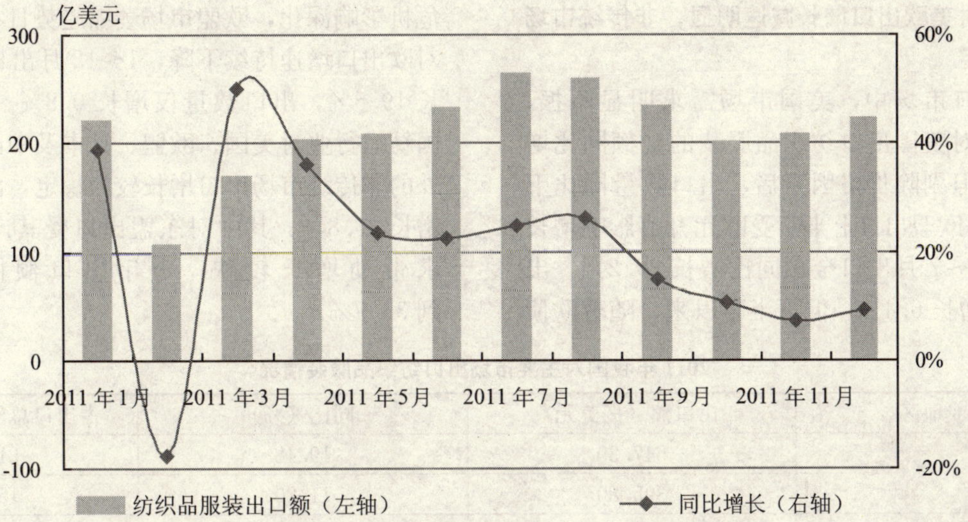

图 1 2011 年纺织品服装按月出口总额及同比增长情况

数据来源：中国海关。

（二）出口价格明显提升，出口数量增速大幅下降

出口产品价格提升是支撑纺织行业出口总额实现较快增长的主要因素。据测算，受产品出口结构优化及生产成本上涨等因素影响，2011 年我国纺织品服装出口价格同比提高 19.3%，对出口总额增长的拉动作用达到 98%，其中纺织品出口价格同比提高 20.3%，服装出口价格同比提高 18.6%。剔除价格因素后，2011 年，我国纺织品服装出口数量同比仅增长 0.5%，其中，纺织品出口数量同比增长 1.6%，服装出口数量则同比下降 0.2%，表明国际市场终端需求情况并不乐观。

表 3 **我国纺织品服装出口价格指数** 上年同期＝100

年　份	纺织品服装	纺织品	服　装
2001 年	99.01	102.59	97.41
2005 年	107.61	103.22	110.49
2010 年	108.04	108.78	107.57
2011 年	119.29	120.33	118.60

数据来源：中国纺织工业联合会统计中心根据中国海关统计数据整理。

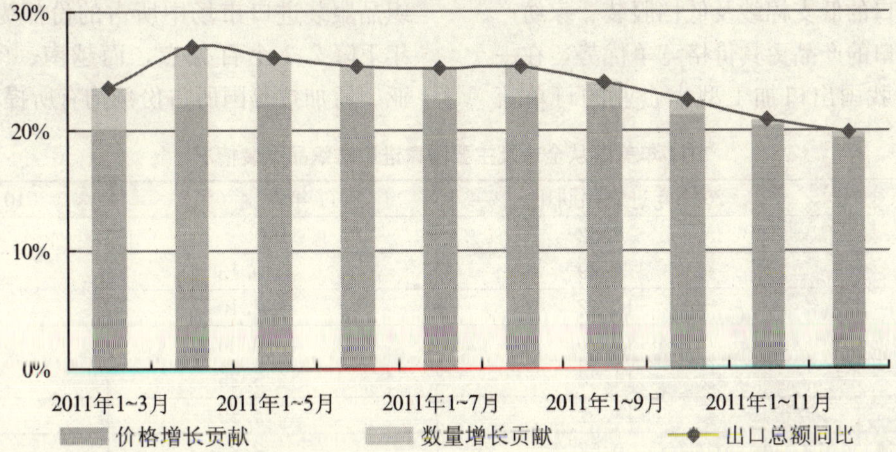

图 2 2011 年出口价格和出口数量对我国纺织品服装出口增长的贡献情况

数据来源：根据中国海关、中国纺织工业联合会统计中心数据整理。

（三）对美欧出口增长减速明显，非传统市场增长相对稳定

主要出口市场中，美国市场需求明显不振，2011年我国对美国出口纺织品服装的金额同比增长11.2%，但剔除价格因素后，出口数量同比下降5.5%。对欧盟出口上半年受欧元升值影响增长相对较快，1～7月出口金额同比增长29.2%，出口数量同比增长6.4%；但下半年以来，随着欧债危机影响深化，欧盟市场萎缩趋势日益显现，我国对欧出口增速持续下降，1～12月出口金额同比增长19.5%，出口数量仅增长0.8%。2011年，我国纺织行业对美国、欧盟、日本及中国香港地区以外的非传统市场出口增长较为稳定，出口总额同比增长25.8%；其中对东盟出口受其产业链配套需求带动增长较快，全年出口额同比增速达到33.9%。

表4　　2011年我国对主要市场出口纺织品服装情况

国家或地区	出口额（亿美元）	同比（%）	占出口总额比重（%）
欧盟	547.39	19.48	21.54
美国	395.80	11.20	15.58
日本	281.38	21.04	11.07
东盟	200.27	33.93	7.88
香港地区	154.61	3.12	6.08
非洲	138.28	24.61	5.44
韩国	66.00	20.95	2.60
澳大利亚	46.69	18.59	1.84
加拿大	42.63	10.12	1.68
土耳其	24.18	29.78	0.95
墨西哥	20.00	46.21	0.79
台湾地区	14.40	25.35	0.57
澳门地区	4.32	−6.24	0.17

数据来源：中国海关。

（四）部分出口产品竞争力受到挑战

2011年，需求疲软使得国际市场竞争更加激烈，越南、孟加拉等发展中国家依托更低的原料、劳动力成本优势和更优惠的政策环境，出口竞争力提升迅速，其出口的低支棉纱及低档服装、家纺产品确实比我国出口的产品更具价格竞争优势，在一定程度上造成了我国出口加工型小企业的订单流失。相关统计数据显示，2011年，我国纺织品服装出口金额在美国进口市场中所占份额虽然仍高达40.1%，但多年来首次出现下降趋势，2011年占比较2010年下降了1.1个百分点；我国在日本纺织品服装进口市场中所占的份额为75%，较2010年下降2.3个百分点，而越南、印度、印度尼西亚、孟加拉等国所占份额均有所提高。

表5　　2011年美国从全球及主要国家进口纺织品服装情况

进口来源地	2011年进口额同比（%）	2011年占比（%）	2010年占比（%）
全球	8.62	100	100
中国	5.69	40.13	41.24
越南	14.42	7.10	6.74
印度	10.40	5.86	5.76
印度尼西亚	14.28	5.25	4.99
孟加拉	14.51	4.59	4.36
巴基斯坦	9.57	3.31	3.28
柬埔寨	16.87	2.59	2.41

数据来源：美国商务部纺织品服装办公室。

三、2011 年中国纺织工业进口贸易发展情况

2011 年，我国纺织行业继续利用国际市场进行资源配置，以更好地满足内需市场需求及行业自身的产业链配套需要，进口贸易继续稳定发展。

（一）服装进口增长较快，纺织品进口增速下降

2011 年，我国纺织品服装进口额总体实现稳定增长，全年进口总额为 231.6 亿美元，同比增长 14%。但是，如剔除价格因素，实际进口量同比下降，全年降幅为 2.4%。造成纺织品服装进口总量减少的原因主要是纺织原料价格大起大落，制约了国内纺织企业的进口采购，用于纺织产业链配套的纱线、织物进口量均明显下降。2011 年，占我国纺织品服装进口总额比重高达 82.7%的纺织品，进口额同比仅增长 7.5%，剔除价格因素后，进口数量同比下降 7.5%。服装进口方面，2011 年，我国内需消费市场继续保持稳定增长，根据国家统计局数据，全国服装鞋帽针纺织品限额以上商品零售额同比增长 24.2%。内需稳步增长带动服装，特别是高档服装的进口需求扩大，服装进口实现较快增长。全年，我国服装进口额同比增速高达 59.4%，剔除价格因素后，进口数量同比增长 34.3%。

表 6　　我国纺织品服装进口额及占全国的比重情况

年　份	纺织品服装出口		其中： 纺织品出口额(亿美元)	服装出口额（亿美元）
	出口额（亿美元）	占全国（%）		
2000 年	138.87	6.17	127.03	11.84
2005 年	170.99	2.59	154.90	16.09
2010 年	203.20	1.46	178.05	25.15
2011 年	231.57	1.33	91.47	40.10

数据来源：中国海关。

表 7　　2011 年我国纺织品服装进口情况

产品名称	进口量			进口额	
	单位	全年累计	同比（%）	全年累计（亿美元）	同比（%）
纺织纱线	万吨	150.27	−12.83	61.08	8.38
纺织织物	亿米	24.94	−9.14	55.60	7.64
纺织制成品	—	—	—	74.79	6.79
服装及附件	—	—	—	40.10	59.44
合计	—	—	—	231.57	13.96

数据来源：中国海关。

（二）原料、装备等行业相关进口保持稳定

2011 年，我国纺织工业产销总体实现稳定增长，带动纺织原料、专用装备、染料助剂等行业配套进口实现稳定增长，继续发挥弥补国内相关资源和技术缺口的作用。全年，我国共进口棉麻毛丝天然纤维原料、纤维素纤维原料、合成纤维单体、染料和助剂及纺织机械共计 596.1 亿美元，同比增长 39%。其中，受价格上涨因素影响，棉花等纺织原料、纤维素纤维原料及化纤单体进口额增长较快，同比增速均超过 35%；纺织机械进口增长基本稳定，进口较多的产品主要是高端化纤、纺纱装备；染料助剂进口数量则同比下降，在一定程度上体现出我国印染行业受到资源环境条件制约及调控政策影响发展速度有所减缓。

表 8　　2011 年我国纺织工业进口相关产品情况①

产品名称	进口量		进口额	
	全年累计（万吨）	同比（%）	全年累计（亿美元）	同比（%）
天然纤维	449.65	13.28	132.02	58.16
纤维素纤维原料	1 452.40	26.31	120.57	35.15
化纤单体	2 018.07	11.20	282.46	53.13
有机染料及助剂	75.81	−2.53	31.92	11.48
纺织机械	—	—	53.83	24.67
合计	—	—	596.08	38.97

数据来源：中国海关。

四、2011 年中国纺织工业利用外资情况

坚持深化和扩大对外开放是我国纺织工业多年来始终坚持的发展原则。尽管随着我国民营资本经营水平及民营企业竞争力提升，外资存量、增量及外资企业经济规模在纺织行业中所占比重有逐年下降的趋势，但总体上看，我国纺织工业利用外资的水平仍保持稳定，港澳台和外商资本仍是我国纺织工业资本构成中的重要组成部分，对于促进行业发展具有重要意义。

（一）利用外资总量保持稳定

根据国家统计局年报数据，截至 2010 年底②，我国规模以上纺织企业实收资本中，港澳台资本和外商资本合计为2 457.8亿元，与 2009 年相比较增长了 3.5%，纺织行业中外资存量基本保持稳定；港澳台和外商资本占全行业实收资本的比重为 35.7%，较 2009 年下降了 1.2 个百分点。其中，港澳台实收资本增长 1.5%，占全行业比重为 20.5%，较 2009 年下降 1.1 个百分点；外商资本增长 6.1%，占全行业比重为 15.2%，占全行业比重下降 0.1 个百分点。

表 9　　2010 年我国纺织工业实收资本及其结构（规模以上企业）③

实收资本类别	实收资本额（亿元）	占比（%）
实收资本总额	6 894.05	100
其中：国家资本	218.50	3.17
集体资本	93.06	1.35
法人资本	1 916.29	27.80
私营资本	2 208.44	32.03
港澳台资本	1 412.11	20.48
外商资本	1 045.66	15.17

数据来源：中国国家统计局。

（二）外资企业运行基本平稳

根据国家统计局数据，2011 年，我国 3.6 万户规模以上纺织企业中共有港澳台控股企业4 089户，外商控股企业2 885户。2011 年，港澳台及外商控股企业运行态势基本平稳，但受国内生产要素成本持续上升因素影响，以加工制造为主的港澳台及外商控股纺织企业经济增长速度明显低于全行业平均水平。全年，规模以上港澳台及外商控股纺织企业累计完成工业总产值11 040亿元，同比增长 20.8%，增速低于纺织行业平均增速 6.1 个百分点，占全行业的比重为 20.2%；利润总额2 594亿元，同比增长 17.5%，低于纺织行业平均增速 8.4 个百分点，占全行业的比重为 20%；从业人数为 269.9 万人，同比减少 1%，低于纺织行业平均增

① 本表格中天然纤维包括各种棉纤维、麻纤维、丝纤维和毛纤维；纤维素纤维原料包括用于制造再生纤维素纤维的棉短绒、化学木浆等；化纤单体指用于制造合成纤维的对苯二甲酸、乙二醇、己内酰胺等。

② 由于实收资本数据来源于国家统计局年报，而国家统计局每年四季度方发布上年度年报，因此本部分内容使用 2010 年年报数据。

③ 本表格中数据为年报数据；2010 年规模以上企业指年主营业务收入 500 万元及以上的企业。

速 6.6 个百分点，占全行业的比重为 26.3%。根据中国海关统计数据，2011 年，全国三资企业纺织品服装出口总额为 724.3 亿元，同比增长 12.3%，增速低于纺织行业平均水平 6.1 个百分点；占全行业的比重为 28.5%，比 2010 年下降 1.9 个百分点。

表 10　　2011 年港澳台及外商控股纺织企业主要指标

主要经济指标（规模以上企业）							
指标名称	单位	港澳台控股			外商控股		
		累计	同比（%）	占全行业比重（%）	累计	同比（%）	占全行业比重（%）
企业户数	户	4 089	—	11.39	2 885	—	8.04
工业总产值（现价）	亿元	6 956.79	21.73	12.70	4 083.19	19.33	7.45
主营业务收入	亿元	6 670.09	21.68	12.49	3 955.41	19.92	7.41
利润总额	亿元	391.56	18.05	13.24	200.4	16.51	6.78
应缴增值税	亿元	140.95	20.68	11.22	81.29	14.56	6.47
从业人数	万人	178.57	−0.74	17.40	91.37	−1.57	8.90

纺织品服装贸易指标（全社会口径）				
指标名称	单位	三资企业		
		累计	同比（%）	占全行业比重（%）
出口总额	亿美元	724.32	12.34	28.50
进口总额	亿美元	156.88	10.61	67.74
贸易差额	亿美元	567.44	12.89	24.57

数据来源：中国国家统计局、中国海关。

（三）港澳台和外商新增投资稳定增长

2011 年，港澳台和外商资本在纺织行业中的固定资产新增投入实现稳定较快增长，但增速仍低于全行业平均水。2011 年，在我国纺织工业新增的固定资产投资中，港澳台和外商控股企业投资的 500 万元以上项目实际完成投资额 614.9 亿元，同比增长 19.9%，增速低于全行业平均水平 6.4 个百分点；占全行业投资总额的比重为 9%，比 2010 年下降了 1.3 个百分点。

表 11　　2011 年港澳台及外商在纺织行业中新增固定资产投资情况（500 万元以上项目）

指标名称	累计（亿元）	同比（%）	占全行业比重（%）
全行业投资合计	6 799.07	36.33	100
其中：内资	6 133.16	38.14	90.21
港澳台投资	317.06	24.04	4.66
外商投资	297.81	15.77	4.38
个体经营	51.04	47.56	0.75

数据来源：中国国家统计。

（中国纺织工业联合会产业部　赵明霞）

中国汽车业对外开放情况

2011年是中国加入世界贸易组织之后的第十年。十年间中国汽车产业经历了翻天覆地的变化，有前期的艰难求索，有中期的稳健提升，有后期的快速增长，也有当下的理性回归。在开放的过程中，本土汽车产业并未在进口汽车的冲击中倒下，反而经历了发展最快、最好的十年。

第一部分　我国汽车工业发展概况

一、我国汽车市场发展情况

2011年，汽车产销略有增长，总量双超1 800万辆，增幅明显回落，具体呈现以下特点：

（一）产销略有增长，增速为13年来最低

1. 汽车产销总体略有增长，增幅较大回落

2011年汽车产销分别为1 841.89万辆和1 850.51万辆，产销均超过上年。从增长率来看，产销分别增长0.84%和2.45%，比上年分别回落31.60和29.92个百分点，产销增速为13年来最低。

2. 政策变动、宏观调控是影响增长的主要因素

2011年我国汽车产销增速大幅回落，主要受到国家宏观调控、鼓励政策的退出、上年基数较高和北京等城市限购四方面因素的影响，其中国家宏观调控和鼓励政策的退出是影响2011年汽车增长的主要因素。

3. 月度产销量变动符合季节性变动规律

从全年12个月汽车产销量变动情况看，各月产销基本符合季节性变动规律。

4. 累计增幅逐月回落

全年累计增速基本呈现前高后低、逐月下降趋势，受政策变动影响，8、9月增速略有上升，10月后回落到较低增速水平。

（二）乘用车继续保持稳定增长

1. 乘用车产销增速好于行业总体

尽管有诸多不利因素影响，但乘用车刚性需求明显。2011年乘用车产销均超过1 400万辆，分别完成1 448.53万辆和1 447.24万辆，同比分别增长4.23%和5.19%，均高于行业总体增长水平。分月情况看，除2月外，其余各月乘用车销售增长率均高于总增长率。

2. SUV、MPV增长明显，比重提高

2011年SUV和MPV增长明显，高于乘用车总体增长速度。SUV产销完成160.26万辆和159.37万辆，同比分别增长19.78%和20.19%；MPV产销完成50.62万辆和49.77万辆，同比分别增长12.24%和11.74%。SUV和MPV占乘用车总量比重同比继续提高，对乘用车整体增长起到重要作用。

3. 交叉型乘用车是唯一下降的乘用车车型

交叉型乘用车是鼓励政策退出影响最大的车型，也是乘用车车型中唯一下降的车型。2011年交叉型乘用车产销呈现较大幅度的回落，全年产销分别完成223.90万辆和225.83万辆，同比分别下降11.58%和9.38%，与前两年的高速增长形成鲜明的对比。

4. 1.6升及以下乘用车市场份额有所下降，轿车略有提高

2011年，1.6升及以下乘用车销售983.93万辆，同比增长4.00%，低于乘用车增速1.19个百分点，占乘用车总量比重为67.99%，比上年同期下降0.78个百分点。节能环保标准提高前后对该类车型的影响明显：之前的9个月，1.6升及以下乘用车月度销售都高于同期，而从10月起，销量出现连续三个月低于上年同期的情形。

2011年，1.6升及以下的轿车销售716.75万辆，同比增长8.08%，高于轿车增速1.46个百分点，占轿车总量比重为70.80%，比上年同期提高0.95个百分点。

（三）自主品牌乘用车份额下降，德系份额增加明显

2011年自主品牌乘用车共销售611.22万辆，同比下降2.56%（扣除出口，国内销量同比下降

5.42%），占乘用车销售总量42.23%，占有率较上年同期下降3.37百分点。自主品牌轿车共销售294.64万辆，同比增长0.46%，占轿车销售总量的29.11%，份额虽排各系首位，但比上年同期下降1.78百分点。增长下滑，份额下降，自主品牌形势严峻。

从不同系乘用车增长情况看，德系、美系、韩系仍保持了两位数增长，德系增长达2成，法系、日系乘用车回落至一位数；从市场份额看，德系份额同比增加2.12个百分点，日系下降；

从不同系轿车增长情况看，德系、美系仍保持了两位数增长，韩系、法系回落至8%，日系仅增长1.33%；从市场份额看，德系份额同比提高1.91个百分点，日系同比降低1.13个百分点，其余提高不到1个百分点。

（四）商用车降幅较大，客车产销一枝独秀

1. 受国家宏观调控影响，商用车降幅明显

受宏观政策调整及上两年增速较高双重因素叠加影响，2011年商用车产销下降，全年产销分别完成393.36万辆和403.27万辆，同比分别下降9.94%和6.31%。

2. 客车产销一枝独秀

受城市物流需求增长等因素的影响，轻型客车增长较快，成为拉动客车增长的主要动力，而客车是商用车中唯一增长的车型。2011年客车（含非完整车辆）产销分别为48.26万辆和48.79万辆，同比分别增长7.88%和10.11%。由于近年来客车政策环境相对稳定，也是客车保持增长的主要原因。

3. 货车市场低迷

2011年货车产销分别为265.37万辆和270.20万辆，同比分别下降7.04%和4.57%；半挂牵引车产销分别为24.43万辆和25.76万辆，同比分别下降32.61%和27.37%；货车非完整车辆产销分别为55.20万辆和58.58万辆，同比分别下降21.35%和13.31%。

货车市场与宏观经济相关度较高，2011年我国宏观调控力度较大，经济增速放缓，影响了货车需求，市场较为低迷。

（五）重点企业集团产销集中度上升

2011年汽车产量前十名的企业集团分别为上汽、东风、一汽、长安、北汽、广汽、奇瑞、华晨、长城和江淮，共生产汽车1 602.39万辆，占行业总量的87.00%，比上年提高0.86个百分点，行业集中度有所提高。

（六）汽车出口创历史新高，连续两年高速增长

据中汽协会统计的汽车整车企业出口数据，2011年汽车出口81.43万辆，同比增长49.45%，比上年同期增加26.94万辆，创历史新高，对汽车销量增长贡献度达60.79%。汽车出口已连续两年呈高速增长，在国内市场低迷的情况下，国内企业已越来越重视开发国际市场。

（七）新能源汽车产销较快增长

据中汽协会不完全统计，2011年汽车整车企业生产新能源汽车8 368辆，比上年有较大幅度的提高。其中：纯电动汽车5 655辆、混合动力2 713辆；销售新能源汽车8 159辆，其中：纯电动汽车5 579辆、混合动力2 580辆。

另外，2011年生产代用燃料汽车3.11万辆，销售3.13万辆。

随着新能源汽车规划即将推出，今后几年我国新能源汽车产销将会有较大幅度的提高。

二、产业结构调整稳步推进

（一）大企业集团初步形成

根据2009年出台的《汽车产业调整和规划》（以下简称《规划》）中对于结构调整提出明确的要求，即“通过兼并重组，形成2～3家产销规模超过200万辆的大型汽车企业集团，4～5家产销规模超过100万辆的汽车企业集团，产销规模占市场份额90%以上的汽车企业集团数量由目前的14家减少到10家以内”。截至2011年，上汽集团、东风汽车、一汽集团、长安集团销量均超过200万辆（其中上汽集团接近400万辆，东风汽车超过300万辆），北汽集团销量超过150万辆，排名前10位的企业销量占总销量的比例达到87%，基本完成《规划》中既定的目标。

从《规划》出台后，汽车业先后经历广汽收购长丰集团、比亚迪收购湖南美的客车、兵器集团重组中航集团汽车业务、奇瑞集团与中集车辆联合生产重卡、广汽集团与吉奥集团建立合资企业等一系列产业重组活动，在乘用车、商用车领域，兼并重

组的步伐稳步迈进，企业集团通过重组或掌握了生产资质，或丰富了产品线，或完善了区域市场和销售渠道的建设。总体来说产业结构调整的结果是积极、成功的，促进了国内汽车产业的健康发展。

同时也应当注意到，当前国内企业集团存在大而不强的现象，整车领域并没有形成具有国际影响力的大型汽车集团，在核心零部件方面更是缺乏具有一定规模、国际知名的集团，技术水平与国际先进企业差距尚远。中国汽车产业仍要坚持发展大集团，但不应单纯打造数量上的大集团，还要寻求企业实力和品牌效应的提升。

（二）新《投资目录》促进汽车业调整结构

2011 年末，国家发改委、商务部联合发布《外商投资产业指导目录（2011 年修订）》（简称《目录》），这是自 1995 年首次颁布以来的第 5 次修订。本次修订仍将以扩大开放为主旋律，积极引导外商投资方向，促进国内经济结构调整优化和经济发展方式的转变。最新《目录》中将“整车制造”从鼓励类条目中删除，同时新增“新能源汽车关键零部件制造”的内容，意在促进汽车业投资朝着更高效、更绿色的方向发展。

从产业发展上看，世界一流汽车集团目前在中国均已设有合资企业，经历近几年的市场高速发展，各大整车制造企业均扩大了产能规模，可以满足国内市场一段时期内的需求，因此将“整车制造”条目删除具有合理性，也顺应产业发展的趋势。在新能源汽车关键零部件方面，国内整体实力依然偏弱，虽然许多企业已经推出新能源汽车产品，但部分关键零部件仍依赖进口，靠自身研发无法短期内满足新能源汽车产业发展的需求，通过合资引进先进技术是加快这一产业发展的理想途径。

在多年的对外开放引进投资过后，国内整车企业格局基本形成，企业实力已大幅提升，新《目录》的出台表明了国家坚持对外开放、坚定引进外资发展汽车产业的决心，同时有利于合理利用外资、引导外资，有利于零部件产业规模发展和技术水平提升，有利于中国汽车产业的健康、协调、可持续发展。

三、外资与合资零部件企业加速在华扩张

多家跨国零部件企业以各种形式加快在中国的扩张。从零部件跨国公司在国内兴建的项目来看，大多数仍属于规模扩张，主要是由于国内市场拥有较大潜力，为与整车企业扩产的步调保持一致，零部件企业必须相应扩大产能保障供应。

但值得注意的一点是，当前国内外资企业扩产的项目中，许多仍是劳动密集型产品，或高能耗、高污染项目、对环境将造成巨大压力；与此同时，扩建的工厂与研发中心表明海外零部件企业占领中国市场的决心，在零部件领域缺乏相应的行业保护政策，本土企业特别是核心零部件企业在技术水平有差距、产品利润受挤压的局面下，面临极大的挑战。

第二部分　2011 年汽车行业部分国际贸易摩擦事件

一、美国要求对中国输美钢制车轮进行反倾销和反补贴“双反”调查

2011 年 3 月，美国多家制造商联合向美国国际贸易委员会和美国商务部提出申诉，要求对中国输美钢制车轮进行反倾销和反补贴“双反”调查。

二、澳大利亚海关对我铝轮毂启动反倾销反补贴调查

2011 年 11 月 7 日，澳大利亚海关和边防署（“澳海关”）公布立案决定，对我出口铝轮毂发起反倾销反补贴调查。

三、商务部对美国进口车型征“双反”税

商务部于 2011 年 4 月 2 日发布对原产于美国的部分进口小轿车和越野车进行反倾销调查的初裁公告，初步裁定在本案调查期内，原产于美国的排气量在 2.5 升以上的进口小轿车和越野车存在倾销和补贴，中国国内排气量在 2.5 升以上的小轿车和越野车产业受到实质损害，且倾销、补贴与实质损害之间存在因果关系。

2011 年 5 月 5 日商务部发布《关于原产于美国的部分进口汽车产品反倾销调查和反补贴调查的终裁公告》，维持初裁的认定，但是经国务院关税

税则委员会同意，暂不对被调查产品征收反倾销税和反补贴税，实施事宜视情另行公告。

商务部2011年12月发出通告，裁定原产于美国的排气量在2.5升以上的进口小轿车和越野车存在倾销和补贴，对中国相同排量的汽车产业受到实质损害，决定针对原产于美国且排气量在2.5升以上的进口小轿车和越野车征收反倾销税和反补贴税，实施期限2年，自2011年12月15日起到2013年12月14日止，对2011年12月15日前进口的被调查产品不再追溯征收反倾销税和反补贴税。

（中国汽车工业协会）

中国服务贸易

2011年是中国加入WTO十年，也是“十二五”开局之年。在世界经济曲折复苏的背景下，中国采取积极措施促进服务贸易发展，2011年服务贸易继续保持增长态势，产业开放领域更加广泛，管理措施日益完善，在国民经济和社会发展中的战略性地位进一步凸显，在世界服务贸易中的大国地位进一步巩固。

一、中国服务贸易基本情况

（一）服务业市场更加开放

在加入世界贸易组织十年中，中国全面履行承诺，不断扩大服务业市场准入，贸易和投资自由化便利化程度显著提高，开放了100多个服务部门，其中54个允许外商独资，23个允许外资控股，接近发达国家水平。中国对外开放政策的稳定性、透明度、可预见性不断提高，发展环境持续改善，市场更加开放，法制更加健全。

（二）进出口规模稳步增长

从世界排名看，2011年中国服务出口仍居世界第四位（前三位依次为美国、英国、德国），占世界服务出口的4.4%；服务进口居世界第三位（前两位依次为美国、德国），占世界服务进口的6.1%，比上年提高0.6个百分点。2011年，中国服务进出口（按国际收支口径统计，不含政府服务，下同）突破4 100亿美元，达4 190.9亿美元，比2010年增长15.6%，较上年增速回落10.8%，但超过世界服务进出口平均增幅5个百分点。其中，服务出口1 820.9亿美元，增幅从2010年的32.4%下降至7%；服务进口2 370亿美元，增幅由2010年的21.5%提高到23.3%。

（三）贸易逆差有所扩大

2011年，中国服务贸易逆差由上年的219.3亿美元扩大到549.2亿美元，逆差规模是2010年的2.5倍。逆差仍主要集中于运输服务、旅游服务、保险服务、专有权利使用和特许费等服务类别，上述四项逆差分别为448.7亿美元、241.2亿美元、167.2亿美元、139.6亿美元。其他商业服务、建筑服务、咨询、计算机和信息服务则实现较大数额顺差，以上四项顺差分别为140.1亿美元、110亿美元、98.1亿美元和83.4亿美元。

（四）市场结构保持稳定

目前，中国服务贸易国际市场结构较稳定，主要贸易伙伴仍占较大比重。2011年，中国香港、欧盟（27国）、东盟、美国和日本继续成为中国前五大服务贸易伙伴。2011年，中国与上述国家（地区）实现服务进出口额占中国服务进出口总额的比重超过60%，比重较上年略有上升。2011年中国与上述国家（地区）服务进出口同比增速高于中国服务进出口总体增速，表明中国与主要伙伴服务进出口继续保持良好发展态势。2011年，中国除对中国香港服务贸易呈现顺差外，对其他四大伙伴服务贸易均为逆差。

二、影响中国服务贸易发展的主要因素

（一）国内外经济曲折复苏带动服务贸易较快增长

2011年，世界经济虽然继续保持2010年的复苏势头，但受自主增长动力不足、主权债务危机深化、全球通胀压力加大、日本大地震、西亚北非局势动荡等多重因素影响，世界经济复苏势头有所减弱，国际市场需求低迷。根据IMF在2012年4月公布的数据，2011年世界经济增长3.9%，比2010年低1.4个百分点，世界货物和服务贸易量增长5.8%，比2010年低7个百分点。国际环境中的这些因素与国内要素成本上升、中小企业融资难等问题交织，使中国服务贸易企业生产经营压力和风险明显上升，服务贸易出口实现上年的较快增长面临很大困难。相对于世界经济，中国国内经济增长较为强劲，2011年中国GDP实现9.2%的增长，大大高于世界GDP增长率，国内消费成为拉动中国经济乃至世界经济的重要力量，这也直接带动了中国服务进口的快速增长。

（二）通信、保险、计算机和信息服务、咨询、广告宣传等高附加值新兴服务是助推中国服务出口的主要动力

2011年中国服务出口增长主要由新兴服务行

业推动，而运输、旅游等服务出口增速较慢。当年，通信、保险、计算机和信息服务、咨询、广告宣传等五行业出口增速分别达到41.5%、74.7%、31.6%、24.7%和39.3%，远高于运输和旅游服务出口增幅（分别为4%和5.8%）。这与近年来中国积极推动产业结构和外贸结构优化升级密不可分，以通信、计算机和信息服务等为代表的高附加值服务出口增势迅猛，有力地推动了中国服务出口增长和服务出口结构优化。

（三）运输、旅游等传统服务和保险、计算机和信息服务、广告等新兴服务共同拉动中国服务进口增长

2011年运输和旅游服务在中国服务进出口总额中的占比达到56.6%，是促进服务贸易总量增长的主要动力。尤其是进口方面，2011年中国运输和旅游服务进口增速分别高达27.2%和32.3%。运输服务进口的高速增长与中国货物贸易保持较快增长势头密不可分，而旅游服务进口大幅增长的主要原因在于中国出境旅游人数的大幅增长。同时，保险、计算机和信息服务、咨询、广告等新兴服务行业进口增长也较快，当年进口增速均超过了20%。

（四）服务外包成为服务贸易快速发展的新生力量

2011年服务外包企业承接服务外包合同金额447.3亿美元，合同执行金额323.9亿美元，分别同比增长63.3%和63.6%；其中承接国际（离岸）服务外包合同金额326.2亿美元，执行金额238.3亿美元，分别同比增长64.5%和65.0%，分别占全部服务外包合同额、执行额的72.9%和73.6%。新增从业人员85.4万人，其中新增大学毕业生（含大专）58.2万人，占新增从业人员的68.1%。截至2011年年底，全国服务外包企业达到16 939家，从业人员318.2万人，其中大学以上学历223.2万人，占70.1%。

（五）促进政策和国际合作起到了优化服务贸易发展环境的重要作用

2011年，商务部编制发布《服务贸易发展“十二五”规划纲要》，完成服务贸易、服务外包等规划，牵头修订《文化产品和服务出口指导目录》，制定或研究起草了会展、国际货代、中医药等3份促进政策文件。2011年全年落实服务外包业务发展资金5.91亿元，文化贸易综合支持资金1.2亿元，技术出口贴息资金2亿元。这些措施有力促进了服务贸易和服务外包的发展。同时，中国政府积极参与国际服务贸易合作，2011年签署了《中澳服务贸易促进论坛备忘录》和《中英服务贸易促进备忘录》，成功举办中德服务贸易合作小组会议第二次会议，与新加坡、印度、日本等国协商建立服务贸易促进工作联系机制，成功举办第三届中国服务贸易大会，组织企业参加中国（香港）国际服务贸易洽谈会、大连软交会、服务外包博览会、深圳文博会、中韩技术展示暨洽谈会、科隆电玩展、美国Gartner服务外包高峰会等国内外展会。

三、“十二五”期间服务贸易发展的工作重点

为落实《国民经济和社会发展第十二个五年规划纲要》提出的有关要求，商务部会同有关部门联合制定了《服务贸易发展“十二五”规划纲要》，提出力争到2015年，服务进出口总额达到6 000亿美元，年均增速超过11%。同时，《规划》明确了30个需要重点发展的服务贸易领域。围绕服务贸易发展的总体目标和发展目标，将推动落实七项战略任务：

（一）继续推动重点行业服务出口

进一步巩固运输、旅游、建筑等行业在服务贸易中的规模优势，积极推进中医药、文化艺术、广播影视、新闻出版、教育等有中国特色的服务出口，重点培育通信、金融、会计、计算机和信息服务、传媒、咨询等现代服务贸易，积极承接服务外包。

（二）继续扩大服务领域对外开放

稳步扩大现代服务进口，支持引进设计、研发和营销等方面先进技术和管理经验。鼓励外资参与软件开发、跨境外包、物流服务等。加强国际多双边服务贸易交流与合作，与重点国家和地区服务贸易管理机构建立联系，特别是与东盟等新兴市场国家开展双向服务贸易交流与合作，深化内地与港澳、大陆与台湾服务贸易领域合作。

（三）加快服务贸易企业“走出去”步伐

通过多边贸易谈判，推动我国服务出口和企业“走出去”。鼓励具有较强竞争优势和经营管理能力的服务贸易企业赴境外投资。

（四）培育具有较强国际竞争力的服务贸易企业

鼓励企业积极开展国际合作和交流，通过兼并、联合、重组、上市等多种方式，扩大企业规模，提高自主开发和创新能力，逐步形成一批拥有知名品牌、具有较强竞争力的大型服务贸易企业或跨国公司。

（五）推进服务贸易领域自主创新

增强自主创新能力，强化企业在自主创新中的主体地位，建立以企业为主体、市场为导向的服务贸易领域技术创新体制。推进技术创新，特别是计算机和信息服务、通信服务等技术密集型服务领域的原始创新、集成创新和引进消化吸收再创新。

（六）促进服务贸易区域协调发展

东部沿海地区充分发挥人才、物流和资金等方面集中优势，培育一批物流中心、金融中心、研发中心和设计中心，带动咨询、计算机和信息服务、服务外包等现代贸易的快速增长。中西部地区要加强与东部地区合作，培育服务贸易新增长点。

（七）加快发展与战略性新兴产业相配套的服务贸易

加快发展与节能环保、新一代信息技术、新能源、生物、高端装备制造、新材料、新能源汽车等战略性新兴产业向配套的服务贸易。

为了确保这七项战略任务的有效落实，我们将采取相关举措，为服务贸易发展创造良好的制度环境、政策环境和市场环境。一是健全法规体系。要在符合世界贸易组织规则的前提下，制定和完善促进中国服务贸易发展的法律法规，明确激励措施，加强服务贸易管理、促进、统计等工作。二是完善促进体系。要加强服务贸易行业协会建设，并加强其与境外贸易促进机构的联系沟通，建立长期合作机制；要搭建以中国（国际）服务贸易交易会（中文简称“京交会”，英文简称 CIFTIS）为龙头的促进平台体系，开展多种形式的服务贸易促进活动。三是创新扶持政策。要在符合世界贸易组织规则的前提下，制定和完善支持服务贸易发展的财政税收政策；引导和鼓励金融机构优化贷款审批程序，开发适合服务贸易企业需求的金融产品，积极搭建中小企业融资平台，完善出口信用保险机制等。四是优化贸易环境。要协调各部门力量，综合运用驻外机构、公共信息平台、多双边合作机制等渠道，建立和完善与服务贸易特点相适应的口岸通关管理、出入境管理、外汇管理等方面的工作机制和模式，健全企业知识产权管理制度，鼓励和引导企业积极参与国际技术标准的制定，推动国际间专业资质互认等，为服务贸易发展提供便利。

（商务部服务贸易和商贸服务业司）

外资银行业金融机构在中国的经营、发展与监管

从国际形势看，美国失业率居高不下，经济复苏缓慢；欧洲主权债务危机尚未得到有效控制，欧洲银行业形势严峻；同时，新兴市场国家外需减弱可能导致经济增长的放缓。从国内形势看，当前我国经济正处于转型的关键时期，经济运行过程中还面临诸多矛盾和困难。国内外多重因素的传导导致我国银行业的经营环境更加复杂，竞争更加激烈。在这种复杂多变的形势下，在华外资银行仍继续保持了有质量的增长，外资银行监管有效性持续提升，银行业对外开放质量进一步提高。

一、外资银行继续保持了有质量的增长

2011年在华外资银行在以下六个方面展现了有质量的发展态势：

（一）资产规模稳步增长，机构布局进一步优化

截至2011年末，外资银行资产总额为2.15万亿元，同比增长23.6%，同比增速高于18.87%的全国银行业金融机构的总体水平。其中，人民币资产总额1.53万亿元，占外资银行资产总额的71.26%。2011年，外资银行总资产占我国银行业金融机构总资产的比重为1.9%，相比2010年末的1.85%有了进一步提升。

2011年，新批准筹建2家法人银行、21家法人银行分行、6家外国银行分行。截至年底，有来自48个国家和地区的近200家银行在华设立了外资法人银行40家，外国银行分行94家，代表处209家。营业性机构共计782家，从业人员已达4.2万人。

通过引导外资银行支持中西部地区发展，机构地区分布逐步呈现均衡化的趋势。从机构网点分布变化图可以明显地看到这种趋势。图中中西部和东北地区占主体的“其他”地区占比由10年前的7%，增长到36%，含支行的图也有同样的趋势。事实上，10年来，中西部和东北地区的机构网点增量占外资银行全国网点增量的21%。

表1　在华外资银行业金融机构情况（截至2011年底）　单位：家

	外国银行	独资银行	合资银行	独资财务公司	合计
法人机构总行		37	2	1	40
法人机构分行及附属机构		245	8		253
外国银行分行	94				94
总计	94	282	10	1	387

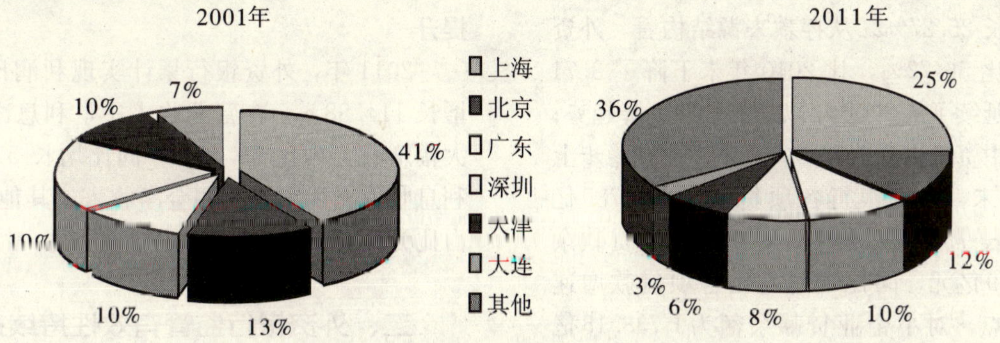

图1　外资银行机构网点分布变化

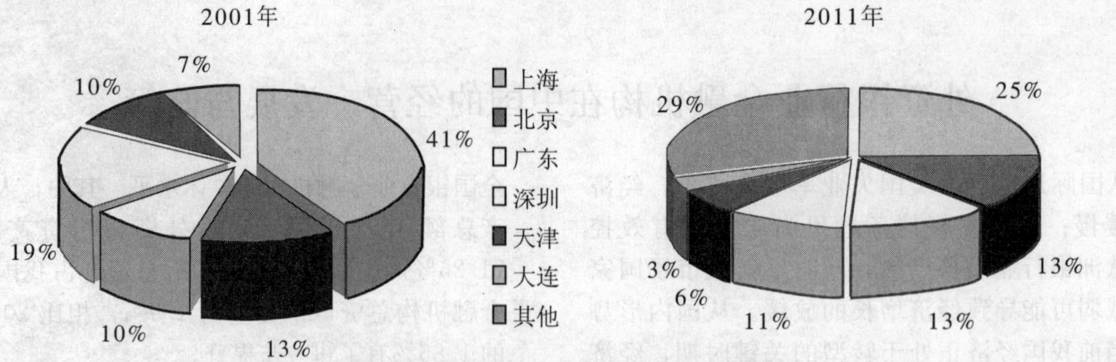

图2 外资银行机构网点分布变化（含支行）

（二）差异化特色日益显著，部分机构已具规模

外资银行根据各自的发展战略，注重发挥优势，找准定位，差异化经营特点进一步显现。在外资法人银行中，批发和零售业务并重的全面业务银行，在积极推进已有的各项业务的同时，还在努力争取如发债、债券做市商、托管等资格，寻求更广阔的业务机会。而专注某一领域发展的特色银行则以自身熟悉的客户群和业务类别为基础，在主导业务领域深耕长期发展机会。外国银行分行虽然规模小，但经营特色突出。例如，奥地利合作银行在华分行专注从事大宗商品的结构性融资业务，业务规模达到百亿元人民币以上；德国北德意志州银行上海分行的贸易融资业务在全部外资银行的单项业务中排名靠前。2011年末，资产排名前五位的机构分别是：汇丰、渣打、东亚、花旗和三菱东京日联，资产规模均已过1 000亿，从其产品线种类、分支行数量以及风险管控经验方面，竞争潜力不可小视。

（三）吸存能力和结构大幅提升和优化，贷款服务实体能力明显增强

2011年末，外资银行各项存款余额1.32万亿元，同比增长25.27%。从存款来源结构看，外资机构存款占比56.72%，比2010年末下降了3.71个百分点，延续了从2006年以来的长期下降趋势；与此同时，中资机构存款和个人存款占比则稳步上升。2011年末，外资银行各项贷款余额9 785亿元，同比增长7.10%；其中，对中小企业贷款余额为3 436.79亿元，同比增速超出各项贷款增速6.6个百分点，对小企业贷款余额为1 738.15亿元，同比增速超出各项贷款增速7个百分点。在贷款增长的行业结构中呈现向实体经济倾斜，如畜牧业贷款同比增长了60%、采矿业贷款增长了57%，制造业增长了7%，也在整体贷款增长幅度之上。此外，科研贷款增长了90%、文化体育娱乐业贷款增长了48%。

（四）资产质量持续良好，拨备水平继续提升

2011年末，外资银行不良贷款余额为40.10亿；不良贷款率为0.41%。外资法人银行和外国银行分行的不良贷款率分别为0.33%和0.86%。外资银行拨备水平继续提升，风险抵补能力持续加强。2011年末，外资法人银行整体拨备覆盖率为289%，比年初大幅上升81个百分点。外资法人银行整体贷款损失准备充足率为248%，比年初上升76个百分点。

（五）资本充足率保持高位，增资银行数量明显增多

截至2011年末，外资银行资本金（营运资金）总计1 665.50亿元。外资法人银行整体资本充足率和核心资本充足率分别为18.83%和18.38%，且核心一级资本占比高。2011年，共有21家外资银行获准增资138.4亿元，与2010年同期相比，增资机构增加4家，同比多增69亿元。

（六）盈利水平大幅增长，资本回报率有所提升

2011年，外资银行累计实现利润比去年同期增长114.88%。在营业收入中，利息净收入继续大幅增长，占比79.49%，同比增长57.29%；非利息收入（手续费及佣金净收入、其他业务收入）占比为20.51%，同比增长9.15%。

二、外资银行监管有效性持续提升

2011年，银监会以守住风险底线为根本使命，对在华外资银行进行持续的、有针对性的监管，紧盯信用风险、流动性风险和操作风险等重要风险点，密切防范风险的跨境传染，进一步巩固了外资银行安全稳健运行态势。

（一）在信用风险方面，提前布防，扎实推进，信用风险防范到位

一是通过动态台账监测、三方会谈、专项检查、非现场督导等方式多管齐下，扎实推进政府融资平台贷款清理工作，顺利实现外资银行平台贷款的"降旧控新"。二是通过强化非现场日常辅导、持续监测和及时纠偏，以及现场检查全面覆盖，对检查发现问题深入整改，以点带面，扎实推进固定资产贷款、流动资金贷款和个人贷款三项贷款新规落实。2011年全年外资银行按照贷款新规发放的固定资产、流动资产和个人贷款中受托支付比例分别达到了95.87%、90.55%和94.22%。三是通过及时窗口指导、持续风险监测，扎实推进房地产贷款的风险监测和化解。截至2011年末，外资银行房地产贷款占比为17.18%，与往年基本持平，风险可控。

（二）在流动性风险方面，强化要求，分类指导，流动性风险管控有力

一是通过持续非现场监测，分别梳理和预判法人和分行高风险机构的流动性指标，实行上下联动，强化了对单家机构的压力情景设置指导，有效地管控了单家机构流动性风险。二是通过深入座谈，切实了解银行在业务发展过程中遇到的融资结构性矛盾、市场流动性变化等问题，指导银行持续加大流动性风险管理资源的投入，全面提升风险防范水平。三是注重现场检查实效，对检查发现的流动性管理和风险控制中存在的薄弱环节提出明确整改意见，积极促进外资银行流动性融资结构、现金流管理、压力测试等关键领域整改和完善。四是探索研究提高流动性监管指标的总体及按国别、业务特点分类预警的作用，通过对流动性资金覆盖率和净稳定融资比率的流动性抗压能力测试，对可能面临的局部流动性风险进行预判。截止2011年末，所有外资银行流动性比例均超过25%的监管要求，整体流动性比例为69.53%。此外，从防范风险的前瞻性角度出发，对外资银行的流动性监管工具箱进行了丰富和完善。

（三）在操作风险方面，夯实基础，抓好长效机制，有效化解操作风险隐患

一是注重全面和联动，2011年经过全系统上下3个月的统一行动，对外资银行操作风险进行了全面排查，覆盖面达100%，并对排查发现的问题进行及时提示整改。二是注重根源和实效，结合外资银行风险事件的特点，重点从员工教育、操作流程高风险环节管控、银企对账机制建设、分支机构管理以及内审监督有效性等根源上入手查找问题；对发现的重大风险隐患，除了要求银行整改外，还对风险事件易发要素进行提炼做出全辖风险提示，为预防类似情况的发生提供有价值的参考。三是注重创新和总结，积极尝试监管工作方式的创新，组织开展"飞行检查"、"飞行走访"，进一步加强对案件易发环节的监督检查力度，针对日常监管发现的风险苗头问题进行"即查、即纠、即改"。

（四）在跨境风险方面，敏锐跟进，动态监测，警惕跨境风险传染

一是紧密跟踪形势发展变化，有针对性地进行座谈、调研和走访，客观地分析在华外资银行可能发生的问题、波及面和影响程度，利用网络、媒体及外事会谈等多种渠道，了解最新情况。二是对危机国家和地区的在华机构实施动态高频监测，深入分析可能发生的流动性等压力情况；督促银行加强理财产品价值波动过程中的声誉风险管理。三是加强分国别的监测分析，根据形势的发展，对相关国家和地区的在华外资银行及其母行（总行）实施了持续性和阶段性相结合的监测和分析。四是在国际金融危机远未平定的大背景下，在准入环节对银行提出设立机构的申请采取更加审慎的标准，做到风险监管关口前移，把控风险的国际传递。

三、银行业对外开放质量进一步提高

（一）精心制定准入方案，确保对外开放质量的不断提升，有力支持"走出去"的开放方针

在尊重外资银行商业选择的前提下，支持外资银行充分发挥其母行的业务特色和客户基础，引进差异化、特色化的外国银行在华设立机构，为本地客户提供更具针对性和适应性的产品和服务。例如，2011年引进了擅长农业金融的荷兰合作银行和专业服务于高科技企业客户的美国硅谷银行。

在银监会引导下，外资银行积极服务本土经济，发挥本地示范作用。以外资银行的小微企业融资业务为例，小微企业信贷投放持续增加。截至2011年末，外资银行小微企业贷款（含个人经营性贷款）余额为2 012.8亿元，占外资银行各项贷款余额的20.57%。其中，单户授信总额500万元以下的小微型企业贷款余额为102.83亿元。按可比口径计算，外资银行2011年末小企业贷款（不含票据融资）余额比去年同期增长14.6%，超过各项贷款平均增速7.5个百分点；小企业贷款年增量为222亿元，占各项贷款年增量的34.2%；小企业贷款占企业贷款比重高于银行业金融机构平均水平近4个百分点。

从进一步服务微小企业看，外资银行近年来在专营化方面积极投入，在组织架构、业务流程、产品设计和风险管理等方面基本都建立了相对独立的机制，一些银行特色产品线还实现了独立运作。例如，渣打中国早在2003年就建立了中小企业服务团队，目前已在全国20个城市拥有600多位客户经理，建立了对中小企业客户的全流程化管理。

（二）认真落实CEPA优惠政策，自主实施CEPA政策效果评估，务实推动对港金融开放

认真落实CEPA优惠政策，支持港资银行以异地支行形式在珠三角和粤东、粤西、粤北地区合理布点，均衡布局，截至2011年末，港资银行在广东省内设立了21家异地支行，其中15家已开业，另有6家正在筹建。港资银行区域布局逐步从经济发达的珠三角地区，向经济欠发达且金融服务不足的粤东、粤西、粤北等非珠三角地区扩展。

已开业的15家港资银行异地支行整体经营情况良好，客户对象主要是港资企业和当地中小企业，有力地支持了当地实体经济的发展。截至2011年末，15家港资银行异地支行资产总额合计的101.39亿元（人民币，下同），较年初上升了45.25%；各项贷款余额合计较年初上升了102.32%；各项存款余额合计较年初上升了39.05%；2011年全年累计实现利润较上年增长11.86倍。

实践证明，CEPA政策为港资银行争得了在内地发展的市场先机，为港资银行在内地发展提供了持续比较优势，有力地推动了香港银行内地子行和分行的迅速发展，同时，也为香港母行提供了巨大发展空间，进一步巩固了香港国际金融中心地位。

（三）稳妥推进对台工作，同步实施有效监管

在两岸银行业监管磋商中，落实ECFA协议内容，推动两岸银行业机构互动交流。批准了3家台资银行设立代表处和4家银行筹建分行的申请。从监管和服务并重的角度提出了对台资银行大陆分行的监管要求。

（四）加快推动老法人机构股权重组

经过多年的督促指导，股权结构与现行法规规定有差距的外资法人机构已从18家减少为5家。按照“一行一策”的思路，通过约谈股东代表、董事长、行长或限制新设分支机构及开展新业务等多种方式，督促其余几家老法人机构尽快完成股权重组。

（中国银行业监督管理委员会银行监管三部主任　杨丽平）

中国保险业对外开放情况

入世以来，保险业始终坚持党中央和国务院对外开放的基本国策，按照《国务院关于保险业改革发展的若干意见》精神，贯彻“以我为主、安全可控、统筹协调、优势互补、合作共赢、和谐发展”总体原则，稳步推进保险市场对外开放。

一、保险业对外开放基本情况

保险业始终坚定不移地推进对外开放，在引进先进技术经验、增强风险防范能力、完善现代监管体系、提高行业竞争力等方面取得了显著成效。

（一）市场资源配置不断优化，外资保险公司保持平稳健康发展

截至2011年末，共有16个国家和地区的保险公司在我国设立了54家外资保险公司（寿险28家，产险21家，再保险5家），总体看，在华外资保险公司正逐步适应中国保险市场，保持了平稳健康的发展态势。

一是市场主体数量和业务规模稳步增长。截至2011年末，我国外资保险公司法人机构54家，较入世前增长了约一倍；外资保险公司原保险保费收入和总资产为438.47和3 128.46亿元，分别约是入世前的14倍和35倍；已设立的6家外资保险经纪公司中有4家进入全国保险经纪业务收入前十。截至2011年末，全国外资保险公司市场份额占3.06%，较入世前实现了较大幅度的增长。

二是保险市场开放结构不断优化。自保险业全面对外开放以来，保险业已放开对外资保险公司经营的地域限制，各家外资保险公司可根据自身发展战略在各个省市开设分支机构；有部分外资保险公司逐步向中西部地区发展，保险业开放的地域结构不断优化。市场主体结构方面，除发起设立独资或合资保险公司外，境外保险机构还参股了36家中资保险公司。业务结构方面，外资保险公司积极发挥自身在专业险种、渠道营销方面的优势，近年来我国保险市场上责任险、货运险、健康险等险种取得较快增长。

三是外资保险公司总体呈现扭亏为盈的趋势。根据市场经营规律，寿险公司开业后一般需经历8～10年才能进入盈利期，经过不断发展，目前有部分外资寿险公司逐步进入盈利期。外资保险公司逐步走出在中国“水土不服”的困境，更加注重以外方的经营理念培养本土保险人才，提高本土化水平；利用股东背景发挥资产管理、风险控制、产品研发等方面的优势，提高专业化水平；加强对责任保险、货运和海上保险等细分市场的开发，提高精细化水平。

（二）金融风险得到有效防范，积极维护国家金融市场安全稳定

在应对2008年国际金融危机的过程中，在国务院的统一安排下，保监会不断强化保险风险防范体系的规范性和有效性，定期对金融危机发展进程、国际金融监管改革、跨国保险集团经营状况进行跟踪分析研究；利用双边保险监管合作机制，对在华设有分支机构的跨国保险集团母国监管机构取得联系，及时掌握境外监管动态；对国内保险公司财务和投资风险全面排查，降低金融风险跨境传递可能性；关注外资保险公司境外股东兼并重组进程，防范国内保险市场资金流出风险；加强对国内保险消费者的正面引导，防范大规模集中退保风险。

（三）国际监管合作不断深入，我国在国际监管合作中的话语权逐步提升

2000年我国加入国际保险监督官协会，并于2008年成功当选执行委员。2008年金融危机后，我国积极参与《国际保险集团监管共同框架》的制定工作，在“共同框架”的实施过渡期、选择进入机制等方面，争取了符合我国保险市场实际情况的具体政策。保监会与美国、欧盟、日本等国的保险监管机构开展了多种形式的监管合作，如举办中欧、中美保险监管对话，对监管体系改革、商业养老发展等问题开展联合专项研究等。

（四）积极贯彻落实“走出去”战略，中资保险机构国际竞争力进一步增强

入世后，中国人寿、人保、平安集团3家公司先后在纽约和香港证交所上市，建立了补充资本金的长效机制，并在公司治理、信息披露、财务管理、风险管控等方面率先实现了与国际准则接轨。2011年末，有8家中资保险公司在境外设立了27家保险营业机构，为我国驻外企业、员工和各国华人华侨提供了风险保障，提高了中国保险公司在海外的知名度和认可度。有4家中资保险公司在香港设立资产管理公司，体现了保险业不断增长的海外投资需求，在中国保险机构海外投资方面进行了初步尝试。2011年《财富》杂志世界500强排名中，中国人寿、中国人保、中国平安分别位列第113名、第289名、第328名，中国的保险公司正逐步得到世界的认可。

总的来说，中国保险业坚持以对外开放促进行业改革发展取得了积极显著的成效，外资的进入不仅没有对保险市场安全和民族保险业发展造成大的冲击，而且带来了新的理念和技术，促进了国内保险公司经营管理水平的提高，同时，外资保险公司自身也取得了长足的发展，成为推动中国保险市场发展的重要力量。

二、保险业对外开放的几点体会

在我国加入世贸组织承诺中，保险业是最先全面开放的金融行业。经过10多年的改革开放，我们有以下几点初步的体会。

一是要推动中外保险公司的合作共赢。根据保险业服务经济社会发展大局、服务全面建设小康社会和构建社会主义和谐社会的时代要求，我们深入分析保险业加入世贸组织和全面开放的严峻形势和良好机遇，加快改革发展步伐，在积极引导有实力、有经验、有特色的境外保险机构进入中国市场的同时，鼓励外资保险公司与中资公司在客户、产品和渠道上进行差别竞争，维护公平竞争的良好市场秩序，使外资保险公司在分享中国保险市场快速增长利益的同时，避免与中资保险公司的恶性竞争，实现中外保险公司的合作共赢。

二是要促进中外保险公司的优势互补。一方面继续发挥中资保险公司的本土优势和网络优势，拓展保险经济补偿、资金融通和辅助社会管理的内在功能，提高保险的覆盖面和渗透力。另一方面引导外资保险公司向我国保险业的薄弱环节和领域发展，充分发挥外资保险公司在责任保险、健康保险、农业保险和养老保险等方面的经验和技术优势，在公司治理、经营理念、信息技术和产品创新方面的示范效应，形成做大做强中国保险业的内外合力。

三是要做到“走出去”和“引进来”的相辅相成。在对外开放中，我们十分注意引进国外保险业的经营管理制度，强调引进消化吸收再创新；学习和借鉴国际保险监管的成功做法和新鲜经验，加强国际保险监管合作；鼓励和允许引进国外保险精算人才和高级管理人才，提高中国保险业的经营管理水平。同时，我们始终把实施“走出去”战略，作为应对我国保险业国际化和国际竞争的重要举措，支持中资保险公司走向国际资本市场，在境外上市筹集资本，增强了资本实力，完善了公司治理结构，提高了国际知名度。

四是要搞好对外开放和风险控制的统筹协调。我们贯彻落实对外开放的基本国策，认真履行入世承诺，注意树立我国保险业信守承诺的良好国际形象。我们坚持安全可控的开放政策，充分考虑中国保险市场对国际化和国际竞争的承受程度，综合运用世贸组织有关条款、市场准入的国际惯例，循序渐进把握对外开放节奏，防止对国内保险市场造成大的冲击。我们高度重视国家金融保险安全，密切监控和防范对外开放可能产生的风险，坚持以公司内控为基础，以偿付能力监管为核心，以现场检查为重要手段，以资金运用监管为关键环节，以保险保障基金为屏障，构筑了保险业风险防范的五道防线，实现了对外开放的速度、广度和深度与风险可控程度的统筹协调，较好地防止了国际化和国际竞争的风险。

三、保险业深入推进对外开放工作的政策取向

2012年是我国加入世贸组织的第十一个年头，中国保险业面临更加严峻的国际形势。我们应注意到，全球金融形势仍然动荡起伏，各国经济增长基础仍不稳固，世界经济增长蕴含着诸多不确定因素，中国保险业对外开放仍面临着机遇与挑战并存的复杂形势。可能给我国保险业带来的冲击和影响主要体现在以下四个方面：一是国际金融风险跨境传递。2008年国际金融危机后部分跨国金融保险集团调整了海外发展战略，个别公司选择了收缩海外业务，我国外资保险机构可能面临境外母公司抽逃资本金风险。二是金融信任危机传导。国际金融

危机在部分发达国家影响了社会公众对金融业的信心，这种趋势如果没有出现扭转甚至传导到国内金融市场，有可能影响消费者对我国保险业的信心，产生保险需求下降、退保增加等问题。三是境外投资难度加大。受国际金融危机影响，保险机构境外投资区域和产品的选择空间进一步缩小，投资风险增大。四是国际分保困难。受国际金融危机以及自然灾害频发的影响，国际再保险市场提高分保条件和分保价格，国内保险公司的国际分保压力加大。

尽管面临竞争的压力和挑战，中国保险业将在国际化和国际竞争的道路上知难而进，勇于迎接挑战。为了更好地把握机遇，迎接挑战，保持保险业对外开放政策的稳定性和连续性，我们初步考虑以下四点政策取向：

一是坚定不移，继续推进保险业对外开放。坚持正确的指导思想，以改革促发展，以开放促发展，继续发挥全面开放对保险业改革发展的促进作用，推动中外资保险公司优势互补，协作共赢。继续认真履行对外承诺，维护保险业对外开放的良好形象。进一步加快与国际接轨的步伐，把保险业的对外开放提高到一个新的水平。

二是防范风险，坚决维护国家金融保险安全。继续加强保险业风险防范工作，根据我国保险业发展的实际情况和承受能力，及时评估保险业国际化和国际竞争中的风险，落实有关制度和措施，构筑保险业防范对外开放风险的坚实防线。严密监控国际保险市场动向，防止外资保险公司传导国际金融保险风险。防范资本外逃、洗钱和违法关联交易等行为，坚决维护国家利益和金融安全。

三是突出重点，优化保险市场开放结构。鼓励和支持境外资金以多种形式投资中国保险市场，重点引进健康养老、资产管理等专业保险机构，以开拓和示范效应带动我国相关领域保险业务的发展，提高行业服务水平和创新能力。加强进一步对外开放的调查研究。

四是加强监管，提高监管的国际化水平。继续完善现代保险监管体系，推动中资境外保险机构的监管工作，在防范风险的前提下，加强对中资保险公司海外投资的指引。根据金融综合经营的新形势，创新保险监管制度。积极开展国际保险监管交流，加强与外资保险公司总部所在地监管机构的监管协调，强化与周边国家和地区的区域性保险交流合作，加强对跨境保险的监管。积极参与国际保险规则和监管原则的制定，建立与国际保险组织和监管机构间人员交流的长效机制。

（中国保险监督管理委员会国际部　姜波 杜墨）

中国资本市场对外开放情况

一、2011 年中国资本市场概览

20 世纪 70 年代末期以来的中国改革开放推动了中国资本市场的萌生和发展。1990 年上海、深圳证券交易所的相继成立，标志着全国性资本市场的形成。在此后的二十年间，随着市场经济体制的逐步建立，中国资本市场得到了迅速的发展，市场规模不断扩大，制度不断完善，证券中介机构和投资者不断成熟，逐步成长为一个在法律制度、交易规则、监管体系等各方面与国际普遍公认原则基本相符的资本市场。

目前，中国有 2 家证券交易所，3 家商品期货交易所和 1 家金融期货交易所。中国致力于建立包括主板（含中小企业板）、创业板和证券公司代办股份转让系统在内的多层次证券市场交易体系。

中国证券市场的有价证券品种包括股票、债券、证券投资基金、权证、商品期货和金融期货等。其中，股票又分为人民币普通股（A 股）、境内上市外资股（B 股）和境外上市外资股（H 股）；债券又分为国债、金融债、公司债、企业债、可转换债券、资产支持证券等，债券交易方式包括现券交易和回购交易。

2011 年，中国境内市场共有 596 家公司发行 A 股股票、债券或权证，合计筹资6 780.48亿元；其中，282 家公司首次公开发行（IPO）A 股，融资额为2 825.08亿元。境内股票总成交额和日均成交额分别为 42.17 万亿元和1 728.07亿元。中国期货市场上市品种达 27 个，其中商品期货品种 26 个，金融期货品种 1 个。期货市场全年共成交 10.54 亿手，成交金额 137.52 万亿元，其中商品期货成交量占全球商品期货成交量的 38.03%。截至 2011 年底，境内上市公司（A、B 股）计 2342 家，沪深两市总市值为 21.48 万亿元，为当年 GDP 的 45.55%。股票与封闭式基金投资者开户数达 2.03 亿户；69 家基金管理公司，管理证券投资基金 914 只，基金资产净值总额为 2.19 万亿元；证券公司 109 家，总资产 15 728 亿元，净资产 6 303亿元，净资本4 634亿元；期货公司 161 家，总资产 402.23 亿元（不含客户资产），净资产 358.82 亿元，净资本 328.81 亿元，客户保证金 1 486.02亿元。

二、入世以来对外开放情况

对外开放是促进中国资本市场发展的重要动力。中国认真履行了证券业对外开放的承诺，主动采取了一系列开放证券市场的政策措施。中国证监会始终坚持循序渐进、互利共赢的开放原则，借鉴其他市场开放的经验和做法，不断完善对外开放的政策措施，在确保市场稳定运行和维护国家金融安全的前提下，积极主动、适时适度地扩大证券业对外开放，促进证券市场持续健康安全发展。

（一）证券期货业对外开放

1. 履行加入世贸组织证券业开放承诺。2001 年 12 月，中国正式成为世界贸易组织（以下简称世贸组织）成员，对证券服务业的开放作了如下承诺：外国证券机构可以直接（不通过中国中介）从事 B 股交易；外国证券机构驻华办事处可成为所有中国证券交易所的特别会员；允许外国服务提供者设立合资公司，从事国内证券投资基金管理业务，中国加入后 3 年内，外资可增加至 49%；允许外国证券公司设立合资公司，外资比例不超过 1/3，合资公司可以（不通过中方中介）从事 A 股的承销、外资股以及政府债和公司债券的承销和交易，以及发起设立基金。加入世贸组织以来，这些承诺已全部兑现。

在 WTO 承诺范围外，中国主动实施的证券公司对外开放政策还包括：一是允许符合规定条件的合资证券公司扩大业务范围，逐步增加证券经纪、自营、资产管理等业务；二是允许合格境外机构投资者依法通过证券交易所的证券交易持有上市内资证券公司股份；三是允许符合条件的境外投资者与上市内资证券公司建立战略合作关系并经我会批准持有上市内资证券公司股份，单个境外投资者持股比例不超过 20%，全部境外投资者持股比例不超过 25%。

截至 2011 年年底，中国已批准设立了 13 家中外合资证券公司（附表 1）和 39 家中外合资基金管理公司（附表2），其中17家合资基金公司的外资股权已达49%。上海、深圳证券交易所各有3家特别会员，并各有38家和19家境外证券经营机构直接从事B股交易。

2. 期货业对外开放。截至2011年12月底，有3家港资参股的内地期货公司（附表3）获批。目前因正在起草新的法规，暂停审批合资期货公司申请。

3. 境外证券交易所和证券类经营机构驻华代表机构。截至2011年底，已有9家境外证券交易所获准设立驻华代表处（附表4）；境外证券类经营机构获准设立了169家驻华代表机构，其中境外证券公司驻华代表处124家，境外资产管理公司驻华代表处45家。

4. 境内证券期货经营机构"走出去"。根据《内地与香港关于建立更紧密经贸关系的安排（CEPA）》协议，截至2011年底，内地已批准20家证券公司（附表5）、15家基金管理公司（附表6）、6家期货公司（附表7）在香港设立分支机构。另有28家境内企业获准从事以套期保值为目的的境外期货交易。

（二）证券市场对外开放

1. 允许境内企业到境外发行上市。境外上市是中国利用外资的重要方式之一。中国证监会将继续支持符合条件的境内企业在境外上市，开展跨境投资和并购重组，在全球范围内配置资源，不断提高国际竞争力。截至2011年底，共有171家在境内注册的股份有限公司发行境外上市外资股并到境外上市，累计筹资1 747.23亿美元。已有73家发行境外上市外资股公司在境内公开发行了A股。

2. 实施合格境外机构投资者（QFII）制度。这是在人民币在资本项目下未实现完全自由兑换情况下，中国有限度地引进外资、开放资本市场的过渡性措施。2006年8月，中国证监会会同有关单位联合发布了《合格境外机构投资者境内证券投资管理暂行办法》。2011年中国证监会稳步推进QFII资格审核，加强对QFII投资运作的监管，发布了允许QFII参与股指期货交易的指引。目前，QFII总投资额度已增加至300亿美元。截至2011年底，获得QFII资格的境外机构有135家（附表8）；15家银行获准开展QFII托管业务，其中有6家为外资银行在华分行（附表9）。

3. 启动人民币合格境外机构投资者（RQFII）投资境内资本市场试点。为进一步推进中国境内证券市场的对外开放，推动基金管理公司、证券公司发展跨境业务，拓宽境外人民币投资渠道，促进香港金融市场稳定发展，2011年12月16日，中国证监会、中国人民银行、国家外汇管理局联合发布了《基金管理公司、证券公司人民币合格境外机构投资者境内证券投资试点办法》，允许符合资格条件的基金管理公司、证券公司的香港子公司作为试点机构，运用其在香港募集的人民币资金在经批准的人民币投资额度内开展境内证券投资业务。同年，我会发布《关于实施〈基金管理公司、证券公司人民币合格境外机构投资者境内证券投资试点办法〉的规定》，允许符合条件的基金管理公司、证券公司的香港子公司，申请RQFII资格。截至2011年底，有9家基金管理公司、12家证券公司的香港子公司获得试点资格和获批合计200亿元人民币的投资额度，大多数试点机构已开始在香港募集人民币资金。

4. 实施合格境内机构投资者（QDII）制度。这是在人民币在资本项目下未实现完全自由兑换情况下，中国有条件地允许境内投资者进行境外投资的制度措施。根据2007年7月起施行《合格境内机构投资者境外证券投资管理试行办法》，符合条件的境内基金管理公司和证券公司等证券经营机构经批准可以在境内募集资金，以资产组合方式进行境外证券投资。截至2011年底，有32家基金管理公司和10家证券公司取得了QDII资格；批准了59只QDII基金和5只QDII资产管理计划，其中51只QDII基金和5只QDII资产管理计划成立，资产净值约计582亿元人民币。

5. 允许外国投资者对上市公司进行战略投资。2006年2月，《外国投资者对上市公司战略投资管理办法》开始实施，外国投资者可以对已经完成股权分置改革的上市公司和股权分置改革后新上市公司进行具有一定规模的中长期战略性并购投资。

6. 允许外资企业在境内发行股票和债券。根据2001年10月颁布并实施的《关于上市公司涉及外商投资有关问题的若干意见》，合格的外商投资股份有限公司（港、澳、台资参照执行）可以在境内证券市场发行股票并上市。迄今已有多家外商投资企业（包括港、台资）的股票在境内发行上市。

三、国际交流与跨境监管合作

中国证监会一贯重视与境外证券期货监管机构、国际组织和政府部门的交流合作。截至 2011 年底，已与 47 个国家（或地区）的证券期货监管机构签署了 51 个监管合作谅解备忘录。作为国际证监会组织（IOSCO）正式成员和执委会成员，中国证监会于 2007 年 4 月正式签署了 IOSCO 多边备忘录。在上述双边监管备忘录和 IOSCO 多边备忘录框架下，通过互派人员实习培训、共同参与国际性会议以及相互提供跨境监管协助，与境外主要的证券监管机构增进了相互了解，扩大了监管合作范围。此外，中国证监会还积极参与金融部门评估规划（FSAP）项目，积极参加双边与多边对话磋商与谈判，积极参与 G20、FSB 机制下的国际金融监管改革工作等，为推动国际金融监管改革做出贡献。

附录：中国证券业对外开放统计数据

附表 1　外资参股证券公司

序号	公司名称	境外股东名称
1	中国国际金融有限责任公司	新加坡政府投资公司 TPG Asia V Delaware，L. P. KKR Institutions Investments，L. P. 大东方人寿保险有限公司 名力集团控股有限公司
2	中银国际证券有限责任公司	中银国际控股有限公司
3	光大证券有限公司	中国光大控股有限公司
4	财富里昂证券有限公司	法国里昂证券资本市场公司
5	海际大和证券有限公司	日本大和证券公司
6	高盛高华证券有限公司	高盛（亚洲）有限公司
7	瑞银证券有限责任公司	瑞士银行有限公司 国际金融公司
8	瑞信方正证券有限责任公司	瑞士信贷
9	中德证券有限责任公司	德意志银行
10	华英证券有限责任公司	苏格兰皇家银行公众有限公司
11	摩根士丹利华鑫证券有限责任公司	摩根士丹利（亚洲）有限公司
12	第一创业摩根大通证券有限责任公司	摩根大通经纪（香港）有限公司
13	东方花旗证券有限公司	花旗环球金融亚洲有限公司

注：经证监会批准，长江巴黎百富勤证券有限公司外资方法国巴黎银行已于 2006 年 12 月 8 日将所持的 33% 股权全部转让给长江证券，长江巴黎百富勤证券有限公司从而成为长江证券的全资子公司。

附表 2　外资参股基金管理公司

序号	公司名称	境外股东名称
1	国泰基金管理有限公司	意大利忠利集团
2	华夏基金管理有限公司	加拿大鲍尔公司公司
3	鹏华基金管理有限公司	意大利欧利盛资本资产管理股份公司
4	嘉实基金管理有限公司	德意志资产管理（亚洲）公司
5	长盛基金管理有限公司	新加坡星展资产公司
6	富国基金管理有限公司	加拿大蒙特利尔银行
7	融通基金管理有限公司	日兴资产管理公司
8	国投瑞银基金管理有限公司	瑞银集团
9	泰达宏利基金管理有限公司	宏利资产管理（香港）有限公司
10	金鹰基金管理有限公司	东亚联丰投资管理有限公司
11	招商基金管理有限公司	荷兰国际集团

续　表

序号	公司名称	境外股东名称
12	华宝兴业基金管理有限公司	领先资产管理有限公司
13	摩根士丹利华鑫基金管理有限公司	摩根士丹利国际控股公司
14	国联安基金管理有限公司	德国安联集团
15	海富通基金管理有限公司	法国巴黎投资管理 BE 控股公司
16	景顺长城基金管理有限公司	美国景顺资产管理公司
17	兴业全球基金管理有限公司	荷兰全球人寿保险国际公司
18	申万菱信基金管理有限公司	三菱 UFJ 信托银行株式会社
19	中海基金管理有限公司	法国爱德蒙得洛希尔银行
20	上投摩根基金管理有限公司	摩根富林明资产管理有限公司
21	光大保德信基金管理公司	美国保德信投资管理有限公司
22	中银基金管理公司	贝莱德投资管理（英国）有限公司
23	国海富兰克林基金管理有限公司	美国坦伯顿国际股份有限公司
24	华泰柏瑞基金管理有限公司	柏瑞投资有限责任公司
25	工银瑞信基金管理有限公司	瑞士信贷
26	交银施罗德基金管理有限公司	施罗德投资管理公司
27	信诚基金管理有限公司	英国保诚集团股份有限公司
28	建信基金管理有限责任公司	美国信安金融服务公司
29	汇丰晋信基金管理有限公司	汇丰环球投资管理（英国）有限公司
30	信达澳银基金管理有限公司	康联首域集团有限公司
31	诺德基金管理有限公司	美国诺德安博特公司
32	中欧基金管理有限公司	意大利意联银行股份合作公司
33	金元比联基金管理有限公司	比利时联合资产管理公司
34	浦银安盛基金管理有限公司	法国安盛投资管理公司
35	农银汇理基金管理有限公司	东方汇理资产管理公司
36	民生加银基金管理有限公司	加拿大皇家银行
37	纽银梅隆西部基金管理有限公司	纽约银行梅隆资产管理国际有限公司
38	平安大华基金管理有限公司	大华资产管理有限公司
39	方正富邦基金管理有限公司	富邦证券投资信托股份有限公司

附表 3　　外资参股期货公司

	境内期货公司	境外股东名称
1	银河期货经纪有限公司	苏皇金融期货亚洲有限公司
2	中信新际期货经纪有限公司	新际经纪香港有限公司
3	摩根大通期货有限公司	摩根大通经纪（香港）有限公司

附表 4　　设立驻华代表处的境外证券交易所

序号	境外交易所名称
1	香港交易及结算所有限公司
2	纽约证券交易所有限责任公司
3	纳斯达克股票市场股份有限公司
4	东京证券交易所株式会社
5	韩国交易所
6	新加坡交易所有限公司
7	伦敦证券交易所有限责任公司
8	德国德意志交易所股份有限公司
9	多伦多证券交易所公司

附表 5　　在香港特别行政区设立分支机构的内地证券公司

序号	公司名称	序号	公司名称
1	中金公司	11	国信证券
2	招商证券	12	国都证券
3	中信证券	13	安信证券
4	国泰君安	14	东方证券
5	国元证券	15	中国建银投资证券
6	广发证券	16	长江证券
7	华泰证券	17	光大证券
8	申银万国	18	银河证券
9	海通证券	19	兴业证券
10	平安证券	20	财通证券

附表 6

在香港特别行政区设立分支机构的内地基金管理公司

序号	公司名称
1	南方基金
2	易方达基金
3	嘉实基金
4	华夏基金
5	汇添富基金
6	大成基金
7	博时基金
8	海富通基金
9	华安基金
10	广发基金
11	上投摩根基金
12	国投瑞银基金

附表 7

在香港特别行政区设立分支机构的内地期货公司

序号	公司名称
1	格林期货
2	浙江永安
3	广发期货
4	中国国际期货
5	金瑞期货
6	南华期货

附表 8　　合格境外机构投资者

序号	合格境外机构投资者（QFII）名称	批准时间	注册地
1	瑞士银行	2003 年 5 月 23 日	瑞士
2	野村证券株式会社	2003 年 5 月 23 日	日本
3	花旗环球金融有限公司	2003 年 6 月 5 日	英国
4	摩根士丹利国际股份有限公司	2003 年 6 月 5 日	英国
5	高盛公司	2003 年 7 月 4 日	美国
6	德意志银行	2003 年 7 月 30 日	德国
7	香港上海汇丰银行有限公司	2003 年 8 月 4 日	中国香港
8	荷兰安智银行股份有限公司	2003 年 9 月 10 日	荷兰
9	摩根大通银行	2003 年 9 月 30 日	美国
10	瑞士信贷（香港）有限公司	2003 年 10 月 24 日	中国香港
11	日兴资产管理有限公司	2003 年 12 月 11 日	日本
12	渣打银行（香港）有限公司	2003 年 12 月 11 日	中国香港
13	美林国际	2004 年 4 月 30 日	英国
14	恒生银行有限公司	2004 年 5 月 10 日	中国香港

续　表

序号	合格境外机构投资者（QFII）名称	批准时间	注册地
15	大和证券资本市场株式会社	2004年5月10日	日本
16	雷曼兄弟国际（欧洲）公司	2004年7月6日	英国
17	比尔及梅林达盖茨信托基金会	2004年7月19日	美国
18	景顺资产管理有限公司	2004年8月4日	英国
19	荷兰银行有限公司	2004年9月2日	荷兰
20	法国兴业银行	2004年9月2日	法国
21	巴克莱银行	2004年9月15日	英国
22	德国商业银行	2004年9月27日	德国
23	富通银行	2004年9月29日	比利时
24	法国巴黎银行	2004年9月29日	法国
25	加拿大鲍尔公司	2004年10月15日	加拿大
26	东方汇理银行	2004年10月15日	法国
27	高盛国际资产管理公司	2005年5月9日	英国
28	新加坡政府投资有限公司	2005年10月25日	新加坡
29	马丁可利投资管理有限公司	2005年10月25日	英国
30	柏瑞投资有限责任公司	2005年11月14日	美国
31	淡马锡富敦投资有限公司	2005年11月15日	新加坡
32	JF资产管理有限公司	2005年12月28日	香港
33	日本第一生命保险相互会社	2005年12月28日	日本
34	新加坡星展银行	2006年2月13日	新加坡
35	安保资本投资有限公司	2006年4月10日	澳大利亚
36	加拿大丰业银行	2006年4月10日	加拿大
37	比联金融产品英国有限公司	2006年4月10日	英国
38	法国爱德蒙得洛希尔银行	2006年4月10日	法国
39	耶鲁大学	2006年4月14日	美国
40	英国保诚资产管理（香港）有限公司	2006年7月7日	中国香港
41	摩根士丹利投资管理公司	2006年7月7日	美国
42	斯坦福大学	2006年8月5日	美国
43	通用电气资产管理公司	2006年8月5日	美国
44	大华银行有限公司	2006年8月5日	新加坡
45	施罗德投资管理有限公司	2006年8月29日	英国
46	汇丰环球投资管理（香港）有限公司	2006年9月5日	中国香港
47	瑞穗证券株式会社	2006年9月5日	日本
48	瑞银环球资产管理（新加坡）有限公司	2006年9月25日	新加坡
49	三井住友资产管理株式会社	2006年9月25日	日本
50	挪威中央银行	2006年10月24日	挪威
51	日达资产管理有限公司	2006年10月25日	英国
52	哥伦比亚大学	2008年3月12日	美国
53	保德信资产运用株式会社	2008年4月7日	韩国
54	荷宝基金管理公司	2008年5月5日	荷兰
55	道富环球投资管理亚洲有限公司	2008年5月16日	中国香港

续 表

序号	合格境外机构投资者（QFII）名称	批准时间	注册地
56	铂金投资管理有限公司	2008年6月2日	澳大利亚
57	比利时联合资产管理有限公司	2008年6月2日	比利时
58	未来资产基金管理公司	2008年7月25日	韩国
59	安达国际控股有限公司	2008年8月5日	美国
60	魁北克储蓄投资集团	2008年8月22日	加拿大
61	哈佛大学	2008年8月22日	美国
62	三星投资信托运用株式会社	2008年8月25日	韩国
63	联博有限公司	2008年8月28日	英国
64	华侨银行有限公司	2008年8月28日	新加坡
65	首域投资管理（英国）有限公司	2008年9月11日	英国
66	大和证券投资信托委托株式会社	2008年9月11日	日本
67	壳牌资产管理有限公司	2008年9月12日	荷兰
68	普信国际公司	2008年9月12日	美国
69	瑞士信贷银行股份有限公司	2008年10月14日	瑞士
70	大华资产管理有限公司	2008年11月28日	新加坡
71	阿布达比投资局	2008年12月3日	阿联酋
72	德盛安联资产管理卢森堡	2008年12月16日	卢森堡
73	资本国际公司	2008年12月18日	美国
74	三菱日联摩根士丹利证券股份有限公司	2008年12月29日	日本
75	韩华投资信托管理株式会社	2009年2月5日	韩国
76	新兴市场管理有限公司	2009年2月10日	美国
77	DWS投资管理有限公司	2009年2月24日	卢森堡
78	韩国产业银行	2009年4月23日	韩国
79	韩国友利银行股份有限公司	2009年5月4日	韩国
80	马来西亚国家银行	2009年5月19日	马来西亚
81	罗祖儒投资管理（香港）有限公司	2009年5月27日	中国香港
82	邓普顿投资顾问有限公司	2009年6月5日	美国
83	东亚联丰投资管理有限公司	2009年6月18日	中国香港
84	日本住友信托银行股份有限公司	2009年6月26日	日本
85	韩国投资信托运用株式会社	2009年7月21日	韩国
86	霸菱资产管理有限公司	2009年8月6日	英国
87	安石投资管理有限公司	2009年9月14日	英国
88	纽约梅隆资产管理国际有限公司	2009年11月6日	英国
89	宏利资产管理（香港）有限公司	2009年11月20日	中国香港
90	野村资产管理株式会社	2009年11月23日	日本
91	东洋资产运用（株）	2009年12月11日	韩国
92	加拿大皇家银行	2009年12月23日	加拿大
93	英杰华投资集团全球服务有限公司	2009年12月28日	英国
94	常青藤资产管理公司	2010年2月8日	美国
95	达以安资产管理公司	2010年4月20日	日本
96	法国欧菲资产管理公司	2010年5月21日	法国

续 表

序号	合格境外机构投资者（QFII）名称	批准时间	注册地
97	安本亚洲资产管理公司	2010年7月6日	新加坡
98	KB资产运用	2010年8月9日	韩国
99	富达基金（香港）有限公司	2010年9月1日	香港
100	美盛投资（欧洲）有限公司	2010年10月8日	英国
101	香港金融管理局	2010年10月27日	香港
102	富邦证券投资信托股份有限公司	2010年10月29日	台湾
103	群益证券投资信托股份有限公司	2010年10月29日	台湾
104	蒙特利尔银行投资公司	2010年12月6日	加拿大
105	瑞士宝盛银行	2010年12月14日	瑞士
106	科提比资产运用株式会社	2010年12月28日	韩国
107	领先资产管理	2011年2月16日	法国
108	宝来证券投资信托股份有限公司	2011年3月4日	台湾
109	忠利保险有限公司	2011年3月18日	意大利
110	西班牙对外银行有限公司	2011年5月6日	西班牙
111	国泰证券投资信托股份有限公司	2011年6月9日	台湾
112	复华证券投资信托股份有限公司	2011年6月9日	台湾
113	亢简资产管理公司	2011年6月24日	法国
114	东方汇理资产管理香港有限公司	2011年7月14日	香港
115	贝莱德机构信托公司	2011年7月14日	美国
116	GMO有限责任公司	2011年8月9日	美国
117	新加坡金融管理局	2011年10月8日	新加坡
118	中国人寿保险股份有限公司（台湾）	2011年10月26日	台湾
119	新光人寿保险股份有限公司	2011年10月26日	台湾
120	普林斯顿大学	2011年11月25日	美国
121	新光投信株式会社	2011年11月25日	日本
122	加拿大年金计划投资委员会	2011年12月9日	加拿大
123	泛达公司	2011年12月9日	美国
124	瀚博环球投资公司	2011年12月13日	美国
125	安耐德合伙人有限公司	2011年12月13日	美国
126	泰国银行	2011年12月16日	泰国
127	科威特政府投资局	2011年12月21日	科威特
128	北美信托环球投资公司	2011年12月21日	英国
129	台湾人寿保险股份有限公司	2011年12月21日	台湾
130	韩国银行	2011年12月21日	韩国
131	安大略省教师养老金计划委员会	2011年12月22日	加拿大
132	韩国投资公司	2011年12月28日	韩国
133	罗素投资爱尔兰有限公司	2011年12月28日	爱尔兰
134	迈世勒资产管理有限责任公司	2011年12月31日	德国
135	华宜资产运用有限公司	2011年12月31日	韩国

附表 9　　合格境外机构投资者托管行

序号	QFII 托管行中文名称
1	汇丰银行（中国）有限公司
2	花旗银行（中国）有限公司
3	渣打银行（中国）有限公司
4	中国工商银行股份有限公司
5	中国银行股份有限公司
6	中国农业银行股份有限公司
7	交通银行股份有限公司
8	中国建设银行股份有限公司
9	中国光大银行股份有限公司
10	中国招商银行股份有限公司
11	德意志银行（中国）有限公司
12	新加坡星展银行
13	中国中信银行股份有限公司
14	上海浦东发展银行股份有限公司
15	中国民生银行股份有限公司

（中国证券监督管理委员会国际合作部　韩萍　周宏达）

中国交通运输业对外开放情况

一、交通运输行业发展情况

2011年我国公路水路交通固定资产投资完成1.45万亿元，同比增长9.5%，继续稳步增长。

1. 公路

2011年底，中国公路总里程已达到410.6万公里，其中高速公路达到8.5万公里。公路密度继续增加，路网密度达到42.8公里/百平方公里，通达水平进一步提高。

全国通公路的乡（镇）占全国乡（镇）总数的99.97%，通公路的建制村占全国建制村总数的99.38%，分别比上年末提高0.37个和3.61个百分点。全国乡镇、建制村通班车率分别为98%、91%。

2011年公路货运量、货物周转量、客运量、旅客周转量分别完成281亿吨、51 333亿吨公里、328亿人、16 733亿人公里，同比增长15.6%、19.4%、7.2%、12.2%。

2. 水路

2011年底，全国港口拥有万吨级及以上泊位1 762个，比上年末增加101个，其中，沿海港口万吨级及以上泊位1 422个，比上年末增加79个。内河航道通航里程达到12.5万公里，其中三级及以上航道9 460公里。

面对复杂严峻的国内外经济环境和各种重大挑战，公路水路客货运输量继续较快增长，港口生产态势总体良好。2011年全国完成货运量42.6亿吨、货物周转量75 424亿吨公里，比上年分别增长12.4%和10.2%；完成客运量2.46亿人、旅客周转量74.5亿人公里，比上年分别增长9.7%和3.1%。全国港口完成货物吞吐量100.4亿吨，比上年增长12.4%，其中，完成外贸货物吞吐量27.9亿吨，比上年增长11.4%。货物吞吐量超过亿吨的港口由上年的22个增加到26个，集装箱吞吐量超过100万TEU的港口由上年的18个增加到19个。上海港货物吞吐量已连续7年居全球第一、集装箱吞吐量连续两年居全球第一。

2011年底，全国拥有水上运输船舶17.9万艘，比上年末增长0.5%；净载重量21 264.3万吨，增长17.9%；平均净载重量1 186.4吨/艘，增长17.3%；集装箱箱位147.5万TEU，增长11.4%。在集装箱船拥有量居世界前20位的航运公司中，我国中远集运、中海集运分别排名第四和第八位。

二、交通运输业最新开放情况

1. 与港澳地区

《〈内地与香港关于建立更紧密经贸关系的安排〉补充协议八》2011年12月13日在香港签署，根据“补充协议八”，在法律、建筑、公路运输等13个原有领域将进一步开放。《〈内地与澳门关于建立更紧密经贸关系的安排〉补充协议八》2011年12月14日在澳门签署；“补充协议八”对法律、公路运输等11个领域在原有开放承诺基础上，进一步放宽市场准入条件、取消股权限制、放宽经营范围和经营地域的限制等。

2. 海峡两岸海上直航

为进一步落实《海峡两岸海运协议》，促进两岸海上直航健康稳定发展，充分发挥直航效益，2011年7月6日，交通运输部发布《关于海峡两岸海上直航政策措施的公告》，大陆方面直航港口（港区）增加到70个。

在全球航运持续低迷的背景下，两岸海运市场经受住了考验。2011年两岸间直航集装箱班轮航线达到27条，从事两岸间运输的集装箱船达到42艘，全年运送集装箱174万TEU，比上年增长6.7%；运送两岸贸易货物和中转货物共计6 000万吨，比上年下跌2.1%，比去年略有下降的主要原因是对台砂石和煤炭出口持续减少。

两岸旅客往来更快捷，两岸旅客运输稳步增长。2011年11月，福建平潭至台中开通高速客货运输航线，大陆至台湾本岛海上航程缩短到两个半小时。2011年，从福建沿海至金门、马祖、澎湖以及从厦门、台州至台湾本岛经海上运送的两岸旅客为160万人次，比上年增长6.7%。

3. 港航服务业

截至2011年底，我国持有国际船舶经营许可证的公司达到206家。其中，外商在华设立独资船务公司42家，比上年增加1家；独资船务公司设立分公司218家，比上年增加9家。在独资船务公司中，外商在华设立外商独资集装箱运输服务公司7家、分公司73家。在华开展班轮运输业务的中外公司共157家。取得经营资质的国际船舶代理企业共1 700多家，其中外商及港澳台投资70家，香港与内地合资45家。取得无船承运人经营资格的企业3 897家，其中，香港地区138家，台湾地区2家，澳门地区1家，外国344家。

2011年，国际邮轮业务发展迅速，到达中国的客轮数量增加，歌诗达邮轮船务（上海）有限公司成为在华设立的第一家外国邮轮独资船务公司。

为规范外国航运公司在我国境内的投资经营行为，保护投资者合法权益，进一步促进我国国际航运业发展，2011年8月，交通运输部发布了《关于加强外商独资船务公司审批管理工作的通知》，明确独资船务公司申请设立的程序，适当放宽了独资船务公司市场准入条件和经营范围。

4. 对外合作

2011年，交通运输部继续与欧盟、日本、韩国、加拿大、丹麦等举行年度双边海运会谈，举行了中俄运输合作分委会第十五次运输工作组会议、中韩陆海联运汽车货物运输合作委员会第二次会议，参加WTO、APEC、IMO等国际组织举行的多边商谈，加深海运领域合作。

三、运输服务贸易

2011年，中国运输服务进出口总额为1 160亿美元，同比增长19.0%，在中国服务进出口总额中的占比由2010年的27.4%上升到27.6%。2011年，中国服务贸易逆差为449亿美元，比2010年的290亿美元上升54.8%。2011年运输服务贸易逆差占中国服务贸易总逆差的81.3%，运输服务贸易仍然是中国最大的服务贸易逆差行业。

（交通运输部规划研究院）

中国航空运输业对外开放情况

2011 年中国民用航空行业发展情况

2011 年中国民航完成运输总周转量 577.44 亿吨公里，比上年增长 38.99 亿吨公里，增长 7.2%，其中旅客周转量 403.53 亿吨公里，比上年增长 43.98 亿吨公里，增长 12.2%；货邮周转量为 173.91 亿吨公里，比上年减少 4.99 亿吨公里，减少 2.8%。

国内航线完成运输周转量 380.61 亿吨公里，比上年增加 35.13 亿吨公里，增长 10.2%，其中港澳台航线 12.64 亿吨公里，比上年增加 1.05 亿吨公里，增长 9.1%；国际航线 196.84 亿吨公里，比上年增加 3.87 亿吨公里，增长 2.0%。

全行业完成旅客运输量29 317万人次，比上年增加 2 548 万人次，其中国内航线旅客运输量 27 199万人次，国际航线2 118万人次，港澳台航线 760 万人次，分别比上年增加 9.5%、9.7%和 13.1%。共拥有 443 条国际航线，运营里程 194.77 万公里。

截至 2011 年 11 月底，我国与其他国家或地区签订双边航空运输协定 114 个，比 2010 年底增加 2 个。其中：亚洲 43 个国家，非洲 23 个国家，欧洲 35 个国家，美洲 8 个国家，大洋洲 4 个国家，地区组织 1 个。国内航空公司定期航班与世界 60 个国家的 140 个城市实现通航。通航香港的内地城市 43 个，通航澳门的内地城市 10 个。大陆已开通 41 个对台直航点，两岸每周直航班次由去年的 370 班增至现在的 558 班。

年　份	运输总周转量（亿吨公里）	客运量（万人）	旅客周转量（亿吨公里）	货运量（万吨）	货邮周转量（亿吨公里）
2010 年	538.45	26 769	359.55	563.04	178.9
2011 年	577.44	29 317	403.53	557.5	173.91
同比增长	7.2%	9.5%	12.2%	−1.0%	−2.8%
年　度	国际航线（条）	国际客运量（万人）	国际货运量（万吨）	运输飞机（架）	旅客吞吐量（亿人次）
2010 年	302	1 931	192.60	1 597	5.64
2011 年	443	2 118	178.0	1 764	6.21
同比增长	46.7%	9.7%	−7.6%	10.4%	10%

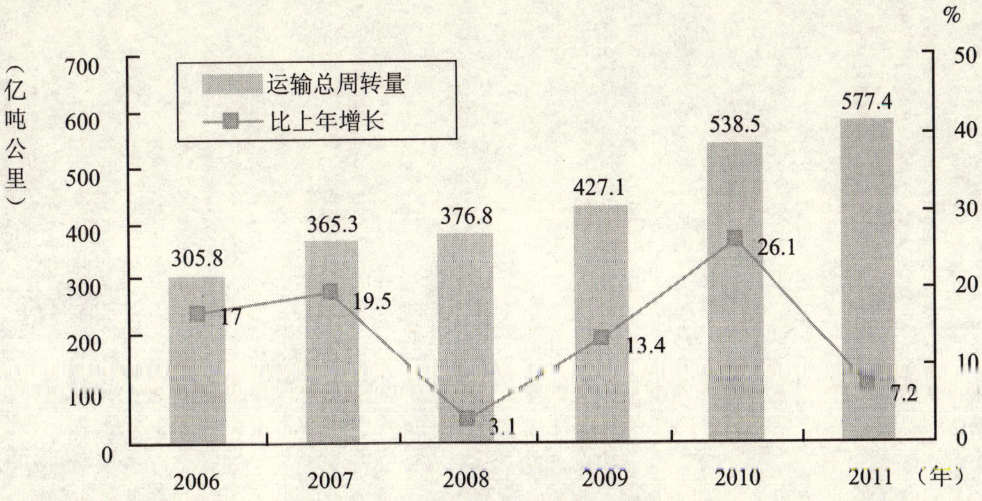

图 1　2006—2011 年民航运输总周转量

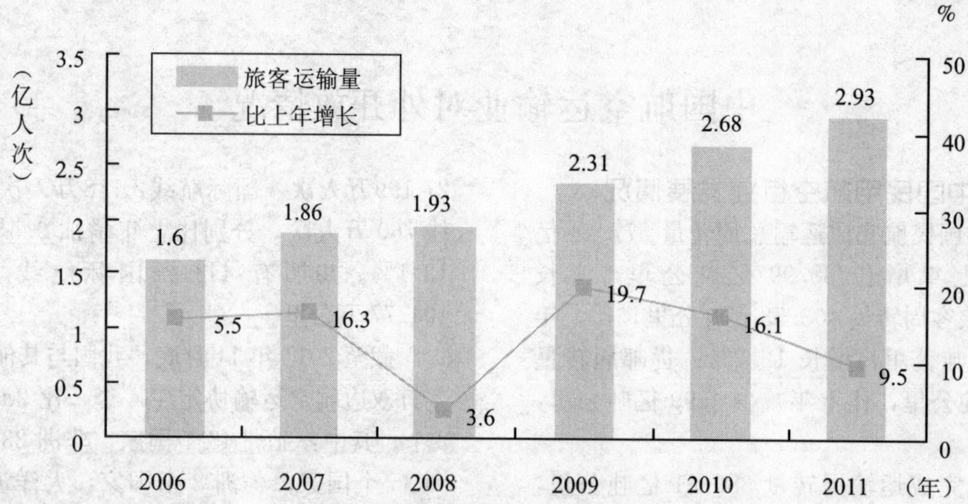

图 2　2006—2011 年民航旅客运输量

（中国民用航空局政策法规司　陈婧丹）

中国新闻出版业发展情况

2011年，中国的新闻出版业以科学发展为主题，以转变发展方式为主线，以深化改革为动力，着力推进内容形式、体制机制、服务平台、发展方式、技术手段、传播方式、工作体系和政策措施创新，圆满完成了年初确定的各项任务，顺利实现了“十二五”良好开局。

——新闻出版产品丰富多彩，2011年共出版图书37万种，达到历史最高水平；重版、重印图书品种增长率为2005年来最高，图书生产的品种结构进一步优化。图书、期刊、报纸印数创历史新高，数字出版继续保持快速增长，版权输出和实物出口取得新突破。

——新闻出版产业保持强劲发展势头，全年出版、印刷和发行服务实现营业收入14 568.6亿元，比2010年增长17.7%。

——新闻出版公共服务体系日臻完善，农家书屋工程建设顺利推进，全民阅读普及城乡。行政管理手段不断创新，新闻出版、版权领域群众普遍关心的七大热点难点问题得到有效破解，赢得社会广泛赞誉。

——新闻出版体制改革向纵深推进，完成中央三大出版传媒集团组建工作；非时政类报刊出版单位转企改制工作全面推开，进展顺利；新闻出版投融资体制改革取得新的突破，湖北长江出版集团、中原出版集团、浙报传媒集团、江苏凤凰出版集团等一批大型出版传媒企业相继上市。全国出版、报刊和发行集团主营业务收入较2010年增长20.4%。

一、大力推进公共服务体系建设

加大农家书屋建设进度，保障资金、重点督办、培训人员、推广经验，开展数字农家书屋建设试点工作，逐步建立农家书屋管理使用长效机制，全年建成书屋24.86万家。到2011年末累计投入资金90多亿元，建成书屋50.5万家，已覆盖全国84%的行政村。深入开展“全民阅读”活动，全国15个省（区、市）成立“全民阅读”活动领导机构，开展“党在我心中”主题读书、“全民阅读报刊行”、“全民数字阅读”、“书香中国”、全民阅读电视晚会等活动，引起热烈反响。第八次向全国青少年推荐百种优秀图书，首次开展向全国推荐百种优秀民族图书活动，第四次向全国青少年推荐优秀少儿报刊，开展小学生基础阅读书目和大众喜爱的50种图书评选，深受读者欢迎，全民阅读的氛围日益浓厚。民文出版基地规划方案初步成形，民族文字出版专项资金投入增加到6 000万元，民族文字出版工作的保障水平进一步提高。新闻出版公共服务不断向多层次、多领域延伸，组织全国报刊深入宣传禁毒防艾工作，全国300多个城市、乡镇建设公共阅报屏（栏）1.2万个。累计投入汶川地震灾后新闻出版业恢复重建资金及物资6亿余元，完成了3年恢复重建任务，实现地震灾区新华书店、农家书屋、公共阅报栏全覆盖。中国盲文图书馆新馆建成并投入使用，中国无障碍电影捐赠活动为残障人士捐赠出版物1 300多万元码洋。

切实关心民生问题，深入开展为民服务活动，把维护群众切身利益与加强和创新社会管理、深入持续开展“走转改”活动相结合，集中力量解决新闻出版、版权领域群众普遍关心的7大突出问题，制定有效措施，细化具体方案，明确责任部门，一件一件加以解决。采取有力措施解决贫困边远地区和农村中小学生缺少工具书问题，带动社会各界掀起捐赠“爱心字典”的热潮，赢得群众广泛好评。

二、着力推动新闻出版业发展方式转变

《新闻出版业“十二五”时期发展规划》和11个专项规划相继颁布，确立了“十二五”期末行业总产出2.94万亿元的发展目标，确定了支撑产业发展的7大工程、31个重点项目，明确了未来5年新闻出版业发展的方向、步骤和措施。产业升级转型步伐不断加快，数字出版迅猛发展，建成9个国家级数字出版基地（园区），传统出版企业向数字出版转型步伐加快，与中国移动签订战略合作协议，数字出版骨干企业和资源平台建设进展迅速。行业科技资金投入进一步加大，重大科研工程项目进入研发阶段，积极推进数字出版标准体系、出版

物发行标准体系、电子书内容标准等重点产业标准的研制工作，我国自主研发的国际标准文档关联编码国际标准获国际标准化组织批准立项。加快印刷复制重大工程建设，出台《国家印刷复制示范企业管理办法》，促进印刷复制产业结构调整，数字印刷、数字化发行和网络销售蓬勃发展，光盘复制产品结构逐步向高端转移，信息技术条件下的产业发展格局雏形初现。出台《实施绿色印刷公告》，首批 60 家印刷企业通过绿色印刷认证。项目带动和集约化发展战略效果显著，新闻出版改革发展项目库精选 401 个重点项目，增值税优惠政策延续和转企改制效应逐步显现，为产业发展创造了良好条件。全年新成立 5 个国家级新闻出版产业基地，累计建成各类新闻出版产业基地（园区）27 家，全国 17 个省市的 58 个印刷园区总投资额 209.77 亿元、产值 217.25 亿元。北京、上海、广东三个国家音乐产业基地建设顺利推进，产业聚集效应得到充分发挥。新闻出版展会经济崭露头角，第 21 届全国书博会、第七届深圳文博会新闻出版馆、第四届中国数字出版博览会和中国游戏产业年会、第九届中国国际数码互动娱乐展览会等成果丰硕，经济效益创历史新高。新闻出版产品社会影响力进一步扩大，全国 580 家图书出版单位申报选题首次突破 20 万种，“三个一百”原创出版工程确定入选图书 298 种，国家重点学术期刊建设工程有序推进，第六批中国民族网络游戏出版工程评选完成，原创网络游戏版权输出量不断增长。各类出版物的内容质量进一步提升，品种结构更加优化，“十一五”国家重点出版任务全部完成，“十二五”出版规划确定重点出版物 2030 种，当年出版精品项目 400 种。国家古籍整理出版、国家重点出版工程等项目的文化传承作用更加凸显。一大批关注重大理论和现实问题、极具文化学术价值、深受读者喜爱的精品出版物面世，进一步巩固了主流文化阵地。

三、全面深化新闻出版体制改革

非时政类报刊出版单位体制改革工作按照中央确定的“路线图”和“时间表”全面推开，进展顺利。制定改革实施方案、转制规程和审批流程，及时协调解决改革中涉及的各类问题。全国 28 个省（区、市）非时政类报刊出版单位整体改革实施方案通过审核，737 种中央部门单位非时政类报刊列入转制名单。按照“三改一加强”的要求，继续深化图书等出版单位改革，引导出版单位建立现代企业制度，完善法人治理结构，新组建中国科技出版传媒集团有限公司、中国新闻出版传媒集团有限公司，推动中国出版集团公司和中国教育出版传媒集团有限公司理顺体制、做大做强。与有关金融机构签署战略合作协议，继续引导非公有资本有序参与产业发展，出版传媒领域资本运作更趋成熟和活跃，产业融资渠道进一步拓宽。鼓励出版传媒领域资源整合、兼并重组，支持出版传媒集团通过上市融资壮大实力、改进管理。截至 2011 年底，全国已组建新闻出版企业集团 120 多家，有 48 家新闻出版企业在境内外上市。湖北长江出版集团、中原出版集团、浙报传媒集团、江苏凤凰出版集团等一批大型出版传媒企业相继登陆国内 A 股市场，其中凤凰传媒融资 44.8 亿元，创传媒企业上市融资规模历史新高，成为目前国内 A 股传媒行业第一大市值上市公司。

四、不断提升对外传播能力

不断加大对新闻出版“走出去”的政策、资金支持力度。隆重召开《大中华文库》暨新闻出版“走出去”先进单位表彰大会、第五届中华图书特殊贡献奖颁奖大会，表彰了一批对“走出去”战略贡献突出的新闻出版单位和先进个人。不断加快“走出去”渠道和平台建设，深入实施“中国出版物国际营销渠道拓展工程”，与拉加代尔3 100家书店合作开辟国际主流营销渠道，开展百家海外书店大联展，开设亚马逊“中国书店”，中国出版物海外行销渠道更加畅通。法兰克福书展中国展团达成版权输出及合作项目2 424个，北京国际图书博览会达成版权贸易协议2 953项，均创历史新高。与古巴、英国等多国政府和企业签署合作协议。2012 年伦敦书展中国主宾国活动筹备工作顺利推进，力争续写对外出版文化交流新辉煌。与港澳台的出版交流合作更加深入。

五、切实加强版权保护工作

继续深入开展打击侵犯知识产权和制售假冒伪劣商品专项行动，加强印刷复制生产源头和出版物市场监管，集中打击网络侵权盗版活动，会同公检法等部门联合督办、查破大案要案，及时处理版权纠纷。探索构建政府机关软件正版化长效机制，深入推进企业软件正版化工作，对16个省（区、市）进行专题督导检查，135个中央和国家机关按时完成检查整改。进一步规范作品登记工作，扩大登记覆盖范围。版权相关产业蓬勃发展，版权示范城市、单位、园区（基地）建设的带动、辐射作用日益显现，版权相关产业对国民经济的贡献率不断增大。围绕新中国《著作权法》实施20周年，多层次开展“4·26知识产权宣传周”系列活动，进一步营造了尊重创作、尊重版权的良好氛围。版权对外交流与合作形势喜人，与世界知识产权组织的友好关系进一步巩固，北京成功获得WIPO保护音像表演外交会议承办权。加强中英、中欧、中日、中韩等双边版权交流合作，成功举办2011年海峡两岸著作权论坛。

六、不断提高行政管理水平

行业法律法规体系日渐成熟，完成《出版管理条例》、《音像制品管理条例》修订工作，《著作权法》第三次修订列入国务院2011年度计划，出台《出版物市场管理规定》等部门规章，系统清理上千件规章和规范性文件，首次向社会公布新闻出版（版权）现行有效规章、规范性文件目录，以3部新闻出版行政法规为核心、25部部门规章为配套、251件规范性文件为补充的新闻出版法律体系更加完备，为改革发展和行政管理提供了制度保障。大力提升行政审批服务质量，深入推进新闻出版（版权）系统行政审批制度改革，根据国务院要求和相关法律法规重新清理行政审批项目，注重向改革到位的优势出版传媒企业优先配置出版资源，行政审批的宏观调控和政策导向作用更加突出。进一步严格出版物市场监管，颁布实施《新闻采编人员不良从业行为记录登记办法》、《关于严防虚假新闻报道的若干规定》，全面推行报刊综合质量评估和分类评估，开展报刊记者站专项治理“百日行动”及期刊违规刊发质量低劣论文专项治理，加强报刊虚假违法广告专项整治，及时查处虚假报道、新闻敲诈、一号多刊、内容低俗等违规行为，切实维护良好的新闻秩序。出台《印刷管理办法》和《全国印刷复制行政执法报告评价制度实施办法》，组织开展印刷复制发行专项检查，首次进行印刷复制行政执法评价，继续开展“3·15”少儿出版产品质检活动，有效保障出版物制作质量。积极参与教育乱收费专项治理，继续加大报刊摊派治理力度，处罚违规行为、淘汰落后单位，进一步提升行政管理权威。发布《2010年新闻出版产业分析报告》，行业统计工作进一步向全口径、深层次的产业统计转变。全国报刊电子样本库等项目稳步推进，行政管理工作的信息化水平显著提高。

（国家新闻出版总署办公厅　孙倩）

中国旅游业对外开放情况

一、旅游市场开放情况

自2010年国家旅游局和商务部联合发布《中外合资经营旅行社试点经营出境旅游业务监管暂行办法》后，国家旅游局共受理了14家中外合资经营旅行社的试点申请材料。2011年，中旅途易旅游有限公司、国旅运通旅行社有限公司、交通公社新纪元国际旅行社有限公司3家中外合资经营旅行社获得了首批试点资格。根据该办法，此三家外资旅行社可以招徕、组织、接待中国内地居民出国旅游和赴香港、澳门特别行政区旅游的经营活动，但不得组织大陆居民赴台湾地区旅游。

二、旅游对外交流合作

截至2011年，国务院批准的中国公民出境旅游目的地国家和地区已达140个，其中已实施111个。(见附表1)

（一）对外宣传推广持续加强。进一步加强了与外交、文化、外宣、港澳办、台办等部门的合作，扩大境外市场推广力度，推动旅游形象宣传纳入国家对外文化宣传范畴。在海外以“中华文化游”主题组织开展专题宣传推广活动200多场，完成了500多个媒体推广项目。组织参加了港澳地区系列国际旅展，推进了中西部地区港澳入境市场开发。组织各地旅游部门和旅游企业参加柏林、伦敦、莫斯科、日本JATA等24个主要国际旅展，通过开设旅游微博等创新旅游宣传营销方式，针对不同重点客源市场持续加大宣传推广力度。我国继续保持全球第三大入境旅游接待国地位。(见附表2)

（二）国际交流合作深入推进。国家主席胡锦涛出席了与菲律宾、喀麦隆的旅游协定签署仪式；国务院总理温家宝出席了与俄罗斯、澳大利亚的旅游协定签署仪式；国务院副总理王岐山出席了亚太旅游协会60周年庆典，会见世界旅游组织、世界旅游业理事会领导人，代表中国政府接受了《全球领导人支持旅游业公开信》。与韩国签署了中韩旅游合作协议，与俄罗斯建立了中俄地区旅游合作交流机制，中国旅游团队赴美旅游业务第四阶段新增河南、江西、贵州三省，日韩俄美四大主要客源市场得以巩固。国家旅游局和地方旅游部门出席了第19次世界旅游组织全体大会、第11届世界旅游旅行大会、第6届中日韩旅游部长会议、第5届中美省州旅游局长对话会议，参加了第3届T20旅游部长会议、南太旅游组织部长理事会会议，举办了中国与加勒比经贸合作论坛旅游研讨会、首届亚欧旅游合作发展论坛，我国旅游业国际影响力不断提升。

（三）与港澳交流合作成效明显。配合李克强副总理访港，研究提出了五条惠港旅游新政策，将其作为“CEPA补充协议八”旅游领域开放的新措施。积极开展内地与港澳旅游界高层互访和业界交流，进一步发挥旅游业在促进香港、澳门长期繁荣稳定中的积极作用。进一步加强内地与港澳地区旅游产业化合作。内地与港澳已成为全球最大的双向旅游交流市场。

（四）赴台旅游务实推进。大陆居民赴台旅游稳步发展，启动了北京、上海、厦门居民赴台“个人游”试点，开放了福建居民赴金门、马祖、澎湖地区“个人游”，开放了大陆居民直系亲属异地参加赴台旅游团和单一机构跨区域赴台团队旅游业务。截至2011年，共有164家大陆居民赴台旅游组团社(见附表3)。全年大陆居民赴台旅游126万人次，同比增长7.8%，其中团队旅游123万人次，个人游3万人次。成功举办了海峡两岸第六届台北旅展、第14届旅行业联谊会、第三届旅游交流圆桌会议，两岸旅游交流合作向多领域多层次发展。

三、旅游市场持续增长

旅游市场平稳较快增长。2011年，国内旅游人数26.41亿人次，比上年增长13.2%；国内旅游收入19 306亿元，增长23.6%；入境旅游人数13 542万人次，增长1.2%；入境过夜旅游者人数5 758万人次，增长3.4%；旅游外汇收入485亿美元，增长5.8%；出境旅游人数7 025万人次，增长22.4%；出境旅游花费726亿美元，增长32.2%。旅游贸易逆差由2010年91亿美元扩大到241亿美元。全年旅游总收入22 459亿元，增长20.1%。

附表 1　　已正式开展业务的中国公民出境旅游目的地国家　（截至 2011 年）

	国家/地区	启动时间	开展业务情况
1	香港	1983 年	全面开展
2	澳门	1983 年	全面开展
3	泰国	1988 年	全面开展
4	新加坡	1990 年	全面开展
5	马来西亚	1990 年	全面开展
6	菲律宾	1992 年	全面开展
7	澳大利亚	1999 年	北京、上海、广州开展
		2004 年 7 月	天津、河北、山东、江苏、浙江、重庆正式开展
		2006 年 8 月	全面开展
8	新西兰	1999 年	北京、上海、广州开展
		2004 年 7 月	天津、河北、山东、江苏、浙江、重庆正式开展
		2006 年 8 月	全面开展
9	韩国	1998 年	全面开展
10	日本	2000 年	北京、上海、广州试办
		2004 年 9 月 15 日	辽宁、天津、山东、江苏、浙江正式开展
		2005 年 7 月 25 日	全面开展
11	越南	2000 年	全面开展
12	柬埔寨	2000 年	全面开展
13	缅甸	2000 年	全面开展
14	文莱	2000 年	全面开展
15	尼泊尔	2002 年	全面开展
16	印度尼西亚	2002 年	全面开展
17	马耳他	2002 年	全面开展
18	土耳其	2002 年	全面开展
19	埃及	2002 年	全面开展
20	德国	2003 年	全面开展
21	印度	2003 年	全面开展
22	马尔代夫	2003 年	全面开展
23	斯里兰卡	2003 年	全面开展
24	南非	2003 年	全面开展
25	克罗地亚	2003 年	全面开展
26	匈牙利	2003 年	全面开展
27	巴基斯坦	2003 年	全面开展
28	古巴	2003 年	全面开展
29	希腊	2004 年 9 月	全面开展
30	法国	2004 年 9 月	全面开展
31	荷兰	2004 年 9 月	全面开展
32	比利时	2004 年 9 月	全面开展
33	卢森堡	2004 年 9 月	全面开展
34	葡萄牙	2004 年 9 月	全面开展
35	西班牙	2004 年 9 月	全面开展
36	意大利	2004 年 9 月	全面开展
37	奥地利	2004 年 9 月	全面开展
38	芬兰	2004 年 9 月	全面开展
39	瑞典	2004 年 9 月	全面开展
40	捷克	2004 年 9 月	全面开展

续表

	国家/地区	启动时间	开展业务情况
41	爱沙尼亚	2004年9月	全面开展
42	拉脱维亚	2004年9月	全面开展
43	立陶宛	2004年9月	全面开展
44	波兰	2004年9月	全面开展
45	斯洛文尼亚	2004年9月	全面开展
46	斯洛伐克	2004年9月	全面开展
47	塞浦路斯	2004年9月	全面开展
48	丹麦	2004年9月	全面开展
49	冰岛	2004年9月	全面开展
50	爱尔兰	2004年9月	全面开展
51	挪威	2004年9月	全面开展
52	罗马尼亚	2004年9月	全面开展
53	瑞士	2004年9月	全面开展
54	列支敦士登	2004年9月	全面开展
55	埃塞俄比亚	2004年12月15日	全面开展
56	津巴布韦	2004年12月15日	全面开展
57	坦桑尼亚	2004年12月15日	全面开展
58	毛里求斯	2004年12月15日	全面开展
59	突尼斯	2004年12月15日	全面开展
60	塞舌尔	2004年12月15日	全面开展
61	肯尼亚	2004年12月15日	全面开展
62	赞比亚	2004年12月15日	全面开展
63	约旦	2004年12月15日	全面开展
64	北马里亚纳群岛联邦	2005年4月1日	全面开展
65	斐济	2005年5月1日	全面开展
66	瓦努阿图	2005年5月1日	全面开展
67	英国	2005年7月15日	全面开展
68	智利	2005年7月15日	全面开展
69	牙买加	2005年7月15日	全面开展
70	俄罗斯	2005年8月25日	全面开展
71	巴西	2005年9月15日	全面开展
72	墨西哥	2005年9月15日	全面开展
73	秘鲁	2005年9月15日	全面开展
74	安提瓜和巴布达	2005年9月15日	全面开展
75	巴巴多斯	2005年9月15日	全面开展
76	老挝	2005年9月15日	全面开展
77	蒙古	2006年3月1日	全面开展
78	汤加	2006年3月1日	全面开展
79	格林纳达	2006年3月1日	全面开展
80	巴哈马	2006年3月1日	全面开展
81	阿根廷	2007年1月1日	全面开展

续 表

	国家/地区	启动时间	开展业务情况
82	委内瑞拉	2007年1月1日	全面开展
83	乌干达	2007年1月1日	全面开展
84	孟加拉	2007年1月1日	全面开展
85	安道尔	2007年1月1日	全面开展
86	保加利亚	2007年10月15日	全面开展
87	摩洛哥	2007年10月15日	全面开展
88	摩纳哥	2007年10月15日	全面开展
89	叙利亚	2007年10月15日	全面开展
90	阿曼	2007年10月15日	全面开展
91	纳米比亚	2007年10月15日	全面开展
92	美国	2008年6月17日	北京、天津、上海、江苏、浙江、湖南、湖北、河北、广东正式开展
		2009年10月1日	山西、辽宁、吉林、黑龙江、安徽、山东、广西、海南、重庆、四川、云南、陕西正式开展
		2011年1月30日	内蒙古、宁夏、福建正式开展
		2012年1月30日	河南、江西、贵州正式开展
93	台湾	2008年7月18日	全面开展
94	法属波利尼西亚	2008年9月15日	全面开展
95	以色列	2008年9月15日	全面开展
96	佛得角共和国	2009年9月15日	全面开展
97	圭亚那	2009年9月15日	全面开展
98	黑山共和国	2009年9月15日	全面开展
99	加纳共和国	2009年9月15日	全面开展
100	厄瓜多尔	2009年9月15日	全面开展
101	多米尼克	2009年9月15日	全面开展
102	阿拉伯联合酋长国	2009年9月15日	全面开展
103	巴布亚新几内亚	2009年9月15日	全面开展
104	马里共和国	2009年9月15日	全面开展
105	朝鲜	2010年4月12日	全面开展
106	密克罗尼西亚	2010年4月12日	全面开展
107	乌兹别克斯坦	2010年5月1日	全面开展
108	黎巴嫩	2010年5月1日	全面开展
109	加拿大	2010年8月15日	全面开展
110	塞尔维亚共和国	2010年8月15日	全面开展
111	伊朗伊斯兰共和国	2011年8月15日	全面开展

附表 2

2011 年入境外国游客人数（按国籍分）
FOREIGN VISITOR ARRIVALS BY NATIONALITY 2011

国籍	NATIONALITY	人数（万人次）ARRIVALS (10 000 PERSON-TIMES)	占总数比重（%）P. C. TOTAL	比上年增长（%）GROWTH（%）
韩国	KOREA	418.54	15.4	2.7
日本	JAPAN	365.82	13.5	−2.0
俄罗斯	RUSSIA	253.63	9.4	7.0
美国	U. S. A	211.61	7.8	5.3
马来西亚	MALAYSIA	124.51	4.6	0.0
新加坡	SINGAPORE	106.30	3.9	5.9
越南	VIETNAM	100.65	3.7	9.4
蒙古	MONGOLIA	99.42	3.7	25.2
菲律宾	PHILIPPINES	89.43	3.3	8.0
加拿大	CANADA	74.80	2.8	9.1
澳大利亚	AUSTRALIA	72.62	2.7	9.8
德国	GERMANY	63.70	2.3	4.7
印度尼西亚	INDONESIA	60.87	2.2	6.2
泰国	THAILAND	60.80	2.2	−4.3
印度	INDIA	60.65	2.2	10.4
英国	U. K.	59.57	2.2	3.6
哈萨克斯坦	KAZAKHSTAN	50.62	1.9	33.1
法国	FRANCE	49.31	1.8	−3.8
意大利	ITALY	23.50	0.9	2.5
荷兰	NETHERLANDS	19.75	0.7	4.4
缅甸	MYNMAR	19.10	0.7	−61.3
瑞典	SWEDEN	17.01	0.6	10.1
朝鲜	KOREA, D. P. REP.	15.23	0.6	30.9
西班牙	SPAIN	13.99	0.5	1.2
伊朗	IRAN	12.51	0.5	6.9
新西兰	NEWZEALAND	12.09	0.4	4.2
乌克兰	UKRAINE	12.02	0.4	13.8
土耳其	TURKEY	9.88	0.4	17.0
巴西	BRAZIL	9.79	0.4	15.1
巴基斯坦	PAKISTAN	9.25	0.3	6.0
丹麦	DANMARK	8.46	0.3	−2.4
以色列	ISRAEL	8.22	0.3	−1.4
瑞士	SWITZERLAND	7.53	0.3	1.3
比利时	BELGIUM	7.04	0.3	−7.7
波兰	POLAND	6.80	0.3	9.5
南非	SOUTHAFRICA	6.74	0.2	4.5
奥地利	AUSTRIA	6.69	0.2	−0.5
芬兰	FINLAND	6.53	0.2	−5.7
埃及	EGYPT	6.09	0.2	3.0
乌兹别克斯坦	UZBEKISTAN	5.40	0.2	26.9
墨西哥	MEXICAN	5.37	0.2	8.9
挪威	NORWAY	5.14	0.2	−3.9
孟加拉国	BANGLADESH	4.77	0.2	14.4
吉尔吉斯斯坦	KYRGYZSTAN	4.76	0.2	34.4
葡萄牙	PORTUGAL	4.70	0.2	−1.4
尼日利亚	NIGERIA	4.54	0.2	9.8

附表 3　　　赴台游组团社名单

一、北京（20家）		
1	L-BJ-CJ00001	中国国际旅行社总社有限公司
2	L-BJ-CJ00002	中国旅行社总社有限公司
3	L-BJ-CJ00003	中青旅控股股份有限公司
4	L-BJ-CJ00004	中国民间国际旅游公司
5	L-BJ-CJ00005	中信旅游总公司
6	L-BJ-CJ00007	中国妇女旅行社
7	L-BJ-CJ00011	中国康辉旅行社集团有限责任公司
8	L-BJ-CJ00027	中国天鹅国际旅游公司
9	L-BJ-CJ00029	中国金桥旅游总公司
10	L-BJ-CJ00037	中国职工国际旅行社总社
11	L-BJ-CJ00039	海峡旅行社
12	L-BJ-CJ00042	同源国际旅行社
13	L-BJ-CJ00051	北京凯撒国际旅行社有限责任公司
14	L-BJ-CJ00055	中国和平国际旅游有限责任公司
15	L-BJ-CJ00056	北京中国国际旅行社有限公司
16	L-BJ-CJ00061	北京市华远国际旅游有限公司
17	L-BJ-CJ00080	北京神舟国际旅行社集团有限公司
18	L-BJ-CJ00086	中国旅行社总社（北京）有限公司
19	L-BJ-CJ00093	北京台湾会馆国际旅行社有限责任公司
20	L-BJ-CJ00108	北京东方世纪国际旅行社有限公司
二、天津（5家）		
21	L-TJ-CJ00001	天津中国国际旅行社
22	L-TJ-CJ00002	天津市中国旅行社
23	L-TJ-CJ00003	天津康辉国际旅行社有限责任公司
24	L-TJ-CJ00004	天津中国青年旅行社
25	L-TJ-CJ00010	天津市经典假期国际旅行社有限公司
三、河北（4家）		
26	L-HEB-CJ00001	河北省中国国际旅行社有限公司
27	L-HEB-CJ00002	河北省中国旅行社有限责任公司
28	L-HEB-CJ00005	河北省东方国际旅行社有限责任公司
29	L-HEB-CJ00015	河北康辉国际旅行社有限责任公司
四、山西（4家）		
30	L-SX-CJ00003	大同中国国际旅行社有限责任公司
31	L-SX-CJ00016	山西商务国际旅行社（有限公司）
32	L-SX-CJ00029	山西太行国际旅行社有限责任公司
33	L-SX-CJ00032	山西皇城相府国际旅行社有限公司
五、内蒙古（2家）		
34	L-NMG-CJ00004	内蒙古新世纪康辉国际旅行社有限责任公司
35	L-NMG-CJ00008	赤峰国际旅行社有限公司
六、辽宁（6家）		
36	L-LN-CJ00001	辽宁海外国际旅行社有限公司
37	L-LN-CJ00002	沈阳市海外国际旅行社有限公司
38	L-LN-CJ00019	沈阳青年国际旅行社有限公司
39	L-LN-CJ00037	大连古莲国际旅行社有限公司
40	L-LN-CJ00041	辽宁康辉国际旅行社有限公司

续 表

六、辽宁（6家）（续）		
41	L-LN-CJ00046	中国旅行社总社（大连）有限公司
七、吉林（3家）		
42	L-JL-CJ00013	延边文化国际旅行社有限公司
43	L-JL-CJ00010	吉林市中国旅行社有限公司
44	L-JL-CJ00022	吉林省环球国际旅行社有限公司
八、黑龙江（3家）		
45	L-HLJ-CJ00006	哈尔滨铁道国际旅行社有限责任公司
46	L-HLJ-CJ00014	哈尔滨青年国际旅行社
47	L-HLJ-CJ00028	黑龙江天马国际旅行社有限公司
九、上海（9家）		
48	L-SH-CJ00001	上海国旅国际旅行社有限公司
49	L-SH-CJ00005	上海锦江旅游有限公司
50	L-SH-CJ00003	上海中旅国际旅行社有限公司
51	L-SH-CJ00004	上海中国青年旅行社
52	L-SH-CJ00007	国旅集团上海有限公司
53	L-SH-CJ00009	上海春秋国际旅行社有限公司
54	L-SH-CJ00011	上海航空国际旅游（集团）有限公司
55	L-SH-CJ00021	上海市东上海国际旅行社有限公司
56	L-SH-CJ00025	上海携程国际旅行社有限公司
十、江苏（8家）		
57	L-JS-CJ00001	江苏海外旅游有限公司
58	L-JS-CJ00006	江苏省中旅旅行社有限公司
59	L-JS CJ00007	苏州中国国际旅行社有限责任公司
60	L-JS-CJ00010	无锡市中国旅行社有限责任公司
61	L-JS-CJ00018	中青旅江苏国际旅行社有限公司
62	L-JS-CJ00024	南京中北友好国际旅行社有限公司
63	L-JS-CJ00026	苏州青年旅行社股份有限公司
64	L-JS-CJ00034	江苏舜天海外旅游有限公司
十一、浙江（9家）		
65	L-ZJ-CJ00002	浙江省中国旅行社有限公司
66	L-ZJ-CJ00003	浙江省中青国际旅游有限公司
67	L-ZJ-CJ00005	浙江中山国际旅行社有限责任公司
68	L-ZJ-CJ00006	浙江光大国际旅游有限公司
69	L-ZJ-CJ00008	浙旅控股股份有限公司
70	L-ZJ-CJ00009	浙江海峡旅行社有限公司
71	L-ZJ-CJ00029	杭州海外旅游有限公司
72	L-ZJ-CJ00030	杭州市中国旅行社有限公司
73	L-ZJ-CJ00041	宁波浙仑海外旅行社有限公司
十二、安徽（3家）		
74	L-AH-CJ00001	安徽海外旅游有限公司
75	L-AH-CJ00002	安徽中国青年旅行社有限责任公司
76	L-AH-CJ00006	黄山市中国旅行社
十三、福建（10家）		
77	L-FJ-CJ00001	福建海外旅游实业总公司
78	L-FJ-CJ00002	福建省中国旅行社
79	L-FJ-CJ00005	福建省旅游有限公司

续　表

80	L-FJ-CJ00008	福建省康辉国际旅行社股份有限公司
81	L-FJ-CJ00011	福建康泰国际旅行社有限公司
82	L-FJ-CJ00015	厦门旅游集团国际旅行社有限公司
83	L-FJ-CJ00016	厦门航空国际旅行社有限公司
84	L-FJ-CJ00018	厦门春辉国际旅行社有限公司
85	L-FJ-CJ00020	厦门建发国际旅行社有限公司
86	L-FJ-CJ00033	福建省惠安天马国际旅行社
十四、江西（3家）		
87	L-JX-CJ00001	江西省海外旅游总公司
88	L-JX-CJ00006	南昌铁路国际旅行社有限责任公司
89	L-JX-CJ00007	江西光大国际旅行社有限公司
十五、山东（6家）		
90	L-SD-CJ00001	山东旅游有限公司
91	L-SD-CJ00002	山东嘉华文化国际旅行社有限公司
92	L-SD-CJ00016	港中旅国际（山东）旅行社有限公司
93	L-SD-CJ00020	中国国旅（青岛）国际旅行社有限公司
94	L-SD-CJ00021	中国旅行社总社（青岛）有限公司
95	L-SD-CJ00046	山东南山国际旅行社有限公司
96	L-SD-CJ00048	威海中国旅行社有限公司
十六、河南（6家）		
97	L-HEN-CJ00001	河南旅游集团有限公司
98	L-HEN-CJ00002	河南省中国国际旅行社有限责任公司
99	L-HEN-CJ00009	河南中州国际旅行社有限公司
100	L-HEN-CJ00010	河南中原国际旅游集团有限公司
101	L-HEN-CJ00011	河南康辉国际旅行社有限责任公司
102	L-HEN-CJ00012	河南省中国旅行社有限公司
十七、湖北（5家）		
103	L-HUB-CJ00003	长江轮船海外旅游总公司
104	L-HUB-CJ00006	湖北省中国旅行社有限责任公司
105	L-HUB-CJ00010	湖北海外十堰中国国际旅行社有限公司
106	L-HUB-CJ00019	湖北新航线国际旅行社有限责任公司
107	L-HUB-CJ00022	中国国旅（宜昌）国际旅行社有限公司
十八、湖南（5家）		
108	L-HUN-CJ00001	湖南华天国际旅行社有限责任公司
109	L-HUN-CJ00002	湖南省中青旅国际旅行社有限公司
110	L-HUN-CJ00003	湖南省中国国际旅行社有限公司
111	L-HUN-CJ00006	长沙国旅国际旅行社有限公司
112	L-HUN-CJ00009	湖南光大国际旅行社有限公司
十九、广东（13家）		
113	L-CD-CJ00001	广东国旅国际旅行社股份有限公司
114	L-GD-CJ00002	广东省中国旅行社股份有限公司
115	L-GD-CJ00004	广州广之旅国际旅行社股份有限公司
116	L-CD-CJ00005	广东铁青国际旅行社有限责任公司
117	L-CD-CJ00019	广东南湖国际旅行社有限责任公司
118	L-CD-CJ00025	广东风光国际旅行社有限公司
119	L-CD-CJ00039	深圳中国国际旅行社有限公司
120	L-GD-CJ00041	深圳市口岸中国旅行社有限公司

续 表

121	L-CD-CJ00047	深圳市九洲国际旅行社有限公司
122	L-CD-CJ00058	深圳市航空国际旅行社有限公司
123	L-GD-CJ00069	广东省拱北口岸中国旅行社有限公司
124	L-CD-CJ00077	汕头市旅游总公司
125	L-GD-CJ00115	中山中国国际旅行社有限公司
二十、广西（3家）		
126	L-GX-CJ00001	桂林中国国际旅行社有限责任公司
127	L-GX-CJ00004	广西中国国际旅行社
128	L-GX-CJ00018	桂林阳朔国际旅行社有限责任公司
二十一、海南（2家）		
129	L-HAN-CJ00008	海南豪阳国际旅行社有限公司
130	L-HAN-CJ00009	海南特区国际旅行社有限公司
二十二、重庆（5家）		
131	L-CQ-CJ00001	重庆海外旅业（旅行社）集团有限公司
132	L-CQ-CJ00002	重庆市中国旅行社（集团）有限公司
133	L-CQ-CJ00003	重庆新亚国际旅行社
134	L-CQ-CJ00004	重庆新世纪国际旅行社有限公司
135	L-CQ-CJ00012	重庆长江国际旅游公司
二十三、四川（6家）		
136	L-SC-CJ00001	四川海外旅游公司
137	L-SC-CJ00002	成都中国青年旅行社
138	L-SC-CJ00003	四川省中国青年旅行社有限公司
139	L-SC-CJ00010	四川康辉国际旅行社有限公司
140	L-SC-CJ00018	成都熊猫旅游集团国际旅行社股份有限公司
141	L-SC-CJ00021	四川和邦国际旅行社有限责任公司
二十四、贵州（3家）		
142	L-GZ-CJ00001	贵州海外旅游总公司
143	L-GZ-CJ00003	贵州省中国青年旅行社有限公司
144	L-GZ-CJ00002	贵州省中国国际旅行社
二十五、云南（5家）		
145	L-YN-CJ00001	云南海外旅游总公司
146	L-YN-CJ00002	昆明中国国际旅行社
147	L-YN-CJ00011	昆明风情国际旅游（集团）有限公司
148	L-YN-CJ00012	云南省国际旅行社
149	L-YN-CJ00020	昆明康辉旅行社有限公司
二十六、西藏（2家）		
150	L-XZ-CJ00001	西藏旅游总公司
151	L-XZ-CJ00002	西藏圣地国际旅行社
二十七、陕西（4家）		
152	L-SNX-CJ00001	西安中国国际旅行社集团有限责任公司
153	L-SNX-CJ00002	中国康辉西安国际旅行社有限责任公司
154	L-SNX-CJ00006	中国旅行社总社西北有限公司
155	L-SNX-CJ00010	西安中旅国际旅行社有限责任公司
二十八、甘肃（2家）		
156	L-GS-CJ00008	甘肃康辉国际旅行社有限责任公司
157	L-GS-CJ00001	甘肃丝绸之路国际旅行社有限责任公司

续　表

二十九、青海（2家）		
158	L-QH-CJ00004	青海青藏国际旅行社有限公司
159	L-QH-CJ00003	青海省西海国际旅行社
三十、宁夏（2家）		
160	L-NX-CJ00002	宁夏中国国际旅行社
161	L-NX-CJ00001	宁夏海外旅游有限责任公司
三十一、新疆（2家）		
162	L-XJ-CJ00001	中青旅新疆国际旅行社有限责任公司
163	L-XJ-CJ00004	港中旅国际新疆旅行社有限责任公司
三十二、新疆兵团（1家）		
164	L-XB-CJ00001	新疆康辉大自然国际旅行社有限责任公司

（国家旅游局政策法规司　路梦西）

中国电信业对外开放情况

一、2011年电信业运行情况

2011年是“十二五”的开局之年，电信业认真落实《中华人民共和国国民经济和社会发展第十二个五年规划纲要》，按照“加快建设宽带、融合、安全、泛在的下一代国家信息基础设施，推动信息化和工业化深度融合，推进经济社会各领域信息化”的总要求，采用先进技术，大力建设宽带网络，提升接入能力；优化包括TD在内的3G网络，提高网络质量；与相关部门协作，积极推进三网融合；继续实施通信“村村通”工程，全面开展“信息下乡”活动；切实解决社会关注的电信服务热点问题，努力提升互联网管理水平，为经济社会发展作出重要贡献。

2011年，全国电信业务总量累计完成11 772亿元，同比增长15.5%，实现电信业务收入9 880亿元，同比增长10.0%。完成固定资产投资3 331亿元，其中3G网络建设直接投资1 194亿元。全年累计净增电话用户1.18亿户，总数达到12.7亿户，其中固定电话用户累计减少923万户，总数降至2.85亿户，普及率21.3部/百人；移动电话用户累计净增1.27亿户，总数达到9.86亿户，普及率73.6部/百人；3G用户达到1.28亿户，其中TD用户达到5121万户。互联网网民规模达到5.13亿人，互联网普及率达到38.3%，其中手机网民规模占比达到了69.3%。（固定）互联网宽带接入用户全年净增3 020万户，总数达到1.56亿户。

二、我国电信业开放情况及WTO有关政策管理措施

自2001年加入WTO以来，我国根据在WTO中承诺开放的业务和条件，严格履行WTO承诺，积极应对WTO挑战，逐步建设完善相关法律法规，有关情况如下。

（一）履行WTO承诺，完善相关制度。2001年12月，国务院颁布了《外商投资电信企业管理规定》（国务院第333号令），2008年9月10日，国务院第534号令公布了《国务院关于修改〈外商投资电信企业管理规定〉的决定》，降低了外商投资注册资本的最低限额。

（二）在CEPA框架下，增开4项增值电信业务。经过多轮CEPA框架下谈判，除向WTO承诺开放的电信业务外，向港资和澳资增开了国内因特网虚拟专用网业务、因特网数据中心业务、呼叫中心业务、因特网接入服务业务等4项增值电信业务。

（三）离岸呼叫中心试点对外资开放。经我部和商务部申请，国务院通过《关于鼓励服务外包产业加快发展的复函》和《关于同意简化外资经营离岸呼叫中心业务试点审批程序的复函》批准同意离岸呼叫中心对外资开放试点。根据批复意见，2010年11月11日，我部研究出台了《关于鼓励服务外包产业加快发展及简化外资经营离岸呼叫中心业务试点审批程序的通知》，对外资经营离岸呼叫中心业务试点审批程序做了简化，同时对外资经营离岸呼叫中心业务试点地区、业务、主体、审批部门、审批程序做了具体规定。

（四）入世以来外商投资电信企业申请及获得批准的情况。2001年以来，严格履行WTO承诺，按法定程序进行审查批准。截至2011年底，我国通信主管部门（工业和信息化部及各地通信管理局）共正式受理外商投资电信企业申请61份，获得我部颁发的《外商投资经营电信业务审定意见书》的有43份。获得我部颁发的《电信业务经营许可证》的外商投资企业有25家。

三、对外开放促进电信业发展与改革

（一）稳步推进体制改革和市场开放。以入世前1998年信息产业部成立为标志，我国电信业完成了政企分开，开始进入改革的快车道。我国通信业的发展经验表明，引进多种资本和主体，促进市场有效竞争，是实现发展的重要途径。目前，我国已有两万多家增值电信企业，其中约85%为民营企业或包含民营经济成分，20多家合资电信企业，在境内外上市的互联网企业市值规模超过1万亿人民币。我国互联网业务在近十年内取得了飞速发

展，这主要是依靠外资、民间资本和社会力量的共同推动。

（二）积极适应技术和产业发展趋势，实现科学发展。入世以来，依托全球化的市场和开放的竞争环境，全行业紧紧抓住技术变革创造的历史机遇，利用国际国内两个市场、两种资源，探索了一条全球化环境下的发展之路。以移动通信的发展为例，在全球3G步入发展快车道以及我国3G发展条件日益成熟的情况下，果断决策引入3G，使我国电信业技术水平和电信服务方式实现质的飞跃，为实现由电信大国向电信强国的转变奠定了基础。依托全球化扩展和国际国内市场，华为、中兴等中国通信设备代表性企业已成长为国际通信设备业举足轻重的跨国企业，华为已进入全球500强；腾讯、百度等互联网企业进入全球互联网企业市值前十位。正是积极适应了技术和产业发展趋势，推动了行业技术进步，实现了业务种类从由少到多，电信网络从覆盖主要点到覆盖绝大部分面，通信基础设施从薄弱到比较完善的飞跃。

（三）积极实施有效监管，有力保障行业发展。入世对我国的通信法制建设和行业监管也提出了新的挑战。近年来，我国逐步建立健全电信监管体系，应对入世带来的行业发展内外部环境的变化。监管部门加快转变政府职能，全面推进依法行政，重点加强法制建设，加大互联互通等的监管力度，稳步推进电信资费管理方式改革，认真解决人民群众反映强烈的服务热点问题，强化通信建设市场管理，规范了市场秩序，为行业发展营造了良好的市场竞争环境。实践证明，在市场经济条件下，有效的政府监管对行业的发展至关重要，如果没有政府监管，就不可能推动市场竞争秩序的建立，就不可能保持行业整体健康发展，就不可能切实维护消费者的合法权益。

加入WTO，实施电信业对外开放，有力推动了电信业的改革与发展，也推动了电信法制建设与监管制度完善的进程。电信业将积极遵守和利用WTO规则，进一步深化电信体制改革，完善市场开放机制，统筹对内开放与对外开放。加强国际交流，建立适应全球化信息通信发展要求的国际对话与合作机制。拓宽信息基础设施合作渠道，探索共同发展和协调推进机制。积极参加国际电信联盟及双边、区域、多边活动。充分利用双边和多边合作机制，鼓励通信制造、运营、建设、咨询服务等企业“走出去”，开展互惠互利合作。

（工业和信息化部通信发展司）

中国对外文化贸易政策分析

一、中国对外文化贸易政策回顾

近年来，在党中央、国务院的大力支持下，中国文化产业的发展势头十分迅猛，对外文化贸易逆差逐渐缩小，中国文化产业的国际影响力和竞争力明显提高，各项具体文化产品的对外贸易逆差不断缩小。在图书版权方面，我国图书版权的输出数量已经从 2004 年的1 314项提高到了 2010 年的3 880项；版权输出、引进比已经由 2002 年的 1∶15 提高到了目前的约 1∶2.92；在电影方面，我国电影海外票房也从 2002 年的数亿元增加到 2010 年的 35.17 亿元，电影出口数量从 2002 年的 20 多部次增至 2010 年的 47 部共 204 部次。

中国对外文化贸易的发展与进步，既与中国文化产业整体实力的增长有着密不可分的关系，同时也得益于有关政策的大力推动。回顾世界文化产业强国的发展历史，无论是欧美还是日韩，都对本国文化产品出口给予了极大的政策支持。

2000 年党中央明确提出大力发展文化产业以来的前几年时间里，我们的主要政策着力点集中于文化产业概念梳理、统计、国内文化产业发展等问题，对文化贸易问题关注和支持的力度稍显不足。在《文化产业发展第十个五年计划纲要》中，只是在发展目标部分提出“积极鼓励具有优秀民族文化特色的、具有市场竞争力的文化产品走向国际市场”，并未明确提出相关的鼓励与支持政策。

到 2004、2005 年间，中国对外文化贸易逆差问题开始受到政、产、学、研等各界相关人士的重视，专门针对对外文化贸易的有关政策也开始出台。由中宣部等六部委联合下发的《关于加强文化产品进口管理的办法》（中宣发〔2005〕15 号）是专门针对文化产品进出口问题所出台的较早的政策法规之一。《办法》从总量规模、结构以及行业分布等多个方面，对进口文化产品和服务进行了明确和细化，对文化主管部门的监督管理职能进行了一一界定，在“控制总量、合理布局、优化结构”的总体原则之下，进一步明确和梳理了网络游戏，音像制品，营业性演出，境外电视剧、影视动画片和电视节目的引进及合拍，境外卫星频道落地，境外报刊发行及版权贸易等文化产品及服务的进口管理办法，并提出了实行文化产品进口经营许可证制度和年检制。

较之于《文化产业发展第十个五年计划纲要》，《国家“十一五”时期文化发展规划纲要》对于文化贸易与“走出去”问题进行了更多的关注和论述。《国家“十一五”时期文化发展规划纲要》明确提出：抓好文化“走出去”重大工程、项目的实施，充分利用国际国内两个市场、两种资源，主动参与国际合作和竞争，加强对外文化交流，扩大对外文化贸易，拓展文化发展空间，初步改变我国文化产品贸易逆差较大的被动局面，形成以民族文化为主体、吸收外来有益文化、推动中华文化走向世界的文化开放格局。

在具体的支持政策方面，“十一五”规划也从渠道开拓、培育外向型骨干文化企业、实施“走出去”重大项目工程等三个方面入手，抓住了中国对外文化贸易所面临的最为实际和迫切的问题，在 2009—2010 年颁布的各项有关文化贸易的政策中，这三点也一直贯穿始终，是各项支持政策的重点所在。

2011 年 10 月 18 日中国共产党第十七届中央委员会第六次全体会议审议通过了《中共中央关于深化文化体制改革推动社会主义文化大发展大繁荣若干重大问题的决定》，全会按照全面建设小康社会奋斗目标的新要求，从中国特色社会主义事业总体布局的战略高度，全面部署了深化文化体制改革、推动社会主义文化大发展大繁荣的各项工作，并提出了建设“社会主义文化强国”的目标。十七届六中全会指出：“实施文化走出去工程，完善支持文化产品和服务走出去政策措施，支持重点主流媒体在海外设立分支机构，培育一批具有国际竞争力的外向型文化企业和中介机构，完善译制、推介、咨询等方面扶持机制，开拓国际文化市场。”这是党中央在全面分析当前形势和任务的基础上所提出的一项具有重大深远意义的战略决策。

二、近几年中国对外文化贸易政策的支持重点

2009年7月22日，国务院常务会议审议通过了我国第一部文化产业专项规划——《文化产业振兴规划》，《规划》与党的十七大报告中提出的“增强中华文明国际影响力”相呼应，将“文化产品和服务出口进一步扩大”作为五个主要目标之一，显示了国家对文化产品和服务出口的重视。在有关“扩大对外文化贸易”的具体论述中，《文化产业振兴规划》主要在四个方面对对外文化贸易提供支持：第一，总体鼓励政策；第二，制定国家文化出口重点企业和项目目录（品牌性企业与项目）；第三，重点支持动漫、网游等新兴文化产品进入国际市场（新兴文化产业）；第四，鼓励文化企业积极参与国内文博会、国际大型文化展会（渠道）。这几点既与《国家“十一五”时期文化发展规划纲要》一以贯之，同时也是2009—2011年颁布的各项支持政策的重点所在，成为2009—2011年对外文化贸易政策的显著特征。

1. 积极打造品牌性文化企业和文化产品

品牌，是一种产品、一个企业乃至整个国家的产品进入国际市场的根本保证。对于中国文化产业“走出去”而言，如何改变中国在国际市场上无品牌性文化企业和产品的现状，打造具有国际竞争力的品牌性文化企业和重大项目，是中国对外文化贸易的重点所在，培育和造就品牌性文化企业是中国当前对外文化贸易的重要的战略任务之一。

近两年的对外文化贸易政策中，在培育中国文化出口品牌性企业方面，给予了很多关注与支持。《国务院办公厅关于促进电影产业繁荣发展的指导意见（国办发〔2010〕9号）》针对电影产业国际竞争力提升的目标中提出“培育有国际竞争力和影响力的电影国际传播企业，开发适应国际市场需求的国产影片”。在2010年3月30日举办的“影视文化产品和服务出口工作表彰暨座谈会”上，国家广电总局将“加快培育市场主体，打造知名国际影视文化品牌”列为今后要重点推进的五个战略措施之一。

商务部等十部门颁布的《关于进一步推进国家文化出口重点企业和项目目录相关工作的指导意见（商服贸发〔2010〕28号）》中，明确提出“着力培养一批国际文化市场竞争主体，鼓励、支持和引导各种所有制文化企业开拓国际市场。培育和发展一批实力雄厚的外向型大型国有文化企业，使之成为文化出口的主导力量。”将“培育文化贸易品牌”、“加快培育一批具有国际竞争力的文化贸易品牌”作为今后对外文化贸易工作的首要任务。与此相适应，《2009—2010年度国家文化出口重点企业目录》较之《2007—2008年度国家文化出口重点企业目录》的数量有所增加，从142家增至211家，重点项目从2007—2008年度的118项增加至225项。在数量提高的同时，对重点文化出口企业和项目的支持部门和力度也都相应增加，保障措施详细落实到资金、税收、金融、通关、营销网络、中介组织、信息平台等十一个方面，显示了国家对文化贸易品牌性企业和项目培育的重视。

2. 重点支持能够代表中国特色的原创性文化产品

原创性产品，是一国文化产业国际竞争力的重要衡量标准。目前，体现中国文化元素的文化原创产品匮乏，已经成为制约中国对外文化贸易进一步发展的瓶颈之一。

2008年颁布的《文化部关于扶持我国动漫产业发展的若干意见》便重点针对国产原创动漫给予了支持。在《意见》提出的“国产动漫振兴工程”中，四个着力点全部集中在“原创”动漫产品。“一是评选国家原创动漫大奖，奖励内容健康、艺术性强、创新度高、深受群众喜爱的原创动漫产品；二是扶持原创动漫作品，每年评估、遴选出若干优秀原创漫画、网络动漫、手机动漫作品、动漫舞台剧进行重点扶持；三是扶持原创动漫创作人才，每年扶持若干漫画、网络动漫、手机动漫、动漫舞台剧创作者；四是推广原创动漫作品，以多种形式向社会特别是青少年推介优秀原创动漫作品。努力增强国产动漫的原创制作能力、衍生产品开发设计能力，培育一批具有活力、专业性强的动漫企业和具有中国风格、国际影响的动漫形象、动漫品牌。”

新闻出版总署推出的“经典中国国际出版工程”，也将目标锁定在代表中国特色的经典性、原创性作品“走出去”方面。该工程采用项目管理方式资助外向型优秀图书选题的出版和翻译，重点资助社会科学、自然科学、文学、艺术、语言、少儿

类优秀选题，支持内容以反映中国传统经典文化和当代中国政治、经济、科技、文化、社会等方面发展变化内容的精品图书为主。重点扶持“中国学术名著系列”和“名家名译系列”。

3. 注重海外营销渠道和营销能力建设

目前，国内文化产品出口主要有两种渠道：一是通过国内国外的文化产业博览会如深圳文博会、法兰克福书展等；另外一个渠道是通过外国发行公司代理。这两个渠道有一定的效果，但都有其局限性。博览会在展览季之后经常性不够。依托国外的发行公司，好处是成本低、市场风险小，不足是丰厚的发行利润让人家拿走了，生产商实际上只赚了个吆喝。所以，大力增加文化产品发行网络和发行渠道，对于中国文化出口意义重大。

早在 2005 年颁布的《关于进一步加强和改进文化产品和服务出口工作的意见》（中办发〔2005〕20 号）中，便将“运用多种方式，加强出口渠道和国际营销网络建设”明确列为今后对外文化贸易的主要战略任务。

在中国对外文化贸易逆差不断缩小的情况下，如何构建稳定的海外营销渠道，确保中国文化产品“走出去”过程不受渠道制约，更是迫在眉睫，成为近两年中国对外文化贸易政策的主要着力点。《国务院办公厅关于促进电影产业繁荣发展的指导意见（国办发〔2010〕9 号）》针对电影海外渠道建设明确提出：“通过在境外举办公益性的中国电影展、参加国际电影节和组织商业性的海外推广营销活动，不断提高国产影片的国际影响力、竞争力和市场占有率”。

4. 对新兴文化产业业态的支持力度明显增强

随着中国互联网、手机等新兴媒体用户的不断增加，动漫、网游、手机内容产业等新兴文化产业业态在中国文化产业发展整体中所占的比例不断提高，也成为中国文化产业“走出去”增长最为迅速的部分。有关统计显示，2009 年我国动画片出口比 2008 年增长了 150%，达到3 056.6万美元，占出口总金额的 51.9%，首次超过电视剧等节目类型，在影视节目出口中占据最大比重。在这种情况下，2009—2010 年我国针对动漫、网游等新兴文化产业业态的有关支持政策也大量出台，为新兴文化产业业态的健康发展和走出国门奠定了基础。《关于推动我国动漫产业发展的若干意见》、《文化部关于扶持我国动漫产业发展若干意见》、《网络游戏管理暂行办法》等有关政策文件/通知，都是针对动漫、网游等新兴文化产业业态。在对新兴文化产业业态进行规范性管理和支持的同时，也对它们的对外贸易给出了一定的优惠性支持政策。

今后，中国对外文化贸易的政策措施将坚持以十七届六中全会的《中共中央关于深化文化体制改革推动社会主义文化大发展大繁荣若干重大问题的决定》为总纲领、以 WTO 规则为出发点，并积极利用联合国教科文组织等国际组织对“文化多样性”的强调，探索由中国特色的对外文化贸易政策支持体系，推动中国真正成为国际文化贸易强国。

（中国传媒大学经济与管理学院　李怀亮　闫玉刚）

中国钢铁工业对外开放情况

一、2011年中国钢铁产业发展概况

2011年是我国“十二五”开局之年，也是我国钢铁行业面临严峻考验的一年。特别是进入三季度后，受欧美债务危机进一步深化，国内经济增速下降，下游用钢行业需求萎缩等因素影响，钢铁行业经历了严重困难的局面。

1. 上半年生产平稳较快增长，下半年持续下降

2011年上半年粗钢生产处于较高水平，6月份粗钢日产水平达到199.77万吨，接近200万吨。但进入下半年，受钢铁下游产业市场需求减速的影响，粗钢产量连续5个月持续下降，11月粗钢日产水平降至166.28万吨，但2011年粗钢年产量仍首度突破7亿吨，达7.02亿吨，同比增加6 322.56万吨，增长9.90%（见表1）。

2. 产品结构发生变化，长材产量增速快于板材

2011年，由于固定资产投资增速较高，市场对长材需求较大；相反，受机械、造船、汽车等下游行业增长乏力影响，市场对板材需求疲软，板材产量增长相对较慢。2011年，长材产量超过4亿吨，同比增长14.96%；占钢材总产量比例为45.71%，比2010年增长了1.06个百分点。板带材产量合计3.89亿吨，同比增长8.56%；占钢材总产量比例为44.16%，同比下降1.52个百分点（见表2）。

表1　2011年全国主要钢铁产品产量　单位：万吨

产品	2011年	2010年	比2010年同期		2010年增长%
			增减量	增减%	
粗钢	70 196.84	63 874.28	6 322.56	9.90	9.26
生铁	64 542.93	59 560.10	4 982.83	8.37	7.42
钢材	88 519.53	80 201.42	8 318.11	10.37	14.68
焦炭	43 176.85	39 166.82	4 010.03	10.24	9.13
铁矿石原矿	133 502.49	108 016.10	25 486.39	23.59	21.59
铁合金	2 800.48	2 435.50	364.98	14.99	8.16

数据来源：2011年中国钢铁工业统计年报提要。

表2　2011年全国钢材分品种产量　单位：万吨

	2011年	2010年	增减量	增减%
钢材总计	88 519.53	80 201.42	8 318.11	10.37
1. 铁道用材	442.91	564.48	−121.57	−21.54
所占比重	0.50	0.70	−0.20	
2. 长材	41 285.47	36 271.99	5 013.48	13.82
所占比重	46.64	45.23	1.41	
3. 板带材	39 041.77	36 434.68	2 607.09	7.16
所占比重	44.11	45.43	−1.32	
4. 管材	6 364.32	5 672.92	691.40	12.19
所占比重	7.19	7.07	0.12	
5. 其他钢材	1 385.06	1 257.34	127.72	10.16
所占比重	1.56	1.57	−0.10	

数据来源：中国钢铁工业协会。

3. 钢材价格波动运行，4 季度开始价格大幅下降

根据中国钢铁工业协会监测，2011 年 CSPI 国内钢材平均综合价格指数 131.04 点，同比上升 12.05 点，升幅 10.13%。其中，长材 137.59 点，同比上升 15.34 点，升幅 12.55%；板材 127.13 点，同比上升 9.06 点，升幅 7.68%（见图 1）。长材价格涨幅大于板材。

从各月情况看，1～9 月钢材价格在 135 点左右窄幅波动。受国内经济增速逐步放缓，下游行业需求减弱，以及欧洲债务危机逐步加深等因素影响，进入 4 季度后国内钢材价格大幅下跌，至 12 月末，国内钢材平均综合价格指数跌至 120.45 点，比 9 月末下降 11.85 点，降幅接近 9%。部分品种下跌幅度接近 1 000 元/吨。

4. 进口铁矿石价格高位运行，生产成本居高不下，企业效益明显下降

2011 年我国进口铁矿石68 608.49万吨，同比增长 10.90；进口金额高达1 124.07亿美元，同比增长41.53%；进口均价 163.84 美元/吨，同比增长 27.62%。

2011 年我国进口炼焦煤4 465.88万吨，同比下降 5.52%；进口金额 66.84 亿美元，同比下降 3.90%；进口均价小幅上涨，达到 149.67 美元/吨，同比增长 1.72%（见图 2）。

进口冶金原料特别是进口铁矿石价格的不断攀升，推高钢铁企业生产成本，在价格平稳运行的情况下挤占了企业利润空间。进入 4 季度后，国内钢材价格大幅下跌，但进口铁矿石价格下跌在时间上滞后于钢材价格下跌，下跌幅度也相对较小，钢铁行业受钢材价格大幅下跌和生产成本居高不下的双重挤压，利润被上游侵蚀情况加剧，经济效益明显下降。

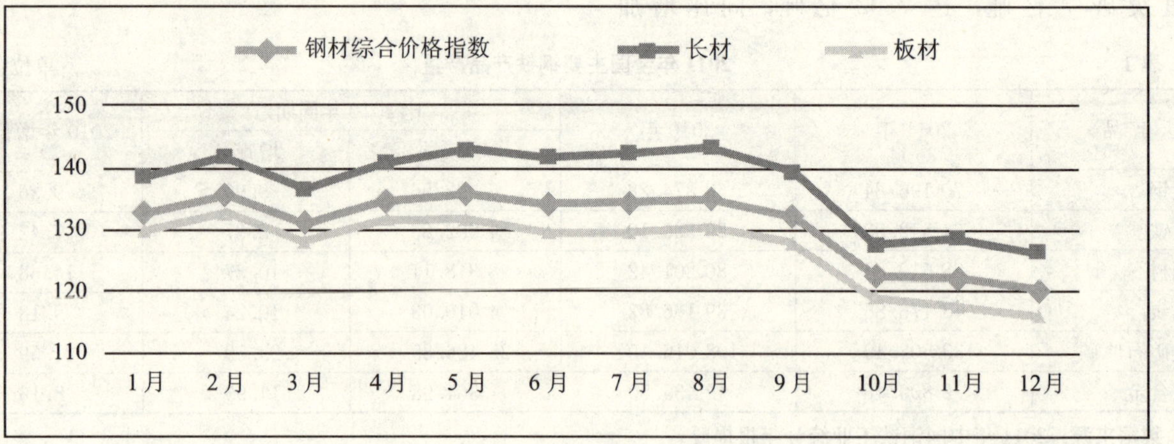

图 1　2011 年国内钢材综合价格指数（CSPI）

数据来源：中国钢铁工业协会。

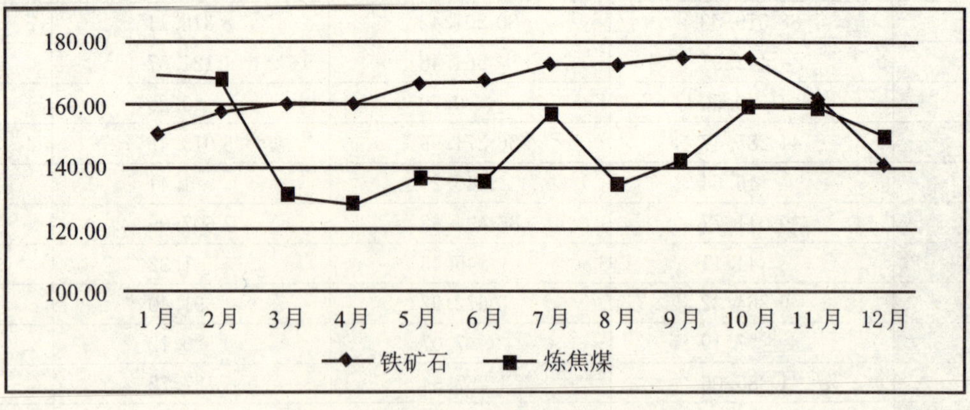

图 2　2011 年铁矿石及炼焦煤价格趋势

数据来源：海关总署。

5. 坚持技术创新，不断提高产品竞争力

2011年，宝钢股份参与完成的“西气东输工程技术及应用”项目获国家科学技术进步奖一等奖；武钢研发的产品应用于全球最大核电机组——广东台山1750兆瓦2号核电机组建设，由此实现了特大型水电、风电和核电机组所需高端硅钢产品的全覆盖；舞阳钢厂试制的大厚度自升式钻井平台齿条用调质高强钢板，在特厚海洋平台齿条用钢板国产化方面迈出了坚实的一步；太钢不锈成功研发出全球第一支使用挤压机生产的应用于核电裂变反应堆的W型钢；攀钢试制的8种在线热处理道岔轨新产品通过铁道部组织的上道认证，从而使攀钢具备为客户提供全套铁道线路用钢的能力；与此同时，还有一批企业也开发出满足用户需要的高质量产品。

二、2011年中国钢铁产业对外贸易情况

2011年，国际经济形势复杂多变，世界经济面临严峻考验：欧债危机不断深化并向欧盟核心国家蔓延；美国经济复苏乏力；新兴经济体经济增速放缓的可能性增大；部分国家内部出现骚乱，社会动荡。在全球经济存在诸多不确定因素的情况下，我国钢铁行业克服不利因素，调整出口结构，积极开发新兴市场，实现了钢铁产品对外贸易的平稳增长。

1. 钢铁产品出口总体实现增长，进口稳中有降

2011年，我国出口钢材4 886.06万吨，同比增长14.81%；出口金额512.42亿美元，同比增长39.17%；出口均价1 048.74美元/吨，同比增长21.21%。

2011年我国进口钢材1 557.94万吨，同比下降5.18%；进口金额215.70亿美元，同比增长7.25%；进口均价1 384.51美元/吨，同比增长13.10%。

2011年进、出口相抵，钢材净出口3 328.12万吨，钢锭、钢坯净进口66.05万吨，以材、坯、锭折合成粗钢计算，净出口粗钢约3 474.50万吨（钢材按0.94折算）。钢材、钢坯、钢锭合计实现顺差289.60亿美元。

2. 我国钢铁贸易国际市场结构逐步调整

2011年，韩国仍是我国钢材出口第一大目的地，向韩国出口钢材占出口钢材总量比例进一步提高，由2010年的19.83%提高至2011年的20.44%。虽然我国对韩国出口具有运距短、市场成熟等优势，但对单一国家市场出口所占出口比例过高，容易导致贸易摩擦，不利于我国钢铁产品对外贸易的稳定发展。

中国—东盟自贸区建成后，中国和东盟国家之间的贸易迅速发展，东盟国家逐步成为我国钢铁产品出口的主要目的地之一。2011年，我国向东盟国家出口钢材956.40万吨，占我国钢材出口比例的19.57%，比2010年提高了0.1个百分点。

2011年，我国向欧美国家出口逐渐出现恢复性增长。其中，向欧盟出口钢材517.40万吨，同比增长33.17%，占钢材出口总量的10.59%，比2010年提高了1.46个百分点；向美国出口钢材153.23万吨，同比增加50.55%，占钢材出口总量的3.14%，比2010年增加0.75个百分点。

值得注意的是，2011年我国向部分新兴经济体国家的钢材出口大幅减少：对印度出口钢材259.38万吨，同比下降23.61%；对巴西出口钢材132.50万吨，同比下降23.08%。

3. 出口结构不断调整，但仍有待优化

2011年，我国钢铁产品出口结构逐步调整，受我国出口税收政策的影响，钢坯、钢锭等初级产品几乎已不再出口；普通热轧产品出口明显减少，冷轧板卷、镀层板、涂层板、无缝钢管等深加工、高附加值产品出口明显增加。

2011年，我国共出口板材2 658.18万吨，占出口总量的54.40%。其中，普通冷轧板卷出口369.62万吨，占出口总量的7.56%，比2010年增长1.90个百分点；镀层板出口627.58万吨，占出口总量的12.84%，比2010年增长1.34个百分点；彩涂板出口542.99万吨，占出口总量的11.11%，比2010年增长3.94个百分点；值得一提的是，虽然我国钢管产品近年来遭遇了多起反倾销调查，但2011年出口921.11万吨，同比增长26.09%，占出口总量的18.86%，比2010年增长1.69个百分点。冷轧板卷、镀层板、彩涂板和钢管出口占我国出口总量的50.37%，在出口领域实现了由热轧产品为主向冷轧、涂镀和钢管为主的转变。

表 3　　2011 年中国对主要市场出口钢铁产品情况　　单位：吨，美元/吨

序号	区域组织	本年累计		去年累计		累计同比%	
		数量	占出口量比例%	数量	占出口量比例%	数量	均价
1	世界合计	48 860 626.64	100.00	42 556 009.00	100.00	14.81	21.21
2	韩国	9 988 591.37	20.44	8 438 906.52	19.83	18.36	19.86
3	东盟	9 563 981.57	19.57	8 285 010.62	19.47	15.44	20.51
4	中东地区	5 752 035.69	11.77	5 103 390.20	11.99	12.71	14.86
5	欧盟 27 国	5 173 959.10	10.59	3 885 175.52	9.13	33.17	19.53
6	亚洲其他	4 089 283.70	8.37	4 809 607.33	11.30	－14.98	27.35
7	南美洲	3 810 256.78	7.80	3 769 121.05	8.86	1.09	24.69
8	海湾国家经济合作委员会	3 139 792.67	6.43	2419768.71	5.69	29.76	16.57
9	非洲	2 699 887.10	5.53	2 246 169.92	5.28	20.20	13.98
10	美国	1 532 327.73	3.14	1 017 828.34	2.39	50.55	5.23
11	台湾	1 296 284.41	2.65	915 619.56	2.15	41.57	62.14
12	欧洲其他国家	1 210 873.61	2.48	952 907.31	2.24	27.07	9.10
13	日本	932 975.22	1.91	810 075.92	1.90	15.17	24.11
14	香港	924 403.73	1.89	952 195.15	2.24	－2.92	7.67
15	北美自由贸易区（除美国）	922 213.06	1.89	624 120.40	1.47	47.76	12.19
16	世界其他	810 725.61	1.66	775 966.23	1.82	4.48	18.70
17	中美洲	557 692.85	1.14	471 196.24	1.11	18.36	13.16
18	大洋洲国家	106 026.28	0.22	116 688.06	0.27	－9.14	18.98
19	澳门	45 360.90	0.09	21 935.83	0.05	106.79	－1.61

数据来源：海关总署

2011 年，我国出口钢材均价为1 048.74美元/吨，比进口均价低 335.77 美元/吨。我国出口的钢铁产品一般为普通规格产品，市场竞争激烈；和进口钢材相比，出口单价相对较低，出口结构仍需进一步优化。

4. 进口钢材主要来自日本、韩国和我国台湾地区，进来料加工在钢材进口贸易中占据重要地位

2011 年，我国从日本、韩国和我国台湾地区进口钢材合计1 350.38万吨，占我国进口钢材总量的 86.68%，比 2010 年提高 0.5 个百分点。其中，从日本进口 723.84 万吨，占进口总量的 46.46%，比 2010 年下降 0.91 个百分点；从韩国进口 423.91 万吨，占进口总量的 27.21%，比 2010 年上升 2.13 个百分点；从我国台湾地区进口 202.63 万吨，占进口总量的 13.01%，比 2010 年下降 0.73 个百分点（见表 4）。

表 4　　2011 年中国进口钢材主要来源国　　单位：吨，%

	国家/地区	2011 年		2010 年		累计同比%	占进口总量比例增减
		数量	占进口总量比例%	数量	占进口总量比例%		
	进口钢材合计	15 579 363.21	100.00	16 430 057.84	100.00	－5.18	0.00
	其中：						
1	日本	7 238 431.26	46.46	7 783 059.63	47.37	－7.00	－0.91
2	韩国	4 239 057.51	27.21	4 120 117.29	25.08	2.89	2.13
3	台湾	2 026 347.60	13.01	2 256 434.11	13.73	－10.20	－0.73
4	德国	475 078.27	3.05	447 024.03	2.72	6.28	0.33

数据来源：海关总署。

在钢材进口贸易中，进来料加工贸易进口超过一般贸易进口，成为我国钢材进口最主要的贸易方式。2011 年，我国进来料加工贸易进口钢材 776.28 万吨，占我国钢材总进口量的 49.83%；一

般贸易进口钢材741.70万吨，占我国进口钢材总量的47.61%。

三、2011年中国钢铁行业国际贸易摩擦情况

2011年，我国钢铁产品仍然是国外贸易救济调查的主要目标产品之一。随着主要出口目的地的转变，美国、欧盟对我国钢铁产品发起的贸易救济调查有减少趋势，但欧盟开始对我国钢铁产品发起“双反调查”。巴西、东盟国家和俄罗斯发起的贸易救济调查增加，涉案金额较大。提交WTO争端解决机制的案件中，较多的涉及钢铁及其上游原料的案件，凸显出国外对我国钢铁行业体制性问题的关注。

1. 不锈钢冷轧薄板反倾销措施到期终止

2011年4月8日，商务部发布公告，终止了对日本、韩国进口的不锈钢冷轧薄板的反倾销措施。对原产于日本、韩国的不锈钢冷轧薄板的反倾销措施执行了十年，为我国不锈钢行业的发展争取了时间和空间。经过十年的发展，我国已经彻底扭转了需要大量进口不锈钢冷轧薄板的局面，我国自主生产的不锈钢冷轧薄板不仅能满足国内需求，还出口到欧盟、俄罗斯、印度等其他国家和地区，成为国际不锈钢市场有力的竞争者。

2. 我国对原产于欧盟和日本的高性能不锈钢无缝管发起反倾销调查

2011年9月8日，根据江苏武进不锈钢管厂集团有限公司和常熟华新特殊钢有限公司的申请，商务部决定正式对原产于欧盟和日本的高性能不锈钢无缝管进行反倾销调查，这也是2011年我国唯一一起对国外钢铁产品的反倾销调查。调查确定的倾销调查期为2010年7月1日至2011年6月30日，产业损害调查期为2008年1月1日至2011年6月30日。目前，高性能不锈钢无缝管主要用于超临界、超超临界电站锅炉的过热器和再热器上，属于高科技含量、高附加值产品，欧盟、日本企业向我国低价销售涉案产品的行为对我国高性能不锈钢无缝管产业产生了不利影响。除申请人外，浙江久立特材科技股份有限公司、江苏银环精密钢管股份有限公司和宝山钢铁股份有限公司也表示支持该申请。

3. 俄白哈关税同盟对原产于我国的彩涂板发起反倾销调查

2011年2月12日，俄罗斯、哈萨克斯坦和白俄罗斯对原产于中国的彩涂板发起反倾销调查。2011年12月7日，俄工贸部就彩涂板反倾销案做出终裁披露，拟对我出口到俄白哈关税同盟的彩涂板征收5年的反倾销税，具体的税率为：鞍钢12.94%、浦项制铁12.84%、山东冠洲8.12%，其他企业22.56%。

4. 巴西对原产于我国的镀锌及镀铝锌钢板发起反倾销调查

2011年4月18日，巴西发展工业和外贸部外贸秘书处公布2011年第16号公告，决定对原产于中国、澳大利亚、墨西哥、韩国和印度的镀锌及镀铝锌板发起反倾销调查。由于巴西还不承认我国市场经济地位，韩国被作为本次反倾销调查的替代国。调查期内我国向巴西出口涉案产品约40万吨，涉案金额超过3亿美元，是巴西历史上对我国发起的涉案金额最大的反倾销调查，案件极大地影响了我国镀层钢板向巴西的出口，同时也对我国其他钢铁产品向巴西出口产生不利影响。

5. 印尼对原产于我国的冷轧钢铁产品发起反倾销调查

2011年6月24日，应印尼卡拉卡托钢铁公司申请，印尼反倾销委员会对原产于日本、韩国、中国、中国台湾和越南的冷轧板卷发起反倾销调查。

6. 欧盟对原产于我国的彩涂板发起反倾销调查

2011年12月21日，应欧洲钢铁工业联盟（Eurofer）申请，欧委会发起对原产于中国的有机涂层钢板的反倾销调查，倾销调查期为2010年10月1日至2011年9月30日，欧委会最终选择加拿大作为计算中国产品正常价值的替代国。欧委会还发起了对同一产品的反补贴调查，这也是欧盟对我国钢铁产品第一次发起“双反”调查。

7. WTO争端解决机构就中国对美国取向电工钢反倾销反补贴案成立专家组

我国对美国取向电工钢反倾销反补贴调查是我国第一次发起“双反”调查，该案于2010年发布终裁公告，决定对自美国进口的取向电工钢征收反倾销税和反补贴税。根据美国的请求，WTO争端解决机构于2011年2月24日决定成立专家组，阿

根廷、欧盟、洪都拉斯、印度、日本、韩国、沙特阿拉伯、越南以第三方参与该案。

8. 世贸组织争端解决机构就中国对原材料出口的限制措施案发布专家组报告

世贸组织专家组于 2011 年 7 月 5 日就中国对原材料出口的限制措施案发布报告，裁定中方涉案的出口关税和出口配额措施不符合中方加入世贸组织的承诺和有关世贸规则，且未满足保护可用尽自然资源等例外条款的条件；支持中方关于案件审查范围、出口配额分配及管理、出口许可证发放等观点，认定中方取消了出口限价有关措施，认同中方对耐火粘土和萤石采取的综合管理措施。由于案件涉及的九种原材料多数是冶金原料或辅料，未来可能会对我国钢铁行业产生一定影响。

2011 年，我国钢铁行业克服了国内外各种不利因素的影响，实现了对外贸易的平稳增长。10 月 24 日，工业与信息化部印发了《钢铁工业“十二五”发展规划》，规划提出要进一步提高钢铁行业国际化水平，进一步扩大钢铁工业对外开放程度，鼓励国外先进知名钢铁企业参股和投资国内钢铁企业和项目。同时，规划还将在国外投资建设钢铁厂作为我国钢铁工业实施“走出去”的重大战略，支持国内钢铁企业及其他企业在境外投资建设钢铁厂及经贸合作区，参与国外钢铁企业的兼并重组。可见，在“十二五”时期，我国钢铁工业将把对外投资和对外贸易作为行业发展的重点，对外开放程度将进一步提高。

（中国钢铁工业协会　吴京晶 蒋璇芳）

中国建筑业对外开放情况

一、2011年建筑业发展

（一）行业发展概况

2011年，建筑业保持平稳增长态势。全国建筑业企业（指具有资质等级的总承包和专业承包建筑业企业，不含劳务分包建筑业企业）完成建筑业总产值11.8万亿元，同比增长22.6%；全社会建筑业实现增加值3.2万亿元，同比增长10%。

（二）建筑服务贸易发展情况

1. 境内外商投资建设工程企业发展情况

目前，来自全球30多个国家和地区的投资者在中国境内设立企业，从事建筑活动，业务范围包括了石油、化工、水利、电力、市政等基础设施项目和房屋建设项目，取得建筑活动从业资质的外商投资的建筑业企业和建设工程设计企业已达1 300余家，中国建筑市场已成为国际建筑市场的重要组成部分。

2. 境外中国建设工程企业发展情况

2011年，受全球政治经济形势影响，我国对外承包工程增长率有所回落，但仍保持平稳增长态势，对外承包工程业务完成营业额1 034.2亿美元，同比增长12.2%，新签合同额1 423.3亿美元，同比增长5.9%。对外承包工程市场格局日趋平衡，行业结构进一步优化，投融资已成为拉动承包工程业务的重要手段，中国企业在国际市场上的竞争力继续提升。

（三）最新开放情况

2011年，中央政府与香港、澳门特别行政区政府签署了《〈内地与香港关于建立更紧密经贸关系的安排〉补充协议八》和《〈内地与澳门关于建立更紧密经贸关系的安排〉补充协议八》，协议的签署进一步扩大了建筑市场的开放，促进了两地市场的融合和经贸关系的发展。协议在建设领域开放方面做了以下规定：

1. 允许通过互认取得内地建筑领域各专业资格的香港专业人士在广东注册执业，享有与内地拥有相同专业资格专业人士同等待遇。

2. 对取得内地一级注册建筑师互认资格的香港专业人士，按照内地有关规定作为广东省内工程设计企业申报企业资质时所要求的注册执业人员予以认定。

3. 对取得内地一级注册结构工程师互认资格的香港专业人士，按照内地有关规定作为广东省内工程设计企业申报企业资质时所要求的注册执业人员予以认定。

（四）重要法规及规范性文件

一是研究制定了《关于进一步加强建筑市场监管工作的意见》（建市〔2011〕86号）。文件对肢解发包、转包、违法分包等违法违规行为作出比较明确的界定，为各地的行政执法提供了可操作性的政策依据。

二是为推进建筑市场诚信体系建设，出台了《全国建筑市场注册执业人员不良行为记录认定标准》，完善了企业、人员不良行为认定标准。

三是与国家工商行政管理总局联合发布了《建设项目工程总承包合同示范文本（试行）》（建市［2011］139号）。总承包合同示范文本的出台，填补了我国总承包合同示范文本缺失的空白，明确了总承包合同双方的权利和责任，对进一步规范市场行为，保证建设工程总承包项目的质量安全具有重要意义。

四是研究制定了《建筑业发展“十二五”规划》和《工程勘察设计行业2011—2015年发展纲要》。“十二五”时期是我国加快推进工业化、信息化、城镇化、市场化、国际化的关键时期，也是建筑业和工程勘察设计行业发展的重要阶段。为促进建筑业和工程勘察设计行业健康发展，印发了《建筑业发展“十二五”规划》（建市〔2011〕90号）和《工程勘察设计行业2011—2015年发展纲要》（建市［2011］150号）。规划和纲要，分别明确了“十二五”时期，我国建筑业和勘察设计行业发展的指导思想、基本原则、发展目标和主要任务，为促进行业科学发展奠定了坚实基础。

二、建筑市场开放情况

（一）我国建设领域加入世贸组织的承诺

1. 关于建筑设计服务方面的承诺：

在市场准入方面：对于方案设计的市场准入没

有限制；

除方案设计以外的设计要求与中国专业机构合作；允许设立合资、合作企业，允许外方拥有多数股权。中国加入 WTO 五年内，允许设立外商独资企业。

在国民待遇方面：外国服务提供者应为在其本国从事建筑、工程、城市规划服务的建筑师、工程师或设计企业。

2. 关于建筑及相关工程服务方面的承诺

在市场准入方面：允许设立中外合资、合作建筑业企业，允许外资控股。中国加入 WTO 后三年内，允许设立外商独资建筑业企业。但外商独资建筑业企业只允许承包四类建设项目：外资建筑企业只允许在其资质等级许可的范围内承包下列工程：一是全部由外国投资、外国赠款、外国投资和外国赠款捐助的项目；二是由国际金融机构资助并通过根据贷款条款进行的国际招标授予的建设项目；三是外资等于或超过 50%的中外联合建设项目；外资少于 50%、但因技术困难而不能由中国建筑企业独立实施的中外联合建设项目；四是由中国投资、但中国建筑企业难以独立实施的建设项目，经省政府批准，可由中外建筑企业联合承揽。

在国民待遇方面：中国加入 WTO 后 3 年内取消建筑企业注册资本与国内企业的差别要求；取消对合资、合作建筑业企业承包外资工程的义务要求。

（二）其他自贸区的情况

在入世后，中国积极参加自贸区的磋商，以期在更广阔范围内参与国际市场竞争。目前已于新加坡、东盟、哥斯达黎加等国签订了自由贸易协定，双边建筑市场得到了进一步扩大和开放。

三、行业发展及贸易发展展望

中国政府坚持对外开放政策，积极在更广阔的范围内融入世界经济体系。在建筑服务方面，将继续借鉴各国的成熟建筑市场管理经验，并结合我国的实际情况，进一步完善管理制度，健全法规体系，规范建筑市场主体行为，维护建筑市场秩序，为市场各方主体创造一个公平竞争、规范有序的建筑市场环境，以促进建筑业健康、协调、可持续发展。

（住房城乡建设部建筑市场监管司　张娟）

中国住房保障

“十二五”时期住房保障工作目标。《国民经济和社会发展第十二个五年纲要》明确提出，2011 年至 2015 年，全国建设城镇保障性住房和棚户区改造住房3 600万套。到“十二五”期末，全国保障性住房覆盖面达到 20%左右。

2011 年度住房保障工作目标任务及完成情况。2011 年《政府工作报告》提出开工建设保障性住房和各类棚户区改造住房1 000万套。在各方面共同努力下，到十二月底，全国城镇保障性安居工程共开工1 043万套，基本建成 432 万套。中央财政安排补助资金1 713亿元。全年落实保障性安居工程建设用地 4 万多公顷。

2011 年住房保障制度建设最新进展。2011 年 9 月，国务院办公厅印发《关于保障性安居工程建设和管理的指导意见》，文件提出大力推进公共租赁住房为重点的保障性安居工程建设，逐步实现廉租住房、公共租赁住房统筹建设、并轨运行，各地根据实际情况继续安排经济适用住房和限价商品住房建设，加快实施各类棚户区改造。

2012 年住房保障工作目标任务。2012 年《政府工作报告》提出，全国基本建成城镇保障性住房和棚户区改造住房 500 万套以上，新开工建设 700 万套以上。

（住房城乡建设部住房保障司　赵大林）

● 知识产权保护（2011）

中国知识产权发展情况

2011 年，国家知识产权战略深入实施，知识产权法律法规进一步完善，知识产权数量继续快速增长，打击侵犯知识产权专项行动成效显著，中国知识产权事业取得新进展。

一、国家知识产权战略实施

《国民经济和社会发展第十二个五年规划纲要》明确提出“每万人发明专利拥有量提高到 3.3 件”目标，专利统计指标首次列入国家五年规划。国家知识产权局联合发展改革委、科技部等部委共同发布《国家知识产权事业发展“十二五”规划》。知识产权服务纳入《加快发展高技术服务业的指导意见》。国家知识产权局成立专利战略推进工作领导小组，印发《2012 年全国专利事业发展战略推进计划》。在江苏泰州建立首个国家专利战略推进与服务中心，国家专利战略基层试点工作正式启动。

制定发布《2011 年国家知识产权战略实施推进计划》，组织开展《国家知识产权战略纲要》实施情况初步评估。积极推进战略性新兴产业知识产权工作，起草《关于加强战略性新兴产业知识产权工作的若干意见》。组织开展重大经济科技活动知识产权评议，推动五个省市开展知识产权评议试点。研究出台《关于实施知识产权战略，促进西部地区知识产权事业加快发展的若干意见》。截至目前，已有 26 个省（区、市）和新疆生产建设兵团出台了地方知识产权战略或贯彻国家知识产权战略的实施意见，16 个省（区、市）制定了战略实施的年度推进计划。

国家工商总局全力推动国家商标战略实施工作，截至目前，已有 31 个省、自治区、直辖市出台并实施了地方商标战略或实施意见。举办商标战略实施示范城市会议，推动 53 个商标战略实施城市（区）签署《苏州共识》。制定下发了《国家商标战略实施示范企业评估办法》和《国家商标战略实施示范城市（区）评估办法》，推动示范工作不断向纵深发展。

二、知识产权法律法规

国家知识产权局起草完成《专利代理条例修订草案（送审稿）》，并报请国务院审议。起草完成《职务发明条例（讨论稿）》。完成《专利实施许可合同备案办法》的修订。开展《专利实施强制许可办法》、《专利标识标注办法》、《专利申请优先审查管理办法》、《国家知识产权局行政复议规程》等部门规章的起草和修订工作。

国家工商行政管理总局稳步推进《商标法》修订工作，经充分研究论证，形成《商标法（修订草案第二次公开征求意见稿）》，并于 2011 年 10 月再次公开征求社会意见。

国家版权局正式启动了《著作权法》第三次修订工作。颁布《关于进一步规范作品登记程序等有关工作的通知》，起草《版权执法指导意见》、《教科书法定许可付酬办法》。研究、起草《政府机关使用计算机软件条例》。

农业部开展了《植物新品种保护条例》修订调研工作，并形成了修订意见稿。制定了《农业植物品种命名规定》。起草了《农业遗传资源权属登记管理办法》（草稿）。

最高人民法院发布《关于充分发挥知识产权审判职能作用推动社会主义文化大发展大繁荣和促进经济自主协调发展若干问题的意见》。起草《关于审理侵犯信息网络传播权民事纠纷案件适用法律若干问题的规定》、《关于审理专利授权确权行政案件若干问题的意见》和《关于审理侵犯专利权纠纷案件若干问题的意见》等规范性文件讨论稿。

地方法规建设有效推进。湖南发布《湖南省专利条例》，天津发布《专利促进与保护条例》，南京发布《知识产权促进和保护条例》，四川、新疆、甘肃、云南、福建等专利保护条例修订工作有序推进。截至目前，已有 27 个省（区、市）、14 个较大的市制定了专利保护条例等地方性法规。

三、知识产权审批登记

2011 年，中国知识产权审批登记工作稳步推进，知识产权数量和质量均有明显提升。

2011 年，国家知识产权局共受理三种专利申请 163.3 万件，同比增长 33.6%。其中，发明专利申请 52.6 万件，同比增长 34.5%。全年授权发明专利 17.2 万件，同比增长 27.4%。截至 2011 年底，我国有效专利量共计 274 万件。在有效发明专利中，国内拥有 35.1 万件，占 50.4%，首次超过国外在华有效发明专利数量。国家知识产权局受理依据《专利合作条约》（PCT）提出的国际申请 17 473件，同比增长 35.3%。收到集成电路布图设计登记申请 1 464 件，予以公告并发出证书 1 329件。

2011 年，中国商标注册申请量 1 416 785 件，同比增长 32.14%，连续 10 年位居世界第一。国家工商行政管理总局全年共审查商标注册申请 1 205 529件。截至 2011 年底，中国商标累计申请量 971.2 万件、累计注册量 665.1 万件、有效注册商标 551 万件，均居世界第一。核准注册和初步审定地理标志 341 件。国内申请人马德里商标国际注册量2 053件，同比增长 12.8%。新收商标评审案件 7.4 万件，同比增长 2.7%。

2011 年，版权公共服务和产业发展迈出重要步伐，全年软件著作权登记量达到 10.93 万件，同比增长 33.4%。

2011 年，农业部受理农业植物品种权申请 1 045件，完成初步审查 1 179 件，授权 180 件。全年累计新公告颁证农产品地理标志产品 213 个，累计公告颁证农产品地理标志产品 748 个。国家林业局全年共受理林业品种权申请 139 件，同比增长 56.2%。实质审查植物新品种权申请 52 个。

2011 年，海关总署共核准知识产权海关保护备案 3 532 件，累计核准总量 24 000 件。

四、知识产权保护

2010 年 10 月至 2011 年 6 月，中国政府在全国集中开展了为期 9 个月的打击侵犯知识产权和制售假冒伪劣商品专项行动（以下简称“专项行动”）。专项行动期间，各级行政执法部门共立案 15.6 万件，涉案金额 34.3 亿元，捣毁窝点 9 135 个，遏制了侵犯知识产权和制售假冒伪劣商品多发的势头，取得了显著成效。

专项行动结束后，中国政府决定建立打击侵权假冒长效机制。2011 年 11 月，国务院印发《国务院关于进一步做好打击侵犯知识产权和制售假冒伪劣商品工作的意见》，并成立全国打击侵犯知识产权和制售假冒伪劣商品工作领导小组。

2011 年，知识产权相关部门进一步加强行政执法，执法力度和效率均有大幅提高。知识产权系统办理专利案件 3 017 件，同比增长 65.5%；同期，还办理展会专利投诉案件 1 110 件。各级工商行政管理机关共查处各类商标违法案件 79 021 件，同比增长 41.02%；其中，商标侵权假冒案件 68 836 件。各地版权执法部门共立案查处网络侵权盗版案件1 148起，对 466 起案件依法做出行政处罚。文化行政部门和文化市场综合执法机构共受理举报 4.85 万余件，立案调查 6.37 万余件，办结案件 5.7 万余件。地方农业部门查处了侵犯品种权案件 123 起。海关系统扣留侵权货物 1.8 万批，涉及侵权商品 1.03 亿件。

2011 年，全国司法机关进一步加大知识产权司法保护力度。全国地方法院共新收和审结知识产权民事一审案件 59 882 件和 58 201 件，同比分别增长 39.48%和 39.51%。共审结知识产权刑事一审案件 5 504 件，同比增长 39.62%；审结知识产权刑事二审案件 166 件；在审结案件中，生效判决人数 7 950 人，其中给予刑事处罚 7 892 人。全国检察机关共受理提请批准逮捕涉及侵犯知识产权犯罪案件 4 370 件 7 806 人，同比分别增长 131.6%和 131.8%。经审查，批准逮捕 3 532 件 5 952 人，同比分别增长 125.5%和 127.8%。

五、知识产权宣传

2011 年，知识产权相关部门紧密结合部门重点工作，精心组织开展形式多样的宣传活动，全面及时宣传报道我国知识产权工作取得的成绩，有效提升社会公众的知识产权意。

全国专项行动领导小组办公室建立了与新闻媒体和执法部门的双向联系机制，会同中央宣传部、国务院新闻办等协调主要媒体开设专栏、专题、专版，定期召开新闻发布会、媒体通气会，跟踪宣传专项行动进展和成效。专项行动结束后，组织举办专项行动网络成果展，取得显著成效。

国家知识产权局以宣传国家知识产权战略实施为主线，联合中央宣传部等 25 家部（委）精心组织以“知识产权助推经济转型”为主题的 2011 年全国知识产权宣传周，发布《2011 年中国知识知识产权保护状况》。国家工商行政管理总局发布了《中国商标战略年度发展报告 2010》（中英文版），与世界知识产权组织共同开展首届“中国商标金奖”评选活动。国家版权局组织开展“绿书签行动 2011——拒绝盗版，从我做起”版权保护系列宣传活动。

文化部在全国范围内集中开展文化市场法制宣传教育活动。农业部组织 CCTV—1 等媒体对保护农业知识产权等进行了广泛报道。国家林业局举办了以“加强知识产权工作，支撑现代林业发展”为主题的林业知识产权保护与运用成就展览。海关系统全方位加强对外宣传工作，宣传海关打击侵权取得成效，展现海关打击侵权商品活动的坚决态度，营造了强大的舆论宣传声势。公安部大力开展主题宣传，并组织央视等对集中销毁活动现场直播，媒体连续报道，社会反响巨大。

最高人民法院组织中央新闻媒体“知识产权司法保护江苏行”活动，发布《中国法院知识产权司法保护状况（2010 年）》（中英文），发布《最高人民法院知识产权案件年度报告（2010）》，公布 2010 年中国法院知识产权司法保护十大案件和五十个典型案例等措施，积极推进司法公开。

六、知识产权国际交流与合作

中美双方签署了《中美知识产权合作项目框架协议》。版权局、广电总局和外交部联合成功申办世界知识产权组织（WIPO）保护音像表演条约外交会议。

国家知识产权局推动我国专利文献进一步国际化，将中国专利文献纳入专利合作条约（PCT）最低文献量。与世界知识产权组织签署《关于发展知识产权局信息服务的合作协议》。稳步参与中美欧日韩五局合作项目，中日韩三局合作日趋紧密。

国家工商总局与非洲知识产权组织（AIPO）、非洲地区知识产权组织（ARIPO）签署《合作谅解备忘录》，与世界知识产权组织共同开展‘中国商标金奖’颁奖活动。国家工商总局商标局正式加入美日欧商标三方会谈。

（国家知识产权局办公室政研处副处长　沙开清）

中国专利制度

2011年，专利统计指标首次列入国家五年规划，专利申请快速增长，国内发明专利拥有量首次超过国外在华数量，打击侵犯知识产权专项行动成效显著，专利工作取得新进展。

一、法律法规

《国民经济和社会发展第十二个五年规划纲要》明确提出“每万人发明专利拥有量提高到3.3件”目标，专利统计指标首次列入国家五年规划。发布《专利工作“十二五”规划》以及全国知识产权行政管理、审查、人才、信息化、国际合作等规划。印发《2012年全国专利事业发展战略推进计划》。

国家知识产权局于年初向国务院提交了《专利代理条例修订草案（送审稿）》，条例草案的审议工作正在进行之中。《职务发明条例（讨论稿）》起草完成，目前正广泛征求意见。

修订完成《专利实施许可合同备案管理办法》。开展《专利实施强制许可办法》、《专利标识标记方式的规定》、《专利申请优先审查管理办法》、《国家知识产权局行政复议规程》等规章的起草和修订工作。

修订《专利代理管理办法》，出台《中华全国专利代理人协会会员纪律处分工作规程（试行）》，发布《专利代理人实务技能培训工作实施方案（2011—2015年）》。

二、申请与授权

全年受理三种专利申请163.3万件，同比增长33.6%。其中，发明专利申请52.6万件、实用新型专利申请58.5万件、外观设计专利申请52.1万件，同比分别增长34.5%、42.7%和23.8%。

国内发明专利申请（含港澳台地区，下同）为41.6万件，占总量的79.1%，同比增长42.0%。其中，职务申请32.4万件，占77.9%；非职务申请9.2万件，占22.1%。国内职务发明专利申请中，企业申请23.2万件、高校申请6.3万件、科研单位申请2.5万件、机关团体申请0.4万件，分别占71.6%、19.5%、7.7%和1.2%。

全年授权发明专利17.2万件、实用新型专利40.8万件、外观设计专利38.0万件，同比分别增长27.4%、18.6%和13.4%。其中，国内发明专利授权11.2万件，占65.1%。

截至2011年底，我国有效专利量共274.0万件。其中，发明专利69.7万件、实用新型专利112.1万件、外观设计专利92.2万件，分别占25.4%、40.9%和33.7%。在有效发明专利中，国内申请人拥有35.1万件，占50.4%，首次超过国外在华有效发明专利数量。

国家知识产权局作为《专利合作条约》（PCT）受理局，全年受理PCT国际申请17 473件，同比增长35.3%，居世界第4位。自1994年起，累计受理国际申请63 546件。

受理复审请求12 946件，同比增长4.7%。受理无效宣告请求2 749件，同比增长14%。当事人向北京市第一中级人民法院起诉和向北京市高级人民法院上诉的案件分别为615和349件。

三、管理工作

继续深化省部合作会商工作，国家知识产权局与陕西省建立合作会商制度，与广东省、黑龙江省、湖北省举行年度合作会商会议，完成与安徽省、江西省、上海市合作会商工作总结。截至2011年底，已与12个省（区、市）建立了合作会商工作机制，有效促进了地方知识产权工作。

大力推进知识产权试点示范工作，新增郑州创意产业试点园区和重庆云计算试验区两个特色产业知识产权试点园区。截至2011年底，全国共有工作示范城市45个、示范创建市28个、试点城市31个，工作示范园区1个、示范创建园区12个、试点园区30个，工作示范单位57家、示范创建单位216家、试点单位1 065家，强县工程试点县（市）127个，传统知识知识产权试点县（市）15个。

国家知识产权局与交通银行签订中小企业知识产权金融服务战略合作协议，在北京等16个地区重点推广中小企业知识产权金融服务。2011年，专利质押金额达90亿元，涉及专利1 953件，同比增加28%。在全国近20个地区开展知识产权质押融资试点、投融资服务试点及创建国家知识产权投融资综合试验区等不同层次的试点工作。完成对10家国家专利技术展示交易中心的考核验收。联合工业和信息化部印发《中小企业集聚区知识产权托管工作指南》，在32个首批实施该项工程的单位开展知识产权托管工作。

成功举办第五届中国专利周，全国150多个城市共开展各类活动900多场，参加企业1.3万家，参加人数近80万人，达成意向成交额14亿元。组织开展第十三届中国专利奖评选，评选出的15项专利金奖项目自实施日起至2010年底，新增销售额425亿元，新增利润56亿元。

组织新一代信息技术、生物、新能源和新能源汽车产业等国家重大科技专项和战略性新兴产业的专利分析和预警研究。关于TD—SCDMA、LTE技术专利风险研究报告以及新能源汽车等领域专利布局信息得到国务院领导关注。国家核高基专项高性能计算机芯片指令系统建设关键问题专利分析结果及建议得到项目专家组肯定。

建立专利调查制度，完成并发布《2010年中国专利调查报告》，重点调查专利实施情况和获取的经济效益。完成七大战略性新兴产业重点技术领域研究项目，继续开展战略性新兴产业专利技术动向研究，为产业决策提供参考。

2011年，全国专利代理人资格考试报名人数13 854人，均创历史新高，比上年增加2 003人；共有1 493人通过考试，比上年增加125人。考试首次面向台湾地区居民开放，188人参加考试，17人通过考试。截至2011年底，全国共有12 991人获得专利代理人资格，其中7 220人领取专利代理执业证，审批设立专利代理机构869家。全年共收到105件代理机构设立申请，批准79家，不予批准23家，撤回申请3家。在天津、陕西开展专利代理援助试点工作。

四、保护工作

国家知识产权局按照国务院统一部署，大力加强重点地区、重点领域、重点环节集中检查和专项整治，专项行动取得显著成效。2010年10月至2011年6月，全国知识产权系统共出动执法人员16.7万人次，检查商品228.6万件；办理各类专利案件2 572起，罚没物品8万多件；跨部门执法协作665次，跨地区执法协作1 092次。

联合有关部门发布《二〇一〇年中国知识产权保护状况》，组织全国各省市编发《2010年全国及地方知识产权保护状况择要》。发布《2011年中国保护知识产权行动计划》。组织开展大运会知识产权保护相关工作。在广东中山建立全国第一家专门针对单一行业设立的知识产权快速维权中心，构建快速审查、快速确权、快速维权工作机制，成功探索出一条以知识产权推动区域核心竞争力提升的路径。

出台《关于加强专利行政执法工作的决定》，施行新的《专利行政执法办法》，印发《专利行政执法操作指南》。截至目前，已有26个省（区、市）、11个城市发布了专利保护条例，2个省（区、市）、3个副省级城市出台了专利保护办法。有55家地方知识产权管理机构成为"5·26"专利执法推进工程实施单位，38家司法机构、研究开发机构和法律服务机构成为全国专利保护重点联系单位。

2011年，全国知识产权系统共出动执法人员17.5万人次，检查商品251万余件；办理各类专利案件3 017起，同比增加65.5%；同期还办理展会期间专利投诉案件1 110件；跨部门执法协作623次，跨地区执法协作875次，有效遏制了专利侵权假冒行为发生。

五、宣传培训

2012年，国家知识产权局对打击侵犯知识产权和制售假冒伪劣商品专项行动进行集中报道，并组织策划专项行动成果展，努力营造保护知识产权的良好舆论氛围。牵头组织开展全国知识产权宣传周活动，对中国专利周系列活动进行全方位报道，宣传周和专利周的社会影响不断扩大。拓展知识产权战略宣传渠道，战略宣传工作步入常态化轨道。全年平面媒体刊登有关知识产权的新闻、评论、专访上万条，中央电视台播出节目数十个，广播、网络播发、转载相关新闻报道达百万条。

积极推进知识产权文化建设，与教育部共同开展知识产权宣传普及工作。组织开展以"知识产权竞争未来"为主题的书画全国巡展等公益性宣传普及活动。在中央电视台推出《创新之盾》等系列知识产权电视片、宣传片。

认真落实《国家中长期人才发展规划纲要》，起草《关于进一步加强职务发明人合法权益保护促进知识产权运用实施的若干意见（草案代拟稿）》，该意见已通过中央人才工作协调小组办公室审议。制定《关于加强知识产权人才工作的意见》、《“百千万知识产权人才工程”实施方案（2011—2015年）》等一系列政策文件。

新建国家知识产权培训基地3家，总数达12家。以各级党政领导干部、企事业单位人员、科技人员等为重点，全国知识产权系统全年共举办各类培训班3 000多期，培训人员达50万人次。

六、信息化和文献

中国专利电子审批系统的功能进一步优化完善，该系统注册用户达4.39万人。专利检索与服务系统的功能进一步增强，系统登录总人次达33万。完成实用新型和外观设计智能审查项目的开发和测试。开展远程办公试点，已有201名审查人员在家办公。12月电子申请率达到77.8%，实现电子申请达到70%的预定目标。

开通专利检索与服务系统（公众部分），基本完成国家专利数据中心的核心系统建设，稳步推进广东、上海、江苏、山东、重庆5个区域专利服务中心的筹建工作，启动47个地方专利信息服务中心设立评审。积极推进全国专利信息传播与利用培训体系建设，在广东建成全国首个专利信息传播利用基地。

2011年，共引进各类专利和非专利文献资源81种，其中新增6种。收藏的专利图像资源覆盖77个国家（地区）或组织，著录文摘资源覆盖102个国家（地区）或组织。非专利全文数据库达到51个、文摘数据库20个、联机检索系统1个、原数据3种，知识产权类商业电子资源3种。

七、国际及港澳台合作

国家知识产权局积极参与世界知识产权组织、世界贸易组织、亚太经合组织等国际和地区性组织磋商，就专利制度国际协调、《专利合作条约》制度改革、遗传资源和传统知识保护等议题提出我主张，主动宣传我知识产权工作成绩，有力维护国家利益。

中国专利文献纳入《专利合作条约》最低文献量，中国专利文献走向世界迈出重要一步。与世界知识产权组织签署《关于发展知识产权局信息服务的合作协议》。与非洲、东盟的合作进一步深化，中美欧日韩五局合作稳步推进，中日韩三局合作日趋紧密。双边合作全面深化，签署中德、中日、中韩及中美专利审查高速路合作意向声明，在英国成功举办中英知识产权研讨会。开拓与柬埔寨、埃及、古巴、波兰等国的双边合作关系。全年共为来自越南、柬埔寨、朝鲜、蒙古等发展中国家和地区性组织开展了10批次近150名学员的培训。

与香港知识产权署签署首份知识产权合作协议。成功举办第十二届“内地与香港、澳门三地知识产权研讨会”。继续代为澳门经济局进行专利检索和审查。落实《海峡两岸知识产权保护合作协议》，举办第四届两岸专利论坛，组织专利代理人培训讲师团赴台授课。

（国家知识产权局办公室政研处副处长　沙开清）

中国商标事业发展情况

2011年，国家工商总局通过创新工作机制，创新管理模式，抓基础、抓规范、抓管理，充分发挥商标服务经济社会发展的重要作用，不断提升商标注册、运用、保护和管理能力，商标战略的实施全面深入推进，商标法律体系建设进一步完善。在2010年彻底解决商标审查和评审积压的基础上，商标注册审查和案件审理工作圆满完成；打击侵权假冒专项行动扎实深入开展，不断加强对商标专用权的保护；农产品商标和地理标志的注册和保护力度继续加强，商标境外注册和海外维权力度进一步加大。

一、深入推进商标战略实施

为贯彻落实《国家知识产权战略纲要》，2011年1月12日至13日，国家商标战略实施示范城市（区）经验交流暨商标运用保护会议在江苏省苏州市成功举行，推动53个商标战略实施示范城市（区）签署《苏州共识》，向全社会作出大力实施商标战略、尊重保护知识产权的公开承诺。

国家工商总局与世界知识产权组织合作开展了首届“中国商标金奖”颁奖活动，表彰我国在商标注册、运用、保护和管理方面做出突出成绩的企业、单位和个人，提高全社会的商标意识，进一步贯彻落实《国家知识产权战略纲要》。

2011年4月第十五届西洽会期间，国家工商总局与陕西省人民政府共同举办了“推进商标战略促进西部大开发高层论坛”。10月9日至15日，国家工商总局组织“商标战略宣讲团”，赴新疆开展了3场宣讲活动，运用商标战略支持老少边穷地区发展经济。

全国各级工商行政管理机关认真贯彻《关于加强知识产权质押融资与评估管理支持中小企业发展的通知》精神，加强商标权质押融资登记管理体系建设。全年共办理商标权质权登记申请493件，质押商标3 766件，融资金额达133亿元。支持和鼓励企业利用商标出质、出资，充分发掘商标权的市场价值，发挥无形资产的融资功能。

二、着力完善商标法律体系建设

（一）《商标法》第三次修订的进展情况

自2009年11月国家工商总局商标局将《商标法（修订送审稿）》（以下简称《送审稿》）正式报送国务院法制办以来，工商总局配合法制办开展了一系列调研论证和征求意见等工作。2011年9月1日，国务院法制办将《中华人民共和国商标法（修订草案征求意见稿）》在其官方网站上向社会公众公开征求意见。10至11月，法制办组织了有关商标法修改的专家论证会、企业代表座谈会和地方调研活动，听取了专家、企业和地方部门的意见。12月，法制办与商标局共同举办了关于商标法修改代理人座谈会。另外，《商标法实施条例》等法规也在着手修改中。

（二）相关配套法律法规的立法进程

一是加快《商标代理条例》立法进程。商标局先后在北京和上海召开两次征求意见会，重新起草了《商标代理条例》，同时继续努力推动设立商标代理人资格工作。二是商标局加强与司法部的沟通合作，推动《律师事务所从事商标代理业务管理办法》尽快出台。

三、圆满完成商标审查、评审工作任务

（一）商标申请和注册基本情况

2011年，商标局共受理商标注册申请1 416 785件，同比增长32.14%，比2008年翻一番，再创历史新高，连续十年位居世界第一。其中商标注册网上申请达804 926件，占同期商标注册申请总量的56.8%。

从申请商标指定使用的商品或服务类别看，申请量较大的类别依次为商标注册用商品和服务国际分类第25、35、9、30、11类，分别为171 624、94 619、88 090、75 674、59 554件。国内申请量排名前五位的省（市）依次为广东省、浙江省、北京市、江苏省、上海市，申请量分别为231 382件、158 366件、94 737件、85 183件、83 998件，这五个省市的申请量之和占国内总申请量的

51%。申请量超过40 000件的省份还有福建省、山东省、四川省、河南省，申请量分别为74 800件、64 749件、43 130件、41 214件。西部12省份商标申请量达182410件，同比增长39.9%。国际注册申请量排名前5位的省（市）分别是浙江省、广东省、江苏省、福建省、北京市，申请量分别为3 388件、2 952件、1 022件、978件、620件。

外国来华申请量（包括马德里商标国际注册领土延伸申请）排名前10位的国家或地区分别是美国、日本、韩国、英国、德国、维尔京群岛（英属）、法国、意大利、瑞士、澳大利亚，申请量分别为26 060件、19 715件、6 318件、5 588件、3 796件、3 461件、3 243件、2 865件、2 124件、2 085件，这10个国家或地区的申请量之和占外国在华申请总数的78.5%。

2011年，商标局受理商标续展注册申请93 613件，同比增长20%；受理商标异议申请38 572件，同比减少21.2%；受理变更商标注册事项申请133 297件，同比增长4%；受理商标转让申请99 847件，同比增长13.7%；受理商标注册、撤销申请13 504件，同比减少17.4%；受理商标使用许可合同备案申请27 696件，同比增长25.9%；受理马德里商标国际注册领土延伸申请47 127件。

2011年，商标局共核准注册商标1 022 698件，初步审定公告商标923 502件，驳回商标注册申请221 182件，部分驳回商标注册申请197 404件；办理变更商标注册事项申请155 490件，同比增长39.6%；办理商标转让申请97 039件，同比增长14.2%；办理商标续展申请99 639件，同比增长46.2%；注销、撤销注册商标93 478件，同比增长6.9%；审理商标异议案件56 829件，同比增长75.14%；审查商标使用许可合同备案27 043件，同比增长10.14%；备案特殊标志771件，官方标志1件；审查马德里领土延伸申请45 872件，办理国际变更、续展、转让、注销、删减及更正19 142件。

（二）商标审查工作成效显著

截至2011年，我国依然保持“三个世界第一”：商标注册累计申请971.1万件，累计注册665.1万件，有效注册551万件，均位居世界第一。

商标申请量的迅速增长既表明我国企业及社会公众商标意识的蓬勃崛起，又对我国的商标注册审查工作提出了新的挑战。近四年，商标注册申请量达402万件，相当于前28年总量的70.6%；核准注册量达361万件，相当于前28年总量的119%。商标数据库基础数据量也在迅速攀升，2011年底比2007年底增加70.6%，这就意味着审查每件商标时进行相同近似比对工作的强度成倍增长。

面对如此严峻的形势，商标局创新工作机制，克服实际困难：建立一审一核的商标审查工作机制；建立一审一核与合议相结合的商标异议审理工作机制，增设异议处室，努力缩短异议审理周期；拟定《关于改进商标审查质量检查的意见》，探索质量管理新方式；逐步推进全类审查，分批放开审查类别，为创设一标多类注册审查体系做好准备，保质保量完成了审查工作任务。

商标局2011年全年共审查商标注册申请1 205 529件，将商标注册审查周期继续保持在10个月之内，全年共裁定异议案件56 829件，同比增长75.14%，异议申请积压量比2010年底减少22.17%。将异议案件的审理周期由年初的32个月缩短至23个月，为实现商标审查五年达到国际水平的目标奠定了良好基础。

（三）商标评审工作再上新台阶

自解决案件积压以来，随着我国经济的发展，商标战略的实施，市场主体对商标注册和保护意识的增强，商标局审查量、异议裁定量、撤销决定量逐年大幅增长，后续的新申请评审案件也急剧增加，从而造成评审案件待审量的大量增加，控制案件审理周期的任务越来越艰巨。2011年工商总局商评委新收评审案件7.4万件，较2010年同期增长2.7%。2009年到2011年三年的时间里，共新收评审案件高达20.3万件，是2001年至2008年八年受理案件总量10.4万件的近2倍。截至2011年底，累计待审案件已高达13.6万件，较三年解决积压的总任务量8.1万件还高出68%。这个数字表明，“案件审理周期缩短，待审案件总量上升”的局面已经形成，如果稍有懈怠，就会形成新的积压。

商评委认真调研和深入分析工作新形势，形成了《关于做好商标评审工作的意见和建议》，从4个方面提出了15条做好今后工作的新思路，为完成全年任务起到了有效的促进作用。

2011年，商评委共审理评审案件35 043件，其中驳回复审26 840件，涉及双方当事人的复杂案件8 203件，案件审理周期仍控制在18个月以内。全年共参加行政诉讼案件2 663件，其中一审案件1 704件，二审案件903件，再审案件56件。一审案件占裁决案件总数的4.88%，被诉率较2010年同期降低了三个百分点。共收到一审、二审和再审判决2 632件，胜诉率为84.1%，整体胜诉率较2010年同期提高了两个百分点。2011年共审结行政复议案件188件，工作量达到了2010年同期工作量的2倍多。

四、大力加强商标专用权保护力度

2011年，全国各级工商行政管理机关认真贯彻国务院的有关部署，扎实深入开展打击侵权假冒专项行动，以扼制恶意商标抢注行为、保护涉外商标和驰名商标权、打击违法印制商标标识及仿冒知名商品包装装潢不正当竞争行为为重点，查处了大批侵权假冒案件，形成打击商标侵权和制假售假不法行为的高压态势，维护公平竞争的市场秩序，取得了显著成效。

（一）打击侵犯知识产权和制售假冒伪劣商品专项行动圆满结束

2010年10月至2011年6月底，国务院决定在全国范围内开展打击侵犯知识产权和制售假冒伪劣商品专项行动。按照国家工商总局专项行动方案和重点工作实施方案的部署，各级工商机关通过市场检查、受理投诉举报等手段认真开展案件排查工作，查处了大量侵犯知识产权和制售假冒伪劣商品违法案件。

据统计，截至6月30日，全国工商行政管理机关共出动执法人员3 978 429人次，检查经营户9 225 570户，检查批发零售市场和集贸市场等各类市场801 602个，捣毁制假售假窝点4 966个（占各行政执法部门全部统计数量的54.36%），吊销营业执照1 745户。已立案查处侵权假冒案件90 701件（占各行政执法部门全部统计数量的58.16%），其中侵犯驰名商标专用权案件13 831件，涉外商标专用权案件13 179件，地理标志商标专用权案件648件，罚没金额50 771.81万元，移送司法机关757件（占各行政执法部门全部统计数量的44.48%）。其中利用网络销售假冒伪劣商品案件561件，移送司法机关60件。受理和处理消费者申诉和举报102 532件，为消费者挽回经济损失30 449.22万元。

此次专项行动主要通过下列措施取得重要成果，监管执法效能显著提升：(1) 审查审理中严格把关，有效遏制了恶意商标抢注行为。(2) 加大重点查处力度，涉外商标和驰名商标得到有效保护。(3) 加强对商标侵权假冒行为源头的打击，商标印制监管和知名商品包装装潢保护取得一定成效。(4) 重点市场整治标本兼顾，市场行为得到进一步规范。(5) 网络购物领域专项整治纵深开展，促进网络购物健康发展。(6) 重大案件追根溯源，规模性侵权行为得到有效遏制。

（二）全国各级工商行政管理机关查处商标侵权违法案件基本情况

2011年，全国各级工商行政管理机关查处各类商标违法案件79 021件，其中查处一般违法案件10 185件，商标侵权假冒案件68 836件。在查处的各类商标违法案件中，查处涉外商标案件17 022件，共收缴和消除违法商标标1 180.22万件，涉嫌商标犯罪移送司法机关案件421件，商标犯罪嫌疑人415人。从案件总数来看，2011年全国各级工商行政管理机关共查处各类商标违法案件比上年同期增加22 987件，增长41.02%，其中国内案件61 999件，比上年同期增加17 489件，增长39.29%；涉外案件17 022件，比上年同期增加5 498件，增长47.71%；罚没金额5.96亿元，同比增长29.46%。从立案查处案件情况看，全年共立案查处各类商标违法案件75 527件，比上年同期增加21 414件，增长39.57%，其中立案查处商标一般违法案件8 915件，比上年同期增加1 882件，增长26.76%；立案查处商标侵权假冒案件66 612件，比上年同期增加19 532件，增长41.49%。

（三）加强驰名商标的认定和保护成为重点工作

2011年，全国各级工商行政管理部门将加强驰名商标认定和保护作为工商系统打击侵犯知识产权和制售假冒伪劣商品专项行动重点工作之一。一方面，国家工商总局商标局、商标评审委员会在商标管理、商标异议、商标异议复审和商标争议案件处理程序中，通过依法认定驰名商标切实保障权利人合法权益，其中5月份公布认定并保护的驰名商标396件，11月份公布认定并保护的驰名商标478件。截至目前共有3 187件商标通过驰名商标行政认定获得扩大保护。另一方面，各级工商部门在专项行动中将查处侵犯驰名商标权益违法行为作为重点，全国工商系统在专项行动期间共立案查处侵犯驰名商标注册商标专用权案件1.38万件。工商总局部署交办的保护“正新”、“日丰”、“云南白药”、“得力”等驰名商标注册商标专用权案共立案查处案件539件。

五、建立健全地理标志商标注册保护机制

2011年，国家工商总局商标局继续健全完善地理标志和农产品商标审查工作机制，推进地理标志审查工作向国际水平迈进。一是坚持地理标志注册申请单独排队、及时审查的“绿色通道”制度。二是简化程序，提高服务水平，一次告知申请人须补充的书件材料，积极指导申请人查找、补充有关资料。三是充分利用信息化手段做好政务公开，将地理标志注册指南、已注册地理标志名录、地理标志产品专用标志等信息在国家工商总局的官方网站上公布。地理标志和农产品商标的审查效率和质量不断提高，全年核准注册和初步审定地理标志341件，同比增长26.7%。地理标志注册及初步审定总量达到1 381件（其中外国在华注册地理标志已达38件），累计核准注册农产品商标110.83万件。

各级工商行政管理部门充分发挥职能作用，不断加大对侵犯地理标志和农产品商标专用权的查处力度。在为期9个月的打击侵犯知识产权和制售假冒伪劣商品专项行动中，立案查处侵犯地理标志商标专用权案件就达648件，有力地保护了注册人的合法权益，维护了消费者利益。

国家工商总局认真贯彻落实中编办《关于完善地理标志保护管理机制的意见》，加快建立地理标志保护部际联席协调机制，充分听取农业部、商务部、质检总局等相关部门意见，深入调研各部门地理标志工作开展情况，会同各部门共同研究拟订地理标志保护法律法规草案及综合性政策，协调重大问题；推进建立工商总局与农业部、质检总局“统一受理、分别审核、共同发布”的地理标志联合认定机制。按照便利申请、统一对外、加强保护的原则，在现有职责分工的基础上，整合业务流程，统一相关政策标准，发挥各自优势，加大对地理标志的培育和保护力度。

六、积极开展商标境外注册与海外维权工作

2011年，国家工商总局积极开展马德里商标国际注册的宣传和培训工作，引导企业提高国际注册意识；加强与世界知识产权组织及其他国家商标主管机关的交流与合作，不断增强我国的话语权，加大海外维权力度，支持企业实施“走出去”战略，增强我国企业的国际竞争力。

（一）国际注册宣传工作成效良好，申请量保持快速增长

为支持我国企业和地方政府实施商标战略，国家工商总局商标局在福建、海南、山东、重庆、安徽等地开展了马德里商标国际注册培训和宣传工作，不断提高申请人的商标国际注册意识，帮助解决申请人在国际注册中遇到的问题。

2011年我国申请人的马德里商标国际注册量为2 503件，同比增长12.8%，自1989年我国加入马德里联盟以来年注册量首次突破2 000件，位居马德里联盟第七位，累计注册量为13 297件。2011年国外申请人指定我国的领土延伸申请量为18 724件，同比增长16%，连续七年位居马德里联盟第一位，累计注册量为167 025件。审查领土延伸至我国的申请45 872类，同比增长3.8%，审查周期控制在9个月内；完成后续业务审查24 863件，完成异议裁定、发异议答辩、各类结案共计298件。

（二）加大商标海外维权力度，支持企业实施“走出去”战略

2011年，国家工商总局商标局加大商标海外维权宣传力度，加强与各国商标主管机关的交流与合作，积极探索建立海外维权信息数据库。参加了第四届商标节并专门就商标海外维权作主题发言，介绍商标局在支持企业商标海外维权方面所做的工作，结合具体案例从政府和企业两个角度提出下一步做好海外维权工作的建议。积极指导北汽福田汽车股份有限公司解决其“FOTON”商标在越南被恶意抢注一案以及百度公司“百度”商标在欧盟被抢注一案。

（国家工商行政管理总局商标局）

中国版权保护状况

2011年版权工作围绕版权执法、公共服务、法制建设、国际应对等重点方面，积极开拓、成效显著，为推动文化大发展大繁荣发挥了重要作用。版权法律法规和政策体系不断完善，版权执法监管成效显著，版权公共服务和社会服务体系有新突破，版权宣传教育活动进一步深化，版权国际应对和对外合作交流水平不断提高，为“十二五”开创了良好的局面。

一、版权法律法规和政策体系不断完善

国家版权局制定、颁布了《版权工作“十二五”规划》，回顾了“十一五”时期版权工作取得的成就，分析了“十二五”时期版权工作面临的新形势，确定了今后五年我国版权工作的发展目标、主要任务和战略举措，为今后五年全面推进版权工作指明了方向。进一步推动了版权法律法规规章的修订制定工作，正式启动了《著作权法》第三次修订工作，印发了《关于进一步规范作品登记程序有关工作的通知》，起草了《版权执法指导意见》、《教科书法定许可付酬办法》并广泛征求意见，起草了《政府机关使用计算机软件条例》、研究制订保护字库计算机软件著作权工作方案并提交国务院，参与《刑法》有关著作权条款实施意见的修改等，版权法律法规和政策体系不断完善。

二、版权执法监管成效显著

2011年，国家版权局和各级版权行政管理部门按照国务院的部署，与各相关部门积极合作，重点开展“打击侵犯知识产权和制售假冒伪劣商品专项行动”，大力推进政府使用正版软件检查整改工作和企业使用正版软件工作，着力做好网络版权主动监管和执法培训表彰等日常执法工作，亮点突出，成效显著。

一是打击侵犯知识产权和制售假冒伪劣商品专项行动取得明显成效。新闻出版总署、国家版权局、全国“扫黄打非”工作小组办公室按照国务院部署联合开展抓源头、清市场、打网络、查办大要案等重要工作。专项行动期间，各地共立案查处3381起案件，移送司法机关追究刑事责任案件179起。新闻出版总署、国家版权局、全国“扫黄打非”工作小组办公室、公安部、最高人民法院、最高人民检察院联合挂牌督办、查破了35起重大案件，充分发挥了行政、司法联合办理重大案件的效能。在由版权、公安、工信三部门联合开展的第六次和第七次打击网络侵权盗版专项治理“剑网”行动中，各地共立案查处网络侵权盗版案件1148起，对466起案件依法做出行政处罚，将36起案件移送司法机关追究刑事责任。在加强网络版权保护工作中，对新浪等18家重点视频网站进行主动监管，有效规范了视频网站行业的版权经营秩序。

二是政府机关使用正版软件检查整改工作取得阶段性成果。一是中央办公厅、国务院办公厅等135个中央和国家机关按时于2011年5月底前完成任务。二是截至12月底，上海、北京、广西、浙江完成本辖区内任务，海南完成本辖区内办公软件正版化任务，新疆、江苏、安徽、重庆完成全部省级机关任务。山东青岛、新疆克拉玛依、安徽淮南等24个市（地）级政府完成检查整改工作。围绕软件摸查、经费保障、采购、使用及资产管理等核心环节探索建立使用正版软件工作长效机制。

三是企业使用正版软件工作深入推进。召开国家版权局、工信部、商务部、财政部等9部委推进企业使用正版软件工作部际联席会议第五次全体会议，就巩固强化部际联席会议制度、加大督导检查工作力度、加强国际应对等工作作出统一部署，全面推进30家试点企业软件资产管理试点工作。会同相关部委对16个省（区、市）的政府机关和企业使用正版软件工作进行督导检查。联合银监会、保监会、国资委、中国勘察设计协会、中国机械工业联合会等开展企业使用正版软件培训工作。正式启动新闻出版行业上市企业和出版集团（总部）使用正版软件工作。

四是版权执法培训和表彰工作进一步加强。一是为加强网络侵权盗版治理的有效性，分别在宁夏、河南、天津、北京举办了4期版权执法培训班，对31个省（区、市）近600名省级、地市级、

县级版权行政执法和公安机关、检察院相关负责同志进行了集中执法培训。二是严格标准和程序，对2010年度查处侵权盗版案件的137家有功单位和122名有功个人进行奖励，并向社会公布了“安徽骑士音乐网侵权案”等版权执法十大案件。

三、版权公共服务体系和版权社会服务体系建设有新突破

2011年，国家版权局重点规范作品登记工作，强化版权服务功能；全面开展版权示范建设工作，继续开展版权经济贡献率调研，推动版权保护工作更好地为经济建设服务；积极构建版权交易平台，促进智力成果转换和市场运用；加强对著作权集体管理组织和版权相关协会的监督指导，充分发挥各界权利人的积极作用，版权公共服务体系和版权社会服务体系建设全面加强。

一是规范作品登记工作。通过深入调研，研究制订并颁布了《关于进一步规范作品登记程序等有关工作的通知》，对《作品自愿登记试行办法》没有规定或者规定不明确的作品登记申请受理、作品登记申请审查、作品登记时限、不予登记决定等登记程序性问题加以明确，解决了作品登记证书不统一、作品登记信息统计不及时、无法统一公告查询等重点问题，从受理、审查、登记、证书、信息统计等方面统一标准，规范了全国的作品登记工作，进一步强化了版权公共服务的职能，为维护权利人权益、促进产业发展迈出了重要一步。全国32家作品登记主体积极开展作品登记工作，北京、上海、山东、广东、浙江等地作品登记工作取得重大进展。计算机软件著作权登记数量增长迅速，截至2011年12月20日，计算机软件著作权登记已经达到103 087件，同比增长34.16%，为实现“十二五”时期的既定目标开了好局。

二是全面开展版权示范建设工作。首次就版权示范创建工作在青岛召开“推进全国版权示范城市、示范单位和示范园区（基地）创建工作座谈会”，总结了版权示范建设工作的经验，细化了版权示范建设工作的方式方法，为进一步做好版权示范建设工作奠定了坚实基础。授予青岛市为“全国版权示范城市”，批准广州市创建“全国版权示范城市”，批准青岛创意100产业园等8家全国版权示范单位和园区，有力推动了版权示范建设工作在全国范围内扎实、有序开展。

三是大力推进版权产业基地建设。版权交易公开市场和文化金融服务平台建设取得长足发展，中国版权保护中心和北京东方雍和国际版权交易中心累计实现版权交易额18亿元，投融资服务额13亿元，并推出限量收藏品交易平台、数字版权云分发平台等创新版权交易模式，新推出的版权质押贷款服务累计实现信贷服务1.6亿元。北京国际版权贸易中心建立了国内首个“版权保险箱”，为著作权人和相关使用者提供权利证明和电子证据。中国人民大学国家版权贸易基地建设的国家版权交易网站运营一年实现挂牌交易15亿元，积极开展版权资产评估工作，举办了首届版权拍卖大会。上海版权交易中心全年共为5 000个版权交易项目挂牌，涉及全国25个省市区，实现版权交易总额23亿元。

四是加强对著作权集体管理组织的监管和指导。发挥著作权集体管理组织和相关协会的作用，定期召开著作权集体管理工作座谈会，支持著作权集体管理组织的业务活动，加强对著作权集体管理组织的监管和指导，著作权集体管理组织业务取得了新进展。中国音乐著作权协会实现了收取广播权使用费的突破，收入达到了8 889.31万元的历史新高；中国音像著作权集体管理协会在京成功召开第三次会员大会；中国摄影著作权协会与人民教育出版社签署了《教科书“法定许可”使用费收转协议》，实现了收取教科书法定许可使用费的突破。

四是开展版权相关产业对国民经济贡献的调研。完成“中国版权相关产业的经济贡献（2007—2009年度）”调研统计工作，调研显示，版权相关产业行业增加值占GDP比重从2006年的6.4%增加到2009年的6.55%，版权相关产业在促进经济发展和文化繁荣中发挥了重要的作用。

四、版权宣传教育活动进一步深化

2011年，国家版权局继续以版权重点工作为中心，以“4·26知识产权宣传周”和重大节庆活动为平台，创新宣传手段和形式，提高宣传活动的层次和水平，扩大宣传教育的受众范围，版权宣传教育活动进一步深化，宣传效果不断提高。

一是建立信息联动机制，充分展示专项行动的成就。为保证信息沟通、报送、宣传的及时有效，专项行动建立了紧密的信息联动机制，所有的案件

随办、随报、随宣传，充分利用报刊、电台、电视台、网络、手机等媒介，通过新闻发布会、专访等手段进行广泛宣传，达到了较好的宣传效果。

二是围绕“4·26知识产权宣传周”、新中国《著作权法》实施20周年、非法出版物集中销毁活动等主题，组织中外媒体集中采访、报道。配合全国“扫黄打非”工作小组办公室和中央电视台在京启动了“绿书签行动2011——拒绝盗版，从我做起”系列宣传活动；与中央电视台法制频道合作录制了5期《一线》版权保护特别节目，解读版权工作热点问题，宣传版权保护知识；举办第三届全国大学生版权征文颁奖仪式暨《版权保护小卫士》赠书仪式；广东、云南、江西等各地版权行政管理部门开展版权知识交流、版权保护知识竞赛、版权保护进校园签名活动等宣传活动，在全社会营造出“尊重知识、尊重劳动、尊重创作、尊重版权”的良好舆论氛围。

三是面向社会各界，深入开展版权知识培训。举办媒体记者版权相关热点问题媒体研讨班，正确引导宣传导向。组织全国核心版权经理人、代理人宣教研修活动，进一步规范我国版权经理人、代理人的经营活动。举办“2011BIBF北京国际版权贸易研讨会”，有效提升版权贸易机构和出版单位的版权贸易水平和实务能力。

五、版权国际应对和对外合作交流水平进一步提高

2011年，国家版权局通过加强多边合作、积极推进双边交流、完善版权国际应对工作机制、加强国际应对专业队伍建设等四个方面工作继续强化国际应对和国际交流合作体系，国际应对能力进一步提高，国际交流合作不断深化。

一是不断提高多边体制下的合作与应对水平。成功申办了世界知识产权组织（WIPO）保护音像表演外交会议；积极参与WIPO民间文艺、发展议程、版权常设会议等议题的相关工作；与WIPO共同开展版权保护推动产业发展调研，举办数字环境下版权管理与执法研讨。认真应对世界贸易组织（WTO）有关版权争端，积极应对世界贸易组织有关事务和亚太经合组织相关版权工作。

二是积极促进版权双边关系和交流合作。积极开展中美商贸联委会、中美战略与经济对话和中欧知识产权对话。积极落实中美、中英、中日等版权合作战略备忘录相关工作。积极参与中瑞、中哥自由贸易区谈判和中巴、中俄经贸分委会知识产权工作组会议工作。加强与东盟国家在版权领域的合作。加强与港澳台地区版权相关部门的密切沟通协作。

（国家版权局版权管理司）

第七篇　入世十年中国地方WTO事务(2011)

北京市 2011 年世贸事务工作

2011 年，北京市面临的贸易摩擦形势依然严峻，美欧等国家和地区频繁使用反倾销反补贴合并调查（以下简称“双反”），贸易救济手段不断翻新，企业应对难度继续加大。市商务委按照市委市政府工作要求，积极应对国际贸易摩擦。

一、北京市应对贸易摩擦形势呈现出新特点

2011 年北京市共遭遇 10 个国家和地区发起的贸易摩擦案件 27 起，涉案金额 1.52 亿美元，同比增长 65%。贸易摩擦形势更加复杂，一是遭遇反倾销反补贴合并调查和 337 知识产权调查增多，其中“双反”调查 7 起，涉案金额 8 660 万美元，美国 337 知识产权调查 3 起；二是贸易摩擦发起国从美欧等发达国家扩展到全球范围，特别是发展中国家对我贸易摩擦呈上升趋势；三是涉案产品涵盖机电、轻工、生物医药、第三方交易网站平台等领域，且呈现出从劳动密集型向附加值和技术含量较高的高科技产品蔓延的趋势。

二、在维护产业安全上取得新进展

2011 年上半年，商务部针对由北京市企业参与提起的 2 起贸易救济案件做出最终裁定，对原产于欧盟的进口 X 射线安全检查设备反倾销调查和原产于美国的部分进口汽车产品“双反”调查分别征收不同程度的反倾销税和反补贴税。从 1999 年 12 月北京市提起第一起进口反倾销立案至今，北京市企业参与提起贸易救济案件申请并获得商务部立案数已达 19 起，立案数量在全国位居前列。上述企业主动运用贸易救济措施，维护自身合法权益。

三、加强 WTO 事务研究力度

为全面回顾和总结加入世贸组织十年来的经验，市商务委组织开展了《中国加入世界贸易组织北京十年回顾》课题研究，对进一步推动北京改革开放战略的纵深发展具有重要意义。同时加强对典型案件和重点问题的研究，总结高科技企业应诉和申诉的经验，探索维护我国高科技产业利益的新途径。

（北京市商务委员会课题组）

2011年吉林省世贸相关工作回顾

2011年是我国加入世贸组织十周年。为此，我们对吉林省在入世十年中取得的发展进行了总结，同时开展了一系列的纪念庆祝活动。

一、入世十年来吉林省商务发展成就

吉林省适应形势需要，全面学习和运用世贸规则，在更大范围、更广领域、更高层次积极参与国际市场竞争和国际经济合作。全省地区生产总值从2001年的2 032亿元发展到2010年的8 577亿元，增长了3.2倍。吉林省的外向型经济经历了从“局外”到“局内”的角色转换，外贸、外资、外经、内贸、展会等各方面都取得了重大进展。

（一）对外贸易整体跃升，进出口总量屡创新高

吉林省全面落实外贸发展目标责任制，上争下促，内培外拓，外贸进出口连年实现历史性跨越。2001年吉林省进出口总额只有32.1亿美元。2010年达到168.5亿美元。入世十年吉林省外贸总额增加了5.2倍，十年累计实现外贸进出口863.1亿美元。外贸经营主体不断壮大，贸易结构进一步优化，并且实现了市场多元化发展。

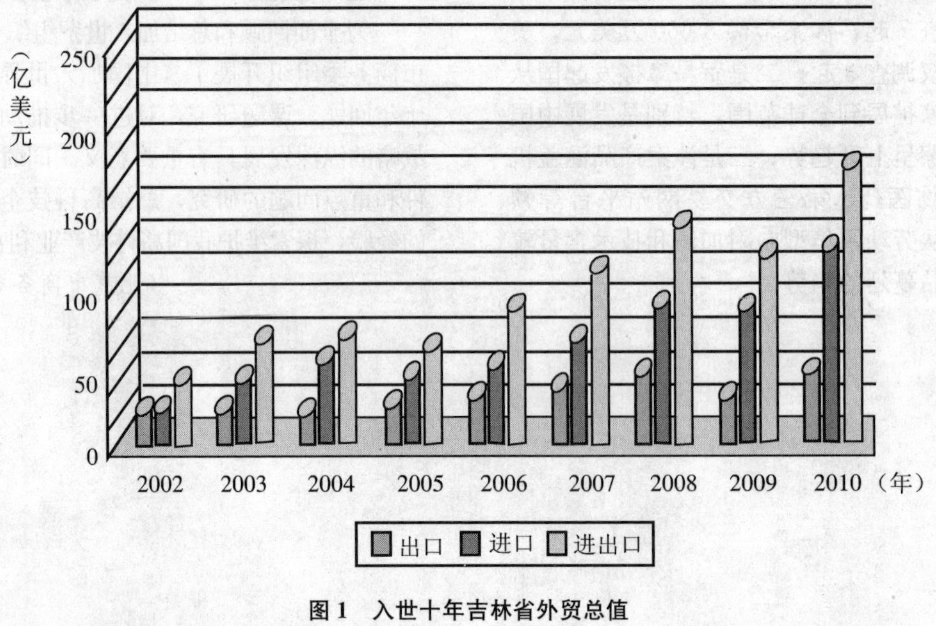

图1 入世十年吉林省外贸总值

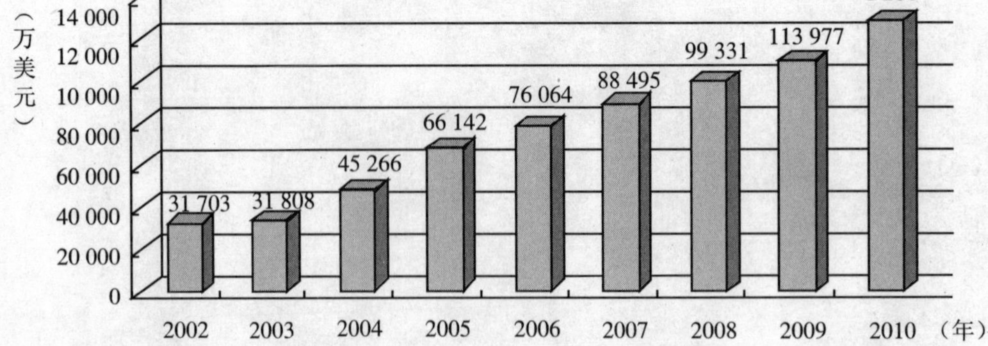

图2 入世十年吉林省直接利用外资金额

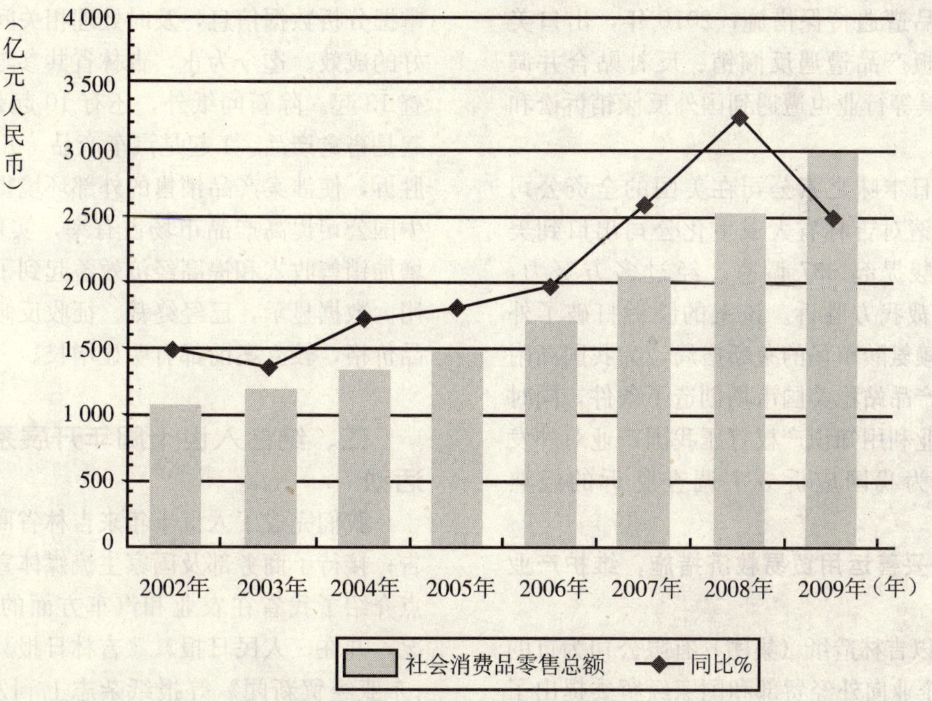

图3　入世十年吉林省国内贸易增长

（二）"引进来"和"走出去"取得可喜成果

坚持高层带动、上下联动、合力推动相结合，招商引资规模和质量不断提高。全省十年累计实际利用外资179.9亿美元，增长了3.7倍，其中直接利用外资达到了102.36亿美元。目前已有54户世界500强企业及知名跨国公司在吉林省投资，其中包括美国、德国、日本、韩国、新加坡、香港、台湾等61个国家和地区的公司，累计批准设立企业8 988户。

全省对外工程承包劳务合作十年累计完成营业额38亿美元，由2001年的2.04亿美元发展到2010年的5.62亿美元，外派劳务规模居全国前列。对外投资快速发展，直接境外投资累计达12.4亿美元，以"朝俄资源、非洲工程、日韩新劳务"为标志，富有吉林特色的"走出去"新格局基本形成。

（三）国内贸易繁荣畅旺，城乡消费市场快速增长

实施"万村千乡"市场工程、"双百"市场工程、"农超对接"试点，落实"家电下乡"、"汽车下乡"、"汽车以旧换新"和"家电以旧换新"等消费促进政策，深入推进"双进工程"，城乡建设和便民服务体系进一步完善；加强城乡市场监测、调控和监管，市场保障能力和规范化程度逐步完善。十年来，全省累计实现社会消费品零售总额18 293.2亿元，增长了3.8倍，流通业增加值累计实现3 600.9亿元，占GDP比重达到11.3%，消费对经济的拉动作用显著增强。

（四）东北亚博览会实现了一届比一届更好的办会目标

博览会从起步探索阶段走入成熟发展阶段，目前发展为东北亚区域合作重要载体和平台。六届东北亚博览会上累计有27万客商参会，其中国外客商5.2万人，来自世界100多个国家和地区，各国部省级以上政要535位，世界500强企业300户；商品贸易成交额累计达26.85亿美元；累计签订投资合作项目1 278个，吸引投资总额达6 240多亿元人民币。

（五）灵活运用世贸规则，积极组织应诉贸易摩擦案件

随着贸易摩擦形势日益严峻，吉林省几乎遭遇了所有类型的贸易摩擦案件，特别是农业、粮食深加工产业、汽车产业等主导产业受影响较大。例如，2003年德大公司出口日本肉鸡遭遇"闭关"；2006年出口韩国洋葱、大蒜、苏叶、蒸熟米、人参、红小豆等农产品遭遇技术性贸易壁垒；2009

年输美轮胎产品遭遇特保措施；2010 年，出口美国的多层木地板产品遭遇反倾销、反补贴合并调查；钢铁、家具等行业也遭遇到国外反倾销诉讼和反补贴调查。

2006 年，日本味之素公司在美国的全资公司向美国 ITC 申请对吉林省大成生化公司出口到美国的 L—赖氨酸提起 337 调查。经过多方努力，2008 年案件终裁我方胜诉。该案的胜诉打破了外国公司对国际赖氨酸市场的垄断格局，为我国高附加值深加工农产品站稳美国市场创造了条件，同时遏制了跨国企业利用知识产权打压我国产业对外发展的企图，成为我国应诉 337 调查胜诉的经典案例。

（六）依法妥善运用贸易救济措施，维护产业安全

1997 年，以吉林造纸（集团）有限公司为首的九家国内造纸企业向外经贸部和国家经贸委提出了对原产于加拿大、韩国和美国的进口新闻纸进行反倾销调查的申请，开启了我国反倾销调查第一案。

入世后，吉林省充分发挥产业损害预警长效机制作用，省商务厅每案跟进，及时参与企业调查，掌握分析数据信息，及时处理相关问题，取得了较好的成效。迄今为止，吉林省共参与反倾销案件调查 13 起。除新闻纸外，还有 10 起是化工产品，1 起是畜禽产品，1 起是汽车产品。几起反倾销案的胜诉，使涉案产品销售的外部环境得到了规范，为中国公司提高产品市场占有率，实现满负荷生产，增加销售收入和提高经济效益起到了积极的保护作用。数据显示，已经终裁、征收反倾销税的化工产品价格，较立案前都有明显增长。

二、结合入世十周年开展系列纪念庆祝活动

我们完成了入世十年来吉林省商务发展情况报告；接待了商务部及国家主流媒体宣传调研组，重点介绍了我省在农业和汽车方面的应对和发展情况，并在《人民日报》、《吉林日报》、《新文化报》、《东亚经贸新闻》等报纸杂志上刊发了专题报道；征集图片，向商务部《中国加入世贸组织十周年画册》供稿；在厅机关和安达街大楼分别布置了介绍吉林省入世十年发展成果的图片展。

（吉林省商务厅法规处）

2011 年河南省世贸工作情况

2011 年，河南省世贸工作紧紧围绕“为企业服务、促企业出口、佑产业发展”的目标，以应对贸易摩擦、实施贸易救济和构建公平贸易环境为重心，加强重大问题的思考和研究，建立产业损害预警体系的预测、预警长效机制，开展贸易救济效果跟踪与评估，加强产业联系机制建设，做好入世十周年纪念活动，为河南省开放型经济体系建设做出了贡献。

一、开展了我国入世十周年纪念活动

2011 年，河南省商务厅开展了入世十周年系列纪念活动，一是撰写署名文章在《中国日报》、《河南日报》、《大河报》上发表，宣传河南省入世以来对外开放的成就；二是开展了有奖知识问答，对贸易摩擦应对和贸易救济知识进行再学习再宣传；三是编辑了河南省对外开放和世贸工作大事记，对入世十年工作情况进行了回顾整理。

二、开展了政策合规性审查及清理

在全省外贸工作会议上，布置了政策合规性审查及清理工作，指导河南省不符合世贸规则的政策措施的清理和修订，配合法规部门做好商务政策措施合规性的审查；发放了《中国加入世界贸易组织法律文件助读手册》、《认识世界贸易组织》和《危机时刻》读物；在省商务厅网站编发信息 2 000 多条，在中国产业安全指南河南子站上编发信息 3 000多条，上报政务信息 140 多条，编发《WTO 信息通报》21 期。

三、开展了贸易摩擦应对工作

2011 年，河南省共遭调反倾销调查和反倾销、反补贴合并调查 23 起，案值 4 763 万美元，涉案企业 135 家。其中阿根廷对我瓷砖发起的反倾销调查，涉案企业 13 家，案值 1 819 万美元；欧盟对我豆蛋白发起的反倾销调查，涉案企业 19 家，案值 1 041 万美元；巴西对我铜管发起的反倾销调查，涉案 853 万美元。为做好应对指导工作，河南省商务厅世贸易处根据商务部网站公布的商品代码信息，及时通过统计系统查实河南省涉案金额及企业名单，及时通知企业应对，并对应对中出现的问题开展了咨询和指导。

四、开展了产业损害预警工作

做好产业安全数据库企业的信息报送、审查和督导工作。河南省 232 家数据库企业的数据上报率一直保持在 97%以上，综合得分位居全国第三，被商务部评为“全国产业损害预警工作 2011 年度先进集体”。

认真做好产业损害预警分析工作。撰写了《大豆进口产业损害预警报告》、《氧化铝进口、铝材出口产业损害预警报告》、《轮胎产业损害预警报告》、《钢铁行业产业损害预警监测报告》，对纺织、机电、高新技术和农产品开展了进出口变动异常的监测，发布了量价变动异常商品。

对实施贸易救济的企业进行了跟踪调查。撰写了《聚酰胺-6,6 切片国内市场环境向好 企业发展强劲》、《白羽肉鸡“双反”后 行业盈利虽好转存在问题需关注》、《苯酐企业生存环境不乐观》、《聚氯乙烯企业发展需要政府助推》、《甲醇反倾销措施成效有限 企业困难重重》等 5 篇调研报告，向省政府和商务部报送了《关于河南省产业实施贸易救济措施后取得良好效果的情况报告》。

五、开展调查研究，提升工作水平

2011 年，河南省商务厅世贸易处赴广东、河北和安徽省就世贸工作情况进行调研，学习三省经验，确立了公平贸易和预警分析、预警监测工作的新思路。

（河南省商务厅）

新疆生产建设兵团 2011 年外经贸工作的新进展

概 况

2011 年实现进出口总值 76.37 亿美元，比上年增长 36.7%，占新疆外贸进出口总值 33.46%，其中出口 64.96 亿美元，进口 11.41 亿美元，增长 86.8%。利用外资成效显著，合同外资金额 37 161 万美元，同比增长 10 倍，实际利用外资 7 904 万美元，同比增长 105.58%。对外经济合作取得突破性进展，新签对外承包工程合同金额 3.8 亿美元，同比增长 110%；完成对外承包工程、劳务合作营业额 3.41 亿美元，增长 10.7%；境外农业合作开发取得实质性进展，并逐步进入收获收益期。

一、对外贸易

外贸转型升级效果显现。逐步建立了外向型产业引导培育扶持和激励机制，运用国家和兵团各项支持政策扶持外向型产业发展，开放型经济发展势头强劲。一是出口基地建设规模扩大。实行扶优扶强的发展措施，支持兵团番茄制品、果酱、食品饮料、化工产品、纺织品、建材、辣椒制品、家具制造、特色农产品等外向型产业发展，提高产品附加值，扩大出口。番茄酱、聚氯乙烯、家具、焦炭、柠檬酸等自产品出口增速较快，2011 年兵团自产产品出口达 11.8 亿美元，有效推进了兵团农业产业化和新型工业化发展，推动了师团产业结构调整，企业增效、职工增收成为兵团经济新的增长点和亮点。二是口岸经济发展取得了明显效果。加大口岸仓储物流和生活设施建设投资力度，扶持口岸经济发展。三是扩大进口对兵团经济拉动作用明显。进口周边国家的成品油、化肥、棉花、钢材、废旧金属、木材等大量生产物资，满足了区内外工农业生产需要，提高了现有设备的生产利用率，增加了兵团适销对路商品的生产和供应，获得了明显经济效益，推动了兵团经济增长和社会进步。

二、利用外资

利用外资规模扩大，质量明显提升。更大规模发挥市场在资源配置中的基础作用，向市场要活力、要资金、要效益。2011 年新批外商投资企业 11 家，合同外资金额 37 161 万美元，增长 10 倍。外商投资涉及行业增多，多晶硅、光伏发电等高技术产业和塑料制品及纸制品等传统行业实现了引进外资较大的突破。

三、对外经济技术合作

对外经济技术合作成效显著。2011 年，经过卓有成效的努力，兵团国际经济合作在领域、规模和质量方面取得突破性进展。一是境外工程承包和劳务输出保持连续八年大幅度增长。兵团北新建工集团、北新路桥在西北地区建筑工程龙头企业地位得到进一步巩固。二是经过四年的努力，兵团农业“走出去”取得了突破性进展。自在安哥拉开展 1 056公顷尝试种植水稻及瓜果蔬菜项目外，又陆续开展和实施了安哥拉马兰热 1 万公顷土地农业综合开展项目，安哥拉威热 1 万公顷农业综合开发项目，正在进行勘探设计的安哥拉卡潘达地区 1.8 万公顷农业灌溉项目和 5 万公顷甘蔗种植项目，中国政府援建安哥拉农业技术示范中心项目和中国政府援建塔吉克斯坦中国农业技术示范中心项目，这些充分说明兵团农业“走出去”已经进入收获收益期，兵团农业优势已经逐步被世界认可，兵团农业的品牌正在唱响。三是兵团商务局再次承担中国政府对巴基斯坦洪札灾区救灾物资的艰巨任务。出色完成了中国政府对巴基斯坦洪札灾区紧急生活物资援助任务，再次受到了巴基斯坦政府和当地人民高度赞扬，受到了国家外交部、商务部和兵团的表彰。

四、搭建开放平台，引领投资合作取得显著成效

商务局牵头，相关部门协作，圆满完成了首届中国—亚欧博览会主承办工作。组织和承办哈萨克斯坦中国商品展，组织参与沙伽中国商品展、德国科隆世界食品展览会、英国中国商品展览会、广交会、东盟博览会等国内外重要展会。兵团企业通过展会这个平台，扩大了对外开放，推进了兵团产业的发展。更多的资本、技术流向兵团，更多的兵团

特色产品走出了绿洲，走向了世界。特别是首届中国—亚欧博览会兵团宣传推介展示彰显风采，经贸洽谈成果丰硕。

五、普及宣传WTO相关知识和规则，鼓励企业关注主要贸易伙伴国的贸易政策，积极应对贸易摩擦

（1）以加入世界贸易组织十年纪念活动为契机，总结经验，抓住机遇，加快兵团对外开放的步伐。一是根据商务部加入世贸组织十周年纪念活动的工作要求，普及宣传WTO相关知识。先后在局网站上增设公平贸易、产业预警和国别贸易专栏，以期达到普及宣传WTO相关知识和规则的目的。二是结合兵团实际，起草兵团入世十年情况报告，向商务部介绍兵团WTO工作的基本情况和入世十年兵团在对外贸易、利用外资、“走出去”等领域所取得的成绩，对今后做好WTO工作提出了工作意见和建议。

（2）利用审议机制更好地了解被审议成员的经济贸易体制和最新的政策动向，把需要了解或者要求澄清的问题及对双边经贸关系中具体问题的关注，及时向商务部反映。根据世界贸易组织贸易政策审议机构2011年的工作安排，18个世贸组织成员将在2011年接受贸易政策审议。我们从兵团企业的实际出发，把需要了解或者要求澄清的问题及对双边经贸关系中具体问题的关注，与相关部门企业进行沟通了解，提前一个月提出书面意见汇总上报商务部，以便商务部在代表我国政府参加贸易政策审议时向对方提出意见并要求答复。

（3）主动、创造性地开展公平贸易工作，指导企业规避经营风险，维护合法权益。入世十年来，特别是在应对国际金融危机中，在外经贸形势急剧恶化、贸易摩擦骤然增多、产业面临巨大竞争压力的困难情况下，兵团商务局主动、创造性地开展工作，应对国外贸易救济壁垒和摩擦工作显著。一是配合商务部做好涉及兵团企业公平贸易调查工作，引导企业提供真实的数据，积极为企业做好服务。二是指导企业积极应对贸易壁垒，规避经营风险，维护自身合法权益。

（新疆生产建设兵团商务局）

2011年湖南省WTO事务

一、世贸工作方面

召开了湖南省入世后过渡期应对工作领导小组办公室联络员会议。在2011年1月份召开的联络员会议上通报了全国自贸区工作会议和全国地方WTO工作会议精神，审议了《湖南省入世后过渡期应对工作领导小组办公室2011年工作要点》。与会人员建言献策，并对领导小组办公室2011年工作要点提出了许多好的意见和建议。

举办了入世十周年学习报告会。4月份专门邀请我国常驻世界贸易组织代表处副代表张向晨公使来我厅做了“中国入世十周年回顾和展望”的报告，加深了大家对世界贸易组织的认识和了解。

继续认真做好经贸政策审议、咨询的基础工作。根据商务部统一部署，向各成员单位、各市州商务局、省内各重点联系企业印发了《关于收集2011年WTO安排贸易政策审议的国家（地区）有关信息的通知》，要求各有关单位及时反馈对被审议成员经济贸易体制和政策措施的评论、希望了解或者要求澄清的具体问题，以便商务部在代表我国政府参加审议时向对方提出。定期向商务部《中国对外经济贸易文告》报送全省有关或影响入世承诺的地方性法规、单行条例、政府规章及规范性文件和其他措施的标准文本，并对省内有关厅局制订出台的经贸政策措施，及时提供政策咨询。

进一步做好《WTO月讯》的编辑发行和“湖南省WTO公众信息网”的版面扩充及信息录入工作。增加了《WTO月讯》的发行数量和“湖南省WTO公众信息网”的信息录入量，还对“湖南省WTO公众信息网”的版面进行了扩充。截至2011年底，《WTO月讯》已累计发行96期，“湖南省WTO公众信息网”也已采集录入信息4 400多条。

积极做好入世十周年湖南省商务领域的宣传报道工作。在2011年12月《国际商报》出版的《中国，再出发》——入世十周年大型纪念特刊上开辟湖南专版，回望了入世十年间湖南商务发展的历程，并对湖南商务的未来发展进行了展望。

举行了湖南省入世后过渡期应对工作领导小组办公室联席会议暨纪念入世十周年座谈会。

二、公平贸易工作方面

积极做好涉及湖南省主要贸易摩擦案件应诉的组织协调工作。积极组织协调省直有关部门和衡阳市政府有关部门及衡钢集团应诉加拿大对我无缝油井管和石油套管反补贴再调查案件。此案衡阳钢管国贸公司涉案金额6 000多万美元，根据商务部要求及时督促指导衡钢按照要求填写应诉答卷，提供反补贴应诉相关资料500多页，先后向省发改委、省经信委、省国资委、省财政厅、省国土厅、省科技厅和衡阳市政府发函联系收集应诉资料并及时提供给商务部，使衡钢在加拿大做出的反补贴期中复审终裁中获得了24.32%的较低税率，全力维护了企业利益。

加强了对上年贸易摩擦应诉案件的适时跟踪。2010年湖南省遭遇国外的贸易摩擦案件16起，涉案金额1.27亿美元，这些案件大部分在2011年先后终裁，我处及时跟踪案件进展情况，先后就美国对华铝合金型材双反调查、欧盟对华数据卡双反调查、印度对华碳酸钡调查、巴西对华无缝管反倾销调查、欧盟对华瓷砖和玻璃纤维网格布产品调查等案件及时联系，指导湖南省有关出口企业应诉。

陪同商务部公平贸易局领导到我省相关企业调研我国实施贸易救济措施的情况。2011年1月份陪商务部公平贸易局王栋处长及有关商协会律师到我省株洲化工集团调研水合肼反倾销措施复审前企业经营情况。5月份陪同商务部公平贸易局宋和平调查专员一行到我省岳阳巴陵石化调研己内酰胺反倾销初裁后企业经营情况。10月份商务部公布最终裁定，使欧盟和美国对我己内酰胺的倾销行为得到有效抑制，取得了申请企业表示支持和满意、下游产业用户表示理解的良好效果。

加强与重点企业的联系，及时收集整理国外贸易壁垒信息。走访了10家重点联系企业，及时了解企业经营情况，协调解决有关问题。并及时向商务部公平贸易局反馈国外贸易壁垒对湖南省的影响情况，共发布贸易摩擦案件预警信息280多条，及时为湖南省出口企业提供了贸易摩擦咨询服务。

举办了全省应对国外易摩擦培训班。7月在长沙举办了湖南省应对国外贸易摩擦培训班，省入世后过渡期领导小组办公室成员单位的代表和各市州商务局分管领导及负责人、国家级园区、重点出口县商务主管部门的有关负责人共110余人参加了学习培训。周船副厅长和商务部进出口公平贸易局夏翔副调查专员出席培训班开班仪式，并分别在开班式上做了讲话和专题授课。

积极参加中国进出口公平贸易十周年征文活动。按照商务部的通知要求，结合近几年湖南贸易摩擦形势和应对工作实际，我们撰写了《湖南贸易摩擦形势与应对调研报告》，并被商务部进出口公平贸易局编辑成册。

（湖南省商务厅）

2011年江西省商务发展情况

一、招商引资保持高速增长

2011年，全省实际利用外资60.59亿美元，增长18.78%，继续保持中部地区领先地位，其中现汇进资20.16亿美元。引进省外5 000万元以上项目资金2 579.15亿元，增长33.81%。

引资结构进一步优化。制造业实际利用外资42.09亿美元，占全省69.5%；光伏、风能核电、新能源汽车和动力电池、航空制造、半导体照明、金属新材料、非金属新材料、生物、绿色食品、文化及创意等十大战略性新兴产业实际利用外资32.56亿美元，占全省53.74%；生产性服务业、旅游产业引进省外亿元以上项目60个，比上年增加22个。

重大项目明显增多。新批外资项目平均规模首次突破1 000万美元，达到1 040万美元；全省实际投资1 000万美元以上外资项目125个，实际投资29.29亿美元，增长65.19%；引进省外亿元以上项目607个，占全部项目的44.18%，比重较上年提高10.05个百分点；新引进世界500强企业3家，总数达到43家，新引进国内500强企业12家，总数达到86家。

鄱阳湖生态经济区利用外资发展迅猛。鄱阳湖生态经济区新批外商投资企业423家，占全省52.09%；实际利用外资35.76亿美元，占全省59.02%。

外资项目增资踊跃。全省263个外资项目实现增资扩股，增资金额24.81亿美元，分别同比增长8.68%和44.58%，其中增资超3 000万美元的项目有7个，实际投资达到5.71亿美元，同比增长11.74%。

港台地区一直是利用外资的主要来源地。港台来赣投资企业691家，占总数的85.1%；实际利用外资48.45亿美元，占总数的81.61%。

开发（工业园）区利用外资载体作用日渐明显。全省开发（工业园）区新批外商投资企业420家，占全省总数51.72%，同比提高4.1个百分点；实际利用外资38.3亿美元，占全省总额的63.21%。

二、外贸出口实现新的重大突破

全省外贸进出口总额315.56亿美元，增长46.06%；其中，外贸出口218.81亿美元，增长63.1%，出口总额居中部地区首位、全国第12位。

出口主体规模进一步壮大。新增外贸经营权企业1 308家，新增出口实绩企业615家，出口额73.38亿美元，新增企业出口额占全省出口净增总额的86.68%。全省120家重点企业累计进出口160亿美元，同比增长20.18%，其中出口82.87亿美元，同比增长28.47%，占全省出口总量的37.87%。出口超过1亿美元的企业有17家，较去年增加8家；出口5 000万美元至1亿美元的企业有24家，较去年增加3家。生产企业出口116.22亿美元，增长46.89%，占全省出口总值的53.1%；流通企业出口102.59亿美元，增长86.39%，占全省出口总值的46.9%。

出口产品结构进一步优化。机电和高新技术产品出口保持快速增长，出口额达86.9亿美元，同比增长57.1%；劳动密集型产品出口高速增长，其中塑料、箱包、玻璃制品、家具及其制品出口成倍数增长。资源性产品出口飞速增长，其中稀土制品出口9.92亿美元，增长5.22倍；铁合金出口6.04亿美元，增长4.1倍。

出口市场更加多元化。出口超1亿美元的国家和地区达47个，较上年增加5个。传统市场方面，对欧盟出口49.56亿美元，增长68.6%；对美国出口35.18亿美元，增长83.1%；对香港出口19.47亿美元，增长83%；对日本出口14.92亿美元，增长1.26倍。新兴市场方面，对"金砖国家"出口均突破1亿美元；对伊朗、沙特、埃及、以色列、约旦等中东地区国家出口增长均在70%以上；对非洲地区出口15.38亿美元，增长58.56%；对东盟出口22.8亿美元，增长46.7%。

出口品牌和基地建设取得新成效。新增省级出口名牌11个，新认定省级产业出口基地7个、区域出口基地4个，上饶茶叶被商务部认定为第一批国家级外贸转型升级示范基地。

进口方面，机电产品进口26.16亿美元，增长

36.16%；高新技术产品进口17.52亿美元，增长49.6%；资源性产品进口小幅下降，其中铁矿砂及其精矿进口12.2亿美元，下降2.81%；铜矿砂及其精矿进口23.52亿美元，下降0.96%。

三、企业“走出去”迈出更大步伐，对外承包工程和劳务合作创造历史最好成绩

全年完成营业额15.85亿美元，增长51.92%，总额居全国第13位，较上年前进3位。

对外投资快速增长。全年对外直接投资2.81亿美元，增长31.5%，高出全国平均水平30.2个百分点。

境外资源勘探开发力度明显加大。以骨干企业为依托，组建江西国际矿业有限公司，实现优势互补、资源共享，形成境外资源开发联合舰队，获得探矿权11个。争取国家境外资源风险勘查基金1.3亿元，居全国第3位。

援外项目有序推进。全年新获援外项目17个，其中援外培训项目12个，共为72个国家，培训364人，承担援外任务之多为历年之最。

四、积极应对贸易摩擦，公平贸易和产业预警工作取得新成效

全年在国外针对中国发起的贸易救济调查中，江西企业涉案4起，其中当年新案2起，涉案金额约500多万美元，涉及产品有对欧盟出口的日用陶瓷和玻璃纤维网格织物、对印度出口的玻璃器皿和对美国出口的铝合金型材等，涉及出口企业20余家。在欧盟玻璃纤维织物和日用陶瓷反倾销案中，江西赣州南康罗边玻纤有限公司、景德镇金意陶瓷砖有限公司等涉案企业参与了本行业的应诉工作，取得了较低的关税率。2011年，全省有100余家企业加入了全国产业安全数据库直报工作，为商务部对相关产业损害预警分析提供了监测数据；同时，通过网站、简报等多种形式积极向社会发布最新的产业安全预警信息，组织对重点产业开展有关维护产业安全和提升产业国际竞争力的课题研究，为全省产业稳步发展和可能遭遇的损害提供了政策建议和应对预案。

（江西省商务厅）

创新争优 实现上海外经贸事业新跨越

一、2011年全市外经贸工作回顾

(一) 对外贸易结构更趋优化

2011年，上海货物贸易进出口总额4 374.4亿美元，同比增长18.6%。其中进口增幅高于出口，全年进口2 276.5亿美元，同比增长21%，高于出口5个百分点。一般贸易增幅高于加工贸易，一般贸易进出口总额1 849.4亿美元，同比增长24.8%，高于加工贸易15个百分点。服务贸易增幅高于货物贸易，前三季度服务贸易进出口总额1 036.5亿美元，同比增长42.5%，全年有望超过1 200亿美元。

(二) 利用外资质量稳步提升

吸引外资再创历史新高，全年吸收合同外资201.03亿美元，同比增长31.3%；实到金额126.01亿美元，同比增长13.3%。服务业居于主导地位，实到外资中服务业占比超过80%，上海国际主题乐园有限公司成为全国最大外资服务业项目。总部经济加快发展，新认定跨国公司地区总部48家、投资性公司27家、研发中心15家，累计分别达到353家、240家和334家。

(三) 对外经济合作扎实推进

全年核准对外直接投资总额26.6亿美元（中方投资额21.2亿美元），同比增长9.8%。民营企业投资活跃，占对外投资主体和投资总额的66%和41%。跨国并购增强，已占全市对外投资总额的四成。新签对外承包工程合同额123.5亿美元，同比增长22.2%，其中大型、特大型项目金额占比达到84.5%。承担国家援外工程和物资项目34个，项目总额16.7亿元，援外培训外国官员766人，派出各类劳务人员1.43万人。

二、工作举措

(一) 攻坚克难，国际贸易中心建设取得新突破

1. 举起国际贸易中心建设的旗帜

在深化研究的基础上，由市政府发布了《关于加快推进上海国际贸易中心建设的意见》（沪府发〔2011〕20号）和《上海建设国际贸易中心“十二五”规划》（沪府发〔2011〕61号），实现了从“破题”到“举旗”的跨越。同时，围绕国际贸易中心建设，编制完成《上海商业发展“十二五”规划》、《上海会展业“十二五”发展规划》、《上海电子商务发展“十二五”规划》等市级专项规划和委内专项规划。

2. 落实一批国家级的功能性项目

外高桥保税区被授予全国首个“国家进口贸易促进创新示范区”，崇明成为全国首批十二家“国家船舶出口基地”之一，大虹桥服装服饰出口创新基地升级为国家外贸转型升级示范基地。特别是2011年12月26日，商务部与上海市政府合作共建的“中国博览会会展综合体”开工，商务部、科技部、国家知识产权局和上海市政府共同组建的“上海市国际技术进出口促进中心”挂牌，加上“中国（上海）网上国际贸易中心平台”的开通，不仅标志着国际贸易中心建设进入功能突破的新阶段，而且将成为推动贸易转型的重要举措。

(二) 优化结构，开放型经济对全市的贡献加大

1. 全力推进总部经济发展

市委、市政府高度重视发展总部经济，市领导牵头开展“吸引跨国公司在沪发展地区总部及功能性机构政策调研”，市政府出台了鼓励跨国公司设立地区总部的规定，浦东新区等结合区域特点制定了相应的政策措施，总部机构加速集聚。利用外资领域进一步拓宽，外资融资租赁企业投资设立单机单船项目子公司，独资保安服务公司、邮轮船务公司，合资船舶油污清除公司、养老服务公司等实现“零的突破”。利用外资方式进一步创新，全国首例获批的境外人民币直接投资项目出自上海。积极落实内地与港澳紧密经济关系安排（CEPA）和两岸经济合作框架协议（ECFA），推动上海与台港澳地区密切合作。引导开发区转型升级，推动建立日本企业产业园和欧洲中小企业产业园。

2. 加快推进外贸转型升级

深化外贸转型升级示范基地建设，推出大虹桥服装服饰出口、新浦江轻工产品出口、国际贸易常

年展示、国际设计和贸易促进等一批促进外贸转型发展的新平台。成立上海海外营销促进中心，继续促进国际贸易产业链向海外延伸。在工博会、跨采大会、华交会等上海重要品牌展会上，加大调整展示方式和展示内容，突出对品牌企业、品牌产品的支持，为争创外贸新优势服务。扩大进口集散功能，推进外高桥国际贸易示范区专业贸易平台建设，推动建立丹麦、日本等国别商品中心。外管局批准的国际贸易结算中心外汇管理试点企业扩大到20家，全年跨境贸易人民币结算金额突破3 000亿元。

3. 切实加大“走出去”步伐

稳步推进对外直接投资，推动银企合作，抓住“高访”契机，助推企业“走出去”。在2011年胡锦涛主席访美期间举办的签约仪式上，上海签约项目占到1/8。积极推进人民币对外直接投资，已批准金额达到8.03亿元。大力推动对外承包工程，帮助企业争取国家“421专项”资金近40亿美元，带动合同额47亿美元的境外项目。搭建与兄弟省市外经企业对接平台，破解资源约束瓶颈，优势互补“走出去”。加强境外危机管理和风险防范培训，完善境外突发事件处置工作机制，在中东北非地区动乱、日本地震海啸等重大撤侨事件中有效保障了我在外人员安全。承担国家援外工程、物资和培训项目比上年翻了一番，在全国率先开展“援外质量年”活动，上海企业设计的非盟会议中心获得国家领导人和非洲各国首脑的高度赞誉。

（三）加快转型，现代服务业和服务贸易发展提速

1. 加快推进现代服务业发展

推动现代服务业集聚区功能提升和转型发展。建立评价体系，在对已认定的20个集聚区全面评估基础上，结合“十二五”规划，新增了5个集聚区。牵头推进专业服务业发展，建立联席会议机制，开展重点领域调研，形成了工作思路和政策建议。推进融资租赁市场交易平台和网络拍卖平台建设。

2. 大力发展服务贸易和服务外包

积极培育服务贸易重点企业，建立信息服务平台，完善统计和评估体系，加快国际货代、专业服务、服务外包和软件、技术贸易、文化及中医药等服务贸易重点领域发展，上海服务贸易在全国的占比进一步提高。加强服务外包示范园区建设，推动对技术先进型服务企业、重点企业的认定和政策支持，成功举办上海软件外包国际峰会。全年服务外包合同执行金额46.88亿美元，同比增长70.3%；离岸执行金额31.88亿美元，同比增长81.9%。

3. 启动国家现代服务业综合试点建设

通过主动争取，在商务部和财政部支持下，上海纳入国家现代服务业综合试点。聚焦浦东新区、虹桥商务区及浦江沿岸等重点区域，首批筛选示范效应强、辐射范围广、产业特色明显的城市共同配送、现代商贸服务功能区、国际贸易中心公共平台等12个试点项目，探索突破现代服务业发展体制机制瓶颈，为全国现代服务业发展积累经验。

（四）推进公平贸易，全市外经贸发展环境进一步改善

1. 应对贸易摩擦，开展产业预警

2011年，共有51起新立“两反两保”案件涉及上海，调查当年总涉案金额约3.25亿美元。为有效应对贸易摩擦，合理运用对外贸易救济，我市积极开展了四个方面的工作。一是联合商会、行业协会开展案件应诉，如组织协调40余起新立案件的企业应诉，并针对涉案金额较小的中小企业推行行业集体应诉机制。二是重视反补贴案件应对，组织相关委办、区县梳理政策，汇总填答美国复合地板等各起涉沪案件的反补贴问卷，接受政府实地核查。三是深入开展案件核查与企业调研，如与商务部赴柯达、富士开展进口相纸反倾销实地核查、赴上海焦化、上标紧固件开展进口贸易救济成效调研等。四是完善产业安全预警机制，重点发展家用纺织、重型机械、铝业、集成电路、计算机等10个行业、30余家企业开展产业安全数据直报。

2. 建设进出口公平贸易工作平台

强化行业协会进出口公平贸易工作，在23家行业协会建立公平贸易行业工作站，加大对行业协会应诉组织、产业协调、对外协商等实务工作的指导。重视与区县商务委的互动合作，在加拿大油管钢节双反案、澳大利亚碳钢焊管双反案等多起案件中与区县合力开展涉案企业的实地调查、应诉协调，召开“上海市区县公平贸易（法制）联络员工作会议”总结部署区县公平贸易工作。

3. 参与加入WTO《政府采购协议》谈判工作

成立以市政府副市长为组长、16个部门为成员单位的GPA工作领导小组，并由财政局会同经信委、建交委、商务委、发改委、WTO事务咨询中心等部门组成GPA研究工作组，开展《加入GPA上海地区产业竞争力评估与影响及应对研究》课题研究工作。通过数据采集、模型运算、定量分析，完成了制造业竞争力分析、服务业竞争力分析、工程业竞争力分析、加入GPA对上海市产业的影响和对策、加入GPA法律层面影响的研究五个分报告，并在此基础上形成了加入GPA上海地区产业竞争力评估总报告。根据国家谈判策略与安排完成并上报《上海市出价建议报告》。2011年8月，分四批次对市政府组成部门和直属机构处级以上干部和区县政府有关部门的科级以上干部开展GPA专题培训。

（上海市商务委员会　卢正）

2011 年汕头市对外经贸工作简述

一、对外贸易部分

（一）简况

2011 年汕头市进出口总额 87.9 亿美元，同比增长 19.3%。其中出口 59.54 亿美元，同比增长 20.7%；进口 28.35 亿美元，同比增长 16.6%；实现贸易顺差 31.2 亿美元。

汕头市与 186 个国家（地区）发生贸易往来，主要出口市场依次为：香港、美国、日本、菲律宾、阿联酋、英国、马来西亚、加拿大、沙特阿拉伯、巴拿马。主要进口市场为：日本、台湾、美国、韩国、德国、泰国、沙特阿拉伯、新加坡、英国、马来西亚。

按企业性质划分，外资企业出口 22.83 亿美元，同比增长 10.1%，进口 11.48 亿美元，同比增长 3.3%；私营企业出口 31.61 亿美元，同比增长 32.1%，进口 13.84 亿美元，同比增长 21.4%；国有企业出口 3.36 亿美元，同比增长 9.0%，进口 1.51 亿美元，同比下降 2.1%；集体企业出口 1.38 亿美元，同比增长 10.6%，进口 775 万美元，同比增长 12.4%。

按贸易方式划分，一般贸易出口 43.80 亿美元，同比增长 22.6 %，进口 15.78 亿美元，同比增长 7.1%；加工贸易出口 15.56 亿美元，同比增长 15.5%，进口 10.13 亿美元，同比增长 20.4%。

按进出口商品划分，主要出口商品有机电产品、服装及衣着附件、玩具、家具及其零件、箱包及类似容器等；主要进口商品有初级形状的塑料、机电产品、纺织纱线织物及制品、苯乙烯、废塑料等。

（二）参加商务洽谈会情况

7 月，组织企业参加省政府在香港举办的“2011 年粤港经济技术贸易合作交流会”，9 月，组织企业参加省政府在广州举办的“2011 年广东省与世界 500 强和大型外资合作交流会”；10 月，组织企业参加由省政府和香港政府在华沙主办的“2011 粤港—波兰经济技术贸易合作交流会”。11 月，组织企业参加省政府在韶关举办的“2010 广东国际旅游文化节暨泛珠三角旅游招商会”。

（三）对外贸易经营者备案登记情况

2011 年汕头市共办理新登记对外贸易经营者 234 家，其中民营私营 233 家，外商投资企业 1 家。截至 2011 年 12 月 31 日，汕头市办理对外贸易经营者登记共 3 400 家企业，其中民营私营 3 061家，国有、集体 278 家，外商投资企业 61 家。

（四）加工贸易情况

2011 年全市加工贸易进出口总额 25.69 亿美元，增长 17.4%，占全市进出口总额的 29.2%。加工贸易出口 15.56 亿美元，增长 15.5%，占全市出口总值的 26.1%。其中进料加工出口 12.77 亿美元，增长 14.4%；来料加工出口 2.78 亿美元，增长 20.6%。加工贸易进口 10.13 亿美元，增长 20.4%，占全市进口总值的 35.8%。其中进料加工进口 7.82 亿美元，增长 19.2%；来料加工进口 2.31 亿美元，增长 24.6%。

二、对外经济合作部分

（一）简况

2011 年新批设立境外企业 16 家，投资总额 2 116万美元；增资 5 家，增资金额 682.03 万美元。历年累计设立境外企业 87 家，中方投资总额 20 867.08万美元。

（二）境外投资情况

我市企业境外投资主要是到香港、东盟地区、中东、美国、欧洲、非洲等国家和地区。经营范围有针织服装、日用品、办公用品、户外用品、餐具系列产品、塑料制品、洗涤用品、化妆品、护肤品、香水、电子产品、五金交电、各类紧固件、建筑材料、建筑机械、水果、蔬菜等批发零售；橡胶种植、橡胶制品生产及销售；进出口贸易玩具、礼品和工艺品展示中心；矿产品的勘查、开采、加工、检验及销售等。

三、吸引外资部分

（一）简况

2011 年，全市批准设立外商直接投资项目 46 个，同比增长 31.43%；合同外资金额 47 274 万美元，同比增长 16.23%；实际吸收外资金额 34 563 万美元，同比增长 35.26%。其中，合资企业 22 个，合同外资金额 1 161 万美元，实际吸收外资金额 3 271万美元，同比增长 43.91%；合作企业 1 个，合同外资金额－4 万美元，同比下降 104.60%，实际吸收外资金额 877 万美元，同比下降 55.77%；外资企业 23 个，合同外资金额 47 512 万美元，同比增长 30.10%，实际吸收外资金额 23 893 万美元，同比增长 13.79%；外商投资股份制企业减少合同外资金额 1 395 万美元，同比下降 134.14%，实际吸收外资金额 6 522 万美元，同比增长 2 074.00%。

（二）外商直接投资行业情况

外商直接投资项目中生产型 12 家，非生产型 34 家。

（三）外商直接投资主要来源

香港 36 家，合同外资金额 60 204 万美元；台湾 2 家，合同外资金额 156 万美元；马来西亚 2 家，合同外资金额 298 万美元；文莱 1 家，合同外资金额 77 万美元；日本 1 家，合同外资金额 50 万美元；塞舌尔 1 家，合同外资金额 26 万美元；瑞士 1 家，合同外资金额 37 万美元；澳大利亚 1 家，合同外资金额 2 万美元；投资性公司 1 家，合同外资金额 181 万美元。

（汕头市对外贸易经济合作局　钟颖）

2011 年广东外经贸发展与地方 WTO 事务

2011 年，广东省外经贸系统坚定不移地稳增长、调结构、促平衡，巩固和扩大应对国际金融危机冲击成果，全省外经贸发展呈现增长平稳、质量提升、结构优化、转型加快的良好态势。

一、2011 年广东外经贸发展情况及特点

2011 年全省实现进出口总值 9 134.8 亿美元，增长 16.4%。其中，出口 5 319.4 亿美元，增长 17.4%；进口 3 815.4 亿美元，增长 15%。全省新批外商直接投资项目 7 035 宗，合同外资金额 346.9 亿美元，增长 41.0%；实际外资金额 218.0 亿美元，增长 7.6%。全年经核准新设境外企业 566 家，新增中方协议投资额 29.0 亿美元，同比增长 47.3%；对外承包工程新签合同额 134.4 亿美元，同比增长 36.2%；完成营业额 113.4 亿美元，同比增长 38.2%。主要特点如下：

（一）外贸结构进一步优化

贸易方式结构优化，全年一般贸易出口占全省出口比重达 34.6%。主体结构优化，私营企业出口增幅和进口增幅分别高于全省平均水平 14.6 和 8.3 个百分点。市场结构优化，对新兴市场进出口增幅较全省整体增幅高 4.3 个百分点。商品结构优化，高新技术产品出口增幅高于全国同类产品 1.2 个百分点，高新技术产品一般贸易出口增速高于全省出口平均增速 7.2 个百分点。贸易结构优化，全省服务贸易进出口达 884.9 亿美元，同比增长 45.2%。

（二）加工贸易转型加快

生产方式由 OEM 向 ODM、OBM 混合转变，珠三角地区从事加工贸易业务的外资企业 ODM 和 OBM 混合生产出口比重达到 40%，东西两翼和山区比重接近 30%。产业链条由短向长转变，全省深加工结转总额达 1 163.8 亿美元，七成从事加工贸易的外资企业有深加工结转业务，企业产品平均结转 2～5 次后再出口。市场结构由单一依赖国外向兼顾内外两个市场转变，全年全省从事加工贸易的外商投资企业产品内销金额达 13 979.6 亿元，贡献税收 385.4 亿元。经营主体由单一向多元转变，国有、集体、私营企业从事加工贸易业务的比重上升。产业层次由低向高转变，2011 年全省加工贸易出口项下机电产品和高新技术产品分别占 77.4%和 47.7%。监管模式由传统向现代转变，外经贸、海关和加工贸易企业三方联网监管模式在全省范围内推广实施。

（三）利用外资水平稳步提升

吸收外资数量提升，全年全省合同外资大幅增长 41.0%，其中产业带动力较强的制造业利用外资增长较快，对全省实体经济贡献度上升。吸收外资质量提升，全省投资总额 1 亿美元以上的大项目合同外资增长 97.0%，其中世界 500 强和境外大型企业在粤投资新设和增资项目合同外资增加 59.4 亿美元，高技术产业合同外资增长 41.3%。服务外包产业规模提升，全年新增服务外包企业 269 家、从业人员 13.7 万人；全省承接离岸服务外包接包合同执行金额 28.0 亿美元，同比增长 47.5%。

（四）对外投资合作步伐加快

对外投资增势加快，2011 年新设企业数量达到 566 家，中方投资额达到 29.0 亿美元，同比增长 47.3%。对外投资领域拓展加快，由简单的劳务输出、劳动密集型工程承包业务等领域逐步向生产加工制造、资源合作开发、资本技术密集型工程承包、设立研发中心等领域转变。企业境外收购取得突破性进展，一批企业集团境外收购步伐加快。

二、2011 年广东地方 WTO 事务工作

（一）开展入世十周年系列纪念活动

广东省以商务部有关文件精神为指导，紧密结合广东实际情况，开展了以“纪念中国入世十周年与广东外经贸转型升级”为主题的系列纪念活动。开展入世十年专题调研，形成专题报告呈报省委省政府。组织召开“广东省纪念中国加入世贸组织十周年大会暨开放、发展、创新高层研讨会”，总结回顾入世十年来广东对外开放取得的成就和综合应对的经验，围绕“加快转型升级，建设幸福广东”的总体目标要求，研讨新时期进一步扩大对外开

放，促进广东开放型经济转型发展之路。开展以“纪念中国入世十周年与广东外经贸发展”为主题的征文活动，出版发行《广东经济国际化之路》纪念文集。汇编出版《广东 WTO 事务工作报告（2001—2011）》，全面梳理总结十年来全省开展 WTO 事务工作经验及研究成果。开展宣传报道，在南方日报、羊城晚报上以专版形式连续报道广东入世十年的经济社会发展成就和综合应对工作成绩，并在厅政府网站、广东易发网和 WTO 中心网站等开设专栏，开展相关纪念活动的宣传报道和发布。

（二）应对国际贸易摩擦

2011 年，广东遭遇各类贸易摩擦共 48 起，约占全国的 1/3。重点抓好大案要案的应诉，积极应对泰国对广东瓷砖反倾销案、拉美地区墨西哥对广东三水阿莫西林发起首次反倾销反补贴调查、欧盟对我数据卡“两反一保”等案件，取得较好的效果。加强规则抗争，维护公平贸易，派工作小组赴欧盟有关成员国开展公平贸易调查与交涉活动，从地方政府层面积极配合国家的对外交涉。积极引导行业组织应对贸易摩擦。推进广东省建筑材料行业协会、广东陶瓷协会、省家电商会、省进出口商会开展公平贸易试点工作。引导行业组织介入贸易摩擦应对，组织企业成立“应对联盟”，加强行业无损害抗辩活动。

（三）维护产业安全

积极协助和配合商务部调查组赴汕头乐凯公司就相纸产品反倾销案开展终裁前实地核查，为案件裁决提供依据；对广东省参与 13 起对外发起反倾销案开展效果跟踪，为国家实施贸易救济措施提供依据；协助商务部赴发起对外反倾销的新会美达和肇庆星湖公司调研产业恢复发展情况；向商务部和有关方面反映省内锦纶企业因上游原料己内酰胺国家采取反倾销措施严重影响下游企业的问题，国家及时调整反倾销措施，使企业恢复正常生产；继续开展商务部部署的产业安全数据库工作。

（四）加强涉外知识产权保护

积极开展涉外知识产权保护工作，深入开展打击侵犯知识产权和制售假冒伪劣商品，打击对非洲出口假冒伪劣和侵犯知识产权商品等专项行动；加强 109、110 届广交会保护知识产权力度，对涉嫌侵权以及贸易纠纷进行协调处理，化解争议；加强粤港知识产权保护合作，以广东易发网为载体，与香港知识产权署合作打造粤港知识产权保护信息服务合作网络平台，举办“加工贸易知识产权培训班”；做好海外知识产权维权，向商务部推荐省内 70 家知识产权海外维权重点联系企业和知识产权海外维权专家。

（广东省对外经济贸易合作厅）

安徽外向型经济持续平稳较快发展

一、2011年外经贸发展概况

2011年是十二五规划开局之年，安徽省充分利用“两个市场、两种资源”，加快实施“走出去”战略，积极参与国际竞争，全省外向型经济快速发展，商务经济呈现出“平稳发展、稳中有升”的良好态势。

（一）外贸结构优化显现

全年完成进出口313.4亿美元，增长29.1%，增幅高于全国6.6个百分点；新增外贸实绩企业1 039家，拉动进出口增长7.3个百分点。出口结构不断优化，机电、高新技术产品出口比重进一步提升，出口分别增长53.5%、41.6%；出口汽车22.07万辆，占全国出口汽车总量27%，居全国首位。与新兴市场经贸合作步伐加快，全年新兴国际市场进出口196.9亿美元、增长35.2%，高于传统市场15.3个百分点，占进出口总额62.8%；全省加工贸易进出口额63.8亿美元、增长55%，占进出口总额20.4%。新兴领域服务贸易进出口增速加快，全省完成服务外包执行额4.2亿美元，增长了2.6倍。新增服务外包企业118家，从业人员2.4万人，分别增长了74%和141%。截至2011年12月底，全省共有服务外包企业305家，从业人员5.4万人。

（二）利用外资跃上新水平

实际利用外资74.8亿美元，增长30.8%；新批和新增投资总额过亿美元项目15个，增长4倍，到位外资超1亿美元项目5个，增长25%；新引入6家境外世界500强，累计达到57家；战略性新兴产业到资18.8亿美元，增长30.8%。全年香港、日本分别到资37.4亿、4.9亿美元，增长均近60%，成为第1大和第2大投资来源地。承接东江苏浙沪闽等地外商投资企业产业转移项目289个，到资30.6亿美元，增长87.7%。铜陵、滁州、池州经开区成功升格国家级，国家级经开区数量居中西部第1，全国第4。

（三）对外投资合作迈出新步伐

全年对外承包劳务新签合同额20.1亿美元，完成营业额达25.1亿美元，同比分别增长27.1%、22.7%。全省累计新批境外企业47家，协议对外投资额6.9亿美元，实际对外投资额5.1亿美元，对外投资保持平稳发展。其中对外承包工程新签合同额19.4亿美元，完成营业额23.7亿美元，同比分别增长28.1%、22.8%；全年新增“走出去”企业32家，新获对外承包工程资格企业5家，累计已达89家，其中6家对外承包工程企业2011年首破“走出去”业务零纪录，完成营业额达6 480万美元，创历史新高。境外加工基地建设步伐加快，海螺水泥投资印尼4亿美元建设年产155万吨水泥生产线，开创安徽省水泥行业对外投资先河；奇瑞汽车投资巴西2.3亿美元设立汽车组装生产厂，建成后形成年产整车5万辆生产能力；省农垦集团在津巴布韦从事50万公顷土地综合开发，目前是安徽省最大的农业“走出去”项目；省外经建的津巴布韦金刚石矿项目实际对外投资达4.15亿美元；十七冶成功签约科威特石油学院项目，合同总额5.2亿美元；省皖北煤电集团的澳大利亚煤矿项目矿区面积达924平方公里，预计煤炭资源储量超百亿吨。

二、公平贸易工作取得显著进展

（一）贸易救济和维护产业安全工作向深层次推进

1. 逐步完善产业损害预警机制建设。以产业安全数据库扩容工作为抓手，积极参与国家产业损害预警机制建设，产业安全数据库重点监测企业扩大到400家。重点产业（汽车）预警监测工作进一步推进，按季度向商务部、省政府报送汽车行业预警监测分析报告，为领导决策提供依据。加大对贸易救济和产业安全知识的普及和培训，积极培养贸易救济人才，先后在5个地市进行了产业安全数据直报工作的业务培训。

2. 贸易摩擦应对工作取得新突破。以案件为抓手梳理发生的反倾销、反补贴案件，全面修正编写我省历年来贸易摩擦案例。就美国对我钢制轮毂反补贴调查案、美国对我镀锌钢丝反补贴调查案应诉事项积极协调省直有关部门填写政府调查问卷，集中反馈，跟踪问效。对涉及安徽省的2起贸易摩擦案件（巴西柠檬酸反倾销案、墨西哥RG型同轴电缆反倾销案）进行具体指导，引导企业积极参加应诉。根据企业诉求，协调商务部帮助解决企业出口中遭遇的贸易壁垒，如巴西IPI新政。继续积极推广国际标准，完善国家技术性贸易措施，组织报审新的公共检测中心服务平台项目5个，兑现了支持政策。

（二）WTO规则宣传成为建设法治型政府的坐标

结合我国加入世贸组织十周年宣传纪念活动，向中国世界贸易组织研究会提交了《中国世界贸易组织年鉴2011》安徽商务工作素材；提交了案例分析信息“世贸组织关于美欧墨诉中国原材料出口限制措施争端解决案专家组报告的影响”；向省政府提交了“入世十年成绩、当前形势和有关工作建议”研讨素材；向有关媒体、年鉴、记者站提交了“在地方层面更好地利用WTO规则空间做好维护产业安全工作”等建议。结合“外贸宣传月”活动，做了“地方政府补贴和WTO反补贴规则空间”讲座，先后赴蚌埠、亳州、池州、滁州、芜湖、合肥等部分市进行了WTO规则、贸易摩擦形势及应对工作的宣讲，深入有关企业开展贸易救济政策宣讲。积极组织高校学者和部分骨干企业参加商务部在全国范围内开展的征文活动，并获得二等奖。通过对WTO规则的培训和宣传，进一步增强了政府部门和企业经营者“学规则、守规则、用规则”的意识和能力。

（安徽省商务厅）

2011年重庆对外贸易、利用外资及对外经济合作概况

2011年，贯彻落实科学发展观，加快转变外贸发展方式，提高利用外资水平，开放型经济实现了新跨越。

一、进出口快速增长

2011年进出口292.2亿美元，增长135.1%。其中，出口198.4亿美元，增长164.9%；进口93.8亿美元，增长89.9%。

（一）加快转变外贸发展方式。保税物流进出口30.4亿美元，增长7倍，占比10.4%；加工贸易进出口69.1亿美元，增长335.6%，占比23.6%；一般贸易进出口192.6亿美元，增长83.6%，占比65.9%。

（二）调整进出口主体结构。外资企业进出口134.3亿美元，增长180.8%；民营企业进出口132.8亿美元，增长143.6%，国有企业进出口25.1亿美元，同比增长13.1%。

（三）优化进出口商品结构。笔记本电脑系列产品进出口85.7亿美元，增长8倍，出口电脑1 574万台，增长10倍。传统产品进出口206.5亿美元，增长75.6%。轻工出口增长191.3%，纺织出口增长229.5%。大宗商品进口增长36.7%。

（四）出口市场结构加快调整。对欧盟和北美进出口分别增长162.2%和140.6%。新兴市场进出口增长196.2%，东盟市场超过美国和日韩成为第二大进出口市场。

二、利用外资大幅增长

2011年实际使用外资105.29亿美元；项目数、合同外资、实际使用外资同比分别增长40.52%、116.03%、65.90%。

（一）区县利用外资规模扩大。2011年主城九区实到外资55.91亿美元，占全市比重为53.10%。2011年六个中心城市实到外资8.26亿美元，占全市比重为7.84%。

（二）来渝投资国家地区增加。有41个国家（地区）的外商来渝投资。实际外资列前三位分别是：香港、新加坡和开曼群岛，占全市80.29%。亚洲地区实际使用外资占80.92%。欧洲占3.69%，美国占2.90%，日本占0.59%。

（三）外资产业结构加快调整。第一、二、三产业外资占比分别为0.28%、33.83%、65.89%。制造业、房地产业占比分别为32.39%、29.13%。

（四）世界500强加快入驻。新引入巴斯夫、华硕、德意志银行、拜耳、麦格纳等世界500强投资重庆。累计203家500强企业入驻重庆。

三、扩大国际经济技术合作

建立了700亿美元的项目库，国企与民企共同走出去，积极拓展海外发展空间。

（一）对外工程承包规模扩大。新签合同额6.7亿美元，营业额43 738万美元，同比上升12.0%。新签合同额位居前十位的分别为：加纳、越南、乌干达、马来西亚、尼日利亚、土耳其、利比里亚、斯里兰卡、坦桑尼亚、巴西。

（二）外派劳务服务加快发展。派出劳务10 032人，年末在外各类劳务人员23 171人。派出劳务人员主要分布在新加坡、安哥拉、日本、泰国、利比亚、阿联酋、蒙古、俄罗斯、马来西亚、越南等。

（三）走出去对外投资加快。对外协议投资60.3亿美元，新核准境外企业（机构）57个，总投资14.1亿美元，增长45%；实际投资4.2亿美元，增长5%。主要投资于香港、巴西、柬埔寨、荷兰、新西兰、英国、加拿大、英国等。

四、扩大对外经贸交流合作

加快城市品牌整体推介，搭建合作交流平台，加强涉外公共服务，提高扩大对外开放水平。

（一）举办第14届"渝洽会"。共有106家世界500强企业、1 072家跨国公司、5 600名境外客商、5 800余家企业、47个省（区、市）组团参加中国第十四届中国（重庆）国际投资暨国际全球采购会，项目签约金额达5 881亿元。

（二）建设服务外包示范城市。推进服务外包

“十百千万”工程，落实“三级共建”机制，服务外包执行金额4.2亿美元，增长320%。服务贸易61亿美元，增长74%。引进技术34.8亿美元，增长69.34%。

（三）建设国际电子商务示范城市。形成诚商网会员910家，阿里巴巴会员980家，举办渝台电子商务发展与合作论坛，达成网上成交额30.24亿美元，占进出口额的14.2%。

（四）建设区域国际物流中心。重庆港水路货运量和港口货物吞吐量双双破亿吨，重庆机场国际货运增长300%。外地货物中转量超过三分之一，过货贸易近100亿美元。

（五）加快涉外公共服务建设。举办开放型经济能力提升工程、外贸孵化器、企业国际电子商务应用技能、服务外包、“走出去”等88个培训班（次）。

（重庆市对外贸易经济委员会）

做好世贸工作　推动湖北经济发展

2011 年，欧洲主权债务危机不断升级，国际金融市场仍呈现不稳定局面，中国排在前三位的贸易伙伴欧盟、美国和日本经济增速同时放缓，贸易保护主义抬头，WTO 多边贸易体制多哈回合谈判步履艰难，WTO 事务工作面临许多挑战。面对诸多不利条件和不稳定因素，按照中央和国务院有关指示要求，湖北省积极采取措施，抢抓政策机遇，应对不利形势。扎实做好湖北省 WTO 地方事务工作，积极应对各种贸易摩擦，维护产业安全及企业合法权益；做好 WTO 相关知识和规则的宣传和普及；积极参与 WTO 贸易政策审议；同时协力做好地方加入 WTO《政府采购协议》的谈判工作。

一、2011 年湖北省对外经贸合作继续快速发展

（一）对外贸易

2011 年，全省货物进出口总额 335.2 亿美元，同比增长 29.1%，进出口总额居中部第一位，其中出口 195.3 亿美元，同比增长 35.3%。服务贸易进出口总额 40.9 亿美元，同比增长 38.1%，其中出口 14.1 亿美元，同比增长 53.6%；进口 26.8 亿美元，同比增长 31.1%。

（二）利用外资

2011 年，全省外商直接投资新批项目 339 个，同比增长 10.8%；合同外资 49.7 亿美元，同比增长 78.4；实际使用外资 46.6 亿美元，同比增长 14.9%。全年引进省外资金项目 2 165 个，实际到资 3 377 亿元，同比增长 70%。招商活动成效显著且后续进展顺利。

（三）对外经济合作

2011 年，全省新核准境外投资企业 59 家、机构 10 家，全省实际投资总额 7.0 亿美元，其中湖北地方企业实际投资 6.9 亿美元，同比增长 4 倍。2011 年全省增资项目 8 个，增资总额 6 亿美元，其中大冶有色公司对中时发展公司增资 5.1 亿美元，为目前湖北省地方企业最大的境外投资项目。民营企业投资活跃，新核准民营企业设立境外企业 34 家，占全省总数的 57.6%。

二、积极应对国际贸易摩擦成效显著

（一）积极应对贸易摩擦

2011 年湖北省共遭遇 20 起国外贸易救济调查，比去年同期减少 2 起，其中反倾销调查 15 起，反补贴调查 4 起，保障措施 1 起。案件发起国为俄罗斯、哈萨克斯坦、白俄罗斯、巴西、美国、印度尼西亚、泰国、澳大利亚、南非、印度、欧盟 11 个国家和地区。其中美国是对我发起贸易摩擦案件最多的国家，对我发起 3 起双反调查和 1 起反倾销调查，巴西也发起 3 起反倾销调查。2011 年湖北省共有 22 起贸易摩擦案件获得初裁或终裁。

（二）完善预警体系，稳步推进产业安全数据库建设

2011 年，湖北省建立专案分析工作机制，基本做到了大案要案“一案一文”，先后完成了《湖北省遭遇贸易摩擦的原因及应对之策》、《湖北与日本的贸易摩擦特点与走势浅析》、《武钢取向电工钢再次面临国外同类进出口产品的低价冲击》、《湖北光纤企业维护国内产业安全首战告捷》、《探索进口，抓机遇，促进湖北经济腾飞》以及《湖北部分纯碱企业应对印度反倾销情况调查》等十多篇专题报告。2011 年，商务部对湖北省产业预警机制建设工作给予肯定和表彰，授予“全国产业损害预警先进集体”。

（三）举办相关培训班，培养贸易摩擦应对人才

2011 年 11 月 21～23 日，湖北省商务厅举办“第六期产业安全数据库监测企业直报任务培训班”，为做好湖北省产业安全数据库数据直报工作，使监测企业尽快了解国家维护产业安全的有关政策及知识，掌握数据库直报系统的使用方法，更好地完成数据直报任务，为产业损害预警工作提供有力支持，来自全省各市州商务局负责数据直报工作和部分样本企业的代表参加了培训班的理论学习和实际上机操作，培训活动取得圆满成功。

三、承担中欧世贸援助项目，推动湖北出口产品质量发展提高

2011 年，根据商务部通知指示精神，中欧世

贸项目二期选择湖北省作为实施中欧世贸项目试点省。欧盟在技术法规及其实施、产品标准化、合格评定、市场监管、与产品相关的环境问题以及WTO/TBT协议规则等领域，向湖北提供为期四年的技术援助。这个项目在湖北省的实施对提高湖北有关技术法规和政策执行力，推动湖北质量技术基础建设，促进湖北经济贸易可持续发展具有重要意义。项目形成的有关数据、做法、材料将推广到其他省市。

四、召开“湖北省纪念入世十周年大会暨开放、创新、跨越高层论坛”

2011年是中国加入WTO十周年。湖北省人民政府于12月1日召开“湖北省纪念入世十周年大会暨开放、创新、跨越高层论坛”。这次纪念大会为认真总结和回顾加入WTO十年来，湖北省在WTO的框架下，在对外经贸合作发展中所取得的成就和经验，为提高做好世贸工作的主动性、科学性，及利用WTO这一多边体制，加快湖北省开放型经济发展进程起到了重要推动作用。

五、承办全国《政府采购协定》研讨会

2011年6月22～23日，商务部、财政部与世界贸易组织秘书处在武汉共同举办全国WTO《政府采购协定》研讨会，来自全国商务、财政系统的110余名代表参加。通过研讨会，入会代表详细了解了我国加入GPA谈判的进程和形势，面临的机遇和挑战，GPA各参加方对我国地方实体开放的相关要求和要价，这将更进一步地促进各省市GPA谈判的应对工作，有针对性地制订各地的出价策略和出价清单。

六、做好湖北省加入世贸组织《政府采购协定》谈判应对工作

根据商务部和湖北省政府采购协议谈判工作领导小组统一部署和要求，2011年，湖北省积极开展加入WTO《政府采购协议》谈判应对研究工作，收集整理有关基础资料，开展相关调研，相关部门和院校开展并已完成《加入政府采购协议（GPA）对湖北商务的影响及其对策》专题研究。

七、积极配合做好WTO贸易政策审议工作，切实维护地方和企业在国际贸易中的利益和权益

为利用审议机制更好地了解被审议成员的经济贸易体制和最新政策动向，反映双边贸易中我国的利益和关注，维护地方和企业利益，2011年，按照商务部统一安排对多个WTO成员的贸易政策进行了审议，并及时反馈了对被审议成员经济贸易体制和政策评论以及对双边贸易中具体问题的关注，切实维护了湖北地方和企业在与有关被审议成员经贸合作中的经济利益和合法权益。

（湖北省商务厅）

2011 年深圳 WTO 事务工作

2011 年，世界经济下行风险不断加大、贸易保护主义明显抬头，涉及我市的贸易摩擦案件居高不下，各类技术性贸易壁垒层出不穷。面对复杂多变的国际经济形势，我们按照深圳市领导“完善重大贸易摩擦快速反应协调机制、贸易安全与产业损害预警机制，保护本土企业利益”的工作部署，坚持“贴近产业、服务企业”的宗旨，深入研究国际贸易市场和贸易摩擦动向，积极有效开展贸易预警监测工作，积极组织、指导、协调企业应对国际贸易摩擦，加大对涉案企业的支持力度，深入开展地方经贸政策及规范性文件与 WTO 规则一致性审核工作，加强 WTO 事务培训、宣传工作，取得了积极效果。中心也被商务部评为“贸易救济和维护产业安全工作先进单位”、“2011 年度公平贸易先进单位”，中心党支部被深圳市直机关工委授予“先进基层党组织”称号。

一、深入开展地方经贸政策及规范性文件与 WTO 规则一致性审查工作

从 2004 年起，我们对深圳拟出台的市级政策进行 WTO 规则一致性的审查，此项工作得到商务部高度肯定并在全国推广了深圳的做法。2011 年，我们共对 21 件规范性文件进行合规性审查工作，提出审查意见。另外，根据商务部及广东省外经贸厅的要求，我们对深圳外经贸领域的规范性文件进行了清理，对其中 6 份文件提出清理意见。同时，我们正联合市法制办通过出台《深圳市贸易政策符合世贸组织规则合规性审查办法》，将该项工作制度化。同时，我们还开展了《深圳市贸易政策合规性审查立法研究》等相关课题研究工作。

二、有效开展贸易安全预警监测工作，推进深圳市贸易安全与产业损害预警系统建设

2011 年，因应国际市场经济贸易的发展态势以及贸易摩擦热点等问题，中心认真搜集最新经济贸易数据和第一手资料，先后形成 6 份预警、监测分析报告，报送市政府及各相关部门、WTO 事务工作站、行业协会和相关企业，为各界提供了主要贸易市场的发展动态及贸易摩擦形势的信息，得到了市领导的批示和肯定。为方便企业和社会各界及时获得预警监测信息，中心在官方网站上开辟进出口预警专栏，更新、发布涵括 36 个国家、10 个主要贸易市场的进出口动态信息。为进一步完善深圳市进出口贸易预警机制，中心按照政府投资项目的工作要求，扎实开展前期工作，细化设计方案和概算，组织专家论证等工作，积极推进深圳市贸易安全与产业损害预警系统建设。

三、积极组织、指导、协调涉案企业和相关部门应对贸易摩擦，加大对涉案企业的支持力度

2011 年深圳共遭遇贸易摩擦案件 18 起。在大案、要案应对方面，欧盟数据卡反倾销、保障措施、反补贴调查案结案，被商务部作为在贸易摩擦应对中业界合作的典范给予肯定。2011 年“两反一保”案件数量较多，且涉案企业多为中小型外贸公司。中心认真做好每起案件的应对工作，鼓励企业积极应诉，提供相关法律咨询和指导，组织相关涉案企业召开案情通报会，组织深圳市相关政府部门填答政府问卷，保证案件的应对工作的有序进行。2011 年深圳企业遭遇了 5 起美国 337 调查案件，先后有玩具无线电遥控发射器和接收器、电子壁炉、电子产品保护套，华为、中兴 3G 无线设备 337 调查案、爱立信与中兴的专利纠纷等案件。

另外，鉴于《深圳市贸易救济研究资金管理暂行办法》于 2010 年底失效以及我市面临进出口公平贸易的严峻形势，我们经过与市财政委积极沟通，对原管理办法进行了修订并更改了名称，形成了《深圳市进出口公平贸易专项资金管理办法》，扩大了资金申报的主体、资金资助的范围，提高了资金资助的额度。在做好案件应对服务工作的基础上，中心进一步完善深圳市 WTO 法律服务平台建

设，扩大了WTO法律服务专家律师库的规模，组织召开会议分析贸易摩擦和贸易争端形势，总结应对工作经验，探讨下一步工作思路。

四、开展入世十周年纪念活动、学术交流、课题研究等相关工作

一是承办“广东省纪念中国加入世贸组织十周年大会暨开放、发展、创新高层研讨会”，并取得完满成功。会议由广东省政府主办。中国常驻世界贸易组织代表团大使易小准、原常驻世界贸易组织代表团大使、WTO研究会会长孙振宇、广东省人民政府副省长招玉芳、深圳市人民政府市长许勤、广东省外经贸厅厅长梁耀文等领导分别在大会上讲话。省直有关部门、中直驻粤有关单位的领导，各地级以上市及顺德区政府分管领导、外经贸、口岸部门负责同志，有关行业协会、商会、企业代表，省内有关科研机构、高等院校专家学者和深圳市直有关部门的代表等共400多人参加了会议。会议回顾总结了入世十年来广东加快发展的成功经验，积极探讨未来实施更加积极主动的开放战略，以开放促发展、促创新、促转型的思路与对策，对全省WTO事务工作的开展做出了重要部署。二是组织开展了“深圳市纪念我国加入世界贸易组织十周年”征文活动，并在《深圳特区报》发表了《甘为入世孺子牛，历经十载创新篇》的整版纪念文章；三是举行了入世十周年深圳WTO事务工作图片展；四是印发主要贸易市场贸易政策与法规汇编，课题汇编、预警监测报告汇编等多种形式纪念我国入世十周年。

五、配合商务部做好加入GPA的研究工作、反垄断等新领域工作

政府采购协定（GPA）是WTO的一项诸边协议，我国正进行加入该协议的谈判。深圳作为可能被纳入的地方实体，开展相关课题研究非常必要。2011年市财政委委托我中心在前期课题研究基础上承担了的“GPA研究课题货物和服务组相关议题研究”、《政府采购规模数据分析和研究》两个课题。反垄断工作对规范市场经济秩序有着重要意义。2011年，我中心配合商务部反垄断调查局先后就“日立环球收购西部数据案”，“长安—标志雪铁龙合营案”进行反垄断经营者集中调查。为向我国入世十周年献礼，2011年我中心编写了《WTO在深圳—深圳WTO事务工作探索与实践》一书，总结深圳WTO事务工作的经验，普及WTO知识和规则意识，探讨进一步做好地方WTO事务工作的思路和对策。

六、不断加强WTO事务培训、宣传，持续提升能力建设

今年共开展各类培训20余场，培训人数3000余人次。培训涵盖WTO规则运用、贸易摩擦与壁垒应对以及国际贸易相关的热点、难点问题，受到政府部门、行业协会、企业等受训单位的肯定和好评。《WTO与深圳》作为深圳WTO事务工作的专业刊物，不断加强理论研究，突出对热点问题深度分析，对实际工作的前瞻性指导作用日益明显。我中心网站为我市WTO事务工作开展和对外交流发挥了重要作用。

（深圳市世贸组织事务中心）

第八篇　WTO 学术成果

●专　　著

1. 白树强著.全球竞争政策：WTO框架下竞争政策议题研究.北京：北京大学出版社，2011

［作者简介］白树强，对外经济贸易大学国际经济贸易学院教授，博士生导师，国务院关税委员会专家咨询委员会委员，中国WTO研究会常务理事，中国国际贸易学会常务理事。2002年3月作为中国常驻WTO代表团首批成员，被国家派往日内瓦WTO总部工作，担任外交一等秘书。

［内容提要］本书在分析WTO主要成员关于竞争政策多边规则谈判基本立场的基础上，重点研究了制定国际竞争规则的途径选择，提出了多边竞争政策议题谈判中需要特别关注的问题，对未来WTO框架下的竞争政策框架协议进行了设想，同时还对WTO框架下中国竞争政策的定位与国际协调问题进行了探讨。

2. 蔡春林著.发展中国家贸易救济措施研究.北京：对外经济贸易大学出版社，2011

［作者简介］蔡春林，广东工业大学经贸学院国际贸易学教授、国际贸易研究团队负责人、新兴经济体研究所所长、管理学院硕士生导师，兼任对外经济贸易大学中国WTO研究院研究员、广东外语外贸大学国际经济贸易研究中心研究员、全国高校国际贸易学科协作组成员、中国国际贸易学会理事、中国世界经济学会理事和新兴经济体研究会常务理事。

［内容提要］本书内容包括：入世后过渡期发展中国家对中国"两反两保"的理论探索，对中国贸易救济较多的发展中国家经贸发展现状及趋势，发展中国家对中国"两反两保"的原因，中国应对其他发展中国家"两反两保"的对策等。

3. 蔡春林著.国际贸易摩擦新问题及中国对策研究.北京：对外经济贸易大学出版社，2011

［作者简介］同上。

［内容提要］本书内容包括：导论、国际贸易摩擦发生的时代背景、中国面临的传统国际贸易摩擦、中国面临的贸易摩擦新问题、全球化背景下中国应对贸易摩擦新问题的策略。

4. 陈爱蓓著.走进WTO时代：政策、法律的回应与创新.北京：社会科学文献出版社，2011

［作者简介］陈爱蓓，法学博士，江苏省社会科学院法学研究所所长、研究员。

［内容提要］本书收录了作者从20世纪90年代末以来，关于中国及江苏如何面临入世挑战、解决实际问题的一些主要文章及为江苏省委、省政府写的决策咨询报告。

5. 傅星国著.WTO争端裁决的执行机制.上海：上海人民出版社，2011

［作者简介］傅星国，商务部世界贸易组织司处长，日本九州大学法学博士，复旦大学经济学博士后。长期从事中国恢复关税与贸易总协定（GATT）缔约方地位和加入世界贸易组织（WTO）谈判工作，参与乌拉圭回合、多哈回合多边贸易谈判。曾任中国常驻联合国日内瓦代表团外交官。参与中国和澳大利亚自由贸易协定谈判并任法律综合组中方组长。

［内容提要］本书聚焦于WTO裁决执行机制，从实证角度出发，通过对该机制在通报执行意向、全程监督执行、对执行的合理期限以及报复水平进行仲裁、对执行异议进行复审，以及允许作为临时措施提供补偿或最终授权报复等各环节的实践进行深入考察。

6. 龚柏华主编.WTO争端解决与中国.第三卷.上海：上海人民出版社，2011

［作者简介］龚柏华，复旦大学教授、硕士生导师，中国法学会WTO研究会理事，上海市法学

会国际法研究会干事，兼上海市WTO事务咨询中心信息部主任。

［内容提要］本书述评了中国入世以来中国参与WTO争端解决的实践，评述了中国诉美国禽肉限制措施案（DS392）专家组报告，概述了美国对部分中国产品征收最终反倾销反补贴税（DS379）的专家组报告，全文翻译了美国对部分中国产品征收最终反倾销反补贴税（DS379）的上诉机构报告。

7. **贺小勇等著. WTO框架下知识产权争端法律问题研究：以中美知识产权争端为视角. 北京：法律出版社**，2011

［作者简介］贺小勇，华东政法大学国际经济法教授，博士生导师。中国国际法学会理事。主要研究领域为国际贸易法（含WTO）、国际金融法。

［内容提要］本书共六章，内容包括：WTO框架下知识产权保护规则概述、WTO争端解决机制与TRIPs协定争端相关的程序性问题、中美知识产权刑事门槛争端问题、中美知识产权海关措施争端问题等。

8. **胡建国著. WTO争端解决裁决执行机制研究. 北京：人民出版社**，2011

［作者简介］胡建国，南开大学法学院国际法教研室讲师，主要研究方向为国际经济法、世界贸易组织法、国际知识产权法等。

［内容提要］本书详细探讨了WTO争端解决裁决执行机制的相关理论与实践问题，主要包括四大内容：第一，深入考察了WTO争端解决裁决执行机制的基本结构、执行对象与执行目标、基本原则等理论问题；第二，以规范和实证的视角，重点研究了WTO争端解决裁决执行机制中的合理期限、遵守复审、补偿和报复等四大核心制度；第三，结合DSU改革谈判，提出了改革WTO争端解决裁决执行机制应当遵循的基本原则及具体改革方向，并对WTO争端解决裁决执行机制相关具体制度的改革方案进行了评估，提出了自己的观点；第四，以中国参与WTO争端解决机制的情况为背景，剖析了影响我国关于WTO争端解决裁决执行机制的立场的主要因素，提出了我国的因应对策。

9. **李成钢主编. 世贸组织规则博弈：中国参与WTO争端解决的十年法律实践. 北京：商务印书馆**，2011

［作者简介］李成钢，商务部条约法律司司长，北京大学法学学士，德国汉堡大学法律经济学硕士，中国政法大学兼职教授。

［内容提要］本书收录了“中国参与世贸组织争端解决实践概述”、“诉美国钢铁保障措施案评析”、“诉美国铜版纸反倾销和反补贴初裁决定案评析”、“诉美国反倾销和反补贴措施案评析”、“诉美国禽肉限制措施案评析”、“诉欧盟钢铁坚固件反倾销措施案评析”、“诉美国轮胎特保案评析”、“诉欧盟皮鞋反倾销措施案评析”等文章。

10. **罗昌发，林彩瑜，杨培侃主编；刘俊等著. 两岸当代重要卫生法议题研究. 台北：元照出版有限公司**，2011

［作者简介］罗昌发，林彩瑜，杨培侃主编；刘俊，贾希凌，刘雪峰，龚芝倩，张进，廖敏文，何易，林位强，马川，王韵茹，吴建辉，杨培侃，孙大明，赖红梅，吴建昌著。

［内容提要］：本书涵盖的议题甚广，包括气候变化对公共卫生的影响、大陆卫生法基本原则、大陆对烟草框架公约的履约情形、美国食品安全提升法案对中国的含意与影响、澳门医疗改革的问题、大陆老龄化的问题、台湾专家审议委员会的特色、台湾酒品危害的管制立法问题、大陆精神障碍者责任鉴定问题、大陆医疗纠纷鉴定模式、台湾疫苗伤害因果关系法律决策问题等。这些内容都属两岸当代的重要卫生课题。编者及作者来自两岸，均为卫生议题的关切者，且在这个领域都有一定的著述。基于本书的内容及编辑者与作者的学术背景，本书应为研究卫生议题之学者、研究人员及决策者重要的参考书籍。在两岸往来更趋密切、卫生议题更趋重要的今日，本书的出版更具有学术与实用的价值。

11. **潘石，年志远，胡岳岷等著. 加入WTO后国企改革：新思路·新理论·新对策. 北京：经济科学出版社**，2011

［作者简介］吉林大学中国国有经济研究中心，教育部人文社会科学课题成果。

［内容提要］本书内容包括：中国国有企业改

革绩效，回顾与分析，WTO框架下的国有企业定位；加入WTO后国有企业改革走出困境的关键和突破口，加入WTO后中国政企关系改革：理论与对策等。

12. 彭明敏等著. 台湾与WTO. 基隆：洪思竹，2011

［作者简介］台湾WTO专家彭明敏、颜庆章、陈隆志、邓振中、洪思竹、葛葆萱、许忠信、黄伟峰、王仁宏、林文程、施文斌、洪德生、杨光华、杨珍妮、刘碧珍、江启臣等。

［内容提要］本书分为两部分，一为专题论文：WTO见证台湾开放，从WTO谈台湾经贸外交之抉择，从国际法暨欧盟实践检视我国加入GATT/WTO关键法律文件的议定，台湾加入WTO政府采购协议幕后的政治运作，他山之石与我国经贸谈判策略形成机制；二为议题研讨：台湾加入GATT/WTO相关法律文件之检视，从WTO谈台湾经贸外交之抉择，我国贸易谈判策略之形成机制。

13. 师华著. WTO与建筑服务贸易法律制度. 北京：法律出版社，2011

［作者简介］师华，同济大学法学院教授、博士生导师，中国法学会国际经济法常务理事、中国国际经济法学会理事，主要研究领域为国际经济法、WTO规则。

［内容提要］本书在分析WTO与建筑服务贸易相关规则和我国入世以来建筑业管理制度特别是建筑服务贸易法律制度以及借鉴WTO成员方建筑市场准入技术性壁垒经验的基础上，提出今后我国建筑服务贸易的法律对策。

14. 宋俊荣著. 应对气候变化的贸易措施与WTO规则：冲突与协调. 上海：上海社会科学院出版社，2011

［作者简介］宋俊荣，任教于上海政法学院国际法商系。

［内容提要］本书选取应对气候变化的四种常见贸易措施：碳排放贸易、应对气候变化的边境税收调整措施、产品碳标识以及应对气候变化补贴，分析它们与WTO规则之间的潜在冲突，探讨化解之道，解析它们对我国进出口贸易的影响和挑战，考察我国在相关领域的立法和实践，并就我国应采取的对策提出具体建议。

15. 宋和平主编. 多哈回合反倾销和反补贴规则谈判研究. 北京：法律出版社，2011

［作者简介］中国商务部进出口公平贸易局调查专员。

［内容提要］本书借助WTO争端解决案例，分三篇纵论多边规则谈判的历史和本轮规则谈判的曲直进退，探讨反倾销和反补贴规则的各项提案与议题，评析已出台的主席案文。

16. 宋雅琴著. 中国加入WTO《政府采购协议》问题研究：站在国家利益的角度重新审视国际制度. 北京：经济科学出版社，2011

［作者简介］宋雅琴，清华大学公共管理学院助理研究员。研究领域：公共管理、行政法学、政府采购。

［内容提要］本书在于积极探索和论证发展中国家在政府采购国际自由贸易制度中的地位、取向和政策。研究说明，后发展国家有可能适应经济全球化的时代条件，在国际自由贸易框架内争取发展机会和贸易利益，在政府采购市场竞争中创造新的贸易竞争优势，改变本国历史和自然禀赋形成的既有比较优势。

17. 孙祁祥，郑伟等著. 入世十年与中国保险业对外开放：理论、评价与政策选择. 北京：经济科学出版社，2011

［作者简介］孙祁祥，教授、经济学博士、博士生导师，现任北京大学经济学院副院长，兼任风险管理与保险学系主任，北京大学中国保险与社会保障研究中心主任。

郑伟，副教授，北京大学经济学院风险管理与保险学系主任。

［内容提要］本书对中国保险业的对外开放进行了宏观层面和微观层面的系统评价，并在国际比较的基础上，深入探讨未来中国保险市场对外开放的若干重大议题与政策选择。

18. 徐昕，张磊著. WTO争端解决机制的法理. 上海：上海三联书店，2011

［作者简介］徐昕，上海对外贸易学院WTO研究与教育学院，从事WTO法律与实务的教学与研究工作，主攻国际贸易法、争端解决等方向。

张磊，世界贸易组织教席主持人（WTO

Chair Holder)。现任WTO学院院长、教授。联合国世界知识产权组织仲裁员。现为荷兰马斯特里赫特大学国际经济法专业博士。从事WTO法经济学、争端解决、知识产权、贸易救济会计和法务会计研究。

[内容提要]本书共四章节，内容包括WTO争端解决机制概述，WTO争端解决机制的双重属性法理研究，国际法渊源在WTO争端解决机制中的作用，WTO争端解决机制的价值目标取向。

19. **徐昕著.非政府组织制度性参与WTO事务研究.上海：同济大学出版社，2011**

[作者简介]同上。

[内容提要]本书以全球化和非政府组织(NGOs)的蓬勃发展为现实背景，运用国际法的基本理论，围绕着国际法的正当性问题论证了NGOs参与国际事务的必要性，并进而论证了NGOs有参与WTO事务的特别需要等。

20. **王军主编.WTO争端解决年度报告：2009—2010年.北京：法律出版社，2011**

[作者简介]王军，对外经济贸易大学法学院教授、博士生导师，对外经济贸易大学法学院院长兼任国务院学位委员会第六届学科评议组法学者成员、全国法律专业学位研究生教育指导委员会委员、中国法学会国际经济法研究会常务副会长、中国法学会民法学研究会常务理事、中国国际经济贸易仲裁委员会资深仲裁员。

[内容提要]本书内容包括中国国有企业改革绩效：回顾与分析，WTO框架下的国有企业定位，加入WTO后国有企业改革走出困境的关键和突破口，加入WTO后中国政企关系改革：理论与对策等。

21. **王平著.WTO与中国对外贸易.武汉：武汉大学出版社，2011**

[作者简介]：王平，中南财经政法大学工商管理学院副教授，硕士生导师。主要研究领域为国际贸易理论与政策、国际服务贸易等。

[内容提要]：本书共九章，分别论述了WTO的产生与发展，WTO与中国融入多边贸易体制的进程，WTO相关规则与中国货物贸易、服务贸易、国际投资和知识产权保护制度的发展，以及WTO多哈回合谈判的议题、争论和中国参与谈判的策略等。

22. **于洋，张磊著.WTO争端解决之晚近涉华成案法理选析.上海：上海三联出版社，2011**

[作者简介]于洋，上海对外贸易学院WTO研究与教育学院。主要研究方向为国际贸易与知识产权法、WTO争端解决机制和法经济学。

张磊，同前。

[内容提要]本书择取近年来WTO争端解决实践中发生的两起以中国为被诉方的成案为研究对象，主要从国际法的视角对其中涉及的法理问题进行较深入研析。

23. **叶堂林著.世界贸易组织规则下我国农业保护政策研究.北京：中国经济出版社，2011**

[作者简介]叶堂林，首都经济贸易大学城市经济与公共管理学院副教授，硕士生导师，现任首都经济所党支部书记。

[内容提要]本书阐释了WTO条件下我国农业保护的范畴，论述了当前我国农业保护的理论内涵，考察了有关国家农业保护的历史沿革及现状，分析了我国当前农业保护水平及各政策变量保护效果，找出我国现行农业保护政策不足之处及未来努力方向，并从进口、出口和国内支持三个方面分析了加入WTO对我国农业保护的影响，对我国农业保护目标进行筛选和分析，提出适合我国现阶段农业发展的保护策略。

24. **曾华群，杨国华主编.WTO与中国：法治的发展与互动——中国加入WTO十周年纪念文集.北京：中国商务出版社，2011**

[作者简介]

[内容提要]论文合集。本书共分四编，主要内容有：WTO法治模式与对策，WTO规范特色与革新，WTO体制与中国的特色实践，WTO争端解决机制与中国的实践等。

25. **张斌著."非市场经济"待遇：历史与现实.上海：上海人民出版社，2011**

[作者简介]张斌，上海外国语大学英美语言文学学士，中国纺织大学（现东华大学）管理工程硕士，上海社会科学院世界经济研究所经济学博士。东华大学工商管理学院经济学系副教授，主要研究方向为多边贸易体制、国际经贸关系。

[内容提要]本书运用新制度经济学、国际政

治经济学、多边贸易体制政治经济学和国际经济学的基本原理，研究计划经济国家和转型经济国家在融入多边贸易体制过程中所受制度压力和歧视待遇的历史轨迹，从中探索作为计划经济、转型经济国家与多边贸易体制政治经济关系核心的多边贸易体制“非市场经济”待遇规则的产生根源、演进轨迹和发展趋势。

26. 张玉卿著. 张玉卿WTO案例精选：美国国外销售公司（FSC）案评介. 北京：中国商务出版社，2011

［作者简介］张玉卿，世界华人书画家收藏家协会名誉会长，原商务部条法司司长，仲裁员，教授，律师，国际统一私法协会（UNIDROIT）理事。被WTO秘书处列入WTO争端解决专家名单。

［内容提要］本书全面系统地介绍了发生在美欧之间关于出口补贴的贸易争端，该案从GATT打到WTO，前后近40年，标的金额大，为世人所瞩目。

27. 张金生主编. WTO在深圳：深圳WTO事务工作探索与实践. 深圳：海天出版社，2011

［作者简介］张金生，深圳市世贸组织事务中心主任。

［内容提要］本书介绍了WTO概述与中国加入WTO、中国加入WTO与深圳经济社会发展、深圳WTO事务工作探索与实践、深圳应对各类贸易摩擦的实践、中国加入WTO与深圳知识产权保护等内容。

28. 朱淑娣，刘峰主编. WTO与国际贸易行政诉讼. 上海：学林出版社，2011

［作者简介］朱淑娣，复旦大学法学院副教授、硕士生导师，美国耶鲁大学福克斯国际学者，上海市人大及市府行政法咨询与评审专家，上海“再就业工程”专家志愿团成员。主要研究领域为经济行政法、国际行政法、经济立法史。

刘峰，广东省高级人民法院行政庭法官，中山大学法学博士，最高人民法院讲师团成员。长期从事行政审判工作，审理过重要的国际贸易行政诉讼案件。

［内容提要］本书在导论对国际贸易行政诉讼制度做了整体描述的基础上，还分别从宏观背景、制度规范、案例研析三个层面对该制度进行了分析研究。

● 学术论文

➤ 中国入世十年

1. 中国在世贸组织如何安身立命——为中国加入世贸组织十年而作. 薛荣久，杨凤鸣. 国际贸易，2011/03

［作者简介］对外经济贸易大学

［内容提要］中国于2001年12月11日成为世贸组织第143个成员，迄今加入十年，巨大成就与众多问题并存。笔者以安身立命为题，析解前十年轨迹，提出后十年愿景。所谓安身是定位稳健，立命是目标明确。安身立命由五个要件构成，它们是：定位明务，依规切行，实力为基，谈判博弈，护制健身。

2. 入世十年我国利用外资模式变迁. 李计广. 国际贸易，2011/06

［作者简介］对外经济贸易大学中国WTO研究院

［内容提要］本文总结了我国入世十年来利用外资的模式变迁，并给出了未来利用外资的政策建议。

3. 中国入世十周年之际的回顾与展望. 孙振宇. 国际经济评论，2011/07

［作者简介］中华人民共和国常驻世界贸易组织

［内容提要］加入世界贸易组织十年，中国取得了很大的成绩：认真履行承诺；学习规则、掌握规则，运用规则来应对国际上的贸易摩擦，解决争端；参与规则的制定等。当前中国政府和企业都面临一些新的机遇和挑战。关于应对挑战，建议做到如下六点：继续坚持改革开放；加快经济结构和产业结构的调整，提高国际竞争力；掌握和运用规则，积极参加国际博弈；积极推动多哈回合谈判；推动双边和区域自由贸易区建设；开展新一轮世贸组织规则培训。

4. 中国入世十周年：新的起点. 隆国强. 国际经济评论，2011/07

［作者简介］国务院发展研究中心对外经济研究部

［内容提要］加入世界贸易组织，极大地促进了中国开放型经济的发展，有力地促进了中国经济体制的改革，培养了一批具有全球意识的开放型人才。在入世十周年之际，文章总结了中国加入世贸组织的五条经验，探讨了当前中国开放面临的新形势，并分析了新形势下开放的战略目标与重点。文章指出，中国和平崛起、中国转变发展方式，都需要更好地利用全球化带来的机遇，决不能因已经取得的成就而自满。

5. 入世十年转型：中国对外贸易发展的回顾与前瞻. 盛斌，钱学锋，黄玖立，东艳. 国际经济评论，2011/09

［作者简介］南开大学经济学院；中南财经政法大学工商管理学院；南开大学泰达学院；中国社会科学院世界经济与政治研究所

［内容提要］自2001年加入WTO以来，中国对外贸易获得了迅速发展与转型，通过融入国际经济特别是东亚地区的生产体系与价值链创造，中国已经演变为全球的制造与贸易中心，并在2009年成为世界出口与贸易盈余的第一大国。在此期间，中国的贸易政策在总体上保持了开放与自由化的趋势，不但履行了加入WTO时所做出的非歧视与市场准入承诺，而且在实施区域贸易合作方面迈出了坚实的步伐。中国在过去十年的贸易发展与政策转型对经济增长、产业升级、区域发展、劳动力市场、能源与环境以及国际竞争力等方面都产生了深刻的影响与冲击。更值得注意的是，席卷全球的金

融危机使中国能够重新反思传统的经济发展方式与贸易增长模式的问题与弊端，认识和理解构建新的贸易发展战略的必要性，从而为向更加稳定、均衡和可持续的对外贸易发展的路径转变奠定坚实的基础。

6. 中国入世的核心利益及发展中存在的问题. 龙永图. 国际经济评论，2011/09

[作者简介] 原外经贸部

[内容提要] 2011年是中国加入世界贸易组织十周年。入世，是中国社会和经济不断从封闭走向开放的一个重要的历史性事件；入世，极大地促进了中国社会经济的开放和发展，也有力地带动了中国的经济体制改革，培养了一批具有全球意识的开放型人才，成绩卓著，举世瞩目。为了纪念这一重大的事件，中国世界经济学会、对外经济贸易大学和本刊编辑部组织了“中国入世十周年：总结与展望”学术研讨会。邀请当年入世谈判的主谈者、中国驻世界贸易组织大使和各领域的专家学者，一起总结和回顾入世十年来中国对外开放的成功经验和尚存问题，分析今天对外开放面临的新形势，探讨新形势下对外开放的新任务。

7. 从基因资源问题看与贸易有关的知识产权体系的未来. 崔凡. 国际经济评论，2011/09

[作者简介] 对外经济贸易大学国际经贸学院

[内容提要]“入世”十年以来，中国在参与制定多边规则，维护发展中国家利益方面的经验日益丰富。在这十年中，发展中国家与发达国家之间就是否将基因资源和传统知识等纳入世贸组织《与贸易有关的知识产权协议》（TRIPs）展开了激烈的争论。文章认为，目前基因资源产品市场虽然规模庞大，但是发展中国家在整个生产链中获益较少，其在基因资源和传统知识领域的优势难以转化为现实经济利益，目前的市场制度难以为发展中国家保护生物多样性提供足够的经济刺激。改革多边知识产权体系有利于平衡南北之间在知识产权领域的利益，提高发展中国家参与多边知识产权体系的积极性，也有利于保护生物多样性。

8. 加入WTO十年来中国服务贸易发展趋势. 陆燕. 国际贸易，2011/09

[作者简介] 商务部研究院

[内容提要] 我国服务贸易起步较晚，但发展潜力巨大，发展空间广阔。加入WTO以来，我国经济积极融入世界经济体系，服务贸易也进入重要的发展时期，进出口增长迅速，贸易规模稳步扩大，贸易结构渐趋优化，国际竞争力在改善，国际地位明显提升，已经成为世界服务贸易的重要国家之一。未来我国服务贸易将迎来新的发展时期。积极主动抓住全球产业结构调整和产业转移的机遇，大力发展服务贸易，对促进我国经济持续平稳较快发展具有重要意义。

9. 中国入世十年主动参与WTO争端解决机制实践述评. 龚柏华. 世界贸易组织动态与研究，2011/09

[作者简介] 复旦大学法学院；上海WTO事务咨询中心

[内容提要] 中国正式加入世界贸易组织以来的十年内，中国主动或被动地参与了WTO争端解决机制。本文首先对中国入世十年以来参与WTO争端解决的实践进行了总体评价，然后就中国入世十年来作为申诉方主动参与WTO争端解决案例做了述评。本文认为，入世十年来，中国在WTO争端解决诉讼上，基本维持着攻少守多但又不失均衡的状态。中国发起争端解决的案子主要集中在贸易救济领域，起诉案子的质量有待提高，需要各方更深入地发掘欧盟等国违反WTO规则的措施。

10. 为中国加入WTO十周年辩驳——与文“中国在加入WTO十周年之际应考虑退出WTO”商榷. 薛荣久，杨凤鸣，国际贸易，2011/10

[作者简介] 对外经济贸易大学

[内容提要] 本文对2011年3月贾根良教授的“中国在加入WTO十周年之际应考虑退出WTO”进行辩驳，认为其论断漠视中国入世后整体积极效应。

11. 政府在经济市场化中的作用——中国入世十年的思考. 佟家栋，彭支伟. 国际贸易，2011/10

[作者简介] 南开大学国际经济贸易系

[内容提要] 入世以来我国市场化改革取得的进展引发的争议似乎更多。本文关注的问题是入世以后“二元市场”格局是否确实形成？促成这种格局的原因是什么？在特定的历史和经济条件下，政府是促进还是阻碍了这个过程？

12. **战略抉择：多边贸易体制还是区域经济一体化. 徐长春. 国际贸易，2011/10**

［作者简介］中国国际经济交流中心

［内容提要］中国已经入世十年了。期间，多边贸易谈判久拖无果，区域经济一体化蒸蒸日上。国际贸易红利增量更多体现为区域经济一体化红利。面向未来，我们应该怎么选择？这是个极其重要的课题。

13. **实施积极主动关税政策力促我国外贸平衡发展——中国入世后关税政策的评估与展望. 李钢，叶欣. 国际贸易，2011/10**

［作者简介］商务部研究院；对外经贸大学WTO研究院

［内容提要］中国加入世界贸易组织是对外开放的一个里程碑，也是国民经济发展的一个重要转折点。入世十年来，中国成为世界第二大经济体、第一大出口国和第二大进口国，同时与整个世界分享发展成果，力促互利共赢。本文仅从关税政策的角度，系统总结入世十年来我国关税减让所取得的成就，分析关税减让对我国和世界经济的影响，展望未来我国关税政策调整的走向。

14. **中国入世10周年与全球多边贸易体制的变化. 裴长洪，郑文. 财贸经济，2011/11**

［作者简介］中国社会科学院经济研究所；中国社会科学院财政与贸易经济研究所；江西财经大学国际经贸学院

［内容提要］本文回顾了中国加入世界贸易组织十年来的改革与发展历程，指出中国对全球多边贸易体制的主要贡献在于推动国际经贸发展，反对贸易保护主义，忠实履行多边贸易规则，努力协调多边贸易谈判，积极参与多边贸易机制建设，以及切实维护发展中国家利益。10年来，多边贸易体制的变迁主要表现为力量结构、议题结构及外部透明度的变化。展望未来，多边贸易体制的改革应重在制度建设与反对贸易保护主义。基于加入世界贸易组织以来的实践经验，本文得出了我国参与全球经济治理的几点启示。

15. **WTO与中国开放型经济可持续发展——中国入世10周年的回顾与展望. 于立新，冯远，冯永晟，汤婧，陈昭. 财贸经济，2011/11**

［作者简介］中国社会科学院财政与贸易经济研究所服务贸易与WTO研究室

［内容提要］中国加入世界贸易组织以来，成就卓然，但问题与风险同在。过去十年里，中国借助WTO这一平台对国内体制进行了相应调整与改革，主要依据WTO规则发展开放型经济。面对当前复杂多变的国内外经济环境，矛盾与结构短板突显，未来如何更好地参与全球经济治理并实现经济社会的可持续发展，是必须深入思考的问题。本文从WTO原则的视角出发，客观评估加入世贸组织十年来中国的经验，并结合世界经济发展趋势，剖析下一步改革所要正视的内外需协调发展关键性问题，进而为未来中国走向经济强国提供切实可行的政策路径，使其在世界贸易组织中发挥更大的作用。

16. **入世十年与中国网络知识产权法制建设. 孙益武. 世界贸易组织动态与研究，2011/11**

［作者简介］复旦大学法学院

［内容提要］现实世界中，知识产权的立法和保护已经在WTO成员域内得到普遍遵守，知识产权的执法问题也得到高度重视和关注。网络环境下，知识产权问题呈现出加强合作和注重技术等新特点。入世十年来，中国已经制定和完善了相关知识产权法律法规，特别是网络环境的知识产权保护。在国际层面逐步加强网络环境中的知识产权执法已经是势不可挡，中国至此依然面临着巨大挑战。

17. **WTO对我国建筑服务贸易法律制度的影响与对策研究. 师华. 世界贸易组织动态与研究，2011/11**

［作者简介］同济大学法学院

［内容提要］WTO将建筑服务贸易分为“建设及相关的工程服务”（Construction and Related Engineering Services）和“建筑与工程设计服务”（Architectural and Engineering Services）两类，我国加入WTO时在这两类服务贸易方面做了承诺并建立了相应的法律制度，它们对促进我国建筑服务贸易的发展起了重要的作用。文章在结合“服务贸易”与“建筑产业”进行交叉研究后提出我国建筑服务贸易的法律对策：借鉴WTO成员方建筑市场准入技术性壁垒经验，学会利用WTO规则的弹性空间，完善我国建筑服务贸易法律制度。

18. 我国教育服务贸易的新发展："入世"十周年的回顾与反思. 金孝柏. 世界贸易组织动态与研究，2011/11

[作者简介] 上海对外贸易学院国际经济贸易研究所

[内容提要] "入世"以后，我国的教育服务贸易得到较快发展，境外消费、中外合作办学和自然人流动是贸易的主要方式。但是，我国的教育服务贸易逆差大，对教育服务的可贸易性认识不足、教育服务国际竞争力弱、教育服务贸易立法不完善、教育管理体制僵化和国际合作有限等因素限制了我国教育服务贸易发展的深度与广度。因此，我国必须尽快制定教育服务贸易战略规划，完善教育管理体制与教育服务贸易立法，加强国际交流与合作，才能推动教育服务贸易快速健康发展。

19. 中国WTO框架内经济协调运作探析——为我国入世十周年而作. 石士钧. 世界贸易组织动态与研究，2011/11

[作者简介] 上海对外贸易学院

[内容提要] 我国入世十年来，在履行入世承诺、实施磋商机制、对待贸易政策审议和应对贸易壁垒冲击等方面，开展了积极而成功的国际经济协调运作。但是，我国在一些环节上还有反思的地方，如继续关注入世文件不够、处置非市场经济国家地位似有偏差和应对发达国家贸易策略尚须改进。为了深化我国国际经济协调运作，目前应当继续重视入世文件的重要条款，建立自己的WTO运作战略，深入研究发达国家的经贸政策和以扩展服务贸易领域的市场准入为新的突破口。

20. 中国参与世贸组织争端解决机制的十年实践. 李成钢. 国际贸易，2011/12

[作者简介] 商务部条约法律司

[内容提要] 2011年12月11日是中国加入世贸组织十周年纪念日。在过去的十年时间里，中国作为当事方应对和处理了31起世贸组织争端解决案件，作为第三方参与了87起世贸组织争端案件的审理过程；中国经历了由起初的防御到如今的攻防兼备的过程，实现了由跟随、学习、认知到如今能较好地运用世贸组织争端解决机制的重大转变。

21. 入世十周年中国高新产品贸易的国际地位分析. 崔卫杰，国际贸易，2011/12

[作者简介] 商务部研究院

[内容提要] 高新技术产业作为"最受入世冲击"的行业之一，经过十年实践，在全面履行入世承诺的同时，积极应对加入世贸组织的新形势，克服压力和挑战，高新技术产品进出口贸易保持了快速发展之势，国际竞争力不断增强，国际市场份额明显扩大，国际地位日益提升，已成为中国转变外贸发展方式的中坚力量。

22. 中国入世十年，开我国国际争端解决先河. 余敏友. 国际贸易，2011/12

[作者简介] 武汉大学国际法研究所；武汉大学WTO学院

[内容提要] 2001年中国加入世贸组织，表明中国接受世贸组织争端解决机制的强制管辖，不仅开创了中国国际争端解决的先例，而且是我国对国际法的政策与实践转变的一个重要标志。

➢ 多边贸易体制、多哈回合与新议题

1. 多哈回合环境产品谈判中我国的攻防利益研究. 万怡挺. 国际贸易，2011/02

[作者简介] 中国社科院财政与经济贸易系

[内容提要] 根据2001年多哈宣言关于多哈谈判的授权，世贸组织成员就酌情削减或取消环境产品关税展开了环境产品自由化谈判。目前，该谈判中的最大分歧是谈判方式之争。世贸组织成员提出了清单方式、项目方式和出要价方式等。虽然谈判迟迟不能取得突破，但是经过9年的讨论，环境谈判可能达成的成果轮廓越来越清晰。本文在以43项环境产品为主要研究对象的基础上，对多哈回合环境产品谈判中我国的攻防利益进行了初步的研究。

2. WTO框架下视听产品贸易自由化的法律问题 李墨丝，佘少峰. 国际贸易，2011/04

[作者简介] 上海对外贸易学院国际经贸研究所；上海海事大学法学院

[内容提要] WTO框架下的视听产品贸易自由化给我们提出了如下法律问题，视听产品应当受哪些WTO协议调整？WTO相关协议是否有利于视听产品贸易自由化？WTO成员的文化政策措施

是否限制了视听产品贸易自由化？在WTO框架下，视听产品贸易自由化的通路在何方？

3. 贸易自由化、纵向关联市场与战略性环境政策——环境税对发展绿色贸易的意义. 邢斐，何欢浪. 经济研究，2011/05

［作者简介］华中科技大学经济学院；上海财经大学国际工商管理学院

［内容提要］本文在一个两国出口至第三国的连续双寡模型中，研究贸易自由化对均衡环境政策及社会福利的影响。分析发现：(1) 战略性环境政策的租金攫取效应可通过中间产品出口实现，但不一定会通过最终产品出口实现；(2) 当污染的环境损害程度不大时，贸易自由化将降低各国环境税，从而使各国的环境保护出现“向底线赛跑”；当环境损害系数较大时，贸易自由化将提高各国环境税；(3) 社会福利水平为双边关税壁垒的凹函数(呈“倒U型”)，贸易自由化对社会福利的影响不确定。此外，本文还分析了合理征收环境税对发展我国绿色贸易的意义。

4. 多边法律体制下碳关税的合法性新析. 沈木珠. 国际贸易问题，2011/05

［作者简介］南京财经大学国际经济法研究所

［内容提要］碳关税作为一项制度首次得到美国环境法的确认，2009年联合国气候变化大会上又被再次提及。然而，碳关税的合法性问题却引起国际社会的激烈争论，特别是美国碳关税条款更招致发展中国家政界与学界的强烈反对与严厉批评。本文从多边环境公约的原则和WTO的基本原则、“环境例外条款”及其环境争端解决实践多个方面，对碳关税的合法性做出新的探讨。

5. 多边贸易体制中农业谈判的政治经济学分析——基于双层互动进化博弈模型. 孔庆峰，杨亚男. 国际贸易问题，2011/06

［作者简介］山东大学经济学院

［内容提要］文章利用双层互动进化博弈模型，将GATT/WTO体制下农业谈判各方分为支持和反对农业保护的两大集团，并对双方的谈判行为进行分析。本文认为，农业谈判之所以如此艰难复杂，是因为谈判中政府代表要面临国际与国内双层博弈。从国际层面来看，随着时间和环境的变化，存在双方内部成员都选择合作或对抗策略两种进化博弈均衡；由于国际层面的协议影响到农业保护国内农业利益集团的收益，因而在国内层面，利益集团与政府之间的博弈结果推动农业谈判趋向于双方成员都选择对抗策略的博弈均衡。最终，农业谈判将会陷入僵局。多哈回合未来的进展将取决于双方各自的让步。

6. 多哈回合农业谈判：进展与关键问题. 朱满德，程国强. 国际贸易，2011/06

［作者简介］中国农业大学中国农村政策研究中心；国务院发展研究中心

［内容提要］农业是多哈回合多边贸易谈判的重点与难点问题，对全面完成全球多边贸易谈判具有举足轻重的作用。本文分析了多哈回合农业谈判的进展与关键问题，并给出了建议。

7. 世界贸易体制的经济学研究进展. 罗良文，杨艳红. 经济学动态，2011/06

［作者简介］中南财经政法大学经济学院

［内容提要］以WTO/GATT为主的世界贸易体制对国际贸易发展和稳定国际贸易秩序至关重要，是国际经济学研究中的一个热点问题。许多学者对WTO/GATT协议的基本目的和构成特征进行了理论分析与解释，这里对世界贸易体制经济学研究的最新进展进行了述评。目前这一理论研究沿着三个路径进行：一是外部性理论；二是承诺理论；三是不完全契约理论。最后对世界贸易体制经济学研究的趋势进行了分析，并对其未来突破方向进行了预测。

8. 从发展权视角下看多哈回合“棉花议题”. 闫宏光. 世界贸易组织动态与研究，2011/07

［作者简介］上海对外贸易学院

［内容提要］棉花问题作为WTO多哈回合谈判的关键议题之一，从其提出之初就充斥着大量的争议，目前国际社会对其能否在短时间内达成突破性进展感到强烈的疑虑。然而从发展权角度看该议题，将其与人权相联系似乎会给我们提供另外一种解决的思路。参照WTO平衡TRIPS与公共健康矛盾的模式，借助于争端解决机制，在目前多哈谈判濒临崩溃的境况下，它不失为一种相对合理的方式。

9. 多边贸易体制2010年年终盘点及2011年展望. 张蔚蔚. 世界贸易组织动态与研究，2011/07

［作者简介］巴塞罗那大学

［内容提要］2010年是世界经济缓慢复苏的一年。在全球失业率居高不下的阴霾中，多边贸易体制又经历了一年保护主义重压的考验，喜忧参半。本文以WTO秘书处最近公布的若干报告和开展的研讨会讨论内容为基础，对当前世界贸易环境和多边贸易体制下多哈回合的谈判情况予以综述，强调WTO成员需采纳秘书处意见、在多边贸易体制下理性看待全球贸易不平衡问题；需认识到历经9年的共同努力多哈回合谈判已经成果颇丰；需加强忧患意识、全力以赴在2011年完成多哈回合谈判。

10. **发展中国家成员在多边贸易谈判中的博弈策略. 李杨，张汉林. 亚太经济，2011/07**

［作者简介］对外经济贸易大学中国WTO研究院

［内容提要］多边贸易谈判是多方参与、多阶段性竞争与合作的博弈过程。在多边贸易谈判中，发展中国家成员由于存在较大的实力差距而处于不利地位。本文首先阐释了多边贸易谈判的本质，总结了发展中国家成员参与多边贸易谈判的博弈历程，剖析其在世界经济贸易中地位的变迁，并提出其参与多边贸易谈判的博弈策略。

11. **世界贸易组织DSU修正决策制度的变革. 常景龙. 国际经贸探索，2011/08**

［作者简介］河南科技大学法学院

［内容提要］现行DSU修正决策制度是低效率和不民主的协商一致表决制。经济全球化要求WTO决策制度的高效率和民主化，这必然要求对DSU的修正采用多数表决制。

12. **从保障措施制度的演进看WTO多边贸易体系规则变动的内在机制——兼论保障措施制度的经济学基础. 宏结. 国际贸易问题，2011/09**

［作者简介］中国政法大学商学院

［内容提要］与GATT体制不同，WTO框架下保障措施贸易调查数量远高于GATT时期，并正在成为印度等发展中成员的“新宠”，由此引发的贸易摩擦不可小视。文章利用世界贸易体系经济学的研究方法，分析了保障措施制度设定的经济学基础，并以保障措施制度的演进过程为例，阐述了WTO多边贸易体系规则变动的内在机制，其许多共性对于后危机时代，新贸易规则不断涌现的今天有着重要的借鉴意义。

13. **气候变化与国际贸易关系研究评述. 席艳乐，孙小军，王书飞. 经济学动态，2011/10**

［作者简介］上海工程技术大学管理学院；中南财经政法大学工商管理学院

［内容提要］气候变化与国际贸易的关系问题是当前国际贸易领域研究的热门话题之一。本文从国际贸易对气候变化的影响、气候变化对国际贸易的影响、国际社会气候变化的应对措施对国际贸易的影响以及WTO在应对气候变化中所面临的困境这四个方面，对气候变化与国际贸易关系的已有研究进行述评，并指出未来进一步研究的五个可能方向。

14. **论WTO的“硬法”约束与“软法”治理. 王海峰. 世界贸易组织动态与研究，2011/11**

［作者简介］上海社会科学院法学研究所

［内容提要］在全球治理的理念指导下，晚近国际组织经常采取一种“软硬兼施”的立法模式或治理方式，WTO就是其中的一个典型代表。作为推动贸易自由化的国际组织，WTO更多地表现了它对GATT的发展和扬弃，体现了“硬法”约束的法律权威性。这主要表现“一揽子”协议的安排模式、对“祖父条款”的废除、较强的执行力。为了协调各成员方的利益，使WTO更具吸引力，同时也使WTO的判决更具时代性和先进性，WTO采用了“软法”治理的机制，这主要表现在：第一，“法庭之友”的介入，客观上实现了WTO机制对贸易与环境、贸易与人权等议题的采纳与接受；第二，国际标准被“柔性”地添加到WTO的规则之中；第三，宽泛、模糊的例外条款对过于“刚性”的义务起到了很好的“缓冲”作用；第四，模糊的优惠条款留给发达成员方权利与自由；第五，WTO对某些敏感问题的“软处理”态度，使得有关成员方有机会挑战WTO的制度约束。为了最大限度地保护本国外贸利益，中国应当学会利用WTO这种“软硬兼施”的治理模式：积极参加WTO各项议题的谈判，积极主导或参与国际标准的制定，大力发展本国非政府组织，积极参与非政府间国际组织的活动。

15. **中国环境货物的贸易竞争力分析——基于WTO环境议题谈判清单. 马建平. 国际经贸探索，2011/12**

［作者简介］中华女子学院金融系

［内容提要］文章基于 WTO 环境议题谈判清单评估我国环境货物的贸易竞争力，从整体而言，我国环境货物的贸易竞争力偏弱，多数税号环境产品靠数量优势弥补价格劣势才取得价值优势。其原因主要是：WTO 环境议题谈判清单对我国不利；环境技术较发达国家落后；我国长期普遍性陷于恶劣贸易条件中。文章最后提出国际贸易谈判、环境技术研发、扭转贸易条件、竞争力提升策略和原则等政策建议。

➤ 区域贸易协定

1. 全球化动力衰减与后危机时代的东亚区域合作. 谭再文. 亚太经济，2011/01

［作者简介］上海外国语大学国际关系与外交事务研究院

［内容提要］世界性经济危机是人类全球化进程的重要后果之一，它以破坏性和消极的方式影响和控制全球化的速度和节奏，并展现全球化动力的衰减程度。2007 年世界性金融危机是全球化动力衰减的外部表征，它为东亚区域合作提供了新的契机，这种契机在多大程度上转化为行动，将依赖于体系层面各国的合作程度以及中国的经济转型能否取得成功。

2. 中国—东盟自由贸易区的进展、问题及其与 ECFA 的互动. 苑春强，张茂荣. 亚太经济，2011/01

［作者简介］中国现代国际关系研究院世界经济所

［内容提要］中国—东盟自贸区建成以来进展顺利，贸易、投资、产业和人员交流增势明显，下一步应理顺产业链合作、加强内部协调机制，克服信息不对称等问题。在 CAFTA 的促动下，中国大陆与台湾成功签署 ECFA，为两岸经济合作搭建了新平台。ECFA 以竞争促合作，推动东亚区域经济整合进程，两岸应优势互补，共同参与区域合作与竞争。

3. 美国因素影响下的亚太、东亚合作机制之争. 宋静. 世界经济与政治论坛，2011/01

［作者简介］华东师范大学国际关系与地区发展研究院

［内容提要］美国通过控制和影响东亚地区合作机制来实现其诸多利益的诉求，最终达到保持美国在太平洋地区的“主导地位”。东亚地区的合作机制众多，其中最具代表性的是亚太经济合作组织和东盟＋中日韩“10＋3”、东亚峰会为代表的东亚机制以及近年来崭露头角的“跨太平洋伙伴关系”机制，这两大机制的区别在于要不要排除美国。奥巴马努力推动美国加入“跨太平洋伙伴关系”的谈判，显示了奥巴马“重返东亚”的战略思路。奥巴马着力多渠道多方式谋求参与、改造和领导东亚合作机制，试图将 APEC 与东亚峰会融合，以亚太合作覆盖东亚合作，以 TPP 引领亚太经济合作，对亚太现存经济格局重新洗牌，以美国主导取代东盟领导，重返东亚“领袖”地位，以“亚太自贸区”取代“东亚自贸区”，以“亚太共同体”取代“东亚共同体”。

4. 区域一体化、地方利益冲突与利益协调. 汪伟全. 当代财经，2011/03

［作者简介］华东政法大学公共管理学院

［内容提要］由于区域利益与地方利益之间存在一致性与差异性、群体性与集中性、中观性与微观性的矛盾属性，导致区域合作中的地方利益冲突无法避免，且利益冲突涉及社会、政治、经济和自然环境等诸多领域，阻碍了区域合作和经济一体化进程。为了协调利益冲突，亟待树立合作共赢理念，完善利益分配协商、利益分享与补偿、利益争端调解、利益共享等机制。

5. 关于“东亚共同体”构想的几点思考. 姜跃春. 亚太经济，2011/03

［作者简介］中国国际问题研究所世界经济与发展研究部

［内容提要］因东亚地区情况复杂，加上构建“东亚共同体”也是一个复杂艰巨的工程，有关各方在参与范围、对象等问题上存有分歧，为此东亚共同体建设只能是区域合作的长远目标。从发展趋势看，10＋3 应该成为共同体的基础，中日韩应该在其中发挥重要作用，加强与区域外国家尤其是美国的政策协调也至关重要。

6. 论“金砖四国”的贸易关系构建. 黄玲. 财经科学，2011/04

［作者简介］广东技术师范学院经贸学院

［内容提要］中国经济的持续、高速增长以及

贸易规模的迅速扩大，导致中国在“金砖四国”贸易关系中处于重要位置。中国应在构建“金砖四国”贸易关系上发挥更加积极的主导作用，致力于扩大“金砖四国”间的贸易规模并努力消除四国间的贸易摩擦，力求维护并巩固“金砖四国”贸易关系的稳健性，有效提高四国贸易关系中的系统抵御外部风险能力。

7. 泛太平洋伙伴关系协定与中国的自贸区战略. 赵晋平. 国际贸易，2011/04

［作者简介］国务院发展研究中心对外经济研究部

［内容提要］在当前形势下，TPP进程加快这一最值得关注的亚太区域合作新动向，将成为中国实施自贸区战略面临的一个重大挑战。面对挑战，作者给出了中国的应对之策。

8. 论区域贸易协定中的竞争条款与我国可能的路径选择. 董灵，黄勇. 国际贸易，2011/04

［作者简介］对外经济贸易大学法学院

［内容提要］本文试图通过研究既有的立法模式，提出可为我国订立区域贸易协定时所用的制度选择。

9. 我国服务贸易区域一体化的策略思考. 沈四宝，顾宾. 国际贸易，2011/04

［作者简介］对外经济贸易大学法学院；上海大学法学院；中国法学会国际经济法学研究会；美国哈佛大学

［内容提要］FTA服务贸易正在世界范围如火如荼展开，促进服务贸易是各国发展经济、促进就业、提升人民生活水平的现实选择。自贸协定致力于服务贸易自由化，但出于国家安全、公共利益考虑，并认识到各国服务业贸易竞争水平参差不齐，多采取渐进的自由化路径。本文在分析我国RTA服务贸易策略的基础上，给出我国参与服务贸易策略的建议。

10. 中国—东盟区域产业内贸易分析及对策研究. 蓝庆新，郑云溪. 亚太经济，2011/05

［作者简介］对外经贸大学国家经济研究院

［内容提要］产业内贸易是世界贸易发展的主要趋势。作为发展中国家最大的自贸区，中国—东盟区域产业内贸易发展必然带动成员国贸易结构调整，夯实经贸交流基础。目前，双边贸易仍以产业间贸易为主，产业内贸易水平发展较低；在产业内贸易发展过程中，垂直异质型贸易发展较快，且呈现上升趋势，需要进一步采取改善措施。

11. 金砖国家峰会的经济议题、各方立场与中国对策. 王永中，姚枝仲. 国际经济评论，2011/05

［作者简介］中国社会科学院世界经济与政治研究所；中国社科院金砖国家研究基地

［内容提要］文章首先简要回顾了金砖国家峰会的由来及演变过程；其次，深入分析了金砖各国在宏观经济政策协调、大宗商品价格高位波动、贸易保护主义、国际货币金融体系改革、碳减排和全球气候变化、减贫与发展援助等主要经济议题上的利益和立场；最后指出，既要着眼于长远，将金砖国家机制打造成为保障中国和平崛起的战略资源与缓冲屏障，又应立足于现实，以双边、多边经贸合作为基础，实行菜单式合作，循序推进，不断累积互信，化解矛盾和分歧，提升合作水平。

12. 中国—东盟自由贸易区建立后FDI流入能替代进口贸易吗？——基于新经济地理贸易自由化的研究. 颜银根，安虎森. 经济评论，2011/07

［作者简介］南开大学经济学院

［内容提要］通过构建三地区、两部门和两要素的空间均衡模型以及使用2002—2008年期间中国28个省份面板数据检验，研究结果表明：中国—东盟自由贸易区建立后FDI流入与进口贸易是替代关系还是互补关系，主要取决于国家或区域间的贸易自由化水平。在区域间贸易自由度水平较低时，贸易自由化强化了FDI流入对进口贸易的互补作用；只有在区域间贸易自由化水平突破某个“门槛值”时，FDI流入与进口贸易才是替代关系。此外，本文研究还发现劳动力禀赋能够促进进口贸易，本地资本禀赋对进口贸易影响并不显著，而在贸易自由化水平比较低时人力资本禀赋对进口贸易没有影响，但在贸易自由化水平比较高时存在着显著的正向影响。

13. ECFA的法律评析和若干思考. 袁海勇. 世界贸易组织动态与研究，2011/07

［作者简介］上海市政府法制办

［内容提要］ECFA是继CEPA后中国“一国四席”结构下自由贸易协定发展的新成果。与CEPA相比，ECFA的内容更加全面，结构更加完

善，同时也存在一定的不足，主要表现为尚未完全达到WTO有关一体化规则及中国入世承诺的要求，以及对双边贸易摩擦问题未予跟CEPA类似的制度设计等。文章对此进行了分析并提出了对策建议，同时也就“一国四席”架构下如何更好地实现中国区域贸易自由化提出了相应的建议。

14. 政治战略以区域为重点，经济发展靠全球市场. 张蕴岭. 国际经济评论，2011/09

[作者简介] 中国社会科学院国际研究学部

[内容提要] 中国加入世贸组织十年，很多方面值得总结。要说最值得称道的就是，通过加入世贸组织，我国改善了经济发展的外部环境，推动了我国的经济体制改革，实现了经济的快速增长，在较短的时间内，使经济总量跃居世界第二，这个成效是我们期盼的，但也是我们没有预料到的。

15. 自由贸易协定理论与实证研究综述. 丘东晓. 经济研究，2011/09

[作者简介] 香港大学经济与金融学院

[内容提要] 自由贸易协定（FTA）如雨后春笋，方兴未艾。这篇综述文章首先提出一个分析框架来确定什么问题是重要的和需要进行研究的，继而指出哪些问题已经得到很好的回答，而哪些则还未得到足够的研究。在对FTA的福利分析和政策辩论中，贸易创造和贸易转移这一概念一直都占主导地位。政治经济学的方法非常适合用来解释国家间为什么签订FTA。现有的研究成功解释了FTA的外部性，即FTA对外部国家的影响。这种外部性引发其他国家或者加入现有的FTA，或者组成新的FTA。这最终导致更大的自由贸易区和更多的FTA的形成。至于FTA是如何形成的，哪些国家更可能达成FTA，这些问题需要进一步的研究。在研究这些问题时，需要把更多的结构（例如国家之间的讨价还价和谈判）引进模型里。

16. 大湄公河区域国家经济金融一体化实证研究. 胡列曲，孙兰，丁文丽. 亚太经济，2011/09

[作者简介] 云南财经大学

[内容提要] 大湄公河区域是东亚经济一体化速度最快的次区域之一。区域内国家经济增长的谐动性呈现出总体上升的态势；次区域经济一体化的贸易创造效应显著；各国经济金融开放度不断提高，多数国家金融一体化进程加快；各国金融市场波动联系显著。中国应为取得合作中的主导地位制订行动计划，并重视沿边省份作用的发挥。

17. ECFA 时代闽台区域性金融中心构建模式——基于金融生态演化视角. 陈丰. 亚太经济，2011/09

[作者简介] 福建师范大学经济学院

[内容提要] 随着ECFA时代的到来，为适应经济发展的需要而建立两岸区域性金融中心成为大势所趋。本文通过实证论证了福建与发达城市相比在金融综合竞争力、金融生态环境等方面存在差距。因此，需要通过政府的有效引导予以改善，才能推动两岸区域性金融中心的建设，并对闽台区域性金融中心的建设提出一系列政策建议。

18. ECFA 框架下台湾提列服务业开放利益诉求研判及应对策略. 周念利，张汉林. 亚太经济，2011/09

[作者简介] 对外经济贸易大学中国WTO研究院

[内容提要] ECFA框架下两岸已向彼此列出服务贸易早收清单并付诸实施。笔者认为大陆服务业开放应遵循以下基本策略：一要基于两岸产业比较优势，审慎把握大陆服务业开放的整体节奏；二要兼顾“三中阶层”利益灵活“让利”，力争使台湾大众广泛受益；三要建立跨部委的制度性服务贸易谈判咨商和内部协调机制。

19. 区域贸易协定“可司法性”问题新论——朗·富勒司法哲学的启示. 刘彬. 世界贸易组织动态与研究，2011/09

[作者简介] 北京师范大学珠海分校法政学院

[内容提要] 区域贸易协定与WTO纪律的相符性问题是国际司法实践中的一大难题。法理学者朗·富勒论述了司法的主要特征与局限，指出“多中心任务”不适合司法解决，这一思想对国际法具有高度借鉴价值。受制于一系列复杂因素，区域贸易协定与WTO纪律的相符性问题是一个典型的“多中心任务”，可司法性较弱。“多中心任务”不适合司法解决的思想，为国际法治推进过程中政治与法律的分野提供了新的分析工具。

20. 贸易区域化下国际知识产权立法的新趋势及其应对. 杨鸿. 亚太经济，2011/11

[作者简介] 上海对外贸易学院法学院

[内容提要] 国际贸易区域化进程中，国际知识产权立法呈现若干新趋势，包括立法方式、立法标准的统一性、立法内容等方面的转变。上述趋势不仅限制了作为协定缔约方的发展中国家的立法空间，也给其他发展中国家带来负面影响。我国应制定相应策略，并联合其他发展中国家抵御上述趋势的负面影响。

21. 亚太区域经济一体化发展趋势与中国的策略选择. 杨勇，胡渊. 亚太经济，2011/11

[作者简介] 武汉大学经济与管理学院；湖北工业大学经济与政法学院

[内容提要] 本文介绍亚太地区经济体参与区域经济一体化的现状，并系统总结了亚太经济体参与区域经济一体化的特征，分析了亚太经济一体化的发展趋势。作为亚太经济一体化的主要利益攸关方，中国需尽早制定对策以应对亚太区域经济一体化的发展。

22. 2011 年 APEC 重要议题评析及中国策略. 刘重力，王丽华. 亚太经济，2011/11

[作者简介] 南开大学国际经济贸易系

[内容提要] 本文在对 APEC 合作最新进展进行总结分析的基础上，重点对 2011 年 APEC 会议的优先议题，即供应链连接问题、中小企业参与全球生产链、FTAAP 的发展和 EGS 的贸易自由化和便利化等议题进行了评析，在此基础上提出了中国相应的策略建议。

23. 中国对外贸易政策取向的实证研究——基于中韩自由贸易区的建立. 李晓峰. 国际经贸探索，2011/11

[作者简介] 广东外语外贸大学国际经济贸易学院

[内容提要] 产业内贸易程度不仅可以衡量一国在国际上的产业竞争优势和国际分工地位，而且能全面反映贸易双方在规模经济、技术进步、消费者福利等多方面的优势。本文通过对 1992—2007 年中韩产业内贸易指数的计算和实证分析发现：中韩产业内贸易还存在诸多问题，农产品的产业内贸易程度太低，工业制成品的产业内贸易多为垂直型，并且有加工贸易的迹象。因此本文建议：在中韩自由贸易区的环境下，通过外商直接投资促进中韩产业内贸易由垂直型向水平型转变，进而改善我国的贸易条件；借助中韩自由贸易区关税优惠政策和原产地的便利，进一步扩大中韩贸易市场份额，共享中韩自由贸易的成果。

24. 中、日、韩、美与东盟贸易关联效应的实证分析. 李红，方冬莉. 当代财经，2011/12

[作者简介] 广西大学商学院

[内容提要] 借鉴空间经济分析的概念，利用 2001 年 1 月至 2010 年 12 月共 120 个月份中国、日本、韩国、美国与东盟的贸易序列分层进行计量分析，结果发现：中、日、韩、美与东盟的贸易总额之间及四国对东盟的进口与出口之间存在显著的关联效应，整体的协调推进与局部的竞争关系网状并存。东亚区域贸易自由化在时空上动态扩展的关联效应说明自由贸易其实并不自由，积极与多边区域贸易协定互动发展是必然的政策选择。

➤ 争端解决

1. "中国特保"案件的统计分析：分布特点及应对方案. 王孝松，谢申祥. 财贸经济，2011/01

[作者简介] 中国人民大学经济学院；山东财政学院国际经贸学院

[内容提要] 从 2002—2009 年，WTO 成员方发起的"中国特保"调查中，很多案件导致了贸易限制措施的发生，抑制了中国产品出口，而发展中经济体成为"中国特保"的主要使用者。在重大经济事件来临的时刻，"中国特保"会被各国加以利用，成为贸易保护的重要工具。对于不同成员方，以及同一成员方所处的不同时期，"中国特保"同对华反倾销之间有时是替代的，有时则是互补的。"中国特保"的行业分布十分广泛，历史上不甚敏感的行业近年来也成为其重要打击对象。积极地优化贸易结构和流向，建立强大的"中国特保"预警机制，重视同申诉国利益集团的磋商和协调，甄别来自不同经济体的案件特征，才能有效地应对"中国特保"在未来的挑战。

2. WTO 争端解决机制改革效用的实证分析. 谈毅，金玥瑶. 国际经贸探索，2011/01

[作者简介] 上海交通大学经济学院

[内容提要] WTO 的争端解决机制是一个以规则为导向的组织，被认为是一个公正的国际贸易组织。这也使人们认为在这个进步的机制下，发展

中国家的利益会得到好的保护。但是目前还很少有学者对此进行实证研究。文章以 2001 年至 2006 年的贸易争端为样本研究对象，研究争端解决机制改革的效用，发现发展中国家作为申诉方会比发达国家作为申诉方获得更多的应诉方让步。而且当应诉方为发达国家时，发展中国家获得让步的可能性较大。

3. 补贴行为主体的认定：基于反补贴案例的国际比较. 张斌，孙超. 世界贸易组织动态与研究，2011/01

［作者简介］东华大学

［内容提要］在反补贴调查中，对补贴行为主体“政府”和“公共机构”的界定是确定补贴利益是否存在的前提。由于多边规则缺乏可操作的明确规定，两者的认定主要体现在 WTO 成员方各自的国内立法和判例中。本文对美国、加拿大和欧盟立法和判例、WTO 争端解决机构相关实践的分析表明，尽管主要成员认定标准的内容和适用略有差异，但内核基本一致、可操作性强，且为争端解决机构所采纳。鉴于此，除非 WTO 争端解决机构对“公共机构”做出新的解释，除非银行、土地和重要投入品部门的中国国有企业在股权多元化改革方面迈出新的实质性步伐，此类企业在国际反补贴争端中被认定为“公共机构”、其行为被视作“政府”行为的局面很难改观。

4. WTO《服务贸易总协定》下报复机制之实证研究. 李晓玲. 国际经贸探索，2011/03

［作者简介］中国青年政治学院法律系

［内容提要］WTO 成立以来，共有三起争端涉及 GATS 项下的报复问题。成员对服务业实施报复的能力、GATS 规则解释上的不确定性、GATS 四种服务提供模式的结构、服务贸易与外国直接投资的交叉等，使报复的实际进行非常复杂。为有效实施 GATS 项下的报复，发展中成员必须兼顾报复之经济影响与政治影响：经济影响只是一个方面，必须重视制造政治影响，选择曝光率高且具有政治影响力的服务部门进行报复，促使发达成员执行 WTO 争端裁决。

5. 国外对华反补贴现状及中国补贴政策分析. 杨荣珍. 国际经贸探索，2011/03

［作者简介］对外经济贸易大学 WTO 研究院

［内容提要］国外对华反补贴已经呈现出案件数量快速增长、“双反”同时进行、反补贴税率高等显著特点。文章通过对国外对华反补贴现状的分析，探讨我国现行补贴政策中哪些是需要特别予以关注的措施，通过分析指出我国现行补贴政策中既有与 WTO 规则相一致的内容，也存在某些仍需进一步调整和改进的措施。针对不同情况，我国应当对现有补贴政策进行调整与完善，以期减缓对华反补贴案件和多边补贴争端案件的增长。

6. WTO 与 NAFTA 争端解决机制管辖权冲突研究. 何志鹏，隽薪. 世界贸易组织动态与研究，2011/03

［作者简介］吉林大学法学院

［内容提要］由于管辖范围存在重叠而又缺少协调规则，WTO 与区域贸易协定间普遍存在着发生管辖权冲突的可能。实践中案例已有多起，本文仅以 NAFTA 为例分析了管辖权冲突产生的原因及后果，考察了 WTO 在实践中的做法及传统解决冲突原则能发挥作用的空间，得出冲突无法避免又实难解决的结论，并认为在此情况下减轻冲突不良后果的途径或许是一种更为明智的选择，指出 NAFTA 在实践中的做法将为其他区域贸易协定处理与 WTO 的关系提供有益的借鉴。

7. 国际贸易争端解决机制的选择及有效性：理论与中国抉择. 李春顶，赵美英. 财贸经济，2011/05

［作者简介］中国社会科学院世界经济与政治研究所；淮北师范大学经济与管理学院

［内容提要］国际贸易争端解决机制主要有双边谈判、诸边一体化以及多边 WTO 化解机制，相关国内外文献较少涉及这三种机制之间的选择和优劣比较。本文用一个博弈的理论框架，从国家及贸易产品市场类型差异的角度分析了不同解决机制下单国的福利以及世界的总福利状况。结果发现，对于具有市场势力的大国来说，参与国越少的机制对其越有利，而对于没有市场势力的小国则是参与国越多的机制对其越有利，同时多国参与的机制也更有利于世界的总福利。因此，中国在选择贸易争端解决机制时，必须根据争端商品的市场竞争情况及价格影响和控制能力进行合理抉择；而从我国大多数出口商品的市场特点看，越多国家参与的机制可

能更加有利。

8. **贸易救济保险制度研究——基于应对贸易摩擦“错位困境”市场化改革角度.张勇.国际贸易，2011/06**

[作者简介] 北京大学

[内容提要] 中国面临贸易摩擦增多，应诉困难重重的原因，既有外在的客观因素，更有内在的制度性缺失。建议依据先建立后完善、先依托后独立、先补充后充实、先自愿后强制、先出口后进口的原则，积极推进中国贸易救济保险制度。

9. **比较借鉴视角下ECFA争端解决机制建构研究——以WTO、CAFTA、NAFTA争端解决机制为鉴.颜梅林，陈亮.国际经贸探索，2011/06**

[作者简介] 福建师范大学法学院；福建元一律师事务所

[内容提要] WTO、CAFTA、NAFTA争端解决机制与ECFA争端解决机制在适用范围上具同质性，这为机制间的相互借鉴提供了可能性。通过比较，除了整合出WTO、CAFTA、NAFTA三大争端解决机制共有的先进制度值得借鉴外，提炼出的三大机制各具的特色性制度亦颇宜借鉴。比较借鉴视角下，立足于ECFA成员法律地位的特殊性和现阶段两岸解决经贸与投资纠纷的主要方式这两个客观要素，通过对适用范围、争端解决机构、争端解决方式及程序、执行机制这四部分的具体制度设计务实地建构出ECFA争端解决机制的基本框架。

10. **“后ECFA时代”两岸投资争端的司法协助探析——以探索统一的贸易强国之路径为视角.王淑敏.国际贸易问题，2011/07**

[作者简介] 大连海事大学法学院

[内容提要] “后ECFA时代”为两岸经贸关系抓开了新的历史篇章。投资者的趋之若鹜加剧了两岸的区际法律冲突，而触摸《海峡两岸共同打击犯罪及司法互助协议》的脉动，叩离实现互利互惠的司法协助目标尚属艰难曲折的演进过程。投资争端的特有属性致使大陆地区沿袭单边冲突及专属管辖的民事诉讼规则，为平行诉讼和判决的不予执行埋下了祸根，其弊端可见一斑。为了保护两岸投资者的合法利益，采用更多联结点，设计双边或多边冲突规范及摒弃专属管辖实为明智之举。

11. **WTO争端预防机制相关问题研究评述.吴建功.经济学动态，2011/08**

[作者简介] 湖南师范大学法学院；湖南涉外经济学院商学部

[内容提要] 有效地预防和消弭国际贸易争端无疑是WTO所追求的价值目标。目前，国内外学界从透明度原则、贸易政策审议机制、争端解决机制等方面间接地述及了WTO争端预防机制，取得了一些成就。然而，WTO研究领域中直接论述WTO争端预防机制的成果不足，尚需学界的进一步努力。

12. **中国面临的反补贴及其在WTO争端解决机制的救济.郭策.国际贸易，2011/09**

[作者简介] 商务部进出口公平贸易局

[内容提要] 反补贴无疑成为当前贸易摩擦的持续热点问题。如何在反补贴调查中维护中国的权益，如何在WTO争端解决机制下捍卫中国的利益，值得深入思考。

13. **WTO协定在食品安全争端中的适用及最新发展.叶波.世界贸易组织动态与研究，2011/09**

[作者简介] 上海WTO事务咨询中心；复旦大学国际关系和公共事务学院公共管理博士后流动站

[内容提要] WTO体制中的食品安全争端可能适用的法律规则包括GATT、《TBT协定》和《SPS协定》。虽然上述协定都可能适用于食品安全争端，但在具体案件中，则需要适用特别法优先于普通法的法律选择规则，但也并非没有例外。在最近的澳大利亚苹果案和美国禽肉措施案中，由于系争措施的技术性质，专家组和上诉机构适用了《SPS协定》予以规范。从长期来看，《SPS协定》适用于食品安全争端会成为趋势。

14. **WTO争端解决机构对“立法沉默”之含义推定——评中国原材料出口限制措施案专家组基于上下文对《中国入世议定书》第11.3段之解释.苟大凯.国际贸易，2011/10**

[作者简介] 四川警察学院

[内容提要] 本文拟对该案专家组报告有关《中国入世议定书》第11.3段在其自身语境下、在《中国入世工作组报告》语境下以及在其他WTO多边协议语境下在“援引GATT1994第20条作为

中国违反其出口税承诺的抗辩”问题上的立法沉默的含义推定的裁决进行评价，以期对该案的上诉有所助益。

15. 上游补贴规则：国际反补贴法的重大发展——基于美国商务部实践的考察. 李仲平. 国际经贸探索，2011/10

［作者简介］上海财经大学法学院；广东金融学院法律系

［内容提要］上游补贴概念的提出，赋予了补贴更加宽泛的定义和判断标准，将反补贴的价值理念拓展至产品的生产要素领域，从而扩大了反补贴调查的适用范围。而美国商务部在实践中所演绎出的一整套补贴利益传递分析方法，则为抵消上游补贴对自由竞争造成的损害确立了可供操作的相对严格的规则框架，是对国际反补贴法的重大发展。我国亟须深入研究和借鉴美国上游补贴的立法和实践。

16. 我国报复威胁与美国对华反倾销关系实证研究. 余利红，刘海云. 国际经贸探索，2011/10

［作者简介］华中科技大学经济学院；中南民族大学经济学院

［内容提要］金融危机以来，我国遭遇反倾销的态势愈发严峻，文章探讨报复威胁对反倾销的抑制作用，采用 1980—2008 年美国对华反倾销及相关数据，运用泊松回归模型，验证了两种报复威胁渠道的效应，结果表明：我国产业界的报复性反倾销威胁降低了美国对华反倾销发起频度；而我国在 WTO 争端解决机制下的报复威胁没有阻止美国政府在对华反倾销案中做出肯定性裁决。

➤ 反倾销

1. 反倾销申诉和措施中的政治经济因素实证分析. 李磊，漆鑫，朱玉. 经济评论，2011/03

［作者简介］南开大学经济学院

［内容提要］本文运用 1985—2000 年分国家、分产业、分年度数据和混合 Logit 方法对反倾销申诉和措施中的政治经济因素进行实证分析。从规模及沉没成本的角度，选取产业就业人数占全国总就业人数的比重及固定资产投资额作为政治经济变量，发现政治经济因素在提起反倾销申诉和执行反倾销措施过程中起到了关键作用。规模越大，沉没成本越高的企业越具有能力和动力提出反倾销申诉。同时对政府越具有政治价值的产业，越有可能得到政府的反倾销支持。当考察对华反倾销申诉和措施时，发现政治经济因素表现得更为显著。通过加入宏观经济变量的分析表明，对华反倾销裁定具有较强的随意性。

2. 从文化冲突角度看中美贸易摩擦. 何泽荣，帅建林. 财经科学，2011/03

［作者简介］西南财经大学金融学院；西南财经大学出国留学预备学院

［内容提要］中美文化之间的相互对立和排斥形成的文化冲突是中美贸易摩擦的最深层次。文化冲突的核心是价值观的冲突。美国的文化霸权或霸权价值观理念决定了美国国家利益的霸权性和扩张性，从而导致美国在中美贸易关系中频频制造贸易摩擦。美国的霸权均势战略的根本动机和目的是遏制挑战国，维护美国在世界体系中的核心地位。中国的“和谐世界”理论为中美贸易摩擦的治理指明了方向。中美文化认同和国家认同是中美贸易摩擦治理的关键。

3. 中国被诉反倾销寒蝉效应的实证分析. 杨仕辉，魏守道. 国际经贸探索，2011/04

［作者简介］暨南大学经济学院；南昌大学科技学院

［内容提要］本文简要介绍对华反倾销样本构成、来源和统计指标后，统计分析发现中国涉案产品出口受美国、欧盟和印度的影响最大，受反倾销影响的行业主要有贱金属及其制品、塑料橡胶、杂项制品、化学工业、机电设备和纺织品。反倾销寒蝉效应模型实证表明：外国反倾销立案和实施措施对中国出口都具有较大的负面影响，其中反倾销立案给中国出口带来的不利影响要高于实施反倾销措施所带给中国的不利影响。

4. 印度对华反倾销非市场经济待遇——基于 1994—2009 年历史案件的统计分析. 张斌，韩润江. 国际经贸探索，2011/04

［作者简介］东华大学旭日工商管理学院

［内容提要］印度已成为全球对外反倾销和对华反倾销第一大国。文章对可获详情的 134 起涉华案件的非市场经济待遇状况进行了全面考察和统计分析，结果表明，印度对中国实施非市场经济待遇

的主要依据是认定涉案企业存在政府实质性干预，确定正常价值的主要方法是印度实际支付或应付价格法和最佳可获得信息法，与同案市场经济待遇中国企业相比，非市场经济待遇对涉案产品反倾销税率的影响显著。

5. 从维护公平贸易到变相贸易保护——世界反倾销的兴起与发展. 李清亮，海闻. 国际经济评论，2011/05

[作者简介] 北京大学汇丰商学院；国家发展研究院

[内容提要] 反倾销是近年来国际贸易争端的焦点问题。反倾销政策的起源在于维护国际贸易的公平，但是自20世纪80年代以来，反倾销越来越多地被运用于贸易保护。在某种意义上，反倾销补充或部分替代了以前关税在贸易保护中发挥的作用。大量的发展中国家逐步采取了主动的反倾销策略。冶金、化工、塑料等行业是被反倾销最多的行业。

6. WTO导致了反倾销的泛滥吗. 李磊，刘斌. 国际经贸探索，2011/05

[作者简介] 南开大学经济学院

[内容提要] 本文利用1981—2009年15国面板数据，将反倾销国家分为发达国家和发展中国家进行研究，发现了WTO对于发达国家和发展中国家反倾销的影响存在不同。WTO显著增加了发展中国家的对外反倾销，但是却对发达国家的对外反倾销产生了一定程度的抑制作用。本文认为这是由于发达国家和发展中国家关税水平以及WTO对其国内政治经济环境影响不同所造成的。

7. 反倾销措施产业救济效果：基于寡占竞争模型的理论研究. 向洪金，詹政，赖明勇. 南开经济研究，2011/06

[作者简介] 湖南大学经济与贸易学院；西安交通大学经济金融学院

[内容提要] 近年来，随着全球反倾销案例的快速上升，反倾销措施的产业救济效果受到广泛关注，国内外已有相关研究以实证居多，但理论分析比较鲜见。本文通过将国际贸易理论与寡占竞争理论相结合，构建了开放经济体系的寡占竞争模型。在此基础上，重点探讨了进出口国的行业集中度、进口集中度、进出口国厂商之间的竞争激烈程度等因素影响反倾销措施的产业救济效果的内在机理。理论推导发现：本国进口竞争行业集中度、本国厂商间的产量推测弹性以及本国厂商对外国厂商的推测弹性都对反倾销措施的产业救济效果产生不利影响，而进口集中度会对反倾销措施的产业救济效果产生积极影响。

8. 中美双反措施争端案评析. 张正怡. 世界贸易组织动态与研究，2011/07

[作者简介] 华东政法大学国际法学院

[内容提要] 2011年3月，中美双反措施争端案（美国对来自中国产品的反补贴和反倾销措施案）的审理程序告一段落。该案历经专家组和上诉机构程序，首次将反补贴和反倾销措施诉诸一体，在世界贸易多边体制中引起反响。在专家组程序中，中国的主张几乎全盘被否定。而在上诉机构报告中，中国有关公共机构和双重救济的申诉得到支持。针对本案的法律争议，有关公共机构、专向性、利益计算、双重救济等问题的申诉仍有待于进一步探讨。中美双反措施争端案也为我国充分运用WTO规则维护国家贸易和经济利益提供了有益的启示。

9. 印度对华反倾销行为的驱动因素分析. 王晰. 国际贸易问题，2011/10

[作者简介] 湖南农业大学商学院国际贸易系

[内容提要] 本文结合印度经济转型背景，分析了其对华反倾销的总体特征和可能影响其裁决结果的政治经济因素。Logit模型检验结果发现，宏观经济因素在其裁决结果形成过程中表现出无关性，这有别于对发达国家的经验研究结论。印度对华反倾销的驱动因素在于产业层面：进口渗透的威胁和产业业绩下降往往会导致肯定裁决结果的出现；相比强势厂商，集中度较低、易受损害的弱势厂商受到更多照顾；具有战略意义的化工产业，无论在转型前后都得到了反倾销当局的特殊照顾；中国入世的制度因素并未对印度对华反倾销行为形成遏制。

10. 美国对华农产品反倾销贸易救济效果分析——基于第三国（地区）市场的视角. 朱晶，胡俊. 国际贸易问题，2011/10

[作者简介] 南京农业大学经济管理学院

[内容提要] 在国际贸易中，对出口方的反倾

销等贸易救济措施的运用被认为能够为进口方、即反倾销发起者提供有效的贸易保护。但是，如果在对反倾销的贸易保护效果的分析中同时考量第三国市场，则反倾销的贸易救济效果很可能低于发起者预期。本文采用动态面板模型，从第三国市场的角度分析了美国对华农产品反倾销的贸易保护效果。研究结果表明，美国对中国农产品出口的反倾销措施使中国受限产品发生了贸易偏转并挤占了反倾销发起方的海外市场，从而降低了美国反倾销贸易救济预期效果。本文的研究从一个新的视角对美中的贸易摩擦和救济的效果进行了分析，为贸易政策制定及今后双边和多边贸易谈判提供了有益的研究参考。

11. 美国对华反倾销裁决影响因素实证分析. 周灏. 当代财经，2011/12

[作者简介] 武汉纺织大学经济学院

[内容提要] 以 1995 年 1 月到 2010 年 6 月美国对华反倾销已有终裁结果的 88 起案件为研究样本，采用非时间序列，实证分析了美国对华反倾销裁决的影响因素。影响因素主要有：涉案商品在美国进口份额、涉案商品的主要输美国家出口价格变动率、非市场经济地位。前两个因素对最终反倾销措施的裁决产生影响，这说明涉案产品的微观因素对于最终反倾销措施的裁决是至关重要的；第三个因素则对反倾销税率高低的裁决产生影响。

12. 反倾销反补贴联动实施问题研究综述. 林波，何海燕. 国际经贸探索，2011/12

[作者简介] 北京理工大学管理与经济学院

[内容提要] 随着经济全球化和贸易自由化的不断深入，国际经济贸易环境发生了深刻变化，贸易救济形式呈现出从单一化的反倾销或反补贴措施向反倾销反补贴双项措施联动发展的趋势。基于世贸组织贸易规则，对国内外反倾销反补贴措施主要研究成果进行梳理和总结，并提出双项措施联动实施未来的研究方向，对于国际贸易持续健康发展和我国反倾销反补贴实践具有重要的理论和现实指导意义。

第九篇　与 WTO 有关的法规及政策(2011)

反价格垄断规定

第一条 为了预防和制止价格垄断行为，保护市场公平竞争，维护消费者利益和社会公共利益，根据《中华人民共和国反垄断法》（以下简称反垄断法），制定本规定。

第二条 中华人民共和国境内经济活动中的价格垄断行为，适用本规定；中华人民共和国境外的价格垄断行为，对境内市场竞争产生排除、限制影响的，适用本规定。

第三条 本规定所称价格垄断行为包括：

（一）经营者达成价格垄断协议；

（二）具有市场支配地位的经营者使用价格手段，排除、限制竞争。

行政机关和法律、法规授权的具有管理公共事务职能的组织滥用行政权力，在价格方面排除、限制竞争的行为，适用本规定。

第四条 国有经济占控制地位的关系国民经济命脉和国家安全的行业以及依法实行专营专卖的行业，国家对其经营者的合法经营活动予以保护，并对经营者的经营行为及其商品和服务的价格依法实施监管和调控，维护消费者利益，促进技术进步。

前款规定行业的经营者应当依法经营，诚实守信，严格自律，接受社会公众的监督，不得利用其控制地位或者专营专卖地位损害消费者利益。

第五条 本规定所称价格垄断协议，是指在价格方面排除、限制竞争的协议、决定或者其他协同行为。

第六条 认定其他协同行为，应当依据下列因素：

（一）经营者的价格行为具有一致性；

（二）经营者进行过意思联络；

认定协同行为还应考虑市场结构和市场变化等情况。

第七条 禁止具有竞争关系的经营者达成下列价格垄断协议：

（一）固定或者变更商品和服务（以下统称商品）的价格水平；

（二）固定或者变更价格变动幅度；

（三）固定或者变更对价格有影响的手续费、折扣或者其他费用；

（四）使用约定的价格作为与第三方交易的基础；

（五）约定采用据以计算价格的标准公式；

（六）约定未经参加协议的其他经营者同意不得变更价格；

（七）通过其他方式变相固定或者变更价格；

（八）国务院价格主管部门认定的其他价格垄断协议。

第八条 禁止经营者与交易相对人达成下列价格垄断协议：

（一）固定向第三人转售商品的价格；

（二）限定向第三人转售商品的最低价格；

（三）国务院价格主管部门认定的其他价格垄断协议。

第九条 禁止行业协会从事下列行为：

（一）制定排除、限制价格竞争的规则、决定、通知等；

（二）组织经营者达成本规定所禁止的价格垄断协议；

（三）组织经营者达成或者实施价格垄断协议的其他行为。

第十条 经营者能够证明所达成的协议符合反垄断法第十五条规定的，不适用本规定第七条、第八条的规定。

第十一条 具有市场支配地位的经营者不得以不公平的高价销售商品或者以不公平的低价购买商品。

认定“不公平的高价”和“不公平的低价”，应当考虑下列因素：

（一）销售价格或者购买价格是否明显高于或者低于其他经营者销售或者购买同种商品的价格；

（二）在成本基本稳定的情况下，是否超过正常幅度提高销售价格或者降低购买价格；

（三）销售商品的提价幅度是否明显高于成本增长幅度，或者购买商品的降价幅度是否明显高于交易相对人成本降低幅度；

（四）需要考虑的其他相关因素。

第十二条 具有市场支配地位的经营者没有正当理由，不得以低于成本的价格销售商品。

本条所称“正当理由”包括：

（一）降价处理鲜活商品、季节性商品、有效期限即将到期的商品和积压商品的；

（二）因清偿债务、转产、歇业降价销售商品的；

（三）为推广新产品进行促销的；

（四）能够证明行为具有正当性的其他理由。

第十三条 具有市场支配地位的经营者没有正当理由，不得通过设定过高的销售价格或者过低的购买价格，变相拒绝与交易相对人进行交易。

本条所称“正当理由”包括：

（一）交易相对人有严重的不良信用记录，或者出现经营状况持续恶化等情况，可能会给交易安全造成较大风险的；

（二）交易相对人能够以合理的价格向其他经营者购买同种商品、替代商品，或者能够以合理的价格向其他经营者出售商品的；

（三）能够证明行为具有正当性的其他理由。

第十四条 具有市场支配地位的经营者没有正当理由，不得通过价格折扣等手段限定交易相对人只能与其进行交易或者只能与其指定的经营者进行交易。

本条所称“正当理由”包括：

（一）为了保证产品质量和安全的；

（二）为了维护品牌形象或者提高服务水平的；

（三）能够显著降低成本、提高效率，并且能够使消费者分享由此产生的利益的；

（四）能够证明行为具有正当性的其他理由。

第十五条 具有市场支配地位的经营者不得在交易时在价格之外附加不合理的费用。

第十六条 具有市场支配地位的经营者没有正当理由，不得对条件相同的交易相对人在交易价格上实行差别待遇。

第十七条 本规定所称市场支配地位，是指经营者在相关市场内具有能够控制商品价格、数量或者其他交易条件，或者能够阻碍、影响其他经营者进入相关市场能力的市场地位。

其他交易条件，是指除商品价格、数量之外能够对市场交易产生实质影响的其他因素，包括商品等级、付款条件、交付方式、售后服务、交易选择权和技术约束条件等。

阻碍、影响其他经营者进入相关市场，是指排除、延缓其他经营者进入相关市场，或者导致其他经营者虽能够进入该相关市场但进入成本大幅度提高，无法与现有经营者开展有效竞争等。

第十八条 认定经营者具有市场支配地位，应当在界定相关市场的基础上，依据下列因素：

（一）该经营者在相关市场的市场份额，以及相关市场的竞争状况；

（二）该经营者控制销售市场或者原材料采购市场的能力；

（三）该经营者的财力和技术条件；

（四）其他经营者对该经营者在交易上的依赖程度；

（五）其他经营者进入相关市场的难易程度；

（六）与认定该经营者市场支配地位有关的其他因素。

第十九条 有下列情形之一的，可以推定经营者具有市场支配地位：

（一）一个经营者在相关市场的市场份额达到二分之一的；

（二）两个经营者在相关市场的市场份额合计达到三分之二的；

（三）三个经营者在相关市场的市场份额合计达到四分之三的。

有前款第二项、第三项规定的情形，其中有的经营者市场份额不足十分之一的，不应当推定该经营者具有市场支配地位。

被推定具有市场支配地位的经营者，有证据证明不具有市场支配地位的，不应当认定其具有市场支配地位。

第二十条 行政机关和法律、法规授权的具有管理公共事务职能的组织不得滥用行政权力，实施下列行为，妨碍商品的自由流通：

（一）对外地商品设定歧视性收费项目；

（二）对外地商品实行歧视性收费标准；

（三）对外地商品规定歧视性价格；

（四）妨碍商品自由流通的其他规定价格或者收费的行为。

第二十一条 行政机关和法律、法规授权的具有管理公共事务职能的组织不得滥用行政权力，强制经营者从事本规定禁止的各类价格垄断行为。

第二十二条　行政机关不得滥用行政权力，制定含有排除、限制价格竞争内容的规定。

第二十三条　经营者有本规定所列价格垄断行为的，由国务院价格主管部门和经授权的省、自治区、直辖市人民政府价格主管部门依据反垄断法第四十六条、第四十七条和第四十九条的规定予以处罚。

行业协会违反本规定，组织本行业的经营者达成价格垄断协议的，依照反垄断法第四十六条和第四十九条的规定予以处罚。

第二十四条　行政机关和法律、法规授权的具有管理公共事务职能的组织有本规定所列滥用行政权力，实施排除、限制竞争行为的，依照反垄断法第五十一条的规定处理。

第二十五条　对政府价格主管部门依法实施的调查，拒绝提供有关材料、信息，或者提供虚假材料、信息，或者隐匿、销毁、转移证据，或者有其他拒绝、阻碍调查行为的，依照反垄断法第五十二条的规定予以处罚。

第二十六条　经营者依照有关知识产权的法律、行政法规规定行使知识产权的行为，不适用本规定；但是，经营者滥用知识产权，排除、限制竞争的价格垄断行为，适用本规定。

第二十七条　农业生产者及农村经济组织在农产品生产、加工、销售、运输、储存等经营活动中实施的联合或者协同行为，不适用本规定。

第二十八条　本规定由国家发展和改革委员会负责解释。

第二十九条　本规定自2011年2月1日起施行。2003年6月18日国家发展和改革委员会发布的《制止价格垄断行为暂行规定》同时废止。

反价格垄断行政执法程序规定

第一条 为规范和保障政府价格主管部门依法履行反价格垄断职责，保护公民、法人和其他组织的合法权益，根据《中华人民共和国反垄断法》（以下简称反垄断法），制定本规定。

第二条 政府价格主管部门实施反价格垄断执法，适用本规定。

第三条 国务院价格主管部门负责全国反价格垄断执法工作。

国务院价格主管部门授权的省、自治区、直辖市人民政府价格主管部门，负责本行政区域内的反价格垄断执法工作。

对跨省、自治区、直辖市发生的价格垄断案件，由国务院价格主管部门指定有关省、自治区、直辖市人民政府价格主管部门进行查处，重大案件由国务院价格主管部门直接组织查处。

第四条 对涉嫌价格垄断行为，国务院和省、自治区、直辖市人民政府价格主管部门可以在其法定权限内委托下一级政府价格主管部门实施调查。

受委托的政府价格主管部门在委托范围内，以委托机关的名义实施调查，不得再委托其他行政机关、组织或者个人实施调查。

第五条 对涉嫌价格垄断行为，任何单位和个人有权向政府价格主管部门举报。政府价格主管部门应当为举报人保密。

举报采用书面形式并提供相关事实和证据的，政府价格主管部门应当进行必要的调查。调查事项包括：

（一）举报人是否就同一事项已向其他行政机关举报或者向人民法院提起诉讼；

（二）被举报人的基本情况；

（三）举报人提供的相关事实和证据；

（四）需要调查的其他事项。

第六条 政府价格主管部门调查涉嫌价格垄断行为，可以采取下列措施：

（一）进入被调查的经营者的营业场所或者其他有关场所进行检查；

（二）询问被调查的经营者、利害关系人或者其他有关单位或者个人（以下统称被调查人），要求其说明有关情况；

（三）查阅、复制被调查人的有关单证、协议、会计账簿、业务函电、电子数据等文件、资料；

（四）查封、扣押相关证据；

（五）查询经营者的银行账户。

采取前款规定的措施，应当向政府价格主管部门主要负责人书面报告，并经批准。

第七条 执法人员询问被调查人，可以采取面谈、电话或者书面等方式。

面谈或者电话询问的，应当制作调查询问笔录。调查询问笔录应当交被询问人核对后，由被询问人签字；对没有阅读能力的，应当向其宣读。

书面询问的，应当向被调查人送达调查问卷或者调查提纲，载明调查事项。

被询问人应当按照价格主管部门的要求，说明有关情况。

第八条 政府价格主管部门调查涉嫌价格垄断行为，执法人员不得少于二人，并应当出示中华人民共和国价格行政执法证件。

第九条 政府价格主管部门及其工作人员对执法过程中知悉的商业秘密负有保密义务。

第十条 被调查人应当配合政府价格主管部门依法履行职责，不得拒绝、阻碍政府价格主管部门的调查。

第十一条 被调查的经营者、利害关系人有权陈述意见。政府价格主管部门应当对被调查的经营者、利害关系人提出的事实、理由和证据进行核实。

第十二条 政府价格主管部门对涉嫌价格垄断行为调查核实后，认为构成价格垄断行为的，应当依法作出处理决定，并可以向社会公布。

第十三条 经营者认为其所达成的协议属于反垄断法第十五条规定的情形的，应当提供有关证据材料，由政府价格主管部门审查核实。

第十四条 经营者主动向政府价格主管部门报告达成价格垄断协议的有关情况并提供重要证据的，政府价格主管部门可以酌情减轻或者免除对该经营者的处罚。

第一个主动报告达成价格垄断协议的有关情况并提供重要证据的，可以免除处罚；第二个主动报告达成价格垄断协议的有关情况并提供重要证据的，可以按照不低于50%的幅度减轻处罚；其他主动报告达成价格垄断协议的有关情况并提供重要证据的，可以按照不高于50%的幅度减轻处罚。

重要证据是指对政府价格主管部门认定价格垄断协议具有关键作用的证据。

第十五条 涉嫌价格垄断行为的经营者在被调查期间，可以提出中止调查的申请。

中止调查申请应当以书面形式提出，并载明下列事项：

（一）涉嫌垄断的事实；

（二）承诺采取消除行为后果的具体措施；

（三）履行承诺的时限；

（四）需要承诺的其他内容。

第十六条 被调查的经营者承诺在政府价格主管部门认可的期限内采取具体措施消除行为后果的，政府价格主管部门可以决定中止调查，并制作中止调查决定书。

中止调查决定书应当载明被调查的经营者涉嫌违法的事实、承诺的具体内容、消除影响的措施和期限、不履行或者不完全履行承诺的法律后果等。

第十七条 决定中止调查的，政府价格主管部门应当对经营者履行承诺的情况进行监督。

经营者应当按照政府价格主管部门的要求，书面报告承诺履行情况。

第十八条 经营者履行承诺的，政府价格主管部门可以决定终止调查。

有下列情形之一的，应当恢复调查：

（一）经营者在规定的时限内未履行承诺或者未完全履行承诺的；

（二）作出中止调查决定所依据的事实发生重大变化的；

（三）中止调查的决定是基于经营者提供的不完整或者不真实的信息作出的。

第十九条 行政机关和法律、法规授权的具有管理公共事务职能的组织滥用行政权力，实施排除、限制竞争行为的，政府价格主管部门可以向有关上级机关提出依法处理的建议：

（一）停止强制经营者从事价格垄断行为；

（二）废止含有排除、限制价格竞争内容的规定；

（三）对直接负责的主管人员和其他直接责任人员依法给予处分；

（四）纠正滥用行政权力行为的其他处理建议。

法律、行政法规对行政机关和法律、法规授权的具有管理公共事务职能的组织滥用行政权力实施排除、限制竞争行为的处理另有规定的，依照其规定。

第二十条 被调查人向政府价格主管部门提交书面说明、申请等资料的，应当由法定代表人、其他组织负责人或者个人签字并盖章。

第二十一条 经营者对政府价格主管部门作出的决定不服的，可以依法申请行政复议或者提起行政诉讼。

第二十二条 省、自治区、直辖市人民政府价格主管部门查处的案件，应当在作出处理决定后10个工作日内，将有关情况、案件调查终结报告及中止调查决定书、终止调查决定书、行政处罚决定书等报送国务院价格主管部门备案。

受委托的政府价格主管部门，应当在调查终结后5个工作日内，将有关情况、案件调查终结报告等报送委托机关。

第二十三条 政府价格主管部门工作人员滥用职权、玩忽职守、徇私舞弊或者泄露执法过程中知悉的商业秘密，构成犯罪的，依法追究刑事责任；尚不构成犯罪的，依法给予处分。

第二十四条 本规定对价格垄断行为调查程序和行政处罚程序未作规定的，依照《中华人民共和国行政处罚法》执行。

第二十五条 本规定由国家发展和改革委员会负责解释。

第二十六条 本规定自2011年2月1日起施行。

专利行政执法办法

第一章　总　则

第一条　为规范专利行政执法行为，保护专利权人和社会公众的合法权益，维护社会主义市场经济秩序，根据《中华人民共和国专利法》、《中华人民共和国专利法实施细则》以及其他有关法律法规，制定本办法。

第二条　管理专利工作的部门开展专利行政执法，即处理专利侵权纠纷、调解专利纠纷以及查处假冒专利行为，适用本办法。

第三条　管理专利工作的部门处理专利侵权纠纷应当以事实为依据、以法律为准绳，遵循公正、及时的原则。

管理专利工作的部门调解专利纠纷，应当遵循自愿、合法的原则，在查明事实、分清是非的基础上，促使当事人相互谅解，达成调解协议。

管理专利工作的部门查处假冒专利行为，应当以事实为依据、以法律为准绳，遵循公正、公开的原则，给予的行政处罚应当与违法行为的事实、性质、情节以及社会危害程度相当。

第四条　管理专利工作的部门应当设置专门机构或者配备专职执法人员开展专利行政执法。

案件承办人员应当持有国家知识产权局或者省、自治区、直辖市人民政府颁发的专利行政执法证件。案件承办人员执行公务时应当严肃着装。

第五条　对有重大影响的专利侵权纠纷案件、假冒专利案件，国家知识产权局在必要时可以组织有关管理专利工作的部门处理、查处。

对于行为发生地涉及两个以上省、自治区、直辖市的重大案件，有关省、自治区、直辖市管理专利工作的部门可以报请国家知识产权局协调处理或者查处。

管理专利工作的部门开展专利行政执法遇到疑难问题的，国家知识产权局应当给予必要的指导和支持。

第六条　管理专利工作的部门可以依据本地实际，委托有实际处理能力的市、县级人民政府设立的专利管理部门查处假冒专利行为、调解专利纠纷。

委托方应当对受托方查处假冒专利和调解专利纠纷的行为进行监督和指导，并承担法律责任。

第七条　管理专利工作的部门指派的案件承办人员与当事人有直接利害关系的，应当回避，当事人有权申请其回避。当事人申请回避的，应当说明理由。

案件承办人员的回避，由管理专利工作部门的负责人决定。是否回避的决定做出前，被申请回避的人员应当暂停参与本案的工作。

第二章　专利侵权纠纷的处理

第八条　请求管理专利工作的部门处理专利侵权纠纷的，应当符合下列条件：

（一）请求人是专利权人或者利害关系人；

（二）有明确的被请求人；

（三）有明确的请求事项和具体事实、理由；

（四）属于受案管理专利工作的部门的受案和管辖范围；

（五）当事人没有就该专利侵权纠纷向人民法院起诉。

第一项所称利害关系人包括专利实施许可合同的被许可人、专利权人的合法继承人。专利实施许可合同的被许可人中，独占实施许可合同的被许可人可以单独提出请求；排他实施许可合同的被许可人在专利权人不请求的情况下，可以单独提出请求；除合同另有约定外，普通实施许可合同的被许可人不能单独提出请求。

第九条　请求管理专利工作的部门处理专利侵权纠纷的，应当提交请求书及下列证明材料：

（一）主体资格证明，即个人应当提交居民身份证或者其他有效身份证件，单位应当提交有效的营业执照或者其他主体资格证明文件副本及法定代表人或者主要负责人的身份证明；

（二）专利权有效的证明，即专利登记簿副本，或者专利证书和当年缴纳专利年费的收据。

专利侵权纠纷涉及实用新型或者外观设计专利的，管理专利工作的部门可以要求请求人出具由国家知识产权局作出的专利权评价报告（实用新型专利检索报告）。

请求人应当按照被请求人的数量提供请求书副本及有关证据。

第十条 请求书应当记载以下内容：

（一）请求人的姓名或者名称、地址，法定代表人或者主要负责人的姓名、职务，委托代理人的，代理人的姓名和代理机构的名称、地址；

（二）被请求人的姓名或者名称、地址；

（三）请求处理的事项以及事实和理由。

有关证据和证明材料可以以请求书附件的形式提交。

请求书应当由请求人签名或者盖章。

第十一条 请求符合本办法第八条规定条件的，管理专利工作的部门应当在收到请求书之日起5个工作日内立案并通知请求人，同时指定3名或者3名以上单数承办人员处理该专利侵权纠纷；请求不符合本办法第八条规定条件的，管理专利工作的部门应当在收到请求书之日起5个工作日内通知请求人不予受理，并说明理由。

第十二条 管理专利工作的部门应当在立案之日起5个工作日内将请求书及其附件的副本送达被请求人，要求其在收到之日起15日内提交答辩书并按照请求人的数量提供答辩书副本。被请求人逾期不提交答辩书的，不影响管理专利工作的部门进行处理。

被请求人提交答辩书的，管理专利工作的部门应当在收到之日起5个工作日内将答辩书副本送达请求人。

第十三条 管理专利工作的部门处理专利侵权纠纷案件时，可以根据当事人的意愿进行调解。双方当事人达成一致的，由管理专利工作的部门制作调解协议书，加盖其公章，并由双方当事人签名或者盖章。调解不成的，应当及时作出处理决定。

第十四条 管理专利工作的部门处理专利侵权纠纷，可以根据案情需要决定是否进行口头审理。管理专利工作的部门决定进行口头审理的，应当至少在口头审理3个工作日前将口头审理的时间、地点通知当事人。当事人无正当理由拒不参加的，或者未经允许中途退出的，对请求人按撤回请求处理，对被请求人按缺席处理。

第十五条 管理专利工作的部门举行口头审理的，应当将口头审理的参加人和审理要点记入笔录，经核对无误后，由案件承办人员和参加人签名或者盖章。

第十六条 专利法第五十九条第一款所称的“发明或者实用新型专利权的保护范围以其权利要求的内容为准”，是指专利权的保护范围应当以其权利要求记载的技术特征所确定的范围为准，也包括与记载的技术特征相等同的特征所确定的范围。等同特征是指与记载的技术特征以基本相同的手段，实现基本相同的功能，达到基本相同的效果，并且所属领域的普通技术人员无需经过创造性劳动就能够联想到的特征。

第十七条 除达成调解协议或者请求人撤回请求之外，管理专利工作的部门处理专利侵权纠纷应当制作处理决定书，写明以下内容：

（一）当事人的姓名或者名称、地址；

（二）当事人陈述的事实和理由；

（三）认定侵权行为是否成立的理由和依据；

（四）处理决定认定侵权行为成立并需要责令侵权人立即停止侵权行为的，应当明确写明责令被请求人立即停止的侵权行为的类型、对象和范围；认定侵权行为不成立的，应当驳回请求人的请求；

（五）不服处理决定提起行政诉讼的途径和期限。

处理决定书应当加盖管理专利工作的部门的公章。

第十八条 管理专利工作的部门或者人民法院作出认定侵权成立并责令侵权人立即停止侵权行为的处理决定或者判决之后，被请求人就同一专利权再次作出相同类型的侵权行为，专利权人或者利害关系人请求处理的，管理专利工作的部门可以直接作出责令立即停止侵权行为的处理决定。

第十九条 管理专利工作的部门处理专利侵权纠纷，应当自立案之日起4个月内结案。案件特别复杂需要延长期限的，应当由管理专利工作的部门负责人批准。经批准延长的期限，最多不超过1

个月。

案件处理过程中的公告、鉴定、中止等时间不计入前款所述案件办理期限。

第三章 专利纠纷的调解

第二十条 请求管理专利工作的部门调解专利纠纷的，应当提交请求书。

请求书应当记载以下内容：

（一）请求人的姓名或者名称、地址，法定代表人或者主要负责人的姓名、职务，委托代理人的，代理人的姓名和代理机构的名称、地址；

（二）被请求人的姓名或者名称、地址；

（三）请求调解的具体事项和理由。

单独请求调解侵犯专利权赔偿数额的，应当提交有关管理专利工作的部门作出的认定侵权行为成立的处理决定书副本。

第二十一条 管理专利工作的部门收到调解请求书后，应当及时将请求书副本通过寄交、直接送交或者其他方式送达被请求人，要求其在收到之日起 15 日内提交意见陈述书。

第二十二条 被请求人提交意见陈述书并同意进行调解的，管理专利工作的部门应当及时立案，并通知请求人和被请求人进行调解的时间和地点。

被请求人逾期未提交意见陈述书，或者在意见陈述书中表示不接受调解的，管理专利工作的部门不予立案，并通知请求人。

第二十三条 管理专利工作的部门调解专利纠纷可以邀请有关单位或者个人协助，被邀请的单位或者个人应当协助进行调解。

第二十四条 当事人经调解达成协议的，由管理专利工作的部门制作调解协议书，加盖其公章，并由双方当事人签名或者盖章；未能达成协议的，管理专利工作的部门以撤销案件的方式结案，并通知双方当事人。

第二十五条 因专利申请权或者专利权的归属纠纷请求调解的，当事人可以持管理专利工作的部门的受理通知书请求国家知识产权局中止该专利申请或者专利权的有关程序。

经调解达成协议的，当事人应当持调解协议书向国家知识产权局办理恢复手续；达不成协议的，当事人应当持管理专利工作的部门出具的撤销案件通知书向国家知识产权局办理恢复手续。自请求中止之日起满 1 年未请求延长中止的，国家知识产权局自行恢复有关程序。

第四章 假冒专利行为的查处

第二十六条 管理专利工作的部门发现或者接受举报发现涉嫌假冒专利行为的，应当及时立案，并指定两名或者两名以上案件承办人员进行调查。

第二十七条 查处假冒专利行为由行为发生地的管理专利工作的部门管辖。

管理专利工作的部门对管辖权发生争议的，由其共同的上级人民政府管理专利工作的部门指定管辖；无共同上级人民政府管理专利工作的部门的，由国家知识产权局指定管辖。

第二十八条 管理专利工作的部门查封、扣押涉嫌假冒专利产品的，应当经其负责人批准。查封、扣押时，应当向当事人出具有关通知书。

管理专利工作的部门查封、扣押涉嫌假冒专利产品，应当当场清点，制作笔录和清单，由当事人和案件承办人员签名或者盖章。当事人拒绝签名或者盖章的，由案件承办人员在笔录上注明。清单应当交当事人一份。

第二十九条 案件调查终结，经管理专利工作的部门负责人批准，根据案件情况分别作如下处理：

（一）假冒专利行为成立应当予以处罚的，依法给予行政处罚；

（二）假冒专利行为轻微并已及时改正的，免予处罚；

（三）假冒专利行为不成立的，依法撤销案件；

（四）涉嫌犯罪的，依法移送公安机关。

第三十条 管理专利工作的部门作出行政处罚决定前，应当告知当事人作出处罚决定的事实、理由和依据，并告知当事人依法享有的权利。

管理专利工作的部门作出较大数额罚款的决定之前，应当告知当事人有要求举行听证的权利。当事人提出听证要求的，应当依法组织听证。

第三十一条　当事人有权进行陈述和申辩，管理专利工作的部门不得因当事人申辩而加重行政处罚。

管理专利工作的部门对当事人提出的事实、理由和证据应当进行核实。当事人提出的事实属实、理由成立的，管理专利工作的部门应当予以采纳。

第三十二条　对情节复杂或者重大违法行为给予较重的行政处罚的，应当由管理专利工作的部门负责人集体讨论决定。

第三十三条　经调查，假冒专利行为成立应当予以处罚的，管理专利工作的部门应当制作处罚决定书，写明以下内容：

（一）当事人的姓名或者名称、地址；

（二）认定假冒专利行为成立的证据、理由和依据；

（三）处罚的内容以及履行方式；

（四）不服处罚决定申请行政复议和提起行政诉讼的途径和期限。

处罚决定书应当加盖管理专利工作的部门的公章。

第三十四条　管理专利工作的部门查处假冒专利案件，应当自立案之日起1个月内结案。案件特别复杂需要延长期限的，应当由管理专利工作的部门负责人批准。经批准延长的期限，最多不超过15日。

案件处理过程中听证、公告等时间不计入前款所述案件办理期限。

第五章　调查取证

第三十五条　在专利侵权纠纷处理过程中，当事人因客观原因不能自行收集部分证据的，可以书面请求管理专利工作的部门调查取证。管理专利工作的部门根据情况决定是否调查收集有关证据。

在处理专利侵权纠纷、查处假冒专利行为过程中，管理专利工作的部门可以根据需要依职权调查收集有关证据。

执法人员调查收集有关证据时，应当向当事人或者有关人员出示其行政执法证件。当事人和有关人员应当协助、配合，如实反映情况，不得拒绝、阻挠。

第三十六条　管理专利工作的部门调查收集证据可以查阅、复制与案件有关的合同、账册等有关文件；询问当事人和证人；采用测量、拍照、摄像等方式进行现场勘验。涉嫌侵犯制造方法专利权的，管理专利工作的部门可以要求被调查人进行现场演示。

管理专利工作的部门调查收集证据应当制作笔录。笔录应当由案件承办人员、被调查的单位或者个人签名或者盖章。被调查的单位或者个人拒绝签名或者盖章的，由案件承办人员在笔录上注明。

第三十七条　管理专利工作的部门调查收集证据可以采取抽样取证的方式。

涉及产品专利的，可以从涉嫌侵权的产品中抽取一部分作为样品；涉及方法专利的，可以从涉嫌依照该方法直接获得的产品中抽取一部分作为样品。被抽取样品的数量应当以能够证明事实为限。

管理专利工作的部门进行抽样取证应当制作笔录和清单，写明被抽取样品的名称、特征、数量以及保存地点，由案件承办人员、被调查的单位或者个人签字或者盖章。被调查的单位或者个人拒绝签名或者盖章的，由案件承办人员在笔录上注明。清单应当交被调查人一份。

第三十八条　在证据可能灭失或者以后难以取得，又无法进行抽样取证的情况下，管理专利工作的部门可以进行登记保存，并在7日内作出决定。

经登记保存的证据，被调查的单位或者个人不得销毁或者转移。

管理专利工作的部门进行登记保存应当制作笔录和清单，写明被登记保存证据的名称、特征、数量以及保存地点，由案件承办人员、被调查的单位或者个人签名或者盖章。被调查的单位或者个人拒绝签名或者盖章的，由案件承办人员在笔录上注明。清单应当交被调查人一份。

第三十九条　管理专利工作的部门需要委托其他管理专利工作的部门协助调查收集证据的，应当提出明确的要求。接受委托的部门应当及时、认真地协助调查收集证据，并尽快回复。

第四十条 海关对被扣留的侵权嫌疑货物进行调查，请求管理专利工作的部门提供协助的，管理专利工作的部门应当依法予以协助。

管理专利工作的部门处理涉及进出口货物的专利案件的，可以请求海关提供协助。

第六章 法律责任

第四十一条 管理专利工作的部门认定专利侵权行为成立，作出处理决定，责令侵权人立即停止侵权行为的，应当采取下列制止侵权行为的措施：

（一）侵权人制造专利侵权产品的，责令其立即停止制造行为，销毁制造侵权产品的专用设备、模具，并且不得销售、使用尚未售出的侵权产品或者以任何其他形式将其投放市场；侵权产品难以保存的，责令侵权人销毁该产品；

（二）侵权人未经专利权人许可使用专利方法的，责令侵权人立即停止使用行为，销毁实施专利方法的专用设备、模具，并且不得销售、使用尚未售出的依照专利方法所直接获得的侵权产品或者以任何其他形式将其投放市场；侵权产品难以保存的，责令侵权人销毁该产品；

（三）侵权人销售专利侵权产品或者依照专利方法直接获得的侵权产品的，责令其立即停止销售行为，并且不得使用尚未售出的侵权产品或者以任何其他形式将其投放市场；尚未售出的侵权产品难以保存的，责令侵权人销毁该产品；

（四）侵权人许诺销售专利侵权产品或者依照专利方法直接获得的侵权产品的，责令其立即停止许诺销售行为，消除影响，并且不得进行任何实际销售行为；

（五）侵权人进口专利侵权产品或者依照专利方法直接获得的侵权产品的，责令侵权人立即停止进口行为；侵权产品已经入境的，不得销售、使用该侵权产品或者以任何其他形式将其投放市场；侵权产品难以保存的，责令侵权人销毁该产品；侵权产品尚未入境的，可以将处理决定通知有关海关；

（六）停止侵权行为的其他必要措施。

第四十二条 管理专利工作的部门作出认定专利侵权行为成立并责令侵权人立即停止侵权行为的处理决定后，被请求人向人民法院提起行政诉讼的，在诉讼期间不停止决定的执行。

侵权人对管理专利工作的部门作出的认定侵权行为成立的处理决定期满不起诉又不停止侵权行为的，管理专利工作的部门可以申请人民法院强制执行。

第四十三条 管理专利工作的部门认定假冒专利行为成立的，应当责令行为人采取下列改正措施：

（一）在未被授予专利权的产品或者其包装上标注专利标识、专利权被宣告无效后或者终止后继续在产品或者其包装上标注专利标识或者未经许可在产品或者产品包装上标注他人的专利号的，立即停止标注行为，消除尚未售出的产品或者其包装上的专利标识；产品上的专利标识难以消除的，销毁该产品或者包装；

（二）销售第（一）项所述产品的，立即停止销售行为；

（三）在产品说明书等材料中将未被授予专利权的技术或者设计称为专利技术或者专利设计，将专利申请称为专利，或者未经许可使用他人的专利号，使公众将所涉及的技术或者设计误认为是他人的专利技术或者专利设计的，立即停止发放该材料，销毁尚未发出的材料，并消除影响；

（四）伪造或者变造专利证书、专利文件或者专利申请文件的，立即停止伪造或者变造行为，销毁伪造或者变造的专利证书、专利文件或者专利申请文件，并消除影响；

（五）其他必要的改正措施。

第四十四条 管理专利工作的部门认定假冒专利行为成立，作出处罚决定的，应当予以公告。

第四十五条 管理专利工作的部门认定假冒专利行为成立的，可以按照下列方式确定行为人的违法所得：

（一）销售假冒他人专利的产品的，以产品销售价格乘以所销售产品的数量作为其违法所得；

（二）订立假冒他人专利的合同的，以收取的费用作为其违法所得。

第四十六条　管理专利工作的部门作出处罚决定后，当事人申请行政复议或者向人民法院提起行政诉讼的，在行政复议或者诉讼期间不停止决定的执行。

第四十七条　假冒专利行为的行为人应当自收到处罚决定书之日起15日内，到指定的银行缴纳处罚决定书写明的罚款；到期不缴纳的，每日按罚款数额的百分之三加处罚款。

第四十八条　拒绝、阻碍管理专利工作的部门依法执行公务的，由公安机关根据《中华人民共和国治安管理处罚法》的规定给予处罚；情节严重构成犯罪的，由司法机关依法追究刑事责任。

第七章　附　　则

第四十九条　管理专利工作的部门可以通过寄交、直接送交、留置送达、公告送达或者其他方式送达有关法律文书和材料。

第五十条　本办法由国家知识产权局负责解释。

第五十一条　本办法自2011年2月1日起施行。2001年12月17日国家知识产权局令第十九号发布的《专利行政执法办法》同时废止。

未依法申报经营者集中调查处理暂行办法

第一条 为规范达到申报标准但未依法申报经营者集中的调查处理，根据《中华人民共和国反垄断法》（以下简称《反垄断法》）和《国务院关于经营者集中申报标准的规定》（以下简称《规定》）的有关规定，制定本办法。

第二条 本办法所称未依法申报经营者集中，是指经营者集中达到《规定》设定的申报标准，经营者未依照《反垄断法》的规定事先向商务部申报而实施的集中。

银行业金融机构、证券公司、期货公司、基金管理公司和保险公司营业额的计算，适用《金融业经营者集中申报营业额计算办法》。

第三条 商务部负责未依法申报经营者集中的调查处理工作。

商务部根据工作需要，可以委托省级商务主管部门协助调查本地区内的未依法申报经营者集中。

第四条 对涉嫌未依法申报经营者集中，任何单位和个人有权向商务部举报。商务部应当为举报人保密。

举报采用书面形式，并提供举报人和被举报人基本情况、涉嫌未依法申报经营者集中的相关事实和证据等内容的，商务部应当进行必要的核实。

对于从其他途径获悉的涉嫌未依法申报经营者集中的相关事实和证据，商务部可以进行必要的核实。

第五条 对有初步事实和证据表明存在未依法申报嫌疑的经营者集中，商务部应当立案，并书面通知被调查的经营者。

本办法所称被调查的经营者，是指《经营者集中申报办法》第九条规定的申报义务人。

第六条 被调查的经营者应当在立案通知送达之日起30内，向商务部提交与被调查交易是否属于经营者集中、是否达到申报标准、是否已实施且未申报等有关的文件、资料。

第七条 商务部应当自收到被调查的经营者依据本办法第六条提交的文件、资料之日起60日内，对被调查的交易是否属于未依法申报经营者集中完成初步调查。

属于未依法申报经营者集中的，商务部应进行进一步调查，并书面通知被调查的经营者。经营者应暂停实施集中。

不属于未依法申报经营者集中的，商务部应当作出不实施进一步调查的决定，并书面通知被调查的经营者。

第八条 商务部决定实施进一步调查的，被调查的经营者应当自收到商务部书面通知之日起30日内，按照《经营者集中申报办法》的规定向商务部提交相关文件、资料。

商务部应当自收到被调查的经营者提交的符合前款规定的文件、资料之日起180日内，完成进一步调查。

在进一步调查阶段，商务部应按照《反垄断法》及《经营者集中审查办法》等的相关规定，对被调查的交易是否具有或者可能具有排除、限制竞争效果进行评估。

第九条 商务部进行调查，可以采取《反垄断法》第三十九条规定的措施。

第十条 商务部调查未依法申报经营者集中，调查人员不得少于2人，并应当出示合法证件。

调查人员进行询问和调查，应当制作笔录，并由被询问人或者被调查人签字。

第十一条 在调查过程中，被调查的经营者、利害关系人有权陈述意见。商务部应当对被调查的经营者、利害关系人提出的事实、理由和证据进行核实。

第十二条 被调查的经营者、利害关系人或者其他有关单位或者个人应当配合商务部依法履行职责，不得拒绝、阻碍商务部的调查。

第十三条 经调查认定被调查的经营者未依法申报而实施集中的，商务部可以对被调查的经营者处50万元以下的罚款，并可责令被调查的经营者采取以下措施恢复到集中前的状态：

（一）停止实施集中；

（二）限期处分股份或者资产；

（三）限期转让营业；

（四）其他必要措施。

商务部依据前款进行处理时，应当考虑未依法申报行为的性质、程度、持续的时间，以及依据本办法第八条第三款做出的竞争效果评估结果等因素。

第十四条　商务部在依据本办法第十三条作出处理决定前，应当将调查结论及所依据的事实和证据告知被调查的经营者。

被调查的经营者应当在商务部设定的期限内提交书面意见。书面意见应当包括相关事实和证据。

第十五条　商务部应当将依据本办法第十三条作出的处理决定书面通知被调查的经营者。对未依法申报经营者集中的处理决定可以向社会公布。

第十六条　对商务部依法实施的调查，拒绝提供有关材料、信息，或者提供虚假信息，或者隐匿、销毁、转移证据，或者有其他拒绝、阻碍调查行为的，商务部依据《反垄断法》第五十二条的规定给予处罚。

第十七条　对于需送达被调查的经营者的书面文件，送达方式参照《中华人民共和国民事诉讼法》的有关规定执行。

商务部以公告送达方式送达的，应在商务部官方网站上公布需送达的文件。

第十八条　经营者对商务部依据本办法做出的决定不服的，可以先依法申请行政复议；对行政复议决定不服的，可以依法提起行政诉讼。

第十九条　商务部、被调查的经营者以及其他单位和个人应当对调查过程中知悉的商业秘密和其他需要保密的信息保密，但根据法律法规规定应当披露的或者事先取得商业秘密权利人同意的除外。

第二十条　商务部工作人员滥用职权、玩忽职守、徇私舞弊或者泄露执法过程中知悉的商业秘密，构成犯罪的，依法追究刑事责任；尚不构成犯罪的，依法给予处分。

第二十一条　本办法自 2012 年 2 月 1 日起施行。

进出口水产品检验检疫监督管理办法

第一章 总 则

第一条 为加强进出口水产品检验检疫及监督管理，保障进出口水产品的质量安全，防止动物疫情传入传出国境，保护渔业生产安全和人类健康，根据《中华人民共和国进出口商品检验法》及其实施条例、《中华人民共和国进出境动植物检疫法》及其实施条例、《中华人民共和国国境卫生检疫法》及其实施细则、《中华人民共和国食品安全法》及其实施条例、《国务院关于加强食品等产品安全监督管理的特别规定》等有关法律法规规定，制定本办法。

第二条 本办法适用于进出口水产品的检验检疫及监督管理。

第三条 本办法所称水产品是指供人类食用的水生动物产品及其制品，包括水母类、软体类、甲壳类、棘皮类、头索类、鱼类、两栖类、爬行类、水生哺乳类动物等其他水生动物产品以及藻类等海洋植物产品及其制品，不包括活水生动物及水生动植物繁殖材料。

第四条 国家质量监督检验检疫总局（以下简称国家质检总局）主管全国进出口水产品检验检疫及监督管理工作。

国家质检总局设在各地的出入境检验检疫机构（以下简称检验检疫机构）负责所辖区域进出口水产品检验检疫及监督管理工作。

第五条 检验检疫机构依法对进出口水产品进行检验检疫、监督抽查，对进出口水产品生产加工企业（以下简称生产企业）根据监管需要和国家质检总局相关规定实施信用管理及分类管理制度。

第六条 进出口水产品生产企业应当依照法律、行政法规和有关标准从事生产经营活动，对社会和公众负责，保证水产品质量安全，接受社会监督，承担社会责任。

第七条 国家质检总局对检验检疫机构签发进出口水产品检验检疫证明的人员实行备案管理制度，未经备案的人员不得签发证书。

第二章 进口检验检疫

第八条 进口水产品应当符合中国法律、行政法规、食品安全国家标准要求，以及中国与输出国家或者地区签订的相关协议、议定书、备忘录等规定的检验检疫要求和贸易合同注明的检疫要求。

进口尚无食品安全国家标准的水产品，收货人应当向检验检疫机构提交国务院卫生行政部门出具的许可证明文件。

第九条 国家质检总局根据中国法律、行政法规规定、食品安全国家标准要求、国内外水产品疫情疫病和有毒有害物质风险分析结果，结合对拟向中国出口水产品国家或者地区的质量安全管理体系的有效性评估情况，制定并公布中国进口水产品的检验检疫要求；或者与拟向中国出口水产品国家或者地区签订检验检疫协定，确定检验检疫要求和相关证书。

第十条 国家质检总局对向中国境内出口水产品的出口商或者代理商实施备案管理，并定期公布已获准入资质的境外生产企业和已经备案的出口商、代理商名单。

进口水产品的境外生产企业的注册管理按照国家质检总局相关规定执行。

第十一条 检验检疫机构对进口水产品收货人实施备案管理。已经实施备案管理的收货人，方可办理水产品进口手续。

第十二条 进口水产品收货人应当建立水产品进口和销售记录制度。记录应当真实，保存期限不得少于二年。

第十三条 国家质检总局对安全卫生风险较高的进口两栖类、爬行类、水生哺乳类动物以及其他养殖水产品等实行检疫审批制度。上述产品的收货人应当在签订贸易合同前办理检疫审批手续，取得进境动植物检疫许可证。

国家质检总局根据需要，按照有关规定，可以派员到输出国家或者地区进行进口水产品预检。

第十四条　水产品进口前或者进口时，收货人或者其代理人应当持输出国家或者地区官方签发的检验检疫证书正本原件、原产地证书、贸易合同、提单、装箱单、发票等单证向进口口岸检验检疫机构报检。

进口水产品随附的输出国家或者地区官方检验检疫证书，应当符合国家质检总局对该证书的要求。

第十五条　检验检疫机构对收货人或者其代理人提交的相关单证进行审核，符合要求的，受理报检，对检疫审批数量进行核销，出具入境货物通关证明。

第十六条　进口水产品应当存储在检验检疫机构指定的存储冷库或者其他场所。进口口岸应当具备与进口水产品数量相适应的存储冷库。存储冷库应当符合进口水产品存储冷库检验检疫要求。

第十七条　装运进口水产品的运输工具和集装箱，应当在进口口岸检验检疫机构的监督下实施防疫消毒处理。未经检验检疫机构许可，不得擅自将进口水产品卸离运输工具和集装箱。

第十八条　进口口岸检验检疫机构依照规定对进口水产品实施现场检验检疫。现场检验检疫包括以下内容：

（一）核对单证并查验货物；

（二）查验包装是否符合进口水产品包装基本要求；

（三）对易滋生植物性害虫的进口盐渍或者干制水产品实施植物检疫，必要时进行除害处理；

（四）查验货物是否腐败变质，是否含有异物，是否有干枯，是否存在血冰、冰霜过多。

第十九条　进口预包装水产品的中文标签应当符合中国食品标签的相关法律、行政法规、规章的规定以及国家技术规范的强制性要求。检验检疫机构依照规定对预包装水产品的标签进行检验。

第二十条　检验检疫机构依照规定对进口水产品采样，按照有关标准、监控计划和警示通报等要求对下列项目进行检验或者监测：

（一）致病性微生物、重金属、农兽药残留等有毒有害物质；

（二）疫病、寄生虫；

（三）其他要求的项目。

第二十一条　进口水产品经检验检疫合格的，由进口口岸检验检疫机构签发《入境货物检验检疫证明》，准予生产、加工、销售、使用。《入境货物检验检疫证明》应当注明进口水产品的集装箱号、生产批次号、生产厂家及唛头等追溯信息。

进口水产品经检验检疫不合格的，由检验检疫机构出具《检验检疫处理通知书》。涉及人身安全、健康和环境保护以外项目不合格的，可以在检验检疫机构的监督下进行技术处理，经重新检验检疫合格的，方可销售或者使用。

当事人申请需要出具索赔证明等其他证明的，检验检疫机构签发相关证明。

第二十二条　有下列情形之一的，作退回或者销毁处理：

（一）需办理进口检疫审批的产品，无有效进口动植物检疫许可证的；

（二）需办理注册的水产品生产企业未获得中方注册的；

（三）无输出国家或者地区官方机构出具的有效检验检疫证书的；

（四）涉及人身安全、健康和环境保护项目不合格的。

第三章　出口检验检疫

第二十三条　出口水产品由检验检疫机构进行监督、抽检，海关凭检验检疫机构签发的通关证明放行。

第二十四条　检验检疫机构按照下列要求对出口水产品及其包装实施检验检疫：

（一）输入国家或者地区检验检疫要求；

（二）中国政府与输入国家或者地区政府签订的检验检疫协议、议定书、备忘录等规定的检验检疫要求；

（三）中国法律、行政法规和国家质检总局规定的检验检疫要求；

（四）输入国家或者地区官方关于品质、数量、重量、包装等要求；

（五）贸易合同注明的检疫要求。

第二十五条 检验检疫机构对出口水产品养殖场实施备案管理。出口水产品生产企业所用的原料应当来自于备案的养殖场、经渔业行政主管部门批准的捕捞水域或者捕捞渔船，并符合拟输入国家或者地区的检验检疫要求。

第二十六条 备案的出口水产品养殖场应当满足以下基本条件和卫生要求：

（一）取得渔业行政主管部门养殖许可；

（二）具有一定的养殖规模：土塘或者开放性海域养殖的水面总面积 50 亩以上，水泥池养殖的水面总面积 10 亩以上，场区内养殖池有规范的编号；

（三）水源充足，养殖用水水质符合《渔业水质标准》；

（四）周围无畜禽养殖场、医院、化工厂、垃圾场等污染源，具有与外界环境隔离的设施，内部环境卫生良好；

（五）布局合理，符合卫生防疫要求，避免进排水交叉污染；

（六）具有独立分设的药物和饲料仓库，仓库保持清洁干燥，通风良好，有专人负责记录入出库登记；

（七）养殖密度适当，配备与养殖密度相适应的增氧设施；

（八）投喂的饲料来自经检验检疫机构备案的饲料加工厂，符合《出口食用动物饲用饲料检验检疫管理办法》的要求；

（九）不存放和使用中国、输入国家或者地区禁止使用的药物和其他有毒有害物质。使用的药物应当标注有效成份，有用药记录，并严格遵守停药期规定；

（十）有完善的组织管理机构和书面的水产养殖管理制度（包括种苗收购、养殖生产、卫生防疫、药物饲料使用等）；

（十一）配备具有相应资质的养殖技术员和质量监督员，养殖技术员和质量监督员应当由不同人员担任，养殖技术员须凭处方用药，药品由质量监督员发放。养殖技术员和质量监督员应当具备以下条件：

1. 熟悉并遵守检验检疫有关法律、行政法规、规章等规定；

2. 熟悉并遵守农业行政主管部门有关水生动物疫病和兽药管理规定；

3. 熟悉输入国家或者地区相关药残控制法规和标准；

4. 有一定养殖工作经验或者具有养殖专业中专以上学历。

（十二）建立重要疫病和重要事项及时报告制度。

第二十七条 出口水产品养殖场按照以下程序进行备案：

（一）出口水产品养殖场向所在地检验检疫机构提出备案申请，并提供相关材料；

（二）检验检疫机构按照本办法第二十六条规定的基本条件和卫生要求，对申请备案的出口水产品养殖场进行审核。符合基本条件和卫生要求的，由直属检验检疫局审查批准颁发备案证明；

（三）备案证明自颁发之日起生效，有效期四年。出口水产品养殖场应当在有效期届满三个月前提出延续申请；

（四）备案的出口水产品养殖场地址、名称、养殖规模、所有权、法定代表人等发生变更的，应当及时向所在地检验检疫机构重新申请备案或者办理变更手续。

第二十八条 出口水产品备案养殖场应当为其生产的每一批出口水产品原料出具供货证明。

第二十九条 出口水产品备案养殖场应当依照输入国家或者地区要求，或者中国食品安全国家标准和有关规定使用饲料、兽药等农业投入品，禁止采购或者使用不符合输入国家或者地区要求，或者中国食品安全国家标准的农业投入品。

第三十条 检验检疫机构对出口水产品备案养殖场实施监督管理，组织监督检查，并做好相关记录。监督检查包括日常监督检查和年度审核等形式。

检验检疫机构应当在风险分析的基础上对备案的出口水产品养殖场实施水生动物疫病、农兽药残留、环境污染物、水质状况以及其他有毒有害物质监测，建立完善出口水产品安全风险信息管理制度。

第三十一条 检验检疫机构按照出口食品生产企业备案管理规定对出口水产品生产企业实施备案管理。

输入国家或者地区对中国出口水产品生产企业有注册要求，需要对外推荐注册企业的，按照国家质检总局相关规定执行。

第三十二条 出口水产品生产企业应当建立完善可追溯的质量安全控制体系，确保出口水产品从原料到成品不得违规使用保鲜剂、防腐剂、保水剂、保色剂等物质。

出口水产品生产企业应当对加工用原辅料及成品的微生物、农兽药残留、环境污染物等有毒有害物质进行自检，没有自检能力的，应当委托有资质的检验机构检验，并出具有效检验报告。

第三十三条 出口水产品生产企业生产加工水产品应当以养殖场为单位实施生产批次管理，不同养殖场的水产品不得作为同一个生产批次的原料进行生产加工。从原料水产品到成品，生产加工批次号应当保持一致。

生产加工批次号标注要求另行公告。

第三十四条 出口水产品生产企业应当建立原料进货查验记录制度，核查原料随附的供货证明。进货查验记录应当真实，保存期限不得少于二年。

出口水产品生产企业应当建立出厂检验记录制度，查验出厂水产品的检验合格证和安全状况，如实记录其水产品的名称、规格、数量、生产日期、生产批号、检验合格证号、购货者名称及联系方式、销售日期等内容。

水产品出厂检验记录应当真实，保存期限不得少于二年。

第三十五条 出口水产品包装上应当按照输入国家或者地区的要求进行标注，在运输包装上注明目的地国家或者地区。

第三十六条 出口水产品生产企业或者其代理人应当按照国家质检总局报检规定，凭贸易合同、生产企业检验报告（出厂合格证明）、出货清单等有关单证向产地检验检疫机构报检。

出口水产品出口报检时，需提供所用原料中药物残留、重金属、微生物等有毒有害物质含量符合输入国家或者地区以及我国要求的书面证明。

第三十七条 检验检疫机构应当对出口水产品中致病性微生物、农兽药残留和环境污染物等有毒有害物质在风险分析的基础上进行抽样检验，并对出口水产品生产加工全过程的质量安全控制体系进行验证和监督。

第三十八条 没有经过抽样检验的出口水产品，检验检疫机构应当根据输入国家或者地区的要求对出口水产品的检验报告、装运记录等进行审核，结合日常监管、监测和抽查检验等情况进行综合评定。符合规定要求的，签发有关检验检疫证单；不符合规定要求的，签发不合格通知单。

第三十九条 出口水产品生产企业应当确保出口水产品的运输工具有良好的密封性能，装载方式能有效地避免水产品受到污染，保证运输过程中所需要的温度条件，按规定进行清洗消毒，并做好记录。

第四十条 出口水产品生产企业应当保证货证相符，并做好装运记录。检验检疫机构应当随机抽查。经产地检验检疫合格的出口水产品，口岸检验检疫机构在口岸查验时发现单证不符的，不予放行。

第四十一条 出口水产品检验检疫有效期为：

（一）冷却（保鲜）水产品：七天；

（二）干冻、单冻水产品：四个月；

（三）其他水产品：六个月。

出口水产品超过检验检疫有效期的，应当重新报检。输入国家或者地区另有要求的，按照其要求办理。

第四章 监督管理

第四十二条 国家质检总局对进出口水产品实行安全监控制度，依据风险分析和检验检疫实际情况制定重点监控计划，确定重点监控的国家或者地区的进出口水产品种类和检验项目。

检验检疫机构应当根据国家质检总局年度进出口水产品安全风险监控计划，制定并实施所辖区域内进出口水产品风险管理的实施方案。

第四十三条 国家质检总局和检验检疫机构对进出口水产品实施风险管理。具体措施，按照有关规定执行。

第四十四条 进出口水产品的生产企业、收货人、发货人应当合法生产和经营。

检验检疫机构应当建立进出口水产品生产企业、收货人、发货人不良记录制度，对有违法行为并受到行政处罚的，可以将其列入违法企业名单并对外公布。

第四十五条 国家质检总局和检验检疫机构应当按照食品安全风险信息管理的有关规定及时向有关部门、机构和企业通报进出口水产品安全风险信息，并按照有关规定上报。

第四十六条 出口水产品备案养殖场所在地检验检疫机构和出口水产品生产企业所在地检验检疫机构应当加强协作。备案养殖场所在地检验检疫机构应当将养殖场监管情况定期通报出口水产品生产企业所在地检验检疫机构；出口水产品生产企业所在地检验检疫机构应当将生产企业对供货证明核查情况、原料和成品质量安全情况等定期通报备案养殖场所在地检验检疫机构。

第四十七条 进口水产品存在安全问题，可能或者已经对人体健康和生命安全造成损害的，收货人应当主动召回并立即向所在地检验检疫机构报告。收货人不主动召回的，检验检疫机构应当按照有关规定责令召回。

出口水产品存在安全问题，可能或者已经对人体健康和生命安全造成损害的，出口水产品生产经营企业应当采取措施避免和减少损害的发生，并立即向所在地检验检疫机构报告。

有前二款规定情形的，检验检疫机构应当及时向国家质检总局报告。

第四十八条 出口水产品备案养殖场有下列行为之一的，取消备案：

（一）存放或者使用中国、拟输入国家或者地区禁止使用的药物和其他有毒有害物质，使用的药物未标明有效成份或者使用含有禁用药物的药物添加剂，未按规定在休药期停药的；

（二）提供虚假供货证明、转让或者变相转让备案号的；

（三）隐瞒重大养殖水产品疫病或者未及时向检验检疫机构报告的；

（四）拒不接受检验检疫机构监督管理的；

（五）备案养殖场的名称、法定代表人发生变化后 30 日内未申请变更的；

（六）养殖规模扩大、使用新药或者新饲料，或者质量安全体系发生重大变化后 30 日内未向检验检疫机构报告的；

（七）一年内没有出口供货的；

（八）逾期未申请备案延续的；

（九）年度审核不合格的。

第四十九条 出口水产品生产企业有下列行为之一的，检验检疫机构可以责令整改以符合要求：

（一）首次因致病性微生物、环境污染物、农兽药残留等安全卫生项目不合格，遭到输入国家或者地区退货的；

（二）连续抽检三个报检批次的产品出现安全卫生项目不合格的；

（三）原料来源不清，批次管理混乱的；

（四）一年内日常监督检查中发现同一不符合项达到三次的；

（五）未建立产品追溯制度的。

第五十条 进出口水产品生产经营企业有其他违法行为的，按照相关法律、行政法规的规定予以处罚。

第五十一条 检验检疫机构及其工作人员在对进出口水产品实施检验检疫和监督管理工作中，违反法律法规及本办法规定的，按照规定查处。

第五章 附 则

第五十二条 本办法由国家质检总局负责解释。

第五十三条 本办法自 2011 年 6 月 1 日起施行。国家质检总局 2002 年 11 月 6 日公布的《进出境水产品检验检疫管理办法》（国家质检总局令第 31 号）同时废止。

进出口肉类产品检验检疫监督管理办法

第一章　总　则

第一条　为加强进出口肉类产品检验检疫及监督管理，保障进出口肉类产品质量安全，防止动物疫情传入传出国境，保护农牧业生产安全和人类健康，根据《中华人民共和国进出口商品检验法》及其实施条例、《中华人民共和国进出境动植物检疫法》及其实施条例、《中华人民共和国国境卫生检疫法》及其实施细则、《中华人民共和国食品安全法》及其实施条例、《国务院关于加强食品等产品安全监督管理的特别规定》等法律法规的规定，制定本办法。

第二条　本办法适用于进出口肉类产品的检验检疫及监督管理。

第三条　本办法所称肉类产品是指动物屠体的任何可供人类食用部分，包括胴体、脏器、副产品以及以上述产品为原料的制品，不包括罐头产品。

第四条　国家质量监督检验检疫总局（以下简称国家质检总局）主管全国进出口肉类产品检验检疫及监督管理工作。

国家质检总局设在各地的出入境检验检疫机构（以下简称检验检疫机构）负责所辖区域进出口肉类产品检验检疫及监督管理。

第五条　检验检疫机构依法对进出口肉类产品进行检验检疫及监督抽查，对进出口肉类产品生产加工企业（以下简称生产企业）、收货人、发货人根据监管需要实施信用管理及分类管理制度。

第六条　进出口肉类产品生产企业应当依照法律、行政法规和有关标准从事生产经营活动，对社会和公众负责，保证肉类产品质量安全，接受社会监督，承担社会责任。

第二章　进口检验检疫

第七条　进口肉类产品应当符合中国法律、行政法规规定、食品安全国家标准的要求，以及中国与输出国家或者地区签订的相关协议、议定书、备忘录等规定的检验检疫要求以及贸易合同注明的检疫要求。

进口尚无食品安全国家标准的肉类产品，收货人应当向检验检疫机构提交国务院卫生行政部门出具的许可证明文件。

第八条　国家质检总局根据中国法律、行政法规规定、食品安全国家标准要求、国内外肉类产品疫情疫病和有毒有害物质风险分析结果，结合对拟向中国出口肉类产品国家或者地区的质量安全管理体系的有效性评估情况，制定并公布中国进口肉类产品的检验检疫要求；或者与拟向中国出口肉类产品国家或者地区签订检验检疫协定，确定检验检疫要求和相关证书。

第九条　国家质检总局对向中国境内出口肉类产品的出口商或者代理商实施备案管理，并定期公布已经备案的出口商、代理商名单。

进口肉类产品境外生产企业的注册管理按照国家质检总局相关规定执行。

第十条　检验检疫机构对进口肉类产品收货人实施备案管理。已经实施备案管理的收货人，方可办理肉类产品进口手续。

第十一条　进口肉类产品收货人应当建立肉类产品进口和销售记录制度。记录应当真实，保存期限不得少于二年。

第十二条　国家质检总局对进口肉类产品实行检疫审批制度。进口肉类产品收货人应当在签订贸易合同前办理检疫审批手续，取得进境动植物检疫许可证。

国家质检总局根据需要，按照有关规定，可以派员到输出国家或者地区进行进口肉类产品预检。

第十三条　进口肉类产品应当从国家质检总局指定的口岸进口。

进口口岸的检验检疫机构应当具备进口肉类产

品现场查验和实验室检验检疫的设备设施和相应的专业技术人员。

进口肉类产品应当存储在检验检疫机构认可并报国家质检总局备案的存储冷库或者其他场所。肉类产品进口口岸应当具备与进口肉类产品数量相适应的存储冷库。存储冷库应当符合进口肉类产品存储冷库检验检疫要求。

第十四条 进口鲜冻肉类产品包装应当符合下列要求：

（一）内外包装使用无毒、无害的材料，完好无破损；

（二）内外包装上应当标明产地国、品名、生产企业注册号、生产批号；

（三）外包装上应当以中文标明规格、产地（具体到州/省/市）、目的地、生产日期、保质期、储存温度等内容，目的地应当标明为中华人民共和国，加施输出国家或者地区官方检验检疫标识。

第十五条 肉类产品进口前或者进口时，收货人或者其代理人应当持进口动植物检疫许可证、输出国家或者地区官方出具的相关证书正本原件、贸易合同、提单、装箱单、发票等单证向进口口岸检验检疫机构报检。

进口肉类产品随附的输出国家或者地区官方检验检疫证书，应当符合国家质检总局对该证书的要求。

第十六条 检验检疫机构对收货人或者其代理人提交的相关单证进行审核，符合要求的，受理报检，并对检疫审批数量进行核销，出具入境货物通关证明。

第十七条 装运进口肉类产品的运输工具和集装箱，应当在进口口岸检验检疫机构的监督下实施防疫消毒处理。未经检验检疫机构许可，进口肉类产品不得卸离运输工具和集装箱。

第十八条 进口口岸检验检疫机构依照规定对进口肉类产品实施现场检验检疫，现场检验检疫包括以下内容：

（一）检查运输工具是否清洁卫生、有无异味，控温设备设施运作是否正常，温度记录是否符合要求；

（二）核对货证是否相符，包括集装箱号码和铅封号、货物的品名、数（重）量、输出国家或者地区、生产企业名称或者注册号、生产日期、包装、唛头、输出国家或者地区官方证书编号、标志或者封识等信息；

（三）查验包装是否符合食品安全国家标准要求；

（四）预包装肉类产品的标签是否符合要求；

（五）对鲜冻肉类产品还应当检查新鲜程度、中心温度是否符合要求、是否有病变以及肉眼可见的寄生虫包囊、生活害虫、异物及其他异常情况，必要时进行蒸煮试验。

第十九条 进口鲜冻肉类产品经现场检验检疫合格后，运往检验检疫机构指定地点存放。

第二十条 检验检疫机构依照规定对进口肉类产品采样，按照有关标准、监控计划和警示通报等要求进行检验或者监测。

第二十一条 口岸检验检疫机构根据进口肉类产品检验检疫结果作出如下处理：

（一）经检验检疫合格的，签发《入境货物检验检疫证明》，准予生产、加工、销售、使用。《入境货物检验检疫证明》应当注明进口肉类产品的集装箱号、生产批次号、生产厂家名称和注册号、唛头等追溯信息。

（二）经检验检疫不合格的，签发检验检疫处理通知书。有下列情形之一的，作退回或者销毁处理：

1. 无有效进口动植物检疫许可证的；

2. 无输出国家或者地区官方机构出具的相关证书的；

3. 未获得注册的生产企业生产的进口肉类产品的；

4. 涉及人身安全、健康和环境保护项目不合格的。

（三）经检验检疫，涉及人身安全、健康和环境保护以外项目不合格的，可以在检验检疫机构的监督下进行技术处理，合格后，方可销售或者使用。

（四）需要对外索赔的，签发相关证书。

第二十二条 目的地为内地的进口肉类产品，在香港或者澳门卸离原运输船只并经港澳陆路运输到内地的、在香港或者澳门码头卸载后到其他港区装船运往内地的，发货人应当向国家质检总局指定的检验机构申请中转预检。未经预检或者预检不合格的，不得转运内地。

指定的检验机构应当按照国家质检总局的要求开展预检工作，合格后另外加施新的封识并出具证书，入境口岸检验检疫机构受理报检时应当同时查验该证书。

第三章 出口检验检疫

第二十三条 出口肉类产品由检验检疫机构进行监督、抽检，海关凭检验检疫机构签发的通关证明放行。

第二十四条 检验检疫机构按照下列要求对出口肉类产品实施检验检疫：

（一）输入国家或者地区检验检疫要求；

（二）中国政府与输入国家或者地区签订的检验检疫协议、议定书、备忘录等规定的检验检疫要求；

（三）中国法律、行政法规和国家质检总局规定的检验检疫要求；

（四）输入国家或者地区官方关于品质、数量、重量、包装等要求；

（五）贸易合同注明的检验检疫要求。

第二十五条 检验检疫机构按照出口食品生产企业备案管理规定，对出口肉类产品的生产企业实施备案管理。

输入国家或者地区对中国出口肉类产品生产企业有注册要求，需要对外推荐注册企业的，按照国家质检总局相关规定执行。

第二十六条 出口肉类产品加工用动物应当来自经检验检疫机构备案的饲养场。

检验检疫机构在风险分析的基础上对备案饲养场进行动物疫病、农兽药残留、环境污染物及其他有毒有害物质的监测。未经所在地农业行政部门出具检疫合格证明的或者疫病、农兽药残留及其他有毒有害物质监测不合格的动物不得用于屠宰、加工出口肉类产品。

第二十七条 出口肉类产品加工用动物备案饲养场或者屠宰场应当为其生产的每一批出口肉类产品原料出具供货证明。

第二十八条 出口肉类产品生产企业应当按照输入国家或者地区的要求，对出口肉类产品的原辅料、生产、加工、仓储、运输、出口等全过程建立有效运行的可追溯的质量安全自控体系。

出口肉类产品生产企业应当配备专职或者兼职的兽医卫生和食品安全管理人员。

第二十九条 出口肉类产品生产企业应当建立原料进货查验记录制度，核查原料随附的供货证明。进货查验记录应当真实，保存期限不得少于二年。

出口肉类产品生产企业应当建立出厂检验记录制度，查验出厂肉类产品的检验合格证和安全状况，如实记录其肉类产品的名称、规格、数量、生产日期、生产批号、检验合格证号、购货者名称及联系方式、销售日期等内容。

肉类产品出厂检验记录应当真实，保存期限不得少于二年。

第三十条 出口肉类产品生产企业应当对出口肉类产品加工用原辅料及成品进行自检，没有自检能力的应当委托有资质的检验机构检验，并出具有效检验报告。

第三十一条 检验检疫机构应当对出口肉类产品中致病性微生物、农兽药残留和环境污染物等有毒有害物质在风险分析的基础上进行抽样检验，并对出口肉类生产加工全过程的质量安全控制体系进行验证和监督。

第三十二条 用于出口肉类产品包装的材料应当符合食品安全标准，包装上应当按照输入国家或者地区的要求进行标注，运输包装上应当注明目的地国家或者地区。

第三十三条 检验检疫机构根据需要可以向出口肉类产品生产企业派出官方兽医或者检验检疫人员，对出口肉类产品生产企业进行监督管理。

第三十四条 发货人或者其代理人应当在出口肉类产品启运前，按照国家质检总局的报检规定向出口肉类产品生产企业所在地检验检疫机构报检。

第三十五条 出口肉类产品的运输工具应当有良好的密封性能和制冷设备，装载方式能有效避免肉类产品受到污染，保证运输过程中所需要的温度条件，按照规定进行清洗消毒，并做好记录。

发货人应当确保装运货物与报检货物相符，做好装运记录。

第三十六条 检验检疫机构对报检的出口肉类

产品的检验报告、装运记录等进行审核，结合日常监管、监测和抽查检验等情况进行合格评定。符合规定要求的，签发有关检验检疫证单；不符合规定要求的，签发不合格通知单。

第三十七条 检验检疫机构根据需要，可以按照有关规定对检验检疫合格的出口肉类产品、包装物、运输工具等加施检验检疫标志或者封识。

第三十八条 存放出口肉类产品的中转冷库应当经所在地检验检疫机构备案并接受监督管理。

出口肉类产品运抵中转冷库时应当向其所在地检验检疫机构申报。中转冷库所在地检验检疫机构凭生产企业所在地检验检疫机构签发的检验检疫证单监督出口肉类产品入库。

第三十九条 出口冷冻肉类产品应当在生产加工后六个月内出口，冰鲜肉类产品应当在生产加工后 72 小时内出口。输入国家或者地区另有要求的，按照其要求办理。

第四十条 用于出口肉类产品加工用的野生动物，应当符合输入国家或者地区和中国有关法律法规要求，并经国家相关行政主管部门批准。

第四章 过境检验检疫

第四十一条 运输肉类产品过境的，应当事先获得国家质检总局批准，按照指定的口岸和路线过境。承运人或者押运人应当持货运单和输出国家或者地区出具的证书，在进口时向检验检疫机构报检，由进口口岸检验检疫机构查验单证。进口口岸检验检疫机构应当通知出口口岸检验检疫机构，出口口岸检验检疫机构监督过境肉类产品出口。

进口口岸检验检疫机构可以派官方兽医或者其他检验检疫人员监运至出口口岸。

第四十二条 过境肉类产品运抵进口口岸时，由进口口岸检验检疫机构对运输工具、装载容器的外表进行消毒。

装载过境肉类产品的运输工具和包装物、装载容器应当完好。经检验检疫机构检查，发现运输工具或者包装物、装载容器有可能造成途中散漏的，承运人或者押运人应当按照检验检疫机构的要求，采取密封措施；无法采取密封措施的，不准过境。

第四十三条 过境肉类产品运抵出口口岸时，出口口岸检验检疫机构应当确认货物原集装箱、原铅封未被改变。

过境肉类产品过境期间，未经检验检疫机构批准，不得开拆包装或者卸离运输工具。

第四十四条 过境肉类产品在境内改换包装，按照进口肉类产品检验检疫规定办理。

第五章 监督管理

第四十五条 国家质检总局对进出口肉类产品实行安全监控制度，依据风险分析和检验检疫实际情况制定重点监控计划，确定重点监控国家或者地区的进出口肉类产品种类和检验项目。

检验检疫机构应当根据国家质检总局年度进出口食品安全风险监控计划，制定并实施所辖区域内进口肉类产品风险管理的实施方案。

第四十六条 国家质检总局和检验检疫机构对进出口肉类实施风险管理。具体措施，按照有关规定执行。

第四十七条 国家质检总局和检验检疫机构应当及时向相关部门、机构和企业通报进出口肉类产品安全风险信息。发现进出口肉类产品安全事故，或者接到有关进出口肉类产品安全事故的举报，应当立即向卫生、农业行政部门通报并按照有关规定上报。

第四十八条 进出口肉类产品的生产企业、收货人、发货人应当合法生产和经营。

检验检疫机构应当建立进出口肉类产品的收货人、发货人和出口肉类产品生产企业不良记录制度，对有违法行为并受到行政处罚的，可以将其列入违法企业名单并对外公布。

第四十九条 进口肉类产品存在安全问题，可能或者已经对人体健康和生命安全造成损害的，收货人应当主动召回并立即向所在地检验检疫机构报告。收货人不主动召回的，检验检疫机构应当按照有关规定责令召回。

出口肉类产品存在安全问题，可能或者已经对人体健康和生命安全造成损害的，出口肉类产品生产企业应当采取措施避免和减少损害的发生，并立即向所在地检验检疫机构报告。

有前二款规定情形的，检验检疫机构应当及时向国家质检总局报告。

第五十条　出口肉类产品加工用动物备案饲养场有下列行为之一的，取消备案：

（一）存放或者使用中国、拟输出国家或者地区禁止使用的药物和其他有毒有害物质，使用的药物未标明有效成份或者使用含有禁用药物和药物添加剂，未按照规定在休药期停药的；

（二）提供虚假供货证明、转让或者变相转让备案号的；

（三）隐瞒重大动物疫病或者未及时向检验检疫机构报告的；

（四）拒不接受检验检疫机构监督管理的；

（五）备案饲养场的名称、法定代表人发生变化后30日内未申请变更的；

（六）养殖规模扩大、使用新药或者新饲料或者质量安全体系发生重大变化后30日内未向检验检疫机构报告的；

（七）一年内没有出口供货的。

第五十一条　进出口肉类产品生产企业有其他违法行为的，按照相关法律、行政法规的规定予以处罚。

第五十二条　检验检疫机构及其工作人员在对进出口肉类产品实施检验检疫和监督管理工作中，违反法律法规及本办法规定的，按照规定查处。

第六章　附　　则

第五十三条　本办法由国家质检总局负责解释。

第五十四条　本办法自2011年6月1日起施行。国家质检总局2002年8月22日公布的《进出境肉类产品检验检疫管理办法》（国家质检总局令第26号）同时废止。

外国投资者并购境内企业安全审查制度

各省、自治区、直辖市人民政府，国务院各部委、各直属机构：

近年来，随着经济全球化的深入发展和我国对外开放的进一步扩大，外国投资者以并购方式进行的投资逐步增多，促进了我国利用外资方式多样化，在优化资源配置、推动技术进步、提高企业管理水平等方面发挥了积极作用。为引导外国投资者并购境内企业有序发展，维护国家安全，经国务院同意，现就建立外国投资者并购境内企业安全审查（以下简称并购安全审查）制度有关事项通知如下：

一、并购安全审查范围

（一）并购安全审查的范围为：外国投资者并购境内军工及军工配套企业，重点、敏感军事设施周边企业，以及关系国防安全的其他单位；外国投资者并购境内关系国家安全的重要农产品、重要能源和资源、重要基础设施、重要运输服务、关键技术、重大装备制造等企业，且实际控制权可能被外国投资者取得。

（二）外国投资者并购境内企业，是指下列情形：

1. 外国投资者购买境内非外商投资企业的股权或认购境内非外商投资企业增资，使该境内企业变更设立为外商投资企业。

2. 外国投资者购买境内外商投资企业中方股东的股权，或认购境内外商投资企业增资。

3. 外国投资者设立外商投资企业，并通过该外商投资企业协议购买境内企业资产并且运营该资产，或通过该外商投资企业购买境内企业股权。

4. 外国投资者直接购买境内企业资产，并以该资产投资设立外商投资企业运营该资产。

（三）外国投资者取得实际控制权，是指外国投资者通过并购成为境内企业的控股股东或实际控制人。包括下列情形：

1. 外国投资者及其控股母公司、控股子公司在并购后持有的股份总额在50%以上。

2. 数个外国投资者在并购后持有的股份总额合计在50%以上。

3. 外国投资者在并购后所持有的股份总额不足50%，但依其持有的股份所享有的表决权已足以对股东会或股东大会、董事会的决议产生重大影响。

4. 其他导致境内企业的经营决策、财务、人事、技术等实际控制权转移给外国投资者的情形。

二、并购安全审查内容

（一）并购交易对国防安全，包括对国防需要的国内产品生产能力、国内服务提供能力和有关设备设施的影响。

（二）并购交易对国家经济稳定运行的影响。

（三）并购交易对社会基本生活秩序的影响。

（四）并购交易对涉及国家安全关键技术研发能力的影响。

三、并购安全审查工作机制

（一）建立外国投资者并购境内企业安全审查部际联席会议（以下简称联席会议）制度，具体承担并购安全审查工作。

（二）联席会议在国务院领导下，由发展改革委、商务部牵头，根据外资并购所涉及的行业和领域，会同相关部门开展并购安全审查。

（三）联席会议的主要职责是：分析外国投资者并购境内企业对国家安全的影响；研究、协调外国投资者并购境内企业安全审查工作中的重大问题；对需要进行安全审查的外国投资者并购境内企业交易进行安全审查并作出决定。

四、并购安全审查程序

（一）外国投资者并购境内企业，应按照本通知规定，由投资者向商务部提出申请。对属于安全审查范围内的并购交易，商务部应在5个工作日内提请联席会议进行审查。

（二）外国投资者并购境内企业，国务院有关部门、全国性行业协会、同业企业及上下游企业认为需要进行并购安全审查的，可以通过商务部提出进行并购安全审查的建议。联席会议认为确有必要进行并购安全审查的，可以决定进行审查。

（三）联席会议对商务部提请安全审查的并购交易，首先进行一般性审查，对未能通过一般性审查的，进行特别审查。并购交易当事人应配合联席会议的安全审查工作，提供安全审查需要的材料、信息，接受有关询问。

一般性审查采取书面征求意见的方式进行。联席会议收到商务部提请安全审查的并购交易申请后，在5个工作日内，书面征求有关部门的意见。有关部门在收到书面征求意见函后，应在20个工作日内提出书面意见。如有关部门均认为并购交易不影响国家安全，则不再进行特别审查，由联席会议在收到全部书面意见后5个工作日内提出审查意见，并书面通知商务部。

如有部门认为并购交易可能对国家安全造成影响，联席会议应在收到书面意见后5个工作日内启动特别审查程序。启动特别审查程序后，联席会议组织对并购交易的安全评估，并结合评估意见对并购交易进行审查，意见基本一致的，由联席会议提出审查意见；存在重大分歧的，由联席会议报请国务院决定。联席会议自启动特别审查程序之日起60个工作日内完成特别审查，或报请国务院决定。审查意见由联席会议书面通知商务部。

（四）在并购安全审查过程中，申请人可向商务部申请修改交易方案或撤销并购交易。

（五）并购安全审查意见由商务部书面通知申请人。

（六）外国投资者并购境内企业行为对国家安全已经造成或可能造成重大影响的，联席会议应要求商务部会同有关部门终止当事人的交易，或采取转让相关股权、资产或其他有效措施，消除该并购行为对国家安全的影响。

五、其 他 规 定

（一）有关部门和单位要树立全局观念，增强责任意识，保守国家秘密和商业秘密，提高工作效率，在扩大对外开放和提高利用外资水平的同时，推动外资并购健康发展，切实维护国家安全。

（二）外国投资者并购境内企业涉及新增固定资产投资的，按国家固定资产投资管理规定办理项目核准。

（三）外国投资者并购境内企业涉及国有产权变更的，按国家国有资产管理的有关规定办理。

（四）外国投资者并购境内金融机构的安全审查另行规定。

（五）香港特别行政区、澳门特别行政区、台湾地区的投资者进行并购，参照本通知的规定执行。

（六）并购安全审查制度自本通知发布之日起30日后实施。

车船税法

第一条 在中华人民共和国境内属于本法所附《车船税税目税额表》规定的车辆、船舶（以下简称车船）的所有人或者管理人，为车船税的纳税人，应当依照本法缴纳车船税。

第二条 车船的适用税额依照本法所附《车船税税目税额表》执行。

车辆的具体适用税额由省、自治区、直辖市人民政府依照本法所附《车船税税目税额表》规定的税额幅度和国务院的规定确定。

船舶的具体适用税额由国务院在本法所附《车船税税目税额表》规定的税额幅度内确定。

第三条 下列车船免征车船税：

（一）捕捞、养殖渔船；

（二）军队、武装警察部队专用的车船；

（三）警用车船；

（四）依照法律规定应当予以免税的外国驻华使领馆、国际组织驻华代表机构及其有关人员的车船。

第四条 对节约能源、使用新能源的车船可以减征或者免征车船税；对受严重自然灾害影响纳税困难以及有其他特殊原因确需减税、免税的，可以减征或者免征车船税。具体办法由国务院规定，并报全国人民代表大会常务委员会备案。

第五条 省、自治区、直辖市人民政府根据当地实际情况，可以对公共交通车船，农村居民拥有并主要在农村地区使用的摩托车、三轮汽车和低速载货汽车定期减征或者免征车船税。

第六条 从事机动车第三者责任强制保险业务的保险机构为机动车车船税的扣缴义务人，应当在收取保险费时依法代收车船税，并出具代收税款凭证。

第七条 车船税的纳税地点为车船的登记地或者车船税扣缴义务人所在地。依法不需要办理登记的车船，车船税的纳税地点为车船的所有人或者管理人所在地。

第八条 车船税纳税义务发生时间为取得车船所有权或者管理权的当月。

第九条 车船税按年申报缴纳。具体申报纳税期限由省、自治区、直辖市人民政府规定。

第十条 公安、交通运输、农业、渔业等车船登记管理部门、船舶检验机构和车船税扣缴义务人的行业主管部门应当在提供车船有关信息等方面，协助税务机关加强车船税的征收管理。

车辆所有人或者管理人在申请办理车辆相关登记、定期检验手续时，应当向公安机关交通管理部门提交依法纳税或者免税证明。公安机关交通管理部门核查后办理相关手续。

第十一条 车船税的征收管理，依照本法和《中华人民共和国税收征收管理法》的规定执行。

第十二条 国务院根据本法制定实施条例。

第十三条 本法自2012年1月1日起施行。2006年12月29日国务院公布的《中华人民共和国车船税暂行条例》同时废止。

附表　　车船税税目税额表

税目		计税单位	年基准税额	备注
乘用车〔按发动机汽缸容量（排气量）分档〕	1.0升（含）以下的	每辆	60元至360元	核定载客人数9人（含）以下
	1.0升以上至1.6升（含）的		300元至540元	
	1.6升以上至2.0升（含）的		360元至660元	
	2.0升以上至2.5升（含）的		660元至1 200元	
	2.5升以上至3.0升（含）的		1 200元至2 400元	
	3.0升以上至4.0升（含）的		2 400元至3 600元	
	4.0升以上的		3 600元至5 400元	
商用车	客车	每辆	480元至1 440元	核定载客人数9人以上，包括电车
	货车	整备质量每吨	16元至120元	包括半挂牵引车、三轮汽车和低速载货汽车等
挂车		整备质量每吨	按照货车税额的50%计算	
其他车辆	专用作业车	整备质量每吨	16元至120元	不包括拖拉机
	轮式专用机械车		16元至120元	
摩托车		每辆	36元至180元	
船舶	机动船舶	净吨位每吨	3元至6元	拖船、非机动驳船分别按照机动船舶税额的50%计算
	游艇	艇身长度每米	600元至2 000元	

商务部关于外商投资管理工作有关问题的通知

各省、自治区、直辖市、计划单列市及新疆建设兵团商务主管部门：

2010年，国务院发布了《关于第五批取消和调整行政审批项目的决定》（国发〔2010〕21号）和《关于进一步做好利用外资工作的若干意见》（国发〔2010〕9号），将部分外商投资审核管理权限下放到省级商务主管部门并取消了部分外商投资审批事项。为进一步做好有关工作，现通知如下：

一、关于取消行政审批事项的管理

（一）对于无专项规定要求的境内分公司设立和进口作为出资的设备清单，商务主管部门不再审批，外商投资企业可直接向有关部门办理手续。

（二）对于外商投资企业法定地址变更（跨审批机关管辖的除外）、名称变更和投资者名称变更，企业在办理工商注册变更登记手续后30日内，凭申请书、企业权力机构决议、合同/章程的修改协议、变更事项的证明文件、原外商投资企业批准证书及变更后的营业执照复印件等向商务主管部门备案。商务主管部门收到上述全部材料后，即为企业换发外商投资企业批准证书。

二、关于外商投资股份公司（上市公司）的管理

境内上市的外商投资股份公司批准证书应记载外国投资者及其股份，如外国投资者减持股份变动累计超过总股本的5%，需向商务主管部门申请办理批准证书变更。

三、关于外资并购的管理

交易额3亿美元以下的外资并购事项由省级商务主管部门负责审核，但《关于外国投资者并购境内企业的规定》（商务部令2009年第6号令）规定需由商务部审批的事项，不受上述限额限制，均由商务部负责审核管理。

四、关于国家鼓励发展的外资项目确认书的办理

根据外商投资企业审批权限的调整原则，投资总额3亿美元以下鼓励类外商投资企业项目确认书由省级商务主管部门按有关法律法规办理。

各地要严格按照《商务部关于办理外商投资企业〈国家鼓励发展的内外资项目确认书〉有关问题的通知》（商资发〔2006〕第201号）及相关法律法规出具确认书。商务部将加强督导和检查，对于未按规定及时备案或违规出具确认书的部门，责令其纠正或撤销；情节严重的，暂停其确认书出具资格。

五、关于境外投资者以人民币投资问题

为审慎监管，经商人民银行和国家外汇局，如有境外投资者申请以跨境贸易结算所得人民币及境外合法所得人民币来华投资（包括新设立企业、对现有企业增资、并购境内企业及提供贷款等），省级商务主管部门应先函报商务部（外资司），待商务部（外资司）复函同意后，方可办理相关手续，

并需在批件中明确出资货币形式和金额。

六、关于外商投资合伙企业境内投资

以投资为主要业务的外商投资合伙企业视同境外投资者，其境内投资应当遵守外商投资的法律、行政法规、规章。各级商务主管部门要按有关规定做好上述企业的审核管理，加强工商、外汇等部门的沟通与合作。

七、关于加强服务业领域外商投资的审核管理

各级商务主管部门要严格按照法律、法规及其他有关规定审核管理外商投资服务业审批事项。对于融资租赁、国际快递、广告、拍卖以及省、市、自治区范围内增值电信等涉及专项规定管理的行业，小额贷款、市场调查、信用评级、保安服务等敏感行业，以及创业投资、股权投资及管理等涉及大额资金流入的行业，省级商务主管部门要切实履行职能，严格审批，与同级行业主管部门密切配合，加强沟通，遇有问题及时向商务部（外资司）报告。

出版物市场管理规定

第一章 总 则

第一条 为规范出版物发行活动及其监督管理，建立全国统一、开放、竞争、有序的出版物市场体系，发展社会主义出版产业，根据《出版管理条例》和有关法律、行政法规，制定本规定。

第二条 本规定适用于出版物发行活动及其监督管理。

本规定所称出版物，是指图书、报纸、期刊、音像制品、电子出版物等。

本规定所称发行，包括总发行、批发、零售以及出租、展销等活动。

总发行是指由唯一供货商向其他出版物经营者销售出版物。

批发是指供货商向其他出版物经营者销售出版物。

零售是指经营者直接向消费者销售出版物。

出租是指经营者以收取租金的形式向读者提供出版物。

展销是指主办者在一定场所、时间内组织出版物经营者集中展览、销售、订购出版物。

第三条 国家对出版物发行依法实行许可制度，未经许可，任何单位和个人不得从事出版物发行活动。本规定另有规定的除外。

第四条 新闻出版总署负责全国出版物发行活动的监督管理，负责制定全国出版物发行业发展规划。

省、自治区、直辖市新闻出版行政部门负责本行政区域内出版物发行活动的监督管理，制定本省、自治区、直辖市出版物发行业发展规划。省级以下各级人民政府新闻出版行政部门负责本行政区域内出版物发行活动的监督管理。

制定出版物发行业发展规划须经科学论证，遵循合法公正、符合实际、促进发展的原则。

第五条 发行行业的社会团体按照其章程，在新闻出版行政部门的指导下，实行自律管理。

第二章 出版物发行单位设立

第六条 设立出版物总发行企业或者其他单位从事出版物总发行业务，应当具备下列条件：

（一）有确定的企业名称和经营范围；

（二）以出版物发行为主营业务；

（三）有与出版物总发行业务相适应的组织机构和发行人员，至少一名负责人应当具有高级以上出版物发行员职业资格或者新闻出版总署认可的与出版物发行专业相关的中级以上专业技术资格；

（四）有与出版物总发行业务相适应的设备和固定的经营场所，经营场所的营业面积不少于1 000平方米；

（五）注册资本不少于2 000万元；

（六）具备健全的管理制度并具有符合行业标准的信息管理系统；

（七）最近三年内未受到新闻出版行政部门行政处罚，无其他严重违法记录。

除出版物总发行企业依法设立的从事总发行业务的分公司外，总发行单位应为公司制法人。

第七条 申请设立出版物总发行企业或者其他单位申请从事出版物总发行业务，须向所在地省、自治区、直辖市新闻出版行政部门提交申请材料，经其审核后，报新闻出版总署审批。

新闻出版总署应当自受理申请之日起60个工作日内作出批准或者不予批准的决定，并书面告知申请人。批准的，由新闻出版总署颁发《出版物经营许可证》，申请人持《出版物经营许可证》到工商行政管理部门依法办理相关手续；不予批准的，应当书面说明理由。

申请材料包括下列书面材料：

（一）申请书，载明单位基本情况及申请事项；

（二）组织机构和章程；

（三）注册资本信用证明；

（四）经营场所的情况和使用权证明；

（五）法定代表人及主要负责人的身份证明；

（六）负责人的发行员职业资格证书或其他专业技术资格证明材料；

（七）企业信息管理系统情况的证明材料；

（八）其他需要的证明材料。

第八条 设立出版物批发企业或者其他单位从事出版物批发业务，应当具备下列条件：

（一）有确定的企业名称和经营范围；

（二）有与出版物批发业务相适应的组织机构和发行人员，至少一名负责人应当具有中级以上出版物发行员职业资格或者新闻出版总署认可的与出版物发行专业相关的中级以上专业技术资格；

（三）有与出版物批发业务相适应的设备和固定的经营场所，其中进入出版物批发市场的单店营业面积不少于50平方米，独立设置经营场所的营业面积不少于200平方米；

（四）注册资本不少于500万元；

（五）具备健全的管理制度并具有符合行业标准的信息管理系统；

（六）最近三年内未受到新闻出版行政部门行政处罚，无其他严重违法记录。

除出版物发行企业依法设立的从事批发业务的分公司外，批发单位应为公司制法人。

第九条 申请设立出版物批发企业或者其他单位申请从事出版物批发业务，须向所在地地市级新闻出版行政部门提交申请材料，经审核后报省、自治区、直辖市新闻出版行政部门审批。

省、自治区、直辖市新闻出版行政部门自受理申请之日起20个工作日内作出批准或者不予批准的决定，并书面告知申请人。批准的，由省、自治区、直辖市新闻出版行政部门颁发《出版物经营许可证》，并报新闻出版总署备案。申请人持《出版物经营许可证》到工商行政管理部门依法办理相关手续。不予批准的，应当书面说明理由。

申请材料包括下列书面材料：

（一）申请书，载明单位基本情况及申请事项；

（二）企业章程；

（三）注册资本信用证明；

（四）经营场所的情况及使用权证明；

（五）法定代表人及主要负责人的身份证明；

（六）负责人的发行员职业资格证书或其他专业技术资格证明材料；

（七）企业信息管理系统情况的证明材料；

（八）其他需要的证明材料。

第十条 设立出版物零售企业或者其他单位、个人从事出版物零售业务，应当具备下列条件：

（一）有确定的名称和经营范围；

（二）至少一名负责人应当具有初级以上出版物发行员职业资格或者新闻出版总署认可的与出版物发行专业相关的初级以上专业技术资格；

（三）有固定的经营场所。

第十一条 申请设立出版物零售企业或者其他单位、个人申请从事出版物零售业务，须向所在地县级人民政府新闻出版行政部门提交申请材料。

县级新闻出版行政部门应当自受理申请之日起20个工作日内作出批准或者不予批准的决定，并书面告知申请人。批准的，由县级人民政府新闻出版行政部门颁发《出版物经营许可证》，并同时报上一级新闻出版行政部门备案，其中营业面积在5 000平方米以上的应同时报省、自治区、直辖市新闻出版行政部门备案。申请人持《出版物经营许可证》到工商行政管理部门依法办理相关手续。不予批准的，应当书面说明理由。

申请材料包括下列书面材料：

（一）申请书，载明单位基本情况及申请事项；

（二）经营场所的使用权证明；

（三）经营者的身份证明和发行员职业资格证书或其他专业技术资格证明材料。

第十二条 设立出版物出租企业或者其他单位、个人从事出版物出租业务，应当于取得营业执照后15日内持营业执照复印件及经营地址、法定代表人或者主要负责人情况等材料到当地县级人民政府新闻出版行政部门备案。

第十三条 设立出版物连锁经营企业或者其他连锁经营企业从事出版物连锁经营业务，应当具备下列条件：

（一）有确定的企业名称和经营范围；

（二）符合连锁经营的组织形式和经营方式；

（三）注册资本不少于300万元，其中从事全国性连锁经营的不少于1 000万元；

（四）有10个以上的直营连锁门店；

（五）有与出版物连锁业务相适应的组织机构

和发行人员，至少一名负责人应当具有中级以上出版物发行员职业资格或者新闻出版总署认可的与出版物发行专业相关的中级以上专业技术资格；

（六）有与出版物连锁业务相适应的设备和固定的经营场所，其中样本店的经营面积不少于500平方米；

（七）具备健全的管理制度并具有符合行业标准的信息管理系统；

（八）最近三年内未受到新闻出版行政部门行政处罚，无其他严重违法记录。

第十四条 申请设立出版物连锁经营企业或者其他连锁经营企业申请从事出版物连锁经营业务，须向总部所在地地市级新闻出版行政部门提交申请材料。经审核后报省、自治区、直辖市新闻出版行政部门审批；省、自治区、直辖市新闻出版行政部门自受理申请之日起20个工作日内作出批准或者不予批准的决定，并书面告知申请人。批准的，由省、自治区、直辖市新闻出版行政部门颁发《出版物经营许可证》，并报新闻出版总署备案；不予批准的，应当书面说明理由。申请设立全国性出版物连锁经营企业或者其他连锁经营企业申请从事全国性出版物连锁经营业务，须向总部所在地省、自治区、直辖市新闻出版行政部门提交申请材料，经审核后报新闻出版总署审批。新闻出版总署应当自受理申请之日起60个工作日内作出批准或者不予批准的决定，并书面告知申请人。批准的，由新闻出版总署颁发《出版物经营许可证》。申请人持《出版物经营许可证》到工商行政管理部门依法办理相关手续。不予批准的，应当书面说明理由。申请材料包括下列书面材料：

（一）申请书，载明企业基本情况、申请事项等；

（二）组织机构和章程；

（三）注册资本信用证明；

（四）总部和连锁门店经营场所名单及使用权证明；

（五）法定代表人及主要负责人的身份证明；

（六）负责人的发行员职业资格证书或其他专业技术资格证明材料；

（七）企业信息管理系统使用情况证明材料；

（八）其他需要的证明材料。

第十五条 出版物连锁经营企业设立直营连锁门店不需单独办理《出版物经营许可证》，可以凭出版物连锁经营企业总部的《出版物经营许可证》复印件到门店所在地县级人民政府新闻出版行政部门备案后，到工商行政管理部门依法领取非法人的营业执照。

出版物连锁经营企业开设非直营连锁门店，连锁门店须按照本规定第十条、第十一条的有关规定办理审批手续，已具有《出版物经营许可证》的除外。

第十六条 国家允许设立从事图书、报纸、期刊、电子出版物发行活动的中外合资经营企业、中外合作经营企业和外资企业，允许设立从事音像制品发行活动的中外合作经营企业；其中，从事图书、报纸、期刊连锁经营业务，连锁门店超过30家的，不允许外资控股；外国投资者不得以变相参股方式违反上述有关30家连锁门店的限制。

设立外商投资出版物总发行、批发、零售、连锁经营企业应具备的条件及新闻出版行政部门的审批程序按照本规定第六条至第十五条的有关规定执行；申请人获得新闻出版行政部门批准文件后，还须按照有关法律、法规向商务主管部门提出申请，办理外商投资审批手续，并于获得批准后90天内持批准文件和《外商投资企业批准证书》到原批准的新闻出版行政部门领取《出版物经营许可证》。申请人持《出版物经营许可证》和《外商投资企业批准证书》向所在地工商行政管理部门依法领取营业执照。

第十七条 通过互联网等信息网络从事出版物发行业务的单位或者个人，应当依照本规定取得《出版物经营许可证》，外商投资企业还应按照相关规定办理外商投资审批手续。

已经取得《出版物经营许可证》的出版物发行单位在批准的经营范围内通过互联网等信息网络从事出版物发行业务，应自开展网络出版物发行业务15日内到原批准的新闻出版行政部门备案。

第十八条 申请设立从事出版物发行的书友会、读者俱乐部或者其他类似组织，按照本规定第十条、第十一条的规定办理。出版物发行企业可以设立不具备法人资格的书友会、读者俱乐部或者其他类似组织，无需审批，但应于设立后15日内持相关材料到原批准的新闻出版行政部门备案。

第十九条 出版物发行单位可在原批准的新闻

出版行政部门所辖行政区域一定地点及时间内，设立临时零售点开展其业务范围内的出版物销售活动，但须提前到设点所在地县级新闻出版行政部门履行备案手续，并须遵守所在地其他有关管理规定。

第二十条　出版物总发行单位可以从事出版物批发、零售业务；出版物批发单位可以从事出版物零售业务。

出版物发行单位设立不具备法人资格的发行分支机构，根据拟设分支机构的业务范围，分别按照设立出版物总发行、批发、零售单位的有关规定办理审批手续。

出版单位设立发行本版出版物的不具备法人资格的发行分支机构，出版单位须持《出版物经营许可证》复印件及分支机构设立地址、人员情况等相关材料于分支机构设立后15日内到分支机构所在地省、自治区、直辖市新闻出版行政部门备案。

第二十一条　从事出版物发行业务的单位和个人变更《出版物经营许可证》登记事项，或者兼并、合并、分立的，应当依照本办法到原批准的新闻出版行政部门办理审批手续，并持批准文件到工商行政管理部门办理相应的登记手续，外商投资企业还应按照相关规定办理外商投资审批手续。

从事出版物发行业务的单位和个人终止经营活动的，应当到工商行政管理部门办理注销登记，并向原批准的新闻出版行政部门备案。

第三章　出版物发行活动管理

第二十二条　任何组织和个人不得发行下列出版物：

（一）含有《出版管理条例》禁止内容的违禁出版物；

（二）各种非法出版物，包括：未经批准擅自出版、印刷或者复制的出版物，伪造、假冒出版单位或者报刊名称出版的出版物，非法进口的出版物；

（三）侵犯他人著作权或者专有出版权的出版物；

（四）新闻出版行政部门明令禁止出版、印刷或者复制、发行的出版物。

第二十三条　内部发行的出版物不得公开宣传、陈列、展示、销售。

内部资料性出版物只能在本系统、本行业或者本单位内部免费分发，任何组织和个人不得发行。

第二十四条　从事出版物发行业务的单位和个人在发行活动中应当遵循公平、合法、诚实守信的原则，依法订立供销合同，不得损害消费者的合法权益。

从事出版物发行业务的单位和个人，必须遵守下列规定：

（一）从依法设立的出版发行单位进货；发行进口出版物的，须从依法设立的出版物进口经营单位进货；

（二）将出版物发行进销货清单等有关非财务票据至少保存两年，以备查验；

（三）不得超出新闻出版行政部门核准的经营范围经营；

（四）不得张贴和散发有法律、法规禁止内容的或者有欺诈性文字的征订单、广告和宣传画；

（五）不得擅自更改出版物版权页；

（六）《出版物经营许可证》应在经营场所明显处张挂；利用信息网络从事出版物发行业务的，应在其网站主页面或者从事经营活动的网页醒目位置公开《出版物经营许可证》和营业执照登载的有关信息或链接标识；

（七）不得涂改、变造、出租、出借、出售或者以其他任何形式转让《出版物经营许可证》和批准文件。

第二十五条　出版物发行单位应当建立职业培训制度，按照《中华人民共和国劳动法》和国家确定的职业分类以及出版物发行员职业技能标准，组织本单位从业人员参加经过国家劳动行政部门批准的考核鉴定机构所实施的职业技能鉴定考核。

第二十六条　出版单位对本版出版物具有总发行权。

出版单位不得向无出版物总发行权的单位转让或者变相转让出版物总发行权，不得委托无出版物批发权的单位批发出版物或者代理出版物批发业务，不得委托非出版物发行单位发行出版物。

第二十七条　建立发行出版物的网络交易平台

应向所在地省、自治区、直辖市新闻出版行政部门备案，接受新闻出版行政部门的指导与监督管理。

提供出版物发行网络交易平台服务的经营者，应当对申请通过网络交易平台从事出版物发行的经营主体身份进行审查，核实经营主体的营业执照、《出版物经营许可证》，并留存证照复印件备查。不得向无证无照、证照不齐的经营者提供网络交易平台服务。

提供出版物发行网络交易平台服务的经营者，发现在网络交易平台内从事各类违法活动的，应当采取有效措施予以制止，并及时向所在地新闻出版行政部门报告。

第二十八条 省、自治区、直辖市新闻出版行政部门和全国性出版、发行行业协会，可以申请主办全国性的出版物展销活动，并须提前6个月报新闻出版总署审批。

全国性出版、发行行业协会可以主办跨省专业性出版物展销活动；市、县级新闻出版行政部门和省级出版、发行协会可以主办地方性的出版物展销活动；主办单位须提前2个月报所在地省、自治区、直辖市新闻出版行政部门备案。

第二十九条 中学小学教科书发行单位应当具有适应教科书发行业务需要的资金、组织机构和人员等条件，并取得新闻出版总署批准的教科书发行资质。纳入政府采购范围的中学小学教科书，其发行单位还须按照《中华人民共和国政府采购法》的有关规定确定。其他任何单位或者个人不得从事中学小学教科书的发行业务。

中小学教科书发行管理办法由新闻出版总署另行制定。

第三十条 任何单位和个人不得从事本规定第二十二条所列出版物的征订、储存、运输、邮寄、投递、散发、附送等活动。

从事出版物储存、运输、投递活动，应当接受新闻出版行政部门的监督检查。

第三十一条 从事出版物发行业务的单位和个人应当按照新闻出版行政部门的规定接受年度核验，并按照《中华人民共和国统计法》、《新闻出版统计管理办法》及有关规定如实报送统计资料，不得以任何借口拒报、迟报、虚报、瞒报以及伪造和篡改统计资料。出版物发行单位不再具备行政许可的法定条件的，由新闻出版行政部门责令限期改正；逾期仍未改正的，由原发证机关撤销《出版物经营许可证》。

第四章 罚 则

第三十二条 未经批准，擅自设立出版物发行单位，或者擅自从事出版物发行业务的，依照《出版管理条例》第六十一条处罚。

未经批准擅自设立发行分支机构、出版物批发市场，擅自主办全国性出版物展销活动或者不符合本条例规定的主办单位擅自主办地方性或者跨省专业性出版物展销活动的，按照前款处罚。

第三十三条 发行违禁出版物的，依照《出版管理条例》第六十二条处罚。

发行新闻出版总署禁止进口的出版物，或者发行进口出版物未从依法批准的出版物进口经营单位进货的，依照《出版管理条例》第六十三条处罚。

发行其他非法出版物和新闻出版行政部门明令禁止出版、印刷或者复制、发行的出版物的，依照《出版管理条例》第六十五条处罚。

发行违禁出版物或者非法出版物的，当事人对其来源作出说明、指认，经查证属实的，没收出版物和非法所得，可以减轻或免除其他行政处罚。

第三十四条 违反本规定发行侵犯他人著作权或者专有出版权的出版物的，依照《中华人民共和国著作权法》和《中华人民共和国著作权法实施条例》的规定处罚。

第三十五条 发行未经依法审定的中学小学教科书，或者未经法定方式确定的单位从事中学小学教科书的发行业务的，依照《出版管理条例》第六十五条处罚。

第三十六条 出版物发行单位未依照规定办理变更审批手续的，按照《出版管理条例》第六十七条处罚。

第三十七条 单位违反本规定被吊销《出版物经营许可证》的，由原发证单位吊销其法定代表人或者主要负责人及直接责任人的出版物发行员职业资格证书；其法定代表人或者主要负责人自许可证被吊销之日起10年内不得担任发行单位的法定代表人或者主要负责人。

第三十八条 违反本规定，有下列行为之一的，由新闻出版行政部门责令停止违法行为，予以警告，并处3万元以下罚款：

（一）未能提供近两年的出版物发行进销货清单等有关非财务票据的；

（二）超出新闻出版行政部门核准的经营范围经营的；

（三）张贴和散发有法律、法规禁止内容的或者有欺诈性文字的征订单、广告和宣传画的；

（四）擅自更改出版物版权页的；

（五）《出版物经营许可证》未在经营场所明显处张挂或未在网页醒目位置公开《出版物经营许可证》和营业执照登载的有关信息或链接标识的；

（六）出售、出借、出租、转让或擅自涂改、变造《出版物经营许可证》的；

（七）发行内部资料性出版物的，或公开宣传、陈列、销售规定应由内部发行的出版物的；

（八）向无总发行权的单位转让或者变相转让出版物总发行权，委托无出版物批发权的单位批发出版物或代理出版物批发业务，委托非出版物发行单位发行出版物的；

（九）提供出版物网络交易平台服务的经营者未按本规定履行有关审查及管理责任的；

（十）应按本规定进行备案而未备案的；

（十一）不按规定接受年度核检的。

第三十九条 征订、储存、运输、邮寄、投递、散发、附送本规定第二十二条所列出版物的，按照本规定第三十三条进行处罚。

第四十条 违反本规定第三十一条未报送统计数据的，按照新闻出版总署《新闻出版统计管理办法》处理。

第五章 附 则

第四十一条 香港特别行政区、澳门特别行政区、台湾地区的投资者在其他省、自治区、直辖市设立出版物发行企业，按照本规定第十六条办理，并作如下补充规定：

（一）允许香港、澳门服务提供者在内地以独资、合资形式提供音像制品（含后电影产品）的发行服务；

（二）对于同一香港、澳门服务提供者在内地从事图书、报纸、期刊连锁经营，允许其控股，但出资比例不得超过65%；

（三）香港、澳门服务提供者应分别符合《内地与香港关于建立更紧密经贸关系的安排》及《内地与澳门关于建立更紧密经贸关系的安排》中关于“服务提供者”定义及相关规定的要求，取得香港、澳门服务提供者证明书。

第四十二条 除已依法设立的出版物批发市场外，各省、自治区、直辖市不得再设立或者变相设立出版物批发市场；进入出版物批发市场的经营单位在出版物销售前，须将出版物样本报送批发市场管理机构审验，报送审验的出版物样本必须与所销售的出版物一致。

第四十三条 本规定所称全国性连锁经营，是指跨省、自治区、直辖市连锁经营。

第四十四条 《出版物经营许可证》正、副本的样式由新闻出版总署规定，由新闻出版总署或者省、自治区、直辖市新闻出版行政部门统一印制。

第四十五条 本规定自公布之日起施行，此前新闻出版总署和有关部门颁布的《出版物市场管理规定》、《音像制品批发、零售、出租管理办法》、《外商投资图书、报纸、期刊分销企业管理办法》和《中外合作音像制品分销企业管理办法》及有关补充规定同时废止，本规定施行前与本规定不一致的其他规定不再执行。

订户订购进口出版物管理办法

第一条 为了满足国内单位和个人、在华外国机构、外商投资企业外籍人士和港、澳、台人士对进口出版物的阅读需求，加强对进口出版物的管理，根据《出版管理条例》和有关法律、法规，制定本办法。

第二条 在中国境内订户订购进口出版物适用本办法。

本办法所称进口出版物，是指由出版物进口经营单位进口的，在外国以及在中国香港特别行政区、澳门特别行政区和台湾地区出版的图书、报纸（含过期报纸）、期刊（含过期期刊）、电子出版物等。

本办法所称出版物进口经营单位，是指依照《出版管理条例》设立的从事出版物进口业务的单位。

本办法所称订户，是指通过出版物进口经营单位订购进口出版物的国内单位和个人、在华外国机构、外商投资企业和在华长期工作、学习、生活的外籍人士以及港、澳、台人士。

本办法所称订购，是指订户为满足本单位或者本人的阅读需求，向出版物进口经营单位预订购买进口出版物。

第三条 进口出版物分为限定发行范围的和非限定发行范围的两类，国家对其发行实行分类管理。

进口限定发行范围的报纸、期刊、图书、电子出版物等实行订户订购、分类供应的发行方式；非限定发行范围的进口报纸、期刊实行自愿订户订购和市场销售相结合的发行方式；非限定发行范围的进口图书、电子出版物等实行市场销售的发行方式。

限定发行范围的进口报纸、期刊、图书、电子出版物的种类由新闻出版总署确定。

第四条 订户订购进口出版物由出版物进口经营单位经营。其中，订户订购限定发行范围的进口报纸、期刊、图书、电子出版物的业务，须由新闻出版总署指定的出版物进口经营单位经营。

未经新闻出版总署批准，任何单位和个人不得从事订户订购进口出版物的经营活动。

出版物进口经营单位委托非出版物进口经营单位代理征订或者代理配送进口出版物，须事先报新闻出版总署同意。

第五条 国内单位订户订购非限定发行范围的进口报纸、期刊，持单位订购申请书，直接到新闻出版总署批准的报纸、期刊进口经营单位办理订购手续。国内个人订户应通过所在单位办理订购手续。

第六条 可以订购限定发行范围的进口报纸、期刊、图书和电子出版物的国内单位订户由新闻出版总署确定。

第七条 国内单位订户订购限定发行范围的进口报纸、期刊、图书、电子出版物等，中央单位订户由所属中央各部委审批；地方单位订户经所在地省、自治区、直辖市新闻出版行政部门审核后报送同级党委宣传部审批。获得批准的订户持单位订购申请书和有关批准文件，到新闻出版总署指定的出版物进口经营单位办理订购手续。

国内单位订户订购限定发行范围的进口报纸、期刊、图书、电子出版物等，应制定相应的使用管理办法。

第八条 在华外国机构、外商投资企业和在华长期工作、学习、生活的外籍人士和港、澳、台人士订购进口报纸、期刊，应持单位订购申请书或者本人身份证明，到新闻出版总署批准或者指定的报纸、期刊进口经营单位办理订购手续。

第九条 出版物进口经营单位负责对订购限定发行范围的进口报纸、期刊、图书、电子出版物的订户进行审核，并将审核后的订户名单、拟订购进口报纸、期刊、图书、电子出版物的品种和数量报送新闻出版总署批准。出版物进口经营单位依照批准后的订户名单及进口报纸、期刊、图书、电子出版物的品种和数量供应订户。

第十条 未经批准，擅自从事进口出版物的订户订购业务，按照《出版管理条例》第六十一条处罚。

违反本办法其他规定的，由新闻出版行政部门责令改正，给予警告；情节严重的，并处3万元以下的罚款。

第十一条 本办法自公布之日起施行。新闻出版总署2004年12月31日颁布的《订户订购进口出版物管理办法》同时废止。

音像制品管理条例

（2001年12月25日中华人民共和国国务院令第341号公布
根据2011年3月19日《国务院关于修改〈音像制品管理条例〉的决定》修订）

第一章 总 则

第一条 为了加强音像制品的管理，促进音像业的健康发展和繁荣，丰富人民群众的文化生活，促进社会主义物质文明和精神文明建设，制定本条例。

第二条 本条例适用于录有内容的录音带、录像带、唱片、激光唱盘和激光视盘等音像制品的出版、制作、复制、进口、批发、零售、出租等活动。

音像制品用于广播电视播放的，适用广播电视法律、行政法规。

第三条 出版、制作、复制、进口、批发、零售、出租音像制品，应当遵守宪法和有关法律、法规，坚持为人民服务和为社会主义服务的方向，传播有益于经济发展和社会进步的思想、道德、科学技术和文化知识。

音像制品禁止载有下列内容：

（一）反对宪法确定的基本原则的；

（二）危害国家统一、主权和领土完整的；

（三）泄露国家秘密、危害国家安全或者损害国家荣誉和利益的；

（四）煽动民族仇恨、民族歧视，破坏民族团结，或者侵害民族风俗、习惯的；

（五）宣扬邪教、迷信的；

（六）扰乱社会秩序，破坏社会稳定的；

（七）宣扬淫秽、赌博、暴力或者教唆犯罪的；

（八）侮辱或者诽谤他人，侵害他人合法权益的；

（九）危害社会公德或者民族优秀文化传统的；

（十）有法律、行政法规和国家规定禁止的其他内容的。

第四条 国务院出版行政主管部门负责全国音像制品的出版、制作、复制、进口、批发、零售和出租的监督管理工作；国务院其他有关行政部门按照国务院规定的职责分工，负责有关的音像制品经营活动的监督管理工作。

县级以上地方人民政府负责出版管理的行政主管部门（以下简称出版行政主管部门）负责本行政区域内音像制品的出版、制作、复制、进口、批发、零售和出租的监督管理工作；县级以上地方人民政府其他有关行政部门在各自的职责范围内负责有关的音像制品经营活动的监督管理工作。

第五条 国家对出版、制作、复制、进口、批发、零售音像制品，实行许可制度；未经许可，任何单位和个人不得从事音像制品的出版、制作、复制、进口、批发、零售等活动。

依照本条例发放的许可证和批准文件，不得出租、出借、出售或者以其他任何形式转让。

第六条 国务院出版行政主管部门负责制定音像业的发展规划，确定全国音像出版单位、音像复制单位的总量、布局和结构。

第七条 音像制品经营活动的监督管理部门及其工作人员不得从事或者变相从事音像制品经营活动，并不得参与或者变相参与音像制品经营单位的经营活动。

第二章 出 版

第八条 设立音像出版单位,应当具备下列条件：

（一）有音像出版单位的名称、章程；

（二）有符合国务院出版行政主管部门认定的主办单位及其主管机关；

（三）有确定的业务范围；

（四）有适应业务范围需要的组织机构和符合国家规定的资格条件的音像出版专业人员；

（五）有适应业务范围需要的资金、设备和工作场所；

（六）法律、行政法规规定的其他条件。

审批设立音像出版单位，除依照前款所列条件外，还应当符合音像出版单位总量、布局和结构的规划。

第九条 申请设立音像出版单位，由所在地省、自治区、直辖市人民政府出版行政主管部门审核同意后，报国务院出版行政主管部门审批。国务院出版行政主管部门应当自受理申请之日起60日内作出批准或者不批准的决定，并通知申请人。批准的，发给《音像制品出版许可证》，由申请人持《音像制品出版许可证》到工商行政管理部门登记，依法领取营业执照；不批准的，应当说明理由。

申请书应当载明下列内容：

（一）音像出版单位的名称、地址；

（二）音像出版单位的主办单位及其主管机关的名称、地址；

（三）音像出版单位的法定代表人或者主要负责人的姓名、住址、资格证明文件；

（四）音像出版单位的资金来源和数额。

第十条 音像出版单位变更名称、主办单位或者其主管机关、业务范围，或者兼并其他音像出版单位，或者因合并、分立而设立新的音像出版单位的，应当依照本条例第九条的规定办理审批手续，并到原登记的工商行政管理部门办理相应的登记手续。

音像出版单位变更地址、法定代表人或者主要负责人，或者终止出版经营活动的，应当到原登记的工商行政管理部门办理变更登记或者注销登记，并向国务院出版行政主管部门备案。

第十一条 音像出版单位的年度出版计划和涉及国家安全、社会安定等方面的重大选题，应当经所在地省、自治区、直辖市人民政府出版行政主管部门审核后报国务院出版行政主管部门备案；重大选题音像制品未在出版前报备案的，不得出版。

第十二条 音像出版单位应当在其出版的音像制品及其包装的明显位置，标明出版单位的名称、地址和音像制品的版号、出版时间、著作权人等事项；出版进口的音像制品，还应当标明进口批准文号。

音像出版单位应当按照国家有关规定向国家图书馆、中国版本图书馆和国务院出版行政主管部门免费送交样本。

第十三条 音像出版单位不得向任何单位或者个人出租、出借、出售或者以其他任何形式转让本单位的名称，不得向任何单位或者个人出售或者以其他形式转让本单位的版号。

第十四条 任何单位和个人不得以购买、租用、借用、擅自使用音像出版单位的名称或者购买、伪造版号等形式从事音像制品出版活动。

图书出版社、报社、期刊社、电子出版物出版社，不得出版非配合本版出版物的音像制品；但是，可以按照国务院出版行政主管部门的规定，出版配合本版出版物的音像制品，并参照音像出版单位享有权利、承担义务。

第十五条 音像出版单位可以与香港特别行政区、澳门特别行政区、台湾地区或者外国的组织、个人合作制作音像制品。具体办法由国务院出版行政主管部门制定。

第十六条 音像出版单位实行编辑责任制度，保证音像制品的内容符合本条例的规定。

第十七条 音像出版单位以外的单位申请设立独立从事音像制品的制作业务的单位（以下简称音像制作单位），由所在地省、自治区、直辖市人民政府出版行政主管部门审批。省、自治区、直辖市人民政府出版行政主管部门应当自受理申请之日起60日内作出批准或者不批准的决定，并通知申请人。批准的，发给《音像制品制作许可证》，由申请人持《音像制品制作许可证》到工商行政管理部门登记，依法领取营业执照；不批准的，应当说明理由。广播、电视节目制作经营单位的设立，依照有关法律、行政法规的规定办理。

申请书应当载明下列内容：

（一）音像制作单位的名称、地址；

（二）音像制作单位的法定代表人或者主要负责人的姓名、住址、资格证明文件；

（三）音像制作单位的资金来源和数额。

审批设立音像制作单位，除依照前款所列条件外，还应当兼顾音像制作单位总量、布局和结构。

第十八条　音像制作单位变更名称、业务范围，或者兼并其他音像制作单位，或者因合并、分立而设立新的音像制作单位的，应当依照本条例第十七条的规定办理审批手续，并到原登记的工商行政管理部门办理相应的登记手续。

音像制作单位变更地址、法定代表人或者主要负责人，或者终止制作经营活动的，应当到原登记的工商行政管理部门办理变更登记或者注销登记，并向省、自治区、直辖市人民政府出版行政主管部门备案。

第十九条　音像出版单位不得委托未取得《音像制品制作许可证》的单位制作音像制品。

音像制作单位接受委托制作音像制品的，应当按照国家有关规定，与委托的出版单位订立制作委托合同；验证委托的出版单位的《音像制品出版许可证》或者本版出版物的证明及由委托的出版单位盖章的音像制品制作委托书。

音像制作单位不得出版、复制、批发、零售音像制品。

第三章　复　制

第二十条　设立音像复制单位应当具备下列条件：

（一）有音像复制单位的名称、章程；

（二）有确定的业务范围；

（三）有适应业务范围需要的组织机构和人员；

（四）有适应业务范围需要的资金、设备和复制场所；

（五）法律、行政法规规定的其他条件。

审批设立音像复制单位，除依照前款所列条件外，还应当符合音像复制单位总量、布局和结构的规划。

第二十一条　申请设立音像复制单位，由所在地省、自治区、直辖市人民政府出版行政主管部门审核同意后，报国务院出版行政主管部门审批。国务院出版行政主管部门应当自受理申请之日起60日内作出批准或者不批准的决定，并通知申请人。批准的，发给《复制经营许可证》，由申请人持《复制经营许可证》到工商行政管理部门登记，依法领取营业执照；不批准的，应当说明理由。

申请书应当载明下列内容：

（一）音像复制单位的名称、地址；

（二）音像复制单位的法定代表人或者主要负责人的姓名、住址；

（三）音像复制单位的资金来源和数额。

第二十二条　音像复制单位变更业务范围，或者兼并其他音像复制单位，或者因合并、分立而设立新的音像复制单位的，应当依照本条例第二十一条的规定办理审批手续，并到工商行政管理部门办理相应的登记手续。

音像复制单位变更名称、地址、法定代表人或者主要负责人，或者终止复制经营活动的，应当到原登记的工商行政管理部门办理变更登记或者注销登记，并向国务院出版行政主管部门备案。

第二十三条　音像复制单位接受委托复制音像制品的，应当按照国家有关规定，与委托的出版单位订立复制委托合同；验证委托的出版单位的《音像制品出版许可证》、营业执照副本、盖章的音像制品复制委托书以及出版单位取得的授权书；接受委托复制的音像制品属于非卖品的，应当验证委托单位的身份证明和委托单位出具的音像制品非卖品复制委托书。

音像复制单位应当自完成音像制品复制之日起2年内，保存委托合同和所复制的音像制品的样本以及验证的有关证明文件的副本，以备查验。

第二十四条　音像复制单位不得接受非音像出版单位或者个人的委托复制经营性的音像制品；不得自行复制音像制品；不得批发、零售音像制品。

第二十五条　从事光盘复制的音像复制单位复制光盘，必须使用蚀刻有国务院出版行政主管部门核发的激光数码储存片来源识别码的注塑模具。

第二十六条　音像复制单位接受委托复制境外音像制品的，应当经省、自治区、直辖市人民政府出版行政主管部门批准，并持著作权人的授权书依法到著作权行政管理部门登记；复制的音像制品应当全部运输出境，不得在境内发行。

第四章 进 口

第二十七条 音像制品成品进口业务由国务院出版行政主管部门批准的音像制品成品进口经营单位经营；未经批准，任何单位或者个人不得经营音像制品成品进口业务。

第二十八条 进口用于出版的音像制品，以及进口用于批发、零售、出租等的音像制品成品，应当报国务院出版行政主管部门进行内容审查。

国务院出版行政主管部门应当自收到音像制品内容审查申请书之日起 30 日内作出批准或者不批准的决定，并通知申请人。批准的，发给批准文件；不批准的，应当说明理由。

进口用于出版的音像制品的单位、音像制品成品进口经营单位应当持国务院出版行政主管部门的批准文件到海关办理进口手续。

第二十九条 进口用于出版的音像制品，其著作权事项应当向国务院著作权行政管理部门登记。

第三十条 进口供研究、教学参考的音像制品，应当委托音像制品成品进口经营单位依照本条例第二十八条的规定办理。

进口用于展览、展示的音像制品，经国务院出版行政主管部门批准后，到海关办理临时进口手续。

依照本条规定进口的音像制品，不得进行经营性复制、批发、零售、出租和放映。

第五章 批发、零售和出租

第三十一条 设立音像制品批发、零售单位，应当具备下列条件：

（一）有音像制品批发、零售单位的名称、章程；

（二）有确定的业务范围；

（三）有适应业务范围需要的组织机构和人员；

（四）有适应业务范围需要的资金和场所；

（五）法律、行政法规规定的其他条件。

第三十二条 申请设立音像制品批发单位，应当报所在地省、自治区、直辖市人民政府出版行政主管部门审批。申请从事音像制品零售业务，应当报县级地方人民政府出版行政主管部门审批。出版行政主管部门应当自受理申请书之日起 30 日内作出批准或者不批准的决定，并通知申请人。批准的，应当发给《出版物经营许可证》，由申请人持《出版物经营许可证》到工商行政管理部门登记，依法领取营业执照；不批准的，应当说明理由。

《出版物经营许可证》应当注明音像制品经营活动的种类。

第三十三条 音像制品批发、零售单位变更名称、业务范围，或者兼并其他音像制品批发、零售单位，或者因合并、分立而设立新的音像制品批发、零售单位的，应当依照本条例第三十二条的规定办理审批手续，并到原登记的工商行政管理部门办理相应的登记手续。

音像制品批发、零售单位变更地址、法定代表人或者主要负责人或者终止经营活动，从事音像制品零售经营活动的个体工商户变更业务范围、地址或者终止经营活动的，应当到原登记的工商行政管理部门办理变更登记或者注销登记，并向原批准的出版行政主管部门备案。

第三十四条 音像出版单位可以按照国家有关规定，批发、零售本单位出版的音像制品。从事非本单位出版的音像制品的批发、零售业务的，应当依照本条例第三十二条的规定办理审批手续，并到原登记的工商行政管理部门办理登记手续。

第三十五条 国家允许设立从事音像制品发行业务的中外合作经营企业。

第三十六条 音像制品批发单位和从事音像制品零售、出租等业务的单位或者个体工商户，不得经营非音像出版单位出版的音像制品或者非音像复制单位复制的音像制品，不得经营未经国务院出版行政主管部门批准进口的音像制品，不得经营侵犯他人著作权的音像制品。

第六章 罚 则

第三十七条 出版行政主管部门或者其他有关行政部门及其工作人员，利用职务上的便利收受他人财物或者其他好处，批准不符合法定设立条件的音像制品出版、制作、复制、进口、批发、零售单位，或者不履行监督职责，或者发现违法行为不予查处，造成严重后果的，对负有责任的主管人员和其他直接责任人员依法给予降级直至开除的处分；构成犯罪的，依照刑法关于受贿罪、滥用职权罪、玩忽职守罪或者其他罪的规定，依法追究刑事责任。

第三十八条 音像制品经营活动的监督管理部门的工作人员从事或者变相从事音像制品经营活动的，参与或者变相参与音像制品经营单位的经营活动的，依法给予撤职或者开除的处分。

音像制品经营活动的监督管理部门有前款所列行为的，对负有责任的主管人员和其他直接责任人员依照前款规定处罚。

第三十九条 未经批准，擅自设立音像制品出版、制作、复制、进口、批发、零售单位，擅自从事音像制品出版、制作、复制业务或者进口、批发、零售经营活动的，由出版行政主管部门、工商行政管理部门依照法定职权予以取缔；依照刑法关于非法经营罪的规定，依法追究刑事责任；尚不够刑事处罚的，没收违法经营的音像制品和违法所得以及进行违法活动的专用工具、设备；违法经营额1万元以上的，并处违法经营额5倍以上10倍以下的罚款；违法经营额不足1万元的，可以处5万元以下的罚款。

第四十条 出版含有本条例第三条第二款禁止内容的音像制品，或者制作、复制、批发、零售、出租、放映明知或者应知含有本条例第三条第二款禁止内容的音像制品的，依照刑法有关规定，依法追究刑事责任；尚不够刑事处罚的，由出版行政主管部门、公安部门依据各自职权责令停业整顿，没收违法经营的音像制品和违法所得；违法经营额1万元以上的，并处违法经营额5倍以上10倍以下的罚款；违法经营额不足1万元的，可以处5万元以下的罚款；情节严重的，并由原发证机关吊销许可证。

第四十一条 走私音像制品的，依照刑法关于走私罪的规定，依法追究刑事责任；尚不够刑事处罚的，由海关依法给予行政处罚。

第四十二条 有下列行为之一的，由出版行政主管部门责令停止违法行为，给予警告，没收违法经营的音像制品和违法所得；违法经营额1万元以上的，并处违法经营额5倍以上10倍以下的罚款；违法经营额不足1万元的，可以处5万元以下的罚款；情节严重的，并责令停业整顿或者由原发证机关吊销许可证：

（一）音像出版单位向其他单位、个人出租、出借、出售或者以其他任何形式转让本单位的名称，出售或者以其他形式转让本单位的版号的；

（二）音像出版单位委托未取得《音像制品制作许可证》的单位制作音像制品，或者委托未取得《复制经营许可证》的单位复制音像制品的；

（三）音像出版单位出版未经国务院出版行政主管部门批准擅自进口的音像制品的；

（四）音像制作单位、音像复制单位未依照本条例的规定验证音像出版单位的委托书、有关证明的；

（五）音像复制单位擅自复制他人的音像制品，或者接受非音像出版单位、个人的委托复制经营性的音像制品，或者自行复制音像制品的。

第四十三条 音像出版单位违反国家有关规定与香港特别行政区、澳门特别行政区、台湾地区或者外国的组织、个人合作制作音像制品，音像复制单位违反国家有关规定接受委托复制境外音像制品，未经省、自治区、直辖市人民政府出版行政主管部门审核同意，或者未将复制的境外音像制品全部运输出境的，由省、自治区、直辖市人民政府出版行政主管部门责令改正，没收违法经营的音像制品和违法所得；违法经营额1万元以上的，并处违法经营额5倍以上10倍以下的罚款；违法经营额不足1万元的，可以处5万元以下的罚款；情节严重的，并由原发证机关吊销许可证。

第四十四条 有下列行为之一的，由出版行政主管部门责令改正，给予警告；情节严重的，并责令停业整顿或者由原发证机关吊销许可证：

（一）音像出版单位未将其年度出版计划和涉及国家安全、社会安定等方面的重大选题报国务院出版行政主管部门备案的；

（二）音像制品出版、制作、复制、批发、零售单位变更名称、地址、法定代表人或者主要负责人、业务范围等，未依照本条例规定办理审批、备案手续的；

（三）音像出版单位未在其出版的音像制品及其包装的明显位置标明本条例规定的内容的；

（四）音像出版单位未依照本条例的规定送交样本的；

（五）音像复制单位未依照本条例的规定留存备查的材料的；

（六）从事光盘复制的音像复制单位复制光盘，使用未蚀刻国务院出版行政主管部门核发的激光数码储存片来源识别码的注塑模具的。

第四十五条 有下列行为之一的，由出版行政主管部门责令停止违法行为，给予警告，没收违法经营的音像制品和违法所得；违法经营额1万元以上的，并处违法经营额5倍以上10倍以下的罚款；违法经营额不足1万元的，可以处5万元以下的罚款；情节严重的，并责令停业整顿或者由原发证机关吊销许可证：

（一）批发、零售、出租、放映非音像出版单位出版的音像制品或者非音像复制单位复制的音像制品的；

（二）批发、零售、出租或者放映未经国务院出版行政主管部门批准进口的音像制品的；

（三）批发、零售、出租、放映供研究、教学参考或者用于展览、展示的进口音像制品的。

第四十六条 单位违反本条例的规定，被处以吊销许可证行政处罚的，应当到工商行政管理部门办理变更登记或者注销登记；逾期未办理的，由工商行政管理部门吊销营业执照。

第四十七条 单位违反本条例的规定，被处以吊销许可证行政处罚的，其法定代表人或者主要负责人自许可证被吊销之日起10年内不得担任音像制品出版、制作、复制、进口、批发、零售单位的法定代表人或者主要负责人。

从事音像制品零售业务的个体工商户违反本条例的规定，被处以吊销许可证行政处罚的，自许可证被吊销之日起10年内不得从事音像制品零售业务。

第四十八条 依照本条例的规定实施罚款的行政处罚，应当依照有关法律、行政法规的规定，实行罚款决定与罚款收缴分离；收缴的罚款必须全部上缴国库。

第七章 附 则

第四十九条 除本条例第三十五条外，电子出版物的出版、制作、复制、进口、批发、零售等活动适用本条例。

第五十条 依照本条例发放许可证，除按照法定标准收取成本费外，不得收取其他任何费用。

第五十一条 本条例自2002年2月1日起施行。1994年8月25日国务院发布的《音像制品管理条例》同时废止。

出版管理条例

（2001年12月25日中华人民共和国国务院令第343号公布
根据2011年3月19日《国务院关于修改〈出版管理条例〉的决定》修订）

第一章　总　则

第一条　为了加强对出版活动的管理，发展和繁荣有中国特色社会主义出版产业和出版事业，保障公民依法行使出版自由的权利，促进社会主义精神文明和物质文明建设，根据宪法，制定本条例。

第二条　在中华人民共和国境内从事出版活动，适用本条例。

本条例所称出版活动，包括出版物的出版、印刷或者复制、进口、发行。

本条例所称出版物，是指报纸、期刊、图书、音像制品、电子出版物等。

第三条　出版活动必须坚持为人民服务、为社会主义服务的方向，坚持以马克思列宁主义、毛泽东思想、邓小平理论和“三个代表”重要思想为指导，贯彻落实科学发展观，传播和积累有益于提高民族素质、有益于经济发展和社会进步的科学技术和文化知识，弘扬民族优秀文化，促进国际文化交流，丰富和提高人民的精神生活。

第四条　从事出版活动，应当将社会效益放在首位，实现社会效益与经济效益相结合。

第五条　公民依法行使出版自由的权利，各级人民政府应当予以保障。

公民在行使出版自由的权利的时候，必须遵守宪法和法律，不得反对宪法确定的基本原则，不得损害国家的、社会的、集体的利益和其他公民的合法的自由和权利。

第六条　国务院出版行政主管部门负责全国的出版活动的监督管理工作。国务院其他有关部门按照国务院规定的职责分工，负责有关的出版活动的监督管理工作。

县级以上地方各级人民政府负责出版管理的部门（以下简称出版行政主管部门）负责本行政区域内出版活动的监督管理工作。县级以上地方各级人民政府其他有关部门在各自的职责范围内，负责有关的出版活动的监督管理工作。

第七条　出版行政主管部门根据已经取得的违法嫌疑证据或者举报，对涉嫌违法从事出版物出版、印刷或者复制、进口、发行等活动的行为进行查处时，可以检查与涉嫌违法活动有关的物品和经营场所；对有证据证明是与违法活动有关的物品，可以查封或者扣押。

第八条　出版行业的社会团体按照其章程，在出版行政主管部门的指导下，实行自律管理。

第二章　出版单位的设立与管理

第九条　报纸、期刊、图书、音像制品和电子出版物等应当由出版单位出版。

本条例所称出版单位，包括报社、期刊社、图书出版社、音像出版社和电子出版物出版社等。

法人出版报纸、期刊，不设立报社、期刊社的，其设立的报纸编辑部、期刊编辑部视为出版单位。

第十条　国务院出版行政主管部门制定全国出版单位总量、结构、布局的规划，指导、协调出版产业和出版事业发展。

第十一条　设立出版单位，应当具备下列条件：

（一）有出版单位的名称、章程；

（二）有符合国务院出版行政主管部门认定的主办单位及其主管机关；

（三）有确定的业务范围；

（四）有30万元以上的注册资本和固定的工作场所；

（五）有适应业务范围需要的组织机构和符合国家规定的资格条件的编辑出版专业人员；

（六）法律、行政法规规定的其他条件。

审批设立出版单位，除依照前款所列条件外，还应当符合国家关于出版单位总量、结构、布局的规划。

第十二条 设立出版单位，由其主办单位向所在地省、自治区、直辖市人民政府出版行政主管部门提出申请；省、自治区、直辖市人民政府出版行政主管部门审核同意后，报国务院出版行政主管部门审批。设立的出版单位为事业单位的，还应当办理机构编制审批手续。

第十三条 设立出版单位的申请书应当载明下列事项：

（一）出版单位的名称、地址；

（二）出版单位的主办单位及其主管机关的名称、地址；

（三）出版单位的法定代表人或者主要负责人的姓名、住址、资格证明文件；

（四）出版单位的资金来源及数额。

设立报社、期刊社或者报纸编辑部、期刊编辑部的，申请书还应当载明报纸或者期刊的名称、刊期、开版或者开本、印刷场所。

申请书应当附具出版单位的章程和设立出版单位的主办单位及其主管机关的有关证明材料。

第十四条 国务院出版行政主管部门应当自受理设立出版单位的申请之日起 60 日内，作出批准或者不批准的决定，并由省、自治区、直辖市人民政府出版行政主管部门书面通知主办单位；不批准的，应当说明理由。

第十五条 设立出版单位的主办单位应当自收到批准决定之日起 60 日内，向所在地省、自治区、直辖市人民政府出版行政主管部门登记，领取出版许可证。登记事项由国务院出版行政主管部门规定。

出版单位领取出版许可证后，属于事业单位法人的，持出版许可证向事业单位登记管理机关登记，依法领取事业单位法人证书；属于企业法人的，持出版许可证向工商行政管理部门登记，依法领取营业执照。

第十六条 报社、期刊社、图书出版社、音像出版社和电子出版物出版社等应当具备法人条件，经核准登记后，取得法人资格，以其全部法人财产独立承担民事责任。

依照本条例第九条第三款的规定，视为出版单位的报纸编辑部、期刊编辑部不具有法人资格，其民事责任由其主办单位承担。

第十七条 出版单位变更名称、主办单位或者其主管机关、业务范围、资本结构，合并或者分立，设立分支机构，出版新的报纸、期刊，或者报纸、期刊变更名称的，应当依照本条例第十二条、第十三条的规定办理审批手续。出版单位属于事业单位法人的，还应当持批准文件到事业单位登记管理机关办理相应的登记手续；属于企业法人的，还应当持批准文件到工商行政管理部门办理相应的登记手续。

出版单位除前款所列变更事项外的其他事项的变更，应当经主办单位及其主管机关审查同意，向所在地省、自治区、直辖市人民政府出版行政主管部门申请变更登记，并报国务院出版行政主管部门备案。出版单位属于事业单位法人的，还应当持批准文件到事业单位登记管理机关办理变更登记；属于企业法人的，还应当持批准文件到工商行政管理部门办理变更登记。

第十八条 出版单位中止出版活动的，应当向所在地省、自治区、直辖市人民政府出版行政主管部门备案并说明理由和期限；出版单位中止出版活动不得超过 180 日。

出版单位终止出版活动的，由主办单位提出申请并经主管机关同意后，由主办单位向所在地省、自治区、直辖市人民政府出版行政主管部门办理注销登记，并报国务院出版行政主管部门备案。出版单位属于事业单位法人的，还应当持批准文件到事业单位登记管理机关办理注销登记；属于企业法人的，还应当持批准文件到工商行政管理部门办理注销登记。

第十九条 图书出版社、音像出版社和电子出版物出版社自登记之日起满 180 日未从事出版活动的，报社、期刊社自登记之日起满 90 日未出版报纸、期刊的，由原登记的出版行政主管部门注销登记，并报国务院出版行政主管部门备案。

因不可抗力或者其他正当理由发生前款所列情形的，出版单位可以向原登记的出版行政主管部门申请延期。

第二十条　图书出版社、音像出版社和电子出版物出版社的年度出版计划及涉及国家安全、社会安定等方面的重大选题，应当经所在地省、自治区、直辖市人民政府出版行政主管部门审核后报国务院出版行政主管部门备案；涉及重大选题，未在出版前报备案的出版物，不得出版。具体办法由国务院出版行政主管部门制定。

期刊社的重大选题，应当依照前款规定办理备案手续。

第二十一条　出版单位不得向任何单位或者个人出售或者以其他形式转让本单位的名称、书号、刊号或者版号、版面，并不得出租本单位的名称、刊号。

出版单位及其从业人员不得利用出版活动谋取其他不正当利益。

第二十二条　出版单位应当按照国家有关规定向国家图书馆、中国版本图书馆和国务院出版行政主管部门免费送交样本。

第三章　出版物的出版

第二十三条　公民可以依照本条例规定，在出版物上自由表达自己对国家事务、经济和文化事业、社会事务的见解和意愿，自由发表自己从事科学研究、文学艺术创作和其他文化活动的成果。

合法出版物受法律保护，任何组织和个人不得非法干扰、阻止、破坏出版物的出版。

第二十四条　出版单位实行编辑责任制度，保障出版物刊载的内容符合本条例的规定。

第二十五条　任何出版物不得含有下列内容：

（一）反对宪法确定的基本原则的；

（二）危害国家统一、主权和领土完整的；

（三）泄露国家秘密、危害国家安全或者损害国家荣誉和利益的；

（四）煽动民族仇恨、民族歧视，破坏民族团结，或者侵害民族风俗、习惯的；

（五）宣扬邪教、迷信的；

（六）扰乱社会秩序，破坏社会稳定的；

（七）宣扬淫秽、赌博、暴力或者教唆犯罪的；

（八）侮辱或者诽谤他人，侵害他人合法权益的；

（九）危害社会公德或者民族优秀文化传统的；

（十）有法律、行政法规和国家规定禁止的其他内容的。

第二十六条　以未成年人为对象的出版物不得含有诱发未成年人模仿违反社会公德的行为和违法犯罪的行为的内容，不得含有恐怖、残酷等妨害未成年人身心健康的内容。

第二十七条　出版物的内容不真实或者不公正，致使公民、法人或者其他组织的合法权益受到侵害的，其出版单位应当公开更正，消除影响，并依法承担其他民事责任。

报纸、期刊发表的作品内容不真实或者不公正，致使公民、法人或者其他组织的合法权益受到侵害的，当事人有权要求有关出版单位更正或者答辩，有关出版单位应当在其近期出版的报纸、期刊上予以发表；拒绝发表的，当事人可以向人民法院提起诉讼。

第二十八条　出版物必须按照国家的有关规定载明作者、出版者、印刷者或者复制者、发行者的名称、地址，书号、刊号或者版号，在版编目数据，出版日期、刊期以及其他有关事项。

出版物的规格、开本、版式、装帧、校对等必须符合国家标准和规范要求，保证出版物的质量。

出版物使用语言文字必须符合国家法律规定和有关标准、规范。

第二十九条　任何单位和个人不得伪造、假冒出版单位名称或者报纸、期刊名称出版出版物。

第三十条　中学小学教科书由国务院教育行政主管部门审定；其出版、发行单位应当具有适应教科书出版、发行业务需要的资金、组织机构和人员等条件，并取得国务院出版行政主管部门批准的教科书出版、发行资质。纳入政府采购范围的中学小学教科书，其发行单位按照《中华人民共和国政府采购法》的有关规定确定。其他任何单位或者个人不得从事中学小学教科书的出版、发行业务。

第四章 出版物的印刷或者复制和发行

第三十一条 从事出版物印刷或者复制业务的单位，应当向所在地省、自治区、直辖市人民政府出版行政主管部门提出申请，经审核许可，并依照国家有关规定到工商行政管理部门办理相关手续后，方可从事出版物的印刷或者复制。

未经许可并办理相关手续的，不得印刷报纸、期刊、图书，不得复制音像制品、电子出版物。

第三十二条 出版单位不得委托未取得出版物印刷或者复制许可的单位印刷或者复制出版物。

出版单位委托印刷或者复制单位印刷或者复制出版物的，必须提供符合国家规定的印刷或者复制出版物的有关证明，并依法与印刷或者复制单位签订合同。

印刷或者复制单位不得接受非出版单位和个人的委托印刷报纸、期刊、图书或者复制音像制品、电子出版物，不得擅自印刷、发行报纸、期刊、图书或者复制、发行音像制品、电子出版物。

第三十三条 印刷或者复制单位经所在地省、自治区、直辖市人民政府出版行政主管部门批准，可以承接境外出版物的印刷或者复制业务；但是，印刷或者复制的境外出版物必须全部运输出境，不得在境内发行。

境外委托印刷或者复制的出版物的内容，应当经省、自治区、直辖市人民政府出版行政主管部门审核。委托人应当持有著作权人授权书，并向著作权行政管理部门登记。

第三十四条 印刷或者复制单位应当自完成出版物的印刷或者复制之日起2年内，留存一份承接的出版物样本备查。

第三十五条 从事出版物总发行业务的单位，经所在地省、自治区、直辖市人民政府出版行政主管部门审核后，报国务院出版行政主管部门批准。国务院出版行政主管部门应当自受理申请之日起60日内，作出批准或者不批准的决定。

从事出版物批发业务的单位，须经省、自治区、直辖市人民政府出版行政主管部门审核许可。

从事出版物零售业务的单位和个体工商户，须经县级人民政府出版行政主管部门审核许可。

从事出版物连锁经营业务的单位，在省、自治区、直辖市范围内经营的，应当经其总部所在地省、自治区、直辖市人民政府出版行政主管部门批准；跨省或者在全国范围内经营的，应当经其总部所在地省、自治区、直辖市人民政府出版行政主管部门审核后，报国务院出版行政主管部门批准。国务院出版行政主管部门应当自受理申请之日起60日内，作出批准或者不批准的决定。

从事出版物发行业务的单位和个体工商户经出版行政主管部门批准、取得《出版物经营许可证》，并向工商行政管理部门依法领取营业执照后，方可从事出版物发行业务。

第三十六条 通过互联网等信息网络从事出版物发行业务的单位或者个体工商户，应当依照本条例规定取得《出版物经营许可证》。

提供网络交易平台服务的经营者应当对申请通过网络交易平台从事出版物发行业务的单位或者个体工商户的经营主体身份进行审查，验证其《出版物经营许可证》。

第三十七条 从事出版物发行业务的单位和个体工商户变更《出版物经营许可证》登记事项，或者兼并、合并、分立的，应当依照本条例第三十五条的规定办理审批手续，并持批准文件到工商行政管理部门办理相应的登记手续。

从事出版物发行业务的单位和个体工商户终止经营活动的，应当到工商行政管理部门办理注销登记，并向原批准的出版行政主管部门备案。

第三十八条 出版单位可以发行本出版单位出版的出版物，不得发行其他出版单位出版的出版物。

第三十九条 国家允许设立从事图书、报纸、期刊、电子出版物发行业务的中外合资经营企业、中外合作经营企业、外资企业。

第四十条 印刷或者复制单位、发行单位不得印刷或者复制、发行有下列情形之一的出版物：

（一）含有本条例第二十五条、第二十六条禁止内容的；

（二）非法进口的；

（三）伪造、假冒出版单位名称或者报纸、期刊名称的；

（四）未署出版单位名称的；

（五）中学小学教科书未经依法审定的；

（六）侵犯他人著作权的。

第五章　出版物的进口

第四十一条　出版物进口业务，由依照本条例设立的出版物进口经营单位经营；其他单位和个人不得从事出版物进口业务。

第四十二条　设立出版物进口经营单位，应当具备下列条件：

（一）有出版物进口经营单位的名称、章程；

（二）有符合国务院出版行政主管部门认定的主办单位及其主管机关；

（三）有确定的业务范围；

（四）具有进口出版物内容审查能力；

（五）有与出版物进口业务相适应的资金；

（六）有固定的经营场所；

（七）法律、行政法规和国家规定的其他条件。

第四十三条　设立出版物进口经营单位，应当向国务院出版行政主管部门提出申请，经审查批准，取得国务院出版行政主管部门核发的出版物进口经营许可证后，持证到工商行政管理部门依法领取营业执照。

设立出版物进口经营单位，还应当依照对外贸易法律、行政法规的规定办理相应手续。

第四十四条　出版物进口经营单位变更名称、业务范围、资本结构、主办单位或者其主管机关，合并或者分立，设立分支机构，应当依照本条例第四十二条、第四十三条的规定办理审批手续，并持批准文件到工商行政管理部门办理相应的登记手续。

第四十五条　出版物进口经营单位进口的出版物，不得含有本条例第二十五条、第二十六条禁止的内容。

出版物进口经营单位负责对其进口的出版物进行内容审查。省级以上人民政府出版行政主管部门可以对出版物进口经营单位进口的出版物直接进行内容审查。出版物进口经营单位无法判断其进口的出版物是否含有本条例第二十五条、第二十六条禁止内容的，可以请求省级以上人民政府出版行政主管部门进行内容审查。省级以上人民政府出版行政主管部门应出版物进口经营单位的请求，对其进口的出版物进行内容审查的，可以按照国务院价格主管部门批准的标准收取费用。

国务院出版行政主管部门可以禁止特定出版物的进口。

第四十六条　出版物进口经营单位应当在进口出版物前将拟进口的出版物目录报省级以上人民政府出版行政主管部门备案；省级以上人民政府出版行政主管部门发现有禁止进口的或者暂缓进口的出版物的，应当及时通知出版物进口经营单位并通报海关。对通报禁止进口或者暂缓进口的出版物，出版物进口经营单位不得进口，海关不得放行。

出版物进口备案的具体办法由国务院出版行政主管部门制定。

第四十七条　发行进口出版物的，必须从依法设立的出版物进口经营单位进货。

第四十八条　出版物进口经营单位在境内举办境外出版物展览，必须报经国务院出版行政主管部门批准。未经批准，任何单位和个人不得举办境外出版物展览。

依照前款规定展览的境外出版物需要销售的，应当按照国家有关规定办理相关手续。

第六章　监督与管理

第四十九条　出版行政主管部门应当加强对本行政区域内出版单位出版活动的日常监督管理；出版单位的主办单位及其主管机关对所属出版单位出版活动负有直接管理责任，并应当配合出版行政主管部门督促所属出版单位执行各项管理规定。

出版单位和出版物进口经营单位应当按照国务院出版行政主管部门的规定，将从事出版活动和出版物进口活动的情况向出版行政主管部门提出书面报告。

第五十条　出版行政主管部门履行下列职责：

（一）对出版物的出版、印刷、复制、发行、进口单位进行行业监管，实施准入和退出管理；

（二）对出版活动进行监管，对违反本条例的行为进行查处；

（三）对出版物内容和质量进行监管；

（四）根据国家有关规定对出版从业人员进行管理。

第五十一条 出版行政主管部门根据有关规定和标准，对出版物的内容、编校、印刷或者复制、装帧设计等方面质量实施监督检查。

第五十二条 国务院出版行政主管部门制定出版单位综合评估办法，对出版单位分类实施综合评估。

出版物的出版、印刷或者复制、发行和进口经营单位不再具备行政许可的法定条件的，由出版行政主管部门责令限期改正；逾期仍未改正的，由原发证机关撤销行政许可。

第五十三条 国家对在出版单位从事出版专业技术工作的人员实行职业资格制度；出版专业技术人员通过国家专业技术人员资格考试取得专业技术资格。具体办法由国务院人力资源社会保障主管部门、国务院出版行政主管部门共同制定。

第七章　保障与奖励

第五十四条 国家制定有关政策，保障、促进出版产业和出版事业的发展与繁荣。

第五十五条 国家支持、鼓励下列优秀的、重点的出版物的出版：

（一）对阐述、传播宪法确定的基本原则有重大作用的；

（二）对弘扬社会主义核心价值体系，在人民中进行爱国主义、集体主义、社会主义和民族团结教育以及弘扬社会公德、职业道德、家庭美德有重要意义的；

（三）对弘扬民族优秀文化，促进国际文化交流有重大作用的；

（四）对推进文化创新，及时反映国内外新的科学文化成果有重大贡献的；

（五）对服务农业、农村和农民，促进公共文化服务有重大作用的；

（六）其他具有重要思想价值、科学价值或者文化艺术价值的。

第五十六条 国家对教科书的出版发行，予以保障。

国家扶持少数民族语言文字出版物和盲文出版物的出版发行。

国家对在少数民族地区、边疆地区、经济不发达地区和在农村发行出版物，实行优惠政策。

第五十七条 报纸、期刊交由邮政企业发行的，邮政企业应当保证按照合同约定及时、准确发行。

承运出版物的运输企业，应当对出版物的运输提供方便。

第五十八条 对为发展、繁荣出版产业和出版事业作出重要贡献的单位和个人，按照国家有关规定给予奖励。

第五十九条 对非法干扰、阻止和破坏出版物出版、印刷或者复制、进口、发行的行为，县级以上各级人民政府出版行政主管部门及其他有关部门，应当及时采取措施，予以制止。

第八章　法 律 责 任

第六十条 出版行政主管部门或者其他有关部门的工作人员，利用职务上的便利收受他人财物或者其他好处，批准不符合法定设立条件的出版、印刷或者复制、进口、发行单位，或者不履行监督职责，或者发现违法行为不予查处，造成严重后果的，依法给予降级直至开除的处分；构成犯罪的，依照刑法关于受贿罪、滥用职权罪、玩忽职守罪或者其他罪的规定，依法追究刑事责任。

第六十一条 未经批准，擅自设立出版物的出版、印刷或者复制、进口、发行单位，或者擅自从事出版物的出版、印刷或者复制、进口、发行业务，假冒出版单位名称或者伪造、假冒报纸、期刊名称出版出版物的，由出版行政主管部门、工商行政管理部门依照法定职权予以取缔；依照刑法关于非法经营罪的规定，依法追究刑事责任；尚不够刑事处罚的，没收出版物、违法所得和从事违法活动的专用工具、设备，违法经营额1万元以上的，并处违法经营额5倍以上10倍以下的罚款，违法经营额不足1万元的，可以处5万元以下的罚款；侵犯他人合法权益的，依法承担民事责任。

第六十二条　有下列行为之一，触犯刑律的，依照刑法有关规定，依法追究刑事责任；尚不够刑事处罚的，由出版行政主管部门责令限期停业整顿，没收出版物、违法所得，违法经营额1万元以上的，并处违法经营额5倍以上10倍以下的罚款；违法经营额不足1万元的，可以处5万元以下的罚款；情节严重的，由原发证机关吊销许可证：

（一）出版、进口含有本条例第二十五条、第二十六条禁止内容的出版物的；

（二）明知或者应知出版物含有本条例第二十五条、第二十六条禁止内容而印刷或者复制、发行的；

（三）明知或者应知他人出版含有本条例第二十五条、第二十六条禁止内容的出版物而向其出售或者以其他形式转让本出版单位的名称、书号、刊号、版号、版面，或者出租本单位的名称、刊号的。

第六十三条　有下列行为之一的，由出版行政主管部门责令停止违法行为，没收出版物、违法所得，违法经营额1万元以上的，并处违法经营额5倍以上10倍以下的罚款；违法经营额不足1万元的，可以处5万元以下的罚款；情节严重的，责令限期停业整顿或者由原发证机关吊销许可证：

（一）进口、印刷或者复制、发行国务院出版行政主管部门禁止进口的出版物的；

（二）印刷或者复制走私的境外出版物的；

（三）发行进口出版物未从本条例规定的出版物进口经营单位进货的。

第六十四条　走私出版物的，依照刑法关于走私罪的规定，依法追究刑事责任；尚不够刑事处罚的，由海关依照海关法的规定给予行政处罚。

第六十五条　有下列行为之一的，由出版行政主管部门没收出版物、违法所得，违法经营额1万元以上的，并处违法经营额5倍以上10倍以下的罚款；违法经营额不足1万元的，可以处5万元以下的罚款；情节严重的，责令限期停业整顿或者由原发证机关吊销许可证：

（一）出版单位委托未取得出版物印刷或者复制许可的单位印刷或者复制出版物的；

（二）印刷或者复制单位未取得印刷或者复制许可而印刷或者复制出版物的；

（三）印刷或者复制单位接受非出版单位和个人的委托印刷或者复制出版物的；

（四）印刷或者复制单位未履行法定手续印刷或者复制境外出版物的，印刷或者复制的境外出版物没有全部运输出境的；

（五）印刷或者复制单位、发行单位或者个体工商户印刷或者复制、发行未署出版单位名称的出版物的；

（六）出版、印刷、发行单位出版、印刷、发行未经依法审定的中学小学教科书，或者非依照本条例规定确定的单位从事中学小学教科书的出版、发行业务的。

第六十六条　出版单位有下列行为之一的，由出版行政主管部门责令停止违法行为，给予警告，没收违法经营的出版物、违法所得，违法经营额1万元以上的，并处违法经营额5倍以上10倍以下的罚款；违法经营额不足1万元的，可以处5万元以下的罚款；情节严重的，责令限期停业整顿或者由原发证机关吊销许可证：

（一）出售或者以其他形式转让本出版单位的名称、书号、刊号、版号、版面，或者出租本单位的名称、刊号的；

（二）利用出版活动谋取其他不正当利益的。

第六十七条　有下列行为之一的，由出版行政主管部门责令改正，给予警告；情节严重的，责令限期停业整顿或者由原发证机关吊销许可证：

（一）出版单位变更名称、主办单位或者其主管机关、业务范围，合并或者分立，出版新的报纸、期刊，或者报纸、期刊改变名称，以及出版单位变更其他事项，未依照本条例的规定到出版行政主管部门办理审批、变更登记手续的；

（二）出版单位未将其年度出版计划和涉及国家安全、社会安定等方面的重大选题备案的；

（三）出版单位未依照本条例的规定送交出版物的样本的；

（四）印刷或者复制单位未依照本条例的规定留存备查的材料的；

（五）出版进口经营单位未将其进口的出版物目录报送备案的；

（六）出版单位擅自中止出版活动超过180日的；

（七）出版物发行单位、出版物进口经营单位未依照本条例的规定办理变更审批手续的；

（八）出版物质量不符合有关规定和标准的。

第六十八条 未经批准，举办境外出版物展览的，由出版行政主管部门责令停止违法行为，没收出版物、违法所得；情节严重的，责令限期停业整顿或者由原发证机关吊销许可证。

第六十九条 印刷或者复制、批发、零售、出租、散发含有本条例第二十五条、第二十六条禁止内容的出版物或者其他非法出版物的，当事人对非法出版物的来源作出说明、指认，经查证属实的，没收出版物、违法所得，可以减轻或者免除其他行政处罚。

第七十条 单位违反本条例，被处以吊销许可证行政处罚的，应当按照国家有关规定到事业单位登记管理机关或者工商行政管理部门办理注销登记或者变更登记；逾期未办理的，由事业单位登记管理机关撤销登记或者由工商行政管理部门吊销营业执照。

第七十一条 单位违反本条例被处以吊销许可证行政处罚的，其法定代表人或者主要负责人自许可证被吊销之日起10年内不得担任出版、印刷或者复制、进口、发行单位的法定代表人或者主要负责人。

出版从业人员违反本条例规定，情节严重的，由原发证机关吊销其资格证书。

第七十二条 依照本条例的规定实施罚款的行政处罚，应当依照有关法律、行政法规的规定，实行罚款决定与罚款收缴分离；收缴的罚款必须全部上缴国库。

第九章 附 则

第七十三条 行政法规对音像制品和电子出版物的出版、复制、进口、发行另有规定的，适用其规定。

接受境外机构或者个人赠送出版物的管理办法、订户订购境外出版物的管理办法、网络出版审批和管理办法，由国务院出版行政主管部门根据本条例的原则另行制定。

第七十四条 本条例自2002年2月1日起施行。1997年1月2日国务院发布的《出版管理条例》同时废止。

音像制品进口管理办法

第一章　总　　则

第一条　为了加强对音像制品进口的管理，促进国际文化交流与合作，丰富人民群众的文化生活，根据《音像制品管理条例》及国家有关规定，制定本办法。

第二条　本办法所称音像制品，是指录有内容的录音带、录像带、唱片、激光唱盘、激光视盘等。

第三条　凡从外国进口音像制品成品和进口用于出版及其他用途的音像制品，适用本办法。

前款所称出版，包括利用信息网络出版。

音像制品用于广播电视播放的，适用广播电视法律、行政法规。

第四条　新闻出版总署负责全国音像制品进口的监督管理和内容审查等工作。

县级以上地方人民政府新闻出版行政部门依照本办法负责本行政区域内的进口音像制品的监督管理工作。

各级海关在其职责范围内负责音像制品进口的监督管理工作。

第五条　音像制品进口经营活动应当遵守宪法和有关法律、法规，坚持为人民服务和为社会主义服务的方向，传播有益于经济发展和社会进步的思想、道德、科学技术和文化知识。

第六条　国家禁止进口有下列内容的音像制品：

（一）反对宪法确定的基本原则的；

（二）危害国家统一、主权和领土完整的；

（三）泄漏国家秘密、危害国家安全或者损害国家荣誉和利益的；

（四）煽动民族仇恨、民族歧视，破坏民族团结，或者侵害民族风俗、习惯的；

（五）宣扬邪教、迷信的；

（六）扰乱社会秩序，破坏社会稳定的；

（七）宣扬淫秽、赌博、暴力或者教唆犯罪的；

（八）侮辱或者诽谤他人，侵害他人合法权益的；

（九）危害社会公德或者民族优秀文化传统的；

（十）有法律、行政法规和国家规定禁止的其他内容的。

第七条　国家对设立音像制品成品进口单位实行许可制度。

第二章　进 口 单 位

第八条　音像制品成品进口业务由新闻出版总署批准的音像制品成品进口单位经营；未经批准，任何单位或者个人不得从事音像制品成品进口业务。

第九条　设立音像制品成品进口经营单位，应当具备以下条件：

（一）有音像制品进口经营单位的名称、章程；

（二）有符合新闻出版总署认定条件的主办单位及其主管机关；

（三）有确定的业务范围；

（四）具有进口音像制品内容初审能力；

（五）有与音像制品进口业务相适应的资金；

（六）有固定的经营场所；

（七）法律、行政法规和国家规定的其他条件。

第十条　设立音像制品成品进口经营单位，应当向新闻出版总署提出申请，经审查批准，取得新闻出版总署核发的音像制品进口经营许可证件后，持证到工商行政管理部门依法领取营业执照。

设立音像制品进口经营单位，还应当依照对外贸易法律、行政法规的规定办理相应手续。

第十一条　图书馆、音像资料馆、科研机构、学校等单位进口供研究、教学参考的音像制品成品，应当委托新闻出版总署批准的音像制品成品进口经营单位办理进口审批手续。

第十二条 音像出版单位可以在批准的出版业务范围内从事进口音像制品的出版业务。

第三章 进口审查

第十三条 国家对进口音像制品实行许可管理制度，应在进口前报新闻出版总署进行内容审查，审查批准取得许可文件后方可进口。

第十四条 新闻出版总署设立音像制品内容审查委员会，负责审查进口音像制品的内容。委员会下设办公室，负责进口音像制品内容审查的日常工作。

第十五条 进口音像制品成品，由音像制品成品进口经营单位向新闻出版总署提出申请并报送以下文件和材料：

（一）进口录音或录像制品报审表；

（二）进口协议草案或订单；

（三）节目样片、中外文歌词；

（四）内容审查所需的其他材料。

第十六条 进口用于出版的音像制品，应当向新闻出版总署提出申请并报送以下文件和材料：

（一）进口录音或录像制品报审表；

（二）版权贸易协议中外文文本草案，原始版权证明书，版权授权书和国家版权局的登记文件；

（三）节目样片；

（四）中外文曲目、歌词或对白；

（五）内容审查所需的其他材料。

第十七条 进口用于展览、展示的音像制品，由展览、展示活动主办单位提出申请，并将音像制品目录和样片报新闻出版总署进行内容审查。海关按暂时进口货物管理。

第十八条 进口单位不得擅自更改报送新闻出版总署进行内容审查样片原有的名称和内容。

第十九条 新闻出版总署自受理进口音像制品申请之日起 30 日内作出批准或者不批准的决定。批准的，发给进口音像制品批准单；不批准的，应当说明理由。

进口音像制品批准单内容不得更改，如需修改，应重新办理。进口音像制品批准单一次报关使用有效，不得累计使用。其中，属于音像制品成品的，批准单当年有效；属于用于出版的音像制品的，批准单有效期限为 1 年。

第四章 进口管理

第二十条 未经审查批准进口的音像制品，任何单位和个人不得出版、复制、批发、零售、出租和营业性放映。

第二十一条 任何单位和个人不得将供研究、教学参考或者用于展览、展示的进口音像制品进行经营性复制、批发、零售、出租和营业性放映。

用于展览、展示的进口音像制品确需在境内销售、赠送的，在销售、赠送前，必须依照本办法按成品进口重新办理批准手续。

第二十二条 进口单位与外方签订的音像制品进口协议或者合同应当符合中国法律、法规的规定。

第二十三条 出版进口音像制品，应当符合新闻出版总署批准文件要求，不得擅自变更节目名称和增删节目内容，要使用经批准的中文节目名称；外语节目应当在音像制品及封面包装上标明中外文名称；出版进口音像制品必须在音像制品及其包装的明显位置标明国家版权局的登记文号和新闻出版总署进口批准文号；利用信息网络出版进口音像制品必须在相关节目页面标明以上信息。

第二十四条 在经批准进口出版的音像制品版权授权期限内，音像制品进口经营单位不得进口该音像制品成品。

第二十五条 出版进口音像制品使用的语言文字应当符合国家公布的语言文字规范。

第二十六条 进口单位持新闻出版总署进口音像制品批准单向海关办理音像制品的进口报关手续。

第二十七条 个人携带和邮寄音像制品进出境，应以自用、合理数量为限，并按照海关有关规定办理。

第二十八条 随机器设备同时进口以及进口后

随机器设备复出口的记录操作系统、设备说明、专用软件等内容的音像制品，不适用本办法，海关验核进口单位提供的合同、发票等有效单证验放。

第五章 罚 则

第二十九条 未经批准，擅自从事音像制品成品进口经营活动的，依照《音像制品管理条例》第三十九条的有关规定给予处罚。

第三十条 有下列行为之一的，由县级以上新闻出版行政部门责令停止违法行为，给予警告，没收违法音像制品和违法所得；违法经营额1万元以上的，并处违法经营额5倍以上10倍以下的罚款；违法经营额不足1万元的，并处5万元以下罚款；情节严重的，并责令停业整顿或者由原发证机关吊销许可证：

（一）出版未经新闻出版总署批准擅自进口的音像制品；

（二）批发、零售、出租或者放映未经新闻出版总署批准进口的音像制品的；

（三）批发、零售、出租、放映供研究、教学参考或者用于展览、展示的进口音像制品的。

第三十一条 违反本办法，出版进口音像制品未标明本办法规定内容的，由省级以上新闻出版行政部门责令改正，给予警告，情节严重的，并责令停业整顿或者由原发证机关吊销许可证。

第三十二条 违反本办法，有下列行为之一的，由省级以上新闻出版行政部门责令改正，给予警告，可并处3万元以下的罚款：

（一）出版进口音像制品使用语言文字不符合国家公布的语言文字规范的；

（二）出版进口音像制品，违反本办法擅自变更节目名称、增删节目内容的。

擅自增删经审查批准进口的音像制品内容导致其含有本办法第六条规定的禁止内容的，按照《音像制品管理条例》有关条款进行处罚。

第三十三条 违反海关法及有关管理规定的，由海关依法处理。

第六章 附 则

第三十四条 从中国香港特别行政区、澳门特别行政区和台湾地区进口音像制品，参照本办法执行。

第三十五条 电子出版物的进口参照本办法执行。

第三十六条 本办法由新闻出版总署负责解释。涉及海关业务的，由海关总署负责解释。

第三十七条 本办法自公布之日起施行，2002年6月1日文化部、海关总署发布的《音像制品进口管理办法》同时废止。

固体废物进口管理办法

第一章 总 则

第一条 为了规范固体废物进口环境管理，防止进口固体废物污染环境，根据《中华人民共和国固体废物污染环境防治法》和有关法律、行政法规，制定本办法。

第二条 本办法所称固体废物，是指在生产、生活和其他活动中产生的丧失原有利用价值或者虽未丧失利用价值但被抛弃或者放弃的固态、半固态、液态和置于容器中的气态的物品、物质以及法律、行政法规规定纳入固体废物管理的物品、物质。

本办法所称固体废物进口，是指将中华人民共和国境外的固体废物运入中华人民共和国境内的活动。

第三条 本办法适用于以任何方式进口固体废物的活动。

通过赠送、出口退运进境、提供样品等方式将固体废物运入中华人民共和国境内的，进境修理产生的未复运出境固体废物以及出境修理或者出料加工中产生的复运进境固体废物的，除另有规定外，也适用本办法。

第四条 禁止转让固体废物进口相关许可证。

本办法所称转让固体废物进口相关许可证，是指：

（一）出售或者出租、出借固体废物进口相关许可证；

（二）使用购买或者租用、借用的固体废物进口相关许可证进口固体废物；

（三）将进口的固体废物全部或者部分转让给固体废物进口相关许可证载明的利用企业以外的单位或者个人。

第五条 禁止中华人民共和国境外的固体废物进境倾倒、堆放、处置。

禁止固体废物转口贸易。

未取得固体废物进口相关许可证的进口固体废物不得存入海关监管场所，包括保税区、出口加工区、保税物流园区、保税港区等海关特殊监管区域和保税物流中心（A/B型）、保税仓库等海关保税监管场所（以下简称“海关特殊监管区域和场所”）。

除另有规定外，进口固体废物不得办理转关手续（废纸除外）。

第六条 国务院环境保护行政主管部门对全国固体废物进口环境管理工作实施统一监督管理。国务院商务主管部门、国务院经济综合宏观调控部门、海关总署和国务院质量监督检验检疫部门在各自的职责范围内负责固体废物进口相关管理工作。

县级以上地方环境保护行政主管部门对本行政区域内固体废物进口环境管理工作实施监督管理。各级商务主管部门、经济综合宏观调控部门、海关、出入境检验检疫部门在各自职责范围内对固体废物进口实施相关监督管理。

国务院环境保护行政主管部门会同国务院商务主管部门、国务院经济综合宏观调控部门、海关总署、国务院质量监督检验检疫部门建立固体废物进口管理工作协调机制，实行固体废物进口管理信息共享，协调处理固体废物进口及经营活动监督管理工作的重要事务。

第七条 任何单位和个人有权向各级环境保护行政主管部门、商务主管部门、经济综合宏观调控部门、海关和出入境检验检疫部门，检举违反固体废物进口监管程序和进口固体废物造成污染的行为。

第二章 一般规定

第八条 禁止进口危险废物。禁止经中华人民共和国过境转移危险废物。

禁止以热能回收为目的进口固体废物。

禁止进口不能用作原料或者不能以无害化方式

利用的固体废物。

禁止进口境内产生量或者堆存量大且尚未得到充分利用的固体废物。

禁止进口尚无适用国家环境保护控制标准或者相关技术规范等强制性要求的固体废物。

禁止以凭指示交货（TO ORDER）方式承运固体废物入境。

第九条 对可以弥补境内资源短缺，且根据国家经济、技术条件能够以无害化方式利用的可用作原料的固体废物，按照其加工利用过程的污染排放强度，实行限制进口和自动许可进口分类管理。

第十条 国务院环境保护行政主管部门会同国务院商务主管部门、国务院经济综合宏观调控部门、海关总署、国务院质量监督检验检疫部门制定、调整并公布禁止进口、限制进口和自动许可进口的固体废物目录。

第十一条 禁止进口列入禁止进口目录的固体废物。

进口列入限制进口或者自动许可进口目录的固体废物，必须取得固体废物进口相关许可证。

第十二条 进口固体废物应当采取防扬散、防流失、防渗漏或者其他防止污染环境的措施。

第十三条 进口固体废物的装运、申报应当符合海关规定，有关规定由海关总署另行制定。

第十四条 进口固体废物必须符合进口可用作原料的固体废物环境保护控制标准或者相关技术规范等强制性要求。经检验检疫，不符合进口可用作原料的固体废物环境保护控制标准或者相关技术规范等强制性要求的固体废物，不得进口。

第十五条 申请和审批进口固体废物，按照风险最小化原则，实行“就近口岸”报关。

第十六条 国家对进口可用作原料的固体废物的国外供货商实行注册登记制度。向中国出口可用作原料的固体废物的国外供货商，应当取得国务院质量监督检验检疫部门颁发的注册登记证书。

国家对进口可用作原料的固体废物的国内收货人实行注册登记制度。进口可用作原料的固体废物的国内收货人在签订对外贸易合同前，应当取得国务院质量监督检验检疫部门颁发的注册登记证书。

第十七条 国务院环境保护行政主管部门对加工利用进口废五金电器、废电线电缆、废电机等环境风险较大的固体废物的企业，实行定点企业资质认定管理。管理办法由国务院环境保护行政主管部门制定。

第十八条 国家鼓励限制进口的固体废物在设定的进口废物“圈区管理”园区内加工利用。

进口废物“圈区管理”应当符合法律、法规和国家标准要求。进口废物“圈区管理”园区的建设规范和要求由国务院环境保护行政主管部门会同国务院商务主管部门、国务院经济综合宏观调控部门、海关总署、国务院质量监督检验检疫部门制定。

第十九条 出口加工区内的进口固体废物利用企业以加工贸易方式进口固体废物的，必须持有固体废物进口相关许可证。

出口加工区以外的进口固体废物利用企业以加工贸易方式进口固体废物的，必须持有商务主管部门签发的有效的《加工贸易业务批准证》、海关核发的有效的加工贸易手册（账册）和固体废物进口相关许可证。

以加工贸易方式进口的固体废物或者加工成品因故无法出口需内销的，加工贸易企业无须再次申领固体废物进口相关许可证；未经加工的原进口固体废物仅限留作本企业自用。

第三章 固体废物进口许可管理

第二十条 进口列入限制进口目录的固体废物，应当经国务院环境保护行政主管部门会同国务院对外贸易主管部门审查许可。进口列入自动许可进口目录的固体废物，应当依法办理自动许可手续。

第二十一条 固体废物进口相关许可证当年有效。

固体废物进口相关许可证应当在有效期内使用，无论是否使用完毕逾期均自行失效。

固体废物进口相关许可证因故在有效期内未使用完的，利用企业应当在有效期届满30日前向发证机关提出延期申请。发证机关扣除已使用的数量后，重新签发固体废物进口相关许可证，并在备注栏中注明“延期使用”和原证证号。

固体废物进口相关许可证只能延期一次，延期最长不超过 60 日。

第二十二条 固体废物进口相关许可证实行“一证一关”管理。一般情况下固体废物进口相关许可证为“非一批一证”制，如要实行“一批一证”，应当同时在固体废物进口相关许可证备注栏内打印“一批一证”字样。

“一证一关”指固体废物进口相关许可证只能在一个海关报关；“一批一证”指固体废物进口相关许可证在有效期内一次报关使用；“非一批一证”指固体废物进口相关许可证在有效期内可以多次报关使用，由海关逐批签注核减进口数量，最后一批进口时，允许溢装上限为固体废物进口相关许可证实际余额的 3%，且不论是否仍有余额，海关将在签注后留存正本存档。

第二十三条 固体废物进口相关许可证上载明的事项发生变化的，利用企业应当按照申请程序重新申请领取固体废物进口相关许可证。

发证机关受理申请后，注销原证，并公告注销的证书编号。

第二十四条 进口固体废物审批管理所需费用，按照国家有关规定执行。

第四章 检验检疫与海关手续

第二十五条 进口固体废物的承运人在受理承运业务时，应当要求货运委托人提供下列证明材料：

（一）固体废物进口相关许可证；

（二）进口可用作原料的固体废物国内收货人注册登记证书；

（三）进口可用作原料的固体废物国外供货商注册登记证书；

（四）进口可用作原料的固体废物装运前检验证书。

第二十六条 对进口固体废物，由国务院质量监督检验检疫部门指定的装运前检验机构实施装运前检验；检验合格的，出具装运前检验证书。

进口的固体废物运抵固体废物进口相关许可证列明的口岸后，国内收货人应当持固体废物进口相关许可证报检验检疫联、装运前检验证书以及其他必要单证，向口岸出入境检验检疫机构报检。

出入境检验检疫机构经检验检疫，对符合国家环境保护控制标准或者相关技术规范等强制性要求的，出具《入境货物通关单》，并备注“经初步检验检疫，未发现不符合国家环境保护控制标准要求的物质”；对不符合国家环境保护控制标准或者相关技术规范等强制性要求的，出具检验检疫处理通知书，并及时通知口岸海关和口岸所在地省、自治区、直辖市环境保护行政主管部门。

口岸所在地省、自治区、直辖市环境保护行政主管部门收到进口固体废物检验检疫不合格的通知后，应当及时通知利用企业所在地省、自治区、直辖市环境保护行政主管部门和国务院环境保护行政主管部门。

对于检验结果不服的，申请人应当根据进出口商品复验工作的有关规定申请复验。国务院质量监督检验检疫部门或者出入境检验检疫机构可以根据检验工作的实际情况，会同同级环境保护行政主管部门共同实施复验工作。

第二十七条 除另有规定外，对限制进口类或者自动许可进口类可用作原料的固体废物，应当持固体废物进口相关许可证和出入境检验检疫机构出具的《入境货物通关单》等有关单证向海关办理进口验放手续。

第二十八条 进口者对海关将其所进口的货物纳入固体废物管理范围不服的，可以依法申请行政复议，也可以向人民法院提起行政诉讼。

海关怀疑进口货物的收货人申报的进口货物为固体废物的，可以要求收货人送口岸检验检疫部门进行固体废物属性检验，必要时，海关可以直接送口岸检验检疫部门进行固体废物属性检验，并按照检验结果处理。

口岸检验检疫部门应当出具检验结果，并注明是否属于固体废物。

海关或者收货人对口岸所在地检验检疫部门的检验结论有异议的，国务院环境保护行政主管部门会同海关总署、国务院质量监督检验检疫部门指定专门鉴别机构对进口的货物、物品是否属于固体废物和固体废物类别进行鉴别。

《固体废物鉴别导则》及有关鉴别程序和办法

由国务院环境保护行政主管部门会同海关总署、国务院质量监督检验检疫部门制定。

检验或者鉴别期间，海关不接受企业担保放行的申请。对货物在检验或者鉴别期间产生的相关费用以及损失，由进口货物的收货人自行承担。

本条所涉进口固体废物的鉴别，应当以《固体废物鉴别导则》为依据。

第二十九条 将境外的固体废物进境倾倒、堆放、处置的，进口属于禁止进口的固体废物或者未经许可擅自进口固体废物的，以及检验不合格的进口固体废物，由口岸海关依法责令进口者或者承运人在规定的期限内将有关固体废物原状退运至原出口国，进口者或者承运人承担相应责任和费用，并不免除其办理海关手续的义务，进口者或者承运人不得放弃有关固体废物。

收货人无法确认的进境固体废物，由承运人向海关提出退运申请或者可以由海关依法责令承运人退运。承运人承担相应责任和费用，并不免除其办理海关手续的义务。

第三十条 对当事人拒不退运或者超过3个月不退运出境的固体废物，口岸海关会同口岸出入境检验检疫机构和口岸所在地环境保护行政主管部门对进口者或者承运人采取强制措施予以退运。

第三十一条 对确属无法退运出境或者海关决定不予退运的固体废物，经进口者向口岸海关申请（进口者不明时由承运人或者负有连带责任的第三人申请），参考就近原则，由海关以拍卖或者委托方式移交省、自治区、直辖市环境保护行政主管部门认定的具有无害化利用或者处置能力的单位进行综合利用或者无害化处置，相关滞港费用和处置费用由进口者承担，进口者不明的由承运人承担。

对委托综合利用或者无害化处置扣除处理费用后产生的收益，应当由具有无害化利用或者处置能力的单位交由海关上缴国库。各级海关未经批准，不得拍卖国家禁止进口的固体废物。具体管理办法由海关总署会同国务院环境保护行政主管部门另行制定。

第三十二条 海关应当将退运等后续处理情况通报出入境检验检疫机构和口岸所在地省、自治区、直辖市环境保护行政主管部门。

口岸所在地省、自治区、直辖市环境保护行政主管部门应当通知进口固体废物利用企业所在地省、自治区、直辖市环境保护行政主管部门和国务院环境保护行政主管部门。

出入境检验检疫机构和环境保护行政主管部门应当根据具体情况对有关单位做出处理。

第五章 监督管理

第三十三条 进口的固体废物必须全部由固体废物进口相关许可证载明的利用企业作为原料利用。

第三十四条 进口固体废物利用企业应当以环境无害化方式对进口的固体废物进行加工利用。

由海关以拍卖或者委托方式移交处理的进口固体废物的利用或者处置单位，必须对所承担的进口固体废物全部进行综合利用或者无害化处置。

第三十五条 进口固体废物利用企业应当建立经营情况记录簿，如实记载每批进口固体废物的来源、种类、重量或者数量、去向，接收、拆解、利用、贮存的时间，运输者的名称和联系方式，进口固体废物加工利用后的残余物种类、重量或者数量、去向等情况。经营记录簿及相关单据、影像资料等原始凭证应当至少保存5年。

进口固体废物利用企业应当对污染物排放进行日常定期监测。监测报告应当至少保存5年。

进口固体废物利用企业应当按照国务院环境保护行政主管部门的规定，定期向所在地省、自治区、直辖市环境保护行政主管部门报告进口固体废物经营情况和环境监测情况。省、自治区、直辖市环境保护行政主管部门汇总后报国务院环境保护行政主管部门。

固体废物的进口者、代理商、承运人等其他经营单位，应当记录所代理的进口固体废物的来源、种类、重量或者数量、去向等情况，并接受有关部门的监督检查。记录资料及相关单据、影像资料等原始凭证应当至少保存3年。

第三十六条 省、自治区、直辖市环境保护行政主管部门应当组织对进口固体废物利用企业进行实地检查和监督性监测，发现有下列情形之一的，应当在5个工作日内报知国务院环境保护行政主管部门：

（一）隐瞒有关情况或者提供虚假材料申请固体废物进口相关许可证或者转让固体废物进口相关许可证；

（二）超过国家或者地方规定的污染物排放标准，或者超过总量控制指标排放污染物；

（三）对进口固体废物加工利用后的残余物未进行无害化利用或者处置；

（四）未按规定报告进口固体废物经营情况和环境监测情况，或者在报告时弄虚作假。

国务院环境保护行政主管部门和省、自治区、直辖市环境保护行政主管部门应当将有关情况记录存档，作为审批固体废物进口相关许可证的依据。

各级环境保护行政主管部门、商务主管部门、经济综合宏观调控部门、海关、出入境检验检疫部门，有权依据各自的职责对与进口固体废物有关的单位进行监督检查。

被检查的单位应当如实反映情况，提供必要的材料。检查机关应当为被检查的单位保守技术秘密和业务秘密。

检查机关进行现场检查时，可以采取现场监测、采集样品、查阅或者复制相关资料等措施。

检查人员进行现场检查，应当出示证件。

第六章 海关特殊监管区域和场所的特别规定

第三十七条 固体废物从境外进入海关特殊监管区域和场所时，有关单位应当申领固体废物进口相关许可证，并申请检验检疫。固体废物从海关特殊监管区域和场所进口到境内区外或者在海关特殊监管区域和场所之间进出的，无需办理固体废物进口相关许可证。

第三十八条 海关特殊监管区域和场所内单位不得以转口货物为名存放进口固体废物。

第三十九条 海关特殊监管区域和场所内单位产生的未复运出境的残次品、废品、边角料、受灾货物等，如属于限制进口或者自动许可进口的固体废物，其在境内与海关特殊监管区域和场所之间进出，或者在海关特殊监管区域和场所之间进出，免于提交固体废物进口相关许可证。出入境检验检疫机构不实施检验。

第四十条 海关特殊监管区域和场所内单位产生的未复运出境的残次品、废品、边角料、受灾货物等，如属于禁止进口的固体废物，需出区进行利用或者处置的，应当由产生单位或者收集单位向海关特殊监管区域和场所行政管理部门和所在地设区的市级环境保护行政主管部门提出申请，并提交如下申请材料：

（一）转移固体废物出区申请书；

（二）申请单位和接收单位签订的合同；

（三）接收单位的经年检合格的营业执照；

（四）拟转移的区内固体废物的产生过程及工艺、成分分析报告、物理化学性质登记表；

（五）接收单位利用或者处置废物方式的说明，包括废物利用或者处置设施的地点、类型、处理能力及利用或者处置过程中产生的废气、废水、废渣的处理方法等的介绍资料；

（六）证明接收单位能对区内固体废物以环境无害化方式进行利用或者处置的材料；出区废物是危险废物的，须提供接收单位所持的《危险废物经营许可证》复印件，并加盖接收单位章。

第四十一条 海关特殊监管区域和场所行政管理部门和所在地设区的市级环境保护行政主管部门受理出区申请后，作出准予或者不准予出区的决定，批准文件有效期 1 年。

出入境检验检疫机构凭海关特殊监管区域和场所行政管理部门和所在地设区的市级环境保护行政主管部门批准文件办理通关单，并对固体废物免于实施检验。海关凭海关特殊监管区域和场所行政管理部门和所在地设区的市级环境保护行政主管部门批准文件按规定办理有关手续。

第四十二条 海关特殊监管区域和场所内单位产生的固体废物，出区跨省转移、贮存、处置的，须按照《中华人民共和国固体废物污染环境防治法》第二十三条的规定向有关省、自治区、直辖市环境保护行政主管部门提出申请。

海关特殊监管区域和场所内单位产生的固体废物属于危险废物或者废弃电器电子产品的，出区时须依法执行危险废物管理或者废弃电器电子产品管理的有关制度。

第七章　罚　　则

第四十三条　违反本办法规定，将中华人民共和国境外的固体废物进境倾倒、堆放、处置，进口属于禁止进口的固体废物或者未经许可擅自进口限制进口的固体废物，或者以原料利用为名进口不能用作原料的固体废物的，由海关依据《中华人民共和国固体废物污染环境防治法》第七十八条的规定追究法律责任，并可以由发证机关撤销其固体废物进口相关许可证。

违反本办法规定，以进口固体废物名义经中华人民共和国过境转移危险废物的，由海关依据《中华人民共和国固体废物污染环境防治法》第七十九条的规定追究法律责任，并可以由发证机关撤销其固体废物进口相关许可证。

违反本办法规定，走私进口固体废物的，由海关按照有关法律、行政法规的规定进行处罚；构成犯罪的，依法追究刑事责任。

第四十四条　对已经非法入境的固体废物，按照《中华人民共和国固体废物污染环境防治法》第八十条的规定进行处理。

第四十五条　违反本办法规定，转让固体废物进口相关许可证的，由发证机关撤销其固体废物进口相关许可证；构成犯罪的，依法追究刑事责任。

第四十六条　以欺骗、贿赂等不正当手段取得固体废物进口相关许可证的，依据《中华人民共和国行政许可法》的规定，由发证机关撤销其固体废物进口相关许可证；构成犯罪的，依法追究刑事责任。

第四十七条　违反本办法规定，对进口固体废物加工利用后的残余物未进行无害化利用或者处置的，由所在地县级以上环境保护行政主管部门根据《中华人民共和国固体废物污染环境防治法》第六十八条第（二）项的规定责令停止违法行为，限期改正，并处1万元以上10万元以下的罚款；逾期拒不改正的，可以由发证机关撤销其固体废物进口相关许可证。造成污染环境事故的，按照《固体废物污染环境防治法》第八十二条的规定办理。

第四十八条　违反本办法规定，未执行经营情况记录簿制度、未履行日常环境监测或者未按规定报告进口固体废物经营情况和环境环境监测情况的，由所在地县级以上环境保护行政主管部门责令限期改正，可以并处3万元以下罚款；逾期拒不改正的，可以由发证机关撤销其固体废物进口相关许可证。

第四十九条　违反检验检疫有关规定进口固体废物的，按照《中华人民共和国进出口商品检验法》、《中华人民共和国进出口商品检验法实施条例》等规定进行处罚。

违反海关有关规定进口固体废物的，按照《中华人民共和国海关法》和《中华人民共和国海关行政处罚实施条例》等规定进行处罚。

擅自进口禁止进口、不符合国家环境保护控制标准或者相关技术规范强制性要求的固体废物，经海关责令退运，超过3个月怠于履行退运义务的，由海关依照《中华人民共和国海关行政处罚实施条例》的规定进行处罚。

第五十条　进口固体废物监督管理人员贪污受贿、玩忽职守、徇私舞弊或者滥用职权，依法给予行政处分；构成犯罪的，依法追究刑事责任。

第八章　附　　则

第五十一条　本办法中由设区的市级环境保护行政主管部门行使的监管职责，在直辖市行政区域以及省、自治区直辖的县级行政区域内，由省、自治区、直辖市环境保护行政主管部门行使。

第五十二条　固体废物运抵关境即视为进口行为发生。

第五十三条　进口固体废物利用企业是指实际从事进口固体废物拆解、加工利用活动的企业。

第五十四条　来自中国香港、澳门特别行政区和中国台湾地区固体废物的进口管理依照本办法执行。

第五十五条　本办法自2011年8月1日起施行。

国务院环境保护行政主管部门、国务院商务主管部门、国务院经济综合宏观调控部门、海关总署、国务院质量监督检验检疫部门在本办法实施前根据各自职责发布的进口固体废物管理有关规定、通知与本办法不一致的，以本办法为准。

出口食品生产企业备案管理规定

第一章 总 则

第一条 为了加强出口食品生产企业食品安全卫生管理，规范出口食品生产企业备案管理工作，依据《中华人民共和国食品安全法》、《中华人民共和国进出口商品检验法》及其实施条例等有关法律、行政法规的规定，制定本规定。

第二条 国家实行出口食品生产企业备案管理制度。

第三条 在中华人民共和国境内的出口食品生产企业备案管理工作适用本规定。

第四条 国家质量监督检验检疫总局（以下简称国家质检总局）统一管理全国出口食品生产企业备案工作。

国家认证认可监督管理委员会（以下简称国家认监委）组织实施全国出口食品生产企业备案管理工作。

国家质检总局设在各地的出入境检验检疫机构（以下简称检验检疫机构）具体实施所辖区域内出口食品生产企业备案和监督检查工作。

第五条 出口食品生产企业应当建立和实施以危害分析和预防控制措施为核心的食品安全卫生控制体系，并保证体系有效运行，确保出口食品生产、加工、储存过程持续符合我国有关法定要求和相关进口国（地区）的法律法规要求以及出口食品生产企业安全卫生要求。

第二章 备案内容与程序

第六条 出口食品生产企业未依法履行备案法定义务或者经备案审查不符合要求的，其产品不予出口。

第七条 出口食品生产企业备案时，应当提交书面申请和以下相关文件、证明性材料，并对其备案材料的真实性负责：

（一）营业执照、组织机构代码证、法定代表人或者授权负责人的身份证明；

（二）企业承诺符合出口食品生产企业卫生要求和进口国（地区）要求的自我声明和自查报告；

（三）企业生产条件（厂区平面图、车间平面图）、产品生产加工工艺、关键加工环节等信息、食品原辅料和食品添加剂使用以及企业卫生质量管理人员和专业技术人员资质等基本情况；

（四）建立和实施食品安全卫生控制体系的基本情况；

（五）依法应当取得食品生产许可以及其他行政许可的，提供相关许可证照；

（六）其他通过认证以及企业内部实验室资质等有关情况。

第八条 直属检验检疫机构应当自出口食品生产企业申请备案之日起5日内，对出口食品生产企业提交的备案材料进行初步审查，材料齐全并符合法定形式的，予以受理；材料不齐全或者不符合法定形式的，应当一次告知出口食品生产企业需要补正的全部内容。

为便利企业出口，直属检验检疫机构可以根据工作需要，委托其分支机构受理备案申请并组织实施评审工作。

第九条 直属检验检疫机构自受理备案申请之日起10日内，组成评审组，对出口食品生产企业提交的备案材料的符合性情况进行文件审核。

需要对出口食品生产企业实施现场检查的，应当在30日内完成。因企业自身原因导致无法按时完成文件审核和现场检查的，延长时间不计算在规定时限内。

从事评审的人员应当经国家认监委或者直属检验检疫机构考核合格。

第十条 有下列情形之一的，直属检验检疫机构应当对出口食品生产企业实施现场检查：

（一）进口国（地区）有特殊注册要求的；

（二）必须实施危害分析与关键控制点

（HACCP）体系验证的；

（三）未纳入食品生产许可管理的；

（四）根据出口食品风险程度和实际工作情况需要实施现场检查的。

国家认监委制定、调整并公布必须实施危害分析与关键控制点（HACCP）体系验证的出口食品生产企业范围。

经直属检验检疫机构确认，有效的第三方认证等符合性评定结果可以被采用。

第十一条　评审组应当在完成出口食品生产企业评审工作5日内，完成评审报告，并提交直属检验检疫机构。

直属检验检疫机构应当自收到评审报告之日起10日内，对评审报告进行审查，并做出是否备案的决定。符合备案要求的，颁发《出口食品生产企业备案证明》（以下简称《备案证明》）；不予备案的，应当书面告知出口食品生产企业，并说明理由。

直属检验检疫机构应当及时将出口食品生产企业备案名录报国家认监委，国家认监委统一汇总公布，并报国家质检总局。

第十二条　《备案证明》有效期为4年。

出口食品生产企业需要延续依法取得的《备案证明》有效期的，应当至少在《备案证明》有效期届满前3个月，向其所在地直属检验检疫机构提出延续备案申请。

直属检验检疫机构应当对提出延续备案申请的出口食品生产企业进行复查，经复查符合备案要求的，予以换发《备案证明》。

第十三条　直属检验检疫机构按照出口食品生产企业备案编号规则对予以备案的出口食品生产企业进行编号管理。

第十四条　出口食品生产企业的企业名称、法定代表人、营业执照等备案事项发生变更的，应当自发生变更之日起15日内，向所在地直属检验检疫机构办理备案变更手续。

第十五条　出口食品生产企业生产地址搬迁、新建或者改建生产车间以及食品安全卫生控制体系发生重大变更等情况的，应当在变更前向所在地直属检验检疫机构报告，并重新办理相关备案事项。

第三章　备案管理

第十六条　国家认监委对直属检验检疫机构实施的出口食品生产企业备案工作进行指导、监督。

直属检验检疫机构应当依法对辖区内的出口食品生产企业进行监督检查，发现违法违规行为的，应当及时查处，并将处理结果上报国家认监委。

第十七条　直属检验检疫机构应当根据有关规定和出口食品风险程度，制定相应备案监管工作方案和年度计划，确定对不同类型产品的出口食品生产企业的监督检查频次，并报国家认监委。

对仅通过文件审核予以备案的出口食品生产企业，直属检验检疫机构应当结合出口食品的抽检情况，根据需要进行现场检查。

第十八条　出口食品企业应当建立食品安全卫生控制体系运行及出口食品生产记录档案，保存期限不得少于2年。

出口食品生产企业应当于每年1月底前向其所在地直属检验检疫机构提交上一年度报告。

第十九条　直属检验检疫机构应当建立出口食品生产企业备案管理档案，及时汇总信息并纳入企业信誉记录，审查出口食品生产企业年度报告，对存在相关问题的出口食品生产企业，应当加强监督、检查。

直属检验检疫机构应当将有关出口食品生产企业备案工作情况向所在地人民政府通报。

第二十条　出口食品生产企业发生食品安全卫生问题的，应当及时向所在地直属检验检疫机构报告，并提交相关材料、原因分析和整改计划。直属检验检疫机构应当对出口食品生产企业的整改情况进行现场监督检查。

第二十一条　出口食品生产企业有下列情况之一的，直属检验检疫局应当注销《备案证明》，予以公布，并向国家认监委报告：

（一）《备案证明》有效期届满，未申请延续的；

（二）《备案证明》有效期届满，经复查不符合延续备案要求的；

（三）出口食品生产企业依法终止的；

（四）2 年内未出口食品的；

（五）法律法规规定的应当注销的其他情形。

第二十二条 出口食品生产企业有下列情况之一的，直属检验检疫机构应当责令其限期整改，整改期间暂停使用《备案证明》，并予以公布：

（一）出口食品安全卫生管理存在隐患，不能确保其产品安全卫生的；

（二）出口食品生产企业出口的产品因安全卫生方面的问题被进口国（地区）主管当局通报的；

（三）出口食品经检验检疫时发现存在安全卫生问题的；

（四）不能持续保证食品安全卫生控制体系有效运行的；

（五）未依照本规定办理变更或者重新备案事项的。

第二十三条 出口食品生产企业有下列情况之一的，直属检验检疫机构应当撤销《备案证明》，予以公布，并向国家认监委报告：

（一）出口食品发生重大安全卫生事故的；

（二）不能持续符合我国食品有关法定要求和进口国（地区）法律法规标准要求的；

（三）以欺骗、贿赂等不正当手段取得《备案证明》的；

（四）向检验检疫机构隐瞒有关情况、提供虚假材料或者拒绝提供其活动情况的真实材料的；

（五）出租、出借、转让、倒卖、涂改《备案证明》的；

（六）拒不接受监督管理的；

（七）出口食品生产、加工过程中非法添加非食用物质、违规使用食品添加剂以及采用不适合人类食用的方法生产、加工食品等行为的。

因前款第（三）项行为被撤销《备案证明》的，出口食品生产企业 3 年内不得再次申请备案；因其他行为被撤销《备案证明》的，出口食品生产企业 1 年内不得再次申请备案。

第二十四条 出口食品生产企业违反《中华人民共和国食品安全法》、《中华人民共和国进出口商品检验法》及其实施条例等有关法律、行政法规规定的，依照相关规定予以处罚。

第二十五条 国家认监委和检验检疫机构的工作人员在实施备案和监督管理工作中，滥用职权、徇私舞弊、玩忽职守的，依法给予行政处分；构成犯罪的，依法追究刑事责任。

第四章 附 则

第二十六条 出口食品生产企业需要办理国外卫生注册的，应当按照本规定取得《备案证明》，依据我国和进口国有关要求，向其所在地直属检验检疫机构提出申请，并由国家认监委统一对外推荐。

第二十七条 本规定所称的出口食品生产企业不包括出口食品添加剂、食品相关产品的生产、加工、储存企业。

第二十八条 供港澳食品、边境小额和互市贸易出口食品，国家质检总局有规定的，从其规定。

第二十九条 本规定由国家质量监督检验检疫总局负责解释。

第三十条 本规定自 2011 年 10 月 1 日起施行。原国家质量监督检验检疫总局 2002 年 4 月 19 日公布的《出口食品生产企业卫生注册登记管理规定》同时废止。

资源税暂行条例

（1993年12月25日中华人民共和国国务院令第139号发布　根据2011年9月30日《国务院关于修改〈中华人民共和国资源税暂行条例〉的决定》修订）

第一条　在中华人民共和国领域及管辖海域开采本条例规定的矿产品或者生产盐（以下称开采或者生产应税产品）的单位和个人，为资源税的纳税人，应当依照本条例缴纳资源税。

第二条　资源税的税目、税率，依照本条例所附《资源税税目税率表》及财政部的有关规定执行。

税目、税率的部分调整，由国务院决定。

第三条　纳税人具体适用的税率，在本条例所附《资源税税目税率表》规定的税率幅度内，根据纳税人所开采或者生产应税产品的资源品位、开采条件等情况，由财政部商国务院有关部门确定；财政部未列举名称且未确定具体适用税率的其他非金属矿原矿和有色金属矿原矿，由省、自治区、直辖市人民政府根据实际情况确定，报财政部和国家税务总局备案。

第四条　资源税的应纳税额，按照从价定率或者从量定额的办法，分别以应税产品的销售额乘以纳税人具体适用的比例税率或者以应税产品的销售数量乘以纳税人具体适用的定额税率计算。

第五条　纳税人开采或者生产不同税目应税产品的，应当分别核算不同税目应税产品的销售额或者销售数量；未分别核算或者不能准确提供不同税目应税产品的销售额或者销售数量的，从高适用税率。

第六条　纳税人开采或者生产应税产品，自用于连续生产应税产品的，不缴纳资源税；自用于其他方面的，视同销售，依照本条例缴纳资源税。

第七条　有下列情形之一的，减征或者免征资源税：

（一）开采原油过程中用于加热、修井的原油，免税。

（二）纳税人开采或者生产应税产品过程中，因意外事故或者自然灾害等原因遭受重大损失的，由省、自治区、直辖市人民政府酌情决定减税或者免税。

（三）国务院规定的其他减税、免税项目。

第八条　纳税人的减税、免税项目，应当单独核算销售额或者销售数量；未单独核算或者不能准确提供销售额或者销售数量的，不予减税或者免税。

第九条　纳税人销售应税产品，纳税义务发生时间为收讫销售款或者取得索取销售款凭据的当天；自产自用应税产品，纳税义务发生时间为移送使用的当天。

第十条　资源税由税务机关征收。

第十一条　收购未税矿产品的单位为资源税的扣缴义务人。

第十二条　纳税人应纳的资源税，应当向应税产品的开采或者生产所在地主管税务机关缴纳。纳税人在本省、自治区、直辖市范围内开采或者生产应税产品，其纳税地点需要调整的，由省、自治区、直辖市税务机关决定。

第十三条　纳税人的纳税期限为1日、3日、5日、10日、15日或者1个月，由主管税务机关根据实际情况具体核定。不能按固定期限计算纳税的，可以按次计算纳税。

纳税人以1个月为一期纳税的，自期满之日起10日内申报纳税；以1日、3日、5日、10日或者15日为一期纳税的，自期满之日起5日内预缴税款，于次月1日起10日内申报纳税并结清上月税款。

扣缴义务人的解缴税款期限，比照前两款的规定执行。

第十四条　资源税的征收管理，依照《中华人民共和国税收征收管理法》及本条例有关规定执行。

第十五条　本条例实施办法由财政部和国家税务总局制定。

第十六条　本条例自1994年1月1日起施行。1984年9月18日国务院发布的《中华人民共和国资源税条例（草案）》、《中华人民共和国盐税条例（草案）》同时废止。

附表　　资源税税目税率表

税目		税率
一、原油		销售额的 5%～10%
二、天然气		销售额的 5%～10%
三、煤炭	焦煤	每吨 8～20 元
	其他煤炭	每吨 0.3～5 元
四、其他非金属矿原矿	普通非金属矿原矿	每吨或者每立方米 0.5～20 元
	贵重非金属矿原矿	每千克或者每克拉 0.5～20 元
五、黑色金属矿原矿		每吨 2～30 元
六、有色金属矿原矿	稀土矿	每吨 0.4～60 元
	其他有色金属矿原矿	每吨 0.4～30 元
七、盐	固体盐	每吨 10～60 元
	液体盐	每吨 2～10 元

海关管道运输进口能源监管办法

第一条 为了规范海关对管道运输进口能源的监管，依据《中华人民共和国海关法》（以下简称《海关法》）的规定，制定本办法。

第二条 管道运输进口能源跨境管道境内计量站（以下简称计量站）是海关监管场所，应当依照《中华人民共和国海关监管场所管理办法》接受海关监管。

第三条 管道经营单位应当依照国家有关规定经营计量站、计量管道运输数据、传输能源计量电子数据，并依法向海关申报，办理相关手续。

第四条 管道经营单位应当依照本办法规定向计量站所在地直属海关提交下列材料，办理备案手续，提交复印件的，应当同时出示原件供海关验核：

（一）管道经营单位备案登记表（见附件）；

（二）企业法人营业执照；

（三）企业法人组织机构代码证；

（四）海关要求提供的其他材料。

不具备法人资格，但经法人授权的管道经营单位还应当提交法人授权文书。

管道经营单位委托代理人代为办理备案手续的，代理人应当向海关提交管道经营单位出具的授权委托书。

第五条 计量站的计量仪表、设备、软件等应当符合海关监管要求，并经国家主管部门或者法律法规授权的计量检定机构检定或者校准。

管道经营单位应当向计量站所在地直属海关或者经直属海关授权的隶属海关提交国家主管部门或者法律法规授权的计量检定机构出具的载明检定或者校准结论的有效文本。

第六条 管道经营单位应当在计量站运营前将与海关监管相关的管道计量参数报送海关备案。

经计量站所在地直属海关或者经直属海关授权的隶属海关审核同意后，管道计量参数可以根据需要进行调整。

应当备案的管道计量参数项目由海关总署另行公告。

第七条 海关可以对跨境管道的管线设施和计量设备的旁通出口、流量计、流量计算机柜以及其他关键部位施加封志。

管道经营单位需要开启海关施加的封志的，应当向海关提交书面申请，经审核同意的，由海关派员实施开启。开启原因消失后，由海关再次施加封志。

管道运营过程中发生可能影响国家安全和社会秩序的紧急情况，不立即处理将造成人员重大伤亡或者财产重大损失的，管道经营单位可以采取紧急处理措施先予处理，并采取适当方式报告海关。紧急情况消除后，管道经营单位应当立即书面向海关报告相关情况。

海关对计量站设施进行实地检查时，管道经营单位应当到场并提供必要的协助。

第八条 管道经营单位应当按照海关规定传输计量站计量电子数据，并向海关报送相应时段的纸质入境计量报告。

由于计算机故障等特殊情形无法按照规定向海关传输计量电子数据的，管道经营单位应当立即向海关报告有关情况。经海关同意后，管道经营单位应当在海关规定的时限内向海关递交入境计量报告纸本，并于特殊情形消除后立即向海关补充传输计量电子数据。

应当向海关传输的电子数据项目、纸质入境计量报告数据项目，由海关总署另行公告。

海关根据计量数据进行现场验核时，管道经营单位应当到场并提供必要的协助。

第九条 管道运输进口能源在办结申报、纳税及其他海关手续前，属于海关监管货物，未经海关许可，不得进行销售、抵押、质押或者进行其他处置。

管道经营单位应当在计量站运营前向海关报告用以开通管道的水、氮气等数量和处理方式，并按照海关规定定期向海关申报能源损耗和能源耗用相关情况，接受海关监管。

第十条 管道经营单位接收和复运出境清管器等设备的，应当按照暂时进出境货物相关管理规定办理海关手续，接受海关监管。

第十一条 经海关批准，管道运输进口能源的收货人应当在每月1日至14日期间向海关定期申报上月进口能源，并缴纳相应税款。

管道运输进口能源的收货人超过前款规定期限向海关申报的，海关依法征收滞报金。收货人向海关办理申报手续时，除按照规定提交进口货物报关单外，还应当同时向海关提交管道经营单位出具的入境计量报告、相应许可证件以及海关要求的其他单证。

第十二条 办理定期申报的收货人应当向海关提供有效担保。

经海关批准，办理定期申报的收货人也可以按照《中华人民共和国海关事务担保条例》的有关规定，向海关申请适用管道运输进口能源定期申报总担保。

管道运输进口能源定期申报总担保具体办法由海关总署另行制定。

第十三条 管道运输进口能源按照海关接受该货物申报进口之日适用的税率、汇率计征税款。

第十四条 不同国别的原产地混合运输的能源，收货人应当按照定期申报时间段内不同国别的原产地能源进口数量分别向海关申报。

海关在审核确定进口能源原产地时，可以要求收货人提交原产地证明或者其他足以证明能源原产地的材料，并予以审验。

第十五条 海关认为必要时，可以按照海关化验管理的有关规定提取管道运输的能源样品进行化验，管道经营单位应当提供必要的协助。

第十六条 因设备运行故障、检修等原因导致管道不能正常运输或者重新启动运输，管道经营单位应当立即向海关报告。

第十七条 管道运输进口能源的收货人、管道经营单位等有关企业、单位应当妥善保管会计账簿、会计凭证、报关单证以及其他有关资料，接受海关稽查。

第十八条 违反本办法规定，构成走私行为、违反海关监管规定行为或者其他违反《海关法》行为的，由海关依照《海关法》、《中华人民共和国海关行政处罚实施条例》等有关法律、行政法规的规定予以处理；构成犯罪的，依法追究刑事责任。

第十九条 本办法下列用语的含义：

“能源”，是指通过管道运输方式进口的原油、天然气。

“能源损耗”，是指在管道运输过程中因流失、泄漏等损失或者排污、设备检修过程中放空以及因设备故障损失的能源。

“能源耗用”，是指为了维持管道运输，或者作为加压、加热的动力燃料以及维持加压站、加热站、计量站等管道配套设施运行需要，从管道中提取的能源。

第二十条 本办法由海关总署负责解释。

第二十一条 本办法自2011年12月1日起施行。

船舶吨税暂行条例

第一条　自中华人民共和国境外港口进入境内港口的船舶（以下称应税船舶），应当依照本条例缴纳船舶吨税（以下简称吨税）。

第二条　吨税的税目、税率依照本条例所附的《吨税税目税率表》执行。

《吨税税目税率表》的调整，由国务院决定。

第三条　吨税设置优惠税率和普通税率。

中华人民共和国籍的应税船舶，船籍国（地区）与中华人民共和国签订含有相互给予船舶税费最惠国待遇条款的条约或者协定的应税船舶，适用优惠税率。

其他应税船舶，适用普通税率。

第四条　吨税按照船舶净吨位和吨税执照期限征收。

应税船舶负责人在每次申报纳税时，可以按照《吨税税目税率表》选择申领一种期限的吨税执照。

第五条　吨税的应纳税额按照船舶净吨位乘以适用税率计算。

第六条　吨税由海关负责征收。海关征收吨税应当制发缴款凭证。

应税船舶负责人缴纳吨税或者提供担保后，海关按照其申领的执照期限填发吨税执照。

第七条　应税船舶在进入港口办理入境手续时，应当向海关申报纳税领取吨税执照，或者交验吨税执照。应税船舶在离开港口办理出境手续时，应当交验吨税执照。

应税船舶负责人申领吨税执照时，应当向海关提供下列文件：

（一）船舶国籍证书或者海事部门签发的船舶国籍证书收存证明；

（二）船舶吨位证明。

第八条　吨税纳税义务发生时间为应税船舶进入港口的当日。

应税船舶在吨税执照期满后尚未离开港口的，应当申领新的吨税执照，自上一次执照期满的次日起续缴吨税。

第九条　下列船舶免征吨税：

（一）应纳税额在人民币50元以下的船舶；

（二）自境外以购买、受赠、继承等方式取得船舶所有权的初次进口到港的空载船舶；

（三）吨税执照期满后24小时内不上下客货的船舶；

（四）非机动船舶（不包括非机动驳船）；

（五）捕捞、养殖渔船；

（六）避难、防疫隔离、修理、终止运营或者拆解，并不上下客货的船舶；

（七）军队、武装警察部队专用或者征用的船舶；

（八）依照法律规定应当予以免税的外国驻华使领馆、国际组织驻华代表机构及其有关人员的船舶；

（九）国务院规定的其他船舶。

第十条　在吨税执照期限内，应税船舶发生下列情形之一的，海关按照实际发生的天数批注延长吨税执照期限：

（一）避难、防疫隔离、修理，并不上下客货；

（二）军队、武装警察部队征用。

应税船舶因不可抗力在未设立海关地点停泊的，船舶负责人应当立即向附近海关报告，并在不可抗力原因消除后，依照本条例规定向海关申报纳税。

第十一条　符合本条例第九条第五项至第八项、第十条规定的船舶，应当提供海事部门、渔业船舶管理部门或者卫生检疫部门等部门、机构出具的具有法律效力的证明文件或者使用关系证明文件，申明免税或者延长吨税执照期限的依据和理由。

第十二条　应税船舶负责人应当自海关填发吨税缴款凭证之日起15日内向指定银行缴清税款。未按期缴清税款的，自滞纳税款之日起，按日加收滞纳税款0.5‰的滞纳金。

第十三条　应税船舶到达港口前，经海关核准先行申报并办结出入境手续的，应税船舶负责人应当向海关提供与其依法履行吨税缴纳义务相适应的担保；应税船舶到达港口后，依照本条例规定向海关申报纳税。

下列财产、权利可以用于担保：

（一）人民币、可自由兑换货币；

（二）汇票、本票、支票、债券、存单；

（三）银行、非银行金融机构的保函；

（四）海关依法认可的其他财产、权利。

第十四条 应税船舶在吨税执照期限内，因修理导致净吨位变化的，吨税执照继续有效。应税船舶办理出入境手续时，应当提供船舶经过修理的证明文件。

第十五条 应税船舶在吨税执照期限内，因税目税率调整或者船籍改变而导致适用税率变化的，吨税执照继续有效。

因船籍改变而导致适用税率变化的，应税船舶在办理出入境手续时，应当提供船籍改变的证明文件。

第十六条 吨税执照在期满前毁损或者遗失的，应当向原发照海关书面申请核发吨税执照副本，不再补税。

第十七条 海关发现少征或者漏征税款的，应当自应税船舶应当缴纳税款之日起1年内，补征税款。但因应税船舶违反规定造成少征或者漏征税款的，海关可以自应当缴纳税款之日起3年内追征税款，并自应当缴纳税款之日起按日加征少征或者漏征税款0.5‰的滞纳金。

海关发现多征税款的，应当立即通知应税船舶办理退还手续，并加算银行同期活期存款利息。

应税船舶发现多缴税款的，可以自缴纳税款之日起1年内以书面形式要求海关退还多缴的税款并加算银行同期活期存款利息；海关应当自受理退税申请之日起30日内查实并通知应税船舶办理退还手续。

应税船舶应当自收到本条第二款、第三款规定的通知之日起3个月内办理有关退还手续。

第十八条 应税船舶有下列行为之一的，由海关责令限期改正，处2 000元以上3万元以下罚款；不缴或者少缴应纳税款的，处不缴或者少缴税款50%以上5倍以下的罚款，但罚款不得低于2 000元：

（一）未按照规定申报纳税、领取吨税执照的；

（二）未按照规定交验吨税执照及其他证明文件的。

第十九条 吨税税款、滞纳金、罚款以人民币计算。

第二十条 本条例下列用语的含义：

净吨位，是指由船籍国（地区）政府授权签发的船舶吨位证明书上标明的净吨位。

非机动船舶，是指自身没有动力装置，依靠外力驱动的船舶。

非机动驳船，是指在船舶管理部门登记为驳船的非机动船舶。

捕捞、养殖渔船，是指在中华人民共和国渔业船舶管理部门登记为捕捞船或者养殖船的船舶。

拖船，是指专门用于拖（推）动运输船舶的专业作业船舶。拖船按照发动机功率每1千瓦折合净吨位0.67吨。

吨税执照期限，是指按照公历年、日计算的期间。

第二十一条 本条例自2012年1月1日起施行。1952年9月16日政务院财政经济委员会批准、1952年9月29日海关总署发布的《中华人民共和国海关船舶吨税暂行办法》同时废止。

附

吨税税目税率表

税目（按船舶净吨位划分）	税率（元/净吨）						备注
	普通税率（按执照期限划分）			优惠税率（按执照期限划分）			
	1年	90日	30日	1年	90日	30日	
不超过2 000净吨	12.6	4.2	2.1	9.0	3.0	1.5	拖船和非机动驳船分别按相同净吨位船舶税率的50%计征税款
超过2 000净吨，但不超过10 000净吨	24.0	8.0	4.0	17.4	5.8	2.9	
超过10 000净吨，但不超过50 000净吨	27.6	9.2	4.6	19.8	6.6	3.3	
超过50 000净吨	31.8	10.6	5.3	22.8	7.6	3.8	

对外承包工程项目投标（议标）管理办法

第一章　总　　则

第一条　为加强对外承包工程项目投标（议标）核准管理，规范对外承包工程项目投标（议标）活动，保障对外承包工程项目经济效益与社会效益，促进对外承包工程健康发展，根据《对外承包工程管理条例》和《国务院对确需保留的行政审批项目设定行政许可的决定》，制定本办法。

第二条　依法取得对外承包工程资格的企业或其他单位（以下统称单位）以投标或议标方式承包合同报价金额不低于500万美元的境外建设工程项目，应当在对外投标或议标前按照本办法规定办理对外承包工程项目投标（议标）核准（以下简称对外承包工程项目核准）。

第三条　本办法所称对外承包工程项目是指中国的单位承包境外建设工程项目，包括咨询、勘察、设计、监理、招标、造价、采购、施工、安装、调试、运营、管理等活动。

第四条　商务部负责对外承包工程项目核准工作。

商务部建立对外承包工程项目数据库系统管理对外承包工程项目核准。

第五条　国家鼓励对外承包工程使用人民币进行计价结算、申请融资、办理保函等业务。开展上述业务应当符合《跨境贸易人民币结算试点管理办法》等有关规定。

第二章　对外承包工程项目核准

第六条　对外承包工程的单位应当通过对外承包工程项目数据库系统申请对外承包工程项目核准。

申请核准应当提供以下材料：

（一）项目情况说明；

（二）中国驻项目所在国使馆（领馆）经商机构出具的意见；

（三）有关商会出具的意见；

（四）需境内金融机构提供信贷或信用保险的项目，需提交境内金融机构出具的承贷或承保意向函。

第七条　中国驻项目所在国使馆（领馆）经商机构应当在对外承包工程的单位根据本办法第六条第一款提出申请后通过对外承包工程项目数据库系统提出明确意见。中国驻项目所在国使馆（领馆）经商机构在提出意见时应当综合考虑外经贸政策、驻在国安全风险、项目环保与可能涉及的多国利益以及企业业务开展情况、突发事件报送和项目外派劳务人员等问题。

第八条　有关商会应当在中国驻项目所在国使馆（领馆）经商机构出具意见后通过对外承包工程项目数据库系统提出明确意见。有关商会在提出意见时应当综合考虑企业公平竞争和行业自律等有关情况。

第九条　商务部在收到本办法第六条第二款规定的完备材料之日起3个工作日内予以审查。符合条件的，予以网上核准，并向申请单位颁发《对外承包工程项目投标（议标）核准证》（以下简称《核准证》）。

第十条　具有下列情形之一的，不予办理对外承包工程项目核准：

（一）申请单位受到商务部或者其他部门暂停经营对外承包工程或相关业务的处罚尚未期满；

（二）申请核准前3年内因实施对外承包工程项目的不规范经营行为或重大失误给中国与项目所在国双边关系和经贸合作造成严重影响；

（三）申请核准前3年内参加对外承包工程项目投标（议标）时擅自以中国政府或者金融机构的名义对外承诺融资；

（四）申请核准前2年内未按规定向商务主管部门报告其开展对外承包工程的情况，或未按规定向有关部门报送业务统计资料；

（五）申请核准前3年内不遵守《境外中资企业机构和人员安全管理规定》，并导致重大事故；

（六）申请核准前2年内未按《对外承包工程管理条例》要求向中国驻工程项目所在国使馆（领馆）报告订立工程项目合同情况或不接受使馆（领馆）在突发事件防范、工程质量、安全生产及外派人员保护等方面的指导；

（七）申请核准前3年内曾因以欺骗、贿赂等不正当手段取得《核准证》被商务部撤销核准。

第三章　监督管理

第十一条　获得对外承包工程项目核准的单位，可以就相关项目向境内金融机构申请办理保函、信贷或信用保险，向境内金融机构申请项目保函、信贷或信用保险时，应当提交《核准证》等相关文件。

第十二条　境内金融机构不得向未依据本办法办理对外承包工程项目核准的单位开立保函、提供信贷或信用保险。

第十三条　获得对外承包工程项目核准的单位应当在项目评标结果公布后10个工作日内，在对外承包工程项目数据库系统上填报评标结果。

中标单位应当在开工后每个月在对外承包工程项目数据库系统上填报项目实施进展情况，直至对外承包工程项目合同义务终止。

第四章　法律责任

第十四条　申请对外承包工程项目核准的单位隐瞒有关情况或者伪造相关证明、提交虚假材料的，商务部不予核准，并给予警告，责令改正；情节严重或拒不改正的，处3万元以下罚款；并可对其主要负责人处1万元以下罚款。

申请对外承包工程项目核准的单位以欺骗、贿赂等不正当手段取得《核准证》的，由商务部撤销核准，并给予警告，处3万元以下罚款；并可对其主要负责人处1万元以下罚款；发生《对外承包工程管理条例》第二十五条、第二十六条规定情形的，由商务主管部门根据《对外承包工程管理条例》第二十五条、第二十六条规定在一定期限内禁止对外承包新的工程项目直至吊销对外承包工程资格证书。

第十五条　对外承包工程的单位未按照本办法规定办理对外承包工程项目核准的，商务部给予警告，处3万元以下罚款；并可对其主要负责人处1万元以下罚款；发生《对外承包工程管理条例》第二十五条、第二十六条规定情形的，由商务主管部门根据《对外承包工程管理条例》第二十五条、第二十六条规定在一定期限内禁止对外承包新的工程项目直至吊销对外承包工程资格证书。

第十六条　商务部、中国驻项目所在国使馆（领馆）经商机构、有关商会的工作人员在办理对外承包工程项目核准、出具意见工作中，玩忽职守、徇私舞弊或者滥用职权，构成犯罪的，依法追究刑事责任；尚不构成犯罪的，依法给予处分。

第十七条　金融机构违反本办法规定为对外承包工程的单位开立保函、提供信贷或信用保险的，中国银行业监督管理委员会、中国保险监督管理委员会根据有关金融监督管理的法律、法规和规章的规定给予处罚。

第五章　附　　则

第十八条　《核准证》由商务部统一印制。

第十九条　中国内地的单位在香港特别行政区、澳门特别行政区、台湾地区承包工程项目的投标（议标）管理，参照本办法的规定执行。

第二十条　机电产品、大型机械和成套设备出口，不适用本办法。

第二十一条　本办法所称“不低于”、“以下”均含本数。

第二十二条　本办法由商务部会同中国银行业监督管理委员会、中国保险监督管理委员会负责解释。

第二十三条　本办法自2012年1月15日起施行。《对外贸易经济合作部中国人民银行关于下发〈对外承包工程项目投标（议标）许可暂行办法〉的通知》(〔1999〕外经贸合发第699号)、《对外贸易经济合作部中国人民银行财政部关于印发〈对外承包工程项目投标（议标）许可暂行办法〉补充规定的通知》（外经贸合发〔2001〕285号）和《商务部中国人民银行财政部关于〈对外承包工程项目投标（议标）许可暂行办法〉补充规定的通知》(商合发〔2005〕20号）同时废止。

商业特许经营备案管理办法

第一条 为加强对商业特许经营活动的管理，规范特许经营市场秩序，根据《商业特许经营管理条例》（以下简称《条例》）的有关规定，制定本办法。

第二条 在中华人民共和国境内（以下简称中国境内）从事商业特许经营活动，适用本办法。

第三条 商务部及省、自治区、直辖市人民政府商务主管部门是商业特许经营的备案机关。在省、自治区、直辖市范围内从事商业特许经营活动的，向特许人所在地省、自治区、直辖市人民政府商务主管部门备案；跨省、自治区、直辖市范围从事特许经营活动的，向商务部备案。

商业特许经营实行全国联网备案。符合《条例》规定的特许人，依据本办法规定通过商务部设立的商业特许经营信息管理系统进行备案。

第四条 商务部可以根据有关规定，将跨省、自治区、直辖市范围从事商业特许经营的备案工作委托有关省、自治区、直辖市人民政府商务主管部门完成。受委托的省、自治区、直辖市人民政府商务主管部门应当自行完成备案工作，不得再委托其他任何组织和个人备案。

受委托的省、自治区、直辖市人民政府商务主管部门未依法行使备案职责的，商务部可以直接受理特许人的备案申请。

第五条 任何单位或者个人对违反本办法规定的行为，有权向商务主管部门举报，商务主管部门应当依法处理。

第六条 申请备案的特许人应当向备案机关提交以下材料：

（一）商业特许经营基本情况。

（二）中国境内全部被特许人的店铺分布情况。

（三）特许人的市场计划书。

（四）企业法人营业执照或其他主体资格证明。

（五）与特许经营活动相关的商标权、专利权及其他经营资源的注册证书。

（六）符合《条例》第七条第二款规定的证明文件。

在 2007 年 5 月 1 日前已经从事特许经营活动的特许人在提交申请商业特许经营备案材料时不适用于上款的规定。

（七）与中国境内的被特许人订立的第一份特许经营合同。

（八）特许经营合同样本。

（九）特许经营操作手册的目录（须注明每一章节的页数和手册的总页数，对于在特许系统内部网络上提供此类手册的，须提供估计的打印页数）。

（十）国家法律法规规定经批准方可开展特许经营的产品和服务，须提交相关主管部门的批准文件。

外商投资企业应当提交《外商投资企业批准证书》，《外商投资企业批准证书》经营范围中应当包括“以特许经营方式从事商业活动”项目。

（十一）经法定代表人签字盖章的特许人承诺。

（十二）备案机关认为应当提交的其他资料。

以上文件在中华人民共和国境外形成的，需经所在国公证机关公证（附中文译本），并经中华人民共和国驻所在国使领馆认证，或者履行中华人民共和国与所在国订立的有关条约中规定的证明手续。在香港、澳门、台湾地区形成的，应当履行相关的证明手续。

第七条 特许人应当在与中国境内的被特许人首次订立特许经营合同之日起 15 日内向备案机关申请备案。

第八条 特许人的以下备案信息有变化的，应当自变化之日起 30 日内向备案机关申请变更：

（一）特许人的工商登记信息。

（二）经营资源信息。

（三）中国境内全部被特许人的店铺分布情况。

第九条 特许人应当在每年 3 月 31 日前将其上一年度订立、撤销、终止、续签的特许经营合同情况向备案机关报告。

第十条 特许人应认真填写所有备案事项的信息，并确保所填写内容真实、准确和完整。

第十一条 备案机关应当自收到特许人提交的符合本办法第六条规定的文件、资料之日起 10 日内予以备案，并在商业特许经营信息管理系统予以公告。

特许人提交的文件、资料不完备的，备案机关可以要求其在7日内补充提交文件、资料。备案机关在特许人材料补充齐全之日起10日内予以备案。

第十二条　已完成备案的特许人有下列行为之一的，备案机关可以撤销备案，并在商业特许经营信息管理系统予以公告：

（一）特许人注销工商登记，或因特许人违法经营，被主管登记机关吊销营业执照的。

（二）备案机关收到司法机关因为特许人违法经营而作出的关于撤销备案的司法建议书。

（三）特许人隐瞒有关信息或者提供虚假信息，造成重大影响的。

（四）特许人申请撤销备案并经备案机关同意的。

（五）其他需要撤销备案的情形。

第十三条　各省、自治区、直辖市人民政府商务主管部门应当将备案及撤销备案的情况在10日内反馈商务部。

第十四条　备案机关应当完整准确地记录和保存特许人的备案信息材料，依法为特许人保守商业秘密。

特许人所在地的（省、自治区、直辖市或设区的市级）人民政府商务主管部门可以向通过备案的特许人出具备案证明。

第十五条　公众可通过商业特许经营信息管理系统查询以下信息：

（一）特许人的企业名称及特许经营业务使用的注册商标、企业标志、专有技术等经营资源。

（二）特许人的备案时间。

（三）特许人的法定经营场所地址与联系方式、法定代表人姓名。

（四）中国境内全部被特许人的店铺分布情况。

第十六条　特许人未按照《条例》和本办法的规定办理备案的，由设区的市级以上商务主管部门责令限期备案，并处1万元以上5万元以下罚款；逾期仍不备案的，处5万元以上10万元以下罚款，并予以公告。

第十七条　特许人违反本办法第九条规定的，由设区的市级以上商务主管部门责令改正，可以处1万元以下的罚款；情节严重的，处1万元以上5万元以下的罚款，并予以公告。

第十八条　国外特许人在中国境内从事特许经营活动，按照本办法执行。香港、澳门特别行政区及台湾地区特许人参照本办法执行。

第十九条　相关协会组织应当依照本办法规定，加强行业自律，指导特许人依法备案。

第二十条　本办法由商务部负责解释。

第二十一条　本办法自2012年2月1日起施行。2007年5月1日施行的《商业特许经营备案管理办法》（商务部2007年第15号令）同时废止。

招标投标法实施条例

第一章 总 则

第一条 为了规范招标投标活动，根据《中华人民共和国招标投标法》（以下简称招标投标法），制定本条例。

第二条 招标投标法第三条所称工程建设项目，是指工程以及与工程建设有关的货物、服务。

前款所称工程，是指建设工程，包括建筑物和构筑物的新建、改建、扩建及其相关的装修、拆除、修缮等；所称与工程建设有关的货物，是指构成工程不可分割的组成部分，且为实现工程基本功能所必需的设备、材料等；所称与工程建设有关的服务，是指为完成工程所需的勘察、设计、监理等服务。

第三条 依法必须进行招标的工程建设项目的具体范围和规模标准，由国务院发展改革部门会同国务院有关部门制订，报国务院批准后公布施行。

第四条 国务院发展改革部门指导和协调全国招标投标工作，对国家重大建设项目的工程招标投标活动实施监督检查。国务院工业和信息化、住房城乡建设、交通运输、铁道、水利、商务等部门，按照规定的职责分工对有关招标投标活动实施监督。

县级以上地方人民政府发展改革部门指导和协调本行政区域的招标投标工作。县级以上地方人民政府有关部门按照规定的职责分工，对招标投标活动实施监督，依法查处招标投标活动中的违法行为。县级以上地方人民政府对其所属部门有关招标投标活动的监督职责分工另有规定的，从其规定。

财政部门依法对实行招标投标的政府采购工程建设项目的预算执行情况和政府采购政策执行情况实施监督。

监察机关依法对与招标投标活动有关的监察对象实施监察。

第五条 设区的市级以上地方人民政府可以根据实际需要，建立统一规范的招标投标交易场所，为招标投标活动提供服务。招标投标交易场所不得与行政监督部门存在隶属关系，不得以营利为目的。

国家鼓励利用信息网络进行电子招标投标。

第六条 禁止国家工作人员以任何方式非法干涉招标投标活动。

第二章 招 标

第七条 按照国家有关规定需要履行项目审批、核准手续的依法必须进行招标的项目，其招标范围、招标方式、招标组织形式应当报项目审批、核准部门审批、核准。项目审批、核准部门应当及时将审批、核准确定的招标范围、招标方式、招标组织形式通报有关行政监督部门。

第八条 国有资金占控股或者主导地位的依法必须进行招标的项目，应当公开招标；但有下列情形之一的，可以邀请招标：

（一）技术复杂、有特殊要求或者受自然环境限制，只有少量潜在投标人可供选择；

（二）采用公开招标方式的费用占项目合同金额的比例过大。

有前款第二项所列情形，属于本条例第七条规定的项目，由项目审批、核准部门在审批、核准项目时作出认定；其他项目由招标人申请有关行政监督部门作出认定。

第九条 除招标投标法第六十六条规定的可以不进行招标的特殊情况外，有下列情形之一的，可以不进行招标：

（一）需要采用不可替代的或者专有技术；

（二）采购人依法能够自行建设、生产或者提供；

（三）已通过招标方式选定的特许经营项目投资人依法能够自行建设、生产或者提供；

（四）需要向原中标人采购工程、货物或者服务，否则将影响施工或者功能配套要求；

（五）国家规定的其他特殊情形。

招标人为适用前款规定弄虚作假的，属于招标投标法第四条规定的规避招标。

第十条 招标投标法第十二条第二款规定的招标人具有编制招标文件和组织评标能力，是指招标人具有与招标项目规模和复杂程度相适应的技术、经济等方面的专业人员。

第十一条 招标代理机构的资格依照法律和国务院的规定由有关部门认定。

国务院住房城乡建设、商务、发展改革、工业和信息化等部门，按照规定的职责分工对招标代理机构依法实施监督管理。

第十二条 招标代理机构应当拥有一定数量的取得招标职业资格的专业人员。取得招标职业资格的具体办法由国务院人力资源社会保障部门会同国务院发展改革部门制定。

第十三条 招标代理机构在其资格许可和招标人委托的范围内开展招标代理业务，任何单位和个人不得非法干涉。

招标代理机构代理招标业务，应当遵守招标投标法和本条例关于招标人的规定。招标代理机构不得在所代理的招标项目中投标或者代理投标，也不得为所代理的招标项目的投标人提供咨询。

招标代理机构不得涂改、出租、出借、转让资格证书。

第十四条 招标人应当与被委托的招标代理机构签订书面委托合同，合同约定的收费标准应当符合国家有关规定。

第十五条 公开招标的项目，应当依照招标投标法和本条例的规定发布招标公告、编制招标文件。

招标人采用资格预审办法对潜在投标人进行资格审查的，应当发布资格预审公告、编制资格预审文件。

依法必须进行招标的项目的资格预审公告和招标公告，应当在国务院发展改革部门依法指定的媒介发布。在不同媒介发布的同一招标项目的资格预审公告或者招标公告的内容应当一致。指定媒介发布依法必须进行招标的项目的境内资格预审公告、招标公告，不得收取费用。

编制依法必须进行招标的项目的资格预审文件和招标文件，应当使用国务院发展改革部门会同有关行政监督部门制定的标准文本。

第十六条 招标人应当按照资格预审公告、招标公告或者投标邀请书规定的时间、地点发售资格预审文件或者招标文件。资格预审文件或者招标文件的发售期不得少于5日。

招标人发售资格预审文件、招标文件收取的费用应当限于补偿印刷、邮寄的成本支出，不得以营利为目的。

第十七条 招标人应当合理确定提交资格预审申请文件的时间。依法必须进行招标的项目提交资格预审申请文件的时间，自资格预审文件停止发售之日起不得少于5日。

第十八条 资格预审应当按照资格预审文件载明的标准和方法进行。

国有资金占控股或者主导地位的依法必须进行招标的项目，招标人应当组建资格审查委员会审查资格预审申请文件。资格审查委员会及其成员应当遵守招标投标法和本条例有关评标委员会及其成员的规定。

第十九条 资格预审结束后，招标人应当及时向资格预审申请人发出资格预审结果通知书。未通过资格预审的申请人不具有投标资格。

通过资格预审的申请人少于3个的，应当重新招标。

第二十条 招标人采用资格后审办法对投标人进行资格审查的，应当在开标后由评标委员会按照招标文件规定的标准和方法对投标人的资格进行审查。

第二十一条 招标人可以对已发出的资格预审文件或者招标文件进行必要的澄清或者修改。澄清或者修改的内容可能影响资格预审申请文件或者投标文件编制的，招标人应当在提交资格预审申请文件截止时间至少3日前，或者投标截止时间至少15日前，以书面形式通知所有获取资格预审文件或者招标文件的潜在投标人；不足3日或者15日的，招标人应当顺延提交资格预审申请文件或者投标文件的截止时间。

第二十二条 潜在投标人或者其他利害关系人对资格预审文件有异议的，应当在提交资格预审申请文件截止时间2日前提出；对招标文件有异议的，应当在投标截止时间10日前提出。招标人应当自收到异议之日起 3 日内作出答复；作出答复前，应当暂停招标投标活动。

第二十三条 招标人编制的资格预审文件、招标文件的内容违反法律、行政法规的强制性规定，违反公开、公平、公正和诚实信用原则，影响资格预审结果或者潜在投标人投标的，依法必须进行招标的项目的招标人应当在修改资格预审文件或者招标文件后重新招标。

第二十四条 招标人对招标项目划分标段的，应当遵守招标投标法的有关规定，不得利用划分标段限制或者排斥潜在投标人。依法必须进行招标的项目的招标人不得利用划分标段规避招标。

第二十五条 招标人应当在招标文件中载明投标有效期。投标有效期从提交投标文件的截止之日起算。

第二十六条 招标人在招标文件中要求投标人提交投标保证金的，投标保证金不得超过招标项目估算价的 2%。投标保证金有效期应当与投标有效期一致。

依法必须进行招标的项目的境内投标单位，以现金或者支票形式提交的投标保证金应当从其基本账户转出。

招标人不得挪用投标保证金。

第二十七条 招标人可以自行决定是否编制标底。一个招标项目只能有一个标底。标底必须保密。

接受委托编制标底的中介机构不得参加受托编制标底项目的投标，也不得为该项目的投标人编制投标文件或者提供咨询。

招标人设有最高投标限价的，应当在招标文件中明确最高投标限价或者最高投标限价的计算方法。招标人不得规定最低投标限价。

第二十八条 招标人不得组织单个或者部分潜在投标人踏勘项目现场。

第二十九条 招标人可以依法对工程以及与工程建设有关的货物、服务全部或者部分实行总承包招标。以暂估价形式包括在总承包范围内的工程、货物、服务属于依法必须进行招标的项目范围且达到国家规定规模标准的，应当依法进行招标。

前款所称暂估价，是指总承包招标时不能确定价格而由招标人在招标文件中暂时估定的工程、货物、服务的金额。

第三十条 对技术复杂或者无法精确拟定技术规格的项目，招标人可以分两阶段进行招标。

第一阶段，投标人按照招标公告或者投标邀请书的要求提交不带报价的技术建议，招标人根据投标人提交的技术建议确定技术标准和要求，编制招标文件。

第二阶段，招标人向在第一阶段提交技术建议的投标人提供招标文件，投标人按照招标文件的要求提交包括最终技术方案和投标报价的投标文件。

招标人要求投标人提交投标保证金的，应当在第二阶段提出。

第三十一条 招标人终止招标的，应当及时发布公告，或者以书面形式通知被邀请的或者已经获取资格预审文件、招标文件的潜在投标人。已经发售资格预审文件、招标文件或者已经收取投标保证金的，招标人应当及时退还所收取的资格预审文件、招标文件的费用，以及所收取的投标保证金及银行同期存款利息。

第三十二条 招标人不得以不合理的条件限制、排斥潜在投标人或者投标人。

招标人有下列行为之一的，属于以不合理条件限制、排斥潜在投标人或者投标人：

（一）就同一招标项目向潜在投标人或者投标人提供有差别的项目信息；

（二）设定的资格、技术、商务条件与招标项目的具体特点和实际需要不相适应或者与合同履行无关；

（三）依法必须进行招标的项目以特定行政区域或者特定行业的业绩、奖项作为加分条件或者中标条件；

（四）对潜在投标人或者投标人采取不同的资格审查或者评标标准；

（五）限定或者指定特定的商标、品牌、原产地或者供应商；

（六）依法必须进行招标的项目非法限定潜在投标人或者投标人的所有制形式或者组织形式；

（七）以其他不合理条件限制、排斥潜在投标人或者投标人。

第三章　投　　标

第三十三条　投标人参加依法必须进行招标的项目的投标，不受地区或者部门的限制，任何单位和个人不得非法干涉。

第三十四条　与招标人存在利害关系可能影响招标公正性的法人、其他组织或者个人，不得参加投标。

单位负责人为同一人或者存在控股、管理关系的不同单位，不得参加同一标段投标或者未划分标段的同一招标项目投标。

违反前两款规定的，相关投标均无效。

第三十五条　投标人撤回已提交的投标文件，应当在投标截止时间前书面通知招标人。招标人已收取投标保证金的，应当自收到投标人书面撤回通知之日起5日内退还。

投标截止后投标人撤销投标文件的，招标人可以不退还投标保证金。

第三十六条　未通过资格预审的申请人提交的投标文件，以及逾期送达或者不按照招标文件要求密封的投标文件，招标人应当拒收。

招标人应当如实记载投标文件的送达时间和密封情况，并存档备查。

第三十七条　招标人应当在资格预审公告、招标公告或者投标邀请书中载明是否接受联合体投标。

招标人接受联合体投标并进行资格预审的，联合体应当在提交资格预审申请文件前组成。资格预审后联合体增减、更换成员的，其投标无效。

联合体各方在同一招标项目中以自己名义单独投标或者参加其他联合体投标的，相关投标均无效。

第三十八条　投标人发生合并、分立、破产等重大变化的，应当及时书面告知招标人。投标人不再具备资格预审文件、招标文件规定的资格条件或者其投标影响招标公正性的，其投标无效。

第三十九条　禁止投标人相互串通投标。

有下列情形之一的，属于投标人相互串通投标：

（一）投标人之间协商投标报价等投标文件的实质性内容；

（二）投标人之间约定中标人；

（三）投标人之间约定部分投标人放弃投标或者中标；

（四）属于同一集团、协会、商会等组织成员的投标人按照该组织要求协同投标；

（五）投标人之间为谋取中标或者排斥特定投标人而采取的其他联合行动。

第四十条　有下列情形之一的，视为投标人相互串通投标：

（一）不同投标人的投标文件由同一单位或者个人编制；

（二）不同投标人委托同一单位或者个人办理投标事宜；

（三）不同投标人的投标文件载明的项目管理成员为同一人；

（四）不同投标人的投标文件异常一致或者投标报价呈规律性差异；

（五）不同投标人的投标文件相互混装；

（六）不同投标人的投标保证金从同一单位或者个人的账户转出。

第四十一条　禁止招标人与投标人串通投标。

有下列情形之一的，属于招标人与投标人串通投标：

（一）招标人在开标前开启投标文件并将有关信息泄露给其他投标人；

（二）招标人直接或者间接向投标人泄露标底、评标委员会成员等信息；

（三）招标人明示或者暗示投标人压低或者抬高投标报价；

（四）招标人授意投标人撤换、修改投标文件；

（五）招标人明示或者暗示投标人为特定投标人中标提供方便；

（六）招标人与投标人为谋求特定投标人中标而采取的其他串通行为。

第四十二条　使用通过受让或者租借等方式获取的资格、资质证书投标的，属于招标投标法第三十三条规定的以他人名义投标。

投标人有下列情形之一的，属于招标投标法第三十三条规定的以其他方式弄虚作假的行为：

（一）使用伪造、变造的许可证件；

（二）提供虚假的财务状况或者业绩；

（三）提供虚假的项目负责人或者主要技术人员简历、劳动关系证明；

（四）提供虚假的信用状况；

（五）其他弄虚作假的行为。

第四十三条 提交资格预审申请文件的申请人应当遵守招标投标法和本条例有关投标人的规定。

第四章 开标、评标和中标

第四十四条 招标人应当按照招标文件规定的时间、地点开标。

投标人少于3个的，不得开标；招标人应当重新招标。

投标人对开标有异议的，应当在开标现场提出，招标人应当当场作出答复，并制作记录。

第四十五条 国家实行统一的评标专家专业分类标准和管理办法。具体标准和办法由国务院发展改革部门会同国务院有关部门制定。

省级人民政府和国务院有关部门应当组建综合评标专家库。

第四十六条 除招标投标法第三十七条第三款规定的特殊招标项目外，依法必须进行招标的项目，其评标委员会的专家成员应当从评标专家库内相关专业的专家名单中以随机抽取方式确定。任何单位和个人不得以明示、暗示等任何方式指定或者变相指定参加评标委员会的专家成员。

依法必须进行招标的项目的招标人非因招标投标法和本条例规定的事由，不得更换依法确定的评标委员会成员。更换评标委员会的专家成员应当依照前款规定进行。

评标委员会成员与投标人有利害关系的，应当主动回避。

有关行政监督部门应当按照规定的职责分工，对评标委员会成员的确定方式、评标专家的抽取和评标活动进行监督。行政监督部门的工作人员不得担任本部门负责监督项目的评标委员会成员。

第四十七条 招标投标法第三十七条第三款所称特殊招标项目，是指技术复杂、专业性强或者国家有特殊要求，采取随机抽取方式确定的专家难以保证胜任评标工作的项目。

第四十八条 招标人应当向评标委员会提供评标所必需的信息，但不得明示或者暗示其倾向或者排斥特定投标人。

招标人应当根据项目规模和技术复杂程度等因素合理确定评标时间。超过三分之一的评标委员会成员认为评标时间不够的，招标人应当适当延长。

评标过程中，评标委员会成员有回避事由、擅离职守或者因健康等原因不能继续评标的，应当及时更换。被更换的评标委员会成员作出的评审结论无效，由更换后的评标委员会成员重新进行评审。

第四十九条 评标委员会成员应当依照招标投标法和本条例的规定，按照招标文件规定的评标标准和方法，客观、公正地对投标文件提出评审意见。招标文件没有规定的评标标准和方法不得作为评标的依据。

评标委员会成员不得私下接触投标人，不得收受投标人给予的财物或者其他好处，不得向招标人征询确定中标人的意向，不得接受任何单位或者个人明示或者暗示提出的倾向或者排斥特定投标人的要求，不得有其他不客观、不公正履行职务的行为。

第五十条 招标项目设有标底的，招标人应当在开标时公布。标底只能作为评标的参考，不得以投标报价是否接近标底作为中标条件，也不得以投标报价超过标底上下浮动范围作为否决投标的条件。

第五十一条 有下列情形之一的，评标委员会应当否决其投标：

（一）投标文件未经投标单位盖章和单位负责人签字；

（二）投标联合体没有提交共同投标协议；

（三）投标人不符合国家或者招标文件规定的资格条件；

（四）同一投标人提交两个以上不同的投标文件或者投标报价，但招标文件要求提交备选投标的除外；

（五）投标报价低于成本或者高于招标文件设定的最高投标限价；

（六）投标文件没有对招标文件的实质性要求

和条件作出响应；

（七）投标人有串通投标、弄虚作假、行贿等违法行为。

第五十二条 投标文件中有含义不明确的内容、明显文字或者计算错误，评标委员会认为需要投标人作出必要澄清、说明的，应当书面通知该投标人。投标人的澄清、说明应当采用书面形式，并不得超出投标文件的范围或者改变投标文件的实质性内容。

评标委员会不得暗示或者诱导投标人作出澄清、说明，不得接受投标人主动提出的澄清、说明。

第五十三条 评标完成后，评标委员会应当向招标人提交书面评标报告和中标候选人名单。中标候选人应当不超过3个，并标明排序。

评标报告应当由评标委员会全体成员签字。对评标结果有不同意见的评标委员会成员应当以书面形式说明其不同意见和理由，评标报告应当注明该不同意见。评标委员会成员拒绝在评标报告上签字又不书面说明其不同意见和理由的，视为同意评标结果。

第五十四条 依法必须进行招标的项目，招标人应当自收到评标报告之日起3日内公示中标候选人，公示期不得少于3日。

投标人或者其他利害关系人对依法必须进行招标的项目的评标结果有异议的，应当在中标候选人公示期间提出。招标人应当自收到异议之日起3日内作出答复；作出答复前，应当暂停招标投标活动。

第五十五条 国有资金占控股或者主导地位的依法必须进行招标的项目，招标人应当确定排名第一的中标候选人为中标人。排名第一的中标候选人放弃中标、因不可抗力不能履行合同、不按照招标文件要求提交履约保证金，或者被查实存在影响中标结果的违法行为等情形，不符合中标条件的，招标人可以按照评标委员会提出的中标候选人名单排序依次确定其他中标候选人为中标人，也可以重新招标。

第五十六条 中标候选人的经营、财务状况发生较大变化或者存在违法行为，招标人认为可能影响其履约能力的，应当在发出中标通知书前由原评标委员会按照招标文件规定的标准和方法审查确认。

第五十七条 招标人和中标人应当依照招标投标法和本条例的规定签订书面合同，合同的标的、价款、质量、履行期限等主要条款应当与招标文件和中标人的投标文件的内容一致。招标人和中标人不得再行订立背离合同实质性内容的其他协议。

招标人最迟应当在书面合同签订后5日内向中标人和未中标的投标人退还投标保证金及银行同期存款利息。

第五十八条 招标文件要求中标人提交履约保证金的，中标人应当按照招标文件的要求提交。履约保证金不得超过中标合同金额的10%。

第五十九条 中标人应当按照合同约定履行义务，完成中标项目。中标人不得向他人转让中标项目，也不得将中标项目肢解后分别向他人转让。

中标人按照合同约定或者经招标人同意，可以将中标项目的部分非主体、非关键性工作分包给他人完成。接受分包的人应当具备相应的资格条件，并不得再次分包。

中标人应当就分包项目向招标人负责，接受分包的人就分包项目承担连带责任。

第五章 投诉与处理

第六十条 投标人或者其他利害关系人认为招标投标活动不符合法律、行政法规规定的，可以自知道或者应当知道之日起10日内向有关行政监督部门投诉。投诉应当有明确的请求和必要的证明材料。

就本条例第二十二条、第四十四条、第五十四条规定事项投诉的，应当先向招标人提出异议，异议答复期间不计算在前款规定的期限内。

第六十一条 投诉人就同一事项向两个以上有权受理的行政监督部门投诉的，由最先收到投诉的行政监督部门负责处理。

行政监督部门应当自收到投诉之日起3个工作日内决定是否受理投诉，并自受理投诉之日起30个工作日内作出书面处理决定；需要检验、检测、鉴定、专家评审的，所需时间不计算在内。

投诉人捏造事实、伪造材料或者以非法手段取得证明材料进行投诉的，行政监督部门应当予以驳回。

第六十二条 行政监督部门处理投诉，有权查阅、复制有关文件、资料，调查有关情况，相关单位和人员应当予以配合。必要时，行政监督部门可以责令暂停招标投标活动。

行政监督部门的工作人员对监督检查过程中知悉的国家秘密、商业秘密，应当依法予以保密。

第六章 法律责任

第六十三条 招标人有下列限制或者排斥潜在投标人行为之一的，由有关行政监督部门依照招标投标法第五十一条的规定处罚：

（一）依法应当公开招标的项目不按照规定在指定媒介发布资格预审公告或者招标公告；

（二）在不同媒介发布的同一招标项目的资格预审公告或者招标公告的内容不一致，影响潜在投标人申请资格预审或者投标。

依法必须进行招标的项目的招标人不按照规定发布资格预审公告或者招标公告，构成规避招标的，依照招标投标法第四十九条的规定处罚。

第六十四条 招标人有下列情形之一的，由有关行政监督部门责令改正，可以处10万元以下的罚款：

（一）依法应当公开招标而采用邀请招标；

（二）招标文件、资格预审文件的发售、澄清、修改的时限，或者确定的提交资格预审申请文件、投标文件的时限不符合招标投标法和本条例规定；

（三）接受未通过资格预审的单位或者个人参加投标；

（四）接受应当拒收的投标文件。

招标人有前款第一项、第三项、第四项所列行为之一的，对单位直接负责的主管人员和其他直接责任人员依法给予处分。

第六十五条 招标代理机构在所代理的招标项目中投标、代理投标或者向该项目投标人提供咨询的，接受委托编制标底的中介机构参加受托编制标底项目的投标或者为该项目的投标人编制投标文件、提供咨询的，依照招标投标法第五十条的规定追究法律责任。

第六十六条 招标人超过本条例规定的比例收取投标保证金、履约保证金或者不按照规定退还投标保证金及银行同期存款利息的，由有关行政监督部门责令改正，可以处5万元以下的罚款；给他人造成损失的，依法承担赔偿责任。

第六十七条 投标人相互串通投标或者与招标人串通投标的，投标人向招标人或者评标委员会成员行贿谋取中标的，中标无效；构成犯罪的，依法追究刑事责任；尚不构成犯罪的，依照招标投标法第五十三条的规定处罚。投标人未中标的，对单位的罚款金额按照招标项目合同金额依照招标投标法规定的比例计算。

投标人有下列行为之一的，属于招标投标法第五十三条规定的情节严重行为，由有关行政监督部门取消其1年至2年内参加依法必须进行招标的项目的投标资格：

（一）以行贿谋取中标；

（二）3年内2次以上串通投标；

（三）串通投标行为损害招标人、其他投标人或者国家、集体、公民的合法利益，造成直接经济损失30万元以上；

（四）其他串通投标情节严重的行为。

投标人自本条第二款规定的处罚执行期限届满之日起3年内又有该款所列违法行为之一的，或者串通投标、以行贿谋取中标情节特别严重的，由工商行政管理机关吊销营业执照。

法律、行政法规对串通投标报价行为的处罚另有规定的，从其规定。

第六十八条 投标人以他人名义投标或者以其他方式弄虚作假骗取中标的，中标无效；构成犯罪的，依法追究刑事责任；尚不构成犯罪的，依照招标投标法第五十四条的规定处罚。依法必须进行招标的项目的投标人未中标的，对单位的罚款金额按照招标项目合同金额依照招标投标法规定的比例计算。

投标人有下列行为之一的，属于招标投标法第五十四条规定的情节严重行为，由有关行政监督部门取消其1年至3年内参加依法必须进行招标的项目的投标资格：

（一）伪造、变造资格、资质证书或者其他许可证件骗取中标；

（二）3年内2次以上使用他人名义投标；

（三）弄虚作假骗取中标给招标人造成直接经济损失30万元以上；

（四）其他弄虚作假骗取中标情节严重的行为。

投标人自本条第二款规定的处罚执行期限届满之日起3年内又有该款所列违法行为之一的，或者弄虚作假骗取中标情节特别严重的，由工商行政管理机关吊销营业执照。

第六十九条　出让或者出租资格、资质证书供他人投标的，依照法律、行政法规的规定给予行政处罚；构成犯罪的，依法追究刑事责任。

第七十条　依法必须进行招标的项目的招标人不按照规定组建评标委员会，或者确定、更换评标委员会成员违反招标投标法和本条例规定的，由有关行政监督部门责令改正，可以处10万元以下的罚款，对单位直接负责的主管人员和其他直接责任人员依法给予处分；违法确定或者更换的评标委员会成员作出的评审结论无效，依法重新进行评审。

国家工作人员以任何方式非法干涉选取评标委员会成员的，依照本条例第八十一条的规定追究法律责任。

第七十一条　评标委员会成员有下列行为之一的，由有关行政监督部门责令改正；情节严重的，禁止其在一定期限内参加依法必须进行招标的项目的评标；情节特别严重的，取消其担任评标委员会成员的资格：

（一）应当回避而不回避；

（二）擅离职守；

（三）不按照招标文件规定的评标标准和方法评标；

（四）私下接触投标人；

（五）向招标人征询确定中标人的意向或者接受任何单位或者个人明示或者暗示提出的倾向或者排斥特定投标人的要求；

（六）对依法应当否决的投标不提出否决意见；

（七）暗示或者诱导投标人作出澄清、说明或者接受投标人主动提出的澄清、说明；

（八）其他不客观、不公正履行职务的行为。

第七十二条　评标委员会成员收受投标人的财物或者其他好处的，没收收受的财物，处3000元以上5万元以下的罚款，取消担任评标委员会成员的资格，不得再参加依法必须进行招标的项目的评标；构成犯罪的，依法追究刑事责任。

第七十三条　依法必须进行招标的项目的招标人有下列情形之一的，由有关行政监督部门责令改正，可以处中标项目金额10‰以下的罚款；给他人造成损失的，依法承担赔偿责任；对单位直接负责的主管人员和其他直接责任人员依法给予处分：

（一）无正当理由不发出中标通知书；

（二）不按照规定确定中标人；

（三）中标通知书发出后无正当理由改变中标结果；

（四）无正当理由不与中标人订立合同；

（五）在订立合同时向中标人提出附加条件。

第七十四条　中标人无正当理由不与招标人订立合同，在签订合同时向招标人提出附加条件，或者不按照招标文件要求提交履约保证金的，取消其中标资格，投标保证金不予退还。对依法必须进行招标的项目的中标人，由有关行政监督部门责令改正，可以处中标项目金额10‰以下的罚款。

第七十五条　招标人和中标人不按照招标文件和中标人的投标文件订立合同，合同的主要条款与招标文件、中标人的投标文件的内容不一致，或者招标人、中标人订立背离合同实质性内容的协议的，由有关行政监督部门责令改正，可以处中标项目金额5‰以上10‰以下的罚款。

第七十六条　中标人将中标项目转让给他人的，将中标项目肢解后分别转让给他人的，违反招标投标法和本条例规定将中标项目的部分主体、关键性工作分包给他人的，或者分包人再次分包的，转让、分包无效，处转让、分包项目金额5‰以上10‰以下的罚款；有违法所得的，并处没收违法所得；可以责令停业整顿；情节严重的，由工商行政管理机关吊销营业执照。

第七十七条　投标人或者其他利害关系人捏造事实、伪造材料或者以非法手段取得证明材料进行投诉，给他人造成损失的，依法承担赔偿责任。

招标人不按照规定对异议作出答复，继续进行招标投标活动的，由有关行政监督部门责令改正，拒不改正或者不能改正并影响中标结果的，依照本条例第八十二条的规定处理。

第七十八条 取得招标职业资格的专业人员违反国家有关规定办理招标业务的，责令改正，给予警告；情节严重的，暂停一定期限内从事招标业务；情节特别严重的，取消招标职业资格。

第七十九条 国家建立招标投标信用制度。有关行政监督部门应当依法公告对招标人、招标代理机构、投标人、评标委员会成员等当事人违法行为的行政处理决定。

第八十条 项目审批、核准部门不依法审批、核准项目招标范围、招标方式、招标组织形式的，对单位直接负责的主管人员和其他直接责任人员依法给予处分。

有关行政监督部门不依法履行职责，对违反招标投标法和本条例规定的行为不依法查处，或者不按照规定处理投诉、不依法公告对招标投标当事人违法行为的行政处理决定的，对直接负责的主管人员和其他直接责任人员依法给予处分。

项目审批、核准部门和有关行政监督部门的工作人员徇私舞弊、滥用职权、玩忽职守，构成犯罪的，依法追究刑事责任。

第八十一条 国家工作人员利用职务便利，以直接或者间接、明示或者暗示等任何方式非法干涉招标投标活动，有下列情形之一的，依法给予记过或者记大过处分；情节严重的，依法给予降级或者撤职处分；情节特别严重的，依法给予开除处分；构成犯罪的，依法追究刑事责任：

（一）要求对依法必须进行招标的项目不招标，或者要求对依法应当公开招标的项目不公开招标；

（二）要求评标委员会成员或者招标人以其指定的投标人作为中标候选人或者中标人，或者以其他方式非法干涉评标活动，影响中标结果；

（三）以其他方式非法干涉招标投标活动。

第八十二条 依法必须进行招标的项目的招标投标活动违反招标投标法和本条例的规定，对中标结果造成实质性影响，且不能采取补救措施予以纠正的，招标、投标、中标无效，应当依法重新招标或者评标。

第七章　附　则

第八十三条 招标投标协会按照依法制定的章程开展活动，加强行业自律和服务。

第八十四条 政府采购的法律、行政法规对政府采购货物、服务的招标投标另有规定的，从其规定。

第八十五条 本条例自 2012 年 2 月 1 日起施行。

第十篇　贸易统计数据

● 世界贸易统计

表 1

1950 年—2010 年世界货物出口、产量和 GDP

（指数，2005 年=100）

年份	总额				数量								GDP
	出口				出口				产量				
	合计 a	农产品	燃料和矿产品	制成品	合计 a	农产品	燃料和矿产品	制成品	合计	农业	矿业	制造业	
1950	1	3	1	0	4	15	10	2	13	26	22	9	13
1951	1	4	1	0	4	15	11	2	14	27	25	9	14
1952	1	4	1	0	4	15	12	2	14	28	25	10	14
1953	1	4	1	0	4	16	13	2	15	29	26	11	15
1954	1	4	1	1	5	16	14	3	15	29	26	11	16
1955	1	4	1	1	5	17	15	3	17	30	29	12	17
1956	1	4	1	1	6	18	16	3	17	31	31	13	17
1957	1	4	1	1	6	19	18	3	18	31	31	13	18
1958	1	4	1	1	6	20	17	3	18	34	31	13	18
1959	1	5	1	1	7	22	18	4	19	34	32	15	19
1960	1	5	1	1	8	24	22	4	21	35	35	16	20
1961	1	5	1	1	8	25	23	4	21	36	37	17	21
1962	1	5	1	1	8	25	24	5	23	37	40	19	22
1963	2	5	1	1	9	26	25	5	24	38	41	20	23
1964	2	6	2	1	11	27	27	6	27	40	45	22	25
1965	2	6	2	1	11	28	28	6	28	40	47	24	26
1966	2	6	2	2	12	29	30	7	30	41	49	26	28
1967	2	6	2	2	13	30	33	8	31	43	50	27	29
1968	2	6	2	2	14	32	37	9	33	44	54	29	30
1969	3	7	3	2	16	34	39	10	35	44	55	31	32
1970	3	8	3	3	17	35	44	11	37	45	59	33	34
1971	3	8	3	3	18	35	45	12	39	47	62	34	36
1972	4	10	4	4	20	38	48	13	41	47	63	37	38
1973	6	14	5	5	22	38	53	15	44	49	67	40	40
1974	8	17	12	6	24	36	52	17	45	50	69	42	41
1975	8	17	11	7	22	37	46	16	44	52	65	40	42
1976	10	19	13	8	24	40	49	18	47	52	70	43	44
1977	11	22	15	9	26	41	50	19	49	53	72	45	46
1978	13	25	15	11	27	44	53	20	51	55	73	47	48
1979	16	31	22	13	28	46	56	21	53	56	79	49	50
1980	20	35	32	15	29	49	52	22	53	56	77	50	51
1981	19	34	31	15	29	51	47	23	53	58	71	50	52
1982	18	32	27	14	28	50	44	23	52	60	66	49	52
1983	18	31	25	14	29	50	44	24	54	60	66	51	54
1984	19	33	25	16	31	52	46	26	57	63	68	54	56
1985	19	31	24	16	32	51	46	28	59	65	67	56	58
1986	21	35	18	19	33	50	50	30	60	66	60	58	60
1987	24	40	20	23	35	53	51	31	62	67	70	60	63
1988	27	45	21	27	38	55	53	34	65	68	74	64	66
1989	30	47	24	29	40	56	56	36	68	70	77	66	68
1990	33	49	28	33	42	57	59	38	69	72	78	67	70

续 表

年份	总额				数量								GDP
	出口				出口				产量				
	合计a	农产品	燃料和矿产品	制成品	合计a	农产品	燃料和矿产品	制成品	合计	农业	矿业	制造业	
1991	34	50	26	34	44	59	61	40	68	72	78	66	70
1992	36	53	26	37	46	62	63	41	68	74	78	66	71
1993	36	51	25	37	48	63	66	43	68	74	80	66	72
1994	41	59	26	42	52	68	70	48	70	76	81	68	73
1995	49	69	30	51	56	71	73	52	74	78	83	71	75
1996	51	71	34	53	59	74	75	55	76	81	85	74	77
1997	53	70	35	55	65	79	81	61	80	83	88	78	80
1998	52	67	28	56	68	80	83	64	82	85	89	80	82
1999	54	64	32	58	71	80	82	67	84	87	88	83	84
2000	61	65	47	64	78	84	84	77	88	89	91	88	88
2001	59	65	43	62	78	85	84	76	88	90	91	86	89
2002	62	69	43	65	81	88	86	79	89	91	91	88	91
2003	72	81	54	76	86	91	91	84	92	94	94	91	93
2004	88	92	72	91	94	94	97	93	97	98	98	96	97
2005	100	100	100	100	100	100	100	100	100	100	100	100	100
2006	116	111	128	113	109	106	103	111	105	102	101	106	104
2007	134	134	146	130	116	112	106	119	109	105	101	112	108
2008	154	159	194	143	118	115	107	122	110	109	103	112	110
2009	119	139	124	114	104	112	102	103	107	109	101	108	107
2010	145	161	166	137	119	120	107	122	111	109	103	114	111

a 包括未分类产品。

表 1（续）　1950 年—2010 年世界货物出口、产量和 GDP　（年度百分比变化）

年份	总额				数量								GDP
	出口				出口				产量				
	合计a	农产品	燃料和矿产品	制成品	合计a	农产品	燃料和矿产品	制成品	合计	农业	矿业	制造业	
1950—1963	7	4	8	10	8	4	7	9	5	3	5	7	5
1964	12	7	12	15	11	5	9	15	9	5	9	10	7
1965	8	4	7	11	7	5	3	7	6	0	4	9	4
1966	9	4	10	11	8	4	6	10	7	3	5	8	6
1967	5	0	6	8	6	2	10	5	5	3	2	5	4
1968	11	4	14	15	11	6	12	18	6	3	7	7	6
1969	14	7	9	16	12	5	6	16	6	0	2	8	7
1970	15	11	14	15	9	3	12	9	5	3	8	5	5
1971	12	7	11	14	7	2	1	9	5	3	4	5	4
1972	18	20	14	19	8	7	7	10	5	0	3	7	6
1973	38	46	47	34	12	1	10	14	8	5	7	10	7
1974	45	22	123	31	5	−5	−2	9	3	2	2	3	2

续表

年份	总额				数量								GDP
	出口				出口				产量				
	合计a	农产品	燃料和矿产品	制成品	合计a	农产品	燃料和矿产品	制成品	合计	农业	矿业	制造业	
1975	4	1	−4	9	−7	1	−12	−4	−2	4	−6	−4	1
1976	13	11	16	13	12	8	7	13	7	1	8	8	5
1977	14	13	11	15	4	4	3	5	4	3	3	5	4
1978	16	13	4	22	5	7	5	6	5	3	1	5	5
1979	27	24	47	21	5	5	6	5	4	1	9	4	4
1980	22	14	42	16	2	7	−6	6	−1	1	−3	1	3
1981	−1	−2	−3	−1	−1	5	−10	4	0	4	−8	0	2
1982	−6	−7	−11	−4	−2	−2	−6	−2	−1	3	−7	−1	1
1983	−2	−1	−8	1	3	0	−1	5	2	0	−1	3	3
1984	6	5	−1	8	8	3	5	11	7	5	4	7	5
1985	0	−6	−3	4	3	−1	−1	5	3	2	−1	3	4
1986	9	11	−24	20	4	−2	9	4	3	2	3	3	3
1987	17	15	11	20	6	6	2	6	3	1	1	4	4
1988	14	13	1	16	9	3	6	9	5	2	5	6	5
1989	8	4	15	7	6	3	4	8	3	3	4	3	4
1990	13	5	16	14	4	1	6	6	1	2	1	1	3
1991	1	1	−6	3	4	3	3	4	0	0	−1	−1	1
1992	7	7	−1	8	5	6	4	5	0	2	1	−1	1
1993	0	−4	−4	0	4	1	4	4	0	1	2	−1	1
1994	14	16	5	16	9	9	7	11	3	3	2	3	2
1995	19	18	15	20	7	5	4	9	5	2	2	6	2
1996	5	3	14	4	5	4	4	5	4	4	3	3	3
1997	3	−1	3	5	10	6	7	11	5	2	3	6	3
1998	−1	−5	−21	2	5	1	3	5	2	2	1	2	2
1999	4	−4	16	3	5	1	−1	5	3	3	−1	4	3
2000	13	1	46	10	11	4	4	14	5	2	4	6	4
2001	−4	0	−9	−4	0	2	0	−1	−1	2	0	−2	2
2002	5	6	1	5	3	4	2	4	1	1	0	2	2
2003	17	17	23	16	6	4	5	6	4	3	4	4	3
2004	22	15	35	20	10	4	7	11	5	5	4	6	4
2005	14	8	38	10	7	6	3	7	3	2	2	4	3
2006	16	11	28	13	9	6	4	11	3	2	1	1	1
2007	16	20	15	15	6	5	3	8	0	3	0	0	4
2008	15	19	33	10	2	2	1	2	1	4	2	0	1
2009	−23	−12	−36	−20	−12	−2	−5	−15	−3	1	−1	−1	−3
2010	22	15	33	20	14	7	6	18	4	0	2	5	4

a 含未分类产品。

表 2

2007—2009 年世界货物贸易流向（按地区）

（左半部分表格） 单位：十亿美元

目的地		世界 a	北美洲		中、南美洲	欧洲			独联体	
原产地	年份		总计	美国		总计	（27）	欧洲其他地区	总计	俄罗斯
世界	2008	15 767.00	2 700.36	2 055.92	583.90	6 765.36	6 186.04	579.32	514.93	287.88
	2009	12 204.00	2 025.15	1 510.19	436.23	5 108.57	4 657.29	451.28	308.77	161.35
	2010	14 851.00	2 508.40	1 865.68	586.63	5 843.97	5 308.62	535.34	399.02	223.66
北美洲	2008	2 035.21	1 013.43	587.59	164.92	369.03	323.22	45.81	16.03	10.86
	2009	1 602.36	768.78	421.92	128.17	291.86	258.39	33.47	9.35	6.15
	2010	1 964.62	956.45	527.68	165.26	330.01	287.12	42.89	11.07	7.40
美国	2008	1 287.44	413.15	—	134.98	311.08	271.81	39.27	13.82	9.33
	2009	1 056.04	334.31	—	108.00	249.90	220.60	29.30	8.10	5.33
	2010	1 278.26	413.17	—	137.08	276.28	239.58	36.70	9.21	6.01
中、南美洲	2008	603.47	171.86	152.15	161.39	120.81	108.77	12.05	8.71	7.52
	2009	459.06	113.85	99.45	119.19	89.70	77.29	12.41	5.82	5.15
	2010	577.01	137.97	119.00	147.91	107.92	94.90	13.02	7.59	6.71
欧洲	2008	6 469.90	475.45	394.98	97.08	4 717.33	4 352.10	365.24	239.65	164.35
	2009	5 016.34	367.77	308.05	74.99	3 621.11	3 325.31	295.79	146.68	96.99
	2010	5 631.80	415.82	344.04	97.83	3 998.39	3 662.19	336.20	179.78	122.80
欧盟（27）	2008	5 922.22	434.75	362.96	89.52	4 336.85	3 995.64	341.21	218.16	152.99
	2009	4 594.33	334.03	281.12	68.92	3 340.07	3 064.03	276.04	132.49	90.28
	2010	5 153.23	377.79	313.29	90.11	3 682.61	3 365.15	317.46	162.21	113.50
欧洲其他地区	2008	547.68	40.70	32.02	7.56	380.48	356.45	24.03	21.49	11.37
	2009	422.01	33.74	26.93	6.07	281.04	261.28	19.76	14.19	6.71
	2010	478.58	38.03	30.75	7.71	315.78	297.04	18.74	17.57	9.29
独联体	2008	702.54	33.61	29.89	9.13	403.45	336.74	66.71	134.13	35.70
	2009	450.32	22.26	18.38	4.53	236.56	202.33	34.23	84.61	21.18
	2010	588.02	32.99	27.40	6.36	308.24	264.68	43.55	109.10	31.29
俄罗斯	2008	471.61	25.17	22.84	5.25	295.21	252.60	42.61	71.15	—
	2009	303.39	17.12	15.53	2.77	175.21	150.26	24.95	48.12	—
	2010	400.13	26.08	23.67	3.76	231.18	198.69	32.49	62.20	—
非洲	2008	560.78	120.32	109.60	15.64	225.30	208.04	17.26	1.91	1.24
	2009	391.16	63.87	57.58	9.26	150.64	136.22	14.43	1.44	1.05
	2010	508.05	85.27	76.05	13.60	183.67	165.51	18.16	1.96	1.47
中东	2008	1 023.42	109.48	103.31	7.83	126.11	107.01	19.10	5.57	1.68
	2009	706.15	61.24	57.23	4.69	77.54	65.10	12.44	3.78	1.26
	2010	894.93	78.97	73.34	7.28	107.99	89.16	18.83	4.78	1.55
亚洲	2008	4 371.86	776.22	678.40	127.92	803.33	750.18	53.15	108.93	66.50
	2009	3 578.48	627.38	547.58	95.39	641.17	592.65	48.52	57.08	29.58
	2010	4 686.14	800.93	698.15	148.39	807.75	745.05	62.70	84.74	52.44
日本	2008	781.41	159.43	138.70	19.09	119.51	110.42	9.09	19.33	16.53
	2009	580.72	109.88	95.30	12.15	81.51	72.41	9.10	4.12	3.29
	2010	769.84	139.26	120.47	17.89	98.72	87.06	11.66	9.14	8.00
中国	2008	1 430.69	349.73	307.99	56.85	371.49	351.62	19.87	64.72	33.08
	2009	1 201.61	304.51	269.09	42.93	301.29	285.61	15.68	38.97	17.51
	2010	1 577.82	394.27	346.41	69.89	396.28	376.33	19.95	53.82	29.61
澳大利亚和新西兰	2008	217.84	15.85	13.31	3.28	25.07	23.50	1.56	1.51	1.10
	2009	179.26	12.28	9.95	1.97	17.46	16.63	0.83	0.73	0.57
	2010	243.95	13.30	10.91	3.10	20.74	19.73	1.01	1.25	0.95
亚洲其他地区	2008	1 941.92	251.21	218.40	48.71	287.26	264.63	22.63	23.37	15.80
	2009	1 616.88	200.70	173.24	38.33	240.91	218.00	22.91	13.26	8.21
	2010	2 094.53	254.10	220.37	57.50	292.00	261.93	30.08	20.53	13.87

a 包括未分类产品。

（右半部分表格） 单位：十亿美元

非洲 总计	非洲 南非	非洲 非洲其他地区	中东	亚洲 总计	亚洲 日本	亚洲 澳大利亚/新西兰	亚洲其他地区 总计	亚洲其他地区 中国	亚洲其他地区 其他	年份	原产地
454.35	89.18	365.17	585.21	3 886.63	685.06	206.15	2 995.42	871.90	2 123.52	2008	世界
387.01	66.88	320.13	486.32	3 198.58	499.11	167.77	2 531.70	798.96	1 732.74	2009	
452.76	87.59	365.17	560.54	4 216.41	634.86	204.78	3 376.77	1101.81	2 274.96	2010	
33.60	7.57	26.03	60.15	375.60	77.65	27.93	270.02	81.64	188.38	2008	北美洲
28.28	4.97	23.31	49.47	324.18	60.04	24.14	240.01	81.49	158.52	2009	
32.48	6.24	26.23	52.71	413.12	71.34	27.35	314.43	108.90	205.53	2010	
28.77	6.49	22.28	55.00	329.41	65.14	24.75	239.51	69.71	169.80	2008	美国
24.69	4.45	20.24	44.80	285.45	51.13	21.76	212.56	69.48	143.08	2009	
28.71	5.63	23.09	48.74	363.96	60.49	24.62	278.86	91.86	186.99	2010	
16.78	3.08	13.70	11.89	100.65	17.05	2.43	81.17	44.08	37.08	2008	中、南美洲
13.15	2.16	10.99	11.35	95.58	12.37	1.59	81.61	46.98	34.63	2009	
14.98	2.45	12.53	14.94	133.97	19.35	2.17	112.46	67.80	44.65	2010	
185.63	31.27	154.36	188.70	489.28	69.46	43.59	376.23	123.79	252.44	2008	欧洲
162.06	23.48	138.59	153.63	428.14	57.28	35.55	335.31	123.08	212.23	2009	
176.72	29.00	147.73	167.68	524.18	65.42	41.43	417.33	160.77	256.56	2010	
171.93	29.08	142.85	156.23	443.32	60.81	40.65	341.87	114.57	227.29	2008	欧盟（27）
147.15	21.86	125.29	127.85	385.10	49.02	32.93	303.15	113.74	189.41	2009	
162.16	27.73	134.42	137.73	472.97	56.91	38.41	377.65	148.91	228.74	2010	
13.70	2.19	11.51	32.47	45.96	8.65	2.95	34.37	9.22	25.15	2008	欧洲其他地区
14.92	1.62	13.30	25.78	43.04	8.26	2.62	32.16	9.34	22.82	2009	
14.57	1.26	13.30	29.94	51.21	8.51	3.02	39.68	11.86	27.82	2010	
10.44	0.18	10.26	22.21	78.73	13.30	0.20	65.23	31.17	34.07	2008	独联体
7.22	0.23	6.98	15.47	65.38	8.54	0.21	56.62	27.15	29.48	2009	
8.67	0.09	8.58	19.44	87.82	15.40	0.22	72.19	33.27	38.92	2010	
5.29	0.04	5.25	8.62	57.65	12.04	0.09	45.53	21.45	24.08	2008	俄罗斯
4.06	0.20	3.87	6.03	48.15	7.97	0.16	40.02	19.15	20.86	2009	
4.90	0.05	4.85	8.11	63.74	14.57	0.13	49.04	19.78	29.26	2010	
52.79	11.56	41.23	17.21	117.98	17.18	2.95	97.85	48.38	49.47	2008	非洲
49.61	10.05	39.55	14.61	86.50	7.36	1.31	77.82	40.25	37.57	2009	
62.48	13.30	49.18	18.74	122.53	10.08	1.96	110.49	60.12	50.37	2010	
33.05	10.44	22.61	81.77	536.94	148.94	5.65	382.35	72.43	309.92	2008	中东
24.45	7.00	17.45	77.96	348.61	84.78	4.00	259.83	51.15	208.68	2009	
29.01	8.14	20.88	89.14	470.60	107.87	4.74	357.99	76.87	281.12	2010	
122.06	25.08	96.98	203.27	2 187.44	341.48	123.39	1 722.57	470.41	1 252.16	2008	亚洲
102.24	18.98	83.26	163.83	1 850.20	268.74	100.96	1 480.50	428.87	1 051.63	2009	
128.42	28.38	100.05	197.90	2 464.19	345.40	126.91	1 991.88	594.06	1 397.82	2010	
12.11	4.63	7.48	33.84	406.52	—	19.82	386.70	144.57	242.13	2008	日本
7.98	2.61	5.37	21.58	329.47	—	13.67	315.79	125.88	189.91	2009	
10.07	3.83	6.24	25.31	452.47	—	17.77	434.70	171.27	263.43	2010	
50.52	8.62	41.91	58.82	477.41	138.65	30.75	308.01	—	308.01	2008	中国
46.32	7.37	38.90	51.00	413.88	118.03	28.59	267.26	—	267.26	2009	
56.05	10.80	45.25	62.64	537.51	148.32	37.23	351.96	—	351.96	2010	
4.77	2.24	2.53	8.81	155.10	45.31	14.00	94.80	29.03	65.77	2008	澳大利亚和新西兰
3.40	1.30	2.09	6.13	134.75	31.76	11.96	91.03	35.64	55.39	2009	
4.25	1.77	2.48	6.66	185.87	41.54	14.30	130.02	55.75	74.28	2010	
54.66	9.59	45.07	101.81	1 148.41	157.52	57.84	933.06	296.81	636.25	2008	亚洲其他地区
44.54	7.71	36.83	85.06	972.10	118.95	46.74	806.42	267.35	539.07	2009	
58.05	11.98	46.07	103.28	1 288.34	155.54	57.60	1 075.20	367.05	708.15	2010	

a 包括未分类产品。

表 3

2008—2010 年世界货物贸易流向（按产品类别和地区）

（左半部分表格）　　　　单位：十亿美元

目的地	世界a			北美洲			中、南美洲			欧洲		
原产地	2008	2009	2010	2008	2009	2010	2008	2009	2010	2008	2009	2010
世界												
农产品	1 348.14	1 181.29	1 361.85	163.50	142.16	164.64	54.43	43.40	53.31	635.00	546.15	586.22
食品	1 118.88	1 000.53	1 118.68	135.37	123.08	138.48	48.52	38.95	46.80	535.60	471.32	490.70
鱼制品	97.87	91.75	103.68	15.81	15.34	17.76	1.92	2.07	2.38	44.06	40.11	42.68
其他食品	1 021.01	908.79	1 015.00	119.55	107.74	120.71	46.60	36.88	44.42	491.54	431.21	448.02
原料	229.26	180.75	243.17	28.13	19.08	26.17	5.91	4.45	6.51	99.40	74.83	95.52
燃料和矿产品	3 536.73	2 267.78	3 025.73	614.88	350.27	465.54	121.82	79.02	110.71	1 311.52	791.95	1 037.52
矿石和其他矿物	310.91	219.77	338.56	23.52	14.30	19.70	6.58	3.33	5.74	114.01	65.91	105.99
燃料	2 866.18	1 810.33	2 348.09	538.52	302.88	398.84	107.65	71.06	97.54	1 028.56	623.44	781.14
有色金属	359.64	237.68	339.07	52.84	33.09	47.00	7.59	4.63	7.44	168.95	102.59	150.38
制成品	10 415.19	8 326.72	9 962.00	1 863.85	1 482.16	1 825.03	390.28	300.86	405.66	4 657.42	3 620.43	4 041.72
钢铁	587.49	325.31	420.83	70.66	32.45	48.73	20.62	11.49	18.11	264.54	130.47	170.38
化学品	1 675.26	1 447.81	1 704.90	239.57	210.04	241.36	79.99	63.15	81.46	851.76	729.17	806.59
药品	419.52	434.40	461.27	68.92	74.55	80.15	12.83	12.91	16.47	266.41	269.58	273.50
其他化学品	1 255.74	1 013.40	1 243.64	170.65	135.49	161.21	67.16	50.24	64.99	585.35	459.59	533.09
其他半制成品	1 000.07	792.66	940.66	159.15	123.83	149.65	33.24	26.17	34.37	497.28	377.25	422.31
机械和运输设备	5 335.82	4 193.62	5 082.25	1 033.73	806.91	1 017.52	200.60	153.31	210.01	2 207.92	1 669.03	1 869.00
办公和电信设备	1 560.58	1 319.37	1 602.73	318.66	281.41	342.74	41.14	32.74	41.49	554.24	452.08	523.16
EDP 和办公设备	546.71	461.60	543.22	131.90	119.21	147.72	12.65	11.70	14.24	234.68	190.01	205.96
通讯设备	595.55	503.35	580.09	149.70	131.19	155.37	23.71	17.01	22.48	226.92	189.26	207.85
集成电路	418.32	354.42	479.42	37.06	31.01	39.65	4.78	4.03	4.77	92.64	72.81	109.34
运输设备	1 825.81	1 360.27	1 695.45	375.12	261.35	356.86	81.30	59.99	88.98	869.62	645.95	722.42
汽车	1 234.30	845.86	1 091.98	289.52	198.23	279.72	49.00	33.28	55.21	599.51	417.72	465.53
其他运输设备	591.51	514.41	603.47	85.60	63.13	77.15	32.30	26.72	33.78	270.11	228.23	256.88
其他机械	1 949.42	1 513.99	1 784.07	339.95	264.15	317.92	78.16	60.57	79.53	784.05	571.00	623.43
纺织品	248.41	209.82	250.65	32.64	27.66	34.29	13.97	11.38	15.13	96.97	77.00	86.63
服装	363.62	315.52	351.46	83.19	72.93	86.06	8.19	6.26	9.08	182.50	161.27	171.72
其他制成品	1 204.53	1 042.00	1 211.24	244.90	208.33	247.42	33.67	29.10	37.49	556.45	476.25	515.08
个人及家居用品	254.84	218.25	254.87	57.91	48.55	61.95	6.55	5.32	7.70	132.63	113.32	123.53
科学和控制仪器	309.10	272.33	332.49	61.18	54.86	63.77	9.74	8.65	11.44	116.55	99.61	110.90
杂项制成品	640.59	551.42	623.88	125.81	104.92	121.70	17.38	15.13	18.35	307.27	263.32	280.65
制成品出口总额 b	**15 767.00**	**12 204.00**	**14 851.00**	**2 700.39**	**2 025.14**	**2 508.41**	**583.89**	**436.21**	**586.66**	**6 765.41**	**5 108.93**	**5 844.21**
北美洲												
农产品	211.17	179.82	213.46	83.09	71.47	81.77	16.38	12.70	14.80	22.71	17.37	21.12
食品	168.01	146.61	167.23	68.23	61.24	68.33	14.24	10.99	12.42	16.13	12.55	14.73
鱼制品	8.68	7.93	8.97	3.85	3.50	3.83	0.16	0.15	0.17	1.69	1.42	1.60
其他食品	159.33	138.68	158.25	64.38	57.74	64.50	14.08	10.84	12.25	14.45	11.13	13.13
原料	43.17	33.21	46.23	14.86	10.23	13.44	2.14	1.71	2.38	6.58	4.82	6.39
燃料和矿产品	345.51	217.51	299.10	225.32	133.26	180.25	24.73	17.07	27.35	49.23	30.31	41.64
矿石和其他矿物	51.41	33.91	48.01	11.94	6.49	9.31	1.31	0.72	0.87	16.39	10.42	16.21
燃料	252.70	157.35	213.73	187.19	110.22	147.12	22.55	15.61	25.35	26.67	16.38	20.28
有色金属	41.39	26.25	37.36	26.19	16.54	23.81	0.88	0.74	1.12	6.17	3.51	5.16
制成品	1 389.02	1 128.64	1 352.06	669.84	534.14	659.60	117.49	93.30	116.63	265.35	217.42	231.52
钢铁	35.53	21.02	28.79	23.85	13.56	20.13	3.75	2.10	2.83	3.17	1.57	1.93
化学品	228.93	197.75	234.17	79.97	67.30	78.83	26.56	20.47	27.04	63.41	58.98	63.16
药品	46.00	52.10	51.89	9.17	10.89	10.63	2.83	2.86	4.18	28.37	31.05	28.47
其他化学品	182.93	145.64	182.27	70.80	56.41	68.20	23.73	17.61	22.85	35.04	27.92	34.69
其他半制成品	117.23	92.05	110.10	65.38	53.01	59.66	8.00	6.34	8.15	18.36	13.24	16.32
机械和运输设备	814.25	649.48	788.91	408.55	321.55	412.85	64.28	51.59	63.28	136.03	104.38	109.32
办公和电信设备	208.04	172.96	205.68	96.40	86.42	106.36	20.05	16.39	19.89	29.05	21.15	22.18
EDP 和办公设备	61.56	53.22	64.77	28.03	26.09	35.55	8.50	7.44	8.13	11.28	8.01	8.20
通讯设备	91.07	78.04	89.49	57.26	50.16	57.52	8.74	6.69	9.23	11.71	8.98	9.53
集成电路	55.41	41.70	51.43	11.11	10.18	13.29	2.80	2.26	2.53	6.06	4.16	4.45
运输设备	332.57	255.88	321.28	182.48	131.45	182.86	19.05	15.44	18.59	64.15	49.81	50.02
汽车	209.32	142.97	205.48	151.30	108.02	156.59	9.14	6.27	9.89	23.30	11.78	13.03
其他运输设备	123.25	112.91	115.80	31.19	23.43	26.26	9.92	9.17	8.69	40.84	38.03	36.99
其他机械	273.64	220.63	261.95	129.67	103.67	123.63	25.18	19.76	24.80	42.83	33.42	37.11
纺织品	16.48	13.19	16.00	9.17	7.57	8.77	3.53	2.67	3.48	1.50	1.16	1.44
服装	10.63	9.30	10.23	8.07	6.95	7.54	0.74	0.66	0.78	0.86	0.81	0.87
其他制成品	165.97	145.86	163.85	74.85	64.21	71.82	10.61	9.46	11.07	42.01	37.29	38.47
个人及家居用品	17.34	13.26	16.48	14.12	10.44	13.21	0.71	0.60	0.69	0.87	0.67	0.72
科学和控制仪器	62.15	56.29	65.20	20.53	18.60	20.91	3.80	3.47	4.19	18.55	16.78	18.03
杂项制成品	86.47	76.32	82.17	40.21	35.16	37.70	6.11	5.39	6.18	22.59	19.84	19.72
制成品出口总额 b	**2 035.21**	**1 602.36**	**1 964.62**	**1 013.43**	**768.78**	**956.45**	**164.92**	**128.17**	**165.26**	**369.03**	**291.86**	**330.01**

（右半部分表格）　　　　　　　　　　　　　　　　　　　　　　　　单位：十亿美元

独联体			非洲			中东			亚洲			目的地
2008	2009	2010	2008	2009	2010	2008	2009	2010	2008	2009	2010	原产地
												世界
55.90	43.69	55.22	66.00	57.61	68.90	69.69	63.13	72.95	297.89	276.18	350.68	农产品
51.07	39.98	50.34	59.25	51.85	61.75	64.93	59.15	67.93	220.13	209.82	256.18	食品
3.62	2.83	3.46	2.71	2.68	2.82	2.62	2.03	2.98	26.72	25.99	30.45	鱼制品
47.44	37.15	46.87	56.54	49.17	58.93	62.31	57.12	64.95	193.41	183.83	225.73	其他食品
4.83	3.71	4.89	6.74	5.77	7.15	4.76	3.98	5.02	77.77	66.36	94.50	原料
64.45	36.59	42.72	75.30	55.69	75.91	54.42	38.19	49.55	1 179.51	821.15	1 140.90	燃料和矿产品
7.35	3.81	6.31	7.40	3.46	5.43	4.96	3.17	6.19	144.18	123.47	186.61	矿石和其他矿物
52.82	30.31	32.88	62.80	48.25	65.10	39.73	28.50	35.95	925.57	614.46	838.05	燃料
4.29	2.47	3.53	5.10	3.98	5.39	9.74	6.51	7.40	109.76	83.21	116.24	有色金属
388.74	224.73	297.25	300.45	263.81	294.01	444.33	371.26	420.75	2 319.34	2 012.32	2 612.52	制成品
22.46	13.23	17.34	22.73	19.09	17.61	47.73	25.53	31.90	137.31	91.67	116.22	钢铁
48.14	36.94	49.46	43.83	38.45	45.80	44.46	40.84	48.99	360.94	320.78	423.55	化学品
12.47	11.43	15.68	10.50	10.39	12.08	8.76	9.59	11.08	37.14	42.78	50.94	药品
35.67	25.51	33.77	33.33	28.06	33.71	35.70	31.25	37.92	323.80	277.99	372.61	其他化学品
40.15	26.43	33.13	34.11	32.03	36.63	59.19	50.36	59.36	173.68	153.80	201.86	其他半制成品
202.18	99.30	137.61	153.28	130.13	143.62	222.63	186.13	206.31	1 279.49	1 113.43	1 447.92	机械和运输设备
26.70	14.59	21.99	23.16	18.99	20.63	32.15	29.58	33.95	563.64	489.20	617.73	办公和电信设备
7.59	4.87	7.67	6.54	5.97	6.52	10.40	10.38	11.98	142.80	119.32	148.99	EDP 和办公设备
18.16	9.02	13.13	15.05	11.73	12.51	20.18	17.84	20.25	141.15	126.75	147.68	通讯设备
0.96	0.70	1.20	1.57	1.29	1.60	1.57	1.35	1.72	279.69	243.12	321.05	集成电路
83.67	28.15	48.17	56.76	45.42	53.85	91.01	69.91	86.97	236.91	217.57	291.86	运输设备
68.74	18.88	35.92	41.56	32.60	38.17	66.06	45.48	60.20	117.28	98.31	154.85	汽车
14.92	9.28	12.25	15.20	12.82	15.68	24.95	24.43	26.77	119.63	119.26	137.01	其他运输设备
91.81	56.56	67.45	73.35	65.73	69.14	99.46	86.64	85.39	478.95	406.66	538.33	其他机械
10.70	7.84	9.83	16.68	14.80	16.95	13.28	12.19	13.53	63.30	58.09	73.17	纺织品
24.17	14.35	17.17	6.47	6.34	7.18	11.72	11.57	12.55	46.18	41.94	47.04	服装
40.92	26.64	32.72	23.36	22.96	26.23	45.31	44.64	48.11	258.44	232.62	302.77	其他制成品
14.57	9.34	11.12	5.70	5.64	6.74	8.26	7.85	8.74	28.92	28.01	34.87	个人及家居用品
6.90	4.79	6.49	5.47	5.21	5.73	7.86	7.88	8.01	101.18	91.01	125.85	科学和控制仪器
19.45	12.51	15.11	12.19	12.12	13.75	29.19	28.90	31.37	128.34	113.60	142.05	杂项制成品
514.94	**308.76**	**399.02**	**454.36**	**387.01**	**452.75**	**585.21**	**486.33**	**560.55**	**3 886.78**	**3 198.57**	**4 216.40**	制成品出口总额 b
												北美洲
3.05	2.17	2.18	8.73	6.06	7.62	6.99	5.22	5.58	70.07	64.64	79.99	农产品
2.88	2.03	2.01	8.12	5.54	6.92	6.40	4.81	5.02	51.87	49.27	57.40	食品
0.22	0.15	0.24	0.03	0.03	0.02	0.03	0.03	0.03	2.70	2.64	3.07	鱼制品
2.66	1.88	1.77	8.09	5.50	6.90	6.37	4.78	4.99	49.17	46.62	54.34	其他食品
0.17	0.15	0.17	0.61	0.52	0.70	0.59	0.40	0.56	18.20	15.37	22.59	原料
0.44	0.17	0.59	3.18	2.59	3.26	2.13	1.88	1.80	39.93	31.89	43.72	燃料和矿产品
0.13	0.01	0.08	0.83	0.36	0.59	0.24	0.18	0.22	20.58	15.72	20.70	矿石和其他矿物
0.20	0.12	0.49	2.28	2.18	2.60	1.27	1.31	1.23	11.99	11.20	16.18	燃料
0.11	0.04	0.01	0.07	0.05	0.07	0.62	0.40	0.35	7.36	4.97	6.84	有色金属
12.27	6.81	8.04	20.32	18.57	19.91	47.98	39.99	42.65	255.39	218.16	273.47	制成品
0.11	0.12	0.11	0.55	0.71	0.46	0.75	0.41	0.53	3.34	2.56	2.81	钢铁
1.09	0.80	1.19	2.31	2.21	2.50	3.22	2.89	3.68	52.29	45.02	57.68	化学品
0.16	0.13	0.18	0.25	0.33	0.36	0.54	0.64	0.67	4.67	6.20	7.39	药品
0.93	0.68	1.01	2.06	1.88	2.14	2.68	2.25	3.00	47.63	38.82	50.29	其他化学品
0.49	0.28	0.38	1.28	1.20	1.32	7.75	4.99	6.53	15.89	12.97	17.73	其他半制成品
9.43	4.99	5.60	14.64	12.99	13.97	32.26	27.81	27.89	148.95	126.10	155.95	机械和运输设备
0.52	0.32	0.41	1.29	0.96	0.96	2.73	2.69	2.96	57.99	45.01	52.90	办公和电信设备
0.25	0.16	0.20	0.47	0.36	0.40	1.02	1.05	1.33	12.00	10.10	10.95	EDP 和办公设备
0.21	0.11	0.13	0.75	0.54	0.51	1.33	1.35	1.36	11.06	10.20	11.19	通讯设备
0.06	0.04	0.07	0.06	0.06	0.06	0.38	0.28	0.27	34.93	24.71	30.76	集成电路
3.92	1.62	1.95	6.14	5.62	6.84	17.12	14.93	15.59	39.62	36.97	45.40	运输设备
2.53	0.48	1.00	3.59	2.56	3.10	9.71	6.30	8.77	9.77	7.55	13.09	汽车
1.40	1.14	0.95	2.56	3.06	3.73	7.41	8.63	6.82	29.85	29.42	32.31	其他运输设备
4.99	3.06	3.25	7.21	6.41	6.18	12.42	10.19	9.33	51.35	44.12	57.65	其他机械
0.06	0.03	0.04	0.12	0.07	0.08	0.17	0.16	0.18	1.92	1.53	2.00	纺织品
0.02	0.02	0.02	0.03	0.03	0.04	0.21	0.18	0.20	0.00	0.05	0.76	服装
1.07	0.57	0.69	1.40	1.35	1.52	3.63	3.66	0.04	32.31	29.54	36.54	其他制成品
0.05	0.03	0.04	0.11	0.10	0.10	0.33	0.30	0.32	1.15	1.10	1.39	个人及家居用品
0.50	0.33	0.40	0.71	0.78	0.88	1.74	1.75	1.87	16.32	14.58	18.93	科学和控制仪器
0.52	0.21	0.25	0.57	0.48	0.54	1.56	1.51	1.46	14.83	13.66	16.23	杂项制成品
16.03	**9.35**	**11.07**	**33.60**	**28.28**	**32.48**	**60.15**	**49.47**	**52.71**	**375.60**	**324.18**	**413.12**	制成品出口总额 b

表 3（续 1）

（左半部分表格） 单位：十亿美元

目的地	世界 a			北美洲			中、南美洲			欧洲		
原产地	2008	2009	2010	2008	2009	2010	2008	2009	2010	2008	2009	2010
中、南美洲												
农产品	155.59	138.71	163.26	20.77	19.48	22.01	27.38	22.31	27.25	48.46	39.11	42.67
食品	139.61	125.36	146.18	16.85	16.51	18.20	25.72	21.12	25.64	43.53	35.82	37.67
鱼制品	8.71	8.00	8.43	2.22	2.04	2.09	1.05	1.18	1.19	3.20	2.50	2.73
其他食品	130.91	117.37	137.75	14.63	14.47	16.10	24.67	19.94	24.45	40.33	33.32	34.94
原料	15.98	13.35	17.08	3.92	2.97	3.81	1.66	1.19	1.61	4.93	3.30	5.00
燃料和矿产品	258.41	178.30	244.22	95.30	58.47	72.55	60.02	41.15	50.67	42.60	25.37	35.93
矿石和其他矿物	57.09	42.37	71.63	5.57	3.81	5.00	4.29	2.14	4.27	16.24	10.23	16.79
燃料	166.50	109.40	135.45	82.33	49.78	61.69	50.87	36.29	42.02	14.81	9.38	10.73
有色金属	34.83	26.52	37.15	7.41	4.89	5.86	4.85	2.72	4.38	11.55	5.76	8.40
制成品	176.03	126.26	151.43	55.79	35.90	42.79	73.47	55.17	69.38	23.77	17.62	21.20
钢铁	22.15	12.36	14.36	5.58	1.93	2.85	6.11	3.76	4.67	3.89	1.69	2.10
化学品	37.18	28.66	34.24	11.62	6.57	8.41	16.90	13.68	16.12	5.71	5.09	6.25
药品	3.73	3.69	4.22	0.49	0.49	0.53	2.62	2.41	2.74	0.38	0.50	0.59
其他化学品	33.45	24.97	30.03	11.14	6.08	7.88	14.28	11.27	13.38	5.33	4.59	5.67
其他半制成品	22.76	17.70	20.97	5.54	4.14	4.81	10.33	8.24	9.58	3.59	2.89	3.57
机械和运输设备	64.54	44.05	55.58	17.75	10.82	12.54	29.74	21.41	30.03	8.03	5.97	7.16
办公和电信设备	6.03	4.49	4.46	1.34	0.99	0.98	2.69	1.86	1.74	0.53	0.43	0.54
EDP 和办公设备	1.66	1.40	1.36	0.59	0.44	0.39	0.32	0.32	0.31	0.27	0.22	0.21
通讯设备	3.18	2.28	1.94	0.57	0.46	0.31	2.32	1.48	1.35	0.17	0.16	0.14
集成电路	1.19	0.81	1.17	0.18	0.08	0.29	0.05	0.06	0.07	0.09	0.04	0.19
运输设备	35.13	22.55	30.92	8.17	3.95	4.47	17.58	12.61	19.66	4.69	3.42	4.20
汽车	23.12	15.19	22.27	3.10	1.76	2.35	15.16	11.13	17.48	2.63	1.27	1.41
其他运输设备	12.01	7.36	8.65	5.08	2.19	2.13	2.42	1.48	2.19	2.06	2.15	2.79
其他机械	23.38	17.02	20.20	8.24	5.88	7.08	9.47	6.94	8.63	2.81	2.12	2.42
纺织品	4.06	3.24	3.48	0.75	0.55	0.60	2.95	2.45	2.61	0.19	0.13	0.14
服装	12.68	9.88	11.05	10.13	8.33	9.37	2.10	1.24	1.35	0.35	0.23	0.24
其他制成品	12.65	10.37	11.75	4.41	3.56	4.20	5.35	4.39	5.03	2.02	1.64	1.74
个人及家居用品	4.44	3.23	3.62	1.20	0.84	0.95	1.70	1.19	1.36	1.21	0.93	0.99
科学和控制仪器	2.40	2.22	2.82	1.35	1.24	1.66	0.58	0.52	0.65	0.29	0.27	0.31
杂项制成品	5.81	4.92	5.31	1.87	1.47	1.59	3.06	2.68	3.02	0.52	0.44	0.43
制成品出口总额 b	**603.47**	**459.06**	**577.01**	**171.86**	**113.85**	**137.97**	**161.39**	**119.19**	**147.91**	**120.81**	**89.70**	**107.92**
欧洲												
农产品	603.65	530.27	570.24	23.74	20.63	23.05	5.57	4.65	5.54	486.53	427.36	448.47
食品	516.47	460.02	484.94	21.38	18.95	21.13	4.87	4.06	4.82	418.16	373.58	383.59
鱼制品	34.91	32.50	35.17	0.64	0.88	1.13	0.42	0.41	0.48	28.52	26.40	27.86
其他食品	481.57	427.52	449.77	20.73	18.07	20.01	4.45	3.66	4.34	389.64	347.19	355.74
原料	87.18	70.25	85.30	2.36	1.68	1.92	0.71	0.59	0.71	68.37	53.78	64.88
燃料和矿产品	772.88	480.58	623.06	58.94	33.88	40.33	3.80	2.90	4.58	616.58	378.84	494.65
矿石和其他矿物	74.97	47.31	72.21	2.06	1.07	1.65	0.29	0.20	0.28	58.84	33.95	54.11
燃料	555.32	343.00	425.80	48.87	28.41	31.50	2.42	2.00	3.34	442.78	273.16	339.61
有色金属	142.59	90.27	125.04	8.00	4.40	7.18	1.09	0.70	0.96	114.97	71.73	100.92
制成品	4 946.53	3 882.44	4 304.47	381.38	303.15	345.70	85.19	65.73	85.73	3 532.88	2 747.61	2 975.12
钢铁	264.60	147.91	177.28	12.66	6.36	9.35	3.52	2.20	3.17	202.50	107.42	133.54
化学品	973.05	862.41	954.90	100.35	96.89	104.49	18.58	16.36	21.03	704.48	606.07	660.30
药品	333.52	340.75	359.84	48.96	51.84	55.95	6.14	6.46	8.12	228.61	228.49	233.04
其他化学品	639.54	521.66	595.06	51.39	45.05	48.54	12.44	9.90	12.91	475.88	377.57	427.26
其他半制成品	527.13	406.21	449.30	26.20	19.23	22.63	7.31	5.40	7.25	400.55	307.31	331.88
机械和运输设备	2 389.76	1 802.28	2 014.67	184.71	134.98	157.56	47.50	34.91	46.09	1 637.74	1 229.54	1 330.32
办公和电信设备	421.25	339.24	371.52	17.26	13.97	15.94	3.62	2.52	2.90	319.13	264.86	287.98
EDP 和办公设备	160.29	132.32	131.84	6.46	5.55	5.03	0.64	0.68	0.63	131.57	108.73	107.68
通讯设备	191.74	156.06	173.88	6.99	5.91	8.04	2.62	1.56	1.85	144.00	122.57	133.87
集成电路	69.22	50.85	65.80	3.82	2.52	2.87	0.37	0.29	0.43	43.56	33.56	46.43
运输设备	949.22	690.78	811.13	73.44	50.84	64.75	18.37	12.57	18.43	699.93	514.91	569.06
汽车	682.64	475.74	559.41	50.10	31.81	43.49	8.52	5.58	9.46	523.36	373.39	409.58
其他运输设备	266.58	215.05	251.72	23.34	19.03	21.26	9.84	6.99	8.97	176.56	141.53	159.48
其他机械	1 019.29	772.25	832.03	94.01	70.17	76.88	25.51	19.81	24.77	618.68	449.76	473.27
纺织品	93.14	72.55	78.08	4.17	3.02	3.54	0.80	0.66	0.82	69.96	54.46	57.55
服装	132.89	113.44	115.23	4.58	3.22	3.43	0.41	0.35	0.40	110.36	96.24	97.58
其他制成品	565.95	477.64	515.02	48.72	39.46	44.71	7.07	5.85	6.97	407.30	346.57	363.95
个人及家居用品	124.64	102.91	107.94	6.62	4.66	5.16	0.62	0.44	0.51	99.98	84.00	86.84
科学和控制仪器	124.08	107.26	118.47	17.32	15.10	16.68	2.58	2.27	2.91	73.55	63.04	67.45
杂项制成品	317.23	267.47	288.60	24.78	19.70	22.87	3.87	3.14	3.55	233.77	199.53	209.66
制成品出口总额 b	**6 469.90**	**5 016.34**	**5 631.80**	**475.45**	**367.77**	**415.82**	**97.08**	**74.99**	**97.83**	**4 717.33**	**3 621.11**	**3 998.39**

（右半部分表格）　　　　单位：十亿美元

独联体			非洲			中东			亚洲			目的地
2008	2009	2010	2008	2009	2010	2008	2009	2010	2008	2009	2010	原产地
												中、南美洲
7.64	5.51	7.15	9.52	8.07	9.85	8.13	8.78	11.25	32.88	34.40	41.88	农产品
7.43	5.28	6.84	9.37	7.97	9.72	7.89	8.63	11.05	28.18	29.20	36.10	食品
0.21	0.12	0.18	0.15	0.20	0.13	0.06	0.05	0.03	1.70	1.77	1.96	鱼制品
7.22	5.15	6.66	9.22	7.78	9.59	7.83	8.57	11.01	26.48	27.43	34.14	其他食品
0.22	0.23	0.31	0.15	0.10	0.13	0.24	0.15	0.20	4.70	5.20	5.78	原料
0.21	0.08	0.15	2.29	1.18	1.83	1.51	0.90	2.08	53.29	49.62	79.29	燃料和矿产品
0.20	0.08	0.15	0.86	0.62	1.17	1.18	0.61	1.68	28.74	24.88	42.58	矿石和其他矿物
0.01	0.00	0.00	1.36	0.52	0.56	0.21	0.21	0.38	13.73	11.72	18.35	燃料
0.00	0.00	0.00	0.07	0.04	0.11	0.12	0.08	0.03	10.82	13.02	18.36	有色金属
0.85	0.23	0.29	4.89	3.88	3.29	2.25	1.54	1.43	14.40	11.45	12.70	制成品
0.07	0.06	0.02	0.67	0.69	0.47	0.76	0.41	0.22	5.06	3.81	4.03	钢铁
0.07	0.04	0.07	0.60	0.51	0.50	0.14	0.13	0.18	1.93	2.46	2.54	化学品
0.02	0.02	0.03	0.04	0.03	0.03	0.02	0.03	0.04	0.09	0.12	0.18	药品
0.05	0.03	0.04	0.56	0.48	0.46	0.12	0.10	0.14	1.84	2.34	2.36	其他化学品
0.09	0.04	0.04	0.66	0.50	0.44	0.24	0.17	0.15	2.15	1.63	2.33	其他半制成品
0.57	0.05	0.11	2.61	1.90	1.65	0.98	0.71	0.77	4.77	3.06	3.26	机械和运输设备
0.00	0.00	0.00	0.02	0.01	0.01	0.02	0.05	0.03	1.43	1.14	1.16	办公和电信设备
0.00	0.00	0.00	0.01	0.00	0.00	0.00	0.01	0.00	0.46	0.40	0.44	EDP 和办公设备
0.00	0.00	0.00	0.01	0.01	0.01	0.02	0.04	0.02	0.09	0.12	0.10	通讯设备
0.00	0.00	0.00	0.00	0.00	0.00	0.00	0.00	0.00	0.88	0.62	0.62	集成电路
0.37	0.00	0.06	1.48	1.08	0.91	0.64	0.37	0.49	2.17	1.05	1.09	运输设备
0.34	0.00	0.01	1.23	0.68	0.63	0.26	0.07	0.03	0.38	0.26	0.36	汽车
0.03	0.00	0.04	0.25	0.40	0.29	0.37	0.30	0.45	1.79	0.79	0.73	其他运输设备
0.20	0.05	0.06	1.11	0.81	0.72	0.32	0.29	0.26	1.17	0.88	1.01	其他机械
0.00	0.00	0.00	0.03	0.02	0.02	0.01	0.01	0.00	0.09	0.07	0.08	纺织品
0.00	0.00	0.00	0.02	0.01	0.01	0.01	0.01	0.01	0.05	0.04	0.05	服装
0.05	0.03	0.05	0.30	0.24	0.20	0.11	0.10	0.09	0.35	0.38	0.41	其他制成品
0.03	0.02	0.03	0.13	0.11	0.11	0.05	0.04	0.05	0.11	0.09	0.13	个人及家居用品
0.01	0.01	0.02	0.05	0.03	0.03	0.02	0.03	0.02	0.10	0.11	0.14	科学和控制仪器
0.01	0.00	0.00	0.12	0.10	0.06	0.04	0.03	0.03	0.14	0.17	0.14	杂项制成品
8.71	**5.82**	**7.59**	**16.78**	**13.15**	**14.98**	**11.89**	**11.35**	**14.94**	**100.65**	**95.58**	**133.97**	制成品出口总额 b
												欧洲
20.86	16.10	20.14	20.62	17.82	20.74	14.13	13.30	15.56	31.00	28.58	35.92	农产品
18.86	14.60	18.32	17.43	14.79	17.27	12.58	11.88	13.84	22.27	20.87	25.39	食品
1.64	1.55	1.73	1.19	1.08	1.22	0.15	0.16	0.22	2.32	2.02	2.52	鱼制品
17.22	13.06	16.59	16.24	13.71	16.04	12.43	11.72	13.62	19.95	18.86	22.87	其他食品
2.00	1.50	1.82	3.19	3.03	3.47	1.56	1.42	1.72	8.73	7.71	10.53	原料
6.72	3.98	5.03	21.47	16.04	22.53	9.95	7.19	8.80	28.28	22.94	28.78	燃料和矿产品
0.71	0.33	0.44	1.70	0.86	1.54	0.87	0.64	0.89	10.39	10.06	13.17	矿石和其他矿物
4.35	2.69	3.47	17.80	13.37	18.75	7.24	5.06	6.27	5.35	3.93	4.99	燃料
1.67	0.96	1.11	1.97	1.81	2.24	1.85	1.49	1.64	12.54	8.95	10.62	有色金属
208.63	124.51	152.84	140.16	125.77	131.42	160.81	129.60	141.32	418.31	369.43	452.30	制成品
3.96	2.54	3.69	10.24	9.67	8.33	17.43	7.85	9.03	13.80	11.06	9.93	钢铁
32.48	25.47	33.13	21.05	19.24	22.16	19.72	19.21	22.45	72.35	72.98	87.03	化学品
10.85	9.86	13.66	6.84	7.17	8.23	6.71	7.39	8.62	23.11	26.66	31.30	药品
21.63	15.61	19.47	14.21	12.07	13.93	13.01	11.82	13.83	49.24	46.32	55.73	其他化学品
22.31	13.94	16.05	14.66	13.57	15.10	17.82	14.02	15.82	36.40	31.24	39.22	其他半制成品
115.55	60.31	74.82	75.87	66.52	68.30	83.06	68.09	72.65	234.46	201.10	252.00	机械和运输设备
17.05	9.01	12.19	11.83	9.04	9.30	12.49	9.36	10.26	39.43	30.10	32.33	办公和电信设备
5.53	3.36	4.64	4.23	3.73	3.87	4.37	3.66	3.83	7.46	6.57	6.16	EDP 和办公设备
10.92	5.18	6.79	6.60	4.53	4.52	7.70	5.33	5.77	12.53	10.65	12.46	通讯设备
0.60	0.46	0.77	1.01	0.78	0.91	0.42	0.37	0.67	19.44	12.88	13.71	集成电路
39.53	15.28	22.59	21.97	19.47	21.21	23.90	17.50	22.98	64.41	55.44	81.58	运输设备
32.32	10.34	17.94	16.60	14.20	15.73	15.50	10.06	11.75	34.57	29.81	50.85	汽车
7.21	4.95	4.65	5.37	5.27	5.48	8.40	7.44	11.23	29.84	25.63	30.74	其他运输设备
58.97	36.03	40.03	42.08	38.01	37.78	46.67	41.23	39.41	130.62	115.56	138.09	其他机械
4.33	2.95	3.58	5.71	4.82	5.17	2.06	1.90	2.02	5.63	4.40	5.02	纺织品
7.17	4.81	4.96	1.52	1.49	1.42	2.87	2.61	2.39	5.38	4.41	4.84	服装
22.84	14.49	16.62	11.11	10.46	10.95	17.85	15.92	16.97	50.29	44.24	54.26	其他制成品
6.14	3.93	4.15	1.66	1.56	1.68	2.68	2.29	2.48	6.86	5.98	7.07	个人及家居用品
4.75	3.03	3.83	3.48	3.20	3.30	4.28	4.27	4.22	17.99	16.23	19.97	科学和控制仪器
11.95	7.53	8.64	5.97	5.70	5.97	10.90	9.36	10.27	25.44	22.04	27.22	杂项制成品
239.65	**146.68**	**179.78**	**185.63**	**162.07**	**176.72**	**188.70**	**153.63**	**167.68**	**489.28**	**428.14**	**524.18**	制成品出口总额 b

表 3（续 2）

（左半部分表格） 单位：十亿美元

目的地	世界 a			北美洲			中、南美洲			欧洲		
原产地	2008	2009	2010	2008	2009	2010	2008	2009	2010	2008	2009	2010
独联体												
农产品	46.93	40.27	44.48	0.53	0.67	0.50	0.12	0.11	0.13	13.13	8.62	10.64
燃料和矿产品	464.39	285.35	376.45	24.48	16.84	26.44	2.70	1.50	2.06	321.27	189.33	243.59
制成品	173.69	108.63	140.58	8.28	4.43	5.66	6.30	2.87	4.15	56.95	31.23	42.63
制成品出口总额 b	**702.54**	**450.32**	**588.02**	**33.61**	**22.26**	**32.99**	**9.13**	**4.53**	**6.36**	**403.45**	**236.56**	**308.24**
非洲												
农产品	45.37	45.49	54.82	2.31	2.08	2.75	0.31	0.45	0.49	20.44	18.57	20.34
燃料和矿产品	396.98	250.13	333.18	107.44	54.94	73.38	13.15	7.49	10.99	154.75	93.91	117.67
制成品	99.42	75.88	94.62	9.47	6.45	8.62	2.17	1.31	2.08	46.13	32.95	40.02
制成品出口总额 b	**560.78**	**391.16**	**508.05**	**120.32**	**63.87**	**85.27**	**15.64**	**9.26**	**13.60**	**225.30**	**150.64**	**183.67**
中东												
农产品	21.76	19.29	22.28	0.54	0.47	0.54	0.06	0.06	0.08	2.51	2.09	2.31
燃料和矿产品	758.25	469.65	609.45	83.07	39.32	52.27	5.29	2.90	3.77	88.88	48.78	71.76
制成品	176.09	151.54	196.75	24.70	20.24	24.99	2.48	1.69	3.16	31.62	22.15	28.21
制成品出口总额 b	**1 023.42**	**706.15**	**894.93**	**109.48**	**61.24**	**78.97**	**7.83**	**4.69**	**7.28**	**126.11**	**77.54**	**107.99**
亚洲												
农产品	263.47	227.48	293.32	32.52	27.38	34.03	4.60	3.12	5.03	41.14	33.05	40.65
食品	207.30	184.49	225.89	26.17	23.61	27.64	3.32	2.33	3.46	31.98	26.84	30.68
鱼制品	35.02	33.84	41.28	8.73	8.48	10.39	0.26	0.27	0.49	6.51	6.26	7.09
其他食品	172.28	150.65	184.61	17.44	15.13	17.25	3.06	2.05	2.97	25.46	20.57	23.58
原料	56.18	42.99	67.42	6.34	3.77	6.39	1.28	0.79	1.57	9.17	6.21	9.97
燃料和矿产品	540.64	386.19	540.09	20.41	13.58	20.30	12.13	6.03	11.27	38.42	25.09	32.00
矿石和其他矿物	76.90	65.36	101.74	2.33	1.82	2.37	0.13	0.06	0.08	5.43	2.96	5.28
燃料	385.18	266.67	358.79	12.66	7.86	11.78	11.56	5.63	10.55	24.89	17.60	20.81
有色金属	78.57	54.16	79.57	5.42	3.90	6.15	0.44	0.34	0.64	8.11	4.52	5.92
制成品	34 54.17	2 853.27	3 722.29	714.32	577.85	737.68	103.21	80.78	124.53	700.61	551.39	703.09
钢铁	181.37	97.22	140.69	24.13	8.98	13.51	5.63	2.80	6.43	24.48	8.11	13.57
化学品	322.57	276.04	368.10	35.96	30.74	38.21	10.85	9.40	12.24	46.40	37.88	49.52
药品	29.02	30.65	35.45	6.62	7.68	8.08	1.19	1.13	1.31	8.10	8.60	9.89
其他化学品	293.55	245.39	332.64	29.34	23.07	30.13	9.65	8.28	10.93	38.30	29.29	39.63
其他半制成品	252.09	214.00	273.11	50.55	40.28	52.69	7.22	5.94	9.00	50.24	37.59	48.17
机械和运输设备	1 951.77	1 601.64	2 105.14	414.45	331.39	425.32	57.54	43.94	68.13	399.45	308.56	397.78
办公和电信设备	909.36	785.97	1 003.70	202.12	176.84	217.96	14.20	11.59	16.50	201.23	162.28	208.68
EDP 和办公设备	319.54	271.13	341.33	96.42	86.82	106.41	3.14	3.23	5.11	90.64	72.33	89.10
通讯设备	299.90	258.40	304.49	83.90	73.76	88.59	9.72	7.06	9.69	68.32	55.51	62.03
集成电路	289.93	256.44	357.88	21.80	16.26	22.96	1.35	1.30	1.69	42.27	34.43	57.55
运输设备	460.35	354.41	481.35	107.36	72.58	99.90	25.93	18.96	31.04	92.11	71.18	90.37
汽车	289.22	190.79	277.23	83.19	55.15	75.54	15.92	10.11	18.08	47.05	29.09	38.49
其他运输设备	171.13	163.61	204.13	24.16	17.43	24.36	10.01	8.85	12.97	45.07	42.09	51.89
其他机械	582.06	461.26	620.09	104.97	81.97	107.46	17.41	13.39	20.59	106.11	75.10	98.73
纺织品	124.04	111.69	142.15	17.72	15.78	20.53	6.61	5.52	8.10	22.29	18.75	24.47
服装	189.60	168.12	200.37	56.98	51.78	62.99	4.91	4.00	6.54	60.37	55.47	65.07
其他制成品	432.74	384.55	492.74	114.53	98.90	124.43	10.45	9.17	14.09	97.37	85.04	104.51
个人及家居用品	102.61	94.06	121.50	35.80	32.45	42.45	3.51	3.06	5.09	28.34	25.94	33.04
科学和控制仪器	115.62	102.27	140.46	21.21	19.21	23.76	2.70	2.30	3.52	22.87	18.46	23.80
杂项制成品	214.51	188.22	230.77	57.51	47.24	58.22	4.23	3.81	5.48	46.16	40.64	47.66
制成品出口总额 b	**4 371.86**	**3 578.48**	**4 686.14**	**776.22**	**627.38**	**800.93**	**127.92**	**95.39**	**148.39**	**803.33**	**641.17**	**807.75**

a 包括未列明的目的地。

b 包括未分类产品。

（右半部分表格）　　　　单位：十亿美元

独联体			非洲			中东			亚洲			目的地
2008	2009	2010	2008	2009	2010	2008	2009	2010	2008	2009	2010	原产地
												独联体
15.28	12.92	16.59	2.72	2.92	3.07	3.70	3.60	3.04	10.17	9.44	8.24	农产品
54.58	31.15	34.64	2.53	1.19	1.31	8.24	4.58	5.85	45.03	35.19	58.71	燃料和矿产品
62.77	39.35	56.41	4.91	2.82	3.04	9.51	6.77	8.21	22.12	18.67	18.31	制成品
134.13	**84.61**	**109.10**	**10.44**	**7.22**	**8.67**	**22.21**	**15.47**	**19.44**	**78.73**	**65.38**	**87.82**	制成品出口总额 b
												非洲
1.04	0.93	1.29	8.59	8.85	10.53	4.61	4.65	6.43	6.71	6.82	8.51	农产品
0.56	0.32	0.47	19.64	17.86	24.34	2.86	2.67	2.88	94.24	66.57	94.23	燃料和矿产品
0.28	0.17	0.17	20.91	19.38	22.68	5.09	4.29	5.48	13.50	9.69	13.44	制成品
1.91	**1.44**	**1.96**	**52.79**	**49.61**	**62.48**	**17.21**	**14.61**	**18.74**	**117.98**	**86.50**	**122.53**	制成品出口总额 b
												中东
0.96	0.90	1.03	1.66	1.43	1.62	13.48	12.19	13.51	2.32	1.89	2.67	农产品
0.21	0.12	0.14	16.05	10.50	12.77	12.70	11.27	14.15	486.11	296.10	392.24	燃料和矿产品
4.12	2.64	3.49	14.61	12.28	14.23	54.41	52.00	57.78	42.40	38.14	59.95	制成品
5.57	**3.78**	**4.78**	**33.05**	**24.45**	**29.01**	**81.77**	**77.96**	**89.14**	**536.94**	**348.61**	**470.60**	制成品出口总额 b
												亚洲
7.03	5.16	6.84	14.15	12.47	15.48	18.64	15.41	17.57	144.69	130.41	173.49	农产品
6.56	4.90	6.37	13.12	11.67	14.40	17.43	14.41	16.26	108.10	100.30	126.90	食品
1.10	0.68	0.90	0.87	0.90	0.95	0.78	0.78	0.92	16.69	16.43	20.50	鱼制品
5.45	4.22	5.47	12.25	10.77	13.45	16.65	13.63	15.34	91.40	83.87	106.41	其他食品
0.48	0.26	0.47	1.04	0.81	1.09	1.21	1.00	1.31	36.59	30.11	46.59	原料
1.73	0.77	1.71	10.15	6.32	9.87	17.02	9.70	13.97	432.65	318.84	443.82	燃料和矿产品
0.49	0.18	0.78	0.25	0.20	0.21	0.54	0.42	1.16	65.73	58.17	89.94	矿石和其他矿物
0.60	0.27	0.52	8.63	5.16	8.31	12.25	7.23	10.17	308.48	218.60	291.43	燃料
0.65	0.31	0.40	1.28	0.96	1.35	4.23	2.05	2.64	58.44	42.07	62.45	有色金属
99.84	51.03	76.02	94.63	81.12	99.45	164.28	137.07	163.90	1 553.12	1 346.77	1 782.46	制成品
3.65	2.47	2.64	5.96	4.64	4.50	16.16	7.92	11.31	101.28	62.26	88.64	钢铁
5.46	3.68	5.07	9.88	8.51	10.45	9.86	8.60	10.89	203.65	176.99	241.37	化学品
0.75	0.65	0.78	2.59	2.19	2.73	0.71	0.76	0.82	9.00	9.60	11.80	药品
4.71	3.03	4.30	7.29	6.33	7.72	9.15	7.84	10.07	194.65	167.39	229.57	其他化学品
7.51	4.87	6.61	10.74	10.85	12.58	21.51	20.79	26.19	104.07	93.59	117.76	其他半制成品
49.10	18.70	34.19	48.22	37.50	47.48	81.98	65.14	77.47	878.08	769.94	1 020.51	机械和运输设备
7.93	4.36	7.79	8.39	7.44	8.90	13.77	14.15	16.16	461.55	409.20	527.60	办公和电信设备
1.58	1.19	2.66	1.28	1.37	1.80	4.14	4.44	5.27	122.30	101.70	130.93	EDP 和办公设备
6.18	3.08	4.89	6.67	5.68	6.54	9.03	9.12	10.22	116.00	104.14	122.47	通讯设备
0.18	0.09	0.23	0.45	0.39	0.56	0.60	0.60	0.68	223.26	203.36	274.20	集成电路
27.44	6.27	14.45	21.63	14.23	19.42	37.99	25.16	34.80	125.25	119.78	157.36	运输设备
25.82	5.21	12.32	15.50	11.17	14.04	32.75	20.71	30.13	68.80	59.17	88.42	汽车
1.63	1.06	2.14	6.14	3.06	5.38	5.23	4.45	4.68	56.46	60.61	68.94	其他运输设备
13.73	8.07	11.95	18.20	15.83	19.16	30.22	25.83	26.50	291.28	240.96	335.55	其他机械
4.98	3.82	4.82	8.79	8.20	9.82	8.68	7.94	9.02	54.84	51.54	65.25	纺织品
16.22	8.07	11.00	3.70	3.80	4.81	7.47	7.58	8.42	39.86	36.70	41.21	服装
12.92	8.52	11.37	7.27	7.61	9.81	18.62	19.29	20.60	171.34	155.75	207.72	其他制成品
7.22	4.60	5.01	0.90	0.10	4.09	4.14	4.17	4.80	20.59	20.87	26.08	个人及家庭用品
0.84	0.82	1.39	0.81	0.85	1.08	1.37	1.49	1.53	65.79	59.13	85.36	科学和控制仪器
4.87	3.11	4.05	3.56	3.67	4.71	13.11	13.64	14.28	84.96	75.95	96.27	杂项制成品
108.93	**57.08**	**84.74**	**122.06**	**102.24**	**128.42**	**203.27**	**163.83**	**197.90**	**2 187.44**	**1 850.20**	**2 464.19**	制成品出口总额 b

a　包括未列明的目的地
b　包括未分类产品

表 4

2001—2010 年区域一体化协定的货物贸易

单位：十亿美元

地区＼年份	2001	2002	2003	2004	2005	2006	2007	2008	2009	2010
欧盟（27）										
总出口	2 469.5	2 637.6	3 148.9	3 762.5	4 065.3	4 591.2	5 346.8	5 922.2	4 594.3	5 153.2
内部出口	1 677.1	1 794.2	2 165.7	2 577.1	2 755.6	3 135.6	3 645.7	3 995.6	3 064.0	3 365.1
外部出口	792.3	843.4	983.3	1 185.4	1 309.7	1 455.6	1 701.1	1 926.6	1 530.3	1 788.1
总进口	2 549.4	2 672.1	3 214.2	3 854.5	4 222.3	4 830.4	5 610.7	6 299.4	4 746.8	5 356.0
内部进口	1 672.5	1 786.1	2 156.2	2 576.4	2 754.2	3 133.2	3 645.7	3 995.6	3 064.0	3 365.1
外部进口	876.9	886.0	1 058.0	1 278.1	1 468.0	1 697.2	1 964.9	2 303.7	1 682.8	1 990.9
北美自由贸易区										
总出口	1 147.5	1 106.2	1 162.9	1 319.6	1 475.8	1 664.0	1 840.7	2 035.2	1 602.3	1 964.6
内部出口	632.7	620.7	650.1	739.1	824.5	901.0	950.0	1012.5	767.9	955.7
外部出口	514.8	485.5	512.8	580.5	651.3	763.0	890.7	1 022.7	834.4	1 008.9
总进口	1 579.5	1 600.8	1 723.1	2 007.9	2 283.4	2 540.6	2 700.8	2 906.8	2 176.7	2 682.1
内部进口	626.8	617.9	639.8	715.5	790.9	864.4	914.5	965.5	717.6	899.6
外部进口	952.7	982.9	1 083.3	1 292.4	1 492.5	1 676.2	1 786.4	1 941.3	1 459.1	1 782.4
东盟										
总出口 a	387.6	407.4	474.8	568.9	656.0	769.6	865.4	989.9	814.1	1 052.1
内部出口 a	86.6	92.4	117.2	141.6	165.3	191.6	218.5	252.0	201.3	264.5
外部出口	301.0	315.0	357.6	427.3	490.7	578.0	647.0	737.9	612.8	787.5
总进口 a	347.1	366.8	411.8	513.8	602.9	688.0	775.5	938.8	723.2	949.7
内部进口 a	77.0	84.3	100.9	125.2	151.1	174.1	194.8	228.5	177.8	233.5
外部进口	270.1	282.6	310.9	388.6	451.8	513.9	580.7	710.2	545.4	716.2
南方共同市场										
总出口	87.8	88.8	106.1	135.8	164.0	190.2	223.7	278.4	217.2	281.3
内部出口	15.2	10.2	12.7	17.1	21.1	25.8	32.3	41.6	32.7	43.9
外部出口	72.6	78.6	93.4	118.7	142.9	164.4	191.3	236.8	184.5	237.4
总进口	84.2	62.3	69.1	95.1	113.9	139.5	182.8	257.9	186.3	266.7
内部进口	15.9	10.7	13.5	18.0	22.5	25.9	33.4	43.7	32.8	44.4
外部进口	68.3	51.6	55.6	77.1	91.4	113.6	149.4	214.2	153.5	222.2
安第斯共同体										
总出口	25.3	26.0	30.0	38.9	51.4	64.8	76.7	94.5	78.5	99.2
内部出口	2.3	2.5	2.9	3.4	4.5	5.2	5.9	7.0	5.9	7.9
外部出口	22.9	23.4	27.1	35.6	46.9	59.6	70.7	87.5	72.6	91.3
总进口	27.2	28.4	30.6	36.9	46.3	56.4	70.7	93.6	74.3	96.8
内部进口	2.6	3.0	3.5	4.2	5.2	6.2	7.2	8.6	7.0	9.4
外部进口	24.6	25.4	27.2	32.7	41.1	50.2	63.5	85.0	67.3	87.4

a　不包括 2000—2001 年新加坡与印度尼西亚的贸易。

表 5

2000—2010 年区域集团的货物贸易

单位：十亿美元

地区＼年份	2000	2001	2002	2003	2004	2005	2006	2007	2008	2009	2010
出口											
世界 a	**6 456.3**	**6 191.3**	**6 492.4**	**7 585.6**	**9 218.0**	**10 488.7**	**12 112.7**	**14 002.6**	**16 120.5**	**12 516.4**	**15 236.8**
北美洲和欧洲											
欧洲自由贸易联盟	142.5	143.4	153.6	175.5	208.2	237.8	273.5	313.2	377.9	291.5	331.4
欧盟（27）	2 452.6	2 469.5	2 637.6	3 148.9	3 762.5	4 065.3	4 591.0	5 347.1	5 922.2	4 594.3	5 153.2
北美自由贸易区	1 224.9	1 147.5	1 106.2	1 162.9	1 319.6	1 475.8	1 664.1	1 840.7	2 035.2	1 602.3	1 964.6
中、南美洲											
安第斯共同体	26.2	25.3	26.0	30.0	38.9	51.4	64.8	76.7	94.5	78.5	99.2
中美洲共同市场	15.5	14.4	16.7	18.0	19.9	21.7	24.3	27.3	29.6	26.1	29.9
加勒比共同体和共同市场	8.1	7.8	7.3	9.0	11.0	14.9	20.2	20.1	26.3	14.9	17.3
南方共同市场	84.6	87.8	88.8	106.1	135.8	164.0	190.1	223.8	278.4	217.2	281.3
非洲											
中部非洲经济与货币共同体	8.4	8.4	8.9	11.6	16.6	22.9	26.8	29.6	42.5	27.3	35.7
东南非共同市场	30.8	27.9	28.6	37.4	49.2	66.2	82.9	98.6	128.0	92.2	116.1
中部非洲国家经济共同体	17.2	15.9	18.5	22.5	32.1	49.6	61.6	77.3	111.1	71.9	94.9
西非国际经济共同体	30.3	27.6	29.5	37.0	53.7	67.1	78.1	87.5	109.8	81.3	110.9
南部非洲发展共同体	50.5	48.4	51.5	61.7	79.4	97.7	116.3	143.9	177.3	130.5	172.7
西非经济和货币同盟	6.7	7.0	8.7	9.8	11.6	12.7	14.2	15.0	18.6	19.0	19.2
中东和亚洲											
东盟	432.0	387.6	407.4	474.8	568.9	656.0	769.8	865.4	989.9	814.1	1052.1
海湾（阿拉伯国家）合作委员会	176.0	160.2	167.9	212.7	285.2	397.6	480.7	555.0	751.8	509.8	649.0
南亚自由贸易区	64.2	64.4	70.8	84.0	105.2	132.6	158.9	190.0	240.8	206.3	270.7
备忘：											
非洲、加勒比和太平洋国家集团	113.1	107.3	112.3	136.6	181.6	226.9	269.8	316.1	396.8	286.4	377.8
最不发达国家	36.3	36.1	40.1	46.0	60.7	82.6	103.6	128.3	169.0	127.5	165.2
WTO 成员（153）	6 038.9	5 800.7	6 083.6	7 097.3	8 594.8	9 707.8	11 167.2	12 901.1	14 735.1	11 532.2	13 983.5
进口											
世界	**6 724.0**	**6 482.6**	**6 741.6**	**7 867.0**	**9 568.2**	**10 854.8**	**12 437.2**	**14 303.6**	**16 524.3**	**12 720.2**	**15 402.4**
北美洲和欧洲											
欧洲自由贸易联盟	119.5	119.3	124.3	143.1	168.0	187.0	211.8	248.2	280.1	228.0	257.1
欧盟（27）	2 579.9	2 549.4	2 672.1	3 214.2	3 854.5	4 221.7	4 830.6	5 613.6	6 299.4	4 746.8	5 356.0
北美自由贸易区	1 683.6	1 579.5	1 600.8	1 723.1	2 007.9	2 283.4	2 540.6	2 700.8	2 906.8	2 176.7	2 682.1
中、南美洲											
安第斯共同体	24.5	27.2	28.4	30.6	36.9	46.3	56.4	70.7	93.6	74.3	96.8
中美洲共同市场	21.9	23.1	26.2	28.2	32.1	36.2	41.5	47.8	54.5	41.0	48.6
加勒比共同体和共同市场	14.1	14.0	14.1	15.1	17.0	20.2	23.0	26.3	31.7	23.5	25.0
南方共同市场	89.9	84.2	62.3	69.1	95.1	113.9	139.5	182.8	257.9	186.3	266.7
非洲											
中部非洲经济与货币共同体	3.8	5.1	5.9	6.0	6.9	7.9	10.5	13.3	17.2	17.5	19.4
东南非共同市场	35.4	36.3	35.5	40.3	51.0	65.0	75.9	93.7	118.9	111.4	126.8

续 表

年份 地区	2000	2001	2002	2003	2004	2005	2006	2007	2008	2009	2010
中部非洲国家经济共同体	7.9	9.6	11.2	13.4	15.3	19.7	23.2	31.5	44.1	45.9	47.4
西非国际经济共同体	20.6	23.7	19.9	25.9	33.1	43.6	51.9	66.1	89.5	67.0	82.2
南部非洲发展共同体	48.1	46.7	48.7	65.4	84.8	99.0	118.9	139.5	168.3	138.6	165.4
西非经济和货币同盟	7.0	7.6	8.1	10.2	12.8	15.3	16.0	20.0	25.5	21.9	23.6
中东和亚洲											
东盟	380.7	347.1	366.8	411.8	513.8	602.9	688.1	775.5	938.8	723.2	949.7
海湾（阿拉伯国家）合作委员会	85.4	90.4	99.3	122.1	154.3	188.3	225.1	295.0	378.8	316.3	332.6
南亚自由贸易区	80.6	77.6	84.5	105.2	140.7	194.4	238.4	296.6	406.7	326.8	414.7
备忘：											
非洲、加勒比和太平洋国家集团	113.2	116.9	115.3	141.7	176.3	216.4	259.8	308.7	386.1	313.0	368.1
最不发达国家	43.8	47.5	50.0	60.4	71.6	87.8	101.3	125.3	162.4	154.7	174.6
WTO 成员（153）a	6 436.1	6 180.1	6 415.0	7 482.2	9 079.6	10 286.3	11 782.0	13 508.8	15 555.3	11 925.3	14 449.4

a 包括重要的转口及因转口的进口。

表 6

2000—2010 年区域集团的服务贸易

单位：十亿美元

年份 地区	2000	2001	2002	2003	2004	2005	2006	2007	2008	2009	2010
出口											
世界	**1 483.0**	**1 486.7**	**1 599.3**	**1 831.8**	**2 229.7**	**2 495.9**	**2 830.9**	**3 408.1**	**3 842.4**	**3 386.0**	**3 692.5**
北美洲和欧洲											
欧洲自由贸易联盟	47.9	47.0	50.0	57.2	69.4	79.6	88.3	106.7	123.2	112.9	120.4
欧盟（27）	…	…	…	…	1 072.8	1 181.4	1 329.7	1 609.7	1 791.8	1 529.2	1 568.8
北美自由贸易区	326.4	312.9	321.4	334.5	385.8	423.1	468.7	543.9	595.7	549.9	601.2
中、南美洲											
安第斯共同体	4.4	4.5	4.2	4.6	5.4	6.2	7.3	8.2	9.3	9.3	10.0
中美洲共同市场	4.0	4.2	4.4	4.6	5.1	5.7	6.4	7.3	8.2	7.7	8.9
加勒比共同体和共同市场	7.2	6.8	7.0	7.6	8.4	9.1	9.5	10.2	10.3	9.4	9.6
南方共同市场	15.6	14.8	13.5	15.3	18.5	23.3	27.9	35.5	44.1	40.5	47.0
非洲											
中部非洲经济与货币共同体	1.0	1.3	1.3	1.0	1.5	1.3	1.4	1.8	2.1	1.9	…
东南非共同市场	13.8	13.0	13.5	15.5	20.0	21.3	23.6	29.2	36.0	31.6	35.5
中部非洲国家经济共同体	1.4	1.6	1.6	1.3	2.0	1.7	1.9	2.5	3.1	3.2	…
西非国际经济共同体	3.7	3.8	4.8	6.1	6.4	5.2	6.2	6.5	7.8	7.1	…
南部非洲发展共同体	8.7	8.7	9.0	12.7	15.1	16.9	18.3	21.7	21.2	19.9	22.7
西非经济和货币同盟	1.1	1.3	1.4	1.6	2.0	2.1	2.2	2.9	3.3	2.9	…

续 表

年份 地区	2000	2001	2002	2003	2004	2005	2006	2007	2008	2009	2010
中东和亚洲											
东盟	68.4	68.6	75.3	80.1	105.6	118.4	137.3	175.4	196.9	184.1	218.8
海湾（阿拉伯国家）合作委员会	9.9	10.6	11.0	12.8	16.0	25.8	35.8	40.4	36.3	36.6	36.7
南亚自由贸易区	19.3	20.4	22.7	27.6	42.5	56.9	74.8	92.3	113.4	99.3	131.1
备忘：											
非洲、加勒比和太平洋国家集团	29.1	28.9	30.4	37.1	42.7	48.4	53.0	60.4	63.9	59.6	65.5
最不发达国家	6.1	6.2	6.7	7.1	8.8	9.5	11.1	14.2	17.6	17.2	18.9
WTO 成员（153）	1 454.8	1 455.4	1 561.4	1 783.7	2 173.2	2 431.0	2 754.1	3 311.4	3 722.4	3 278.9	3 579.9
进口											
世界	**1 457.3**	**1 475.5**	**1 561.4**	**1 781.7**	**2 132.4**	**2 372.9**	**2 658.5**	**3 171.8**	**3 622.1**	**3 211.6**	**3 511.2**
北美洲和欧洲											
欧洲自由贸易联盟	30.5	30.8	33.7	38.8	45.9	57.0	60.3	73.3	82.9	77.1	81.8
欧盟（27）	…	…	…	…	981.9	1 071.5	1 175.5	1 410.1	1 583.5	1 378.5	1 404.1
北美自由贸易区	263.5	260.0	267.2	287.2	329.5	356.5	399.2	439.6	477.6	433.8	470.3
中、南美洲											
安第斯共同体	7.1	7.6	7.5	7.9	9.0	10.4	11.8	13.7	16.5	15.1	17.6
中美洲共同市场	4.0	4.0	4.3	4.5	5.1	5.3	6.0	6.8	7.2	6.1	7.1
加勒比共同体和共同市场	4.5	4.5	4.6	4.7	5.2	5.7	6.3	6.9	6.8	5.9	6.6
南方共同市场	25.8	25.2	19.2	20.7	23.5	31.0	36.7	46.8	59.4	57.4	75.3
非洲											
中部非洲经济与货币共同体	3.5	4.1	4.3	4.5	5.9	6.7	8.1	10.0	11.7	10.8	…
东南非共同市场	13.3	12.8	13.1	13.3	16.6	21.1	23.4	29.4	36.4	32.3	35.9
中部非洲国家经济共同体	6.1	7.7	7.5	7.8	11.1	14.3	16.2	23.9	34.7	31.3	…
西非国际经济共同体	6.6	8.2	8.7	10.6	11.7	12.7	19.3	24.2	32.9	26.3	…
南部非洲发展共同体	12.5	13.0	12.9	15.6	20.7	25.3	28.1	37.8	48.7	43.3	47.3
西非经济和货币同盟	2.5	2.6	2.9	3.6	4.2	4.5	4.9	5.9	7.0	6.5	…
中东和亚洲											
东盟	87.1	89.0	93.6	103.7	124.6	137.8	156.0	182.2	210.4	186.0	223.7
海湾（阿拉伯国家）合作委员会	26.7	24.2	25.8	29.7	38.0	54.2	73.8	103.2	118.1	107.2	119.0
南亚自由贸易区	24.5	25.5	26.1	31.5	44.7	58.9	71.6	85.1	104.9	93.1	131.0
备忘：											
非洲、加勒比和太平洋国家集团	33.5	36.0	36.8	42.2	51.4	60.6	74.5	93.6	117.4	102.5	116.4
最不发达国家	13.0	15.1	14.8	16.4	21.0	26.4	30.2	40.4	55.2	51.5	55.4
WTO 成员（153）	1 419.0	1 430.9	1 507.8	1 716.2	2 043.7	2 271.7	2 540.8	3 006.5	3 410.6	3 019.8	3 302.2

表7

2000—2010年世界货物出口（按地区和国家）

单位：百万美元

地区 \ 年份	2000	2001	2002	2003	2004	2005	2006	2007	2008	2009	2010
世界a	**6 456 000**	**6 191 000**	**6 492 000**	**7 586 000**	**9 218 000**	**10 489 000**	**12 113 000**	**14 003 000**	**16 120 000**	**12 516 000**	**15 237 000**
北美洲	1 224 975	1 147 545	1 106 240	1 162 965	1 319 700	1 475 825	1 664 160	1 840 760	2 035 215	1 602 355	1 964 620
百慕大	51	36	56	52	73	49	27	27	24	29	26
加拿大	276 635	259 858	252 394	272 739	316 762	360 475	388 178	420 693	456 471	316 567	388 019
墨西哥	166 367	158 547	160 682	165 396	187 980	214 207	249 961	271 821	291 265	229 712	298 305
美国	781 918	729 100	693 103	724 771	814 875	901 082	1 025 967	1 148 199	1 287 442	1 056 043	1 278 263
中、南美洲	197 800	190 700	193 100	221 500	287 900	359 500	435 500	498 100	603 500	459 100	577 000
安提瓜和巴布达	52	41	39	45	57	83	74	76	79	72	70
阿根廷	26 341	26 543	25 650	29 566	34 576	40 351	46 546	55 779	70 023	55 668	68 133
阿鲁巴	173	149	128	83	80	102	109	98	100	136	124
巴哈马	576	423	446	425	477	549	694	802	956	711	711
巴巴多斯	272	259	242	250	278	359	510	524	488	379	429
伯利兹	218	169	169	205	213	208	274	267	310	265	325
委内瑞拉	33 529	26 667	26 781	27 230	39 668	55 716	65 578	69 010	95 138	57 595	65 786
玻利维亚	1 230	1 285	1 299	1 598	2 146	2 791	3 875	4 458	6 527	4 918	6 290
巴西	55 086	58 223	60 362	73 084	96 678	118 529	137 808	160 649	197 943	152 995	201 915
智利	19 210	18 272	18 180	21 664	32 520	41 267	58 680	67 972	66 259	54 004	71 028
哥伦比亚	13 040	12 290	11 911	13 080	16 224	21 190	24 391	29 991	37 626	32 853	39 820
哥斯达黎加	5 865	5 021	5 264	6 102	6 301	7 026	8 200	9 337	9 504	8 784	9 385
古巴	1 676	1 661	1 421	1 688	2 332	2 319	3 159	3 981	3 957	3 109	3 900
多米尼克	53	44	43	40	42	42	41	37	40	34	35
多米尼加	5 737	5 276	5 165	5 471	5 936	6 145	6 610	7 160	6 748	5 483	6 598
厄瓜多尔	4 927	4 678	5 042	6 223	7 753	10 100	12 728	14 321	18 818	13 863	17 490
萨尔瓦多	2 941	2 864	2 996	3 128	3 305	3 418	3 706	4 015	4 641	3 866	4 499
格林纳达	48	43	38	42	32	28	25	33	31	29	24
危地马拉	2 696	2 466	4 162	4 459	5 036	5 381	6 025	6 898	7 737	7 214	8 466
圭亚那	498	478	487	513	593	553	588	679	795	763	877
海地	318	274	280	347	391	470	509	522	480	576	580
洪都拉斯	3 343	3 423	3 745	3 754	4 534	5 048	5 277	5 784	6 199	4 825	5 742
牙买加	1 304	1 220	1 114	1 180	1 402	1 532	1 948	2 254	2 439	1 316	1 337
荷属安的列斯	2 009	2 398	1 609	1 161	521	608	695	676	1088	810	800
尼加拉瓜	645	589	561	605	756	866	1 050	1 222	1 475	1 394	1 851
巴拿马	859	911	846	864	944	1 018	1 093	1 164	1 247	948	832
巴拉圭	869	990	951	1 242	1 627	1 688	1 788	2 817	4 463	3 167	4 534
秘鲁	7 028	7 013	7 714	9 091	12 809	17 368	23 830	27 882	31 529	26 885	35 565
圣基茨和尼维斯	33	31	39	41	40	34	40	39	51	50	55
圣卢西亚	43	44	44	62	80	64	94	98	164	166	150
圣文森特和格林纳丁斯	47	41	38	38	37	40	38	48	52	49	42
苏里南	399	403	469	638	874	997	1 175	1 359	1 743	1 404	2 069
特立尼达和多巴哥	4 274	4 280	3 880	5 178	6 517	9 942	14 155	13 396	18 650	9 126	10 590
乌拉圭	2 295	2 060	1 861	2 206	2 931	3 422	3 989	4 518	5 942	5 405	6 733
欧洲	2 633 985	2 655 665	2 839 425	3 386 535	4 051 100	4 397 005	4 975 785	5 799 500	6 469 895	5 016 335	5 631 805
阿尔巴尼亚	258	307	340	448	605	658	798	1 078	1 355	1 091	1 550
奥地利	67 710	70 751	78 673	97 146	118 376	125 182	136 751	163 620	181 289	136 989	152 313
比利时	188 371	190 349	216 127	255 617	306 866	334 400	366 745	430 952	471 840	369 844	412 223
波斯尼亚和黑塞哥维那	1 069	1 032	1 005	1 340	1 793	2 400	3 323	4 152	5 021	3 954	4 803
保加利亚	4 852	5 118	5 733	7 543	9 932	11 739	15 064	18 518	22 362	16 318	20 666
克罗地亚	4 432	4 666	4 904	6 187	8 024	8 773	10 377	12 364	14 112	10 474	11 807
塞浦路斯	951	976	843	923	948	1 465	1 333	1 394	1 633	1 257	1 412
捷克	29 094	33 324	38 492	48 702	68 986	78 110	94 929	122 498	146 799	112 955	132 852
丹麦	51 292	51 705	57 495	66 512	77 079	85 121	92 558	103 171	116 923	93 916	97 681
爱沙尼亚	3 830	4 015	4 336	5 622	5 932	7 716	9 692	11 010	12 458	9 051	11 605
法罗群岛	474	514	536	594	616	599	651	746	852	762	829
芬兰	46 102	43 237	45 145	53 171	61 520	65 498	77 206	90 025	96 455	62 854	69 630
法国	327 611	323 379	331 719	392 039	452 106	463 428	495 868	559 612	615 870	484 574	520 661

续 表

地区 \ 年份	2000	2001	2002	2003	2004	2005	2006	2007	2008	2009	2010
马其顿	1 323	1 158	1 116	1 367	1 676	2 041	2 401	3 398	3 991	2 692	3 302
德国	551 810	571 645	615 831	751 560	909 887	970 914	1 108 107	1 321 214	1 446 171	1 120 041	1 268 874
希腊	11 751	11 352	10 414	13 382	15 308	17 278	20 749	23 578	26 382	20 469	21 409
匈牙利	28 192	30 436	34 517	43 094	55 567	62 936	75 255	95 400	108 504	83 008	95 437
冰岛	1 901	2 019	2 229	2 381	2 839	3 091	3 453	4 783	5 382	4 057	4 604
爱尔兰	77 413	82 835	88 265	92 755	104 788	109 657	108 726	121 543	125 719	115 928	116 801
意大利	240 518	244 490	254 427	299 333	353 782	373 135	416 875	499 882	542 748	406 909	447 535
拉脱维亚	1 868	2 001	2 285	2 893	4 009	5 161	6 155	8 308	10 144	7 699	9 489
立陶宛	3 810	4 583	5 475	7 162	9 302	11 807	14 142	17 144	23 646	16 454	20 835
卢森堡	8 378	9 759	10 214	13 297	16 250	18 797	22 903	22 390	25 332	21 114	19 611
马耳他	2 453	1 822	2 028	2 252	2 517	2 399	2 796	3 078	2 988	2 242	2 522
黑山	—	—	—	—	—	—	813	662	667	414	471
荷兰	233 130	230 855	244 058	296 012	357 417	406 372	463 629	550 755	637 918	497 891	573 360
挪威	60 058	59 191	59 662	68 321	82 527	103 759	122 208	136 354	171 764	114 984	131 395
波兰	31 747	35 998	41 133	53 762	75 047	89 437	110 780	140 146	170 458	136 503	155 752
葡萄牙	24 363	24 108	25 908	31 757	35 787	38 150	43 332	52 503	57 288	44 310	48 748
罗马尼亚	10 412	11 394	13 877	17 662	23 553	27 688	32 458	40 488	49 535	40 567	49 401
塞尔维亚	—	—	—	—	—	—	6 428	8 825	10 972	8 345	9 795
塞尔维亚和黑山	1 723	1 903	2 275	2 650	3 979	5 065	—	—	—	—	—
斯洛伐克	11 832	12 595	14 405	21 837	27 745	31 889	41 862	58 516	71 142	56 082	65 345
斯洛文尼亚	8 770	9 267	10 366	12 766	16 361	19 248	23 230	30 102	34 128	26 177	29 446
西班牙	115 251	116 660	125 687	156 147	182 623	192 644	213 717	253 297	281 493	227 338	245 637
瑞典	87 132	75 645	81 499	102 104	123 267	130 962	147 793	168 817	183 327	130 958	158 314
瑞士	80 500	82 144	91 699	104 822	122 844	130 930	147 856	172 078	200 759	172 474	195 392
土耳其	27 775	31 334	36 059	47 253	63 167	73 476	85 535	107 272	132 027	102 143	113 981
英国	285 425	272 715	280 195	305 627	347 493	384 477	448 653	439 091	459 666	352 873	405 666
欧盟（27）b	2 452 620	2 469 465	2 637 595	3 148 935	3 762 450	4 065 345	4 590 995	5 347 055	5 922 220	4 594 325	5 153 225
欧盟（27）对外出口	784 820	792 345	843 380	983 280	1 185 380	1 309 690	1 456 620	1 700 180	1 926 580	1 530 295	1 788 075
独联体	145 725	144 315	153 200	194 595	265 495	343 705	430 955	520 475	702 540	450 315	588 020
亚美尼亚	294	343	505	686	723	974	985	1 152	1 057	710	1 011
阿塞拜疆	1 745	2 314	2 167	2 592	3 615	7 649	13 015	21 269	30 586	21 097	26 476
白俄罗斯	7 326	7 451	8 021	9 946	13 774	15 979	19 734	24 275	32 571	21 304	25 226
格鲁吉亚	323	318	346	461	647	865	936	1 232	1 495	1 134	1 583
哈萨克斯坦	8 812	8 639	9 670	12 927	20 093	27 849	38 250	47 755	71 172	43 196	59 217
吉尔吉斯共和国	505	476	486	582	719	672	891	1 321	1 856	1 673	1 760
摩尔多瓦	472	568	644	790	985	1 091	1 052	1 342	1 591	1 288	1 582
俄罗斯	105 565	101 884	107 301	135 929	183 207	243 798	303 551	354 403	471 606	303 388	400 132
塔吉克斯坦	785	650	738	797	915	909	1 399	1 468	1 409	1 010	1 195
土库曼斯坦	2 506	2 700	2 850	3 632	3 870	4 944	7 156	8 932	11 945	5 000	6 500
乌克兰	14 573	16 265	17 957	23 067	32 666	34 228	38 368	49 296	669 54	39 782	51 478
乌兹别克斯坦	2 817	2 708	2 513	3 189	4 280	4 749	5 617	8 029	10 300	10 735	11 857
非洲	148 500	138 800	144 900	179 300	239 700	311 200	370 700	435 800	560 800	391 200	508 000
阿尔及利亚	22 031	19 133	18 799	23 163	31 304	46 002	54 613	60 163	79 298	45 194	57 053
安哥拉	7 921	6 534	8 328	9 508	13 475	24 109	31 862	44 396	63 914	40 828	53 500
贝宁	392	374	448	541	569	578	736	1 047	1 282	1 191	1 200
博茨瓦纳	2 675	2 510	2 425	2 810	3 513	4 425	4 529	5 174	4 951	3 456	4 693
布基纳法索	209	223	247	321	479	468	588	623	693	900	1 288
布隆迪	50	39	30	38	47	58	58	59	57	64	100
喀麦隆	1 833	1 749	1 002	2 200	2 177	3 861	3 573	3 604	4 300	3 370	4 000
佛得角	11	10	11	13	15	18	21	19	32	35	45
中非共和国	161	142	147	128	134	128	158	178	150	120	140
乍得	183	109	105	601	2 101	3 081	3 252	3 666	4 330	2 650	3 450
科摩罗	14	17	19	27	19	12	10	14	9	16	18
刚果	2 489	2 055	2 280	2 677	3 433	4 745	6 078	5 635	8 300	6 100	8 200
刚果（金）	807	880	1 132	1 378	1 917	2 403	2 705	3 100	4 400	3 500	5 300
科特迪瓦	3 888	3 946	5 275	5 788	6 919	7 697	8 477	8 660	10 390	10 996	10 320
吉布提	32	32	36	37	38	40	55	58	69	77	95
埃及	5 276	4 825	5 546	7 408	9 661	12 912	16 728	19 224	26 224	23 062	26 438
赤道几内亚	1 097	1 735	2 117	2 801	4 599	7 064	8 207	10 210	15 900	9 100	10 500

续 表

年份 地区	2000	2001	2002	2003	2004	2005	2006	2007	2008	2009	2010
厄立特里亚	37	19	52	7	11	11	12	13	11	11	12
埃塞俄比亚	486	455	480	496	678	903	1 043	1 277	1 602	1 618	2 238
加蓬	2 598	2 524	2 409	3 062	3 728	5 065	5 450	6 309	9 506	5 942	9 371
冈比亚	15	10	12	8	10	8	11	13	14	15	15
加纳	1 671	1 716	1 850	2 324	2 450	2 802	3 727	4 195	5 270	5 840	7 896
几内亚	666	731	709	609	744	853	1 033	1 203	1 342	1 050	1 250
几内亚比绍	62	63	54	65	76	89	74	107	128	119	125
肯尼亚	1 734	1 944	2 116	2 411	2 684	3 420	3 502	4 081	5 001	4 463	5 151
莱索托	220	280	358	476	708	651	694	769	882	716	820
利比里亚	329	128	176	109	104	131	158	200	242	149	231
利比亚	13 380	11 014	9 803	14 647	20 410	31 358	40 260	46 970	62 953	36 951	47 400
马达加斯加	824	928	486	856	992	855	985	1 238	1 310	1 052	1 090
马拉维	379	449	407	525	483	509	543	709	860	1 080	1 066
马里	545	725	874	928	976	1 101	1 550	1 556	2 097	2 120	2 350
毛里塔尼亚	355	355	332	318	440	625	1 367	1 402	1 788	1 370	2 033
毛里求斯	1 557	1 628	1 801	1 898	1 993	2 143	2 329	2 238	2 384	1 939	2 239
摩洛哥	7 432	7 144	7 849	8 778	9 925	11 190	12 744	15 340	20 345	14 054	17 579
莫桑比克	364	703	810	1 045	1 504	1 783	2 381	2 412	2 653	2 147	3 200
纳米比亚	1 320	1 179	1 072	1 262	1 827	2 070	2 647	2 922	3 116	3 158	4 052
尼日尔	283	272	279	352	437	489	508	663	910	860	930
尼日利亚	20 975	18 045	17 975	24 031	38 631	50 467	58 726	66 606	84 118	55 000	82 000
卢旺达	52	86	65	63	98	125	147	177	268	193	297
圣多美和普林西比	3	3	5	7	5	7	8	7	11	8	11
塞内加尔	920	1 003	1 067	1 257	1 509	1 578	1 594	1 674	2 170	2 017	2 161
塞舌尔	194	216	228	274	291	340	380	360	430	395	400
塞拉利昂	13	29	49	92	139	158	231	245	216	231	338
索马里	193	285	297	223	300	300	290	350	420	400	410
南非 c	29 983	29 258	29 723	36 482	46 146	51 626	58 175	69 784	80 782	61 677	81 821
苏丹	1 807	1 699	1 949	2 542	3 778	4 824	5 657	8 879	11 671	8 152	11 443
斯威士兰	910	1 054	1 029	1 638	1 949	1 770	1 790	1 880	1 700	1 450	1 550
坦桑尼亚	734	851	980	1 216	1 479	1 679	1 918	2 227	3 036	2 926	3 687
多哥	363	357	427	598	601	660	630	677	900	800	800
突尼斯	5 850	6 631	6 874	8 027	9 685	10 494	11 694	15 165	19 320	14 445	16 427
乌干达	403	451	467	532	654	813	962	1 337	1 724	1 568	1 612
赞比亚	892	987	956	980	1 576	1 810	3 770	4 617	5 099	4 312	7 200
津巴布韦	1 925	1 207	2 012	1 670	1 887	1 850	2 000	2 400	2 200	2 269	2 500
中东	268 000	239 800	247 800	302 300	400 800	541 200	659 500	766 200	1 023 400	706 100	894 900
巴林	6 195	5 577	5 794	6 632	7 558	10 242	12 200	13 634	17 316	11 874	13 647
伊朗	28 739	25 689	24 440	33 750	41 697	56 252	77 012	88 733	113 668	78 830	100 524
伊拉克	20 603	12 872	12 219	9 711	17 810	23 697	29 361	41 268	61 273	41 929	52 800
以色列	31 404	29 048	29 347	31 784	38 618	42 770	46 789	54 091	61 337	47 935	58 393
约旦	1 899	2 293	2 770	3 082	3 883	4 302	5 204	5 725	7 938	6 375	7 028
科威特	19 436	16 203	15 369	20 678	28 599	44 869	56 016	62 691	87 457	51 937	67 014
黎巴嫩	715	1 093	1 238	1 813	2 199	2 337	2 814	3 574	4 454	4 187	5 021
阿曼	11 319	11 074	11 172	11 669	13 342	18 692	21 585	24 692	37 719	27 651	36 601
卡塔尔	11 594	10 871	10 978	13 382	18 684	25 762	34 051	42 020	56 593	41 000	62 000
沙特阿拉伯	77 583	68 064	72 453	93 245	125 997	180 711	211 305	233 329	313 462	192 314	249 700
叙利亚	4 634	5 248	6 536	5 731	7 378	8 708	10 919	11 546	15 410	10 855	13 500
阿联酋	49 835	48 414	52 163	67 135	90 997	117 287	145 587	178 630	239 213	185 000	220 000
也门	4 079	3 374	3 336	3 733	4 072	5 608	6 654	6 299	7 584	6 259	8 700
亚洲 a	1 837 300	1 674 400	1 807 800	2 138 400	2 653 300	3 060 200	3 576 100	4 141 700	4 725 100	3 891 100	5 072 300
阿富汗	137	68	100	144	305	384	408	497	540	403	430
澳大利亚	63 870	63 387	65 033	70 377	86 565	106 097	123 437	141 358	187 257	154 331	212 554
孟加拉国	6 389	6 080	6 149	6 990	8 305	9 297	11 802	12 453	15 370	15 083	19 191
不丹	103	106	113	133	183	258	414	675	521	496	550
文莱达鲁萨兰	3 903	3 640	3 702	4 421	5 057	6 249	7 636	7 668	10 297	7 203	9 200
柬埔寨	1 389	1 500	1 923	2 118	2 798	3 092	3 692	4 088	4 708	4 302	5 030
中国	249 203	266 098	325 596	438 228	593 326	761 953	968 978	1 220 456	1 430 693	1 201 612	1 577 824
斐济	585	537	515	668	693	701	694	755	922	629	710

续 表

年份 地区	2000	2001	2002	2003	2004	2005	2006	2007	2008	2009	2010
法属波利尼西亚	221	195	183	156	199	217	235	197	273	167	175
中国香港	202 683	191 066	201 928	228 708	265 543	292 119	322 669	349 386	370 242	329 422	401 022
国内出口	23 536	20 273	18 328	19 591	19 978	20 050	22 765	18 109	16 958	16 839	14 828
转口	179 147	170 793	183 600	209 117	245 565	272 069	299 904	331 276	353 284	312 583	386 194
印度	42 379	43 361	49 250	58 963	76 649	99 616	121 808	150 159	194 827	164 907	219 959
印度尼西亚	65 403	57 361	59 166	64 108	70 767	86 996	103 527	118 013	139 606	119 646	157 818
日本	479 249	403 496	416 726	471 817	565 675	594 941	646 725	714 327	781 412	580 719	769 839
基里巴斯	4	5	3	3	2	4	6	10	15	21	11
韩国	172 267	150 439	162 471	193 817	253 845	284 419	325 465	371 489	422 007	363 534	466 384
老挝	330	320	301	335	363	553	882	923	1 092	1 033	1 600
中国澳门	2 539	2 300	2 356	2 581	2 812	2 476	2 557	2 543	1 997	961	870
马来西亚	98 229	88 005	94 058	104 705	126 511	140 980	160 676	176 211	199 516	157 433	198 801
马尔代夫	109	110	132	152	181	162	225	228	331	169	200
蒙古	536	521	524	616	870	1 065	1 543	1 889	2 539	1 903	2 899
缅甸	1 646	2 381	3 046	2 483	2 380	3 813	4 589	6 338	6 937	6 710	8 749
尼泊尔	804	737	568	662	772	863	838	868	939	823	860
新喀里多尼亚	604	443	492	785	1 033	1 093	1 352	2 104	1 300	993	1 429
新西兰	13 272	13 730	14 383	16 527	20 344	21 730	22 409	26 943	30 580	24 933	31 396
北马里亚纳群岛	1 038	959	825	838	826	691	509	329	115	9	5
巴基斯坦	9 028	9 238	9 913	11 930	13 379	16 051	16 930	17 838	20 323	17 523	21 410
帕劳	12	17	20	8	6	13	14	11	10	6	6
巴布亚新几内亚	2 096	1 805	1 641	2 207	2 552	3 273	4 166	4 681	5 713	4 394	5 612
菲律宾	39 783	32 664	35 208	36 231	39 681	41 255	47 410	50 466	49 078	38 436	51 496
萨摩亚	65	63	71	87	85	87	65	97	72	46	60
新加坡	137 804	121 751	125 177 |	159 902	198 637	229 649	271 807	299 308	338 176	269 832	351 867
国内出口	78 703	66 172	66 836	86 419	106 663	124 546	143 176	156 038	175 702	138 064	182 726
转口	59 101	55 579	58 341 |	73 483	91 974	105 103	128 631	143 270	162 474	131 769	169 141
所罗门群岛	69	47	58	74	97	103	121	165	211	165	227
斯里兰卡	5 430	4 816	4 699	5 125	5 757	6 347	6 886	7 740	8 452	7 345	8 500
中国台北	151 357	125 900	135 080	150 298	182 432	198 432	224 017	246 677	255 629	203 675	274 601
泰国	69 057	64 968	68 108	80 324	96 248	110 936	129 722	153 867	177 778	152 422	195 319
东帝汶	—	—	—	8	7	8	8	8	13	8	17
汤加	9	7	15	18	15	10	10	8	9	8	9
图瓦卢	0	0	0	0	0	0	0	0	0	0	0
瓦努阿图	26	20	20	27	37	38	49	50	57	57	49
越南	14 483	150 29	167 06	20 149	26 485	32 442	39 826	48 561	62 685	57 096	72 192
备忘项:											
世界不含 a											
欧盟(27)对内出口	4 788 531	4 514 135	4 698 187	5 419 968	6 640 898	7 733 002	8 978 376	10 355 707	12 124 820	9 452 396	11 871 609
欧洲不含											
欧盟(27)对内出口	966 181	978 547	1 045 208	1 220 880	1 474 030	1 641 347	1 841 416	2 152 628	2 474 253	1 952 306	2 266 655

a 含重要转口。

b 由于欧洲统计局对塞浦路斯，爱沙尼亚和立陶宛使用不同的统计方法，2004 年前，欧盟（27）总体数据并不是由单个成员国加总而来。

c 自 1998 年，统计数据均来自南非，而不再是南部非洲关税同盟。

注：统计总额无连续性的国家和地区集团标示为“|”。主要在于货物贸易统计数据收集和报告的方法不同。

注意世界和亚洲数据含重复计算的因素，源于其使用一般货物贸易统计体系，该方法含转口贸易。

一些国家和地区近几年的数据由 WTO 秘书处统计。

表 8

2000—2010 年世界货物进口（按地区和国家）

单位：百万美元

地区＼年份	2000	2001	2002	2003	2004	2005	2006	2007	2008	2009	2010
世界 a	**6 7240 00**	**6 483 000**	**6 742 000**	**7 867 000**	**9 568 000**	**10 855 000**	**12 437 000**	**14 304 000**	**16 524 000**	**12 720 000**	**15 402 000**
北美洲	1 684 340	1 580 295	1 601 620	1 724 005	2 008 940	2 284 410	2 541 720	2 702 095	2 908 130	2 178 015	2 683 250
百慕大	720	720	747	833	988	985	1 094	1 167	1 160	1 067	967
加拿大	244 786	227 291	227 499	245 021	279 931	322 411	359 000	390 188	419 011	329 907	402 280
墨西哥	179 464	173 039	173 087	175 039	202 260	228 240	263 476	290 246	318 304	241 515	310 618
美国	1 259 300	1 179 180	1 200 230	1 303 050	1 525 680	1 732 706	1 918 077	2 020 403	2 169 487	1 605 296	1 969 184
中、南美洲	207 400	205 400	181 000	191 400	243 500	300 100	364 300	457 400	595 400	443 000	577 800
安提瓜和巴布达	407	386	400	422	454	506	624	728	743	589	560
阿根廷	25 154	20 320	8 990	13 834	22 445	28 689	34 152	44 706	57 423	38 780	56 503
阿鲁巴	835	841	841	848	875	1 028	1 041	1 114	1 134	1 090	1 003
巴哈马	2 074	1 912	1 728	1 762	1 905	2 312	2 727	2 956	3 199	2 535	2 582
巴巴多斯	1 156	1 087	1 039	1 195	1 413	1 604	1 697	1 746	1 920	1 449	1 569
伯利兹	524	517	525	552	520	593	660	684	837	669	709
委内瑞拉	16 213	18 323	12 963	9 256	16 679	24 027	33 616	46 097	49 602	40 597	40 800
玻利维亚	1 830	1 708	1 770	1 616	1 844	2 341	2 814	3 457	5 081	4 434	5 361
巴西	59 053	58 640	49 716	50 859	66 433	77 628	95 838	126 645	182 377	133 678	191 491
智利	18 507	17 429	17 091	19 322	24 794	32 735	38 406	47 164	62 024	42 571	58 956
哥伦比亚	11 539	12 834	12 711	13 889	16 746	21 204	26 162	32 897	39 669	32 898	40 683
哥斯达黎加	6 372	6 569	7 188	7 663	8 268	9 824	11 548	12 952	15 372	11 395	13 570
古巴	4 843	4 839	4 176	4 673	5 615	8 084	10 258	10 886	15 373	9 623	11 300
多米尼克	148	131	116	128	144	165	167	196	247	225	240
多米尼加	9 479	8 779	8 838	7 627	7 888	9 869	12 174	13 597	15 993	12 296	15 299
厄瓜多尔	3 721	5 363	6 431	6 703	8 226	10 287	12 114	13 893	18 852	15 090	20 591
萨尔瓦多	4 947	5 027	5 184	5 754	6 329	6 690	7 663	8 821	9 818	7 325	8 498
格林纳达	239	212	199	254	233	328	299	365	363	282	288
危地马拉	4 791	5 607	7 659	8 127	9 475	10 499	11 915	13 576	14 547	11 531	13 837
圭亚那	573	584	563	576	651	788	889	1 059	1 312	1 161	1 400
海地	1 036	1 013	1 130	1 188	1 306	1 454	1 619	1 682	2 315	2 124	3 150
洪都拉斯	3 988	4 152	4 382	4 774	5 827	6 545	7 303	8 888	10 453	7 299	8 550
牙买加	3 326	3 360	3 533	3 639	3 940	4 739	5 650	6 893	8 465	5 064	5 195
荷属安的列斯	2 862	2 826	2 268	2 606	1 723	1 950	2 209	2 549	3 079	2 607	2 800
尼加拉瓜	1 805	1 775	1 754	1 879	2 212	2 623	3 026	3 611	4 317	3 489	4 173
巴拿马	3 379	2 964	2 982	3 086	3 594	4 180	4 831	6 872	9 050	7 801	9 145
巴拉圭	2 193	2 182	1 672	2 228	3 097	3 715	4 744	5 859	9 033	6 940	10 040
秘鲁	7 415	7 316	7 493	8 414	10 101	12 502	15 312	20 464	29 982	21 865	30 126
圣基茨和尼维斯	196	189	201	199	183	210	250	272	325	285	290
圣卢西亚	355	355	309	403	422	486	592	614	656	539	560
圣文森特和格林纳丁斯	163	186	174	201	226	240	271	327	373	333	379
苏里南	526	461	492	704	742	1 050	1 013	1 044	1 304	1 296	1 443
特立尼达和多巴哥	3 308	3 569	3 643	3 892	4 858	5 694	6 484	7 663	9 591	6 955	6 575
乌拉圭	3 466	3 061	1 964	2 190	3 114	3 879	4 806	5 628	9 069	6 907	8 622
欧洲	2 774 855	2 733 570	2 875 295	3 461 510	4 161 265	4 573 175	5 238 655	6 101 455	6 867 245	5 175 890	5 859 305
阿尔巴尼亚	1 090	1 327	1 504	1 864	2 309	2 618	3 058	4 188	5 251	4 550	4 601
奥地利	72 394	74 633	78 299	99 532	119 905	127 327	137 212	163 037	184 293	143 063	158 752
比利时	177 511	178 664	198 311	234 945	285 621	318 700	351 635	411 558	466 307	351 944	390 443
波斯尼亚和黑塞哥维那	3 107	3 354	3 872	4 801	5 915	7 070	7 345	9 720	12 189	8 773	9 223
保加利亚	6 544	7 279	7 954	10 871	14 453	18 163	23 270	29 961	36 908	23 539	25 403
克罗地亚	7 887	9 147	10 722	14 209	16 589	18 560	21 502	25 839	30 728	21 203	20 054
塞浦路斯	3 846	3 923	4 086	4 466	5 502	6 316	6 928	8 615	10 644	7 835	8 499
捷克	31 974	36 297	40 656	51 728	69 967	76 512	93 191	118 169	142 038	105 048	126 222
丹麦	45 557	45 322	50 320	57 429	68 157	75 581	85 507	98 027	109 362	82 650	84 848
爱沙尼亚	5 052	5 230	5 863	7 967	8 336	10 238	13 449	15 677	16 026	10 143	12 252
法罗群岛	533	500	494	738	628	743	790	1 016	988	783	779
芬兰	34 443	32 639	34 218	42 513	51 443	58 766	69 375	81 704	91 781	60 889	68 510
法国	338 940	328 608	329 262	398 840	470 945	504 124	541 919	630 861	715 509	560 080	605 706

续　表

地区＼年份	2000	2001	2002	2003	2004	2005	2006	2007	2008	2009	2010
马其顿	2 094	1 694	1 995	2 306	2 932	3 228	3 763	5 281	6 883	5 043	5 451
德国	497 197	486 119	490 283	604 612	715 742	777 073	906 684	1 054 983	1 185 067	926 347	1 066 839
希腊	33 480	32 011	31 570	44 852	52 760	54 436	63 619	78 532	92 580	69 448	63 173
匈牙利	32 172	33 617	37 755	47 808	60 538	66 552	78 262	95 565	108 940	77 761	88 120
冰岛	2 589	2 269	2 275	2 827	3 643	4 979	6 137	6 738	6 205	3 604	3 920
爱尔兰	51 041	50 556	52 399	53 886	61 814	68 565	73 118	83 822	83 965	62 704	60 032
意大利	238 757	236 220	247 015	297 519	355 301	384 790	442 555	511 662	561 919	415 105	483 814
拉脱维亚	3 202	3 506	4 046	5 234	7 096	8 697	11 541	15 322	16 143	9 793	11 593
立陶宛	5 457	6 353	7 709	9 803	12 387	15 548	19 373	24 412	31 099	18 304	23 399
卢森堡	11 278	12 331	12 651	16 165	20 046	21 893	26 572	27 566	31 585	24 514	23 983
马耳他	3 413	2 531	2 646	3 227	3 641	3 681	4 307	4 760	5 158	4 135	4 176
黑山	—	—	—	—	—	—	1 879	2 861	3 774	2 332	2 211
荷兰	218 267	208 638	219 265	264 704	319 669	363 822	416 832	492 616	580 937	443 153	516 927
挪威	34 392	32 955	34 873	40 055	48 534	55 488	64 261	80 297	90 293	68 970	77 252
波兰	49 029	50 184	55 299	68 272	89 696	101 639	126 989	165 710	208 804	149 459	173 648
葡萄牙	39 952	39 490	40 156	47 200	54 948	61 184	66 673	82 129	94 416	71 648	75 648
罗马尼亚	13 148	15 568	17 854	23 983	32 691	40 518	51 160	70 314	84 053	54 324	61 995
塞尔维亚	—	—	—	—	—	—	131 72	19 164	24 331	16 047	16 734
塞尔维亚和黑山	3 711	4 837	6 320	7 952	11 752	11 635	—	—	—	—	—
斯洛伐克	12 760	14 760	16 564	22 523	29 862	34 649	44 986	60 616	73 912	55 650	66 557
斯洛文尼亚	10 147	10 160	10 944	13 845	17 759	20 337	24 141	31 559	37 034	26 507	30 037
西班牙	156 143	154 650	165 105	208 602	258 331	288 786	328 696	389 301	420 803	293 218	314 320
瑞典	72 880	63 200	66 955	83 540	100 433	111 697	127 547	153 226	168 503	120 077	148 710
瑞士	82 521	84 102	87 189	100 239	115 799	126 574	141 400	161 180	183 574	155 378	175 933
土耳其	54 503	41 399	51 554	69 340	97 540	116 774	139 576	170 063	201 964	140 928	185 542
英国	348 058	343 786	364 075	399 401	470 633	513 673	601 424	622 953	632 975	482 852	560 097
欧盟（27）b	2 579 870	2 549 435	2 672 085	3 214 190	3 854 540	4 221 745	4 830 575	5 613 560	6 299 370	4 746 820	5 356 030
欧盟（27）对外出口	916 855	876 920	886 000	1 057 950	1 278 135	1 467 500	1 698 560	1 966 690	2 303 725	1 682 790	1 990 885
独联体	81 555	94 440	103 960	132 275	172 975	215 610	279 775	378 975	500 090	333 180	413 865
亚美尼亚	882	874	987	1 280	1 351	1 802	2 192	3 268	4 426	3 321	3 783
阿塞拜疆	1 172	1 431	1 666	2 626	3 516	4 350	5 269	6 045	7 575	6 514	6 746
白俄罗斯	8 646	8 286	9 092	11 558	16 491	16 708	22 351	28 693	39 381	28 569	34 868
格鲁吉亚	709	753	796	1 141	1 846	2 490	3 678	5 215	6 302	4 366	5 096
哈萨克斯坦	5 040	6 446	6 584	8 409	12 781	17 353	23 677	32 756	37 889	28 409	29 760
吉尔吉斯共和国	554	467	587	717	941	1 102	1 931	2 789	4 072	3 040	3 223
摩尔多瓦	777	892	1 038	1 399	1 769	2 292	2 693	3 690	4 899	3 278	3 855
俄罗斯	44 659	53 764	60 966	76 070	97 382	125 434	164 281	223 486	291 861	191 803	248 738
塔吉克斯坦	675	688	721	881	1 191	1 330	1 723	2 455	3 273	2 570	2 900
土库曼斯坦	1 786	2 250	2 120	2 512	3 320	2 947	2 560	3 619	5 600	6 800	5 600
乌克兰	13 956	15 775	16 977	23 020	28 997	36 136	45 039	60 618	85 535	45 487	60 911
乌兹别克斯坦	2 697	2 814	2 425	2 662	3 392	3 666	4 380	6 340	9 277	9 023	8 386
非洲	129 700	134 900	135 900	165 500	212 500	256 500	302 700	374 100	479 200	407 100	469 900
阿尔及利亚	9 171	9 940	11 969	12 380	18 169	20 357	21 456	27 631	39 479	39 294	40 212
安哥拉	3 040	3 179	3 760	5 480	5 832	8 353	8 778	13 661	20 982	22 660	21 500
贝宁	613	623	725	892	894	1 018	1 228	2 037	2 289	2 064	2 200
博茨瓦纳	2 081	1 809	1 845	2 448	3 231	3 161	3 086	4 067	5 211	4 728	5 657
布基纳法索	611	656	739	925	1 270	1 260	1 319	16 78	2 018	1 870	2 048
布隆迪	148	139	129	157	176	269	431	319	403	402	509
喀麦隆	1 489	1 852	1 866	2 163	2 406	2 735	3 150	4 200	5 400	4 300	4 850
佛得角	230	234	276	351	431	438	542	750	825	709	742
中非共和国	117	107	120	118	151	175	203	249	300	300	340
乍得	317	679	1 646	790	933	950	1 050	1 000	1 000	[illegible]	[illegible]
科摩罗	43	51	53	70	86	99	115	138	175	170	190
刚果	465	682	675	831	969	1 304	2 013	2 530	3 050	2 900	2 900
刚果（金）	683	790	1 081	1 495	2 051	2 690	2 892	3 400	4 300	3 900	4 500
科特迪瓦	2 482	2 548	2 599	3 279	4 715	5 865	5 820	6 683	7 884	6 960	7 830
吉布提	207	196	197	238	261	277	336	473	571	451	420
埃及	14 578	13 376	12 770	12 950	15 950	22 449	27 300	37 100	48 382	44 946	52 923
赤道几内亚	451	813	507	908	1 092	1 310	2 020	2 370	3 910	5 200	5 700

续 表

地区＼年份	2000	2001	2002	2003	2004	2005	2006	2007	2008	2009	2010
厄立特里亚	471	423	538	433	480	490	495	510	600	590	690
埃塞俄比亚	1 260	1 811	1 594	2 686	2 874	4 095	5 207	5 809	8 277	7 668	8 552
加蓬	950	1 002	1 135	1 206	1 347	1 471	1 725	2 157	2 591	2 513	2 983
冈比亚	187	134	161	156	229	260	259	321	322	304	276
加纳	2 973	3 154	2 720	3 210	4 074	5 347	6 754	8 061	10 269	8 046	10 703
几内亚	612	601	667	640	780	820	956	1 218	1 366	1 060	1 100
几内亚比绍	59	62	59	65	83	106	127	168	199	230	220
肯尼亚	3 105	3 192	3 245	3 725	4 553	5 846	7 233	8 989	11 128	10 202	12 090
莱索托	809	743	815	1 121	1 440	1 410	1 500	1 738	2 005	1 950	2 200
利比里亚	668	229	178	170	337	310	467	499	813	552	700
利比亚	3 732	4 397	4 396	4 330	6 326	6 079	6 041	6 733	9 150	10 000	10 500
马达加斯加	1 097	1 118	627	1 304	1 680	1 706	1 804	2 635	3 781	3 201	2 650
马拉维	532	563	695	786	933	1 165	1 207	1 378	1 650	1 800	1 900
马里	806	990	928	1 271	1 364	1 544	1 820	2 185	3 339	2 644	2 850
毛里塔尼亚	454	465	431	542	923	1 428	1 167	1 596	1 941	1 430	1 822
毛里求斯	2 093	1 987	2 159	2 363	2 771	3 157	3 627	3 894	4 651	3 733	4 402
摩洛哥	11 534	11 038	11 864	14 250	17 822	20 790	23 980	32 010	42 366	32 881	35 277
莫桑比克	1 158	1 063	1 543	1 753	2 035	2 408	2 869	3 050	4 008	3 764	4 500
纳米比亚	1 550	1 547	1 470	1 980	2 396	2 577	2 884	3 520	4 340	4 980	5 360
尼日尔	395	412	468	622	750	943	949	1 149	1 696	1 900	2 150
尼日利亚	8 721	11 586	7 547	10 853	14 164	20 754	26 523	34 830	49 951	33 906	44 235
卢旺达	211	281	248	259	284	430	548	771	1 174	1 308	1 431
圣多美和普林西比	30	28	31	41	41	50	71	79	114	103	112
塞内加尔	1 519	1 730	1 958	2 391	2 839	3 498	3 671	4 871	6 528	4 713	4 782
塞舌尔	342	476	420	412	497	675	757	859	1 053	807	650
塞拉利昂	149	182	264	303	286	345	389	445	534	520	770
索马里	343	449	454	517	610	610	660	720	880	740	830
南非 c	29 695	28 248	29 267	39 748	53 466	62 304	78 715	88 450	100 532	73 172	94 040
苏丹	1 553	1 958	2 446	2 882	4 075	6 757	8 074	8 775	9 352	9 691	10 045
斯威士兰	1 046	1 129	955	1 519	1 925	1 900	1 920	1 845	1 700	1 600	1 700
坦桑尼亚	1 524	1 712	1 660	2 125	2 726	3 287	4 246	5 337	7 125	6 411	7 830
多哥	562	553	591	775	880	1 060	1 085	1 237	1 509	1 509	1 550
突尼斯	8 567	9 529	9 526	10 910	12 818	13 177	15 007	19 099	24 638	19 096	22 218
乌干达	1 536	1 594	1 053	1 375	1 726	2 054	2 557	3 493	4 526	4 247	4 550
赞比亚	888	1 082	1 102	1 574	2 152	2 558	3 074	4 007	5 060	3 793	5 321
津巴布韦	1 863	1 715	1 751	1 710	2 204	2 350	2 300	2 550	2 950	2 900	3 800
中东	167 400	175 100	184 300	215 000	280 600	335 400	375 800	469 600	599 300	508 600	561 800
巴林	4 633	4 306	5 013	5 657	7 385	9 393	10 515	11 488	10 800	7 500	10 000
伊朗	13 898	16 709	20 617	24 798	31 976	40 041	40 772	44 942	57 401	50 768	65 021
伊拉克	13 384	13 120	9 817	9 934	21 302	23 532	20 892	21 516	33 000	37 000	42 500
以色列	37 686	35 449	35 517	36 303	42 864	47 142	50 334	59 039	67 656	49 278	61 209
约旦	4 597	4 871	5 076	5 743	8 179	10 498	11 548	13 681	16 995	14 236	15 402
科威特	7 157	7 869	9 001	10 987	12 631	15 801	17 243	21 362	24 840	20 341	22 446
黎巴嫩	6 230	7 380	6 560	7 315	9 609	9 633	9 647	12 251	16 754	16 574	18 460
阿曼	5 131	5 933	6 296	6 801	8 796	8 971	11 039	16 025	23 137	17 935	19 870
卡塔尔	3 252	3 758	4 052	4 897	6 005	10 061	16 440	23 429	27 900	24 922	23 240
沙特阿拉伯	30 238	31 223	32 293	41 704	47 376	59 459	69 800	90 214	115 134	95 552	97 077
叙利亚	3 815	4 752	4 488	5 111	8 411	10 862	11 488	14 655	18 105	15 291	16 900
阿联酋	35 009	37 293	42 652	52 074	72 082	84 654	100 057	132 500	177 000	150 000	160 000
也门	2 324	2 466	2 921	3 675	3 986	5 378	6 074	8 511	10 546	9 185	9 700
亚洲 a	1 678 700	1 558 900	1 659 500	1 977 300	2 488 400	2 889 600	3 334 200	3 820 000	4 575 000	3 674 400	4 836 500
阿富汗	1 176	1 696	2 452	2 101	2 177	2 471	2 582	2 819	3 020	3 336	4 400
澳大利亚	71 529	63 888	72 690	89 084	109 384	125 281	139 253	165 336	200 273	165 471	201 640
孟加拉国	8 883	9 018	8 592	10 434	12 036	13 889	16 034	18 596	23 860	21 833	27 819
不丹	175	191	197	249	411	386	420	526	543	529	760
文莱达鲁萨兰	1 107	1 159	1 556	1 327	1 422	1 491	1 676	2 101	2 574	2 454	2 950
柬埔寨	1 939	2 094	2 318	2 560	3 193	3 927	4 771	5 439	6 508	5 876	7 500
中国	225 094	243 553	295 170	412 760	561 229	659 953	791 461	956 116	1 132 567	1 005 923	1 395 099
斐济	830	886	901	1 205	1 446	1 607	1 804	1 800	2 264	1 437	1 530

续 表

地区＼年份	2000	2001	2002	2003	2004	2005	2006	2007	2008	2009	2010
法属波利尼西亚	971	1 057	1 292	1 585	1 500	1 723	1 656	1 863	2 187	1 732	1 740
中国香港	214 042	202 008	207 969	233 249	272 893	300 160	335 754	370 132	392 962	352 241	442 035
转口	71 863	65 251	59 352	61 018	70 044	75 269	86 097	93 791	98 927	88 672	116 147
印度	51 523	50 392	56 517	72 558	99 775	142 870	178 410	229 370	321 032	257 201	327 230
印度尼西亚	43 595	37 534	38 340	42 196	54 877	75 533	80 346	92 777	126 950	89 964	131 737
日本	379 511	349 089	337 194	382 930	454 542	515 866	579 064	622 243	762 534	551 981	694 052
基里巴斯	40	41	50	52	59	74	63	70	70	68	100
韩国	160 481	141 098	152 126	178 827	224 463	261 238	309 383	356 846	435 275	323 085	425 212
老挝	535	510	447	462	713	882	1 060	1 067	1 405	1 414	1 800
中国澳门	2 625	2 824	3 009	3 232	4 094	4 514	5 236	6 045	5 880	4 751	5 629
马来西亚	81 963	73 866	79 869	83 300	105 283	114 625	131 152	146 982	156 896	123 832	164 733
马尔代夫	389	393	392	471	642	745	927	1 096	1 388	967	1 095
蒙古	615	638	691	801	1 021	1 184	1 486	2 117	3 616	2 131	3 278
缅甸	2 401	2 877	2 348	2 091	2 196	1 927	2 564	3 312	4 288	4 393	4 807
尼泊尔	1 573	1 473	1 419	1 754	1 938	2 283	2 492	3 122	3 590	4 384	5 280
新喀里多尼亚	924	931	1 008	1 541	1 636	1 774	2 117	2 809	3 233	2 574	3 312
新西兰	13 906	13 308	15 047	18 559	23 195	26 219	26 424	30 882	34 369	25 566	30 617
北马里亚纳群岛	607	554	646	660	664	591	489	300	160	70	90
巴基斯坦	10 864	10 191	11 233	13 038	17 949	25 357	29 825	32 590	42 329	31 668	39 044
帕劳	124	100	97	88	107	105	115	110	120	130	120
巴布亚新几内亚	1 151	1 071	1 137	1 367	1 680	1 729	2 260	2 945	3 510	3 210	3 850
菲律宾	37 027	34 921	I 41 092	42 576	46 102	49 487	54 078	57 996	60 420	45 878	58 229
萨摩亚	106	136	132	150	210	239	275	266	288	231	310
新加坡	134 545	116 000	116 441	I 136 218	173 599	200 047	238 710	263 155	319 780	245 785	310 791
转口	75 444	60 421	58 100	62 735	81 625	94 944	110 079	119 885	157 306	114 016	141 650
所罗门群岛	92	90	67	94	121	185	217	294	328	268	405
斯里兰卡	7 177	5 973	6 105	6 672	7 973	8 834	10 258	11 301	13 953	10 207	13 512
中国台北	140 642	107 944	113 331	128 130	169 250	182 614	202 698	219 252	240 448	174 371	251 236
泰国	61 924	61 962	64 645	75 824	94 410	118 178	128 773	139 966	179 225	133 668	182 400
东帝汶	—	—	—	130	146	109	101	183	269	295	298
汤加	70	73	89	94	105	121	116	143	168	145	170
图瓦卢	5	4	11	8	11	13	13	16	26	14	16
瓦努阿图	87	90	90	105	128	149	217	229	314	294	285
越南	15 638	16 218	19 746	25 256	31 969	36 761	45 015	62 682	80 714	69 949	84 801
备忘项：											
世界不含a											
欧盟(27)自内进口	5 060 955	4 810 055	4 955 528	5 710 729	6 991 819	8 100 511	9 305 217	10 656 684	12 528 658	9 656 136	12 037 260
欧洲不含											
欧盟(27)自内进口	1 111 842	1 061 058	1 089 210	1 305 269	1 584 856	1 818 929	2 106 637	2 454 583	2 871 602	2 111 860	2 494 156

a 含为转口的重要进口。

b 由于欧洲统计局对塞浦路斯，爱沙尼亚和立陶宛使用不同的统计方法，2004年前，欧盟（27）总体数据并不是由单个成员国加总而来。

c 自1998年，统计数据均来自南非，而不再是南部非洲关税同盟。

注：统计总额无连续性的国家和地区集团标示为“I”。主要在于货物贸易统计数据收集和报告的方法不同。

注意世界和亚洲数据含重复计算的因素，源于其使用一般货物贸易统计体系，该方法含转口贸易。

一些国家和地区近几年的数据由WTO秘书处统计。

表 9

2000—2010 年世界商业服务出口（按地区和国家）

单位：百万美元

地区＼年份	2000	2001	2002	2003	2004	2005	2006	2007	2008	2009	2010
世界	**1 483 000**	**1 486 700**	**1 599 300**	**1 831 800**	**2 229 700**	**2 495 900**	**2 830 900**	**3 408 100**	**3 842 400**	**3 386 000**	**3 692 500**
北美洲	326 400	312 900	321 400	334 500	385 800	423 100	470 100	545 500	597 200	551 100	602 600
百慕大	…	…	…	…	…	…	1 490	1 619	1 527	1 274	1 361
加拿大	39 271	37 862	39 567	43 131	49 058	54 418	58 880	63 785	66 726	58 452	67 432
墨西哥	13 566	12 550	12 472	12 477	13 973	16 098	16 372	17 598	18 474	15 420	15 434
美国	273 604	262 494	269 397	278 866	322 723	352 557	393 405	462 529	510 474	475 979	518 335
中、南美洲	46 600	45 600	44 500	49 400	57 300	69 800	79 200	93 600	108 100	99 900	111 600
安提瓜和巴布达	406	393	389	413	470	454	465	513	551	502	499
阿根廷	4 775	4 469	3 428	4 419	5 202	6 519	7 899	10 233	12 004	10 894	12 890
阿鲁巴	995	978	986	1 034	1 237	1 291	1 289	1 450	1 577	1 497	1 517
巴哈马	1 946	1 776	2 035	2 028	2 211	2 460	2 403	2 566	2 493	2 226	2 367
巴巴多斯	998	977	951	1 063	1 111	1 290	1 428	1 607	1 525	1 386	1 420
伯利兹	135	143	161	196	223	284	339	369	355	318	331
委内瑞拉	1 057	1 242	913	791	1 024	1 247	1 441	1 646	2 003	1 805	1 493
玻利维亚	207	221	242	348	401	473	462	484	482	498	531
巴西	8 961	8 718	8 790	9 570	11 615	14 856	17 946	22 615	28 822	26 245	30 294
智利	3 995	4 071	4 315	4 990	5 949	7 040	7 726	8 851	10 716	8 528	10 685
哥伦比亚	1 984	2 122	1 799	1 852	2 188	2 594	3 301	3 559	4 058	4 124	4 373
哥斯达黎加	1 911	1 899	1 841	1 990	2 207	2 585	2 933	3 521	4 117	3 635	4 395
古巴	2 642	2 416	2 350	2 845	3 634	7 075	7 201	8 588	9 252	8 785	…
多米尼克	87	75	78	76	86	85	99	108	117	113	116
多米尼加	3 143	3 024	2 982	3 401	3 435	3 865	4 496	4 753	4 888	4 864	5 132
厄瓜多尔	793	799	820	812	940	940	959	1 112	1 223	1 130	1 264
萨尔瓦多	673	680	750	906	1 039	915	976	1 094	1 030	834	944
格林纳达	146	129	128	132	159	115	129	147	148	139	137
危地马拉	702	948	1 053	954	1 015	1 221	1 410	1 619	1 732	1 818	2 117
圭亚那	169	172	172	157	161	148	148	173	212	171	…
海地	158	123	125	114	110	93	140	203	288	327	199
洪都拉斯	487	488	525	573	635	684	727	770	866	933	1 001
牙买加	1 988	1 867	1 881	2 103	2 262	2 296	2 613	2 670	2 763	2 616	2 680
荷属安的列斯	1 549	1 578	1 550	1 639	1 754	1 819	1 936	2 048	2 027	2 003	1 898
尼加拉瓜	187	188	191	222	250	271	306	333	419	455	430
巴拿马	1 961	1 958	2 241	2 503	2 758	3 193	3 957	4 887	5 718	5 463	6 013
巴拉圭	573	525	531	550	597	610	726	883	1 060	1 246	1 361
秘鲁	1 445	1 326	1 342	1 600	1 872	2 164	2 532	3 021	3 515	3 517	3 835
圣基茨和尼维斯	95	94	86	104	131	158	172	168	155	126	119
圣卢西亚	323	272	248	317	366	434	342	354	362	350	385
圣文森特和格林纳丁斯	126	131	135	131	143	156	169	159	151	137	137
苏里南	85	56	35	52	129	183	211	210	233	257	207
特立尼达和多巴哥	543	563	598	672	838	883	800	910	918	758	…
乌拉圭	1 249	1 099	745	746	1 086	1 285	1 361	1 804	2 241	2 093	2 458
欧洲	720 800	739 600	810 300	966 900	1 178 300	1 302 000	1 460 100	1 765 900	1 974 500	1 695 700	1 743 000
阿尔巴尼亚	429	495	552	695	997	1 154	1 481	1 924	2 420	2 348	2 192
奥地利	22 865	23 734	25 566	32 090	37 518	42 060	45 199	53 657	62 957	54 045	53 990
比利时	—	—	36 285	43 355	50 562	54 106	57 143	72 207	85 187	79 473	81 700
比利时—卢森堡	48 556	48 970	—	—	—	—	—	—	—	—	—
波斯尼亚和黑塞哥维那	448	495	522	719	861	987	1 137	1 454	1 668	1 440	1 278
保加利亚	2 129	2 120	2 162	2 921	4 010	4 417	5 250	6 512	7 871	6 822	6 987
克罗地亚	4 056	4 883	5 581	8 568	9 394	9 963	10 800	12 470	14 760	11 725	11 226
塞浦路斯	3 798	4 067	4 236	5 009	5 884	6 190	6 748	8 269	11 717	9 665	11 365
捷克	6 751	7 034	7 024	7 754	9 584	11 758	13 865	16 799	21 694	20 211	21 608
丹麦	23 721	25 134	26 667	31 672	36 333	42 800	51 515	60 662	71 561	54 170	58 650
爱沙尼亚	1 458	1 576	1 672	2 189	2 806	3 200	3 556	4 322	5 094	4 343	4 460
法罗群岛	54	57	71	77	86	132	174	214	252	209	…
芬兰	7 669	9 148	10 350	11 383	15 060	16 883	17 388	23 167	31 772	27 357	23 431

续 表

年份 地区	2000	2001	2002	2003	2004	2005	2006	2007	2008	2009	2010
法国	82 115	81 699	87 900	100 791	113 899	121 477	127 688	148 194	165 351	141 974	142 605
马其顿	290	198	220	360	429	489	581	799	992	845	901
德国	79 659	84 270	96 785	116 430	139 307	160 594	187 830	221 929	255 789	225 756	232 394
希腊	19 181	19 384	20 044	24 202	33 104	34 164	35 490	42 794	49 804	37 385	36 695
匈牙利	5 836	6 949	7 336	9 131	10 694	12 750	13 567	17 091	20 018	18 285	18 886
冰岛	936	1 003	1 034	1 281	1 525	1 951	1 810	2 261	2 175	2 303	2 532
爱尔兰	18 326	23 266	29 666	41 785	52 174	59 446	70 992	92 286	99 265	92 112	96 629
意大利	55 998	57 098	59 562	70 602	83 480	88 315	97 372	110 439	114 526	93 953	97 091
拉脱维亚	1 131	1 161	1 221	1 487	1 766	2 160	2 631	3 666	4 482	3 782	3 650
立陶宛	1 052	1 147	1 451	1 864	2 431	3 083	3 571	3 967	4 783	3 640	4 067
卢森堡	—	—	20 291	25 237	33 321	40 203	50 311	64 375	68 756	59 924	68 336
马耳他	1 081	1 108	1 220	1 421	1 650	1 982	2 625	3 461	3 841	3 462	3 487
黑山	—	—	—	—	—	—	524	921	1099	945	989
荷兰	48 361	50 121	54 700	61 317	82 769	90 124	94 510	109 084	123 037	111 352	113 257
挪威	17 528	18 152	19 228	21 357	25 296	29 115	33 057	40 196	44 810	38 261	40 106
波兰	10 395	9 745	10 030	11 170	13 332	16 249	20 457	28 607	35 263	28 596	32 400
葡萄牙	8 905	9 256	10 226	12 216	14 477	15 041	18 193	22 978	25 916	22 401	22 986
罗马尼亚	1 720	2 007	2 326	3 000	3 580	5 067	6 893	9 388	12 802	9 768	8 542
塞尔维亚	—	—	—	—	—	—	2 089	3 123	4 000	3 475	3 525
塞尔维亚和黑山	624	740	829	1 130	1 678	1 909	—	—	—	—	—
斯洛伐克	2 218	2 454	2 787	3 270	3 706	4 380	5 379	6 985	8 414	6 263	5 816
斯洛文尼亚	1 883	1 958	2 311	2 786	3 448	3 990	4 474	5 666	7 376	5 964	5 767
西班牙	52 112	55 292	59 599	73 679	85 344	94 011	105 537	126 747	141 750	121 517	123 010
瑞典	22 193	23 140	24 182	28 085	38 511	42 680	49 142	62 677	70 340	58 556	63 968
瑞士	29 443	27 888	29 747	34 529	42 608	48 512	53 460	64 255	76 180	72 309	77 745
土耳其	19 267	15 084	13 979	17 909	22 665	26 439	25 246	28 586	34 396	32 626	33 436
英国	118 567	118 786	132 937	155 455	193 860	204 115	232 289	283 611	282 237	228 256	226 844
欧盟（27）	…	…	…	…	1 072 800	1 181 400	1 329 700	1 609 700	1 791 800	1 529 200	1 568 800
欧盟(27)对外出口 a	…	…	…	…	444 200	494 400	557 100	681 200	763 700	653 600	685 200
独联体	17 600	19 900	23 400	27 100	35 000	41 400	51 400	67 500	85 500	71 100	79 300
亚美尼亚	130	179	176	199	324	403	475	571	636	580	737
阿塞拜疆	234	256	321	392	453	625	841	1 172	1 454	1 670	1 968
白俄罗斯	989	1 124	1 317	1 477	1 726	2 055	2 385	3 244	4 151	3 473	4 445
格鲁吉亚	206	299	370	418	508	648	801	976	1 157	1 225	1 512
哈萨克斯坦	905	1 093	1 363	1 528	1 817	1 999	2 584	3 251	3 981	3 813	3 886
吉尔吉斯共和国	57	76	120	137	193	234	351	654	884	850	679
摩尔多瓦	155	160	206	231	320	384	447	606	817	647	652
俄罗斯	9 565	11 215	13 450	16 088	20 469	24 741	30 866	38 960	50 574	41 154	43 961
塔吉克斯坦	63	62	60	66	81	103	110	116	134	142	182
乌克兰	3 800	3 897	4 583	5 013	7 460	8 913	10 822	13 651	17 302	13 324	16 466
乌兹别克斯坦	447	463	475	536	573	660	773	962	1 196	1 036	1 187
非洲	31 500	32 300	34 600	42 900	52 200	55 800	62 500	74 100	84 700	76 700	84 600
阿尔及利亚	910	910	1 300	1 570	1 853	2 466	2 511	2 781	3 420	2 794	3 373
安哥拉	267	203	207	201	323	177	—	311	329	623	643
贝宁	126	133	141	163	204	179	196	281	328	204	…
博茨瓦纳	306	326	439	626	743	821	771	836	918	842	731
布基纳法索	28	32	43	44	65	63	68	81	109	106	…
布隆迪	2	2	4	2	4	7	6	7	3	2	…
喀麦隆	666	917	1 003	593	1 050	857	900	1 000	1 355	1 141	1 050
佛得角	101	120	144	190	220	253	361	468	575	472	499
中非共和国	0	0	6	11	18	19	22	26	29	28	…
乍得	22	32	34	30	41	59	70	85	91	180	…
科摩罗	38	28	23	27	32	39	43	50	59	53	…
刚果	130	137	158	185	183	206	251	303	369	377	…
刚果（金）	39	46	77	25	107	96	169	200	326	414	291
科特迪瓦	415	509	513	500	641	607	706	775	856	816	…
吉布提	69	74	79	87	87	95	97	92	131	142	…
埃及	9 687	8 815	9 127	10 837	14 046	14 449	15 834	19 660	24 668	21 302	23 618
赤道几内亚	9	16	14	8	17	20	23	26	31	27	…

续 表

年份 地区	2000	2001	2002	2003	2004	2005	2006	2007	2008	2009	2010
厄立特里亚	54	113	118	…	…	…	…	…	…	…	…
埃塞俄比亚	387	391	450	588	800	789	890	1 183	1 775	1 676	…
加蓬	171	143	74	167	136	120	148	168	195	172	…
冈比亚	62	61	61	73	72	82	92	128	118	104	88
加纳	490	515	539	612	684	1 083	1 243	1 614	1 559	1 522	1 344
几内亚	27	72	43	55	31	35	38	44	95	67	61
几内亚比绍	5	4	6	5	6	5	3	33	44	28	…
肯尼亚	727	824	773	876	1 227	1 523	1 979	2 409	2 520	2 198	2 931
莱索托	36	35	30	43	64	44	51	68	50	63	…
利比里亚	…	…	…	…	68	81	143	156	182	142	…
利比亚	119	134	275	329	351	419	385	109	208	385	…
马达加斯加	314	273	279	253	358	420	534	832	906	592	725
马拉维	34	44	49	40	41	50	58	73	83	72	…
马里	92	140	150	208	227	253	291	359	442	335	…
毛里塔尼亚	30	36	74	44	52	80	87	84	138	136	…
毛里求斯	1 066	1 218	1 146	1 274	1 449	1 604	1 663	2 194	2 530	2 225	2 656
摩洛哥	2 854	3 787	4 098	5 126	6 304	7 570	9 269	11 490	12 840	11 892	12 138
莫桑比克	325	249	336	300	246	316	355	404	488	544	576
纳米比亚	163	271	258	399	456	391	505	579	538	505	572
尼日尔	35	48	48	57	88	84	84	79	126	100	…
尼日利亚	1 833	1 653	2 524	3 473	3 336 I	1 433	2 057	1 097	1 834	1 760	2 613
卢旺达	41	45	38	48	65	83	74	126	326	249	244
圣多美和普林西比	13	8	8	9	9	9	8	6	9	10	…
塞内加尔	330	345	389	488	604	690	716	1 096	1 177	1 076	…
塞舌尔	273	280	297	311	308	347	409	446	472	403	404
塞拉利昂	39	47	38	66	61	78	43	45	61	58	60
南非	4 888 I	4 728	4 863	8 261	9 634	11 041	11 912	13 499	12 394	11 656	13 617
苏丹	24	14	130	31	35	101	220	342	457	351	224
斯威士兰	271	112	90	200	235	273	274	447	222	191	…
坦桑尼亚	575	854	860	900	1 074	1 215	1 467	1 836	1 966	1 795	2 047
多哥	46	53	72	72	122	145	159	197	253	265	…
突尼斯	2 680	2 829	2 603	2 842	3 520	3 901	4 162	4 769	5 831	5 241	5 192
乌干达	205	208	216	249	350	488	469	516	702	854	984
赞比亚	114	143	114	142	161	207	228	273	300	241	312
津巴布韦	326	240	208	…	…	…	…	…	…	…	…
中东	33 800	32 900	34 800	43 800	50 900 I	64 500	78 300	89 500 I	96 100	93 700	96 600
巴林	933	950	1 068	1 260 I	2 676	3 048	3 322	3 524	3 740	3 653	4 047
伊朗	1 429	2 257	3 740	4 369 I	4 362	4 912	5 544	6 791	7 863	7 470	7 531
伊拉克	…	…	…	…	…	348	353	839	…	…	…
以色列	15 319	12 811	12 159	13 622	16 051	17 474	19 184	21 115	24 284	21 961	24 650
约旦	1 602	1 396	1 743	1 717	2 052	2 239	2 850	3 436	4 353	4 195	4 782
科威特	1 571	1 401	1 373	1 763	2 516	3 840	7 495	9 104	10 358	10 425	6 917
黎巴嫩	…	…	4 412	9 445	9 682	10 840	11 565	12 744	17 558	16 874	15 200
阿曼	452	606	606	655	736 I	939	1 306	1 685	1 831	1 792	1 943
卡塔尔	337	649	606	1 011	1 633	2 557	3 489	…	…	…	…
沙特阿拉伯	4 779	5 008	5 177	5 713	5 852 I	11 179	13 973	15 743 I	9 128	9 428	10 346
叙利亚	1 480	1 566	1 347	1 181	2 343	2 560	2 649	3 562	3 770	4 583	…
阿联酋	1 843	2 014	2 191	2 350	2 560	4 277	6 259	7 434	8 958	9 503	11 028
也门	174	130	129	244	292	285	… I	578	1 049	1 085	1 412
亚洲	306 300	303 500	330 200	367 200	470 200	539 200	629 300	772 000	896 200	797 700	974 900
澳大利亚	19 413	17 689	19 161	23 227	27 841	30 378	32 438	39 786	44 513	40 287	47 233
孟加拉国	283	243	305	398	420	474	603	685	899	948	1 213
不丹	20	24	23	20	28	42	42	52	51	55	…
文莱达鲁萨兰	198	482	427	436	544	616	745	813	867	915	…
柬埔寨	423	517	596	541	788	1 064	1 244	1 510	1 613	1 592	1 671
中国	30 146	32 901	39 381	46 375	62 056	73 909	91 421	121 654	146 446	128 599	170 248
斐济	406	394	481	590	672	831	780	830	960	688	802
法属波利尼西亚	…	…	655	809	889	957	880	1 034	1 093	920	…
中国香港	40 362	41 056	44 546	46 500	55 103	63 651	72 674	84 645	92 221	86 339	106 428

续 表

年份 地区	2000	2001	2002	2003	2004	2005	2006	2007	2008	2009	2010
印度	16 031	16 799	19 125	23 633 I	37 931 I	52 199	69 456	86 612	106 745	92 631	123 277
印度尼西亚	5 061	5 361	6 519	5 143 I	11 755	12 571	11 093	12 074	14 731	12 618	16 234
日本	69 430	64 769	66 054	71 784	89 668	102 071	115 140	127 060	146 440	125 918	138 875
基里巴斯	6	6	9	7	7	10	9	10	13	12	…
韩国	30 753	29 248	29 514	33 771	43 163	48 327	55 333	71 375	89 428	72 466	81 570
老挝	134	141	152	111	160	184	203	255	359	368	…
中国澳门	3 280	3 768	4 667	5 511	7 790	8 252	10 059	13 746	17 242	18 316	27 923
马来西亚	13 812	14 331	14 753	13 459	16 999	19 463	21 572	29 375	30 283	28 727	32 679
马尔代夫	345	351	360	429	505	317	549	638	716	654	763
蒙古	74	109	179	203	329	409	483	575	497	412	487
缅甸	459	387	403	228	232	237	256	…	…	…	…
尼泊尔	410	303	192	302	356	271	252	340	494	601	584
新喀里多尼亚	…	…	262	334	387	263	304	380	434	362	…
新西兰	4 352	4 388	5 338	6 819	8 149	8 589	8 062	9 285	9 132	7 760	8 594
巴基斯坦	1 284	1 302	1 496	1 476	1 719	2 043	2 245	2 224	2 531	2 548	2 792
巴布亚新几内亚	243	285	163	222	189	288	305	313	318	162	252
菲律宾	3 377	3 072	3 428	3 389	4 043	4 525	6 444	9 766	9 717	11 014	13 243
萨摩亚	…	…	…	…	94	113	133	131	134	149	160
新加坡	28 427	28 524	30 762	37 803	48 258	55 520	66 078	84 824	99 002	93 245	111 912
所罗门群岛	45	47	15	24	26	37 I	51	56	54	68	92
斯里兰卡	915	1 334	1 247	1 389	1 506	1 519	1 604	1 755	1 981	1 874	2 448
中国台北	19 890	19 760	21 501	23 028	25 545	25 574	28 860	32 994	36 549	31 408	40 182
泰国	13 785	12 932	15 304	15 694	18 932	20 011	24 636	30 124	33 056	29 677	33 806
东帝汶	…	…	…	…	…	…	34	63	44	47	…
汤加	14	18	18	22	21	29	22	23	34	29	35
瓦努阿图	118	112	90	108	118	135	140	177	223	234	263
越南	2 702	2 810	2 948	3 272	3 867	4 232	5 060	6 415	6 956	5 666	7 355
备忘项：											
世界不含 a											
欧盟(27)对内出口	…	…	…	…	1 601 100	1 808 900	2 058 300	2 479 700	2 814 300	2 510 400	2 808 900
欧洲不含											
欧盟(27)对内出口	…	…	…	…	549 800	6 15 100	687 500	837 400	946 400	820 100	859 400

a 欧盟内、外部贸易统计参阅技术注释。

注：由于服务贸易数据的频繁修正，致使大量国家和地区的数据缺少连续性。

表 10

2000—2010 年世界商业服务进口（按地区和国家）

单位：百万美元

年份 地区	2000	2001	2002	2003	2004	2005	2006	2007	2008	2009	2010
世界 a	**1 457 300**	**1 475 500**	**1 561 400**	**1 781 700**	**2 132 400**	**2 372 900**	**2 658 500**	**3 171 800**	**3 622 100**	**3 211 600**	**3 511 200**
北美洲	263 500	260 000	267 200	287 200	329 500	356 500	400 000	440 700	478 600	434 800	471 300
百慕大	…	…	…	…	…	…	837	1 081	1 021	966	999
加拿大	43 597	43 236	44 455	51 771	58 023	64 906	71 841	81 723	87 604	78 106	89 963
墨西哥	16 718	16 521	17 031	17 571	19 250	20 915	22 329	23 228	25 001	21 402	22 275
美国	203 168	200 275	205 677	217 815	252 266	270 629	305 000	334 624	365 013	334 310	358 074
中、南美洲	54 700	55 000	48 800	51 200	58 500	71 100	81 000	99 200	119 900	110 600	136 200
安提瓜和巴布达	147	159	163	174	182	218	249	271	261	229	212
阿根廷	8 960	8 262	4 775	5 462	6 374	7 364	8 242	10 569	13 073	11 723	13 471
阿鲁巴	620	589	573	690	760	894	954	881	1 006	726	652
巴哈马	969	896	929	1 009	1 169	1 209	1 510	1 502	1 306	1 069	1 101
巴巴多斯	460	471	466	492	519	632	679	755	593	546	546
伯利兹	116	111	121	127	139	147	143	159	161	154	151
委内瑞拉	4 236	4 509	3 837	3 251	4 265	5 183	5 746	8 438	1 0073	9 223	10 081
玻利维亚	450	382	417	534	590	664	808	883	996	993	1 062

续 表

年份 地区	2000	2001	2002	2003	2004	2005	2006	2007	2008	2009	2010
巴西	15 574	15 825	13 496	14 350	16 111	22 409	27 149	34 700	44 396	44 074	59 745
智利	4 664	4 848	4 953	5 555	6 653	7 572	8 250	9 733	11 518	9 847	11 568
哥伦比亚	3 242	3 535	3 234	3 298	3 873	4 704	5 428	6 170	7 131	6 956	7 841
哥斯达黎加	1 261	1 167	1 170	1 231	1 370	1 502	1 617	1 814	1 943	1 469	1 778
古巴	778	694	589	661	776	1 018	1 263	1 330	2 090	1 375	…
多米尼克	48	47	50	41	45	48	50	63	69	63	62
多米尼加	1 340	1 249	1 271	1 179	1 168	1 431	1 510	1 691	1 895	1 733	2 055
厄瓜多尔	1 225	1 395	1 559	1 575	1 889	2 079	2 265	2 481	2 885	2 556	2 907
萨尔瓦多	912	938	1 007	1 040	1 130	1 053	1 153	1 244	1 238	921	1 024
格林纳达	85	79	86	77	80	88	101	104	106	92	94
危地马拉	786	891	1 018	1 085	1 325	1 429	1 756	2 017	2 116	2 058	2 351
圭亚那	193	192	196	172	208	201	245	273	323	270	…
海地	270	252	251	247	336	299	371	479	561	736	1 284
洪都拉斯	688	705	726	746	840	923	1 027	1 058	1 177	1 077	1 299
牙买加	1 391	1 480	1 552	1 538	1 670	1 676	1 969	2 226	2 304	1 824	1 813
荷属安的列斯	664	708	715	748	711	725	749	789	865	925	936
尼加拉瓜	334	346	336	353	385	424	475	625	694	607	660
巴拿马	1 096	1 053	1 256	1 253	1 412	1 759	1 673	2 065	2 561	2 118	2 681
巴拉圭	390	362	321	318	287	329	365	442	562	512	677
秘鲁	2 165	2 274	2 325	2 493	2 603	2 996	3 266	4 213	5 473	4 619	5 795
圣基茨和尼维斯	72	71	73	75	76	90	96	98	116	97	87
圣卢西亚	126	125	124	141	148	174	182	199	209	185	196
圣文森特和格林纳丁斯	52	54	54	61	69	72	80	103	98	86	86
苏里南	177	164	152	188	251	339	250	292	367	246	236
特立尼达和多巴哥	363	339	340	335	314	471	311	320	271	335	…
乌拉圭	842	773	593	602	748	901	937	1 079	1 394	1 077	1 365
欧洲	666 300	685 900	741 300	881 600	1 043 700	1 146 100	1 255 200	1 509 100	1 696 600	1 482 700	1 515 500
阿尔巴尼亚	413	422	561	734	991	1 318	1 552	1 893	2 361	2 215	1 992
奥地利	16 383	17 491	18 645	23 645	27 902	30 686	33 337	38 854	42 569	36 707	36 756
比利时	—	—	35 288	42 162	48 256	50 427	52 313	68 418	82 662	72 823	77 509
比利时—卢森堡	41 444	42 856	—	—	—	—	—	—	—	—	—
波斯尼亚和黑塞哥维那	256	262	298	375	422	425	458	571	682	637	582
保加利亚	1 660	1 894	1 740	2 424	3 214	3 392	4 085	4 900	5 914	5 018	4 477
克罗地亚	1 782	1 918	2 378	2 950	3 514	3 350	3 491	3 842	4 506	3 791	3 497
塞浦路斯	1 563	1 592	1 635	2 089	2 546	2 617	2 843	3 613	4 851	4 047	4 079
捷克	5 364	5 487	6 372	7 240	8 900	10 143	11 828	14 294	17 754	18 731	20 253
丹麦	21 063	22 121	24 305	28 254	32 770	36 221	44 235	52 893	61 398	49 594	49 316
爱沙尼亚	870	949	1 081	1 370	1 712	2 180	2 451	3 022	3 303	2 483	2 742
法罗群岛	97	105	131	146	161	224	267	359	374	392	…
芬兰	8 323	7 994	9 763	12 020	14 414	17 579	18 571	22 613	30 377	25 636	20 679
法国	64 400	66 121	72 428	86 476	98 522	106 046	112 134	128 256	140 324	126 000	128 931
马其顿	260	253	267	370	485	527	545	746	962	789	801
德国	135 812	140 593	143 769	171 365	195 259	210 142	224 081	258 682	288 401	252 543	259 737
希腊	10 918	11 189	9 447	10 730	13 541	14 301	15 872	19 692	24 288	19 441	19 257
匈牙利	4 708	5 470	6 749	9 022	10 022	11 295	11 910	15 544	18 541	16 331	15 638
冰岛	1 149	1 058	1 105	1 481	1 814	2 530	2 539	2 938	2 501	1 912	2 073
爱尔兰	31 212	35 281	42 765	54 520	65 286	71 483	80 050	94 487	110 703	104 199	108 337
意大利	54 632	56 087	61 110	73 107	81 690	88 448	98 032	118 554	127 207	107 094	107 939
拉脱维亚	680	662	692	917	1 174	1 559	1 971	2 678	3 152	2 240	2 196
立陶宛	655	669	878	1 215	1 576	1 994	2 454	3 271	4 206	2 832	2 711
卢森堡	—	—	12 388	15 511	20 736	24 213	29 784	37 572	39 983	35 518	38 688
马耳他	735	735	769	861	1 020	1 188	1 744	2 200	2 300	2 118	2 115
黑山	—	—	—	—	—	—	277	313	501	396	386
荷兰	49 941	52 166	56 492	62 954 I	78 710	83 590	86 008	97 393	111 273	107 522	106 103
挪威	14 832	15 667	17 834	20 415	22 189	28 847	31 135	38 753	43 990	36 291	41 839
波兰	8 862	8 853	9 165	10 810 I	13 176	15 356	19 387	23 655	29 724	23 576	28 781
葡萄牙	6 787	6 623	6 954	8 081	9 468	10 176	11 814	13 989	16 262	14 154	14 198
罗马尼亚	1 948	2 113	2 304	2 913	3 819	5 429	6 804	8 754	11 731	10 097	9 292
塞尔维亚	—	—	—	—	—	—	2 114	3 445	4 239	3 408	3 477

续 表

地区 \ 年份	2000	2001	2002	2003	2004	2005	2006	2007	2008	2009	2010
塞尔维亚和黑山	293	323	537	795	1 192	1 478	—	—	—	—	—
斯洛伐克	1 779	1 971	2 321	3 012	3 409	4 022	4 678	6 413	9 066	7 940	6 775
斯洛文尼亚	1 423	1 443	1 715	2 163	2 577	2 826	3 205	4 196	5 085	4 301	4 284
西班牙	32 837	34 903	38 445	47 607	58 742	66 775	78 020	95 688	104 036	86 679	86 576
瑞典	24 127	23 547	23 579	27 310	32 902	35 260	39 294	47 347	53 847	45 309	48 307
瑞士	14 533	14 049	14 714	16 881	21 852	25 593	26 592	31 574	36 400	38 867	37 884
土耳其	7 624	5 633	5 528	6 690	9 171	10 307	10 729	14 528	16 569	15 544	18 397
英国	96 893	97 352	107 177	122 948	145 096	158 472	170 273	196 212	194 715	157 501	160 938
欧盟（27）	…	…	…	…	981 900	1 071 500	1 175 500	1 410 100	1 583 500	1 378 500	1 404 100
欧盟(27)对外出口 a	…	…	…	…	392 200	430 000	469 900	563 800	653 500	565 400	590 000
独联体	24 100	29 700	34 100	39 900	50 800	59 000	69 000	91 100	114 600	92 300	107 100
亚美尼亚	177	192	217	264	419	517	600	772	952	839	973
阿塞拜疆	475	650	1 283	2 027	2 702	2 625	2 784	3 324	3 826	3 297	3 714
白俄罗斯	524	782	826	820	943	1 057	1 643	2 011	2 550	2 055	2 774
格鲁吉亚	216	231	323	355	440	584	687	872	1156	910	995
哈萨克斯坦	1 831	2 609	3 506	3 712	5 058	7 375	8 621	11 473	10 915	9 861	11 128
吉尔吉斯共和国	144	121	143	157	218	286	455	599	987	858	915
摩尔多瓦	190	195	243	268	331	390	457	613	793	678	728
俄罗斯	16 230	19 819	22 852	26 487	32 216	37 795	43 679	56 768	73 616	59 241	70 223
塔吉克斯坦	57	70	103	120	205	250	393	590	453	289	389
乌克兰	2 590	3 167	3 143	3 979	6 162	6 962	8 582	11 055	15 777	11 070	11 679
乌兹别克斯坦	251	323	287	302	424	425	402	390	427	415	414
非洲	38 600	41 200	42 200	48 400	60 300	71 800	85 900	109 700	142 600	126 600	139 000
阿尔及利亚	2 360	2 440	2 480	2 920	3 858	4 501	4 492	6 334	10 473	11 203	11 376
安哥拉	2 271	3 176	2 766	2 774	4 285	6 191	6 860	11 997	20 451	18 210	16 396
贝宁	186	186	203	244	273	267	342	491	500	475	…
博茨瓦纳	538	512	516	652	789	847	834	1 026	1 121	1 040	1 273
布基纳法索	132	135	146	225	284	347	378	392	564	503	…
布隆迪	36	31	34	38	75	125	193	170	241	160	…
喀麦隆	994	1 100	1 273	1 177	1 448	1 428	1 416	1 719	2 578	1 720	1 759
佛得角	97	113	138	183	194	201	242	285	349	307	314
中非共和国	113	96	90	88	106	105	120	148	165	156	…
乍得	230	322	660	829	1 680	1 876	2 091	2 010	2 078	2 242	…
科摩罗	23	21	23	36	41	45	54	63	79	86	…
刚果	728	842	917	866	1 012	1 413	2 422	3 523	3 581	3 396	…
刚果（金）	215	252	257	349	681	1 020	762	1 441	1 853	1 658	2 497
科特迪瓦	1 142	1 188	1 447	1 657	1 896	1 982	2 087	2 263	2 487	2 324	…
吉布提	65	60	55	60	70	76	81	99	121	114	…
埃及	7 161	6 356	6 013	6 038	7 470	9 507	10 288	13 088	16 335	12 765	13 003
赤道几内亚	552	1 061	606	722	744	906	845	1 120	1 620	1 986	…
厄立特里亚	24	28	25	…	…	…	…	…	…	…	…
埃塞俄比亚	479	516	556	689	932	1 178	1 154	1 737	2 379	2 190	…
加蓬	846	695	741	821	921	1 020	1 232	1 455	1 632	1 279	…
冈比亚	61	55	54	32	45	47	94	87	86	83	72
加纳	514	538	536	743	904	1 140	1 428	1 808	2 038	2 366	2 444
几内亚	183	220	156	188	195	205	233	247	398	288	381
几内亚比绍	29	30	27	[illegible]	42	42	40	68	85	68	…
肯尼亚	665	712	588	570	803	955	1 235	1 479	1 663	1 634	1 827
莱索托	41	38	45	69	86	88	75	88	86	91	…
利比里亚	…	…	…	…	90	99	217	219	344	141	…
利比亚	815	964	1 343	1 528	1 733	2 100	2 374	2 497	3 572	4 323	…
马达加斯加	395	424	561	479	474	462	559	687	1 470	1 059	917
马拉维	107	171	222	189	211	257	265	295	334	330	…
马里	324	414	380	478	528	583	672	774	1 000	813	…
毛里塔尼亚	168	194	155	187	260	379	414	…	769	616	…
毛里求斯	748	799	775	875	1 005	1 193	1 312	1 560	1 910	1 586	1 956
摩洛哥	1 520	1 705	1 903	2 350	2 805	3 103	3 562	4 527	5 628	5 302	5 724
莫桑比克	439	607	559	553	511	627	729	819	918	1 004	1 086
纳米比亚	308	261	223	269	411	359	421	505	581	602	705

续 表

地区 \ 年份	2000	2001	2002	2003	2004	2005	2006	2007	2008	2009	2010
尼日尔	125	136	140	175	250	277	327	369	599	735	…
尼日利亚	3 144	4 420	4 688	5 715	5 973 I	6 384	12 115	15 553	22 577	16 487	20 163
卢旺达	113	113	124	104	123	176	214	259	504	503	539
圣多美和普林西比	9	10	9	11	12	10	16	15	19	17	…
塞内加尔	396	403	457	567	684	777	808	1 206	1 384	1 248	…
塞舌尔	186	212	209	213	211	231	265	299	330	303	334
塞拉利昂	82	93	76	89	87	86	78	90	117	114	134
南非	5 657 I	5 109	5 376	7 848	10 063	11 833	13 900	16 127	16 515	14 390	18 023
苏丹	632	638	784	805	1 023	1 801	2 728	2 873	2 552	2 556	2 792
斯威士兰	300	192	202	342	363	396	365	494	629	539	…
坦桑尼亚	620	635	611	685	923	1 131	1 212	1 364	1 627	1 685	1 840
多哥	116	129	147	204	237	249	261	303	358	374	…
突尼斯	1 119	1 332	1 353	1 510	1 869	2 075	2 338	2 674	3 226	2 812	2 857
乌干达	459	479	487	…	473	593	756	958	1 234	1 409	1 809
赞比亚	322	353	361	388	418	446	562	887	877	674	901
津巴布韦	494	439	447	…	…	…	…	…	…	…	…
中东	48 800	46 900	51 100	60 500	77 700 I	97 400	120 500	158 100 I	183 500	169 000	184 100
巴林	757	766	945	907 I	1 248	1 416	1 605	1 701	2 030	1 741	1 905
伊朗	2 161	2 451	5 381	6 432 I	9 730	10 407	11 407	14 760	17 240	17 380	19 438
伊拉克	…	…	…	…	…	5 426	5 030	4 741	…	…	…
以色列	11 703	11 644	10 701	10 978	12 611	13 498	14 424	17 322	19 629	16 865	17 774
约旦	1 463	1 520	1 627	1 690	1 972	2 465	2 854	3 356	3 926	3 672	4 164
科威特	4 115	4 520	4 881	5 534	6 202	7 444	8 805	10 494	12 404	11 297	11 628
黎巴嫩	…	…	3 340	6 474	8 213	7 879	8 720	9 973	13 445	14 031	12 986
阿曼	1 759	1 899	1 880	2 573	3 152	3 145	3 898	5 096	5 881	5 555	6 613
卡塔尔	870	966	1 050	1 283	1 667	3 665	5 680	…	…	…	…
沙特阿拉伯	10 928	7 155	7 152	7 936	11 057 I	19 684	29 488	45 914 I	49 572	47 039	50 996
叙利亚	1 468	1 494	1 675	1 697	2 071	2 274	2 437	2 917	3 127	2 755	…
阿联酋	8 275	8 893	9 934	11 440	14 655	18 891	24 322	33 372	42 773	36 752	40 908
也门	757	794	883	947	1 004	1 183	1 800	1 811	2 289	2 038	2 213
亚洲	361 200	356 800	376 800	413 000	511 900	571 000	647 000	764 000	886 100	795 600	958 000
澳大利亚	18 555	17 020	18 023	21 476	27 377	29 909	31 600	39 197	47 613	40 611	50 218
孟加拉国	1 523	1 423	1 318	1 595	1 835	2 011	2 111	2 673	3 496	3 185	4 099
不丹	46	42	60	108	103	128	58	54	90	70	…
文莱达鲁萨兰	768	933	762	886	922	940	1 035	1 115	1 181	1 215	…
柬埔寨	321	340	368	425	502	632	760	871	935	939	1 082
中国	35 858	39 032	46 080	54 852	71 602	83 173	100 327	129 254	158 004	158 107	192 174
斐济	323	285	273	384	463	503	514	515	593	446	469
法属波利尼西亚	…	…	530	598	665	736	546	616	766	712	…
中国香港	24 588	24 797	25 833	25 994	30 983	33 838	36 905	424 46	46 921	43 807	50 868
印度	18 898	19 792	20 776	24 679 I	35 293 I	46 820	58 222	70 388	87 847	80 327	116 140
印度尼西亚	15 381	15 596	16 770	17 171 I	20 620	21 836	21 175	24 075	27 994	22 570	25 790
日本	105 230	98 762	97 865	99 906	119 925	122 369	133 900	148 685	167 443	146 965	155 800
基里巴斯	23	19	21	26	27	38	28	36	37	31	…
韩国	33 152	32 715	36 545	40 314	49 944	58 964	69 346	83 954	95 433	79 525	92 978
老挝	13	25	23	22	24	29	31	38	80	114	…
中国澳门	812	876	1 516	1 817	2 169	2 344	2 925	4 425	5 609	4 836	7 111
马来西亚	16 603	16 539	16 248	17 323	18 967	21 750	23 421	28 475	30 060	27 257	31 972
马尔代夫	108	108	110	119	155	210	226	265	342	282	299
蒙古	158	198	260	249	496	468	514	456	598	545	753
缅甸	310	345	296	403	444	486	547	…	…	…	…
尼泊尔	193	205	231	258	376	424	488	716	840	828	846
新喀里多尼亚	…	…	417	538	598	840	1 129	1 320	1 389	1 101	…
新西兰	4 404	4 265	4 715	5 667	7 130	8 150	7 796	9 089	9 585	7 825	9 021
巴基斯坦	2 109	2 216	2 095	3 102 I	5 101	7 206	8 094	8 426	9 286	5 902	6 466
巴布亚新几内亚	772	662	834	962	1 076	1 262	1 584	1 945	1 817	1 915	3 395
菲律宾	5 175	5 298	5 386	5 322	5 769	5 797	6 211	7 391	8 348	8 679	11 066
萨摩亚	…	…	…	…	41	55	56	62	62	64	78
新加坡	29 985	32 029	33 519	40 086	49 703	55 073	64 938	74 405	87 202	79 117	96 105

续　表

地区＼年份	2000	2001	2002	2003	2004	2005	2006	2007	2008	2009	2010
所罗门群岛	70	80	49	62	42	57	66	95	113	95	167
斯里兰卡	1 592	1 735	1 553	1 646	1 872	2 051	2 359	2 568	2 975	2 487	3 084
中国台北	25 507	23 435	23 852	24 803	29 859	31 420	31 752	34 089	34 149	29 082	37 097
泰国	15 329	14 475	16 572	17 999	22 909	26 881	32 841	38 173	46 033	37 541	45 601
东帝汶	…	…	…	…	…	…	232	325	488	552	…
汤加	18	24	28	32	32	34	31	33	44	39	38
瓦努阿图	62	67	47	56	61	69	66	70	101	101	119
越南	3 252	3 382	3 698	4 050	4 739	4 420	5 082	7 137	7 881	8 046	9 771
备忘项：											
世界不含 a											
欧盟(27)自内进口	…	…	…	…	1 542 700	1 731 400	1 953 000	2 325 500	2 692 600	2 399 100	2 697 100
欧洲不含											
欧盟(27)自内进口	…	…	…	…	454 000	504 600	549 600	662 700	767 200	670 200	701 300

a 欧盟内、外部贸易统计参阅技术注释。

注：由于服务贸易数据的频繁修正，致使大量国家和地区的数据缺少连续性。

表 11

2005—2010 年世界货物出口量和产量增长　（年度变化百分比）

年　份	2005—2010	2008	2009	2010
世界货物出口	3.5	2.5	−12.0	14.0
农产品	3.5	2.5	−2.5	7.5
燃料和矿产品	1.5	1.0	−5.5	5.5
制成品	4.0	2.5	−15.0	18.0
世界货物产量	2.0	1.0	−2.5	4.0
农业	2.0	3.5	0.5	0.0
矿业	0.5	1.5	−1.5	2.0
制造业	2.5	0.0	−4.0	5.5
世界 GDP	2.0	1.5	−2.5	3.5

表 12

2005—2010 年世界主要地区和经济体货物贸易量增长　（年度变化百分比）

出口			年份	进口		
2005—2010	2009	2010	地区	2005—2010	2009	2010
3.5	−12.0	14.0	世界	3.0	−13.0	13.5
2.5	−15.0	15.0	北美洲	0.5	−17.0	15.5
−3.0	−17.5	9.0	加拿大	1.5	−16.0	14.5
3.5	−14.5	21.5	墨西哥	3.0	−20.0	23.5
4.0	−14.0	15.5	美国	−0.5	−16.5	15.0
1.0	−8.0	5.5	中、南美洲	9.5	−16.5	23.5
1.5	−14.0	11.0	欧洲	1.0	−14.0	9.5
1.5	−14.5	11.5	欧盟（27）	1.0	−14.0	9.5
−1.5	−3.0	−3.0	挪威	3.5	−13.5	9.0
2.0	−15.5	9.0	瑞士	2.5	−10.5	9.5
3.0	−5.0	6.0	独联体	7.5	−28.0	18.5

续 表

出口			年份 / 地区	进口		
2005—2010	2009	2010		2005—2010	2009	2010
8.0	−11.0	23.0	亚洲	6.0	−7.0	17.5
3.5	−4.5	12.5	澳大利亚	5.5	−11.0	10.0
13.0	−10.5	28.5	中国	11.5	3.0	22.0
−7.5	−1.0	−16.5	中国香港	5.0	−5.5	17.5
11.5	−6.0	22.0	印度	13.5	3.5	13.0
3.5	−25.0	27.5	日本	0.0	−12.0	10.0
7.0	−7.5	20.0	六个东亚贸易国/地区 a	4.0	−13.0	19.5

a 中国香港；马来西亚；韩国；新加坡；台、澎、金、马单独关税区（中国台北）和泰国。

表 13

2005—2010 年世界货物和服务贸易（按地区和国家） （年度变化百分比）

出口			年份 / 地区	进口		
2005—2010	2009	2010		2005—2010	2009	2010
			货物贸易			
8	−23	22	世界	7	−23	21
6	−21	23	北美洲	3	−25	23
7	−18	21	美国	3	−26	23
1	−31	23	加拿大	5	−21	22
10	−24	26	中、南美洲	14	−26	30
11	−23	32	巴西	20	−27	43
11	−18	32	智利	12	−31	38
5	−22	12	欧洲	5	−25	13
5	−22	12	欧盟（27）	5	−25	13
8	−14	13	瑞士	7	−15	13
11	−36	31	独联体	14	−33	24
10	−36	32	俄罗斯	15	−34	30
9	−41	29	乌克兰	11	−47	34
10	−30	30	非洲	13	−15	15
10	−24	33	南非	9	−27	29
10	−35	49	尼日利亚 a	16	−32	30
11	−31	27	中东	11	−15	10
7	−39	30	沙特阿拉伯 a	10	−17	2
13	−23	19	阿联酋 a	14	−15	7
11	−18	31	亚洲	11	−20	32
16	−16	31	中国	16	−11	39
5	−26	33	日本	6	−28	26
			服务贸易			
8	−12	9	世界	8	−11	9
7	−8	9	北美洲	6	−9	8
8	−7	9	美国	6	−8	7
4	−12	15	加拿大	7	−11	15
10	−8	12	中、南美洲	14	−8	23
15	−9	15	巴西	22	−1	36
15	−9	18	阿根廷	13	−10	15
6	−14	3	欧洲	6	−13	2
6	−15	3	欧盟（27）	6	−13	2
10	−5	8	瑞士	8	7	−3

续 表

出口			年份 地区	进口		
2005—2010	2009	2010		2005—2010	2009	2010
14	−17	12	独联体	13	−19	16
12	−19	7	俄罗斯	13	−20	19
13	−23	24	乌克兰	11	−30	6
9	−9	10	非洲	14	−11	10
10	−14	11	埃及	6	−22	2
4	−6	17	南非	9	−13	25
8	−3	3	中东	14	−8	9
−2	3	10	沙特阿拉伯	21	−5	8
21	6	16	阿联酋	17	−14	11
13	−11	22	亚洲	11	−10	20
18	−12	32	日本	18	0	22
6	−14	10	中国	5	−12	6

a WTO秘书处估计。

表 14

2010 年世界货物出口（按产品类别）

单位：百万美元，%

	总 额	份 额	年度变化百分比								
		占世界货物贸易	1980—1985	1985—1990	1990—1995	1995—2000	2000—2005	2005—2010	2008	2009	2010
农产品	1 362	9.2	−2	9	7	−1	9	10	19	−12	15
燃料和矿产品	3 026	20.4	−5	3	2	10	16	11	33	−36	33
燃料	2 348	15.8	−5	0	1	12	17	10	41	−37	30
制成品	9 962	67.1	2	15	9	5	9	6	10	−20	20
钢铁	421	2.8	−2	9	8	−2	17	6	22	−45	29
化工产品	1 705	11.5	1	14	10	4	13	9	13	−14	18
办公和通信设备	1 603	10.8	9	18	15	10	6	5	3	−15	21
汽车	1 092	7.4	5	14	8	5	10	3	3	−31	29
纺织品	251	1.7	−1	15	8	0	5	4	5	−16	19
服装	351	2.4	4	18	8	5	7	5	5	−13	11

表 15

2010 年世界货物出口（按产品类别和地区）

单位：百万美元，%

	农产品	燃料和矿产品		制 成 品						
		总额	燃料	总额	钢铁	化工产品	办公和通信设备	汽车	纺织品	服装
世界	1 362	3 026	2 348	9 962	421	1 705	1 603	1 092	251	351
占所有出口比重	9.2	20.4	15.8	67.1	2.8	11.5	10.8	7.4	1.7	2.4
年度变化百分比										
2005—2010	10	11	10	6	6	9	5	3	4	5
2009	−12	−36	−37	−20	−45	−14	−15	−31	−16	−13
2010	15	33	30	20	29	18	21	29	19	11
北美洲	213	299	214	1 352	29	234	206	205	16	10
占所有出口比重	10.9	15.2	10.9	68.8	1.5	11.9	10.5	10.5	0.8	0.5

续 表

	农产品	燃料和矿产品		制成品						
		总额	燃料	总额	钢铁	化工产品	办公和通信设备	汽车	纺织品	服装
年度变化百分比										
2005—2010	9	11	10	4	7	9	3	2	−1	−6
2009	−15	−37	−38	−19	−41	−14	−17	−32	−20	−12
2010	19	38	36	20	37	18	19	44	21	10
中、南美洲	163	244	135	151	14	34	4	22	3	11
占所有出口比重	28.3	42.3	23.5	26.2	2.5	5.9	0.8	3.9	0.6	1.9
年度变化百分比										
2005—2010	13	13	9	4	−2	9	−6	6	4	−3
2009	−11	−31	−34	−28	−44	−23	−25	−34	−20	−22
2010	18	37	24	20	16	19	−1	47	7	12
欧洲	570	623	426	4 304	177	955	372	559	78	115
占所有出口比重	10.1	11.1	7.6	76.4	3.1	17.0	6.6	9.9	1.4	2.0
年度变化百分比										
2005—2010	7	8	8	4	3	8	0	2	0	3
2009	−12	−38	−38	−22	−44	−11	−19	−30	−22	−15
2010	8	30	24	11	20	11	10	18	8	2
独联体	44	376	333	141	44	36	2	5	3	2
占所有出口比重	7.6	64.0	56.7	23.9	7.5	6.2	0.4	0.9	0.4	0.3
年度变化百分比										
2005—2010	11	11	12	9	5	13	22	4	8	2
2009	−14	−39	−38	−37	−46	−35	−10	−58	−19	−24
2010	10	32	30	29	26	34	32	52	32	20
非洲	55	333	284	95	10	18	3	8	3	9
占所有出口比重	10.8	65.6	56.0	18.6	1.9	3.5	0.6	1.5	0.5	1.8
年度变化百分比										
2005—2010	13	10	9	8	3	14	8	11	7	−1
2009	0	−37	−38	−24	−44	−32	−11	−27	−5	−17
2010	21	33	31	25	44	31	15	36	15	−7
中东	22	609	596	197	6	59	12	15	6	3
占所有出口比重	2.5	68.1	66.6	22.0	0.6	6.6	1.4	1.6	0.6	0.4
年度变化百分比										
2005—2010	16	8	8	16	18	18	5	24	11	3
2009	−11	−38	−38	−14	−20	−19	12	−14	−16	−12
2010	15	30	29	30	20	41	−2	22	17	8
亚洲	293	540	359	3 722	141	368	1 004	277	142	200
占所有出口比重	6.3	11.5	7.7	79.4	3.0	7.9	21.4	5.9	3.0	4.3
年度变化百分比										
2005—2010	13	16	15	10	11	12	8	7	8	8
2009	−14	−29	−31	−17	−46	−14	−14	−34	−10	−11
2010	29	40	35	30	45	33	28	45	27	19

表 16

2010 年世界商业服务贸易（按产品类别）　　单位：百万美元，%

	贸易额	份　额				
年份	2000	2005	2007	2008	2009	2010
出口						
所有服务	3 695	100.0	100.0	100.0	100.0	100.0
运输服务	785	23.2	22.8	23.2	20.2	21.3
旅游服务	940	32.1	27.6	24.8	25.6	25.4
其他服务	1 970	44.7	49.6	52.0	54.2	53.3
进口						
所有服务	3 510	100.0	100.0	100.0	100.0	100.0
运输服务	960	28.4	28.6	28.8	25.4	27.3
旅游服务	850	29.9	27.0	23.9	24.6	24.1
其他服务	1 705	41.7	44.4	47.2	50.0	48.5

表 17

1990—2010 年世界商业服务出口增长（按产品类别和地区）　　（年度变化百分比）

	年　度	世界	北美洲	中、南美洲	欧洲	独联体	非洲	中东	亚洲
商业服务									
	1990—1995	9	8	9	—	—	…	…	…
	1995—2000	5	7	6	…	…	…	…	4
	2000—2005	11	5	8	13	19	…	…	12
	2005—2010	8	7	10	6	14	9	…	13
	2009	−12	−8	−8	−14	−17	−9	−3	−11
	2010	9	9	12	3	12	10	3	22
运输服务									
	1990—1995	6	4	7	—	—	…	…	11
	1995—2000	3	1	1	3	…	…	…	3
	2000—2005	11	3	10	12	15	…	…	11
	2005—2010	7	6	9	5	13	9	7	8
	2009	−23	−18	−17	−23	−16	−15	−14	−28
	2010	15	16	18	8	20	20	11	26
旅游服务									
	1990—1995	9	7	10	—	—	8	…	…
	1995—2000	3	6	7	2	…	6	…	2
	2000—2005	8	2	6	9	18	15	…	10
	2005—2010	6	5	7	3	9	8	13	13
	2009	−9	−11	−6	−13	−22	−5	4	−3
	2010	8	10	9	−1	2	9	18	25
其他商业服务									
	1990—1995	10	12	10	—		…	…	16
	1995—2000	7	11	9	…	…	…	…	6
	2000—2005	13	8	11	15	25	…	…	14
	2005—2010	10	9	15	8	18	10	…	14
	2009	−8	−3	−4	−11	−15	−12	−1	−5
	2010	7	8	11	2	9	4	−15	19

表 18

2010 年区域间和区域内货物贸易

单位：十亿美元，%

原产地	目的地							世界
	北美洲	中、南美洲	欧洲	独联体	非洲	中东	亚洲	
	贸易额							
世界	2 508	587	5 844	399	453	561	4 216	14 851
北美洲	956	165	330	11	32	53	413	1 965
中、南美洲	138	148	108	8	15	15	134	577
欧洲	416	98	3 998	180	177	168	524	5 632
独联体	33	6	308	109	9	19	88	588
非洲	85	14	184	2	62	19	123	508
中东	79	7	108	5	29	89	471	895
亚洲	801	148	808	85	128	198	2 464	4 686
区域内贸易流量占每一区域总货物贸易出口的份额								
世界	16.9	4.0	39.4	2.7	3.0	3.8	28.4	100.0
北美洲	48.7	8.4	16.8	0.6	1.7	2.7	21.0	100.0
中、南美洲	23.9	25.6	18.7	1.3	2.6	2.6	23.2	100.0
欧洲	7.4	1.7	71.0	3.2	3.1	3.0	9.3	100.0
独联体	5.6	1.1	52.4	18.6	1.5	3.3	14.9	100.0
非洲	16.8	2.7	36.2	0.4	12.3	3.7	24.1	100.0
中东	8.8	0.8	12.1	0.5	3.2	10.0	52.6	100.0
亚洲	17.1	3.2	17.2	1.8	2.7	4.2	52.6	100.0
区域内贸易流量占世界总货物贸易出口的份额								
世界	16.9	4.0	39.4	2.7	3.0	3.8	28.4	100.0
北美洲	6.4	1.1	2.2	0.1	0.2	0.4	2.8	13.2
中、南美洲	0.9	1.0	0.7	0.1	0.1	0.1	0.9	3.9
欧洲	2.8	0.7	26.9	1.2	1.2	1.1	3.5	37.9
独联体	0.2	0.0	2.1	0.7	0.1	0.1	0.6	4.0
非洲	0.6	0.1	1.2	0.0	0.4	0.1	0.8	3.4
中东	0.5	0.0	0.7	0.0	0.2	0.6	3.2	6.0
亚洲	5.4	1.0	5.4	0.6	0.9	1.3	16.6	31.6

表 19

2010 年区域贸易流量占世界货物出口的份额

单位：%

原产地	目的地							
	世界	北美洲	中、南美洲	欧洲	独联体	非洲	中东	亚洲
	份额							
世界	100.0	100.0	100.0	100.0	100.0	100.0	100.0	100.0
北美洲	16.9	48.7	23.9	7.4	5.6	16.8	8.8	17.1
中、南美洲	4.0	8.4	25.6	1.7	1.1	2.7	0.8	3.2
欧洲	39.4	16.8	18.7	71.0	52.4	36.2	12.1	17.2
独联体	2.7	0.6	1.3	3.2	18.6	0.4	0.5	1.8
非洲	3.0	1.7	2.6	3.1	1.5	12.3	3.2	2.7
中东	3.8	2.7	2.6	3.0	3.3	3.7	10.0	4.2
亚洲	28.4	21.0	23.2	9.3	14.9	24.1	52.6	52.6

表 20

1948、1953、1963、1973、1983、1993、2003 和 2010 年

世界货物出口（按地区和国家）

单位：十亿美元,%

地区＼年份	1948	1953	1963	1973	1983	1993	2003	2010
				总 额				
世界	59	84	157	579	1 838	3 676	7 376	14 851
				份 额				
世界	100.0	100.0	100.0	100.0	100.0	100.0	100.0	100.0
北美洲	28.1	24.8	19.9	17.3	16.8	18.0	15.8	13.2
美国	21.7	18.8	14.9	12.3	11.2	12.6	9.8	8.6
加拿大	5.5	5.2	4.3	4.6	4.2	3.9	3.7	2.6
墨西哥	0.9	0.7	0.6	0.4	1.4	1.4	2.2	2.0
中、南美洲	11.3	9.7	6.4	4.3	4.4	3.0	3.0	3.9
巴西	2.0	1.8	0.9	1.1	1.2	1.0	1.0	1.4
阿根廷	2.8	1.3	0.9	0.6	0.4	0.4	0.4	0.5
欧洲	35.1	39.4	47.8	50.9	43.5	45.4	45.9	37.9
德国 a	1.4	5.3	9.3	11.7	9.2	10.3	10.2	8.5
法国	3.4	4.8	5.2	6.3	5.2	6.0	5.3	3.5
意大利	1.8	1.8	3.2	3.8	4.0	4.6	4.1	3.0
英国	11.3	9.0	7.8	5.1	5.0	4.9	4.1	2.7
独联体 b	—	—	—	—	—	1.5	2.6	4.0
非洲	7.3	6.5	5.6	4.8	4.5	2.5	2.4	3.4
南非 c	2.0	1.6	1.5	1.0	1.0	0.7	0.5	0.6
中东	1.9	2.7	3.2	4.1	6.8	3.5	4.1	6.0
亚洲	14.0	13.4	12.5	14.9	19.1	26.1	26.2	31.6
中国	0.9	1.2	1.3	1.0	1.2	2.5	5.9	10.6
日本	0.4	1.5	3.5	6.4	8.0	9.9	6.4	5.2
印度	2.2	1.3	1.0	0.5	0.5	0.6	0.8	1.5
澳大利亚和新西兰	3.7	3.2	2.4	2.1	1.4	1.4	1.6	1.5
六个东亚贸易国/地区	3.4	3.0	2.5	3.6	5.8	9.7	9.6	10.1
备忘项：								
欧盟 d	—	—	24.5	37.0	31.3	37.4	42.4	34.7
前苏联	2.2	3.5	4.6	3.7	5.0	—	—	—
GATT/WTO 成员 e	63.4	69.6	75.0	84.1	78.4	89.3	94.3	94.2

a 联邦德国的数据参考 1948—1983 年。

b 数据受到显著影响，包括波罗的海国家和独联体 1993 和 2003 年的相互贸易。

c 自 1998 年，统计数据均来自南非，而不再是南部非洲关税同盟。

d 数据参考 EEC（6）1963 年，EC（9）1973 年，EC（10）1983 年，EU（12）1993 年，EU（25）2003 年和 EU（27）2010 年。

e 其成员以所揭年份为准。

注：1973、1983 年和 1993—2003 年的出口份额受到石油价格的影响。

表 21

1948、1953、1963、1973、1983、1993、2003 和 2010 年

世界货物进口（按地区和国家）

单位：十亿美元，%

地区＼年份	1948	1953	1963	1973	1983	1993	2003	2010
	总　额							
世界	62	85	164	594	1 882	3 786	7 689	15 077
	份　额							
世界	100.0	100.0	100.0	100.0	100.0	100.0	100.0	100.0
北美洲	18.5	20.5	16.1	17.2	18.5	21.4	22.4	17.8
美国	13.0	13.9	11.4	12.3	14.3	15.9	16.9	13.1
加拿大	4.4	5.5	3.9	4.2	3.4	3.7	3.2	2.7
墨西哥	1.0	0.9	0.8	0.6	0.7	1.8	2.3	2.1
中、南美洲	10.4	8.3	6.0	4.4	3.8	3.3	2.5	3.8
巴西	1.8	1.6	0.9	1.2	0.9	0.7	0.7	0.0
阿根廷	2.5	0.9	0.6	0.4	0.2	0.4	0.2	0.4
欧洲	45.3	43.7	52.0	53.3	44.2	44.6	45.0	38.9
德国 a	2.2	4.5	8.0	9.2	8.1	9.0	7.9	7.1
法国	5.5	4.9	5.3	6.4	5.6	5.7	5.2	4.0
意大利	13.4	11.0	8.5	6.5	5.3	5.5	5.2	3.7
英国	2.5	2.8	4.6	4.7	4.2	3.9	3.9	3.2
独联体 b	—	—	—	—	—	1.2	1.7	2.7
非洲	8.1	7.0	5.2	3.9	4.6	2.6	2.1	3.1
南非 c	2.5	1.5	1.1	0.9	0.8	0.5	0.5	0.6
中东	1.8	2.1	2.3	2.7	6.2	3.3	2.8	3.7
亚洲	13.9	15.1	14.1	14.9	18.5	23.7	23.5	29.9
中国	0.6	1.6	0.9	0.9	1.1	2.7	5.4	9.3
日本	1.1	2.8	4.1	6.5	6.7	6.4	5.0	4.6
印度	2.3	1.4	1.5	0.5	0.7	0.6	0.9	2.2
澳大利亚和新西兰	2.9	2.3	2.2	1.6	1.4	1.5	1.4	1.5
六个东亚贸易国/地区	3.5	3.7	3.1	3.7	6.1	10.3	8.6	9.6
备忘项：								
欧盟 d	—	—	25.5	37.1	31.4	35.3	41.3	35.5
前苏联	1.9	3.3	4.3	3.6	4.3	—	—	—
GATT/WTO 成员 e	58.6	66.9	75.3	85.5	81.3	89.7	95.6	95.8

a　联邦德国的数据参考 1948—1983 年。

b　数据受到显著影响，包括波罗的海国家和独联体 1993 和 2003 年的相互贸易。

c　自 1998 年，统计数据均来自南非，而不再是南部非洲关税同盟。

d　数据参考 EEC（6）1963 年，EC（9）1973 年，EC（10）1983 年，EU（12）1993 年，EU（25）2003 年和 EU（27）2010 年。

e　其成员以所提年份为准。

注：1973、1983 年和 1993—2003 年的出口份额受到石油价格的影响。

表 22

2010 年世界货物贸易的主要进出口方

单位：十亿美元，%

排名	出口方	总额	份额	年度变化百分比	排名	进口方	总额	份额	年度变化百分比
1	中国	1 578	10.4	31	1	美国	1 969	12.8	23
2	美国	1 278	8.4	21	2	中国	1 395	9.1	39
3	德国	1 269	8.3	13	3	德国	1 067	6.9	15
4	日本	770	5.1	33	4	日本	694	4.5	26
5	荷兰	573	3.8	15	5	法国	606	3.9	8
6	法国	521	3.4	7	6	英国	560	3.6	16
7	韩国	466	3.1	28	7	荷兰	517	3.4	17
8	意大利	448	2.9	10	8	意大利	484	3.1	17
9	比利时	412	2.7	11	9	中国香港	442	2.9	25
						留用进口	116	0.8	31
10	英国	406	2.7	15	10	韩国	425	2.8	32
11	中国香港	401	2.6	22	11	加拿大 a	402	2.6	22
	内部出口	15	0.1	—12					
	转口	386	2.5	24					
12	俄罗斯	400	2.6	32	12	比利时	390	2.5	11
13	加拿大	388	2.5	23	13	印度	327	2.1	27
14	新加坡	352	2.3	30	14	西班牙	314	2.0	7
	内部出口	183	1.2	32					
	转口	169	1.1	28	15	新加坡	311	2.0	26
15	墨西哥	298	2.0	30		留用进口	142	0.9	24
16	中国台北	275	1.8	35	16	墨西哥	311	2.0	29
17	沙特	250	1.6	30	17	中国台北	251	1.6	44
18	西班牙	246	1.6	8	18	俄罗斯 a	249	1.6	30
19	阿联酋 b	220	1.4	19	19	澳大利亚	202	1.3	22
20	印度	220	1.4	33	20	巴西	191	1.2	43
21	澳大利亚	213	1.4	38	21	土耳其	186	1.2	32
22	巴西	202	1.3	32	22	泰国	182	1.2	36
23	马来西亚	199	1.3	26	23	瑞士	176	1.1	13
24	瑞士	195	1.3	13	24	波兰	174	1.1	16
25	泰国	195	1.3	28	25	马来西亚	165	1.1	33
26	瑞典	158	1.0	21	26	阿联酋 b	160	1.0	7
27	印尼	158	1.0	32	27	奥地利	159	1.0	11
28	波兰	156	1.0	14	28	瑞典	149	1.0	24
29	奥地利	152	1.0	11	29	印尼	132	0.9	46
30	捷克	133	0.9	18	30	捷克	120	0.8	20
31	挪威	131	0.9	14	31	沙特	97	0.6	2
32	爱尔兰	117	0.8	1	32	南非	94	0.6	29
33	土耳其	114	0.7	12	33	匈牙利	88	0.6	13
34	伊朗	101	0.7	28	34	丹麦	85	0.6	3
35	丹麦	98	0.6	4	35	越南	85	0.6	21
36	匈牙利	95	0.6	15	36	挪威	77	0.5	12
37	尼日利亚	82	0.5	49	37	葡萄牙	70	0.5	6

续 表

排名	出口方	总额	份额	年度变化百分比	排名	进口方	总额	份额	年度变化百分比
38	南非	82	0.5	33	38	芬兰	69	0.4	13
39	越南	72	0.5	26	39	斯洛伐克 a	67	0.4	20
40	智利	71	0.5	32	40	伊朗	65	0.4	28
41	芬兰	70	0.5	11	41	希腊	63	0.4	−9
42	阿根廷	68	0.4	22	42	罗马尼亚	62	0.4	14
43	科威特	67	0.4	29	43	以色列	61	0.4	24
44	委内瑞拉	66	0.4	14	44	乌克兰	61	0.4	34
45	斯洛伐克	65	0.4	17	45	爱尔兰	60	0.4	−4
46	卡塔尔	62	0.4	51	46	智利	59	0.4	38
47	哈萨克斯坦	59	0.4	37	47	菲律宾	58	0.4	27
48	以色列	58	0.4	22	48	阿根廷	57	0.4	46
49	阿尔及利亚	57	0.4	26	49	埃及	53	0.3	18
50	安哥拉	54	0.4	31	50	尼日利亚	44	0.3	30
	以上总计 c	14 120	92.7	—		以上总计 c	14 095	91.5	—
	世界 c	15 237	100.0	22		世界 c	15 402	100.0	21

a 进口以 f.o.b. 计价。
b WTO 秘书处估计。
c 包括转口以及为转口的进口。

表 23

2010 年世界货物贸易的主要进出口方［不包括 EU（27）内部贸易］ 单位：十亿美元，%

排名	出口方	总额	份额	年度变化百分比	排名	进口方	总额	份额	年度变化百分比
1	EU（27）对外出口	1 788	15.1	17	1	EU（27）自外进口	1 991	16.5	18
2	中国	1 578	13.3	31	2	美国	1 969	16.4	23
3	美国	1 278	10.8	21	3	中国	1 395	11.6	39
4	日本	770	6.5	33	4	日本	694	5.8	26
5	韩国	466	3.9	28	5	中国香港	442	3.7	25
6	中国香港	401	3.4	22		留用进口	116	1.0	30
	内部出口	15	0.1	−12	6	韩国	425	3.5	32
	转口	386	3.3	24					
7	俄罗斯	400	3.4	32	7	加拿大 a	402	3.3	22
8	加拿大	388	3.3	23	8	印度	327	2.7	27
9	新加坡	352	3.0	30	9	新加坡	311	2.6	26
	内部出口	183	1.5	32		留用进口	142	1.2	−8
	转口	169	1.4	28					
10	墨西哥	298	2.5	30	10	墨西哥	311	2.6	29
11	中国台北	275	2.3	35	11	中国台北	251	2.1	44
12	沙特	250	2.1	30	12	俄罗斯 a	249	2.1	30
13	阿联酋 b	220	1.9	19	13	澳大利亚	202	1.7	22
14	印度	220	1.9	33	14	巴西	191	1.6	43
15	澳大利亚	213	1.8	38	15	土耳其	186	1.5	32
16	巴西	202	1.7	32	16	泰国	182	1.5	36

续 表

排名	出 口 方	总额	份额	年度变化百分比	排名	进 口 方	总额	份额	年度变化百分比
17	马来西亚	199	1.7	26	17	瑞士	176	1.5	13
18	瑞士	195	1.6	13	18	马来西亚	165	1.4	33
19	泰国	195	1.6	28	19	阿联酋 b	160	1.3	7
20	印尼	158	1.3	32	20	印尼	132	1.1	46
21	挪威	131	1.1	14	21	沙特	97	0.8	2
22	土耳其	114	1.0	12	22	南非	94	0.8	29
23	伊朗	101	0.8	28	23	越南	85	0.7	21
24	尼日利亚	82	0.7	49	24	挪威	77	0.6	12
25	南非	82	0.7	33	25	伊朗	65	0.5	28
26	越南	72	0.6	26	26	以色列	61	0.5	24
27	智利	71	0.6	32	27	乌克兰	61	0.5	34
28	阿根廷	68	0.6	22	28	智利	59	0.5	38
29	科威特	67	0.6	29	29	菲律宾	58	0.5	27
30	委内瑞拉	66	0.6	14	30	阿根廷	57	0.5	46
31	卡塔尔	62	0.5	51	31	埃及	53	0.4	18
32	哈萨克斯坦	59	0.5	37	32	尼日利亚	44	0.4	30
33	以色列	58	0.5	22	33	伊拉克	43	0.4	15
34	阿尔及利亚	57	0.5	26	34	委内瑞拉	41	0.3	1
35	安哥拉	54	0.5	31	35	哥伦比亚	41	0.3	24
36	伊拉克	53	0.4	26	36	阿尔及利亚	40	0.3	2
37	菲律宾	51	0.4	34	37	巴基斯坦	39	0.3	23
38	乌克兰	51	0.4	29	38	摩洛哥	35	0.3	7
39	利比亚	47	0.4	28	39	白俄罗斯	35	0.3	22
40	哥伦比亚	40	0.3	21	40	新西兰	31	0.3	20
41	阿曼	37	0.3	32	41	秘鲁	30	0.3	38
42	秘鲁	36	0.3	32	42	哈萨克斯坦	30	0.2	5
43	新西兰	31	0.3	26	43	孟加拉国	28	0.2	27
44	阿塞拜疆	26	0.2	25	44	卡塔尔	23	0.2	−7
45	埃及	26	0.2	15	45	科威特	22	0.2	10
46	白俄罗斯	25	0.2	18	46	突尼斯	22	0.2	16
47	巴基斯坦	21	0.2	22	47	安哥拉 a	22	0.2	−5
48	孟加拉国	19	0.2	27	48	厄瓜多尔	21	0.2	36
49	摩洛哥	18	0.1	25	49	克罗地亚	20	0.2	−5
50	厄瓜多尔	17	0.1	26	50	阿曼	20	0.2	11
	以上总计 c	11 490	96.8	—		以上总计 c	11 514	95.6	—
	世界［除 EU (27)］c	11 872	100.0	26		世界［除 EU (27)］c	12 037	100.0	25

a 进口以 f.o.b. 计价。

b WTO秘书处估计。

c 包括转口以及为转口的进口

表24

2010年世界商业服务贸易的主要进出口方

单位：十亿美元，%

排名	出口方	总额	份额	年度变化百分比	排名	进口方	总额	份额	年度变化百分比
1	美国	518	14.0	9	1	美国	358	10.2	7
2	德国	232	6.3	3	2	德国	260	7.4	3
3	英国	227	6.1	−1	3	中国	192	5.5	22
4	中国	170	4.6	32	4	英国	161	4.6	2
5	法国	143	3.9	0	5	日本	156	4.4	6
6	日本	139	3.8	10	6	法国	129	3.7	2
7	印度	123	3.3	33	7	印度	116	3.3	45
8	西班牙	123	3.3	1	8	爱尔兰	108	3.1	4
9	荷兰	113	3.1	2	9	意大利	108	3.1	1
10	新加坡	112	3.0	20	10	荷兰	106	3.0	−1
11	中国香港	106	2.9	23	11	新加坡	96	2.7	21
12	意大利	97	2.6	3	12	韩国	93	2.6	17
13	爱尔兰	97	2.6	5	13	加拿大	90	2.6	15
14	比利时	82	2.2	3	14	西班牙	87	2.5	0
15	韩国	82	2.2	13	15	比利时	78	2.2	6
16	瑞士	78	2.1	8	16	俄罗斯	70	2.0	19
17	卢森堡	68	1.9	14	17	巴西	60	1.7	36
18	加拿大	67	1.8	15	18	沙特	51	1.5	8
19	瑞典	64	1.7	9	19	中国香港	51	1.4	16
20	丹麦	59	1.6	8	20	澳大利亚	50	1.4	24
21	奥地利	54	1.5	0	21	丹麦	49	1.4	−1
22	澳大利亚	47	1.3	17	22	瑞典	48	1.4	7
23	俄罗斯	44	1.2	7	23	泰国	46	1.3	21
24	中国台北	40	1.1	28	24	挪威	42	1.2	15
25	挪威	40	1.1	5	25	阿联酋	41	1.2	11
26	希腊	37	1.0	−2	26	卢森堡	39	1.1	9
27	泰国	34	0.9	14	27	瑞士	38	1.1	−3
28	土耳其	33	0.9	2	28	中国台北	37	1.1	28
29	马来西亚	33	0.9	14	29	奥地利	37	1.0	0
30	波兰	32	0.9	13	30	马来西亚	32	0.9	17
31	巴西	30	0.8	15	31	波兰	29	0.8	22
32	中国澳门	28	0.8	52	32	印尼	26	0.7	14
33	以色列	25	0.7	12	33	墨西哥	22	0.6	4
34	埃及	24	0.6	11	34	芬兰	21	0.6	−19
35	芬兰	23	0.6	−14	35	捷克	20	0.6	8
36	葡萄牙	23	0.6	3	36	尼日利亚	20	0.6	22
37	捷克	22	0.6	7	37	伊朗	19	0.6	12
38	匈牙利	19	0.5	3	38	希腊	19	0.5	−1
39	乌克兰	16	0.4	24	39	土耳其	18	0.5	18
40	印尼	16	0.4	29	40	南非	18	0.5	25
	以上总计	3 320	89.9	—		以上总计	3 040	86.6	—
	世界	3 695	100.0	9		世界	3 510	100.0	9

注：一些国家和地区的数据为WTO秘书处估计。

表 25

2010 年世界商业服务贸易的主要进出口方［不包括 EU（27）内部贸易］ 单位：十亿美元，%

排名	出 口 方	总额	份额	年度变化百分比	排名	进 口 方	总额	份额	年度变化百分比
1	欧盟（27）对外出口	685	24.4	5	1	欧盟（27）自外进口	590	21.9	4
2	美国	518	18.5	9	2	美国	358	13.3	7
3	中国	170	6.1	32	3	中国	192	7.1	22
4	日本	139	4.9	10	4	日本	156	5.8	6
5	印度	123	4.4	33	5	印度	116	4.3	45
6	新加坡	112	4.0	20	6	新加坡	96	3.6	21
7	中国香港	105	3.8	23	7	韩国	93	3.4	17
8	韩国	82	2.9	13	8	加拿大	90	3.3	15
9	瑞士	78	2.8	8	9	俄罗斯	70	2.6	19
10	加拿大	67	2.4	15	10	巴西	60	2.2	36
11	澳大利亚	47	1.7	17	11	沙特	51	1.9	8
12	俄罗斯	44	1.6	7	12	中国香港	51	1.9	16
13	中国台北	40	1.4	28	13	澳大利亚	50	1.9	24
14	挪威	40	1.4	5	14	泰国	46	1.7	21
15	泰国	34	1.2	14	15	挪威	42	1.6	15
16	土耳其	33	1.2	2	16	阿联酋	41	1.5	11
17	马来西亚	33	1.2	14	17	瑞士	38	1.4	−3
18	巴西	30	1.1	15	18	中国台北	37	1.4	28
19	中国澳门	28	1.0	52	19	马来西亚	32	1.2	17
20	以色列	25	0.9	12	20	印尼	26	1.0	14
21	埃及	25	0.8	11	21	墨西哥	22	0.8	4
22	乌克兰	16	0.6	24	22	尼日利亚	20	0.7	22
23	印尼	16	0.6	29	23	伊朗	19	0.7	12
24	墨西哥	15	0.5	0	24	土耳其	18	0.7	18
25	黎巴嫩	15	0.5	−10	25	南非	18	0.7	25
26	南非	14	0.5	17	26	以色列	18	0.7	5
27	菲律宾	13	0.5	20	27	安哥拉	16	0.6	−10
28	阿根廷	15	0.5	18	28	阿根廷	13	0.5	15
29	摩洛哥	12	0.4	2	29	埃及	13	0.5	2
30	克罗地亚	11	0.4	−4	30	黎巴嫩	13	0.5	−7
31	阿联酋	11	0.4	16	31	乌克兰	12	0.4	6
32	智利	11	0.4	25	32	科威特	12	0.4	3
33	沙特	10	0.4	10	33	智利	12	0.4	17
34	古巴 a	9	0.3	…	34	阿尔及利亚	11	0.4	2
35	新西兰	10	0.3	11	35	哈萨克斯坦	11	0.4	13
36	伊朗	8	0.3	1	36	菲律宾	11	0.4	28
37	越南	7	0.3	30	37	委内瑞拉	10	0.4	9
38	科威特	7	0.2	−34	38	越南	10	0.4	21
39	巴拿马	6	0.2	10	39	新西兰	9	0.3	15
40	叙利亚	5	0.2	…	40	哥伦比亚	8	0.3	13
	以上总计 c	2 670	95.0	—		以上总计 c	2 510	93.1	—
	世界［除 EU（27）］	2 810	100.0	12		世界［除 EU（27）］	2 695	100.0	12

a WTO 秘书处估计。

表 26

2000—2010 年美国的货物贸易（按地区和国家）

单位：十亿美元

地区＼年份	2000	2001	2002	2003	2004	2005	2006	2007	2008	2009	2010
出口											
世界	**781.9**	**729.1**	**693.1**	**724.8**	**814.9**	**901.1**	**1 026.0**	**1 148.2**	**1 287.4**	**1 056.0**	**1 278.3**
北美洲	289.0	265.0	258.7	267.7	301.0	332.6	364.9	385.4	413.2	334.3	413.2
加拿大	176.4	163.7	160.8	169.5	189.1	211.4	230.2	248.4	260.9	204.7	248.2
墨西哥	112.0	101.3	97.5	97.6	110.7	120.2	133.7	135.9	151.2	128.9	163.4
中、南美洲	58.8	57.6	50.9	51.5	60.7	71.5	87.2	105.4	135.0	108.0	137.1
巴西	15.4	15.9	12.4	11.2	13.9	15.4	18.9	24.2	32.3	26.1	35.4
其他中、南美洲国家	43.4	41.7	38.5	40.2	46.8	56.1	68.4	81.2	102.7	81.9	101.7
欧洲	184.8	177.7	160.1	168.9	187.0	204.0	235.8	272.5	311.1	249.9	276.3
欧盟（27）	168.8	162.6	147.3	155.2	171.9	186.0	212.7	244.2	271.8	220.6	239.6
欧洲其他地区	16.0	15.1	12.8	13.8	15.0	17.9	23.1	28.3	39.3	29.3	36.7
独联体	3.3	3.8	3.8	3.7	4.8	5.9	7.1	10.5	13.8	8.1	9.2
俄罗斯	2.3	2.7	2.4	2.4	3.0	4.0	4.7	7.3	9.3	5.3	6.0
其他独联体国家	1.0	1.1	1.4	1.3	1.8	1.9	2.4	3.2	4.5	2.8	3.2
非洲	11.0	12.3	10.7	10.7	13.4	15.5	18.8	24.1	28.8	24.7	28.7
南非	3.1	3.0	2.5	2.8	3.2	3.9	4.5	5.5	6.5	4.4	5.6
非洲其他地区	7.9	9.4	8.1	7.9	10.2	11.6	14.4	18.5	22.3	20.2	23.1
中东	19.1	19.2	18.9	19.4	23.5	31.5	37.2	45.1	55.0	44.8	48.7
亚洲	215.6	193.1	189.7	202.7	224.1	239.5	274.2	304.4	329.4	285.4	364.0
中国	16.3	19.2	22.1	28.4	34.4	41.2	53.7	62.9	69.7	69.5	91.9
日本	65.3	57.5	51.4	52.1	53.6	54.7	58.5	61.2	65.1	51.1	60.5
六个东亚贸易国/地区	102.5	87.3	85.0	88.6	100.2	103.7	116.8	125.8	131.0	107.7	143.5
亚洲其他地区	31.5	29.0	31.2	33.6	35.9	40.0	45.3	54.6	63.6	57.1	68.1
进口											
世界	**1 259.3**	**1 179.2**	**1 200.2**	**1 303.1**	**1 525.7**	**1 732.7**	**1 918.1**	**2 020.4**	**2 169.5**	**1 605.3**	**1 969.2**
北美洲	370.7	352.6	349.2	366.5	417.7	464.6	507.9	531.6	559.0	407.1	512.2
加拿大	232.7	220.1	213.9	227.6	259.7	291.9	307.7	317.5	339.1	227.6	279.3
墨西哥	137.6	132.7	135.9	139.5	157.9	172.5	200.4	213.3	218.6	178.8	232.3
中、南美洲	77.5	71.7	73.7	83.8	105.2	129.9	140.4	141.8	167.4	113.5	136.4
巴西	14.6	15.2	16.7	18.9	22.7	26.2	28.0	27.2	32.1	21.1	25.0
其他中、南美洲国家	62.9	56.4	57.0	64.9	82.5	103.7	112.4	114.6	135.2	92.4	111.4
欧洲	255.5	252.8	259.7	282.0	317.5	346.8	369.9	393.5	409.6	314.5	359.2
欧盟（27）	235.0	233.6	239.5	260.8	292.4	319.7	341.2	364.9	377.9	287.7	327.0
欧洲其他地区	20.6	19.3	20.2	21.2	25.1	27.1	28.7	28.6	31.7	26.8	32.1
独联体	9.8	8.1	8.4	10.4	14.9	19.8	25.3	26.5	38.5	24.1	32.2
俄罗斯	8.0	6.5	7.1	9.1	12.6	16.2	20.7	20.2	27.9	19.0	26.5
其他独联体国家	1.8	1.5	1.2	1.3	2.3	3.6	4.6	6.3	10.5	5.1	5.7
非洲	29.1	26.8	23.3	33.9	48.3	67.9	83.8	95.2	117.3	64.6	87.5
南非	4.4	4.6	4.2	4.8	6.2	6.1	7.7	9.3	10.1	6.0	8.3
非洲其他地区	24.7	22.2	19.1	29.1	42.2	61.8	76.1	85.9	107.1	58.7	79.1
中东	40.9	38.7	35.8	43.9	54.2	65.7	74.7	80.3	115.3	61.0	76.9
亚洲	475.7	428.6	450.2	482.6	567.7	638.0	716.0	751.4	762.4	620.4	764.7
中国	107.6	109.4	133.4	163.2	210.5	259.8	305.7	340.3	356.6	309.7	383.1
日本	150.7	129.6	124.5	121.1	133.4	142.0	152.2	149.6	143.6	98.6	123.7
六个东亚贸易国/地区	159.4	135.2	135.5	138.3	157.1	162.3	174.9	173.0	167.0	133.4	160.5
亚洲其他地区	58.0	54.4	56.8	60.0	66.7	73.9	83.2	88.5	95.3	78.7	97.5

表 27

2005—2010 年欧盟（27）的货物贸易（按地区和国家）

单位：十亿美元

地区 \ 年份	总额					年度变化百分比				
	2006	2007	2008	2009	2010	2005—2010	2007	2008	2009	2010
出口										
世界	**4 591.0**	**5 347.1**	**5 922.2**	**4 594.3**	**5 153.2**	**5**	**16**	**11**	**−22**	**12**
北美洲	393.0	419.6	434.8	334.0	377.8	1	7	4	−23	13
美国	334.4	354.5	363.0	281.1	313.3	0	6	2	−23	11
其他北美洲国家	58.7	65.0	71.8	52.9	64.5	5	11	10	−26	22
中、南美洲	61.5	74.1	89.5	68.9	90.1	11	21	21	−23	31
巴西	21.9	28.5	38.2	29.6	40.7	16	30	34	−23	37
其他中、南美洲国家	39.6	45.6	51.3	39.3	49.4	8	15	12	−23	26
欧洲	3 394.4	3 951.7	4 336.9	3 340.1	3 682.6	4	16	10	−23	10
欧盟（27）	3 135.6	3 645.7	3 995.6	3 064.0	3 365.1	4	16	10	−23	10
欧洲其他地区	258.8	305.9	341.2	276.0	317.5	6	18	12	−19	15
独联体	131.7	174.5	218.2	132.5	162.2	10	33	25	−39	22
俄罗斯	89.9	120.9	153.0	90.3	113.5	10	34	27	−41	26
其他独联体国家	41.8	53.7	65.2	42.2	48.7	10	29	21	−35	15
非洲	113.3	138.5	171.9	147.1	162.2	9	22	24	−14	10
南非	24.6	27.7	29.1	21.9	27.7	4	12	5	−25	27
非洲其他地区	88.7	110.8	142.9	125.3	134.4	10	25	29	−12	7
中东	113.2	132.3	156.2	127.8	137.7	5	17	18	−18	8
亚洲	337.6	396.0	443.3	385.1	473.0	9	17	12	−13	23
中国	79.1	97.4	114.6	113.7	148.9	19	23	18	−1	31
日本	55.2	58.4	60.8	49.0	56.9	1	6	4	−19	16
六个东亚贸易国/地区	117.7	133.5	146.5	122.9	150.8	7	13	10	−16	23
亚洲其他地区	85.6	106.7	121.4	99.4	116.4	8	25	14	−18	17
进口										
世界	**4 830.4**	**5 610.7**	**6 299.4**	**4 746.8**	**5 356.0**	**5**	**16**	**12**	**−25**	**13**
北美洲	257.3	296.8	324.7	254.5	264.0	2	15	9	−22	4
美国	219.0	248.3	269.4	215.8	220.2	2	13	8	−20	2
其他北美洲国家	38.3	48.4	55.4	38.7	43.9	5	26	14	−30	13
中、南美洲	93.7	109.5	129.9	90.5	107.9	7	17	19	−30	19
巴西	34.1	44.9	52.6	35.8	42.7	7	32	17	−32	19
其他中、南美洲国家	59.7	64.6	77.2	54.8	65.1	7	8	20	−29	19
欧洲	3 377.6	3 928.3	4 322.0	3 314.2	3 641.3	4	16	10	−23	10
欧盟（27）	3 133.2	3 645.7	3 995.6	3 064.0	3 365.1	4	16	10	−23	10
欧洲其他地区	244.4	282.5	326.4	250.2	276.1	5	16	16	−23	10
独联体	224.6	252.3	324.8	205.9	261.9	8	12	29	−37	27
俄罗斯	178.5	197.8	248.7	163.2	207.4	8	11	26	−34	27
其他独联体国家	46.1	54.5	76.2	42.7	54.5	10	18	40	−44	28
非洲	146.5	164.3	216.6	148.7	175.6	6	12	32	−31	18
南非	23.0	28.4	32.5	20.7	23.1	2	23	15	−36	12
非洲其他地区	123.5	135.9	184.1	128.0	152.4	7	10	35	−30	19
中东	87.0	93.0	114.9	69.5	94.5	3	7	24	−39	36
亚洲	602.3	717.5	786.4	622.4	747.8	0	10	10	−21	20
中国	244.4	317.7	361.1	298.3	372.4	13	30	15	−18	25
日本	96.9	107.1	110.3	79.0	85.5	−1	11	3	−28	8
六个东亚贸易国/地区	165.1	179.8	185.7	143.2	171.3	3	9	3	−23	20
亚洲其他地区	95.9	112.6	126.3	101.9	118.7	7	17	12	−19	17

表 28

2000—2010 年日本的货物贸易（按地区和国家）

单位：十亿美元

地区＼年份	2000	2001	2002	2003	2004	2005	2006	2007	2008	2009	2010
出口											
世界	**479.2**	**403.5**	**416.7**	**471.8**	**565.7**	**594.9**	**646.7**	**714.3**	**781.4**	**580.7**	**769.8**
北美洲	156.9	133.4	131.5	128.6	142.5	151.7	164.7	164.5	159.4	109.9	139.3
美国	144.0	122.6	120.4	117.5	128.7	135.9	145.5	143.7	138.7	95.3	120.5
其他北美洲国家	12.9	10.9	11.1	11.1	13.8	15.8	19.3	20.8	20.7	14.6	18.8
中、南美洲	8.0	7.6	6.7	6.5	8.1	9.4	12.0	15.0	19.1	12.2	17.9
巴西	2.5	2.5	1.8	1.9	2.3	2.7	3.0	4.0	5.9	4.2	6.2
其他中、南美洲国家	5.5	5.1	4.9	4.6	5.8	6.6	9.0	11.0	13.2	7.9	11.7
欧洲	85.4	70.2	67.2	80.0	94.8	93.5	100.7	112.7	119.5	81.5	98.7
欧盟（27）	80.6	66.7	64.0	75.7	89.3	87.8	94.0	105.4	110.4	72.4	87.1
欧洲其他地区	4.8	3.5	3.2	4.3	5.5	5.7	6.7	7.2	9.1	9.1	11.7
独联体	0.8	1.0	1.2	2.2	3.8	5.2	8.3	12.5	19.3	4.1	9.1
俄罗斯	0.6	0.7	0.9	1.8	3.1	4.5	7.1	10.8	16.5	3.3	8.0
其他独联体国家	0.2	0.2	0.2	0.4	0.7	0.7	1.2	1.7	2.8	0.8	1.1
非洲	4.2	3.7	3.9	4.8	6.6	7.0	8.7	10.5	12.1	8.0	10.1
南非	1.9	1.5	1.6	2.0	2.9	3.3	4.1	4.6	4.6	2.6	3.8
非洲其他地区	2.3	2.2	2.4	2.8	3.7	3.7	4.6	5.9	7.5	5.4	6.2
中东	9.7	10.5	11.4	12.9	14.5	16.5	19.2	26.2	33.8	21.6	25.3
亚洲	207.3	171.7	189.5	231.2	288.7	303.5	322.2	361.0	406.5	329.5	452.5
中国	42.5	42.3	52.5	72.9	92.9	98.4	111.5	129.7	144.6	125.9	171.3
六个东亚贸易国/地区	130.0	99.1	105.9	122.6	153.6	161.2	167.0	179.8	198.7	155.2	212.5
亚洲其他地区	34.8	30.3	31.1	35.7	42.3	43.8	43.6	51.5	63.2	48.4	68.7
进口											
世界	**379.5**	**349.1**	**337.2**	**382.9**	**454.5**	**516.7**	**579.1**	**622.2**	**762.5**	**552.0**	**694.1**
北美洲	83.6	73.5	67.7	69.2	74.2	77.0	80.4	84.1	95.5	72.6	83.4
美国	72.5	63.7	58.7	59.9	63.6	65.5	68.0	70.9	78.9	60.6	69.1
其他北美洲国家	11.1	9.8	9.0	9.3	10.6	11.5	12.4	13.1	16.6	12.0	14.4
中、南美洲	8.2	7.1	6.8	7.7	10.4	12.1	16.2	19.6	22.5	15.8	22.8
巴西	3.0	2.5	2.7	2.9	3.7	4.4	5.1	6.0	9.1	6.4	9.9
其他中、南美洲国家	5.2	4.6	4.2	4.8	6.8	7.7	11.1	13.6	13.4	9.4	13.0
欧洲	52.6	50.3	49.6	55.7	64.5	65.7	66.8	72.5	79.7	67.8	75.9
欧盟（27）	47.7	45.6	44.8	50.1	58.0	58.9	59.8	64.9	70.4	59.1	66.4
欧洲其他地区	4.9	4.7	4.8	5.6	6.5	6.8	7.0	7.6	9.3	8.7	9.4
独联体	4.9	4.2	3.6	4.6	6.2	6.8	7.4	11.5	14.9	9.7	17.2
俄罗斯	4.6	3.9	3.3	4.2	5.7	6.2	6.7	10.6	13.4	8.8	16.1
其他独联体国家	0.3	0.3	0.3	0.4	0.5	0.6	0.7	1.0	1.5	0.8	1.1
非洲	4.9	4.5	5.7	6.4	8.7	9.9	13.5	15.3	20.9	9.1	11.7
南非	3.0	2.8	2.9	3.6	4.6	5.5	6.6	7.7	9.0	5.0	7.2
非洲其他地区	1.9	1.7	2.8	2.9	4.1	4.3	6.9	7.6	11.9	4.1	4.5
中东	49.2	44.3	40.7	51.2	62.7	87.5	109.1	114.0	167.6	92.6	118.6
亚洲	176.0	165.2	163.1	188.1	227.8	257.6	283.3	303.2	361.3	284.3	362.7
中国	55.1	57.9	61.8	75.4	94.3	108.6	118.0	127.5	143.2	122.6	153.2
六个东亚贸易国/地区	71.5	61.4	57.1	63.3	74.6	81.4	89.1	91.2	104.7	80.3	105.1
亚洲其他地区	49.4	45.9	44.3	49.3	59.0	67.6	76.2	84.5	113.4	81.5	104.5

表 29

2000—2010 年中国的货物贸易（按地区和国家）

单位：十亿美元

地区＼年份	2000	2001	2002	2003	2004	2005	2006	2007	2008	2009	2010
出口											
世界	**249.2**	**266.1**	**325.6**	**438.2**	**593.3**	**762.0**	**969.0**	**1 220.5**	**1 430.7**	**1 201.6**	**1 577.8**
北美洲	73.9	77.5	100.4	130.4	176.2	226.0	284.2	326.2	349.7	304.5	394.3
美国	68.2	71.1	91.4	119.2	159.7	204.9	255.0	289.4	308.0	269.1	346.4
其他北美洲国家	5.7	6.4	9.0	11.2	16.4	21.1	29.2	36.9	41.7	35.4	47.9
中、南美洲	5.7	6.3	6.5	8.4	13.0	17.7	26.6	39.5	56.9	42.9	69.9
巴西	1.2	1.3	1.5	2.1	3.7	4.8	7.4	11.4	18.8	14.1	24.5
其他中、南美洲国家	4.5	5.0	5.0	6.3	9.3	12.9	19.3	28.1	38.0	28.8	45.4
欧洲	51.6	55.4	67.2	100.8	140.5	186.8	244.3	317.8	371.5	301.3	396.3
欧盟（27）	49.1	53.4	64.7	96.5	134.4	178.3	231.4	299.3	351.6	285.6	376.3
欧洲其他地区	2.5	2.0	2.5	4.2	6.0	8.5	12.9	18.6	19.9	15.7	19.9
独联体	3.2	3.5	5.1	9.3	13.8	21.4	28.0	48.1	64.7	39.0	53.8
俄罗斯	2.2	2.7	3.5	6.0	9.1	13.2	15.8	28.5	33.1	17.5	29.6
其他独联体国家	1.0	0.8	1.6	3.3	4.7	8.2	12.2	19.6	31.6	21.5	24.2
非洲	4.9	5.9	6.9	10.1	13.6	18.5	26.2	36.8	50.5	46.3	56.1
南非	1.0	1.0	1.3	2.0	3.0	3.8	5.8	7.4	8.6	7.4	10.8
非洲其他地区	3.9	4.8	5.6	8.1	10.7	14.7	20.4	29.3	41.9	39.0	45.3
中东	6.2	7.1	9.5	13.3	16.9	22.2	29.6	44.3	58.8	51.1	62.6
亚洲	103.5	110.3	130.0	165.9	219.1	269.2	329.5	406.6	477.4	413.9	537.5
日本	44.3	49.0	55.3	70.8	89.6	102.4	112.0	124.9	138.7	118.0	148.3
六个东亚贸易国/地区	42.6	43.6	52.4	64.6	86.5	111.7	145.8	181.1	212.0	175.1	223.1
亚洲其他地区	16.7	17.7	22.2	30.5	43.0	55.2	71.6	100.6	126.7	120.8	166.1
进口											
世界	**225.1**	**243.6**	**295.2**	**412.8**	**561.2**	**660.0**	**791.5**	**956.1**	**1 132.6**	**1 005.9**	**1 395.1**
北美洲	26.6	31.0	32.0	40.0	54.2	58.5	69.6	83.8	97.9	93.7	124.5
美国	22.4	26.2	27.3	33.9	44.8	48.7	59.3	69.5	81.6	77.8	102.7
其他北美洲国家	4.2	4.8	4.7	6.1	9.5	9.7	10.3	14.2	16.4	15.9	21.8
中、南美洲	4.9	5.9	7.2	13.2	19.5	24.4	31.5	47.7	67.7	60.2	84.2
巴西	1.6	2.3	3.0	5.8	8.7	10.0	12.9	18.3	29.9	28.3	38.1
其他中、南美洲国家	3.3	3.6	4.2	7.3	10.9	14.4	18.6	29.4	37.8	32.0	46.1
欧洲	33.5	39.0	43.1	59.1	76.2	79.9	97.2	120.0	144.4	139.8	192.3
欧盟（27）	31.3	36.4	39.8	55.0	70.5	74.0	90.6	111.0	132.6	127.8	168.4
欧洲其他地区	2.2	2.6	3.3	4.2	5.7	5.9	6.6	9.0	11.8	12.0	24.0
独联体	7.4	9.6	10.6	13.1	16.2	20.7	22.8	28.0	33.9	31.0	42.3
俄罗斯	5.8	8.0	8.4	9.7	12.1	15.9	17.6	19.7	23.8	21.3	25.9
其他独联体国家	1.6	1.7	2.2	3.4	4.1	4.8	5.2	8.3	10.1	9.8	16.4
非洲	5.6	4.8	5.4	8.4	15.6	21.1	28.8	36.4	56.0	43.3	67.1
南非	1.0	1.2	1.3	1.8	3.0	3.4	4.1	6.6	9.2	8.7	14.9
非洲其他地区	4.5	3.6	4.2	6.5	12.7	17.6	24.7	29.7	46.7	34.6	52.2
中东	10.0	9.2	9.5	14.4	21.6	31.0	40.8	47.9	79.9	56.2	86.7
亚洲	137.1	144.0	187.3	264.5	357.7	424.3	500.8	592.3	652.7	581.2	797.4
中国	7.2	8.8	15.0	25.1	38.7	55.2	73.3	85.8	92.5	86.4	106.9
日本	41.5	42.8	53.5	74.1	94.3	100.4	115.7	134.0	150.6	130.9	176.7
六个东亚贸易国/地区	71.5	76.2	99.3	136.9	182.5	214.3	246.8	286.5	306.3	272.0	374.7
亚洲其他地区	16.9	16.3	19.6	28.4	42.2	54.4	65.0	86.1	103.3	91.9	139.2

表 30

2010 年 NAFTA 成员的货物贸易（按产品和原产地/目的地） 单位：百万美元

目的地	世界					NAFTA					其他原产地/目的地				
	总额	份额		年度变化百分比		总额	份额		年度变化百分比		总额	份额		年度变化百分比	
	2010	2005	2010	2009	2010	2010	2005	2010	2009	2010	2010	2005	2010	2009	2010
出口															
加拿大															
农产品	52	11.4	13.4	−19	19	27	8.9	9.4	−23	17	25	25.5	26.1	−15	21
燃料和矿产品	121	57.2	31.2	−42	30	101	58.6	34.3	−43	30	20	49.6	21.3	−38	31
制成品	186	25.7	47.9	−27	18	149	27.0	50.9	−28	20	36	18.6	38.7	−21	13
总出口	388	100.0	100.0	−31	23	294	100.0	100.0	−33	22	94	100.0	100.0	−22	24
墨西哥															
农产品	19	5.9	6.3	−3	13	15	5.5	6.0	0	14	4	8.1	7.8	−13	12
燃料和矿产品	50	77.0	16.7	−37	38	40	78.8	15.9	−36	34	10	64.2	20.6	−42	53
制成品	222	16.7	74.5	−19	30	189	15.2	75.7	−18	29	33	27.4	68.5	−26	33
总出口	298	100.0	100.0	−21	30	250	100.0	100.0	−20	29	49	100.0	100.0	−28	35
美国															
农产品	213	9.3	10.9	−15	19	82	7.7	8.5	−14	14	132	11.3	13.1	−15	22
燃料和矿产品	299	74.6	15.2	−37	38	180	73.0	18.8	−41	35	119	76.8	11.8	−30	41
制成品	1 352	12.1	68.8	−19	20	659	16.2	69.0	−20	24	693	7.1	68.7	−17	16
总出口	1 965	100.0	100.0	−21	23	956	100.0	100.0	−24	24	1 009	100.0	100.0	−18	21
NAFTA															
农产品	143	9.2	11.2	−15	19	39	7.8	9.5	−12	13	103	10.0	11.9	−16	22
燃料和矿产品	128	81.0	10.0	−30	45	40	82.8	9.6	−38	53	89	80.0	10.3	−26	42
制成品	944	5.6	73.8	−17	18	321	6.7	77.8	−17	22	623	5.0	72.0	−17	16
总出口	1 278	100.0	100.0	−18	21	413	100.0	100.0	−19	24	866	100.0	100.0	−17	20
进口															
加拿大															
农产品	33	6.8	8.2	−6	12	20	7.0	8.9	−5	10	12	6.6	7.1	−7	17
燃料和矿产品	52	78.9	13.0	−39	33	20	83.5	8.8	−42	35	32	71.5	18.6	−38	32
制成品	301	12.0	74.7	−19	21	180	7.3	78.7	−22	23	121	19.4	69.5	−16	17
总出口	402	100.0	100.0	−21	22	229	100.0	100.0	−22	22	174	100.0	100.0	−20	21
墨西哥															
农产品	24	7.4	7.8	−22	16	19	10.2	12.2	−23	16	5	3.8	3.3	−20	19
燃料和矿产品	33	83.5	10.7	−45	52	23	79.9	14.6	−39	57	10	88.2	6.5	−55	43
制成品	247	8.0	79.5	−21	27	114	9.6	72.0	−24	26	133	5.8	87.4	−19	28
总出口	311	100.0	100.0	−24	29	159	100.0	100.0	−26	28	152	100.0	100.0	−23	29
美国															
农产品	174	5.9	6.5	−13	15	81	7.9	9.0	−14	15	93	4.8	5.2	−12	15
燃料和矿产品	494	73.8	18.4	−44	32	181	71.4	20.1	−41	35	313	75.0	17.5	−45	31
制成品	1 917	17.2	71.5	−21	23	600	17.0	66.7	−22	25	1 317	17.3	73.9	−20	21
总出口	2 682	100.0	100.0	−25	23	900	100.0	100.0	−26	25	1 782	100.0	100.0	−25	22
NAFTA															
农产品	116	5.5	5.9	−13	16	41	7.7	8.0	−15	17	75	4.7	5.2	−12	15
燃料和矿产品	408	71.5	20.7	−44	31	138	63.9	26.9	−42	31	270	74.3	18.6	−46	31
制成品	1 369	19.4	69.5	−21	22	306	23.3	59.8	−22	27	1 063	18.0	73.0	−21	21
总出口	1 969	100.0	100.0	−26	23	512	100.0	100.0	−27	26	1 457	100.0	100.0	−26	22

表 31

2010 年 MERCOSUR 成员的货物贸易（按产品和原产地/目的地）

单位：百万美元

目的地	世界					MERCOSUR					其他原产地/目的地				
	总额	份额		年度变化百分比		总额	份额		年度变化百分比		总额	份额		年度变化百分比	
	2010	2005	2010	2009	2010	2010	2005	2010	2009	2010	2010	2005	2010	2009	2010
出口															
阿根廷															
农产品	35	47.5	50.8	−25	22	4	23.4	21.6	−22	25	31	53.2	60.5	−25	22
燃料和矿产品	8	30.4	11.6	−11	2	2	58.5	11.2	−15	−8	6	23.8	11.8	−6	0
制成品	22	19.5	31.9	−18	22	11	18.1	67.2	−11	29	10	19.8	20.2	−23	16
总出口	68	100.0	100.0	−21	22	17	100.0	100.0	−14	23	51	100.0	100.0	−22	22
巴西															
农产品	69	29.6	34.0	−6	19	1	5.7	5.6	−12	26	67	32.2	37.6	−6	19
燃料和矿产品	56	52.1	27.9	−26	72	2	86.5	11.0	−7	8	54	48.3	30.0	29	0
制成品	71	16.0	35.2	−33	22	19	7.7	83.3	−31	50	52	16.9	29.2	−33	15
总出口	202	100.0	100.0	−23	32	23	100.0	100.0	−27	43	179	100.0	100.0	−22	31
巴拉圭															
农产品	4	84.6	88.5	−30	43	2	84.1	85.3	−30	44	2	85.2	91.4	−30	42
燃料和矿产品	0	13.8	0.8	−39	103	0	13.8	0.9	−48	68	0	13.8	0.8	137	0
制成品	0	1.4	10.7	−18	42	0	2.1	13.8	−12	39	0	0.5	7.8	−26	48
总出口	5	100.0	100.0	−29	43	2	100.0	100.0	−28	43	2	100.0	100.0	−30	43
乌拉圭															
农产品	5	63.4	72.3	−4	23	1	34.8	43.4	24	24	4	71.9	85.8	−9	22
燃料和矿产品	0	29.6	3.0	−59	131	0	61.2	8.4	−60	405	0	20.2	0.5	−80	0
制成品	2	5.3	23.6	−16	24	1	4.1	48.2	−17	37	1	5.6	12.1	−16	5
总出口	7	100.0	100.0	−9	25	2	100.0	100.0	−4	39	5	100.0	100.0	−11	19
MERCOSUR															
农产品	112	35.3	39.9	−13	21	8	16.6	17.6	−19	29	104	38.0	44.0	−13	20
燃料和矿产品	64	45.9	22.9	−24	59	5	72.3	10.4	−12	4	60	42.0	25.2	24	0
制成品	95	16.5	33.8	−29	22	32	11.1	71.9	−24	42	63	17.3	26.7	−32	15
总出口	281	100.0	100.0	−22	29	44	100.0	100.0	−21	34	237	100.0	100.0	−22	29
进口															
阿根廷															
农产品	2	4.3	3.7	−40	9	1	5.5	4.3	−55	−14	1	3.6	3.4	−12	31
燃料和矿产品	6	86.3	10.6	−45	75	2	84.4	10.0	−45	69	4	87.7	10.9	−3	0
制成品	48	8.4	84.3	−31	44	16	10.1	85.6	−32	49	32	7.3	83.7	−30	42
总出口	57	100.0	100.0	−32	46	19	100.0	100.0	−36	46	38	100.0	100.0	−31	46
巴西															
农产品	11	5.9	5.9	−16	32	5	28.4	26.7	−11	20	6	3.5	3.7	−20	43
燃料和矿产品	38	71.9	19.9	−46	62	2	55.3	9.4	−32	13	36	73.7	21.0	−13	0
制成品	142	22.2	74.1	−21	40	12	16.2	63.8	−9	41	130	22.8	75.2	−22	40
总出口	191	100.0	100.0	−27	43	18	100.0	100.0	−13	32	173	100.0	100.0	−28	45
巴拉圭															
农产品	1	9.4	8.1	−4	31	1	15.5	14.4	−5	25	0	4.4	3.6	2	56
燃料和矿产品	1	75.1	12.5	−28	19	1	63.7	21.0	−18	52	0	84.5	6.5	−50	0
制成品	8	15.5	79.3	−24	51	3	20.7	64.4	−33	52	5	11.1	89.8	−19	51
总出口	10	100.0	100.0	−23	45	4	100.0	100.0	−26	47	6	100.0	100.0	−21	43
乌拉圭															
农产品	1	11.2	12.0	−6	23	1	18.0	21.3	−4	12	0	6.3	6.8	−12	49
燃料和矿产品	2	62.9	20.1	−36	0	0	71.6	6.5	−31	−74	2	56.7	27.8	−3	0
制成品	6	25.9	67.2	−10	34	2	10.5	72.2	−18	27	4	37.0	64.3	−19	39
总出口	9	100.0	100.0	−24	25	0	100.0	100.0	−20	−1	6	100.0	100.0	−27	46
MERCOSUR															
农产品	15	5.8	5.7	−20	28	7	14.8	15.7	−22	14	8	3.6	3.7	−18	42
燃料和矿产品	47	75.4	17.6	−45	58	5	72.2	10.6	−35	17	42	76.1	19.1	−12	0
制成品	200	18.6	76.3	−23	41	33	13.0	73.7	−24	44	171	20.0	76.8	−23	40
总出口	267	100.0	100.0	−28	43	44	100.0	100.0	−25	35	222	100.0	100.0	−28	45

表32

2010年安第斯共同体成员的货物贸易（按产品和原产地/目的地）

单位：十亿美元 %

目的地	世界					安第斯共同体					其他原产地/目的地				
	总额	份额		年度变化百分比		总额	份额		年度变化百分比		总额	份额		年度变化百分比	
	2010	2005	2010	2009	2010	2010	2005	2010	2009	2010	2010	2005	2010	2009	2010
出口															
玻利维亚															
农产品	1	22.0	15.8	3	−1	0	79.9	66.6	26	−4	1	14.8	9.8	−12	2
燃料和矿产品	5	10.9	76.5	−30	36	0	9.4	28.9	−5	106	5	11.1	82.1	−31	35
制成品	0	64.2	6.3	−25	41	0	10.4	4.5	−13	13	0	70.9	6.5	−26	44
总出口	6	100.0	100.0	−25	28	1	100.0	100.0	18	14	6	100.0	100.0	−28	30
哥伦比亚															
农产品	6	21.7	14.5	−11	−3	0	9.3	9.2	−7	22	5	23.1	14.9	−11	−4
燃料和矿产品	23	34.7	58.2	−10	42	1	65.3	17.8	−13	173	23	31.4	61.6	−10	41
制成品	9	40.6	22.0	−24	−3	2	25.4	73.0	−14	31	7	42.2	17.7	−26	−11
总出口	40	100.0	100.0	−13	21	3	100.0	100.0	−13	43	37	100.0	100.0	−13	20
厄瓜多尔															
农产品	6	31.8	34.1	5	9	0	14.3	14.6	13	3	6	34.5	36.8	4	9
燃料和矿产品	10	7.1	55.9	−40	39	1	29.0	51.5	−50	49	9	3.8	56.5	−39	38
制成品	2	58.6	9.6	−17	43	1	56.7	33.8	−23	27	1	58.8	6.2	−10	58
总出口	17	100.0	100.0	−26	26	2	100.0	100.0	−35	33	15	100.0	100.0	−25	25
秘鲁															
农产品	6	18.2	16.7	−8	22	0	16.5	16.8	19	17	6	18.3	16.6	−9	22
燃料和矿产品	18	14.1	49.5	−27	49	1	46.4	32.7	−4	50	17	12.5	50.5	−28	48
制成品	4	48.6	10.7	−21	17	1	37.2	50.6	−6	22	3	49.1	8.4	−25	15
总出口	36	100.0	100.0	−15	32	2	100.0	100.0	−1	29	34	100.0	100.0	−15	32
安第斯共同体															
农产品	19	22.5	18.8	−5	8	1	16.8	17.4	14	7	17	23.1	18.9	−6	8
燃料和矿产品	55	21.0	55.9	−24	43	2	47.4	31.7	−35	70	53	18.5	57.9	−24	42
制成品	15	48.1	14.8	−23	7	4	35.8	50.8	−14	28	11	49.3	11.6	−25	0
总出口	99	100.0	100.0	−17	26	8	100.0	100.0	−16	34	91	100.0	100.0	−17	26
进口															
玻利维亚															
农产品	0	11.6	8.6	−15	7	0	15.8	12.3	3	19	0	11.2	8.2	−17	5
燃料和矿产品	1	76.2	13.0	−15	38	0	79.3	6.2	−5	63	1	75.9	13.7	−16	37
制成品	4	11.1	78.0	−11	23	0	4.5	81.1	−12	18	4	11.8	77.7	−11	23
总出口	5	100.0	100.0	−13	21	1	100.0	100.0	−11	20	5	100.0	100.0	−13	21
哥伦比亚															
农产品	4	10.4	11.0	−17	19	1	29.8	24.5	17	1	4	9.0	10.1	−22	23
燃料和矿产品	3	83.2	7.1	−35	59	0	57.2	10.9	−40	52	3	85.1	6.9	−35	60
制成品	33	5.2	80.4	−15	22	2	12.9	64.6	−19	31	31	4.7	81.5	−15	21
总出口	41	100.0	100.0	−17	24	3	100.0	100.0	−13	24	38	100.0	100.0	−17	24
厄瓜多尔															
农产品	2	8.7	9.4	−16	21	0	9.6	14.8	1	29	1	8.6	8.4	−20	19
燃料和矿产品	5	72.3	22.4	−22	62	1	65.5	19.1	97	75	4	73.7	23.0	−28	60
制成品	14	12.3	67.7	−19	32	2	24.8	66.1	−19	45	12	9.8	68.0	−20	30
总出口	21	100.0	100.0	−20	36	3	100.0	100.0	−7	47	18	100.0	100.0	−22	35
秘鲁															
农产品	4	13.2	11.9	−21	33	0	12.9	14.8	−3	15	3	13.3	11.6	−23	36
燃料和矿产品	5	66.0	15.4	−43	40	2	29.1	50.7	−46	44	3	72.2	11.4	−41	37
制成品	22	20.7	71.8	−24	37	1	57.9	34.4	−13	34	21	14.5	76.1	−24	37
总出口	30	100.0	100.0	−27	38	3	100.0	100.0	−32	36	27	100.0	100.0	−26	38
安第斯共同体															
农产品	10	10.8	10.8	−18	23	2	16.6	17.5	6	12	9	10.1	10.1	−22	25
燃料和矿产品	13	75.8	13.3	−34	51	2	51.3	26.3	−36	52	10	78.9	11.9	−34	51
制成品	72	11.3	74.9	−18	28	5	32.1	56.1	−17	35	67	8.7	76.9	−19	27
总出口	97	100.0	100.0	−21	30	9	100.0	100.0	−19	34	87	100.0	100.0	−21	30

表 33

2010 年 ASEAN 成员的货物贸易（按产品和原产地/目的地）

单位：十亿美元 %

目的地	世界					ASEAN					其他原产地/目的地				
	总额	份额		年度变化百分比		总额	份额		年度变化百分比		总额	份额		年度变化百分比	
	2010	2005	2010	2009	2010	2010	2005	2010	2009	2010	2010	2005	2010	2009	2010
出口															
印度尼西亚															
农产品	36	16.7	22.8	−23	39	6	12.6	18.8	−10	44	30	17.6	23.9	−25	38
燃料和矿产品	62	46.9	39.4	−13	39	12	62.1	37.0	−1	37	50	43.5	40.1	−16	40
制成品	58	36.1	37.0	−11	22	14	24.5	43.4	−13	26	44	38.8	35.3	−10	20
总出口	158	100.0	100.0	−14	32	33	100.0	100.0	−9	32	124	100.0	100.0	−16	32
马来西亚															
农产品	29	9.5	14.5	−26	38	5	6.9	10.2	−13	36	24	10.4	16.0	−28	39
燃料和矿产品	35	74.9	17.8	−36	38	10	72.1	20.5	−34	22	25	75.9	16.9	−37	46
制成品	133	14.6	67.0	−16	22	35	19.5	68.4	−17	24	99	12.9	66.5	−15	21
总出口	199	100.0	100.0	−21	26	50	100.0	100.0	−21	25	148	100.0	100.0	−21	27
菲律宾															
农产品	4	6.6	8.0	−20	30	1	5.5	4.7	−26	28	4	6.8	8.9	−19	30
燃料和矿产品	3	89.0	6.2	−46	43	1	87.9	7.8	−51	47	2	89.3	5.8	−44	42
制成品	44	4.1	85.1	−19	34	10	6.5	87.4	−9	111	34	3.6	84.4	−21	20
总出口	51	100.0	100.0	−22	34	12	100.0	100.0	−18	98	40	100.0	100.0	−22	23
新加坡															
农产品	8	1.9	2.2	−12	26	3	2.5	3.0	−4	24	5	1.7	1.9	−17	27
燃料和矿产品	61	80.5	17.3	−34	37	28	78.3	25.8	−36	48	33	81.5	13.6	−33	29
制成品	254	13.0	72.3	−16	28	72	17.5	67.3	−22	23	183	10.9	74.5	−14	31
总出口	352	100.0	100.0	−20	30	107	100.0	100.0	−25	31	245	100.0	100.0	−18	30
泰国															
农产品	35	16.0	18.0	−12	26	7	12.6	15.6	−17	41	28	17.0	18.7	−10	22
燃料和矿产品	12	76.0	6.2	−31	29	7	72.4	15.6	−26	47	5	77.0	3.4	−36	11
制成品	142	5.5	72.4	−14	29	30	13.3	68.7	−16	33	111	3.4	73.6	−13	28
总出口	195	100.0	100.0	−14	28	44	100.0	100.0	−18	36	151	100.0	100.0	−13	26
ASEAN															
农产品	132	9.5	12.6	−18	32	25	6.9	9.6	−12	34	107	10.4	13.6	−19	31
燃料和矿产品	197	72.1	18.7	−28	35	68	71.7	25.7	−26	34	129	72.2	16.4	−29	35
制成品	682	16.1	64.9	−15	27	166	20.0	62.9	−18	29	516	14.8	65.5	−13	27
总出口	1052	100.0	100.0	−18	29	265.0	100.0	100.0	−20	31	788.0	100.0	100.0	−17	29
进口															
印度尼西亚															
农产品	15	8.8	11.5	−19	44	2	4.5	6.2	−22	65	13	10.8	13.7	−19	41
燃料和矿产品	31	65.4	23.8	−42	53	15	56.6	40.6	−50	63	16	69.7	17.1	−33	44
制成品	85	25.7	64.4	−25	44	20	38.8	53.1	−24	35	65	19.5	69.0	−26	48
总出口	132	100.0	100.0	−29	46	38	100.0	100.0	−36	47	94	100.0	100.0	−26	46
马来西亚															
农产品	16	6.3	9.7	−8	30	7	8.6	15.1	−14	37	9	5.5	7.7	−4	26
燃料和矿产品	25	78.8	15.1	−38	60	11	68.8	24.0	−33	48	14	82.2	11.8	−43	70
制成品	121	11.7	73.2	−18	30	27	20.4	59.4	−17	44	94	8.7	78.4	−19	26
总出口	165	100.0	100.0	−21	33	45	100.0	100.0	−21	44	120	100.0	100.0	−21	29
菲律宾															
农产品	7	7.8	11.7	−19	22	3	12.6	16.7	−32	49	4	6.7	9.7	−12	8
燃料和矿产品	12	76.4	20.8	−34	31	4	65.4	24.9	−32	58	8	78.9	19.2	−35	20
制成品	39	15.6	67.1	−21	27	10	21.5	57.9	−17	33	30	14.2	70.6	−22	25
总出口	58	100.0	100.0	−24	27	16	100.0	100.0	−24	41	42	100.0	100.0	−24	23

续 表

目的地	世界					ASEAN					其他原产地/目的地				
	总额	份额		年度变化百分比		总额	份额		年度变化百分比		总额	份额		年度变化百分比	
	2010	2005	2010	2009	2010	2010	2005	2010	2009	2010	2010	2005	2010	2009	2010
新加坡															
农产品	11	3.2	3.5	−12	24	4	4.9	5.8	−13	24	7	2.6	2.8	−12	24
燃料和矿产品	86	76.1	27.6	−31	33	17	78.1	22.1	−28	17	69	75.4	29.3	−32	37
制成品	202	19.2	65.0	−21	24	48	16.0	64.2	−20	31	154	20.4	65.2	−21	22
总出口	311	100.0	100.0	−23	26	75	100.0	100.0	−21	26	236	100.0	100.0	−24	26
泰国															
农产品	12	6.0	6.6	−20	28	2	6.4	6.2	−17	24	10	5.9	6.6	−20	29
燃料和矿产品	40	69.5	22.0	−35	33	9	61.2	27.3	−14	13	31	71.5	20.9	−40	40
制成品	122	21.6	67.0	−21	36	21	28.4	65.6	−18	25	101	20.0	67.3	−22	38
总出口	182	100.0	100.0	−25	36	33	100.0	100.0	−17	22	150	100.0	100.0	−27	40
ASEAN															
农产品	72	6.0	7.6	−14	29	22	7.1	9.4	−16	32	50	5.6	7.0	−13	28
燃料和矿产品	208	73.6	21.9	−34	37	63	67.5	26.9	−34	34	145	75.6	20.3	−35	38
制成品	645	18.6	67.9	−19	30	142	23.9	60.6	−17	30	503	16.8	70.2	−20	30
总出口	950	100.0	100.0	−23	31	234	100.0	100.0	−22	31	716	100.0	100.0	−23	31

表 34

2010 年最不发达国家货物贸易进出口

单位：百万美元　%

	出口					进口				
	总额	年度变化百分比				总额	年度变化百分比			
	2010	2005—2010	2008	2009	2010	2010	2005—2010	2008	2009	2010
LDCs	165 163	15	32	−25	30	174 564	15	30	−5	13
石油出口方 a										
安哥拉	53 500	17	44	−36	31	21 500	21	54	8	−5
苏丹	11 443	19	31	−30	40	10 045	8	7	4	4
赤道几内亚	10 500	8	56	−43	15	5 700	34	65	33	10
缅甸	8 749	18	9	−3	30	4 807	20	29	2	9
也门	8 700	9	20	−17	39	9 700	13	24	−13	6
乍得	3 450	2	18	−39	30	2 600	22	6	21	13
不丹	550	16	−23	−5	11	760	14	3	−3	44
制成品出口方										
孟加拉国	19 191	16	23	−2	27	27 819	15	28	−8	27
柬埔寨	5 030	10	15	−9	17	7 500	14	20	−10	28
马达加斯加	1 090	5	6	−20	4	2 650	9	43	−15	−17
尼泊尔	860	0	8	−12	5	5 280	18	15	22	20
莱索托	820	5	15	−19	15	2 200	9	15	−3	13
海地	580	4	−8	20	1	3 150	17	38	−8	48
萨摩亚	60	−7	−26	−36	29	310	5	8	−20	34
农产品出口方										
乌干达	1 612	15	29	−9	3	4 550	17	30	−6	7
埃塞俄比亚	2 238	20	25	1	38	8 552	16	42	−7	12
贝宁	1 200	16	22	−7	1	2 200	17	12	−10	7
布基纳法索	1 288	22	11	30	43	2 048	10	20	−7	10
马拉维	1 066	16	21	26	−1	1 900	10	20	9	6
多哥	800	4	33	−11	0	1 550	8	22	0	3
索马里	410	6	20	−5	2	830	6	22	−16	12
阿富汗	430	2	9	−25	7	4 400	12	7	10	32

续　表

	出口					进口				
	总额	年度变化百分比				总额	年度变化百分比			
	2010	2005—2010	2008	2009	2010	2010	2005—2010	2008	2009	2010
卢旺达	297	19	51	−28	54	1 431	27	52	11	9
所罗门群岛	227	17	28	−22	37	405	17	12	−18	51
利比里亚	231	12	21	−39	55	700	18	63	−32	27
中非共和国	140	2	−16	−20	17	340	14	21	0	13
几内亚比绍	125	7	20	−7	5	220	16	18	16	−4
布隆迪	100	12	−2	11	57	509	14	26	0	27
瓦努阿图	49	5	14	0	−14	285	14	37	−6	−3
科摩罗	18	8	−35	78	13	190	14	27	−3	12
冈比亚	15	13	9	10	0	276	1	0	−6	−9
基里巴斯	11	21	53	40	−48	100	6	0	−3	47
圣多美和普林西比	11	10	56	−24	36	112	18	44	−9	9
东帝汶	17	16	55	−35	96	298	22	47	10	1
非燃料产品出口方										
赞比亚	7 200	32	10	−15	67	5 321	16	26	−25	40
刚果（金）	5 300	17	42	−20	51	4 500	11	26	−9	15
坦桑尼亚	3 687	17	36	−4	26	7 830	19	33	−10	22
莫桑比克	3 200	12	10	−19	49	4 500	13	31	−6	20
马里	2 350	16	35	1	11	2 850	13	53	−21	8
毛里塔尼亚	2 033	27	28	−23	48	1 822	5	22	−26	27
老挝	1 600	24	18	−5	55	1 800	15	32	1	27
几内亚	1 250	8	12	−22	19	1 100	6	12	−22	4
尼日尔	930	14	37	−5	8	2 150	18	48	12	13
塞拉利昂	338	16	−12	7	46	770	17	20	−3	48
其他										
塞内加尔	2 161	6	30	−7	7	4 782	6	34	−28	1
马尔代夫	200	4	45	−49	18	1 095	8	27	−30	13
吉布提	95	19	18	13	23	420	9	21	−21	−7
厄立特里亚	12	1	−17	0	9	690	7	18	−2	17
图瓦卢	0	37	117	50	0	16	4	69	−47	14
备忘项：										
世界 b	15 237 000	8	15	−22	22	15 402 000	7	16	−23	21

a　不丹的数据包括其出口的电流。

b　包括重要的复出口和为复出口的进口。

注：2010 年的数据主要为估计值。

表 35

2000—2011 年初级产品的出口价格

（指数，2005 年＝100）

	2000	2001	2002	2003	2004	2005	2006	2007	2008	2009	2010	2010				2011	
												Q1	Q2	Q3	Q4	Q1	Q2
食品和饮料	80	81	83	87	98	100	110	127	157	136	152	142	143	153	170	189	189
食品	81	82	84	88	100	100	111	127	157	134	149	139	140	151	168	186	186
谷类	78	82	94	95	102	100	122	169	232	161	166	152	140	168	203	230	241
小麦	75	83	97	96	103	100	126	167	214	147	147	120	116	156	186	217	222
玉米	90	91	101	107	114	100	124	166	227	168	189	165	161	185	245	288	318
大米	71	60	67	69	85	100	106	116	243	205	181	200	166	171	187	182	176
大麦	81	99	115	110	104	100	123	181	211	135	167	151	155	170	191	208	220
植物油和蛋白粉	72	70	82	96	111	100	103	143	193	154	170	157	158	168	199	221	216
肉类	79	85	80	82	100	100	95	99	103	98	117	110	121	120	117	130	136

续 表

	2000	2001	2002	2003	2004	2005	2006	2007	2008	2009	2010	2010				2011	
												Q1	Q2	Q3	Q4	Q1	Q2
牛肉	74	81	80	76	96	100	97	99	102	101	128	120	131	126	136	156	156
羊肉	70	81	91	99	103	100	96	101	106	91	91	92	87	91	93	93	96
猪肉	88	91	70	79	105	100	94	94	96	82	110	101	119	120	100	118	137
家禽	80	86	85	90	102	100	94	106	115	116	116	113	117	119	116	116	117
海产食品	112	99	85	84	88	100	121	113	113	114	136	124	137	139	143	154	154
鱼类	90	71	72	74	82	100	125	112	119	121	151	137	154	155	159	173	173
虾类	180	181	124	117	105	100	105	116	91	85	76	73	72	78	81	81	81
糖	81	82	70	77	83	100	133	102	117	152	172	170	138	164	216	225	192
香蕉	73	101	91	65	91	100	118	117	146	147	153	140	154	160	158	171	175
柑橘	43	71	67	81	101	100	98	114	132	108	122	118	129	138	104	98	102
饮料	78	66	76	80	83	100	108	123	152	154	176	169	170	180	186	216	213
咖啡	76	54	54	59	70	100	112	129	150	132	165	138	153	179	191	235	246
可可豆	59	70	115	114	100	100	103	127	167	187	203	213	208	198	192	216	199
茶	115	92	83	90	92	100	112	98	125	145	146	155	133	140	158	162	152
农业原材料	93	88	90	93	98	100	109	114	113	94	125	115	122	123	140	161	162
木料	90	83	82	86	96	100	108	107	109	102	102	97	100	104	105	107	107
棉花	107	87	84	115	112	100	105	115	129	114	188	147	163	169	272	376	331
羊毛	83	78	101	113	105	100	104	144	138	115	153	153	144	144	171	223	258
橡胶	46	40	51	72	87	100	140	153	174	128	243	212	249	225	288	380	353
生皮	122	129	123	104	102	100	105	110	98	68	110	103	111	111	115	120	134
金属和有色金属（不含石油）	59	53	52	58	79	100	156	183	169	136	202	190	200	193	223	248	241
铜	49	43	42	48	78	100	183	194	189	141	205	197	191	198	235	262	249
铝	82	76	71	75	90	100	135	139	136	88	114	114	110	110	123	132	137
铁矿石	44	46	45	49	58	100	119	130	219	285	522	466	566	489	566	636	625
锡	74	61	55	66	115	100	119	196	250	184	276	233	241	278	351	405	390
镍	58	40	46	65	94	100	163	251	143	99	148	135	152	144	160	182	165
锌	82	64	56	60	76	100	237	235	137	120	157	165	147	146	168	174	163
铅	47	49	46	53	91	100	132	265	215	177	221	227	200	209	245	267	262
铀	30	31	35	40	65	100	171	355	230	167	165	151	147	161	199	230	202
以上总计	**74**	**71**	**72**	**76**	**91**	**100**	**123**	**140**	**151**	**127**	**161**	**150**	**155**	**158**	**179**	**200**	**198**
能源	54	47	47	55	72	100	119	132	185	117	147	143	146	141	159	185	203
天然气	60	60	48	63	70	100	115	117	174	110	113	110	113	114	117	129	147
原油	53	46	47	54	71	100	121	133	182	116	149	145	147	142	161	188	207
烧杯	53	65	54	57	113	100	104	138	266	149	206	196	206	195	226	269	255
所有初级产品	**59**	**54**	**54**	**61**	**77**	**100**	**121**	**135**	**172**	**121**	**152**	**146**	**149**	**147**	**166**	**190**	**201**

注：这些指数是美元价格的长期平均。季度数据未经过季节调整。

表 36

2010 年农产品占货物贸易和初级产品的份额（按地区）

单位：%

	出 口	进 口		出 口	进 口
占货物贸易份额			占初级产品份额		
世界	**9.2**	**9.2**	**世界**	**31.0**	**31.0**
北美洲	10.9	6.6	北美洲	41.6	26.1
中、南美洲	28.3	9.1	中、南美洲	40.1	32.5
欧洲	10.1	10.0	欧洲	47.8	36.1
独联体	7.6	13.8	独联体	10.6	56.4
非洲	10.8	15.2	非洲	14.1	47.6
中东	2.5	13.0	中东	3.5	59.6
亚洲	6.3	8.3	亚洲	35.2	23.5

表 37

2010 年农产品出口（按目的地）

单位：十亿美元，%

地区＼年份	总额	份额				年度变化百分比		
		地区出口		世界出口				
	2010	2005	2010	2005	2010	2005—2010	2009	2010
世界	1 362	100.0	100.0	100.0	100.0	10	−12	15
欧洲								
世界	**570**	**100.0**	**100.0**	**47.0**	**41.9**	**7**	**−12**	**8**
欧洲	448	80.9	78.6	38.0	32.9	7	−12	5
亚洲	36	5.3	6.3	2.5	2.6	11	−8	26
北美洲	23	5.1	4.0	2.4	1.7	3	−13	12
非洲	21	2.7	3.6	1.3	1.5	14	−14	16
独联体	20	2.7	3.5	1.2	1.5	14	−23	25
中东	16	2.2	2.7	1.0	1.1	12	−6	17
中、南美洲	6	0.8	1.0	0.4	0.4	11	−17	19
亚洲								
世界	**293**	**100.0**	**100.0**	**18.4**	**21.5**	**13**	**−14**	**29**
亚洲	173	58.0	59.1	10.7	12.7	14	−10	33
欧洲	41	15.4	13.9	2.8	3.0	11	−20	23
北美洲	34	14.2	11.6	2.6	2.5	9	−16	24
中东	18	4.9	6.0	0.9	1.3	18	−17	14
非洲	15	4.0	5.3	0.7	1.1	20	−12	24
独联体	7	1.9	2.3	0.4	0.5	18	−27	33
中、南美洲	5	1.2	1.7	0.2	0.4	22	−32	61
北美洲								
世界	**213**	**100.0**	**100.0**	**16.1**	**15.7**	**9**	**−15**	**19**
北美洲	82	46.4	38.3	7.5	6.0	5	−14	14
亚洲	80	29.9	37.5	4.8	5.9	14	−8	24
欧洲	21	12.1	9.9	2.0	1.6	5	−24	22
中、南美洲	15	5.8	6.9	0.9	1.1	13	−22	16
非洲	8	2.7	3.6	0.4	0.6	15	−31	26
中东	6	1.9	2.6	0.3	0.4	17	−25	7
独联体	2	1.1	1.0	0.2	0.2	8	−29	0
中、南美洲								
世界	**163**	**100.0**	**100.0**	**10.6**	**12.0**	**13**	**−11**	**18**
欧洲	43	31.7	26.1	3.4	3.1	8	−19	9
亚洲	42	20.2	25.7	2.2	3.1	18	5	22
中、南美洲	27	13.9	16.7	1.5	2.0	17	−18	22
北美洲	22	18.7	13.5	2.0	1.6	5	−6	13
中东	11	4.7	6.9	0.5	0.8	21	8	28
非洲	10	5.5	6.0	0.6	0.7	15	−15	22
独联体	7	5.0	4.4	0.5	0.5	10	28	30
非洲								
世界	**55**	**100.0**	**100.0**	**3.4**	**4.0**	**13**	**0**	**21**
欧洲	20	46.0	37.1	1.6	1.5	8	−9	10
非洲	11	17.1	19.2	0.6	0.8	16	3	19

续 表

地区＼年份	总 额	份 额				年度变化百分比		
		地区出口		世界出口				
	2010	2005	2010	2005	2010	2005—2010	2009	2010
亚洲	9	17.0	15.5	0.6	0.6	11	2	25
北美洲	6	6.8	11.7	0.2	0.5	27	1	38
中东	3	6.0	5.0	0.2	0.2	9	−10	32
独联体	1	1.7	2.4	0.1	0.1	21	−10	39
中、南美洲	0	0.4	0.9	0.0	0.0	32	43	11
独联体								
世界	**44**	**100.0**	**100.0**	**3.0**	**3.3**	**11**	**−14**	**10**
独联体	17	32.3	37.3	1.0	1.2	15	−15	28
欧洲	11	25.5	23.9	0.8	0.8	10	−34	23
亚洲	8	26.6	18.5	0.8	0.6	4	−7	−13
非洲	3	5.0	6.9	0.2	0.2	19	7	5
中东	3	5.6	6.8	0.2	0.2	16	−3	−16
北美洲	0	2.5	1.1	0.1	0.0	−5	26	−26
中、南美洲	0	0.1	0.3	0.0	0.0	40	−12	21
中东								
世界	**22**	**100.0**	**100.0**	**1.3**	**1.6**	**16**	**−11**	**15**
中东	14	51.2	60.6	0.6	1.0	20	−10	11
亚洲	3	14.7	12.0	0.2	0.2	11	−18	41
欧洲	2	19.7	10.4	0.2	0.2	2	−17	11
非洲	2	6.6	7.3	0.1	0.1	18	−14	13
独联体	1	4.0	4.6	0.1	0.1	19	−6	15
北美洲	1	2.9	2.4	0.0	0.0	12	−13	15
中、南美洲	0	0.4	0.4	0.0	0.0	15	−5	38

表 38

2010 年主要经济体农产品进口（按原产地） 单位：百万美元，%

	加拿大 a						美国				
	总额	份额	年度变化百分比				总额	份额	年度变化百分比		
	2010	2010	2005—2010	2009	2010		2010	2010	2005—2010	2009	2010
地区						地区					
世界	31 954	100.0	8	−6	12	世界	116 451	100.0	4	−13	16
北美洲	19 907	62.3	8	−5	10	北美洲	41 122	35.3	3	−15	17
亚洲	4 015	12.6	8	−12	20	亚洲	29 903	25.7	7	−16	21
欧洲	3 930	12.3	8	−8	13	中、南美洲	21 264	18.3	5	−8	12
中、南美洲	3 330	10.4	10	−2	19	欧洲	20 609	17.7	2	−11	9
非洲	606	1.9	12	−5	17	非洲	2 601	2.2	7	−5	27
中东	91	0.3	9	−7	37	独联体	577	0.5	1	−8	3
独联体	71	0.2	−6	−35	−3	中东	374	0.3	1	−6	11
经济体						经济体					
美国	18 578	58.1	7	−6	9	加拿大	25 604	22.0	0	−22	17
欧盟（27）	3 554	11.1	7	−9	13	欧盟（27）	18 443	15.8	1	−14	9

续　表

加拿大 a	总额	份额	年度变化百分比			美　国	总额	份额	年度变化百分比		
	2010	2010	2005—2010	2009	2010		2010	2010	2005—2010	2009	2010
墨西哥	1 214	3.8	17	5	26	墨西哥	15 514	13.3	9	2	18
中国	1 139	3.6	9	−7	17	中国	6 519	5.6	9	−15	17
巴西	884	2.8	11	2	19	泰国	4 604	4.0	10	−9	20
以上 5 个经济体总计	**25 369**	**79.4**	—	—	—	以上 5 个经济体总计	**70 684**	**60.7**	—	—	—
泰国	669	2.1	12	−7	20	巴西	4 545	3.9	5	−18	27
智利	652	2.0	11	−1	11	印尼	4 157	3.6	9	−30	43
澳大利亚	390	1.2	0	−12	7	智利	3 651	3.1	1	−9	1
印尼	352	1.1	12	−38	87	哥伦比亚	2 254	1.9	6	0	11
哥伦比亚	348	1.1	8	8	15	澳大利亚	2 233	1.9	−3	−5	−4
新西兰	290	0.9	−1	−10	0	马来西亚	2 026	1.7	17	−30	31
危地马拉	285	0.9	15	−7	36	越南	1 962	1.7	11	−8	31
印度	250	0.8	12	1	12	印度	1 935	1.7	8	−17	34
阿根廷	242	0.8	12	6	17	新西兰	1 863	1.6	−2	−9	7
哥斯达黎加	227	0.7	8	−22	36	厄瓜多尔	1 744	1.5	6	10	2
越南	197	0.6	9	−2	18	危地马拉	1 583	1.4	8	−2	4
秘鲁	191	0.6	13	−23	36	哥斯达黎加	1 564	1.3	7	−10	18
马来西亚	189	0.6	12	−16	30	秘鲁	1 284	1.1	13	−3	21
厄瓜多尔	189	0.6	17	21	−2	阿根廷	1 254	1.1	5	−16	9
科特迪瓦	182	0.6	17	15	28	菲律宾	1 243	1.1	6	−22	19
瑞士	155	0.5	16	17	17	日本	1 093	0.9	7	−10	15
南非	154	0.5	4	−16	21	科特迪瓦	901	0.8	5	−5	29
土耳其	127	0.4	18	1	14	韩国	812	0.7	4	−20	28
韩国	116	0.4	6	−28	43	多米尼加	799	0.7	9	14	13
加拿大	113	0.4	18	13	22	洪都拉斯	735	0.6	4	−12	6
中国台北	109	0.3	12	−17	36	瑞士	685	0.6	23	−9	0
菲律宾	95	0.3	6	−18	10	挪威	643	0.6	25	58	45
摩洛哥	92	0.3	10	0	−4	尼加拉瓜	622	0.5	15	−6	26
日本	88	0.3	6	−7	9	中国台北	558	0.5	3	−22	15
洪都拉斯	66	0.2	11	−12	34	土耳其	548	0.5	3	13	−9
俄罗斯	62	0.2	−7	−41	−1	俄罗斯	531	0.5	1	−8	5
挪威	60	0.2	8	5	23	南非	297	0.3	0	−9	18
萨尔瓦多	50	0.2	20	−24	94	以色列	259	0.2	3	5	6
尼日利亚	43	0.1	61	−49	69	萨尔瓦多	256	0.2	7	−16	11
乌拉圭	43	0.1	−10	70	0	加纳	218	0.2	27	75	86
新加坡	38	0.1	15	−15	24	摩洛哥	192	0.2	15	−14	46
以色列	32	0.1	8	23	6	斐济	181	0.2	3	−16	17
牙买加	30	0.1	7	0	7	巴拿马	159	0.1	−4	−23	20
利比亚	29	0.1	22	24	15	乌拉圭	155	0.1	−23	1	−1
尼加拉瓜	29	0.1	5	−52	53	新加坡	154	0.1	5	−22	6
以上 40 个经济体总计	**31 549**	**98.7**	—	—	—	以上 40 个经济体总计	**113 777**	**97.7**	—	—	—

表38（续）

2010年主要经济体的农产品进口（按原产地）　　单位：百万美元，%

欧盟（27）						日　本					
	总额	份额	年度变化百分比				总额	份额	年度变化百分比		
	2010	2010	2005—2010	2009	2010		2010	2010	2005—2010	2009	2010
地区						地区					
世界	556 613	100.0	7	−14	6	世界	77 451	100.0	3	−16	14
欧洲	423 673	76.1	7	−12	5	亚洲	32 751	42.3	3	−13	19
中、南美洲	45 901	8.2	7	−21	4	北美洲	23 522	30.4	2	−25	10
亚洲	36 679	6.6	8	−20	13	欧洲	10 985	14.2	6	2	6
非洲	21 906	3.9	5	−10	5	中、南美洲	6 898	8.9	7	−12	23
北美洲	18 516	3.3	3	−27	19	独联体	1 723	2.2	−2	−21	10
独联体	7 149	1.3	5	−34	9	非洲	1 424	1.8	−2	−13	2
中东	2 458	0.4	0	−16	3	中东	147	0.2	1	−14	19
经济体						经济体					
欧盟（27）	403 111	72.4	7	−12	4	美国	17 293	22.3	1	−26	7
巴西	18 312	3.3	6	−19	2	欧盟（27）	9 246	11.9	5	−3	7
美国	13 511	2.4	3	−29	20	中国	9 053	11.7	0	−2	16
阿根廷	8 726	1.6	7	−32	0	加拿大	5 497	7.1	3	−26	18
中国	7 796	1.4	11	−16	15	澳大利亚	5 380	6.9	0	−20	13
以上5个经济体总计	**451 456**	**81.1**	—	—	—	以上5个经济体总计	**46 469**	**60.0**	—	—	—
挪威	6 282	1.1	10	−3	22	泰国	4 973	6.4	9	−14	26
印尼	5 668	1.0	12	−18	17	巴西	2 666	3.4	7	−26	31
瑞士	4 836	0.9	13	−2	7	印尼	2 526	3.3	10	−29	45
土耳其	4 810	0.9	3	−13	9	智利	2 292	3.0	5	2	7
泰国	4 160	0.7	12	−22	14	韩国	2 004	2.6	6	1	20
智利	3 839	0.7	6	−15	−1	俄罗斯	1 654	2.1	−3	−23	13
加拿大	3 787	0.7	1	−26	17	新西兰	1 538	2.0	2	−15	17
俄罗斯	3 641	0.7	0	−38	23	马来西亚	1 386	1.8	7	−27	20
科特迪瓦	3 509	0.6	10	−2	8	菲律宾	1 288	1.7	6	6	−8
印度	3 339	0.6	11	−20	13	越南	1 271	1.6	4	−12	15
南非	3 291	0.6	4	−15	10	中国台北	1 111	1.4	−3	−20	29
马来西亚	3 120	0.6	4	−44	39	印度	986	1.3	10	−29	30
越南	2 844	0.5	19	−14	9	挪威	800	1.0	9	10	18
新西兰	2 715	0.5	0	−14	0	墨西哥	732	0.9	6	−11	9
摩洛哥	2 646	0.5	4	−10	−2	阿根廷	611	0.8	30	18	61
厄瓜多尔	2 551	0.5	6	−15	0	瑞士	553	0.7	60	173	6
乌克兰	2 473	0.4	16	−31	−9	南非	536	0.7	−6	−22	7
秘鲁	2 210	0.4	14	−3	17	新加坡	528	0.7	13	−15	23
哥伦比亚	1 942	0.3	1	−25	−8	哥伦比亚	452	0.6	9	−8	33
加纳	1 795	0.3	12	−17	27	秘鲁	289	0.4	11	−14	46
澳大利亚	1 781	0.3	−5	−9	−17	危地马拉	179	0.2	10	−8	32
哥斯达黎加	1 662	0.3	6	−15	1	厄瓜多尔	176	0.2	6	8	10
乌拉圭	1 581	0.3	21	−24	39	中国香港	165	0.2	40	−67	357
肯尼亚	1 370	0.2	5	−11	1	摩洛哥	144	0.2	5	−18	2

续 表

	欧盟（27）					日 本					
	总额	份额	年度变化百分比				总额	份额	年度变化百分比		
	2010	2010	2005—2010	2009	2010		2010	2010	2005—2010	2009	2010
以色列	1 358	0.2	0	−8	−3	加纳	135	0.2	13	104	12
喀麦隆	1 343	0.2	4	−3	1	冰岛	130	0.2	0	−14	17
冰岛	1 274	0.2	−2	−15	−4	土耳其	125	0.2	−1	−4	−34
巴拉圭	1 259	0.2	32	−30	164	毛里塔尼亚	117	0.2	−1	28	−18
墨西哥	1 215	0.2	12	−11	15	斯里兰卡	113	0.1	3	−6	14
菲律宾	1 028	0.2	10	−29	41	缅甸	112	0.1	3	−3	7
塞尔维亚	961	0.2	21	14	0	坦桑尼亚	101	0.1	15	12	−1
尼日利亚	895	0.2	9	18	5	斐济	78	0.1	7	−1	55
克罗地亚	884	0.2	4	−6	2	格陵兰	77	0.1	2	8	−13
埃及	809	0.1	6	2	−5	乌克兰	66	0.1	26	167	−27
日本	756	0.1	7	−26	32	尼日利亚	63	0.1	16	−71	178
以上 40 个经济体总计	**539 089**	**96.9**	—	—	—	以上 40 个经济体总计	**76 446**	**98.7**	—	—	—

a 进口以 f. o. b. 计价。

表 39

2010 年农产品的主要进出口方

单位：十亿美元，%

年份 地区	总 额	占世界出口/进口份额				年度变化百分比			
	2010	1980	1990	2000	2010	2005—2010	2008	2009	2010
出口方									
欧盟（27）	532	—	—	41.8	39.1	7	15	−13	7
欧盟(27)对外出口	129	—	—	10.1	9.5	9	16	−13	17
美国	143	17.0	14.3	12.9	10.5	12	23	−15	19
巴西	69	3.4	2.4	2.8	5.0	14	27	−6	19
加拿大	52	5.0	5.4	6.3	3.8	5	11	−19	19
中国	52	1.5	2.4	3.0	3.8	12	9	−3	26
印尼	36	1.6	1.0	1.4	2.6	21	38	−23	42
泰国	35	1.2	1.9	2.2	2.6	15	27	−12	25
阿根廷	35	1.9	1.8	2.2	2.5	12	30	−25	23
马来西亚	29	2.0	1.8	1.5	2.1	17	35	−25	38
澳大利亚	27	3.3	2.9	3.0	2.0	5	17	−10	15
印度	23	1.0	0.8	1.1	1.7	18	30	−23	42
俄罗斯	21	—	—	1.4	1.5	8	1	−14	1
新西兰	20	1.3	1.4	1.4	1.4	8	12	−14	27
墨西哥	19	0.8	0.8	1.7	1.4	8	9	−3	13
智利	15	0.4	0.7	1.2	1.1	9	6	−2	6
以上 15 个经济体总计	**1 107**	—	—	**83.7**	**81.3**	—	—	—	—
进口方									
欧盟（27）	557	—	—	42.6	39.1	7	16	−14	6
欧盟(27)自外进口	154	—	—	13.3	10.8	6	16	−19	9
美国	116	8.7	9.0	11.6	8.2	4	6	−13	16

续 表

地区＼年份	总额	占世界出口/进口份额				年度变化百分比			
	2010	1980	1990	2000	2010	2005—2010	2008	2009	2010
中国	108	2.1	1.8	3.3	7.6	19	33	－12	41
日本	77	9.6	11.5	10.4	5.4	3	17	－16	14
俄罗斯 a	37	—	—	1.6	2.6	14	28	－15	26
加拿大 a	32	1.8	2.0	2.6	2.2	8	10	－6	12
韩国	27	1.5	2.2	2.2	1.9	10	20	－20	26
墨西哥 a	24	1.2	1.2	1.8	1.7	7	18	－22	16
中国香港	21	—	—	—	—	13	23	4	20
留用进口	13	1.0	1.0	1.1	0.9	13	22	6	22
印度	17	0.5	0.4	0.7	1.2	18	13	18	23
马来西亚	16	0.5	0.5	0.8	1.1	17	26	－8	30
印尼	16	0.6	0.5	1.0	1.1	16	27	－15	38
沙特 b	13	1.5	0.8	1.0	0.9	8	3	－14	21
中国台北	13	1.1	1.4	1.3	0.9	7	16	－18	28
土耳其	13	0.1	0.6	0.7	0.9	15	33	－26	34
以上 15 个经济体总计	**1 080**	—	—	**82.5**	**75.7**	—	—	—	—

a 进口以 f.o.b. 计价。
b 包括秘书处估计。

表 40

1990—2010 年主要经济体的农产品出口

单位：百万美元，%

地区＼年份	总额					占经济体总货物出口的份额	
	1990	2000	2008	2009	2010	2005	2010a
世界	**414 723**	**551 421**	**1 348 136**	**1 181 288**	**1 361 853**	**8.3**	**9.2**
阿根廷	7 482	11 954	37 499	28 173	34 551	47.5	50.7
澳大利亚	11 875	16 446	26 134	23 492	27 048	20.0	12.7
白俄罗斯	—	761	2 637	2 606	3 709	10.8	14.7
巴西	9 779	15 464	61 400	57 659	68 655	29.6	34.0
喀麦隆 b	695	438	1 342	1 289	1 521	26.3	38.0
加拿大	22 339	34 789	54 137	43 679	52 109	11.4	13.4
智利	2 779	6 399	14 915	14 573	15 488	24.5	21.8
中国	10 060	16 384	42 258	40 883	51 623	3.8	3.3
哥伦比亚	2 514	3 106	6 693	5 971	5 757	21.7	14.5
哥斯达黎加	927	1 812	3 353	3 101	3 371	33.3	35.9
科特迪瓦 b	2 374	2 308	4 785	5 422	5 859	43.8	56.8
克罗地亚	…	595	1 850	1 729	1 771	13.9	15.0
厄瓜多尔	1 236	1 948	5 232	5 472	5 965	31.8	34.1
埃及 b	669	613	3 217	4 569	5 122	9.1	19.4
埃塞俄比亚 b	260	406	1 370	1 354	1 818	91.0	81.2
欧盟（27）	—	230 390	568 389	496 246	532 295	9.2	10.3

续　表

地区　年份	总　额					占经济体总货物出口的份额	
	1990	2000	2008	2009	2010	2005	2010a
欧盟（27）对内出口	—	174 774	440 949	385 899	403 111	10.6	12.0
欧盟（27）对外出口	—	55 616	127 440	110 347	129 183	6.4	7.2
加纳 b	…	621	2 602	2 883	5 798	46.2	73.4
危地马拉	849	1 618	3 233	3 435	3 917	37.1	46.3
洪都拉斯	680	782	1 607	1 382	1 590	17.0	27.7
中国香港	4 556	5 693	6 743	6 773	8 028	1.5	2.0
内部出口	821	454	704	661	849	2.7	5.7
转口	3 735	5 240	6 039	6 113	7 178	1.4	1.9
冰岛	1 274	1 257	2 079	1 790	1 928	59.3	41.9
印度	3 506	5 951	21 251	16 384	23 199	10.3	10.7
印尼	4 154	7 764	32 857	25 264	35 957	16.2	22.8
伊朗	601	932	4 569	3 842	4 992	4.1	5.0
以色列	1 327	1 182	2 114	2 048	2 306	4.0	3.9
日本	3 298	4 395	8 351	7 904	10 168	1.0	1.3
肯尼亚	559	1 062	2 739	2 536	2 861	47.6	55.5
韩国	2 985	4 298	7 636	7 163	9 401	1.9	2.0
马拉维 b	382	342	770	967	849	82.1	79.7
马来西亚	7 500	8 015	27 797	20 861	28 869	9.5	14.5
墨西哥	3 466	9 100	17 075	16 559	18 789	5.9	6.3
摩洛哥	1 228	1 746	3 744	3 293	3 694	23.0	21.0
新西兰	5 966	7 665	17 919	15 404	19 565	59.9	62.3
尼加拉瓜	295	547	1 207	1 145	1 454	83.4	78.5
挪威	3 077	4 244	8 104	8 268	10 110	5.7	7.7
巴基斯坦	1 081	1 234	3 901	3 209	3 940	13.4	18.4
巴拿马	263	580	959	655	475	81.2	57.2
巴拉圭	863	699	3 944	2 808	4 011	83.3	88.5
秘鲁	789	1 911	5 278	4 860	5 924	18.2	16.7
菲律宾	1 683	2 026	3 961	3 174	4 129	6.6	8.0
俄罗斯	—	7 527	23 916	20 671	20 838	5.9	5.2
塞尔维亚	…	…	2 100	2 031	2 359	22.7	24.1
新加坡	4 095	3 723	7 181	6 270	7 889	2.0	2.2
内部出口	1 183	1 202	3 374	2 984	3 653	1.5	2.0
转口	2 912	2 521	3 807	3 286	4 236	2.5	2.5
南非	1 691	3 270	7 037	6 679	7 866	10.2	9.6
斯里兰卡 b	758	1 093	2 327	2 108	2 561	23.6	30.1
瑞士	2 244	2 521	7 634	7 339	7 972	3.1	4.1
叙利亚 b	767	621	3 318	2 379	2 996	12.4	22.2
中国台北	3 732	3 509	5 002	4 325	5 398	2.3	2.0
坦桑尼亚	…	432	1 104	980	1 175	46.0	31.9
泰国	7 786	12 220	31 662	28 004	35 130	16.1	18.0
突尼斯 b	418	548	1 807	1 405	1 406	11.0	8.6
土耳其	3 300	3 828	11 189	10 937	12 370	11.0	10.9
乌干达	…	292	1 006	889	975	68.8	60.5
乌克兰	—	1 585	11 328	9 918	10 475	13.8	20.3
阿联酋 b，c	501	1 185	3 797	3 963	3 747	2.1	1.7

续 表

年份 / 地区	总额					占经济体总货物出口的份额	
	1990	2000	2008	2009	2010	2005	2010a
美国	59 404	71 408	139 967	119 584	142 564	9.2	11.2
乌拉圭	1 025	1 278	4 116	3 956	4 832	62.2	71.8
越南 b	…	3 954	14 560	13 407	13 666	23.4	18.9

a 接近一年。

b 包括 WTO 秘书处估计。

c 主要的转口。

表 41

1990—2010 年主要经济体的农产品进口

单位：百万美元，%

年份 / 地区	总额					占经济体总货物进口的份额	
	1990	2000	2008	2009	2010	2005	2010a
阿尔及利亚	2 766	2 815	9 098	6 995	7 350	21.0	18.3
阿根廷	326	1 644	3 242	1 970	2 117	4.3	3.7
澳大利亚 b	2 735	4 234	10 433	9 791	11 085	5.5	5.9
孟加拉国 c，d	835	1 716	6 822	5 097	5 992	19.3	21.5
白俄罗斯	—	1 227	3 419	2 573	3 286	11.0	9.4
委内瑞拉	986	1 970	8 291	6 621	5 022	10.0	16.3
波斯尼亚和黑塞哥维纳	…	…	2 083	1 688	1 814	18.6	19.7
巴西 e	2 690	4 762	9 690	8 208	10 769	5.9	5.9
加拿大 b	9 009	15 272	30 253	28 445	31 954	6.8	8.2
智利	461	1 421	4 613	3 323	4 487	6.6	7.6
中国	7 855	19 544	86 807	76 617	108 230	6.8	7.8
哥伦比亚	593	1 736	4 542	3 774	4 486	10.4	11.0
科特迪瓦	…	453	1 597	1 666	1 552	15.1	19.8
克罗地亚	…	777	2 820	2 374	2 306	9.6	11.5
古巴	…	826	…	…	…	20.7	16.4
多米尼加 b，d	413	964	2 121	1 852	2 227	11.7	14.6
厄瓜多尔	206	423	1 682	1 586	1 931	8.7	9.4
埃及 d	4 793	4 208	10 635	9 235	11 850	21.3	22.4
萨尔瓦多	158	692	1 606	1 495	1 572	15.1	18.5
欧盟（27）f	—	253 703	614 955	526 856	556 613	9.6	10.4
欧盟（27）自外进口	—	78 952	174 006	140 958	153 501	7.7	7.7
危地马拉	196	673	2 008	1 720	2 023	12.1	14.6
中国香港	8 325	11 728	16 502	17 151	20 622	3.7	4.7
留用进口	4 591	6 488	10 463	11 039	13 444	26.0	24.1
印度	1 721	3 993	12 005	14 224	17 450	5.3	5.4
印尼	2 126	5 727	13 312	11 351	15 639	9.7	11.9
伊朗	3 830	2 943	7 846	10 242	9 414	9.5	14.5
以色列	1 565	2 288	5 059	4 150	5 056	6.2	8.3
日本	50 762	62 185	80 587	67 896	77 451	12.8	11.2
约旦	709	942	3 043	2 574	2 682	14.7	17.4
哈萨克斯坦	—	506	3 174	2 602	3 049	8.1	10.2

续　表

年份 地区	总额					占经济体总货物进口的份额	
	1990	2000	2008	2009	2010	2005	2010a
韩国	9 531	12 837	26 355	21 097	26 614	6.4	6.3
科威特 d	589	1 312	3 785	3 013	3 070	14.4	13.7
黎巴嫩 d	…	1 210	2 438	2 779	3 230	15.6	17.5
马来西亚	2 404	4 610	13 355	12 319	16 053	6.3	9.7
墨西哥 b	5 374	10 989	25 919	20 220	23 531	7.4	7.8
摩洛哥	1 096	1 941	5 887	4 408	4 922	13.3	14.0
新西兰	756	1 204	3 438	2 910	3 376	8.4	11.0
尼日利亚 d	658	1 212	6 389	4 337	4 882	14.3	11.0
挪威	2 090	2 956	7 746	6 733	7 228	8.7	9.4
阿曼	506	1 158	2 614	2 057	2 349	12.3	11.8
巴基斯坦	1 568	1 882	7 103	4 925	6 737	14.4	17.3
秘鲁	668	998	3 423	2 705	3 592	13.2	11.9
菲律宾	1 665	3 104	6 948	5 601	6 823	7.8	11.7
俄罗斯 b	— |	9 262	34 284	29 079	36 726	15.3	14.8
沙特 d	3 487	5 663	12 802	11 029	13 328	15.4	13.7
塞内加尔 d	372	394	1 778	1 212	1 144	29.8	23.9
新加坡	4 702	4 890 |	10 020	8 756	10 871	3.2	3.5
留用进口	1 789	2 369 |	6 214	5 470	6 635	3.9	4.7
南非	1 219	1 650	5 364	4 730	5 423	5.5	6.8
斯里兰卡 d	549	934	2 022	1 595	2 063	12.8	15.3
苏丹 d	…	376	1 261	1 376	1 609	14.2	16.0
瑞士	5 920	5 693	12 324	11 346	12 011	6.5	6.8
叙利亚 d	791	850 |	3 020	3 313	3 838	15.8	22.7
中国台北	6 203	7 899	12 612	10 311	13 247	5.2	5.3
泰国	3 230	4 484	11 668	9 364	11 985	6.0	6.6
突尼斯 d	819	968	2 985	2 023	2 433	11.1	10.9
土耳其	2 806	4 133	13 037	9 624	12 878	5.5	6.9
乌克兰	—	1 092	6 995	5 272	6 245	8.5	10.3
阿联酋	1 726	3 857	11 355	10 571	11 812	6.9	7.4
美国	39 966	69 115	115 908	100 745	116 451	5.5	5.9
越南 d	236	1 269	7 925	7 579	8 327	9.9	9.8
也门 d	…	…	2 673	2 600	3 273	29.2	33.7

a　接近一年。

b　进口以 f. o. b. 计价。

c　财政年度的数据。

d　包括 WTO 秘书处估计。

e　自 2000 年进口以 f. o. b. 计价。

f　参见欧盟（27）从外进口的详细数据。

表 42

1990—2010 年主要经济体的食品出口

单位：百万美元，%

年份 地区	总额					占经济体总货物出口的份额	
	1990	2000	2008	2009	2010	2005	2010a
世界	**315 559**	**431 333**	**1 118 881**	**1 000 535**	**1 118 680**	**6.7**	**7.5**
阿根廷	6 949	11 491	36 816	27 582	33 742	46.2	49.5
澳大利亚	7 937	12 583	21 571	19 981	21 887	16.1	10.3
白俄罗斯	—	495	2 209	2 273	3 189	8.3	12.6
巴西	8 697	12 808	54 303	51 851	60 836	25.7	30.1
喀麦隆 b	409	272	687	829	948	14.9	23.7
加拿大	10 898	17 630	39 363	33 292	37 159	6.7	9.6
智利	1 965	4 424	10 779	11 082	11 335	18.0	16.0
中国	7 868	13 559	35 887	35 319	44 168	3.2	2.8
哥伦比亚	2 222	2 502	5 403	4 850	4 447	17.2	11.2
哥斯达黎加	848	1 648	3 105	2 854	3 131	30.2	33.4
科特迪瓦	…	1 806	3 936	4 851	4 909	36.0	47.6
克罗地亚	…	394	1 378	1 342	1 334	10.5	11.3
厄瓜多尔	1 198	1 758	4 558	4 873	5 228	27.6	29.9
埃及	251	377	2 786	4 058	4 356	7.2	16.5
埃塞俄比亚 b	186	321	1 156	1 175	1 636	75.4	73.1
欧盟（27）	—	189 387	484 390	428 409	449 831	7.7	8.7
欧盟(27)对内出口	—	143 213	379 513	337 642	344 935	8.9	10.3
欧盟(27)对外出口	—	46 174	104 878	90 768	104 896	5.2	5.9
加纳 b	…	513	2 337	2 590	5 427	40.5	68.7
危地马拉	778	1 518	2 915	3 192	3 557	33.8	42.0
洪都拉斯	649	730	1 550	1 346	1 554	16.3	27.1
中国香港	3 385	3 664	4 913	5 316	6 125	0.9	1.5
内部出口	742	363	493	514	605	2.1	4.1
转口	2 644	3 302	4 420	4 803	5 521	0.8	1.4
冰岛	1 266	1 240	2 045	1 763	1 903	58.5	41.3
印度	2 782	5 418	18 095	14 104	18 268	9.0	8.5
印尼	2 853	5 526	24 090	19 998	25 630	11.3	16.2
伊朗	…	818	4 243	3 592	4 738	3.7	4.7
以色列	1 022	824	1 717	1 669	1 832	3.1	3.1
日本	1 706	2 170	3 980	4 010	4 755	0.5	0.6
肯尼亚	502	927	2 086	1 951	2 320	37.6	45.0
韩国	2 162	2 665	3 938	4 110	5 045	1.1	1.1
马拉维 b	374	331	734	922	814	78.4	76.3
马来西亚	3 434	5 440	23 121	17 627	23 609	7.0	11.9

续 表

地区 \ 年份	总额					占经济体总货物出口的份额	
	1990	2000	2008	2009	2010	2005	2010a
墨西哥	3 057	8 179	16 019	15 771	17 728	5.4	5.9
摩洛哥	1 105	1 596	3 542	3 076	3 471	21.2	19.7
新西兰	4 272	5 819	15 297	13 059	16 386	49.6	52.2
尼加拉瓜	251	534	1 194	1 133	1 434	81.3	77.5
挪威	2 365	3 827	7 356	7 661	9 436	5.2	7.2
巴基斯坦	516	964	3 621	2 888	3 531	12.0	16.5
巴拿马	258	569	948	648	460	80.5	55.4
巴拉圭	502	564	3 873	2 684	3 876	74.5	85.5
秘鲁	703	1 736	4 907	4 563	5 552	16.8	15.6
菲律宾	1 532	1 815	3 650	2 943	3 767	6.1	7.3
俄罗斯	—	3 805	12 904	13 054	11 610	3.0	2.9
塞尔维亚	…	…	1 906	1 906	2 189	19.8	22.3
新加坡	2 747	3 091	6 208	5 642	6 876	1.7	2.0
内部出口	1 077	1 092	2 923	2 653	3217	1.4	1.8
转口	1 671	1 999	3 286	2 989	3 659	2.0	2.2
南非	…	2 232	5 429	5 467	6 239	7.7	7.6
斯里兰卡	649	…	2 076	1 878	2 233	21.6	26.3
瑞士	1 756	2 007	6 870	6 779	7 311	2.6	3.7
叙利亚 b	577	408	3 157	2 270	2 855	9.9	21.2
中国台北	2 703	1 819	2 489	2 185	2 652	1.1	1.0
坦桑尼亚	…	359	883	767	955	36.4	25.9
泰国	6 611	9 924	23 293	22 139	24 999	11.6	12.8
突尼斯 b	384	510	1 716	1 334	1 343	10.4	8.2
土耳其	2 906	3 521	10 689	10 561	11 878	10.5	10.4
乌干达	…	241	923	802	887	58.2	55.0
乌克兰	—	1 339	10 748	9 450	9 885	12.4	19.2
阿联酋 c	73	1 128	3 615	3 766	3 531	2.0	1.6
美国	42 422	54 341	112 631	97 551	112 345	6.8	8.8
乌拉圭	670	1 064	3 492	3 427	4 127	53.3	61.3
越南 b	…	3 666	12 487	11 823	11 352	20.2	15.7

a 接近一年。

b 包括 WTO 秘书处估计。

c 主要的转口。

表43

1990—2010年主要经济体的食品进口

单位：百万美元，%

地区＼年份	总额 1990	2000	2008	2009	2010	占经济体货物进口的份额 2005	2010a
阿尔及利亚	2 306	2 578	8 457	6 414	6 683	19.3	16.6
阿根廷	164	1 267	2 616	1 499	1 487	2.8	2.6
澳大利亚b	1 943	3 245	8 998	8 717	9 825	4.6	5.2
孟加拉国c，d	650	1 254	5 059	4 431	4 859	12.6	17.5
白俄罗斯	—	1 027	2 899	2 233	2 767	9.3	7.9
委内瑞拉	739	1 704	7 675	6 253	4 659	9.0	15.2
波斯尼亚和黑塞哥维纳	…	…	1 928	1 588	1 669	17.3	18.1
巴西e	2 112	3 665	7 557	6 708	8 373	4.4	4.6
加拿大b	7 143	12 027	26 157	25 275	27 944	5.6	7.1
智利	308	1 228	4 230	3 061	4 110	5.7	7.0
中国	4 619	9 043	49 522	45 248	59 540	3.3	4.3
哥伦比亚	395	1 405	4 021	3 368	3 933	8.7	9.7
科特迪瓦	…	427	1 546	1 613	1 486	14.6	19.0
克罗地亚	…	653	2 517	2 148	2 082	8.3	10.4
古巴	…	765	…	…	…	20.0	15.8
厄瓜多尔	156	310	1 504	1 429	1 719	7.5	8.3
埃及	2 903	3 531	8 916	7 726	10 145	17.7	19.2
萨尔瓦多	128	613	1 454	1 373	1 406	13.8	16.5
欧盟（27）f	—	200 032	520 852	456 540	468 898	7.9	8.8
欧盟（27）自外进口	—	57 170	141 339	118 899	123 963	6.0	6.2
危地马拉	169	592	1 837	1 580	1 841	10.9	13.3
中国香港	6 551	9 165	14 120	15 243	18 013	2.9	4.1
留用进口	3 908	5 864	9 700	10 440	12 492	23.7	22.4
印度	771	2 283	7 375	10 238	12 014	3.3	3.7
印尼	1 104	3 336	9 383	8 639	11 470	6.4	8.7
伊朗	…	2 585	6 304	9 188	8 156	7.6	12.5
以色列	1 197	1 923	4 338	3 609	4 342	5.2	7.1
日本	34 154	48 580	66 107	57 736	64 028	10.4	9.2
约旦	672	851	2 809	2 395	2 476	13.6	16.1
哈萨克斯坦	—	459	2 938	2 415	2 827	7.3	9.5
肯尼亚	199	403	1 295	1 571	1 407	9.5	11.6
韩国	3 912	7 722	19 494	15 961	19 176	4.4	4.5
科威特d	561	1 249	3 630	2 909	2 949	13.9	13.1
黎巴嫩d	…	1 107	2 246	2 570	3 026	14.4	16.4
马来西亚	2 021	3 526	10 966	9 920	12 786	5.1	7.8
墨西哥b	4 326	8 485	21 929	17 236	19 512	6.0	6.5

续 表

地区 \ 年份	总额					占经济体总货物进口的份额	
	1990	2000	2008	2009	2010	2005	2010a
摩洛哥	677	1 585	4 993	3 700	4 223	10.6	12.0
新西兰	643	1 074	3 215	2 730	3 187	7.7	10.4
尼日利亚	…	1 159	5 908	4 010	4 535	13.8	10.3
挪威	1 584	2 221	6 475	5 773	6 108	6.8	7.9
阿曼	486	1 122	2 494	1 955	2 234	11.8	11.2
巴基斯坦	1 276	1 524	5 014	3 583	4 893	10.3	12.5
秘鲁	621	864	2 991	2 406	3 093	11.4	10.3
菲律宾	1 348	2 598	6 514	5 288	6 450	6.9	11.1
俄罗斯 b	— |	8 292	32 181	27 295	34 425	14.3	13.8
沙特 d	3 319	5 375	12 541	10 785	12 411	14.7	12.8
塞内加尔 d	350	362	1 693	1 140	1 072	28.1	22.4
新加坡	3 685	4 354 |	8 991	8 007	9 799	2.8	3.2
留用进口	2 014	2 354 |	5 705	5 017	6 140	3.7	4.3
南非	846	1 255	4 589	4 163	4 688	4.5	5.8
斯里兰卡	502	…	1 871	1 485	1 884	11.7	13.9
苏丹 d	…	360	1 229	1 283	1 500	13.4	14.9
瑞士	4 371	4 519	10 447	9 780	10 212	5.4	5.8
叙利亚 d	745	726 |	2 538	2 878	3 448	12.9	20.4
中国台北	3 495	5 013	9 180	7 973	9 585	3.6	3.8
泰国	1 672	2 677	8 479	7 099	8 596	4.0	4.7
突尼斯 d	582	706	2 515	1 634	1 980	8.5	8.9
土耳其	1 856	2 128	8 502	6 104	7 411	2.8	4.0
乌克兰	—	882	6 234	4 778	5 586	7.2	9.2
阿联酋	1 627	3 622	10 629	10 062	11 237	6.3	7.0
美国	30 055	51 226	95 184	87 020	97 347	4.2	4.9
越南 d	…	814	5 444	5 501	5 719	6.3	6.7
也门 d	…	…	2 605	2 523	3 134	28.3	32.3

a 接近一年。
b 进口以 f. o. b. 计价。
c 财政年度的数据。
d 包括 WTO 秘书处估计。
e 自 2000 年进口以 f. o. b. 计价。
f 参见欧盟（27）从外进口的详细数据。

表 44

2010 年燃料和矿产品占货物贸易和初级产品的份额（按地区）

单位：%

	出口	进口		出口	进口
占货物贸易份额			占初级产品份额		
世界	20.4	20.4	世界	69.0	69.0
北美洲	15.2	18.6	北美洲	58.4	73.9
中、南美洲	42.3	18.9	中、南美洲	59.9	67.5
欧洲	11.1	17.7	欧洲	52.2	63.9
独联体	64.0	10.7	独联体	89.4	43.6
非洲	65.6	16.8	非洲	85.9	52.4
中东	68.1	8.8	中东	96.5	40.4
亚洲	11.5	27.1	亚洲	64.8	76.5

表 45

2010 年燃料占货物贸易和初级产品的份额（按地区）

单位：%

	出口	进口		出口	进口
占货物贸易份额			占初级产品份额		
世界	15.8	15.8	世界	53.5	53.5
北美洲	10.9	15.9	北美洲	41.7	63.3
中、南美洲	23.5	16.6	中、南美洲	33.2	59.5
欧洲	7.6	13.4	欧洲	35.7	48.1
独联体	56.7	8.2	独联体	79.2	33.6
非洲	56.0	14.4	非洲	73.3	45.0
中东	66.6	6.4	中东	94.4	29.3
亚洲	7.7	19.9	亚洲	43.1	56.2

表 46

2010 年制成品占货物贸易的份额（按地区）

单位：%

	出口	进口
占货物贸易份额		
世界	67.1	67.1
北美洲	68.8	72.8
中、南美洲	26.2	69.1
欧洲	76.4	69.2
独联体	23.9	74.5
非洲	18.6	64.9
中东	22.0	75.1
亚洲	79.4	62.0

表 47

2010 年各地区制成品的出口（按目的地）

单位：十亿美元，%

地区＼年份	总额	份额				年度变化百分比		
		占地区出口		占世界出口				
	2010	2005	2010	2005	2010	2005—2010	2009	2010
世界	**9 962**	**100.0**	**100.0**	**100.0**	**100.0**	**6**	**−20**	**20**
欧洲								
世界	**4 304**	**100.0**	**100.0**	**48.0**	**43.2**	**4**	**−22**	**11**
欧洲	2 975	71.9	69.1	34.5	29.9	3	−22	8
亚洲	452	8.4	10.5	4.0	4.5	9	−12	22
北美洲	346	9.5	8.0	4.5	3.5	1	−21	14
独联体	153	2.7	3.6	1.3	1.5	10	−40	23
中东	141	3.0	3.3	1.5	1.4	6	−19	9
非洲	131	2.6	3.1	1.3	1.3	7	−10	4
中、南美洲	86	1.5	2.0	0.7	0.9	11	−23	30
亚洲								
世界	**3 722**	**100.0**	**100.0**	**31.7**	**37.4**	**10**	**−17**	**30**
亚洲	1 782	47.2	47.9	15.0	17.9	10	−13	32
北美洲	738	24.4	19.8	7.7	7.4	6	−19	28
欧洲	703	19.4	18.9	6.1	7.1	9	−21	28
中东	164	3.3	4.4	1.0	1.6	17	−17	20
中、南美洲	125	1.9	3.3	0.6	1.3	24	−22	54
非洲	99	1.9	2.7	0.6	1.0	18	−14	23
独联体	76	1.4	2.0	0.5	0.8	18	−49	49
北美洲								
世界	**1 352**	**100.0**	**100.0**	**15.1**	**13.6**	**4**	**−19**	**20**
北美洲	660	54.6	48.8	8.3	6.6	2	−20	23
亚洲	273	18.1	20.2	2.7	2.7	7	−15	25
欧洲	232	17.2	17.1	2.6	2.3	4	−18	6
中、南美洲	117	5.9	8.6	0.9	1.2	12	−21	25
中东	43	2.6	3.2	0.4	0.4	8	−17	7
非洲	20	1.1	1.5	0.2	0.2	11	−9	7
独联体	8	0.4	0.6	0.1	0.1	11	−44	18
中东								
世界	**197**	**100.0**	**100.0**	**1.3**	**2.0**	**16**	**−14**	**30**
亚洲	60	22.5	30.5	0.3	0.6	23	−10	57
中东	58	24.3	29.4	0.3	0.6	20	−4	11
欧洲	28	20.3	14.3	0.3	0.3	8	−30	27
北美洲	25	21.0	12.7	0.3	0.3	4	−18	23
非洲	14	6.5	7.2	0.1	0.1	18	−16	16

续 表

地区 \ 年份	总 额	份 额				年度变化百分比		
		占地区出口		占世界出口				
	2010	2005	2010	2005	2010	2005—2010	2009	2010
独联体	3	2.5	1.8	0.0	0.0	7	−36	32
中、南美洲	3	1.1	1.6	0.0	0.0	24	−32	87
中、南美洲								
世界	**151**	**100.0**	**100.0**	**1.7**	**1.5**	**4**	**−28**	**20**
中、南美洲	69	34.3	45.8	0.6	0.7	11	−25	26
北美洲	43	41.2	28.3	0.7	0.4	−3	−36	19
欧洲	21	13.1	14.0	0.2	0.2	6	−26	20
亚洲	13	7.6	8.4	0.1	0.1	7	−20	11
非洲	3	2.4	2.2	0.0	0.0	2	−21	−15
中东	1	1.0	0.9	0.0	0.0	3	−31	−7
独联体	0	0.2	0.2	0.0	0.0	0	−73	28
独联体								
世界	**141**	**100.0**	**100.0**	**1.3**	**1.4**	**9**	**−37**	**29**
独联体	56	33.4	40.1	0.4	0.6	13	−37	43
欧洲	43	31.4	30.3	0.4	0.4	8	−45	37
亚洲	18	17.5	13.0	0.2	0.2	3	−16	−2
中东	8	5.8	5.8	0.1	0.1	9	−29	21
北美洲	6	5.9	4.0	0.1	0.1	1	−46	28
中、南美洲	4	2.2	3.0	0.0	0.0	16	−54	45
非洲	3	3.3	2.2	0.0	0.0	0	−43	8
非洲								
世界	**95**	**100.0**	**100.0**	**0.9**	**0.9**	**8**	**−24**	**25**
欧洲	40	51.3	42.3	0.5	0.4	4	−29	21
非洲	23	16.9	24.0	0.2	0.2	16	−7	17
亚洲	13	13.4	14.2	0.1	0.1	9	−28	39
北美洲	9	10.1	9.1	0.1	0.1	6	−32	34
中东	5	3.9	5.8	0.0	0.1	16	−16	28
中、南美洲	2	1.3	2.2	0.0	0.0	19	−40	59
独联体	0	0.2	0.2	0.0	0.0	10	−40	2

表 48

2010 年制成品的主要进出口方

单位：十亿美元，%

年份 地区	总 额 2010	占世界出口/进口份额 1980	1990	2000	2010	年度变化百分比 2005—2010	2008	2009	2010
出口方									
欧盟（27）	3 999	—	—	42.9	40.1	4	8	−22	11
欧盟(27)对外出口	1 449	—	—	14.2	14.5	6	10	−20	16
中国	1 477	0.8	1.9	4.7	14.8	16	17	−16	31
美国	944	13.0	12.1	13.8	9.5	5	7	−17	18
日本	680	11.2	11.5	9.6	6.8	4	8	−27	34
韩国	412	1.4	2.5	3.3	4.1	10	10	−12	28
中国香港	373	—	—	—	—	6	5	−12	22
内部出口	7	1.2	1.1	0.5	0.1	−16	−21	−39	16
转口	366	—	—	—	—	7	6	−12	22
新加坡	254	0.8	1.6	2.5	2.6	7	4	−16	28
内部出口	115	0.4	1.0	1.3	1.2	5	−1	−12	32
转口	139	0.3	0.6	1.2	1.4	8	9	−19	26
中国台北	234	1.6	2.6	3.0	2.4	6	1	−19	30
墨西哥 a	222	0.4	1.1	3.0	2.2	6	4	−19	30
加拿大	186	2.7	3.1	3.7	1.9	−2	−5	−27	18
瑞士	173	2.4	2.5	1.5	1.7	7	15	−14	12
泰国	142	0.1	0.6	1.1	1.4	11	9	−14	29
印度	138	0.5	0.5	0.7	1.4	14	32	−11	25
马来西亚	133	0.2	0.7	1.7	1.3	5	4	−16	22
土耳其	88	0.1	0.4	0.5	0.9	8	20	−25	13
以上 15 个经济体总计	**9 089**	—	—	**92.5**	**91.2**	—	—	—	—
进口方									
欧盟（27）	3 745	—	—	39.9	36.3	4	9	−22	11
欧盟(27)自外进口	1 194	—	—	12.6	11.6	5	6	−21	18
美国	1 369	11.2	15.4	19.8	13.3	2	1	−21	22
中国	894	1.1	1.7	3.5	8.7	13	8	−8	32
中国香港	389	—	—	—	—	7	5	−11	25
留用进口	23	1.1	0.9	0.5	0.2	15	−28	12	94
日本	347	2.3	4.1	4.3	3.4	5	8	−16	22
加拿大	292	3.7	3.8	4.1	2.8	3	2	−20	21
墨西哥	240	1.5	1.3	3.1	2.3	5	6	−21	27
韩国	240	0.9	1.8	2.0	2.3	9	12	−20	29
新加坡	202	1.2	1.8	2.2	2.0	6	9	−21	24
留用进口	63	0.8	1.2	1.1	0.6	3	9	−24	21
俄罗斯	188	—	—	0.6	1.8	13	30	−37	23
中国台北	164	0.9	1.5	2.3	1.6	5	0	−22	46
印度	144	0.5	0.5	0.5	1.4	16	37	−9	13
瑞士	142	2.3	2.4	1.4	1.4	6	10	−14	13
澳大利亚	137	1.3	1.3	1.2	1.3	8	16	−16	19
巴西	135	0.9	0.5	0.8	1.3	21	58	−20	39
以上 15 个经济体总计	**8 261**	—	—	**86.2**	**80.0**	—	—	—	—

表49

2010年美国、欧盟（27）和中国的制成品贸易（按原产地和目的地） 单位：十亿美元，%

出口 总额 2010	出口 份额 2005	出口 份额 2010	出口 年度变化百分比 2005—2010	出口 年度变化百分比 2009	出口 年度变化百分比 2010	地区＼年份	进口 总额 2010	进口 份额 2005	进口 份额 2010	进口 年度变化百分比 2005—2010	进口 年度变化百分比 2009	进口 年度变化百分比 2010
						美国						
944	**100.0**	**100.0**	**5**	**−17**	**18**	世界	**1 369**	**100.0**	**100.0**	**2**	**−21**	**22**
321	37.6	34.0	3	−17	22	北美洲	306	24.0	22.4	1	−22	27
94	7.5	10.0	11	−18	21	中、南美洲	37	3.4	2.7	−3	−33	27
29	1.8	3.1	17	−19	28	巴西	10	1.4	0.7	−10	−47	18
206	23.5	21.9	4	−18	6	欧洲	285	22.3	20.8	1	−23	15
188	21.8	19.9	3	−18	5	欧盟（27）	262	20.9	19.1	0	−23	14
7	0.6	0.7	10	−45	14	独联体	6	0.4	0.5	3	−61	70
5	0.4	0.5	10	−48	23	俄罗斯	5	0.3	0.4	6	−50	57
18	1.5	1.9	10	−9	7	非洲	9	0.5	0.6	6	−35	32
40	3.7	4.3	8	−17	7	中东	23	1.6	1.7	3	−19	15
257	25.6	27.2	7	−14	26	亚洲	703	47.7	51.4	4	−18	23
57	3.9	6.0	15	−2	29	中国	370	20.2	27.0	8	−12	24
40	5.3	4.2	1	−20	17	日本	117	11.0	8.6	−3	−32	26
110	12.1	11.6	4	−17	31	六个东亚贸易国/地区	141	12.0	10.3	−1	−20	19
						欧盟（27）						
3 999	**100.0**	**100.0**	**4**	**−22**	**11**	世界	**3 745**	**100.0**	**100.0**	**4**	**−22**	**11**
317	9.4	7.9	1	−21	14	北美洲	210	6.3	5.6	2	−19	6
79	1.4	2.0	11	−23	31	中、南美洲	26	0.7	0.7	3	−29	36
36	0.5	0.9	15	−22	37	巴西	12	0.3	0.3	2	−30	10
2 797	72.4	69.9	3	−22	8	欧洲	2 713	74.6	72.5	3	−22	8
2 550	66.5	63.8	3	−23	8	欧盟（27）	2 550	70.3	68.1	3	−23	8
140	2.7	3.5	10	−40	23	独联体	30	0.8	0.8	4	−45	34
98	1.9	2.5	10	−43	26	俄罗斯	18	0.5	0.5	3	−43	34
120	2.6	3.0	7	−12	5	非洲	37	1.2	1.0	0	−28	19
118	2.9	3.0	5	−18	8	中东	24	0.9	0.6	−2	−30	29
411	8.2	10.3	9	−12	23	亚洲	680	15.4	18.2	7	−20	20
130	1.7	3.3	18	−1	32	中国	360	6.2	9.6	14	−17	25
48	1.4	1.2	1	−17	16	日本	83	2.9	2.2	−2	−29	8
131	2.9	3.3	6	−15	22	六个东亚贸易国/地区	156	4.4	4.2	3	−22	20
						中国 a						
1 476	**100.0**	**100.0**	**16**	**−16**	**31**	世界	**894**	**100.0**	**100.0**	**13**	**−8**	**32**
379	31.0	25.6	12	−12	30	北美洲	78	8.4	8.7	13	−7	28
65	2.4	4.4	32	−22	62	中、南美洲	7	0.7	0.8	15	18	6
23	0.6	1.6	39	−20	70	巴西	3	0.3	0.3	9	21	−12
380	25.3	25.8	17	−18	31	欧洲	157	14.5	17.6	17	−4	30
361	24.1	24.5	16	−18	32	欧盟（27）	146	13.6	16.4	17	−5	30
51	2.9	3.5	21	−40	38	独联体	7	1.2	0.8	3	34	0
28	1.8	1.9	18	−48	71	俄罗斯	4	0.9	0.4	−3	14	−7
53	2.5	3.6	25	−8	21	非洲	3	0.3	0.4	15	−10	31
59	3.0	4.0	23	−13	22	中东	15	1.0	1.6	24	12	70
482	33.1	32.6	16	−13	30	亚洲	627	73.8	70.1	11	−10	34
130	12.1	8.8	9	−13	25	日本	163	19.0	18.2	12	−12	36
203	14.3	13.7	15	−18	28	六个东亚贸易国/地区	328	39.4	36.6	11	−9	36

a 中国通报其内部进口占制成品进口的12%。

表 50

1990—2010 年主要经济体的制成品出口

单位：十亿美元，%

地区＼年份	总额					占经济体总货物出口的份额	
	1990	2000	2008	2009	2010	2005	2010a
世界	**2 391**	**4 690**	**10 415**	**8 327**	**9 962**	**71.2**	**67.1**
阿根廷	4	9	22	18	22	30.4	31.9
澳大利亚	7	15	29	23	27	20.4	12.6
孟加拉国 b，c	1	6	13	14	18	91.2	93.3
白俄罗斯	—	5	17	10	13	51.9	52.9
巴西	16	32	86	58	71	52.1	35.2
柬埔寨 c	…	1	4	4	5	94.7	95.6
加拿大	73	176	214	157	186	57.2	47.9
智利	1	3	8	6	7	12.4	10.0
中国 d	44	220	1 331	1 125	1 477	91.9	93.6
哥伦比亚	2	4	12	9	9	34.7	22.0
哥斯达黎加 d	0	4	6	6	5	65.1	58.5
克罗地亚	…	3	10	7	8	68.2	67.6
多米尼加 d	2	5	4	3	4	80.6	62.2
埃及 c	1	2	9	10	11	46.3	41.5
萨尔瓦多 d	0	2	3	3	3	79.4	71.5
欧盟（27）	—	2 012	4 610	3 608	3 999	80.7	77.6
欧盟（27）对内出口	—	1 345	3 052	2 362	2 550	79.1	75.8
欧盟（27）对外出口	—	667	1 558	1 246	1 449	84.0	81.1
危地马拉	0	1	4	3	4	56.7	42.6
中国香港	76	192	348	305	373	95.8	93.1
内部出口	27	22	10	6	7	80.3	46.3
转口	48	170	338	299	366	97.0	94.9
印度 c，e	13	33	123	110	138	71.1	63.9
印尼 c，d	9	37	53	47	58	45.3	37.0
伊朗 c	1	2	11	10	13	8.9	12.6
以色列 e	10	30	56	45	54	94.5	93.0
日本	275	450	693	508	680	91.8	88.4
约旦	1	1	6	5	5	71.5	72.6
哈萨克斯坦	—	1	10	6	7	12.0	12.1
韩国	61	155	365	323	412	90.8	88.2
马来西亚 c，d	16	79	130	109	133	74.4	67.0

续 表

年份 地区	总额					占经济体总货物出口的份额	
	1990	2000	2008	2009	2010	2005	2010a
墨西哥 d	25	139	212	172	222	77.0	74.5
摩洛哥 d	2	5	13	9	11	63.0	63.3
新西兰	2	4	8	6	7	31.2	22.6
挪威	11	13	29	24	24	18.1	18.0
巴基斯坦 c	4	8	15	13	16	81.1	74.4
菲律宾 c，d	6	35	41	33	44	89.1	85.1
俄罗斯	— |	25	93	64	81	21.7	20.2
沙特 c	4	6	21	19	29	9.5	11.7
塞尔维亚	…	…	7	5	6	63.3	59.4
新加坡	37	118 |	237	198	254	80.6	72.2
内部出口	23	63 |	100	87	115	71.8	63.1
转口	14	54 |	137	111	139	91.1	82.2
南非 e	8	14	38	25	33	50.5	40.1
斯里兰卡 c	1	4	5	5	6	68.1	65.0
瑞士	60	72 |	179	155	173	91.9	88.3
中国台北	62	141	223	180	234	86.5	85.4
泰国	15	52	127	109	142	76.0	72.5
特立尼达和多巴哥 c	1	1	5	2	2	25.3	17.9
突尼斯 c	2	5	14	11	12	74.9	75.2
土耳其	9	22	104	78	88	81.3	77.6
乌克兰	—	10	47	25	33	68.5	63.6
阿联酋 c，f	3	7	41	40	53	19.5	24.0
美国	290	649	963	800	944	81.3	73.8
越南 c	…	6	34	34	50	49.9	68.9

a 接近一年。

b 财政年度的数据。

c 包括 WTO 秘书处估计。

d 包括重要的自加工区的出口。

e 包括重要的钻石出口。最近几年，钻石占制成品出口的份额，印度为 16%，以色列是 30%，南非则是 6%。

f 重要的转口。

表 51

1990—2010 年主要经济体的制成品进口

单位：十亿美元，%

年份 地区	总额					占经济体总货物进口的份额	
	1990	2000	2008	2009	2010	2005	2010a
阿尔及利亚 b	7	6	29	31	31	76.5	78.0
阿根廷	3	22	48	33	48	86.3	84.3
澳大利亚 c	32	59	137	115	137	79.9	72.3
孟加拉国 b，d	2	5	12	14	19	59.4	68.0
白俄罗斯	—	4	19	13	17	46.3	47.5
委内瑞拉	5	12	38	30	25	78.7	81.1
巴西 e	13	41	122	97	135	71.9	74.1
加拿大 c	93	201	301	242	292	78.9	74.7
智利	5	12	35	25	35	61.2	60.1
中国 f	42	170	733	675	894	74.7	64.1
哥伦比亚	4	9	32	27	33	83.2	80.4
哥斯达黎加 f	1	5	11	9	10	74.8	74.8
科特迪瓦	…	1	3	3	4	46.9	54.4
克罗地亚	…	6	22	15	13	72.9	67.1
多米尼加 b，c，f	2	7	9	7	9	59.3	59.0
厄瓜多尔	2	3	12	11	14	72.3	67.7
欧盟（27）g	—	1 954	4 339	3 375	3 745	73.4	69.9
欧盟（27）自外进口	—	616	1 287	1 013	1 194	62.7	60.0
危地马拉 f	1	3	9	7	9	71.2	65.9
中国香港	71	193	349	311	389	91.6	88.1
留用进口	22	22	11	12	23	40.0	41.0
印度 h	12	22	139	127	144	47.0	44.5
印尼 b，f	17	30	77	56	84	63.1	63.6
伊朗 b	15	10	40	34	38	67.0	58.8
伊拉克 b	…	2	25	28	32	…	76.1
以色列 h	12	29	45	34	42	72.5	69.2
日本	100	213	341	286	347	53.6	50.0
约旦	1	3	9	8	9	57.4	55.8
哈萨克斯坦	—	4	28	23	22	78.2	73.4
肯尼亚 b	1	2	6	6	7	64.3	59.2
韩国	44	98	232	186	240	60.5	56.4
科威特 b	3	6	20	16	18	80.2	81.5
黎巴嫩 b	…	3	9	9	9	53.3	51.2
马来西亚 b，f	23	68	114	93	121	79.0	73.2
墨西哥 c，f	32	150	239	188	240	83.5	79.5
摩洛哥 f	4	7	24	21	19	61.8	54.6

续 表

地区 \ 年份	总额					占经济体总货物进口的份额	
	1990	2000	2008	2009	2010	2005	2010a
新西兰	8	11	23	18	21	76.7	68.8
尼日利亚 b	5	4	29	28	38	80.6	86.5
挪威	21	27	70	54	57	78.8	74.4
阿曼 b	2	3	18	14	14	75.8	71.4
巴基斯坦	4	5	20	17	18	58.4	46.5
秘鲁	2	5	21	16	22	66.0	71.8
菲律宾	9	29	39	31	39	76.4	67.0
卡塔尔 b	1	3	25	23	20	89.2	88.1
俄罗斯 c	— |	31	242	153	188	79.8	75.7
沙特 b	18	22	41	34	78	78.3	79.9
塞内加尔	…	…	15	9	9	65.5	51.8
新加坡	44	110 |	205	162	202	76.1	64.9
留用进口	30	55 |	68	52	63	58.5	44.4
南非 b	13	19	59	44	56	75.8	70.2
斯里兰卡 b	2	5	8	6	8	64.8	58.6
瑞士	58	68	146	126	142	82.1	80.7
叙利亚 b	1	2 |	8	8	11	51.8	63.5
中国台北	37	110	144	112	164	71.7	65.2
泰国	25	47	114	90	122	69.5	67.0
特立尼达和多巴哥 b	1	2	5	4	4	51.1	53.4
突尼斯 b	4	6	16	14	16	72.0	73.9
土耳其	14	38	118	89	116	66.4	62.5
乌克兰	—	6	51	24	32	57.0	52.8
阿联酋	9	29	117	91	96	61.4	59.9
美国	376	968	1 417	1 121	1 369	71.5	69.5
越南 b	2	11	54	51	61	69.4	72.0

a 接近一年。

b 包括 WTO 秘书处估计。

c 进口以 f. o. b. 计价。

d 财政年度的数据。

e 自 2000 年进口以 f. o. b. 计价。

f 包括重要的加工区进口。

g EU (27) 从内部的进口见数据库。

h 包括重要的钻石进口。最近几年，钻石占制成品进口的份额，印度为 17%，以色列是 20%。

表 52

2010 年钢铁的主要进出口方

单位：十亿美元，%

年份 / 地区	总 额	占世界出口/进口份额				年度变化百分比			
	2010	1980	1990	2000	2010	2005—2010	2008	2009	2010
出口方									
欧盟（27）	162	—	—	47.0	38.5	3	13	−44	20
欧盟(27)对外出口	45	—	—	11.5	10.6	3	18	−33	9
日本	42	20.1	11.8	10.4	10.0	9	28	−29	35
中国 a	40	0.3	1.2	3.1	9.4	15	38	−67	67
韩国	24	2.2	3.4	4.7	5.8	11	33	−30	40
俄罗斯	23	—	—	5.1	5.5	4	34	−38	17
美国	17	4.2	3.3	4.4	4.1	8	33	−34	30
乌克兰	16	—	—	3.6	3.8	5	35	−55	38
中国台北	11	0.4	0.8	3.2	2.6	5	4	−33	28
印度	11	0.1	0.2	0.9	2.5	15	37	−42	64
土耳其	10	0.0	1.4	1.3	2.4	12	76	−46	13
巴西	9	1.1	3.4	2.5	2.1	0	35	−46	20
南非	8	1.6	2.0	1.9	1.8	6	19	−42	51
加拿大	7	2.3	1.9	2.2	1.7	5	31	−49	47
墨西哥 a	5	0.1	0.7	1.2	1.1	4	29	−51	52
哈萨克斯坦	4	—	—	0.8	0.9	13	68	−51	33
以上 15 个经济体总计	388	—	—	92.3	92.3	—	—	—	—
进口方									
欧盟（27）	152	—	—	41.2	34.2	3	12	−51	28
欧盟(27)自外进口	34	—	—	7.5	7.7	4	10	−61	38
美国	31	10.1	9.5	12.7	7.0	0	30	−56	43
中国 a	25	2.7	2.5	6.4	5.6	−1	12	−2	−5
韩国	23	1.2	2.9	3.5	5.1	9	56	−48	30
泰国	12	0.6	2.4	1.8	2.6	6	9	−45	55
加拿大 b	11	1.6	2.0	3.5	2.4	2	19	−41	45
印度	10	1.0	1.0	0.5	2.2	18	16	−18	23
土耳其	10	0.4	1.1	1.6	2.2	8	33	−49	27
中国台北	9	1.4	2.5	3.1	2.0	1	29	−54	64
俄罗斯 b	9	—	—	1.0	2.0	16	1	−47	97
伊朗 c	9	…	…	1.1	2.0	12	−2	−10	20
日本	9	1.1	4.1	2.4	2.0	4	37	−54	63
墨西哥 a，b	8	2.2	1.0	2.6	1.9	6	24	−37	36
印尼	7	1.2	1.1	1.1	1.7	14	103	−41	40
越南 c	6	…	…	0.6	1.4	14	31	−21	2
以上 15 个经济体总计	329	—	—	83.1	74.2	—	—	—	—

a 包括重要的加工区货物。

b 进口以 f.o.b. 计价。

c 包括 WTO 秘书处估计。

表 53

1990—2010 年主要经济体的汽车出口

单位：百万美元，%

地区 \ 年份	总额 1990	2000	2008	2009	2010	占经济体总货物出口的份额 2005	2010a
世界	**318 959**	**576 322**	**1 234 302**	**845 861**	**1 091 976**	**9.0**	**7.4**
阿根廷	200	2 108	6 654	5 480	8 058	7.6	11.8
澳大利亚	726	2 151	4 341	2 028	2 719	3.3	1.3
白俄罗斯	—	740	2 192	889	1 597	7.4	6.3
委内瑞拉	73	223	81	41	27	0.6	0.0
巴西	2 034	4 683	14 750	8 555	12 639	10.1	6.3
加拿大	28 442	60 656	51 806	34 171	50 118	18.5	12.9
智利	18	203	311	265	312	0.4	0.4
中国 b	258	1 581	28 636	19 853	28 040	1.3	1.8
哥伦比亚	6	226	533	248	341	3.1	0.9
科特迪瓦	…	11	37	73	23	2.4	0.2
克罗地亚	…	45	248	182	202	1.8	1.7
厄瓜多尔	1	60	404	247	350	1.4	2.0
欧盟（27）	—	287 180	661 192	461 113	542 751	12.1	10.5
欧盟（27）对内出口	—	216 416	474 178	338 717	365 559	13.2	10.9
欧盟（27）向外出口	—	70 764	187 013	122 396	177 192	9.9	9.9
中国香港	354	764	1 760	1 665	1 552	0.5	0.4
内部出口	27	23	15	8	9	0.0	0.1
转口	328	741	1 745	1 658	1 543	0.6	0.4
印度	198	588	4 875	4 799	7 939	2.6	3.7
印尼	22	369	2 783	1 861	2 732	1.5	1.7
伊朗 c	…	61	445	302	484	0.3	0.5
以色列	31	31	152	512	426	0.3	0.7
日本	66 195	88 082	171 012	103 425	149 516	20.7	19.4
约旦	19	62	260	219	117	2.6	1.7
韩国	2 301	15 194	48 842	37 003	54 488	13.3	11.7
马来西亚 b	121	307	1 154	944	1 329	0.5	0.7
墨西哥 b	4 383	30 655	45 985	36 157	55 635	16.5	18.7
摩洛哥 b	28	24	209	226	203	0.7	1.2
挪威	305	459	918	605	672	0.7	0.5
菲律宾 b	23	583	2 196	1 535	1 821	3.7	3.5
卡塔尔 c	32	32	431	298	373	0.5	0.6
俄罗斯	—	959	3 873	1 751	2 261	1.0	0.6
沙特 c	229	59	1 135	683	887	0.4	0.4
新加坡	348	678	3 399	2 941	3 407	1.0	1.0
内部出口 c	82	90	56	240	620	0.2	0.3
转口 c	266	588	3 343	2 701	2 788	1.9	1.7
南非	249	1 708	7 737	5 087	6 702	8.4	8.2
瑞士	591	772	2 016	1 554	1 704	1.1	0.9
中国台北	829	2 221	4 209	3 642	4 854	1.9	1.8
泰国	108	2 417	16 227	11 683	18 701	7.2	9.6

续　表

地区 \ 年份	总额					占经济体总货物出口的份额	
	1990	2000	2008	2009	2010	2005	2010a
突尼斯 c	30	63	350	312	329	2.7	2.0
土耳其	153	1 517	17 873	11 987	13 755	12.8	12.1
乌克兰	—	145	1 134	367	512	0.9	1.0
阿联酋 d	1	641	6 194	5 570	5 758	2.5	2.6
美国	32 547	67 195	111 529	72 645	99 729	9.5	7.8
越南 c	…	8	456	369	538	0.5	0.7

a　接近一年。

b　包括重要的出口加工区的出口。

c　包括 WTO 秘书处估计。

d　主要的转口。

表 54

1990—2010 年主要经济体的汽车进口　　　　单位：百万美元，%

地区 \ 年份	总额					占经济体总货物进口的份额	
	1990	2000	2008	2009	2010	2005	2010a
阿尔及利亚	658	615	4 664	4 677	3 981	11.0	9.9
阿根廷	183	2 805	9 560	6 212	10 620	15.2	18.8
澳大利亚 b	3 794	8 550	21 668	15 115	22 928	12.8	12.1
巴林 c	152	214	843	570	1 141	7.8	11.6
孟加拉国 c，d	77	191	424	648	679	1.9	2.4
白俄罗斯	—	297	2 082	1 123	1 000	3.0	2.9
委内瑞拉	426	1 451	3 070	1 072	932	12.7	3.0
巴西 e	532	4 154	13 189	11 722	17 698	6.4	9.7
加拿大 b	24 640	46 276	61 053	43 503	59 541	18.3	15.2
智利	579	1 507	5 122	2 963	6 204	9.8	10.5
中国 f	1 796	3 798	29 069	30 848	53 033	2.1	3.8
哥伦比亚	416	590	3 515	2 558	3 954	9.0	9.7
克罗地亚	…	831	2 509	1 202	939	8.7	4.7
厄瓜多尔	157	184	1 782	1 508	2 278	11.2	11.1
埃及	416	514	2 979	2 597	3 686	3.7	7.0
埃塞俄比亚 c	114	141	515	465	744	8.3	8.7
欧盟（27）g	—	245 244	552 580	390 960	422 823	9.9	7.9
欧盟（27）自外进口	—	32 091	78 402	52 243	57 264	3.7	2.9
加纳 c	…	331	1 256	1 110	739	13.1	6.9
危地马拉 f	117	481	855	557	747	7.4	5.4
中国香港	994	2 195	3 406	2 838	3 517	0.8	0.8
留用进口	666	1 455	1 661	1 180	1 974	3.2	3.5
印度	260	421	3 505	3 007	4 347	0.8	1.3
印尼	1 523	1 870	6 000	3 739	7 232	4.2	5.5
伊朗 c	…	770	6 158	2 225	2 688	4.0	4.1
以色列	871	2 298	4 018	3 384	4 262	5.0	7.0
日本	7 327	9 957	15 860	10 014	14 160	2.6	2.0

续 表

地区 \ 年份	总额					占经济体总货物进口的份额	
	1990	2000	2008	2009	2010	2005	2010a
约旦	108	519	1 173	1 383	1 182	8.2	7.7
哈萨克斯坦	—	435	2 361	1 382	1 048	9.0	3.5
肯尼亚	255	156	758	720	762	6.5	6.3
韩国	929	1 773	7 250	5 371	8 017	1.6	1.9
科威特 c	453	1 141	3 772	3 316	3 670	18.4	16.3
黎巴嫩 c	…	535	1 675	1 277	1 327	7.8	7.2
马来西亚 f	1 312	1 833	4 002	3 901	5 760	3.0	3.5
墨西哥 b，f	933	20 003	30 513	21 448	29 439	11.3	9.8
摩洛哥 f	317	471	2 946	2 466	2 535	5.7	7.2
新西兰	1 012	1 480	3 156	1 791	2 768	13.2	9.0
挪威	1 419	2 597	7 226	5 144	6 709	9.5	8.7
阿曼 c	429	1 109	5 669	3 288	4 869	23.0	24.5
巴基斯坦	390	324	1 026	804	1 096	5.1	2.8
巴拿马	111	332	870	749	821	10.0	9.0
秘鲁	176	510	2 619	1 792	2 910	4.9	9.7
菲律宾	537	974	1 729	1 697	2 573	2.1	4.4
卡塔尔 c	202	409	3 281	1 816	2 477	13.6	10.7
俄罗斯 b	— |	2 381	47 453	14 358	26 153	9.7	10.5
沙特 c	2 839	3 815	12 454	10 237	14 664	16.6	15.1
新加坡	1 418	2 417 |	4 978	3 632	3 909	1.8	1.3
留用进口 c	1 152	1 829 |	1 636	931	1 122	1.7	0.8
南非 c	…	2 401	11 280	7 244	11 132	16.8	13.9
苏丹 c	…	155	906	1 164	1 361	13.2	13.6
瑞士	6 048	6 222	11 522	9 709	11 704	6.6	6.7
叙利亚 c	75	184 |	935	768	873	7.2	5.2
中国台北	2 565	2 676	2 461	2 643	4 174	2.0	1.7
泰国	2 651	2 084	5 965	4 922	8 536	3.7	4.7
突尼斯	306	595	1 478	1 418	1 407	6.7	6.3
土耳其	1 177	5 831	15 155	10 498	15 462	10.3	8.3
乌克兰	—	446	11 442	1 907	3 113	8.6	5.1
阿联酋	964	2 384	16 999	8 655	10 726	7.7	6.7
美国	79 320	170 195	199 229	133 319	189 765	11.9	9.6
越南 c	…	294	2 448	2 541	3 123	3.2	3.7

a 接近一年。

b 进口以 f. o. b. 计价。

c 包括 WTO 秘书处估计。

d 财政年度的数据。

e 自 2000 年进口以 f. o. b. 计价。

f 包括重要的加工区的进口。

g EU（27）从内进口参看数据库信息。

表 55

1990—2010 年主要经济体的纺织品出口

单位：百万美元，%

年份 地区	总额					占经济体总货物出口的份额	
	1990	2000	2008	2009	2010	2005	2010a
世界	**104 354**	**154 860**	**248 407**	**209 820**	**250 652**	**2.0**	**1.7**
阿根廷	158	258	274	214	263	0.5	0.4
澳大利亚	153	347	319	242	239	0.3	0.1
孟加拉国 b，c	343	393	1 090	886	1 263	7.6	6.6
白俄罗斯	—	410	588	454	615	3.0	2.4
巴西	769	895	1 361	953	1 106	1.1	0.5
加拿大	687	2 204	1 992	1 644	1 907	0.7	0.5
智利	33	114	105	89	106	0.3	0.1
中国 d	7 219	16 135	65 367	59 824	76 900	5.4	4.9
哥伦比亚	133	268	858	639	414	1.7	1.0
克罗地亚	…	87	141	118	115	1.2	1.0
埃及	554	412	759	1 019	1 292	4.6	4.9
萨尔瓦多 d	38	79	188	180	241	3.3	5.4
欧盟（27）	—	56 737	81 307	62 940	67 108	1.7	1.3
欧盟（27）对内出口	—	41 170	57 116	44 086	46 360	1.8	1.4
欧盟（27）向外出口	—	15 567	24 190	18 854	20 748	1.6	1.2
危地马拉	34	53	248	207	258	3.3	3.0
中国香港	8 213	13 441	12 256	9 976	11 307	4.7	2.8
内部出口	2 171	1 176	396	280	251	3.0	1.7
转口	6 042	12 265	11 860	9 696	11 056	4.9	2.9
印度	2 180	5 593	10 372	9 111	12 872	8.4	6.0
印尼	1 241	3 505	3 675	3 208	4 150	3.9	2.6
伊朗 c	510	766	1 003	828	993	1.4	1.0
以色列	270	490	651	770	848	1.7	1.5
日本	5 871	7 023	7 340	6 109	7 086	1.2	0.9
韩国	6 076	12 710	10 371	9 155	10 968	3.7	2.4
中国澳门 c	136	271	107	57	38	11.1	4.4
马来西亚 d	343	1 270	1 549	1 359	1 671	1.0	0.8
毛里求斯 c，d	35	81	80	68	74	3.5	3.3
墨西哥 d	713	2 571	1 993	1 611	1 928	1.0	0.6
摩洛哥 d	203	123	330	305	267	1.7	1.5
尼泊尔	82	182	185	243	257	21.6	29.8
新西兰	135	146	288	223	265	1.2	0.8
挪威	163	173	251	183	181	0.2	0.1
巴基斯坦	2 663	4 532	7 186	6 510	7 848	44.2	36.7
秘鲁	221	128	314	272	288	0.9	0.8

续 表

年份 地区	总额					占经济体总货物出口的份额	
	1990	2000	2008	2009	2010	2005	2010a
菲律宾 d	132	297	194	147	170	0.7	0.3
俄罗斯	—	430	489	431	564	0.2	0.1
沙特 c	31	114	113	69	90	0.2	0.0
新加坡	903	907	885	704	809	0.4	0.2
内部出口	141	293	274	210	266	0.2	0.1
转口	762	614	611	495	542	0.6	0.3
南非 c	167	237	301	226	231	0.6	0.3
斯里兰卡 c	25	244	169	139	172	2.1	2.0
瑞士	2 557	1 503	1 801	1 386	1 497	1.2	0.8
叙利亚 c	555	158	1 464	1 013	1 280	2.6	9.5
中国台北	6 128	11 891	9 253	7 891	9 753	4.9	3.6
坦桑尼亚	…	11	111	122	116	1.8	3.1
泰国	928	1 958	3 211	3 002	3 761	2.5	1.9
突尼斯 c	112	154	478	395	463	3.1	2.8
土耳其	1 440	3 672	9 396	7 723	8 964	9.6	7.9
乌克兰	—	127	289	183	192	0.7	0.4
阿联酋 e	6	1 289	1 925	1 695	1 812	1.2	0.8
美国	5 039	10 952	12 496	9 931	12 168	1.4	1.0
越南 c	…	299	1 563	2 009	2 660	2.2	3.7

a 接近一年。
b 财政年度的数据。
c 包括 WTO 秘书处估计。
d 包括重要的出口加工区的出口。
e 主要的转口。

表 56

1990—2010 年主要经济体的纺织品进口

单位：百万美元，%

年份 地区	总额					占经济体总货物出口的份额	
	1990	2000	2008	2009	2010	2005	2010a
阿根廷	53	653	1 147	909	1 061	2.5	1.9
澳大利亚 b	1 445	1 632	2 209	1 928	2 182	1.5	1.2
孟加拉国 c，d	452	1 350	1 546	3 639	5 009	10.3	18.0
白俄罗斯	—	256	591	421	526	2.1	1.5
委内瑞拉	112	286	1 470	1 266	608	2.1	2.0
波斯尼亚和黑塞哥维那	…	…	329	271	299	2.8	3.2
巴西 e	252	1 045	2 947	2 584	3 779	1.6	2.1
柬埔寨 b	…	432	1 472	1 293	1 808	25.1	24.1
加拿大 b	2 325	4 126	4 317	3 569	4 153	1.4	1.1

续　表

地区＼年份	总额					占经济体总货物进口的份额	
	1990	2000	2008	2009	2010	2005	2010a
智利	203	431	662	468	709	1.4	1.2
中国 f	5 292	12 832	16 289	14 945	17 667	2.3	1.3
哥伦比亚	75	558	999	816	1 094	3.4	2.7
哥斯达黎加 f	83	184	290	235	287	2.5	2.1
克罗地亚	…	249	598	459	436	2.4	2.2
多米尼加 b，d，f	…	1 173	824	744	673	6.9	4.4
埃及	211	526	1 800	1 811	2 035	4.1	3.8
萨尔瓦多 f	111	325	968	680	880	13.0	10.4
欧盟（27）g	—	57 422	85 101	66 721	73 040	1.7	1.4
欧盟（27）自外进口	—	16 222	27 984	22 634	26 680	1.5	1.3
马其顿	…	27	464	387	…	9.8	7.7
危地马拉 f	38	59	990	794	944	11.1	6.8
洪都拉斯 b，d	26	501	1 559	1 093	1 562	17.9	18.3
中国香港	10 182	13 716	12 313	9 964	11 265	4.6	2.5
留用进口	4 140	1 451	454	269	209	2.0	0.4
印度	240	585	2 386	2 262	2 693	1.4	0.8
印尼	785	1 251	3 262	2 802	4 236	1.0	3.2
伊朗 d	…	298	428	549	603	1.1	0.9
以色列	474	759	801	669	765	1.6	1.2
日本	4 133	4 935	6 925	6 742	7 196	1.1	1.0
约旦	107	172	651	518	555	6.5	3.6
肯尼亚	17	47	252	197	277	4.1	2.3
韩国	1 947	3 359	4 112	3 536	4 833	1.4	1.1
科威特 d	168	212	350	368	374	2.1	1.7
中国澳门	619	906	310	146	102	15.6	1.8
马达加斯加 d	20	200	536	299	255	15.5	9.6
马来西亚 f	951	1 114	1 121	916	1 193	0.9	0.7
毛里求斯 d	336	411	264	200	236	8.0	5.4
墨西哥 b，f	992	5 822	5 366	4 197	5 150	2.7	1.7
摩洛哥 f	361	1 364	2 364	1 984	1 847	8.6	5.2
新西兰	396	369	537	447	513	2.0	1.7
挪威	554	509	959	754	816	1.3	1.1
巴基斯坦	126	130	589	591	950	1.9	2.4
秘鲁	17	165	617	465	723	2.6	2.4
菲律宾	910	1 250	873	604	648	2.2	1.1
俄罗斯 b	—	1 316	5 512	3 525	3 784	2.3	1.5
沙特 d	1 312	986	230	195	198	2.0	0.2
新加坡	1 778	1 275	1 193	907	1 044	0.5	0.3
留用进口	1 016	661	582	412	502	0.4	0.4

续 表

地区＼年份	总额					占经济体总货物进口的份额	
	1990	2000	2008	2009	2010	2005	2010a
南非	561	570	1 019	906	1 145	1.6	1.4
斯里兰卡 d	412	1 483	1 694	1 438	1 723	17.5	12.8
瑞士	1 849	1 326	2 177	1 823	1 991	1.3	1.1
叙利亚 d	168	399	491	485	458	3.5	2.7
中国台北	1 013	1 460	1 181	904	1 275	0.6	0.5
泰国	898	1 630	2 444	1 913	2 672	1.7	1.5
突尼斯 d	790	1 207	2 088	1 749	2 227	12.2	10.0
土耳其	567	2 124	5 646	4 718	6 540	3.8	3.5
乌克兰	—	450	1 117	824	1 089	2.5	1.8
阿联酋	983	2 055	2 884	2 321	2 366	2.6	1.5
美国	6 730	15 985	23 128	19 211	23 375	1.3	1.2
越南 d	…	1 379	5 703	5 469	5 992	9.3	7.1

a 接近一年。
b 进口以 f. o. b. 计价。
c 财政年度的数据。
d 包括 WTO 秘书处估计。
e 自 2000 年进口以 f. o. b. 计价。
f 包括重要的加工区的进口。
g EU (27) 从内进口参看数据库信息。

表 57

2010 年服装的主要进出口方

单位：十亿美元，%

地区＼年份	总额	占世界出口/进口份额				年度变化百分比			
	2010	1980	1990	2000	2010	2005—2010	2008	2009	2010
出口方									
中国 a	130	4.0	8.9	18.3	36.9	12	4	−11	21
欧盟 (27)	99	—	—	28.5	28.1	3	8	−14	1
欧盟(27)对外出口	22	—	—	6.6	6.3	3	10	−21	2
中国香港	24	—	—	—	—	−2	−3	−18	5
内部出口	0	11.5	8.6	5.0	0.1	−43	−42	−80	−28
转口	24	—	—	—	—	3	5	−11	6
孟加拉国 b	16	0.0	0.6	2.6	4.5	18	23	15	25
土耳其	13	0.3	3.1	3.3	3.6	2	−2	−15	10
印度	11	1.7	2.3	3.0	3.2	5	10	9	−6
越南 b	11	…	…	0.9	3.1	18	18	−2	27
印尼	7	0.2	1.5	2.4	1.9	7	7	−6	15
美国	5	3.1	2.4	4.4	1.3	−1	3	−6	12
墨西哥 a	4	0.0	0.5	4.4	1.2	−10	−4	−16	6

续　表

年份 / 地区	总额	占世界出口/进口份额				年度变化百分比			
	2010	1980	1990	2000	2010	2005—2010	2008	2009	2010
泰国	4	0.7	2.6	1.9	1.2	1	4	－12	15
巴基斯坦	4	0.3	0.9	1.1	1.1	2	3	－14	17
马来西亚 a	4	0.4	1.2	1.1	1.1	9	15	－14	24
斯里兰卡 b	3	0.3	0.6	1.4	1.0	4	5	－5	7
突尼斯 b	3	0.8	1.0	1.1	0.9	－1	5	－17	－2
以上 15 个经济体总计	**314**	—	—	**79.5**	**89.4**	—	—	—	—
进口方									
欧盟（27）	164	—	—	41.0	44.7	5	16	－11	2
欧盟(27)自外进口	88	—	—	19.8	23.8	6	10	－9	3
美国	82	16.4	24.0	33.1	22.3	0	－3	－13	14
日本	27	3.6	7.8	9.7	7.3	4	7	－1	5
中国香港	17	—	—	—	—	－2	－3	－16	7
留用进口	…	…	…	…	…	…	…	…	…
加拿大 c	8	1.7	2.1	1.8	2.3	7	8	－8	10
俄罗斯 c	7	—	—	1.3	2.0	－2	－17	－40	－1
瑞士	5	3.4	3.1	1.6	1.4	3	12	－10	1
澳大利亚 c	5	0.8	0.6	0.9	1.3	9	16	－5	19
韩国	4	0.0	0.1	0.6	1.2	9	－2	－20	31
土耳其	3	0.0	0.0	0.1	0.8	29	41	－3	32
阿联酋	3	0.6	0.5	0.4	0.7	11	21	－8	2
中国 a	3	0.1	0.0	0.6	0.7	9	16	－19	36
挪威	3	1.7	1.1	0.6	0.7	6	12	－11	10
墨西哥 a，c	2	0.3	0.5	1.8	0.6	－2	3	－17	9
新加坡	2	0.3	0.8	0.9	0.5	－2	－8	－24	15
以上 15 个经济体总计 d	**318**	—	—	**94.5**	**86.5**	—	—	—	—

a　包括加工区的重要货物。
b　包括 WTO 秘书处估计。
c　进口以 f.o.b. 计价。
d　除香港的留用进口。

表 58

1990—2010 年主要经济体的服装出口

单位：百万美元，%

地区 \ 年份	总额					占经济体总货物出口的份额	
	1990	2000	2008	2009	2010	2005	2010a
世界	**108 129**	**197 363**	**363 621**	**315 516**	**351 464**	**2.7**	**2.4**
阿尔巴尼亚	…	97	351	291	281	30.0	18.1
孟加拉国 b，c	643	5 067	10 920	12 525	15 660	74.1	81.6
白俄罗斯	—	262	449	344	432	2.1	1.7
波斯尼亚和黑塞哥维那	…	…	208	185	168	3.4	3.5
博茨瓦纳	…	30	260	181	145	4.6	3.1
柬埔寨	…	970	3 014	2 441	3 041	71.5	60.5
加拿大	328	2 077	1 272	1 005	1 172	0.5	0.3
中国 d	9 669	36 071	120 405	107 264	129 838	9.7	8.2
哥伦比亚	460	520	1 222	592	650	4.3	1.6
哥斯达黎加 d	54	660	266	194	161	6.7	1.7
克罗地亚	…	469	604	509	488	6.5	4.1
多米尼加 d	782	2 555	615	517	542	30.9	8.2
埃及	144	710	773	1 320	1 277	6.8	4.8
萨尔瓦多 d	184	1 673	1 679	1 355	1 697	49.8	37.7
欧盟（27）	—	56 240	114 672	98 062	98 935	2.1	1.9
欧盟（27）对内出口	—	43 286	86 973	76 253	76 630	2.4	2.3
欧盟（27）向外出口	—	12 954	27 699	21 809	22 305	1.5	1.2
马其顿	…	318	823	584	…	24.4	21.7
危地马拉	24	49	1 230	1 049	1 187	28.0	14.0
海地 c	63	245	421	506	509	83.6	87.8
洪都拉斯 c	64	2 275	2 940	2 377	2 915	55.3	50.8
中国香港	15 406	24 214	27 908	22 826	24 049	9.3	6.0
内部出口	9 266	9 935	2 867	578	417	36.1	2.8
转口	6 140	14 279	25 041	22 248	23 632	7.4	6.1
印度	2 530	5 965	10 968	12 005	11 246	8.8	5.2
印尼	1 646	4 734	6 285	5 915	6 820	5.7	4.3
日本	568	534	591	484	531	0.1	0.1
约旦	11	115	1 041	852	889	24.7	12.6
肯尼亚	9	9	255	180	189	5.4	3.7
韩国	7 879	5 027	1 741	1 396	1 610	0.9	0.3
莱索托 c	…	161	457	484	590	68.5	72.0
中国澳门 c	1 111	1 844	1 053	269	334	66.8	38.4
马达加斯加 c	11	309	531	403	363	40.3	33.3
马来西亚 d	1 315	2 257	3 624	3 126	3 880	1.8	2.0
毛里求斯 c，d	607	948	845	734	658	34.7	29.4

续 表

地区＼年份	总额 1990	2000	2008	2009	2010	占经济体总货物出口的份额 2005	2010a
墨西哥 d	587	8 631	4 911	4 113	4 363	3.4	1.5
摩尔多瓦	—	76	267	227	233	15.7	14.7
摩洛哥 d	722	2 401	3 420	3 080	2 743	25.4	15.6
缅甸 c	12	800	371	505	760	8.7	8.7
巴基斯坦	1 014	2 144	3 906	3 357	3 930	22.5	18.4
秘鲁	120	504	1 641	1 166	1 187	6.1	3.3
菲律宾 d	1 733	2 536	1 979	1 534	1 764	5.5	3.4
塞尔维亚	…	…	552	533	407	5.4	4.2
新加坡	1 588	1 825	1 557	1 045	1 069	0.7	0.3
内部出口	995	504	222	155	135	0.2	0.1
转口 c	593	1 321	1 335	890	934	1.4	0.6
斯里兰卡 c	638	2 812	3 437	3 265	3 491	45.3	41.1
斯威士兰 c	…	124	42	36	38	9.9	2.5
瑞士	686	607	1 921	1 616	1 366	1.2	0.7
叙利亚 c	330	129	557	410	524	1.6	3.9
中国台北	3 987	3 015	1 194	904	963	0.8	0.4
泰国	2 817	3 759	4 241	3 724	4 300	3.7	2.2
突尼斯 c	1 126	2 227	3 766	3 120	3 043	29.8	18.5
土耳其	3 331	6 533	13 590	11 555	12 760	16.1	11.2
乌克兰	—	417	719	551	569	2.0	1.1
阿联酋 e	146	464	922	1 014	1 122	0.7	0.5
美国	2 565	8 629	4 449	4 186	4 694	0.6	0.4
越南 c	…	1 821	8 724	8 540	10 839	14.4	15.0

a 接近一年。

b 财政年度的数据。

c 包括 WTO 秘书处估计。

d 包括重要的出口加工区的出口。

e 主要的转口。

表 59

1990—2010 年主要经济体的服装进口

单位：百万美元，%

地区＼年份	总额					占经济体总货物进口的份额	
	1990	2000	2008	2009	2010	2005	2010a
阿尔巴尼亚	…	68	246	182	173	5.6	3.8
阿根廷	6	333	417	394	400	0.5	0.7
澳大利亚 b	711	1 858	4 280	4 058	4 832	2.6	2.6
孟加拉国 c，d	14	174	252	123	161	1.8	0.6
委内瑞拉	101	390	1641	851	574	2.2	1.9
波斯尼亚和黑塞哥维那	…	…	220	176	174	2.4	1.9
巴西 e	59	173	883	963	1 356	0.4	0.7
加拿大 b	2 388	3 690	8 251	7 560	8 309	1.9	2.1
智利	52	501	1 416	1 129	1 487	2.4	2.5
中国 f	48	1 192	2 282	1 842	2 513	0.2	0.2
哥伦比亚	19	80	335	306	393	0.6	1.0
哥斯达黎加 f	17	592	272	236	239	3.4	1.8
克罗地亚	…	278	762	641	580	2.3	2.9
厄瓜多尔	1	23	214	87	139	1.3	0.7
埃及	9	404	358	409	608	1.3	1.1
萨尔瓦多 f	171	713	306	259	300	5.2	3.5
欧盟（27）g	—	83 181	180 379	161 390	164 216	3.1	3.1
欧盟（27）自外进口	—	40 148	93 406	85 137	87 586	4.5	4.4
危地马拉 f	5	33	183	154	168	1.8	1.2
洪都拉斯 d	25	1 304	186	290	533	7.0	6.2
中国香港	6 913	16 008	18 546	15 508	16 645	6.1	3.8
留用进口	…	…	…	…	…	—6	…
冰岛	75	88	169	105	113	2.9	2.9
以色列	61	471	1 123	1 007	1 126	1.4	1.8
日本	8 765	19 709	25 793	25 552	26 867	4.4	3.9
约旦	28	61	326	297	283	1.6	1.8
韩国	151	1 307	4 223	3 379	4 443	1.1	1.0
科威特 d	206	317	739	633	584	3.5	2.6
中国澳门	26	540	872	268	264	22.1	4.7
马来西亚 f	76	148	492	352	408	0.2	0.2
墨西哥 b，f	573	3 602	2 544	2 112	2 294	1.1	0.8
摩洛哥 f	8	232	356	294	261	1.4	0.7
新西兰	149	401	914	828	962	2.7	3.1
挪威	1 231	1 287	2 565	2 271	2 507	3.3	3.2
秘鲁	1	59	252	259	342	0.9	1.1
卡塔尔 d	29	54	302	212	252	1.4	1.1

续 表

年份 地区	总额					占经济体总货物出口的份额	
	1990	2000	2008	2009	2010	2005	2010a
俄罗斯 b	—	2 688	12 018	7 250	7 190	6.3	2.9
沙特 d	833	813	665	593	603	2.5	0.6
塞尔维亚	…	…	491	331	289	1.5	1.7
新加坡	920	1 881	2 224	1 698	1 960	1.1	0.6
留用进口	328	560	889	808	1 027	0.7	0.7
南非	108	223	993	1 054	1 363	1.5	1.7
瑞士	3 437	3 160	5 805	5 242	5 285	3.5	3.0
中国台北	290	978	1 176	1 010	1 194	0.6	0.5
泰国	29	131	392	372	482	0.2	0.3
突尼斯 d	191	438	635	532	543	4.3	2.4
土耳其	16	264	2 216	2 147	2 835	0.7	1.5
乌克兰	—	60	877	478	738	1.1	1.2
阿联酋	514	832	2 777	2 543	2 598	1.8	1.6
美国	26 977	67 115	82 464	72 059	81 942	4.6	4.2
越南 d	…	450	352	331	370	0.9	0.4

a 接近一年。
b 进口以 f. o. b. 计价。
c 财政年度的数据。
d 包括 WTO 秘书处估计。
e 自 2000 年进口以 f. o. b. 计价。
f 包括重要的加工区的进口。
g EU (27) 从内进口参看数据库信息。

表 60

2010 年世界运输服务贸易（按地区）

单位：十亿美元，%

年份 地区	总额	份额		年度变化百分比			
	2010	2005	2010	2005—2010	2008	2009	2010
出口							
世界	785	100.0	100.0	7	16	−23	15
北美洲	84	11.3	10.7	6	13	−18	16
中、南美洲	25	2.9	3.2	9	20	−17	18
欧洲	374	50.8	47.6	5	15	−23	8
欧盟 (27)	339	46.0	43.2	5	15	−23	8
独联体	32	3.1	4.1	13	24	−16	20
非洲	23	2.6	2.9	9	18	−15	20
中东	21	2.7	2.7	7	10	−14	11
亚洲	226	26.7	28.8	8	18	−28	26

续 表

地区＼年份	总 额	份 额		年度变化百分比			
	2010	2005	2010	2005—2010	2008	2009	2010
进口							
世界	960	100.0	100.0	7	17	－22	18
北美洲	101	14.1	10.5	1	6	－21	15
中、南美洲	44	3.9	4.6	11	20	－24	28
欧洲	340	40.0	35.4	5	13	－24	12
欧盟（27）	309	36.8	32.1	4	13	－25	11
独联体	22	1.5	2.3	17	40	－30	18
非洲	58	4.6	6.0	13	24	－10	17
中东	72	5.4	7.5	15	28	－12	12
亚洲	322	30.4	33.6	9	19	－22	26

表 61

2010 年运输服务的主要进出口方

单位：十亿美元，%

地区＼年份	总 额	份 额		年度变化百分比			
	2010	2005	2010	2005—2010	2008	2009	2010
出口方							
欧盟（27）	339.4	46.0	43.2	5	15	－23	8
欧盟(27)对外出口	168.5	22.8	21.5	5	18	－24	12
美国	71.1	9.3	9.1	6	14	－18	15
日本	39.0	6.3	5.0	2	11	－33	23
韩国	38.0	4.2	4.8	10	33	－36	33
中国	34.2	2.7	4.4	17	23	－39	45
新加坡	32.7	3.4	4.2	11	22	－19	15
中国香港	30.3	3.6	3.9	8	13	－18	28
挪威	15.8	2.7	2.0	1	10	－25	2
俄罗斯	14.9	1.6	1.9	10	27	－18	21
印度	13.2	1.0	1.7	18	28	－5	21
加拿大	11.7	1.7	1.5	4	3	－19	25
中国台北	9.8	1.0	1.2	11	4	－31	54
土耳其	8.4	0.9	1.1	11	19	－3	11
埃及	7.9	0.8	1.0	11	17	－18	18
乌克兰	7.8	0.8	1.0	12	25	－18	25
以上 15 个经济体总计	**675.0**	**86.0**	**85.8**	—	—	—	—
进口方							
欧盟（27）	308.6	36.8	32.1	4	13	－25	11
欧盟(27)自外进口	143.3	16.4	14.9	5	17	－25	17
美国	77.0	11.6	8.0	0	5	－22	14
中国	63.3	4.2	6.6	17	16	－7	36
日本	46.5	5.9	4.8	3	10	－25	15
印度	46.4	3.0	4.8	18	38	－17	31
韩国	28.8	3.0	3.0	7	26	－36	23

续 表

地区＼年份	总 额	份 额		年度变化百分比			
	2010	2005	2010	2005—2010	2008	2009	2010
新加坡	28.4	3.0	3.0	7	9	−18	15
阿联酋	25.4	1.6	2.6	18	33	−10	11
泰国	22.6	2.1	2.4	9	26	−26	32
加拿大	20.4	2.1	2.1	7	11	−18	21
中国香港	14.6	1.5	1.5	7	14	−23	19
澳大利亚	13.3	1.6	1.4	4	13	−31	30
沙特	12.7	0.7	1.3	22	71	−27	12
俄罗斯	12.0	0.8	1.2	18	39	−27	27
马来西亚	11.9	1.2	1.2	7	4	−19	28
以上15个经济体总计	**730.0**	**79.2**	**76.2**	—	—	—	—

表 62

2010 年世界旅游服务贸易（按地区）

单位：十亿美元，%

地区＼年份	总 额	份 额		年度变化百分比			
	2010	2005	2010	2005—2010	2008	2009	2010
出口							
世界	940	100.0	100.0	6	10	−9	8
北美洲	161	18.5	17.1	5	11	−11	10
中、南美洲	43	4.5	4.6	7	8	−6	9
欧洲	385	48.8	41.1	3	8	−13	−1
欧盟（27）	332	42.8	35.4	2	7	−13	−2
独联体	17	1.6	1.8	9	23	−22	2
非洲	42	4.2	4.5	8	7	−5	9
中东	43	3.3	4.6	13	16	4	18
亚洲	248	19.1	26.4	13	12	−3	25
进口							
世界	850	100.0	100.0	6	8	−9	7
北美洲	119	15.5	14.1	4	6	−9	7
中、南美洲	34	2.6	4.0	16	16	−1	26
欧洲	361	50.2	42.6	2	8	−13	−1
欧盟（27）	327	46.4	38.6	2	8	−14	−2
独联体	35	3.5	4.1	9	13	−12	24
非洲	25	1.9	2.9	15	28	−21	11
中东	64	5.3	7.6	14	0	5	10
亚洲	210	20.9	24.7	9	10	−2	19

表 63

2010 年旅游服务的主要进出口方

单位：十亿美元，%

地区 \ 年份	总额	份额		年度变化百分比			
	2010	2005	2010	2005—2010	2008	2009	2010
出口方							
欧盟（27）	331.9	42.8	35.4	2	7	−13	−2
欧盟(27)对外出口	96.5	11.9	10.3	3	5	−13	2
美国	132.6	14.8	14.1	5	13	−10	9
中国	45.8	4.3	4.9	9	10	−3	15
澳大利亚	30.1	2.4	3.2	12	12	1	19
中国澳门	27.1	1.1	2.9	29	27	7	53
中国香港	22.2	1.5	2.4	17	11	7	35
土耳其	21.2	2.6	2.3	3	18	−3	0
泰国	19.7	1.4	2.1	16	9	−14	26
马来西亚	18.3	1.3	2.0	16	9	3	16
加拿大	15.7	2.0	1.7	3	1	−12	14
瑞士	14.9	1.5	1.6	8	19	−4	8
印度	14.2	1.1	1.5	14	10	−6	27
新加坡	14.1	0.9	1.5	18	18	−13	51
日本	13.2	1.0	1.4	15	16	−5	28
埃及	12.5	1.0	1.3	13	18	−2	16
以上 15 个经济体总计	**735.0**	**79.7**	**78.2**	—	—	—	—
进口方							
欧盟（27）	327.3	46.4	38.6	2	8	−14	−2
欧盟(27)自外进口	115.9	16.5	13.7	2	6	−13	−3
美国	82.0	11.5	9.7	2	5	−7	2
中国	54.9	3.4	6.5	20	21	21	26
加拿大	29.6	2.8	3.5	10	10	−11	22
日本	27.9	4.3	3.3	0	5	−10	11
俄罗斯	26.5	2.7	3.1	9	12	−12	27
澳大利亚	22.4	1.8	2.6	15	26	−6	27
沙特	21.1	1.4	2.5	18	−25	35	4
韩国	17.7	2.4	2.1	3	−13	−21	17
中国香港	17.5	2.1	2.1	6	7	−3	11
新加坡	16.7	1.6	2.0	11	16	−2	12
巴西	16.4	0.7	1.9	28	34	−1	51
挪威	14.0	1.6	1.7	7	0	−12	14
阿联酋	11.8	1.0	1.4	14	18	−22	14
瑞士	10.9	1.4	1.3	4	8	−3	3
以上 15 个经济体总计	**695.0**	**85.0**	**82.2**	—	—	—	—

表 64

2010 年世界其他服务贸易（按地区）

单位：十亿美元，%

地区＼年份	总额	份额		年度变化百分比			
	2010	2005	2010	2005—2010	2008	2009	2010
出口							
世界	1 970	100.0	100.0	10	13	−8	7
北美洲	358	18.7	18.2	9	8	−3	8
中、南美洲	44	1.8	2.2	15	21	−4	11
欧洲	984	54.7	50.0	8	12	−11	2
欧盟（27）	897	50.4	45.6	8	12	−12	2
独联体	30	1.1	1.5	18	32	−15	9
非洲	20	1.0	1.0	10	27	−12	4
中东	33	2.1	1.7	…	…	−1	−15
亚洲	501	20.6	25.4	14	17	−5	19
进口							
世界	1 705	100.0	100.0	10	16	−6	6
北美洲	252	15.3	14.8	9	11	−4	7
中、南美洲	58	2.6	3.4	16	24	4	18
欧洲	814	52.4	47.8	8	14	−7	0
欧盟（27）	768	49.8	45.1	8	14	−7	0
独联体	50	2.5	2.9	14	28	−19	10
非洲	56	2.7	3.3	15	37	−8	3
中东	48	2.6	2.8	…	…	−15	3
亚洲	426	21.9	25.0	13	17	−3	17

表 65

2010 年其他服务的主要进出口方

单位：十亿美元，%

地区＼年份	总额	份额		年度变化百分比			
	2010	2005	2010	2005—2010	2008	2009	2010
出口方							
欧盟（27）	897.5	50.4	45.6	8	12	−12	2
欧盟(27)对外出口	420.3	22.8	21.3	8	12	−10	3
美国	314.6	16.0	16.0	10	8	−2	7
印度	95.9	3.1	4.9	20	25	−15	36
中国	90.2	2.4	4.6	25	27	−3	38
日本	86.7	4.8	4.4	8	17	−5	3
新加坡	65.1	2.4	3.3	17	13	4	18
瑞士	56.7	2.8	2.9	11	18	−4	7
中国香港	51.0	2.7	2.7	10	6	−4	17
加拿大	40.1	2.5	2.0	5	7	−10	13

续 表

地区＼年份	总 额	份 额		年度变化百分比			
	2010	2005	2010	2005—2010	2008	2009	2010
韩国	33.8	1.5	1.7	13	10	−3	−1
中国台北	21.8	1.2	1.1	8	13	−15	19
俄罗斯	20.1	0.8	1.0	16	34	−18	3
挪威	19.7	0.8	1.0	14	13	−3	5
巴西	19.4	0.6	1.0	20	30	−4	15
以色列	15.7	0.9	0.8	7	10	1	4
以上 15 个经济体总计	**1 830.0**	**92.9**	**93.0**	—	—	—	—
进口方							
欧盟（27）	768.2	49.8	45.1	8	14	−7	0
欧盟(27)自外进口	330.8	20.2	19.4	9	20	−8	3
美国	199.0	11.2	11.7	11	13	−3	7
日本	81.3	5.2	4.8	8	17	−5	0
中国	74.0	3.1	4.3	18	27	−5	9
印度	59.1	1.9	3.5	24	14	0	66
新加坡	51.0	2.3	3.0	16	25	−5	29
韩国	46.5	2.2	2.7	15	20	4	13
加拿大	40.0	3.1	2.3	4	4	−7	8
巴西	32.0	1.2	1.9	20	28	9	27
俄罗斯	31.7	1.5	1.9	16	41	−22	10
中国香港	18.8	1.0	1.1	13	11	6	19
瑞士	18.5	1.1	1.1	10	19	22	−11
中国台北	18.2	1.4	1.1	5	−8	−3	34
泰国	18.0	0.8	1.1	16	22	−11	11
沙特	17.1	…	1.0	…	…	−19	13
以上 15 个经济体总计	**1 475.0**	**86.2**	**86.5**	—	—	—	—

表 66

2009 年和 2010 年世界通信服务出口（按地区）

单位：十亿美元，%

地区＼年份	总 额	份 额		年度变化百分比			
	2010	2005	2010	2005—2010	2008	2009	2010
出口							
世界	90	85	100.0	100.0	7	−6	−8
北美洲	12	14	12.8	16.5	…	−2	10
中、南美洲	4	3	4.5	3.5	2	−4	−17
欧洲	49	49	58.0	58.6	7	−8	0
欧盟（27）	45	45	53.7	54.5	7	−8	1
独联体	2	3	2.1	3.2	17	2	8
亚洲	11	11	14.7	13.3	5	−10	2

表 67

2009 年和 2010 年通信服务的主要进出口方

单位：百万美元，%

地区 \ 年份	总额 2009	总额 2010	占 10 个经济体份额 2009	年度变化百分比 2005—2009	2008	2009	2010
出口方							
欧盟（27）	45 167	45 434	63.0	9	16	−8	1
欧盟(27)对外出口	17 648	20 037	24.6	17	30	−2	14
美国	9 548	10 541	13.3	…	14	−2	10
科威特 a	6 905	…	9.6	52	30	14	…
加拿大	2 605	2 959	3.6	7	12	5	14
印度	1 484	1 411	2.1	−1	6	−40	−5
俄罗斯	1 337	1 351	1.9	19	17	−10	1
瑞士	1 331	1 467	1.9	3	15	9	10
中国	1 198	1 220	1.7	25	34	−24	2
新加坡	1 053	1 345	1.5	17	28	−13	28
印尼	1 031	1 126	1.4	1	−18	−6	9
以上 10 个经济体总计	**71 660**	…	**100.0**	—	—	—	—
进口方							
欧盟（27）	45 540	45 006	70.0	10	12	−6	−1
欧盟(27)自外进口	17 916	18 941	27.6	16	26	−5	6
美国	7 503	8 003	11.5	…	0	−4	7
加拿大	1 968	2 287	3.0	7	0	3	16
俄罗斯	1 898	2 100	2.9	26	45	1	11
沙特	1 857	2 197	2.9	52	59	46	18
新加坡	1 376	1 755	2.1	12	13	−6	28
印度	1 280	1 194	2.0	32	21	22	−7
韩国	1 227	1 317	1.9	12	26	7	7
中国	1 210	1 137	1.9	19	40	−20	−6
中国香港	1 152	…	1.8	0	10	−3	…
以上 10 个经济体总计	**65 010**	…	**100.0**	—	—	—	—

a 通信服务。

表 68

2009 年和 2010 年电信服务的主要进出口方

单位：百万美元，%

地区 \ 年份	总额 2009	总额 2010	占 10 个经济体份额 2009	年度变化百分比 2005—2009	2008	2009	2010
出口方							
欧盟（27）	36 859	…	62.4	9	16	−10	…
欧盟(27)对外出口	14 282	…	24.2	20	35	−3	…
美国	0 281	10 200	15.7	…	14	−1	10
科威特	6 905	…	11.7	52	30	14	…
加拿大 a	1 567	…	2.7	…	11	…	…
俄罗斯	1 260	1 265	2.1	19	18	−10	0

续 表

地区 \ 年份	总额		占10个经济体份额	年度变化百分比			
	2009	2010	2009	2005—2009	2008	2009	2010
印度	742	705	1.3	−1	6	−40	−5
摩洛哥	670	706	1.1	20	57	6	5
土耳其	630	…	1.1	11	43	−13	…
中国香港	595	…	1.0	−3	0	7	…
马来西亚	560	…	0.9	−2	−1	−7	…
以上10个经济体总计	**59 075**	…	**100.0**	—	—	—	—
进口方							
欧盟（27）	37 166	…	72.4	11	13	−8	…
欧盟(27)自外进口	14 473	…	28.2	17	30	−6	…
美国	7 048	7 540	13.7	…	0	−3	7
俄罗斯	1 867	2 065	3.6	27	45	1	11
加拿大 a	1 089	…	2.1	…	2	…	…
韩国	889	783	1.7	…	15	14	−12
挪威	821	…	1.6	39	231	−21	…
马来西亚	772	…	1.5	3	−5	−6	…
印度	640	597	1.2	32	21	22	−7
安哥拉	608	…	1.2	126	83	…	…
澳大利亚	442	409	0.9	0	27	−39	−7
以上10个经济体总计	**51 345**	…	**100.0**	—	—	—	—

a 秘书处估计。

表 69

2009 年和 2010 年世界建筑服务出口（按地区）

单位：十亿美元，%

地区 \ 年份	总额		份额		年度变化百分比		
	2009	2010	2005	2010	2005—2010	2009	2010
出口							
世界	95	95	100.0	100.0	11	−10	−1
北美洲	1	…	1.1	…	…	−9	…
中、南美洲	0	0	0.3	0.2	0	−18	−4
欧洲	44	41	56.3	43.7	6	−12	−7
欧盟（27）	41	38	52.7	40.2	5	−12	−7
独联体	4	3	4.6	3.6	6	−25	−16
亚洲	41	46	31.9	48.3	21	−4	11

表 70

2009 年和 2010 年建筑服务的主要进出口方

单位：百万美元，%

地区 \ 年份	总额 2009	总额 2010	占 10 个经济体份额 2009	年度变化百分比 2005—2009	2008	2009	2010
出口方							
欧盟（27）	40 717	38 017	47.6	9	16	−12	−7
欧盟(27)对外出口	23 280	22 290	27.2	11	15	−9	−4
韩国	14 553	11 842	17.0	33	41	6	−19
日本	12 436	10 660	14.5	15	34	−10	−14
中国	9 463	14 495	11.1	38	92	−8	53
俄罗斯	3 293	2 625	3.8	10	35	−29	−20
土耳其	1 274	1 114	1.5	10	34	12	−13
美国	1 103	…	1.3	27	56	−8	…
伊朗	952	…	1.1	−10	13	−36	…
新加坡	925	1 047	1.1	14	22	0	13
马来西亚	909	…	1.1	3	−11	−25	…
以上 10 个经济体总计	**85 625**	…	**100.0**	—	—	—	—
进口方							
欧盟（27）	27 905	24 818	41.9	10	13	−9	−11
欧盟(27)自外进口	12 050	11 791	18.1	12	7	3	−2
日本	11 414	7 859	17.1	24	43	0	−31
中国	5 868	5 072	8.8	38	50	34	−14
安哥拉	4 676	…	7.0	37	90	−7	…
俄罗斯	4 470	3 842	6.7	3	37	−49	−14
沙特	3 288	3 789	4.9	23	−29	−27	15
阿尔及利亚	3 023	…	4.5	53	80	14	…
韩国	2 806	2 235	4.2	34	43	8	−20
哈萨克斯坦	2 057	1 666	3.1	1	−27	−35	−19
印度	1 079	991	1.6	16	−3	53	−8
以上 10 个经济体总计	**66 585**	…	**100.0**	—	—	—	—

表 71

2009 年和 2010 年保险服务的主要进出口方

单位：百万美元，%

地区 \ 年份	总额 2009	总额 2010	占 10 个经济体份额 2009	年度变化百分比 2005—2009	2008	2009	2010
出口方							
欧盟（27）	43 338	42 414	56.9	17	14	−5	−2
欧盟(27)对外出口	21 542	21 212	28.3	30	13	−4	−2
美国	14 651	14 558	19.2	18	25	8	−1

续 表

地区＼年份	总额		占10个经济体份额	年度变化百分比			
	2009	2010	2009	2005—2009	2008	2009	2010
瑞士	5 395	4 843	7.1	13	18	−6	−10
加拿大	3 983	4 392	5.2	6	10	−5	10
新加坡	2 396	2 846	3.1	17	20	31	19
中国	1 596	1 727	2.1	31	53	15	8
墨西哥	1 594	1 831	2.1	1	1	−21	15
印度	1 528	1 782	2.0	13	4	−2	17
日本	861	1 272	1.1	0	−30	−8	48
巴林	851	906	1.1	7	12	−7	6
以上10个经济体总计	**76 190**	**76 570**	**100.0**	—	—	—	—
进口方							
美国	55 232	56 455	42.4	18	18	−2	2
欧盟（27）	31 742	30 911	24.4	5	8	−10	−3
欧盟(27)自外进口	10 430	11 103	8.0	0	13	−16	6
中国	11 309	15 755	8.7	12	19	−11	39
墨西哥	10 652	11 210	8.2	5	15	−15	5
加拿大	5 758	6 240	4.4	4	0	−6	8
日本	5 138	6 823	3.9	28	25	0	33
印度	4 021	5 004	3.1	15	36	−7	24
新加坡	2 648	3 485	2.0	8	8	5	32
泰国	1 900	2 418	1.5	3	24	−20	27
巴西	1 815	1 529	1.4	27	27	9	−16
以上10个经济体总计	**130 215**	**139 830**	**100.0**	—	—	—	—

表 72

2009年和2010年金融服务的主要进出口方

单位：百万美元，%

地区＼年份	总额		占10个经济体份额	年度变化百分比			
	2009	2010	2009	2005—2009	2008	2009	2010
出口方							
欧盟（27）	129 396	130 415	54.7	8	0	−20	1
欧盟(27)对外出口	56 800	58 753	24.0	7	−1	−22	3
美国	55 446	58 003	23.4	9	0	−9	5
瑞士 a	16 183	15 817	6.8	4	0	−16	−2
中国香港	11 285	12 608	4.8	16	−4	−6	12
新加坡 a	9 302	12 168	3.9	20	4	−7	31
日本	4 804	3 606	2.0	−1	−12	−12	−25
印度	3 662	6 003	1.5	34	27	−15	64
加拿大	2 530	3 312	1.1	7	−4	−18	31

续 表

地区 \ 年份	总额		占10个经济体份额	年度变化百分比			
	2009	2010	2009	2005—2009	2008	2009	2010
韩国	2 280	2 847	1.0	8	−5	−40	25
挪威	1 578	1 373	0.7	21	43	9	−13
以上10个经济体总计	**236 465**	**246 150**	**100.0**	—	—	—	—
进口方							
欧盟（27）	60 279	60 609	61.8	7	4	−16	1
欧盟(27)自外进口	22 960	24 882	23.5	7	−1	−17	8
美国	16 454	15 797	16.9	8	2	−18	−4
印度	3 759	6 787	3.9	44	10	6	81
加拿大	3 718	3 658	3.8	8	−3	−6	−2
中国香港	3 305	3 502	3.4	24	12	5	6
日本	3 056	3 148	3.1	3	10	−23	3
新加坡 a	2 028	2 368	2.1	22	12	−20	17
瑞士 a	1 900	1 730	1.9	16	19	−11	−9
巴西	1 612	1 679	1.7	22	42	41	4
俄罗斯	1 486	1 720	1.5	14	41	−29	16
以上10个经济体总计	**97 595**	**101 000**	**100.0**	—	—	—	—

a 包括间接测算的金融中介服务 FISIM。

表 73

2009 年和 2010 年计算机和信息服务的主要进出口方

单位：百万美元，%

地区 \ 年份	总额		占10个经济体份额	年度变化百分比			
	2009	2010	2009	2005—2009	2008	2009	2010
出口方							
欧盟（27）	102 888	107 226	58.5	13	23	−8	4
欧盟(27)对外出口	41 458	46 736	23.6	18	24	−6	13
印度 a	33 807	…	19.2	…	…	…	…
美国	13 378	13 830	7.6	9	12	0	3
以色列 b	7 671	7 700	4.4	14	18	12	0
中国	6 512	9 256	3.7	37	44	4	42
加拿大	4 216	4 893	2.4	4	9	−16	16
挪威 b	2 622	2 192	1.5	31	90	20	−16
菲律宾 b	1 748	2 151	1.0	111	276	52	23
新加坡	1 583	1 788	0.9	32	55	2	13
马来西亚 b	1 454	…	0.8	35	21	42	…
以上10个经济体总计	**175 880**	…	**100.0**	—	—	—	—
进口方							
欧盟（27）	51 505	52 132	58.8	12	20	−6	1

续 表

地区 \ 年份	总额		占10个经济体份额	年度变化百分比			
	2009	2010	2009	2005—2009	2008	2009	2010
欧盟(27)自外进口	17 563	18 556	20.0	13	21	−5	6
美国	17 181	19 032	19.6	13	11	2	11
日本	3 764	3 575	4.3	12	10	−5	−5
中国	3 233	2 965	3.7	19	43	2	−8
巴西	2 795	3 505	3.2	13	23	0	25
加拿大	2 688	2 904	3.1	11	6	1	8
印度	2 266	2 531	2.6	16	6	−40	12
挪威 b	1 564	1 691	1.8	8	4	−9	8
俄罗斯	1 429	1 884	1.6	31	49	0	32
澳大利亚	1 242	1 460	1.4	12	6	−5	18
以上10个经济体总计	**87 665**	…	**100.0**	—	—	—	—

a WTO秘书处估计。
b 计算机服务。

表 74

2009年和2010年专有权利使用费服务的主要经济体 单位：百万美元，%

地区 \ 年份	总额		占10个经济体份额	年度变化百分比			
	2009	2010	2009	2005—2009	2008	2009	2010
出口方							
美国	89 791	95 807	41.9	9	11	−4	7
欧盟（27）	76 822	82 050	35.9	12	21	2	7
欧盟(27)对外出口	37 095	40 360	17.3	6	7	−7	9
日本	21 698	26 680	10.1	5	11	−16	23
瑞士	15 681	…	7.3	16	30	29	…
加拿大	3 420	3 813	1.6	5	3	−5	11
韩国	3 199	3 146	1.5	14	37	34	−2
新加坡	1 349	1 865	0.6	10	11	0	38
以色列	761	812	0.4	7	2	−5	7
澳大利亚	733	942	0.3	7	2	4	29
墨西哥	656	…	0.3	75	268	49	…
以上10个经济体总计	**214 110**	…	**100.0**	—	—	—	—
进口方							
欧盟（27）	106 843	108 437	50.8	14	37	0	1
欧盟(27)自外进口	56 544	56 647	26.9	8	29	−8	0
美国	25 230	29 227	12.0	1	3	−2	16
日本	16 835	18 769	8.0	4	10	−8	11
瑞士	15 749	…	7.5	19	20	36	…
新加坡	11 553	15 832	5.5	5	39	−7	37

续 表

地区 \ 年份	总额		占10个经济体份额	年度变化百分比			
	2009	2010	2009	2005—2009	2008	2009	2010
中国	11 065	13 040	5.3	20	26	7	18
加拿大	8 126	8 665	3.9	4	5	−6	7
韩国	7 188	8 965	3.4	12	10	27	25
俄罗斯	4 107	5 066	2.0	27	64	−11	23
中国台北	3 424	4 943	1.6	18	17	14	44
以上10个经济体总计	**210 120**	…	**100.0**	—	—	—	—

表 75

2009 年和 2010 年其他商业服务的主要进出口方

单位：百万美元，%

地区 \ 年份	总额		占10个经济体份额	年度变化百分比			
	2009	2010	2009	2005—2009	2008	2009	2010
出口方							
欧盟（27）	424 496	432 208	56.4	7	12	−13	2
欧盟(27)对外出口	204 226	202 940	27.1	8	14	−10	−1
美国	94 195	…	12.5	12	11	1	…
中国	45 623	61 242	6.1	18	15	−2	34
日本	42 486	42 547	5.6	12	25	3	0
新加坡	38 564	43 807	5.1	16	14	7	14
中国香港	32 230	…	4.3	7	9	−3	…
印度 a	28 540	…	3.8	…	…	…	…
加拿大	16 396	18 236	2.2	2	10	−13	11
中国台北	15 955	19 015	2.1	7	16	−16	19
瑞士 b	14 281	…	1.9	19	40	−15	…
以上10个经济体总计	**752 765**	…	**100.0**	—	—	—	—
进口方							
欧盟（27）	390 732	385 073	61.5	8	9	−8	−1
欧盟(27)自外进口	160 550	160 611	25.3	10	18	−8	0
美国	61 870	…	9.7	15	19	−2	…
日本	38 824	39 195	6.1	10	16	−4	1
中国	34 144	34 310	5.4	20	27	−12	0
韩国	27 094	30 746	4.3	15	25	−1	13
印度	21 036	39 678	3.3	11	10	4	89
新加坡	19 961	25 376	3.1	17	22	−5	27
巴西	15 348	20 874	2.4	20	28	13	36
俄罗斯	13 742	15 004	2.2	21	38	−14	9
加拿大	12 437	13 392	2.0	0	6	−12	8
以上10个经济体总计	**635 185**	…	**100.0**	—	—	—	—

a WTO秘书处估计。

b 包括建筑、计算机和信息服务。

表 76

2009 年和 2010 年个人，文化及娱乐服务的主要进出口方

单位：百万美元，%

年份 / 地区	总额		占 10 个经济体份额	年度变化百分比			
	2009	2010	2009	2005—2009	2008	2009	2010
出口方							
美国	14 908	…	42.2	10	−6	5	…
欧盟（27）	14 796	17 450	41.9	1	2	−10	18
欧盟(27)对外出口	6 347	7 405	18.0	1	7	−10	17
加拿大	2 079	2 198	5.9	0	−5	−5	6
土耳其	771	914	2.2	−8	26	−37	19
澳大利亚	604	704	1.7	8	32	−10	17
韩国	523	635	1.5	18	18	−1	21
挪威	474	452	1.3	8	20	−15	−5
印度	468	335	1.3	43	39	−34	−28
俄罗斯	348	474	1.0	17	34	−11	36
阿根廷	336	374	1.0	13	55	−31	11
以上 10 个经济体总计	**35 305**	…	**100.0**	—	—	—	—
进口方							
欧盟（27）	20 574	20 413	66.4	4	15	−11	−1
欧盟(27)自外进口	7 998	8 482	25.8	1	17	−17	6
美国	2 430	…	7.8	21	17	14	…
加拿大	2 039	2 608	6.6	3	−1	−6	28
日本	1 056	933	3.4	−1	−8	−13	−12
澳大利亚	1 051	1 263	3.4	8	33	−15	20
巴西	958	1 271	3.1	21	33	10	33
韩国	846	1 016	2.7	15	−4	−5	20
俄罗斯	806	1 000	2.6	16	11	−4	24
委内瑞拉	652	1 092	2.1	38	37	44	67
挪威	578	616	1.9	3	21	−15	7
以上 10 个经济体总计	**30 990**	…	**100.0**	—	—	—	—

● 中国商务统计

表 1

1981—2011 年中国进出口总值

单位：亿美元，%

年　度	进出口	出　口	进　口	同　比		
				进出口	出　口	进　口
1981	440.2	220.1	220.2	—	—	—
1982	416.1	223.2	192.9	−5.5	1.4	−12.4
1983	436.2	222.3	213.9	4.8	−0.4	10.9
1984	535.5	261.4	274.1	22.8	17.6	28.1
1985	696.0	273.5	422.5	30.0	4.6	54.1
1986	738.5	309.4	429.0	6.1	13.1	1.5
1987	826.5	394.4	432.2	11.9	27.5	0.7
1988	1 027.8	475.2	552.7	24.4	20.5	27.9
1989	1 116.8	525.4	591.4	8.7	10.6	7.0
1990	1 154.4	620.9	533.5	3.4	18.2	−9.8
1991	1 357.0	719.1	637.9	17.6	15.8	19.6
1992	1 655.3	849.4	805.9	22.0	18.1	26.3
1993	1 957.0	917.4	1 039.6	18.2	8.0	29.0
1994	2 366.2	1 210.1	1 156.2	20.9	31.9	11.2
1995	2 808.6	1487.8	1 320.8	18.7	23.0	14.2
1996	2 898.8	1 510.5	1 388.3	3.2	1.5	5.1
1997	3 251.6	1 827.9	1 423.7	12.2	21.0	2.5
1998	3 239.5	1 837.1	1 402.4	−0.4	0.5	−1.5
1999	3 606.3	1 949.3	1 657.0	11.3	6.1	18.2
2000	4 743.0	2 492.0	2 250.9	31.5	27.8	35.8
2001	5 096.5	2 661.0	2 435.5	7.5	6.8	8.2
2002	6 207.7	3 256.0	2 951.7	21.8	22.4	21.2
2003	8 509.9	4 382.3	4 127.6	37.1	34.6	39.8
2004	11 545.5	5 933.3	5 612.3	35.7	35.4	36.0
2005	14 219.1	7 619.5	6 599.5	23.2	28.4	17.6
2006	17 604.4	9 689.8	7 914.6	23.8	27.2	19.9
2007	21 765.7	12 204.6	9 561.2	23.6	26.0	20.8
2008	25 632.6	14 306.9	11 325.7	17.8	17.3	18.5
2009	22 072.7	12 016.6	10 056	−13.9	−16	−11.2
2010	29 792.6	15 779.3	13 948.3	34.7	31.3	38.7
2011	36 420.6	18 989.6	17 434.6	22.5	20.3	24.9

表 2

2011 年中国进出口简要情况

单位：亿美元，%

项　目	12 月份		1～12 月累计	
	绝对值	同　比	绝对值	同　比
进出口总值	3 329.2	12.6	36 420.6	22.5
出口总值	1 747.2	13.4	18 986.0	20.3
进口总值	1 582.0	11.8	17 434.6	24.9
进出口差额	165.2	31.0	1 551.4	−14.5

表3

2011年中国进出口主要国别/地区总值

单位：亿美元，%

出口最终目的国（地）	12月份		1～12月累计	
	金　额	同　比	金　额	同　比
总值	1 747.2	13.4	18 986.0	20.3
其中：				
美国	293.4	12.0	3 244.9	14.5
香港	280.2	14.4	2 680.3	22.8
日本	137.9	15.3	1 483.0	22.5
韩国	64.5	1.4	829.2	20.6
德国	64.3	7.7	764.3	12.3
荷兰	52.3	16.4	595.0	19.7
印度	41.2	2.2	505.4	23.5
英国	39.3	7.9	441.3	13.8
俄罗斯联邦	35.4	19.1	389.0	31.4
越南	33.4	15.7	290.9	25.9
进口原产国（地）	12月份		1～12月累计	
	金　额	同　比	金　额	同　比
总值	1 582.0	11.8	17 434.7	24.9
其中：				
日本	171.9	—4.8	1 945.9	10.1
韩国	143.5	14.2	1 627.1	17.6
美国	118.9	—2.9	1 221.5	19.6
中国	118.7	15.5	1 226.1	14.7
台湾省	107.4	1.2	1 249.2	7.9
德国	76.8	4.4	927.2	24.9
澳大利亚	72.9	14.8	827.2	35.3
马来西亚	54.6	10.2	621.4	23.2
沙特阿拉伯	49.2	40.1	494.7	50.7
巴西	44.5	31.0	523.6	37.3

表4

2011年中国进口重点商品量值

单位：亿美元，%

商品名称	计量单位	1～12月累计		同比	
		数　量	金　额	数　量	金　额
*机电产品	—	—	7 532.9	—	14.1
*高新技术产品	—	—	4 629.9	—	12.2
原油	万吨	25 378.0	1 966.6	6.0	45.3
集成电路	亿个	2 141.1	1 702.0	6.6	8.4
铁矿砂及其精矿	万吨	68 608.5	1 124.1	10.9	40.9
农产品	—	—	938.9	—	30.5
初级形状的塑料	万吨	2 304.1	472.1	—3.7	8.3
液晶显示板	亿个	28.2	471.9	13.0	0.9

续 表

商品名称	计量单位	1～12月累计		同比	
		数 量	金 额	数 量	金 额
汽车（包括整套散件）	万辆	103.6	430.9	27.8	40.9
未锻造的铜及铜材	万吨	407.3	368.0	−5.1	12.0
粮食	万吨	6 390.3	336.6	−4.6	19.8
成品油	万吨	4 060.0	327.0	10.1	45.5
自动数据处理设备及其部件	万台	72 989.3	316.8	−0.6	8.2
计量检测分析自控仪器及器具	—	—	262.9	—	23.1
废金属	万吨	1 416.9	251.9	8.1	28.4
通断保护电路装置及零件	—	—	225.1	—	10.2
汽车零件	—	—	220.9	—	18.5
钢材#	万吨	1 558.0	215.8	−5.2	7.3
煤	万吨	18 239.5	209.1	10.8	23.6
纺织纱线、织物及制品	—	—	190.4	—	7.4
二极管及类似半导体器件	亿个	3 177.8	174.2	1.6	8.3
自动数据处理设备的零件	万吨	16.7	167.1	4.1	−10.5

注：*“机电产品”和“高新技术产品”包括本表中已列名的有关商品。

表 5

2011 年中国出口重点商品量值

金额单位：亿美元，%

商品名称	计量单位	1～12月累计		同比	
		数量	金额	数量	金额
*机电产品	—	—	20 855.9	—	16.3
*高新技术产品	—	—	5 487.9	—	11.5
自动数据处理设备及其部件	万台	183 426.8	1 762.8	10.1	7.5
服装及衣着附件	—	—	1 532.2	—	18.3
纺织纱线、织物及制品	—	—	946.7	—	22.9
电话机	万台	100 626.7	648.0	11.3	32.4
*农产品	—	—	601.1	—	23.0
钢材	万吨	4 888.1	512.7	14.9	39.2
船舶	万艘	285.1	418.1	40.3	6.6
鞋类	—	—	417.2	—	17.1
家具及其零件	—	—	379.4	—	15.0
二极管及类似半导体器件	亿个	3 122.4	335.8	5.7	11.0
集成电路	亿个	904.4	325.7	8.8	11.4
自动数据处理设备的零件	万吨	94.4	299.3	−1.2	−2.5
液晶显示板	亿个	24.4	295.0	8.5	11.5
箱包及类似容器	万吨	326.9	239.4	−40.5	32.9
塑料制品	万吨	795.1	234.7	7.1	25.8
汽车零件	—	—	229.8	—	23.2
成品油	万吨	2 570.1	207.7	4.3	22.0
通断保护电路装置及零件	—	—	176.1	—	19.2
打印机（包括多功能一体机）	万台	8 594.6	161.6	−3.1	6.8
电线和电缆	万吨	180.2	148.9	7.1	19.9
新的充气橡胶轮胎	万条	3 817.0	147.6	9.4	42.1
静止式变流器	万个	334 307.7	146.5	5.3	13.7

注：*“机电产品”和“高新技术产品”包括本表中已列名的有关商品。

表 6

2011 年中国进出口企业性质总值

单位：亿美元，%

出　　口	12　月　份		1～12 月累计	
	金　额	同　比	金　额	同　比
总 值	1 747.2	13.4	18 986.0	20.3
其中：				
国有企业	234.1	8.5	2 672.2	14.1
外商投资企业	910.2	9.4	9 953.3	15.4
其他企业	602.8	22.2	6 360.5	32.2
进　　口	12　月　份		1～12 月累计	
	金　额	同　比	金　额	同比
总 值	1 582.0	11.8	17 434.7	24.9
其中：				
国有企业	441.3	15.9	4 934.0	27.1
外商投资企业	763.9	7.1	8 648.3	17.1
其他企业	476.8	17.5	3 852.3	42.9

表 7

2011 年中国进出口贸易方式总值

单位：亿美元，%

出　　口	12　月　份		1～12 月累计	
	金　额	同　比	金　额	同　比
总 值	1 747.2	13.4	18 986.0	20.3
其中：				
一般贸易	844.1	16.6	9 171.2	27.3
加工贸易	743.5	6.1	8 354.2	12.9
海关特殊监管区域物流货物	59.6	60.9	496.5	36.0
保税监管场所进出境货物	42.1	32.7	432.9	22.4
进　口	12　月　份		1～12 月累计	
	金　额	同　比	金　额	同　比
总 值	1 582.0	11.8	17 434.7	24.9
其中：				
一般贸易	924.1	13.0	10 074.6	31.0
加工贸易	406.0	5.9	4 698.0	12.5
海关特殊监管区域物流货物	136.2	17.5	1 408.3	28.9
保税监管场所进出境货物	75.8	32.6	796.7	30.4
边境小额贸易	16.0	97.0	144.5	49.9
外商投资企业作为投资进口的设备、物品	14.2	−13.6	175.1	7.4
其他贸易	3.7	8.9	23.0	16.5

表 8

2011 年中国月度进口和出口统计

单位：亿美元，%

出　　口	当　　月		1 月至当月累计	
	金　额	同　比	金　额	同　比
2011.01	1 506.8	37.6	1 506.8	37.6
2011.02	966.8	2.3	2 473.6	21.3
2011.03	1 521.4	35.8	3 994.9	26.4
2011.04	1 555.9	29.8	5 550.9	27.4
2011.05	1 570.5	19.3	7 121.3	25.5
2011.06	1 619.0	17.9	8 740.3	24.0
2011.07	1 751.6	20.4	10 491.9	23.4
2011.08	1 732.6	24.4	12 224.5	23.5
2011.09	1 696.0	17.0	13 920.5	22.7
2011.10	1 573.9	15.8	15 494.4	22.0
2011.11	1 744.4	13.8	17 238.8	21.1
2011.12	1 747.2	13.4	18 986.0	20.3
进　　口	当　　月		1 月至当月累计	
	金　额	同　比	金　额	同　比
2011.01	1 448.7	51.6	1 448.7	51.6
2011.02	1 045.0	19.9	2 493.7	36.5
2011.03	1 522.8	27.5	4 016.5	32.9
2011.04	1 443.2	21.9	5 459.7	29.8
2011.05	1 440.6	28.4	69 900.3	29.5
2011.06	1 397.0	19.2	8 297.2	27.7
2011.07	1 448.0	23.9	9 745.3	27.1
2011.08	1 554.8	30.1	11 300.1	27.5
2011.09	1 550.8	20.8	12 850.9	26.7
2011.10	1 403.3	28.6	14 254.1	26.8
2011.11	1 598.5	22.0	15 852.6	26.3
2011.12	1 582.0	11.8	17 434.6	24.9

表 9

2011 年中国月度进出口总值统计

单位：亿美元，%

月　　份	当　　月		1 月至当月累计	
	进出口	同　比	进出口	同　比
2011.01	2 955.5	44.2	2 955.5	44.2
2011.02	2 011.8	10.8	4 967.3	28.5
2011.03	3 044.2	31.5	8 011.4	29.6
2011.04	2 999.2	25.9	11 010.6	28.6
2011.05	3 011.0	23.5	14 021.6	27.4
2011.06	3 016.0	18.5	17 037.5	25.8
2011.07	3 199.6	22	20 237.1	25.1
2011.08	3 287.4	27.1	23 524.6	25.4
2011.09	3 246.8	18.8	26 771.3	24.6
2011.10	2 977.2	21.5	29 748.5	24.3
2011.11	3 342.9	17.6	33 091.4	23.5
2011.12	3 329.2	12.6	36 420.6	22.5

表 10

1982—2010 年中国历年服务进出口

单位：亿美元，%

年份	进出口额			出口额			进口额		
	金额	同比	占世界比重	金额	同比	占世界比重	金额	同比	占世界比重
1982	44	—	0.6	25	—	0.7	19	—	0.5
1983	43	−2.3	0.6	25	0.0	0.7	18	−5.3	0.5
1984	54	25.6	0.7	28	12.0	0.8	26	44.4	0.7
1985	52	−3.7	0.7	29	3.6	0.8	23	−11.5	0.6
1986	56	7.7	0.6	36	24.1	0.8	20	−13.0	0.4
1987	65	16.1	0.6	42	16.7	0.8	23	15.0	0.4
1988	80	23.1	0.7	47	11.9	0.8	33	43.5	0.5
1989	81	1.3	0.6	45	−4.3	0.7	36	9.1	0.5
1990	98	21.0	0.6	57	26.7	0.7	41	13.9	0.5
1991	108	10.2	0.6	69	21.1	0.8	39	−4.9	0.5
1992	183	69.4	1.0	91	31.9	1.0	92	135.9	1.0
1993	226	23.5	1.2	110	20.9	1.2	116	26.1	1.2
1994	322	42.5	1.5	164	49.1	1.6	158	36.2	1.5
1995	430	33.5	1.8	184	12.2	1.6	246	55.7	2.1
1996	430	0.0	1.7	206	12.0	1.6	224	−8.9	1.8
1997	522	21.4	2.0	245	19.0	1.9	277	23.8	2.2
1998	504	−3.4	1.9	239	−2.5	1.8	265	−4.5	2.0
1999	572	13.5	2.1	262	9.6	1.9	310	17.0	2.3
2000	660	15.4	2.2	301	15.2	2.0	359	15.8	2.5
2001	719	9.0	2.4	329	9.1	2.2	390	8.8	2.6
2002	855	18.9	2.7	394	19.7	2.5	461	18.1	3.0
2003	1 013	18.5	2.8	464	17.8	2.5	549	19.0	3.1
2004	1 337	32.0	3.1	621	33.8	2.8	716	30.5	3.4
2005	1 571	17.5	3.2	739	19.1	3.0	832	16.2	3.5
2006	1 917	22.0	3.5	914	23.7	3.2	1 003	20.6	3.8
2007	2 509	30.9	3.8	1 217	33.1	3.6	1 293	28.8	4.1
2008	3 045	21.4	4.1	1 464	20.4	3.8	1 580	22.2	4.4
2009	2 867	−5.8	4.3	1 286	−12.2	3.8	1 581	0.1	4.9
2010	3 624	26.4	5.0	1 702	32.4	4.6	1 922	21.5	5.5

注：遵循 WTO 有关服务贸易的定义，中国服务进出口数据不含政府服务。

表 11

1997—2010 年中国服务进出口差额

单位：亿美元，%

年份	1997	1998	1999	2000	2001	2002	2003	2004	2005	2006	2007	2008	2009	2010
总计	−32.2	−25.9	−48.0	−57.1	−61.3	−67.0	−84.8	−95.5	−92.6	−89.1	−76.0	−115.6	−295.1	−219.3
运输服务	−69.9	−44.6	−54.8	−67.3	−66.9	−78.9	−103.3	−124.8	−130.2	−133.5	−119.5	−119.1	−230.1	−290.5
旅游	39.4	34.0	32.3	31.2	38.8	49.9	22.2	65.9	75.4	96.3	74.5	46.9	−40.3	−90.7
通讯服务	−0.2	6.1	4.0	11.0	−0.5	0.8	2.1	−0.3	−1.2	−0.3	0.9	0.6	−0.1	0.8
建筑服务	−6.2	−5.3	−5.5	−3.9	−0.2	2.8	1.1	1.3	9.7	7.0	24.7	59.7	36.0	94.2
保险服务	−8.7	−13.7	−17.2	−23.6	−24.8	−30.4	−42.5	−57.4	−66.5	−82.8	−97.6	−113.6	−97.1	−140.3
金融服务	−3.0	−1.4	−0.6	−0.2	0.2	−0.4	−0.8	−0.4	−0.1	−7.5	−3.3	−2.5	−2.9	−0.6
计算机和信息	−1.5	−2.0	0.4	0.9	1.2	−4.9	0.7	3.8	2.2	12.2	21.4	30.9	32.8	62.9
专有权利使用费和特许费	−4.9	−3.6	−7.2	−12.0	−18.3	−29.8	−34.4	−42.6	−51.6	−64.3	−78.5	−97.5	−106.4	−122.1
咨询	−1.2	−2.4	−2.4	−2.8	−6.1	−13.5	−15.6	−15.8	−8.6	−5.6	7.2	46.1	52.1	76.8
广告宣传	0.0	−0.5	0.0	0.2	0.2	−0.2	0.3	1.5	3.6	4.9	5.8	2.6	3.6	8.4
电影音像	−0.3	−0.2	−0.3	−0.3	−0.2	−0.7	−0.4	−1.3	−0.2	0.2	1.6	1.6	−1.8	−2.5
其他商业服务	24.3	7.8	3.2	9.7	15.4	38.3	85.9	74.7	75.0	84.3	86.8	28.9	59.2	184.1

注：遵循 WTO 有关服务贸易的定义，中国服务进出口数据不含政府服务。

表 12

1997—2010 年中国服务贸易出口（分项目）

单位：亿美元，%

年份	1997		1998			1999			2000			2001			2002			2003		
	金额	占比	金额	比上年增长	占比	金额	比上年增长	占比	金额	比上年增长	占比	金额	比上年增长	占比	金额	比上年增长	占比	金额	比上年增长	占比
总计	245.0	100.0	238.8	−2.5	100.0	261.6	9.6	100.0	301.5	15.2	100.0	329.0	9.1	100.0	393.8	19.7	100.0	463.7	17.8	100.0
运输	29.5	12.1	23.0	−22.1	9.6	24.2	5.2	9.2	36.7	51.7	12.2	46.4	26.3	14.1	57.2	23.4	14.5	79.1	38.2	17.0
旅游	120.7	49.3	126.0	4.4	52.8	141.0	11.9	53.9	162.3	15.1	53.8	177.9	9.6	54.1	203.9	14.6	51.8	174.1	−14.6	37.5
通讯	2.7	1.1	8.2	201.4	3.4	5.9	−28.0	2.3	13.5	128.2	4.5	2.7	−79.8	0.8	5.5	102.9	1.4	6.4	16.1	1.4
建筑	5.9	2.4	5.9	0.7	2.5	9.9	65.8	3.8	6.0	−38.9	2.0	8.3	37.8	2.5	12.5	50.1	3.2	12.9	3.5	2.8
保险	1.7	0.7	3.8	120.5	1.6	2.0	−47.0	0.8	1.1	−47.1	0.4	2.3	110.9	0.7	2.1	−8.1	0.5	3.1	49.7	0.7
金融	0.3	0.1	0.3	−1.3	0.1	1.1	310.8	0.4	0.8	−29.7	0.3	1.0	27.3	0.3	0.5	−48.5	0.1	1.5	197.9	0.3
计算机和信息	0.8	0.3	1.3	59.7	0.6	2.7	98.8	1.0	3.6	34.1	1.2	4.6	29.6	1.4	6.4	38.3	1.6	11.0	72.7	2.4
专有权使用费和特许费	0.5	0.2	0.6	14.3	0.3	0.7	18.9	0.3	0.8	7.8	0.3	1.1	37.0	0.3	1.3	20.6	0.3	1.1	−19.5	0.2
咨询	3.5	1.4	5.2	49.5	2.2	2.8	−45.9	1.1	3.6	26.9	1.2	8.9	150.0	2.7	12.8	44.5	3.3	18.8	46.7	4.1
广告宣传	2.4	1.0	2.1	−11.4	0.9	2.2	4.6	0.8	2.2	1.3	0.7	2.8	24.1	0.8	3.7	34.5	0.9	4.9	30.4	1.0
电影音像	0.1	0.0	0.2	53.0	0.1	0.1	−56.7	0.0	0.1	69.8	0.0	0.3	146.8	0.1	0.3	6.4	0.1	0.3	12.7	0.1
其他	76.8	31.3	62.1	−19.1	26.0	69.1	11.2	26.4	70.8	2.5	23.5	72.8	2.8	22.1	87.6	20.3	22.2	150.6	71.8	32.5

注：遵循 WTO 有关服务贸易的定义，中国服务进出口数据不含政府服务。

表 12（续）

1997—2010 年中国服务贸易出口（分项目）

单位：亿美元，%

年份	2004			2005			2006			2007			2008			2009			2010		
	金额	比上年增长	占比	金额	比上年增长	占比	金额	比上年增长	占比	金额	比上年增长	占比	金额	比上年增长	占比	金额	比上年增长	占比	金额	比上年增长	占比
总计	620.6	33.8	100.0	739.1	19.1	100.0	914.2	23.7	100.0	1 216.5	33.1	100.0	1 464.5	20.4	100.0	1 286.0	−12.2	100.0	1 702.5	32.4	100.0
运输	120.7	52.6	19.4	154.3	27.8	20.9	210.2	36.2	23.0	313.2	49.1	25.7	384.2	22.6	26.2	235.7	−38.7	18.3	342.1	45.2	20.1
旅游	257.4	47.9	41.5	293.0	13.8	39.6	339.5	15.9	37.1	372.3	9.7	30.6	408.4	9.7	27.9	396.8	−2.9	30.9	458.1	15.5	26.9
通讯	4.4	−31.0	0.7	4.9	10.2	0.7	7.4	52.1	0.8	11.7	59.2	1.0	15.7	33.7	1.1	12.0	−23.7	0.9	12.2	1.8	0.7
建筑	14.7	13.8	2.4	25.9	76.7	3.5	27.5	6.2	3.0	53.8	95.3	4.4	103.3	92.1	7.1	94.6	−8.4	7.4	144.9	53.2	8.5
保险	3.8	21.7	0.6	5.5	44.3	0.7	5.5	−0.3	0.6	9.0	64.9	0.7	13.8	53.0	0.9	16.0	15.4	1.2	17.3	8.2	1.0
金融	0.9	−38.2	0.2	1.5	54.6	0.2	1.5	−0.2	0.2	2.3	59.0	0.2	3.2	36.7	0.2	4.4	38.7	0.3	13.3	204.6	0.8
计算机和信息	16.4	48.5	2.6	18.4	12.4	2.5	29.6	60.7	3.2	43.4	46.9	3.6	62.5	43.9	4.3	65.1	4.2	5.1	92.6	42.1	5.4
专有权使用费和特许费	2.4	120.9	0.4	1.6	−33.4	0.2	2.1	30.2	0.2	3.4	67.1	0.3	5.7	66.7	0.4	4.3	−24.8	0.3	8.3	93.4	0.5
咨询	31.5	67.2	5.1	53.2	68.8	7.2	78.3	47.2	8.6	115.8	47.8	9.5	181.4	56.7	12.4	186.2	2.7	14.5	227.7	22.3	13.4
广告宣传	8.5	74.5	1.4	10.8	26.8	1.5	14.5	34.3	1.6	19.1	32.3	1.6	22.0	15.2	1.5	23.1	5.0	1.8	28.9	24.8	1.7
电影音像	0.4	22.0	0.1	1.3	226.5	0.2	1.4	2.3	0.1	3.2	130.9	0.3	4.2	32.2	0.3	1.0	−76.7	0.1	1.2	26.4	0.1
其他	159.5	5.9	25.7	168.8	5.9	22.8	196.9	16.6	21.5	269.1	36.7	22.1	260.1	−3.4	17.8	246.9	−5.1	19.2	355.9	44.1	20.9

注：遵循 WTO 有关服务贸易的定义，中国服务进出口数据不含政府服务。

表 13

1997—2010 年中国服务贸易进口（分项目）

单位：亿美元

年份	1997		1998			1999			2000			2001			2002			2003		
	金额	占比	金额	比上年增长	占比	金额	比上年增长	占比	金额	比上年增长	占比	金额	比上年增长	占比	金额	比上年增长	占比	金额	比上年增长	占比
总计	277.2	100.0	264.7	−4.5	100.0	309.7	17.0	100.0	358.6	15.8	100.0	390.3	8.8	100.0	460.8	18.1	100.0	548.5	19.0	100.0
运输	99.4	35.9	67.6	−32.0	25.6	79.0	16.8	25.5	104.0	31.6	29.0	113.2	8.9	29.0	136.1	20.2	29.5	182.3	33.9	33.2
旅游	81.3	29.3	92.1	13.2	34.8	108.7	18.0	35.1	131.1	20.7	36.6	139.1	6.1	35.6	154.0	10.7	33.4	151.9	−1.4	27.7
通讯	2.9	1.0	2.1	−28.3	0.8	1.9	−7.0	0.6	2.4	25.1	0.7	3.3	34.7	0.8	4.7	44.3	1.0	4.3	−9.1	0.8
建筑	12.1	4.4	11.2	−7.4	4.2	15.4	37.5	5.0	9.9	−35.4	2.8	8.5	−14.8	2.2	9.6	13.8	2.1	11.8	22.8	2.2
保险	10.5	3.8	17.6	68.1	6.6	19.2	9.3	6.2	24.7	28.6	6.9	27.1	9.7	6.9	32.5	19.7	7.0	45.6	40.6	8.3
金融	3.2	1.2	1.6	−49.7	0.6	1.7	2.1	0.5	1.0	−41.6	0.3	0.8	−20.6	0.2	0.9	16.1	0.2	2.3	158.8	0.4
计算机和信息	2.3	0.8	3.3	44.0	1.3	2.2	−32.8	0.7	2.7	18.5	0.7	3.4	30.1	0.9	11.3	228.6	2.5	10.4	−8.6	1.9
专有权使用费和特许费	5.4	2.0	4.2	−22.8	1.6	7.9	88.6	2.6	12.8	61.8	3.6	19.4	51.3	5.0	31.1	60.7	6.8	35.5	13.9	6.5
咨询	4.7	1.7	7.6	62.0	2.9	5.2	−30.8	1.7	6.4	22.0	1.8	15.0	134.8	3.8	26.3	75.1	5.7	34.5	31.1	6.3
广告宣传	2.4	0.9	2.7	9.8	1.0	2.2	−17.4	0.7	2.0	−7.6	0.6	2.6	27.5	0.7	3.9	52.9	0.9	4.6	16.1	0.8
电影音像	0.4	0.2	0.4	−11.1	0.1	0.3	−13.0	0.1	0.4	10.2	0.1	0.5	34.2	0.1	1.0	91.2	0.2	0.7	−27.6	0.1
其他	52.5	18.9	54.4	3.5	20.5	65.9	21.2	21.3	61.2	−7.2	17.1	57.4	−6.1	14.7	49.3	−14.1	10.7	64.6	31.1	11.8

注：遵循 WTO 有关服务贸易的定义，中国服务进出口数据不含政府服务。

表 13（续）

1997—2010 年中国服务贸易出口（分项目）

单位：亿美元，%

年份	2004			2005			2006			2007			2008			2009			2010		
	金额	比上年增长	占比	金额	比上年增长	占比	金额	比上年增长	占比	金额	比上年增长	占比	金额	比上年增长	占比	金额	比上年增长	占比	金额	比上年增长	占比
总计	716.0	30.5	100.0	831.7	16.2	100.0	1 003.3	20.6	100.0	1 292.6	28.8	100.0	1 580.0	22.2	100.0	1 581.1	0.1	100.0	1 921.7	21.5	100.0
运输	245.4	34.6	34.3	284.5	15.9	34.2	343.7	20.8	34.3	432.7	25.9	33.5	503.3	16.3	31.9	465.7	−7.5	29.5	632.6	35.8	32.9
旅游	191.5	26.1	26.7	217.6	13.6	26.2	243.2	11.8	24.2	297.9	22.5	23.0	361.6	21.4	22.9	437.0	20.9	27.6	548.8	25.6	28.6
通讯	4.7	10.5	0.7	6.0	27.8	0.7	7.6	26.6	0.8	10.8	41.6	0.8	15.1	39.6	1.0	12.1	−19.9	0.8	11.4	−6.0	0.6
建筑	13.4	13.1	1.9	16.2	21.0	1.9	20.5	26.6	2.0	29.1	41.9	2.3	43.6	49.9	2.8	58.7	34.5	3.7	50.7	−13.6	2.6
保险	61.2	34.2	8.6	72.0	17.6	8.7	88.3	22.7	8.8	106.6	20.8	8.3	127.4	19.5	8.1	113.1	−11.3	7.2	157.5	39.3	8.2
金融	1.4	−40.6	0.2	1.6	15.9	0.2	8.9	456.9	0.9	5.6	−37.5	0.4	5.7	1.6	0.4	7.3	28.2	0.5	13.9	91.2	0.7
计算机和信息	12.5	20.9	1.7	16.2	29.5	2.0	17.4	7.2	1.7	22.1	27.0	1.7	31.7	43.3	2.0	32.3	2.1	2.0	29.7	−8.3	1.5
专有权使用费和特许费	45.0	26.7	6.3	53.2	18.3	6.4	66.3	24.7	6.6	81.9	23.5	6.3	103.2	26.0	6.5	110.7	7.2	7.0	130.4	17.8	6.8
咨询	47.3	37.2	6.6	61.8	30.6	7.4	83.9	35.7	8.4	108.6	29.4	8.4	135.4	24.7	8.6	134.2	−0.9	8.5	150.9	12.5	7.9
广告宣传	7.0	52.5	1.0	7.2	2.4	0.9	9.6	33.5	1.0	13.4	40.0	1.0	19.4	45.2	1.2	19.5	0.7	1.2	20.4	4.4	1.1
电影音像	1.8	152.9	0.2	1.5	−12.4	0.2	1.2	−21.4	0.1	1.5	27.0	0.1	2.6	65.9	0.2	2.8	9.2	0.2	3.7	33.2	0.2
其他	84.8	31.2	11.8	93.9	10.7	11.3	112.6	20.0	11.2	182.4	62.0	14.1	231.2	26.8	14.6	187.7	−18.8	11.9	171.8	−8.5	8.9

注：遵循 WTO 有关服务贸易的定义，中国服务进出口数据不含政府服务。

表 14

2010 年中国对外承包工程、劳务合作人员（分国别/地区）

单位：人

项　　目	合　计		对外承包工程		对外劳务合作	
国家（地区）	派出人数	年末在外人数	派出人数	年末在外人数	派出人数	年末在外人数
合计	411 454	846 605	224 624	376 510	186 830	470 095
亚洲	260 498	554 807	109 800	157 113	150 698	397 694
# 缅甸	15 239	17 553	15 182	17 450	57	103
中国香港	18 255	21 052	300	412	17 955	20 640
日本	56 003	172 244	270	497	55 733	171 747
中国澳门	18 255	21 052	300	412	17 955	20 640
蒙古	4 387	6 102	4 045	4 596	342	1 506
新加坡	32 626	86 389	4 150	20 709	28 476	65 680
韩国	5 978	38 926	136	697	5 842	38 229
阿联酋	6 558	28 585	4 168	19 591	2 390	8 994
沙特阿拉伯	14 780	23 257	12 864	18 422	1 916	4 835
越南	8 120	15 182	6 639	9 354	1 481	5 828
中国台湾	18 255	21 052	300	412	17 955	20 640
非洲	121 732	229 964	101 568	195 584	20 164	34 380
# 阿尔及利亚	14 770	45 208	12 733	40 625	2 037	4 583
安哥拉	16 121	32 633	11 930	25 925	4 191	6 708
利比亚	28 768	46 744	23 406	40 080	5 362	6 664
尼日利亚	4 220	8 396	3 178	6 173	1 042	2 223
苏丹	9 890	20 295	9 748	20 108	142	187
欧洲	17 860	35 276	5 805	8 810	12 055	26 466
# 英国	639	1 269	74	134	565	1 135
德国	2 369	5 194	87	316	2 282	4 878
荷兰	602	1 858	0	0	602	1 858
希腊	714	578	0	131	714	447
西班牙	58	1 057	58	1 057	0	0
俄罗斯联邦	10 726	20 809	4 002	4 148	6 724	16 661
拉丁美洲	7 194	14 949	4 746	10 570	2 448	4 379
# 巴西	1 027	867	1 018	683	9	184
墨西哥	599	973	570	676	29	297
北美洲	1 680	4 468	618	742	1 062	3 726
# 加拿大	539	645	261	109	278	536
美国	1 138	3 823	354	633	784	3 190
大洋洲	2 490	6 859	2 087	3 680	403	3 179
# 澳大利亚	486	1 289	397	337	89	952
新西兰	92	344	82	162	10	182
巴布亚新几内亚	185	1 238	185	1 238	0	0
其他	0	282	0	11	0	271

注：“#”表示“其中”。

表 15

2011 年中国派出各类劳务人员（省市区排名）

单位：人

序　号	省市（地区）	累计派出各类劳务人员数量	期末在外各类劳务人员数量
1	山东省	48 840	108 666
	其中：青岛市	7 003	14 663
2	江苏省	39 167	89 254
3	河南省	38 664	64 193
4	广东省	35 679	42 638
	其中：深圳市	0	135
5	福建省	27 920	27 601
	其中：厦门市	6 099	6 146
6	辽宁省	20 798	43 262
	其中：大连市	13 107	19 384
7	湖北省	17 386	23 473
8	吉林省	14 878	63 352
9	上海市	14 308	23 491
10	安徽省	13 574	20 901
11	北京市	11 804	17 842
12	云南省	11 506	26 306
13	黑龙江省	11 200	11 315
14	天津市	11 081	16 084
15	湖南省	9 624	22 578
16	浙江省	8 933	15 736
	其中：宁波市	277	1 624
17	四川省	7 496	21 781
18	河北省	7 228	8 873
19	陕西省	6 651	10 777
20	新疆维吾尔自治区	3 729	3 134
21	江西省	3 517	13 535
22	广西壮族自治区	3 337	4 394
23	新疆生产建设兵团	2 579	2 701
24	山西省	2 447	5 934
25	甘肃省	2 385	2 023
26	重庆市	2 149	4 361
27	贵州省	2 019	1 938
28	青海省	1 607	411
29	内蒙古自治区	1 539	5 773
30	宁夏回族自治区	201	522
31	海南省	6	6
32	西藏自治区	无	无

表 16

2011 年中国对外承包营业额（分省市区排序）

单位：万美元

序　　号	省市区名称	完成营业额	新签合同额
1	广东省	1 134 158	1 343 526
	其中：深圳市	970 410	1 301 583
2	山东省	747 265	864 453
	其中：青岛市	128 500	59 491
3	江苏省	600 106	588 537
4	上海市	594 113	1 234 673
5	四川省	498 692	745 344
6	湖北省	406 741	631 308
7	天津市	299 081	194 390
8	河南省	291 264	230 318
9	浙江省	289 942	257 437
	其中：宁波市	110 961	50 821
10	北京市	248 098	261 088
11	河北省	243 603	328 230
12	安徽省	236 706	193 661
13	江西省	158 503	144 191
14	辽宁省	150 798	197 637
	其中：大连市	58 253	38 431
15	湖南省	145 987	39 747
16	陕西省	136 256	83 517
17	云南省	114 468	112 125
18	黑龙江省	109 161	41 254
19	山西省	69 676	41 821
20	广西壮族自治区	65 296	55 061
21	新疆维吾尔自治区	63 209	39 840
22	福建省	50 373	49 016
	其中：厦门市	无	无
23	重庆市	41 770	16 748
24	新疆生产建设兵团	33 988	7 147
25	贵州省	30 015	29 649
26	甘肃省	29 664	54 691
27	吉林省	29 510	7 605
28	青海省	4 633	1 225
29	宁夏回族自治区	1 841	3 262
30	海南省	1 382	493
31	内蒙古自治区	0	0
32	西藏自治区	无	无

表 17

2011 年中国对外承包工程业务完成营业额前 50 家企业

单位：万美元

序号	企业名称	完成营业额
1	华为技术有限公司	878 961
2	中国建筑工程总公司	447 612
3	中国水利水电建设股份有限公司	439 863
4	中国港湾工程有限责任公司	272 573
5	中信建设有限责任公司	227 352
6	中国石油工程建设公司	214 116
7	山东电力建设第三工程公司	201 962
8	中国机械设备工程股份有限公司	171 791
9	上海电气集团股份有限公司	154 689
10	山东电力基本建设总公司	153 552
11	中国路桥工程有限责任公司	151 985
12	中国葛洲坝集团股份有限公司	150 224
13	中国电力工程有限公司	136 268
14	广东火电工程总公司	135 185
15	中国石油集团长城钻探工程有限公司	121 579
16	上海贝尔股份有限公司	111 757
17	中国中材国际工程股份有限公司	105 341
18	中国水利电力对外公司	95 456
19	中国石油集团东方地球物理勘探有限责任公司	95 256
20	中国土木工程集团有限公司	92 803
21	中国机械进出口（集团）有限公司	92 228
22	上海建工（集团）总公司	91 658
23	中兴通讯股份有限公司	91 449
24	中地海外建设集团有限公司	91 264
25	中铁十八局集团有限公司	87 639
26	中国石油集团川庆钻探工程有限公司	86 903
27	中铁四局集团有限公司	84 439
28	中工国际工程股份有限公司	83 990
29	哈尔滨电气国际工程有限责任公司	81 092
30	国家电网公司	80 700
31	中国石化集团中原石油勘探局	77 779
32	青建集团股份公司	74 489
33	中国恩菲工程技术有限公司	74 062
34	东方电气集团国际合作有限公司	71 031
35	中铁二十局集团有限公司	68 930
36	四川省机械设备进出口有限责任公司	66 372
37	中国铁建股份有限公司	65 156
38	中国石化工程建设公司	63 492
39	中国长城工业总公司	59 276
40	中建材集团进出口公司	57 885
41	上海振华重工（集团）股份有限公司	51 534
42	中国中铁股份有限公司	51 200
43	中国地质工程集团公司	50 818
44	中国成达工程有限公司	50 784
45	中国大连国际合作（集团）股份有限公司	46 750
46	东方电气股份有限公司	45 935
47	中国石油天然气管道局	45 314
48	中国石油天然气管道工程有限公司	44 735
49	沈阳远大铝业工程有限公司	43 970
50	安徽省外经建设（集团）有限公司	41 491

表 18

2011 年中国对外承包工程业务新签合同额前 50 家企业

单位：万美元

序　　号	企　业　名　称	新签合同额
1	华为技术有限公司	1 162 694
2	中国水利水电建设股份有限公司	772 754
3	中国建筑工程总公司	728 014
4	上海电气集团股份有限公司	684 216
5	中国港湾工程有限责任公司	510 185
6	中国寰球工程公司	452 790
7	中国交通建设股份有限公司	446 270
8	中国葛洲坝集团股份有限公司	426 012
9	东方电气股份有限公司	361 007
10	中信建设有限责任公司	319 489
11	中国路桥工程有限责任公司	270 572
12	中国电力工程有限公司	247 533
13	中国机械设备工程股份有限公司	236 871
14	中国土木工程集团有限公司	234 879
15	中国石化集团国际石油工程有限公司	228 694
16	中国石化集团炼化工程有限公司	202 688
17	中国机械进出口（集团）有限公司	191 251
18	中国水利电力对外公司	190 998
19	中国中原对外工程有限公司	188 956
20	中国万宝工程公司	185 847
21	中国中铁股份有限公司	163 900
22	中国石油集团长城钻探工程有限公司	162 780
23	中国石油集团东方地球物理勘探有限责任公司	151 666
24	山东电力基本建设总公司	139 000
25	中兴通讯股份有限公司	138 889
26	山东电力建设第三工程公司	137 000
27	中国成达工程有限公司	134 771
28	上海贝尔股份有限公司	105 754
29	上海振华重工（集团）股份有限公司	91 860
30	中地海外建设集团有限公司	82 345
31	中国石油天然气管道局	80 073
32	中国石油工程建设公司	78 567
33	中国中材国际工程股份有限公司	76 924
34	上海建工（集团）总公司	74 472
35	中铁四局集团有限公司	71 475
36	北京建工集团有限责任公司	63 710
37	中钢设备有限公司	62 915
38	中国天辰工程有限公司	62 881
39	北方重工集团有限公司	60 818
40	中铁十四局集团有限公司	60 714
41	中国精密机械进出口总公司	60 000
42	中国长城工业总公司	59 276
43	中国江西国际经济技术合作公司	58 028
44	中国十七冶集团有限公司	56 843
45	中国技术进出口总公司	56 609
46	中国船舶工业集团公司	56 091
47	中国石油集团川庆钻探工程有限公司	55 736
48	沈阳远大铝业工程有限公司	53 416
49	江苏江都建设集团有限公司	47 982
50	中国海外工程有限责任公司	47 919

表 19

2011 年中国利用外资统计简表

单位：亿美元

利用外资方式	本年批准外资情况			本年实际使用外资		
	项 目 数					
	本年累计	去年同期	比去年%	本年累计	去年同期	比去年%
总 计	27 712	27 406	1.12	1 176.98	1 088.21	8.16
一、外商直接投资	27 712	27 406	1.12	1 160.11	1 057.35	9.72
中外合资企业	5 005	4 970	0.7	214.15	224.98	−4.81
中外合资企业	284	300	−5.33	17.57	16.16	8.69
外资企业	22 388	22 085	1.37	912.05	809.75	12.63
外商投资股份制	35	51	−31.37	16.34	6.46	152.83
合作开发	0	0		0	0	
其他	0	0		0	0	
二、外商其他投资	0	0		16.87	30.86	−45.32
对外发行股票	0	0		9.39	16.64	−43.56
国际租赁	0	0		0	3	−100
补偿贸易	0	0		0.54	0.45	20.77
加工装配	0	0		6.94	10.78	−35.59

注：此表数据未包括：银行、保险、证券领域吸收外商投资数据。

表 20

2011 年中国外商投资企业进出口情况

单位：亿美元

	全 国		外商投资企业					
	金 额	比去年%	金 额		占全国比重		比重+/−（百分点）	比去年%
进出口总值	36 420.59	22.46%	18 601.56		51.07		−2.74	16.24%
出口总值	18 986.00	20.30%	9 953.30		52.42%		−2.22	15.43%
进口总值	17 434.59	24.90%	8 648.26		49.60%		−3.27	7.33%
			投资进口设备	175.08	占三资企业进口比重	2.02%	−0.19	7.33%

注；1～12 月份贸易顺差值为 1 305.04 亿美元，扣除投资项下进口设备、物料，贸易净顺差值为 1 480.12 亿美元。

表 21

2011 年中国非金融类对外直接投资（按省市区排序）

单位：万美元

序　号	省市区名称	直接投资额
1	浙江省	211 397
	其中：宁波市	85 965
2	山东省	207 704
	其中：青岛市	19 127
3	江苏省	200 129
4	广东省	190 269
	其中：深圳市	62 408
5	上海市	151 316
6	海南省	120 144
7	辽宁省	114 950
	其中：大连市	67 484
8	湖南省	80 483
9	北京市	74 534
10	湖北省	69 009
11	甘肃省	63 497
12	天津市	57 247
13	云南省	57 080
14	四川省	53 343
15	安徽省	50 875
16	陕西省	44 154
17	重庆市	41 857
18	河北省	35 437
19	福建省	34 342
	其中：厦门市	12 710
20	新疆维吾尔自治区	32 557
21	河南省	30 171
22	江西省	28 090
23	吉林省	19 716
24	黑龙江省	15 803
25	山西省	14 973
26	广西壮族自治区	12 237
27	内蒙古自治区	10 403
28	新疆生产建设兵团	4 971
29	贵州省	1 950
30	宁夏回族自治区	1 249
31	西藏自治区	216
32	青海省	173

注：按省市排序的表中都是地方企业，不含中央企业。

表 22

2000—2011 年两岸贸易统计

单位：亿美元，%

年　份	贸易总额		大陆对台出口额		大陆自台进口额		贸易差额
	金　额	同　比	比重	金额	同比	比重	
2000	305.3	30.1	50.4	27.6	254.9	30.6	−204.5
2001	323.4	5.9	50.0	−0.8	273.4	7.2	−223.4
2002	446.7	38.1	65.9	31.7	380.8	39.3	−314.9
2003	583.6	30.7	90.0	36.7	493.6	29.7	−403.6
2004	783.2	34.2	135.5	50.4	647.8	31.2	−512.3
2005	912.3	16.5	165.5	22.2	746.8	15.3	−581.3
2006	1 078.4	18.2	207.4	25.3	871.1	16.6	−663.7
2007	1 244.8	15.4	234.6	13.1	1010.2	16.0	−775.6
2008	1 292.2	3.8	258.8	10.3	1033.4	2.3	−774.6
2009	1 062.3	−17.8	205.1	−20.8	857.2	−17.0	−652.1
2010	1 453.7	36.9	296.8	44.8	1156.9	35.0	−860.1
2011	1 600.3	10.1	351.1	18.3	1249.2	7.9	−898.1

表 23

2000—2011 年台商投资大陆统计

单位：亿美元，%

年　份	项　目　数			实际使用台资金融		
	个　数	同　比	占当年总额比重	金　额	同　比	占当年总额比重
2000	3 108	24.4	13.9	23.0	−11.7	5.6
2001	4 214	35.6	16.1	29.8	29.8	6.4
2002	4 853	15.2	14.2	39.7	33.3	7.5
2003	4 495	−7.4	10.9	33.8	−14.9	6.3
2004	4 002	−11.0	9.2	31.2	−7.7	5.1
2005	3 907	−2.4	8.8	21.6	−31.0	3.6
2006	3 752	−4.0	9.1	21.4	−0.7	3.4
2007	3 299	−12.1	8.7	17.7	−20.4	2.4
2008	2 360	−28.5	8.6	19.0	7.0	2.1
2009	2 555	8.3	10.9	18.8	−1.0	2.1
2010	3 072	20.2	—	24.8	31.7	—
2011	2 639	−14.10	—	21.8	−11.81	—

表 24

2000—2011 年内地与香港贸易统计

单位：亿美元，%

年　　份	进　出　口		出　　口		进　　口	
	总　额	同　比	总　额	同　比	总　额	同　比
2000	539.5	23.3	445.2	20.8	94.3	36.8
2001	559.7	3.7	465.5	4.6	94.2	−0.1
2002	629.1	23.7	584.7	25.6	107.4	14
2003	847.1	26.3	762.9	30.5	111.2	3.7
2004	1 126.8	28.9	1 008.8	32.3	118	6.1
2005	1 367.1	21.3	1 244.8	23.4	122.3	3.6
2006	1 661.7	21.6	1 553.9	24.8	107.9	−11.8
2007	1 972.5	18.7	1 844.3	18.7	128.2	18.8
2008	2 036.7	3.3	1 907.4	3.4	129.2	0.9
2009	1 749.5	−14.1	1 662.3	−12.8	87.1	−32.6
2010	2 035.8	31.8	2 183.2	31.3	133.6	40.9
2011	2 835.2	23.0	2 680.3	22.8	155.0	26.4

表 25

2000—2011 年香港对内地投资统计

单位：亿美元,%

年份	项目数			实际使用港资金额		
	个数	同比	占比	金额	同比	占比
2000	7 199	22	32.21	155	－6.3	38.07
2001	8 008	11.2	30.64	167.1	7.8	35.66
2002	10 845	35.4	31.74	178.6	6.88	33.86
2003	13 633	25.7	33.19	177.0	－0.9	33.08
2004	14 719	7.97	33.71	189.9	7.29	31.08
2005	14 831	0.76	33.71	179.5	5.48	24.72
2006	15 496	4.5	37.36	202.3	12.7	32.11
2007	16 208	4.6	42.8	277.0	30.0	37.1
2008	12 857	－20.7	45.7	410.4	48.1	44.4
2009	10 701	－16.8	45.7	460.8	12.3	51.2
2010	13 070	22.1	—	605.7	31.5	—
2011	13 889	6.27	—	705.0	16.4	—

表 26

2000—2011 年内地对香港承包工程统计

单位：亿美元,%

年份	项目数		新签合同额		完成营业额		年末在港人数	
	份数	同比	金额	同比	金额	同比	人数	同比
1998	116	－36.30	18.30	－7.60	19.00	24.20	497	－21.40
1999	156	34.00	27.70	51.40	19.60	3.10	924	85.90
2000	162	3.80	25.50	－8.00	20.20	3.10	1037	12.20
2001	235	45.06	23.64	－7.25	16.99	－16.18	958	－7.62
2002	187	20.43	22.03	－6.79	21.38	25.76	907	－5.32
2003	284	51.87	23.34	5.94	26.37	23.38	850	－6.28
2004	649	128.52	17.74	－23.99	25.43	－3.58	839	－1.29
2005	209	67.80	14.46	－18.51	17.83	－29.89	991	18.12
2006	258	23.44	18.28	26.42	17.55	－18.11	1 037	4.64
2007	263	1.94	16.27	－11.00	19.94	13.62	767	－26.04
2008	95	－63.88	16.1	－1.04	16.9	－15.25	375	－51.11—
2009	94	－1.05	29.3	81.99	18.0	6.51	449	19.73
2010	1632	—	35.1	—	19.0	—	21 052	—
2011	94	—	44.9	—	19.7	—	24 046	—

注：2010 数据包括内地在香港承包工程、劳务合作合同数；年末在港劳务人数。

表 27

2000—2011 年内地与澳门贸易统计

单位：亿美元,%

年份	进出口		出口		进口	
	总额	同比	总额	同比	总额	同比
2000	8.05	9.6	7.10	11.3	0.95	－2.0
2001	8.63	7.2	7.43	4.7	1.19	25.4
2002	10.18	18.2	8.76	18.0	1.42	19.4
2003	14.67	44.1	12.81	46.3	1.86	30.6
2004	18.28	24.7	16.11	25.9	2.16	16.3
2005	18.70	2.0	16.05	－0.8	2.65	22.5
2006	24.41	30.5	21.84	36.1	2.56	－3.4
2007	29.2	19.7	26.4	20.9	2.8	9.7
2008	29.1	－0.5	26	－1.5	3.1	9.1
2009	21	－27.9	18.5	－28.8	2.5	－19.6
2010	22.6	8.0	21.4	15.7	1.2	－49.8
2011	25.2	11.2	23.6	10.0	1.6	31.3

表 28

2000—2011 年澳门对内地投资统计

单位：亿美元，%

年份	项目		实际利用外资	
	个数	同比	金额	同比
2000	433	70.5	3.47	12.5
2001	458	5.8	3.21	−7.6
2002	518	13.1	4.68	45.9
2003	580	12	4.16	−11.1
2004	715	23.3	5.46	31.2
2005	707	−1.2	6.00	10
2006	868	22.8	6.00	0.41
2007	856	−1.4	6.4	−6.0
2008	435	−96.8	5.8	−9.4
2009	294	−32.4	8.1	40.1
2010	274	−6.8	6.6	−19.6
2011	283	3.28	6.8	3.84

表 29

1998—2011 年内地对澳门劳务合作统计

单位：亿美元，人

年　　份	劳务合作			承包工程		
	新签合同额	完成营业额	年末在外人数	新签合同额	完成营业额	年末在外人数
1998	1.34	1.12	27 066	1.30	1.45	436
1999	0.73	1.31	28 260	0.55	1.18	614
2000	0.98	1.23	28 253	0.62	0.98	451
2001	1.24	1.38	36 563	0.93	0.64	241
2002	1.23	1.09	21 033	1.25	0.79	611
2003	0.90	1.18	23 590	2.13	1.70	1 024
2004	1.20	1.31	21 983	5.24	2.18	1 146
2005	2.74	1.38	27 063	5.79	3.73	219
2006	3.14	2.57	37 557	18.13	7.92	456
2007	4.04	2.63	44 510	11.03	11.72	578
2008	5.41	3.64	53 399	8.86	8.79	899
2009	1.1	3.3	47 908	2.8	5.3	2 091
	新签合同额		完成营业额		年末在外人数	
2010	15.6		14.5		48 951	
2011	8.2		5.0		58 543	

注：2010、2011 年数据未单列。

表 30

2011 年中国对亚洲国家/地区贸易统计

单位：亿美元，%

	进出口		出口		进口		贸易差额	
	金额	同比	金额	同比	金额	同比	当年	上年同期
总值	36 420.58	22.5	18 986.00	20.3	17 434.58	24.9	1 551.42	1 831.04
亚洲地区	19 030.28	21.5	8 991.42	22.8	10 038.87	20.3	−1 047.45	−1 025.44
亚洲司主管国别	11 259.43	20.9	5 100.81	23.3	6 158.62	18.9	−1 057.80	−1 040.06
占总值比	30.9	−0.1	26.9	0.9	35.3	−1.7		
东北亚	6 005.92	17.2	2 371.18	22.5	3 63474	14.0	−1 263.56	−1 252.73
日本	3 428.89	15.1	1 428.98	22.5	1 945.90	10.1	−462.92	−556.46
韩国	2 456.33	18.6	829.24	20.6	1 627.09	17.6	−797.86	−696.28
朝鲜	56.39	62.4	31.65	39.0	24.75	107.2	6.90	10.85
蒙古	64.31	60.7	27.32	88.4	37.00	45.0	−9.68	−10.84
东盟	3 628.54	23.9	1 700.83	23.1	1 927.71	24.7	−226.88	−163.62
文莱	13.11	27.1	7.44	102.5	5.67	−14.7	1.78	−2.90
缅甸	65.00	46.3	48.22	38.7	16.78	73.6	31.43	25.16
柬埔寨	24.99	73.5	23.15	71.8	1.84	96.8	21.31	12.54
印度尼西亚	605.22	41.6	292.22	33.1	313.00	50.5	−20.78	11.95
老挝	13.06	20.4	4.77	−1.5	8.30	37.9	−3.53	−0.88
马来西亚	900.35	21.3	278.90	17.2	621.45	23.2	−342.55	−266.04
菲律宾	322.54	16.2	142.54	23.5	180.00	11.0	−37.46	−46.65
新加坡	634.82	11.2	355.70	10.0	279.12	12.9	76.59	76.38
泰国	647.37	22.3	256.97	30.2	390.40	17.6	−133.44	−134.53
越南	402.07	33.6	290.92	25.9	111.16	59.1	179.76	161.33
东帝汶	0.72	67.5	0.70	64.5	0.02	595.8	0.69	0.43
南亚	974.27	20.9	713.09	23.8	261.19	13.8	451.90	346.59
印度	739.18	19.7	505.43	23.5	233.75	12.1	271.69	200.78
巴基斯坦	105.64	21.9	84.40	21.7	22.24	22.7	63.16	52.09
孟加拉国	82.60	17.0	78.11	15.1	4.49	66.9	73.62	65.23
斯里兰卡	31.42	49.8	29.89	49.8	1.53	49.2	28.36	18.93
尼泊尔	11.95	60.9	11.81	61.5	0.14	21.4	11.67	7.21
马尔代夫	0.97	53.1	0.97	53.0	0.0014	180.7	0.97	0.63
不丹	0.17	991.9	0.17	995.9	0.0008	495.3	0.17	0.02
阿富汗	2.34	31.0	2.30	31.2	0.04	19.6	2.26	1.72
西亚	2 337.53	41.0	964.82	27.0	1 372.72	52.9	−407.90	−138.25
伊朗	451.07	53.5	147.62	33.1	303.45	65.8	−155.83	−71.90
土耳其	187.41	24.0	156.15	30.8	31.25	−1.4	124.90	87.86
塞浦路斯	11.50	−15.8	11.24	−16.6	0.26	52.6	10.97	13.31
西亚其他	1 687.56	40.7	649.81	26.0	1 037.75	51.9	−387.94	−167.52
香港	2 835.24	23.0	2 680.25	22.8	154.99	26.4	2 525.27	2 060.59
澳门	25.18	11.2	23.56	10.0	1.62	31.3	21.93	20.17
台湾	1 600.32	10.1	351.12	18.3	1 249.20	7.9	−898.08	−860.17
亚洲其他	1 622.56	18.5	185.87	12.4	1 436.69	19.3	−1 250.83	−1 038.44
欧盟	5 672.13	18.3	3 560.20	14.4	2 111.93	25.4	1 448.27	1 427.58
美国	4 466.47	15.9	3 244.93	14.5	1 221.54	19.6	2 023.39	1 812.66

注：1. 十大贸易伙伴：欧盟、美国、东盟、日本、香港、韩国、台湾、澳大利亚、巴西、俄罗斯。

2. 十大出口市场：欧盟、美国、香港、东盟、日本、韩国、印度、俄罗斯、台湾、澳大利亚。

3. 十大进口市场：欧盟、日本、东盟、韩国、台湾、美国、澳大利亚、巴西、沙特、俄罗斯。

4. 占总值比中的“同比”为同比增减点数：亚洲司主管 26 个国别。

表 31

2011 年美国对中国出口主要商品构成（章）

单位：百万美元，%

HS编码	商 品 类 别	2011 年	上年同期	同 比	占 比
章	总值	103 879	91 881	13.1	100.0
84	核反应堆、锅炉、机械器具及零件	12 214	11 219	8.9	11.8
12	油籽；子仁；工业或药用植物；饲料	10 659	10 989	−3.0	10.3
85	电机、电气、音像设备及其零附件	10 139	11 543	−12.2	9.8
87	车辆及其零附件，但铁道车辆除外	6 762	4 508	50.0	6.5
88	航空器、航天器及其零件	6 392	5 763	10.9	6.2
90	光学、照相、医疗等设备及零附件	5 727	5 201	10.1	5.5
39	塑料及其制品	5 116	4 843	5.6	4.9
47	木浆等纤维状纤维素浆；废纸及纸板	3 998	3 052	31.0	3.9
74	铜及其制品	3 767	2 887	30.5	3.6
29	有机化学品	3 500	2 981	17.4	3.4
76	铝及其制品	3 038	2 293	32.5	2.9
52	棉花	2 647	2 109	25.5	2.6
72	钢铁	2 571	2 015	27.6	2.5
27	矿物燃料、矿物油及其产品；沥青等	2 011	1 354	48.5	1.9
44	木及木制品；木炭	1 931	1 162	66.1	1.9
26	矿砂、矿渣及矿灰	1 551	1 244	24.7	1.5
38	杂项化学产品	1 541	1 371	12.3	1.5
41	生皮（毛皮除外）及皮革	1 299	1 039	25.0	1.3
28	无机化学品；贵金属等的化合物	1 289	1 481	−13.0	1.2
03	鱼及其他水生无脊椎动物	1 131	732	54.6	1.1
32	鞣料；着色料；涂料；油灰；墨水等	1 107	757	46.1	1.1
10	谷物	1 012	336	201.3	1.0
71	珠宝、贵金属及制品；仿首饰；硬币	999	674	48.3	1.0
30	药品	984	617	59.5	1.0
40	橡胶及其制品	973	898	8.4	0.9
02	肉及食用杂碎	817	319	156.3	0.8
48	纸及纸板；纸浆、纸或纸板制品	780	591	32.0	0.8
23	食品工业的残渣及废料；配制的饲料	650	832	−21.8	0.6
73	钢铁制品	633	655	−3.4	0.6
95	玩具、游戏或运动用品及其零附件	589	417	41.2	0.6
	以上合计	95 027	[illegible]	14.2	92.3

表 32

2011 年美国自中国进口主要商品构成（章）

单位：百万美元，%

HS 编码	商 品 类 别	2011 年	上年同期	同 比	占 比
章	总值	399 335	364 944	9.4	100.0
85	电机、电气、音像设备及其零附件	98 693	90 818	8.7	24.7
84	核反应堆、锅炉、机械器具及零件	94 854	82 722	14.7	23.8
95	玩具、游戏或运动用品及其零附件	22 624	24 980	−9.4	5.7
94	家具；寝具等；灯具；活动房	20 490	19 956	2.7	5.1
64	鞋靴、护腿和类似品及其零件	16 723	15 917	5.1	4.2
61	针织或钩编的服装及衣着附件	15 088	14 041	7.5	3.8
62	非针织或非钩编的服装及衣着附件	14 998	14 732	1.8	3.8
39	塑料及其制品	10 901	9 648	13.0	2.7
73	钢铁制品	8 645	7 337	17.8	2.2
87	车辆及其零附件，但铁道车辆除外	8 183	6 997	16.9	2.1
42	皮革制品；旅行箱包；动物肠线制品	8 052	7 455	8.0	2.0
90	光学、照相、医疗等设备及零附件	7 881	7 015	12.3	2.0
63	其他纺织制品；成套物品；旧纺织品	6 215	5 878	5.7	1.6
29	有机化学品	5 717	4 614	23.9	1.4
40	橡胶及其制品	3 948	3 218	22.7	1.0
83	贱金属杂项制品	3 583	3 321	7.9	0.9
71	珠宝、贵金属及制品；仿首饰；硬币	3 309	2 905	13.9	0.8
82	贱金属器具、利口器、餐具及零件	2 913	2 635	10.5	0.7
44	木及木制品；木炭	2 801	2 769	1.1	0.7
48	纸及纸板；纸浆、纸或纸板制品	2 404	2 268	6.0	0.6
28	无机化学品；贵金属等的化合物	2 392	1 239	93.1	0.6
69	陶瓷产品	2 272	1 905	19.3	0.6
96	杂项制品	2 100	2 015	4.2	0.5
03	鱼及其他水生无脊椎动物	2 031	1 811	12.2	0.5
70	玻璃及其制品	1 817	1 629	11.5	0.5
49	印刷品；手稿、打字稿及设计图纸	1 771	1 790	−1.1	0.4
76	铝及其制品	1 752	1 919	−8.7	0.4
67	加工羽毛及制品；人造花；人发制品	1 531	1 285	19.1	0.4
72	钢铁	1 479	1 026	44.1	0.4
65	头饰	1 363	1 132	20.4	0.3
以上合计		376 528	344 977	9.1	94.3

表 33

2011 年美国对中国出口主要商品构成（类）

单位：百万美元，%

海关分类	HS 编码	商品类别	2011 年	上年同期	同比	占比
类	章	总值	103 879	91 881	13.1	100.0
第 16 类	84—85	机电产品	22 353	22 762	−1.8	21.5
第 17 类	86—89	运输设备	13 291	10 540	26.1	12.8
第 2 类	06—14	植物产品	12 172	11 824	3.0	11.7
第 15 类	72—83	贱金属及制品	10 873	8 619	26.2	10.5
第 6 类	28—38	化工产品	10 024	8 520	17.7	9.7
第 7 类	39—40	塑料、橡胶	6 089	5 741	6.1	5.9
第 18 类	90—92	光学、钟表、医疗设备	5 752	5 219	10.2	5.5
第 10 类	47—49	纤维素浆；纸张	4 924	3 787	30.0	4.7
第 5 类	25—27	矿产品	3 793	2 840	33.6	3.7
第 11 类	50—63	纺织品及原料	3 746	3 078	21.7	3.6
第 1 类	01—05	活动物；动物产品	2 430	1 411	72.2	2.3
第 9 类	44—46	木及制品	1 934	1 167	65.7	1.9
第 8 类	41—43	皮革制品；箱包	1 469	1 213	21.1	1.4
第 4 类	16—24	食品、饮料、烟草	1 350	1 442	−6.4	1.3
第 14 类	71	贵金属及制品	999	674	48.3	1.0
其他			2 678	3 042	−12.0	2.6

表 34

2011 年美国自中国进口主要商品构成（类）

单位：百万美元，%

海关分类	HS 编码	商品类别	2011 年	上年同期	同比	占比
类	章	总值	399 335	364 944	9.4	100.0
第 16 类	84—85	机电产品	193 547	173 540	11.5	48.5
第 20 类	94—96	家具、玩具、杂项制品	45 214	46 950	−3.7	11.3
第 11 类	50—63	纺织品及原料	39 261	37 028	6.0	9.8
第 12 类	64—67	鞋靴、伞等轻工产品	20 090	18 784	7.0	5.0
第 15 类	72—83	贱金属及制品	19 792	17 444	13.5	5.0
第 7 类	39—40	塑料、橡胶	14 849	12 866	15.4	3.7
第 6 类	28—38	化工产品	12 321	9 522	29.4	3.1
第 17 类	86—89	运输设备	9 302	7 662	21.4	2.3
第 18 类	90—92	光学、钟表、医疗设备	9 136	8 256	10.7	2.3
第 8 类	41—43	皮革制品；箱包	8 176	7 563	8.1	2.1
第 13 类	68—70	陶瓷；玻璃	5 068	4 487	12.9	1.3
第 10 类	47—49	纤维素浆；纸张	4 196	4 066	3.2	1.1
第 14 类	71	贵金属及制品	3 309	2 905	13.9	0.8
第 9 类	44—46	木及制品	3 139	3 057	2.7	0.8
第 4 类	16—24	食品、饮料、烟草	2 757	2 317	19.0	0.7
其他			9 178	8 496	8.0	2.3

表 35

2011 年美国自中国进口的十大类商品及其国别/地区构成

单位：百万美元，%

HS84—85：机电产品				HS39—40：塑料、橡胶			
国家和地区	金 额	同 比	占 比	国家和地区	金 额	同 比	占 比
中国	193 547	11.5	34.2	中国	14 849	15.4	22.0
墨西哥	92 882	6.2	16.4	加拿大	13 698	14.1	20.3
日本	49 459	14.4	8.7	墨西哥	5 200	18.9	7.7
加拿大	27 887	9.1	4.9	日本	4 763	7.2	7.1
德国	27 751	23.6	4.9	印度尼西亚	3 784	56.4	5.6
韩国	26 419	7.4	4.7	德国	3 283	17.2	4.9
HS94—96：家具、玩具、杂项制品				HS28—38：化工产品			
国家和地区	金 额	同 比	占 比	国家和地区	金 额	同 比	占 比
中国	45 214	−3.7	63.3	爱尔兰	30 858	22.2	17.2
墨西哥	7 311	11.8	10.2	加拿大	21 162	14.4	11.8
加拿大	4 460	9.1	6.2	德国	15 406	15.1	8.6
越南	2 038	2.1	2.9	中国	12 321	29.4	6.9
台湾省	1 716	5.7	2.4	英国	10 903	−13.0	6.1
日本	1 455	−5.3	2.0	瑞士	8 791	22.6	4.9
HS50—63：纺织品及原料				HS86—89：运输设备			
国家和地区	金 额	同 比	占 比	国家和地区	金 额	同 比	占 比
中国	39 261	6.0	37.8	加拿大	55 646	9.1	24.5
越南	6 908	13.9	6.7	墨西哥	46 518	14.3	20.5
印度	6 279	10.3	6.0	日本	43 762	−0.4	19.3
墨西哥	5 511	7.1	5.3	德国	26 577	19.2	11.7
印度尼西亚	5 374	14.4	5.2	韩国	12 404	28.3	5.5
孟加拉国	4 597	14.0	4.4	中国	9 302	21.4	4.1
HS64—67：鞋靴、伞等轻工产品				HS90—92：光学、钟表、医疗设备			
国家和地区	金 额	同 比	占 比	国家和地区	金 额	同 比	占 比
中国	20 090	7.0	74.5	墨西哥	9 866	10.4	13.7
越南	2 174	25.5	8.1	中国	9 136	10.7	12.7
意大利	1 153	23.9	4.3	德国	8 830	19.9	12.2
印度尼西亚	983	29.4	3.7	日本	7 993	13.5	11.1
墨西哥	429	16.5	1.6	瑞士	5 639	34.7	7.8
巴西	253	−30.0	0.9	爱尔兰	5 182	2.2	7.2
HS72—83：贱金属及制品				HS41—43：皮革制品；箱包			
国家和地区	金 额	同 比	占比	国家和地区	金 额	同 比	占 比
加拿大	24 545	11.0	21.4	中国	8 176	8.1	67.4
中国	19 792	13.5	17.3	意大利	973	31.9	8.0
墨西哥	9 922	27.7	8.7	法国	462	17.2	3.8
日本	5 691	23.6	5.0	越南	376	38.3	3.1
德国	5 643	19.6	4.9	印度	322	21.6	2.7
台湾省	4 539	20.0	4.0	加拿大	231	3.8	1.9

表 36

2011 年欧盟（27）对中国出口主要商品构成（章）

单位：百万美元，%

HS编码	商品类别	2011年	上年同期	同比	占比
章	总值	188 121	148 865	26.4	100.0
84	核反应堆、锅炉、机械器具及零件	50 733	41 527	22.2	27.0
87	车辆及其零附件，但铁道车辆除外	33 596	23 674	41.9	17.9
85	电机、电气、音像设备及其零附件	20 128	18 453	9.1	10.7
90	光学、照相、医疗等设备及零附件	9 356	7 101	31.8	5.0
88	航空器、航天器及其零件	7 701	6 577	17.1	4.1
74	铜及其制品	6 867	4 973	38.1	3.7
39	塑料及其制品	5 824	5 486	6.2	3.1
30	药品	5 321	3 682	44.5	2.8
29	有机化学品	4 147	3 540	17.1	2.2
72	钢铁	3 209	2 451	30.9	1.7
73	钢铁制品	2 850	2 433	17.1	1.5
47	木浆等纤维状纤维素浆；废纸及纸板	2 813	1 902	47.9	1.5
71	珠宝、贵金属及制品；仿首饰；硬币	2 220	1 812	22.5	1.2
38	杂项化学产品	2 043	1 554	31.5	1.1
27	矿物燃料、矿物油及其产品；沥青等	1 803	986	82.9	1.0
40	橡胶及其制品	1 758	1 561	12.6	0.9
22	饮料、酒及醋	1 747	1 074	62.7	0.9
76	铝及其制品	1 391	1 211	14.9	0.7
28	无机化学品；贵金属等的化合物	1 389	1 006	38.0	0.7
86	铁道车辆；轨道装置；信号设备	1 239	1 389	－10.8	0.7
48	纸及纸板；纸浆、纸或纸板制品	1 196	1 010	18.4	0.6
41	生皮（毛皮除外）及皮革	1 190	894	33.1	0.6
94	家具；寝具等；灯具；活动房	1 085	783	38.6	0.6
26	矿砂、矿渣及矿灰	1 050	692	51.7	0.6
32	鞣料；着色料；涂料；油灰；墨水等	842	778	8.2	0.5
44	木及木制品；木炭	715	453	57.8	0.4
02	肉及食用杂碎	714	267	167.6	0.4
34	洗涤剂、润滑剂、人造蜡、塑型膏等	712	589	21.0	0.4
83	贱金属杂项制品	694	556	24.7	0.4
33	精油及香膏；香料制品及化妆盥洗品	684	464	47.4	0.4
以上合计		175 018	138 879	26.0	93.1

表37

2011年欧盟（27）自中国进口主要商品构成（章）

单位：百万美元，%

HS编码	商品类别	2011年	上年同期	同比	占比
章	总值	405 847	373 845	8.6	100.0
85	电机、电气、音像设备及其零附件	110 233	103 023	7.0	27.2
84	核反应堆、锅炉、机械器具及零件	80 400	74 930	7.3	19.8
62	非针织或非钩编的服装及衣着附件	22 616	20 326	11.3	5.6
61	针织或钩编的服装及衣着附件	18 780	17 407	7.9	4.6
95	玩具、游戏或运动用品及其零附件	17 543	16 905	3.8	4.3
94	家具；寝具等；灯具；活动房	15 953	15 601	2.3	3.9
64	鞋靴、护腿和类似品及其零件	10 583	9 664	9.5	2.6
73	钢铁制品	9 159	7 953	15.2	2.3
39	塑料及其制品	8 550	7 546	13.3	2.1
29	有机化学品	8 235	6 771	21.6	2.0
42	皮革制品；旅行箱包；动物肠线制品	8 110	7 462	8.7	2.0
90	光学、照相、医疗等设备及零附件	7 804	6 675	16.9	1.9
87	车辆及其零附件，但铁道车辆除外	6 349	5 625	12.9	1.6
89	船舶及浮动结构体	5 847	10 015	−41.6	1.4
72	钢铁	5 293	3 213	64.7	1.3
63	其他纺织制品；成套物品；旧纺织品	4 341	4 020	8.0	1.1
40	橡胶及其制品	4 148	2 826	46.8	1.0
83	贱金属杂项制品	3 372	3 101	8.7	0.8
71	珠宝、贵金属及制品；仿首饰；硬币	3 207	2 812	14.1	0.8
82	贱金属器具、利口器、餐具及零件	3 052	2 694	13.3	0.8
44	木及木制品；木炭	2 899	2 739	5.9	0.7
76	铝及其制品	2 716	1 854	46.5	0.7
28	无机化学品；贵金属等的化合物	2 481	1 498	65.6	0.6
70	玻璃及其制品	2 413	2 452	−1.6	0.6
96	杂项制品	2 331	2 143	8.8	0.6
69	陶瓷产品	2 313	2 472	−6.4	0.6
03	鱼及其他水生无脊椎动物	2 099	1 813	15.8	0.5
48	纸及纸板；纸浆、纸或纸板制品	2 032	1 986	2.3	0.5
91	钟表及其零件	1 782	1 622	9.9	0.4
81	其他贱金属、金属陶瓷及其制品	1 649	1 277	29.2	0.4
以上合计		376 293	348 424	8.0	92.7

表 38

2011 年欧盟（27）对中国出口主要商品构成（类）

单位：百万美元，%

海关分类	HS 编码	商品类别	2011 年	上年同期	同　比	占　比
类	章	总值	188 121	148 865	26.4	100.0
第 16 类	84—85	机电产品	70 861	59 980	18.1	37.7
第 17 类	86—89	运输设备	42 674	31 857	34.0	22.7
第 15 类	72—83	贱金属及制品	16 404	12 857	27.6	8.7
第 6 类	28—38	化工产品	15 894	12 194	30.3	8.5
第 18 类	90—92	光学、钟表、医疗设备	9 546	7 253	31.6	5.1
第 7 类	39—40	塑料、橡胶	7 582	7 047	7.6	4.0
第 10 类	47—49	纤维素浆；纸张	4 216	3 079	36.9	2.2
第 5 类	25—27	矿产品	3 464	2 134	62.3	1.8
第 11 类	50—63	纺织品及原料	2 989	2 180	37.1	1.6
第 4 类	16—24	食品、饮料、烟草	2 887	1 890	52.7	1.5
第 14 类	71	贵金属及制品	2 220	1 812	22.5	1.2
第 8 类	41—43	皮革制品；箱包	2 163	1 455	48.7	1.2
第 1 类	01—05	活动物；动物产品	1 816	1 068	70.1	1.0
第 20 类	94—96	家具、玩具、杂项制品	1 332	998	33.4	0.7
第 13 类	68—70	陶瓷；玻璃	1 173	971	20.8	0.6
其　他			2 900	2 088	38.9	1.5

表 39

2011 年欧盟（27）自中国进口主要商品构成（类）

单位：百万美元，%

海关分类	HS 编码	商品类别	2011 年	上年同期	同　比	占　比
类	章	总值	405 847	373 845	8.6	100.0
第 16 类	84—85	机电产品	190 633	177 954	7.1	47.0
第 11 类	50—63	纺织品及原料	52 090	46 774	11.4	12.8
第 20 类	94—96	家具、玩具、杂项制品	35 827	34 648	3.4	8.8
第 15 类	72—83	贱金属及制品	26 386	20 916	26.2	6.5
第 6 类	28—38	化工产品	16 808	13 697	22.7	4.1
第 12 类	64—67	鞋靴、伞等轻工产品	13 292	12 042	10.4	3.3
第 7 类	39—40	塑料、橡胶	12 698	10 372	22.4	3.1
第 17 类	86—89	运输设备	12 629	15 983	−21.0	3.1
第 18 类	90—92	光学、钟表、医疗设备	10 112	8 857	14.2	2.5
第 8 类	41—43	皮革制品；箱包	8 607	7 892	9.1	2.1
第 13 类	68—70	陶瓷；玻璃	6 226	6 345	−1.9	1.5
第 10 类	47—49	纤维素浆；纸张	3 463	3 249	6.6	0.9
第 9 类	44—46	木及制品	3 338	3 200	4.3	0.8
第 14 类	71	贵金属及制品	3 207	2 812	14.1	0.8
第 1 类	01—05	活动物；动物产品	3 108	2 614	18.9	0.8
其　他			7 424	6 489	14.4	1.8

表 40

2011 年欧盟（27）自中国进口的十大类商品及其国别/地区构成　　单位：百万美元，%

HS84—85：机电产品				HS64—67：鞋靴、伞等轻工产品			
国家和地区	金　额	同　比	占　比	国家和地区	金　额	同　比	占　比
中国	190 633	7.1	39.1	中国	13 292	10.4	54.3
美国	68 256	10.4	14.0	越南	2 566	−8.3	10.5
日本	44 035	8.6	9.0	印度	1 800	13.4	7.4
瑞士	22 735	13.7	4.7	印度尼西亚	1 426	11.4	5.8
台湾省	19 505	−0.2	4.0	突尼斯	677	2.9	2.8
韩国	19 220	−19.2	3.9	摩洛哥	431	10.8	1.8
HS50—63：纺织品及原料				HS39—40：塑料、橡胶			
国家和地区	金　额	同　比	占　比	国家和地区	金　额	同　比	占　比
中国	52 090	11.4	40.2	中国	12 698	22.4	18.7
土耳其	16 914	13.1	13.1	美国	10 037	11.8	14.8
孟加拉国	11 035	35.4	8.5	日本	4 767	14.5	7.0
印度	10 226	17.5	7.9	瑞士	4 660	14.5	6.9
巴基斯坦	4 490	28.3	3.5	土耳其	3 671	30.4	5.4
突尼斯	3 767	8.6	2.9	韩国	3 130	19.0	4.6
HS94—96：家具、玩具、杂项制品				HS86—89：运输设备			
国家和地区	金　额	同　比	占　比	国家和地区	金　额	同　比	占　比
中国	35 827	3.4	69.7	美国	28 245	16.5	22.3
美国	1 992	8.1	3.9	日本	18 212	−0.1	14.4
日本	1 328	22.6	2.6	韩国	12 982	−9.6	10.3
越南	1 166	2.0	2.3	土耳其	12 925	12.7	10.2
土耳其	1 150	15.9	2.2	中国	12 629	−21.0	10.0
瑞士	1 125	14.5	2.2	墨西哥	2 056	3.0	48.9
HS72—83：贱金属及制品				HS90—92：光学、钟表、医疗设备			
国家和地区	金　额	同　比	占　比	国家和地区	金　额	同　比	占　比
中国	26 386	26.2	18.0	美国	25 657	5.4	33.6
俄罗斯	14 904	15.3	10.1	瑞士	13 890	16.0	18.2
美国	9 519	25.2	6.5	中国	10 112	14.2	13.3
挪威	8 362	14.2	5.7	日本	8 262	11.3	10.8
瑞士	8 139	20.6	5.5	韩国	3 818	23.2	5.0
土耳其	7 535	42.6	5.1	墨西哥	2 056	20.2	2.7
HS28—38：化工产品				HS41—43：皮革制品；箱包			
国家和地区	金　额	同　比	占　比	国家和地区	金　额	同　比	占　比
美国	50 600	8.4	26.5	中国	8 607	9.1	47.6
瑞士	40 799	10.7	21.4	印度	1 807	20.5	10.0
中国	16 808	22.7	8.8	瑞士	748	39.9	4.1
新加坡	10 947	23.0	5.7	巴西	745	23.7	4.1
日本	8 804	9.5	4.6	美国	620	40.8	3.4
俄罗斯	7 491	23.0	3.9	巴基斯坦	539	17.0	3.0

表 41

2011 年日本对中国出口主要商品构成（章）

单位：百万美元，%

HS 编码	商品类别	2011 年 1—12 月	上年同期	同比	占比
章	总值	162 040	149 679	8.3	100.0
84	核反应堆、锅炉、机械器具及零件	39 173	33 518	16.9	24.2
85	电机、电气、音像设备及其零附件	33 287	32 208	3.4	20.5
87	车辆及其零附件，但铁道车辆除外	15 505	15 060	3.0	9.6
90	光学、照相、医疗等设备及零附件	11 575	9 698	19.4	7.1
72	钢铁	9 648	8 960	7.7	6.0
39	塑料及其制品	8 763	8 201	6.9	5.4
29	有机化学品	7 616	6 512	17.0	4.7
74	铜及其制品	3 768	3 715	1.4	2.3
27	矿物燃料、矿物油及其产品；沥青等	2 165	2 057	5.3	1.3
73	钢铁制品	2 159	2 023	6.7	1.3
38	杂项化学产品	2 059	2 034	1.3	1.3
40	橡胶及其制品	1 707	1 485	15.0	1.1
70	玻璃及其制品	1 312	1 332	−1.5	0.8
32	鞣料；着色料；涂料；油灰；墨水等	1 084	980	10.6	0.7
54	化学纤维长丝	944	841	12.3	0.6
47	木浆等纤维状纤维素浆；废纸及纸板	928	862	7.7	0.6
76	铝及其制品	852	869	−1.9	0.5
55	化学纤维短纤	789	606	30.2	0.5
71	珠宝、贵金属及制品；仿首饰；硬币	785	753	4.2	0.5
37	照相及电影用品	735	683	7.7	0.5
28	无机化学品；贵金属等的化合物	731	818	−10.6	0.5
82	贱金属器具、利口器、餐具及零件	719	623	15.3	0.4
34	洗涤剂、润滑剂、人造蜡、塑型膏等	708	591	19.7	0.4
48	纸及纸板；纸浆、纸或纸板制品	605	654	−7.4	0.4
68	矿物材料的制品	560	445	26.1	0.4
60	针织物及钩编织物	516	444	16.4	0.3
94	家具；寝具等；灯具；活动房	449	432	4.0	0.3
52	棉花	423	370	14.4	0.3
50	浸、包或层压织物；工业用纺织制品	409	372	9.9	0.3
86	铁道车辆；轨道装置；信号设备	401	259	54.9	0.3
	以上合计	150 378	137 403	9.4	92.8

表 42

2011年日本自中国进口主要商品构成（章）

单位：百万美元,%

HS编码	商品类别	2011年1—12月	上年同期	同比	占比
章	总值	184 065	153 425	20.0	100.0
85	电机、电气、音像设备及其零附件	44 024	38 607	14.0	23.9
84	核反应堆、锅炉、机械器具及零件	30 730	26 275	17.0	16.7
61	针织或钩编的服装及衣着附件	13 016	11 078	17.5	7.1
62	非针织或非钩编的服装及衣着附件	12 269	10 122	21.2	6.7
95	玩具、游戏或运动用品及其零附件	5 467	4 436	23.2	3.0
39	塑料及其制品	4 947	4 085	21.1	2.7
90	光学、照相、医疗等设备及零附件	4 766	3 823	24.7	2.6
28	无机化学品；贵金属等的化合物	4 747	2 763	71.8	2.6
94	家具；寝具等；灯具；活动房	4 515	3 701	22.0	2.5
73	钢铁制品	4 006	3 133	27.9	2.2
64	鞋靴、护腿和类似品及其零件	3 798	3 497	8.6	2.1
87	车辆及其零附件，但铁道车辆除外	3 389	2 763	22.7	1.8
42	皮革制品；旅行箱包；动物肠线制品	3 385	3 150	7.5	1.8
29	有机化学品	3 247	2 513	29.3	1.8
63	其他纺织制品；成套物品；旧纺织品	3 185	2 583	23.3	1.7
16	肉、鱼及其他水生无脊椎动物的制品	3 147	2 516	25.1	1.7
38	杂项化学产品	2 370	1 223	93.8	1.3
72	钢铁	2 350	1 429	64.4	1.3
76	铝及其制品	1 902	1 391	36.8	1.0
27	矿物燃料、矿物油及其产品；沥青等	1 881	1 805	4.2	1.0
44	木及木制品；木炭	1 877	1 498	25.3	1.0
20	蔬菜、水果等或植物其他部分的制品	1 618	1 287	25.7	0.9
48	纸及纸板；纸浆、纸或纸板制品	1 491	1 117	33.4	0.8
07	食用蔬菜、根及块茎	1 468	1 236	18.8	0.8
03	鱼及其他水生无脊椎动物	1 281	1 110	15.4	0.7
68	矿物材料的制品	1 020	848	20.2	0.6
91	钟表及其零件	874	731	19.6	0.5
70	玻璃及其制品	826	650	27.1	0.5
25	盐；硫黄；土及石料；石灰及水泥等	817	713	14.6	0.4
96	杂项制品	800	697	14.7	0.4
以上合计		169 213	140 779	20.2	92.0

表 43

2011 年日本对中国出口主要商品构成（类）

单位：百万美元，%

海关分类	HS 编码	商品类别	2011 年 1—12 月	上年同期	同比	占比
类	章	总值	162 040	149 679	8.3	100.0
第 16 类	84—85	机电产品	72 460	65 726	10.3	44.7
第 15 类	72—83	贱金属及制品	18 098	17 195	5.3	11.2
第 17 类	86—89	运输设备	15 927	15 371	3.6	9.8
第 6 类	28—38	化工产品	13 908	12 424	12.0	8.6
第 18 类	90—92	光学、钟表、医疗设备	11 830	9 895	19.6	7.3
第 7 类	39—40	塑料、橡胶	10 470	9 685	8.1	6.5
第 11 类	50—63	纺织品及原料	3 877	3 363	15.3	2.4
第 5 类	25—27	矿产品	2 440	2 248	8.6	1.5
第 13 类	68—70	陶瓷；玻璃	2 065	1 921	7.5	1.3
第 10 类	47—49	纤维素浆；纸张	1 854	1 881	−1.4	1.1
第 20 类	94—96	家具、玩具、杂项制品	1 143	909	25.8	0.7
第 14 类	71	贵金属及制品	785	753	4.2	0.5
第 1 类	01—05	活动物；动物产品	192	330	−41.8	0.1
第 4 类	16—24	食品、饮料、烟草	123	175	−30.1	0.1
第 8 类	41—43	皮革制品；箱包	85	87	−2.7	0.1
其他			6 781	7 715	−12.1	4.2

表 44

2011 年日本自中国进口主要商品构成（类）

单位：百万美元，%

海关分类	HS 编码	商品类别	2010 年	上年同期	同比	占比
类	章	总值	184 065	153 425	20.0	100.0
第 16 类	84—85	机电产品	74 754	64 881	15.2	40.6
第 11 类	50—63	纺织品及原料	30 651	25 467	20.4	16.7
第 6 类	28—38	化工产品	11 960	7 766	54.0	6.5
第 15 类	72—83	贱金属及制品	10 977	8 185	34.1	6.0
第 20 类	94—96	家具、玩具、杂项制品	10 782	8 835	22.0	5.9
第 4 类	16—24	食品、饮料、烟草	5 840	5 000	16.8	3.2
第 18 类	90—92	光学、钟表、医疗设备	5 775	4 682	23.4	3.1
第 7 类	39—40	塑料、橡胶	5 687	4 667	21.8	3.1
第 12 类	64—67	鞋靴、伞等轻工产品	4 653	4 225	10.1	2.5
第 8 类	41—43	皮革制品；箱包	3 580	3 322	7.8	2.0
第 17 类	86—89	运输设备	3 560	2 894	23.0	1.9
第 5 类	25—27	矿产品	2 770	2 573	7.7	1.5
第 2 类	06—14	植物产品	2 663	2 224	19.8	1.5
第 13 类	68—70	陶瓷；玻璃	2 502	2 097	19.3	1.4
第 9 类	44—46	木及制品	2 219	1 751	26.7	1.2
其他			5 690	4 855	17.2	3.1

表45

2011年日本自中国进口的十大类商品及其国别/地区构成

单位：百万美元，%

HS84—85：机电产品				HS16—24：食品、饮料、烟草			
国家和地区	金 额	同 比	占 比	国家和地区	金 额	同 比	占 比
中国	74 754	15.2	47.9	中国	5 840	16.8	20.5
美国	16 292	2.0	10.4	美国	4 116	16.7	14.5
韩国	11 739	17.3	7.5	泰国	3 547	37.2	12.5
台湾	11 074	−10.2	7.1	荷兰	2 429	57.8	8.5
泰国	7 395	2.6	4.7	法国	1 451	14.3	5.1
马来西亚	6 753	9.4	4.3	德国	1 320	21.3	4.6
HS50—63：纺织品及原料				HS90—92：光学、钟表、医疗设备			
国家和地区	金 额	同 比	占 比	国家和地区	金 额	同 比	占 比
中国	30 651	20.4	74.7	美国	7 727	6.5	27.6
越南	2 100	50.3	5.1	中国	5 775	23.4	20.6
印度尼西亚	1 079	68.5	2.6	德国	2 322	10.5	8.3
意大利	996	21.5	2.4	瑞士	2 170	25.6	7.8
泰国	754	35.9	1.8	爱尔兰	1 524	−5.6	5.5
韩国	720	18.3	1.8	泰国	833	0.8	3.0
HS28—38：化工产品				HS39—40：塑料、橡胶			
国家和地区	金 额	同 比	占 比	国家和地区	金 额	同 比	占 比
美国	12 025	14.4	18.1	中国	5 687	21.8	24.9
中国	11 960	54.0	18.0	泰国	3 455	43.8	15.1
德国	6 344	21.9	9.5	印度尼西亚	2 856	48.2	12.5
法国	4 575	22.9	6.9	美国	2 344	3.9	10.3
瑞士	3 441	4.3	5.2	韩国	2 218	32.9	9.7
韩国	2 629	32.0	4.0	台湾	1 660	37.1	7.3
HS72—83：贱金属及制品				HS64—67：鞋靴、伞等轻工产品			
国家和地区	金 额	同 比	占 比	国家和地区	金 额	同 比	占 比
中国	10 977	34.1	27.0	中国	4 653	10.1	71.3
韩国	6 043	37.6	14.9	越南	389	36.7	6.0
印度尼西亚	2 268	8.8	5.6	意大利	346	24.4	5.3
澳大利亚	2 180	2.5	5.4	印度尼西亚	178	42.1	2.7
美国	1 965	20.2	4.8	柬埔寨	146	22.9	2.3
台湾	1 944	27.9	4.8	缅甸	89	13.4	1.4
HS94—96：家具、玩具、杂项制品				HS41—43：皮革制品；箱包			
国家和地区	金 额	同 比	占 比	国家和地区	金 额	同 比	占 比
中国	10 782	22.0	71.5	中国	3 580	7.8	57.5
越南	575	15.7	3.8	意大利	1 056	21.0	17.0
泰国	570	9.0	3.8	法国	523	0.2	8.4
台湾	517	17.4	3.4	西班牙	182	26.0	2.9
美国	348	−9.2	2.3	越南	170	45.6	2.7
马来西亚	318	1.4	2.1	美国	104	−7.6	1.7

附　录

附录一 多哈回合及中国参与谈判大事记（2011）

2011年1月11日	中国新任常驻世贸组织代表、特命全权大使易小准向世贸组织总干事拉米递交国书。
2011年1月27～29日	商务部部长陈德铭率团赴瑞士出席达沃斯世界经济论坛年会举办的“中国加入世界贸易组织十周年论坛”并出席WTO小型部长会。我常驻世贸组织易小准大使陪同出席。
2011年2月17日	世贸组织多哈谈判“11方”（美国、欧盟、中国、印度、巴西、日本、澳大利亚、加拿大、南非、阿根廷、毛里求斯）高官会在日内瓦举行，易小准大使出席。
2011年4月13日	金砖国家领导人第三次会晤前夕，金砖国家（中国、巴西、俄罗斯、印度和南非）经贸部长在三亚召开会议，并发布联合新闻稿。商务部部长陈德铭率团出席并发言。
2011年4月15日	商务部在博鳌亚洲论坛举行以“中国融入世界：分享共赢的十年”为主题的纪念中国加入世贸组织十周年分论坛。商务部部长陈德铭、印度商工部长夏尔玛、南非贸工部长戴维斯及美中贸易全国委员会会长傅强恩作为嘉宾出席分论坛并发言。
2011年4月18日	陈德铭部长与来访的澳大利亚贸易部长埃默森举行小范围会谈，就多哈回合谈判和中澳自贸区谈判问题深入交换意见。
2011年5月18～20日	陈德铭部长、易小准大使及俞建华部长助理赴美国蒙大拿出席亚太经合组织贸易部长会议，专门就推动多哈回合谈判进行了讨论。
2011年5月26～28日	易小准大使及俞建华部长助理赴巴黎出席经合组织贸易部长会期间的WTO小型部长会议，主要成员继续为如何推动多哈回合谈判交换意见。
2011年6月29日	易小准大使出席ICTSD“中国入世10周年”研讨会，并在开幕式上做了主旨发言。
2011年7月18～19日	世贸组织“促贸援助”第三次全球审议大会在日内瓦举行，易小准大使出席会议并发言。中国向世界组织“促贸援助”活动捐款40万美元，并设立“中国项目”，帮助最不发达国家融入多边贸易体制。
2011年8月12～13日	陈德铭部长出席东亚经贸部长系列会议，针对当前多哈回合谈判陷入停滞的局面，重点就最不发达国家“早期收获”问题加以推动，成为会议重要成果，纳入部长宣言。
2011年9月4日	陈德铭部长会见来访的世贸组织总干事拉米，双方就多哈回合谈判和12月世贸组织第八届部长会议等问题交换了意见。易小准大使和俞建华部长助理参加了会见。

续 表

时　间	事　件
2011 年 9 月 6 日	陈德铭部长应邀与澳大利亚贸易部长埃默森通话，就推动多哈回合谈判深入交换意见。易小准大使参加。
2011 年 9 月 20 日	多哈回合十一方（G11）高官会在日内瓦举行，易小准大使出席。会议围绕多哈谈判僵局、第八届部长级会议及谈判未来走向展开讨论。
2011 年 10 月 14 日	商务部举办第 110 届广交会开幕式暨中国加入世贸组织十周年论坛。温家宝总理出席了开幕式并发表讲话。陈德铭部长主持开幕式，钟山副部长出席论坛并发表了以“扩大开放，促进平衡，互利共赢”为主题的讲话。世贸组织副总干事辛格、阿根廷外交部国务秘书雷克勒、瑞典外贸事务国务秘书乌姆、美国副州长协会主席希伊作为嘉宾出席论坛并发言。
2011 年 10 月 20 日	陈德铭部长应邀与澳大利亚贸易部长埃默森通话，就推动多哈回合谈判深入交换了意见。
2011 年 10 月 27 日	中国加入世贸组织十周年行业座谈会在重庆举行，来自国内重点行业的代表回顾总结入世以来各自行业的发展经验和不足。高虎城副部长出席会议并做了总结讲话。
2011 年 11 月 22～24 日	中国—澳大利亚自由贸易区第 17 轮谈判在北京举行。谈判总体气氛积极，取得了一定进展。
2011 年 11 月 30 日	世贸组织总理事会在瑞士日内瓦举行最后一次对华过渡性审议。审议平稳顺利结束，标志着世贸组织对华过渡性审议机制如期退出历史舞台。
2011 年 12 月 10 日	陈德铭部长会见来华出席中国加入世贸组织十周年高层论坛的世贸组织总干事拉米，就多哈回合谈判、反对贸易保护主义、欧洲债务危机等问题交换了意见。俞建华部长助理陪同会见。
2011 年 12 月 11 日	中国加入世界贸易组织十周年高层论坛在京举行，论坛以“面向未来的中国开放战略”为主题，胡锦涛主席出席论坛并发表重要讲话，王岐山副总理主持论坛。此次论坛成为中国入世十周年系列活动的高潮。
2011 年 12 月 12～18 日	陈德铭部长率团出席在瑞士日内瓦举行的世贸组织第八届部长级会议，农业部副部长牛盾、我常驻世贸组织代表团易小准大使和商务部部长助理俞建华出席了会议，中宣部等八部委及我常驻世贸组织代表团派员参加。

附录二 中国自由贸易区建设概况

我国在2001年正式加入世贸组织后，为在新时期寻求我国对外开放的新平台，为我国改革发展寻求新动力，我们顺应世界区域经济一体化加速发展的新特点，积极稳妥推进自贸区建设。经过10年发展，我国自贸区建设取得了一定进展，初步形成了周边自贸平台和全球自贸区网络。

截至2011年，中国正在与28个国家和地区建设15个自贸区。其中，签署并实施了10个自贸协定，分别是中国与东盟、新加坡、巴基斯坦、新西兰、智利、秘鲁、哥斯达黎加的自贸协定，内地与香港、澳门的更紧密经贸关系安排，以及大陆与台湾的海峡两岸经济合作框架协议。同时，中国正在与海湾合作委员会、澳大利亚、挪威、冰岛、瑞士商建5个自贸区。此外，结束了与韩国的自贸区联合研究和中日韩自贸区官产学联合研究，完成了与印度的区域贸易安排联合研究。

（商务部国际经贸关系司）

附录三 WTO年度大事纪（2011）

◇ **2011年1月**

24日

WTO向发展中国家和最不发达国家提供更灵活的在线课程

WTO向发展中国家和最不发达国家提供的在线培训课程于24日启动。此课程旨在发展中国家成员和最不发达国家成员的政府官员进行国际贸易和WTO协定协议等内容的培训，平均每一课程50至60小时不等。目前在线课程采取了更为灵活的形式，参与者可以选择在一年的任何时间开始学习，且在3个月内均可登录。

31日

WTO 2011高级贸易政策课程在日内瓦开班

“2011高级贸易政策课程”属第三级培训，是WTO进阶培训框架内的最高级别的培训课程，将持续至4月21日。此课程旨在强化参与者对WTO相关规则的理解和运用，明晰WTO规则与经贸政策之间的关系，加强参与者分析和谈判的能力。该课程要求参与者具备丰富的WTO规则等基本知识。

◇ **2011年2月**

2日

拉米概括多哈回合谈判于年内成功达成所需的努力

总干事拉米2月2日主持谈判委员会会议，提醒各成员驻WTO大使，解决重大分歧的双边和小型讨论，应该与所有成员改善文本的工作相一致。

4日

规则谈判小组开始审议区域贸易协定的透明度机制

2月4日，规则谈判小组开始审议WTO的区域贸易协定透明度机制，基于以下两个建议：一是美国建议将所有的区域贸易协定置于单一WTO委员会下，二是厄瓜多尔建议从程度上予以调整。

7日

世界贸易统计学家计划改善贸易统计数字

来自发达国家和发展中国家约200名统计学家出席了“2011年贸易统计全球论坛”。他们就政策制定者对于更加准确的货物贸易、服务贸易统计的需要进行了讨论，明确了未来贸易统计的计划。

14日

知识产权应该是最贫穷国家发展基础的一部分

总干事拉米在2月14日“最不发达国家的知识产权论坛”上发表讲话，号召“在TRIPs下创造可行的技术基础以及创新的知识基础，使知识产权制度形成最不发达国家的发展基础的组成部分”。

15日

WTO开展面向青年经济学家的年度有奖征文

WTO启动“2011青年经济学家有奖征文”，目的是促进年轻经济学家高质量研究WTO及其相关的问题，并加强WTO与学术界的联系。文章要求解决WTO经济问题，如贸易协议的构想和影响、反倾销和反补贴措施、对进口逆差的临时保护、贸易便利化、贸易援助、争端解决的经济问题。作者必须在30周岁以下（包括30周岁），或者获得博士学位不超过两年。

19日

现在必须找到加强全球治理的务实的解决办案

总干事拉米在佛罗伦萨的欧洲大学学院演讲时指出，“今天的世界正面临着巨大的全球性的挑战……需要找到加强全球治理的务实的解决方案，以更好地解决我们的世界正面临着的问题。”

◇ **2011年3月**

22日

拉米警告，WTO的作用将弱化

总干事拉米在WTO年度大会上指出，“在目前混乱的时代，WTO必须通过多哈回合的成功达成，激发起全球的信任与团结。这将有助于一个更加稳定的世界。一个处于危机中的 WTO，不是国际社会中负责任的成员所期望看到的。作为国际合作中最佳范例之一，让我们不要削弱她的作用。”

29 日

随着最后期限的逼近，拉米督促各成员，想一想多哈回合失败的代价

WTO 成员面临着推动 4 月时谈判突破性发展失败的风险，而这也是今年多哈谈判成功达成的关键，若失败也将危害世界经济和脆弱经济体。拉米如此告诫驻 WTO 大使。

30 日

WTO 成员就食品安全和动植物健康的私营标准迈出第一步

WTO 成员就食品安全和动植物健康的私营标准采取了行动，并被 SPS 措施委员会于 3 月 30～31 日的会议通过。

◇ **2011 年 4 月**

15 日

拉米呼吁“不要弱化 WTO”

总干事拉米在世界银行发展委员会与国际货币基金组织的国际货币与金融委员会上发言：“WTO 成员在跨越多哈回合最后障碍上止步不前，例如，发达经济体和发展中经济体对于工业制成品关税的削减”，“多哈回合如果失败，将对发展中经济体，尤其是最不发达经济体更加不利。”

21 日

谈判一揽子协议凸显了多哈回合的进展

拉米在 4 月 21 日由谈判主席签署的文件做说明时，指出自 2001 年多哈回合启动以来，“WTO 成员首次有机会考虑整个多哈回合一揽子协议”。他认为至今所取得的巨大的进展是“令人鼓舞”的，但同样所呈现出的巨大分歧也是“现实存在”的。他请求所有成员认真想一下“抛开十年来一致的多边成果的不利后果”，号召所有成员“利用接下来的几周加强对话，并建立良好的沟通”。

WTO 第二期高级贸易政策课程结束

来自发展中经济体和转型经济体的 20 名政府官员结束了为期三个月的集中培训。

29 日

WTO 成员面临多哈回合谈判僵局，但承诺寻找有用的解决之道

2011 年 4 月 29 日驻 WTO 大使赞同总干事帕斯卡尔·拉米的计划，在日内瓦和世界各地的部长们进行磋商，以寻找不同的方式实现多哈发展议程谈判取得突破性进展。他们清楚他们不想要的，并表示对于新的想法持开放态度。

◇ **2011 年 5 月**

2 日

WTO 面向非常驻成员和观察员的开放周

拉米向非常驻成员和观察员简要汇报了多哈回合、第三次全球贸易援助审议会议以及 WTO 第八届部长级会议的准备情况。

9 日

全球贸易体制必须更加倾向于最不发达经济体

拉米发言：削减贸易壁垒，修订贸易规则以及减少农产品补贴是多哈回合一揽子协议中的关键内容，这对于世界最贫穷的国家是非常重要的。在伊斯坦布尔召开的联合国最不发达国家会议应该呼吁一个保障其利益的协定。

11 日

国会议员和商界领袖参加 WTO 在瓦努阿图的研讨会

WTO 和太平洋岛国论坛秘书处在太平洋瓦努阿图维拉港组织了为期三天的研讨会，讨论了多边贸易体制和多哈回合，约 20 名国会议员和商界领袖参加。

17 日

WTO 在加蓬利伯维尔设立了信息查询中心

作为 2010—2011 贸易援助计划的一部分，以支持加蓬 WTO 信息查询中心的设立；国家级的 TBT 协议讲习班于 5 月 17～19 日开始。

24 日

最新的 G20 监测报告显示，贸易保护主义抬头

根据 WTO、经合组织和联合国贸发会议联合

发布的监测报告，相较于金融危机开始前，过去6个月中，G20经济体设置了更多的贸易壁垒，包括出口限制。虽然降低贸易壁垒的措施也在加速，但G20经济体于2010年10月至2011年4月采取的新的进口限制措施上升了0.6%，比之前6个月增长了0.3%，出口限制措施也增多了。这加剧了危机以来对于世界贸易的影响。尽管对于2011的预测很乐观，但世界贸易前景仍然不明朗，这主要受制于一些如日本地震等危险因素。主权债务危机、食品和其他初级产品价格的上涨、主要产油国的动荡等加剧了未来的不确定性。

27日

WTO、WIPO联合为政府官员开设知识产权课程

5月16～27日，23位政府官员参加了WIPO-WTO联合开设的第三届知识产权高级课程。WTO总干事拉米在开幕致辞中提到，“WIPO和WTO之间的合作，昭示着知识产权方面的讨论正日益朝着跨学科的方向发展，挑战了政策领域和专业技术领域的传统分界线。”

31日

WTO成员支持拉米三种速度推进多哈回合于12月达成的建议

5月31日WTO成员达成一致，与最不发达国家成员相关的一揽子议题，是最为可行和最优先解决的问题，必须纳入快轨，以便在2011年12月予以解决。除此之外，还应该将一些目前正在讨论的，与最不发达国家成员相关的备选议题，转至谈判桌上，纳入中速通道。

◇ 2011年6月

6日

副总干事哈沙V. 辛格：贸易政策已经成为最基本的发展工具

副总干事哈沙V. 辛格，在联合国贸发会发表演讲，“贸易和贸易政策今天已经成为实现国家发展目标的基本的重要工具，而且也是千年发展目标得以实现的关键性因素。”

13日

多哈回合谈判不会失败

总干事拉米6月13日在印尼首都雅加达出席2011年世界经济论坛东亚会议时指出，在经历了近十年的磋商后，多哈回合谈判的大多数议题基本都可以达成结论性协议。他认为，多哈回合谈判只是遭到了拖延，并不会失败。

20日

WTO在肯尼亚设立信息查询中心

应肯尼亚请求，将于6月20～21日在其外交部下设WTO信息查询中心。在此期间，就如何进入WTO在线文件系统培训外交部工作人员，其中包括WTO成员的关税和承诺、WTO机构的报告等。

22日

拉米督促WTO成员开启谈判以完成12月的一揽子协议

拉米在贸易谈判非正式会议上，建议12月部长级会议一揽子协议重点关注最贫穷国家的贸易利益，同时也要在“贸易便利化，出口竞争，特殊和差别待遇，渔业补贴以及环境产品和服务”等方面进行探索。他认为这将意味着“繁重的工作以及严峻的挑战，同时也没有成功的把握，但是，我认为这值得一试，因为这是我们的责任”。

◇ 2011年7月

1日

拉米呼吁以更大的透明度实施财政支持措施

总干事拉米在贸易政策审议机构的特别会议“金融和经济危机中WTO的作用”上发言，说：“我们可以而且必须在通报和信息共享方面做得更好。”他注意到《政府采购协议》的成员在采购信息的共享方面做得很好，因此，该领域“极大地刺激贸易增长，并且将相关的财政支持引入多边审议”。

后续的SPS措施课程结束

6月22日至7月1日，WTO秘书处组织的2010年SPS协议实施高级课程的后续课程结束。

18日

WTO主持第三次全球贸易援助审议大会

WTO及其成员，主要的国际援助和发展组织

于2012年7月18—19日在日内瓦举行第三次全球贸易援助审议会议。贸易援助旨在帮助发展中国家和最不发达国家增加其货物和服务的出口，帮助他们更好地融入多边贸易体制，确保他们从贸易自由化中获益并增加其市场准入的机会。

20日

拉米认为贸易协定给多边贸易体制带来了新的挑战

总干事拉米在《2011年世界贸易报告》发布会上讲话，他警告说："优惠贸易协定可能使其成员处于特定的监管机制，这将减少这些成员与协定外国家的贸易。深化的优惠贸易协定给多边贸易体制带来了新的挑战，即监管体制带来的市场分割，从而更加分散化，而这对于贸易流量的重要性远高于关税带来的影响。"

26日

WTO成员思考"多哈回合的下一步"

WTO成员承认2011年7月26日多哈回合议程中，并没有挑选出统一的为2011年12月部长级会议备用的一揽子议题。成员同意总干事拉米的呼吁，即所有成员应该致力于如何恢复该组织的谈判能力，将其从"瘫痪"状态中解救出来。

29日

WTO为最不发达国家成员提供的课程在日内瓦结束

WTO提供给最不发达国家成员的2011年有关WTO的概论课程，由WTO的培训和技术合作院组织，于29日在日内瓦结束。

◇ **2011年8月**

30日

贸易对于食品安全至关重要

在30日瑞士苏黎世的农业经济大会上，拉米认为对于如何解决食品安全和高价的双刃剑问题，世界仍然缺乏统一的国际和国内的农业政策。

◇ **2011年9月**

9日

有关劳动力市场和政策不确定性的论文赢得了青年经济学家奖

在哥本哈根，WTO发布了面向青年经济学家的有奖征文活动的获奖结果：贸易对劳动力市场的影响和贸易政策成本的不确定性是获奖者的文章主题，作者分别来自巴西的Rafael Dix-Carneiro和美国的Kyle Handley。

12日

WTO总部延期：铺设地基

WTO为其新大楼举行奠基仪式——Centre William Rappard的翻新项目，结合了节制的、现代的和可持续发展的特色——WTO总干事拉米和瑞士总统米舍利娜·卡尔米·雷伊共同主持。

WTO高级贸易政策课程在日内瓦举行

副总干事Alejandro Jara和课程赞助人——墨西哥驻WTO大使Fernando de Mateo y Venturini共同主持了2011年高级贸易政策课程（西班牙语）开班仪式。

19～21日

WTO公共论坛为全球贸易挑战寻找应对之法

为期3天的公共论坛在WTO总部召开，200多名参与专题讨论的专家，1500多名参与者将为全球贸易挑战寻求解决之道。

拉米在开幕式上发言指出，WTO与民间团体和公众的年度聚会已经吸引了大批的参与者，其设计的"丰富的论题充分说明了WTO与当今世界的持续相关性"。哥斯达黎加总统Laura Chinchilla Miranda警告，没有多哈回合，绝大多数成员将受损，尤其是小经济体，缺少出口的竞争力和吸引外资的能力，因此，呼吁加大多哈回合的变通性。

20日

ILO-WTO联合发布出版物，着眼于如何维持全球化社会的可持续性

汤加WTO信息查询中心升级

应汤加政府请求，WTO升级了其信息查询中心。参与者将被培训如何获取WTO相关文献，包括WTO成员的关税、相关承诺以及WTO机构的报告。

21日

WTO启动青年大使项目

2011年公共论坛闭幕式上，WTO启动“WTO青年大使项目”。该项目旨在提高年轻人的国际经济治理的意识，鼓励他们参与公共政策讨论，并为讨论带来新的观点。

WTO公布公共论坛视频大赛的获胜结果

WTO公布了今年公共论坛视频大赛的获奖者为Natasha Ardiani。

◇ 2011年10月

6日

拉米强烈呼吁全球合作

在德意志银行柏林的大会，拉米发表演讲：“我们所需要的全球货币体系，必须使国际贸易便利化，加强相互投资，更好地配置全球资本。我们所需要的全球货币体系将激发公众信心，并确保其稳定性。我们所需要的全球货币体系，将提供解决全球失衡去除危及稳定性风险的工具。对于国际货币关系，我们需要做不同于我们对于贸易所做的——从霍布斯的世界走向康德的世界。当然贸易并未排除在全球事务之外，而且，单边的解决方式将无济于事。”

10~13日

帮助政府官员了解如何使用有关健康的知识产权方面的灵活性的讲习班

WTO开设讲习班，帮助发展中国家的政府官员，了解并掌握如何使用《与贸易有关的知识产权协定》下有关药物方面的灵活性问题。

18日

拉米：全球供应链突显了贸易便利化的重要性

在中国成都，总干事拉米提到“贸易便利化措施去除了繁文缛节，简化了海关程序——使全球供应链的运行更加有效——这是至关重要的”。因此，贸易政策制定者应该认真考虑“WTO中未达成的贸易便利化协定所造成的损失”。

26日

WTO发布G-20报告：疲软增长和失衡“考验”政府拒绝贸易保护的意愿

WTO发布G-20贸易措施的报告，“在某些G-20国家令人失望的疲软增长，持续的全球宏观失衡，考验着G-20不实施贸易保护承诺的政治决心”。“目前的形势尚不及警戒线，但很明显已经加剧了全球经济的下行风险”。

WTO欢迎瓦努阿图的加入

WTO总理事会已经通过了瓦努阿图的入世一揽子协议。在完成后续批准程序后，瓦努阿图将会是WTO第154个成员。

◇ 2011年11月

4日

Valentine Rugwabiza警告保护主义将阻碍全球增长

副总干事Valentine Rugwabiza在香港大学发表演讲，警示在目前的形势下，若转向贸易保护措施，将有极大的风险触发一场“最小公分母的比赛”，而最终的输家一定是全球经济增长。她还高度赞扬了香港以身作则推动贸易自由化。

10日

开放论坛“全球新秩序中的中国角色”

国际贸易中心组织了“全球新秩序中的中国角色”的开放论坛。演讲嘉宾为中国前外经贸部副部长、中国入世谈判首席谈判代表龙永图。

15日

WTO信息查询中心在萨摩亚开设

应萨摩亚政府请求，其正在履行入世程序，WTO信息查询中心在阿皮亚设立，下设在其外交和贸易部。

16日

2012—2013技术援助和培训计划获批

贸易和发展委员会会议上，与会成员讨论了如何巩固和加强WTO发展的议题。会议还审议了对最不发达国家成员的免关税免配额待遇，以及秘书处就发展中国家参与全球贸易体制所作的报告。

18日

上诉机构任命两位新成员

WTO争端解决机构（DSB）任命来自印度的Messrs Ujal Singh Bhatia和来自美国的Thomas

R. Graham 加入上诉机构“七人小组”，他们将接替 Lilia Bautista 女士和 Jennifer Hillman 女士的工作，任期四年，自 2011 年 11 月 11 日起。先前，Bautista 女士向 DSB 主席表示她将不寻求在上诉机构第二个任期内的连任，Hillman 女士也表示她不会提请 DSB 考虑其续任的要求。

25 日

WTO 第三期高级贸易政策课程结束

来自发展中国家成员和最不发达国家成员的 32 位政府官员，参加了为期 3 个月的集中培训。

◇ **2011 年 12 月**

11 日

中国改革开放的新篇章

拉米在北京参加“中国加入世界贸易组织十周年高层论坛”发表演讲说，“中国入世十周年之际，我们要展望下一个十年。对于下一个十年，我有两个愿望。第一，希望中国继续参与世贸组织工作，帮助世贸组织继续推进更加开放和公平的国际贸易环境。第二，希望世贸组织继续加深与中国的关系，帮助中国应对改革挑战。中国已经也将继续是 WTO 的重要成员。WTO 已经也将继续成为中国最重要的平台”。

15～17 日

WTO 第八届部长级会议召开

15 日

“拥护多边贸易体制的价值”

第八届部长级会议开幕式上，拉米号召所有成员“拥护多边贸易体制的价值”，希望主要的参与者“发挥领导作用，汇聚政治意愿。以共同推进更广更深的贸易开放和改革”，并且“将发展中国家成员，尤其是最不发达国家成员的利益和需要作为重点考虑”。

WTO 将召集与多边相关的专家，开展为期一年的贸易形势和预测研究

16 日

WTO 批准了俄罗斯入世

俄罗斯为入世扫清了所有障碍。WTO 部长级会议通过了俄罗斯的入世。在未来 220 天内，俄罗斯必须完成其国内程序，完成后 30 天，俄罗斯将成为真正的世贸组织成员。

17 日

WTO 批准了黑山共和国和萨摩亚入世

WTO 部长级会议通过了黑山共和国和萨摩亚的入世。萨摩亚将于 2012 年 6 月 15 日完成其国内程序，黑山则在 2012 年 3 月 31 日前。萨摩亚和黑山在完成其国内程序后 30 天，成为真正的世贸组织成员。

WTO 部长级会议给予最不发达成员服务贸易豁免

WTO 部长级会议通过了一项豁免，即允许 WTO 成员给予最不发达成员的服务和服务供应商特别优惠的待遇，而不用恪守 WTO 最惠国待遇原则的规定。现在 153 个成员中 31 个为最不发达国家成员，他们将享受优惠待遇以促进其在这些领域的贸易。

附录四 《世界贸易报告 2011》内容摘要

A 引言

本报告分为四个主要部分。第一部分对优惠贸易协定进行了历史分析和地理分布现状的描述。近年来优惠贸易协定活动大量增加，本报告按地区、经济发展水平和一体化协议的类型进行了分析，对在优惠贸易协定内享受优惠待遇的贸易做了精确估计。

第二部分以经济和政治因素为重点，讨论了优惠贸易协定的成因与后果。通过分析浅度和深度一体化之间的区别，以表明传统理论不能全面解释新兴的优惠贸易协定模式。报告特别分析了国际生产网络在促进建立深度一体化的优惠贸易协定方面的作用。

第三部分以优惠贸易协定的政策内容为重点，特别在承诺的深度和范围方面，与 WTO 协定中的承诺进行了对比。通过统计数据和案例研究，证明了生产网络和优惠贸易协定之间的联系。

最后一部分指出了优惠贸易协定和多边贸易体制间存在协同效应和潜在冲突的领域，并研究了两种“贸易系统”可以更加协调一致的途径。

B 历史背景和当前趋势

从历史的角度审视贸易集团的形成

全球贸易关系从未达到过统一或者一致，而区域贸易安排已经出现几百年了。

区域贸易安排包括帝国和殖民地势力范围、双边商务条约，以及最近的多边协定。它们往往重叠和互动，构建了一个既不像区域主义和多边主义——或者歧视和非歧视性，定义鲜明，也不像多个贸易制度之间充满复杂的相互影响，甚至竞争的贸易景观。

尽管情况复杂，在最近一个时期，贸易合作已经更加广泛和更具包容性。1947 年成立的 GATT 和 1995 年成立的 WTO，标志着这种趋势的形成。与此同时，贸易关系已发展得更深入、更广泛，涵盖了诸多领域，例如：服务贸易、外商投资、知识产权和监管制度。这些倾向都清楚地反映了世界经济日趋一体化，甚至曾经的国内政策也走向“国际化”。在某些情况下，区域协定在这个方向取得的进展要大于涵盖范围广泛的多边框架协议。

一体化的发展并非一帆风顺，甚至遭遇过重大的挫折和反复。例如，19 世纪 70 年代初的经济衰退，直接终结了欧洲的双边贸易协议的扩张，正如 20 世纪 30 年代初的“大萧条”加剧了贸易集团在战争期间的防御战线和敌对情绪。相反，在经济发展的和平时期，推动建立更加开放和更广泛性贸易秩序的力量更大。大家一致认为，敌对贸易集团直接导致 20 世纪 30 年代的经济混乱和第二次世界大战的爆发，这也是在战后时期创建 GATT 的主要原因。

战后多边贸易体制的建立，并没有减少达成双边或区域贸易安排的吸引力，反而开创了一个多边主义和区域主义创造性互动甚至紧张关系的时期。

20 世纪 50 年代后期和 60 年代的第一轮区域主义高潮，主要得益于西欧大陆一体化的推进，导致欧洲经济共同体（欧共体）和欧洲自由贸易协定（EFTA）先后于 1957 年和 1960 年成立。在这一时期，GATT 先后发起关税削减和成员扩张行动，先是在 1960 年至 1961 年的狄龙回合，随后在 1964 年至 1967 年期间的肯尼迪回合提出了更加宏伟的目标。

随后几轮区域主义高潮始于 80 年代中期，表现为区域贸易安排数量在美洲、亚洲和非洲以及欧洲的增加。区域协定在过去 25 年的持续蔓延，形成了一个参与者广泛的网络——包括双边、诸边和跨区域倡议——还包括在经济发展水平不同的国家——包括“发达与发达国家”、“发展中国家与发展中国家”、还有“发达国家与发展中国家”的联盟。这些最新的协定也常常涉及超越WTO规则（WTO＋）的议题，如服务、资本流动、标准、知识产权、监管制度（其中有许多是非歧视性的），以及有关劳工和环境问题的承诺。

乌拉圭回合（1986—1994）谈判时期，恰逢区域主义蓬勃兴起，包括服务和知识产权等议题首次同时在区域和多边层面上得以解决。在多哈回合谈判进行的同时，优惠贸易协定的继续蔓延已经引发了关于多边与区域不同途径之间贸易合作的有序性、兼容性及潜在冲突的争论。争论最多的问题是蓬勃发展的区域主义是否意味着国际社会对贸易开放承诺的削弱，并预示着向一个较为零散贸易体系的回归。也有认为，优惠贸易协定可能是自第二次世界大战以来出现国际贸易新格局的一部分——一些国家希望比其他国家在贸易规则的制定方面走得“更远和更快”，双边和区域协定可以产生一个积极的“多米诺效应”，鼓励多边合作的步伐（反之亦然）。区域和多边协定正成为协调一致、不相矛盾，管理更加复杂、一体化程度更高的世界贸易秩序的途径。

优惠贸易协定的典型事实

随着时间的推移，优惠贸易协定发展速度越来越快并且更加普遍。

从20世纪50年代起，有效的优惠贸易协定或多或少地不断增加，到1990年约达70个。此后，优惠贸易协定的发展明显加快。到2010年，已生效的优惠贸易协定已将近300个。优惠贸易安排活动的激增源自越来越多的国家对互惠开放贸易的兴趣，以及每个国家参加的优惠贸易协定数量的日益增加。WTO所有成员（除蒙古）至少参加了一个优惠贸易协定。

优惠贸易协定的活动范围已超出了地区界限。

目前已生效的优惠贸易协定有一半不是严格意义上“区域性的”。跨地区的优惠贸易协定在过去十年中发展尤为显著。优惠贸易协定正在向更广阔的地理范围发展，这种趋势凸显在目前正在谈判或刚刚签署（但尚未生效）的优惠贸易协定中。实际上，所有这些协定都属于跨地区协定。

优惠贸易协定一方面具有反对进一步合理化的趋势，另一方面，又是一个由新的双边或与其他相重叠的协定组成的庞杂网络。

许多双边协定通过谈判或者直接加入现有的优惠贸易协定，已经合并为诸边协定。例如，欧盟的不断扩大，东欧国家之间双边协议在中欧自由贸易协定（CEFTA）下的统一，以及在拉丁美洲一体化协会（LAIA）框架下，南方共同市场和安第斯共同体优惠贸易区的缔结。

与此同时，一个并行的趋势是双边协议明显地向跨区域方向发展。虽然许多双边安排是发展中国家之间缔结的，但也有发达国家参与。这种趋势导致了贸易关系更加复杂，因为很多国家同时参加多个、有时甚至相互重叠的优惠贸易协定。

自由贸易协定远比关税同盟受欢迎，并且继续将一批产品排除在优惠准入之外。

在已生效的优惠贸易协定中，自由贸易协定所占比率超过了3/4。虽然GATT第24条规定，关税同盟、自由贸易区成员间应当大幅削减所有贸易的进口关税，但有些产品往往被排除。最近涉及的四个主要贸易国与其合作伙伴的优惠贸易协定的一项研究显示，约有7%的税目产品被暂时或永久地排除在外。这些产品主要是农产品、食品及鞋类和纺织品等劳动密集型产品。

随着时间的推移，优惠贸易协定在政策领域的覆盖面已经扩大和深化。

除了对特定产品不予减税这一普遍做法，最新的优惠贸易协定超越了传统的关税削减，逐渐涵盖服务贸易、投资、知识产权、技术性贸易壁垒和争端解决等政策领域。例如，目前已生效的优惠贸易协定中，约有1/3的协定包含服务贸易承诺，这一比率在1990年只有不到1/10。

与优惠贸易协定相关的贸易流量的典型事实

随着优惠贸易协定的扩展，优惠贸易协定成员间的世界贸易份额也随之增加。

相比1990年的18%，2008年优惠贸易区内部贸易额已达到世界商品贸易总额的约35%。[①]优惠贸易——即贸易实际受到优惠关税待遇——在世界贸易中仅占很小比例。然而，优惠贸易协定成员间的贸易总量不容忽视，因为最新一代的贸易协定的动机不仅仅只是削减关税，还包括供应链的维持和发展等更广泛的考虑。

制成品在优惠贸易协定对外出口总额中所占的比例与其在世界贸易中所占的份额（65%）相同，

① 这些数字中不包括欧盟内部交易。

在所有优惠贸易协定中，这一比例差异不大。然而，优惠贸易协定内部的零部件贸易在各贸易协定之间存在显著不同，这表明一些优惠贸易协定与垂直一体化生产结构之间存在联系。

2008 年，涉及诸边协定的贸易占全球优惠贸易协定内部贸易的半壁江山，而涉及双边协定的贸易（包括其中一方是优惠贸易协定成员）占了另一半。

如果近期许多优惠贸易协定旨在支持生产网络，我们有望在未来看到更为明显的区域贸易板块，因为许多生产网络本质上是区域性的。证据表明这仅适用于某些特定地区。

从 1990 年到 2009 年，欧洲区域内贸易占其出口总额的比重基本保持在 73%左右。同期，亚洲区域内贸易占其出口总额的比重从 42%提高到 52%。从 1990 年到 2000 年，北美区域内贸易的份额从 41%上升到 56%，但随后于 2009 年回落到 48%，所以似乎没有适用于所有的工业化地区的全球模式。虽然在过去 20 多年中，以出口自然资源为主的发展中地区，区域内贸易在其出口总额中所占的比例已大幅上升，但该比例仍然很低。

区域贸易板块的集中程度依交易商品种类而不同。1990 年至 2009 年，区域内贸易在世界制成品出口中的份额相当稳定，在 56%至 59%之间波动，但办公用品和电信设备的份额从 41%跃升至 58%。从整体来看，这些结果显示，供应链是近期优惠贸易协定在亚洲和电子行业活跃的一个重要因素，但对其他地区或经济部门的影响甚微。

优惠贸易的优惠程度有多大呢?

优惠贸易协定成员间的贸易并非都享受优惠，因为事实上很大一部分优惠贸易协定的内部贸易享受最惠国待遇。

在一份包含 20 个最大的进口方从其所有贸易伙伴国进口的调查中——占 2008 年世界商品贸易的 90%——即使用足了所有优惠措施，只有 16%是符合优惠贸易的条件。① 也就是说，尽管近年来优惠贸易协定的爆炸式增长，84%的世界商品贸易仍是在非歧视性的最惠国待遇（MFN）的基础上进行的。首先，这是因为一半的世界贸易已属于最惠国零税率。其次，优惠贸易协定的优惠待遇通常不包括最惠国关税中的高税率产品，这些产品的贸易依旧执行最惠国税率。

现有的优惠关税使全球贸易加权平均关税降低一个百分点，其中的 90%（即 0.9 个百分点）归功于互惠性优惠安排。全球进口中，只有 2%的商品享受优惠幅度在 10%以上的优惠关税待遇。对于大多数出口大国而言，优惠关税对于其数额巨大出口而言影响甚微。但对于个别行业，特别是对于出口单一商品（主要是糖、大米、香蕉、鱼和服装）的某些较小经济体而言，优惠幅度也许更为重要。但随着这些产品的出口目的国不断加入优惠贸易协定，上述优惠也存在被日益侵蚀的可能性。

一些海关管理部门的数据显示，优惠关税的使用率较高。

进口数据显示，欧盟和美国由于优惠关税政策不同，其优惠机制的使用率分别为 87%和 92%。大多数出口国对出口市场的优惠机制及优惠产品种类的使用率普遍很高。分析显示，优惠幅度和进口值对优惠关税的使用率具有积极和统计学的显著影响。但令人惊讶的是，不少商品即使只有不足 1%的关税，却仍具有较高的优惠使用率。这表明，在某些情况下，使用优惠关税的成本是微不足道的，或者是因为与之相关的其他利益，例如：相关的特权清关、具体安全措施的审查或者是与其他优惠贸易区合作伙伴的转口贸易。

企业调查数据提供了更详细和喜忧参半的优惠政策使用率。

2007—2008 年，亚洲开发银行（ADB）和美洲开发银行（IDB）分别对 6 个东亚国家和 4 个拉美国家的公司进行了调查。其调查结果分别显示，使用优惠贸易协定优惠关税的频率并非都很高。例如，亚洲开发银行的一项调查显示，只有约 1/4 被抽查的公司近期使用过这些优惠政策。然而，当加入未来使用优惠关税的因素后，这个数字增加一倍。美洲开发银行的一项调查显示，只有 20%被抽查的公司没有使用过优惠贸易协定优惠政策。

考虑到因遵守原产地规则而涉及的复杂问题和成本，特别是当关税优惠幅度较低时，会影响优惠政策的使用。该调查还列举了其他公司具体影响利用优惠政策的因素。例如规模更大、更有经验、外资参股较高以及更了解优惠贸易协定规则的公司，更倾向于使用优惠关税政策。一些国家的企业认

---

① 如果将欧盟内部贸易计算在内，特惠贸易占世界贸易的 30%。

为，缺乏对优惠贸易协定的了解，是不使用这些优惠政策的主要原因。

C 优惠贸易协定的原因及影响：都是为了优惠待遇？

参加优惠贸易协定的动机

经济和政治学理论为各国为何建立优惠贸易协定提供了各种各样的解释。

选择单边贸易政策会造成“以邻为壑”的后果，例如：对进口与出口价格的比例产生不利影响（贸易条件效应）或者生产转移效应。相关国家可能会陷入一种高度限制和贸易效率水平低下的境地。一项贸易协定，可以抵消这些以邻为壑的影响，并且实现更高的福利。然而，经济理论认为，相对于优惠贸易协定，多边贸易协议是解决这个问题的最佳途径。

增加信誉度被认为是签署优惠贸易协定的第二个原因。一个政府可以选择“捆住自己的手脚”，通过签署一项国际协议，以防止未来急功近利的政策逆转。当一国在世界市场上所占份额较小时，优惠贸易协定可以提供一个比多边协定更有力的承诺。

关于各国建立优惠贸易安排的“非传统”原因包括：为了进入更大的市场、确保防止优惠关税被侵蚀、增加未来贸易政策的可预见性、向投资者显示政策稳定以及实现更深层次的政策承诺。

如果不考虑政治环境，就无法理解为什么要建立优惠贸易协定。建立优惠贸易协定的政治学解释主要是考虑政治一体化、国内政治因素的作用、政府和机构的形式、外交以及权力关系的作用。

贸易关系的变化有助于揭示优惠贸易协定的日益发展，结合某些国家的特点，则有助于说明优惠贸易协定形成和扩大的时机。

丧失市场份额的潜在威胁，迫使那些非成员要么建立新的优惠贸易协定，要么加入已有的优惠贸易协定。随着多边贸易的开放，优惠贸易区形成的多米诺效应将进一步增强。

其中能够解释优惠贸易协定建立和日益扩大趋势的因素有：国家之间的物理距离、经济规模、经济规模的相似性、一个潜在的加入者与现有优惠贸易协定的相近度，现有协议包括的国家范围，以及现有优惠贸易区的成员数量。

优惠贸易协定的标准经济学

标准经济学理论认为，优惠贸易协定可以增加成员之间的贸易，并减少与第三国的贸易，导致非协定成员的负福利效应。

一个优惠贸易区增加成员之间的贸易，可以使出口方从伙伴市场消除关税中受益，导致协定外成员出口减少及其出口产品国际市场价格的下跌。

在传统的维纳分析中，优惠贸易开放会使一些国内产品被来自受惠国的进口所取代，因为国外的企业更加高效，导致福利收益（贸易创造）。同时，优惠贸易协定可能会减少从更高效的非协定成员的进口，这意味着福利的损失（贸易转移）。优惠贸易协定的净福利效应取决于这两种相反的效果的相对大小。

供应链或垂直的生产安排可能会改变福利演算。

用于最终产品生产的零部件交易的可能性，改变了贸易创造和贸易转移的计算。虽然结果仍是未知数，在只涉及最终产品交易的福利减损型优惠贸易协定中，一旦成员沿着供应链从事零部件贸易，就有可能成为福利改善。尽管无法保证，但通过这种方式，国际生产网络可以减缓优惠贸易协定的贸易转移效应。

优惠协定的贸易影响取决于优惠贸易协定成员的经济特点。

“天然贸易伙伴”理论表明，贸易关系紧密的国家之间的贸易协定，更可能产生贸易创造。优惠贸易协定也可能有动态效应，如带动规模经济、对生产地点产生影响。

几项研究验证了贸易创造和贸易转移的传统理论。虽然本报告没有定论，但它表明，贸易转移可能会在一些协议以及一些部门发挥作用，但它并非是优惠贸易协定的关键效应。

当政府出于政治经济的原因而签署一项优惠贸易协定，随之产生的问题是：贸易转移或贸易创造协定是否在政治上更加可行，优惠贸易协定究竟是增加还是减少了构筑高关税的意图。

在构建优惠贸易协定时，政府不会仅仅考虑协议对福利的影响。如果有组织的游说团体对各国政府的政治倾向有足够的影响力，在某些情况下，具有贸易转移效应的优惠贸易协定在政治上是可行的。

此外，优惠贸易协定中政见相左的政治经济力量可能会在对外关税方面达成共识。优惠贸易协定一方面摧毁保护主义的利益，降低高关税保护。另一方面，优惠贸易协定可采用较高的对外关税，维持非贸易问题上的合作。我们可以在经验研究文献中同时发现这两种作用。

限制性的原产地规则（原产地规则）在优惠贸易协定中可能会转移或抑制中间产品的贸易。

限制性原产地规则或许使在一国从事“供应转换”的企业有利可图——以一个效率较低的国内企业或合作伙伴国企业取代一个效率较高的非成员的中间商品供货商。此外，通过影响中间产品的采购，原产地规则可能会增加企业的成本，从而对最终产品的贸易产生不利影响。

优惠贸易协定成员为保护某些行业的出口导致贸易转移，这种歧视可以通过原产地规则的“对角累计”得到解决。根据这项安排，各参与国同意决定，在所有的优惠贸易协定成员之间，产自其中一国的材料，可以视同为原产自协定内其他国家的材料。

超越标准分析

深度一体化的概念被泛指一切超越了简单自由贸易区的贸易安排。

那些主要涉及边境措施的贸易协定，通常被定义为“浅度”协定。相比之下，优惠贸易协定，因包括其他国内政策的规则而被称为“深度”协定。

深度一体化的两个不同的方面是“广度”和“深度”。广度是指在一项协定所涵盖的政策领域的增加，而深度是指一项协定涉及的体制性深度。深度协定的“广度”和“深度”两个层面是相互联系的，一项协议如需扩展覆盖范围就需要创造共同机构，以确保其正常运转。

深度一体化与贸易密切相关。

促进某些行业开展贸易，推动经济一体化离不开深度贸易协定。例如统一或相互认可的某些规定可能是服务贸易的一个先决条件，实现比较优势的必要前提是竞争政策规则。

经济理论也表明，贸易开放程度是深度协定的一个决定性因素。在这方面，浅度和深度的一体化可以看做是互补的，前者产生治理的需求，后者则提供治理的机制。

WTO面临的一项体制性挑战，便是探索有利于推动一体化更加深入的途径，在满足成员要求的同时，又能保持与非歧视原则的兼容。

国际生产网络的兴起，表明成功推动深入协定的核心是保持贸易和治理之间的互补性。

为了跨国生产网络的正常运作，某些国家政策需要协调一致，或者使之相互兼容，以方便在几个国家的业务活动。这产生了深度一体化的需求。

发达国家率先尝试制定一些国际规则，以进一步鼓励国际产业分工，如《欧盟单一市场计划》或者《美国—加拿大自由贸易区协议》。这些协定（至少部分）可以表明，国际产业分工安排催生了不断增加的深度一体化规则。

发达国家和发展中国家之间不断扩大的产业分工需要更深层次的协议，以缩小各国治理间的差距。例如《北美自由贸易协定》，这样一个协定包括的规则超出了所需的优惠关税待遇，以促进美国和墨西哥之间的产业分工。在欧洲，《欧洲—地中海协议》履行着相同的目标。

最近一波的优惠贸易协定可能（至少部分）是对离岸生产兴起的制度回应。从这个意义上说，优惠贸易安排是提高效率，而不是以邻为壑（贸易转移）的协议。

深度一体化不得不面对的几种取舍。

一个基本的取舍是，共同政策的利益与成员间不同政策取向的协调成本。

深度一体化会降低贸易成本并提供利益共享，例如共同的规则和一个稳定的货币体系，这都是市场或本国政府无法提供的。然而，对深度一体化的经济影响尚难做出统一的分析，因为这些影响取决于一体化的具体安排形式。

与发达经济体的深度整合，可使发展中国家通过引进“最佳制度”获得优势。但如果共同规则与发展中国家的需求和政策取向相差甚远，也会带来成本。

深度一体化也会产生体制性影响。一方面，深度协定可能给非协定伙伴增加成本。另一方面，深层次的区域一体化可为国家间和全球层面不同非关税领域提供适度的一体化（如共同规则）。

D 优惠贸易协定剖析

优惠关税和优惠贸易协定

在许多情况下，较小的优惠幅度以及市场准入都不太可能成为创建新的优惠贸易协定的重要原因。

据估计2009年全球所有产品平均关税为4%，因此可供交换的优惠市场准入的余地有限。但一些行业依然存在大量的关税壁垒，如农产品和劳动密集型产品。然而，优惠贸易协定似乎也不是旨在取消关税高峰。在优惠贸易协定中，最敏感的行业仍然敏感（保持较高关税）。在最惠国税率高于15%的税目产品中，大约有66%的税目产品关税在优惠贸易协定中并未得到削减。

出口商通过优惠准入获得的优势仅仅相对于目标市场适用于所有出口商的平均实施关税，而不是最惠国税率，因此，受益于优惠市场准入的贸易份额不足全球贸易的13%。

优惠贸易协定的内容模式

优惠贸易协定包括关税及其他许多政策领域，还经常包括具有法律意义的实施承诺。

在调查的近100个优惠贸易协定中，深度一体化要素分为WTO+和WTO-X两个方面。WTO+指的是在WTO所涵盖的领域中，比WTO的一体化程度更加深入，而WTO-X是指在WTO中未涉及的政策领域。该分析证实，许多优惠贸易协定会超越WTO，这些深度一体化的条款通常包括强制性实施承诺。

正如预期的那样，WTO+条款中普遍包括工业品和农产品关税。越来越多的优惠贸易协定还包括技术性贸易壁垒、服务、知识产权和与贸易有关的投资措施规定。WTO-X条款中通常包括竞争政策、投资和资本流动。抽查中约1/3的优惠贸易协定还包括环境保护法、劳工市场法规以及签证和避难措施等条款。

与收入水平接近的贸易伙伴间优惠贸易协定相比，发达国家和发展中国家之间的优惠贸易协定更多采用WTO+条款，而WTO-X条款多出现在发达国家之间的协议中，在发达国家和发展中国家之间的协议中相对较少，而在发展中国家间的协议中最为少见。

总体而言，优惠贸易协定中对服务贸易的承诺已远远超出了服务贸易总协定（GATS）承诺以及多哈回合谈判服务贸易出价。

作为全面优惠贸易协定的一部分，服务贸易义务通常包括“新一代”议题，如投资、知识产权或电子商务。GATS第五条包含的85个通报中①，超过1/3的通告依赖于GATS式的承诺列表（肯定列表），几乎有一半依赖于更全面的方法以指出不适用的具体承诺（否定列表），其余则采用两者混合型方法。

虽然结构上有所创新，大多数服务优惠贸易协定与GATS共享一套广泛通用的基本法规，也有一些已经超出了GATS的范围，如国内规制或者透明度纪律等。

优惠贸易协定的投资章节中包含了许多有关国际生产网络的重要条款和保证。

人力资本（管理或技术专家）和知识产权（专利，蓝图）等公司特定资产可给跨国公司带来竞争力。因此保护这些资产不被侵占，有助于鼓励更多的产业分工，同时允许企业人员更自由的流动。争端解决机制将进一步提振投资者的信心。

从本报告中使用的优惠贸易协定中投资章节的样本，可以发现其中很大比例的协议采取了否定列表，这无疑是对开放投资的鼓励。他们通常会使外国投资者充分享受最惠国待遇和国民待遇，为投资者提供保护，并给予私人投资者解决争端的权利。一般来说，这些优惠贸易协定中的投资条款是包容性的，尽管还没有关于其对外国直接投资流动产生多大实质性影响的具体研究。近期缔结的优惠贸易协定在投资方面似乎比以往更加开放。

在关税壁垒的逐步降低的同时，非关税贸易壁垒正变得日趋重。随着时间的推移，越来越多的优惠贸易协定已包含技术性贸易壁垒（TBT）条款。

优惠贸易协定具体条款的纳入似乎遵循一个轮辐结构，其中的主要成员为轮轴，而其他成员则成辐条循规蹈矩。欧盟签署的协议就是一个典型的例

① 该数字截至2011年3月1日，包括对目前已经生效协议的通报。

子，其中包括协调一致条款，而北美的协议，则体现了TBT条款，倾向于相互认可。此外，北美、东亚和中南美洲的优惠贸易协定中的TBT条款，侧重于引入机构设置及透明度要求，而欧盟和非洲的协议几乎没有涉及这些问题。

技术性贸易壁垒的区域条款存在一种“锁定”效应的风险。

统一区域标准可能会增加多边贸易进一步自由化的成本。如果采用一定的标准涉及某种形式的固定费用的支付，那么区域条款就有成为多边合作绊脚石的风险。

竞争政策与减少贸易壁垒相辅相成。

在优惠贸易协定中采用竞争政策在很多方面是对贸易、投资和服务壁垒减少的一个自然补充。在评价优惠贸易协定的竞争规则时，除了优惠贸易协定的竞争政策一章以外，还需要结合其他与竞争有关的条款。竞争规则出现在投资、服务（电信，海运和金融服务）、政府采购和知识产权的章节。

假设贸易协定中有具体部门的竞争条款，这些条款可能比竞争政策章节本身条款具有更强的竞争促进效果。优惠贸易协定中有关非歧视性、程序公正性和透明度的原则，也会对竞争的法律和政策产生强烈影响。

优惠贸易协定中竞争规则的许多要素具有非歧视性特点。

竞争规则通常通过国内规制来执行。虽然不排除为使优惠贸易协定合作伙伴的企业获利而量身定做的可能性，但那样做的成本会很高。竞争法的实施在一定程度上降低了国内运营商的市场力量，改善了已进入市场上的外国企业的前景，无论他们是否来自优惠贸易协定成员。

区域协定中的竞争条款可以带来其他外部收益，如通过创造区域竞争管理机构获得规模经济。即使没有建立中央权威机构，还是可以从信息共享和执法机构之间的合作中获得利益。当一个优惠贸易协定成员的竞争管理机构对反竞争行为采取行动时，也会产生示范效应。

生产网络和深度优惠贸易协定

实证分析证实了深度一体化和生产网络之间的正相关关系。

数据的缺乏给评估国际产业分工造成了一些困难，迫使实证研究依靠于对生产网络的替代分析。这种分析使用零部件贸易代替全球产业分工。

结果表明，更大规模的零部件贸易，加深了优惠贸易协定成员之间新缔结协定的合作深度。优惠贸易协定还促使成员间的零部件贸易增加了35%。此外，协议的合作程度越深，成员之间的零部件贸易增长越快。估计结果显示，平均而言，签署深度协议将使成员之间的生产网络贸易增长近8个百分点。

东盟：从区域化到区域主义

东盟成立于1967年，主要是处理其成员之间的领土紧张（原始缔约国为印度尼西亚、马来西亚、菲律宾、新加坡和泰国）及印度支那冲突可能引发的外溢效应。从创建同盟到决定正式建立东盟自由贸易区（AFTA）的25年间，经济政策完成了从传统的进口替代转向促进出口和向外国直接投资开放的转变。

这一转变促使五个创始成员的商品出口总额大幅增加，尤其是零部件的出口变得越来越重要。零部件出口额在出口总额中的比重，从筹建当年的约2%，增加到自由贸易协定签署时的17%。同时区内贸易中的零部件贸易增长也很突出。

零部件贸易在东盟区域贸易中的增长，离不开各国在贸易和对外国投资方面的开放，以及生产网络的蓬勃发展。这也许可以表明东盟的发展已经超过了一般意义上的自由贸易区。东盟于1995年签署了服务和知识产权协定、1996年签署了投资协议并建立了争端解决机制，还在1998年为相互认证安排签署了一项框架协议。最近的研究记录了东盟是如何通过协调一致的贸易便利化措施而不是优惠关税自由化，成功地降低了贸易成本，以及如何通过参与国际生产网络促进了贸易成本的降低。

生产网络也可以解释拉丁美洲的一些优惠贸易协定：哥斯达黎加案例。

作为实行贸易和投资对外开放政策的结果，哥斯达黎加的贸易结构发生了显著变化，其制造业和服务贸易的出口在出口总额中所占的份额大幅度上升。在过去的十年中，该国的电子、医疗器械、汽车、航空航天以及电影广播设备等行业与全球生产体系的一体化程度更高了。

在哥斯达黎加与美国（US-CAFTA-DR协

议）、中国签署的协议中，生产网络和优惠贸易协定的联系显而易见。自1995年以来，哥斯达黎加与美国整体贸易年均增速约为11%，而零部件贸易增速更高达22%。2009年，哥斯达黎加货物出口总额中25%以上的出口与电子产品生产体系直接相关，其主要贸易伙伴为中国。总体而言，零部件贸易额占哥斯达黎加与中国贸易总额的一半。

并非所有一体化经验都符合这个规律：非洲案例。

非洲一体化的根源在于在努力消除殖民主义遗留的地理分割问题。地理上的分割导致了市场规模小、陆地封闭型经济的有限发展。在20世纪80年代，《拉各斯行动计划》提出，将大陆按区域划分为几个一体化地区，并最终构成一个统一的非洲经济。

在大多数情况下，非洲一体化一直侧重于进口关税、服务和其他境内议题，如投资、竞争政策和政府采购的纳入已被证明容易引发争议。非洲一体化进程主要受限于一直坚持“线性”的整合模式，其特点在于先逐步实现商品、劳动力和资本市场的一体化，最终实现货币和财政一体化。

深度一体化可以改善非洲的区域合作。

边境措施对非洲区域贸易的作用相对有限，而基础设施、体制框架、技能不足和经济单一化等结构性缺陷才是非洲经济发展的主要障碍。仅仅通过扩大市场而不是上述机遇创造的货物和服务生产能力，便无法创造较高的经济增长。在区域贸易层面，这些供应方面的限约，可以通过区域一体化进程得到部分解决，其中包括服务、投资、竞争政策以及其他非边境议题。总之，一个深度一体化进程能够比单一针对边境措施的议程更有效地解决供应方面的限制。

E　多边贸易体制和优惠贸易协定

优惠关税自由化的体制性影响

通过优惠贸易协定辨别出了一些可以促进或者阻碍多边贸易开放的不同机制。

对优惠侵蚀的不同看法成为进一步支持或阻止多边关税削减的力量。削减关税背后存在的政治经济学动机是另一个因素，它可以通过最惠国待遇基础上的贸易开放，推动或者阻止优惠关税的缩减。

当优惠贸易协定可以促进在非贸易议题上的相互合作，或会增加与多边贸易开放相关的调整成本，或从协定外成员看来是促进贸易时，那么从多边关税减让会遭遇更多的抵触和反对。

关于区域主义对多边关税减让的体制性影响尚无确凿证据。

最惠国待遇和优惠关税之间究竟是互补、还是竞争关系？研究发现，发展中国家和发达国家的结论正好相反。然而，研究的大部分结论并没有区分在多边层面达成的最惠国税率和单边关税减让。

对优惠贸易协定的形成与多边主义之间的关系的研究，并不能得出具有说服力的结果，毕竟多边贸易谈判并不常见，且只商谈那些雄心勃勃的贸易开放方案。启动多边贸易谈判目的不是要么全面开放贸易，要么完全不开放贸易。坊间一直存在优惠贸易协定会促进或阻碍多边贸易进一步开放的观点。

深度优惠贸易区条款与多边贸易体制

截至目前，关于深度一体化条款的体制性影响的研究还不是很多。已有成果表明，深度一体化通常是非歧视性的。

就其本质而言，一些深度一体化条款事实已上扩展到了非成员，因为这些条款包含在适用于所有贸易伙伴而且更广泛的法规框架中。在这种情况下，多边规则可能没有必要。优惠贸易协定也可对深度一体化措施直接引用WTO规则，自动支持多边贸易体制。

优惠贸易协定中有几个支持贸易进一步开放的机制。这些措施包括“非成员”最惠国待遇条款，一种以复制贸易规则为模板的方法，及以逐渐扩展优惠市场准入为方向的多米诺效应。

生产链能够改变有利于采用符合非歧视性原则贸易措施的政治经济力量。

通过国际价值链进口采购原材料的制成品生产商，倾向于支持协调各优惠贸易协定的原产地规则，例如：通过采用累计规则。

生产的国际分工，可能也是与多边贸易体制原则一致的深度一体化条款的一个促进因素，例如：贸易救济措施的国际标准与多边规则。

然而，优惠贸易协定的某些深层次条款包含歧视性，造成了与多边贸易体制之间的关系紧张。

在反倾销等领域，贸易转移的风险可能超过关税的范围范畴。优惠贸易协定中的反倾销规定，可能会导致成员免受反倾销措施的惩罚，并增加对非成员国发起反倾销行动的频率。此外，许多优惠贸易协定中规定，一般保障措施不适用于来自协定内成员的进口。

在一个特定的优惠贸易协定中，协调监管产生的“锁定”效应可能产生负面的体制性影响。

管理结构和标准不相容的竞争性优惠贸易协定，可能将其成员锁定在一个特定的管理体制之中、破坏透明度原则和监管制度的可预见性，并增加向多边贸易开放发展的成本。

深度一体化规则的非歧视性本质，原则上可能造成政治经济势力和第三国对多边贸易进一步开放的抵制。

如果优惠自由化本质上是非歧视性的，它可能遭到政治经济势力的反对，因为在其他成员市场获取的较高市场份额（和利润），远不足以弥补因外国企业的竞争造成的国内利润损失。

WTO争端解决机制和优惠贸易协定争端解决机制的管辖范围重叠问题，已经在学术界引起极大关注。

争端解决程序可能会在多个场合给出引发具有争议的判决，这种可能性已经被作为一个关注隐患来讨论。这个问题只在少数WTO争端中引起关注。一份提交给WTO的争端审查报告中显示，成员仍然继续使用WTO争端解决机制来解决与其优惠贸易协定伙伴之间的分歧。

寻找优惠贸易协定与WTO之间的一致性

GATT/WTO的条款规定，在某些情况下，优惠贸易协定享有最惠国待遇原则的例外。

调查表明，这些规定对优惠贸易协定采取相对宽容的态度，其本身被广泛认为是不完整和不清晰的。最近，注意力都集中在提高透明度，多哈回合谈判已成功引进了一个新的临时性透明度机制。

区域贸易协定的透明度机制是多哈回合谈判迄今为止全部成果中唯一允许独立实施的成果。这表明WTO成员都意识到需要更好地了解区域贸易协议。

寻找区域主义和多边主义之间的一致性并不是什么新鲜事物。

直到最近，人们开始广泛理解这样一种认识，即优惠贸易协定和多边体制是相辅相成的，应最大限度地减少优惠贸易协定可能带来的负面影响。为加强两者之间的一致性，多边纪律的薄弱环节以及如何改进这些不足成为关注重点。

最近优惠贸易协定的发展可能会很好地改变对一致性的看法。自1990年以来，优惠贸易协定的发展明显加快，除了这个事实以外，可以挑战当前主流思想的只有最新缔结的优惠贸易协定，或者至少其中的一部分与过去的协定有着质的区别。

一些新缔结的优惠贸易协定更多关注减少非关税壁垒，而不是扩展优惠关税范围。由于涉及这些措施的优惠贸易协定通常不会导致贸易转移，因此采用传统模式无法对其体制性影响进行分析。从政治经济学角度看，新的优惠贸易协定已不同于优惠关税。

国际贸易新规则形成于WTO之外，随之而来的是因规制结构的重叠或相互竞争而引发的排斥风险和贸易成本增加。

能否以及如何解决这些新的挑战可能是一个悬而未决的问题。依据“辅从原则”，监管制度应尽可能分散，这一原则可用来评估在双边或区域层面达成的措施纳入多边体制的必要性。

关于如何改善优惠贸易协定与多边贸易体制之间的一致性，已经提出了一些不同的方法。

有些特殊形式的区域和多边合作，需要多边和区域机制共存，这种合作更适用于在区域层面，而非多边层面。同理，也有一些问题在区域层面难以有效解决。在这两种极端之间，则会产生多边和区域之间的一致性问题。

相关建议可分为四类：加快多边贸易的开放、改善WTO法律框架的缺陷、采用较为温和的方式以补充现有的法律框架、区域主义多边化（将现有的优惠协定以一种非歧视的方式扩展到其他成员）。这些方法并不相互排斥，其宗旨都是确保优惠贸易协定促进贸易合作，并以一种非歧视性的形式开放。

降低最惠国待遇关税将减少歧视，从而减轻优惠贸易协定的不利影响。但在目前情况下，实行零关税在政治上似乎并不可行，而且并不能消除深度一体化措施带来的所有潜在负面效应。此外，在这一领域，采取影响深远的行动会受限于现行的较低水平的平均优惠关税。

多哈回合包括一项授权，即“根据 WTO 现行的规定，澄清和改进适用于区域贸易协定的纪律和程序”。虽然关于程序问题的谈判已通过了一项适用于区域贸易协议的临时透明度新机制，但关于规则的谈判并没有取得进展，这与多哈回合长期裹足不前相一致。

“软法”使用原理将允许 WTO 成员更好地了解其各自的优先关注和利益，以期最终不对特别条款的法律解释进行阻挠。这将确保优惠贸易协定与多边贸易体系之间的一致性。然而，采用软法的方式并非没有风险，如果缺少合作的基本条件，软法和硬法可能相互矛盾。

作为全球产业分工的结果之一，有利于区域主义多边化的新力量可能已经涌现。在某种程度上，尽管优惠关税仍是一个有待争论的问题，优惠贸易协定的深度一体化措施可能会产生同样高成本的意大利面/面碗效应，但 WTO 有可能在降低这些交易成本方面发挥作用。

F　结论

本报告的一个总体的结论是，区域和多边不同层面的贸易合作并非互不相容，但它们不能被简单看作服务于同一目的，或者满足相同需求的贸易安排。自第二次世界大战结束以来，对越来越外向和具有包容性的全球贸易秩序的支持已经得到增强，而这一日益开放的趋势，已通过单边、双边、区域和多边贸易形式得以体现。

深度优惠贸易协定的流行和非关税承诺作用的日益重要，对评价优惠贸易协定的作用，及其如何与多边贸易体制互动有重要影响。优惠贸易协定绝对数量和持续增长的势头表明了其存在的价值。优惠贸易协定满足了一系列的经济和政治需要，各国政府需要找到一个一致的方式制定区域和多边层面的贸易政策。这意味着需要确保多边体系不仅与优惠贸易协定相辅相成，并将后者产生的任何负面效应降至最低。

附录五　WTO 成员一览表、WTO 政府观察员一览表

WTO 成员一览表

（截至 2012 年 9 月）

序　号	中文名称（简称）	英文名称（简称）	加入时间
1	阿尔巴尼亚	Albania	2000 年 09 月 08 日
2	安哥拉	Angola	1996 年 11 月 23 日
3	安提瓜和巴布达	Antigua and Barbuda	1995 年 01 月 01 日
4	阿根廷	Argentina	1995 年 01 月 01 日
5	亚美尼亚	Armenia	2003 年 02 月 05 日
6	澳大利亚	Australia	1995 年 01 月 01 日
7	奥地利	Austria	1995 年 01 月 01 日
8	巴林	Bahrain	1995 年 01 月 01 日
9	孟加拉国	Bangladesh	1995 年 01 月 01 日
10	巴巴多斯	Barbados	1995 年 01 月 01 日
11	比利时	Belgium	1995 年 01 月 01 日
12	伯利兹	Belize	1995 年 01 月 01 日
13	贝宁	Benin	1996 年 02 月 22 日
14	玻利维亚	Bolivia	1995 年 09 月 12 日
15	博茨瓦纳	Botswana	1995 年 05 月 31 日
16	巴西	Brazil	1995 年 01 月 01 日
17	文莱	Brunei Darussalam	1995 年 01 月 01 日
18	保加利亚	Bulgaria	1996 年 12 月 01 日
19	布基纳法索	Burkina Faso	1995 年 06 月 03 日
20	布隆迪	Burundi	1995 年 07 月 23 日
21	柬埔寨	Cambodia	2004 年 10 月 13 日
22	喀麦隆	Cameroon	1995 年 12 月 13 日
23	加拿大	Canada	1995 年 01 月 01 日
24	佛得角	Cape Verde	2008 年 07 月 23 日
25	中非	Central African Republic	1995 年 05 月 31 日
26	乍得	Chad	1996 年 10 月 19 日
27	智利	Chile	1995 年 01 月 01 日
28	中国	China	2001 年 12 月 11 日
29	中国台北	Chinese Taipei	2002 年 01 月 01 日
30	哥伦比亚	Colombia	1995 年 04 月 30 日
31	刚果（布）	Congo	1997 年 03 月 27 日
32	哥斯达黎加	Costa Rica	1995 年 01 月 01 日
33	科特迪瓦	Côte d' Ivoire	1995 年 01 月 01 日
34	克罗地亚	Croatia	2000 年 11 月 30 日
35	古巴	Cuba	1995 年 04 月 20 日
36	塞浦路斯	Cyprus	1995 年 07 月 30 日
37	捷克	Czech Republic	1995 年 01 月 01 日
38	刚果（金）	Democratic Republic of the Congo	1997 年 01 月 01 日

续 表

序 号	中文名称（简称）	英文名称（简称）	加入时间
39	丹麦	Denmark	1995年01月01日
40	吉布提	Djibouti	1995年05月31日
41	多米尼克	Dominica	1995年01月01日
42	多米尼加	Dominican Republic	1995年03月09日
43	厄瓜多尔	Ecuador	1996年01月21日
44	埃及	Egypt	1995年06月30日
45	萨尔瓦多	El Salvador	1995年05月07日
46	爱沙尼亚	Estonia	1999年11月13日
47	欧盟（前欧共体）	European Community	1995年01月01日
48	斐济	Fiji	1996年01月14日
49	芬兰	Finland	1995年01月01日
50	法国	France	1995年01月01日
51	加蓬	Gabon	1995年01月01日
52	冈比亚	The Gambia	1996年10月23日
53	格鲁吉亚	Georgia	2000年06月14日
54	德国	Germany	1995年01月01日
55	加纳	Ghana	1995年01月01日
56	希腊	Greece	1995年01月01日
57	格林纳达	Grenada	1996年02月22日
58	危地马拉	Guatemala	1995年07月21日
59	几内亚	Guinea	1995年10月25日
60	几内亚比绍	Guinea-Bissau	1995年05月31日
61	圭亚那	Guyana	1995年01月01日
62	海地	Haiti	1996年01月30日
63	洪都拉斯	Honduras	1995年01月01日
64	中国香港	Hong Kong，China	1995年01月01日
65	匈牙利	Hungary	1995年01月01日
66	冰岛	Iceland	1995年01月01日
67	印度	India	1995年01月01日
68	印度尼西亚	Indonesia	1995年01月01日
69	爱尔兰	Ireland	1995年01月01日
70	以色列	Israel	1995年04月21日
71	意大利	Italy	1995年01月01日
72	牙买加	Jamaica	1995年03月09日
73	日本	Japan	1995年01月01日
74	约旦	Jordan	2000年04月11日
75	肯尼亚	Kenya	1995年01月01日
76	韩国	Korea，Republic of	1995年01月01日
77	科威特	Kuwait	1995年01月01日
78	吉尔吉斯斯坦	Kyrgyz Republic	1998年12月20日
79	拉脱维亚	Latvia	1999年02月10日
80	莱索托	Lesotho	1995年05月31日
81	列支敦士登	Liechtenstein	1995年09月01日
82	立陶宛	Lithuania	2001年05月31日
83	卢森堡	Luxembourg	1995年01月01日
84	中国澳门	Macau，China	1995年01月01日

续 表

序　号	中文名称（简称）	英文名称（简称）	加入时间
85	马达加斯加	Madagascar	1995 年 11 月 17 日
86	马拉维	Malawi	1995 年 05 月 31 日
87	马来西亚	Malaysia	1995 年 01 月 01 日
88	马尔代夫	Maldives	1995 年 05 月 31 日
89	马里	Mali	1995 年 05 月 31 日
90	马耳他	Malta	1995 年 01 月 01 日
91	毛里塔尼亚	Mauritania	1995 年 05 月 31 日
92	毛里求斯	Mauritius	1995 年 01 月 01 日
93	墨西哥	Mexico	1995 年 01 月 01 日
94	摩尔多瓦	Moldova	2001 年 07 月 26 日
95	蒙古	Mongolia	1997 年 01 月 29 日
96	黑山	Montenegro	2012 年 04 月 29 日
97	摩洛哥	Morocco	1995 年 01 月 01 日
98	莫桑比克	Mozambique	1995 年 08 月 26 日
99	缅甸	Myanmar	1995 年 01 月 01 日
100	纳米比亚	Namibia	1995 年 01 月 01 日
101	尼泊尔	Nepal	2004 年 04 月 23 日
102	荷兰	Netherlands	1995 年 01 月 01 日
103	新西兰	New Zealand	1995 年 01 月 01 日
104	尼加拉瓜	Nicaragua	1995 年 09 月 03 日
105	尼日尔	Niger	1996 年 12 月 13 日
106	尼日利亚	Nigeria	1995 年 01 月 01 日
107	挪威	Norway	1995 年 01 月 01 日
108	阿曼	Oman，Sultanate of	2000 年 11 月 09 日
109	巴基斯坦	Pakistan	1995 年 01 月 01 日
110	巴拿马	Panama	1997 年 09 月 06 日
111	巴布亚新几内亚	Papua New Guinea	1996 年 06 月 09 日
112	巴拉圭	Paraguay	1995 年 01 月 01 日
113	秘鲁	Peru	1995 年 01 月 01 日
114	菲律宾	Philippines	1995 年 01 月 01 日
115	波兰	Poland	1995 年 07 月 01 日
116	葡萄牙	Portugal	1995 年 01 月 01 日
117	卡塔尔	Qatar	1996 年 01 月 13 日
118	罗马尼亚	Romania	1995 年 01 月 01 日
119	俄罗斯	Russian Federation	2012 年 08 月 22 日
120	卢旺达	Rwanda	1996 年 05 月 22 日
121	圣基茨和尼维斯	Saint Kitts and Nevis	1996 年 02 月 21 日
122	圣卢西亚	Saint Lucia	1995 年 01 月 01 日
123	圣文森特和格林纳丁斯	Saint Vincent and the Grenadines	1995 年 01 月 01 日
124	萨摩亚	Samoa	2012 年 05 月 10 日
125	沙特阿拉伯	Saudi Arabia	2005 年 12 月 11 日
126	塞内加尔	Senegal	1995 年 01 月 01 日
127	塞拉利昂	Sierra Leon	1995 年 07 月 23 日
128	新加坡	Singapore	1995 年 01 月 01 日
129	斯洛伐克	Slovakia Republic	1995 年 01 月 01 日
130	斯洛文尼亚	Slovenia	1995 年 07 月 30 日

续 表

序 号	中文名称（简称）	英文名称（简称）	加入时间
131	所罗门群岛	Solomon Islands	1996年07月26日
132	南非	South Africa	1995年01月01日
133	西班牙	Spain	1995年01月01日
134	斯里兰卡	Sri Lanka	1995年01月01日
135	苏里南	Suriname	1995年01月01日
136	斯威士兰	Swaziland	1995年01月01日
137	瑞典	Sweden	1995年01月01日
138	瑞士	Switzerland	1995年07月01日
139	坦桑尼亚	Tanzania	1995年01月01日
140	泰国	Thailand	1995年01月01日
141	马其顿	The former Yugoslav Republic of Macedonia	2003年04月04日
142	多哥	Togo	1995年05月31日
143	汤加	Tonga	2007年07月27日
144	特立尼达和多巴哥	Trinidad and Tobago	1995年03月01日
145	突尼斯	Tunisia	1995年03月29日
146	土耳其	Turkey	1995年03月26日
147	乌干达	Uganda	1995年01月01日
148	乌克兰	Ukraine	2008年05月16日
149	阿联酋	United Arab Emirates	1996年04月10日
150	英国	United Kingdom	1995年01月01日
151	美国	United States	1995年01月01日
152	乌拉圭	Uruguay	1995年01月01日
153	瓦努阿图	Vanuatu	2012年08月24日
154	委内瑞拉	Venezuela，Bolivarian Republic of	1995年01月01日
155	越南	Viet Nam	2007年01月11日
156	赞比亚	Zambia	1995年01月01日
157	津巴布韦	Zimbabwe	1995年03月05日

WTO政府观察员一览表

（截至 2012 年 8 月 24 日）

序　号	中　文　名　称	英　文　名　称
1	阿富汗	Afghanistan
2	阿尔及利亚	Algeria
3	安道尔	Andorra
4	阿塞拜疆	Azerbaijan
5	巴哈马群岛	Bahamas
6	白俄罗斯	Belarus
7	不丹	Bhutan
8	波斯尼亚和黑塞哥维那	Bosnia and Herzegovina
9	科摩罗	Comoros
10	赤道几内亚	Equatorial Guinea
11	埃塞俄比亚	Ethiopia
12	梵蒂冈	Holy See（Vatican）
13	伊朗	Iran
14	伊拉克	Iraq
15	哈萨克斯坦	Kazakhstan
16	老挝	Lao People's Democratic Republic
17	黎巴嫩	Lebanon
18	利比里亚	Liberia，Republic of
19	利比亚	Libya
20	圣多美和普林西比	Sao Tone and Principe
21	塞尔维亚	Serbia
22	塞舌尔	Seychelles
23	苏丹	Sudan
24	叙利亚	Syrian Arab Republic
25	塔吉克斯坦	Tajikistan
26	乌兹别克斯坦	Uzbekistan
27	也门	Yemen

注：除了梵蒂冈之外，其他所有观察员必须在其成为观察员后五年内开始其加入 WTO 谈判。

附录六 中国世界贸易组织研究会年度大事记（2011）

1. 1月8日，“2011年对外投资与经济合作形势展望高层论坛”在京举行，商务部部长助理俞建华出席会议，并发表题为“深入实施‘走出去战略’，开创对外开放新格局”的重要讲话。

2. 1月25日，“中国入世十周年专家座谈会”在商务部召开。与会专家围绕中国“入世”十周年话题，总结经验，肯定成就，指出不足，展望未来。

3. 3月18日，我会第二届理事会第四次会议在京召开。商务部国际贸易谈判代表兼副部长高虎城出席会议并发表讲话。会议通过了郑志海副会长兼秘书长所做的工作报告，通过了研究会章程修改案，并选出新一届领导集体，孙振宇任会长。

4. 4月8日，我会外经贸咨询顾问委员会（以下简称“外顾委”）第一次工作会议在商务部举行。商务部王超副部长代表陈德铭部长出席会议并发表重要讲话。

5. 6月27～7月2日，作为加入世贸组织十周年宣传工作的一项重要内容，孙振宇会长一行5人参加以中国入世十年为主题的高层研讨会，会见了WTO总干事、联合国贸发会议秘书长等。副会长薛荣久教授和副秘书长任以锋还与国际组织的中国籍职员就WTO相关问题进行了探讨。

6. 6月29日，我会联合国际贸易和可持续发展中心举办的“中国与全球贸易治理的意义”的国际论坛在日内瓦隆重举行。来自全球近40个国家和地区的驻世贸组织大使或贸易高官，近十个国际组织的高官或代表，数十个国际知名院校、研究机构和非政府组织和律所的知名专家共计120余人出席。

7. 9月16日，由我会、中国法学会世界贸易组织法研究会、清华大学联合举办的“中国与WTO的未来——纪念中国加入世界贸易组织十周年”研讨会在京召开，商务部副部长王超代表陈德铭部长出席会议并致辞。

8. 9月底，郑志海副会长接受墨西哥通讯社记者罗德里格斯采访，谈中国入世十年取得的成就和加强与发展中国家合作的努力。

9. 10月27日，我会会长孙振宇、副会长薛荣久教授出席商务部世贸司在重庆举办的“中国加入世贸组织十周年行业座谈会”并发表重要讲话。

10. 11月15日～16日，由香港中国商会主办、我会协办的首届“中国海外投资年会”在香港举行。由孙振宇会长、俞晓松主席率领7人代表团全程出席年会活动，并在“中国入世十周年回顾与展望”的专题中分别发表重要演讲。我会成立专门工作小组全力配合本次年会，邀请商务部、世界贸易组织、联合国工业发展组织等重要领导出席活动并发表演讲。

11. 经陈德铭部长批准，我会与商务部研究院编辑出版中国入世十周年巡讲教材《继往开来话开放》《深化改革图发展》，高虎城同志撰写序言。巡讲教材结合“十二五”经贸形势和入世十周年经验，为政治局集体学习、省部级培训和各地巡讲等提供重要参考资料。

12. 12月初，《中国世界贸易组织年鉴2011》正式出版，以“中国加入WTO十周年”为主题，李岚清和徐匡迪为入世十周年题词。正文篇数从5篇增至13篇，将“入世十年中国地方WTO事务”扩充为18个省，将“入世十年中国与WTO主要成员经贸关系”充实完善至单独成篇，新增“入世十年中国大陆与港澳台”。

13. 编辑出版《中国竞争法律与政策研究报告（2011）》，报告在2010年基础上增加了对通信、邮政、海运、航空等几个行业的竞争状况的分析。

14. 翻译出版《世界贸易报告2010》。

15. 编辑《中国“入世”十周年专家座谈会会议综述》、《美国应如何应对多哈谈判》、《关于欧洲债务危机的几点看法》等共9期《世界贸易组织要情》，为会员提供服务，为政府、研究机构和企业提供决策参考。

16.《竞争导刊》的改版和首期出版，在竞争执法机构和司法部门、高校科研机构和合作伙伴的支持下，促成会刊《竞争导刊》的改版和出版工作，加强了竞委会的对外宣传工作。

17. 举办了一系列议题广泛的说明会，如“跨国投资与基础设施建设政策促进说明会”等。

18. 召开“中国企业海外并购法律风险控制研讨会”，“中国反垄断法新规理解与适用专家座谈会”，“严格防范商业贿赂、提高行业自律意识与能力——《反不正当竞争法》修订与行业自律热点问题研讨会”。

19. 受香港中国商会委托，完成“中国企业通过香港走出去研究”课题。

20. 受财政部、工业和信息化部、国资委委托，承担课题《我国产业政策与世贸组织规则一致性分析研究》。课题组在中国入世十周年的时代背景下，分析WTO规则与产业政策之间的相互关系，回顾加入世贸组织后中国产业政策的调整历程，并就如何制定和实施科学有效的产业政策进行了探讨。

21. 财政部、工业和信息化部、国资委委托课题《基于产业价值链分析的国际贸易摩擦与对策》。课题基于对全球产业价值链的分析，探究针对中国的贸易摩擦产生的原因及其影响，并就如何有效规避化解国际贸易摩擦提出切实可行的政策建议。

22.《多哈回合与我国主要产业开放发展战略研究》课题围绕中国入世十周年、多哈回合谈判、世界经济贸易发展趋向、中国当前经济贸易形势和困境以及发展机遇，探究我国主要产业开放发展的路径。

23. 财政部委托课题《俄罗斯、东盟、墨西哥、加拿大关税政策现状的比较分析》。课题系统全面地总结俄罗斯、东盟、墨西哥、加拿大4个国家或集团的最新关税政策与措施，为我国关税政策及税则结构的调整与完善提供借鉴样本。

附录七 对外经济贸易大学简介

对外经济贸易大学是教育部直属的全国重点大学，国家“211工程”首批重点建设高校，坐落在首都北京朝阳区。学校校园规划精致，环境优雅，是中国社会主义经济建设事业人才培养和科学研究的重要基地之一。

学校前身为“高级商业干部学校”，创建于1951年，受中央贸易部和教育部双重领导。1952年，中央贸易部撤销，学校划归对外贸易部，受对外贸易部和教育部双重领导。1953年，学校更名为北京对外贸易专科学校，由教育部委托对外贸易部领导。1954年，中国人民大学贸易系对外贸易专业并入北京对外贸易专科学校，以北京对外贸易专科学校为基础成立北京对外贸易学院。1984年，学校更名为对外经济贸易大学。2000年6月，原中国金融学院与原对外经济贸易大学合并成立新的对外经济贸易大学，划归教育部直属。2010年12月，教育部与商务部正式签署协议，共建对外经贸大学。学校现任党委书记王玲，校长施建军。

历经几代师生员工的艰苦创业和努力奋斗，对外经济贸易大学已经发展成为一所拥有经、管、法、文四大门类，以国际经济与贸易、法学（国际经济法）、金融学、工商管理、外语（商务外语）等优势专业为学科特色的多科性财经外语类大学。目前，学校下设15个学院，并设有研究生院和体育部；拥有国家级重点学科2个，国家级人文社会科学重点研究基地1个，北京市重点学科6个，北京市哲学社会科学研究基地1个，博士后流动站2个，一级学科博士点5个，一级学科硕士点8个，专业硕士学位授权点10个，本科专业34个。

学校现有教职工1 500余人，其中专任教师近900人，学校还聘请一定数量的兼职教师及外国专家。这是一处群英荟萃之地，老教授中名家耀眼，中青年教师里新秀辈出。大批获得政府特殊津贴、受聘担任政府学术机构成员的专家学者工作在教学科研第一线；大部分中青年教师在国外留学或进修过，教学科研水平高，许多人被评为省部级学科带头人和骨干教师，入选国家优秀人才培养工程。

学校现有在校学生1.4万余人，其中本科生8 000余人，研究生4 000余人，来华留学学历生2 800余人。学校培养的学生一直以专业知识和技能扎实、外语娴熟、思维活跃、实践能力强而受到社会的普遍欢迎，毕业生遍布全国各地的外贸、金融、三资等行业领域及国家机关、中国驻外商务机构，为我国经济与社会发展，尤其是经贸事业的发展发挥着重要的作用。

学校的学术研究在我国对外经贸科研领域占有重要地位，设有60多个研究单位，其中，中国WTO研究院是全国唯一的研究世界贸易组织的国家级人文社科重点研究基地。学校图书馆文献总量150余万册（件）。学校主办并公开发行多种学术刊物，其中《国际贸易问题》、《国际商务》、《日语学习与研究》等享有较高的学术地位。学校出版社每年出书百余种，在高校出版社中享有较高声誉。学校也是国家培训高级经济管理干部的基地之一，设有政府委托或与外国合办的多个高级在职培训机构。

学校于1989年11月在国内率先成立了校董会。原国务院副总理李岚清任首届校董会主席，原国家副主席荣毅仁，原全国政协副主席、香港中华总商会荣誉会长霍英东等任名誉主席，第二任校董会主席是原国务院副总理吴仪。校董会的建立，对于学校的建设发展发挥了重要作用。

学校在发展过程中受到海内外广泛关注和支持：政府机构、企业家、财团、大公司等纷纷向学校捐资设立基金或奖学金，许多国际著名的跨国企业成为学校的赞助团体。目前，社会力量在学校设立的奖学金、奖教金等已达20多项，院系级基金则更多。学校与美、英、法、德、日、俄、意、澳等40多个国家和地区的100多所著名大学和研究机构建立合作交流关系，不断开展的对外交流与合作，使对外经济贸易大学面向世界办学的特色更加鲜明。

面对新世纪我国全面建设小康社会，加快社会主义现代化建设的新形势，学校坚持走内涵式发展的道路，倡导追求卓越、创造精品的精神，把建设国际竞争力、影响力显著增强的国际知名的有特色高水平大学作为自己的长期愿景和历史使命。

地址：北京市朝阳区惠新东街 10 号
电话：010—64492001
网址：www. uibe. edu. cn

附录八　对外经济贸易大学年度大事记（2011）

1. 对外经济贸易大学成功举行建校 60 周年庆祝活动

2011 年 9 月 25 日，我校隆重举行建校 60 周年庆祝大会。中共中央政治局委员、国务委员刘延东，全国人大常委会副委员长、民盟中央主席蒋树声，原中共中央政治局常委、国务院副总理李岚清，原中共中央政治局委员、国务院副总理吴仪，原中共中央政治局委员、全国人大常委会副委员长李铁映，原全国人大常委会副委员长、民进中央主席许嘉璐等党和国家领导人为学校 60 周年校庆题词或发来贺信。商务部部长陈德铭，教育部副部长杜玉波，北京市委常委、教育工委书记赵凤桐亲临庆典大会并讲话。各级新老领导、兄弟院校和国外友好大学代表、驻华大使和参赞等 200 余嘉宾和全校师生、校友参加了庆祝大会，7 万余人参与了“祝福贸大”网络送祝福活动。《凤凰卫视》电视台专门录制并播放了庆祝对外经济贸易大学建校 60 周年的特别节目《贸大故事》，在海内外引起热烈反响。

在筹备校庆的一年时间里，学校编撰出版了校志、党建与思想政治教育工作文集、科研成果集、校友风采集、校庆征文集、2 本教育教学论文集、3 本教育教学成果集，精心设计编印了《留学生教育画册》和《学校建校 60 周年画册》，摄制了 12 种语言、3 个版本的学校专题宣传片和凤凰卫视专题片，举办了 21 期共 612 块展版的专题办学成果展，建成了科研楼、校史展览馆、校友会馆、清真食堂和老干部活动中心等，举办 50 余场学术会议，组织 60 场惠园名师大讲堂、60 场校友讲坛，举办第二届国际文化节、校庆文艺晚会及广场点灯联欢活动，成立（换届）20 多个地方校友会或校友联谊会，多方筹集捐款。

2. 中共中央政治局委员、国务委员刘延东首次视察我校

2011 年 9 月 22 日，中共中央政治局委员、国务委员刘延东在教育部部长袁贵仁、国务院副秘书长江小涓的陪同下，莅临我校视察指导工作。刘延东一行参观了我校校史馆、就业指导中心、留学生交流中心等，慰问中外师生和工作人员。视察中，刘延东高度肯定我校办学特色、办学成就和历史贡献。她指出，对外经贸大学为国家的对外贸易事业、经济发展做出了巨大的贡献，是真正具有专业特色的国际化大学，是专业领域内的高水平大学。

3. 学科建设取得突破和跨越性发展

2011 年，学校学科建设取得了突破性和跨越性的发展。大幅度增加了一级学科博士学位和硕士学位授予权，一级学科博士点增加到 5 个，覆盖了学校的主要学科，学科结构和布局问题基本得到解决。目前，学校拥有 5 个一级学科博士点、31 个二级学科博士点；8 个一级学科硕士点、55 个二级学科硕士点；10 个专业硕士学位；本科专业 34 个。“211 工程”三期进展顺利，三期子项目及重大课题通过校内验收。形成了一批优秀的学术团队，取得了一批高水平的成果。

4. 研究生院成立　研究生教育跃上新台阶

9 月 20 日，对外经济贸易大学研究生院揭牌成立。我校作为五所财经类院校首次获批成立研究生院，是我校研究教育历史上的重要里程碑，意味着我校研究生教育事业迈上了新起点。国务院学位办主任、教育部学位与研究生教育司司长张尧学，北京市教委等领导，兄弟院校代表和我校师生共同见证了研究生院的成立。作为教育部直属国家重点大学和首批进入国家高等教育“211 工程”重点建设的高等院校，对外经济贸易大学一直把提高研究生培养质量放在首位，不断完善研究生培养模式，开展研究生培养机制改革，全面推进研究生创新教育，在研究生培养、管理等方面为全国财经类高校起到了引领和示范作用。

5. 科研项目和论文发表创建校 60 年来最好成绩

2011 年我校科研工作获全面丰收，获纵向课题 117 项。其中，获国家社会科学基金项目 31 项，包括 3 项重大项目，5 个重点项目，22 项一般和青年项目，国家哲学社会科学成果文库 1 项；获国家自然科学基金项目 28 项，包括面上项目 6 项，青年项目 21 项，国际合作与交流项目 1 项；获教育

部人文社会科学研究项目42项，其中1项重大课题攻关项目，31项一般项目，教育部发展报告建设项目1项，培育项目1项，专项项目1项，后期资助重点项目1项，其他各类项目6项；获中央其他部门的社科项目1项，北京市15项。获横向课题86项。产出各类科研成果1544项，发表各类论文1346篇，SSCI收录41篇，SCI收录5篇，A&HCI收录1篇，CSSCI A类期刊收录36篇，出版各类著作198部。2011年我校有10项成果获全国商务发展研究成果奖，超过本届全国获奖总数的20%。

6. 招生、就业继续保持全国领先位置

2011年我校录取本科生分数继续保持在全国的领先位置，招生成绩文理科均列北京市第四位，在全国绝大多数省市自治区的录取分数都排在前10名以内。文科在全国23个省市的录取分数超出一本线50分以上。北京、天津、辽宁、广西、贵州、云南、陕西、宁夏、海南等9个省市超出70分以上。理科在全国14个省市的录取分数超过一本线100分以上，其中新疆超出148分，北京超出131分、贵州超出127分，天津和辽宁超出124分。生源形势更加喜人。最低录取分差（录取最低分与当地一本重点线的差数）文科21个省市、理科28个省市高于2010年。就业继续保持"高就业率、高就业质量、高满意度"，本科生就业率为98.58%，研究生就业率为97.99%，继续保持了较高的就业率，名列全国高校前列。

7. 十一届委员会二次全体（扩大）会议召开审议并通过学校"十二五"发展规划纲要

6月8日，中共对外经济贸易大学第十一届委员会第二次全体（扩大）会议召开。校党委王玲书记代表党委就落实学校"十二五"规划，全面推进学校事业科学发展作主题报告。会议听取并讨论施建军校长所做的《对外经济贸易大学"十二五"发展规划纲要（征求意见稿）》说明报告，审议并原则通过《对外经济贸易大学"十二五"发展规划纲要》。会议指出，学校"十二五"发展规划纲要目标明确、思路清晰、重点突出、措施具体，是学校事业发展的蓝图，是指导和促进我校各项事业科学发展，进一步提升学校综合办学实力和核心竞争力，抓住重要机遇期建设国际知名有特色高水平大学的行动纲领。

8. 国际化办学特色进一步彰显

2011年，我校举行了多场具有国际影响力的学术研讨会。"商务中国"巡讲团高质量完成赴俄罗斯、美国、日本、韩国、斯里兰卡和孟加拉等地巡讲；大学生艺术团赴欧洲六国、斯里兰卡、孟加拉、沙特阿拉伯成功巡演；在希腊举办了"孔子与亚里士多德的思想对当今世界的影响"国际商务研讨会、"2011中希经贸论坛暨企业洽谈会"等一系列有特色、规格高、水平高、影响大的会议与活动；承办了"I SING BEIJING——国家青年声乐家汉语歌唱计划"，成功举办第二届国际文化节，来自美国、俄罗斯、韩国、日本、意大利等70多个国家的大使、公使、参赞等150余位使节出席文化节。

9. 举行纪念中国入世十年系列活动《中国融入世界》面世引社会关注

2011年12月11日，中国加入WTO十周年。作为对中国"复关"和"入世"做出积极贡献，同时拥有"普通高等学校人文社会科学重点研究基地"中唯一以WTO为研究主题的研究机构的对外经济贸易大学，举行了隆重的系列纪念活动。12月11日上午，举行了由对外经济贸易大学施建军校长主编的《中国融入世界：对外经济贸易大学纪念中国入世十年学术研究论文集》新书发布会，该书收集了30多位长期从事世贸组织及相关问题研究的优秀学者专题研究论文24篇，详细论述了中国服务业、物流业、银行保险业等的开放和发展历程，受到社会媒体的广泛关注。12月11日晚，法学院举行了"庆祝中国入世十周年：经贸法制建设专场纪念研讨会"暨"UIBE《WTO争端解决年度报告》（2009—2010）首发式"；中央电视台CCTV—2《对话》栏目"入世十年 激情跳跃"节目特邀我校校友、中国复关首席谈判代表佟志广，我校校长施建军教授，副校长林桂军教授，WTO研究院院长张汉林教授及多位专家学者、企业高管共话入世十年，展望中国未来发展。10月29～30日，我校WTO研究院和美国印第安纳大学中国政治与商务中心联合成功举办"第十届WTO与中国学术年会"暨"中国入世十周年：中国的学习曲线"国际研讨会。8月4～5日，由我校和中国世界经济学会联合成功举办"中国入世十周年：总结与展望"研讨会。

入世十年来，对外经济贸易大学的专家学者坚持理论联系实际、科研与教学相结合，积极参与与世贸组织相关的重大科研和决策活动，完成了多项国家级、省部级研究项目，出版了大量专著和论文，产生了一大批具有广泛影响和社会效益的研究成果。

10. 第三届校董会成立，石广生、刘鸿儒、陈元担任名誉主席

9 月 24 日，对外经济贸易大学第三届第一次校董会议召开。校党委王玲书记致辞，施建军校长做工作报告，原中国外经贸部部长、我校校董会荣誉主席石广生在会上讲话。我校校董会副主席、全国政协委员、香港中国商会会长、经纬集团董事局主席陈经纬先生向我校捐赠 1000 万元人民币，用于资助学生创新、创业活动。本届校董会共设荣誉主席 3 名，荣誉副主席 7 名，主席、常务副主席各一名，副主席 10 名，董事 50 名，秘书长、副秘书长各 1 名。大会上，全体校董举手表决，一致通过了《对外经济贸易大学校董会章程》。王玲书记、施建军校长代表学校向各位校董颁发聘书。

原中国对外贸易经济合作部部长石广生、中国证券监督管理委员会首任主席刘鸿儒、国家开发银行董事长陈元担任荣誉主席。施建军校长任本届校董会主席，杨逢华副书记任常务副主席，叶文楼任秘书长。

附录九 对外经济贸易大学中国世界贸易组织研究院简介暨 2011 年工作回顾

研究院简介

对外经济贸易大学中国世界贸易组织研究院(China Institute for WTO Studies，以下简称研究院）是由对外经济贸易大学主办的一个实体性研究机构，其前身是 1991 年 5 月成立的关贸总协定研究会；1996 年 1 月，关贸总协定研究会更名为世界贸易组织研究会。2000 年 1 月，世界贸易组织研究会改组为一个实体性机构——世界贸易组织研究中心。同年 8 月，经教育部评审，世界贸易组织研究中心入选“教育部普通高等学校人文社会科学重点研究基地”，并于 2002 年 7 月更名为中国世界贸易组织研究院。

研究院是集世界贸易组织、经济全球化、国别经贸关系与贸易政策、区域经贸合作、中国经贸政策等领域的研究、教学和咨询服务于一体的综合性实体研究机构，设顾问、学术委员会、名誉院长、院长、副院长。研究院特聘原对外贸易经济合作部副部长龙永图为首席顾问，对外经济贸易大学王林生教授为名誉院长。院长为对外经济贸易大学张汉林教授，第一任学术委员会主任为对外经济贸易大学薛荣久教授，第二任（现任）学术委员会主任为商务部条法司原司长张玉卿教授。研究院下设办公室、WTO 规则研究中心、服务贸易研究中心、国际投资研究中心、世界经济研究中心、国际招投标与政府采购研究中心、国际合作项目办公室、WTO 专业资料室等 8 个部门。

研究院拥有国民经济学和世界经济两个二级学科的硕士学位与博士学位授予权，并设有世界经济专业博士后流动站。其中，世界经济学科于 2007 年 11 月评选为北京市重点建设二级学科。

2011 年工作回顾

2011 年，研究院围绕我国加入 WTO 十周年这一主题开展了一系列学术交流活动。

2011 年研究院研究人员申报并获批 4 项国家社科基金项目，包括重点项目 1 项，一般项目 2 项，青年项目 1 项，这是研究院落实教育部对基地建设要求和研究院“十二五”科研规划的重要成绩。全年共获得全国人大基本法委员会、教育部、商务部、卫生部等各类横纵向课题共 21 项，项目总金额 132 万元。我院 6 位全职科研人员共发表论文 25 篇，出版专著（编著、译著）3 部。

2011 年，我院相关研究成果和研究人员获校内外各类奖励十余项。其中，张汉林教授、杨荣珍教授和屠新泉教授作为学校申报并获得理论经济学博士学位一级学科、政治学硕士学位一级学科带头人和骨干受到表彰；张汉林著《WTO 主要成员贸易政策体系与对策研究》、李计广著《欧盟贸易政策体系与互利共赢的中欧经贸关系》分别获全国商务发展研究成果奖（2011）著作奖三等奖、优秀奖。

咨询服务是我院基地建设的重要内容。多年来有多份研究咨询报告得到国家领导人批示，一些建议获得直接采纳。2011 年，我院继续高度重视服务于国家重大决策需要，向新华社《参考清样》、国家社科基金《成果要报》、北京市台办等提交各类咨询服务报告 25 份。其中，我院院长张汉林教授、副院长屠新泉教授、李杨博士在全国哲学社会科学规划办《成果要报》发表 6 篇报告，使我院成为 2011 年在《成果要报》发表最多的科研机构。我院张汉林教授、屠新泉教授和杨荣珍教授、周念利副教授提交的三份咨询报告荣获北京市台办涉台调研报告一等奖。

2011 年，围绕我国入世十周年这一主题，我院开展并参加了一系列交流活动。我院副院长屠新泉教授于 2011 年 6—9 月赴瑞士日内瓦世界贸易组织秘书处开展访问交流，并参加了 WTO 主办的公共论坛等多项学术活动。2011 年 10 月 29 日，由我院举办的“第十届 WTO 与中国学术年会”暨“中国入世十周年：中国的学习曲线”国际研讨会在北京国际饭店隆重召开。来自政府部门、WTO、国际组织、在华外资企业、国内企业、外国驻华使馆、国内研究机构等各个领域的 20 多位嘉宾出席大会，并就中国入世以来的经济发展、体制改革、对外经贸关系、参与WTO争端解决、多哈回合谈判等广泛议题展开热烈讨论。全国50多所高校、国内外企业、科研机构的300多位代表参加了大会。中央电视台、北京电视台、新华社、人民日报等40多家媒体的记者参与报道了本次大会。

2011年12月11日，我院院长张汉林教授受邀参加录制CCTV—2《对话》栏目“入世十年 激情跳跃”节目，与多位专家学者、企业高管共话入世十年，展望中国未来发展。同一天，由对外经济贸易大学施建军校长主编、林桂军副校长任副主编的《中国融入世界——对外经济贸易大学纪念中国入世十年学术研究论文集》正式发布，我院张汉林教授、杨荣珍教授和屠新泉教授的论文均入选。

2011年研究院多名博士生获得国家和学校公派留学资助，前往瑞士、美国、英国等国家知名大学和国际机构接受国内外联合培养。

附录十　深圳市世贸组织事务中心年度大事记（2011）

2月25日，由中心牵头的“加强我市WTO事务工作加快开放型经济体系建设问题”课题获评2010年度深圳市委市政府重大调研课题成果优秀奖。

3月28日，中心联合深圳市出入境检验检疫局、深圳市市场监督管理局等共同举办竹木草制品企业注册换证宣贯暨技术性贸易措施培训会。深圳市近500家企业代表参加了培训。

3月29日，召开2011年全市WTO事务工作联席会议，总结近两年我市WTO事务工作，传达商务部、广东省相关工作会议和文件精神，分析当前经贸形势，部署下一阶段我市WTO事务工作。

3月31日上午，中心召开“深圳市贸易安全与产业损害预警系统初步设计方案”专家评审会。

4月7日上午，市政协邓基联副主席一行专程到深圳市WTO事务中心调研。

4月28日，中心主任张金生，市政协委员、中心副主任高瞻以及电子行业协会会长孙盛典应邀在深圳电视台做客政协论坛专题节目，畅谈“中国制造如何应对国际挑战”。

5月20日上午，中心与前海管理局签订了战略合作框架协议。旨在为前海合作区打造符合国际通行规则的营商环境，加快开放式产业发展环境的建设步伐。

5月27日下午，中心和深圳市律师协会共同主办了“如何在美国国际贸易委员会进行诉讼”的专题培训。

5月25日～6月3日，中心曾建中副主任带领相关专家到布吉、坂田、平湖等各个街道做巡回宣讲，介绍国际贸易摩擦形势和应对策略，并就贸易摩擦进行答疑解惑，受到企业好评。

6月10日，吉田拉链（深圳）有限公司向市科工贸信委和WTO事务中心赠送锦旗和感谢信，以感谢政府在协调解决该公司进口不锈钢产品反倾销税税率适用问题时给予的帮助和支持。

6月16日，中心被商务部评为“2010年度贸易救济和维护产业安全工作先进单位”。

9月28日上午，意大利驻广州总领事馆总领事雷腾飞（Benedetto LATTERI）先生率团访问我中心。

10月12日，“广东省纪念中国加入世贸组织十周年大会暨开放、发展、创新高层研讨会”在深圳隆重举行，会议由广东省人民政府主办，广东省外经贸厅、深圳市科工贸信委承办，广东省WTO事务咨询服务中心、深圳市世贸组织事务中心协办。

10月12日，在商务部全国进出口公平贸易工作会议上，深圳市科工贸信委、深圳市WTO中心等65家单位被评为先进单位，深圳市WTO中心主任张金生等35人被评为先进个人。

10月29～30日，中心张金生主任应邀参加“第十届WTO与中国学术年会”并做了专题演讲。

11月10日，武汉WTO研究咨询服务中心魏宏贵主任一行到中心考察交流。

11月15日，召开深圳市2011年WTO事务工作联络员工作会议暨深圳市贸易政策WTO合规性审查工作培训班。

11月25日，召开2011年深圳市WTO法律服务体系工作会议，总结2011年应对国际贸易摩擦情况，研究2012年国际贸易摩擦形势，探讨开展进出口公平贸易工作新思路。

12月6日至7日，由商务部反垄断局主办，中心承办的“地方国有企业反垄断法培训班”在深圳举行。近50家广东省国资委下属企业、深圳企业和相关专业人员参加了培训。

12月27日，中心高瞻副主任被评为“全国产业损害预警工作2011年度优秀工作者”。

附录十一　中国加入 WTO 后的十年：保持以开放性为基础的增长态势[①]

导　言

中国加入 WTO 所引起的深层体制变革是其向现代市场经济转型的核心。中国如想继续保持高速增长态势及其在全球的经济地位就必须继续进行结构性改革，而在某些领域甚至需要加快改革。具体包括消除现存的边境及境内保护主义，深化国有企业和农业改革并重新考虑原材料市场的相关战略。为避免向中等收入国家过渡过程中的陷阱，服务部门的改革尤为关键。如果想要在服务贸易方面取得和制造业一样的成就，中国就必须以改革制造业的精神对服务部门进行改革。商业服务的自由化可以促进并加速中国的产业升级；电信改革将推动信息经济的发展；更优质高效的金融服务则能为发展进程提供整体上的支持。

中国加入 WTO 是其重新成为经济大国的重要基石

自 2001 年加入 WTO 之后，中国经济表现卓越，每年 GDP 增长百分点保持在两位数，稳居所有经济大国之首，且远远超出了经合组织成员国家的平均增长率（图 1）在此之前，中国已在八九十年代保持了高增长率，在这几十年期间中国完成了历史上最迅速、最深刻的经济转型之一。在短短的三十年间，按照购买力平价（PPP）衡量，中国对世界经济的贡献从区区 2%上升到了 2010 年的 13%，成为仅次于美国之后的第二大经济体。

深度体制改革保证了持续的增长势头，为出口领域的迅猛发展打下了基础，如今中国的出口额已占到了全球出口的十分之一。日益加强的国际融合度和持续的高速增长使中国成为了世界经济增长的重要驱动力。2009 年至 2011 年间，中国 GDP 的绝对增长已接近世界其他地区生产绝对增长的 40%。在最近的全球经济形势下，很多发达经济体都经历了严重、持续的萧条，而 2011 年世界对中国的出口总量的增长相当于中国之外其他国家 GDP 增长的 10%，这一切都凸显出中国国内强劲需求的重要性。

中国突出的增长与广泛的经济转型体现了中国致力于稳健而渐进的改革决心（OECD，2005；OECD，2010）。虽然中国的经济转型在一定程度上是中国对于 WTO 谈判中主要成员国的要求所做出的回应（OECD，2005），但自由化改革的主要动力来自内部（Sally，2009）。简言之，这场七十年代末开始，1994 年开始大幅提速的转型（Sally，2009），以中国入世谈判作为战略杠杆，进一步地得到了夯实、加速和巩固。

同时，中国现已签署了 300 多个区域贸易协定（Mattoo and Subramanian，2011）。这些协定可能会导致从未参与协定的国家的贸易转移。中国已与东盟、秘鲁、智利、新西兰、哥斯达黎加、新加坡、巴基斯坦等国家和组织以及香港（中国）、澳门（中国）、中国台北等独立关税区达成了协定。中国还是亚太贸易协定的一员，这一协定中包含了孟加拉国、文莱、印度、韩国及斯里兰卡等不在其他协定里的国家。中国目前正在与澳大利亚、海湾阿拉伯国家合作委员会、冰岛、挪威、南部非洲关税同盟等进行区域贸易协定谈判，近期正与韩国日本进行关于一项三边交易的谈判。[②]

① 本文的撰写得到了经合组织各司的支持。在 Michael Plummer 和 Raed Safadi 的指导下，本文的撰写由 Przemyslaw Kowalski 和 Hildegunn Nords 负责协调。对本文有贡献的其他 OECD 专家还包括：Max Buge，Koen De Backer，Andrea Goldstein，Richard Herd，Samuel Hill，Robert T. Klein，Vincent Koen，Andrzej Kwiecinski，Dirk Pilat，Susan F. Stone，Frank Van Tongeren and Naomitsu Yashiro。感谢 Clarisse Legendre 为本文提供的数据支持。

② 商务部自由贸易协定网页：http：//fta. mofcom. gov. cn/english/fta _ qianshu. shtml。

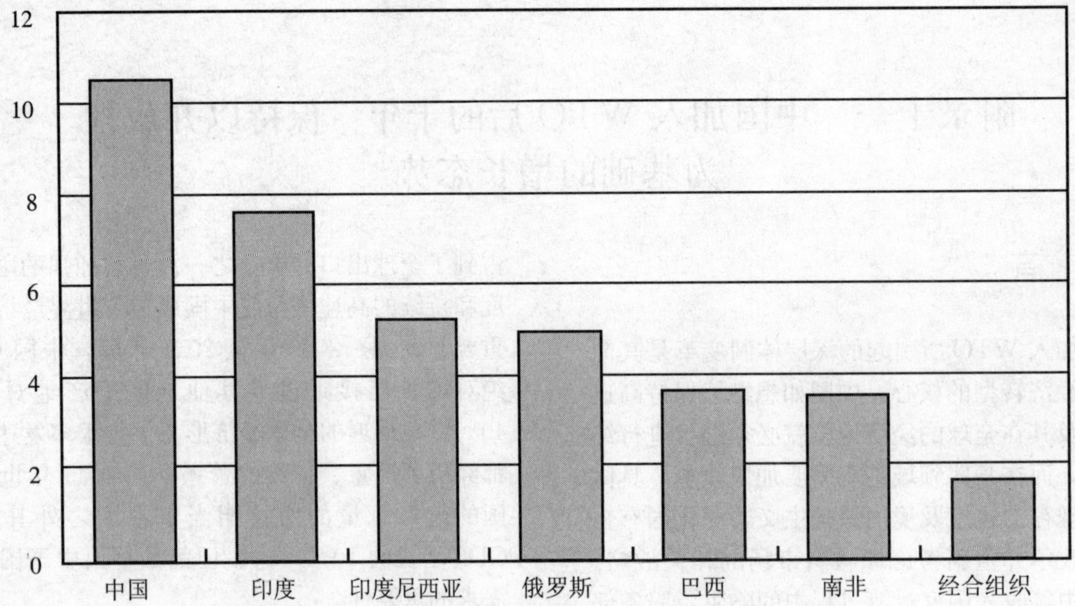

图1 中国、其他新兴经济体以及经合组织的实际GDP增长

（2000—2010年年均增长百分比）

资料来源：OECD。

与中国在增长和减贫方面的突出成绩同样瞩目的是其在加入WTO前后所进行的贸易与外商直接投资自由化改革。与其他发展中国家相比，中国的WTO承诺更大更全面。在申请加入WTO的过程中，中国进行了一系列大刀阔斧的改革，包括降低几乎所有部门的贸易壁垒，提供国民待遇，改善商品和服务的市场准入，加强知识产权（IPR）保护，提升透明度以及消除非关税壁垒。鉴于政府在中国经济中的关键地位，中国还同意遵守关于国有企业（SOE）补贴和运作的特殊规定（Greene等，2006）。中国还未加入政府采购协定，但正在就加入此协定进行谈判。

在准备加入WTO的十年中，中国对进口商品的关税已下降近一半，而在2001至2010这十年间，中国通过落实加入WTO时做出的承诺进一步将关税降低约一半（表1）。尤为重要的是，中国加入WTO后切实限制商品关税，给中国海内外企业的未来发展带来了更多契机。同时，中国还承诺在2010年前进一步分期降低和消除非关税壁垒。如今，中国对于大多数产品的关税已经降至等于或低于承诺的水平，即农业产品为15.9%，非农业产品为9.1%（表1）。其中农业产品中进口关税最高的为谷物、糖、烟草和饮料，制造业中则为运输设备、纺织、服装及皮革产品，2010年最惠国关税最高为农业65%，制造业50%①。

加入WTO时，中国还承诺将对敏感农业产品的计划配额改为贸易扭曲作用较小的关税配额，并将部分配额分配给非国营贸易企业。除此之外，中国还同意消除出口补贴，逐步去除贸易商品的许可证控制，遵守WTO关于贸易中技术壁垒的规定，将农业生产补贴控制在农产品产值的8.5%。根据估算，这些改革的实施已极大程度上提升了进口农产品的市场准入（OECD，2005；OECD，2011b）②。

服务贸易一直是谈判的关键领域，中国就此承诺，通过消除现有的众多市场准入限制，广泛开放服务业。鉴于中国加入WTO之时，商品部门的改革程度远远领先于服务部门，这一承诺更显得尤为重要。例如，中国加入WTO后，外国服务供应商获准参与所有商品的零售业务，所有企业均有权从事除国营贸易垄断产品外所有商品的进出口业务。根据协商确定的截止2008年的执行日期，外国金融机构先后获准提供外汇服务而不受客户对象限制，向中国公司提供本地货币服务，并最终获准向

① 这些最高数据以HS六位编码计算。

② 尽管范围相对较小，中国的出口市场准入同样得到了改善，农产品出口的大幅增加就是一个佐证。

所有中国客户提供服务。协议还规定通过消除外商进入和外资所有权方面的限制，以及取消针对外国企业的一系列歧视做法，开放电信、银行及保险等关键部门。预计表明，中国在服务贸易总协定中承诺的全面落实意味着中国将实行重大改革和自由化举措，并将为中国及其贸易伙伴带来意义深远的收益（例如 Greene 等，2006）。

加入 WTO 同时也有助于中国保持改革势头。在入世导带来的关税降低的基础上，贸易壁垒得到了进一步消减，大批规章制度更为规范化，2004 年宪法修正案强调了私有部门的重要性。2005 年，在金融服务、基础设施和公用事业等多方面，禁止私有部门参与的规章制度被废除，为私有资金进一步注入新部门和重要部门奠定了基础。2008 年，新的《反垄断法》出台成为中国加强市场职能的又一重要里程碑（OECD，2009）。这一立法取代了之前的竞争法，填补了限制原法有效性的漏洞和缺陷，使中国竞争框架与国际最佳实践接轨。该法为对抗支配地位企业对其地位的滥用以及企业兼并等多种妨碍竞争的行为提供了全面的法律依据。直到不久之前，反竞争措施一般还只针对涉及外国企业的兼并案，但在 2011 年，国有电信企业是否存在限制竞争这一问题也初次被纳入调查日程。

表 1　　中国对农业及工业产品的关税简单平均数

	最惠国关税				约束关税
	1992	2001	2009	2010	2001
动物及动物产品	47.2	19.8	15.1	15.1	15.0
饮料和酒	102.0	46.5	21.0	20.3	21.0
化学品和摄影材料	28.4	10.4	6.3	6.3	6.8
咖啡、茶、咖啡/茶伴侣以及可可	55.0	23.9	14.7	14.7	14.9
奶制品	53.9	35.9	12.0	12.0	12.2
电气机械	35.4	15.6	8.1	8.4	9.0
鱼类和鱼类制品	41.4	19.5	10.9	11.0	11.0
花卉、植物、植物材料等	37.6	10.9	9.6	9.6	9.2
水果和蔬菜	52.3	21.5	15.8	15.8	16.0
粮食	1.5	54.3	30.5	30.5	27.1
皮革、橡胶、鞋类和旅行用品	50.5	18.8	13.3	13.3	13.7
制成品（不在其他类别内）	51.3	16.8	12.0	12.0	12.5
金属	24.7	9.0	6.7	6.7	7.0
矿产品以及宝石和贵金属	35.7	11.5	8.8	8.9	9.7
非电气机械	27.5	13.8	7.9	8.0	8.4
油籽、油脂和油	36.3	29.6	10.9	10.9	11.3
其他农产品	34.6	13.1	11.5	11.4	12.0
石油	7.7	8.8	4.4	4.8	5.2
香料、谷物及其他食品配制品	44.6	30.4	20.4	20.5	20.6
糖	49.3	41.9	27.4	27.4	27.4
纺织品和服装	74.8	21.0	11.4	11.4	11.5
烟草	116.7	49.3	30.7	30.7	33.3
运输设备	44.7	21.1	11.7	11.7	11.8
木材、纸浆、纸张和家具	34.7	13.2	4.4	4.4	5.0
农产品（WTO 定义）	46.6	24.5	15.8	15.7	15.9
非农产品（WTO 定义）	41.4	14.5	8.7	8.7	9.1

资料来源：联合国贸易分析和信息系统（TRAINS）——通过世界综合贸易解决方案（WITS 数据库）获取。

全球贸易网络、全球价值链和外商直接投资

中国自上世纪七十年代末开始的经济腾飞很大程度上归功于其与全球贸易网络和全球价值链的密切融合。Reyes 等（2009）近期的中心性指数量化反映了中国对于前者的融合程度。中心性指数在217个国家形成的网络中随机选择任一贸易链，并测算某国家加入该贸易链的可能性。这一指数显示，在25年间，中国从孤立的一员一跃成为了贸易网络核心，显著的贸易成就让中国成为了许多全球价值链核心，地位可与G3国家（美国、日本和德国）媲美。

从中国日益融入全球价值链的趋势可以看出为了满足多种最终资本及消费产品的出口需求，其对进口原材料、零部件及服务的依赖程度逐渐上升。中国已与东亚国家建立了稳固的（制造业）联系，特别是中间投入品的采购方面。中国进料加工①中近80%都来自其他东亚经济体，其中包括零部件等高科技中间品（Ma 等，2009）。出口方面则分布更广，其中在出口加工区组装的最终产品的45%出口到欧洲及美国。亚洲贸易因此出现三角模式，大量中间品从较为发达的国家（如日本、韩国）向中国出口，由中国进行组装再将最终产品出口至发达国家。

跨国企业（主要来自经合组织成员国家）作为加工贸易的主要参与者，在中国融入全球价值链的进程中起到了重要作用，并因此为中国辉煌的贸易成绩做出贡献（OECD，2012）。2010年，外资企业（FIE，但不包括中国香港，中国澳门和中国台北投资的企业）占到中国出口额的55%和进口额的53%②。由此反映了过去30年间中国在建立吸引和促进外商直接投资的监管框架方面取得了显著进展。这一进展也收到了相应成效：尽管近年来自其他投资热点国家的竞争愈演愈烈，但根据投资者意向的调查结果，中国仍然是外商直接投资首选目的国之一③。同时，中国的累计外商直接投资存量达到4 730亿美元，远远领先于其他转型期的发展中经济大国。2000年到2009年间，流入中国的外商直接投资超出了其他任何发展中或转型中的经济体。在近期全球金融危机的影响下，中国的外商直接投资下降幅度也小于全球外商直接投资的缩减幅度④，也就是说，在全球经济危机加剧的背景下，中国仍被视为较为安全的投资目的地。

虽然从绝对意义上看，外商直接投资流入保持强劲，但其他指数却表明外商直接投资对于中国经济的促进作用已于2005年至2010年期间进入了平台期。虽然外商直接投资对中国工业产量、固定投资和税收仍具有重大贡献，但其重要性已无继续增长的迹象。中国对外贸易中外资企业的比例从改革初期的零迅猛增长到2005年的峰值58.5%，2010年回落至53.8%，并在2011年初继续下降（图2）。鉴于外资企业在迄今为止中国出口导向型增长中的重要地位，这种形势可能会引起政府的担忧。直至1997年，外资企业每年的进口额都超出其出口额。自1998年起，外资企业开始出现贸易顺差，这种顺差从2004年的140亿美元不断上涨，于2008年达到峰值1 710亿美元。2009年，这个数字滑落至1 270亿美元，并于2010年继续下降至1 240亿美元。

中国在部门构成方面也经历了重要的变革（OECD，2012）。2000年，即中国按加入WTO承诺于五年间向外商直接投资开放服务部门的前一年，制造业中的外商直接投资占到了实际外商直接投资流入量的63.5%（OECD，2003）；到了2008年，这一数值降到了46.1%。2000年至2008年间，第三产业部门外商直接投资的份额从30.5%上涨至52.3%（Davies，2010）。同期，金融部门外商直接投资从0.2%（银行及保险）上涨至15.2%（金融），房地产的外商直接投资则从11.4%上升至17.2%（OECD，2003；OECD，2012）。

---

① 此处指被中国海关列为加工贸易的进口。

② 以中国海关数据为依据。在经济危机中此比例略有下降。

③ 例如，从2002年至2011年中国一直位列“A. T. 外商直接投资信心指数”（A. T. Kearney，2011）首位。

④ 根据UNCTAD的数据，对中国的外商直接投资从920.4亿美元降至900亿美元，仅减少了2.6%，而同期全球的外商投资流量减少了约40%。

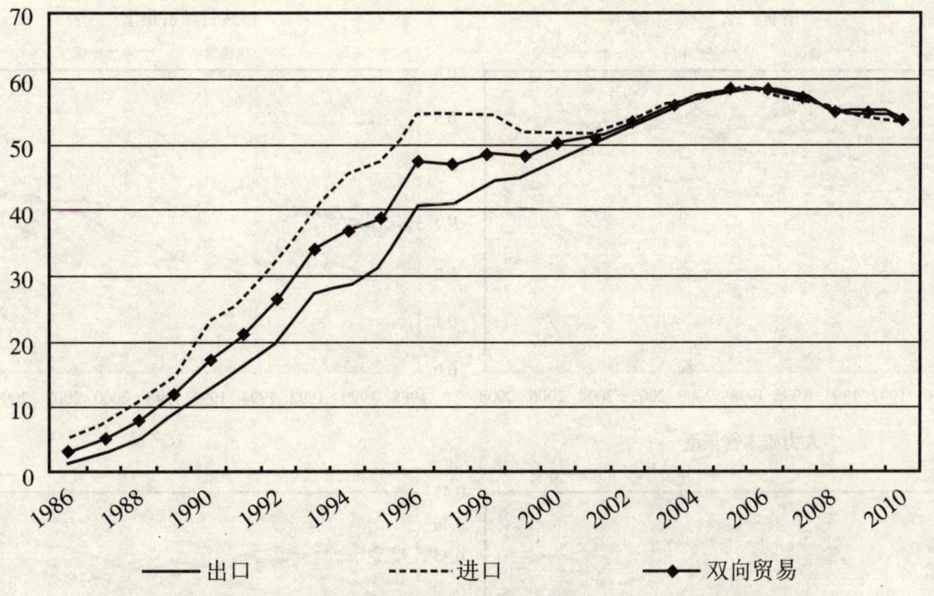

图 2　外资企业进出口在进出口总量中所占的比例百分比

资料来源：商务部网站：www. fdi. gov. cn。

中国不仅成为越来越受追捧的外商直接投资目的地国，同时也是投资的来源国。2011 年，中国（包括香港）成为世界第四大国际并购来源，占据世界并购总量的 7%（OECD 2011e）①。短短两年间，中国便一跃成为拉丁美洲及加勒比海地区（LAC）国际投资的主要来源之一。其在上述地区的跨境并购从 2001 年至 2009 年的区区 1% 蹿升至 2010 年的 15%。1979 至 2000 年间，在撒哈拉以南的非洲，中国对外直接投资总额仅为 6 400万美元，2007 年仅一年间投资额就超过了 10 亿美元，而占该地区外商投资总流入量的 10%，并在其中一些非洲国家 GDP 增长率中占到甚至达到或超过半个百分点（Weisbrod 和 Whalley，2011）。

贸易专门化模式

正如 OECD（2011a）所示，中国利用比较优势开展了体制改革和贸易活动，在这方面是一个成功的典范。然而，虽然中国经历着高速发展和实物及人力资本的快速积累，但其人力资本还是以非技术型劳动力为主导，这一点在贸易模式上也有所反映。Stone 等（2011）通过运用 1997 年、2001 年和 2004 年一国国民经济中相对于其他要素的要素充裕度相对价值对中国的贸易模式进行了分析，并指出非技术型劳动力是中国净贸易中得到最密集使用的要素。考虑到国家进口中间品投入使用的要素，Stone 等（2011）确认，中国贸易的要素成分反映了其非技术型劳动力的相对充裕以及资本密集型出口部门的逐步形成。

过去的几十年间，中国的确在非技术劳动密集型产品，但同时也是人力资本及技术密集型产品方面，扩大了显性比较优势（Kowalski 和 Bottini，2011）。美国、德国等许多经合组织国家虽然也都扩大了人力资本密集和技术密集型产品的显性比较优势，但已逐渐失去非技术劳动密集型产品的显性比较优势。也就是说，大部分与特定新兴市场经济体（比如中国）和世界经济融合相关的结构调整可能都出现在非技术劳动密集型部门。同时，相关数据也显示了这种趋势并没有减缓。中国在上世纪九十年代早期在超过 70%的非技术劳动密集型产品中占据显性比较优势，1988 年至 2008 年间这一比例一直稳步增长，而在德国等国家，这一数字则一直呈现下降趋势（图 3）。

① 2010 年中国占 7%，名列第二。2011 年数据是在截至 2011 年 10 月 21 日数据基础上做出的线性预测数据。

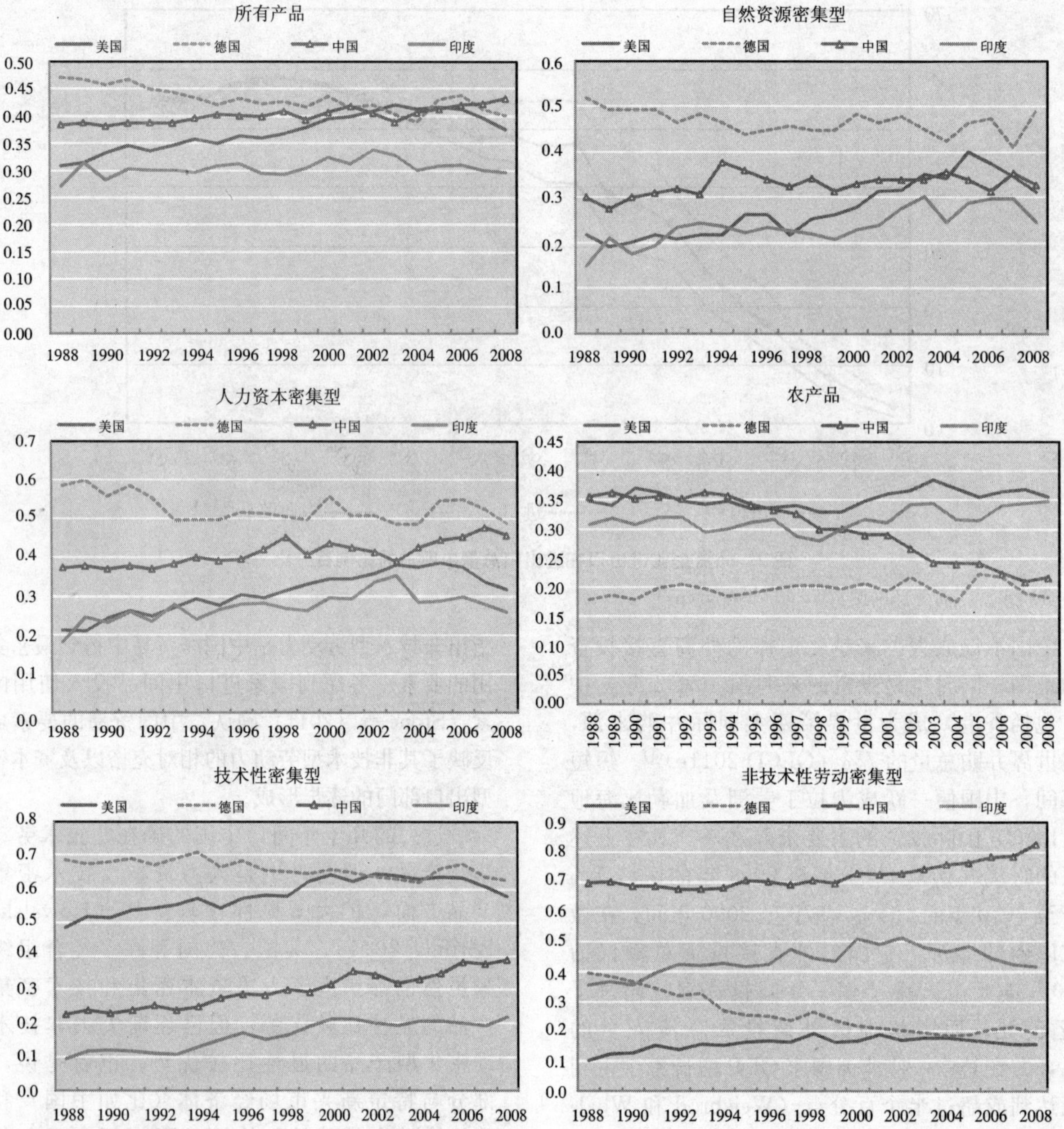

图 3　以要素密集性排列，显性比较优势指数超过 1 的产品份额

资料来源： Kowalski 和 Bottini（2011）。

中国和世界市场的融合主要以劳动密集型产品出口为根基，这也体现在促成中国贸易成就的加工贸易的重要性当中。当投入品只用于针对销往第三市场的最终产品生产时，此类贸易允许企业在不支付关税的情况下进行中间投入品进口。这一贸易模式促使跨国企业在中国加入 WTO 后将它们部分的制造业务移至中国经济特区等地，以便从中国在劳动力密集型组装方面的比较优势中获益。中国出口总量中加工贸易比例的不断上升正反映了这种模式和出口加工区的成功。

总体看来，中国的贸易模式变化不像其他新兴经济体那样快。和较发达的经合组织经济体比起来，特定新兴市场出口专门化模式的流动性通常较高，这也显示了它们更先进的出口结构（Kowalski 和 Bottini，2011）。这种流动性与世界市场份额的增长程度相关联。然而，在这一认定中，中国则为一个特例，与较发达的经合组织经济体相比，中国的出口专门化流动性相对较低，和其他新兴市场

（比如印尼、印度或巴西）比起来，其流动性则显得更低。同时，在研究中的全部56国样本中，中国实现了世界市场份额的最大增长（1990—2007，增长率达到600%）。

相应地，中国显著的贸易扩张更多地是由众多产品出口量全面上升的驱动，而不是受专门化模式变化的影响。这可能也反映了规模效应，即大国开放所引起的体制变化没有小国显得深远，但却反映了相对温和的相对价格变化。Gilbert（2012）通过研究一些亚洲国家的贸易表现也得出了类似结论。该研究对固定市场占有率进行分析，将世界贸易流变化分解成以下部分：（i）世界增长效应；（ii）商品效应；（iii）市场效应；以及（iv）竞争力效应。该研究认定，中国贸易扩张主要由竞争力效应驱动。这些结论可以解释构成中国贸易竞争力的广泛要素效应。

先进技术产品与日益高精尖的出口

近来中国出口已经开始从劳动力密集制造业向人力资本和技术密集型产品转移，这都归功于实物及人力资本的积累和采用先进技术为目标的政策（Deason和Ferrantino，2011；Kowalski和Bottini，2011；Stone等，2011）。虽然经合组织成员国家继续持有较大存量的资本和技术型劳动力，他们对这些要素的积累速度已经远远地落在了新兴市场的后面，这也意味着长期以来相对要素充裕度方面出现了显著变化。这一点在中国和印度尤为明显。举例来说，1990年至2005年期间，美国和德国的资本与劳动力比例分别增长了约84%和61%，但在中国这一比例的增长幅度为314%。不过，2005年中国的资本与劳动力比例仍然只有美国的十分之一（Stone等，2011）。Kowalski（2011）显示了资本与劳动力比例和人力资本指标在解释贸易规模和规律时的重要性，其中特别指出了金砖国家（巴西、俄罗斯、印度、印尼、中国和南非）在这些指数方面相对落后的排名。近几十年来，实物和人力资本方面收人增长率和投资的飚高显示了贸易结构的重要变化可能会持续存在，例如这些国家在资本密集型和人力资本密集型产品出口方面的份额可能将继续扩大。

Deason和Ferrantino（2011）认为，基于Heckscher-Ohlin模型，中国在迅猛增长中显示了超出全球平均标准的实物和人力资本积累速度，这是吸引特定商品和相对优势位移的先决条件。然而，中国近期的高科技产品（ATP）出口则更多来自于对外商直接投资的鼓励和加工贸易，以及一系列享有更多激励机制的政府政策区域的驱动。这些要素都和高科技产品出口所占的较高比例有关。不过，Deason和Ferrantino也指出，在采取这些政策之前，想要预测哪些商品会进入快速产品周期是不可能的。他们认为："当个人电脑出现的时候，就知道有一天它一定会来到中国，也会来到其他有类似要素积累模式并制定了吸引总装政策的国家。中国地域辽阔，加上政策上对地区城市群的支持，可能也会导致针对国家、部门的规模经济以及'边干边学'模式的产生。正因如此，商品一旦进入中国，就很有可能在中国扎根。"

同时，研发方面高水平高增长率的投资也有助于中国出口复杂度的不断提高，使中国成为了全球研发领域的主要参与者之一。2010年，以购买力平价计算，中国已经超过日本成为最大的研发投资者（OECD，2011f）。虽然所有参与研发的部门都对研发投资的增长做出了贡献，但其中最为显著的是企业部门，在2009年，企业部门在研发总支出中占73%。依靠国内市场的规模、高质量人力资源储备以及不断增长的国内科技创新能力，中国已经成为了研发投资的热门目的地之一，在这一进程中，外资企业也扮演了不可或缺的角色（OECD，2008；2011d）。

提高收入水平，保持以开放为基础的增长

自1960年以来，很多国家都已成功地完成了从低收入到中等收入水平的发展，但其中能完成到高收入水平"二级跳"的国家却屈指可数。日本和韩国均是从贫困状态发展成为高收入国家的榜样。而相比之下，几十年来，拉美和中东的很多国家却没能实现从中等收入水平到高收入水平的发展，不过如今，随着拉美增长加速，情况开始出现转变。Eichengreen等（2011）指出，当中国人均收入达到17 000美元，即2005年不变国际价格时①，增长可

① Eichengreen等（2011）使用的收入定义是人均国民生产总值、购买力平价（2005年国际不变美元价格）。

能会出现减缓。如果中国的增长确实能持续到这一时间点，已经可以说是取得了非常积极的成效。那时中国的人均 GDP 将比 2011 年智利、墨西哥和土耳其的人均收入水平高出 40%，和匈牙利与波兰持平。增长减缓的这个时间点何时会到来还是个未知数，因为就根据购买力平价测算的目前 GDP 水平，国际上还没有达成共识。不过据预测，比较可能的时间点应该是 2015 年至 2020 年间。即使利用名义收入和市场交换率计算，中国也正在快速接近世界银行制定的高收入标准。例如，据经合组织预测，中国人均国民总收入将于 2013 年达到高收入标准的一半，在十二五计划完成时达到标准的 2/3。

此后，中国也许会进入新的发展阶段，追赶性增长机遇将会开始消减，增长逐步放缓。十二五计划亦指出，必须调整政策最大程度减低增长放缓的规模。2010 年经合组织中国经济调查研究（OECD，2010）提出在产品、劳动力和金融市场进行改革的建议，同时也强调了要实现社会包容性增长所必须施行的改革。本文接下来的部分将会介绍近期以及当前经合组织针对贸易和投资方面增长瓶颈、体制变革、资源积累和提高生产力等领域所做的工作。

农业部门的改革

虽然身为世界最大的制造品出口商，中国仍然在经济及社会层面很大程度上依赖农业部门。中国农业部门就业占总就业的 38.1%，却只占 GDP 的 10.3%（2009 年数据）。农业劳动生产力不到制造业的六分之一，低于服务业的四分之一。值得思考的是，1990 年至 2008 年间，中国农业在 GDP 中所占份额以超过就业份额的速度迅速下降，而同期农业和其他部门的劳动力差距进一步被拉大（OECD，2011b）。因此，在就业人口从农业向其他部门转移的过程中蕴藏着大量潜在的生产力收益。这类产业结构调整一直在持续进行，据估计已为中国整体生产力增长做出了巨大的贡献（OECD，2010）。但是，农业在就业中所占的较高份额意味着中国要想达到高收入经济水平，就必须克服劳动市场调整的巨大挑战。

提高农村收入水平仍然是政策重点。其中主要目标为：2020 年农村家庭收入实现一倍的增长；将粮食产量提升5 000万吨以保证 95%的自给自足率；提升食品安全；环境保护；农业竞争力；并改善农村社会和技术基础设施（OECD，2011b）。为了实现这一首要目标，中国一直在切实努力改善农村基础设施，帮助农村人口获取教育、医疗以及社会保障等基本公共服务（OECD，2010）。经合组织近期的一份农业政策发展评估（OECD，2011b）指出，中国在这一领域取得了全面的发展。据经合组织生产者支持估计值（PSE）显示，尤其是对农业生产者的支持愈来愈多地采用直接收入支持给付形式，既减少了对生产的约束，又更有效地增加了农民收入。但是，还有很大一部分预算被分配给化肥等农业投入的低价部分，对生产和环境都有负面效应（OECD，2011b）。

在支持农民收入、保证粮食安全、并促进随经济发展产生的广泛体制转变过程中，中国有可能会继续面对重要的政策问题，即与国际农产品市场职能相关的问题。近年来，中国已经成为农产品的大型净出口国，这是国家的生产要素在其他经济部门得到了更有效率①的使用的重要标志之一。然而，相比其他部门，农业部门的全球市场融入率最低，只占国家总出口的 2.4%和总进口的 4.7%。这种现象一定程度上反映了中国农场的面积过小（平均 0.6 公顷），同时也反映了关税、关税配额和国营贸易所提供的市场价格支持带来的贸易扭曲，加上大米和小麦的最低保护价格，对越来越多的农业商品市场进行的特设干预以及出口税费和配额使用带来的贸易扭曲。虽然用百分比 PSE 计算，中国对农业的支持度只达到经合组织平均值的一半，但从 1995—1997 年、2008—2010 年间，这一支持度提升了三倍之多，主要原因为国内和边境价格间愈来愈大的差距，这一变化很可能对中国在农产品市场的竞争力产生了较大影响。

原 材 料

可以肯定的是，中国未来的增长将取决于对原材料的获取。以中国为首的金砖国家全面崛起，关系到全球原材料市场供求双方的重大转变。比如，

① 但是，中国在几种水果和蔬菜方面被认为具有比较优势（OECD，2011b）。

2000至2008年间，金砖国家铁矿石产量翻倍，消耗上涨了三倍。在世界铁矿石进口量上涨83%的背景下，金砖国家的进口量同期上涨速度比全球平均速度快了近六倍（OECD，2011c）。这一现象导致了价格上涨（例如，Humphreys，2009）以及通过增加外商直接投资保证稳定的原材料供应。2007至2010年期间，钢材等原材料加工企业的垂直投资占全球对外外商直接投资的37.5%，在中国，对外外商直接投资交易的63%集中在铁矿石上，自2003年开始，中国便成为铁矿石的净进口国。

中国决定在一些原材料的销售上采用出口配额，给获取国外原材料造成了更大的困难。中国选择对稀土和焦煤实行出口限制。这些限制是中国实行的一整套政策的一部分，该套政策涵盖面广，据称旨在保护环境（OECD，2011c），重组零散及低效的矿业公司，从而增加这些原材料的国内吸收（Price 和 Nance，2010）并改善采矿业安全（OECD，2011c）。出口限制无法解决特定市场问题，还会造成广泛的负面效应，因此并非最有效的工具。出口商将出口部分转移至国内市场，在增加全球不稳定性的同时针对国外消费者和进口商提价，并且对开采和生产方面的投资都有负面影响（Van Tongeren，2011）。此外，在政策驱动下将原材料转移至国内下游产业不利于经济体的比较优势。由于这种转移减少了（增加了）国内（国外）原材料部门的收益率，对投资和生产能力有深远的影响，因此很难长期保持。

对于与钢材有关原材料的出口限制和国内政策，经合组织最近的一项调查讨论了中国等特定新兴经济体作为钢材及有关原材料的主要消费者、生产者以及出口限制的使用者所扮演的角色（OECD，2011c）。研究特别关注了焦煤部门与矿业安全表现相关的出口许可证及税款，并得出结论，尽管出口许可证制度通常可以用作边境监督措施的补充，但将出口限制作为改善矿业安全的手段时，其有效性则有待商榷，因为2004年焦煤出口量只占国内产量的7.3%，出口税费也并没有和监督许可机制的管理产生联系。

出口限制的影响是全球性的，并可能会引发报复效应，潜在投资者将面临更多的全球市场扭曲和不确定性。对于影响原材料出口的各种政府政策必须有及时精确的了解，才能对生产中的供应和风险管理作出预测。经合组织的一项现行倡议试图通过建立关键原材料出口限制的清单来增加这一领域的透明度①。

仍然存在的边境及境内保护

如上所述，中国对于国际货物贸易已经较为开放。剩余的进口关税并不算很高（表1），但在一些部门，它们仍比经合组织成员国家高出许多。比如，对于机动车的从价关税税率就要高出20%。其他关税较高的部门还包括粮食、糖、烟草、饮料、石油、煤炭和石油化工以及化工品（例如 Kowalski 和 Lesher，2011；OECD，2011b）。这说明了减少剩余的贸易壁垒将会减轻贸易扭曲，防范价格上涨损害居民利益以及由此造成的低效生产与消费选择，这最终将进一步使中国获益。

同时，这些改革还可以促进贸易再平衡进程，并在全球贸易再平衡的讨论中增加中国—这一世界上贸易顺差最大的国家的信用度（Kowalski 和 Lesher，2011）。该研究认定，中国和东盟国家的关税自由化可以促成这些地区GDP约0.2%的增长，并将其贸易顺差降低相对基线GDP的一个百分点。这些市场单边关税减低和服务交付成本下降的结合，更是扩大了贸易再平衡的规模。仅仅中国一个国家就可为贸易再平衡做出重要贡献，并且鉴于在这些区域的近期经济增长中开放性起到了重要的积极作用，这些改革措施可以使这些经济体中的企业和消费者获益。

外商直接投资领域还存在重大挑战②。如上文所述，外资企业在经济活动中所占份额正在减小。虽然这很大一部分都是因为中国国内经济的内部活

① 请参见 http://www.oecd.org/document/4/0,3746,en_2649_37431_47021508_1_1_1_37431,00.html

② OECD（2003，2006和2008）。例如，在《2008年经合组织关于中国的投资政策评估》中，经合组织建议重新考虑2003年的《外国投资者收购国内企业暂行条例》中歧视性的收购通知程序（在2006年版的条例中依然保留了该程序）。因此商务部用新的条款（补充规定的第51条）代替了2006版条例中的第五章反垄断审查。新条款规定“根据《反垄断法》的规定，当外国投资者并购一家国内企业并且满足《国务院关于经营者集中申报标准的规定》中的申报标准时，应当向商务部作出申报，否则不得进行交易。”

力，特别是那些对经济贡献的增长速度超过外资企业的成功大型企业的发展所造成的，但是近些年来似乎正在中国形成的更具选择性的外商直接投资政策制度也是一个原因①。此外，最近出现了对中国知识产权保护以及中国履行入世承诺的担忧。2011年日本白皮书更重申，要加大知识产权保护的执法力度，并指出，“商务伙伴泄露科技和技术知识”的风险可能会致使日本企业不敢推动研发活动或向中国转移技术（中国日本商会，2011）。

经合组织外国直接投资监管限制性指数（不包括国有制）显示了企业设立和运营方面歧视外国投资者的法律限制。虽然自1997年以来，中国一直是最大的改革者，但基于42国的样本，中国还是比G20的任何成员国都保有更多的限制措施。虽然外商直接投资的流入继续增加，但是上述限制开始产生消极影响并有逐渐恶化的趋势。

国有企业部门改革

大部分的中国大型企业仍然是国有企业，它们的国际投资和贸易是可持续增长中面临的新挑战。据近期估算，中国经济中的国有比例已从上世纪九十年代末工业总资产的约70%下降到2008年的近一半（Gao，2010），但和中国的贸易伙伴相比仍属于较高比例。九十年代末的国有企业改革致使小型国有企业的私有化、破产或合并，剩余国有公司与私有部门相比处于相对强势的市场地位。九十年代末，国有企业规模平均比非国有企业大出三倍，但在2008年，国有企业平均规模达到了非国有企业的15倍（Gao，2010）。尽管中国对国有企业进行了相应改革，仍存在大量处于亏损状态的国有企业，其生产力远低于私有部门企业（OECD，2010）。

2010年，国务院国有资产监督管理委员会（SASAC）拥有120多家国有企业，资产超过国家GDP的60%，同年末，国有企业主导的部门占国内股市值的80%（Scissor，2011；Szamosszegi和Kyle，2011）。这120个国有控股公司又拥有数目繁多的子公司。除此之外，各省市又拥有处于委员会监管之下的地方国有企业。同时，在很多私有部门改革前崛起的中国公司中，比如联想和海尔，政府部门还是重要的持股人（Woetzel，2008）。

尽管国有企业在所有从事对外业务的中国公司中所占比例较小，但2006年其投资却占到了中国海外投资的81%。不过，国有企业在外贸方面中的地位就远没有那么重要，2007年所占比例不到出口的10%（OECD，2010）。中国加入WTO议定书里也反映了国有制对中国在国际市场上发挥其职能起到的重要作用。议定书含有一些强硬的“WTO附加义务”，对国有企业的补贴方面有直接的影响，包括：对下游消费者和上游供应商的无差别待遇，基于市场力量的非歧视性定价，以及避免监管机构和受监管企业之间的利益冲突。这些义务给中国国有部门改革提供了宏伟框架，通过对于非竞争、市场扭曲行为的限制，应该会为中国及其贸易伙伴的经济福利带来潜在的显著利益。

这些改革义务具有法律约束力，如果不能得到有效履行将受到争端解决机构（DSB）的质疑。然而，这些潜在约束仍然面临着挑战，包括迅猛增长的中国市场中的报复行为以及争端解决机构是否能够处理体制改革问题（包括有重大贸易影响的问题）。其他重大问题还包括国企管理透明度的相对欠缺，国有企业监管机构和上游供应方，特别是在银行和保险等对于国有企业运营和经济整体十分关键的金融服务领域。例如，近期分析结果表明，国有企业依靠优惠政策，从低于市场成本的融资中获益，一旦失去这种优惠，现有收益将遭受很大损失（Ferri和Liu，2010）。

因此，中国增长以及其商务关系的可持续性取决于中国是否能建立不受所有制结构影响的有力、透明的法律法规框架，尤其是在会影响经济整体的关键上游部门，如网络化产业、银行和保险业。在这些部门落实中国对WTO的义务可以为部门本身和经济整体带来效率收益。

确保上述“竞争中立”并将该政策推广到国际商品和服务市场内中国国企的运作中是中国“走出去”政策的关键。它将解决关于大型国企的一系列

① 与2010年类似调查相比，欧盟投资人中认为政策歧视外商投资企业的比例从33%上升到43%，而对未来两年持有相同展望的比例从36%上升到46%。欧盟投资人认为五个最大的监管障碍包括法律法规的随意性实施（42%）、不同监管机构之间缺乏协作（40%）、缺乏与国际标准的接轨（39%）、企业或产品的注册登记程序（38%）以及中国标准在地方层面的实施（35%）。请参见中国欧盟商会（2011）。

问题，包括其在国内市场获得的优惠市场准入和监管待遇等特殊待遇、优惠性融资及补贴等。同时，这一倡议也将减轻中国对外投资接受国关于国家安全和非市场化运作等问题的担忧。由于经合组织成员国家监管机构的核心是以市场为导向的贸易参与者，因此如不解决非市场化运作问题，就必将为中国国有企业的对外投资造成重大障碍，尤其是在服务部门。上述问题会限制国际投资及贸易增加所带来的潜在收益，同时还会影响全球均衡发展。

进一步参与经合组织的倡议，特别是投资自由圆桌会议（及《关于国家安全的接受国投资政策指导方针》），《在受冲突影响与高风险地区矿产品供应链社会责任审慎调查指南》，和当前关于竞争中立所做的工作（Capobianco 和 Christiansen，OECD，2011）等相关领域的倡议，这将对中国自身有益。

服务部门改革

一国服务部门在 GDP 中所占的比例通常都随时间不断增加并且随人均收入上涨而增加。当社会及个人逐渐走向富裕，对服务业的需求也不断增加，且往往在增长速度上超过制造业或农业产品需求。然而，中国在这一点上却是个例外。2008 年中等收入国家服务部门所占 GDP 比例平均为 56%，而据可查的最新数据显示，中国这一比例只有 42%，同样也低于 2008 年低收入国家的平均值 50%（来自世界发展指标数据库）。同时，世界贸易中服务部门平均比例为 20%，而中国外贸中服务部门只占到 12%。

中国服务部门在 GDP 和贸易中所占份额较低，而商品生产部门则占有较高比例。十二五计划旨在于 2015 年将 GDP 中服务部门比例提升至 47%。提升服务部门业绩在十二五计划中显得至关重要，直接关系到计划中众多目标的实现。

如上所述，中国的增长长期以来一直是基于劳动密集型产业的比较优势，是靠出口带动的。如今，中国已经开始增加生产和出口的多样化，向资本和技术密集型产业转轨。在此发展进程中，服务部门所扮演的角色是多方面的。首先，劳动生产力增强，推动价值链提升，商品生产部门的就业机会增速减缓。服务部门必须取代生产部门成为创造就业机会的主要引擎，促使制造业在保证社会和谐的前提下转移至更高端的产品。

第二，尽管服务业日益进入贸易领域，但其中创造就业机会的主要驱动力仍是国内需求。同时，服务部门发展和国内需求扩展之间存在着双向关系。不仅服务部门依赖国内需求，个人消费的增长也需要更加完善的服务部门。比如，要刺激高价商品的需求，就必须有消费者信贷；拥有有效的保险服务和社会保障网络则可以减少预防性储蓄的需求。最后，具有竞争力的零售部门可以提供多种多样的消费品，以此进一步推动消费者需求。

第三，在产业向附加值更高的产品升级的过程中，服务业扮演着至关重要的角色。至今为止，在中国，实物和人力资本投资都占主导地位，中国已是世界上 GDP 中投资比例最高的国家之一。然而，依靠继续增加投资比例能够提升收益的程度有限。因此，国家将关注度转移到了机构创新上，无论是企业内部还是生产网络及价值链中都有进行创新的空间。通过将企业活动分配到供应链中对竞争力贡献最大的部分、削减冗员和浪费，机构创新可以建立更加精简和有效（能效更高）的供应链。同时，随着产品对质量和时效性的要求不断提升，它也将有助于增强时效性、可靠性、质量和低故障率（Geloso—Grosso 等，2007）。

服务部门改革可以积极推动包括制造业在内的机构创新和整体生产力，因此在向中等收入过渡过程中，能起到避开误区的关键作用。商业服务和零售服务的自由化是成为更具高效和竞争力服务部门的良好开端。更具竞争力的商业服务本身就是增长和就业机会的源头，同时有助于培育更高附加值的制造业内的竞争。更具竞争力的零售服务业有助于刺激国内消费需求。另一方面，网络服务和金融服务自由化则需要强大的制度框架。在这些部门，国外供应商面临相对较高的准入壁垒，自由化可以在更大范围内与设立独立监管机构及建立透明监管框架等制度发展并行。

服务业对于制造业出口业绩的影响

就机构创新方面，外部及内部的连接性是向科技前沿发展的关键。运输、物流及金融方面的开放和竞争性市场可以促进制造品的国际贸易。电脑服务、咨询、专业服务及广告业等商业服务在制造业出口业绩方面也扮演了重要的角色。这些服务顺应消费者要求提供相应产品，并遵守出口市场的本地标准和制度。出口市场中的本地服务供应商及在本地有业务的国际企业最适合提供此类服务。跨国公司通常有内部或全球服务供应商来支持贸易及生产活动。如能接触到类似服务供应商群体，本地企业便会从中获益，并成为服务贸易和投资自由化的主要受益者。如果中国在金融服务和商业服务中对外商直接投资的开放程度达到经合组织平均水平，则这两个领域的本地企业制造产量出口份额将分别上涨 10.5%和 7.5%（Nords，2008）。

价值链上移过程中商业服务的职能

中国是世界上最大的服装和服饰出口国，至今为止，贸易一直由出口主导，行业内贸易远低于业内全球平均水平①。然而，随着业内劳动力密集度最高的部分转向孟加拉国和越南等增长最快的服装出口国，中国的全球市场份额已经达到峰值。除了维持从有中产阶层生活愿望的年轻人得到的收入之外，中国还必须得向市场高端移动，而发展程度更高的商业服务部门将会推动这一进程。

中国机动车产业实现迅猛增长，从主要向外资企业供应零部件，到创建本地品牌，愈来愈多地占据本地低端市场份额。目前，这一部门的最终产品出口量仍然较低，但业内贸易量相对较高，尽管仍由外资企业主导。大型汽车制造商的存在有助于本地汽车制造商进入市场，同样，支持性商业服务则可以帮助本地生产商在出口市场创建品牌，发展分销和售后服务。

如上所述，许多国家已在中国之前面对了中等收入过渡期的问题。这在一定程度上是由于制造业就业份额达到峰值后向服务型经济过渡的困难。经合组织的工作成果表明，监管改革和贸易及投资的开放性可以提升自由化服务部门及制造业等下游部门客户的业绩。总体来说，具有竞争力的服务业，对于提升中国价值链、对于推动国内消费在促进未来增长中扮演的重要角色，对于提高能效，对于为渴望进入中产阶层的年轻专业人才创造有吸引力的就业机会以及提升 GDP 中服务业的份额，都具有关键意义。

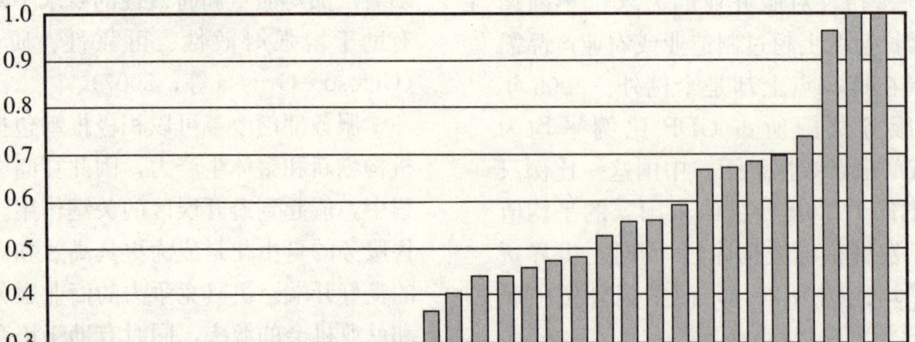

图 4　2005 年所有服务业的服务贸易平均成本对应国内交易成本

注：按照 Jacks 等（2011）建议计算得出的服务贸易成本：双边贸易成本的计算以进出口、产量和服务业本地销售相关信息为基础。计算出的贸易成本实行离差标准化。因此，贸易成本最低的国家价值为 0，最高的国家为 1。

资料来源：OECD

① 2008 年，HS 编码第 61 类的 Grubel—Lloyd 行业内贸易指数估计为 0.05，第 62 类为 0.06，而这两个部门的国际均值均为 0.25 左右。这些均值以六位编码计算。机动车指数为 0.32，而国际均值为 0.20。

电信业对促进信息经济的重要性

电信业在经济发展中起着至关重要的作用。电信基础设施提供了信息经济中的信息高速公路，经合组织成员国家之前的数据显示，在电信业投资和经济增长之间存在因果关联。在1970至1990年间，这些国家的电信业占表观增长的三分之一（Rller和Waverman，2001）。过去，几乎所有国家，电信业都由国有企业垄断。在此期间，电信部门停滞不前，市场结构和特征与公用事业相似。然而，在过去的三十年间，这一部门的技术革命与商品化、私有化以及最终的贸易自由化等改革措施起到了互相促进的作用。同时，因为显著的规模经济和网络效应，当存在拥有强大市场力量的供应商时，这一部门仍保持受监管的状态。这一行业的最佳实践之一是设立独立于主要电信提供商和国家之外的监管机构。

在中国，所有电信提供商实际仍归国家所有。此外，监管权利分散于几个机构，工业和信息化部（MIIT）为业界主管，负责许可证及其他监管。国家发改委（NDRC）和财政部（MOF）则共同负责价格调控。发改委的价格监督检查和反垄断局同时负责中国反垄断法的执行。国有资产监督管理委员会（SASAC）负责管理国家对此部门的所有权，其决策同样具有调控力。有关网络视频和音乐等相关问题，广播电影电视总局（SARFT）和工业和信息化部共同负责监管。

中国电信法已于12年前开始起草，最近一版草案于2009年公布。目前，电信法仍未正式颁布，2000年由国务院发布并于2009年更新的电信条例仍具效力。

2011年国家发改委—商务部的《外商投资产业指导目录》指出，电信服务对于外商投资来说，是一个“限制类”的部门（区别于“禁止类”或“鼓励类”的部门）。增值电信服务的外资股份上限为50%，而国内及国际基本电信服务，包括移动语音和数据服务，以及国内和国际服务，外资股权上限为49%。这些限制在《中国服务贸易总协定》（GATS）承诺表中也有所体现。然而，许可制度可能会对外国企业在中国市场准入做出进一步的限制，目前尚无法确定外国企业可能获取运营许可（特别是基本电信业务的运营许可）的范围。

中国电信部门发展迅猛，其基础设施发展速度超过了中等收入国家和东亚及太平洋地区的发展中国家。同时，宽带的渗透比手机发展速度更快。因此，都目前为止中国的电信政策似乎很奏效。然而，随着技术进一步的复杂化和市场的逐渐成熟，外国投资者面临的不确定性可能使本地公司和消费者对于尖端电信服务的获取可能会受到限制。

发展进程中金融服务的职能

金融发展不仅是经济增长的重要决定因素，还是未来增长的预测工具（Levine，1998；Sala—i—Martin，1997）。而金融发展又由一系列的制度因素所决定，比如债权人权利、执行合同中的法律规则（Levine等，2000）以及金融服务中贸易和投资的开放程度（Claessens等，2001）。运用金融发展的衡量标准，如利差、对作为GDP一部分的私有部门的信贷以及商业银行资产相对中央银行资产的比例等，在中国获取信贷似乎是很容易的事情。但是，其中利差远低于其他中等收入国家或区域平均水平，而且多年以来保持着相对稳定的状态，反映出背后的政府调控。不过，中国在加入WTO之后，承诺在金融业逐步实现利率市场化。

根据中国在金融服务方面的入世承诺（金融服务包括银行、保险、金融租赁、“金融公司”、信托和投资公司、货币和保险经纪人），投资基金管理公司中外资份额的上限为49%，对于政府及公司债券、国内企业股份以及在香港上市的大陆公司的股份的承销商和交易商，这一上限是33%。在期货公司中，中国投资者必须拥有控股权（国家发改委—商务部指导方针）。如需成立外资独资银行或外国银行分行，则该银行必须在中国设立代表处超过两年。另外，外资独资银行必须拥有至少100亿美元资产，而成立外行支行则需要200亿美元资产。欲和中国国内银行组建合资企业的则不受上述两年期的限制。最后，外资银行在从事本地货币业务之前，必须已至少运营三年，其中连续两年应为赢利状态。获得本地货币服务许可之后，外行分行必须有最低3亿元人民币作为注册资本，而且无权发行银行卡，并只能接受中国公民100万元或以上的人民币存款。

其他限制性规定还有对在现有金融机构中的外商股权投资的限制，其中包括中国银监会（CBRC）的监管审批。外国金融机构个体的对内投资最高只能占到20%的少数股权，而且只有接受投资的中资金融机构才能向银监会申请批准。如果非上市金融机构的外国投资者总数超过25%，则需要服从于外资金融机构管理规定。除了对现有金融机构中外资的限制，中国商业银行的投资者还必须拥有至少100亿美元的资产，城乡信用合作社或非银行金融机构的投资者则必须拥有至少10亿美元的资产。

根据中国的入世承诺，在保险部门外国供应商也受到一定程度的监管。保险部门的全部外国投资者必须服从于监管规定，即经营年限30年及以上，至少50亿美元资产，申请前在中国设立代表处至少两年，最低2亿元人民币或等价外币的注册/运营资本。人寿保险合资公司中，外资上限为50%。

结　语

加入WTO之后，中国经济成绩斐然，这体现了中国自上世纪七十年代末改革以来致力于推行稳健的渐进改革的承诺。中国加入WTO的承诺涵盖面广泛且目标宏伟，引发了成为中国向现代市场经济转型核心的深刻体制转变。

中国经济发展的成就与中国对全球贸易网络和价值链的参与以及外商直接投资是密不可分的。总体看来，中国的开放、专门化和增长在很大程度上建立在比较优势的原则基础上，这一点在劳动力的相对充裕、贸易的要素内容、加工贸易的重要性和中国在全球价值链中的定位中都有所体现。由于实物和人力资本积累、对外商直接投资和加工贸易的鼓励以及各种政府经济特区的发展，中国在人力资本和技术密集型产品方面已经逐渐得到了发展。

然而，各种迹象显示中国可能会进入艰难的中等收入过渡期。近期经合组织研究显示，可持续增长以及中国在全球经济中的地位都取决于体制改革的继续进行。这包括消除残留的边境和境内保护主义，国有企业部门和农业的继续改革，以及重新思考原材料市场的战略。

服务部门的改革已被证明可以对机构创新和制造部门等行业的综合生产力产生积极的影响，因此是避免中等收入发展误区的关键。商业服务在提升价值链方面的重要作用，电信服务对推动信息经济的作用，以及整体发展进程中金融服务所起到的作用都进一步证明了这一点。目前政府在规划与生产中的参与度很可能会对创新型增长造成阻碍，尤其是在程序和机构创新具有更大重要性的服务部门。因此，服务部门中的竞争能有力促进持续增长，贸易自由化和国内改革将共同创造更具竞争力和创新性的服务市场，从而对增长和良好就业机会的创造起到支持作用。

（以上信息源自经合组织，
经合组织拥有信息版权）

中国世界贸易组织研究会

CWTO China Society for World Trade Organization Studies

名誉会长　徐匡迪

终身荣誉顾问　沈觉人　佟志广

谷永江　龙永图

会　长　孙振宇

副会长　廖晓淇　郑志海

李恩恒　霍建国

王琴华　薛荣久

陈经纬

原国务院副总理李岚清会见中国世界贸易组织研究会领导

廖晓淇、俞晓松、佟志广、李岚清、谷永江、徐秉金、刘光溪、任以锋（左起）

中国世界贸易组织研究会是中华人民共和国商务部直属管理的从事世贸组织（WTO）及相关经济和贸易问题研究的全国性社团组织。由全国长期致力于世贸组织相关事务的政府官员、权威专家学者和机构自愿组成，是国内进行世贸组织有关事务研究、咨询、培训、编辑、出版、国际交流与合作的权威机构之一。

China Society for World Trade Organization Studies (CWTO) is the sole nation-wide non-governmental organization of studying WTO and relevant economic and trade issues based in Beijing, China. Formed voluntarily by government officials, experts and scholars, and institutions all over the country engaged in WTO-related affairs, CWTO is one of the authoritative institutions in the country carrying out research, consulting, training, compilation, publication, and international exchange and cooperation activities in connection with WTO.

徐匡迪院士（左四）、陈德铭部长（左五）出席中国世界贸易组织研究会第二届理事会第三次会议并发表重要讲话

郑志海、孙振宇、俞晓松、徐匡迪、陈德铭、谷永江、易小准、徐秉金、吴家煌、刘光溪（左起）

主要职能

- 进行WTO相关理论和实际问题的研究；
- 组织国内外学术成果和经验信息交流；
- 为我国政府、行业和企业提供相关培训、咨询和法律服务；
- 收集整理国内外相关信息，编辑出版书籍、报刊、音像资料，宣传普及WTO知识；
- 促进我国与包括广大发展中国家在内的所有世贸组织成员的自由、公平贸易和经济技术合作；
- 推动我国企业全面参与国际竞争；
- 促进和推动我国与其他国家和地区包括自贸区在内的区域性经济合作；
- 从民间角度协助我国政府在完善多边贸易体制进程中发挥积极的建设性作用。

Primary functions

- Study WTO-related theories and practical issues;
- Organize exchanges of academic fruits, experience, and information between China and other economies;
- Provide relevant training, consultancy and legal services to China's government agencies, industries and enterprises;
- Collect and edit information from Chinese and foreign sources, compile and publish books, newspapers and audiovisual materials, and publicize and disseminate WTO knowledge;
- Promote free and fair trade and economic and technological cooperation between China and all other WTO members, including a vast number of developing countries;
- Encourage Chinese enterprises to participate in all-round international competition;
- Promote and develop regional economic cooperation between China and other economies;
- Assist, through a non-governmental channel, the Chinese government to play an active and constructive role in improving the world trading system.

商务部部长助理俞建华（左四）与中国世界贸易组织研究会领导在第二届理事会第四次会议上合影
王琴华、霍建国、陈经纬、谷永江、俞晓松、孙振宇、郑志海、薛荣久（上图左起）

商务部部长助理俞建华（右一）、中国世界贸易组织研究会会长孙振宇（左一）为薛荣久教授（左二）、陈经纬主席（右二）颁发聘书

中国常驻世界贸易组织大使易小准与龙永图、佟志广、沈觉人、谷永江、俞晓松合影（左起）

中国世界贸易组织研究会
地址：北京东城区安外东后巷28号2212室
电话：010-8425 5121
传真：010-8425 5122
网址：http://cwto.mofcom.gov.cn
E-mail：info@chinawto.org.cn

China Society for World Trade Organization Studies
Address: Suite 2212, 28 Donghouxiang, Anwai, Dongcheng District, Beijing, China
Tel: 8610-8425 5121
Fax: 8610-8425 5122
Website: http://cwto.mofcom.gov.cn
E-mail: info@chinawto.org.cn

北京市国际服务贸易事务中心

北京市国际服务贸易事务中心是北京市商务委员会所属全额拨款事业单位，是中国（北京）国际服务贸易交易会（以下简称“京交会”）的执行机构，成立于2012年7月9日，中心内设9个部门，分别为办公室、策划协调部、宣传推介部、展览会务部、WTO事务中心、联合国贸易网络北京中心、国际经济贸易研究部、财务部、人力资源部。

北京市国际服务贸易事务中心作为京交会的执行机构，办好京交会是其主要职责。经国务院批准，从2012年起由中华人民共和国商务部和北京市人民政府共同主办京交会，并于每年5月28日至6月1日期间在北京国家会议中心举办。京交会定位于国家级、国际性、综合型的服务贸易交易会，是我国大力发展服务业和服务贸易、促进产业结构升级、扩大消费和提升人民生活品质、提升中国在国际服务贸易领域话语权的新平台，致力于打造成为国际服务贸易领域最具权威性和影响力的交易会。

北京市国际服务贸易事务中心除了新成立专门围绕京交会筹办的业务部门外，还保留了原北京WTO事务中心和联合国贸易网络北京中心的国际事务职能，下设了WTO事务中心和联合国贸易网络北京中心两个部门。目前，WTO事务中心主要负责“WTO与中国：北京国际论坛”的组织筹备工作；负责京交会和北京市国际服务贸易事务中心的法律和知识产权保护工作；负责为政府和企事业单位提供有关WTO事务的研究和信息咨询服务；负责开展与世界贸易组织有关的国际交往等职能。

CIFTIS

中国(北京)国际服务贸易交易会

CHINA BEIJING INTERNATIONAL FAIR FOR TRADE IN SERVICES

北京市国际服务贸易事务中心
地址：北京市朝阳区朝阳公园西里南区6号 邮编：100125
网址：www.ciftis.org

上海WTO事务咨询中心
Shanghai WTO Affairs Consultation Center

SCC / WTO

理事长兼总裁
王新奎
Council Chairman & President
Mr. Wang Xinkui

上海WTO事务咨询中心是上海市人民政府主办的非营利性WTO事务专业咨询服务机构和国际交流沟通平台，建于中国加入世界贸易组织前夕的2000年10月。

上海WTO事务咨询中心设理事会，理事会成员由上海地区与WTO事务相关的主要政府部门的代表组成。

上海WTO事务咨询中心设顾问委员会，顾问委员会成员由经中华人民共和国国务院批准的国外WTO事务资深专家和经上海市人民政府批准的国内WTO事务权威人士组成。

上海WTO事务咨询中心业务团队成员的知识结构覆盖经济学、政治学、法学、管理学、系统工程、信息工程等专业领域，并具有从事WTO事务研究和咨询工作的长期经验。经中华人民共和国人力资源和社会保障部批准，中心设有以全球多边贸易体制为主要研究方向的博士后科研工作站。

作为WTO事务的专业咨询服务机构和国际交流沟通平台，上海WTO事务咨询中心向政府、企业和社会公众提供下列与WTO事务相关咨询服务：

1 与WTO有关的各类贸易谈判与磋商的数据分析或决策咨询服务；
2 与WTO争端解决有关的法律、法规和其他措施的合规性咨询服务；
3 针对各主要贸易伙伴的贸易环境和贸易壁垒调查服务；
4 按具体产品的反倾销、反补贴和保障措施的预警及监控服务；
5 反映贸易政策、贸易流量和产业产出相关关系的贸易运行监控服务；
6 与全球多边贸易体制有关的各国中长期宏观贸易政策趋势的研究服务；
7 通过电子网络发布或纸质文献资料查讯的WTO信息服务；
8 与WTO 事务有关的专题和热点培训服务。

The Shanghai WTO Affairs Consultation Center (SCC/WTO), funded by the Shanghai Municipal Government and established in October 2000 just prior to China's accession to the World Trade Organization, is a nonprofit think tank dedicated to professional consulting services and international exchanges on WTO affairs.

The SCC/WTO Board of Trustees consists of representatives from Shanghai's leading government departments related to WTO affairs.

The SCC/WTO also has a high-level Advisory Committee with members from home (accredited by the Shanghai Municipal Government) and abroad (accredited by China's State Council).

The SCC/WTO boasts a strong contingent of experienced researchers and veteran consultants in WTO affairs with expertise in multidisciplinary and interdisciplinary areas such as economics, political science, law, public administration, systems engineering, and information engineering. Upon approval from China's Ministry of Human Resources and Social Security, the SCC/WTO runs a postdoctoral program with a research focus on the global multilateral trading system.

As a professional institute specializing in WTO affairs consultancy and communication, the SCC/WTO provides the government, business, academia, and public with a broad range of services:

1 Statistical analysis and policy advice on trade negotiations under WTO;
2 Compliance consulting on laws, regulations and other measures related to the settlement of disputes under WTO;
3 Survey of trade environment and trade barriers in China's major trading partners;
4 Early-warning and monitoring of anti-dumping, countervailing, and safeguard measures against selected products;
5 Tracking and monitoring trade operations based on the interrelationship between trade policies, trade flows and industrial output;
6 Identifying trends in medium- and long-term macroeconomic policies of WTO members within the framework of multilateral trading system;
7 Distributing WTO-related information in print and electronic formats;
8 Training programs on hot topics and current issues related to WTO affairs.

地址：上海市古北路620号院内WTO中心办公楼
邮编：200336
电话：021-62591080

WTO Building,620, Gu Bei Road, Shanghai, China
Zip: 200336
Tel: 86-21-62591080

深圳市世贸组织事务中心
深圳市贸易壁垒申诉与调查服务中心

深圳市世贸组织事务中心是深圳市政府设立的统筹协调深圳市地方WTO事务的专门工作机构。中心成立于2002年12月，2003年12月加挂“深圳市贸易壁垒申诉与调查服务中心”，2005年1月成立“深圳市WTO学会”。中心自成立以来，秉承贴近产业、服务企业的宗旨，遵循高起点、高水平、高标准、高质量的原则，创造性地开展地方WTO事务工作，致力于为政府和企业提供WTO事务专业服务；致力于维护公平贸易秩序；致力于保障深圳的产业安全；致力于推进深圳国际化城市建设。

中心设综合部、规则部、协调部、技术标准部、法律服务部和知识产权部。

基本职能：

1．作为深圳市WTO事务工作领导小组的办事机构，负责协调深圳市WTO事务工作及国家WTO事务主管部门的地方对口联络工作；

2．负责组织深圳市有关WTO政策和议题的信息收集、分析研究工作；

3．协助企业开展贸易壁垒申诉，组织开展贸易壁垒调查相关工作；

4．组织、协调、开展深圳市贸易摩擦和争端的应对工作以及贸易救济措施的启动和运用工作；

5．承担深圳市与国际贸易有关的产业损害调查工作以及进出口与产业损害预警系统的建设；

6．组织、协调、开展深圳市与国际贸易有关的知识产权纠纷的应对工作；

7．参与深圳市与WTO相关的服务贸易政策制定和咨询工作；

8．负责对深圳市制定的与WTO有关的法规、规章草案和规范性文件草稿提出合规性意见，负责深圳市与贸易和投资有关的地方性法规、规章和政策的通报工作，以及WTO其他成员方制定的法律、法规、贸易和技术政策的通报咨询工作；

9．提供与WTO有关的信息、政策、法律咨询服务，负责WTO事务的宣传培训。

联系方式：

主　任：张金生　电话：(0755)82002106

副主任：曾建中　电话：(0755)82001586

副主任：高　瞻　电话：(0755)82002089

监督投诉　电话：(0755)82105519

地址：深圳市福田区福中三路市民中心3129-3143

综　合　部电话：(0755)82105519　传真：(0755)82002090

信息培训部电话：(0755)82105525　传真：(0755)82002890

咨询服务部电话：(0755)82107308　传真：(0755)82002090

技术标准部电话：(0755)83997905　传真：(0755)83997920

法律服务部电话：(0755)82105605　传真：(0755)82002956

知识产权部电话：(0755)83699635　传真：(0755)83699637

武漢大學 WTO 学院

简介

武汉大学WTO学院是武汉大学直属学院之一，是按照国际国内开放办学的模式和高效管理机制运行的新型学院。学院旨在以实现学生的国际就业为目标，提供高质量的教学计划和培养方案，使学生在学习的基础上，树立敢于面向国际职业市场的观念，提高就业竞争能力。

学院与多个国家的多所名校建立了联合培养机制，为高中毕业生开创了更新更好的就读机会，学生因此改变了自己的人生轨迹，拥有更好的学习机会、更大的发展空间、更高的就业层次。学院教学以严谨著称，学生管理以严格闻名，教学成效异常显著，学院因此获得了国外高校的高度肯定，吸引了多所世界名校前来我院寻求合作。

国内第二学位教育项目

武汉大学WTO双学位实验班至今已成功举办7届，是面向武汉地区十八所普通高校在校大学生开发的双学位教育（学生在大一时申请）。WTO双学位班将“培养具有国际交流能力的法律、经济、管理学的综合性人才”作为武汉大学特色人才培养目标之一；强调学生在继续学习原本科专业的同时，不转学籍参加本班学习，学生可以用原专业的学位或武大授予的学位进行就业、深造和申请出国，真正使学生获得综合优势。

网　　址：www.whuwto.com

地　　址：武汉大学桂园WTO学院

电　　话：027－68753872

027－68754413

传　　真：027－68754690

经纬集团

经纬集团有限公司系香港经纬集团全资投资，于1992年经国家工商行政管理总局批准，在汕头经济特区注册成立的我国改革开放后首批外商独资集团公司，曾先后获得全国外商“明星企业”和“双优企业”荣誉称号，现为香港中国商会主席、会长单位，中国海外投资年会执行主席单位、中国国际商会副会长单位、中国商业联合会副会长单位、中国世界贸易组织研究会副会长单位、全国工商联常委单位。

1989年底，集团以锐利的战略眼光果断在内地投资兴办纺织服装实业，并拓展贸易业务。1991年，下属纺织印染企业引进世界一流的流水线，专业生产各类高档仿真丝面料，一举赢得了全国市场的龙头地位，带动了我国整个化纤布后整理产业的迅速革新和升级。集团多年在国家统计局对全国500家最大外商投资工业企业统计评选中名列前茅。

随着投资领域的扩大，集团业务逐步拓展到房地产、现代服务业、金融、国际贸易等领域，开发项目遍及广东、上海、天津三大核心经济区域，成功实现了集团的产业升级和战略布局。

集团秉承“稳健务实、开拓创新、团结拼搏、持之永恒”的企业精神，以诚信锻造品牌，增强自身凝聚力，赢得了良好的声誉，也一直受到各级领导的亲切关怀和社会各界的广泛关注；同时激励着全体经纬人的创业、敬业、惜业精神，不断开拓，向着更高的目标迈进！

青岛 启动蓝色跨越的商务城市

青岛，1891 年建置，是国家首批沿海开放城市、海洋科技城市、外贸港口城市、经济中心城市、滨海旅游城市。在 2012 年《财富》杂志进行的第二届“China's Best New Cities for Business”评选中，青岛名列前茅。这是一个世界的青岛、蓝色的青岛、财富的青岛。

“世界的青岛”。这是一座外贸港口城市，是区域性世界贸易中心，位于山东半岛东南端，与日韩两国隔海相望，已成为东北亚地区重要的国际商务城市。这里有青岛经济技术开发区、青岛高新技术产业开发区、青岛前湾保税港区、青岛出口加工区、西海岸出口加工区、中德生态园等众多对外开放政策功能区，正在规划建设中日韩地方经济合作示范区创新产业园。

“蓝色的青岛”。这是一座海洋科技城市。青岛聚集了内地一半以上的国家海洋科研教育机构和高层次海洋科研人员，具有率先发展蓝色经济的科技优势。作为山东半岛蓝色经济区核心城市，青岛提出了“率先科学发展，实现蓝色跨越，加快建设宜居幸福的现代化国际城市”的战略目标。

“财富的青岛”。这是一座充满商机、正在实现蓝色跨越的国际商务城市。“十二五”期间，全市现代服务业、先进制造业、基础设施、交通、能源、现代农业、生态与循环经济、社会民生八大领域 900 个重点项目，总投资规模 9000 亿元。还将重点发展金融、文化创意、科技服务、软件和信息服务、商务和中介服务、会展、现代物流、高端旅游、现代商贸、城市地产经济十大现代服务业。

以世界眼光谋划未来　以国际标准提升工作　以本土优势彰显特色

Qingdao, a Business City Striving for a Breakthrough in Blue Economy Development

Qingdao, established in 1891, is one of the earliest cities opening up to the outside world, and now is a center of marine science and technology, a foreign trade port, an economic hub and a coastal tourism destination. In 2012, the city topped the list of "China's Best New Cities for Business" in the second rating launched by FORTUNE. Qingdao is an international and wealthy city, ready to develop the blue economy.

Qingdao is embracing the world. Located at the southeastern tip of Shandong Peninsula, facing Japan and South Korea across the Yellow Sea, the city gets prosperous as a foreign trade port and regional trade center, and is becoming a key international business city in Northeast Asia. It is home to several functional zones with preferential policies, including the state-level Qingdao Economic & Technical Development Zone, Qingdao Hi-Tech Industrial Development Zone, Qingdao Qianwan Bonded Port, Qingdao Export Processing Zone, Qingdao Western Coast Export Processing Zone and Sino-German Ecopark. In addition, the Innovation Industry Park in the Local Economic Cooperation Demonstration Zone, with joint support from China, Japan and South Korea is blueprinted in the construction scheme.

Qingdao is striving for blue economy development. Marked as the center of marine science and technology, Qingdao housed more than half of national educational institutions and first-class professionals in the area of marine science and technology, which enable it to be the pioneer in blue economy development. Known as the core of Blue Economy Zone of Shandong Peninsula, Qingdao has identified its strategic goal of "taking the lead in development with scientific outlook, achieving breakthroughs in blue economy and building a modern, livable and happy metropolis".

Qingdao is creating vast wealth. With great commercial opportunities, Qingdao, an international business city, is starting its journey to achieve a breakthrough in blue economy development. During the 12th Five-Year Plan period, 900 key programs will register a total investment of 900 billion RMB (around $ 141 billion) in eight main fields, covering modern services, advanced manufacturing, infrastructure, transportation, energy, modern agriculture, ecological and recycling economy as well as social and livelihood. In the near future priority will be given to the ten modern service industries, including finance, culture and innovation, science and technology, software and information, business and intermediary, conference and exhibition, modern logistics, high-end tourism, modern commerce and urban real estate.

开天下先河

;hongqing Yunhe Hydropower Inc. (hereinafter referred to as CYHI) is a high performance firm upporting heavy industrial products manufacturing with integrated designing, manufacturing, narketing and servicing of mechanical power generation units. CYHI adhere to the belief of "Build World-class Enterprise Through Our Valuable People" and brand stratagem of "Tech-ıology is the core, Quality is the key, and Service is the guarantee" and "informative manage-nent, quantitative salary, international product, marketable capital". We strive to create a better ıtility of clean energy; accomplishing the annual target of one million kilowatt, Annual Turnover of Billion RMB and making our company a World-class brand.

:YHI enforces a comprehensive quality management system adhering to certification of ISO 001:2008, Environmental management system ISO14001:2004, occupational health and safety ystem GB/T28001-2001 and other relevant standards. As a High and New Tech Enterprises hon-ored by Ministry of Science and Technology, CYHI has developed an Enterprise technology re-earch and development center in Chongqing which continuously research and develop high-tech ınd utilize the achievements into practice. A first-class manufacturing base including over 00,000 square meters of modern machine shop and well maintained machining equipments in Zhong County -The Three Gorges region, an area of copious cost and policy advantage. The com-pany has over 400 sets advanced machining and testing equipment such as: 8m; 6.3m; 5m CNC ertical turning center, 12m; 10m CNC horizontal lathe, Φ200;Φ160; Φ130 CNC boring lathe, CNC planer type milling machine, SK2325, GMC2560 Nc plano-milling machine,PV1600、 PV1300、 PV1000、 PV800CNC Machining center, Nc bandage machine,630T Pressing machine, 120m3 Natural Gas Annealing Furnace, Anaerobic anneal furnace,20T Testing Equipment for Dynamic Balance, Testing Equipment for Generator Trial Run, Radiographic Testing Equipment, etc. We ave won the fame of "Well-known product in Chongqing", "Well-known brand in Chongq-ng"

:YHI owns high-end technology products including Pelton turbine generator unit, Francis turbine enerator unit and Kaplan turbine generator unit of various types, CYHI has provided over 1000 ets small to medium size turbine generator units to the customers all over the world in last 50 ears, thus having significant experience in the design, supply, and start up of Water Turbine and Generator for hydro power plants. CYHI is able to harness that experience to supply High reliabil-ity equipment and Short delivery time in ensuring maximum benefits are received by owner. In 2005, CYHI launched Strategic Cooperation with ABB, World Top 500 Corporation, attempt at in-ernational operations and began promote its own brands in international market and became leader n the process of internationalization of national enterprises. Till now our projects are all around he world, i.e Canada, Brazil, Turkey, Mexico, Honduras, Peru, Nepal, India, Vietnam, Burma etc.

云河发电机 Yunhe Generator

洪都拉斯圣胡安电站
San Juan Hydropower Station, Honduras

加拿大梅奥 B 水电站
Mayo B Hydropower Station, Canada

8 米立式数控车床
8m CNC vertical turning center

Φ200 米数控镗床 Φ200CNC Boring Lathe

数控龙门铣 CNC Milling Machine

厂区全景

公司制造基地：重庆市忠县忠州镇忠州大道山东路　邮编：404300
Manufacturing base: YunheIndustrial Park, Shandong Road, Zhongzhou Avenue, ZhongCounty, Chongqing, 404300, China
电话 (Tel): +86 23 54400888　传真 (Fax): +86 23 54400188
(国内销售电话)Sales hotline(For China): +86 23 68951333　(国际销售电话)Sales hotline(For Oversea): +86 23 68950222
(售后服务电话)After-Sales service hotline: +86 23 54401666　Website: www.cqyunhe.com　E-mail: info@cqyunhe.com

以天赋精华 为贵者独享

全球实木多层地板专业制造商

裕华木业（鹦鹉地板）一直以“顾客的需求和期望是我们永恒的追求”、“环境的治理和保护是我们工作的基点”为质量、环境方针，坚持从原木采购至成品地板出厂的一条龙式生产质量控制，先后通过了IS09001质量管理体系认证、IS014001环境管理体系认证及中国环境标志产品认证、标准化良好行为AA级、计量检测体系合格、美国CARB认证（二期）、FSC森林认证体系。公司先后荣获中国驰名商标、浙江名牌产品、浙江省诚信民营企业等多项荣誉。

裕华木业（鹦鹉地板）拥有国内最完整的生产工艺链，能够独立完成从原木制材、基板生产、胶水制作到成品加工完成出厂的全部过程，使为消费者提供性价比最优的产品成为可能。同时，公司还从德国、日本引进全套最先进的地板生产设备，从硬件设施上进一步保证公司产品的质量。

对新技术的不断吸收，为裕华木业（鹦鹉地板）注入了强大的创新基因。公司技术力量雄厚，与中国林科院木材工业研究所、北京林业大学材料科学与技术学院建立了长期的合作关系，成立了北京林业大学材料科学与技术学院实验基地、博士后流动站，并参与了国家863计划、948项目和国家火炬计划项目。目前，裕华木业（鹦鹉地板）在新工艺新技术应用方面已走在国内行业前列，参与了15项国家标准和1项国际标准的起草和制定，拥有21项各类专利。

此外，裕华木业（鹦鹉地板）还非常注重产品结构差异化设计，除生产常规地板外，还开发了很多差异化的产品，如拼花地板，通过公司掌握的最先进雕刻技术及设计师的专业设计，使地板线条细腻、图案美观，再加上珍贵树种的运用，为消费者带去了最美的视觉享受，这些高端特色的艺术产品满足了客户个性化的独特需要。

“人无我有，人有我优”，正是这种差异化的营销策略，再加上高品质的产品定位，才使裕华木业（鹦鹉地板）成为这次美对华实木多层地板“双反”案中唯一一家零关税的企业，也是中国加入WTO以来，唯一一家取得“双零”关税的企业。

裕华木业生产的鹦鹉地板，不只是地板，更是一种生活态度，选择鹦鹉地板就是选择一种生活主张。鹦鹉秉承欧美高级地板的传统，始终保持着大气、奢华的设计理念，做工精细、选材优良、品质出众、时尚环保，充分迎合中国消费者的品味需求，展现多层地板文化的更高境界。

嘉善开放型经济25年，　敢立潮头向未来

嘉善是中国首批沿海对外开放县，位于距上海、杭州、苏州、宁波均 1 小时车程的长三角核心区域。2010 年作为“县域科学发展示范点”被国家列入＜长江三角洲地区区域规划＞，是上级领导深入学习实践科学发展活动的联系点。嘉善以“开放兴县、融入上海、创新发展”为总战略，致力于建设临沪新城，发展品质经济，构筑精致水乡，实现幸福民生。

截至 2011 年底，嘉善累计审批外商投资企业 1124 家，合同外资 51.69 亿美元，实际外用外资 26.38 亿美元。2011 年完成 GDP321 亿元，人均 GDP13200 美元；完成财政总收入 48 亿元，其中地方财政收入 24.3 亿元；完成外贸进出口总值 33.74 亿美元，其中出口 23.36 亿美元。

嘉善连续 10 年荣获“浙江省利用外资成绩显著县”，连续 11 年荣获嘉兴市利用外资首位，赢得了“小县大外资”的声誉，成为浙江省仅有的“国家经济技术开发区”、“国家出口加工区”两个国字号平台的县。嘉善培育形成了“4+4+1+1”的产业体系，即木业家具、电子电声、五金机械、纺织服装四大传统产业加新兴信息电子、新能源、新材料、高端装备制造“四大新兴产业”以及现代服务业和现代农业。

2011 年，嘉善民营企业浙江裕华木业有限公司在美国反倾销、反补贴”双反”案例中获胜，成为中国加入 WTO 以来第一例，也是迄今为止在原审中获得”双零”税率的唯一一例。

从嘉善南站乘沪杭高铁到上海只需 16 分钟，到杭州只有 20 分钟，同城效应更加凸显。

嘉善县经济开发区连续 10 年被评为“浙江省先进开发区”，2010 年荣获中国十佳省级经济开发区称号，2011 年成功升级为国家经济技术开发区，并荣获本省特有的“全国开发区（园区）产业升级创新示范奖”。

北京雁栖经济开发区

北京雁栖经济开发区成立于 1992 年（原名北京雁栖工业开发区），2000 年被北京市政府批准为市级工业开发区。2006 年 7 月，经国家审核公告，原有的北京雁栖工业开发区、北京凤翔科技开发区和北京经纬工业区合并，更名为北京雁栖经济开发区，总规划面积达 15.035 平方公里，是北京市保留的十六家市级开发区之一，也是北京市第二批市级生态工业园示范园区。

北京雁栖经济开发区座落在长城脚下，雁栖湖畔，距怀柔城区 5 公里，距市中心 50 公里，距首都机场 30 公里，距天津港 170 公里。这里交通便捷，101、111 国道及京承高速公路从开发区两旁穿过。雁栖开发区市政基础设施已全面实现道路、供电、供热、天然气、给水、排水、排污、通讯、有线电视、宽带（含无线网络覆盖）及场地自然平整，即“十通一平”。园区现有入区企业 300 余家，来自美国、英国、法国、意大利、德国、瑞士、日本、韩国、香港等 17 个国家或地区。根据产业规划，北京雁栖经济开发区由新材料产业园、都市产业园、高新技术创新基地和文化创意产业园构成，形成“一区四园”的产业格局。

“十二五”期间，雁栖开发区将重点发展科技研发和高新技术产业，同时要加大传统企业的资源整合。雁栖开发区将成为北京新一代的科技创业中心和科技企业总部基地！

Founded in 1992 and formerly known as Beijing Yanqi industrial Development Area, Beijing Yanqi Development Area (“YDA”) was designated by Beijing Municipal Government as a city-level industrial development area in 2000. July 2006, with the approval of the State Council, the original three industrial areas of Beijing Yanqi industrial Development Area, Beijing Fengxiang Technology Development Area and Beijing Jingwei Industrial Area consolidated into YDA, one of 16 city-level development areas and also one of the second group of pilot ecologically friendly industrial parks in Beijing, with total planned floor area of 15.035 km^2.

Located at the foot of Great Wall and right beside Yanqi Lake, YDA is 5 km away from downtown Huairou. 50 km from downtown Beijing, 30 km from Beijing International Airport and 170 km from Tianjin port. National highways #101 and 111 and Beijing-Chengde Expressway pass by the two sides of YDA. Municipal infrastructure in YDA has completely realized ten accesses and one leveling, namely, access to power supply, heat supply, natural gas, water supply, water drainage, sewage drainage, communications, cable TV, broadband internet access(including wireless network coverage) and leveling of ground. YDA currently accommodates over 300 companies, involving investors from 17 countries and regions including the US, UK, France, Italy, Germany, Switzerland, Japan, Korea and Hong Kong. YDA consists of a new materials industrial park, an urban-type industrial park, a high-tech development center and a cultural and creative industrial park according to the industrial planning.

Yanqi Development Area will pay more attention to develop R&D and high-tech industry, and increase traditional enterprise resources integration at the same time during the period of “the Twelfth Five-year”. Yanqi Development Area will become a new high-tech industrial accumulation area, and a new generation of science and technology centre for entrepreneurship and enterprise headquarter base!

地址：北京市怀柔区雁栖经济开发区 888 号　联系电话：61667108　传真：61667431　网址：www.yda.gov.cn

德州经济技术开发区

中国太阳谷全景图

中国太阳谷

德州经济技术开发区，管辖面积 320 平方公里，建成区 50 平方公里，总人口 30 万。经过十多年的建设和发展，开发区已成为德州经济、政治、文化中心，正在打造全市现代产业的集聚区、对外开放的先行区、生态建设的示范区、现代化的新城区和跨越发展的增长极。2012 年 3 月正式晋级国家经济技术开发区。一是综合实力不断增强。2011 年全区 GDP、财政总收入、地方财政收入分别增长 13.5%、44%、32.5%，先后获得“国家太阳能光伏发电集中应用示范区”、“国家太阳能光热综合利用产业示范基地”、“国家科技兴贸创新基地”等荣誉称号。二是招大培强成果丰硕。入区企业已达 500 余家，总投资超过 1000 亿元；建成投产项目 400 余家，总投资 560 多亿元。初步形成了新能源、生物医药、电子信息等优势突出的八大产业。三是城市功能不断提升。累计完成基础设施投入 110 余亿元，修建晶华大道、东方红东路等 20 余条城市主干道和 60 多条支干道，铺设各类市政管线 600 多公里，实现了“九通一平”。四是发展成果实现共享。加快大社区建设和城中村改造，累计已有 2.1 万户农民搬迁上楼，占全区农民的 50% 左右。着力发展教育事业，总投资 4.5 亿元。认真落实惠民政策，自 2007 年以来，区财政已累计投入 2000 多万元承担新农合农民缴费部分，农民受益近亿元。投入 1000 万元试点医疗卫生体制改革，顺利启动城镇居民养老保险和新农保，人民幸福指数持续攀升。

北京德州高铁时代高峰论坛

2011 广州德州产业合作峰会

环境优美

开发区华灯初上

Dezhou Economic-Technological Development Area (DEDA) governs 5 townships with 70 communities. The total area is 320km2, built area is 50km2, total population is 300,000. After ten years building and development, DEDA is a center of economy, politics and culture of Dezhou city, which has gradually become the high-end industry accumulation area, the preceding area of opening to the outside world, ecological economy demonstration area, new modern district of business, living and tourism, and the growth pole of leap forward development. 1. Comprehensive strength has enhanced. In 2011, GDP, total financial income and local financial income of DEDA are respectively 13.5%, 44% and 32.5% . Many honors are gained as following: “National Solar PV Power Application Demonstration Base”, “National Solar Photo-thermal Comprehensive Utilization Demonstration Base”, and “National Science and Technology Innovation Base”. 2. Big projects are entering DEDA and big enterprises develop quickly. Until now, 500 projects with total investment value of 100 billion RMB has been absorbed in DEDA, which includes 400 projects with total investment value of 56 billion RMB million RMB. 8 big industries in DEDA are following as new energy, biological medicine, IT,etc. 3. Infrastructure construction is improving. The total investment of Infrastructure construction is over 11 billion RMB. 20 city main roads and 60 branch roads with 600km municipal pipes are paved. The name of infrastructure with “nine supplies and one leveling” are completed. 4. Developing fruits shared together. big communities construction and villages renovation in urban area achieved great progress. 55,000 peasants with 21,000 households have removed the building, which covers about 50% of the whole area. The urban senior high school with total investment of 450 million RMB will be finished and operated. Since 2007, new-type rural CMS is invested 20 million RMB, nearly 100 million is enjoyed by peasants. healthy system and new-type rural CMS, the basic social-security system are invested 10 million RMB and reformed.

宝雅新能源汽车下线

景津集团生产线

奇威特太阳能空调

董子读书台

中国·河北沧州经济开发区管委会

Administrative Committee of Cangzhou Economic Development Area, Hebei, China

沧州经济开发区是 1992 年经河北省人民政府批准建立的省级开发区，规划面积 75 平方公里，是中心城市的重要组成部分。

建区以来，沧州开发区以优越的环境和优质的服务，赢得了投资者的信赖，吸引了日、韩、意及港台等境内外 300 多家企业入区，管道装备、塑料制品等主导产业强势崛起，生物医药、机车配件、新材料、新能源和节能环保等新兴产业迅速聚集，成为中心城市工业支撑点和经济增长极。

以推进产业聚集、提升产业规模为发展理念，沧州经济开发区科技创业中心为科技项目引进、培育和发展提供了广阔空间。管道装备创新园，进一步强化了开发区的产业特色和集聚效应；被中国塑料加工工业协会确定为“塑料产业创业示范园”的塑料产业园，则是集生产、研发、集散为一体的多功能专业园区。近年来，台湾工业园、新兴产业示范园、塑料产业创业示范园、现代物流园、名优汽车配件园和安防科技园等一批针对发达国家和地区投资取向的个性和魅力园区的建立，愈发凸显了开发区的产业集聚效应。2011 年，沧州开发区引进亿元以上的项目 44 个，总投资 195.4 亿元，各主要经济指标增速均居全市前列。沧州开发区已成为外向型经济的先导区、高科技企业的孵化区、产业升级的聚集区。

随着“河北沿海地区发展规划”上升为国家战略和京津冀一体化进程的加快，沧州，也被注入了新的生机和活力。作为沧州对外开放的窗口和工业经济引擎的沧州经济开发区，则被推向了更高的层次，迎来了前所未有的发展机遇。

Cangzhou Economic Development Area (CEDA) which plays an important role in Cangzhou is a provincial one approved by Hebei Provincial Government in 1992. The total planning area of CEDA is 75km^2.

For years, CEDA has won the trust of investors due to the good environment and quality services. More than 300 enterprises including investors from Japan，Korea，Italy，Hong Kong，Taiwan have been attracted to locate in the Zone. Pipe & pipe equipment industry and plastics industry acting as leading industries are growing powerfully while emerging industries represented by bio-pharmaceutical, automobile fittings, new material, new energy and energy-saving industries clustering rapidly in the zone. These industries have become a backbone of the central city of Cangzhou.

Based on the development of industries cluster, the National-level Technology Innovation Center of CEDA provides a broad space for introducing and culturing Hi-tech projects. Moreover, Pipe & pipe Equipment Industrial Park enhances the characteristics of local industries. Plastic Industrial Park granted by China Plastics Processing Industry Association title of “Demonstration Park of Plastics Industry of Cangzhou”, is a multifunctional Park which includes manufacturing, R&D and products distribution. In recent years, aiming at investment from developed countries and area, we have built a number of Parks such as Taiwan Industrial Park, Demonstration Park of New Industry, Security Industrial Park, Steel Logistics Park and Auto Parts Park which highlight the aggregation effect of CEDA. So far, CEDA has become an area of exporting-oriented economy, an incubator of high-tech industries, and a clustering area for industry upgrading.

With the approval of the coastal development plan of Hebei Province as a national strategy and with the speeding-up of regional integration (Beijing-Tianjin-Hebei), the strategic position of Cangzhou has been uplifted quickly. CEDA, as the window of opening to the outside world and the engine of industrial economy, is facing an unprecedented excellent opportunity.

地址：河北沧州经济开发区渤海路 23 号　邮编（P.C.）：061002
Add：No. 23, Rd. Bohai, Cangzhou Economic Development Area, Hebei
电话（Tel）：0086-317-3090188　3096812
传真（Fax）：0086-317-3096812
网址（URL）：http://www.cedz.gov.cn
邮箱（E-mail）：cedzinfo@yahoo.cn

CISIS

中国国际软件和信息服务交易会

中国国际软件和信息服务交易会（以下简称"中国软交会"或"展会"）由商务部、工业和信息化部、教育部、科技部、中国贸促会、辽宁省人民政府联合主办，大连市人民政府和中国服务贸易协会承办，大连市中国国际软件和信息服务交易中心具体执行，每年6月在大连市举办。

2012年6月15~18日，中国软交会迎来了第十届盛会。伴随着软件产业成长的步伐，展会创办的这十年间，正是中国软件产业快速发展的黄金十年，中国软交会不仅有效地发挥了平台作用，也见证了产业发展的辉煌历程。

这十年，经过精心培育，中国软交会的各项指标均呈现出良好的发展态势，已经形成了展览和会议并驾齐驱，五大类论坛精彩纷呈的良好局面。展览不求规模但求专业，持续稳定在3万平方米左右，参展厂商近800家；论坛不求数量但求品质，举办40多场专题会议，行业听众逾5000人。

这十年，中国软交会用特殊的方式记载了产业发展的足迹。从信息技术的推广，到服务外包的兴起；从国际巨头的进入，到软件园区的崛起；从软件产品化服务化，到软件网络化平台化；从互联网的全民普及，到云计算物联网的广泛应用；从信息化带动工业化，到两化融合三网融合。软件和信息服务业为社会生产生活带来的智能化变革，都在展会平台上一一展现。

中国软交会作为软件产业的公共服务平台，为产业政策发布解读、行业趋势分析预测、新技术新产品推出、创新应用模式展示提供了舞台，对中国软件和信息服务产业的发展成就给予了全景呈现，搭建了国际交流与合作的平台，推动了国内企业参与国际合作，提升了国际影响力和竞争力。特别是在金融危机影响的关键阶段，发挥了提振产业信心，展现企业活力的作用，成为国家推动软件和信息服务产业发展的重要工作平台。

2012年6月18日，以"创新驱动增长 融合深化应用——腾'云'驾'物'，智能互联"为主题的第十届中国国际软件和信息服务交易会圆满落幕。作为国内规格最高、规模最大、最具实效性和最具国际影响力的IT行业年度盛会之一，第十届软交会展览面积达到3.5万平方米，同期举行会议活动44项，中外参展厂商达到842家，海外参展参会团组覆盖20多个国家和地区，国内省市参展团组30个，观摩团组53个，参观观众3.1万人次，其中专业会议及行业用户代表1.8万人次。展会圆满发挥了传播业界高层声音、凝聚精英智慧、引领行业发展、推动产业融合、促进国际合作、打造交易平台的作用。

地址：大连市西岗区黄河路219号外经贸大厦21楼　电话：86-411-83655236　传真：86-411-83635468
中国软交会官方微博：weibo.com/cisis　电子邮箱：office@cisis.com.cn　网址：www.cisis.com.cn　邮编：116011

徐州金石彭源稀土材料厂

徐州金石彭源稀土材料厂成立于 1996 年，由中国煤炭地质总局一四七勘探队出资建立。企业位于江苏沛县大屯能源技术开发区，是一家集稀土冶炼、钕铁硼永磁材料生产、机械产品制造为一体的综合性企业。业务范围涉及稀土金属及磁性材料，路面机械，矿山采崛设备，钻探设备及零配件，农机具及配件生产、加工、销售，稀土化合物销售，自营和代理各类商品及技术的进出口业务。经过多年的经营与发展，徐州金石彭源稀土材料厂已经拥有净资产 2 亿多元，生产占地面积 56 亩多，厂房建筑面积达 20800 多平米，已达到年产多种稀土金属及合金产品 2500 吨，不同规格、多种型号钕铁硼产品 600 吨，速凝甩带片 1500 吨，工程机械摊铺机熨平板装置 200 台套以上的生产规模。企业已通过 CQC 中国质量体系认证中心“三合一”管理体系资质认证，通过环保部门对稀土企业的环保核查，是拥有稀土产品出口配额的企业之一。

Xuzhou Jin Shi Peng Yuan Rare Earth material factory was invested and established in 1996 by China National Administration of Coal Geology. It is located in the energy development zone Datun mineral district,Pei county,Jiangsu province and meanwhile it is a comprehensive enterprise which engaged in rare earth metal smelting,Nd-Fe-B permanent magnet material producing, mechanical product manufacturing.The Scope of business include: rare earth metal and magnetic materials, road machinery, mining equipment, mining drilling equipment and spare parts, agricultural implements and accessories production, processing, sales, rare earth compound sales, operating and be agent for all kinds of goods and technology import and export business. After many years of operation and development, Xuzhou Jin Shi Peng Yuan Rare Earth material factory has net asset more than 200 million yuan, the production area is more than 56 acres , building area is more than 20800 square meters, and the factory has reached a production of varieties of rare earth metal and alloy products of 2500 tons, different specifications, various types of Nd-Fe -B products 600 tons, fast setting slice of Nd-Fe-B 1500 tons, engineering machinery paver iron plate plant production of scale has reached more than 200 sets . It has acquired management system certification of CQC China quality system authentication center .And it has passed the environmental inspection of Ministry of Environmental Protection as well as it is one enterprise which has achieved rare earth products export quotas of ministry of commerce.

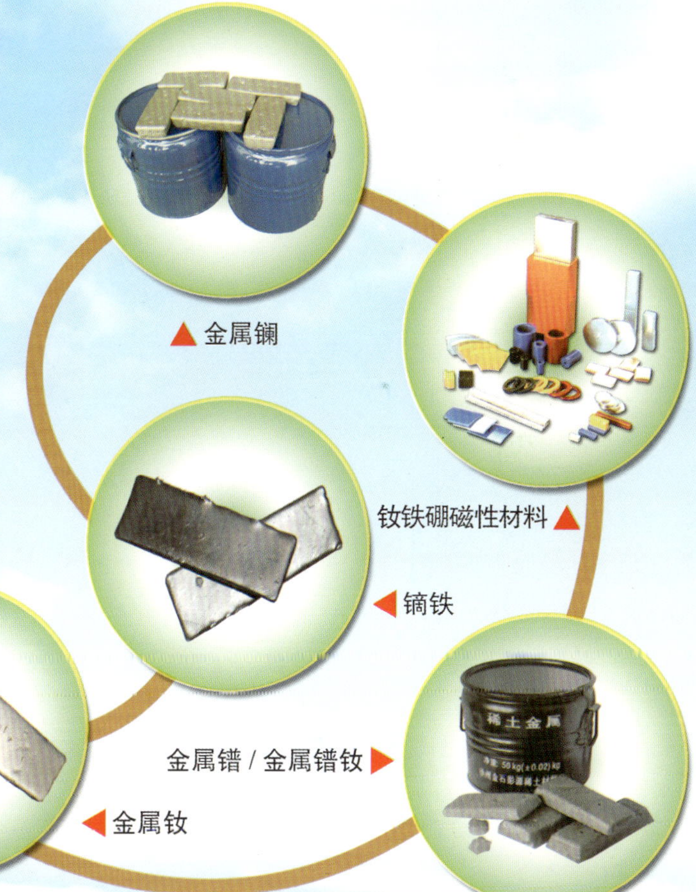

浙江民泰商业银行
ZHEJIANG MINTAI COMMERCIAL BANK
浙江民泰商业银行
隆重开业